JIANG SU
GUO MIN JING JI XIN XI HUA 2019

江苏国民经济信息化

（2019）

汪方明◎编

河海大学出版社
HOHAI UNIVERSITY PRESS

·南京·

图书在版编目(CIP)数据

江苏国民经济信息化. 2019 / 汪方明编. -- 南京：
河海大学出版社，2019.7
　　ISBN 978-7-5630-6034-4

　　Ⅰ. ①江…　Ⅱ. ①汪…　Ⅲ. ①信息技术—应用—国民
经济发展—统计资料—江苏—2019　Ⅳ. ①F127.53

　　中国版本图书馆 CIP 数据核字(2019)第 129022 号

书　　名 / 江苏国民经济信息化(2019)
书　　号 / ISBN 978-7-5630-6034-4
责任编辑 / 卢蓓蓓
责任校对 / 金　怡
装帧设计 / 徐娟娟
出版发行 / 河海大学出版社
地　　址 / 南京西康路 1 号(邮编:210098)
电　　话 / (025)83737852(总编室)　(025)83722833(发行部)
网　　址 / http://www.hhup.com
排　　版 / 南京布克文化发展有限公司
印　　刷 / 南京工大印务有限公司
开　　本 / 880 毫米×1230 毫米　1/16
印　　张 / 48.5
字　　数 / 1206 千字
版　　次 / 2019 年 7 月第 1 版　2019 年 7 月第 1 次印刷
定　　价 / 450.00 元

特别感谢

感谢江苏省委、省政府办公厅,江苏省财政厅、统计局、发改委、工信厅、人防办、城乡建设厅以及工商业联合会,江苏电力、通信等部门和河海大学给予的大力支持!

编辑说明

《江苏国民经济信息化(2019)》,是全面记载江苏一年一度经济建设与发展历程的综合性资料年刊的第二部。

《江苏国民经济信息化(2019)》在省各有关部门的大力支持下,收集了江苏 2018 年及 2019 年上半年以来有关国民经济发展的,在各领域、各地区、各行业的经济建设、生态环境、招商引资、乡村振兴、民营经济、政务信息、政策性规划、商务咨询等方面的翔实资料和各行业的经济数据。

全书共分为十三个部分:第一部分,综合;第二部分,财政、金融、统计;第三部分,商务贸易、民营经济;第四部分,发展和改革、国有资产;第五部分,工业和信息化、农业农村;第六部分,人民防空、城乡建设;第七部分,生态环境、自然资源;第八部分,水利、粮食和物资储备;第九部分,交通、文化和旅游;第十部分,科学技术、教育、体育、外事;第十一部分,民政、卫生健康、社会保障;第十二部分,电力、电信、移动和联通;第十三部分,政务、大数据、新闻信息化。

《江苏国民经济信息化(2019)》记载了改革开放四十年来江苏各行业经济发展历程中翔实的经济数据,对各级领导、政府政策研究人员以及经济管理部门、各企事业单位和经济研究人员有着重要的参考作用。

目　录

第一部分　综　合

第二部分　财政、金融、统计

第三部分　商务贸易、民营经济

第四部分　发展和改革、国有资产

第五部分　工业和信息化、农业农村

第六部分　人民防空、城乡建设

第七部分　生态环境、自然资源

第八部分　水利、粮食和物资储备

第九部分　交通、文化和旅游

第十部分　科学技术、教育、体育、外事

第十一部分　民政、卫生健康、社会保障

第十二部分　电力、电信、移动和联通

第十三部分　政务、大数据、新闻信息化

第一部分

综合

江苏概况

江苏,简称"苏",位于中国大陆东部沿海,介于东经 116°18′~121°57′,北纬 30°45′~30°20′之间。公元 1667 年因江南布政使司东西分置而建省。省名为"江南江淮扬徐海通等处承宣布政使司"与"江南苏松常镇太等处承宣布政使司"合称之简称。江苏辖江临海,扼淮控湖,经济繁荣,教育发达,文化昌盛。地跨长江、淮河南北,拥有吴、金陵、淮扬、中原四大多元文化及地域特征。江苏地处中国东部,地理上跨越南北,气候、植被也同样同时具有南方和北方的特征。江苏省东临黄海,与上海市、浙江省、安徽省、山东省接壤。江苏与上海、浙江共同构成的长江三角洲城市群已成为 6 大世界级城市群之一。江苏人均 GDP、地区发展与民生指数(DLI)均居全国省域第一,已步入"中上等"发达国家水平。

来　　源:江苏省政府门户网站
发布日期:2019 年 04 月 15 日

江苏概况——自然地理

江苏位于中国大陆东部沿海中心,长江下游,东濒黄海,东南与浙江和上海毗邻,西接安徽,北接山东。省际陆地边界线 3 383 公里,面积 10.72 万平方公里,占全国的 1.12%。

江苏跨江滨海,湖泊众多,水网密布,海陆相邻,是全国唯一拥有大江大河大湖大海的省份。长江横穿东西 433 公里,大运河纵贯南北 718 公里,海岸线 957 公里。全省有乡级以上河道 2 万余条、县级河道 2 000 多条,其中列入省骨干河道名录的有 723 条。面积 50 万平方公里以上的湖泊 12 个,面积超过 1 000 平方公里的是太湖、洪泽湖,分别为全国第三、第四大淡水湖。平原、水域面积分别占 69% 和 17%。低山丘陵面积占 14%,集中分布在西南和北部。连云港云台山玉女峰是全省最高峰,海拔 625 米。

江苏省位于亚洲大陆东岸中纬度地带,属东亚季风气候区,处在亚热带和暖温带的气候过渡地带。江苏省地势平坦,一般以淮河、苏北灌溉总渠一线为界,以北地区属暖温带湿润、半湿润季风气候;以南地区属亚热带湿润季风气候。江苏气候呈现四季分明、季风显著、冬冷夏热、春温多变、秋高气爽、雨热同季、雨量充沛、降水集中、梅雨显著、光热充沛、气象灾害多发等特点。

来　　　源:江苏省政府门户网站

发布日期:2019 年 04 月 15 日

江苏概况——自然资源

全省耕地面积 6 874 万亩,人均占有耕地 0.86 亩。全省海域面积 3.75 万平方公里,共 26 个海岛。沿海滩涂面积超过 5 000 平方公里,均占全国滩涂总面积的 1/4,居全国首位。长江、淮河、大运河穿境而过。全国五大淡水湖,江苏得其二。

江苏地处南北气候过渡地带,生态类型多样,农业生产条件得天独厚,素有"鱼米之乡"的美誉。作为全国 13 个粮食主产省之一,是南方最大的粳稻生产省份,也是全国优质弱筋小麦生产优势区,玉米、花生、油菜及多种杂粮杂豆等特色粮经作物遍布全省,棉花、蚕桑生产稳定,野生中草药材超千余种。园艺蔬菜是全省第一大经济作物。地方畜禽种质资源丰富,拥有畜禽遗传资源保护名录品种 30 个,其中 15 个被列入国家级畜禽遗传资源保护名录,国家级保种单位数量全国第一。

水资源:江苏地处江、淮、沂沭泗流域下游和南北气候过渡带,河湖众多,水系复杂。江苏平均本地水资源量 322 亿立方米,人均占有量仅为全国平均的 1/5,过境水量较多,为 9 490 亿立方米,其中长江径流占 95% 以上。

矿产资源:本省地跨华北地台和扬子地台两大地质构造单元,有色金属类、建材类、膏盐类、特种非金属类矿产是江苏矿产资源的特色和优势。目前已发现的矿产品种有 133 种,探明资源储量的有 68 种,其中铌钽矿、含钾砂页岩、泥灰岩、凹凸棒石粘土、二氧化碳气等矿产查明资源储量居全国前列。

生物资源:本省野生动物资源为数较少,鸟类主要是野鸡、野鸭,沿海有丹顶鹤、白鹤、天鹅等珍稀飞禽,沿海地区还建有世界上第一个野生麋鹿保护区。植物资源非常丰富,约有 850 多种,尚有可利用和开发前途的野生植物资源 600 多种。全省渔业资源丰富,仅鱼类就有 500 多种。江苏近岸海域是黄海和东海渔业资源的重要产卵场,沿海有吕四、海州湾、长江口和大沙等四大渔场,盛产黄鱼、带鱼、鲳鱼、虾类、蟹类和贝藻类等水产品。有久负盛名"太湖三白"白鱼、白虾、银鱼,有号称"长江三鲜"的刀鱼、鲥鱼、河鲀等。

湿地资源:江苏湿地资源丰富,全省湿地面积为 282.19 万公顷,其中自然湿地 195.32 万公顷,人工湿地 86.87 万公顷。

来　　　源:江苏省政府门户网站

发布日期:2019 年 04 月 15 日

江苏概况——行政区划

截至 2018 年 12 月底,全省共有 13 个设区市,96 个县(市、区),767 个乡镇,491 个街道办事处。昆山市、泰兴市、沭阳县为省直管试点县(市)。

设区的市	区、县、市
南京市(11 区)	玄武区、秦淮区、建邺区、鼓楼区、浦口区、栖霞区
	雨花台区、江宁区、六合区、溧水区、高淳区
无锡市(5 区 2 市)	锡山区、惠山区、滨湖区、梁溪区、新吴区
	江阴市、宜兴市
徐州市(5 区 3 县 2 市)	鼓楼区、云龙区、贾汪区、泉山区、铜山区
	丰县、沛县、睢宁县
	新沂市、邳州市
常州市(5 区 1 市)	天宁区、钟楼区、新北区、武进区、金坛区
	溧阳市
苏州市(5 区 4 市)	虎丘区、吴中区、相城区、姑苏区、吴江区
	常熟市、张家港市、昆山市*、太仓市
南通市(3 区 1 县 4 市)	崇川区、港闸区、通州区
	如东县
	海安市、启东市、如皋市、海门市
连云港市(3 区 3 县)	连云区、海州区、赣榆区
	东海县、灌云县、灌南县
淮安市(4 区 3 县)	淮安区、淮阴区、清江浦区、洪泽区
	涟水县、盱眙县、金湖县
盐城市(3 区 5 县 1)	亭湖区、盐都区、大丰区
	响水县、滨海县、阜宁县、射阳县、建湖县
	东台市
扬州市(3 区 1 县 2 市)	广陵区、邗江区、江都区
扬州市(3 区 1 县 2 市)	宝应县
	仪征市、高邮市

设区的市	区、县、市
镇江市(3区3市)	京口区、润州区、丹徒区
	丹阳市、扬中市、句容市
泰州市(3区3市)	海陵区、高港区、姜堰区
	兴化市、靖江市、泰兴市*
宿迁市	宿城区、宿豫区
	沭阳县*、泗阳县、泗洪县

注:带*号的为省直管试点县(市)。

来　　源:江苏省政府门户网站
发布日期:2019 年 04 月 15 日

江苏概况——人口结构

2018 年末,全省常住人口 8 050.7 万人,比上年末增加 21.4 万人,增长 0.27%。

在常住人口中,男性人口 4 051.15 万人,女性人口 3 999.55 万人;0~14 岁人口 1 115.83 万人,15~64 岁人口 5 805.36 万人,65 岁及以上人口 1 129.51 万人。

2018 年人口出生率 9.32‰。比上年下降 0.39 个千分点;人口死亡率 7.03‰,与上年持平;人口自然增长率 2.29‰,比上年下降 0.39 个千分点。

来　　源:江苏省政府门户网站
发布日期:2019 年 04 月 15 日

江苏经济发展——综合实力

2018 年,我省推动经济平稳健康发展,经济运行保持在合理区间和中高速增长。

经济总量再上新台阶。2018 年实现地区生产总值 9.26 万亿元,比上年增长 6.7%。人均地区生产总值 115 168 元,比上年增长 6.3%。劳动生产率持续提高,平均每位从业人员创造的增加值达 194 759 元,比上年增加 14 247 元。固定资产投资增长 5.5%,其中,工业投资、工业技改投资、民间投资分别增长 8%、10.7%、10.8%。228 个省重大实施项目完成投资 5 300 亿元。社会消费品零售总额增长 8.2%,限额以上网上零售额增长 25%。

经济结构持续优化。战略性新兴产业、高新技术产业产值分别增长 8.8%、11%,占比提高至 32%、43.8%;高技术制造业、装备制造业增加值分别增长 11.1% 和 8%,高于规模以上工业 6 和 2.9 个百分点。

经济活力增强。全年非公有制经济实现增加值 68 057.6 亿元,占 GDP 比重达 73.5%;私营个体经济增加值占 GDP 比重达 49.9%,民营经济增加值占 GDP 比重达 55.6%。2018 年末全省工商部门登记的私营企业 286.79 万户;全年新登记私营企业 48.95 万户,注册资本 25 838.02 亿元。年末个体户 590.10 万户,全年新登记 109.54 万户。

财政收入稳定增长。一般公共预算收入 8 630 亿元、增长 5.6%,其中税收收入 7 263.7 亿元、增长 12%,税收占比达 84.2%、同比提高 4.8 个百分点。

来　　源:江苏省政府门户网站
发布日期:2019 年 04 月 15 日

江苏经济发展——"三农"工作

2018 年,我省农业农村经济发展稳中向好、稳中向优,乡村振兴实现良好开局。

种植业结构不断优化。2018 年粮食播种面积 547.6 万公顷,棉花种植面积 1.7 万公顷,油料种植面积 26.3 万公顷,蔬菜种植面积 142.5 万公顷。粮食总产量 3 660.3 万吨,增长 1.4%。

林牧渔业生产总体平稳。2018 年造林面积 4.3 万公顷,猪牛羊禽肉产量 321.9 万吨,禽蛋产量 178 万吨,牛奶总产量 50 万吨。水产品总产量 493.4 万吨(不含远洋捕捞)。

现代农业加快推进。农业产业结构不断优化,绿色农业、智慧农业、订单农业等现代农业加快发展。全省高效设施农业面积占比达 19.6%,高标准农田占比达 61%。全省有效灌溉面积达 418 万公顷,新增有效灌溉面积 4.8 万公顷,新增节水灌溉面积 15.3 万公顷。2018 年末,农业机械总动力 5 042 万千瓦,农业综合机械化水平达 84%,农业科技进步贡献率提高到 68%。

新产业新业态保持高速增长。实施"百园千村万点"休闲农业精品行动,创意休闲农业年综合收入 535 亿元。农业信息化覆盖率 64%,农产品网络营销额 470 亿元。建成运营益农信息社 1.47 万个,实现涉农行政村全覆盖。

农业绿色发展呈现新气象。秸秆综合利用率 93%,畜禽养殖废弃物综合利用率 82.7%。实施部省级耕地轮作休耕试点 46 万亩,苏南地区轮作休耕整体推进。

农村创业创新主体培育加快。全省新培育职业农民 20 万人,省级以上农业产业化龙头企业总数达 836 家,家庭农场 4.8 万家,农民合作社 9.9 万家。新组建各级农业产业化联合体 259 家。

农村居民收入持续增长。2018 年,农村居民人均可支配收入 20 845 元,增长 8.8%,城乡居民收入差距持续缩小到 2.26∶1。

来　　源:江苏省政府门户网站
发布日期:2019 年 04 月 15 日

江苏经济发展——绿色发展

2018年,江苏设立打好污染防治攻坚战指挥部,持续加大污染防治力度。全省$PM_{2.5}$平均浓度48微克/立方米。104个国考断面水质优III类比例68.3%、劣V类比例1%,化学需氧量、二氧化硫、氨氮、氮氧化物四项主要污染物排放量削减指标均完成国家下达的目标任务。长江、淮河等重点流域及近岸海域水质总体保持稳定,太湖治理连续11年实现"两个确保"。

推动经济绿色转型。划定16大类480块国家级生态保护红线区域,陆域、海洋生态红线面积占比分别达8.2%、27.8%。编制我省"三线一单"(生态保护红线、环境质量底线、资源利用上线和生态环境准入清单)。

节能降耗和去产能工作取得新进展。加快淘汰低水平落后产能,全年压减钢铁产能80万吨、水泥产能210万吨、平板玻璃产能660万重量箱;关闭高耗能高污染及"散乱污"规模以上企业3 600多家;关停低端落后化工企业1 200家以上。全省规模以上工业综合能源消费量同比下降2.5%。

加强生态环境执法监管。全力配合中央环保督察"回头看",完成第三批省级环保督察。扎实开展沿江八市"共抓大保护、不搞大开发"交叉互查等一系列专项行动,解决了一批突出环境问题。

深化生态环境制度改革。大力推进绿色金融、排污权有偿使用和交易、生态环境损害赔偿、环保信用评价等一批制度改革,建立企业环保信任保护制度。

全面推进绿色建筑、绿色建造和生态园林城市建设。新增绿色建筑标识项目783项、建筑面积8 197万平方米。城镇新建民用建筑65%节能标准全面执行,新增节能建筑面积超过1亿平方米。全省林木覆盖率达23.2%。建成国家生态园林城市5个,国家生态工业园区21个,国家生态文明建设示范市县9个。

来　　源:江苏省政府门户网站
发布日期:2019年04月15日

江苏经济发展——区域发展

2018 年，我省推动城乡融合发展，实现区域优势互补，城乡区域协调发展水平进一步提升。

乡村振兴战略深入实施。培育壮大优势特色产业，加强农业基础建设，开展品牌强农行动，农业产业结构不断优化。特色田园乡村建设扎实推进。农村土地制度、集体产权制度、农村金融等各项改革向纵深推进，超过一半的行政村完成集体资产股份合作制改革。总结推广马庄经验，农村文化建设、农民精神面貌和乡村治理水平不断提升。

区域一体化发展扎实推进。深入落实长江经济带"共抓大保护，不搞大开发"要求，制定出台推动我省长江经济带高质量发展走在前列的实施意见，统筹推进沿江产业结构调整、生态文明建设、交通枢纽建设和城市规划发展，沿江地区转型发展步伐加快。深入实施"1＋3"重点功能区战略，扬子江城市群、江淮生态经济区、沿海经济带、徐州淮海经济区中心城市建设扎实推进。扬子江城市群对全省经济增长的贡献率达 81.4％；沿海经济带对全省经济增长的贡献率达 16.6％。新型城镇化建设步伐加快，2018 年末城镇化率达 69.61％，比上年提高 0.85 个百分点。

来　　源：江苏省政府门户网站
发布日期：2019 年 04 月 15 日

江苏经济发展——民生改善

2018 年，我省着力解决民生突出问题，不断提高人民群众获得感幸福感安全感。公共财政用于民生领域支出占比达 75％。

居民收入稳定增长。据城乡一体化住户调查，2018 年全省居民人均可支配收入 38 096 元，比上年增长 8.8％。按常住地分，城镇居民人均可支配收入 47 200 元，增长 8.2％；农村居民人均可支配收入 20 845 元，增长 8.8％。城乡居民收入差距进一步缩小，城乡居民收入比由上年的 2.28：1 缩小为 2.26：1。

就业形势持续向好。全省就业人口 4 750.9 万人。城镇就业人口 3 227.5 万人，城镇新增就业人口 153 万人,城镇登记失业率为 2.97%。全年新增转移农村劳动力 25.5 万人,转移率达 75.2%。城镇失业人员再就业 89.5 万人,城乡就业困难人员就业再就业 31.9 万人。

社会保障体系更加完善。稳步实施全民参保计划,参保覆盖面持续扩大。2018 年末,全省城乡基本养老、城乡基本医疗、失业、工伤、生育保险参保人数分别为 5 538 万人、7 721.18 万人、1 671.3 万人、1 777.2 万人和 1 694.46 万人。

住房保障工作有力推进。全年新开工棚户区(危旧房)改造 25.62 万套,基本建成保障性住房 24.24 万套(户);公共租赁住房基本建成 3 420 套;城镇住房保障家庭租赁补贴共发放 2.29 万户。启动并有力推进改善苏北地区农民群众住房条件。大力推进老旧小区环境综合整治,加快推进多层老旧住宅加装电梯等适老化改造。

改善乡村人居环境。扎实推进农村人居环境三年整治行动,深入实施美丽宜居乡村建设和乡镇功能提升工程,将改善苏北地区农民群众住房条件、特色田园乡村建设作为重中之重持续推进。积极推进农村危房改造,完成了 1.75 万户农村危房改造任务。扎实推进特色田园乡村试点。

精准脱贫成效明显。大力实施脱贫攻坚三年行动,聚焦重点片区、经济薄弱村和低收入群体,着力解决好因病因残因灾致贫返贫问题,67.5 万建档立卡低收入人口增收脱贫,244 个省定经济薄弱村实现达标,低收入人口占比下降到 1% 以下。

来　　源:江苏省政府门户网站
发布日期:2019 年 04 月 15 日

江苏社会事业——基础设施

2018 年,全省交通基础设施建设投资 1 197.4 亿元;其中,铁路完成投资 422.6 亿元。

全省公路通车里程达 16 万公里,其中,高速公路里程达 4 710 公里。新改建普通国省道 550 公里、农村公路 4 838 公里,行政村双车道四级公路覆盖率达到 97.9%。全省铁路运营总里程达 3 014 公里,其中高快速铁路营运里程达 1 811 公里。建成连盐、青连、宁启铁路二期铁路等项目 5 个;沿江城市群城际铁路建设规划获国家批复,苏南沿江铁路、盐通铁路开工建设。内河航道总里程达 2.44 万公里,其中四级以上航道里程达 3 147 公里。

全省已经建成 14 座过江通道。全省 9 个运输机场布局全面建成落地,南京禄口机场 T1 航站楼改扩建工程加快推进,开工建设无锡硕放机场改造工程,盐城南洋机场 T2 航站楼建成启用,通用机场总数达 10 个。

全省重点工程和农村水利累计完成投资 234 亿元。新沟河工程基本建成,新孟河工程全面实施,望虞河西岸控制、镇扬河段三期、黄墩湖滞洪区等工程加快推进,南京八卦洲整治等工程开工建设;中小河流治理、病险水库除险加固工程加快推进;郑集河输水扩大工程等启动实施,黄河故道后续工程全面开工;南水北调东线一期工程加快扫尾验收。

全省现有注册登记水库952座,水库总集水面积2.09万平方千米,总库容35.20亿立方米,设计灌溉面积36.8万公顷,有效灌溉面积27.1万公顷,年供水量4.34亿立方米。

来　　源:江苏省政府门户网站
发布日期:2019年04月15日

江苏社会事业——教育事业

2018年,全省教育改革持续深化,学前教育资源供给不断增加,义务教育优质均衡发展加快推进,现代职业教育体系不断完善,高等教育事业得到加强,"双一流"和高水平大学建设取得新成效。

基础教育优质发展。全年新建改扩建幼儿园581所、义务教育阶段学校444所、普通高中35所。建设基础教育内涵建设项目335个,建成823个融合教育资源中心。推进义务教育城乡一体化发展,推动义务教育学校标准化建设和优质均衡发展县创建。普通高中课程改革积极有序推进。职业教育质量稳步提升。公布了531个现代职业教育体系建设试点项目。高等教育内涵建设不断加强。"双一流"和高水平大学建设持续推进。启动优势学科三期项目建设。26所高校的124个学科进入ESI前1%。

教育体制改革有序推进。扎实推进国家"完善县域内义务教育教师均衡配置体制机制"等3项教育综合改革重点推进事项。遴选高教综合改革试点项目30个。民办教育管理更加规范。实施分类管理,积极促进民办学校健康发展。教育对外开放步伐稳健。加强和规范外国留学生管理,93所高校招收培养留学生4.59万名。现有中外合作办学机构和项目323个。

教育服务发展能力不断提升。继续实施江苏高校协同创新计划,成立江苏高校协同创新联盟。加强高校科技创新平台建设,新增省级大学科技园1个、省工程研究中心21个、高职院校工程技术研究开发中心39个。产教融合持续深化,全省高校累计选聘1 711名行业企业专家担任产业教授。完善产学研合作机制,推动创新链和产业链"双向融合"。

教育保障能力建设展现新作为。教育优先发展得到强化。率先建立并实施面向设区市人民政府的履行教育职责考核评价制度。教育信息化水平继续提升。全省中小学接入100 M以上宽带的学校占85.8%,开通师生网络学习空间858万个。实施教师信息技术应用能力提升工程,培训37万人次。

全省共有普通高校142所。普通高等教育招生62.74万人,在校生200.09万人,毕业生53.87万人;研究生教育招生6.91万人,在校生19.46万人,毕业生4.74万人。高等教育毛入学率58.3%,高中阶段教育毛入学率99%以上。全省中等职业教育在校生62.6万人(不含技工学校)。特殊教育招生0.48万人,在校生3.12万人。全省共有幼儿园7 222所,在园幼儿255.58万人,学前三年教育毛入园率达98%以上。

来　　源:江苏省政府门户网站
发布日期:2019年04月15日

江苏社会事业——科技事业

2018 年,江苏深入实施创新驱动发展战略,全社会研发投入占地区生产总值比重达 2.64%(新口径),万人发明专利拥有量 26.45 件,高新技术产业产值占规模以上工业产值比重达 43.8%,科技进步贡献率达 63%,区域创新能力连续多年保持全国前列。

科技体制改革进一步深化。出台《关于深化科技体制机制改革推动高质量发展若干政策》。省产业技术研究院改革不断深化,面向全球新聘 32 位项目经理,新建 6 家专业研究所。出台《关于加快推进全省技术转移体系建设的实施意见》,省技术产权交易市场"一平台、一中心、一体系"加快建设。

企业自主创新能力进一步增强。加快培育具有自主知识产权和自主品牌的创新型领军企业、独角兽企业和瞪羚企业,新认定国家高新技术企业超过 8 000 家。出台《江苏省科技型中小企业评价实施细则(试行)》,通过评价的科技型中小企业超过 15 000 家。企业研发经费投入占主营业务收入比重提高至 1.3%,大中型工业企业和规模以上高新技术企业研发机构建有率保持在 90% 左右,国家级企业研发机构达到 145 家,位居全国前列。

产业技术创新水平进一步提高。聚焦重点培育的 13 个先进制造业集群,出台《关于促进科技与产业融合加快科技成果转化的实施方案》。深入实施前瞻性产业技术创新专项,开展 131 项产业前瞻与共性关键技术研发。组织实施省重大科技成果转化专项资金项目 124 项。大力推进重大创新平台和载体设施建设,省政府成立省重大科技平台建设领导小组。

创新创业生态进一步优化。高质量推进大众创业、万众创新,省级以上众创空间达 746 家,新增 5 家国家级专业化众创空间,"双创"带动就业占城镇新增就业的 50% 以上。大力发展专业化孵化载体,省级以上创业孵化载体超过 1 600 家。

来　　源:江苏省政府门户网站
发布日期:2019 年 04 月 15 日

江苏社会事业——文化事业

2018 年是江苏文化和旅游事业融合发展的第一年，江苏以创新的思路推动文化和旅游改革发展，各项工作呈现出新亮点，取得了新成效。

推动艺术创作持续繁荣。成功举办 2018 戏曲百戏（昆山）盛典，组织 120 个戏曲剧种、156 部剧目（含折子戏）在昆山展演。配合举办紫金文化艺术节，组织演出 38 台剧目。遴选淮剧《送你过江》等 12 部剧目列入年度省舞台艺术精品创作扶持工程，苏剧《国鼎魂》等 4 部剧目列入年度省舞台艺术重点投入工程。成功举办庆祝改革开放 40 周年主题美术作品展、第五届丝绸之路国际艺术节等活动。

提升公共文化服务效能。开展第十三届江苏省"五星工程奖"评选活动，实行文化评奖与文化惠民相结合。加强公共文化服务体系示范区建设，南京市江宁区通过国家示范区创建验收，镇江入选第四批创建城市。全省新建成基层综合性文化服务中心 6 000 多个。持续开展送戏、送书、送展览活动。

加强文化遗产保护传承利用。完成第八批省级文保单位申报评审，启动第八批全国重点文保单位申报工作。加强大遗址保护与考古遗址公园建设。积极开展文化文物单位文化创意产品开发试点和文物流通领域登记交易制度试点。认真落实大运河文化带建设国家战略，设立省级大运河文化发展基金，启动实施大运河国家文化公园江苏段建设，打造江南文化、运河文化品牌。全省有 46 人入选第五批国家级非遗代表性传承人名单。探索非遗保护传承新途径，在全省范围内创设江苏省非物质文化遗产创意基地。

强化文化市场监管。深化文化市场综合执法改革，在全国率先完成设区市"同城一支队伍"体制改革任务，在张家港市、高邮市、淮安市淮安区开展县级层面改革试点。出台《关于深化文化市场"放管服"改革的意见》。加强文化市场执法监管。规范依法治旅大环境。强化旅游安全管理，加强旅游安全应急处置工作，稳妥应对并参与处理境外重大突发事件。

优化文化产业发展环境。实施文化产业园区（基地）提升工程。编制扬子江旅游、沿海旅游和红色旅游发展规划，"十三五"旅游产业发展全面布局。29 个全域旅游示范区创建有序推进。制定《江苏省乡村旅游发展指引（2018—2020）》。推进"旅游＋"融合发展，涌现出一批工业旅游、乡村休闲、康体养生、研学旅游、体育旅游等创新业态。

扩大对外和对港澳台交流合作。制定对外和对港澳台文化交流行动计划，建设对外文化交流精品项目库。加强与周边国家和"一带一路"沿线国家的人文交流。完成"欢乐春节·精彩江苏"演出任务。中日韩三国旅游部长会议在江苏成功举办。第八届苏台灯会和江苏文化嘉年华（香港）活动成功举办，港澳台入境游基础市场进一步巩固。

来　　源：江苏省政府门户网站
发布日期：2019 年 04 月 15 日

江苏社会事业——卫生计生事业

2018年，我省积极推进"健康江苏"建设，卫生健康事业高质量发展走在前列实现良好开局。

实施全民健康素养提升行动，开展"三减三健"专项行动、全民自救互救素养提升工程和"2018健康江苏行"环省主题宣传活动，全省居民健康素养水平不断提升。加强慢性病综合防控，8个国家级慢性病综合防控示范区通过国家复审，新建成8个省级达标区。启动实施青少年近视眼防控工作。积极开展健康城市健康村镇建设，新建成省健康镇46个、省健康村252个、省健康社区284个。14个国家卫生城市、56个国家卫生乡镇顺利通过复审，连云港等4个市实现省级卫生乡镇全覆盖。

医药卫生体制改革持续深化。分级诊疗格局加快构建。全省建有医联体352个，三级公立医院全部参与、二级以上社会办医疗机构参与比例达49.81%。加快五大救治中心建设，建成区域级胸痛救治中心9家、创伤救治中心9家、卒中救治中心6家。全省县域就诊率接近90%。药品供应保障更加有力。落实短缺药品每月零报告制度，对14种药品实行省级定点储备。新一轮药品集中采购竞价议价采购产品价格平均降幅为18.04%。

公共卫生服务不断优化。基本公共卫生服务水平稳步提高，重大疾病防控成效显著，妇女儿童健康保障全面加强。医疗服务体系不断完善。覆盖城乡的15分钟健康服务圈日益完善。全省有三级医院161家，每个县(市)都有一所较高水平的二甲医院。基层卫生服务能力显著增强。在18个县(市、区)开展"大基层"体系建设试点。医疗服务持续改善。实施新一轮改善医疗服务三年行动计划。

中医药事业加快发展。基层机构中医馆建设达标率65.1%。省中医院妇科、南京市中医院肛肠科等6个专科成为国家区域中医(专科)诊疗中心建设单位。人才培养成效显著。启动省名中医评选工作，遴选确定29名省中医药领军人才培养对象，5人入选国家"岐黄学者"培养工程，新增全国中药特色传承人才培养对象10人。

医养结合深入发展。实施健康老龄化三年行动计划，65岁以上老年人健康管理率达69%。全面两孩政策稳妥实施。健康扶贫成效显著。农村建档立卡低收入人口家庭医生签约率达97.02%；全面落实农村低收入人口住院"先诊疗后付费"政策，大病专项救治总病种数达30种。

"互联网＋医疗健康"加快推进。省智慧健康平台与13个设区市、98%的县(市、区)平台实现互联互通。出台32条"互联网＋医疗健康"便民惠民服务措施，省集约式预约诊疗服务平台2018年预约量达603万人次。全省建立区域性远程会诊中心45个、远程影像诊断中心61个、远程心电诊断中心44个，89%的县(市、区)面向基层开展集中读片等远程医疗服务。

来　　源：江苏省政府门户网站
发布日期：2019年04月15日

江苏社会事业——体育事业

2018 年,我省体育事业各项工作取得新的突破性进展。

第十九届省运会等重要赛事成功举办。第十九届省运会在项目设置、赛事组织等方面进行了重大改革,新增了 15 个群众体育项目;共有 109 人 143 次打破 106 项省年龄组比赛纪录。举办承办 131 项次全国以上重大赛事,其中世界击剑锦标赛、世界羽毛球锦标赛、世界女排联赛总决赛等国际赛事 54 项。

公共体育服务能力稳步提升。大力推进农村体育健身工程和城市社区"10 分钟体育健身圈"提档升级,新建 500 公里健身步道,建成 700 个体育公园。

竞技体育综合实力继续保持全国前列。第 18 届亚运会上,我省共有 19 人次获 15 项次金牌,金牌数列全国第 5 位,奖牌数列全国第 4 位;在全国一类比赛上,我省共获得 38 项次金牌,金牌数、奖牌数均列全国第 3 位。江苏围棋队实现了围棋比赛团体"大满贯"。

青少年体育蓬勃发展。校园笼式足球场地建设加快推进,"省长杯"青少年校园足球联赛设 18 个组别、5 000 多名学生参赛,全省大学生城市足球联赛 56 支队伍参赛。命名 13 个省青少年校园足球试点县(市、区)、12 所足球后备人才示范学校、40 个省单项体育后备人才训练基地、18 个省示范性青少年奥林匹克体育俱乐部。

体育产业发展态势持续向好。出台《江苏省体育旅游发展三年行动计划》以及山地户外、航空、水上、冰雪等运动产业行动方案。培育新一批国家体育产业基地,新命名 21 家省级体育产业基地,认定首批 14 家体育服务综合体。

来　　源:江苏省政府门户网站

发布日期:2019 年 04 月 15 日

江苏社会事业——民政事业

　　2018年,全省民政系统圆满完成各项目标任务,实现高质量发展良好开局。

　　精准社会救助有新突破。出台《关于在脱贫攻坚三年行动中精准做好社会救助兜底保障工作的实施意见》。制定民政系统打赢打好脱贫攻坚战实施方案。2018年度低保提标任务全面完成。建成省级社会救助家庭经济状况核对平台。构建省市县3级联动核对体系,提高社会救助精准度。

　　深入开展农村留守儿童关爱保护专项行动,无人监护的留守儿童均已纳入监护范围。全面实施残疾人"两项补贴"制度。将家庭生活困难、靠家庭供养且无法单独立户的成年无业重度残疾人纳入低保范围。

　　老年人获得感有新提升。6个设区市开展国家级居家和社区养老服务改革试点。开展省级居家和社区养老服务改革试点。实施护理型床位补贴等扶持政策,全省护理型养老床位达到22.91万张。养老服务机构普遍采取内设医疗机构或与周边医疗机构签订服务协议等形式,为老

年人提供医疗护理服务。依法取缔、关停、撤并不具备整改条件的养老机构。

　　基层社会治理有新成果。改造提升和新建300个社区综合服务中心,新增社区服务用房近7万平方米。城乡社区综合服务中心实现全覆盖,83％的社区(村)达到每百户不低于30平方米的国家新标准。全省持证社会工作专业人才达到5.57万人。开发设置社会工作岗位4万余个,扶持发展民办社工机构1 200余家。全省注册登记志愿者达1 510万人。深入实施"政社互动"改革,进一步厘清基层政府和自治组织的权责边界。

　　专项社会服务有新水平。推行免费婚姻登记制度。制定收养能力评估标准,全面开展收养评估工作。惠民、绿色、生态殡葬改革持续推进,我省被确定为全国殡葬改革试点地区,惠民殡葬政策实现县(市、区)全覆盖。

来　　源:江苏省政府门户网站
发布日期:2019年04月15日

· 17 ·

江苏改革开放——民营经济

2018 年,我省出台推动民营经济高质量发展的意见,有力促进民营经济发展。全省民营经济完成增加值同比增长 7.1%,对全省 GDP 增长的贡献率达 55.6%。全省规模以上民营工业企业完成增加值同比增长 4.1%。实现利润总额 4 314.3 亿元,同比增长 10.1%。完成民间投资同比增长 10.8%,高于全部固定资产投资增速 5.3 个百分点。

全省新登记私营企业 48.95 万户。私营企业单体规模继续扩张,户均注册资本由上年底的 498.0 万元提高到 558.6 万元;注册资本超过 1 亿元的私营企业达 18 108 户。

来　　源:江苏省政府门户网站
发布日期:2019 年 04 月 15 日

江苏改革开放——开放型经济

2018 年,全省开放型经济运行呈现总体平稳、稳中有进、进中提质的良好态势。

对外开放迈出新的步伐。制定出台高质量推进"一带一路"交汇点建设的意见,着力打造连云港战略支点,中哈物流合作基地、上合组织(连云港)国际物流园建设高标准推进。实施国际综合交通体系拓展等"五大计划"。

利用外资结构不断优化。全省实际利用外资 255.9 亿美元。利用外资质量效益持续提升,以先进制造业为主的十大战略性新兴产业实际利用外资同比增长 13.9%。新批外商投资企业 3 348 家,新认定 25 家跨国公司地区总部和功能性机构,新设 21 家外资研发机构。新批及净增资 9 000 万美元以上的外商投资大项目 353 个。新批境外投资项目 786 个,中方协议投资额 94.8 亿美元。

开发区创新发展水平提升。积极复制推广国家自贸试验区改革政策,开发区转型发展、特色发展步伐加快,国家级开发区数量及绩效位居全国前列。国家高新区实现设区市全覆盖。全省共有省级以上开发区 158 家,其中国家级开发区 46 家。

来　　源:江苏省政府门户网站
发布日期:2019 年 04 月 15 日

江苏改革开放——对外交流

2018 年,全省外事部门各项工作取得显著进展和积极成效。

服务全方位对外布局,配合完成重大外交任务有新亮点。积极参与首届上海进口博览会,高质量承办 2018 年国际和平日等外交活动。服务建设新型国际关系,高质量完成党宾国宾来访。

以友城工作为抓手,系统推进全方位对外交流合作有新进展。举办江苏省国际友城 40 周年交流合作月。全年新结友城 17 对,全省共结友城 328 对,获得中国人民对外友好协会颁发的"国际友好城市特别贡献奖"。深入实施"一带一路"人文交流品牌塑造计划。成功举办江苏省与外国驻沪代表机构新春交流会、第二届"中拉文明对话会"等活动。积极做好"江苏省荣誉居民""江苏省人民友好使者""江苏青年友好使者"的评选工作,不断壮大江苏民间外交的中坚力量。

发挥机制引领作用,推动苏港澳融合发展有新成效。全力推进苏澳合作园区建设,举办江苏文化嘉年华、第八届苏港澳青年精英论坛、第八届江苏—澳门·葡语国家工商峰会等活动,启动南京江北新区"苏港青年创新创业基地"项目。

· 19 ·

来　　源:江苏省政府门户网站
发布日期:2019 年 04 月 15 日

江苏改革开放——港口概况

江苏是港口大省,交通运输部公布的全国 53 个主要港口名录中,江苏有 7 个;在沿海 25 个主要港口中,江苏有 5 个。

至 2018 年底,全省拥有港口生产性泊位数 5 480 个,万吨级以上泊位数 497 个;港口综合通过能力达到 20.0 亿吨,集装箱通过能力达到 1 613.6 万标箱。

2018 年,全省港口完成货物吞吐量 25.8 亿吨。苏州港、连云港港、南京港、南通港、泰州港、江阴港、镇江港、扬州港等 8 港吞吐量超亿吨。港口货物通过能力、万吨级以上泊位数、货物吞吐量、亿吨大港数等多项指标全国第一。

来　　源:江苏省政府门户网站
发布日期:2019 年 04 月 15 日

江苏省政府 2019 年政府工作报告

——2019 年 1 月 14 日在江苏省第十三届人民代表大会第二次会议上

省长　吴政隆

各位代表：

现在，我代表江苏省人民政府向大会报告工作，请予审议，并请各位政协委员提出意见。

一、2018 年工作回顾

2018 年是全面贯彻党的十九大精神的开局之年。让我们倍受鼓舞的是，习近平总书记在党的十九大后第一次到地方视察就来到江苏，为我们指明了前进方向。我们坚持以习近平新时代中国特色社会主义思想为指导，深入贯彻党的十九大精神和习近平总书记对江苏工作的重要指示要求，全面落实党中央、国务院和省委决策部署，坚持稳中求进工作总基调，深入贯彻新发展理念，保持定力，坚定信心，攻坚克难，有效应对外部环境深刻变化带来的挑战和国内"三期叠加"带来的深刻影响，扎实推动"六个高质量"，深入推进"两聚一高"新实践，统筹做好改革发展稳定工作，全省高质量发展实现良好开局，"强富美高"新江苏建设迈出新步伐。

（一）经济发展稳中有进

加强对经济形势的分析研判，认真贯彻"六稳"要求，及时采取针对性措施，推动经济平稳健康发展。经济运行保持在合理区间和中高速增长。全省地区生产总值增长 6.7%，总量达 9.26 万亿元。固定资产投资增长 5.5%，其中，工业投资、工业技改投资、民间投资分别增长 8%、10.7%、10.8%。228 个省重大实施项目完成投资 5 300 亿元。社会消费品零售总额增长 8.2%，限额以上网上零售额增长 25%。居民消费价格总水平上涨 2.3%。经济结构持续优化。战略性新兴产业、高新技术产业产值分别增长 8.8%、11%，占比提高至 32%、43.8%；高技术制造业、装备制造业增加值分别增长 11.1% 和 8%，高于规模以上工业 6 和 2.9 个百分点。大力推进化工钢铁煤电行业转型升级、优化空间布局，连云港盛虹炼化一体化项目开工建设，宝武梅钢基地等钢铁产能布局调整取得重要进展，关停落后煤电机组 48.8 万千瓦。出台推动民营经济高质量发展的意见，有力促进民营经济发展。质量效益进一步提升。实现一般公共预算收入 8 630 亿元、增长 5.6%，其中税收收入增长 12%，税占比达 84.2%、同比提高 4.8 个百分点；规模以上工业企业利润增长 8.4%。预计单位地区生产总值能耗下降 5.5%、单位地区生产总值二氧化碳排放量下降 4.5%，煤炭消费总量比 2016 年减少 1 800 万吨以上，资源利用效益明显提升。新增国家制造业单项冠军 25 个，新增中国工业大奖企业 4 家。

（二）"三大攻坚战"成效显著

认真落实中央部署要求，强化措施，动真碰硬，既"补好短板"又"加固底板"，年度攻坚任务全面完成。重点领域风险得到有效控制。制定出台关于防范化解地方政府隐性债务风险的实施意见，强化责任、综合施策，控降政府性债务工作有力有效推进。依法依规及时处置一批重大非法集资事件，积极清理整顿 P2P 网贷机构，实现涉案金额亿元以上、参与人数千人以上的新立涉嫌非法集资刑事案件数量"双下降"。污染防治力度持续加大。狠抓中央环保督察"回头看"反馈意见整改,大力推进沿江化工污染整治、饮用水水源地安全检查和达标建设等行动,坚决打好污染防治攻坚战。全省PM2.5平均浓度48微克/立方米;104个国考断面水质优Ⅲ类比例68.3%、劣Ⅴ类比例1%,化学需氧量、二氧化硫、氨氮、氮氧化物四项主要污染物排放量削减指标均完成国家下达的目标任务。长江、淮河等重点流域及近岸海域水质总体保持稳定,太湖治理连续11年实现"两个确保"。实施城市黑臭水体整治项目129个,完成农用地土壤污染状况详查,危险废物集中处置能力不断提升。实施农村人居环境整治三年行动,大力推进生活垃圾处理、生活污水处理、村容村貌提升和厕所革命,城乡人居环境持续改善,林木覆盖率达23.2%。精准脱贫成效明显。大力实施脱贫攻坚三年行动,对照"两不愁、三保障"和我省脱贫致富奔小康工程要求,聚焦重点片区、经济薄弱村和低收入群体,着力解决好因病因残因灾致贫返贫问题,67.5万建档立卡低收入人口增收脱贫,244个省定经济薄弱村实现达标,低收入人口占比下降到1%以下。

（三）新动能不断发展壮大

深入实施创新驱动战略,着力推动新旧动能加速转换。科技创新能力持续增强。召开全省科技创新工作会议,制定出台促进科技与产业深度融合的政策措施,全社会研发投入占比达2.64%（新口径）,万人发明专利拥有量26.45件,增加3.95件,科技进步贡献率达63%。企业创新主体地位不断增强。加快培育具有自主知识产权和自主品牌的创新型领军企业、独角兽企业和瞪羚企业,新认定国家高新技术企业超过8000家。企业研发经费投入占主营业务收入比重提高至1.3%,大中型工业企业和规模以上高新技术企业研发机构建有率保持在90%左右,国

家级企业研发机构达到145家,位居全国前列。关键核心技术攻关有力推进。把提高自主创新能力作为核心环节,聚焦产业升级需求,大力实施前瞻先导技术专项,集中力量加大对"卡脖子""牵鼻子"关键技术攻关力度,组织开展关键核心技术攻关131项。进一步完善科技成果转化政策体系,实施重大科技成果转化124项。重大科技平台建设取得积极进展。未来网络、高效低碳燃气轮机两个国家大科学装置落户我省,网络通信与安全紫金山实验室启动建设,建设国家和省级重点实验室171个,国家级工程技术研究中心、国家重点实验室、国家级孵化器数量位居全国前列。新产业新业态新模式发展迅猛。城市轨道车辆、新能源汽车、3D打印设备、智能电视产量分别增长107.1%、139.9%、51.4%和36.4%;商务服务业、软件和信息技术服务业、互联网和相关服务业收入分别增长7.9%、13.7%和41.6%。"双创"工作再上新水平。高质量推进大众创业、万众创新,新增5家国家级专业化众创空间,新登记市场主体165.3万户,其中企业55.5万户,"双创"带动就业占城镇新增就业的50%以上。加快推动军民融合发展,建成1个国家级、9个省级军民结合产业示范基地。

（四）城乡区域发展协调性增强

推动城乡融合发展,实现区域优势互补,城乡区域协调发展水平进一步提升。乡村振兴战略深入实施。培育壮大优势特色产业,加强农业基础建设,开展品牌强农行动,农业产业结构不断优化,高效设施农业占比达19.6%,高标准农田占比达61%,农业综合机械化水平达84%,农业科技进步贡献率提高到68%,粮食总产量达732亿斤。扎实推进特色田园乡村建设,130多个村庄试点有序展开。"四好农村路"建设扎实推进,完成新改建道路4 838公里、桥梁2 874座。农村土地制度、集体产权制度、农村金融等各项改革向纵深推进,超过一半的行政村完成集体资产股份合作制改革。总结推广马庄经验,农

村文化建设、农民精神面貌和乡村治理水平不断提升。区域一体化发展扎实推进。深入落实长江经济带"共抓大保护，不搞大开发"要求，制定出台推动我省长江经济带高质量发展走在前列的实施意见，统筹推进沿江产业结构调整、生态文明建设、交通枢纽建设和城市规划发展，沿江地区转型发展步伐加快。认真实施长三角一体化《三年行动计划》和《近期工作要点》，各项重点任务有力推进。深入实施"1+3"重点功能区战略，扬子江城市群、江淮生态经济区、沿海经济带、徐州淮海经济区中心城市建设扎实推进。切实加大对口支援合作和东西部扶贫协作力度，各项工作取得新成效。现代综合交通运输体系加快建设。沿江城市群城际铁路建设规划获国家批复，组建省铁路集团、东部机场集团，开工建设南沿江城际铁路、宁句城际轨道交通项目，加快推进连淮扬镇铁路、盐通高铁、连徐高铁、徐宿淮盐铁路建设，青连、连盐、宁启二期铁路建成通车。南京禄口机场T1航站楼改扩建工程顺利实施。连云港港30万吨级航道二期工程、苏州太仓港区四期工程建设进展顺利，长江南京以下12.5米深水航道二期工程提前建成试运行。

（五）改革开放向纵深推进

以改革开放40周年为新的起点，推动改革再出发、开放迈新步。供给侧结构性改革深入推进。全年压减钢铁产能80万吨、水泥产能210万吨、平板玻璃产能660万重量箱，关闭高耗能高污染及"散乱污"规模以上企业3600多家。大力推进化工企业"四个一批"专项行动，关停低端落后化工企业1200家以上。规模以上工业企业资产负债率下降0.2个百分点左右；多措并举为企业降低成本1200亿元以上；200个补短板重大项目完成年度投资3600亿元。"放管服"改革力度持续加大。90%以上的审批服务事项能够在网上办理，"3550"目标基本实现。全面推进"不见面审批（服务）"，开展基层政务公开标准化规范化试点，营商环境位居全国前列。省级政府

机构改革顺利推进，事业单位分类改革有序展开，财税金融、国资国企、生态环境、社会事业等领域改革扎实开展，盐业体制改革、建筑业综合改革试点深入推进。对外开放迈出新的步伐。制定出台高质量推进"一带一路"交汇点建设的意见，着力打造连云港战略支点，中哈物流合作基地、上合组织（连云港）国际物流园建设高标准推进。实施国际综合交通体系拓展等"五大计划"，新增"一带一路"沿线对外投资项目230个、同比增长50%；对"一带一路"沿线国家出口增长9.6%以上（人民币计价），占比提升到24%以上。进出口增长9.6%（人民币计价），其中出口增长8.6%，实际使用外资255亿美元，同比增长1.6%。精心组织参与首届进口博览会，累计成交金额58.9亿美元，居全国第二位。积极复制推广国家自贸试验区改革政策，开发区转型发展、特色发展步伐加快，国家级开发区数量及绩效位居全国前列。国家高新区在全国率先实现设区市全覆盖。

（六）人民群众获得感幸福感安全感持续增强

坚持把人民群众对美好生活的向往作为奋斗目标，着力解决民生突出问题，不断提高人民群众获得感幸福感安全感。公共财政用于民生领域支出占比达75%，城乡居民人均可支配收入分别达到4.72万元和2.08万元，增长8.2%和8.8%。城镇新增就业153万人，扶持30.1万人成功创业，带动就业121.28万人，城镇登记失业率和调查失业率分别为2.97%和4.4%。全民医保体系进一步完善，医疗保险待遇稳步提升。统一城乡居民医保制度，包括17种抗癌药在内的309个药品纳入医保支付，异地就医直接结算对象和范围进一步扩大。开展"健康江苏"建设实践试点，深化公立医院和医疗服务价格改革，大力推行分级诊疗，新增医联体38个，89%的县（市、区）开展了远程医疗服务，县域就诊率接近90%，公共卫生服务项目增加至55项，65岁以上

老年人健康管理率达到 69％,居民健康水平位居全国前列。教育改革持续深化,学前教育资源供给不断增加,义务教育优质均衡发展加快推进,现代职业教育体系不断完善,高等教育事业得到加强,"双一流"和高水平大学建设取得新成效。全年新开工棚户区(危旧房)改造 25.62 万套,基本建成保障性住房 24.24 万套(户),发放租赁补贴 2.29 万户。启动并有力推进改善苏北地区农民群众住房条件。大力推进老旧小区环境综合整治,加快推进多层老旧住宅加装电梯等适老化改造,省级宜居示范区建设任务超额完成。大力发展文化事业与文化产业,成功举办紫金文化节、2018 年戏曲百戏(昆山)盛典。认真落实大运河文化带建设国家战略,设立省级大运河文化发展基金,启动实施大运河国家文化公园江苏段建设。推出系列文化精品,打造江南文化、运河文化品牌。成功举办第 19 届省运会,促进群众体育和竞技体育、体育事业和体育产业协调发展,江苏健儿在第 18 届亚运会上取得优异成绩。开展重点行业领域专项治理和隐患排查整治,生产安全事故起数和死亡人数实现"双下降"。食品药品安全监管得到加强。大力开展扫黑除恶专项斗争,扎实开展社会矛盾纠纷大化解、大突破专项行动,推进网格化社会治理机制创新,群众安全感达 97.6％。推进信访矛盾攻坚化解,加强信访法治化建设。覆盖全省城乡的公共法律服务体系基本建成,诚信江苏建设取得积极进展。老龄、妇女、青少年、残疾人、红十字、慈善、关心下一代等事业取得新成效,民族、宗教、外事、对台事务、港澳、侨务、参事、地方志等工作取得新进展。认真做好国防动员、双拥共建、优抚安置、人民防空等工作,军政军民关系更加密切。圆满承办国际和平日纪念、国家公祭等重大活动,充分彰显了江苏人民追求和平、共谋永续发展的美好愿望。

各位代表,一年来的成绩来之不易!这是以习近平同志为核心的党中央坚强领导的结果,是习近平新时代中国特色社会主义思想在江苏生动实践的结果,是省委直接领导、省人大和省政协监督支持、社会各界关心支持的结果,是全省人民团结拼搏、共同奋斗的结果。在此,我代表江苏省人民政府,向全省广大工人、农民、知识分子、干部和各界人士表示崇高敬意和衷心感谢!向各位人大代表、政协委员,向各民主党派、工商联、无党派人士和各人民团体表示衷心感谢!向驻苏人民解放军指战员、武警官兵、公安干警和消防救援队伍指战员,表示衷心感谢!向关心和支持江苏改革开放和现代化建设的香港特别行政区同胞、澳门特别行政区同胞、台湾同胞、海外侨胞和国际友人,表示衷心的感谢!

我们也清醒地看到,我省经济社会发展中还存在不少困难和问题。实体经济发展面临较大困难,经济下行压力有所加大;自主创新能力还不强,构建自主可控现代产业体系任重道远;资源环境约束趋紧,大气、水、土壤等污染防治形势依然严峻;部分领域风险隐患不容忽视,社会治理、保障和改善民生面临许多新情况新问题;政府职能转变还不够到位,依法行政能力和法治政府建设有待进一步加强,形式主义、官僚主义整治还需进一步加大力度。我们一定高度重视这些问题,采取有力有效措施,切实加以解决。

二、2019 年主要任务

2019 年是新中国成立 70 周年,也是决胜高水平全面建成小康社会的关键之年,机遇与挑战并存。做好今年工作,意义十分重大。当今世界正处于百年未有之大变局,我们要从长期大势正确认识当前形势,深刻认识我国正处于并将长期处于重要战略机遇期,深刻认识我国经济发展长期向好的基本面没有改变,深刻认识江苏坚实的产业基础、雄厚的科教实力、良好的发展态势,进一步保持战略定力,坚定发展信心。我们要辩证看待国际环境和国内条件的变化,既看到外部环境复杂严峻,经济下行压力加大,经济运行稳中有变、变中有忧,更看到变中有机、危中有机,善于变中寻机、化危为机。面对前进中的困难和挑战，我们要变压力为动力，倒逼自主创新、转型升级，自力更生、艰苦奋斗，推动高质量发展。要紧扣重要战略机遇期的新内涵，抓住用好加快经济结构优化升级、提升科技创新、深化改革开放、加快绿色发展、参与全球经济治理体系变革带来的新机遇，进一步增强工作的主动性预见性，千方百计破解经济发展中深层次问题，顺势而为，乘势而上，一步一个脚印把"强富美高"新江苏建设推向前进。

今年政府工作的总体要求是，坚持以习近平新时代中国特色社会主义思想为指导，全面贯彻党的十九大和十九届二中、三中全会精神，深入落实习近平总书记对江苏工作重要指示要求，统筹推进"五位一体"总体布局，协调推进"四个全面"战略布局，坚持稳中求进工作总基调，坚持新发展理念，坚持推动高质量发展，坚持以供给侧结构性改革为主线，坚持深化市场化改革、扩大高水平开放，认真落实"一带一路"建设、长江经济带发展、长三角区域一体化发展三大国家战略，统筹做好稳增长、促改革、调结构、惠民生、防风险、保稳定各项工作，进一步稳就业、稳金融、稳外贸、稳外资、稳投资、稳预期，保持经济持续健康发展和社会大局稳定，为高水平全面建成小康社会收官打下决定性基础，推动高质量发展走在前列，以优异成绩庆祝中华人民共和国成立70周年。

今年经济社会发展的主要预期目标是：地区生产总值增长6.5%以上，一般公共预算收入增长4.5%左右，全社会研发投入占比2.65%（新口径），固定资产投资增长6%左右，高新技术产业投资、工业技改投资、工业投资分别增长10%、9%和6.5%以上，社会消费品零售总额增长8.5%，外贸进出口和利用外资稳中提效，城镇新增就业120万人以上，城镇登记失业率、调查失业率分别控制在4%、5%以内，居民消费价格涨幅控制在3%左右，居民收入增长与经济增长同

步，节能减排和大气、水环境质量确保完成国家下达的目标任务。确定这样的奋斗目标，综合考虑了国内外环境因素和高水平全面建成小康社会的目标要求，既坚持实事求是，也勇于担当作为，体现了江苏高质量发展走在前列的内在要求和为全国发展大局作贡献的责任担当。

完成今年主要目标，必须全面把握党中央提出的新形势下做好经济工作"五个必须"的规律性认识，深入贯彻中央经济工作会议和省委十三届五次全会精神，着力构建现代化经济体系，坚持以供给侧结构性改革为主线，推动经济发展质量变革、效率变革、动力变革，提高全要素生产率，加快构建实体经济、科技创新、现代金融、人力资源协同发展的自主可控现代产业体系；着力推动发展动能转换，深入实施创新驱动战略，大力推动科技与产业深度融合，让科技创新真正成为发展的第一动力；着力促进城乡区域协调发展，更高层次推动资源整合和要素互动，加快形成彰显优势、功能互补、协调联动的城乡区域发展体系；着力打好三大攻坚战，坚持目标导向和问题导向相统一，强化措施，决战决胜，为高水平全面建成小康社会补齐短板、筑牢底板；着力增强人民群众获得感幸福感安全感，多谋民生之利，多解民生之忧，让高质量发展成果更多更公平惠及全省人民，不断创造高品质生活。重点做好九个方面工作。

（一）努力保持经济平稳健康发展

坚持稳中求进工作总基调，"稳"是基础和前提。今年国家将继续实施积极的财政政策和稳健的货币政策，实施更大规模的减税降费，我们要认真落实，扎实做好"六稳"工作，充分发挥投资的关键作用、消费的基础作用，努力保持经济运行在合理区间。大力推进重大项目建设。切实抓好重大产业项目、重大基础设施项目、重要民生项目的推进实施，以重大项目建设促进有效投资的落实，着力补短板、调结构、惠民生、增后劲。大力推进一批产业层次高、带动能力强的主

导产业项目,实施一批未来成长空间大的前沿产业项目,加快形成新的经济增长点。聚焦交通、水利、环保、能源、民生、城镇化、信息化等关键领域和薄弱环节,加快高铁、过江通道、高速公路、港口航道、机场等重大交通基础设施建设,加强节水供水等重大水利工程建设,提升信息网络、现代物流等新型基础设施支撑能力,加强污水处理、垃圾处理、生态环境监测监控等环保基础设施建设。积极培育新的消费热点。围绕推动高质量发展、创造高品质生活,加快完善消费政策,积极引导社会力量进入健康、养老、文化、旅游、体育、家政、幼教等领域,扩大电子商务服务领域,着力创建全域旅游示范区、旅游风情小镇,引导企业增品种、提品质、创品牌,更好满足居民消费升级需求。推进一批智慧商圈、高品位步行街建设和老字号传承创新发展,加强消费领域信用体系建设,让老百姓有地方消费、放心舒心地消费。大力发展民营经济。坚持"两个毫不动摇",着力营造便捷高效、公平竞争、稳定透明的营商环境,积极构建亲清新型政商关系,制定实施更加精准的政策措施,切实解决民营企业反映强烈的突出问题,依法保护企业家人身和财产安全,大力弘扬企业家精神,推动民营经济不断发展壮大。

(二)坚定不移推动产业转型升级

以制造业为主体的实体经济始终是我省发展的根基所在,必须围绕建设制造强省目标,把推进制造业高质量发展摆在突出位置,推动产业加快迈向全球价值链的中高端。着力培育发展先进制造业集群。聚焦13个重点产业集群,对全产业链进行梳理,围绕产业链部署创新链,聚焦发挥龙头企业支撑引领作用、培育发展"专精特新"小巨人企业、着力突破"卡脖子"关键核心技术等重点环节,加强资金和政策整合,集中力量培育发展一批具有国际竞争优势、自主可控的万亿级产业集群,打造一批高端制造品牌。加快改造提升传统产业。充分发挥现有产业和企业

的中坚作用,大力发展工业互联网,组织实施重点平台建设工程和"企业上云"计划,创建一批示范智能车间和智能工厂,培育一批智能制造系统集成服务商,实施一批技术改造项目,促进产业转型升级,实现"江苏制造"向"江苏智造"转变。推动化工钢铁煤电行业转型发展,按照提升空间布局水平、提升产业集聚水平、提升行业技术水平和降低排放强度的要求,加大对沿长江、环太湖、沿大运河等重点地区的产业布局调整,支持引导基础条件好、转型意愿强的企业率先调整、加快升级。大力发展现代服务业。深入实施生产性服务业"双百"工程和互联网平台经济"百千万"工程,提升生产性服务业要素集聚能力。积极引进跨国公司地区总部和功能性机构,加快发展现代物流、工业设计、金融服务等现代服务业,推动先进制造业与现代服务业深度融合。全面开展质量提升行动,大力弘扬工匠精神,深入推进国家标准化综合改革试点。

(三)加快培育壮大发展新动能

科教资源丰富、产业基础良好是我省厚实的"家底"和发展的优势,要把科教与产业结合好、科技成果转化好,着力突破关键核心技术,为高质量发展蓄势造能。深入实施创新驱动战略。全面落实全省科技创新工作会议精神和有关政策举措,充分激发全社会创新活力,高水平建设创新型省份。强化企业创新主体地位,鼓励企业联合高校、科研院所建设高水平企业技术中心和工程技术研究中心,支持企业培育和引进高层次、高技能、急需紧缺人才,加快培育一批高价值专利和高知名度品牌。深入推进苏南国家自主创新示范区建设,积极创建国家产业创新中心,着力培育高新技术企业,建好用好省产业技术研究院、省技术产权交易市场等创新平台,增强产业技术供给和转化能力。积极推进首台套重大装备保险试点,切实降低重大科技成果转化风险。主动承接国家重大科技项目,实施前沿引领技术基础研究、前瞻性产业技术创新专项和重大

科技成果转化专项。加强知识产权强省建设，提升知识产权保护和运营服务水平。大力实施未来网络、高效低碳燃气轮机、纳米真空互联实验站等国家重大科技基础设施建设，着力突破关键核心技术，努力形成具有引领性的原创成果，在江苏科技创新"高原"上竖起更多"高峰"。加快发展新产业新业态新模式。密切跟踪国际产业发展新趋势，聚焦数字经济、物联网、集成电路、生物医药、人工智能、共享经济等领域，实施一批重点项目，推动战略性新兴产业发展。抓好大数据产业发展试点示范和创新应用，加快推进5G商用进程，加大物联网应用力度，培育一批独角兽企业，让新经济跑出加速度、尽快挑大梁。深入实施军民融合发展国家战略，实施一批带动力强的军民融合项目。科学利用海洋资源，大力发展海洋经济。高质量推进"双创"工作。健全"双创"服务体系，建设资源共享平台，拓展市场化专业化众创空间，建设一批"双创"示范基地，加强对创新型中小微企业的支持，让更多的小苗苗壮成长。完善聚才用才体制机制，进一步调动各类人才的积极性和创造力。加快培育创新文化，营造更加浓厚的创新氛围。

（四）大力实施乡村振兴战略

把实施乡村振兴战略作为新时代"三农"工作的总抓手，坚持农业农村优先发展，落实强农惠农富农政策措施，扎实推进乡村振兴十项工程。加快建设现代农业。深化农业供给侧结构性改革，持续增加优质绿色农产品供给，着力构建现代农业产业体系、生产体系、经营体系和科技支撑体系，推动农村一二三产业融合发展。调整优化农业产业结构和产品结构，加快培育优质稻麦、绿色蔬菜、规模畜禽等8个千亿元级优势特色产业。推进农业标准化生产、全程化监管，加快地理标志培育力度，创建一批市场知名度高的农产品品牌。深入实施藏粮于地、藏粮于技战略，推进耕地数量、质量、生态"三位一体"保护，加强高标准农田建设，提升农业综合机械化水平，推进农业科技创新和成果应用，增强农业、粮食综合生产能力和抗风险能力，开展政策性库存粮食数量和质量大清查。加快培育新型职业农民和家庭农场、农民合作社等新型经营主体，打造一批具有较强竞争力的农业企业集团。整体推进苏南地区轮作休耕，深入推进特色田园乡村建设试点。切实改善农村人居环境。扎实推进村容村貌提升、饮水安全、垃圾污水治理、厕所革命和农业废弃物资源化利用等重点工作，生活垃圾集中收运率提高至95%以上。继续抓好"四好农村路"建设，新改建农村公路3 500公里、改造桥梁800座。推动水电气信等基础设施建设向农村延伸。深化殡葬改革，加强乡村公益性骨灰安放设施等殡葬服务设施建设，引导群众移风易俗。深入推进精准脱贫。认真落实打赢打好脱贫攻坚战三年行动实施意见，聚焦低收入人口、经济薄弱村和重点片区，强化到村到户到人的精准帮扶措施，完成60万左右建档立卡低收入人口脱贫任务，现有97个省定经济薄弱村全部实现达标，12个省级重点帮扶县（区）全部达到"摘帽"标准。

（五）扎实推进生态文明建设

良好的生态环境是高质量发展的重要内涵，也是高品质生活、高水平全面小康的内在要求，必须始终坚持生态优先、绿色发展，以打硬仗的决心、钉钉子的韧劲，持续打好污染防治攻坚战，突出抓好中央环保督察"回头看"反馈问题整改，促进生态环境质量持续改善。坚决打赢蓝天保卫战。全面加强主要污染源管控，实施机动车国六排放标准，基本完成钢铁企业超低排放改造、燃煤锅炉整治等重点任务，大力推动水泥、焦化等其它重点行业超低排放改造，加强施工工地管理，开展挥发性有机物等专项整治，PM2.5平均浓度下降到47微克/立方米，空气质量优良天数比率上升至70%。着力打好碧水保卫战。严格落实河长制、湖长制、断面长制，切实保护水资源、修复水生态。加大太湖流域综合治理，实现更高水平"两个确保"。加强近岸海域污染防治、饮用水水源地保护和黑臭水体整治,确保主要入江支流、入海河流消除劣Ⅴ类,国考断面水质优Ⅲ类比例提高到70%。扎实推进净土保卫战。加强土壤污染防治和污染地块风险管控,加快建立污染地块名录和开发利用负面清单,扩大典型污染土壤治理和修复试点,深入开展涉重企业排查整治,促进土壤资源永续利用。切实打好治理体系能力建设提升战。积极推进与生态环境部共建"生态环境治理体系和治理能力现代化"试点,扎实推进城乡垃圾、污水、固废、危废等处置能力建设。大力实施园区环境治理工程,着力提升污染物收集、污染物处置、能源清洁化利用、生态环境监测监控能力。依法严厉打击各类环境违法行为,充分发挥市场机制和经济杠杆作用,激发各类主体治污减排的内生动力。积极推进领导干部自然资源资产离任审计,促进领导干部认真履行生态环境保护责任。强化"共抓大保护、不搞大开发"的战略导向,把修复长江生态环境摆在压倒性位置,突出抓好城镇污水垃圾、化工污染、船舶码头和农业面源污染治理,加快两岸造林绿化和湿地生态修复,切实把母亲河的一江清水保护好。

(六)深入推进区域一体化发展

充分发挥"一带一路"建设、长江经济带发展和长三角区域一体化发展三大国家战略的叠加优势,紧紧抓住重大发展机遇,在落实国家战略中提升江苏竞争力,推动高质量发展走在前列。积极融入长三角区域一体化发展。主动与国家层面对接,加强谋划,做好规划,大力实施《三年行动计划》。认真落实《淮河生态经济带发展规划》,加快推动宁杭生态经济带发展,积极做好推进一体化的各项工作,努力在区域一体化发展中实现更高质量发展。扎实推进新型城镇化。按照"1+3"重点功能区规划,大力推进扬子江城市群建设,优化完善城镇体系建设,推动小城镇多元特色发展,积极构建大中小城市和小城镇协调

发展的格局。提升南京省会城市功能和中心城市首位度,加快建设徐州淮海经济区中心城市,支持南通通州湾长江经济带战略支点建设。加快推进宁镇扬、苏锡常一体化发展,扎实推进苏南苏北共建园区建设。进一步提高城市规划建设管理水平,加快生态园林城市建设,加快老旧小区改造,推进地下综合管廊、海绵城市建设,扎实开展城市"双修",加大城市地下空间规划和开发利用,以"绣花"功夫精细化管理,不断提升城市功能和品质,努力创造更加宜居的环境。加快构建现代综合交通运输体系。加快推进南沿江、连淮扬镇等铁路建设,全面建成徐宿淮盐铁路主体工程,力争开工建设宁淮、北沿江高铁和沪苏湖、通苏嘉铁路。开工建设常泰、龙潭过江通道,推进沪通铁路长江大桥、五峰山长江大桥、南京五桥等项目建设。进一步完善公路路网体系,着力打通省际"断头路",积极推进连云港至宿迁高速公路等战略支撑性项目。加快建设连云港港30万吨级航道二期工程,抓好连云港民用机场迁建、无锡硕放机场改造等建设,推动南通新机场规划建设。加快推进大宗货物运输公转铁、公转水,调整优化运输结构。大力发展枢纽经济,以交通基础设施的互联互通促进区域更高质量一体化发展。扎实做好对口支援、东西部扶贫协作和对口合作工作。

(七)更大力度深化改革扩大开放

改革开放以来,江苏靠吃改革饭、走开放路走在了全国前列,新时代推动高质量发展走在全国前列,必须坚定不移走改革开放这条"必由之路"。持续深化供给侧结构性改革。认真落实"巩固、增强、提升、畅通"八字方针,巩固"三去一降一补"成果,增强微观主体活力,提升产业链水平,畅通国民经济循环。综合应用环保、能耗、质量、安全等相关标准,引导退出低端低效产能,依法依规退出落后产能,进一步压减钢铁、水泥、平板玻璃等重点行业过剩产能。加大"僵尸企业"破产清算和重整力度,妥善做好职工安置和债务

处置工作。加强指导服务，坚决避免简单"一刀切"，创造条件帮助企业整改达标、提升水平。加大减税降负力度，落实国家和省降低企业成本各项政策，清理规范涉企收费，全年为实体经济企业降本1 600亿元以上。深入推进重点领域改革。坚持市场化改革方向，持续推进"放管服"改革，加快破除制约微观主体活力释放的体制机制障碍。围绕全面实现"3550"改革目标，进一步简化审批环节、优化审批流程。持续深化"不见面审批（服务）"改革，推进"不再审批"企业投资项目承诺制试点。加强事中事后监管，大力推进"双随机、一公开"在市场监管领域全覆盖、常态化。加强信息资源整合共享，全面推进"互联网＋政务服务"。深化江阴市县级集成改革试点。加大农业农村改革力度，推进农村承包地"三权"分置、宅基地制度、集体产权制度等改革，完善城乡要素合理流动机制，吸引社会资本下乡投资。深化国资国企改革，加快实现国资监管由管企业为主转向管资本为主，推进国有企业混合所有制改革试点，推动国有企业做强做优做大，开展职业经理人试点。扎实抓好财税金融、投融资体制、科技、价格、自然资源、生态环境等重点领域改革。以"一带一路"交汇点建设统揽全省对外开放。扩大向东开放优势，做好向西开放文章，加强与沿线国家发展战略对接，大力推动江海联动、陆海统筹、空港直航，打造海上、陆上、空中、网上四位一体的国际大通道。着力打造连云港战略支点，加快中哈物流合作基地、上合组织（连云港）国际物流园建设，打造中国（连云港）丝绸之路国际物流博览会品牌，书写好新时代的"西游记"。坚持"走出去""引进来"相结合，大力推进国际产能合作，着力建好中阿（联酋）、中柬、中埃等境外合作园区。落实准入前国民待遇加负面清单管理制度，推进贸易投资便利化，让外资开办企业更加便利、"准入大门"更加宽敞。坚持稳定数量与提高质量并重，把先进制造业和现代服务业作为引进外资的重点，紧盯世界500强

企业和"隐形冠军"，大力引进"旗舰型"企业、"创新型"企业、行业"领头羊"和细分领域的"单打冠军"，进一步提升利用外资质量。发挥好苏州工业园区、南京江北新区的引领作用，扎实推进中以（常州）创新园、中韩（盐城）产业园、昆山深化两岸产业合作试验区、淮安台资集聚示范区、苏澳合作园区建设，加快各类开发园区转型升级，打造新一轮改革开放"试验田"。深化苏港澳、苏台合作。着力打造江苏发展大会、世界智能制造大会、世界物联网博览会、中国（泰州）国际医药博览会等重大开放平台。

（八）全面加强和创新社会治理

加强平安江苏、法治江苏建设，推动社会治理重心向基层下移，着力打造共建共治共享的社会治理格局。全力抓好安全稳定工作。牢固树立安全发展理念，以最严格的要求全面压紧压实安全生产责任，深入开展重点行业重点领域专项整治和隐患排查治理，努力保持安全生产形势持续稳定向好。全面提升应急管理水平，扎实开展防灾减灾救灾工作，着力提升自然灾害综合防治能力。切实保障社会公共安全。纵深推进扫黑除恶专项斗争，深化立体化、信息化、智能化社会治安防控体系建设，完善网格化社会治理机制，夯实长治久安根基。加大打击金融诈骗、网络诈骗和保健品诈骗活动力度。实施疫苗生产质量安全保障工程，加强疫苗生产、采购、储运、使用全流程监管，开展餐饮质量安全提升行动，狠抓食品药品安全工作，严谨标准，严格监管，严厉处罚，严肃问责，坚决守住公共安全底线。有效防范化解重大风险和社会矛盾。建立健全地方金融监管体系，突出抓好一批重大风险隐患防范化解，切实抓好金融、政府隐性债务等领域风险防控，防止经济领域矛盾向社会领域传导扩散，确保不发生区域性系统性风险。加强重大风险防控的制度建设和源头治理，健全矛盾风险多元化解、联动处置工作机制，落实领导干部接访下访、包案化解信访矛盾制度，建立信访积案常态化解

机制,把矛盾化解在萌芽、问题解决在基层,切实维护好社会稳定。进一步扩大法律援助覆盖面。依法管理民族宗教事务。

全面支持深化国防和军队改革。深入开展全民国防教育,推动国防动员和后备力量建设创新发展。建立完善拥军优属政策制度,维护军人军属合法权益,让军人成为全社会尊崇的职业,进一步巩固和发展新型军政军民关系。

(九)持续保障和改善民生

始终坚持并自觉践行以人民为中心的发展思想,按照"坚守底线、突出重点、完善制度、引导预期"要求,切实在民生热点痛点难点上精准施策,在关键要害处靶向发力,让民生更好地顺应民心,努力交出一份人民满意的民生答卷。抓好就业这个民生之本。进一步完善稳就业、促创业、控失业的综合政策体系,抓好高校毕业生、退役军人、农民工等重点群体就业,落实好援企稳岗等政策措施,持续推进全民创业行动计划和职业技能提升行动计划,加大对灵活就业、新就业形态的支持力度,全力保障就业形势稳定。全面落实"富民33条"等政策举措,努力让老百姓"钱袋子"鼓起来。加强社会保障体系建设。加快推进养老保险制度改革,提升省级统筹水平。加快提升基本医疗保障市级统筹层次,完善统一的城乡居民大病保险制度和医疗救助制度,加大医疗保障待遇向重特大疾病困难患者的倾斜力度。加强医保基金监管,积极推进药品集中采购和医疗服务价格改革。实施物价上涨挂钩联动机制,落实城乡低保、临时救助、特困供养、抚恤优待等托底政策,有效保障困难群众基本生活。加强政府救助与慈善救助的衔接,积极构建多层次社会保障体系。办好人民满意的教育。坚持教育优先发展,加快教育现代化。实施新时代立德树人工程,培养德智体美劳全面发展的社会主义建设者和接班人。深化教育综合改革,推动学前教育公益普惠发展,扩大基础教育优质资源供给,确保中小学教师平均工资收入水平不低于当地公务员平均水平。加快"双一流"和高水平大学建设,推动高等教育内涵式发展。提高职业教育、特殊教育质量,完善终身教育体系,加大省属高校师范生培养力度,加快建设一支高素质专业化教师队伍。开展教育领域突出问题专项治理,严格规范办学行为,切实减轻中小学生过重课业负担。推进"健康江苏"建设。加强重大疾病防控,实施全民健康素养提升等十大行动,打造一批健康江苏示范点。推进紧密型医联体建设,提高家庭医生签约服务水平,加大全科医生培养力度。加强高水平医院建设,做优做强省会城市和重点功能区医疗中心,全面提升基层医疗卫生服务能力。大力发展"互联网+医疗健康",依托实体医院建设50个以上互联网医院。强化中医药传承创新,大力发展中医药事业。加快发展居家和社区养老、机构养老、医养结合等多样化服务,促进老龄事业和产业协调发展。加大住房保障力度。落实好城市主体责任,因城施策,健全市场体系和保障体系,着力解决好城镇中低收入居民和新市民住房问题。推动文化繁荣发展。推进新时代文明实践中心和县级融媒体中心建设,统筹抓好文化惠民工程、文艺精品创作和文化产业发展,加强对文化遗产和档案资源的保护、传承和利用,积极推进记录江苏、智慧广电建设。大力推进大运河文化带江苏段建设和大运河国家文化公园建设试点,建好用好大运河文化旅游发展基金,办好首届大运河文化旅游博览会。深化全域旅游创建,推动文化和旅游融合发展。广泛开展全民阅读,推进"书香江苏"品牌建设。加快新时代体育强省建设,协调发展群众体育和竞技体育,推进教体融合,不断提高青少年体育素质。积极做好东京奥运会参赛备战工作。

各位代表,今年我们将围绕人民群众的所需所盼所想,进一步加大工作力度,整合多方资源,继续办好十项民生实事。一是提高医疗保障水平。基本公共卫生服务人均补助标准比上年提高 10 元。实现产前筛查、新生儿疾病筛查全覆盖。城乡居民基本医保人均补助标准提高到 550 元,困难人员大病保险起付标准降低 50%、报销比例提高 5～10 个百分点。二是促进教育均衡发展。新建改扩建幼儿园 300 所、义务教育学校 350 所、普通高中 30 所。在全省中小学普遍建立课后服务制度。三是加大养老服务力度。新建 150 个街道老年人日间照料中心,新建护理型养老床位 2.5 万张,为 140 万居家养老老年人提供助餐、助浴、助洁等服务。为 600 万 65 岁以上老年人免费提供一次基本健康体检服务。四是加强特殊群体关爱。新建 200 个农村留守儿童"关爱之家"、100 个精神障碍康复社区服务点,完成 1.5 万户低收入残疾人家庭无障碍改造。建立家政服务企业及从业人员信用平台,为 10 万个家庭提供放心家政服务。五是完善城乡公共服务。新建 4 000 个村(社区)综合性文化服务中心,改造升级 100 家农贸市场,新建 1 500 家社区商业便利网点。新增高清数字电视家庭用户 100 万户,向 30 万经济薄弱地区农村低保户发放有线电视收视维护费补贴。镇村公交开通率提高到 90% 以上。六是大力推进厕所革命。新建改扩建城市公共厕所 800 座、旅游厕所 1 165 座,新增农村公共厕所 6 000 座,新增无害化卫生户厕 15 万座以上。七是加快城市公共设施建设。新增便民型公园绿地 100 个,完成老旧公园绿地改造提升 30 个,城市绿化覆盖率提高到 40%。新建健身步道 500 公里、体育公园 200 个。八是推动老旧小区改造升级。完成老旧小区综合整治 300 个,加大推动既有多层住宅加装电梯等适老化改造力度,新增 120 个省级宜居示范居住区。新开工城镇棚户区改造 22 万套、基本建成 11 万套。九是深入整治黑臭水体。完成 138 条黑臭水体整治任务,实现 13 个设区市及太湖流域全部 9 个县城建成区基本消除黑臭水体。十是大力改善苏北农民住房条件。启动实施 620 个村改造任务,同步配建公共服务设施,三年改善 30 万户农民群众住房条件。

各位代表,新时代新使命对政府自身建设提出了更高要求。我们一定旗帜鲜明讲政治。坚持以习近平新时代中国特色社会主义思想武装头脑、指导实践、推动工作,树牢"四个意识",坚定"四个自信",严明政治纪律政治规矩,以实际行动实际成效忠诚践行"两个维护",自觉在思想上政治上行动上同以习近平同志为核心的党中央保持高度一致。坚持把党对一切工作的领导贯彻到政府工作各领域各方面,确保中央大政方针和省委决策部署不折不扣落地见效。我们一定坚持依法行政。全面贯彻依法治国基本方略,切实加强法治政府建设,坚持法定职责必须为、法无授权不可为,尊法学法守法用法,把政府工作全面纳入法治轨道。加强对行政权力的制约和监督,自觉接受省人大及其常委会的法律监督和工作监督,自觉接受人民政协的民主监督,自觉接受司法监督、群众监督、舆论监督。完善政府立法机制,加强审计监督,强化政府内部层级监督,让权力在阳光下运行、让透明成为常态。进一步完善政府规章制度,深入推进政务公开,加强政府诚信建设,以政府诚信带动社会诚信。我们一定加强能力建设。切实增强本领恐慌感,按照锤炼"五个过硬"、增强"八个本领"的要求,深入推进学习型政府建设,加快练就担负起新时代新征程新使命的宽肩膀、铁肩膀,尤其是着力增强防控和化解各种重大风险能力,牢牢把握工作主动权。我们一定切实改进作风。不忘初心,牢记使命,把造福人民作为最大政绩,深入基层、深入一线,问政于民、问需于民,保持斗争精神,增强斗争本领,敢于担当、善于作为,撸起袖子加油干,尽心竭力解决好人民群众的操心事烦心事,以作风转变的实际成效和优异的工作业绩取信于民。我们一定坚持廉洁从政。坚决落实全面从严治党各项要求,一体推进不敢腐、不能腐、不想腐。持之以恒落实中央八项规定及其实施细则精神,严格执行省委《具体办法》,坚定不移纠"四风"、树新风,坚决克服形式主义、官僚主义。树立过紧日子思想,严格控制"三公"经费和一般性支出。坚持用制度管权管事管人,加强党风廉政教育,推进廉政文化建设,让铁规铁纪成为政府工作人员的自觉遵循,永葆为民务实清廉的政治本色。

各位代表!新时代是奋斗者的时代,幸福都是奋斗出来的。站在新的起点,面向美好未来,我们深感使命光荣、责任重大。让我们更加紧密地团结在以习近平同志为核心的党中央周围,坚持以习近平新时代中国特色社会主义思想为指导,在中共江苏省委坚强领导下,上下同心、迎难而上,真抓实干、埋头苦干,以奋斗姿态推动高质量发展走在前列、加快建设"强富美高"新江苏,以优异成绩庆祝中华人民共和国成立70周年!

来　　源:江苏省人民政府办公厅
发布日期:2019年01月24日

关于江苏省 2018 年预算执行情况与 2019 年预算草案的报告

各位代表：

受省人民政府委托，我向大会报告江苏省2018年预算执行情况与2019年预算草案，请予审议，并请省政协委员和列席会议的同志提出意见。

一、2018 年预算执行情况

2018年，全省各级财政部门以习近平新时代中国特色社会主义思想为指导，深入贯彻党的十九大精神和习近平总书记对江苏工作的重要指示要求，全面贯彻中央方针政策和省重大决策部署，认真落实省十三届人大一次会议以来的有关决议，坚持稳中求进工作总基调，坚持新发展理念，围绕"高质量发展走在前列"的目标定位，深入推进财税改革，实施更加积极的财政政策，调整优化支出结构，全力支持打好三大攻坚战，积极保障"六个稳"工作，为实现高质量发展良好开局、建设"强富美高"新江苏提供了有力的财政支撑。

（一）一般公共预算执行情况

全省一般公共预算收入8 630.16亿元，增长5.6%，税收占比84.2%。其中，税收收入7 263.65亿元，增长12%；非税收入1 366.51亿元，下降19%。考虑到年中国家出台的增值税、企业所得税等减税降费政策因素，全省一般公共预算收入实际增幅在7%以上。全省一般公共预算支出11 658.22亿元，增长9.8%。

当年全省一般公共预算收入，加中央税收返还及转移支付收入、地方政府一般债务收入及上年结转收入等，收入共计13 961.61亿元。当年一般公共预算支出，加上解中央支出、地方政府一般债务还本支出、补充预算稳定调节基金等，当年支出共计13 380.14亿元。收支相抵，预计结转下年支出581.47亿元。

省级一般公共预算收入267.67亿元，加中央税收返还和转移支付收入、地方政府一般债务收入、下级上解收入及上年结转收入等，收入共计5 052.36亿元。省级一般公共预算支出1 079.01亿元，加上解中央支出、对市县税收返还及转移支付支出、地方政府一般债务转贷支出、地方政府一般债务还本支出、补充预算稳定调节基金等，当年支出共计4 966.38亿元。收支相抵，预计结转下年支出85.98亿元。

省对市县转移支付补助2 165.83亿元，其中：一般性转移支付1 271.36亿元，占比58.7%；专项转移支付894.47亿元，占比41.3%。

（二）政府性基金预算执行情况

全省政府性基金收入8 222.81亿元，增长17.4%。全省政府性基金支出9 055.8亿元，增长19.8%。全省政府性基金收入，加中央补助收入、地方政府专项债务收入、上年结转收入等，收入共计10 974.23亿元。当年政府性基金支出，加上解中央支出、地方政府专项债务还本支出、调出资金等,当年支出共计 9 938.48 亿元。收支相抵,预计结转下年支出 1 035.75 亿元。

省级政府性基金收入 124.4 亿元,增长 7.1%。省级政府性基金支出 83.75 亿元,增长 45.5%。省级政府性基金收入,加中央补助收入、地方政府专项债务收入、上年结转收入等,收入共计 1 944.23 亿元。当年政府性基金支出,加上解中央支出、地方政府专项债务转贷支出、调出资金等,当年支出共计 1 908.61 亿元。收支相抵,预计结转下年支出 35.62 亿元。

(三)国有资本经营预算执行情况

全省国有资本经营预算收入 128.66 亿元(下降 23.7%),加上年结转收入 7.79 亿元,收入共计 136.45 亿元。全省国有资本经营预算支出 78.95 亿元(下降 44.1%),加调出资金 34.11 亿元,当年支出共计 113.06 亿元。收支相抵,预计结转下年支出 23.39 亿元。

省级国有资本经营预算收入 27.31 亿元(增长 37.2%),加上年结转收入 0.01 亿元,收入共计 27.32 亿元。省级国有资本经营预算支出 16.83 亿元(下降 13.2%),加调出资金 5.64 亿元,当年支出共计 22.47 亿元。收支相抵,预计结转下年支出 4.85 亿元。

(四)社会保险基金预算执行情况

全省社会保险基金收入 6 331.41 亿元,支出 5 708.81 亿元,当年收支结余 622.6 亿元,年末滚存结余 7 587.16 亿元。

省级社会保险基金收入 668.73 亿元,支出 668.15 亿元,当年收支结余 0.58 亿元,年末滚存结余 655.98 亿元。

(五)地方政府债务情况

1. 地方政府债务限额余额情况。

财政部核定我省新增政府债务限额 1 665 亿元(包括政府债券 1 664 亿元,国际金融组织和外国政府贷款 1 亿元),我省 2018 年地方政府债务限额 14 768.3 亿元。截至 2018 年末,我省地方政府债务余额预计为 13 285.55 亿元,在核定限额之内。债务率为 61.5%,低于警戒线,风险总体可控。省级地方政府债务限额 752.78 亿元。截至 2018 年末,省级地方政府债务余额为 529.56 亿元。

2. 地方政府债券发行情况。

我省发行政府债券 2 681.9 亿元,其中:新增债券 1 664 亿元,再融资债券 434 亿元,置换债券 583.9 亿元。

3. 地方政府债券使用情况。

全省新增地方政府债券 1 664 亿元,主要用于:交通运输 184.67 亿元、市政建设 281.83 亿元、土地储备 495 亿元、保障性住房建设 422.18 亿元、生态建设和环境保护 47.54 亿元、农林水利建设 76.85 亿元、教育科学医疗等社会事业 155.93 亿元。省级新增地方政府债券 88 亿元,主要用于:交通运输 65 亿元、农林水利建设 23 亿元。

4. 地方政府债务还本付息情况。

全省政府债务还本支出 1 282.64 亿元,付息和发行费支出 364.5 亿元。省级政府债务还本支出 97.8 亿元,付息和发行费支出 17.52 亿元。

在省财政与中央财政、市县财政办理正式结算后,上述预算执行情况还会有一些变动,届时我们再向省人大常委会报告。

2018 年全省和省级预算执行与管理主要体现了以下重点:

(一)注重精准施策,大力推动高质量发展。一是促进经济平稳健康发展。多措并举为企业降低成本 1 200 亿元以上。落实"科技 30 条""人才 10 条",推动建立以诚信为基础的科研经费管理机制。对 13 个先进制造业集群中引领性、基础性、高成长性项目给予重点支持。支持组建省铁路集团、东部机场集团,支持重大交通基础设施建设。二是支持深化改革扩大开放。做好省级机构改革等各项改革涉及的财政政策制定与经费保障工作。继续支持国际货运班列运行,支持发展总部经济。三是支持实施乡村振兴战略和城镇建设。推动建立涉农资金统筹整合长效机制,整合设立改善苏北地区农民群众住房条件专项资金。支持创建 29 个省级现代农业产业示范园。对 19 个海绵城市和地下综合管廊建设试点市县、24 个省级特色小镇和 21 个重点镇给予奖补。四是加强文化建设。支持文化惠民工程、大运河文化博物馆建设,加快推进大运河文化带建设。五是推动生态保护与修复。完善生态转移支付办法,健全长江大保护财政奖补机制、水环境区域补偿机制。六是保障和改善民生。及时兑现普惠性支出提标政策,推动民生十项实事全面完成。全省一般公共预算支出 75% 以上用于保障民生。

(二)聚焦重点任务,全力支持打好三大攻坚战。一是支持打好防范化解重大风险攻坚战。紧紧围绕"三个确保"目标和"清、规、控、降、防"五项要求,积极稳妥防范化解地方政府性债务风险,牢牢守住不发生区域性系统性风险底线。印发防范化解地方政府隐性债务风险等相关文件,进一步规范政府举债融资行为。完善工作机制,建立政府性债务应急处置协调机制。成功发行地方政府债券 2 681.9 亿元,有效缓解了市县政府资金紧张状况。二是支持打好精准脱贫攻坚战。按照精准识别、分类施策的要求,加大对重点片区、经济薄弱村和低收入群体的支持。突出产业帮扶,统筹省级农业产业资金支持 12 个省定重点帮扶县区产业富民项目、南北共建农业产业园等。三是支持打好污染防治攻坚战。支持中央环保督察"回头看"反馈问题整改。支持推进"263"专项行动,解决大气、水、土壤等污染突出环境问题。完善与污染物排放总量挂钩的财政政策。

(三)强化系统思维,推动财政管理改革创新。一是深化财税改革。全面落实国家降低增值税税率、统一小规模纳税人标准、试行留抵退税等改革政策。实施省对市县均衡性转移支付办法。加大专项资金整合力度,推行"大专项＋支持方向"方式下达资金。全省累计盘活存量资金超过 2 100 亿元。纳入绩效目标管理的省级财政专项资金达 667 亿元。大力推进预决算公开。出台政府采购信用管理办法,简化省级集中采购品目至 42 项。我省连续两年被国务院表彰为财政管理先进地区。二是推进依法理财。首次向省人大常委会作了国有资产管理情况综合报告和金融企业国有资产专项报告。停征、取消、转出行政事业性收费 8 项,政府性基金停征、降标 3 项。三是优化支持方式。规范推广运用 PPP 模式,已落地项目 307 个,总投资 6 324.64 亿元。江苏省政府投资基金已发起设立或参与出资基金 54 支,已投资项目 386 个,投资金额 434.7 亿元。支持政银合作融资,"小微创业贷"累计投放 603 亿元,"科技贷款资金池"累计投放规模达 920 亿元。率先建立财政支持绿色金融发展政策体系。

我们也看到,当前财政工作中还存在一些问题和不足:财政收支矛盾较为突出,紧平衡特征明显;一些部门和单位重分配轻管理,重投入轻绩效,财政资金使用效率亟需提高;预算执行不够均衡,部分项目执行率偏低;政府性债务化解任务繁重等。对这些问题,我们将高度重视,努力加以解决。

二、2019 年预算草案

2019 年预算安排的指导思想是:以习近平新时代中国特色社会主义思想为指导,全面贯彻党的十九大,十九届二中、三中全会,中央经济工作会议和省委十三届五次全会精神,紧紧围绕统筹推进"五位一体"总体布局和协调推进"四个全面"战略布局,坚持稳中求进工作总基调,坚持新发展理念,坚持推动高质量发展,坚持以供给侧结构性改革为主线,坚持深化市场化改革、扩大高水平开放,按照"六个稳"工作要求,深化财税体制改革,加快建立现代财政制度;认真落实减税降费等积极的财政政策,提高财政政策的精准度与有效性;调整优化支出结构,牢固树立政府带头过"紧日子"思想;全力支持高质量发展,支持打好三大攻坚战,着力增强人民群众获得感幸福感,促进全省经济持续健康发展和社会大局稳定。

(一)一般公共预算

1. 全省一般公共预算

考虑到国家将实施更大规模的减税降费政策影响,以及为推动高质量发展走在前列提供财力支撑的需要,全省一般公共预算收入预期目标为9 000亿元,增长4.5%左右;全省一般公共预算支出预期目标为12 200亿元,增长5%左右。

全省一般公共预算收入,加中央税收返还及转移支付收入、地方政府一般债务收入及上年结转收入等4 308.5亿元,收入共计13 308.5亿元。当年一般公共预算支出,加上解中央支出、地方政府一般债务还本支出及结转下年支出等1 108.5亿元,支出共计13 308.5亿元。收支相抵,保持平衡。

2. 省级一般公共预算

(1)省级收入预算安排情况。

考虑到省级税收收入征管方式调整因素,省级一般公共预算收入预计为175亿元,加上预计上级补助收入1 582.23亿元、下级上解收入1 743.24亿元、上年结转85.98亿元、调入资金37.99亿元、动用预算稳定调节基金243.84亿元、地方政府一般债务收入557.9亿元,收入共计4 426.18亿元。

(2)省级支出预算安排情况。

① 上解中央支出237.12亿元。其中,体制上解80.72亿元,出口退税上解109.39亿元,专项上解47.01亿元。

② 返还性支出560.84亿元。根据历次中央与地方财政体制调整的有关规定,省对市县给予税收返还补助。

③ 中央专项转移支付支出232.08亿元。根据中央已提前下达的专项转移支付支出总额编入省级支出预算。

④ 一般性转移支付支出1 152.29亿元。一是对市县固定数额补助支出330.33亿元。主要是历次财政体制调整时,为保障市县既得利益而给予市县的补助基数。二是对市县财力性补助支出184.97亿元。主要包括:均衡性转移支付补助支出79.18亿元、县级基本财力保障机制奖补支出70亿元、重点生态功能区转移支付支出15亿元等。三是共同财政事权转移支付支出406.34亿元。这是根据国务院对基本公共服务领域18项财政事权与支出责任划分改革而新设的转移支付。主要包括:教育51亿元、社会保障和就业283亿元、卫生健康36亿元、住房保障36亿元。主要用于:将城乡居民基本医疗保险政府补助标准提高到年人均550元、基本公共卫生服务经费提高到年人均75元等。四是其他有关事项一般性转移支付支出230.65亿元。主要包括:结算补助支出81.44亿元、农村综合改革转移支付支出54.12亿元、产粮(油)大县奖励资金支出19.26亿元、其他支出39.47亿元等。

⑤ 省级财力安排的省本级支出和专项转移支付支出1 483亿元,主要内容是:

——社会保障和就业支出安排113.19亿元,同口径增长10.7%。主要项目有:省级机关事业单位基本养老保险和职业年金单位缴费45.24亿元、就业专项资金12.15亿元、社会养老服务体系建设资金8.8亿元、残疾人康复专项补助3.48亿元、企业职工基本养老保险基金省级储备金5亿元、养老金基本缺口补助25亿元等。

——卫生健康支出安排41.08亿元,同口径增长6.3%。主要项目有:省级公费医疗经费9亿元、医疗卫生机构能力建设补助资金5.28亿元、公共卫生与计划生育服务4.32亿元、卫生计生重点学科建设与人才培养4.3亿元、中医药事业发展专项资金2.96亿元、省级医疗卫生机构发展运行补助资金2.84亿元等。

——农林水支出安排192.18亿元,增长14.1%。主要项目有:改善苏北地区农民群众住房条件专项资金35.62亿元(加上一般转移支付安排资金等共计 77 亿元)、水利重点工程建设 9.01 亿元(加上地方政府债券安排 40 亿元,共计 49.01 亿元)、农田建设资金 22.28 亿元、现代农业发展资金 20.18 亿元、水利发展资金 18.46 亿元、农业生态保护与资源利用资金 15.18 亿元、农业公共服务资金 9.7 亿元、渔业油补 9.5 亿元、扶贫专项资金 8.1 亿元、省级普惠金融发展专项资金(农林水)5.5 亿元等。

——教育支出安排 272.42 亿元,同口径增长 6.3%。主要项目有:生均拨款 202 亿元、"双一流"建设专项经费 9.17 亿元、高等教育内涵建设与发展专项资金 24.24 亿元、教育奖助体系专项经费 16.21 亿元等。

——科学技术支出安排 78.43 亿元,增长 10%。主要项目有:企业创新与成果转化专项资金 10 亿元、苏南专项 10 亿元、企业研发投入奖补 7.5 亿元、高新技术企业培育 3.5 亿元、省级普惠金融发展专项资金(科技)6.5 亿元、双创人才专项资金 7.75 亿元、省重点研发计划资金 5.82 亿元、自然科学基金 4.2 亿元等。

——文化旅游体育与传媒支出安排 30.3 亿元,增长 8.8%。主要项目有:宣传文化发展专项资金 4.5 亿元、文化企业专项扶持经费 3.79 亿元、现代服务业(文化产业)专项引导资金 2.5 亿元、公共文化服务体系建设专项资金 2.41 亿元、旅游业发展专项资金(文化)2 亿元、文化体育等单位保障与事业发展经费 4.98 亿元、省级文化事业发展专项资金 1.05 亿元等。

——节能环保支出安排 53.14 亿元,增长 7.3%。主要项目有:太湖水污染治理引导资金 21.18 亿元、环境保护引导资金 17.95 亿元、城乡环境品质提升专项资金 4.13 亿元、建筑节能和建筑产业现代化专项引导资金 2 亿元等。

——服务业与经济发展方面专项支出安排 78.39 亿元。主要项目有:工业和信息产业转型升级引导资金 30 亿元、商务发展资金 19 亿元、战略性新兴产业发展专项资金 10 亿元、现代服

务业(其他现代服务业)发展专项资金 4.15 亿元等、旅游业发展专项资金(商业服务)2.48 亿元。

——交通运输支出安排 235.05 亿元。主要项目有:交通发展专项资金 143.81 亿元、交通养护专项资金 50.74 亿元、农村客运出租车油补 9.83 亿元等。

——一般公共服务支出等安排 261.92 亿元。主要内容有:一般公共服务支出 73 亿元、公共安全支出 94.81 亿元、自然资源海洋气象等支出 33.93 亿元、住房保障支出 60.18 亿元。

——其他方面 126.9 亿元。主要项目有:预备费 12 亿元、政府投资基金 20 亿元、对口支援专项资金 13.95 亿元、城镇基础设施建设引导资金 13.65 亿元、地方政府一般债券付息 16.7 亿元、统筹基建项目资金 4 亿元等。

⑥ 省级政府一般债券项目支出 70 亿元,其中:水利重点工程建设 40 亿元、干线航道建设 18 亿元、普通国省干线公路建设 12 亿元。

⑦ 省级政府一般债务还本支出 116.97 亿元,用于偿还 2019 年到期的省级政府一般债务本金。

⑧ 省级政府一般债务转贷支出 487.9 亿元。

⑨ 上年结转项目支出 85.98 亿元。

(二)政府性基金预算

考虑到国家对房地产市场调控趋紧政策的影响,全省政府性基金收入预计为 7 330 亿元(下降 10.9%),加中央补助收入 25.47 亿元、地方政府专项债务收入 1 165.4 亿元、上年结转收入 1 035.75 亿元、调入资金 31.42 亿元,全省政府性基金收入总量预计为 9 588.04 亿元。政府性基金收入总量减去调出进入一般公共预算 305.56 亿元、结转下年支出 942.51 亿元、地方政府专项债务还本支出 439.97 亿元,其余 7 900 亿元全部安排支出。

省级政府性基金收入预计为 114.93 亿元(下降 7.6%),加中央补助收入 25.47 亿元、地方政府专项债务收入 1 165.4 亿元、上年结转收入

35.62亿元,省级政府性基金收入总量预计为1 341.42亿元。政府性基金收入总量减去补助市县支出60.06亿元、调出资金5.31亿元、地方政府专项债务转贷支出1 165.4亿元后,其余110.65亿元全部安排支出。

（三）国有资本经营预算

全省国有资本经营收入预计为106.45亿元（下降17.3%）,加上年结转收入23.39亿元,全省国有资本经营收入总量预计为129.84亿元。国有资本经营收入总量减去调出31.82亿元进入一般公共预算后,其余98.02亿元全部安排用于对国有企业的资本金注入、改革成本支出等。

省级国有资本经营收入预计为29.8亿元（增长9.1%）,加上年结转收入4.85亿元,省级国有资本经营收入总量预计为34.65亿元。国有资本经营收入总量减去调出9.26亿元进入一般公共预算后,其余25.39亿元全部安排用于国有企业的资本金注入、改革成本支出等。

（四）社会保险基金预算

按现行政策测算,全省社会保险基金收入预计为7 398.64亿元,支出预计为6 989.9亿元,收支相抵,当年结余预计为408.74亿元,加上上年滚存结余7 587.16亿元,预计年末滚存结余为7 995.9亿元。

省级社会保险基金收入预计为1 391.64亿元,支出预计为1 328.31亿元,收支相抵,当年结余预计为63.33亿元,加上上年滚存结余655.98亿元,预计年末滚存结余为719.31亿元。

（五）地方政府债务情况

1.收支预算。纳入年初预算的全省地方政府债务收入为1 723.3亿元（含一般政府债券和专项政府债券）。其中,财政部经批准提前下达我省新增债券收入1 020亿元,再融资债券收入703.3亿元。纳入年初预算的全省地方政府债务支出为1 723.3亿元,其中:省级支出70亿元,省级地方政府债务转贷支出1 653.3亿元。

2.还本付息。2019年全省地方政府债务还本支出978.09亿元,付息支出439.01亿元,其中:省级还本支出116.97亿元,付息支出17.43亿元。

（六）省十三届人大二次会议前支出情况

根据预算法第五十四条规定,在本次大会审议批准前,省级安排支出15.26亿元,主要用于省级预算单位的基本支出和2018年结转项目支出等。

三、努力完成2019年财政改革与预算收支任务

2019年,财政改革、服务发展任务繁重,完成上述预算收支任务,仍面临一定的压力。我们将按照"积极财政政策加力提效"的要求,全面落实国家更大规模的减税降费政策,严格依法依规征收各项财政收入,努力完成全年收入预期目标;坚持有保有压原则,优化财政支出结构,大力压减一般性支出,全力保障重大项目和重点支出,提高财政资金使用效益。

（一）支持深化供给侧结构性改革。一是围绕巩固"三去一降一补"成果,全面落实国家减税降费政策。认真落实增值税减税,小微企业、科技型初创企业普惠性税收减免,个人所得税专项附加扣除,城镇土地使用税和车辆车船税税率调整等政策。严格落实国家和省清理规范收费基金各项政策。二是围绕增强微观主体活力,大力支持企业发展。不折不扣落实国家和省支持民营经济发展的政策措施,完善促进企业创新发展的普惠制财政政策,加大对企业创新与成果转化、高新技术企业培育、重点研发计划等支持力度。三是围绕提升产业链水平,推动建立现代产业体系。优化工业和信息产业转型升级、现代服务业发展等资金使用方向,重点支持13个先进制造业集群,促进制造业和现代服务业深度融合。四是围绕畅通国民经济循环,发挥财政政策乘数效应。运用普惠金融发展、创业担保贷款贴息补助等资金,做大"小微创业贷""富民创业贷""科技贷款资金池"等产品规模,引导金融机构为实体经济提供融资支持。

（二）支持打好三大攻坚战。一是支持打好防范化解重大风险攻坚战。健全政府性债务管理制度体系，切实规范地方政府举债融资行为，坚决遏制隐性债务增量。督促各地进一步摸清政府隐性债务对应资产情况，有效提升资产变现能力。高度重视政府性债务化解工作，督促各地认真落实化债方案，采取安排年度预算资金、利用超收收入、盘活财政存量资金资产等方式，多渠道化解存量债务。全面加强各地政府性债务动态监测。继续开好"前门"，积极做好政府债券发行工作。二是支持打好精准脱贫攻坚战。统筹用好各类扶贫资金，重点向"病残孤老灾"特殊贫困人口、省定经济薄弱村、六大片区及省定重点帮扶县倾斜。统筹整合涉农资金，重点支持发展特色农业、旅游休闲等产业，构建脱贫增收长效机制。三是支持打好污染防治攻坚战。继续支持中央环保督察"回头看"反馈问题整改，推动实施"263"专项行动，重点支持山水林田湖草系统治理、大气污染防治、太湖流域治理、农业农村污染治理等领域。

（三）支持扩大有效需求。一是发挥消费拉动作用。研究完善促进消费的财政政策措施，大力支持电子商务、旅游示范区建设、产品质量提升行动。二是发挥投资关键作用。健全重大交通基础设施投入机制，统筹整合交通领域各类专项资金，大力支持高铁、重要节点机场、公路、港口、高等级航道建设，加快建立现代综合交通运输体系。加大城镇基础设施投入力度，对海绵城市、建制镇污水处理设施运行给予支持，推动特色小镇和旅游风情小镇创建。进一步规范推进PPP发展，不断提高公共服务能力。三是推动外贸稳中提效。加大对走出去企业的支持力度，在企业对外投资合作项目的前期费用、贷款贴息、大项目奖励、境外园区建设、人员培训等方面给予扶持。

（四）支持实施乡村振兴战略。一是大力支

持苏北地区农民群众住房条件改善。通过统筹整合省级涉农资金、省级均衡性转移支付倾斜及新增预算安排等，重点支持新型农村社区、小城镇集中安置区的基础设施建设和公共服务设施配套。二是推动农业高质量发展。继续加大"三农"投入力度，支持省级现代农业产业示范园创建、产业兴村强县行动，支持高标准农田、高效节水灌溉等农业基础设施建设，推进苏南地区轮作休耕，扶持家庭农场、农民合作社等新型农业经营主体。三是大力支持乡村建设。继续支持"四好农村路"等基础设施建设，推进田园综合体和特色田园乡村建设。支持村级集体经济发展，稳步推进农村综合性改革试点。

（五）加强保障和改善民生。一是落实就业优先政策。全力保障就业形势稳定，重点支持高校毕业生、农民工、退役军人等群体就业。二是支持深化教育综合改革。健全各类教育生均拨款动态调整机制。巩固城乡统一、重在农村的义务教育经费保障机制。积极支持扩大普惠性学前教育及高中阶段教育资源。支持加快"双一流"建设和高等职业教育创新发展卓越计划。三是支持深化医疗卫生体制改革。推进"健康江苏"建设，支持深化公立医院综合改革和提高公共卫生服务均等化水平。四是加强社会保障。支持推进养老保险制度改革，完善城乡低保、临时救助等托底政策，启动城乡居民基本养老保险基金委托投资运营。五是促进文化事业发展。继续支持文化惠民工程、艺术精品创作和文化产业发展。设立大运河文化旅游发展基金，推进大运河国家文化公园建设试点。

（六）深入推进财税体制改革。一是深化预算管理制度改革。认真落实人大预算审查监督重点向支出预算和政策拓展等要求，积极配合推进预算联网监督系统建设。完善项目库管理，加强项目评审论证。做好国有资产综合报告。实施政府会计准则制度。加大预决算公开力度。二是加快推进事权和支出责任划分改革。研究出台基本公共服务领域省与市县共同财政事权和支出责任划分改革方案，明确共同事权范围，制定省基础保障标准，规范支出责任分担方式。三是全面落实国家税制改革部署。密切关注国家健全地方税体系改革动向。抓好现有国家先行先试政策在我省的落实工作。四是全面实施预算绩效管理。研究出台我省全面实施预算绩效管理的实施意见。探索建立新增重大政策、项目事前预算审核和绩效评估机制。加快实施重大政策和项目的绩效目标、绩效评价结果向同级人大报告制度。

各位代表：2019 年是新中国成立 70 周年，也是决胜高水平全面建成小康社会的关键之年。

我们将以习近平新时代中国特色社会主义思想为指导，认真贯彻落实中央方针政策和省重大决策部署，按照省十三届人大二次会议要求，迎难而上，锐意进取，真抓实干，务求实效，扎扎实实做好财政支持稳增长、促改革、调结构、惠民生、防风险的各项工作，为推动我省高质量发展走在全国前列、加快建设"强富美高"新江苏做出积极贡献！

来　　源：江苏省人民政府办公厅
发布日期：2019 年 02 月 15 日

2018 年江苏省国民经济和社会发展统计公报

江苏省统计局　国家统计局江苏调查总队

2018 年，全省上下坚持以习近平新时代中国特色社会主义思想为指导，深入贯彻党的十九大精神和习近平总书记对江苏工作的重要指示要求，全面落实中央和省委省政府决策部署，坚持稳中求进工作总基调，深入贯彻新发展理念，统筹做好改革发展稳定工作，凝心聚力，攻坚克难，经济运行总体平稳、稳中有进，综合实力显著增强，改革开放加力提效，新旧动能接续转换，质量效益稳步提升，城乡建设统筹推进，民生福祉日益改善，高质量发展实现良好开局，"强富美高"新江苏建设迈出坚实步伐。

一、综合

综合实力持续增强。经济总量再上新台阶，初步核算，全年实现地区生产总值 92 595.4 亿元，比上年增长 6.7%。其中，第一产业增加值 4 141.7 亿元，增长 1.8%；第二产业增加值 41 248.5 亿元，增长 5.8%；第三产业增加值 47 205.2 亿元，增长 7.9%。全省人均地区生产总值 115 168 元，比上年增长 6.3%。劳动生产率持续提高，平均每位从业人员创造的增加值达 194 759 元，比上年增加 14 247 元。产业结构加快调整，全年三次产业增加值比例调整为 4.5∶44.5∶51，服务业增加值占 GDP 比重比上年提高 0.7 个百分点。经济活力增强，全年非公有制经济实现增加值 68 057.6 亿元，占 GDP 比重达 73.5%，较上年提高 0.1 个百分点；私营个体经济增加值占 GDP 比重达 49.9%，民营经济增加值占 GDP 比重达 55.6%。2018 年末全省工商部门登记的私营企业 286.79 万户；全年新登记私营企业 48.95 万户，注册资本 25 838.02 亿元。年末个体户 590.10 万户，全年新登记 109.54 万户。区域协调发展有力推进，扬子江城市群对全省经济增长的贡献率达 81.4%；沿海经济带对全省经济增长的贡献率达 16.6%。新型城镇化建设步伐加快，年末城镇化率达 69.61%，比上年提高 0.85 个百分点。

新兴动能不断壮大。全年高新技术产业产值比上年增长 11.0%，占规上工业总产值比重达 43.8%，比上年提高 1.2 个百分点；战略性新兴产业产值比上年增长 8.8%，占规上工业总产值比重达 32%，比上年提高 1 个百分点。限额以上批发和零售业通过公共网络实现零售额比上年增长 25%；住宿和餐饮业通过公共网络实现餐费收入比上年增长 49.4%。商务服务业、软件和信息技术服务业、互联网和相关服务业营业收入比上年分别增长 8%、15.2% 和 39%。

就业形势持续向好。年末全省就业人口 4 750.9 万人，第一产业就业人口 764.9 万人，第二产业就业人口 2 033.4 万人，第三产业就业人口 1 952.6 万人。城镇就业人口 3 227.5 万人，城镇新增就业 153 万人。失业保持较低水平，年末全省城镇登记失业率 2.97%，比上年下降 0.01 个百分点。全年新增转移农村劳动力 25.5 万人，转移率达 75.2%，比上年末提高 0.9 个百分点。城镇失业人员再就业 89.5 万人,城乡就业困难人员就业再就业 31.9 万人,分别比上年增长 11.0% 和 26.6%。

物价水平温和上涨。全年居民消费价格比上年上涨 2.3%,其中城市上涨 2.3%,农村上涨 2.4%。分类别看,食品烟酒类上涨 2.3%,衣着类上涨 2.2%,居住类上涨 2.4%,生活用品及服务类上涨 3.4%,交通和通信类上涨 2.5%,教育文化和娱乐类上涨 2.4%,医疗保健类上涨 1.2%,其他用品和服务类上涨 2.2%。食品中,粮食上涨 1.2%,食用油上涨 0.2%,鲜菜上涨 8.0%,水产品上涨 0.2%,蛋类上涨 12.5%,畜肉类下跌 3.0%。工业生产者价格涨幅回落。全年工业生产者出厂价格上涨 2.8%,涨幅比上年回落 2.0 个百分点;工业生产者购进价格上涨 4.6%,涨幅回落 5.1 个百分点。

表 1 居民消费价格指数及其构成情况(以上年为 100)

指标	全省	城市	农村
居民消费价格	102.3	102.3	102.4
食品烟酒	102.3	102.4	101.9
衣着	102.2	102.0	102.9
居住	102.4	102.1	103.4
生活用品及服务	103.4	103.4	103.5
交通和通信	102.5	102.6	102.1
教育文化和娱乐	102.4	102.5	102.0
医疗保健	101.2	101.1	101.7
其他用品和服务	102.2	102.3	102.0

经济社会高质量发展取得突出成绩的同时,还存在不少困难和问题。实体经济发展面临较大困难,经济下行压力有所加大;自主创新能力还不强,构建自主可控现代产业体系任重道远;资源环境约束趋紧,大气、水、土壤等污染防治形势依然严峻;部分领域风险隐患不容忽视,社会治理、保障和改善民生面临许多新情况新问题。

二、农林牧渔业

种植业结构不断优化。全年粮食播种面积 547.6 万公顷,比上年减少 5.1 万公顷;棉花种植面积 1.7 万公顷,减少 0.4 万公顷;油料种植面积 26.3 万公顷,减少 0.5 万公顷;蔬菜种植面积 142.5 万公顷,增加 1.7 万公顷。全年粮食总产量 3 660.3 万吨,比上年增产 49.5 万吨,增长 1.4%。其中,夏粮 1 326.4 万吨,下降 0.7%;秋粮 2 333.9 万吨,增长 2.6%。粮食亩产 445.6 公斤,比上年增加 10.1 公斤,增长 2.3%。

林牧渔业生产总体平稳。全年造林面积 4.3 万公顷,比上年增长 27.6%。全年猪牛羊禽肉产量 321.9 万吨,比上年下降 4.0%;禽蛋产量 178 万吨,下降 3.0%;牛奶总产量 50 万吨,增长 2.1%。水产品总产量 493.4 万吨(不含远洋捕捞),下降 2.1%,其中,淡水产品 354.0 万吨、海水产品 139.3 万吨,分别下降 1.1%、4.6%。

现代农业加快推进。农业产业结构不断优化,绿色农业、智慧农业、订单农业等现代农业加快发展。全省高效设施农业面积占比达 19.6%,高标准农田占比达 61%,农业机械化水平达 84%,农业科技进步贡献率提高到 68%。全省有效灌溉面积达 418 万公顷,新增有效灌溉面积 4.8 万公顷,新增节水灌溉面积 15.3 万公顷;新增设施农业面积 3.4 万公顷。年末农业机械总动力 5 042 万千瓦,比上年增长 1.0%。

表 2 主要农产品产量情况

产品名称	产量(万吨)	比上年增长(%)
粮食	3 660.3	1.4
棉花	2.1	-20.8
油料	86.0	0.8
#油菜籽	45.7	-8.2
花生	39.3	13.1
蔬菜	5 625.9	1.5
蚕茧	3.9	-1.9
茶叶	1.4	0.7
水果(含瓜果类)	934.1	-1.0
猪牛羊禽肉	321.9	-4.0
水产品(不含远洋捕捞)	493.4	-2.1

三、工业和建筑业

工业运行总体稳定。全年规模以上工业增加值比上年增长 5.1%，其中轻工业增长 3.5%，重工业增长 5.5%。分经济类型看，国有工业增长 5.6%，集体工业增长 4.8%，股份制工业增长 5%，外商港澳台投资工业增长 5.3%。在规模以上工业中，国有控股工业增长 8.1%，民营工业增长 4.1%。

先进制造业发展加快。全省高技术产业、装备制造业增加值比上年分别增长 11.1%和 8%，高于规模以上工业 6 个和 2.9 个百分点；对规上工业增加值增长的贡献率达 43.4%和 74.2%。分行业看，电子、医药、汽车、专用设备等先进制造业增加值分别增长 11.3%、10.4%、7.2%和 12.5%。代表智能制造、新型材料、新型交通运输设备和高端电子信息产品的新产品产量实现较快增长。新能源汽车、城市轨道车辆、3D 打印设备、智能电视、服务器等新产品产量比上年分别增长 139.9%、107.1%、51.4%、36.4%和 26.2%。

表3　主要工业产品产量情况

产品名称	单位	产量	比上年增长（%）
纱	万吨	303.2	−14.3
布	亿米	69.4	2.3
化学纤维	万吨	1 370.5	2.2
卷烟	亿支	1 031.0	−1.1
智能手机	万台	4 867.7	−22.7
彩色电视机	万台	1 668.0	11.9
♯智能电视	万台	1 045.9	36.4
家用电冰箱	万台	839.8	7.1
房间空调器	万台	512.4	13.1
粗钢	万吨	10 426.2	−3.7
钢材	万吨	12 146.7	−0.4
十种有色金属	万吨	37.7	9.9
水泥	万吨	14 692.0	−2.5
硫酸	万吨	246.8	−14.9
纯碱	万吨	437.8	0.5

续表

产品名称	单位	产量	比上年增长（%）
乙烯	万吨	161.2	11.0
化肥（折100%）	万吨	165.9	1.7
汽车	万辆	125.4	0.3
♯轿车	万辆	58.7	−4.1
♯新能源汽车	万辆	12.1	139.9
民用钢质船舶	万载重吨	1 406.8	21.3
太阳能电池	万千瓦	3 605.9	−3.5
发电设备	万千瓦	675.0	27.0
光纤	万千米	6 870.9	3.4
光缆	万芯千米	9 132.7	−4.2
微型电子计算机	万台	6 215.0	−0.5
集成电路	亿块	564.2	11.5
程控交换机	万线	0.3	−63.7

工业企业盈利能力提升。全年规模以上工业企业实现主营业务收入比上年增长 7.3%，利润比上年增长 9.4%。规模以上工业企业主营业务收入利润率、成本费用利润率分别为 6.6%、6.9%，比上年提高 0.12 个和 0.13 个百分点。规模以上工业企业资产负债率为 52.6%，总资产贡献率为 12.1%。全年规模以上工业企业产销率达 98.8%。

建筑业稳定健康发展。全年实现建筑业总产值 30 846.7 亿元，比上年增长 10.3%；竣工产值 22 551.7 亿元，增长 4.7%；竣工率达 73.1%。全省建筑业企业实现利税总额 2 168.7 亿元，增长 9.1%。建筑业劳动生产率为 33.6 万元/人，增长 7.5%。建筑业企业房屋建筑施工面积 249 176.8 万平方米，增长 7.4%；竣工面积 74 806.3 万平方米，下降 0.9%，其中住宅竣工面积 54 411.4 万平方米，下降 0.6%。

四、固定资产投资

投资增长保持稳定。全年固定资产投资比上年增长 5.5%。其中，国有及国有经济控股投资下降 8.6%;港澳台及外商投资增长 0.8%。民间投资增长 10.8%,民间投资占全部投资比重达 71.0%。分类型看,项目投资比上年增长 2.2%;房地产开发投资比上年增长 14.1%。全年商品房销售面积 13 484.2 万平方米,比上年下降 5.1%。其中,住宅销售面积 12 040.7 万平方米,比上年下降 3.6%。

投资结构继续优化。第一产业投资比上年增长 6.7%,第二产业投资增长 7.9%,第三产业投资增长 3.7%。第二产业投资中,工业投资增长 8.0%,其中制造业投资增长 11.2%;制造业投资占项目投资比重为 59.0%,对全部投资增长的贡献率达 79.9%。工业技术改造投资增长 10.7%,占工业投资比重达 55.0%。高新技术产业投资增长 15.2%。电子及通讯设备、计算机及办公设备、新能源、医药、智能装备、仪器仪表制造业投资分别增长 23.9%、22.6%、19.0%、14.9%、14.8% 和 11.4%。第三产业投资中,科学研究和技术服务业增长 6.8%,水利、环境和公共设施管理业增长 2.4%,文化、体育和娱乐业增长 8.5%。

重点项目扎实推进。全省 228 个省重大实施项目完成投资 5 300 亿元。现代综合交通运输体系加快建设,开工建设南沿江城际铁路、宁句城际轨道交通项目,加快推进连淮扬镇铁路、盐通高铁、连徐高铁、徐宿淮盐铁路建设,青连、连盐、宁启二期铁路相继建成通车,连云港和盐城跨入高铁时代。南京禄口国际机场 T1 航站楼改扩建工程顺利实施。连云港港 30 万吨级航道二期工程、苏州太仓港区四期工程建设进展顺利,长江南京以下 12.5 米深水航道二期工程提前建成试运行。

五、国内贸易

消费品市场增势稳定。全年社会消费品零售总额比上年增长 7.9%。按经营单位所在地分,城镇消费品零售额增长 7.8%;农村消费品零售额增长 9%。按行业分,批发和零售业零售额增长 7.7%;住宿和餐饮业零售额增长 9.7%。全省限额以上社会消费品零售总额比上年增长 3.6%。从消费品类值看,基本生活类消费增长平稳,部分消费升级类商品零售额增长较快。在限额以上企业商品零售额中,粮油食品饮料烟酒类、服装鞋帽针纺织品类、日用品类商品零售额分别增长 4.4%、7.6% 和 9.5%。以智能手机、平板电脑等为代表的通讯器材类商品零售额增长 30.8%;书报杂志类增长 15.9%;家具类增长 11.8%。石油制品类商品零售额增长 12.2%。

六、开放型经济

进出口规模继续扩大。全省完成进出口总额 43 802.4 亿元,比上年增长 9.5%。其中,出口 26 657.7 亿元,增长 8.4%;进口 17 144.7 亿元,增长 11.3%。从贸易方式看,一般贸易进出口总额 21 342.6 亿元,增长 10.9%;占进出口总额比重达 48.7%,超过加工贸易 9.4 个百分点。从出口主体看,国有企业、外资企业、私营企业出口额分别增长 17.7%、3.6% 和 15.1%。从出口市场看,对美国、欧盟、日本出口比上年分别增长 6%、6.9% 和 5.5%,对印度、俄罗斯、东盟出口分别增长 4.4%、10.5% 和 13%。从出口产品看,机电、高新技术产品出口额分别增长 8.9%、8.5%。对"一带一路"沿线国家出口保持较快增长,出口额 6 459.6 亿元,增长 8.9%;占全省出口总额的比重为 24.2%,对全省出口增长的贡献率为 25.7%。

表4 货物进出口贸易主要分类情况

指标	绝对数(亿元)	比上年增长(%)
出口总额	26 657.7	8.4
♯一般贸易	13 400.8	12.6
加工贸易	10 234.8	-0.1
♯工业制成品	24 980.0	8.2
初级产品	385.4	2.9
♯机电产品	17 624.4	8.9
♯高新技术产品	10 126.2	8.5
♯国有企业	2 989.2	17.7
外商投资企业	14 810.2	3.6
私营企业	8 456.0	15.1

指标	绝对数(亿元)	比上年增长(%)
进口总额	17 144.7	11.3
＃一般贸易	7 941.8	8.1
加工贸易	6 967.1	11.9
＃工业制成品	13 975.7	11.7
初级产品	2 203.1	8.5
＃机电产品	10 204.9	11.5
＃高新技术产品	7 288.0	13.4
＃国有企业	1 336.5	22.9
外商投资企业	12 125.1	8.4
私营企业	3 453.0	18.9

表5 对主要国家和地区货物进出口情况

国家和地区	出口额(亿元)	比上年增长(%)	进口额(亿元)	比上年增长(%)
美国	6 143.4	6.0	955.2	-6.8
欧盟	4 973.6	6.9	2 038.4	8.3
东盟	2 996.2	13.0	2 170.1	10.6
中国香港	2 405.4	17.6	22.0	-50.0
日本	1 951.5	5.5	2 000.2	2.8
拉丁美洲	1 419.5	9.7	882.6	19.6
韩国	1 483.9	18.7	3 716.8	20.1
中国台湾	759.8	7.4	2 155.6	7.7
印度	847.7	4.4	129.0	23.8
非洲	654.2	11.5	215.5	54.3
俄罗斯	323.2	10.5	68.8	-1.8

利用外资保持增长。全年新批外商投资企业3 348家,比上年增长2.9%;新批协议注册外资605.2亿美元,比上年增长9.2%;实际使用外资255.9亿美元,比上年增长1.8%。新批及净增资9 000万美元以上的外商投资大项目353个,比上年增长1.1%。全年新批境外投资项目786个,中方协议投资额94.8亿美元。加快推进"一带一路"交汇点建设,全年新增"一带一路"沿线对外投资项目235个,比上年增长46.8%,中方协议投资额23.1亿美元。

七、交通、邮电和旅游

交通运输基本平稳。全年货物运输量比上年增长5.7%,旅客运输量下降4.7%;货物周转量比上年下降0.4%,旅客周转量增长2.0%。全省机场飞机起降51.6万架次,比上年增长11.5%;旅客吞吐量5 164.6万人次,增长16.2%;货邮吞吐量59.7万吨,增长4.5%。完成规模以上港口货物吞吐量23.3亿吨,比上年增长0.6%,其中外贸货物吞吐量4.9亿吨,增长0.5%;集装箱吞吐量1 798万标准集装箱,增长4.4%。年末全省公路里程16万公里。其中,高速公路里程4 710公里。铁路营业里程3 014公里,铁路正线延展长度5 258.6公里。年末民用汽车保有量1 783.2万辆,增长10.1%;净增163.8万辆。年末私人汽车保有量1 537.6万辆,增长9.2%;净增129.4万辆。其中,私人轿车保有量1 066.8万辆,增长8.0%;净增79.2万辆。

表6 各种运输方式完成运输量情况

运输方式	货物周转量		货运量		旅客周转量		客运量	
	绝对数(亿吨公里)	比上年增长(%)	绝对数(万吨)	比上年增长(%)	绝对数(亿人公里)	比上年增长(%)	绝对数(万人)	比上年增长(%)
总计	9 683.7	-0.4	247 388.1	5.7	1 692.5	2.0	121 883.3	-4.7
铁路	296.7	1.8	5 971.4	4.4	803.1	7.1	21 203.6	7.2
公路	2 544	7.0	139 251	8.0	717	-4.0	97 025	-7.2
水路	6 122	-4.1	87 735	2.4	3.5	7.7	2 383	-2.0
民航	1.1	-9.4	7.7	-6.4	168.9	6.0	1 271.7	8.8
管道	720.0	6.9	14 423	4.7	—	—	—	—

注:民航运量数据仅指东航江苏分公司完成数。

邮政电信快速发展。全年邮政行业业务总量1 050.2亿元，比上年增长19.2%；电信业务总量4 811.6亿元，增长132.7%。邮政行业业务收入647亿元，比上年增长15.4%；电信业务收入975.1亿元，增长6.3%。年末局用交换机总容量121.2万门。年末固定电话用户1 364万户，城市固定电话用户945.9万户，乡村固定电话用户418.1万户。年末移动电话用户9 794万户，比上年末增加986.3万户。电话普及率达139部/百人。年末长途光缆线路总长度4.04万公里；年末互联网宽带接入用户3 351.9万户，新增245.7万户。

旅游业较快增长。全年接待境内外游客81 823.7万人次，比上年增长9.6%；实现旅游业总收入13 247.3亿元，增长13.6%。接待入境过夜游客400.9万人次，增长8.3%。其中，外国人264.7万人次，增长9.5%；港澳台同胞136.2万人次，增长6.1%。旅游外汇收入46.5亿美元，增长10.8%。接待国内游客81 422.8万人次，增长9.6%，实现国内旅游收入12 851.3亿元，增长13.7%。

八、财政、金融

财政收入稳定增长。全年完成一般公共预算收入8 630.2亿元，比上年增长5.6%；其中，税收收入7 263.7亿元，比上年增长12%；税收占一般公共预算收入比重达84.2%，比上年提高4.8个百分点。

表7　财政收入分项情况

指标	绝对数（亿元）	比上年增长（%）
一般公共预算收入	8 630.2	5.6
#增值税	3 113.5	8.7
企业所得税	1 312.7	14.6
个人所得税	468.4	21.1
上划中央四税	6 412.6	10.9
#国内消费税	709.3	2.3

支出结构持续改善。全年一般公共预算支出11 658.2亿元，比上年增长9.8%。一般公共预算支出中，教育支出2 056.5亿元，比上年增长3.9%；公共安全支出826.6亿元，增长15.3%；医疗卫生支出845.5亿元，增长7.1%；社会保障和就业支出1 309亿元，增长25.5%；住房保障支出430亿元，增长22.2%。

金融信贷规模扩大。年末全省金融机构人民币存款余额139 718亿元，比年初增长7.5%，增加9 775.1亿元。其中，住户存款比年初增加4 663.9亿元，非金融企业存款比年初增加2 712.4亿元。年末金融机构人民币贷款余额115 719亿元，比年初增长13.3%，增加13 572.4亿元。其中，中长期贷款比年初增加7 839.3亿元，短期贷款比年初增加3 768.9亿元。

表8　年末金融机构人民币存贷款情况

指标	绝对数（亿元）	比年初增加（亿元）	比上年末增加（%）
各项存款余额	139 718.0	9 775.1	7.5
#住户存款	50 768.6	4 663.9	10.2
非金融企业存款	49 895.2	2 712.4	5.7
各项贷款余额	115 719.0	13 572.4	13.3
#短期贷款	35 795.2	3 768.9	11.9
中长期贷款	72 945.8	7 839.3	12.0
#消费贷款	33 018.7	5 324.5	19.3
#住房贷款	28 526.1	4 327.8	17.9

证券交易市场保持稳定。年末全省境内上市公司401家，省内上市公司通过首发、配股、增发、可转债、公司债在上海、深圳证券交易所筹集资金2 249.8亿元。江苏企业境内上市公司总股本3 639.3亿股，比上年增长11.7%；总市值31 986.1亿元，比上年下降21.4%。年末全省共有证券公司6家，证券营业部928家；期货公司9家，期货营业部172家；证券投资咨询机构3家。全年证券市场完成交易额28.7万亿元。分类型看，证券经营机构股票交易额13.4万亿元，比上年下降22.3%；期货经营机构代理

交易额 15.3 万亿元,比上年增长 20.7%。

保险行业有所波动。全年保费收入 3 317.3 亿元,比上年下降 3.8%。分类型看,财产险收入 858.8 亿元,增长 5.5%;寿险收入 1 985.3 亿元,下降 10.2%;健康险收入 395 亿元,增长 11.4%;意外伤害险 78.1 亿元,增长 12.1%。全年赔付额 996.7 亿元,比上年增长 1.3%。其中,财产险赔付 512.5 亿元,增长 12.5%;寿险赔付 355.9 亿元,下降 17.9%;健康险赔付 104.4 亿元,增长 42.0%;意外伤害险赔付 23.9 亿元,增长 12.4%。

九、科学技术和教育

科技创新能力持续增强。全省专利申请量、授权量分别达 60.03 万件、30.7 万件,其中发明专利申请量 19.88 万件,比上年增长 6.31%;发明专利授权量 4.2 万件,增长 1.21%;PCT 专利申请量达 5 500 件,增长 19.8%;万人发明专利拥有量达 26.45 件,增长 17.56%。全省企业共申请专利 43.76 万件。全年共签订各类技术合同 4.2 万项,技术合同成交额达 1 152.6 亿元,比上年增长 32%。省级以上众创空间达 746 家。2018 年,江苏共有 50 个项目获国家科技奖,获奖总数位列全国各省第一。

高新技术产业加快发展。组织实施省重大科技成果转化专项资金项目 124 项,省资助资金投入 8.38 亿元,新增总投入 72.81 亿元。新认

定国家高新技术企业超过 8 000 家,企业研发经费投入占主营业务收入比重提高至 1.3%,大中型工业企业和规模以上高新技术企业研发机构建有率保持在 90% 左右,国家级企业研发机构达到 145 家,位居全国前列。全省已建国家级高新技术特色产业基地 160 个。

科研投入力度逐步增强。全社会研究与试验发展(R&D)活动经费占地区生产总值比重达 2.64%(新口径),研究与试验发展(R&D)人员 78 万人。全省拥有中国科学院和中国工程院院士 98 人。各类科学研究与技术开发机构中,政府部门属独立研究与开发机构达 466 个。建设国家和省级重点实验室 171 个,科技服务平台 277 个,工程技术研究中心 3 404 个,企业院士工作站 326 个,经国家认定的技术中心 117 家。

教育事业全面发展。全省共有普通高校 142 所。普通高等教育招生 62.74 万人,在校生 200.09 万人,毕业生 53.87 万人;研究生教育招生 6.91 万人,在校生 19.46 万人,毕业生 4.74 万人。高等教育毛入学率达 58.3%,比上年提高 1.6 个百分点;高中阶段教育毛入学率达 99% 以上。全省中等职业教育在校生 62.6 万人(不含技工学校)。特殊教育招生 0.48 万人,在校生 3.12 万人。全省共有幼儿园 7 222 所,比上年增加 240 所;在园幼儿 255.58 万人,比上年减少 4.95 万人。学前三年教育毛入园率达 98% 以上。

表9　各阶段教育学生情况

指标	招生数		在校生数		毕业生数	
	绝对数(万人)	比上年增长(%)	绝对数(万人)	比上年增长(%)	绝对数(万人)	比去年增长(%)
普通高等教育	62.74	4.9	200.09	2.9	53.87	0.6
＃研究生	6.91	7.1	19.46	10.1	4.74	3.0
普通高中教育	35.21	11.9	98.08	4.0	31.24	−1.6
普通初中教育	80.23	5.9	225.76	8.2	62.35	1.8
小学教育	102.23	7.3	560.44	3.7	81.62	5.5

十、文化、卫生和体育

公共文化服务水平提升。城乡公共文化服务体系不断完善。全省共有文化馆、群众艺术馆115个,公共图书馆115个,博物馆322个,美术馆31个,综合档案馆113个,向社会开放档案79.55万件。共有广播电台8座,中短波广播发射台和转播台21座,电视台8座,广播综合人口覆盖率和电视综合人口覆盖率均达100%。全省有线电视用户1 666.82万户。全年生产故事影剧片61部;出版报纸21.92亿份,出版杂志1.14亿册,出版图书6.84亿册。

卫生事业稳步推进。年末全省共有各类卫生机构33 254个。其中,医院1 853个,疾病预防控制中心117个,妇幼卫生保健机构114个。各类卫生机构拥有病床49.08万张,其中医院拥有病床38.72万张。共有卫生技术人员59万人,其中执业医师、执业助理医师23.34万人,注册护士26.03万人,疾病预防控制中心卫生技术人员0.63万人,妇幼卫生保健机构卫生技术人员1.23万人。

体育事业蓬勃发展。成功举办第19届省运会,促进群众体育和竞技体育、体育事业和体育产业协调发展,江苏健儿在第18届亚运会上取得优异成绩。在重大比赛中获世界冠军5项,获金牌58人次,获银牌37人次,获铜牌55人次。

十一、环境保护、节能降耗和安全生产

污染防治力度加大。全省PM2.5年均浓度48微克/立方米,104个国考断面水质优Ⅲ类比例68.3%,劣Ⅴ类比例1%,化学需氧量、二氧化硫、氨氮、氮氧化物四项主要污染物排放量削减指标均完成国家下达的目标任务。长江、淮河等重点流域及近岸海域水质总体保持稳定,太湖治理连续11年实现"两个确保"。实施农村人居环境整治三年行动,大力推进生活垃圾处理、生活污水处理、村容村貌提升和厕所革命,城乡人居环境持续改善。全省林木覆盖率达23.2%,建成国家生态园林城市5个,国家生态工业园区21

个,国家生态文明建设示范市县9个。

节能减排成效显著。加快淘汰低水平落后产能,全年压减钢铁产能80万吨、水泥产能210万吨、平板玻璃产能660万重量箱;关闭高耗能高污染及"散乱污"规模以上企业3 600多家;关停低端落后化工企业1 200家以上。全省规模以上工业综合能源消费量同比下降2.5%。

安全生产形势稳定。开展重点行业领域专项治理和隐患排查整治,生产安全事故起数和死亡人数实现"双下降"。全年共发生各类生产安全事故7 076起,死亡3 909人,同比减少584起、483人,分别下降7.62%和11.0%,没有发生重大及以上生产安全事故。

十二、人口、人民生活和社会保障

人口总量保持增长。年末全省常住人口8 050.7万人,比上年末增加21.4万人,增长0.27%。在常住人口中,男性人口4 051.15万人,女性人口3 999.55万人;0～14岁人口1 115.83万人,15～64岁人口5 805.36万人,65岁及以上人口1 129.51万人。全年人口出生率9.32‰,比上年下降0.39个千分点;人口死亡率7.03‰,与上年持平;人口自然增长率2.29‰,比上年下降0.39个千分点。

居民收入稳定增长。据城乡一体化住户调查,全省居民人均可支配收入38 096元,比上年增长8.8%。其中,工资性收入21 948元,增长7.6%;经营净收入5 386元,增长7.8%;财产净收入3 746元,增长15.7%;转移净收入7 016元,增长9.8%。按常住地分,城镇居民人均可支配收入47 200元,增长8.2%;农村居民人均可支配收入20 845元,增长8.8%。城乡居民收入差距进一步缩小,城乡居民收入比由上年的2.28∶1缩小为2.26∶1。全省居民人均消费支出25 007元,比上年增长6.6%。按常住地分,城镇居民人均消费支出29 462元,增长6.3%;农村居民人均消费支出16 567元,增长6.1%。

社会保障体系更加完善。稳步实施全民参保

计划,参保覆盖面持续扩大。年末全省城乡基本养老、城乡基本医疗、失业、工伤、生育保险参保人数分别为5 538万人、7 721.18万人、1 671.3万人、1 777.2万人和1 694.46万人,比上年末分别增加160.4万人、102.08万人、88.4万人、87万人和112.45万人。城乡居民基本养老保险基础养老金最低标准由每人每月125元提高到每人每月135元。城乡居民医保人均财政补助最低标准提高到每人每年589元。

注:

1. 本公报使用的数据为快报数。

2. 地区生产总值、规模以上工业增加值及其分类项目增长速度按可比价计算,为实际增长速度;其他指标除特殊说明外,按现价计算,为名义增长速度。

3. 部分数据因四舍五入问题,存在总计与分项合计不等的情况。

4. 部分指标数据因统计口径调整,较上年不具可比性。

5. 文化馆、群众艺术馆、公共图书馆、博物馆、美术馆数为2017年年报数。

来　　源:江苏省人民政府办公厅

发布日期:2019年03月25日

南京市 2018 年国民经济和社会发展统计公报①

南京市统计局　国家统计局南京调查队

2018 年,全市上下深入贯彻习近平新时代中国特色社会主义思想和党的十九大精神,全面落实党中央国务院、省委省政府重大决策部署以及市委市政府工作要求,聚力建设"创新名城、美丽古都",坚持新发展理念,按照高质量发展要求,对标找差、创新实干,统筹推进稳增长、促改革、调结构、惠民生、防风险各项工作,全市经济保持了总体平稳、稳中有进的发展态势,在高水平全面建成小康社会、高质量推进"强富美高"新南京建设上迈出新的更大步伐。

一、综合

经济运行稳中有进。全年实现地区生产总值②12 820.40 亿元,比上年增长 8.0%。分产业看,第一产业增加值 273.42 亿元,比上年增长 0.6%;第二产业增加值 4 721.61 亿元,增长 6.5%;第三产业增加值 7 825.37 亿元,增长 9.1%。按常住人口计算人均地区生产总值为 152 886 元,按国家公布的年平均汇率折算为 23 104 美元。结构调整扎实推进。聚力培育"4+4+1"主导产业,重点打造人工智能、集成电路、新能源汽车等产业地标,加快推动"两钢两化"企业转型,三次产业增加值比例调整为 2.1:36.9:61.0,服务业增加值占 GDP 比重比上年提高 1.3 个百分点。新动能不断发展壮大。全年高新技术产业实现制造业产值增长 19.1%,占规上工业总产值比重为 47.85%,较上年提升 1.96 个百分点。规模以上服务业中,高技术服务业营业收入

增长 21.4%。全年高技术产业投资增长 13.5%。

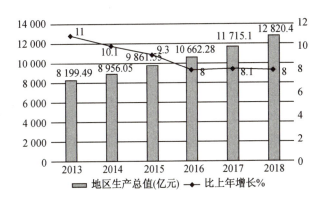

图 1　2013—2018 年地区生产总值及其增长速度

经济活力持续增强。全年民营经济实现增加值 5 953.76 亿元,可比增长 8.1%,占 GDP 比重为 46.4%,比上年提升 0.5 个百分点。11 家民营企业进入全国 500 强。年末全市工商部门登记的私营企业 59.63 万户,注册资本 24 230.99 亿元,分别比上年增长 8.4% 和 27.2%;个体工商户 62.19 万户,比上年增长 19.2%。全年新登记私营企业 7.26 万户,下降 14.3%,注册资本 4 743.06 亿元,增长 13.8%;新登记个体工商户 13.16 万户,增长 20.9%。

居民消费价格温和上涨。全年城市居民消费价格比上年上涨 2.4%。分类别看,食品烟酒类上涨 3.6%,衣着类上涨 1.7%,居住类③上涨 2.4%,生活用品及服务类上涨 4.6%,交通和通信类上涨 1.3%,教育文化和娱乐类上涨 1.6%,医疗保健类上涨 0.9%,其他用品和服务类上涨 2.0%。

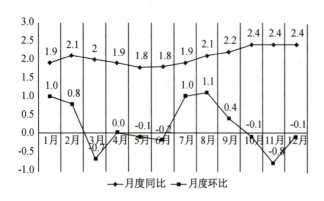

图2　2018年居民消费价格月度涨跌幅度

→ 月度同比　■ 月度环比

表1　2018年城市居民消费和
商品零售价格涨跌幅度　　　　（%）

指标名称	2018年	2017年
城市居民消费价格	2.4	1.9
一、食品烟酒类	3.6	2.2
二、衣着类	1.7	1.1
三、居住类③	2.4	2.4
四、生活用品及服务类	4.6	2.4
五、交通和通信类	1.3	1.1
六、教育文化和娱乐类	1.6	2.3
七、医疗保健类	0.9	0.5
八、其他用品和服务类	2	1.8
商品零售价格	2.8	1.6

工业生产者价格基本稳定。全年工业生产者出厂价格上涨2.5%，涨幅比上年回落0.9个百分点，其中，轻工业价格下降0.3%，重工业价格上涨3.2%。工业生产者购进价格上涨6.2%，涨幅比上年回落1.0个百分点。

二、农业

农业生产总体稳定。全年农林牧渔及农林牧渔服务业增加值288.41亿元，比上年增长0.9%。全年粮食播种面积227.07万亩，比上年增加6.57万亩；油料种植面积20.66万亩，减少3.23万亩；蔬菜种植面积123.15万亩，增加11.36万亩。全年粮食总产量106.92万吨，比上年增产1.54万吨，增长1.5%。其中，夏粮

26.33万吨，增长10.4%；秋粮80.59万吨，下降1.2%。粮食亩产470.9公斤，比上年减少7.0公斤，下降1.5%。蔬菜总产量284.46万吨，比上年增产27.57万吨，增长10.7%。畜禽禁养政策有效落实，养殖结构不断调整优化。

现代农业高效发展。蔬菜园艺产业布局进一步优化，新建省级标准园9个，高效特色园艺基地17个，高标准农田累计达247万亩，设施蔬菜园艺面积累计达78.2万亩。市级、省级、国家级现代农业园区分别达到40个、9个和3个。休闲农业和乡村旅游等新产业、新业态较快发展，全年休闲农业接待游客达2 500万人次，实现综合收入75亿元。

三、工业和建筑业

工业生产平稳增长。全年实现全部工业增加值4 055.14亿元，比上年增长7.3%。其中，规模以上工业增加值3 091.83亿元，增长7.8%。在规模以上工业中，分经济类型看，国有控股企业增加值增长9.2%，民营企业增长8.7%，外商及港澳台商投资企业增长5.7%。分行业看，计算机、通信和其他电子设备制造业增加值增长12.1%，石油加工、炼焦和核燃料加工业增长12.1%，黑色金属冶炼和压延加工业增长14.0%、仪器仪表制造业增长14.7%。新产品增长潜力不断释放，全年规模以上工业新产品产值增长18.9%。新能源汽车产量增长253.1%，工业机器人增长108.9%，智能电视增长17.9%，城市轨道车辆增长107.1%。

工业企业盈利能力增强。全年规模以上工业企业实现利润总额比上年增长6.1%，增速较上年提升4.3个百分点，工业企业利润增长面57.9%，较上年提升16.0个百分点。规模以上工业企业主营业务收入利润率、成本费用利润率分别为7.5%、9.3%，较上年提高0.1和0.2个百分点。规模以上工业企业资产负债率为52.9%，较上年下降0.6个百分点。全年规模以上工业企业产销率达99.08%。

表2　2018年主要工业产品产量及其增长速度

产品名称	计量单位	产品产量	比上年增长（%）
工业机器人	套	3 648	108.9
城市轨道车辆	辆	58	107.1
新能源汽车	辆	74 903	253.1
光纤	千米	—	—
光缆	万芯千米	1 506.43	−1.1
智能手机	万台	597.89	0.7
智能电视	万台	370.92	17.9
粗钢	万吨	1 753.18	3
钢材	万吨	1 617.98	4.5
民用钢质船舶	万载重吨	73.51	−8.7
水泥	万吨	757.01	−3.6
集成电路	万块	60 648	29.6
光电子器件	万只（片、套）	52 636 456	−4.9
汽车	万辆	61.7	1.5
显示器	万台	590.63	−3.6
移动通信手持机（手机）	万台	628.94	2.7
电子计算机整机	万台	52.61	−2.2
程控交换机	线	2 450	−63.7
卷烟	万支	3 361 963	−1.8
合成洗涤剂	万吨	7.45	−0.1
家用洗衣机	万台	378.67	−21.9
家用吸尘器	万台	56.86	−7.9
原油加工量	万吨	3 021.51	9.1
汽油	万吨	740.65	16.8
煤油	万吨	440.22	14.5
柴油	万吨	631.2	−2.5

建筑业稳定发展。全年具有资质等级的总承包和专业承包建筑业企业完成建筑业总产值3 833.69亿元，比上年增长12.3%，其中本市建筑企业在外省完成建筑业总产值1 374.77亿元，增长13.1%。

四、固定资产投资和房地产开发

固定资产投资增势平稳。全年全社会固定资产投资比上年增长9.4%。分经济主体看，国有经济控股和非国有经济投资均增长8.6%，港澳台及外商投资下降4.1%。民间投资增长22.7%。分产业看，第一产业投资下降22.6%；第二产业投资增长10.6%，其中工业投资增长8.9%，较上年提高7.9个百分点；第三产业投资增长9.5%。三次产业投资比例为0.1∶16.3∶83.6。工业技改投资④增长12.9%，占工业投资比重65.5%。比上年提高1.4个百分点。

重点项目推进有力。南沿江城际铁路正式开工，长江五桥等重大基础设施建设进展顺利，长江大桥公路桥维修改造工程竣工通车，地铁宁溧线建成运营，6条过江通道同步建设，地铁建设7线并进。江北新区建设快速推进，一批重要基础设施和公共服务设施建成并投入使用。宁句城际等南京都市圈、宁镇扬同城化重点项目有序推进。

全市房地产开发投资2 354.17亿元，比上年增长8.5%。其中，住宅投资1 547.64亿元，增长0.3%；商业用房投资351.93亿元，增长33.8%。全年新开工保障房456万平方米，竣工356万平方米。

五、国内贸易

消费品市场总体稳定。全年实现社会消费品零售总额5 832.46亿元，比上年增长8.4%。分行业看，批发业和零售业零售额5 262.21亿元，增长8.5%；住宿和餐饮业零售额570.25亿元，增长7.6%。全年限额以上社会消费品零售总额3 568.32亿元，增长6.1%。

从消费品类值看，部分消费升级类商品零售额增长较快。在限额以上企业（单位）批发零售贸易业零售额中，通讯器材类增长49.3%，家具类增长21.0%，日用品类增长17.9%，电子出版物及音像制品类增长15.1%，家用电器和音像器材类增长11.8%，文化办公用品类增长11%，化妆品类增长 9.6%,汽车类增长 0.7%,石油及制品类增长 1.1%。网上零售较快增长,全年限上批零业通过公共网络实现商品零售额⑤增长 36.7%。

六、对外经济

进出口规模继续扩大。全年实现进出口总额 654.91 亿美元,比上年增长 7.6%。其中,出口总额 378.79 亿美元,增长 10.8%,进口总额 276.12 亿美元,增长 3.4%。

从进出口商品市场看,全年对欧盟、美国、日本、韩国和东盟等传统市场进出口额 445.40 亿美元,增长 5.1%,占全市进出口总额的比重为 68.0%。其中,出口 238.17 亿美元,增长 8.9%,占全市出口总额的 62.9%;进口 207.23 亿美元,增长 1.0%,占全市进口总额的 75.1%。

表 3　2018 年南京对主要国家、地区进出口额及其增长速度

国别和地区	出口额(亿美元)	比上年增长(%)	进口额(亿美元)	比上年增长(%)
合计	378.79	10.8	276.12	3.4
一、亚洲	151.49	20.9	164.91	2.5
♯日本	15.92	−6.3	36.22	−12.3
韩国	28.04	60.2	64.52	5.7
♯东南亚国家联盟	41.01	21.2	23.43	12.9
二、非洲	16.71	33.9	10.25	62.2
三、欧洲	101.58	10.6	58.47	7.3
♯欧洲联盟	91.42	9.7	53.55	10.1
四、拉丁美洲	25.67	5.3	6.56	−4.4
五、北美洲	73.45	−6.2	21.07	−11.2
♯美国	67.39	−6.5	14.98	−16.7
六、大洋洲	9.88	3.9	14.85	0.9

从进出口商品构成看,全年高新技术产品出口 91.52 亿美元,下降 4.0%,进口 82.42 亿元,下降 12.6%。机电产品出口 185.48 亿美元,增长 0.7%,进口 158.55 亿美元,下降 3.0%。

表 4　2018 年进出口总额及其增长速度

指标	金额(亿美元)	比上年增长(%)
进出口总额	654.9	7.6
出口额	378.8	10.8
其中:一般贸易	270.6	21.7
加工贸易	92.2	−15.1
其中:机电产品	185.5	0.7
高新技术产品	91.5	−4
其中:国有企业	112.2	−2.3
外商投资企业	130.4	1.1
民营企业	136.2	39
进口额	276.1	3.4
其中:一般贸易	193.7	3.8
加工贸易	52.6	13.4
其中:机电产品	158.5	−3
高新技术产品	82.4	−12.6
其中:国有企业	110.9	9.1
外商投资企业	130	−5.8
民营企业	35.2	28.8

利用外资稳定增长。全年吸收外商直接投资新设立企业 439 家。新增合同利用外资(不含减资)98.22 亿美元,增长 26.5%;新批准总投资净增资千万美元以上大项目 186 个,投资总额 190.61 亿美元,合同外资 82.47 亿美元,占全市新增合同外资总额(不含减资)的 83.96%。全年实际使用外资 38.53 亿美元,比上年增长 4.9%。分产业看,第一产业使用外资 0.07 亿美元;第二产业使用外资 11.83 亿美元,下降 32.0%,其中制造业使用外资增长 8.8%,占全市 29.1%;第三产业使用外资 26.63 亿美元,增长 37.8%。全年开发区合同利用外资 62.33 亿美元,占全市比重 63.5%;开发区实际使用外资 28.35 亿美元,占全市比重 73.6%。全年实现对外投资总额 42 亿美元。

境外世界 500 强设立法人企业、分公司及分支机构数达 210 个。

七、交通⑥、邮电和旅游

交通运输邮电业发展平稳。全年货物运输总量 38 563.56 万吨,比上年增长 8.7%。货物运输周转量 3 123.57 亿吨公里,下降 6.2%。全年港口货物吞吐量 25 411 万吨,增长 4.9%。其中,外贸货物吞吐量 3 103 万吨,增长 26.5%。港口货物吞吐量中,集装箱吞吐量 321 万标箱,增长 1.2%。

表5　2018 年各种运输方式完成货物运输量及其增长速度

指标	计量单位	绝对量	比上年增长(%)
货物运输总量	万吨	38 563.56	8.7
公路	万吨	15 751	5.2
水运	万吨	15 955	7.5
铁路	万吨	1 479.53	6.2
航空	万吨	7.67	-6.3
管道	万吨	5 370.36	26.5
机场货邮吞吐量	万吨	36.4	-2.7
港口货物吞吐量	万吨	25 411	4.9
其中:外贸吞吐量	万吨	3 103	26.5
港口集装箱吞吐量	万标箱	321	1.2
货物运输周转量	万吨公里	31 235 665.51	-6.2
公路	万吨公里	2 532 622.00	15.2
水运	万吨公里	27 553 382.00	-8.2
铁路	万吨公里	734 266.70	3.3
航空	万吨公里	10 558.06	-9.9
管道	万吨公里	404 836.75	7.5

全年旅客运输总量 16 062 万人次,比上年下降 2.2%。旅客运输周转量 490.76 亿人公里,增长 3.5%。

表6　2018 年各种运输方式完成旅客运输量及其增长速度

指标	计量单位	绝对量	比上年增长(%)
旅客运输总量	万人次	16 062.87	-2.2
公路	万人次	9 327	-8.2
铁路	万人次	5 440.93	7.4
水运	万人次	22.94	5.4
航空	万人次	1 272	8.7
机场旅客吞吐量	万人	2 858	10.7
旅客运输周转量	万人公里	4 907 556.35	3.5
公路	万人公里	1 124 968	-6.6
铁路	万人公里	2 084 416	7.3
水运	万人公里	42.35	3.6
民航	万人公里	1 698 130	6.5

注:旅客运输总量中不含城市公共交通相关数据。

年末机动车保有量 273.79 万辆,比上年末增加 15.86 万辆,增长 6.2%。民用汽车 258.24 万辆,比上年末增加 19.04 万辆,增长 8.0%,其中本年新注册 29.21 万辆。其中,私人汽车 207.25 万辆,比上年末增加 5.69 万辆,增长 2.8%;私人汽车中轿车 148.39 万辆,比上年末增加 2.65 万辆,增长 1.8%,其中本年新注册 17.73 万辆。

全年新增、更新公交车 1 023 辆。城市公共汽车运营线路网长度达 12 035 公里;轨道交通运营总里程 394.3 公里,其中地铁总里程 377.6 公里。公共汽车运营车辆 9 246 辆 11 197 标台;有轨交通运营车辆 1 725 辆 4 141.5 标台。公共汽车客运总量 8.88 亿人次,比上年下降 1.2%;地铁承担客运人数 11.15 亿人次,增长 14.1%。出租车总数 13 354 辆。

全年完成邮电业务总量⑥(按 2010 年价格计算)461.06 亿元,比上年增长 50.5%。其中,邮政业务总量 161.41 亿元,增长 15.9%;电信业务总量 299.65 亿元,增长 53.3%。全年完成邮电业务收入(按现价计算)245.36 亿元,比上年增长 20.8%。其中，邮政业务收入 110.58 亿元，增长 14.8%；电信业务收入 134.76 亿元，增长 4.9%。全年完成国际国内快递业务量 76 634.53 万件，比上年增长 20.8%。年末拥有移动电话用户 1 284.06 万户，其中 4G 移动电话用户 1 004.39 万户，增长 16.9%；拥有固定电话用户 201.17 万户；年末互联网宽带接入用户 492.01 万户。

旅游业较快增长。据旅游委统计，全年实现旅游总收入 2 460.20 亿元，比上年增长 13.4%。接待海内外旅游者 1.34 亿人次，增长 9.3%。接待入境过夜旅游者 81.06 万人次，增长 12.9%；旅游外汇收入 8.83 亿美元，增长 16.2%。国内旅游收入 2 400.4 亿元以上，增长 13.2%。年末共有等级旅游景区 53 家，其中 4A 级以上高等级景区 24 家；国家、省市级旅游度假区 4 家。拥有星级宾馆饭店 76 家，其中五星级以上酒店 21 家。拥有各类旅行社 694 家，其中具有组织出境游资质旅行社 68 家。

八、财政、金融和保险

财政收入较快增长。全年完成一般公共预算收入 1 470.02 亿元，同口径增长 11.1%。其中，税收收入 1 242.49 亿元，增长 13.3%。一般公共预算收入中税收占比 84.5%。全年一般公共预算支出 1 532.71 亿元，比上年增长 13.2%。其中，住房保障、教育、社会保障和就业、医疗卫生与计划生育支出分别增长 39.3%、16.2%、10.2%、6.9%。财政一般公共预算支出中民生支出占比达 75%，连续 10 年入选中国"最具幸福感城市"。

金融业发展稳定。全年金融业实现增加值 1 473.32 亿元，比上年增长 4.9%。年末金融机构本外币各项存款余额 34 524.86 亿元，比年初增加 3 760.21 亿元，比上年增长 12.2%。其中住户存款 7 106.00 亿元，比年初增加 903.05 亿元；非银行业金融机构存款 5 930.47 亿元，比年初增加 2 286.98 亿元。年末金融机构本外币各项贷

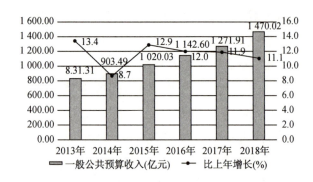

图3　2013—2018 年一般公共预算收入及其增速

款余额 29 065.66 亿元，比年初增加 3 880.90 亿元，比上年增长 15.5%。其中住户贷款 9 136.16 亿元，比年初增加 1 432.49 亿元；非金融企业及机关团体贷款 19 723.57 亿元，比年初增加 2 429.94 亿元。

全年实现保费收入 603.55 亿元，比上年下降 13.6%。分类型看，财产险收入 162.22 亿元，增长 11.2%；寿险收入 353.30 亿元，下降 25.1%。

九、科技和教育

创新名城建设开新篇。深入实施创新驱动发展"121"战略，出台市委"1 号文件"，全力推进"两落地一融合"等十大工程，成功举办世界智能制造大会、全球未来网络发展峰会、新型研发机构国际合作大会等重要活动。资源要素加速集聚，新增 3 名诺贝尔奖得主、55 名国内外院士来南京创新创业，斯坦福、剑桥等一批国际一流高校创新团队落户南京。新增就业参保大学生 34.15 万人，首批 29 名高层次人才通过"举荐制"产生。年末在宁中国科学院院士、中国工程院院士分别为 45 名和 36 名，两院院士合计 81 名。南京着力打造集聚创新资源"强磁场"经验获国务院通报表扬。

创新能力不断提升。综合性科学中心建设展开布局，15 个高新园区健康运营并快速发展。全社会研究与试验发展(R&D)经费投入占 GDP 比重达到 3.07%。集中签约新型研发机构 208 个，孵化引进企业 951 家。高新技术企业净增 1 282 家，总数达 3 126 家。新增境内外上市企业

7家,累计达到109家。新增科技部门备案众创空间64家,累计达到282家,其中国家级备案53家。新增市级以上工程技术研究中心128家,累计达到1 047家。拥有省市科技公共服务平台130家,国家和省重点实验室88家,其中国家31家。

创新成果不断涌现。全年南京地区共有33项成果获得国家科学技术奖励,其中获得国家自然科学奖5项;国家技术发明奖6项;国家科技进步奖一等奖3项、二等奖19项。全年共签订各类输出技术合同26 035项,技术合同成交额403.81亿元,比上年增长41.8%。全年完成专利申请量99 070件,比上年增长31.38%。其中发明专利申请量40 652件,增长9.0%。专利授权量44 089件,比上年增长37.5%,其中发明专利授权量11 090件,增长3.4%。全年PCT专利⑦926件,比上年增长92.5%。万人发明专利拥有量59.71件。

教育事业成效显著。据市教育部门统计,全市在宁普通高等学校53所(不含部队院校),在校学生(不含研究生)72.16万人,比上年增加103人。在宁高校及研究生培养机构在学研究生13万人,比上年增加1.08万人。普通中学240所,在校学生24.52万人,比上年增加1.1万人;中等职业学校(含成人中专,不包括技工学校)22所,在校学生6.28万人,比上年减少0.35万人。小学360所,在校学生42.21万人,比上年增加2.90万人;共有幼儿园939所,在园儿童24.52万人,比上年增加0.95万人。全年新改扩建达省优建设标准幼儿园30所,义务教育优质资源覆盖率达95.8%。"弹性离校""空中课堂"等创新举措得到国家和省有关部门肯定。

十、文化、卫生和体育

公共文化服务水平提升。据市文广新局统计,年末全市共有文化馆14个,公共图书馆15个,文化站100个,博物馆62个,市级以上文物保护单位516处,拥有国家级历史文化街区2个,省级历史文化街区7个,国家级历史文化名镇(村)3个。全年市级层面组织公益演出1 500场;放映公益电影8 159场,送戏970场;为农村和基层送书19.09万册,更新200家书屋出版物,创建42家星级示范农家书屋;新增图书漂流文化驿站83个。居民综合阅读率95.63%。完善公共文化服务体系,达到省级标准的村(社区)综合性文化服务中心1 185个。每万人拥有公共文化设施面积2 900平方米。年末拥有南京市文化产业基地15个;江苏省文化产业示范基地(园区)24个;国家文化产业示范基地12个。

卫生事业稳步发展。市中医院新院、鼓楼医院江北国际医院建成运营,基层医疗机构医联体实现全覆盖。据卫计委统计,年末全市拥有各类医疗卫生机构2 801个。其中,医院、卫生院及社区卫生服务中心360个,疾病预防控制中心17个,妇幼卫生保健机构14个。各类卫生机构拥有病床5.5万张,其中医院、卫生院病床5.0万张。各类卫生机构共有卫生技术人员8.41万人,其中执业(含助理)医师3.16万人,注册护士3.83万人。全市累计建成社区卫生服务中心(卫生院)138个、社区卫生服务站(村卫生室)680个。社区卫生服务城市人口覆盖率达100%。

体育事业扎实推进。成功举办2018世界羽毛球锦标赛、南京马拉松、世界女排大奖赛总决赛、国际排联沙滩排球U19世界锦标赛、世界滑板精英赛等10项国际赛事,有序推进2019年篮球世界杯和2020年世界室内田径锦标赛筹备工作,南京体育城市指数位列全球第十。

十一、节能降耗和生态环境

节能减排成效显著。挂牌督办减煤减化等"十大项目"。关停化工企业、整治铸造企业各42家。全社会用电量606.40亿千瓦时,比上年增长8.9%。其中工业用电量331.27亿千瓦时,增长4.2%。全年规模以上工业综合能耗3 826.97万吨标煤,增长0.7%,低于规模以上工业增加值增速7.1个百分点,规模以上工业消费煤炭下降5.7%。

生态环境持续改善。持续开展"263"专项行动,实施滨江生态环境保护要点和长江岸线保护办法,打好水环境治理等"六场硬仗",完成2 000多个雨污分流片区建设,城北、江心洲等污水处理厂提标改造基本完成。建成区基本消除黑臭水体,22个省考以上断面全部达标,5个主要入江支流控制断面消除劣Ⅴ类。建成区绿地率达40.75%。全年空气质量达到国家二级标准天数257天,空气优良率为70.4%;PM2.5平均浓度43.5微克/立方米。全面实施农村人居环境整治,着力打造6个田园综合体、6个省级特色田园乡村,完成市级80个美丽乡村示范村、100个宜居村建设。

十二、人口、人民生活和社会保障

人口总量稳定增长。年末常住人口843.62万人,比上年末增加10.12万人,增长1.21%。其中城镇人口695.99万人,占总人口比重(常住人口城镇化率)82.50%。在常住人口中,0~14岁人口为94.13万人,占比11.16%;15~64岁人口644.33万人,占比76.38%;65岁及以上人口105.16万人,占比12.47%。全年常住人口出生率为9.74‰,比上年提高0.99个千分点;死亡率5.04‰,比上年下降0.01个千分点;自然增长率4.70‰,比上年提高1个千分点。年末户籍总人口696.94万人,比上年末增加16.27万人,增长2.4%。

就业创业形势稳定。全年城镇新增就业人数31.05万人。城镇登记失业率为1.78%。实现再就业11.33万人,援助困难人员就业1.41万人,农村劳动力转移1.14万人次。新培育自主创业者3.74万人,其中大学生创业6 595人。开展各类职业技能培训51.42万人次。

居民收入稳定增长。根据城乡一体化住户抽样调查,全市居民人均可支配收入为52 916元,比上年增长9.1%。其中工资性收入33 067元,增长9.2%;经营净收入5 911元,增长8.5%;财产净收入5 534元,增长9.8%;转移净收入8 404元,增

长9.0%。按常住地分,城镇居民人均可支配收入59 308元,增长8.7%;农村居民人均可支配收入25 263元,增长9.2%。人均生活消费支出30 706元,比上年增加2 061元,增长7.2%。分城乡看,城镇居民人均生活消费支出33 537元,增长6.9%;农村居民人均生活消费支出18 457元,增长7.6%。

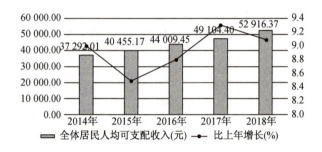

图4 2014—2018年全市居民人均可支配收入及其增长速度

全体居民人均生活消费支出中,食品烟酒支出占比为25.7%,比上年下降0.1个百分点,其中城镇25.3%,农村为29.1%。

民生保障持续改善。据人社部门统计,年末城镇职工社会保险五大险种累计参保人数为1 603.84万人次,其中企业职工基本养老保险参保317.36万人、城镇职工基本医疗保险参保432.06万人、失业保险参保289.12万人、工伤保险参保286.50万人、生育保险参保278.8万人。低保标准提高到每月860元,企业退休人员月均养老金达2 984元,位居全省第一,医疗救助标准进一步提高并惠及14万困难群众。城乡居民享受最低生活保障6.3万人,享受国家抚恤、补助等各类优抚人员2.16万人。符合市定标准的低收入农户和经济薄弱村脱贫率分别达到96%、96.5%。据民政部门统计,年末全市福利收养单位拥有床位4.83万张,收养人员2.41万人。其中社会福利院拥有床位7 022张,收养人员4 489人。全市建立城镇各类社区服务设施11 477处,区、街镇、社区服务中心1 503个。全市现有养老机构279家,机构床位数4.3万张,其中当年新增养老机构床位

4 500 张。每千名老人拥有养老床位数 39 张。

注：

① 公报中部分数据为初步统计数,正式统计数据以《南京统计年鉴》为准。

② 地区生产总值和各产业增加值绝对数按现行价格计算,增长速度按可比价计算。其他指标除特殊说明外,按现价计算,为名义增长速度。按现行统计划分标准:规模以上工业是指主营业务收入2 000万元以上的法人企业;限额以上批发业是指主营业务收入2 000万元以上的批发业法人企业、产业活动单位和个体经营户;限额以上零售业是指主营业务收入 500 万元以上的零售业法人企业、产业活动单位和个体经营户;限额以上住宿餐饮业是指主营业务收入 200 万元以上的住宿餐饮业法人企业、产业活动单位和个体经营户。

③ 居住类价格包括租赁房房租、住房保养维修及管理、水电燃料等价格。

④ 工业技术改造投资是指工业企业利用新技术、新工艺、新设备、新材料对现有设施、工艺条件及生产服务等进行改造提升,实现内涵式发展的投资活动。

⑤ 通过公共网络实现的零售额,是指企业(单位)通过公共网络交易平台(包括自建网站和第三方平台)取得订单,售给个人、社会集团非生产、非经营用的实物商品金额(含增值税),付款可以网上进行,也可以网下进行。

⑥ 根据 2013 年交通运输部和国家统计局开展交通运输经济专项调查的规定,公路客运及货运的统计口径进行了调整。2012 年我市成立邮政管理局,从 2013 年年报起邮政业务量和邮政业务收入统计口径由过去邮政基本服务调整为邮政基本服务加快递服务。2014 年起按新规定进行口径相应调整。

⑦ PCT 专利申请受理量是指国家知识产权局作为 PCT 专利申请受理局受理的 PCT 专利申请数量。PCT(PatentCooperationTreaty)即专利合作条约,是专利领域的一项国际合作条约。

来　　源:南京市统计局
发布日期:2019 年 04 月 02 日

2018 年无锡市国民经济和社会发展统计公报

无锡统计局　国家统计局无锡调查队

2018 年,全市上下以习近平新时代中国特色社会主义思想为指引,紧紧围绕省委提出的"当好全省高质量发展标杆、示范、领跑者"的新目标,牢固树立新发展理念,坚持稳中求进工作总基调,深化供给侧结构性改革,推动新旧动能转换,综合实力迈上新台阶,转型升级步伐持续加快,质量效益稳步提高,增进民生福祉百姓幸福感提升,各项社会事业蓬勃发展,高水平全面建成小康社会、"强富美高"新无锡建设迈出了新步伐。

一、综合

全市经济发展再上新台阶,实现地区生产总值 11 438.62 亿元,按可比价格计算,比上年增长 7.4%。按常住人口计算人均生产总值达到 17.43 万元。

全市实现第一产业增加值 125.07 亿元,比上年下降 0.3%;第二产业增加值 5 464.01 亿元,比上年增长 8.0%;第三产业增加值 5 849.54 亿元,比上年增长 7.1%;三次产业比例调整为 1.1∶47.8∶51.1。

全年城镇新增就业 16.14 万人,其中:各类城镇下岗失业人员实现就业再就业 8.86 万人,援助就业困难人员再就业 2.15 万人。全市城镇登记失业率为 1.78%。

全年民营经济实现增加值 7 526.61 亿元,比上年增长 7.5%,占经济总量的比重为 65.8%,比上年提高 0.2 个百分点。民营经济固定资产投入比上年增长 7.9%,民营工业产值比上年增长 16.0%。

年末全市工商部门登记的各类企业达 31.31 万户,其中国有及集体控股公司 2.72 万户,外商投资企业 0.65 万户,私营企业 27.94 万户,当年新登记各类企业 5.11 万户。年末个体户 40.07 万户,当年新增 7.58 万户。

全年市区居民消费价格指数(CPI)为 102.3,比上年提高 0.4 个百分点。其中服务项目价格指数为 102.3,消费品价格指数为 102.4,商品零售价格指数为 102.3。

表 1　2018 年居民消费价格指数情况

指标	市区
居民消费价格总指数	102.3
食品烟酒	102.1
衣着	102.4
居住	101.9
生活用品及服务	104.7
交通和通信	102.0
教育文化和娱乐	104.0
医疗保健	101.5
其他用品和服务	100.0

二、农业

全年粮食总产量 56.80 万吨,比上年下降 0.2%。预计,油料总产量 4 768 吨,比上年增长 0.1%,其中油菜籽 3 807 吨,比上年下降 7.5%;茶叶总产量 6 573 吨,比上年增长 2.5%;水果总产量 18.76 万吨,比上年增长 0.5%。

全年粮食种植面积 84.34 千公顷,比上年减少 2.48 千公顷。预计,油料种植面积 2.15 千公顷,比上年减少 0.02 千公顷;蔬菜种植面积 43.63 千公顷,比上年减少 2.12 千公顷。

主要畜产品中,预计,肉类总产量 2.00 万吨,比上年下降 61.4%,其中猪牛羊肉 1.46 万吨,比上年下降 65.1%;禽蛋总产量 2.16 万吨,比上年增长 208.6%。奶牛存栏 0.28 万头,比上年下降 66.3%。全年水产品产量 12.23 万吨,比上年下降 6.6%。

表2　2018年主要农产品产量及其增长速度

产品名称	产量(吨)	比上年增长(%)
粮食	568 010	−0.2
油料	4 768	0.1
♯油菜籽	3 807	−7.5
茶叶	6 573	2.5
水果	187 596	0.5
水产品	122 292	−6.6

三、工业和建筑业

全市规模以上工业企业实现增加值 3 618.71 亿元,比上年增长 9.0%。分经济类型看,内资企业总产值增长 15.1%,港澳台商投资企业总产值增长 13.1%,外商投资企业总产值增长 8.7%。全市统计的 264 只主要工业产品中,产品产量比上年增长的有 136 只,占全市统计产品数的 51.5%。在全市跟踪统计的 30 种重点产品中,有 14 种产品的产量实现增长。全市规模以上工业实现主营业务收入 16 576.71 亿元,比上年增长 9.8%;工业产销率 98.4%,比上年下降 0.7 个百分点。

全年建筑业完成增加值 455.31 亿元,比上年增长 0.9%;实现建筑业总产值 874.63 亿元,比上年增长 17.8%。施工房屋建筑面积 3 768.63 万平方米。1 个建设工程项目获得鲁班奖,18 个建设工程项目获江苏省优质工程奖"扬子杯"(房屋建筑工程)。

四、固定资产投资

全年固定资产投资比上年增长 5.8%。分产业投向:第一产业投资比上年下降 27.7%,第二产业投资比上年增长 10.7%,第三产业投资比上年增长 1.8%。

全年房地产业实现增加值 591.93 亿元,比上年增长 7.9%。房地产开发投资比上年增长 9.4%,商品房施工面积为 5 994.51 万平方米,比上年增长 4.5%,竣工面积 761.67 万平方米,比上年下降 32.6%。全年商品房销售面积 1 378.35 万平方米,比上年增长 16.6%,商品房销售额 1 582.44 亿元,比上年增长 26.2%。

五、国内贸易

全年实现社会消费品零售总额 3 672.70 亿元,比上年增长 9.0%。其中,批发和零售业零售额 3 382.76 亿元,比上年增长 8.9%,住宿和餐饮业零售额 289.94 亿元,比上年增长 9.5%。按经营地统计,城镇社会消费品零售总额 3 136.07 亿元,比上年增长 9.1%;乡村社会消费品零售总额 536.63 亿元,比上年增长 8.4%。

在限额以上批发和零售业零售额中,汽车类增长 2.6%;粮油、食品类增长 6.4%;石油及制品类增长 16.1%;通讯器材类增长 33.3%;服装、鞋帽、针纺织品类增长 9.8%;化妆品类增长 8.3%;金银珠宝类增长 11.7%。

六、开放型经济

按美元计,全年实现对外贸易进出口总额 934.44 亿美元,比上年增长 15.0%。其中,进口总额 366.63 亿美元,比上年增长 15.5%;出口总额 567.81 亿美元,比上年增长 14.7%。一般贸易实现出口额 253.02 亿美元,占出口总额的比重 49.8%。按人民币计,全年实现对外贸易进出口总额 6 161.83 亿元,比上年增长 12.0%。其中,进口总额 2 418.15 亿元,比上年增长 12.6%;出口总额 3 743.68 亿元,比上年增长 11.6%。

表3 2018年对主要国家和地区进口、出口总额及其增长速度

出口国家和地区	2018年(万美元)	增长(%)	进口国家和地区(万美元)	2018年	增长(%)
美国	809 457	5.6	韩国	833 594	47.4
香港	745 204	8.5	日本	653 764	6.7
韩国	567 627	36.9	台湾	331 308	15.9
日本	434 701	4.6	美国	202 902	12.4
印度	180 239	13.2	澳大利亚	99 744	−25.8

全年批准外资项目434个,新增协议注册外资104.78亿美元,比上年增长54.0%。到位注册外资37.15亿美元,比上年增长1.1%。战略性新兴产业利用外资占到位注册外资比重58.3%,全年完成协议注册外资超3 000万美元的重大外资项目59个。至年底全球财富500强企业中有101家在我市投资兴办了197家外资企业。

全市服务外包产业接包合同总额142.22亿美元,比上年下降11.9%,执行金额112.12亿美元,比上年下降7.1%;离岸合同总额103.31亿美元,比上年增长9.0%,离岸执行金额81.12亿美元,比上年增长8.2%。

全年备案投资项目103个,中方协议投资额达到15.23亿美元,比上年增长26.4%,其中1 000万美元以上项目26个。

七、交通运输、邮政电信和旅游业

年末公路总里程7 575.68公里,其中高速公路273.88公里。年末全社会拥有车辆210.43万辆,比上年增长8.1%。其中汽车194.53万辆,比上年增长9.3%。私人汽车拥有量年末达到161.63万辆,比上年增长8.5%。年末城市轨道交通运营线路总长55.01公里,全年运营总里程531.56万列公里,线网客流总量10 312.02万人次。市区新辟公交线路2条,年末营运线路293条,线路总长5 806公里,全年公交运客总量3.99亿人次。年末市区营运巡游出租汽车4 040辆。

全年完成客运量8 445.77万人次,比上年下降4.0%,完成货运量18 639.80万吨,比上年增长7.2%。完成港口吞吐量23 240.08万吨,比上年增长8.8%。空港旅客吞吐量720.93万人次,比上年增长7.8%。

全年邮电业务总量300.10亿元,发送函件2 225.20万件。全年规模以上快递服务企业业务量完成5.12亿件,比上年增长13.5%。率先建成国内高标准全光网城市,覆盖用户超过879.02万户,城域网出口带宽5.02T。建设4G基站累计达到33 508个。年末移动电话用户945.32万户,其中4G手机用户达到756.14万户。固定互联网宽带接入用户313.03万户,移动互联网宽带接入用户778.35万户。

全年共接待国内游客9 817.68万人次,比上年增长7.0%;接待旅游、参观、访问及从事各项活动的入境过夜旅游者58.60万人次,比上年增长18.3%。旅游总收入达1 951.97亿元,比上年增长11.9%。全市拥有年接待游客10万人以上的景区50个,国家5A级景区3家,国家4A级景区27家,3A级景区14家,2A级景区9家。省星级乡村旅游区(点)117个。年末全市星级宾馆40家,其中五星级宾馆13家,四星级宾馆10家。全市拥有旅行社229家,其中出境游组团社34家。

八、财政和金融业

全市一般公共预算收入突破千亿元大关,达到1 012.28亿元,比上年增长8.8%。财政支出结构继续调整,一般公共预算支出1 056.02亿元,比上年增长6.9%。

表4　2018年全市财政分项情况

指标	2018年（亿元）	比上年增长（%）
一般公共预算收入	1 012.28	8.8
♯税收收入	860.51	14.4
♯增值税	420.72	13.9
营业税	1.04	−44.2
企业所得税（40%）	142.97	14.0
个人所得税（40%）	57.87	22.7
城市维护建设税	60.50	14.8
房产税	39.00	6.6
印花税	13.36	12.7
契税	55.81	9.0
上划中央四税收入	740.48	13.2

年末金融机构各项本外币存款余额达16 056.79亿元，比上年增长6.1%；各项本外币贷款余额12 102.76亿元，比上年增长7.8%。存款中，非金融企业存款余额7 044.32亿元，比上年增长5.8%；住户存款余额5 599.85亿元，比上年增长8.9%。贷款中，非金融企业及机关团体贷款9 355.30亿元，比上年增长5.9%；住户贷款2 739.73亿元，比上年增长15.0%。全年现金净投放225.59亿元。

全年实现保费收入374.36亿元，比上年下降8.4%。其中财产险收入96.21亿元，比上年增长3.5%；人寿险收入278.15亿元，比上年下降11.9%。保险赔款支出68.16亿元，比上年增长14.4%。保险给付支出32.63亿元，比上年下降0.1%。

全年证券市场完成交易额2.39万亿元，比上年下降24.8%。本年新增上市公司11家，累计138家。全市证券交易开户总数152.82万户，托管市值1 958.97亿元，下降25.9%。年末全市共有证券公司2家，证券营业部155家。全年新三板企业挂牌9家，累计挂牌268家。

九、科学技术和教育

全市共有国家级工程技术研究中心6家，省级以上重点实验室9家，省级以上企业重点实验室6家，国家级国际合作基地8家，省级国际技术转移中心11家。当年自主培育"千人计划"专家1人，累计培育国家"千人计划"专家90人，年末在锡创新创业"千人计划"专家264人。

预计全市高新技术产业产值占规模以上工业总产值比重达到43.23%，高新技术产业产值同比增长12.3%。

万人有效发明专利拥有量达38件。全市获国家、省科技计划到位经费6.35亿元，比上年增长40.3%，其中获国家科技经费1.19亿元。

全市共有国家级产品质量监督检查中心10个，国家级型式评价实验室1个，国家级检测重点实验室6个，国家级产业计量测试中心1个，全年省级监督抽查我市产品预计1 200多批次，强制性产品认证获证企业1 245家，法定计量技术机构3家，强制检定计量器具76.03万台（件），全年新增主导和参与制修订国际、国家、行业标准61项。

全市共有普通高校12所。普通高等教育本专科招生3.40万人，在校生10.60万人，毕业生3.20万人；研究生教育招生0.27万人，在校生0.78万人，毕业生0.23万人。全市中等职业教育在校生达6.66万人（含技校）。九年义务教育巩固率100%，高中阶段教育毛入学率100%，普及高中阶段教育。特殊教育招生193人，在校生1 330人。全市共有幼儿园436所，比上年增加33所；在园幼儿19.95万人，比上年增加0.88万人。

表5　2018年各类教育招生和在校生情况

指标	学校个数（个）	招生数（万人）	在校生数（万人）	毕业生数（万人）
普通高等学校	12	3.67	11.39	3.43
普通中等专业学校	18	1.37	4.40	1.17
普通中学	188	8.09	23.29	7.35
小学	203	7.80	39.84	6.01

十、文化、卫生、体育和民族宗教

年末共有艺术表演团体72个，文化馆8个，公共图书馆8个，文化站82个，博物（纪念）馆58个。全市人民广播电台节目8套，电视台节目8套，无锡有线电视总用户已达121.89万户。电视人口总覆盖率和广播人口覆盖率均达100%。全市档案馆8个，已向社会开放档案59.77万卷（件、册）。

全市拥有卫生医疗机构2 480个，其中综合医院81家，社区卫生服务中心（卫生院）106家，社区卫生服务站（村卫生室）700家，护理院30家，疗养院7家。年末全市共有卫生技术人员5.48万人，其中执业（助理）医师2.10万人；拥有医疗床位4.69万张，其中医院、社区卫生服务中心（卫生院）4.57万张。全市各级医疗机构全年完成诊疗5 587.56万人次，比上年增长2.2%。

年末全市人均公共体育设施面积1.53平方米，新增各级社会体育指导员1 994人，国民体质总体达标率95.6%。城乡社区"10分钟体育健身圈"实现全覆盖，成功举办无锡马拉松、第九届环太湖国际公路自行车赛、世界击剑锦标赛等一批大型国际赛事，世界跆拳道中心成功落户无锡。全年无锡籍运动员在全国以上各级各类比赛中共取得52个冠军，其中5人获9项世界冠军。全市体育彩票销售达到45.06亿元，增长55.1%。

年末有宗教活动场所273处，教职人员593名（不含散居道士）。

十一、人口、人民生活和社会保障

年末全市户籍人口497.21万人，比上年增长0.84%。全年出生人口42 117人，出生率8.5‰；死亡人口36 939人，死亡率7.5‰，人口自然增长率为1.0‰。户籍人口城镇化率76.02%。年末全市常住人口657.45万人，比上年增长0.33%，其中城镇常住人口501.50万人，比上年增长0.7%，常住人口城镇化率76.28%。

全体居民人均可支配收入50 373元，比上年增长8.6%。城镇常住居民人均可支配收入56 989元，比上年增长8.2%。农村常住居民人均可支配收入30 787元，比上年增长8.6%。全体居民人均生活消费支出31 593元，比上年增长6.7%，城镇常住居民人均生活消费支出35 016元，比上年增长6.2%，农村常住居民人均生活消费支出21 460元，比上年增长7.3%。

全市企业职工基本养老保险人数达到272.42万人，扩面19.02万人。全市参加城镇职工基本医疗保险人数达到266.48万人，扩面17.81万人。全市参加失业保险职工人数为221.00万人，扩面12.21万人。全市参加工伤保险人数224.02万人，扩面15.88万人。全市参加生育保险人数223.86万人，扩面15.88万人。市区月低保标准提高至900元。年末在领失业保险金人数为3.19万人。

城乡居民最低生活保障对象17 213人，全年共发放低保金1.46亿元。实施城乡医疗救助41.23万人次，支付救助金9 910.74万元；实施临时救助24 246人次，发放救助金2 434.07万元。全市享受国家抚恤、生活补助的优抚对象17 787人。保障性安居工程建设有序推进，全市新开工保障性住房17 204套，基本建成18 565套。

全年累计抽检各类食品4.2万批次，每千人抽检率达6.41批次，食品监测合格率为98.38%。

十二、资源、环境和安全生产

全年全市国有建设用地供应总量2 879.04公顷，比上年增长26.8%，其中，工矿仓储用地804.57公顷，房地产用地688.84公顷，基础设施等其他用地1 385.63公顷。

全年全社会用电量732.81亿千瓦时，比上年增长6.7%。其中工业用电量551.49亿千瓦时，增长5.1%；城乡居民生活用电73.78亿千瓦时，增长10.5%。

预计，年末全市水资源总量27.80亿立方米，比上年减少4.5%。全年总用水量27.22亿立方米左右，比上年增长0.9%，其中生活用水增长 6.8％,工业用水(开式火电用水以耗水计)增长 0.3％,农业用水下降 2.6％。

全市 PM2.5 年均浓度较上年下降 2.3％,环境空气质量优良天数比例为 70.7％,集中式饮用水源地水质达到考核要求,全市功能区昼间和夜间噪声达标率分别为 94％和 71％。

年内市区新增绿地面积 206 公顷,人均公园绿地面积 14.91 平方米,建成区绿化覆盖率达到 42.98％。

全年发生各类事故 618 起,死亡 323 人。亿元 GDP 生产安全事故死亡率 0.028 人/亿元。

注:

1. 公报中地区生产总值和各产业增加值绝对值按现行价格计算,增长速度按可比价格计算。

2. 本文为初步统计数。部分数据因四舍五入的原因,存在着与分项合计不等的情况。

3. 资料来源。本公报中就业、社会保障数据来自人社局;工商登记数据来自工商局;茶叶、水果、水产品数据来自农委;对外贸易数据来自海关;利用外资、外包、外经数据来自商务局;车辆数据来自公安局;公路、水路交通运输数据来自交通局;铁路运输数据来自火车站;民航运输数据来自苏南机场;轨道交通数据来自地铁集团;邮政、电信业务数据来自邮政管理局、各通信公司;城市信息化数据来自市经信委;旅游数据来自旅游局;财政数据来自财政局;金融数据来自人民银行;保险数据来自保险协会;证券数据来自金融办;科技数据来自科技局;人才数据来自组织部;质检数据来自质监局;教育数据来自教育局;文化数据来自文广新局;档案数据来自档案局;卫生数据来自卫计委;体育数据来自体育局;宗教数据来自民宗局;户籍人口数据来自公安局;社会福利数据来自民政局;保障性住房数据来自住建局;用地数据来自国土局;水资源数据来自水利局;电力消耗数据来自供电公司;环保数据来自环保局;绿化数据来自市政园林局;安全生产数据来自安监局;食品安全数据来自食药监局(数据来源部门为无锡市机构改革前原部门)。

来　　源:无锡市统计局
发布日期:2019 年 02 月 19 日

2018 年徐州市国民经济和社会发展统计公报

徐州市统计局　国家统计局徐州调查队

2018 年,全市上下在市委市政府的坚强领导下,以习近平新时代中国特色社会主义思想为指导,认真贯彻党的十九大精神,坚持稳中求进工作总基调,切实贯彻新发展理念,克难奋进、开拓创新,落实高质量发展要求,以供给侧结构性改革为主线,以建设淮海经济区中心城市为重点,经济运行总体平稳,综合实力显著增强,质量效益稳步提升,人民生活持续改善,高质量发展实现良好开局。

一、综合

经济运行保持平稳。初步核算并经省统计局核定,2018 年,全市实现地区生产总值(GDP)6 755.23 亿元,按可比价计算,比上年增长 4.2%。其中,第一产业增加值 631.39 亿元,增长 2.4%;第二产业增加值 2 812.02 亿元,增长 1.5%;第三产业增加值 3 311.82 亿元,增长 7.0%。全市人均地区生产总值 76 915 元,比上年增长 3.7%。全社会劳动生产率持续提高,全年平均每位从业人员创造的增加值达 139 961 元,比上年增加 3 206 元。

图 1　2014 年—2018 年地区生产总值与增速

产业结构持续优化。全市三次产业结构调整为 9.4∶41.6∶49.0,第三产业增加值比重比上年提高 1.8 个百分点,超过二产 7.4 个百分点。全市规模以上工业实现高新技术产业产值比上年增长 2.2%,占规模以上工业总产值比重为 38.3%;六大战略新兴产业产值比上年增长 5.8%,占规模以上工业总产值比重达到 37.7%,提高 4.2 个百分点。

图 2　2014 年—2018 年三次产业结构情况

新市场主体快速增加。年末全市工商新登记企业 4.74 万家,比上年增长 9.9%;注册资金 3 068.8 亿元,增长 1.7%。其中新增私营企业 4.16 万家,增长 11.5%,注册资金 2 047 亿元,下降 0.9%;新增外资企业 355 家,增长 16.0%,注册资金 427.3 亿元,增长 38.1%。新增个体户 13.39 万户,增长 10.1%,注册资金 174.1 亿元,增长 9.6%。

新型城镇化建设步伐较快。年末全市城镇化率为 65.1%,比上年提高 1.3 个百分点;县域城镇化率 55.1%,比上年提高 1.4 个百分点。五

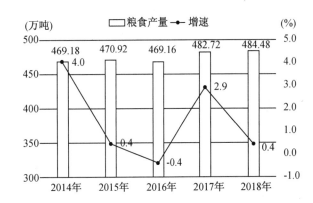

县(市)地区生产总值为 3 374.04 亿元,按可比价计算,比上年增长 3.8%,总量占全市比重为 49.9%。

价格指数平稳上涨。全年城市居民消费价格比上年上涨 2.3%。分类别看,食品烟酒类上涨 2.4%,衣着类上涨 0.4%,居住类上涨 2.1%,生活用品及服务类上涨 3.1%,交通和通信类上涨 3.5%,教育文化和娱乐类上涨 3.1%,医疗保健类上涨 1.6%,其他用品和服务类上涨 0.3%。全市工业生产者出厂价格上涨 3.0%,涨幅比上年下降 2.4 个百分点;购进价格上涨 4.8%,涨幅比上年下降 7.8 个百分点。

表1 2018年城市居民消费价格指数(以上年为100)

居民消费价格总指数	102.3
♯食品烟酒	102.4
♯食品	102.7
♯粮食	103.0
食用油	99.7
菜	106.8
♯鲜菜	107.2
畜肉类	99.3
禽肉类	107.6
水产品	105.6
蛋类	116.0
干鲜瓜果	97.9
烟酒	104.1
衣着	100.4
居住	102.1
生活用品及服务	103.1
交通和通信	103.5
教育文化和娱乐	103.1
医疗保健	101.6
其他用品和服务	100.3
商品零售价格指数	103.0

经济社会高质量发展取得较为突出成绩的同时,还存在不少困难和问题。实体经济发展面临较大困难,经济下行压力有所加大;自主创新能力还不强;资源环境约束趋紧,大气、水、土壤等污染防治形势依然严峻;部分领域风险隐患不容忽视,社会治理、保障和改善民生面临许多新情况新问题。

二、农林牧渔业

农业生产保持稳定。全年实现农林牧渔业总产值 1 211.96 亿元,比上年增长 5.4%。全年粮食总产量 484.48 万吨,增长 0.4%,粮食亩产 422 公斤,减少 11 公斤;其中夏粮产量 204.42 万吨,增长 0.1%;秋粮产量 280.07 万吨,增长 0.6%。棉花总产量 1.03 万吨,下降 45.5%;油料产量 12.32 万吨,下降 4.1%;水果(含瓜果类)产量 215.03 万吨,下降 11.5%;蚕茧产量 0.45 万吨,下降 3.0%。全年猪牛羊禽肉产量 69.90 万吨,下降 3.2%;禽蛋产量 29.67 万吨,增长 2.8%;水产品产量 16.87 万吨,增长 2.1%。

图3 2014—2018年粮食总产量及增速

现代农业加快推进。全年新增设施农业面积 6.69 千公顷,设施农业面积累计达 146.22 千公顷,比上年增长 4.8%;新增设施渔业面积 0.17 千公顷,累计达 7.08 千公顷,增长 2.5%;新建高标准农田 43.39 万亩,累计建成 549.18 万亩,占耕地面积比重提升到 60.1%,比上年提高 4.8 个百分点。新增有效灌溉面积 7.93 千公顷,累计达 535.20 千公顷;新增节水灌溉面积 16.19 千公顷,累计达 359.13 千公顷;年末农业机械总动力 736.85 万千瓦,增长 0.5%。

农业产业化水平不断提升。全市新增国家级农业龙头企业 2 家;新增市级农业龙头企业 39 家。全部市级农业龙头企业销售收入 454.19 亿元,比上年增长 4.1%。全年秸秆还田面积达 853.52 万亩;累计建设秸秆收储中心和临时堆放点 1 300 处,年收储能力达 125 万吨。全市土地承包经营权流转面积达 384.54 万亩;家庭农场、农民合作社分别达到 1.09 万家和 1.68 万个,分别比上年增长 15.1%和 1.9%。

三、工业和建筑业

工业生产下行压力较大。为加速转型振兴,打赢蓝天保卫战,全市对高污染、高耗能、高排放行业加大治理力度。全年规模以上工业增加值比上年下降 9.9%,其中轻工业下降 8.5%,重工业下降 10.8%。工业用电量下降 10.4%。分经济类型看,股份制工业下降 10.9%;外商及港澳台投资工业下降 2.4%;国有控股工业增长 7.5%,民营工业下降 22.9%。重点培育的六大优势产业产值下降 14.1%,占规模以上工业总产值比重为 94.6%。其中,装备制造业增长 12.0%,能源、食品加工、煤盐化工、冶金和建材分别下降 11.0%、24.0%、34.5%、28.9%和 12.7%。

工业结构向中高端攀升。规模以上工业中,新兴产业、高端产业增长情况好于传统产业,2018 年,全市六大新兴产业产值同比增长 5.8%,增速快于传统优势产业 19.9 个百分点,占规模以上工业产值比重为 37.7%,较 2017 年提高 4.2 个百分点,其中,高端装备制造业、新一代信息技术和软件业产值分别增长 32.6%和 17.2%,分别拉动全市工业产值增长 13.1 和 1.0 个百分点;高新技术产业产值占规模以上工业比重较 2017 年提高 1.8 个百分点;高耗能行业产值下降 19.9%,占比同比下降 1.9 个百分点。

表 2　2018 年规模以上工业企业主要产品产量

产品名称	单位	绝对量	增长(%)
发酵酒精	万千升	27.41	−19.7
卷烟	亿支	366.52	2.7
纱	万吨	44.03	−47.7
布	万米	11 238	−17.9
轻革	万平方米	121.25	−20.3
纸制品	万吨	4.79	−49.0
烧碱(折 100%)	万吨	7.05	−2.7
化肥(折 100%)	万吨	12.55	172.8
树脂	万吨	7.68	17.9
轮胎外胎	万条	12.90	−35.3
水泥	万吨	1 362.41	−29.5
生铁	万吨	97.89	−61.3
铝材	万吨	18.17	35.2
起重设备	万吨	64.94	58.3
铲土运输机械	台	63 162	39.7
压实机械	台	8 258	16.9
混凝土机械	台	2 835	36.0

建筑业稳定发展。年末全市资质以上建筑业企业 551 家;全年实现建筑业总产值 1 554.63 亿元,比上年增长 4.1%。全年房屋建筑施工面积 10 980.20 万平方米,其中新开工面积 4 764.56 万平方米。全年建筑业竣工产值 1 155.36 亿元,下降 3.1%。

四、固定资产投资

固定资产投资平稳增长。2018 年,全市完成固定资产投资较上年增长 2.0%。全年在建项目 3 548 个,其中本年新开工项目 2 914 个。分所有制类型看,项目投资中国有经济控股投资下降 17.4%;外商及港澳台商投资增长 54.0%;民间投资下降 1.5%,其中私营企业投资下降 1.0%。分投资领域看,制造业投资增长 6.1%,增速快于全部投资 4.1 个百分点,拉动全部投资增长 2.6 个百分点;基础设施投资下降 3.3%;房地产投资增长 33.0%,拉动全部投资增长 5.3 个百分点。

投资结构继续优化。第一产业投资比上年增长14.7%;第二产业投资增长2.2%;第三产业投资增长1.0%,占全部固定资产投资比重为52.4%,比上年提升8.2个百分点。第二产业投资中,工业投资增长4.0%,其中,工业技改投资增长30.0%,占工业投资比重为54.3%,较上年提高11.3个百分点。高新技术产业中,电子及通讯设备制造业、电子计算机及办公设备制造业、新能源制造业投资分别增长99.3%、17.0%和11.3%,三类产业占工业投资比重同比提高0.8个百分点;高耗能行业投资下降13.5%,占工业投资比重同比降低3.1个百分点。

房地产市场较快发展。全年房地产开发投资增长33.0%。其中,住宅开发投资增长38.8%;办公楼、商业营业用房投资分别下降34.6%和2.7%。全年商品房施工面积5 842.17万平方米,增长24.6%;新开工面积2 077.32万平方米,增长64.0%;竣工面积766.19万平方米,增长47.2%。全年商品房销售面积1 253.45万平方米,增长5.9%,其中住宅1 160.67万平方米,增长7.7%;商品房销售额863.08亿元,增长16.3%,其中住宅788.95亿元,增长22.1%。

五、国内贸易

消费品市场平稳增长。全年实现社会消费品零售总额3 102亿元,比上年增长7.5%。按经营单位所在地分,城镇消费品零售额2 553.47亿元,增长7.5%;农村消费品零售总额548.54亿元,增长7.2%。按消费形态分,批发业实现零售额503.63亿元,增长7.6%;零售业零售额2 345.43亿元,增长7.7%;住宿业44.12亿元,增长0.8%;餐饮业208.83亿元,增长5.8%。

消费结构日渐优化。在限额以上单位中,粮油食品类、饮料类、服装鞋帽针纺织品类、日用品类和体育娱乐用品类商品分别实现零售额168.72亿元、23.66亿元、142.55亿元、73.19亿元和8.65亿元,分别增长4.2%、2.7%、6.8%、5.3%和5.7%;石油及制品类、家具类和建筑及装潢材料类商品分别实现零售额95.68亿元、55.15亿元和146.26亿元,分别增长13.3%、13.9%和6.8%;家用电器和音像器材类、中西药品类和通讯器材类分别实现零售额138亿元、45.53亿元和30亿元,分别增长6.6%、8.6%和43.7%;文化办公类、五金电料类、汽车类分别实现零售额31.86亿元、82.32亿元和340.82亿元,分别下降1.2%、11.3%和0.8%。

六、开放型经济

外贸进出口发展向好。全年实现进出口总额773.69亿元,比上年增长46.8%;其中出口总额638.35亿元,增长49.1%。按美元计价的进出口总额实现117.4亿美元,增长50.6%。服务贸易进出口总额9.05亿美元,占对外贸易比重为8.76%。出口结构有所优化,一般贸易出口额575.7亿元,增长50.5%,占出口总额比重为90.2%,比上年提高0.8个百分点;加工贸易出口额60.4亿元,增长36.1%。机电产品出口额276.3亿元,增长60.9%,高新技术产品出口额18.5亿元,增长16.9%。分出口市场看,对东南亚国家联盟出口101.5亿元,增长32.1%;对欧盟出口86.8亿元,增长51.5%;对美国出口124.1亿元,增长67.2%;对拉丁美洲出口33.6亿元,增长20.5%;对日本出口19.4亿元,增长33.6%;对非洲出口43.6亿元,增长46.5%。

对外经济合作发展良好。全年实际使用外资18.98亿美元,比上年增长14.4%。新批外商投资企业263个,增加75个;新批协议外资57.17亿美元,增长34.3%;新批及净增3 000万美元以上的项目169个,增加72个,其中1亿美元以上的项目17个,增加3个。新签对外承包工程合同额、新签对外承包工程完成营业额分别为2.17亿美元和1.36亿美元;新批境外投资项目21个,境外投资中方协议外资2亿美元。

开发区经济稳定发展。全市共有省级以上开发园区16个,其中国家级开发区2个。全年开发区业务总收入1.12万亿元,比上年增长

2.6%；一般公共预算收入 275.42 亿元,增长5.2%。全市开发区实现进出口总额 614.53 亿元,增长 36.3%,占全市总量的 79.4%;其中,出口总额 477.74 亿元,增长 34.0%,占全市总量的74.8%;实际到账注册外资 15.98 亿美元,增长18.5%,占全市总量的 84.2%。

七、服务业

服务业增加值较快增长。全年批发和零售业增加值 979.33 亿元,按可比价计算(下同),比上年增长 5.6%;交通运输、仓储和邮政业增加值336.36 亿元,增长 6.4%;住宿和餐饮业增加值119.36 亿元,增长 6.5%;金融业增加值 322.69亿元,增长 9.8%;房地产业增加值 342.88 亿元,增长 5.5%。

综合交通网络日趋完善。全市年末公路总里程 16 610.62 公里,比上年增长 1.6%,其中高速公路 463.93 公里;输油管道里程 7 270 公里,增长 1.1%;铁路营业里程 797.3 公里,其中高铁234.9 公里;铁路正线延展长度 1 584.75 公里。全年公路货运量 21 164 万吨,比上年增长8.6%;水运货运量 6 456 万吨,增长 2.7%。分别完成公路、水运货物周转量 536.45 亿吨公里和 242.03 亿吨公里,分别增长 7.8% 和 4.6%;完成港口吞吐量 3 139.64 万吨,下降 57.7%,徐州港集装箱吞吐量 3.15 万 TEU;管道货物运输量 14 402 万吨,管道货物周转量 719.99 亿吨公里;航空货物运输量 1.0 万吨,增长 9.0%;全年公路旅客运输量 9 960 万人次,公路旅客周转量63.68 亿人公里,分别下降 9.6% 和 6.8%;观音机场航空旅客运输量 251.88 万人次,增长31.4%;徐州直属站铁路客运发送量 2 534.52 万人次。年末全市机动车总计 159.01 万辆,比上年末增长 10.5%,其中民用汽车保有量 136.64万辆,增长 13.6%。年末私人汽车保有量125.53 万辆,增长 13.8%,其中私人轿车 75.86万辆,增长 14.0%。

邮政电信业较快发展。全年邮政行业业务总量和业务收入(不包括邮政储蓄银行直接营业收入)分别完成 65.72 亿元和 34.03 亿元,比上年分别增长 23.7% 和 16.8%。邮政寄递服务业务量累计完成 1.50 亿件;邮政寄递服务业务收入累计完成 2.19 亿元,增长 31.4%。全市快递服务企业业务量累计完成 2.63 亿件,增长 22.9%;业务收入累计完成 20.19 亿元,增长 15.2%。全年完成电信业务总量和电信业务收入 381.18 亿元和 67.55亿元,比上年分别增长 144.9% 和 6.9%。年末全市固定电话用户总数 94.55 万户,下降 8.6%;移动电话用户 903.74 万户,增长 11.4%。年末互联网宽带接入用户 313.81 万户,增长 16.8%。

八、财政金融

财税收入平稳发展。全市实现一般公共预算收入 526.21 亿元,比上年增长 4.9%。国税、地税和财政部门分别实现一般公共预算收入199.65 亿元、217.17 亿元和 109.39 亿元。完成税收收入 416.77 亿元,增长 14.1%,占一般公共预算收入比重为 79.2%;主体税种增势良好,增值税(含营业税)、企业所得税、城市维护建设税和契税分别完成 173.81 亿元、38.73 亿元、31.92亿元和 38.22 亿元,分别增长 23.1%、14.0%、11.5% 和 7.4%。

表3 2018 年全市财政收入分项情况

指标	绝对量(亿元)	比上年增长(%)
一般公共预算收入	526.21	4.9
＃税收收入	416.77	14.1
＃增值税(含营业税)	173.81	23.1
企业所得税	38.73	14.0
城市维护建设税	31.92	11.5
契税	38.22	7.4
上划中央四税	390.66	13.8
国内增值税	174.19	23.1
国内消费税	122.89	−3.6
企业所得税	58.10	14.0
个人所得税	35.48	52.4

财政支出结构不断优化。全年一般公共预算支出 880.85 亿元，比上年增长 6.5%。其中，一般公共服务支出 77.34 亿元，增长 9.2%；科学技术支出 25.43 亿元，增长 13.9%；社会保障和就业支出 111.54 亿元，增长 17.1%；医疗卫生与计划生育支出 74.03 亿元，增长 9.6%；节能环保支出 22.31 亿元，增长 18.0%；城乡社区事务支出 139.35 亿元，增长 6.1%。

金融市场运行稳健。年末全市金融机构人民币各项存款余额 7 107.39 亿元，较年初增加 711.01 亿元，比上年增长 11.1%。其中，住户存款 3 604.84 亿元，增长 7.6%。金融机构人民币各项贷款余额 4 912.47 亿元，较年初增加 739.30 亿元，比上年增长 17.7%。按贷款期限分，中长期贷款 2 918.83 亿元，增长 19.8%；短期贷款 1 534.94 亿元，增长 10.0%。

表4　2018 年末金融机构人民币存贷款情况

指标	绝对量（亿元）	比年初增加（亿元）	比上年增长（%）
各项存款余额	7 107.39	711.01	11.1
#住户存款	3 604.84	254.94	7.6
非金融企业存款	2 095.45	295.13	16.4
广义政府存款	1 338.59	120.26	9.9
各项贷款余额	4 912.47	739.30	17.7
#短期贷款	1 534.94	139.55	10.0
中长期贷款	2 918.83	481.65	19.8
#消费贷款	1 602.69	342.22	27.1
经营贷款	420.43	49.64	13.7

资本市场保持稳定。年末全市共有证券公司（分公司）3 家；证券营业部 41 家；期货经纪公司 1 家；期货营业部 3 家。年末全市共有上市公司 12 家，其中境内 11 家、境外 1 家；"新三板"挂牌企业 26 家、新增 2 家；区域股权交易市场挂牌企业 681 家、新增 216 家。新发企业债券规模 16 亿元，累计发行 469.5 亿元；新发行银行间各类债务融资工具 265.8 亿元。

保险业务增势良好。新增保险机构 8 家，年末保险机构达 69 家。全年保费总收入 220.64 亿元，比上年增长 16.8%。其中寿险保费收入 159.68 亿元，增长 22.1%，财产险保费收入 60.78 亿元，增长 4.6%。全年累计赔付和给付支出 61.24 亿元，增长 7.8%；其中赔付额 41.07 亿元，增长 30.0%。在赔付额中，财产险赔付 33.19 亿元，增长 17.5%；保险深度和保险密度分别为 3.3% 和 2 531 元/人。

九、科学技术和教育

科技创新空间持续扩大。省级以上科技创新平台 232 个，当年新增 17 个；省级以上孵化器达到 51 个，新增 15 个；全市大中型工业企业和规模以上高新技术企业研发机构建有率达 91.92%。国有独立科研机构 21 个；民营型科技企业 10 454 家，比上年增长 1.7%。技术市场签订技术合同 1 291 个，技术合同成交金额 38.46 亿元，增长 16.1%。

科技创新能力逐步增强。新增国家高新技术企业 174 家。全市科技成果获国家专利奖 4 项；省级科学技术奖 29 项（公示）。全市专利申请量 25 951 件，其中发明专利申请量 12 388 件，分别比上年增长 39.9% 和 57.3%；专利授权量 11 247 件，其中发明专利授权量 2 097 件，分别增长 6.9% 和 17.0%。万人发明专利拥有量达 9.79 件，比上年增加 2.47 件。

质量强市取得新成效。年末全市共有质量检验机构 183 家、国家级产品质量监督检验中心 3 个、国家公证实验室 3 个、省级产品质量监督检验中心 7 个。全年监督抽查产品 108 种 810 批次，合格 738 批次，平均抽样合格率 90.9%，较上年提升 2 个百分点。企业获批强制性产品认证证书 1 696 张，比上年增长 4.0%。共有法定计量技术机构 7 个，其中省级计量中心 1 个，全年强制检定计量器具 32.96 万台（件），比上年增长 17.9%。获批建设 2 项国家级和 3 项省级标准化项目，制修订国家标准和行业标准 40 项、地方标准 3 项。全市质量管理体系证书达 3 416 张。

教育事业全面发展。年末全市拥有各级各类学校 2 321 所,在校学生 200.55 万人,毕业生 46.75 万人,专任教师 11.43 万人。其中普通高等院校 10 所,全日制本专科招生 6.68 万人,在校学生 18.98 万人,毕业生 5.28 万人;成人高等学校在校学生 4.43 万人,毕业生 1.55 万人。研究生教育招生 0.53 万人,在校生 1.48 万人,毕业生 0.37 万人。中等职业教育在校生 8.18 万人,毕业生 2.91 万人。普通高中在校生 11.13 万人,毕业生 3.87 万人。全市共有初中 267 所,在校学生 34.44 万人,比上年增长 20.2%;小学 924 所,在校学生 95.58 万人,比上年增长 1.4%;特殊教育学校 13 所,在校学生 0.32 万人;幼儿园(含民办)997 所,在园幼儿 31.93 万人。学龄儿童入学率为 99.3%,九年义务教育巩固率保持在 99.9%。

十、文化旅游、卫生健康和体育

公共文化服务水平稳步提高。年末全市文化系统共有艺术表演团体 9 个、文化馆 11 个、博物馆 21 个、美术馆 1 个,共有公共图书馆 8 个,公共图书馆总藏量 3 864.85 千册,电子图书藏量 6 715.25 千册,总流通 229.44 万人次,其中书刊文献外借 152.12 万人次。有线广播电视实际用户 123.83 万户,其中数字电视实际用户 104.25 万户。共有电影放映单位 49 家、广播电台 7 座、中短波广播发射台和转播台 2 座、电视台 8 座,广播和电视综合人口覆盖率均为 100%。全市现有市级以上文物保护单位 260 处,其中全国重点文物保护单位 8 处,省级 29 处。拥有 9 个国家级、58 个省级非物质文化遗产名录项目和 8 位国家级、26 位省级非遗代表性传承人。

旅游行业健康发展。全市共有国家 A 级旅游景区 68 家,省级旅游度假区 3 家,星级酒店 50 家,旅行社 210 家,乡村旅游示范区 59 家。共接待国内外游客 5 762.89 万人次,比上年增长 13.0%;旅游总收入 775.10 亿元,增长 16.3%。接待入境过夜旅游者 4.45 万人次,增长 11.5%,

其中,外国人 3.39 万人次,增长 8.3%;旅游外汇收入 5 430.62 万美元,增长 9.4%。接待国内游客 5 758.44 万人次,增长 13.0%;实现国内旅游收入 766.03 亿元,增长 16.3%。

卫生健康事业取得积极成效。年末全市共有各类卫生机构 4 599 个,其中医院、卫生院 322 个,卫生防疫防治机构 13 个,妇幼保健机构 14 个。各类卫生机构拥有病床 5.86 万张,比上年增长 5.4%,其中,医院、卫生院床位 5.42 万张,增长 5.5%。每千人拥有医疗机构床位数 6.7 张,比上年增加 0.4 张。共有各类卫生技术人员 6.74 万人,比上年增长 17.2%。其中,执业(助理)医师 2.58 万人,注册护士 3.17 万人,分别增长 12.7% 和 25.2%;每千人拥有执业(助理)医师数和每千人拥有注册护士数分别为 2.93 人和 3.60 人,分别比上年增加 0.3 人和 0.7 人。卫生防疫防治机构卫生技术人员 453 人,妇幼卫生保健机构卫生技术人员 1 340 人。全市三级医院数量达 17 家,其中三甲 10 家。全市家庭医生全人群签约率 38.73%,重点人群签约率 68.66%,其中建档立卡低收入人口、离休干部有效人群家庭医生签约率 100%。

全民体育蓬勃发展。年末全市共有体育场馆 61 所,游泳馆 32 所,市属体育社会组织 174 个,晨晚练健身站点达 5 638 个。共有 56 名一级运动员、157 名二级运动员,参加省级注册运动员 1 948 名,向省优秀运动队输送 25 人。全年获得省级以上比赛奖牌数 314 个,其中金牌 107 个、银牌 92 个、铜牌 115 个。全市社会体育指导员 3.50 万人,其中国家级 204 人、一级 767 人;国际级裁判 9 人,国家级裁判员 35 人。体育彩票全年销售额 12.77 亿元,增长 3.6%。

十一、资源、环境和安全生产

自然资源储备丰富。全年水资源总量 51.31 亿立方米,平均年降水量 924.2 毫米。全年总用水量 39.01 亿立方米,比上年减少 3.0%。其中,生活用水增长 5.5%,工业用水下降 5.0%,农业用水下降 4.9%,生态补水增长 7.6%。万元国内生产总值(现价)用水量 50.75 立方米,比上年下降 5.2%。人均综合用水量 407.94 立方米,比上年下降 11.2%。全年成片造林面积 4.2 千公顷,其中人工造林面积 3.9 千公顷,占全部造林面积的 92.8%。森林抚育面积 6 167 公顷。新建及更新农田林网面积 39 万亩,新建省级绿化示范村 97 个。

环境治理卓有成效。全市林木覆盖率为 30.3%,比上年提高 0.2 个百分点。截至年底,全市自然保护区 6 个,自然保护区面积 46.07 千公顷。空气质量明显改善。市区环境空气质量达到二级以上的天数为 205 天,比去年同期增加 29 天,优良率 56.2%,比上年提高 8.0 个百分点。市区 PM2.5 浓度为 61.6 μg/m³,较去年下降 6.7%。水环境治理持续领先。地表水国控断面优于Ⅲ类水质的比例为 93.3%,省考以上地表水断面水质优良(达到或优于Ⅲ类)比例为 83.3%,无劣Ⅴ类水断面。

安全生产形势良好。全年各类生产安全事故 593 起,死亡 315 人,按可比口径计算,比上年分别下降 17.5% 和 12.5%。亿元 GDP 生产安全事故死亡人数 0.047 人,比上年下降 13.0%。

十二、人口、民生和社会保障

常住人口总量继续回升。年末全市常住人口 880.20 万人,比上年末增加 3.85 万人,增长 0.4%;全市城镇化率 65.1%,比上年提高 1.3 个百分点。在常住人口中,0~14 岁人口 178.96 万人,15~64 岁人口 593.10 万人,65 岁及以上人口 108.14 万人。全年人口出生率 11.81‰,比上年下降 1.90 个千分点;人口死亡率 7.62‰,下降 0.25 个千分点;人口自然增长率 4.19‰,下降 1.65 个千分点。年末全市户籍人口 1 044.77 万人;其中男性人口 540.65 万人,女性人口 504.13 万人,户籍人口出生率为 1.34%,死亡率为 0.5%。

居民收入持续增长。全年全市居民人均可支配收入 27 385 元,比上年增长 9.0%。城镇居民人均可支配收入 33 586 元,增长 8.4%;农村居民人均可支配收入 18 206 元,增长 9.0%。城乡收入比由上年的 1.856:1 调整为 1.845:1,收入差距进一步缩小。全市居民人均生活消费支出 16 818 元,增长 7.2%,其中,城镇居民人均生活消费支出 19 463 元,增长 6.7%;农村居民人均生活消费支出 12 902 元,增长 7.2%。全市居民恩格尔系数为 30.0%,比上年下降 0.1 个百分点,其中城镇为 29.6%,农村为 30.8%。

就业情况总体稳定。年末全市就业人口 483.1 万人,其中,第一产业 119.9 万人,第二产业 170.2 万人,第三产业 193.0 万人。全年城镇新增就业 13.33 万人,比上年增长 5.0%;城镇失业人员再就业 11.23 万人,城乡就业困难人员就业 3.38 万人;新增农村劳动力转移 5.60 万人。年末城镇登记失业率为 1.78%,比上年下降 0.04 个百分点。新增大学生创业人数 3 015 人。全年城乡劳动者就业技能培训人数 5.75 万人。新增高技能人才 4.68 万人。规模以上企业劳动合同签订率达 99.95%,已建工会企业集体合同签订率达 95.0%。

社会保障体系不断完善。年末职工养老保险、城乡居民养老保险(含离退休人员)参保人数分别达 194.09 万人和 326.01 万人,比上年分别增长 6.7% 和 1.1%,城乡基本养老保险覆盖率达 97.45%;城镇居民医疗保险、职工医疗保险参保人数分别达 792.12 万人和 159.62 万人,城镇基本医疗保险覆盖率达 97.2%。全市城镇和农村低保标准分别达到每人每月 586 元和 550 元,农村低保标准比上年增加 60 元,最低生活保障救济人数 14.10 万人;全年实施直接医疗救助 25.75 万人次,支出救助金 2.90 亿元。年末各类养老机构达 247 家,养老床位 6.4 万张,千名老人拥有机构养老床位 38.7 张。

养老服务和社区治理成效明显。全年新建成街道老年人日间照料中心 23 个、老年中央厨房 7 个、社区老年人助餐点 113 个、城乡社区标准化居家养老服务中心 76 个和 140 个。累计完成经济薄弱村服务中心提档升级 256 个,新改扩建城乡社区综合服务中心 143 个。

保障性住房建设有序推进。公共租赁住房累计达到 17 391 套;城镇常住人口保障性住房覆盖率为 25.40%;已完成第七期经济适用住房(12 万平方米)和第二期公租房(9 万平方米)建设。

十三、城乡建设

城建重点工程进展顺利。协调推进六大类 170 项城建重点工程,开工 153 项,开工率达 91%。徐派园林展示工程、公园绿地便民提升、特色田园示范村建设等工程已完工。轨道交通 1、2、3 号线强力推进,观音机场二期扩建项目正式启用,迎宾大道高架快速路主线已通车,城东大道高架正紧张施工,城市交通枢纽地位更加巩固;第一人民医院迁建、文化活动中心、一中迁建等项目正在加快实施。

村镇建设水平继续提升。协助做好美丽乡村建设工作,行政村双车道四级公路覆盖率和行政村百兆光纤宽带覆盖率均实现 100%。美丽宜居乡村建设达标率 78.3%,比上年提高 44.2 个百分点。沛县张庄镇陈油坊村等 4 个村庄入选第二批省级特色田园乡村建设试点村庄。新沂市双塘镇、丰县赵庄镇、邳州市炮车街道果园村入选省第五批特色旅游名镇、名村。

城乡一体化进程明显加快。统筹推进中心城市建设、新型城镇体系构建、乡村振兴战略和区域协同发展,荣膺联合国人居奖,成功举办"世界城市日"中国主场活动,成为国务院表彰的老工业基地调整改造真抓实干成效明显城市,获国家节能减排示范市考核优秀等次,徐州资源枯竭城市转型发展经验全国推广,跻身国家创新型城市、国家知识产权示范市,通过全国文明城市和国家森林城市复检,淮海经济区协同发展机制初步建立,中心城市地位进一步巩固。

数据来源

本公报中城镇新增就业、大学生创业、登记失业率、社会保障数据来自市人力资源和社会保障局;市场主体、农民合作社、质监数据来自市市场监督管理局;财政数据来自市财政局;设施农业、畜牧业产量、水产品产量、林业、高标准农田、家庭农场数据来自市农业农村局;水资源、用水、灌溉面积数据来自市水务局;公路里程、公路运输、水运、港口货物吞吐量数据来自市交通运输局;管道数据来自中国石化管道储运有限公司;铁路客运量数据来自中国铁路上海局集团有限公司徐州站;民航数据来自观音机场;电信业务、电话用户、互联网用户等数据来自市通信管理局;保障性住房、重点项目、村镇建设等数据来自市住房和城乡建设局;开放型经济数据来自市商务局;户籍人口、汽车数据来自市公安局;邮政业务数据来自市邮政管理局;文化事业、旅游数据来自市文化广电和旅游局;金融数据来自人民银行徐州中心支行;保险业数据来自市保险行业协会;证券业务数据来自市发改委;上市公司数据来自市地方金融监督管理局;教育数据来自市教育局;科技、高新技术、专利等数据来自市科技局;体育数据来自市体育局;卫生数据来自市卫生健康委员会;社会救助、养老数据来自市民政局;医疗保险数据来自市医疗保障局;自然保护区、环境监测数据来自市生态环境局;生产安全数据来自市应急管理局;粮食产量、居民消费价格指数、工业生产者价格指数、城乡居民收支数据来自国家统计局徐州调查队;GDP、工业、投资、贸易等其他数据来自市统计局。

注:

1. 公报为初步统计数,部分数据因四舍五入,存在着与分项合计不等的情况;部分指标数据因统计口径调整及大型普查修正,与上年不具可比性。

2. 公报中地区生产总值、规模以上工业增加值及其分类项目增长速度按可比价计算,为实际增长速度;其他指标除特殊说明外,按现价计算,为名义增长速度。

来　　　源:徐州市统计局

发布日期:2019 年 03 月 28 日

2018年常州市国民经济和社会发展统计公报

2018年是全面贯彻党的十九大精神的开局之年,全市上下坚持稳中求进工作总基调,深入贯彻高质量发展理念,有效应对各种困难和挑战,全力推进"种好幸福树、建好明星城"各项工作。全市综合实力迈上新台阶,转型升级步伐不断加快,社会事业取得新发展,民生改善取得新成效,高质量发展实现良好起步。

一、综合经济

经济运行总体平稳。经初步核算,全市地区生产总值(GDP)突破7 000亿,达到7 050.3亿元,按可比价计算增长7%。分三次产业看,第一产业实现增加值156.3亿元,下降1.0%;第二产业实现增加值3 263.3亿元,增长6.2%;第三产业实现增加值3 630.7亿元,增长8.1%。三次产业增加值比例调整为2.2:46.3:51.5。2018年全市按常住人口计算的人均生产总值达149 275元,按平均汇率折算达22 558美元。民营经济完成增加值4 760亿元,按可比价计算同比增长7.4%,占地区生产总值的比重达到67.5%,提升0.1个百分点。

财政收入稳步增长。全年完成全口径税收收入915.17亿元、增长10.4%,总量前进一位,列全省第四。完成一般公共预算收入560.3亿元,增长8%。一般公共预算收入中,税收收入占比87.3%,全省第二。其中,增值税和营业税(50%)218.1亿元,增长8.6%;企业所得税81.1亿元,增长24.3%;个人所得税完成33.3亿元,增长21.1%。全年一般公共预算支出589.1亿元,增长6.8%,其中教育支出102.4亿元,增长4.6%,社会保障和就业支出66.3亿元,增长9.5%,住房保障支出31.3亿元,增长6.1%。

二、农业与农村经济

农业生产总体平稳。全市完成农林牧渔业现价总产值293.8亿元,增长0.1%。其中,农业产值162.5亿元,增长2.3%;林业产值2.1亿元,增长3.1%;牧业产值27亿元,下降23.6%;渔业产值81亿元,增长3.5%;农林牧渔服务业产值21.2亿元,增长11.2%。全年粮食播种面积109.5公顷,比上年下降3%;粮食总产量78.2万吨,比上年减少3.2万吨,其中小麦20万吨,增产1.1万吨;水稻54.6万吨,减少3.9万吨。全市粮食亩产475.8公斤,下降1%,其中小麦亩产309.3公斤,增长0.7%,水稻亩产623.6公斤,增长0.6%。

现代农业稳步发展。国家现代农业示范区建设水平位居全国前列。农业物质装备水平不断提升,全市高标准农田面积达149.4万亩,比上年增长2.3%,高效设施渔业面积20.6万亩,增长2.8%。绿色农业加快发展,全面推进种植业清洁生产、养殖业综合整治、农业废弃物资源化利用和生态循环农业示范创建。全市规模畜禽养殖场治理率达96%,实现化肥减量农药零增长。创意休闲农业蓬勃发展,预计全市农业休闲观光接待游客900万人次,增长14.9%,实现营业收入28.6亿,增长13.5%。

三、工业和建筑业

工业经济缓中趋稳。全年全市规模以上工业增加值按可比价计算增长6.6%。全年规模以上工业总产值增长9.7%,七大行业产值五增二降,其中电子行业增长24.3%、建材行业增长19.3%、机械行业增长14.8%、生物医药行业增长13.5%、冶金行业增长7%,纺织服装和化工行业发展有所放缓,分别下降11.4%和3%。企业效益稳定增长,全年规模以上工业企业利润总额增长19.1%。

十大产业链贡献提升。十大产业链发展加快,全年十大产业链规模以上工业企业产值增长12.8%,高于全市规模以上工业产值增幅3.1个百分点,对全市工业产值增长的贡献率为54.1%。其中新一代信息技术产业链增长35.3%、新能源汽车及汽车核心零部件产业链增长24.2%、智能制造装备产业链增长19.8%、新医药及生物技术产业链增长18.2%、轨道交通产业链增长17.2%。

建筑行业稳步增长。建筑企业全年完成施工产值1 607.6亿元,比上年增长15.6%;房屋施工面积11 104.4万平方米,增长16%;房屋竣工面积3 190.2万平方米,下降7.9%。建筑业按施工产值计算的全员劳动生产率为30.4万元/人,比上年增长4.5%。

四、固定资产投资

固定资产投资结构优化。全市固定资产投资同比增长7.5%,其中工业投资增长7.1%,服务业投资增长7.8%。高新技术产业投资保持较快增长,全年增长13.3%,快于工业投资6.2个百分点。亿元以上项目投资支撑有力,全年投资增长12.9%,高于全市投资增速5.4个百分点。

房地产市场发展平稳。全市房地产开发投资同比增长24.4%,其中住宅投资同比增长35.7%。全年商品房新开工面积1 002.9万平方米,增长7.7%,其中住宅新开工774.8万平方米,增长26.7%。年末商品房待售面积412.9万平方米,下降2.5%,其中住宅待售面积104.6万平方米,下降9.7%。

五、国内贸易

消费品市场稳定繁荣。全年实现社会消费品零售总额2 613.2亿元,增长9.1%,增速列全省第二。从消费形态看,批发业实现零售额350.5亿元,增长14.5%;零售业实现零售额2 006.8亿元,增长7.1%;住宿业实现零售额25.5亿元,增长24.1%;餐饮业实现零售额230.4亿元,增长18.4%。从经营地看,城镇消费品零售额2 415亿元,增长8.5%;农村消费品零售额198.1亿元,增长17.2%,农村消费增幅快于城镇8.7个百分点。

六、开放型经济

对外贸易难中求进。按人民币计价,全市完成进出口总额2 266.4亿元,增长7%,其中出口总额1 652.9亿元,增长6.3%,进口总额613.5亿元,增长9%。一般贸易进出口1 789.3亿元,增长8.2%,占全市比重78.9%。从主要出口市场来看,全市对美国出口353.1亿元,增长9.1%;对欧盟出口304.9亿元,增长17.6%;对东盟出口220.1亿元,增长7.6%;新兴市场加快拓展,对非洲出口增长14.1%,对拉美出口增长13.7%。获评国家级外贸转型升级示范基地3家,新认定市级出口基地4家、进口交易中心2家。

利用外资力度加大。全年实际使用外资26.1亿美元,其中产业类外资占比55.8%。十大产业链实际到账外资9.1亿美元,同比增长39.5%。全年新增外资项目356个,其中新设项目225个、增资项目131个,累计新签协议注册外资51.2亿美元,新增总投资超亿美元项目30个,其中产业类项目17个。新增世界500强投资项目2个,省级跨国公司功能性机构1家。

对外投资稳步推进。全年新增境外投资项目84个,中方协议投资额8.4亿美元,其中"一带一路"投资项目30个,同比增加了14个,中方协议投资额近亿美元,继续保持高位运行。新增境外并购项目19个,中方协议投资额5.8亿美元,增长110%,今创集团、恒立液压、远东文化等一批重点企业通过跨国并购整合全球资源、加快海外布局。全年新增国际产能和装备制造合作项目41个,中方协议投资额5.7亿美元。

服务外包增势良好。全年完成服务外包合同额8.6亿美元,服务外包执行额6.7亿美元,分别增长31.8%、20.8%,其中离岸服务外包合同额3.5亿美元,离岸服务外包执行额2.6亿美元,分别增长59%和40.1%。

开发区加快发展。全市开发区完成一般公共预算收入320.1亿元,实际到账外资23亿美元,进出口总额1 731.6亿元。全市开发区一般公共预算收入、实际到账外资、进出口总额占全市的比重分别为57.2%、90.6%和76.4%,园区经济对经济增长贡献率达到62.3%。各开发区排位稳中有升,武进高新区在全国高新区排位中提升6位,常州国家高新区继续稳居前30位;常州经开区省内排位提升13位,江苏中关村列省级高新区第2位。

对外交流不断深化。全年接待外宾213批1 480人次,其中外国驻华使领馆团组26批113人次,外国友好城市团组47批381人次,外国来访记者3批10人次。

七、交通运输、邮政电信业和旅游业

交通运输基本平稳。年末全市公路总里程9 331公里,其中高速公路306公里。全年营业性客运量6 048.7万人,比上年下降5.5%,货运量15 663.8万吨,比上年增长6.8%。公路客运量4 087万人,比上年下降9.6%,公路旅客周转量30.1亿人公里,下降6.8%;公路货运量13 068万吨,增长7.3%,公路货物周转量143.5亿吨公里,增长6.2%。铁路客运量1 521.6万人,增长4%;铁路货运量130万吨,增长9.1%。民用航空旅客吞吐量332.8万人次,增长32.6%,货邮吞吐量2.8万吨,增长49.3%。港口货物吞吐量10 170万吨,下降2.5%,其中常州长江港货物吞吐量4 862.5万吨,增长3.1%,集装箱吞吐量31.2万标箱,增长23.1%。年末全市民用

汽车拥有量133.8万辆,其中个人汽车113.4万辆。

邮电业务快速发展。全年邮政业务总量61.8亿元,比上年增长18.5%;全年邮政业务总收入47.7亿元,增长19.1%,其中快递业务收入34.5亿元,增长20.3%。邮政业全年发送特快专递2.3亿件,增长20.5%。全年通信业务收入61.1亿元,增长7.7%。年末全市固定电话用户104万户,移动电话用户579.8万户,其中4G用户达到516.2万户。年末互联网用户252万户,其中宽带网用户249.5万户。全市城域网出口带宽突破6T。

旅游业稳步发展。全年接待游客7 244.9万人次,增长9.8%,实现旅游总收入1 088.6亿元,增长14.2%;接待国内游客7 224.5万人次,国内旅游收入1 070.3亿元,分别增长9.8%和14.2%;接待入境过夜旅游者20.4万人次,旅游外汇收入1.8亿美元,分别增长15%和14.6%。全市拥有国家A级旅游景区31家,其中5A级3家,位居全省第二;花谷奇缘成功创建成为国家4A级旅游景区,全市4A级景区增加到10家。

八、金融业

金融市场运行平稳。全年实现金融业增加值420.5亿元,增长7.5%。年末全市金融机构本外币存款余额10 090.1亿元,其中住户存款3 888.4亿元,非金融企业存款3 834.2亿元。全市金融机构本外币贷款余额7 564.8亿元,其中住户贷款2 231.7亿元,非金融企业及机关团体贷款5 332.1亿元;全年新增本外币贷款840.9亿元,创历史最高。

保险业务发展平缓。年末全市保险公司共74家,其中产险公司29家,寿险公司45家。全年保费总收入263.9亿元,下降5.8%,其中人寿险202.4亿元,下降8.4%,财产险61.5亿元,增长4.2%。全年保险赔(结)款支出69.5亿元,与上年持平,其中人寿险33.1亿元,下降3.5%,财产险36.4亿元,增长3.3%。2018年全市保险

深度为3.74%,位居全省第三;保险密度5 580元/人,居全省第四位。

证券市场保持稳定。年末全市证券营业部72个,资金账户总数114.9万户。证券市场全年各类证券交易总额14 432.8亿元,比上年下降1.3%。其中A股交易额9 195亿元,增长1.1%;B股交易额958.4亿元,增长68.1%;基金成交额1 673.6亿元,下降5%;债券成交额2 605.9亿元,下降18.6%。新增上市企业4家,总数达58家;新增新三板挂牌企业10家,总数达113家。

九、科技创新

创新能力不断提高。全年完成专利申请41 858件,其中发明专利13 648件;专利授权23 334件,其中发明专利授权2 759件;万人发明专利拥有量32.8件,实现中国专利金奖零的突破。全年新增高新技术企业280家,累计1 444家;预计高新技术产业产值占规模以上工业总产值比重达到47.3%。全市获评国家科学技术进步二等奖项目3个。全年争取省级以上科技项目329项。天合光能和上上电缆获第五届中国工业大奖、武进不锈获提名奖。全市中国驰名商标累计107件,列全省第二。深入实施"龙城英才计划",引进创业人才项目247个、市级层面引进各类高层次紧缺人才621名,每万劳动者中高技能人才数达1 143人,连续五年全省第一。

创新载体建设提质加速。全年新增省级以上企业研发机构65家,全市企业研发机构累计达1 658家,其中省级以上768家。新增孵化器20家,累计155家。新增11家省级工业设计中心,工业互联网四星以上上云企业13家,均居全省第一。安泰创明新能源材料研究院等5个载体平台被列为新增省市共建重大项目,列苏南五市第二。59家创新载体列入苏南自创区优秀创新载体,其中光伏智慧能源、机器人及智能装备等4家基地被认定为科技成果产业化基地,中简

科技、爱尔威2家企业被认定为潜在独角兽企业,53家企业被认定为瞪羚企业。

十、教育、文化、卫生和体育

教育事业优质发展。年末全市拥有各级各类学校739所,在校学生86.6万人,教职工6.2万人。其中普通高等学校10所,普通本专科在校学生12.5万人;中等职业学校(含技工学校)19所,在校学生6.1万人;普通高中36所,在校学生5.3万人;初中128所,在校学生12.6万人;小学216所,在校学生30.5万人;幼儿园325所,在校学生14.2万人。全市九年义务教育巩固率100%,高中阶段教育毛入学率100%。教育资源建设取得新进展,全年实施教育重点建设项目68个,建成投入使用学校20所,新增学位16 955个。学前教育优质普惠发展,新增省、市级优质幼儿园30所(其中省级8所、市级22所),省市优质园达300所,占比96.2%,就读学生占92.6%。义务教育优质均衡发展,创建"新优质学校"14所,学前教育、义务教育集团化办学覆盖率均超50%。普通高中教育高品质发展,本一进线率达56.04%。职业教育优势进一步凸显,常州信息职业技术学院等3所高职院创建省高水平高等职业院校,新增省现代化示范性职业学校和省优质特色职业学校各1所,总数达5所,占比全省第一。社会教育品质进一步优化,常州"青果在线学校"上升为国家数字教育公共服务资源,实现城区"送教进社区"全覆盖。

文化事业繁荣发展。年末全市共有艺术表演团体11个,群众艺术馆、文化馆7个,博物馆28个;公共图书馆7个,图书总藏量533.5万册,全年总流通285.1万人次;自办广播节目7套,电视台节目7套,有线电视用户98.3万户。精品创作取得丰收,锡剧《卿卿如晤》入选国家艺术基金,实现我市国家艺术基金大型项目零的突破;大型滑稽戏《陈奂生的吃饭问题》作为江苏唯一大戏参加首届"中国戏曲百戏盛典",并作为全省两部戏之一,推荐申报国家舞台艺术精品工

程。文化惠民品质不断提升,持续五年成功举办"文化100"大型惠民行动,全年共推出305项高品质文化惠民活动;以"书香常州·幸福阅读"为主题,推出各类阅读活动近千场次,顺利通过省"书香城市"建设示范市的实地测评;扎实推进农村文化"三送"工程,全年送戏超千场,送电影超万场,送书五万多册。

医疗服务水平不断提升。年末全市共有各级各类医疗卫生机构1401个,拥有总床位2.66万张,卫生技术人员3.48万人,其中执业(助理)医师1.41万人、注册护士1.54万人,全市每千人拥有执业(助理)医师2.97人。推进"健康常州"建设,14类55项基本公共卫生服务基本覆盖居民生命健康全过程、全周期,全面提供免费唐氏筛查服务,新生儿疾病筛查病种数扩大到29种。综合医改取得新成效,医联体内基层门急诊、住院、手术人次等指标均实现大幅度增长,省内率先实施委属公立医院总会计师派驻制度,积极推进法人治理结构改革试点和全面预算管理,完成新一轮药品和市管医用耗材、检验检测试剂集中采购工作。市妇幼保健院、市一院钟楼院区等建设项目投入运行。

体育事业稳步发展。年末全市拥有体育场地14 297个,其中体育场33个,体育馆34个。年内新增公共体育设施面积101.1万平方米。年内承办国际级比赛10项、国家级比赛15项、省级比赛27项。第23届冬季奥林匹克运动会上,武大靖获得短道速滑男子500米冠军并打破世界纪录;第18届亚运会上,常州运动健儿代表中国参赛,在11个大项13个小项中勇夺5金3银3铜,金牌数量位列全省第一;第19届省运会上,常州体育代表团获得136.5枚金牌、80枚银牌、101枚铜牌和3 627.5分,金牌数稳居全省第三,创市外参赛的历史最好成绩。

十一、人口、民生与社会保障

人口规模平稳增长。年末全市常住人口472.9万人,其中城镇人口342.8万人,城镇化率达到72.5%。全市户籍总人口382.2万人,增长0.9%。其中,男性187.8万人,增长0.7%;女性194.4万人,增长1.1%。户籍人口出生率8.9‰,死亡率7.2‰,人口自然增长率1.7‰。

就业创业形势良好。全年城镇新增就业13.2万人,失业人员实现再就业5.5万人,扶持创业1.9万人,创业带动就业8.1万人,年末城镇登记失业率为1.78%。

居民收入稳步增长。全市居民人均可支配收入45 933元,增长8.5%,其中城镇居民人均可支配收入54 000元,增长8.1%,农村居民人均可支配收入28 014元,增长8.4%,城乡居民收入比为1.93∶1。全市居民人均生活消费支出26 863元,增长7%,其中城镇居民人均生活消费支出30 351元,增长6.7%,农村居民人均生活消费支出19 116元,增长7.1%。城镇居民恩格尔系数26.8%,农村居民恩格尔系数29.7%。

居民消费价格温和上涨。全年居民消费价格总指数为102.2。八大类商品均有所上涨,其中食品烟酒类上涨3.3%,生活用品及服务类上涨3.0%,交通和通信类上涨2.3%,居住类上涨1.9%,衣着类上涨1.8%,医疗保健类上涨1.7%,教育文化和娱乐类上涨0.5%,其他用品和服务上涨0.4%。

住房保障体系不断完善。全年新开工各类保障房24 807套,基本建成18 535套。继续扩大住房保障覆盖面,年内新增实物配租家庭473户,租金补贴家庭748户。全市累计保障城镇中低收入住房困难家庭5.2万户,为新就业、外来务工人员提供公租房近4.3万套,棚户区(危旧房)改造累计超过13万套(户)。

社会保障水平进一步提高。年末全市企业职工基本养老保险参保人数153.6万人,比上年增长5.1%;城镇职工基本医疗保险参保人数211.3万人,增长5%;城镇失业保险参保人数121.6万人,增长4.5%。养老、医疗、失业三大保险综合覆盖率达到98%以上。企业离退休养老金实现"十四连调",平均增幅 5.8%。城乡低保标准提高到每人每月 800 元,全市 12 290 户、18 159 人纳入低保范围,其中城镇低保对象 4 415 户、6 119 人,农村低保对象 7 875 户、12 040人,累计发放保障金 1.5 亿元。截至年末,全市医疗直接救助 33.3 万人次、医疗直接救助金额达 15 212 万元。年末全市拥有各类养老机构 109 个,养老机构床位数 26 017 张,收养人数达 14 134 人。全市拥有法律援助中心 7 个,社会矛盾纠纷调处成功率 99.5%。

十二、城乡建设和公用事业

基础设施建设不断加快。溧高、常宜、溧宁、苏锡常南部高速公路以及苏南沿江城际铁路工程加快推进,常泰过江通道开工建设,锡溧漕河前黄枢纽工程进展顺利,德胜河航道整治工程、魏村枢纽工程前期工作积极推进。233 国道金坛段、360 省道溧阳段等国省公路项目有序实施;加快完善城市路网,紫荆西路、河滨东路、大明路主线等项目建成通车。地铁 1 号线实现"洞通""轨通""电通",2 号线土建工程过半。全市及各辖市区顺利通过省级"四好农村路"示范市及示范县验收,溧阳创成"四好农村路"全国示范县。全年完成各类水利建设土方 1 042 万立方米,恢复治理水土流失面积 10 平方公里。新沟河延伸拓浚主体工程基本完成。

公交服务水平提升。年末全市公交线路 290 条,公交营运车辆 2 388 辆,营运出租汽车 3 042 辆,投放有桩公共自行车 2 万辆,开辟校园定制公交和校车专线 19 条。城市万人公共交通车辆拥有量 19.4 标台,镇村公交开通率、覆盖率继续保持 100%。

公用事业不断发展。全年全社会用电量 489.7 亿千瓦时,比上年增长 7.6%,其中城乡居民生活用电 50.3 亿千瓦时,增长 12.1%。全年城区自来水供水 3.2 亿立方米,管道燃气供气量 13.6 亿立方米,污水处理 3 亿立方米。全年生活垃圾清运量 189.4 万吨,生活垃圾无害化处理率 100%。

十三、生态建设和环境保护

生态绿城建设水平不断提高。建成区绿地总面积 10 477.9 公顷,比上年增长 0.9%。建成区绿化覆盖率达 43.12%,林木覆盖率达 26.4%。建成老运河生态绿道和一批公园绿地,顺利通过江苏省生态园林城市创建验收,溧阳天目湖、金坛长荡湖湿地公园成为国家湿地公园。推进特色田园乡村和全域美丽乡村建设,2 个村庄获评中国美丽休闲乡村,7 个村庄入选省特色田园乡村建设试点。

环境保护力度加大。积极推进打好污染防治攻坚战暨"263"专项行动,全力做好中央环保督察"回头看"和省级环保督察交办问题整改。组织开展大气污染防治攻坚行动,全年完成重点治气工程 1 835 项,专项整治化工、"散乱污"企业(作坊)、成品油取得阶段性成果,关停化工企业 205 家,圆满完成进博会等重大活动空气质量保障任务。加快绿色转型,新增工信部绿色工厂 7 家,列全省第二。城市空气质量达到或好于二级标准天数比例 63.0%,PM2.5 年均浓度 52.9 微克/立方米。地表水达到或好于Ⅲ类水体比例 60.6%。

注:

1. 公报中各项统计数据除注明按可比价格计算外,均按现行价格计算。

2. 公报中数据均为快报数,实际引用请以统计年鉴为准。

来　　源:常州市统计局
发布日期:2019 年 03 月 07 日

2018 年苏州市国民经济和社会发展统计公报

2018 年,面对错综复杂的宏观环境,全市上下坚持以习近平新时代中国特色社会主义思想为指导,全面贯彻党的十九大精神,紧紧围绕"六个高质量"发展目标,坚持稳中求进工作总基调,自觉践行新发展理念,扎实推进供给侧结构性改革,大力实施十二项"三年行动计划",全市经济运行总体平稳,创新驱动、改革开放、城乡建设、生态保护、民生事业等各项工作取得新进展,高质量发展取得新成效。

一、综合

经济运行稳中有进。全市预计实现地区生产总值 1.85 万亿元左右,按可比价计算比上年增长 7% 左右。全年实现一般公共预算收入 2 120 亿元,比上年增长 11.1%。其中税收收入 1 929.5 亿元,增长 15.3%,占一般公共预算收入的比重达 91%。全年一般公共预算支出 1 952.8 亿元,比上年增长 10.2%。其中城乡公共服务支出 1 483 亿元,占一般公共预算支出的比重达 75.9%。

经济结构不断优化。全市服务业增加值占地区生产总值比重达到 50.8%。实现制造业新兴产业产值 1.73 万亿元,占规模以上工业总产值比重达 52.4%,比上年提高 1.6 个百分点。先导产业加快发展。新一代信息技术、生物医药、纳米技术、人工智能四大先导产业产值占规模以上工业总产值比重达 15.7%。成为首批国家服务型制造示范城市。

改革开放纵深迈进。苏州工业园区、张家港市、昆山经济技术开发区获评江苏改革开放 40 周年先进集体,6 人获评先进个人。商事制度改革、事中事后监管等举措获国务院通报表彰。全年新增私营企业 9.9 万家,注册资本 4 302 亿元;新增个体户 17.6 万家,注册资金 219 亿元。国资国企改革稳步实施,新设混合所有制企业 21 家,完成企业公司制改革 4 家。在全国率先启动推广"互联网+不动产抵押登记"模式。供给侧结构性改革取得实效。关停淘汰落后低效企业 1 757 家。降低企业负担 360 亿元,"补短板"项目完成投资 259.7 亿元。

二、农业和农村建设

农业生产调整优化。全市实现农林牧渔业总产值 410.09 亿元。推广耕地轮作休耕,提升耕地质量。全年夏粮总产量 23.85 万吨,比上年下降 9.6%;秋粮总产量 64.07 万吨,比上年下降 3.0%。夏粮、秋粮亩产分别比上年提高 3.5% 和 1.3%。畜禽养殖环境整治力度加大,全年猪牛羊禽肉产量 3.85 万吨,比上年下降 49.6%;禽蛋产量 0.92 万吨,比上年下降 58.9%;水产品产量 19.56 万吨,比上年下降 16.9%。

现代农业稳步发展。全年新增高标准农田 7.37 万亩,新增现代农业园区面积 5.38 万亩。年末全市农业机械化水平达 89.3%。全市农业龙头企业实现销售收入 1 390 亿元,比上年增长 6.1%。产业融合发展加快推进。新型农业经营主体不断壮大,全市组建农业产业化联合体 46 个,认定新型职业农民 1 562 名。年末全市各类农民合作社 3 772 家,持股农户比例超过 98%。集体合作农场 216 家。农村集体经济总资产 1 970 亿元,村均年稳定性收入 850 万元,分别比上年增长 7.1% 和 4.3%。

三、工业和建筑业

工业经济增量提质。全市实现规模以上工业总产值 3.31 万亿元,比上年增长 6.1%。其中民营工业企业实现产值 1.12 万亿元,比上年增长 8.5%;外商及港澳台工业企业实现产值 2.12 万亿元,比上年增长 4.6%。35 个行业大类中有 26 个行业保持增长,行业增长面达 74.3%。10 个行业大类产值超一千亿元,其中前六大行业实现产值 2.17 万亿元,比上年增长 5.7%。高端产品产量较快增长。新能源汽车产量比上年增长 83%,3D 打印设备产量增长 51.4%,工业机器人产量增长 32.2%。新增国家智能制造新模式和试点示范项目 5 个,新增省级示范智能车间 144 个,累计达 262 个。

建筑业稳步发展。全市完成建筑业总产值 2 367 亿元,比上年增长 21.1%,其中建筑安装工程产值 2 349 亿元,比上年增长 20.9%。竣工产值 1 665 亿元,比上年增长 7.9%,竣工率 70.3%。全市资质以上建筑业企业房屋施工面积 10 395 万平方米,比上年增长 11.3%,其中新开工面积 4 072 万平方米,比上年增长 19.4%。年末拥有总承包和专业承包资质建筑企业 1 345 家,实现利税 155 亿元,比上年增长 8.4%。建筑业全员劳动生产率 37 万元/人,比上年增长 12.7%。建筑业企业在外省完成建筑业产值 713 亿元,比上年增长 27.2%。

四、固定资产投资和房地产开发

投资需求保持稳定。全市完成固定资产投资 4 556 亿元,同口径增长 4.5%。其中工业投资 1 102 亿元,同口径持平;服务业投资 3 450 亿元,增长 6.1%;民间投资 2 949 亿元,增长 14%。投资结构继续优化调整。服务业投资占固定资产投资的比重达 75.7%,比上年提高 1.1 个百分

点;工业技术改造投资和高新技术产业投资占工业投资比重分别达 77.5% 和 40.5%。民间投资主体地位稳固,占固定资产投资比重达 64.7%。

房地产市场平稳发展。全年完成房地产开发投资 2 558 亿元,比上年增长 10.9%。全市房屋新开工面积 2 801 万平方米,比上年增长 9.2%;房屋施工面积 11 659 万平方米,比上年下降 2%;房屋竣工面积 1 507 万平方米,比上年下降 29.7%;商品房销售面积 1 994 万平方米,比上年增长 3%,其中住宅销售面积 1 788 万平方米,比上年增长 5.9%。

五、国内贸易和旅游

市场消费保持稳定。全年实现社会消费品零售总额 5 746.9 亿元,比上年增长 7.4%。其中批发和零售业零售额 5 034.6 亿元,比上年增长 7.1%;住宿和餐饮业零售额 712.3 亿元,比上年增长 9%。生活类商品增势较好。限额以上批发和零售业粮油食品类、日用品类、家具类商品零售额分别比上年增长 12.8%、15.3% 和 19%。新型商业模式较快发展。全年电子商务网络零售交易额超 2 000 亿元。限额以上批发和零售业实现互联网零售额 475 亿元,比上年增长 14.8%。

旅游市场健康发展。全市实现旅游总收入 2 609 亿元,比上年增长 12%,其中旅游外汇收入 24.89 亿美元。全年接待入境过夜游客 188 万人次,接待国内游客 12 768 万人次,分别比上年增长 7% 和 6%。年末全市共有 5A 级景区 6 家(11 个点)、4A 级景区 35 家、五星级饭店 28 家。高等级景区、星级酒店、旅游度假区、乡村旅游点数量继续保持全省领先。

六、开放型经济

对外贸易迎难而上。全年实现进出口总额 3 541.1 亿美元,比上年增长 12%。其中出口突破 2 000 亿美元,达 2 068.3 亿美元,增长 10.5%;进口 1 472.8 亿美元,增长 14.2%。分注册类型看,外商投资企业实现进出口 2 558.9 亿美元,比上年

增长 7.8%，占全市进出口总额比重达 72.3%；民营企业和国有企业进出口分别增长 19.9% 和 41.2%。从贸易市场看，对美国出口 578.3 亿美元，比上年增长 8.3%；对欧盟、东盟出口分别增长 8.6% 和 15.7%；对"一带一路"沿线国家和地区出口 425.9 亿美元，增长 11.3%。贸易方式积极转变。全市实现一般贸易出口 688.7 亿美元，比上年增长 13.6%。一般贸易出口占全市出口比重达 33.3%，较上年提高 0.9 个百分点。

服务贸易创新发展。全年服务贸易进出口 246 亿美元，比上年增长 10%。获批国家深化服务贸易创新发展试点。跨境电子商务、市场采购贸易、外贸综合服务等新业态出口增长 10%。服务外包平稳发展。全市服务外包接包合同额 117.5 亿美元，服务外包离岸执行额 47.7 亿美元。

"引进来"与"走出去"同步发展。全年新设外商投资项目 1 013 个，实际使用外资 45.2 亿美元，其中服务业实际使用外资占比达 43.7%，新兴产业和高技术项目使用外资占比达 51.5%。年末全市具有地区总部特征或共享功能的外资企业超 300 家。全年新批境外投资项目中方协议投资额 26.8 亿美元。对外投资扩面增量。在"一带一路"沿线国家和地区新增投资项目 64 个，中方协议投资额 9.11 亿美元。

七、交通运输和邮政

交通运输健康发展。年末全市公路总里程 12 174 公里，其中高速公路 598 公里。全市公路、水路客运量 2.98 亿人次，客运周转量 121.18 亿人公里；全市公路、水路货运量 1.62 亿吨，货物周转量 267.82 亿吨公里，分别比上年增长 8.2% 和 7.3%；苏州港集装箱吞吐量 635.51 万标箱，比上年增长 8.2%。

汽车保有量稳步增长。年末拥有汽车 391 万辆，其中私家客车 328 万辆，分别比上年增长 9.9% 和 9.2%。

邮政业务快速发展。全年邮政业务收入 181.57 亿元，比上年增长 14.7%。全年发送快递 12.5 亿件，增长 20.1%；实现快递业务收入 156.21 亿元，增长 17.8%。

八、金融

金融运行保持稳定。年末全市金融机构总数 868 家，金融总资产 5.5 万亿元。年末全市金融机构人民币存款余额 28 560.4 亿元，比年初增加 2 092.9 亿元，比年初增长 7.9%；金融机构人民币贷款余额 26 546.2 亿元，比年初增加 2 555.1 亿元，比年初增长 10.7%。

保险业务保持平稳。全年新增保险公司 4 家，年末达 86 家，保险公司分支机构 916 家。全年保费收入 629.7 亿元，比上年下降 2.8%；保险赔付支出 181.3 亿元，比上年增长 10.9%。

资本市场稳步发展。全年新增上市公司 8 家，年末上市公司总数达 135 家，累计募集资金 2 770 亿元。其中境内 A 股上市公司 107 家，数量列全国第五、全省第一，累计募集资金 2 560 亿元。全年新增债券融资 1 184 亿元。年末全市证券机构托管市值总额 5 000 亿元，各类证券交易额 4 万亿元，期货市场交易额 2.5 万亿元。

九、科技和教育

科技创新加快推进。全市财政性科技投入 152 亿元，占一般公共预算支出的 7.8%。张家港、常熟、昆山入围国家首批创新型县(市)建设名单。高新技术产业产值占规模以上工业总产值的比重达到 47.7%。全市新增高新技术企业 952 家，累计达 5 416 家。新增省级以上工程技术研究中心 73 家，累计达 733 家；新增省级以上企业技术中心 86 家，累计达 505 家；新增省级以上工程中心(实验室)11 家，累计达 90 家；年末省级以上公共技术服务平台 60 家，其中国家级 15 家。

创新载体加快培育。启动建设市产业技术研究院，与中科院、南京大学、牛津大学等一批国内外大院大所合作共建的重大创新载体落户苏州。年末全市省级以上科技孵化器 112 家，孵化面积 458.1 万平方米。新增 42 家省级众创空间，年末共有国家级众创空间 52 家，省级众创空间 190 家。各类众创空间共孵育创新团队 4 000 余个。

创新实力不断增强。年末全市各类人才总量 274.2 万人，其中高层次人才 24.54 万人。全市拥有高技能人才 56.92 万人。新增国家级人才引进工程入选者 13 人，累计达 250 人，其中创业类人才 131 人。新增省"双创人才"91 人，累计达 873 人。专利工作成效显著。中国（苏州）知识产权保护中心获批建设。新增国家知识产权示范企业 16 家。年末万人有效发明专利拥有量达 53 件，比上年增加 7 件。

教育公共服务水平不断提升。新建中小学、幼儿园 52 所，改扩建 17 所，新增学位 6.8 万个。年末全市拥有各级各类学校 1 620 所，在校学生 185.45 万人，毕业生 41.07 万人，专任教师 11.28 万人。其中普通高等院校 26 所，普通高等学校在校学生 23.56 万人，毕业生 5.78 万人。高等教育毛入学率 69.1%。推动教育均衡优质发展。推进集团化办学，增加普通高中教育资源供给，统筹全市名优教师，打造免费线上教育平台。

十、文化、卫生和体育

文化事业繁荣兴盛。全年文化产业实现主营业务收入 5 880 亿元，比上年增长 10%。苏州第二图书馆如期建成，苏州湾文化中心主体结构封顶，苏州博物馆西馆、吴文化博物馆等项目建设顺利推进。完成 671 个村（社区）综合性文化服务中心标准化建设。成功举办世界遗产城市组织第三届亚太区大会、中国昆剧艺术节、中国苏州评弹艺术节、苏州国际设计周等重大活动。获评全球首个"世界遗产典范城市"。

健康苏州建设扎实推进。苏大附二院浒关院区建成运行，市疾控中心迁建，苏大附一院二期项目开工建设。引进高水平临床医学专家团队 26 个，年末累计达到 53 个。新建、改扩建基层医疗卫生机构 24 家。年末全市拥有各类医疗卫生机构 3 368 个，其中医院 206 个，社区卫生服务中心（卫生院）171 个。卫生机构床位数 6.93 万张，其中医院病床 5.84 万张；拥有卫生技术人员 8.22 万人，其中执业医师和执业助理医师 3.12 万人。

体育事业稳步发展。全民健身工程提档升级。新增健身步道 264 公里。苏州奥林匹克体育中心、东园体育休闲公园建成投用。成功举办 2018 年国际田联世界竞走团体锦标赛、2018 冰壶世界杯苏州站等高规格体育赛事。在第十九届省运会上取得历史最好成绩。体育彩票销售首次突破 50 亿元。

十一、人口和就业

人口总量保持稳定。年末全市常住人口 1 072.17 万人，其中城镇人口 815.39 万人。全市户籍人口 703.55 万人，户籍人口出生率 9.82‰，户籍人口自然增长率 2.79‰。

就业创业形势良好。全市新增就业 17.55 万人，开发公益性岗位 8 941 个，城镇就业困难人员实现就业 3.75 万人。城镇登记失业率 1.78%。苏州籍应届高校毕业生就业率达 98.7%。全力推进大众创业。全年支持成功自主创业人数 19 441 人，其中引领大学生创业 2 344 人，扶持农村劳动力自主创业 2 467 人。

十二、人民生活和社会保障

居民收入稳步提高。根据抽样调查，全市城镇常住居民人均可支配收入 6.35 万元，比上年增长 8%；农村常住居民人均可支配收入 3.24 万元，比上年增长 8.2%。

物价水平温和上涨。市区居民消费价格总水平比上年上涨 2.6%。其中食品烟酒类价格上涨 2.2%；衣着类价格上涨 5.0%；居住类价格上涨 2.9%；生活用品及服务类价格上涨 3.5%；交通和通信类价格上涨 1.6%；教育文化和娱乐类价格上涨 3.1%；医疗保健类价格上涨 0.8%；其他用品和服务类价格上涨 2.5%。

社会保障水平进一步提高。全市最低工资标准上调至 2 020 元/月。年末全市企业职工养老保险缴费人数 543.27 万人,比上年增加 32.44 万人。城镇职工基本医疗保险参保人数 737.57 万人,失业保险参保人数 505.02 万人,工伤保险参保人数 511.75 万人,生育保险参保人数 533.44 万人,分别比上年增加 49.25、40.45、38.49 和 43.09 万人。全年新增缴存公积金职工 81.64 万人,年末缴存住房公积金职工数达 307.15 万人,全年职工提取公积金 319.7 亿元。

城乡最低生活保障标准提高至每人每月 945 元。年末全市 1.43 万户、共计 2.15 万人享受低保,全年发放低保金 2.17 亿元。全市新增养老机构床位 1 054 张、日间照料中心 110 个、助浴点 20 个。开工建设保障性住房 21 205 套,基本建成 27 196 套,新增租赁补贴发放 2 604 户。

强化食品药品安全监管。全年累计抽检各类食品 7.26 万批次,每千人抽检率 6.8 批次,动态合格率 98.22%。全年查办食品药品违法案件 6 198 件,比上年增长 32%。在省内率先启动食品药品生产经营严重失信联合惩戒机制,出台评定严重失信者管理办法。

十三、城市建设和公用事业

全年完成基础设施投资 488.5 亿元。沪通铁路苏州段一期工程开展铺轨作业,江苏南沿江城际铁路苏州段、通苏嘉甬纳入盐通铁路先行实施段开工建设。524 国道相城段改扩建、桐泾路北延、独墅湖第二通道等重点道路交通项目开工建设。轨道交通 3 号线主体完工,5 号线加快推进,6 号线、S1 线开工建设,有轨电车 1 号线延伸线、2 号线开通试运营。1 000 千伏淮上线苏通管廊过江隧道全线贯通。智慧城管大数据平台(二期)建成投用。5G 通信试点稳步推进。

全年全社会用电量 1 562.5 亿千瓦时,比上年增长 3.9%。其中工业用电量 1 227.8 亿千瓦时,增长 2.1%;城乡居民生活用电量 136.6 亿千瓦时,增长 9.7%。市区(不含吴江,下同)管道天然气供气总量 9.11 亿立方米。全市拥有区域供水厂 22 座,总供水能力 717.5 万吨/日,其中市区自来水供水能力达到 345 万吨/日。全市生活污水处理能力达到 375 万吨/日,城镇生活污水处理率超过 96%。

年末城市轨道交通(含有轨电车)运营线路总长 164.9 公里,全年运营总里程 1 676 万列公里,线网客流总量 32 807 万人次。市区新辟、优化调整公交线路 63 条,年末市区公交线路总数达 393 条,全年营运里程 2.9 亿公里,总客运量 5.0 亿人次。古城区(环护城河内)实现纯电动、插电式混合动力、氢能公交车 100% 全覆盖。

十四、环境保护和节能降耗

生态保护得到加强。全年环保投入 664 亿元。太仓、吴江、吴中建成首批省级生态文明建设示范县区。市区 PM2.5 平均浓度 42 微克/立方米,市区空气质量优良天数比例为 73.7%,比上年提高 2.2 个百分点。国考、省考断面水质优Ⅲ比例分别为 68.8% 和 76%,通江支流优Ⅲ比例达到 95.2%。市区新增及改造绿地面积 350 万平方米。山水林田湖生态保护带日益完善。全年完成森林抚育 5.03 万亩,年末全市陆地森林覆盖率达 29.9%。

节能减排稳步推进。全年劝退、拒批不符合环保要求建设项目 358 个,涉及投资额 32.9 亿元。完成大气污染防治工程治理项目 1 256 项。淘汰低端落后化工企业 260 家,整治"散乱污"企业(作坊)35 425 家,完成省下达的煤炭消费总量削减任务。

2018 年,苏州经济社会发展取得了来之不易的成绩,经济运行保持在合理区间,新旧动能加快转换,质量效益改善提升,经济社会发展协调性可持续性不断增强,但经济社会发展仍面临不少困难和问题,经济下行压力增大,产业转型任务艰巨,自主创新能力和经济发展质量有待进一步提高,生态环境保护、节能减排和污染防治任务依然繁重。2019 年,全市上下要继续以习近平新时代中国特色社会主义思想为指导,继续坚持稳中求进工作总基调,坚持新发展理念,坚持推进高质量发展,以供给侧结构性改革为主线,深化市场化改革,扩大高水平开放,加快建设现代化经济体系,继续打好三大攻坚战,以持续推进十二项"三年行动计划"为抓手,进一步稳就业、稳金融、稳外贸、稳外资、稳投资、稳预期,确保全市经济平稳增长,继续推动苏州高质量发展走在最前列,以优异成绩庆祝中华人民共和国成立70周年。

注:

本文辑入的统计数据以 2018 年快报数为主,更具体、详细的统计数据将在正式出版的《苏州统计年鉴—2019》中反映。

来　　源:苏州市统计局
发布日期:2019 年 04 月 28 日

南通市 2018 年国民经济和社会发展统计公报①

2018 年,全市上下坚持以习近平新时代中国特色社会主义思想为指导,认真贯彻党的十九大精神,按照省委提出的争当"一个龙头,三个先锋"的要求,坚持稳中求进工作总基调,自觉践行新发展理念,加快建设上海大都市北翼门户城市,经济运行平稳有序,综合实力显著增强,改革开放持续深入,新旧动能接续转换,质量效益稳步提升,城乡建设统筹推进,民生福祉日益改善,高质量发展实现良好开局。

一、综合

年末全市常住人口 731.00 万人,其中,城镇人口达到 490.50 万人,增长 1.69%,城镇化率 67.1%,比上年提高 1.07 个百分点。年末户籍人口②762.52 万人。全市人口出生率 6.9‰,人口死亡率 9.1‰,人口自然增长率 -2.2‰。

表 1 2018 年末人口数及构成

指标	年末数(万人)	比重(%)
年末常住人口	731.0	—
城镇人口	490.5	67.1
乡村人口	240.5	32.9
年末户籍人口	762.5	—
#18 岁以下	91.3	12.0
18~34 岁	139.4	18.3
35~60 岁	301.5	39.5
60 岁以上	230.3	30.2
#男性人口	374.6	49.1
女性人口	387.9	50.9

国民经济平稳增长。初步核算,全市实现生产总值③8 427 亿元,按可比价格计算,比上年增长 7.2%。其中:第一产业增加值 397.77 亿元,增长 2.2%;第二产业增加值 3 947.88 亿元,增长 6.5%;第三产业增加值 4 081.35 亿元,增长 8.4%。人均 GDP 达到 115 320 元,增长 7.1%。按 2018 年平均汇率计算,人均 GDP 为 17 427 美元。

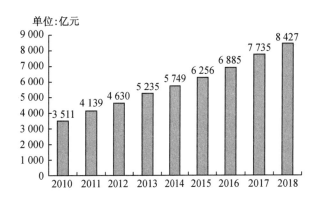

单位:亿元

图 1 2010—2018 年地区生产总值

全市实现一般公共预算收入 606.19 亿元,剔除"营改增"政策因素影响,同口径增长 2.6%,其中,税收收入 503.98 亿元,税收占比达到 83.1%,比上年同期提高 4.8 个百分点。一般公共预算收入占地区生产总值的比重达 7.2%,比上年下降 0.4 个百分点。

就业持续增加。全年新增就业人数 10.4 万人,新增转移农村劳动力 1.51 万人。全年提供就业岗位 32 万个。

年末从业人员达 455.0 万人,其中,第一产业 83.7 万人,第二产业 211.6 万人,第三产业

159.7 万人。

劳动生产率稳步提高。2018 年,全员劳动生产率④为 173 266 元/人,比上年提高 7.2%。

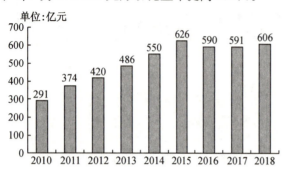

图 2　2010—2018 年一般公共预算收入

产业结构继续优化。全市三次产业结构演进为 4.7：46.8：48.4。"两新"产业较快发展,高新技术产业⑤产值增长 16.8%,占规模以上工业比重达到 50.1%,同比提高 1.1 个百分点;六大新兴产业⑥完成产值增长 12.9%,占规模以上工业的比重达到 33.5%,同比下降 0.3 个百分点。投资结构加快调整,服务业投资占固定资产投资比重达到 50.6%,同比提高 0.4 个百分点。

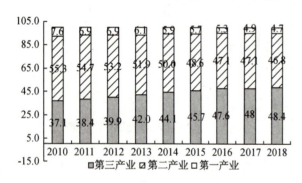

图 3　2010—2018 年三次产业

区域经济协调发展。县(市)实现生产总值 5 378.11 亿元,增长 7.6%,高于市区增幅 0.8 个百分点,其他在一般公共预算收入、工业应税销售收入、工业用电量、社会消费品零售总额和金融机构本外币贷款余额等方面,县(市)增速也快于市区。县(市)完成一般公共预算收入 332.59 亿元,增长 0.6%,增幅低于全市平均水平 2 个百分点。县(市)人均地区生产总值 108 754 元,与全市平均水平差距进一步缩小。

大众创业万众创新氛围更趋浓厚,全年新登记私营企业 3.36 万家,年末累计达 20.94 万家;新登记私营企业注册资本 2 088.98 亿元,年末实有注册资本 12 662.98 亿元。全年新登记个体户 8.81 万户,年末实有个体工商户 61.52 万户;新登记个体工商户资金 117.81 亿元,年末注册资金 521.61 亿元。年末全市共有规模以上民营工业企业 4 111 家,占全市规模以上工业企业总数的比重达 78.8%;全年民营工业增加值增长 9.1%,占全市规模以上工业的比重达 67.4%。

二、人民生活和社会保障

城乡居民收入⑦稳步增加。全体居民人均可支配收入 37 071 元,比上年增长 9.3%,按常住地分,城镇居民人均可支配收入 46 321 元,增长 8.3%;农村居民人均可支配收入 22 369 元,增长 9.3%。全体居民人均消费支出 23 379 元,增长 7.2%,按常住地分,城镇居民人均消费支出 28 259 元,增长 6.6%;农村居民人均消费支出 15 624 元,增长 6.7%。

表 2　2018 年居民收支构成表

	全体居民		城镇居民		农村居民	
	指标值(元)	增长(%)	指标值(元)	增长(%)	指标值(元)	增长(%)
人均可支配收入	37 071	9.3	46 321	8.3	22 369	9.3
工资性收入	21 429	9.1	26 720	8.3	13 018	9.0
经营净收入	6 893	8.3	8 032	7.0	5 083	12.9
财产净收入	2 960	18.9	4 394	13.8	682	19.6
转移净收入	5 789	6.4	7 175	6.8	3 586	3.7

	全体居民		城镇居民		农村居民	
	指标值（元）	增长（%）	指标值（元）	增长（%）	指标值（元）	增长（%）
人均生活消费支出	23 379	7.2	28 259	6.6	15 624	6.7
食品烟酒	6 589	6.8	7 923	6.3	4 468	6.3
衣着	1 558	8.1	2 013	3.5	836	15.8
居住	5 098	5.6	6 323	5.3	3 152	2.8
生活用品及服务	1 372	10.0	1 626	6.1	968	18.9
交通通信	3 563	4.3	3 964	6.4	2 926	3.0
教育文化娱乐	2 985	13.1	3 752	12.1	1 765	10.7
医疗保健	1 514	9.3	1 849	6.9	982	12.7
其他用品和服务	700	3.0	809	4.5	527	0.4

年末,城镇居民家庭每百户拥有电冰箱 118 台,空调 230 台,移动电话 257 部,家用电脑 82 台,家用汽车 68 辆。农村居民家庭每百户拥有电冰箱 125 台,空调 168 台,移动电话 251 台,家用电脑 49 台。

年末全市城镇居民人均住房建筑面积 48.6 平方米,比上年增长 0.2%。农村居民人均住房面积 62.0 平方米,比上年增长 0.8%。

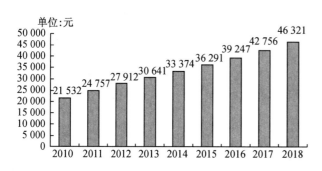

图 4　2010—2018 年城镇居民人均可支配收入

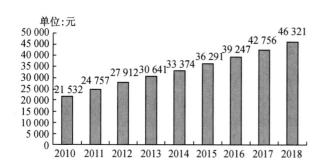

图 5　2010—2018 年城镇居民人均可支配收入

市区居民消费价格总指数 102.3,物价总水平比上年增长 2.3%,其中,服务项目价格上涨 2.6%,消费品价格上涨 2.2%。八大类消费价格全部上涨。

表 3　居民消费价格指数

指标	比上年增长（%）
一、食品烟酒	1.3
♯食品	1.3
♯粮食	2.3
菜	4.9
畜肉类	−4.3
禽肉类	4.5
水产品	−0.9
蛋类	11.1
二、衣着	1.1
三、居住⑧	0.7
四、生活用品及服务	1.6
五、交通和通信	7.2
六、教育文化和娱乐	2.0
七、医疗保健	0.9
八、其他用品和服务	10.8

年末全市参加城镇职工基本养老保险人数 159.5 万人,比上年增加 6.0 万人。全市城镇职

工基本养老保险离退休人数 68.8 万人,比上年增加 4.4 万人。城乡居民养老保险参保人数 141 万人;参加失业保险人数 111.91 万人,比上年末增加 5.55 万人;参加工伤保险人数为 131.20 万人,比上年末增加 0.44 万人。

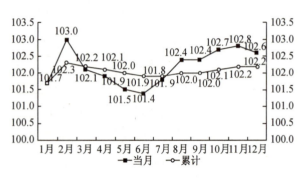

图6　2018年分月消费品价格指数

年末参加基本医疗保险人数 717.5 万人,比上年末减少 4.43 万人;其中:参加职工基本医疗保险人数 210.63 万人,比上年末增加 10.46 万人;参加城乡居民基本医疗保险人数 506.87 万人,比上年末减少 14.89 万人⑨。

年末全市拥有各类养老机构 242 家,总床位数 70 183 张,其中养老机构床位数 47 604 张,农村敬老院 91 家,床位 21 750 张。年末农村五保对象 21 337 名,集中供养 8 886 人,农村五保集中供养能力达到 101.9%。全年结婚登记 54 589 对。

三、农林牧渔业

全市农林牧渔业总产值 761.23 亿元,按可比价计算,增长 3.0%。其中,农业产值 324.55 亿元,增长 3.7%;牧业产值 167.67 亿元,增长 0.9%;渔业产值 178.57 亿元,增长 1.3%。

粮食播种面积 803.04 万亩,下降 2.2%;棉花种植面积 10.6 万亩,下降 9.7%;油料种植面积 98.7 万亩,下降 7.5%;蔬菜种植面积 206.2 万亩,增长 1.2%。全年粮食亩产 419.5 公斤,增长 0.8%。

现代农业加快发展。新增设施农业面积 6.5 万亩。年末农业机械总动力 413.93 万千瓦,比上年增长 0.8%。全年家庭农场总数达 4 188 家,其中新增省级示范家庭农场 28 家,累计 113

家。全市建成农业产业化龙头企业 380 家,其中国家级 8 家。

表4　主要农副产品产量情况

产品名称	计量单位	产量	比上年增长(%)
粮食	万吨	336.90	−1.4
棉花	万吨	0.79	−5.9
油料	万吨	20.89	−6.8
生猪存栏	万头	230.61	−13.1
生猪出栏	万头	349.06	−2.3
羊存栏	万只	162.28	−10.9
羊出栏	万只	225.01	−16.3
家禽存栏	万羽	4 260.56	4.9
家禽出栏	万羽	9 827.71	0.7
肉类	万吨	45.30	−1.0
禽蛋	万吨	34.71	9.8
水产品	万吨	83.1	−2.7

四、工业和建筑业

全市规模以上工业⑩增加值增长 7.7%,其中,轻重工业分别增长 6.9% 和 8.1%。分经济类型看,国有企业增长 21.4%,股份制企业增长 8.7%,外商及港澳台投资企业增长 5.1%。"3+3"重点产业较快增长,重点产业产值同比增长 13.7%,其中,电子信息、智能装备、新材料产业等三大重点支柱产业同比分别增长 18.4%、17.1% 和 16.9%。

全市规模以上工业主营业务收入 14 029.55 亿元,增长 13.7%,利润总额 1 165.55 亿元,增长 25.3%。亏损企业亏损总额 32.8 亿元,下降 11.2%。

表5　主要工业产品产量情况

产品名称	计量单位	产量	比上年增长(%)
纱	万吨	51.98	1.3
布	亿米	29.71	6.4
印染布	亿米	27.86	−7.7
服装	亿件	6.10	5.4

续表

产品名称	计量单位	产量	比上年增长（%）
化学纤维	万吨	115.46	5.9
金属集装箱	万立方米	29.14	−74.3
电动手提式工具	万台	9 647.84	6.7
民用钢质船舶	万载重吨	267.99	−1.6
海洋工程及特种船舶	万综合吨	648.78	0.2
通信及电子网络用电缆	万对千米	0.00	−100.0
光缆	万芯千米	1 432.50	23.6
半导体分立器件	亿只	79.07	−9.5
集成电器	亿块	176.46	11.1
发电量	亿千瓦时	434.02	−1.2
其中：风力发电量	亿千瓦时	53.27	30.9

深入实施"263"专项行动，全市煤炭消费量（除公用燃煤机组外）同比减少 105 万吨，万元地区生产总值能耗 110. png 稳步下降，超额完成全市减煤及节能强度控制目标任务。2018 年全市规模以上工业企业中，六大高耗能行业能耗下降 5.7%，占规模以上工业综合能耗比重为 62.9%。

全市实现建筑业增加值 667.4 亿元，增长 1.5%。全市建筑 120. png 企业承建施工面积 8.76 亿平方米，增长 13.4%。全市建筑队伍人数 180 万人，建筑队伍遍及 40 个国家和地区，年末出国人数 0.6 万人；年末全市拥有特级资质建筑企业 24 家，拥有一级建造师 10 382 人。全年新入围鲁班奖 3 项，累计获 103 项，居全国地级市之首。

表6 工业十大行业能源消耗情况

指标	综合能源消费量（万吨标准煤）	单位产值能耗（吨标准煤/万元）	单位产值能耗比上年增长（%）
电力、热力生产和供应业	635.7	3.242 7	−11.1
化学原料和化学制品制造业	170.5	0.099 6	−22.2
纺织业	118.2	0.089 5	−11.0
造纸和纸制品业	73.9	0.882 8	−11.3
化学纤维制造业	72.5	0.228 3	−6.6
电气机械和器材制造业	39.1	0.016 7	−17.7
金属制品业	37.2	0.045 8	−35.5
非金属矿物制品业	31.7	0.062 4	−5.4
通用设备制造业	19.1	0.015 9	−25.4
文教、工美、体育和娱乐用品制造业	18.6	0.029 3	−23.8

五、固定资产投资

全市固定资产投资额 130. png 增长 8.8%，其中，民间投资增长 10.8%，工业投资增长 8.0%，其中技改投资增长 24.8%，服务业投资增长 9.6%，基础设施投资增长 10.8%。

全年房地产开发投资 759.52 亿元，比上年增长 24.5%。商品房施工面积 5 718.53 万平方米，增长 10.9%，其中，普通商品房施工面积 4 265.61 万平方米，增长 11.9%。全市商品房竣工面积 1 114.1 万平方米，增长 1.2%，其中，普通商品房竣工面积 837.82 万平方米，增长 3.6%。商品房销售面积 1 731.53 万平方米，增长 4.5%，其中普通商品房 1 570.45 万平方米，增长 6.8%。

六、国内贸易和旅游业

全年社会消费品零售总额 3 088.77 亿元，增长 9.0%。其中,城市消费品零售额 2 311.75 亿元,增长 9.0%;农村消费品零售额 777.01 亿元,增长 8.9%。分行业看,批发和零售业消费品零售额 2 817.63 亿元,增长 8.9%;住宿和餐饮业消费品零售额 271.13 亿元,增长 9.6%。

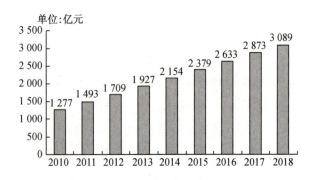

图 7　2010—2018 年社会消费品零售额

限额以上贸易单位 140.png 商品零售额中,汽车类零售额比上年下降 0.3%,石油及制品类增长 25.9%,粮油、食品类增长 6.9%,饮料类下降 5.7%,烟酒类增长 11.7%,服装鞋帽针织纺品类增长 17.1%,日用品类下降 5.4%,金银珠宝类增长 4.7%,家用电器和音像器材类下降 2.3%。

全年接待海内外旅游者总人数 4 786.45 万人次,比上年增长 12.2%。其中,国内旅游者 4 766.93 万人次,增长 12.2%,旅游住宿设施和居民家中接待过夜海外旅游者 19.52 万人次,增长 5.1%。全年实现旅游总收入 709.19 亿元,比上年增长 15.3%,其中,外汇收入 1.37 亿美元,增长 9.2%;国内旅游收入 693.33 亿元,增长 15.3%。年末全市拥有旅游星级饭店 62 家,旅行社 187 家,A 级旅游景区(点)51 处,省星级乡村旅游区 81 家。

七、开放型经济

全年进出口总值 2 542.90 亿元,增长 7.7%,其中,出口总值 1 676.88 亿元,下降 0.9%;进口总值 866.02 亿元,增长 29.6%。年末与我市建立进出口贸易关系的国家和地区 199 个,与上年持平。全市有进出口业绩的企业 6 521 家,增长 7.5%。

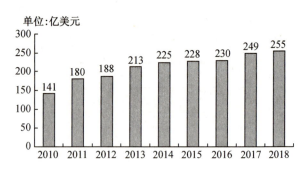

图 8　2010—2018 年出口总值

表 7　进出口贸易方式及出口地分类情况

指标	总量(亿元)	比上年增长(%)
进出口总值	2 542.90	7.7
进口	866.02	29.6
出口	1 676.88	—0.9
♯三资企业	747.95	4.9
私营企业	875.37	—5.7
♯一般贸易	1 179.87	12.7
加工贸易	438.31	5.9
♯纺织品	470.16	—3.0
化工产品	184.85	19.9
机电产品	693.76	4.4
高新技术产品	223.40	9.5
♯船舶及海工	134.46	7.7
光伏产品	34.66	—18.8
♯亚洲	917.44	—0.4
♯东盟	206.73	—7.2
日本	241.76	5.6
欧洲	251.58	—12.3
♯欧盟	215.25	—12.1
北美洲	295.25	13.8
♯美国	275.35	14.6

全年新批外商投资项目 294 个,比上年下降 15.5%,其中,千万美元以上项目 212 个,比上年下降 17.2%;新批协议外资 70.1 亿美元,增长 30.7%;实际到账注册外资 25.8 亿美元,增长 6.6%。

全年新批境外企业 68 家,中方协议投资额 10.48 亿美元。新签对外承包劳务合同额 17.26 亿美元,增长 80.5%;完成对外承包劳务营业额 17.79 亿美元,下降 1.7%;新派劳务人员 0.89 万人次,增长 0.5%;年末在外劳务人员 2.35 万人,下降 2.4%。

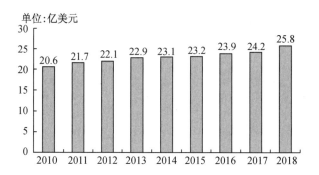

单位:亿美元

图 9　2010—2018 年实际到账注册外资

八、交通、邮政电信业和电力业

全年交通运输、仓储及邮政业增加值 264.55 亿元,比上年增长 4.3%。兴东国际机场年末拥有国际航线 4 条、开通周航班量 12 班;国内航线 31 条,开通周航班量 250 班,完成旅客运输量 277.1 万人次,增长 37.9%;全年民航货邮吞吐量 5.6 万吨,增长 15.2%。年末铁路南通站始发列车 24 对;全年铁路客运量 516.25 万人次,增长 12.0%;货运量 119.24 万吨,增长 8.9%。全年公路货运量 13 746 万吨,增长 8.6%;公路客运量 6 807 万人次,下降 6.9%。

南通港全年货物吞吐量 26 702.11 万吨,增长 13.3%,其中,进港 15 839.01 万吨,增长 12.3%;外贸吞吐量 6 063.08 万吨,增长 2.0%。集装箱吞吐量 96.79 万标准箱,下降 3.9%,其中,外贸航线 36.16 万标准箱,下降 7.8%。

年末全市机动车保有量 195.7 万辆,比上年末增加 8.3 万辆。其中,载客汽车 156.9 万辆,增加 14.3 万辆;载货汽车 9.6 万辆,增加 1 万辆;摩托车 27.5 万辆,减少 7.1 万辆。年末全市个人汽车保有量达 149.3 万辆,比上年末增加 13.6 万辆。

全年实现邮政业务收入 45.78 亿元,增长 22.4%,电信业务收入 81.11 亿元,增长 15.2%。年末全市固定电话用户 168.21 万户,比上年减少 9.32 万户,其中,城市电话用户 103.8 万户,减少 3.5 万户;住宅电话用户 92.0 万户,减少 26.5 万户。年末移动电话用户 861.50 万户,净增 20.51 万户。年末互联网用户 974.55 万户,新增 49.87 万户,其中固定宽带互联网用户 294.42 万户,新增 35.79 万户,无线宽带互联网用户 680.13 万户,增加 14.08 万户。

全年用电量 433.31 亿千瓦时,增长 8.2%。分产业看,第一产业用电量 6.81 亿千瓦时,增长 7.9%;第二产业用电量 301.46 亿千瓦时,增长 7.5%,其中,工业用电量 295.86 亿千瓦时,增长 7.3%;第三产业用电量 56.64 亿千瓦时,增长 11.2%。全年城乡居民生活用电量 68.40 亿千瓦时,增长 8.8%。

全市拥有发电装机容量 1 162.14 万千瓦,其中燃煤火电厂装机 738.2 万千瓦,占全市总装机容量的 63.5%,风力发电、光伏发电、生物质发电、燃气发电装机容量分别为 238.65 万千瓦、118.46 万千瓦、8.5 万千瓦、46.33 万千瓦,占全市总装机容量的比重分别为 20.5%、10.2%、0.7% 和 4.0%。

九、财政、金融

全年一般公共预算收入 606.19 亿元,增长 2.6%,其中,增值税增长 1.9%,改征增值税增长 26.7%,企业所得税增长 24.9%,个人所得税增长 8.0%,契税增长 5.4%。全年一般公共预算支出 877.12 亿元,增长 8.1%。一般公共预算支出中民生支出 684.20 亿元,占一般公共预算支出的比重达到 78%,比上年提高 1 个百分点。

全年金融机构新增本外币存款 493.01 亿元,年末存款余额 12 211.17 亿元,其中,储蓄存款余额 5 596.37 亿元,比年初增加 125.67 亿元;非金融企业存款余额 3 736.89 亿元,比年初减少 117.07 亿元。全年金融机构投放贷款 988.41 亿元,年末各项贷款余额 8 878.00 亿元。

全年缴存公积金 116.08 亿元,比上年增长 12.7%;发放住房公积金贷款 74.42 亿元,比上年下降 5.9%;本年提取公积金 90.51 亿元,增长 7.4%。全年新增公积金开户人数 15.52 万人,至年末有 76.1 万人正常缴存住房公积金。

年末全市拥有保险机构 80 家,保险行业从业人员 3.45 万人。全年保费收入 300.59 亿元,比上年下降 9.3%,其中,财产险收入 67.23 亿元,增长 5.1%;人寿险收入 193.38 亿元,下降 16.2%。

年末全市上市公司 41 家,其中境内上市公司 33 家,比上年新增 1 家,上市公司通过首发、配股、增发、可转债、公司筹集资金 77.32 亿元。企业境内上市公司年末总股本 312.3 亿股,市价总值 2 292.7 亿元。

十、科学技术和教育

年末全市拥有高新技术企业 1 308 家;新建省级工程中心 6 家,省级企业院士工作站 6 家。新建市级公共技术服务平台 1 家,市级工程技术研究中心 18 家,企业院士工作站 1 家。全年有 26 项科技成果获国家及江苏省科技进步奖,其中,国家级一等奖 1 项,二等奖 4 项;省级二等奖 9 项,三等奖 12 项。年末,全市共建成科技孵化器 52 家,其中国家级 14 家、省级 32 家。全年专利申请量 52 799 件,比上年下降 3.5%;专利授权量 24 578 件,同比增长 29.0%;其中,发明专利申请量 9 837 件,下降 26.5%,发明专利授权量 2 240 件,下降 14.8%,万人发明专利拥有量 27.30 件,增长 14.7%,PCT 专利申请量达 1 069 件,增长 8.1%。全社会研发投入占 GDP 的比重达到 2.7%,比上年提高 0.02 个百分点。

全市拥有普通高等学校 8 所,年末在校学生 10.68 万人;成人高校 2 所,在校学生 2.12 万人;中等职业教育学校 28 所,在校学生 7.48 万人;普通高中 43 所,在校学生 7.78 万人;普通初中 163 所,在校学生 16.32 万人;小学 324 所,在校学生 34.62 万人;特殊教育学校 7 所,在校学生

0.15 万人;各级各类幼儿园 508 所,在园儿童 17.67 万人。

十一、文化、卫生和体育

年末全市拥有文化馆 9 个,文化站 97 个,公共图书馆 10 个,"农家书屋" 1 643 个。城乡社区综合性文化服务中心建成率 100%。全市已备案的各类博物馆(纪念馆)22 家,年末万人拥有公共文化设施面积 2 835 平方米。市级以上文物保护单位 92 处,其中全国重点文物保护单位 11 处,省级文物保护单位 22 处。市级以上非物质文化遗产 125 项,其中国家级 10 项,省级 53 项。全市拥有广播电视台 7 个,年末有线电视用户 213.47 万户,其中数字电视用户 199.02 万户,高清电视用户 46.51 万户。年末全市共有文化市场经营单位 4 091 家。全市拥有文化产业示范园区(基地)56 个,其中国家级 2 个,省级 6 个。

年末全市拥有卫生机构 1 733 个(不含农村社区卫生服务站、村卫生室),其中,医院、卫生院 345 个,妇幼保健院(所、站)8 个,专科疾病防治院(所、站)2 个。卫生机构床位数 4.41 万张,卫生技术人员 4.80 万人。其中,执业医师和执业助理医师 1.99 万人,注册护士 2.04 万人。疾病预防控制中心(站)9 个,卫生技术人员 476 人。卫生监督所 7 个,卫生技术人员 207 人。乡镇卫生院 99 个,床位 0.78 万张,卫生技术人员 0.77 万人。

崇川区、港闸区和开发区共建成城市社区卫生服务中心 21 个,以街道(镇)为单位建成率 100%。全市累计建成农村社区卫生服务站、村卫生室 1 543 个,行政村覆盖率 100%。

全年成功承办了 11 项次全国赛事、6 项次省级赛事。全市新增晨晚练健身点 129 个,各级各类全民健身活动参与群众超过 10 万人次。体育彩票销售创历史新高,全年销售额 18.55 亿元。

十二、环境保护和安全生产

全年市区新增绿地 443 公顷,城市绿化覆盖率 44%;日供水能力达到 200 万立方米,水质综合指标合格率 100%;市区燃气普及率、用水普及

率、生活垃圾无害化处理率均达到 100％。全年市区新增路灯、景观灯 10 935 盏,城市道路亮灯率达到 99.6％,农村自来水普及率 100％。

全年共新建(改造)燃煤火电、热电机组脱硫设备 17 套、脱硝设施 17 套、除尘改造 17 套,锅炉平均脱硫效率达 90％以上、综合脱硝效率达 75％以上,烟尘排放基本达到重点区域特别排放限值。全市各地根据实际划定了禁燃区范围。

环境质量保持稳定,环境空气主要污染物年平均值为:二氧化硫 17 微克/立方米,二氧化氮 35 微克/立方米,可吸入颗粒物 62 微克/立方米,PM2.5 浓度为 41 微克/立方米,其中二氧化硫、二氧化氮和可吸入颗粒物年均值符合国家空气质量二级标准,PM2.5 年均值超过国家空气质量二级标准;全年空气质量指数达到良好以上的天数达 291 天,占全年有效监测天数的 79.7％。长江南通段主流水质符合国家地表水环境质量Ⅲ类水质标准,饮用水源地水质达标率 100％。区域环境噪声平均值为 56.2 分贝,交通干线噪声平均值为 67.2 分贝,均符合国家环境噪声质量标准。

全年共发生各类安全生产事故 485 起,死亡 336 人,比上年分别下降 1.4％和 1.5％,其中,工矿商贸企业(含建筑业)发生生产安全亡人事故 144 起,死亡 153 人。全年发生一次死亡 3 人(含 3 人)以上安全生产事故 2 起,死亡 8 人。全市共发生火灾 1 366 起,死亡 1 人,受灾 234 户,烧毁建筑面积 18 140.2 万平方米,直接经济损失 601.04 万元。全市共发生一般以上交通事故 1 233 起,死亡 419 人,伤 1 031 人,直接经济损失 296.7 万元。

注:

① 公报发布的数据均为 2018 年初步统计数。部分数据因四舍五入的原因,存在着与分项合计不等的情况。

② 公安部门统计,年末户籍人口为 2018 年 11 月末数据。

③ 地区生产总值、各产业增加值绝对数按现价计算,增长速度按不变价格计算。

④ 全员劳动生产率为国内生产总值(以 2010 年不变价格计算)与全部从业人员的比率。

⑤ 高新技术产业产值根据江苏省科技厅和江苏省统计局联合下发的《关于发布〈江苏省高新技术产业统计分类目录〉(2016 修订版)的通知》(苏科高发〔2017〕29 号)进行统计,包括航空航天制造业、电子计算机及办公设备制造业、电子及通讯设备制造业、医药制造业、仪器仪表制造业、智能装备制造业、新材料制造业和新材料制造业。

⑥ 新兴产业包括新能源制造业、新材料制造业、生物技术和新医药制造业、智能装备制造业、节能环保制造业和海洋工程装备制造业。

⑦ 城乡居民收入状况、消费支出状况、住房状况和耐用消费品拥有状况采用抽样调查方法计算得到。

⑧ 居住类价格包括建房及装修材料、住房租金、自有住房和水电燃料等价格。

⑨ 城乡居民基本医疗保险人数减少的主要原因是新农合进行整合后核减了重复参保人员。

⑩ 规模以上工业统计范围为年主营业务收入 2 000 万元及以上的工业企业。

⑪ 万元国内生产总值能耗按 2015 年不变价格计算。

⑫ 建筑业统计范围为有资质的建筑业企业。

⑬ 固定资产投资统计范围为计划总投资 500 万元及以上建设项目,房地产投资统计范围为房地产开发经营企业。

⑭ 社会消费品零售总额统计中限额以上单位是指年主营业务收入 2 000 万元及以上的批发业企业(单位)、500 万元及以上的零售业企业(单位)、200 万元及以上的住宿和餐饮业企业(单位)。

来　　源:南通市统计局

发布日期:2019 年 04 月 16 日

2018 年连云港市国民经济和社会发展统计公报

2018 年,全市上下紧紧围绕"高质发展、后发先至"主题主线,凝心聚力推进三年行动计划,努力打造"一带一路"战略支点,统筹抓好稳增长、促改革、调结构、惠民生、防风险各项工作,经济发展稳中有进,转型升级步伐加快,改革开放持续深入,生态建设成效显著,民生福祉不断增进,各项事业实现新的进步。

一、综合

经济总量不断扩大。2018 年,全市实现地区生产总值 2 771.70 亿元,比上年增加 131.39 亿元,增长 4.7%。其中,第一产业增加值 325.57 亿元,增长 2.6%;第二产业增加值 1 207.39 亿元,增长 1.9%;第三产业增加值 1 238.74 亿元,增长 8.2%。人均地区生产总值 61 332 元,增长 4.5%。

高质量发展步伐加快。一是产业结构优化,第三产业占比 20 年来首次超过第二产业,三次产业结构调整为 11.7:43.6:44.7;二是消费对经济增长的贡献率上升,2018 年达到 52.0%,已经成为拉动经济增长"三驾马车"中的首要因素;三是财政收入质量提升,税收占比达到 80%;四是创新成效显现,高新技术产业产值占规模以上工业比重达 43.7%。

就业创业形势稳中向好。年末城镇登记失业率 1.8%,比上年末下降 0.06 个百分点。深入落实"鼓励全面创业政策 28 条",全年新增城镇就业 6.27 万人,支持成功自主创业 1.5 万人,转移农村劳动力 2.5 万人。发放创业补贴、创业担保贷款等各类扶持资金 1.06 亿元,惠及创业者 1.96 万人次,创业带动就业 5.6 万人,新增自主创业大学生 1 601 人。"智能化海鲜储运系统"项目获创新组全省第一名,代表省参加国赛并获"创翼之星"奖。

市场活力进一步释放。全力推进"准入环境便捷行动""民营经济壮大行动",持续深化商事制度改革,大众创业成效明显。全年新增私营企业 1.97 万户,年末实有私营企业 9.08 万户;新增私营企业从业人员 5.96 万人,年末达到 54.39 万人。新增个体工商户 6.32 万户,年末实有个体工商户 28.53 万户;新增个体从业人员 9.96 万人,年末达到 43.96 万人。

物价温和上涨。全年居民消费价格上涨 2.3%,八大类商品和服务项目价格指数全部上涨。其中,教育文化和娱乐类价格上涨 3.6%,涨幅最大;其他依次为居住、生活用品及服务、交通和通信、医疗保健、衣着、食品烟酒、其他用品和服务,分别上涨 2.8%、2.7%、2.7%、2.3%、1.6%、1.5%、1.3%。工业生产者出厂价格小幅上涨 1.5%,其中生产资料类上涨 3.9%,生活资料类下降 6.7%;工业生产者购进价格上涨 3.6%。

連云港市 CPI 八大类指数情况

项目名称	2018年同比指数
居民消费价格总指数	102.3
一、食品烟酒	101.5
二、衣着	101.6
三、居住	102.8
四、生活用品及服务	102.7
五、交通和通信	102.7
六、教育文化和娱乐	103.6
七、医疗保健	102.3
八、其他用品和服务	

全市经济社会发展仍存在一些不足,主要表现在:经济总量小,产业层次低,发展速度放缓;产能过剩、要素限制、环保约束等因素影响加大;银行信贷趋紧,融资成本提高,劳动力成本刚性增长,企业利润空间受到挤压;公共服务供给不足,民生保障存在短板,社会事业不平衡等。

二、农林牧渔业

农业生产结构进一步调整。全年实现农林牧渔业总产值 636.65 亿元,可比价计算增长 2.4%。其中,农业产值 304.65 亿元,增长 1.8%;林业产值 16.0 亿元,下降 1.1%;牧业产值 115.89 亿元,下降 0.5%;渔业产值 155.49 亿元,增长 4.4%;农林牧渔服务业产值 45.38 亿元,增长 8.7%。

粮食生产稳中有升。全年粮食总产量 364.03 万吨,增长 0.5%。其中,夏粮亩产 388 公斤,下降 2.1%,总产为 141.12 万吨,下降 1.5%;秋粮亩产为 565 公斤,增长 0.7%,总产为 222.91 万吨,增长 1.8%。

现代农业加快发展。全市有国家级龙头企业 2 家,省级龙头企业 49 家,市级龙头企业 230 家。高标准农田、高效设施农业占比分别达到 59% 和 20%,"合作社+家庭农场+基地+农户"等多种经营快速推进,葡萄架下养鸡养鹅、稻虾共生等立体种养模式进一步推广,种养效益和农

产品质量显著提升。

三次产业融合发展步伐加快。农业信息化快速发展,9 家单位入选省农委公布的农业信息化示范基地名单,创建涉农电商产业园 11 个,利用网络开展农业营销的各类主体数量 8 400 多家。国家农业开放合作试验区建设全面启动,农产品出口超 6 亿美元。

三、工业和建筑业

工业结构调整步伐加快。全市主动抓创新、促转型,大力淘汰落后产能,高新产业快速发展。全年高新技术产业占规模以上工业比重达 43.7%,比上年提高 8.9 个百分点。其中,新医药、新材料、新能源和高端装备制造等"三新一高"产业占高新技术产业产值比重达 97.0%。实现新产品产值 494.5 亿元,增长 12.5%,高于规模以上工业 20.6 个百分点。

重点企业较快增长。全市 30 强工业企业产值增长 15.7%,高于全市平均水平 24.6 个百分点,拉动全市工业产值增长 8.4 个百分点。其中,镔鑫钢铁增速达 59.7%,兴鑫钢铁、斯尔邦、虹港石化、润众制药等企业增速超过 30%。销售过百亿企业达到 7 家。

工业出口增速明显回升。全年规模以上工业实现出口交货值 126.22 亿元,增长 12.2%,比上年提高 9.1 个百分点。

工业企业效益下行。全年规模以上工业实现主营业务收入 2 493.70 亿元,下降 7.9%。在统的 34 个行业大类中 9 个实现正增长,占比 26.4%。实现利润总额 230.47 亿元,下降 10.4%。企业亏损面、亏损额双增长,亏损企业 298 家,增长 56.8%,亏损企业亏损额 25.18 亿元,增长 131.4%。

建筑业平稳发展。全年实现建筑业增加值 245.50 亿元,增长 3.0%。资质以上建筑业企业完成总产值 719.22 亿元,增长 1.0%;房屋施工面积 5 945.08 万平方米,下降 0.6%;房屋竣工面积 2 380.43 万平方米,与上年基本持平。

四、固定资产投资

固定资产投资稳步增长。全年固定资产投资 1 859.28 亿元，增长 6.7%，比全省平均水平高 1.2 个百分点。其中，工业投资 1 073.92 亿元，增长 13.7%；房地产开发投资 341.52 亿元，增长 24.2%；民间投资 1 075.10 亿元，增长 14.1%。

制造业投资快速增长。全年完成制造业投资 929.17 亿元，增长 18.1%，比全市平均水平高 11.4 个百分点；占全市项目投资比重 61.2%，比上年提高 7.6 个百分点；拉动全市投资增长 8.2 个百分点。

高新技术产业投资拉动作用上升。全年完成高新技术产业投资 235.51 亿元，增长 23.5%，比全市平均水平高 16.8 个百分点，占全部投资的比重为 12.7%，比上年提高 1.8 个百分点，对全市投资增长贡献率达 38.3%。

五、国内贸易

消费品市场运行良好。全年实现社会消费品零售总额 1 121.31 亿元，增长 8.3%。其中，批发业实现零售 209.54 亿元，增长 60.5%；零售业实现零售额 748.53 亿元，下降 2.3%；住宿业实现零售额 31.22 亿元，增长 70.7%；餐饮业实现零售额 132.02 亿元，增长 9.0%。

城乡消费均衡增长。居民收入快速增长，城镇化步伐不断加快，农村消费不断升级，农村消费需求旺盛。三县实现零售额 467.46 亿元，增长 8.2%；市区实现零售额 653.85 亿元，增长 8.4%。

六、开放型经济

进出口总额较快增长。全年完成进出口总额 95.47 亿美元，增长 16.2%，居全省第三位。其中，进口总额 53.88 亿元，增长 25.4%，拉动全市进出口增长 13.3 个百分点；出口总额 41.59 亿美元，增长 6.0%，拉动全市进出口增长 2.9 个百分点。其中，医药产业技术出口表现抢眼，恒瑞医药与美国企业累计签订价值 5.7 亿美元的技术转让许可协议。

实际利用外资下降。全年实际利用外资 6.03 亿美元，下降 11.0%。其中，新设项目平均规模 2 983 万美元，增长 43.9%。

"一带一路"支点建设成效明显。上合物流园铁路装卸场站地基处理全部完工，园区公路、内河、铁路、保税等功能优势逐步显现。上合物流园成功获批江苏省级粮食物流产业园，全年物流业总收入 2.3 亿元，增长超过 50%。中哈物流基地效益提高，从连云港中哈物流基地发出的国际班列实现中亚地区主要站点全覆盖，并延伸形成至土耳其伊斯坦布尔、德国杜伊斯堡南北两条中欧班列线路，运营水平从日均 0.8 列递增至 2.1 列，特别是连云港至阿拉木图、塔什干点对点直达班列，领先优势明显。中哈物流基地全年接卸铁合金、小麦、棉纱等货物的东行集装箱超过 1 万车，比上年增长近 40%。

七、交通、邮电和旅游

港口向高质量发展阶段迈进。连云港绿色智能港口建设与运营科技示范工程经过 6 年奋斗，顺利通过交通运输部验收。工程结合连云港港口建设与运营实际，紧扣"绿色、智能、创新、示范"主题，实施完成了新型岸壁结构、疏浚土筑堤、高压岸电以及铁水联运信息平台等 11 个建设类和运营类项目，取得了丰硕的科技成果，培养了一批工程科技创新人才，经济效益、社会效益和环境效益显著。全年港口货物吞吐量 2.36 亿吨，增长 3.2%；集装箱 474.56 万标箱，增长 0.7%。海河联运完成 1 189 万吨，增长 38.6%。

铁路运输进入高速时代。连云港铁路综合客运枢纽投入使用，连青、连盐铁路实现通车运营，动车直达首都北京，连镇、连徐铁路加快建设，港城阔步跨入高铁时代。全年铁路客运总量 404.48 万人次，增长 2.0%；货运总量突破 5 000 万吨，达到 5 473.17 万吨，增长 11.1%。

民航旅客吞吐量大幅增长。机场在运航线 30 条，通达北京、上海、广州、徐州、厦门、哈尔滨等 27 个国内城市和泰国曼谷。全年飞机起降

1.50万架次,增长33.4%;旅客吞吐量继上年首次突破百万基础上一跃跨上150万台阶,达151.62万人次,增长38.7%;货邮行吞吐量8 188吨,增长52.0%。花果山国际机场开工,千万人次级别的航空枢纽建设拉开序幕。

邮政通讯业务较快增长。全年邮政通讯总收入55.61亿元,增长12.4%。其中,邮政速递业务收入17.36亿元,增长24.8%;通讯业务总收入38.25亿元,增长7.5%。邮政寄递服务完成7 755万件,增长11.1%;快递业务量达到13 242万件,增长39.4%。年末,全市电话用户540.71万户,增长7.5%。其中,移动电话用户483.75万户,增长9.7%。互联网用户519.27万户,增长10.9%。其中,固定宽带用户153.95万户,移动电话上网用户365.32万户,分别增长8.7%和11.9%。

旅游经济表现活跃。新增灌云伊甸园、伊芦山梅园和赣榆秦山岛等三家3A级旅游景区,年末全市国家等级旅游景区总数达42家。其中,4A级及以上景区11家,3A级景区20家,2A级景区11家。灌云县潮河湾景区继青松岭森林公园、连岛海滨旅游度假区创成"江苏省自驾游基地"。旅行社116家,星级饭店20家,特色旅游镇村15个。全年旅游接待人数达到3 805万人,增长12.4%;实现旅游收入首次跨上500亿台阶达531亿元,增长15.9%。

八、财政、金融

财政收入稳定增长。全年实现一般公共预算收入234.31亿元,增长9.1%。其中,税收收入187.45亿元,增长17.6%,税收占比达80.0%,比上年提高5.8个百分点。增值税(含营业税)90.0亿元,增长16.8%;企业所得税28.38亿元,增长47.2%;个人所得税8.51亿元,增长14.2%。

金融信贷较快增长。年末,全市金融机构存款余额为3 261.64亿元,比年初增加284.66亿元,同比增长9.6%。其中,住户存款余额1 429.18亿元,比年初增加139.25亿元,同比增长10.8%。

贷款余额为2 945.04亿元,比年初增加468.96亿元,同比增长18.9%,增速居全省第一位。

保险市场快速发展。全市保险业务总收入突破百亿,达到103.41亿元,增长12.5%,居全省第三位。其中,财产险27.87亿元,增长7.1%;寿险61.58亿元,增长10.0%;健康险12.28亿元,增长46.0%,居全省第一位。

九、科学技术和教育

创新平台建设力度加大。国家创新型城市、国家知识产权试点城市建设稳步推进,高效低碳燃气轮机试验装置国家重大科技基础设施项目获批建设。新增市级众创空间8家、省级众创空间2家、省级孵化器1家、省级加速器1家。综合保税区、国家海洋经济发展示范区成功获批,高新区获批省级"苗圃—孵化器—加速器"科技创业孵化链条试点,东海高新区获批省级开发区。

科技创新成果丰硕。中复神鹰碳纤维项目荣获国家科技进步一等奖,22个项目入围国家级、省级科学技术奖。万人有效发明专利6.2件,比上年增加0.8件。新药创制获批16项国家科技重大专项,四大药企跻身中国药品研发20强。716研究所获批省级高价值专利培育示范中心建设,全市总数达5家,列全省第三;赣榆区获批创建2018年度知识产权强省建设示范区域。

教育事业加快发展。全年新建中小学、幼儿园42所,改造中小学校舍45.9万平方米,义务教育学校实现集团办学、结对共建全覆盖。教育现代化加快推进,创建省职业教育现代化示范校和优质特色学校2所、省现代化实训基地项目5个,"云海在线"服务平台推广应用,全市学生在线听课达37万人次,应用"微课"师生数达2 415万人次。28名教师获评省特级教师,17名教师通过正高级教师评审,省"师陶杯"、"教海探航"论文竞赛、省信息化教学能手决赛成绩居全省第一,第八届江苏省职业教育创新大赛综合成绩列全省第四、苏北第一。

十、文化、卫生和体育

文化服务水平提升。全年建成综合性文化服务中心 803 个,全市覆盖率达到 87.1%。市文化馆公共服务数字推广业绩全省领先,国家级试点项目"连云港市图书馆服务标准化"通过中期评估,8 家公共图书馆均被评为国家一级馆。持续开展文化惠民活动,组织举办群众性展演展映活动 2 万余场次,获评省"紫金文化艺术节"优秀组织奖。小戏《孤岛夫妻哨》参加 2018 年戏曲百戏(昆山)开幕式及央视新年戏曲晚会,女子民乐团获 2018 上海"周浦杯"全国民族管弦乐及地方曲种邀请赛金奖。

健康城市建设有序推进。医疗卫生服务不断优化,医联体建设实现全覆盖,市妇幼保健院扩建、省海滨康复医院等工程有序推进。基层诊疗人次占总诊疗人次比例达到 70.1%,县域内就诊率 90.3%。基本药物制度巩固提高,基层医疗机构和二级及以上医疗机构基药占比分别达 80%、60% 以上,超省定标准。国家卫生县城和省级卫生乡镇实现全覆盖,灌云、赣榆建成全省基层卫生十强县区。"健康宝贝"工程全面实施,出生缺陷防治工作走在全国前列。

体育事业稳步发展。山海休闲体育城市加快打造,成功举办中国首个"齐天大圣"元素品牌的西游文化精品赛事——第二届(2018)连云港花果山国际越野赛,全国各地 900 多名运动员参加。全民健身活动蓬勃开展,连云港市首届全民健身运动会(农民部)比赛圆满成功,参赛运动员达 5 万人次,参与群众超过 100 万人次,历史上参与人数最多、规模档次最高、持续时间最长。

十一、城市建设、环境保护和节能减排

城市建设不断提升。城市组团加快发展,赣榆加速融入主城区,海州老城区加快改造更新,连云新城规划开发全面提速。城市配套不断完善,市区新改建主次干道 50 公里,新增供水、燃气、污水管道 125 公里。改造供电线路 2 211 公里。调整优化公交线路 11 条,新增智慧站点 100 个。新开工海绵城市项目 7 个、地下综合管廊 15.6 公里。国内首条生活垃圾干化生产线投用,162 个小区实现垃圾分类,垃圾分类集中处理率达到 62.7%。

全面推进环境综合治理。建立完善政府行政主要负责人抓环保制度,在全省率先成立生态环境犯罪侦查支队。以"河长制""湾长制"为抓手,全面打响水环境治理攻坚战,城市和建制镇污水处理设施基本实现全覆盖,治理黑臭水体 11 条,地表水国省断面全面消除劣 V 类。近岸海域水质优良率达 91.7%,比年初上升 58.4 个百分点,劣 IV 类海水全部消除,入海河流水质明显改善。科学推进生态保护修复,严格落实"三线一单"管理,在全省率先出台实施海洋生态红线保护规划。全面展开国家生态文明建设示范市、国家森林城市创建,新增造林面积 20 万亩,森林覆盖率达 28.3%,空气优良率 77.3%,居全省前列。

节能减排扎实推进。积极推进生产方式绿色化转型,加强重点领域节能减排,扎实开展"263"专项行动,灌云、灌南化工园区企业全面停产整治,关停取缔企业 75 家。全市单位 GDP 能耗下降 3.8%。

十二、人口、人民生活和社会保障

人口总量保持稳定。年末户籍人口 534.34 万人,比上年末增加 1.81 万人,增长 0.3%。年末常住人口 452.0 万人,比上年末增加 0.16 万人,增长 0.04%。其中,城镇常住人口 282.95 万人,比上年末增加 4.17 万人,增长 1.5%。常住人口城镇化率 62.6%,比上年提高 0.9 个百分点。

居民收入较快增长。根据城乡一体化住户抽样调查,全市居民人均可支配收入 25 864 元,增长 8.8%。其中,城镇常住居民人均可支配收入 32 749 元,增长 8.1%;农村常住居民人均可支配收入 16 607 元,增长 8.7%。

保障体系不断完善。全面提高城乡居民医保住院、门诊及生育等待遇，医保报销比例稳步提高，城镇职工医保、城乡居民医保住院费用报销比例分别为 89.1%、70.2%。城乡居民养老、居民医保参保人数分别为 103 万人、380 万人，基本实现参保全覆盖。企业职工养老保险净增 2.28 万人，基金征缴 62.93 亿元，增长 24%；市区五险保费征缴总收入 63.76 亿元，增长 20.7%。企业退休人员基本养老金实现 14 连调，城乡居保基础养老金 7 连调，被征地农民社会保障待遇 5 连调。

注：

1. 公报中地区生产总值和各产业增加值绝对值按现行价格计算，增长速度按可比价格计算。

2. 公报中部分数据为初步统计数，正式统计数据以《连云港统计年鉴》为准。

来　　　源：连云港市统计局

发布日期：2019 年 03 月 08 日

淮安市 2018 年国民经济和社会发展统计公报

2018 年,面对严峻复杂的宏观环境和艰巨繁重的发展任务,全市上下坚持以习近平新时代中国特色社会主义思想为指引,全面贯彻党的十九大精神,牢牢把握稳中求进总基调,深入践行新发展理念,以供给侧结构性改革为主线,统筹抓好改革发展稳定各项工作,经济社会保持平稳健康发展,主要经济指标保持在合理区间,高质量发展实现良好开局。

一、综合

经济发展总体稳定。全年实现 GDP3 601.3 亿元,按可比价格计算,比上年增长 6.5%。其中,第一产业增加值 358.7 亿元,增长 3.1%;第二产业增加值 1 508.1 亿元,增长 4.9%;第三产业增加值 1 734.5 亿元,增长 8.8%。三次产业结构比例为 10.0:41.8:48.2,第三产业增加值占 GDP 比重比上年提升 0.6 个百分点。人均 GDP 达到 73 203 元人民币,按可比价格计算,增长 6.1%,按当年平均汇率折算为 11 062 美元。

消费价格温和上涨。居民消费价格比上年上涨 2.1%。八大类商品价格"七涨一跌":食品烟酒类上涨 1.6%,居住类上涨 2.9%,生活用品及服务类上涨 1.8%,交通和通信类上涨 1.7%,教育文化和娱乐类上涨 4.6%,医疗保健类上涨 1.5%,其他用品和服务类上涨 4.3%,衣着类下跌 1.8%。食品价格中,鲜菜价格上涨 7.4%,鸡价格上涨 11.2%,虾蟹价格上涨 19.5%,鸡蛋价格上涨 10.1%,鲜瓜果价格上涨 8.5%;受非洲猪瘟疫情影响,猪肉价格下跌 4.4%。

就业形势保持稳定。全年城镇新增就业 9.24 万人;下岗失业人员再就业 6.27 万人,其中困难群体再就业 8 562 人。年末城镇登记失业率 1.78%,保持在较低水平。新增转移农村劳动力 2.61 万人,城乡劳动者职业技能培训 3.45 万人,创业培训 1.53 万人。实施"创富淮安"行动计划,新增省级创业型街道(乡镇)43 个、创业型社区(村)436 个、创业型园区 2 个。

2018 年,面对高质量发展要求,全市经济社会发展中还存在着一些困难与问题,主要有:经济社会发展不平衡不充分,产业层次不高,科技创新能力不强,实体经济面临着成本上升以及融资结构性矛盾,民生保障、公共服务等领域诸多短板还有待提升等。

二、农林牧渔和水利业

农业生产获得丰收。全年粮食总产量 482.26 万吨,比上年增产 0.01 万吨。其中,夏粮 181.09 万吨,减产 0.32 万吨;秋粮 301.17 万吨,增产 0.33 万吨。全年粮食播种面积 1 021.59 万亩,比上年增加 0.87 万亩。蔬菜种植面积 143.57 万亩,建设大棚 6.6 万亩,成片造林 3.93 万亩。全年水产品总产量 26.1 万吨,增长 4.46%。年末农业机械总动力 634.92 万千瓦,增长 0.9%。

水利建设成效显著。总投资连续 8 年超 30 亿元,全年完成水利建设投资 32.17 亿元。重大基建项目扎实推进,洪泽湖大堤除险加固、分淮入沂整治和淮河入江水道综合整治等三大流域性治淮骨干工程圆满收官;盱眙县蔡港等 19 座小型水库除险加固等区域治理重点项目进展迅速。城市水利建设质态提升，淮河行蓄洪区及淮河干流滩区居民迁建工程启动实施，茭陵一站引河等中小河流得到有效治理。农村水利强力推进，完成农村河道疏浚及河塘整治土方 2 005 万方，累计修建小沟级以上建筑物 8 877 座；新改造农村供水管网 3 600 公里，新增受益人口超过 55 万人，全市饮水安全巩固提升工作提前 2 年完成省定计划。

三、工业和建筑业

工业经济平稳运行。全市有规模以上工业企业 2 192 户，规模以上工业增加值比上年增长 4.8%，其中，轻工业增长 3.1%，重工业增长 6.0%。分经济类型看，国有工业下降 9.9%，集体工业增长 4.9%，股份制工业增长 5.3%，外商港澳台投资工业增长 2.7%。规模以上工业企业主营业务收入增长 10.9%，利润总额增长 9.2%。

优势产业集聚发展。新一代信息技术、新能源汽车及零部件、盐化凹土新材料、食品等"三新一特"优势特色产业完成工业总产值 1 116.70 亿元，占规模以上工业产值比重 27.9%，增长 9.9%。其中，新能源汽车和零部件、生物医药产业产值分别增长 11.9%、22.9%。

建筑业稳步增长。全市有具有资质等级的总承包和专业承包建筑业企业 568 户，全年完成建筑业总产值 1 395.9 亿元，比上年下降了 0.05%。其中，建筑工程产值 1 350.57 亿元，下降 0.01%。实现建筑业增加值 241.4 亿元，增长 10%。

四、固定资产投资

固定资产投资持续增长。全年规模以上固定资产投资完成额比上年增长 9.0%，其中工业投资增长 16.1%，房地产开发投资增长 3.0%，民间投资增长 12.8%，民间投资占固定资产投资比重 69.3%。全年新开工亿元以上工业项目 154 个，新竣工设备投资超千万元项目 107 个。实施 725 个城建重点项目。金融中心一期工程顺利竣工，京杭运河淮海路大桥主体结构基本完成，里运河文化长廊、高铁商务区建设加速推进，淮安东站综合客运枢纽开工建设，市区内环高架一期进展顺利。制造业投资高质量推进，德淮一期、时代芯存等龙头制造业项目主体竣工，首辆"淮安造"纯电动新能源汽车正式亮相。

五、国内贸易

消费市场繁荣稳定。全年实现社会消费品零售总额 1 239.7 亿元，比上年增长 7.8%。按经营单位所在地分，城镇实现消费品零售额 1 105.5 亿元，增长 6.9%；农村实现消费品零售额 134.2 亿元，增长 15.2%。按消费类型分，批发和零售业实现零售额 1 116.3 亿元，增长 7.6%，住宿和餐饮业实现零售额 123.4 亿元，增长 8.8%。以智能手机、平板电脑等消费升级类商品销售保持较快增长，其中限额以上单位通讯器材类商品零售额增速达 20.3%。全年限额以上网上销售额增长 17.4%，零售额增长 24.5%。

六、开放型经济

外资利用稳中提质。全年新设外资项目 168 个，实际到账注册外资 11.8 亿美元（省口径），比上年增长 0.3%。新设总投资 3 000 万美元以上外资项目 73 个，其中 1 亿美元以上项目 16 个；制造业实际利用外资占比 40%，和兴汽车被认定为全省跨国公司地区总部。台资高地建设加快推进，新引进及增资台资项目 48 个，其中超千万美元项目数增长 45%，连续 7 年获评台商投资"极力推荐城市"。

对外经贸加快拓展。全年外贸进出口总额 50.1 亿美元，比上年增长 8.1%，总量创历史新高。其中，出口 33.7 亿美元，增长 12.1%；进口 16.4 亿美元，增长 0.6%。机电和高新技术产品出口占比 40% 以上；一般贸易进出口占货物进出口比重 58.6%。全市有进出口实绩企业 934 户，较上年增加 71 户，进出口超亿美元企业 11 户。新设境外投资项目 10 个，完成外经营业额 1.73 亿美元，增长 10.8%。

平台载体提档升级。清河开发区获批省级

经济开发区;淮安经济技术开发区在全省排名上升至第 12 位;涟水、金湖开发区进入省级开发区苏北前十强。口岸平台功能不断拓展,淮安一类航空口岸出入境人数突破 10 万人次。成功举办首届中国(淮安)国际食品博览会,联合国教科文组织创意城市网络"美食之都"申创工作有序推进。

七、交通、邮电和旅游

交通投资再创新高。完成交通建设投资 134 亿元,比上年增长 9.8%,投资总额创历史新高。连淮扬镇、徐宿淮盐铁路完成线下主体工程,徐宿淮盐铁路完成铺轨,综合客运枢纽全面开工建设,宁淮铁路前期工作取得重大突破。348 省道洪泽绕城段、淮安区东段建成通车,420 省道金湖段、235 国道盱眙段等干线公路建设有序推进。京沪高速公路扩建淮安东、淮安两个互通开工建设。淮安港许渡作业区、城东作业区一期工程建成使用,新增港口吞吐能力 800 万吨。淮安机场二期扩建工程建成使用,金湖通用机场开工建设。

运输业稳定增长。完成公路水路货运量 1.29 亿吨,货运周转量 398 亿吨公里,比上年分别增长 1.9%、2.1%。港口集装箱吞吐量 20.2 万标箱,增长 17%,占全省内河运量 60%。淮安机场完成旅客吞吐量 151.6 万人次、货邮吞吐量 6 286 吨,分别增长 18%、26%;新增柬埔寨、泰国等航线,通航城市增至 30 个。全市行政村双车道四级公路覆盖率大幅提升至 97.09%;新增 18 个乡镇开通镇村公交,镇村公交覆盖率 100%。全市公路总里程达 1.34 万公里,其中高速公路里程 404 公里,一级公路里程 749 公里。

邮电通讯业快速发展。全年完成电信业务收入 32.67 亿元,比上年增长 22.7%;邮政业务收入 21.79 亿元,增长 17.32%。年末固定电话用户 39 万户,下降 9.3%。移动电话用户 481.77 万户,增长 8.3%。年末互联网固定宽带用户 91 万户,增长 8.4%。

旅游业较快发展。全年旅游业总收入 413 亿元,比上年增长 15.6%。其中,国内旅游收入 409.23 亿元,增长 15.7%;旅游外汇收入 2 357.36 万美元,增长 11%。全年接待境内外游客 3 292.71 万人次,比上年增长 12.2%;接待入境过夜游客 2.6 万人次,增长 8.6%。全市共有国家 A 级旅游景区 42 家,其中 5A 级 1 家,4A 级 16 家,省星级乡村旅游区 52 家,省级自驾游基地 3 家、旅游度假区 2 家、工业旅游区 2 家、生态旅游示范区 2 家,省旅游风情小镇 1 家。星级旅游饭店 29 家。旅行社 110 家,其中四星级旅行社 2 家,出境社 5 家。持有电子导游证导游 2 013 人。西游乐园、白马湖生态旅游度假区二期、中国漕运城、金湖水上森林休闲旅游度假区、萧湖景区生态旅游二期等,被列为 2018 年省级重点旅游项目。

八、财政、金融

财政收支结构改善。全年实现一般公共预算收入 247.27 亿元,比上年增长 7.2%。其中税收收入 203.49 亿元,增长 14.9%;占一般公共预算收入比重达 82.3%,较上年提升 5.5 个百分点。一般公共预算支出 486.81 亿元,增长 7.6%,其中民生类支出 354.25 亿元,占一般公共预算支出比重 72.8%。

金融信贷规模扩大。年末全市金融机构人民币存款余额 3 638.01 亿元,比上年末增长 6.0%,其中住户存款 1 605.25 亿元,增长 8.2%。金融机构人民币贷款余额 3 303.44 亿元,比上年末增长 18.4%,其中小微企业贷款 691 亿元,占企业贷款比重 40.8%。

九、科学技术与教育

科技创新能力增强。全市新增国家高新技术企业 135 家。全年专利申请量 17 227 件,比上年增长 2.68%,其中发明专利申请量 4 746 件,增长 4.4%;专利授权量 8 689 件,增长 18.5%,其中发明专利授权 407 件,增长 13.7%;万人有效发明专利拥有量 4.44 件。全市创新型企业 34

家,创新型领军企业 3 家。省级以上孵化器孵化面积超过 90 万平方米。

科研实力显著增强。全市年末拥有知名高校院所重大产学研机构 38 个,其中省级 7 个。全年组织签订大院名校科技合作交流项目 91 项。全年引进高层次科技人才 85 名(约),其中博士 75 人(约);入选国家双创人才 1 个,省"双创团队"1 个,省双创博士 3 人,省科技副总 65 人。新获认定省级工程技术研究中心 6 个,市级工程技术研究中心 60 个。新认定国家级星创天地 2 家、省级众创空间 1 家。

人才队伍发展壮大。全市人才总量 56.3 万人,其中:专业技术人才 30.36 万人,当年新增 1.85 万人;高技能人才(具有高级工、技师或高级技师职业资格)14.03 万人,当年新增 1.31 万人。共有省级以上技能大师工作室项目 4 个,高技能人才公共实训基地项目 3 个,省首席技师项目 33 个。共有海外留学回国人员 394 人,其中当年新增 50 人。有国务院特殊津贴专家 116 名、省级突出贡献中青年专家 58 名。国家级博士后科研工作站 10 家,省级博士后创新实践基地 29 家。

教育事业协调发展。全市有各类各级学校 920 所,在校生 92.16 万人,专任教师 6.01 万人。其中:幼儿园 450 所,在园幼儿 17.63 万人,幼儿教师 0.92 万人;小学 245 所,在校生 35.16 万人,小学教师 2.26 万人;初中 164 所,在校生 16.92 万人,初中教师 1.44 万人;普通高中 31 所,在校生 7.43 万人,高中教师 0.68 万人;中等职业学校 15 所,在校生 5.56 万人,专任教师 0.28 万人;普通高校 8 所,在校生 9.36 万人,高校教师 0.41 万人;特殊教育学校 7 所,在校生 0.11 万人,专任教师 0.02 万人。

十、文化、卫生和体育

文化事业繁荣发展。全市新增公共文化设施面积 33.66 万平方米,人均拥有公共文化设施面积 0.22 平方米。全年提档升级 946 个基层综合性文化中心,基本达到全覆盖。全市有市级、县(区)级文化馆 8 个,公共图书馆 9 个(含少儿),美术馆 2 个,乡镇街道文化站 95 个,村(社区)基层综合性文化服务中心 1 596 个。其中国家一级文化馆 4 个、公共图书馆 7 个。有线数字电视总户数 62.73 万户,有线数字电视村民小组接通率 100%。

卫生事业稳步推进。公立医院综合改革获国务院表彰激励。全市卫生资源总量不断增加,共有各类卫生机构(不含村卫生室)804 个,其中:疾病预防控制机构 8 个,卫生监督机构 8 个,综合医院 38 个,专科医院 19 个,中医院 6 个,妇幼保健机构 8 个,卫生院 129 个,社区卫生服务中心(站)80 个;各类卫生机构实有病床 29 417 张,其中:医院 18 597 张,卫生院 8 372 张;全市有卫生技术人员 3.43 万人,其中:执业(助理)医师 13 394 人,注册护士 15 484 人,疾病预防控制机构卫生技术人员 405 人,卫生监督机构卫生技术人员 159 人,妇幼卫生保健机构卫生技术人员 1 858 人。

体育事业成果显著。成功举办淮安市第四届全民健身运动会、2018 中国淮安"一带一路"户外运动挑战赛等系列高级别赛事,以及第十一届万人自行车骑行、第十三届"长江经济带"全民健身大联动等传统品牌活动。在第十九届省运会中勇夺赛会金牌 57.5 枚、赛会奖牌 156.5 枚。建成恩来干部学院户外拓展攀岩主题公园,填补了高标准专业户外攀岩拓展设施历史空白;建成健身步道 60 公里。创新举办 2018 中国(淮安)淮河生态经济带体育产业博览会。全年销售体育彩票 10.62 亿元。

十一、环境保护

环境保护能力提升。获批全国第一批生态文明先行示范区试点。全市累计建成国家生态乡镇 85 个,省级生态文明建设示范乡镇 15 个。全市设立自然保护区 5 个,自然保护区面积 7.09 万公顷。全市空气质量优良天数 282 天,PM2.5 为 50 微克/立方米;集中式饮用水源地水质达标率 100%；市区环境噪声平均等效声级 53.9 分贝，声环境质量等级较好。全年分别比上年削减化学需氧量、氨氮、二氧化硫和氮氧化物排放量 2 517 吨、302 吨、2 031.51 吨和 3 833.13 吨。单位 GDP 能耗下降率完成省定目标。

十二、人口、居民生活和社会保障

人口总量小幅增长。年末户籍人口 561.33 万人，比上年增加 0.43 万人；其中男性 287.89 万人，女性 273.45 万人。年末常住人口 492.50 万人，比上年增加 1.1 万人，其中城镇常住人口 307.52 万人。常住人口城镇化率 62.4%。人口出生率 10.20‰，死亡率 7.50‰，人口自然增长率 2.70‰。

居民收入稳步增长。全体居民人均可支配收入 27 696 元，比上年增长 9.5%；人均现金消费支出 15 634 元，增长 7.2%。城镇居民人均可支配收入 35 828 元，增长 8.6%；人均现金消费支出 19 015 元，增长 6.9%。农村居民人均可支配收入 17 058 元，增长 9.3%；人均生活消费支出 11 210 元，增长 6.5%。城镇常住居民人均住房面积 45.2 平方米，农村常住居民人均住房面积 54.4 平方米。

社保体系不断完善。年末全市企业职工养老保险参保人数 91.3 万人，比上年增加 0.46 万人；城镇职工基本医疗保险参保人数 86.99 万人，增加 2.86 万人；工伤保险参保人数 56.26 万人，增加 2.6 万人；生育保险参保人数 54.81 万人，增加 2.81 万人；失业保险参保人数 66.84 万人，增加 0.85 万人。个体工商户、灵活就业人员企业职工养老保险参保人数达 36.9 万人。城乡居民基本医疗保险参保人数 426.32 万人；城乡居民基本养老保险参保人数 200.63 万人；机关事业单位养老保险参保人数 14.65 万人。全年共支付 32.30 万名企业离退休人员养老金 76.17 亿元，养老金按时足额 100%社会化发放。全市 32.25 万名企业退休人员纳入社区管理服务，管理率 100%。

注：

1. 公报中部分指标数据为快报数，最终数据以《淮安统计年鉴—2019》公布为准。

2. GDP、产业增加值和人均 GDP 绝对数按现价计算，增长速度按可比价计算，为实际增长速度。其他指标除特殊说明外，按现价计算，为名义增长速度。

3. 房地产业投资主要包括：房地产开发投资，建设单位自建房屋和物业管理、中介服务，以及其他房地产投资。

4. 民间固定资产投资是指具有集体、私营、个人性质的内资企事业单位以及由其控股（包括绝对控股和相对控股）的企业单位建造或购置固定资产的投资。

来　　源：淮安市统计局
发布日期：2019 年 04 月 26 日

盐城市 2018 年国民经济和社会发展统计公报

　　2018 年,面对错综复杂的宏观经济形势,在市委、市政府的正确领导下,全市上下深入贯彻落实党的十九大和习近平总书记系列重要讲话精神,坚持稳中求进工作总基调,深入贯彻新发展理念,全力打好"三大攻坚战",统筹做好稳增长、促改革、调结构、惠民生、防风险、保稳定各项工作,全市经济总体运行平稳,呈现稳中有进、稳中向好的发展态势。

一、综合

　　经济保持稳定增长。初步核算,2018 年,全市实现地区生产总值 5 487.1 亿元,总量居全省第 7 位,按可比价计算,比上年增长 5.5%。其中,第一产业实现增加值 573.4 亿元,比上年增长 3.2%;第二产业实现增加值 2 436.5 亿元,比上年增长 3.7%;第三产业实现增加值 2 477.2 亿元,比上年增长 8.1%。产业结构持续优化,三次产业增加值比例调整为 10.5∶44.4∶45.1,二三产业比重比上年提高了 0.6 个百分点,人均地区生产总值达 75 987 元(按 2018 年年平均汇率折算约 11 483 美元),比上年增长 5.8%。

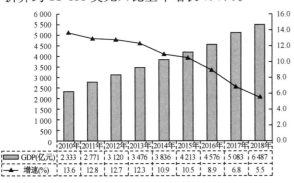

	2010年	2011年	2012年	2013年	2014年	2015年	2016年	2017年	2018年
GDP(亿元)	2 333	2 771	3 120	3 476	3 836	4 213	4 576	5 083	6 487
增速(%)	13.6	12.8	12.7	12.3	10.9	10.5	8.9	6.8	5.5

图 1

　　物价水平温和上涨。2018 年,市区居民消费价格总指数(CPI)同比上涨 1.9%。其中:食品烟酒类上涨 1.9%,衣着类上涨 2.3%,居住类上涨 1.2%,生活用品及服务类上涨 3.8%,交通和通信类上涨 3.8%,教育文化和娱乐类上涨 1.1%,医疗保健类上涨 1.1%,其他用品和服务类下跌 0.3%。全市工业生产者出厂价格指数(PPI)同比上涨 3.5%,工业生产者购进价格指数(IPI)同比上涨 4%。

二、农林牧渔业

　　农业生产稳中趋缓。2018 年,全市实现农林牧渔业总产值 1 183.9 亿元,可比价增长 2.9%。全市粮食总产量达 704.3 万吨,比上年减少 9.4 万吨,下降 1.3%;粮食播种面积 1 474.7 万亩,比上年减少 21.8 万亩。粮食亩产 477.6 公斤,比上年增加 0.7 公斤。棉花播种面积 1.04 万亩,比上年减少 2.8 万亩,总产 0.08 万吨。全市油料作物播种面积 64.1 万亩,比上年减少 5.8 万亩,油料总产量 13.1 万吨。

　　农业机械化规模扩大。2018 年,全市农机总动力 703.8 万千瓦。大中型拖拉机、联合收割机、水稻插秧机保有量分别达到 28 540 台、27 595 台和 24 966 台。全市秸秆机械化还田面积 933 万亩,2018 年农机化作业收入 53.2 亿元。

　　农业现代化进程加快。2018 年,全市累计新增设施农业 10.3 万亩,总规模达 220 万亩,总面积全省第一。全市绿色优质农产品比重 62%,比上年提高 20%,建成绿色食品原料标准化生产基地省级 75 个、部级 6 个。全市新增省级农业产业化重点龙头企业 11 家,总数达 84 家,全省第一。全市累计认定家庭农场共 4 858 家,经营总面积达 112 万亩,创成省级示范家庭农场 141 个,市级示范农场 306 个。

三、工业和建筑业

工业生产总体平稳。2018 年,全市规模以上工业企业实现总产值 6 247 亿元,比上年增长 10%,规模以上工业增加值增长 4%。其中轻工业比上年下降 1.8%,重工业比上年增长 15.5%。民营工业持续向好。2018 年,全市民营企业实现产值 4 683.4 亿元,比上年增长 11%,占规模以上工业比重 75%。全市工业用电量 212.5 亿千瓦时,比上年增长 11.8%。

支柱产业稳定发展。2018 年,全市工业企业实现全口径开票销售 5 528.7 亿元,比上年增长 17%,其中汽车、机械、纺织、化工四大传统支柱产业实现工业开票销售 3 511.6 亿元,占工业总量的 63.5%,其中机械装备制造业实现开票 1 755.2 亿元,增长 30.6%,汽车产业实现开票 631.1 亿元。汽车累计产销突破 500 万辆,东风悦达起亚焕驰轿车出口埃及、菲律宾,迈出开辟海外汽车市场第一步。非车产业实现开票销售 4 896.5 亿元,比上年增长 21.3%。

建筑业稳步增长。2018 年,全市完成建筑业总产值 1 750.6 亿元,比上年增长 4.6%,建筑业企业在外省完成的产值 743.5 亿元,增长 12.9%。全市有资质的建筑业企业总产值超亿元的共 307 家,比去年增 15 家,实现总产值 1 572.8 亿元,占建筑业总产值的 89.8%,其中产值超 10 亿元的企业达到 39 家。

四、固定资产投资

投资结构更加优化。2018 年,全市固定资产投资增长 9.4%。其中,项目投资同口径增长 9.8%;房地产开发投资增长 6.6%。投资结构进一步优化,全市第一产业投资同口径增长 9%,第二产业投资同口径增长 16.1%,第三产业投资同口径增长 0.3%。

工业投资质量提升。2018 年,全市工业投资同口径增长 16.2%,增幅列全省第一,高于全省平均水平 8.2 个百分点。其中高质量发展重要考核指标制造业占项目投资比重达到 63%,比去年同期提高 5.7 个百分点,制造业对全部投资增长的贡献率为 107.7%,拉动全部投资增长 10.1 个百分点。高耗能行业投资一直处于负增长区间,全年高耗能行业同口径下降 3.4%,比全部投资增速低 12.8 个百分点,比工业投资增速低 19.6 个百分点,占工业投资的比重为 16.9%,比去年同期低 3.5 个百分点。

民间投资快速增长。2018 年,全市民间投资同口径增长 15.1%,占全部投资的比重为 76%,比去年同期高 3.8 个百分点,对全市投资增长的贡献率为 116.6%,拉动全市投资增长 10.9 个百分点。其中制造业民间投资增长 21.7%,对全部民间投资增长的贡献率达 90.4%。我市民间投资在结构上逐渐向信息技术类、社会民生类等领域倾斜,上述行业民间投资较往年较快增长。2018 年,盐城住宿和餐饮业民间投资增长 48.3%,教育业民间投资增长 34.8%,科学研究和技术服务业民间投资增长 33%,卫生和社会工作民间投资增长 32.3%。

房地产销售总体平稳。2018 年,全市房地产开发投资 454.9 亿元,比上年增长 6.6%,其中住宅投资完成 360.6 亿元,比上年增长 4.5%。全市实现商品房销售面积 915.1 万平方米,比上年下降 6.1%,其中住宅 811.5 万平方米,比上年下降 7.7%;商品房销售额 566.9 亿元,比上年增长 1.7%,其中住宅销售额 497 亿元,比上年增长 4.4%。

五、交通运输和邮电业

运输能力逐步增强。截至 2018 年底,全市共有公路总里程 20 550.2 公里,其中国道 996.7 公里,省道 1 063.2 公里;拥有等级公路 20 333.3 公里,其中高速公路 395.5 公里、一级公路 1 628

公里、二级公路 2 778.7 公里、三级公路 1 677.4 公里、四级公路 13 853.7 公里,等外公路 216.7 公里。2018 年,全社会客运量 6 428 万人,比上年下降 6.9%,客运周转量 67.7 亿人公里,比上年下降 4%;全社会货运量 1.79 万亿吨,比上年增长 3.3%,货运周转量 485.5 亿吨公里,比上年增长 3.7%。全年保障航班 1.67 万架次,年旅客吞吐量 182.2 万人次,分别比上年增长 27.4%、39.8%,货邮吞吐量 6 587.2 吨,比上年增长 18.9%。

邮电业务平稳发展。2018 年,全市完成邮电业务总量 93.4 亿元,比上年增长 16.5%。邮政业务收入(不包括邮政储蓄银行直接营业收入)累计完成 21.2 亿元,比上年增长 14.8%,快递服务企业业务量累计完成 14 009.4 万件,比上年增长 30.8%,实现业务收入 11.2 亿元,比上年增长 18%。电信业务收入 55.9 亿元,比上年增长 8.9%。

六、国内贸易

消费市场保持平稳。2018 年,全市实现社会消费品零售总额 1 778.7 亿元,比上年增长 6.8%。分城乡看,乡村消费增速领先城镇,全年城乡分别实现社会消费品零售总额 1 669.8 亿元和 108.9 亿元,比上年增长 6.4%和 11.9%。分行业看,批发、零售、住宿、餐饮业分别实现零售额 198.8 亿元、1 380.8 亿元、20.9 亿元和 178.2 亿元,比上年分别增长 6.7%、6.5%、12.1%和 8.0%。分规模看,限额以上零售额 631.9 亿元,比上年增长 0.9%;限额以下零售额 1 146.9 亿元,比上年增长 10.3%。

消费升级步伐加快。在限额以上批发和零售业主要经营类别中,肉禽蛋类实现销售额 18 亿元,比上年增长 6.1%;烟酒类 95.1 亿元,比上年增长 4.1%;建筑及装潢材料类实现销售额 48.6 亿元,增长 18.5%;化妆品类、电子出版物及音像制品类和计算机及其配套产品类销售增长较快,均超过 15%。2018 年,全体居民消费支出 17 580 元,增长 5.7%。其中,交通通信支出 2 399 元,增长 21%;医疗保健支出 1 148 元,增

长 45%;生活用品及服务支出 1 015 元,增长 19.3%;居住支出 3 454 元,增长 7.3%。

七、对外经济和旅游业

对外贸易稳定增长。2018 年,全市实现进出口总额 95.5 亿美元,比上年增长 10.4%,其中出口 60.3 亿美元,比上年增长 3.3%,进口 35.2 亿美元,比上年增长 25.1%。新批利用外资项目 144 个,其中 3 000 万美元以上项目 46 个,比上年增长 4.5%。注册外资实际到账 9.1 亿美元,比上年增长 15.8%,比上年同期提高 4.2 个百分点,高于全省平均水平 14 个百分点,增速全省第一。

旅游业蓬勃发展。2018 年,全市共接待海内外游客 3 333.9 万人次,比上年增长 13.7%,实现旅游总收入 374.2 亿元,比上年增长 16.9%,旅游外汇收入 8 821.9 万美元,比上年增长 7.4%。景区建设进一步加快。东台黄海森林公园创成省级旅游度假区,全市共有 6 家省级旅游度假区,总数位列全省第二。2018 年,创成国家 4A 级旅游景区 4 家,全市共有国家 4A 级以上景区 17 家,列全省第五。乡村旅游集聚发展。大丰丰收大地创成省五星级乡村旅游区,全市共有 4 家省五星级乡村旅游区,列全省第二。旅游业态更加丰富。荷兰花海在省首批 13 家省级旅游风情小镇考核中名列优秀等次(全省仅 3 家)。旅游品牌渐已打响。我市荣膺"2018 锦绣中国榜·新时代中国最佳文化旅游名城""2018 最美中国榜·首批全国优质康养休闲旅游胜地"等称号。

八、财政、金融和保险

财政收支总体平稳。2018 年,全市实现一般公共预算收入 381 亿元,比上年增长 5.8%,其中税收收入 305.1 亿元,比上年增长 12.2%,税收占一般公共预算收入的比重为 80.1%。主体税种保持稳定,实现国内增值税 74.8 亿元、改征增值税(含营业税)47.4 亿元、企业所得税 31.9 亿元、个人所得税 14.6 亿元。财政惠民力度不断加大,2018 年全市用于民生保障支出 601.3 亿元,占一般公共预算支出的 71.1%。

信贷规模持续扩大。2018年,全市共有银行业金融机构42家,年内净增1家,为光大银行盐城分行。金融机构年末本外币存款余额6 421.4亿元,比年初增长3.3%,其中储蓄存款2 902.1亿元,比年初增长5.8%。金融机构年末本外币贷款余额5 003.8亿元,比年初增长16.6%,其中中长期贷款2 560.4亿元,比年初增长11.6%。

保险业健康发展。2018年,全市拥有各类保险机构78家,其中市级产险公司22家,寿险公司39家,保险专业中介一级法人机构11家,保险经纪分支机构3家,保险公估分支机构3家。保险分支机构及营销网点646个,保险从业人员4.8万人。全市实现保费收入176.4亿元,比上年下降1.5%,其中财产险40.9亿元,比上年增长3.9%;人身险135.5亿元,比上年下降3%。全市各项赔偿和给付52.5亿元,比上年下降3.7%。

九、科学技术和教育事业

创新能力不断增强。2018年,全市科技研发投入占地区生产总值的比重为2.1%,科技进步贡献率56%,全市战略性新兴产业产值增长22%。全市国家高新技术企业898家,净增285家,居苏北苏中第一。2018年,全年申请发明专利10 547件,比上年增长15.4%;授权发明专利1 490件,上年增长7.2%;有效发明专利量5 497件,比上年增长37.7%。持续实施"515"人才引进计划,出台人才激励"10条政策",全年发放人才资助资金1.12亿元,引进各类领军人才361名。

教育事业协调发展。2018年,全市共有普通高校6所,招生1.99万人,在校生6.39万人,毕业生1.73万人;普通中专5所,在校生2.26万人;职业高中10所,在校生2.21万人;普通中学282所,在校生30.51万人;小学333所,在校生45.42万人。全市初中毕业生升学率99.51%,在校生年巩固率99.6%;小学毕业生升学率98.99%,在校生年巩固率99.8%。学龄儿童入学率100%。幼儿园在园幼儿21.16万人。全市共有教职工数9.09万人,其中专任教师7.56万人。

十、文化、卫生和体育事业

文化建设成果丰硕。文化惠民工程扎实推进。全年下基层送戏2 000多场,送电影22 000多场,送展览200多次。新建阅读新空间60家、阅读便民设施100个,一批图书馆自动借还系统等设施相继投入使用,基本实现城市15分钟"阅读圈"和农村3公里"文化圈"建设目标。全年新创作大戏17部、小戏23部,继续保持全省第一位次。淮剧《小镇》走进中央党校,第4次进京展演,戏剧创作的"盐城现象"进一步放大。2018紫金文化艺术节,盐城获奖作品数和受表彰人数均列全省前列;第十三届省五星工程奖,2部作品分获小戏类、曲艺类第一名,4部作品受邀参加江苏20台优秀现代戏沿大运河城市巡演。

卫生体系更加健全。2018年,全市拥有卫生计生机构3 211个,其中:医院、卫生院301个,疾病预防控制中心10个,妇幼卫生机构11个。各类卫生机构拥有床位3.99万张,卫生技术人员4.28万人,其中执业(助理)医师1.88万人,注册护士1.67万人。

体育赛事蓬勃开展。2018年,我市承办了第28届东亚保龄球锦标赛、2018中华龙舟大赛(盐城站)、江苏省第十九届运动会群众项目乒乓球比赛等大赛。体育设施不断完善。2018年,完成了市区50个老旧小区体育设施安装更换工作,市区新建了25公里健身步道,全市健身步道总长度约805公里,位列苏北第一。体育产业质效明显提升。我市悦达健身广场、大丰梦幻迷宫项目入选全省首批14家体育服务综合体认定名单,入选数位居苏中、苏北第一。我市9个体育产业项目获省级体育产业发展专项资金,项目数量居全省第3位,总金额740万元,较去年增长了124%。

十一、人口、人民生活和社会保障

人口总量保持稳定。2018年末,全市户籍人口824.7万人,比上年末减少1.42万人,其中城镇人口496.5万人,乡村人口328.2万人。全年人口出生率为9.89‰,死亡率为6.46‰,自然增长率为 3.43‰。年末常住人口 720 万人,城镇化率 64.03%,比上年提高 1.13 个百分点。

生活水平不断提高。2018 年,全体居民人均可支配收入 29 488 元,比上年增长 8.9%。城镇常住居民人均可支配收入 35 896 元,比上年增长 8.4%;人均消费支出 19 731 元,比上年增长 7%。农村常住居民人均可支配收入 20 357 元,比上年增长 8.8%;人均生活消费支出 14 515 元,比上年增长 2.6%。

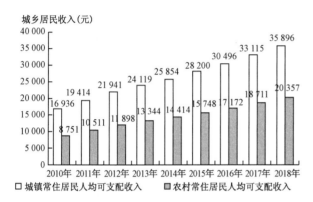

图 2

城镇就业基本稳定。2018 年末,全市从业人员 431.8 万人,比上年减少 9.8 万人,其中第一产业从业人员 95.9 万人,第二产业从业人员 158.5 万人,第三产业从业人员 177.4 万人。新增城镇就业人员 12.2 万人,城镇登记失业率保持 1.78% 的较低水平。

社会保障日臻完善。2018 年,全市共保障城乡低保对象 6.8 万户 11.8 万人,累计发放最低生活保障金 6.2 亿元。将 1.1 万名失去劳动能力的建档立卡低收入农户纳入低保,将 1 800 多名低保边缘家庭的成年无业重度残疾人纳入低保,安排 413 名生活不能自理的五保、三无老人入住护理型特困人员护理机构,全市 2.6 万户建档立卡低收入农户全部纳入托底救助,给予因灾、因祸、因病、因残等重大支出救助累计近 2 000 万元。全市建有公办养老机构 140 家,民办养老机构 62 家,城乡居家养老服务中心 2 215 家。每千名老人拥有养老床位数 34.76 张,农村

敬老院改造全部达到省定星级标准。

十二、城市建设和环境保护

城乡建设成效显着。2018 年,全市交通基础设施建设完成投资 173.6 亿元,比上年增长 7.9%。高铁高速高架全面推进。沿海铁路大通道的重要组成盐青铁路正式通车,盐城驶入“高铁时代”。规划新增的盐宁高速等五条高速公路,全部进入新一轮省高速公路网调整规划,新增里程 218 公里,是江苏省高速公路新增规划里程最多的省辖市。内环高架快速路网已建成通车 57 公里,三期项目已完成主体工程 50%,工程建成后,全市快速路网总里程将达 90 公里,基本覆盖整个大市区。2018 年,区域供水通达全市所有乡镇,建成城镇污水处理厂 3 座,城市(县城)污水处理率超 92%,建制镇污水处理设施覆盖率 100%,生活垃圾无害化处理率达 100%。

生态环境持续改善。2018 年,全市始终坚持生态优先、绿色发展新理念,转型发展取得新成效。“一片林”工程加快推进,新增成片林 15.45 万亩,改造提升 16.8 万亩,建成森林小镇 24 个,森林村庄 112 个,新增城镇绿地面积 3 447 公顷,绿化造林总量保持全省第一,林木覆盖率达 27%。全年整治城市黑臭河道 21 条,城镇污水集中处理率 84%,空气质量六项指标综合指数全省第一,其中 PM2.5 平均浓度和优良天数比例位居全省前列。新水源地及跨区域引水工程建成通水,在全省率先完成全市域水源地达标整治任务,“一桶水”任务全面完成,全市人民喝上了更加安全优质的饮用水。

注:

本公报部分指标值为快报数,最终年报数据以《盐城统计年鉴 2019》公布数据为准。

来　　源:盐城市统计局

发布日期:2019 年 03 月 12 日

2018 年扬州市国民经济和社会发展统计公报

2018 年,全市上下坚持以习近平新时代中国特色社会主义思想为指导,全面贯彻党的十九大精神,深入落实习近平总书记对江苏重要指示要求,全面落实省委省政府决策部署,践行新发展理念,把握稳中求进工作总基调,深化供给侧结构性改革,打好"三大攻坚战",统筹做好改革发展稳定工作,全市高质量发展实现良好开局。

一、综合

经济运行稳中有进。经初步核算,全年实现地区生产总值 5 466.17 亿元,比上年增长 6.7%。其中,第一产业增加值 273.34 亿元,增长 3.0%;第二产业增加值 2 623.24 亿元,增长 5.8%,其中工业增加值 2 283.60 亿元,增长 6.4%;第三产业增加值 2 569.59 亿元,增长 8.2%。按常住人口计算的人均地区生产总值为 120 944 元,按年均汇率折算达 18 277 美元。结构调整扎实推进,三次产业结构调整为 5∶48∶47,第三产业增加值占地区生产总值比重比上年提高 1.1 个百分点。

经济活力持续增强。年末全市有各类法人单位 109 872 家,产业活动单位 8 667 家。2018 年末全市工商部门登记的私营企业 141 500 户,全年新登记私营企业 25 606 户,新登记私营企业注册资本 1 176.65 亿元。年末个体工商户 333 668 户,全年新登记 54 983 万户。年末全市就业人口 267.1 万人,第一产业就业人口 39.4 万人,第二产业就业人口 120.4 万人,第三产业就业人口 107.3 万人。失业保持较低水平,年末全市城镇登记失业率 1.78%,城镇新增就业人数 79 103 人。全年新增转移农村劳动力 15 200 人。城镇失业人员再就业 85 772 人,城乡就业困难人员就业再就业 16 142 人。

居民消费价格温和上涨。全年居民消费价格比上年上涨 2.2%。其中食品烟酒类上涨 1.7%,衣着类上涨 4.2%,居住类上涨 1.8%,生活用品及服务类上涨 5.2%,交通和通信类上涨 4.2%,教育文化和娱乐类上涨 1.1%,医疗保健类上涨 0.2%,其他用品及服务类上涨 1.7%。

二、农林牧渔业

粮食播种面积、总产双增。全年粮食播种面积 594.14 万亩,增长 1.1%。其中,水稻 294.83 万亩,下降 1.8%;小麦 268.5 万亩,增长 2.7%。粮食总产 287.36 万吨,增长 0.4%。其中,水稻 179.43 万吨,下降 1.1%;小麦 99.84 万吨,增长 2.0%。

主要畜禽品种存出栏有升有降。全年生猪出栏 116.84 万头,下降 0.6%;存栏 51.04 万头,下降 7.6%。家禽出栏 3 726.77 万只,增长 3.7%;家禽存栏 1 141.84 万只,下降 4.4%。全市水产养殖面积 112 万亩,下降 6.7%;水产品产量 39.6 万吨,下降 1.98%,其中养殖产量为 36.8 万吨,捕捞产量为 2.8 万吨。

现代农业稳步发展。全市登记家庭农场 3 181 家,成立农民专业合作社(含农地股份合作社) 3 763 家,累计创成国家级示范合作社 39 个,创成省级示范家庭农场 128 个,建成市级以上现代农业园区 50 个,全市实现全市农业电商网上销售额达 57.9 亿元。

三、工业和建筑业

工业运行总体稳定。全年规模以上工业增加值增长 5.1%,其中轻工业增长 3.8%,重工业增长 5.5%。分经济类型看,国有工业增长 0.8%,集体工业下降 17.3%,股份制工业增长 6.7%,外商港澳台投资工业增长 2.0%。在规模以上工业中,国有控股工业增长 8.5%,民营工业增长 5.7%。

先进制造业发展加快。全市先进制造业总产值增长 10.1%,对规上工业产值增长的贡献率达 56.9%。分产业看,海工装备和高技术船舶、新型电力装备、高端纺织服装、汽车及零部件(含新能源汽车)、生物医药和新型医疗器械、电子信息、高端装备、食品先进制造业产值分别增长 21.9%、18%、12%、8.2%、8%、7.1%、4.7%、1%。全市高技术产业、装备制造业产值分别增长 16.5%、8.9%,对规上工业产值增长的贡献率分别为 5.5%、39.8%。

工业企业盈利能力提升。全年规模以上工业企业主营业务收入增长 7.8%,利润增长 46.6%。规模以上工业企业主营业务收入利润率、成本费用利润率分别为 6.3%、6.7%,比上年分别提高 1.7、1.8 个百分点。规模以上工业企业资产负债率为 51.7%,总资产贡献率为 14.3%。全年规模以上工业企业产销率为 97%。

表1 规模以上工业主要产品产量

指标	单位	2018 年	比上年±(%)
布	万米	15 611.22	12.2
呢绒	万米	324.60	0.0
服装	万件	11 693.76	9.8
皮革鞋靴	万双	3 754.67	7.0
人造板	万立方米	67.34	2.8
氢氧化钠(烧碱)(折 100%)	万吨	29.29	−3.1
农用氮、磷、钾化学肥料总计(折纯)	吨	4 849.00	−0.3
化学农药原药	吨	80 586.84	−0.7
光电子器件	万只(片、套)	77 512.00	9.1
电子元件	万只	29 883.39	−6.0
水泥	万吨	1 045.78	20.9
钢材	万吨	412.33	37.9
灯具及照明装置	万台(套、个)	713.64	18.5
金属集装箱	万立方米	788.78	8.6
民用钢质船舶	万载重吨	173.05	−2.4
交流电动机	万千瓦	1 359.28	8.3
电力电缆	万千米	186.82	228.5
通信及电子网络用电缆	万对千米	132.24	−24.0
太阳能电池(光伏电池)	千瓦	4 124 820	38.2
家用电冰箱	万台	426.35	20.4

用电量稳步增长。全社会用电量 248.99 亿千瓦时,增长 5.0%。第一产业用电量 2.84 亿千瓦时,增加 10.6%;第二产业 168.74 亿千瓦时,增长 2.5%,其中,工业用电 165.64 亿千瓦时,增长 2.1%;第三产业 36.71 亿千瓦时,增长 13.1%;城乡居民生活用电 40.70 亿千瓦时,增长 9.0%。

建筑业稳定健康发展。全市实现建筑业总产值 3 915 亿元,增长 7.7%;建筑业增加值 340.34 亿元,增长 11.2%。房屋建筑施工面积 28 533.9 万平方米,增长 3.8%,其中新开工面积 12 094.1 万平方米,下降 1.6%;竣工产值 3 168.5 亿元,增长 2.5%;竣工面积 10 650.2 万平方米,下降 0.8%。

四、固定资产投资

投资保持较快增长。全市固定资产投资增长 11%,其中:工业投资增长 16.2%,服务业投资增长 5.0%。

制造业投资持续扩张。全市制造业投资增长 22.0%,占固定资产投资比重(不含房地产)达 64.3%,占比较 2017 年提高 6.8 个百分点。重点行业增长较快,其中,化学原料和化学制品制造业投资增长 49.4%,金属制品业投资增长 47.2%,电气机械和器材制造业投资增长 38.1%,汽车制造业投资增长 21.5%。

重点项目扎实推进。连淮扬镇高铁扬州段完成投资 83%。沪陕高速枣林湾互通、352 省道江都段、金湾路万福路以南段、观潮路跨古运河大桥建成通车,完成真州路与文昌路交叉口立体化改造。京沪高速扩容先导段、328 国道仪征段、扬州西外环路、芒稻河特大桥和通扬线航道整治工程开工建设,启动快速路网二期建设。瓜洲泵站完成水下主体工程,长江防洪能力提升一期工程全线开工。

五、国内贸易

消费品市场增势稳定。全市社会消费品零售总额 1 557.03 亿元,增长 9.2%。按经营单位所在地分,城镇消费品零售额 1 442.99 亿元,增长 9.1%;农村消费品零售额 114.04 亿元,增长

9.3%。按行业分,批发业 198.04 亿元,增长 10.3%;零售业 1 173.90 亿元,增长 9.2%;住宿业 26.13 亿元,增长 10.3%;餐饮业 158.95 亿元,增长 7.2%。全市限额以上批发和零售业实现零售额 402.36 亿元,增长 4.8%。在 22 个大类商品的零售额统计中,增幅居前 5 位的是饮料类、中西药品类、石油及制品类、通讯器材类、日用品类,分别增长 21.7%、21.3%、16.9%、14.0%、10.9%。

六、开放型经济

进出口规模继续扩大。全市实现进出口总额 119.9 亿美元,增长 11.1%。其中,出口 85.4 亿美元,增长 8.6%;进口 34.5 亿美元,增长 17.7%。从出口行业看,全市十大出口行业累计出口 48.8 亿美元,较去年同期增加 3.4 亿美元,占全市出口总额的 57.1%。十大出口行业中有八类实现增长,化学化工、新光源新能源、电动工具与机床等加工设备出口分别增长 29.3%、22%、17.4%。从出口主体看,国有企业出口额减少 15.9%,外资企业、私营企业出口额分别增长 5.9% 和 19.3%。从贸易方式看,一般贸易进出口总额 91.17 亿美元,增长 19.7%,占进出口总额比重 76.0%;加工贸易进出口额 21.49 亿美元,下降 13.2%,占进出口总额比重 19.9%。从出口市场看,对前十出口国家(地区)累计出口额 76.5 亿美元,占全市出口比重 89.6%;对东盟、南亚、台湾等市场出口保持较快增长,出口分别增长 20.3%、33.5%、26.9%;对欧盟市场出口保持稳定,累计出口增长 10.5%;对"一带一路"沿线国家地区累计出口额 19 亿美元,增长 18%,占全市出口比重 22.3%。

对外开放层次不断提升。全市实际利用外资 12.20 亿美元,增长 12.3%。新设立 135 个外商投资项目,增长 10.7%;新增合同外资 25.15 亿美元,增长 6.1%;新设及净增资 1 000 万美元以上企业 83 家,增长 2.5%。来自"一带一路"沿线国家的实际外资 2 481 万美元,增长 129.3%。全市完成外经营业额 9.68 亿美元,增长 6%。新

批境外投资项目 19 个,中方协议投资额 7 456 万美元,增长 19.5%。在"一带一路"沿线 19 个国家完成外经营业额约 6.79 亿美元,占全市总量 70.1%。

表 2　2018 年 1～12 月主要出口商品情况表

名称	累计(万美元)	累计同比(%)	占全市比重(%)
化学化工	118 444	29.3	13.9
纺织制品	79 716	12.1	9.3
鞋帽	48 222	15.4	5.6
机动车辆与零配件	47 642	15.0	5.6
新光源新能源	44 405	22.0	5.2
电子纸与液晶装置	36 026	−5.8	4.2
船舶	34 968	−45.8	4.1
电动工具与机床等加工设备	32 851	17.4	3.8
牙刷	24 199	8.6	2.8
钢管	21 657	17.2	2.5

七、交通、邮电和旅游

交通运输基本平稳。全市货运总量和货物周转量分别完成 1.41 亿吨和 413.32 亿吨公里,分别增长 5.2%、5.8%。客运量和旅客周转量完成 3 101 万人和 27.91 亿人公里,分别下降 9.5%、6.7%。港口货物吞吐量 14 132 万吨,增长 6.9%;集装箱吞吐量 50.8 万标箱,下降 0.3%。扬州泰州国际机场新开辟国内航线 1 条,国际航线 2 条,累计开通航线 45 条,其中国内 32 条,国际/地区 13 条;全年旅客吞吐量 238.4 万人次,增长 29.8%,货邮吞吐量 11 136.8 吨,增长 18.8%。年末全市公路里程 9 729.92 公里,年末高速公路里程 293.68 公里。截止 2018 年底,全市机动车保有量 980 156 辆,其中汽车 771 252 辆,私人轿车 478 516 辆。

邮电通信业快速发展。全市邮政通讯业务收入 73.15 亿元,增长 9.1%,其中,通讯业务收入 45.54 亿元,增长 4.3%;邮政业务收入 27.61 亿元,增长 18.2%。年末电话用户 625.1 万户,增长 2.8%,其中移动电话用户 531.7 万户,增长 4.5%。互联网宽带接入用户 171.6 万户,增长 11.5%。

旅游业实现较快增长。全年接待境内外游客 7 044.23 万人次,增长 11.9%;实现旅游业总收入 917.90 亿元,增长 15.2%。接待入境过夜游客 7.64 万人次,增长 12.6%,其中,外国人 5.17 万人次,增长 13.6%;港澳台同胞 2.47 万人次,增长 10.6%。旅游外汇收入 8 341.10 万美元,增长 11.1%。接待国内游客 7 036.56 万人次,增长 11.9%,实现国内旅游收入 904.76 亿元,增长 15.2%。全市拥有国家 A 级景区 54 家,旅行社个数 157 个,出境旅行社 14 个。

八、财政、金融

财政收入较快增长。全市一般公共预算收入 340.03 亿元,增长 6.2%,其中,税收收入 272.11 亿元,增长 12.7%,税收占一般公共预算收入比重为 80%。主体税种中,增值税 131.92 亿元,增长 16.4%;企业所得税 38.73 亿元,增长 29.2%;个人所得税 13.40 亿元,增长 26.6%;契税 19.71 亿元,下降 9.5%。

表 3　财政收入情况

指标名称	2018 年(亿元)	比上年±%
一般公共预算收入	340.0	6.2
♯税收收入	272.1	12.7
增值税	131.9	16.4
营业税	0.1	−43.0
企业所得税(40%)	38.7	29.2
个人所得税(40%)	13.4	26.6
资源税	1.3	20.1
城市维护建设税	18.5	13.3
房产税	10.7	0.3
印花税	4.1	11.9
城镇土地使用税	8.0	−8.5
土地增值税	19.5	1.0
车船税	2.3	5.0

指标名称	2018 年（亿元）	比上年±%
耕地占用税	3.0	−13.7
契税	19.7	−9.5
附：上划中央收入	226.3	14.9
增值税（含营业税）	132.0	13.3
国内消费税	16.1	−17.8
企业所得税（60%）	58.1	29.2
个人所得税（60%）	20.1	26.6

支出结构持续改善。全市一般公共预算支出 563.57 亿元，增长 12.6%，其中一般公共服务支出 65.64 亿元，下降 5%；教育支出 92.33 亿元，增长 1.8%；科学技术支出 15.31 亿元，下降 23.3%；社会保障和就业支出 67.42 亿元，增长 21.5%；医疗卫生支出 39.36 亿元，下降 13.9%；交通运输支出 24.87 亿元，增长 66.1%。

金融信贷规模扩大。年末人民币存款余额 5 997.55 亿元，增长 5.2%，其中，住户存款余额 2 860.65 亿元，增长 7.4%。人民币贷款余额 4 630.51 亿元，增长 15.5%，其中，个人消费贷款 1 356.17 亿元，增幅 20.9%；住房消费贷款 1 210.79 亿元，增幅 23.7%。

表 4　年末金融机构人民币存贷款情况

指标名称	2018 年（亿元）	比上年（±%）
金融机构各项存款余额	5 997.55	5.2
＃住户存款	2 860.65	7.4
非金融企业存款	1 894.02	4.1
广义政府存款	1 187.04	−0.2
金融机构各项贷款余额	4 630.51	15.5
＃住户贷款	1 716.02	17.8
非金融企业及机关团体贷款	2 914.08	14.3
票据融资	266.77	27.4
个人消费贷款	1 356.17	20.9
＃住房消费	1 210.79	23.7

证券市场保持稳定。全市证券资金账户数 67.79 万户，比上年增加 5.15 万户，增长 8.2%。证券交易额 9 950.41 亿元，比上年减少 1 780.62 亿元，下降 15.2%，其中，股票交易额 6 714.03 亿元，比上年减少 1 796.64 亿元，下降 21.1%，占交易额的 67.5%；基金交易额 546.86 亿元，比上年增加 102.51 亿元，增长 23.1%，占交易额的 8.1%。

保险行业稳定发展。全市各类保险机构实现保费收入 175.75 亿元，增长 11.1%。其中，财产险保费收入 37.20 亿元，增长 6.2%；人身险保费收入 138.55 亿元，增长 12.5%。保险赔款总支出 26.58 亿元，增长 8.0%，其中财产险支出 22.58 亿元，增长 7.1%；人身险支出 4.01 亿元，增长 13.2%。

九、科学技术和教育

科技创新能力持续增强。全年专利申请量和授权量分别是 41 222 件和 22 804 件，分别同比增长 26.3% 和 60.4%，其中企业申请量和授权量分别是 23 498 件和 11 847 件，分别同比增长 41.1% 和 82.5%；万人发明专利拥有量 12.51 件，比 2017 年末增长 27.5%。新投用科技产业综合体 65.7 万平方米，新入驻企业 1 020 家，新获批省级孵化器 8 家、众创空间 14 家；新签约产学研合作项目 488 个，引进研创中心 42 家，新建国家级博士后科研工作站 4 家，新增省级企业技术中心 23 家、工程研究中心 11 家；新获批国家技术创新示范企业 2 家、省级示范智能制造车间 9 家；新入选国家"千人计划"3 人、"万人计划"5 人、省"双创计划"领军人才（团队）33 人。

教育事业全面发展。全市共有普通高校 8 所。普通高等教育招生 2.87 万人，在校生 8.69 万人，毕业生 2.29 万人；其中研究生教育招生 0.32 万人，在校生 0.79 万人，毕业生 0.19 万人。高等教育毛入学率达 60.2%，比上年提高 1.3 个百分点。高中阶段教育毛入学率达 100%。中等职业教育在校生 4.03 万人（不含技工学校）。特殊教育招生 0.015 万人,在校生 0.11 万人。全市小学在校生 214 547 人,普通中学在校生 175 123 人。全市共有幼儿园 354 所,比上年增加 56 所;在园幼儿 10.95 万人,比上年减少 0.34 万人。学前三年教育毛入园率达 99.4%。

十、文化、卫生和体育

公共文化服务水平提升。城乡公共文化服务体系不断完善。全市共有文化馆、群众艺术馆 7 个,公共图书馆 7 个,博物馆 16 个,美术馆 1 个,综合档案馆 7 个,向社会开放档案 9.15 万件。共有广播电台电视台 4 座,广播综合人口覆盖率和电视综合人口覆盖率均达 100%。全市有线电视用户 101 万户。开展公益文化活动 470 场,在全省率先实现公共文化机构全覆盖,"文明有礼 24 条"市民素质提升行动全面推开。

卫生事业稳步推进。2018 年末全市共有各类卫生机构 1 813 个。其中,医院 80 个,疾病预防控制中心 7 个,妇幼卫生保健机构 8 个。各类卫生机构拥有病床 23 355 张,其中医院拥有病床 17 119 张。共有卫生技术人员 34 255 人,其中执业医师、执业助理医师 11 209 人,注册护士 11 659 万人,疾病预防控制中心卫生技术人员 406 人,妇幼卫生保健机构卫生技术人员 1 278 人。

体育事业蓬勃发展。圆满承办第十九届省运会,新改建扬州体育公园、游泳健身中心、广陵体操馆等省运场馆 20 个,举办比赛 6 115 场次,参赛人员 2 万人,扬州参赛总成绩创历史最好。

十一、城乡建设和生态环境

城乡建设不断完善。市区新建停车位 2 343 个,新添置新能源公交车 242 辆,新辟调整公交线路 26 条,群众出行更为方便。加快推进"厕所革命",全市新改建公厕 53 座。新铺设污水管网 100 公里。新建垃圾分类小区 380 个,通过国家餐厨废弃物资源化利用和无害化处置试点验收。实施"三路一环""六路一环一河"整治提升工程,出新建筑立面 57 万平方米,改造亮化道路 65 公里、楼宇 1 400 栋。建设美丽乡村,疏浚县乡河道 65 条、村庄河塘 873 条。新改建农村公路 238 公里、农桥 438 座。完成 2 个省级特色田园乡村和 10 个省级美丽乡村建设试点、11 个重点中心镇全部创成国家级生态镇。

生态环境建设力度不断加大。新增城市绿地 158.5 万平方米,新增植树 665 万株。林木覆盖率 23.1%,自然湿地保护率 51%,同比提升 1.8 个百分点。市区空气优良率 66.6%,同比上升 4.1 个百分点;PM2.5 平均浓度 49 微克/立方米,同比下降 9.3%;全市 32 个省考断面水质达标率 93.8%,其中,优于 Ⅲ 类水比例 71.9%,无劣 Ⅴ 类断面,阶段性达到 2020 年水环境质量改善目标。紧紧围绕江淮生态大走廊规划建设的"八大工程",全年完成 24 个重点项目,投资 27.24 亿。"一带一廊"沿岸、高等级公路等重点交通干线沿线绿化率达 100%。宝应、邗江、仪征、高邮创成省级生态文明建设示范县区。全市创成示范乡镇 18 个、示范村 14 个。

十二、人口、人民生活和社会保障

人口总量保持稳定。全市总户数 147.2 万户,户籍人口 458.34 万人,其中男性 228.70 万人,女性 230.13 万人,男性占总人口的 49.84%,女性占总人口的 50.16%。

年末全市常住人口 453.1 万人,比上年末增加 2.28 万人,增长 0.51%。0~14 岁人口 51.09 万人,15~64 岁人口 324.97 万人,65 岁及以上人口 77.04 万人。全年人口出生率 7.43‰,比上年上升 0.03 个千分点;人口死亡率 7.92‰,比上年上升 0.61 个千分点;人口自然增长率 —0.49‰,比上年下降 0.58 个千分点。常住人口城镇化率 66.05%。

居民收入稳定增长。全体居民人均可支配收入 34 076 元,比上年增长 8.9%,其中,工资性收入 20 360 元,增长 8.8%;经营净收入 5 672 元,增长 8.7%;财产净收入 2 734 元,增长 9.7%;转移净收入 5 310 元,增长 9.1%。按常住地分,城镇居民人均可支配收入 41 999 元,增长 8.2%;农村居民人均可支配收入 21 457 元,增长 8.9%。城乡居民收入差距进一步缩小,城乡居民收入比由上年的 1.97∶1 缩小为 1.96∶1。居民人均消费支出 20 683 元,比上年增长 7.7%。按常住地分,城镇居民人均消费支出 23 718 元,增长 7.4%;农村居民人均消费支出 15 848 元,增长 7.3%。

社会保障体系日益完善。年末全市城乡基本养老、城乡基本医疗、失业、工伤、生育保险参保人数分别为 106.52 万人、434.80 万人、67.03 万人、80.61 万人和 74.62 万人。城乡居民基本养老保险基础养老金最低标准由每人每月 125 元提高到 135 元。城乡居民医保人均财政补助

最低标准提高到每人每年 510 元。

注:

1. 本公报数为初步统计数,人均 GDP 按常住人口计算。

2. 公报中地区生产总值、各产业增加值绝对数按当年价格计算,增长速度按可比价格计算。

来　　源:扬州市统计局
发布日期:2019 年 03 月 29 日

2018 年镇江市国民经济和社会发展统计公报

2018 年,面对错综复杂的宏观经济形势,全市上下在市委市政府的坚强领导下,围绕高质量发展,坚持新发展理念,坚持产业强市不动摇,深化改革创新,增强发展活力,进一步推动经济转型升级,扎实推动高质量发展,全市经济运行总体平稳,城乡建设扎实推进,各项社会事业不断发展,民生保障不断提高。

一、综合

初步核算,全年实现地区生产总值 4 050 亿元,按可比价计算增长 3.1%,其中第一产业增加值 138.40 亿元,下降 4.2%;第二产业增加值 1 976.60 亿元,增长 3.0%;第三产业增加值 1 935.00 亿元,增长 3.7%。人均地区生产总值 126 906 元,增长 2.9%。产业结构继续优化,三次产业增加值比例调整为 3.4∶48.8∶47.8,服务业增加值占 GDP 比重提高 0.7 个百分点。

全年居民消费价格(CPI)总指数为 102.0,比上年上涨 2.0%。消费品价格上涨 2.6%,服务价格上涨 1.1%。分类别看,八大类消费价格全部上涨:食品烟酒类上涨 3.3%,衣着类上涨 1.5%,居住类上涨 1.7%,生活用品及服务类上涨 2.7%,交通和通信类上涨 0.8%,教育文化和娱乐类上涨 2.1%,医疗保健类上涨 1.0%,其他用品和服务类上涨 0.6%。

表 1 居民消费价格指数(以上年为 100)

指标	价格指数	比上年±(%)
居民消费价格总指数	102.0	2.0

续表

指标	价格指数	比上年±(%)
♯食品烟酒	103.3	3.3
衣着	101.5	1.5
居住	101.7	1.7
生活用品及服务	102.7	2.7
交通和通信	100.8	0.8
教育文化和娱乐	102.1	2.1
医疗保健	101.0	1.0
其他用品和服务	100.6	0.6

二、农林牧渔业

全年粮食播种面积 229.95 万亩,比上年减少 17.60 万亩,下降 7.1%。全市粮食总产量 107.30 万吨,比上年减少 3.52 万吨,下降 3.2%,其中夏粮总产量 31.69 万吨,减少 0.84 万吨,下降 2.6%;秋粮总产量 75.61 万吨,减少 2.68 万吨,下降 3.4%。全年油料总产量 3.25 万吨,比上年下降 39.5%。蔬菜总产量 94.14 万吨,比上年下降 2.6%。

全年肉类总产量 6.80 万吨,比上年下降 3.2%,其中猪肉产量 4.37 万吨,增长 0.4%;禽肉产量 2.21 万吨,下降 8.9%。全年生猪出栏量 52.26 万头,下降 1.2%;家禽出栏量 1 448.16 万只,下降 13.0%。水产品产量 9.57 万吨,比上年增长 0.3%。

表 2 主要农产品产量情况

产品名称	产量(万吨)	比上年±(%)
粮食	107.30	−5.9

产品名称	产量(万吨)	比上年±(%)
棉花	0.06	−18.4
油料	3.25	−39.5
♯油菜籽	2.89	−42.2
花生	0.18	−0.1
肉类总产量	6.80	−3.2
水产品	9.57	0.3

年末全市拥有高标准农田152.45万亩,占比重65.6%,比上年提高5.5个百分点,其中当年新建12.98万亩。全年新增高效设施园艺面积1.7万亩,新增永久性蔬菜基地面积4 558亩。新创全国休闲农业与乡村旅游三星级示范点3个、五星级示范点2个、省级主题创意农园5个、省级休闲观光农业精品示范村6个。全市新增绿色农产品43个,年末绿色优质农产品面积占比46.0%。新增省级、市级示范家庭农场分别达到17家、46家,新增国家级示范社12家、省级示范社21家。年末农机总动力149.5万千瓦,比上年增加1.7万千瓦。

三、工业和建筑业

年末全市拥有规模以上工业企业2 044个,实现总产值比上年增长3.2%,其中大中型企业增长3.9%。分轻重工业看,轻工业增长1.8%;重工业增长3.6%。分经济类型看,国有企业下降15.4%;股份制企业增长2.8%;三资企业增长6.0%。在规模以上工业企业中,民营企业总产值增长2.7%,其中私营企业增长2.7%。

表3 主要工业产品产量情况

产品名称	单位	产量	比上年±(%)
食醋	万吨	27.54	10.9
复合木地板	万立方米	4 574.72	−3.8
机制纸及纸板	万吨	202.15	−6.8
多晶硅片	万片	16 999	0.2
水泥	万吨	1 382.20	−11.8

产品名称	单位	产量	比上年±(%)
石墨及碳素制品	万吨	30.74	−26.4
钢材	万吨	283.84	−22.51
铝材	万吨	53.94	7.88
民用钢质船舶	载重吨	141 727	57.9
光缆	芯亿米	134.04	−25.9
锂离子电芯	万千瓦时	283.00	9.1
眼镜成镜	万副	1 711.02	6.2
发电量	亿千瓦时	340.94	−13.1
桥架	万吨	27.48	4.4
母线	万米	111.93	1.4

全年规模以上工业企业实现主营业务收入增长0.4%、利润总额下降1.3%。企业亏损面18.9%,亏损企业亏损额38.37亿元,增长64.3%。年末应收账款870.71亿元,增长9.0%,产成品存货222.83亿元,增长8.0%。产品销售率98.7%,下降0.1%。

年末全市拥有资质以上建筑业企业413家。全年实现建筑业总产值537.64亿元,比上年增长8.6%,其中工程产值525.01亿元,增长7.8%。建筑业全员劳动生产率为33.93万元/人,增长9.2%。建筑业企业房屋建筑施工面积1 933.35万平方米,下降7%;竣工面积579.57万平方米,下降19%,其中住宅竣工面积303.76万平方米,下降30.2%。

四、固定资产投资

全年固定资产投资比上年下降26.5%,其中国有及国有经济控股投资下降23.4%,港澳台及外商投资下降28.3%,民间投资下降30.4%。分产业看,第二产业投资下降28.9%,其中工业投资下降27.9%;第三产业投资下降24.3%。

全年完成房地产开发投资356亿元,比上年增长3.6%,其中住宅投资281.22亿元,增长7.1%。房地产开发企业房屋施工面积3 262.41万平方米,比上年增长1.1%,其中住宅施工面积

2 487.47 万平方米,增长 0.8%。商品房竣工面积 575.35 万平方米,比上年增长 68.2%,其中住宅竣工面积 432.98 万平方米,增长 58.0%。商品房销售面积 512.74 万平方米,比上年下降 27.3%,其中住宅销售面积 471.75 万平方米,下降 27.4%。商品房销售额 508.77 亿元,比上年下降 15.5%,其中住宅销售额 462.29 亿元,下降 14.6%。

五、国内贸易

全年实现社会消费品零售总额 1 360.92 亿元,比上年增长 5.0%。按经营单位所在地分,城镇市场零售额 1 281.99 亿元,增长 4.8%;乡村市场零售额 78.93 亿元,增长 7.6%。按消费形态分,批发业零售额 191.44 亿元,下降 4.0%;零售业零售额 983.49 亿元,增长 6.4%;餐饮业零售额 166.86 亿元,增长 7.1%;住宿业零售额 19.12 亿元,增长 12.0%。

从限额以上批发和零售业分类商品零售情况看,汽车类零售额 86.82 亿元,比上年下降 6.6%;石油及制品类零售额 75.53 亿元,增长 5.2%;通讯器材类零售额 5.23 亿元,下降 19.7%;日用品类零售额 17.12 亿元,下降 10.1%;家用电器和音像器材类零售额 26.00 亿元,下降 18.3%;化妆品类零售额 4.27 亿元,增长 5.3%;金银珠宝类零售额 15.58 亿元,下降 0.4%;文化办公用品类零售额 7.26 亿元,下降 24.0%;粮油食品、饮料烟酒类零售额 60.26 亿元,下降 9.1%。

六、开放型经济

全年实现进出口总额 118.39 亿美元,比上年增长 12.4%,其中出口总额 79.80 亿美元,增长 14.2%;进口总额 38.59 亿美元,增长 8.7%。从出口方式上看,一般贸易出口 63.50 亿美元,增长 17.8%;加工贸易出口 15.88 亿美元,增长 3.3%。分企业类型看,国有企业出口 2.27 亿美元,增长 13.3%;外商投资企业出口 34.76 亿美元,增长 6.9%;民营企业出口 41.93 亿美元,增

长 21.5%。从主要出口产品看,机电产品出口 31.28 亿美元,增长 19.9%;纸及纸制品出口 6.10 亿美元,增长 35.1%。高新技术产品出口 5.57 亿美元,下降 14.8%。从出口市场看,对东盟组织出口 10.75 亿美元,增长 11.1%;对日本出口 5.22 亿美元,增长 7.2%;对印度出口 4.92 亿美元,增长 21.5%;对欧盟出口 10.94 亿美元,增长 25.9%;对美国出口 16.66 亿美元,增长 24.1%。

表4 进出口贸易情况

指标	绝对值(亿美元)	比上年±(%)
进出口总额	118.39	12.4
♯进口总额	38.59	8.7
♯一般贸易	91.56	16.4
加工贸易	23.07	0.2
♯国有企业	9.91	56.7
外商投资企业	56.54	2.7
私营企业	51.09	18.4
出口总额	79.80	14.2
♯一般贸易	63.50	17.8
加工贸易	15.88	3.3
♯纸及纸制品	6.10	35.1
机电产品	31.28	19.9
♯高新技术产品	5.57	−14.8

全年新批外商投资企业 85 家,新批协议外资 9.95 亿美元,实际利用外资 8.68 亿美元。新批及净增资 1 000 万美元以上项目 23 个。

截止年末,全市累计批准 233 家企业在 64 个国家和地区,投资 294 个境外项目,中方协议投资 14.79 亿美元。全年新批及增资境外投资项目 28 个,与上年持平;中方协议投资 1.38 亿美元,新签订对外承包工程合同额 0.53 亿美元;完成营业额 4.29 亿美元,增长 30.2%。

七、交通、邮电

全年公路客运量 2 965 万人,比上年下降 6.9%;铁路客运量 1 196 万人,增长 4.5%。公

路旅客周转量 20.06 亿人公里,下降 4.0%。公路货运量 8 058 万吨,增长 6.7%;水路货运量 1 583 万吨,增长 1.7%;铁路货运量 197 万吨,下降 4.3%。公路货物周转量 90.00 亿吨公里,增长 5.7%;水路货物周转量 43.43 亿吨公里,增长 2.6%。全年完成港口货物吞吐量 16 264 万吨,比上年增长 1.9%,其中长江港口吞吐量 15 331 万吨,增长 7.9%;港口集装箱吞吐量 43.18 万标箱,增长 6.5%。年末全市民用汽车拥有量 60.61 万辆,其中个人载客汽车 51.53 万辆,分别比上年增长 9.0%和 8.4%。

全年邮政电信业务总量 163.30 亿元,比上年增长 102.5%,其中:邮政业务总量 23.95 亿元,增长 23.8%;电信业务总量 139.34 亿元,增长 127.3%。邮政电信业务收入 46.16 亿元,比上年增长 9.2%,其中:邮政业务收入 15.52 亿元,增长 17.3%;电信业务收入 30.64 亿元,增长 5.6%。年末固定电话用户 60.32 万户,下降 10.8%。移动电话用户 354.73 万户,增长 9.8%。年末互联网宽带接入用户 144.73 万户,增长 5.5%。

八、财政、金融业

全年实现一般公共预算收入 301.50 亿元,比上年增长 6.0%,其中税收收入 241.24 亿元,增长 10.7%;非税收入 60.26 亿元,下降 9.4%。从主要税种看,增值税增长 15.0%,企业所得税增长 22.4%,个人所得税增长 25.0%。全年一般公共预算支出 408.65 亿元,增长 5.7%,其中教育支出 77.80 亿元,社会保障和就业支出 46.80 亿元,医疗卫生支出 29.63 亿元,环境保护支出 12.67 亿元。

表5　一般公共预算收入和支出分项情况

指标	绝对值(亿元)	比上年±(%)
一般公共预算收入	301.50	6.0
♯税收收入	241.24	10.7
♯增值税(50%)	110.72	15.0

指标	绝对值(亿元)	比上年±(%)
企业所得税(40%)	32.02	22.4
个人所得税(40%)	13.64	25.0
房产税	9.98	1.2
印花税	3.93	−0.7
契税	24.45	−7.3
一般公共预算支出	408.65	5.7
♯一般公共服务	40.79	7.6
教育	77.80	4.8
科技	16.52	43.2
社会保障和就业	46.80	12.5
医疗卫生	29.63	18.9
环境保护	12.67	−10.8

年末全市拥有各类金融机构 33 家,金融机构人民币存款余额 5 042.97 亿元,比年初增加 165.48 亿元,其中:住户存款 2 161.07 亿元,比年初增加 177.64 亿元;非金融企业存款 1 852.42 亿元,比年初减少 63.13 亿元。年末金融机构人民币贷款余额 4 450.60 亿元,比年初增加 586.45 亿元,其中:短期贷款 1 510.48 亿元,比年初增加 102.37 亿元;中长期贷款 2 702.22 亿元,比年初增加 392.13 亿元。

表6　年末金融机构人民币存贷款情况

指标	绝对值(亿元)	比年初增减额(亿元)
金融机构人民币存款余额	5 042.97	165.48
♯住户存款	2 161.07	177.64
非金融企业存款	1 852.42	−63.13
金融机构人民币贷款余额	4 450.60	586.45
♯住户贷款	1 407.64	239.68
非金融企业及机关团体贷款	3 042.35	346.82

截止年末,全市上市挂牌企业达 279 家,其中主板上市公司 19 家(境内 13 家,境外 6 家),"新三板"挂牌企业 43 家,区域股权市场挂牌企

业 217 家。全年新增上市挂牌企业 117 家(主板上市公司 1 家,区域股权交易中心挂牌企业 116 家),上市挂牌企业新增股票融资 11.56 亿元。

年末全市拥有市级保险机构 62 家,其中财险公司 29 家,寿险公司 33 家。全年保费收入 128.19 亿元,比上年增长 9.3%。其中:财产险收入 27.80 亿元,增长 3.3%;寿险收入 100.39 亿元,增长 11.1%;健康险和意外伤害险收入 5.10 亿元,增长 24.6%。全年赔付额 35.22 亿元,比上年下降 8.9%。其中:财产险赔付 16.94 亿元,增长 1.5%;寿险赔付 18.28 亿元,下降 16.8%;健康险和意外伤害险赔付 7.54 亿元,增长 26.9%。

九、科学技术和教育

全市每万劳动力中研发人员数 162 人年,比上年提高 7 人年。全市专利申请量 29 635 件,其中发明申请量 12 466 件;专利授权量 15 348 件,发明专利授权量 2 790 件,万人发明专利拥有量达 37.56 件,比上年增加 4.28 件。全市技术交易市场网络平台投入运营,新增国家级高新技术企业 120 家。2 家企业入选"独角兽"企业榜,新增省级"科技小巨人"企业 6 家、上市挂牌企业 117 家,1 家企业获得中国专利金奖,4 家企业获得国家科学技术进步二等奖,京口区获评"国家知识产权强县工程示范区"。新增省级企业技术中心 9 家、省级企业工程技术研究中心 10 家、省级众创社区 4 家和省级孵化器 5 家。年末拥有国家高新技术企业数 750 家。

年末共有产品质量检验机构 4 个,国家检测中心 2 个。法定计量技术机构 5 个,强制检定计量器具 23.94 万台(件),比上年增加 2.12 万台(件)。全年监督抽查产品 58 种,完成强制性产品认证的企业 1 389 家,比上年增加 362 家。

全市共有普通高校 8 所,本专科招生 2.45 万人,在校学生 8.38 万人,毕业生 1.98 万人;研究生教育招生 4 314 人,在校生 12 093 人,毕业生 2 835 人。全市中等职业学校(不含技工学校)

11 所,在校学生 1.89 万人。普通中学 111 所,在校学生 10.29 万人,毕业生 3.06 万人。小学 113 所,在校学生 15.35 万人,毕业生 2.34 万人。九年义务教育巩固率 100%,高中阶段教育毛入学率 100%。全市共有幼儿园 253 所,比上年增加 9 所;在园幼儿 7.97 万人,比上年增加 0.29 万人。

表 7 各类教育学校、招生和在校生情况

指标	学校数(所)	毕业生数(人)	招生数(人)	在校生数(人)
普通高校	8	22 657	28 850	95 933
中等职业学校	11	5 391	6 432	18 874
普通中学	111	30 557	35 754	102 928
高中阶段	22	10 254	12 303	33 523
初中阶段	89	20 303	23 451	69 405
普通小学	113	23 385	29 050	153 540
特殊教育学校	5	66	72	549
幼儿园	253	26 441	27 688	79 727

十、文化、旅游

年末全市共有艺术表演团体 5 个,文化馆 8 个,公共图书馆 9 个,文化站 59 个,博物(纪念)馆 14 个,美术馆 2 个。年末有线电视总用户 75 万户,其中数字电视用户 72 万户。年末拥有省级以上重点保护文物单位 67 处,其中全国重点保护文物单位 13 处。2018 年建成省级村(社区)基层综合文化服务中心 246 个(总数 665),农村文化礼堂 251 个。实施文化广场提升工程,完成 30 个镇(街道)和 37 个村(社区)文化广场提升任务。开展"文心"系列公益活动 526 场。举办全民艺术普及活动 528 场,送戏下乡 565 场,送电影下乡 7 687 场。开展纪念改革开放 40 周年系列活动 15 场。1 家农家书屋获评"全国示范农家书屋"、1 名管理员获评"全国优秀农家书屋管理员"。凤凰新华镇江分公司漫书阁店入选 2018 江苏省最美书店。

年末全市拥有 A 级景区 38 个,其中 5A 级景区 2 家、4A 级景区 7 家、3A 级景区 14 家。拥有省级旅游度假区3家,省星级乡村旅游区101家。拥有星级旅游饭店30家,其中五星级宾馆3家;拥有旅行社112家,其中星级旅行社35家。全年接待境内外游客6 554.27万人次,比上年增长9.8%;实现旅游业总收入934.46亿元,增长13.6%。接待国内游客6 546.70万人次,增长9.8%,实现国内旅游收入923.77亿元,增长13.6%。接待入境过夜游客7.57万人次,增长8.8%;其中,外国人5.94万人次,增长9.9%;港澳台同胞1.63万人次,增长4.9%。旅游外汇收入0.94亿美元,增长10.4%。

十一、卫生、体育

年末全市拥有各类卫生机构(医疗卫生机构)972个,其中医院50个、卫生院49个、社区卫生服务中心35个、卫生防疫防治机构(疾病预防控制中心)7个、妇幼保健机构7个、村卫生室308个。卫生机构床位15 623张,其中医院、卫生院13 163张,社区卫生服务中心1 511张。年末拥有卫生技术人员21 080人,其中执业医师及执业助理医师8 200人,注册护士9 183人。全市医疗机构(医疗卫生机构)全年总诊疗2 445.96万人次。疾病预防控制中心卫生技术人员322人,妇幼卫生保健机构卫生技术人员1 548人。

年市区新建5个体育小公园、15个乡镇(街道)多功能运动场、70条健身路径、6个笼式足球场,完成安装80张室外乒乓球桌、15副篮球架。全年共组织开展有影响的全民健身活动和比赛300余场次。承办了第九届环太湖国际公路自行车赛(句容赛段)、镇江国际马拉松等9项国际、国家级竞技类体育赛事,承办了5项省级青少年竞赛,举办市级比赛21项次。年末共有注册教练员111人、运动员1 137人。全年参加省级以上竞赛共获得41枚金牌、37枚银牌、61枚铜牌。全市拥有全国校园足球特色学校117所,开展校园足球活动的特色幼儿园62所,其中省级12所、市级50所。

十二、城建、环保

2018年镇丹高速、句容西部干线建成通车,南沿江高铁、宁句城际轨道交通、高铁南站优化提升工程正式开工,连淮扬镇铁路镇江段、五峰山过江通道及其接线高速公路加快推进;长江南京以下12.5米深水航道工程镇江段全面完成。老旧小区改造力度加大,全年共安排财政资金3亿元,推进中营等五个老旧小区改造,完成危房和空斗墙房屋改造2.37万平方米,市区完成棚户区改造7 024户。城市公用设施进一步完善,全年市区建设市政燃气管道79公里,改造老旧燃气管道83公里,完成上党液化天然气储配站二期扩建工程;新建污水管网约10.63公里,完成农村供水管网改造约38.03公里;建成世界最大规模电网侧储能电站群。农村环境持续改善,提档升级农村公路200公里,改造农桥20座,新增81个美丽宜居村,基本建3个省级特色田园乡村成。

全市实施大气污染防治项目411项,燃煤锅炉整治10项。整治建筑工地161家、重点排污企业69家,分类治理"散乱污"企业(作坊)7 811家,对172家企业分类实施错峰生产。全年PM2.5平均浓度54微克/立方米,比上年下降1.8%;空气优良天数达标率64.4%,比上年提高0.8个百分点。大力推进水污染治理。全面落实河(湖)长制,整治入河排口215个,实施61个年度水污染防治项目和28个治理太湖项目。全年治理畜禽规模养殖场585家,其中已关闭198家,规模养殖场治理率达到95.0%。长江镇江水域非法采砂全面禁绝,完成江心洲水源地达标建设,长江豚类自然保护区问题整改到位。完成四明河等5条黑臭水体治理任务,全市地表水国考、省考断面水质优Ⅲ比例分别为87.5%、90%。

十三、人口、就业

年末常住人口319.64万人,比上年增加1.01万人,其中城镇人口227.72万人,城镇化率71.2%。全年常住人口出生率8.05‰,死亡率

7.02‰,自然增长率为 1.03‰。在常住人口中 65 岁及以上人口占比达到 14.2%,比上年提高 0.6 个百分点。年末户籍人口 270.78 万人,比上年减少 0.12 万人,其中男性 133.68 万人,减少 0.18 万人;女性 137.10 万人,增加 0.06 万人。

年末从业人员 194.82 万人,比上年增加 0.32 万人,其中第一产业 22.86 万人、第二产业 85.12 万人、第三产业 87.84 万人。全年新增城镇就业 8.35 万人,城镇失业人员再就业人数 3.40 万人,新增转移农村劳动力 0.99 万人,城镇登记失业率 1.78%。全年新增登记注册私营个体从业人员 22.46 万人,其中私营企业 12.78 万人、个体工商户 9.68 万人。

十四、人民生活、社会保障

全年常住居民人均可支配收入 40 883 元,增长 8.5%,其中:工资性收入 26 351 元,增长 7.6%;经营净收入 5 863 元,增长 5.9%;财产净收入 3 503 元,增长 14.6%;转移净收入 5 166 元,增长 12.6%。常住居民人均消费支出 24 359 元,增长 7.1%。按常住地分,城镇常住居民人均可支配收入 48 903 元,增长 7.7%,城镇常住居民人均消费支出 27 278 元,增长 6.4%。农村常住居民人均可支配收入 24 687 元,增长 8.6%,农村常住居民人均消费支出 18 463 元,增长 7.8%。年末城镇居民现住房人均建筑面积 48.6 平方米,百户家庭拥有汽车 56 辆、电脑 112 台、手机 268 部;年末农村居民现住房人均建筑面积 57.3 平方米,百户家庭拥有汽车 43 辆、电脑 67 台、手机 262 部。

年末全市企业职工养老保险、医疗保险、失业保险参保人数分别为 89.68 万人、96.37 万人、53.95 万人。全市 54 个经济薄弱村达标,3 300 余户建档立卡低收入人口实现脱贫,达标率超过 80%。城乡困难人群纳入保障体系,最低生活保障标准由 655 元/月提高到 710 元/月,增加 55 元/月。全市退休人员养老金比上年增加 136 元/月,实现"十四连增"。新建老年人日间照料中心 5 个、助餐点 100 个、居家养老服务中心 15 个。实施医疗救助 31.6 万人次。全市最低工资标准由上年的 1 890 元/月提高到 2 020 元/月,增加 130 元/月。

注:

1. 本公报中数据均为初步统计数,正式数据以《镇江统计年鉴 2 019》为准。本公报中部门统计数据分别来自于市财政局、市农业农村局、市商务局、市交运局、市文广旅委、市邮管局、人行镇江市中心支行、市保险行业协会、市科技局、市市场监督管理局、市教育局、市卫健委、市体育局、市住建局、市自然生态局、市公安局、市人社局和市民政局等相关部门。

2. 地区生产总值、各产业增加值绝对数按当年价格计算,增长速度按可比价格计算。

来   源:镇江市统计局
发布日期:2019 年 04 月 29 日

2018 年泰州市国民经济和社会发展统计公报

2018 年,在习近平新时代中国特色社会主义思想指引下,在市委市政府坚强领导下,全市上下认真贯彻落实中央、省、市各项决策部署,坚持稳中求进工作总基调,坚持新发展理念,坚持推动高质量发展,坚决打好三大攻坚战,全力打造江苏高质量发展中部支点城市,全市综合实力迈上新台阶,经济发展、改革开放、城乡建设、文化建设、生态环境、人民生活不断向高质量发展迈进!

一、综合

综合实力再上新台阶。地区生产总值首次突破 5 000 亿大关,达到 5 107.63 亿元,按可比价计算,比上年增长 6.7%。其中第一产业增加值 280.05 亿元,增长 2.7%;第二产业增加值 2 434.01 亿元,增长 6.8%;第三产业增加值 2 393.57 亿元,增长 7.0%。按常住人口计算,全市人均地区生产总值为 109 988 元,增长 6.8%。

就业形势稳定。年末全市就业人员 275.5 万人,其中第一产业就业人员 55.7 万人,第二产业就业人员 111.9 万人,第三产业就业人员 107.9 万人。全年城镇新增就业 10.37 万人,年末城镇登记失业率为 1.78%,比上年下降 0.04 个百分点。

价格指数保持在合理区间。消费价格指数温和上涨。全年居民消费价格指数(CPI)上涨 2.0%。从调查项目看,食品烟酒价格上涨 1.4%,非食品烟酒价格上涨 2.2%;服务项目价格上涨 1.9%,消费品价格上涨 2.0%。工业价格指数保持上涨。全年工业生产者购进价格指数(IPI)上涨 6.3%,工业生产者出厂价格指数上涨 0.9%。

市场主体活力持续增强。年末全市工商登记私营企业 11.4 万户,全年新增 1.65 万户,注册资本 6 908.05 亿元,比上年增长 24.5%;个体经营户 33.47 万户,全年新增 4.43 万户。

二、农林牧渔业

粮食生产总体平稳。全年粮食总产量 287.11 万吨,比上年减少 3.9 万吨,其中夏粮 106.94 万吨,比上年减少 1.01 万吨;秋粮 180.17 万吨,比上年减少 2.89 万吨。粮食播种面积 570 万亩,比上年减少 13.02 万亩。粮食亩产 495.9 公斤,比上年增加 4.3 公斤,粮食综合亩产继续位居全省第一。

农业供给侧结构性改革扎实推进。大力推广绿色农业。全年农药实际使用量下降 2.4%,化肥施用量减少 3 024 吨,下降 1.9%。示范推广稻田高效种养模式。全市稻田综合种养和"水稻+N"模式示范面积达到 10.87 万亩。推进畜禽养殖污染治理。全年关停禁养区内养殖场 1 231 家,全市规模化养殖场治理率达 96%,非规模化养殖场治理率达 88%,畜禽粪污综合利用率达 96%。

现代农业稳步发展。农业设施提档升级。全年新增连片 50 亩以上高效规模设施农业基地 122 个,新增设施农业面积 6.5 万亩,新增设施渔业面积 1.17 万亩。农业机械化进程加快。全年新增各类农业机械 3 200 台,年末农业机械总动力达 284.02 万千瓦,比上年增长 1.7%。培训新型职业农民。全年举办新型职业农民培训班 253 期,培训农民 36 176 人。

三、工业和建筑业

工业生产平稳运行。全年规模以上工业产值增长 9.8%,规模以上工业增加值增长 5.5%,其中轻工业增加值增长 6.2%,重工业增加值增长 5.1%。分经济类型看,国有企业增加值增长 2.2%,集体、股份制、外商和港澳台投资企业增加值分别增长 8.8%、5.0%、8.9%。支柱行业增长平稳。全年医药、石化、装备制造、食品产业产值分别增长 17.1%、11.0%、7.8%、4.4%。

工业向高质量发展迈进。先进制造业加快发展。全年高新技术产业产值增长 11.8%,占规模以上工业产值比重为 44.2%,比上年提高 1.2 个百分点。战略性新兴产业产值增长 15.6%,占规模以上工业产值比重为 22.0%。五大主导产业发展势头良好。全年五大主导产业产值增长 11.6%,其中生物医药及高新能医疗器械产值增长 16.8%,高端装备制造及高技术船舶产值增长 11.6%,新一代信息技术产业产值增长 33.3%。

建筑业平稳发展。全年完成建筑业总产值 3 335.67 亿元,增长 11%。年末全市具有资质等级的总承包和专业承包建筑企业 747 家,比上年增加 116 家。其中具有特级、一级和二级资质企业 308 家,比上年增加 33 家。年末建筑业从业人员达 116.94 万人,增长 9.5%。

四、固定资产投资

固定资产投资增长平稳。全年固定资产投资增长 9.2%,其中第一产业投资下降 54.9%,第二产业投资增长 8.9%,第三产业投资增长 11.6%。在二产投资中,工业投资增长 8.5%,其中食品行业投资增长 5.5%,医药制造业投资增长 12.1%,金属制品业投资增长 34.0%,电气投资增长 13.2%,通信设备、计算机及其他电子设备制造业投资增长 14.4%,仪器仪表制造业投资

增长 24.5%。在服务业投资中,金融业投资增长 102.1%,租赁和商务服务业投资增长 36.9%,科学研究和技术服务业投资增长 37.1%,文化、体育和娱乐业投资增长 25.1%,信息传输、软件和信息技术服务业投资增长 10.8%。

房地产市场健康发展。全年房地产开发投资 353.71 亿元,增长 21.3%,其中住宅投资 281.59 亿元,增长 19.6%。商品房施工面积 2 563.06 万平方米,增长 13.6%。商品房新开工面积 739.36 万平方米,增长 21.2%。商品房竣工面积 377.75 万平方米,增长 9.0%。商品房销售面积 704.76 万平方米,下降 20.2%。商品房待售面积 283.36 万平方米,下降 10.8%。

五、国内贸易和旅游

消费品市场发展稳中趋缓。全年实现社会消费品零售总额 1 282.87 亿元,增长 5.8%。按经营单位所在地分,城镇消费品零售额 1 177.21 亿元,增长 5.0%;乡村消费品零售额 105.67 亿元,增长 14.5%。从消费形态看,批发和零售业 1 100.09 亿元,增长 5.3%;住宿和餐饮业 182.79 亿元,增长 8.6%。从限额以上单位看,全年限额以上社会消费品零售额 432.33 亿元,下降 1.1%,其中批发和零售业零售额 403.80 亿元,下降 1.3%;住宿和餐饮业零售额 28.54 亿元,增长 2.8%。全年限额以上单位实现网络零售额 8.75 亿元,增长 5.5%。

消费市场呈现多样化发展态势。限额以上零售额中,基本生活类商品消费平稳增长,全年增长 2.0%;发展享受型消费出现分化,全年家俱消费增长 77.8%,建筑及装潢材料消费增长 24.0%,石油及制品类消费增长 15.1%,家用电器及音像器材消费下降 10.8%,汽车消费下降 9.6%。

旅游市场发展良好。全年接待国内旅游者 2 868 万人次,增长 12%;接待入境过夜游客 4.57 万人次,增长 12%。全年实现旅游总收入 375 亿元,增长 15%;实现旅游外汇收入 4 657 万美元,

增长 11%。

六、外向型经济

对外贸易稳中向好。全年完成进出口总额 147.30 亿美元，增长 13.8%，其中出口 95.31 亿美元，增长 16.0%，进口 51.99 亿美元，增长 9.9%。按贸易方式分，一般贸易出口 55.84 亿美元，增长 13.4%；加工贸易出口 38.79 亿美元，增长 18.4%；一般贸易进口 34.41 亿美元，增长 11.5%；加工贸易进口 11.60 亿美元，下降 2.3%。按企业性质分，外商投资企业出口 47.34 亿美元，增长 8.2%；民营企业出口 45.97 亿美元，增长 26.3%；外商投资企业进口 36.79 亿美元，增长 11.3%；民营企业进口 13.96 亿美元，增长 4.5%。按商品类别分，机电产品出口 50.33 亿美元，增长 15.2%；农产品出口 4.04 亿美元，增长 13.4%；机电产品进口 9.03 亿美元，增长 6.6%；农产品进口 12.08 亿美元，下降 8.7%。按出口地区分，对亚洲出口 44.06 亿美元，增长 43.5%；对欧洲出口 16.33 亿美元，下降 5.2%；对美国出口 18.53 亿美元，增长 17.8%。服务贸易出口有所回落。全年完成服务贸易出口 3.14 亿美元，下降 9.6%。

外资利用有所回落。全年新批协议注册外资 29.43 亿美元，下降 37.4%；新批外商投资企业 129 个，比上年减少 12 个；新批及净增资 9 000 万美元以上项目 15 个，比上年减少 11 个；实际到账注册外资 15.07 亿美元，下降 6.8%。

七、交通运输、邮电

交通运输基本平稳。全年公路客运量 6 057 万人，公路客运周转量 41.8 亿人公里。公路货运量 3 041 万吨，增长 8.6%；公路货运周转量 78.4 亿吨公里，增长 7.7%。水路货运量 18 715 万吨，增长 2.7%；水路货运周转量 851.4 亿吨公里，增长 4.6%。港口货物吞吐量 2.62 亿吨，增长 21.0%，其中外贸吞吐量 2 196.12 万吨，增长 22.7%。

居民汽车保有量稳步增长。年末民用汽车拥有量 76.82 万辆，本年新增 7.03 万辆；私人轿车拥有量 47.83 万辆，本年新增 3.91 万辆。

邮电业快速发展。全年邮政行业业务总量 29.63 亿元，增长 25.9%，其中快递业务量 9 836.04 万件，增长 33.1%；邮政行业业务收入 19.92 亿元，增长 17.3%，其中快递业务收入 11.15 亿元，增长 20.6%。全年电信业务总量 262.97 亿元，增长 13.9%；电信业务收入 41.27 亿元，增长 8.7%。年末移动电话用户 495.57 万户，增长 3.6%。

八、财政、金融、保险和证券

财政收支平稳增长。全年完成一般公共预算收入 366.64 亿元，增长 6.6%，其中税收收入 294.86 亿元，增长 11.3%。一般公共预算支出 532.65 亿元，增长 12.0%，其中一般公共服务支出增长 15.2%，科学技术支出增长 12.1%，社会保障和就业支出增长 31.2%，节能环保支出增长 24.2%，农林水事务支出增长 10.6%，交通运输支出增长 15.8%，住房保障支出增长 31.7%。

金融信贷规模不断扩大。年末金融机构人民币存款余额 6 119.38 亿元，增长 6.8%，其中住户存款余额 2 876.63 亿元，增长 9.1%。金融机构人民币贷款余额 4 784.04 亿元，增长 14.6%，其中短期贷款余额 1 837.26 亿元，增长 12.03%；中长期贷款余额 2 710.88 亿元，增长 14.0%。

保险业发展总体平稳。全年保费收入 162.71 亿元，下降 9.3%，其中人身险 125.14 亿元，下降 12.4%；财产险 37.57 亿元，增长 2.8%。全年赔付金额 46.52 亿元，下降 8.8%，其中人身险 21.77 亿元，下降 26.6%；财产险 24.75 亿元，增长 15.8%。

证券交易有所回落。全年证券交易额 4 846.10 亿元，下降 26.0%，其中股票交易额 3 615.17 亿元，下降 25.8%；基金交易额 277.73 亿元，下降 21.0%。

九、科学技术和教育

科技创新能力不断增强。预计全社会 R&D

经费支出占 GDP 比重 2.53%，比上年提高 0.03个百分点。全年专利申请 35 045 件，其中发明专利申请 103 813 件；专利授权 15 555 件，其中发明专利授权 1 267 件；年末万人发明专利拥有量 13.47 件。全年 378 家企业进入国家高新技术企业公示阶段，189 家企业通过省高新技术企业培育入库评审，预计年末高新技术企业达到 780 家。全年新建省级工程技术研究中心 14 家，新增省级众创空间 2 家、省级孵化器 7 家。

教育优质均衡发展。学前教育优势扩大。全年新创优质园 22 所，省优比例达到 86.62%，连续四年位居全省第一。城乡义务教育一体化程度不断提升。深化教育集团、学区管理、城乡结对等"名校＋"模式，全市建有教育集团（联盟）76 个。普通高中高品质发展成效明显。全市三星高中比例 100%，位列全省第一，高考成绩再续辉煌，文科全省第 2 名、理科全省第 3 名花落泰州，文理科前一百人数稳居全省前列。年末全市拥有小学 138 所，在校学生 22.89 万人；初中 146 所，在校学生 11.10 万人；高中 35 所，在校学生 6.37 万人；普通高等学校 7 所，在校学生 6.34 万人。

十、文化、卫生和体育

文化事业蓬勃发展。文化产业不断壮大。持续推进文化产业"1133"工程，深入指导 6 个重点文化产业园区、8 个特色产业街区以及重点文化企业发展。文化服务体系不断完善。年末全市拥有文化馆 7 个、公共图书馆 7 个、博物馆 19 个、美术馆 3 个，公共图书馆总藏量 312.52 万册；有线电视入户率 79.8%，电视综合人口覆盖率 100%。

卫生事业加快发展。年末全市拥有各类卫生机构 1 997 家，其中医院、卫生院 195 家，卫生防疫防治机构 10 家，妇幼保健机构 7 家。各类卫生机构拥有床位 28 275 张，其中医院、卫生院拥有床位 26 812 张。拥有卫生技术人员 29 390 人，其中执业医师、执业助理医师 12 251 人，注册护士 12 454 人。年末农村无害化卫生户厕普及率为 90.07%，新型农村合作医疗人口覆盖率为 100%。

体育事业迈上新台阶。公共体育服务体系建设提档升级。改造升级居民健身场所 50 个，完成 10 000 人国民体质监测工作计划。开展全面健身活动。举办 2018 年元旦"骑跑"、春节"健身大拜年"系列活动等全民健身赛事。扩大品牌赛事影响力。举办 2018 年铁人三项亚洲杯赛，全国游泳邀请赛，第十二届春兰杯世界职业围棋锦标赛，第五届高港杯全国象棋青年大师赛等品牌赛事活动。竞技体育综合实力提升，在省运会上，我市竞技项目共夺得金牌 42.5 枚，银牌 36 枚，铜牌 44 枚，总分 1 423 分，金牌数名列全省第九名，远大足球俱乐部成功获得 2019 年度中乙联赛名额。

十一、资源环境、节能降耗和安全生产

生态环境建设取得成效。打好污染防治攻坚战。实施蓝天保卫战，全市 PM2.5 浓度为 48.8 微克/立方米，下降 5.1%；空气优良天数比例为 70%。实施碧水保卫战，预计全市 24 个省考及以上断面达到或优于Ⅲ类水质比例 91.7%，排名全省第一。实施净土保卫战，开展固体废物整治百日行动，排查问题点位 241 处并完成整改 171 处；开展"减存量、控风险"专项行动，全市危废产生企业库存量比 2017 年削减 50%。

节能降耗取得进展。全年规上工业累计综合能耗 936.72 万吨标准煤，下降 1.2%；规上工业万元产值能耗 0.131 8 吨标准煤，下降 9.6%。预计全年单位 GDP 能耗下降 3.7%。

安全生产形势稳定。全年各类安全生产事故 325 起，下降 7.9%；死亡人数 2 219 人，下降 3.5%，亿元 GDP 生产安全事故死亡 0.043 人。

十二、人口、人民生活和社会保障

人口基本稳定。年末户籍总人口 503.39 万人，其中市区 163.95 万人。当年出生人口 4.23 万人，人口出生率 8.39‰；死亡人口 4.26 万人，人口

死亡率 8.44‰；人口自然增长率-0.06‰。年末全市常住人口 463.57 万人，其中市区 163.49 万人。年末常住人口城镇化率为 66.0%，比上年提高 1.13 个百分点。

居民收入稳定增长。全体居民人均可支配收入 34 642 元，增长 9.0%。其中城镇常住居民人均可支配收入 43 452 元，增长 8.5%；农村常住居民人均可支配收入 21 219 元，增长 8.8%。

社会保障水平不断提升。大力实施全民参保计划，年末基本养老保险参保人数达 203.48 万人，城乡基本养老保险覆盖率 97.71%，为 4.45 万低收入人口等困难群体代缴养老保险费 674 万元。全面推行企业职工养老保险断保救助，累计救助 1 333 人，救助金额达 2 700 多万元。民生保障取得新进展，全市城乡低保标准统一提高到每人每月 650 元，在苏中苏北提前两年实现全市城乡低保标准一体化，特困人员供养标准也同步提高。扩大政府购买养老服务范围，13.96 万名居家老人接受上门服务，占比达到 10.7%。新建城乡标准化社区居家养老服务中心 111 家，其中城市 56 家、农村 55 家，覆盖率分别提高到 60.3%、32.8%；新建街道日间照料中心 5 个、城市社区老年人助餐点 186 个。现有养老床位总数 50 349 张，每千名老人拥有床位数达到 38.6 张。开展护理型养老机构达标创建活动，现有护理型床位 14 508 张，占养老机构床位比例达到 53.27%。

注：

1. 公报中地区生产总值和各产业增加值绝对值按现行价格计算，增长速度按可比价格计算。

2. 本公报使用的数据为年度快报数或者预计数，最终数据以《泰州统计年鉴—2019》为准。

来　　源：泰州市统计局

发布日期：2019 年 03 月 13 日

宿迁市 2018 年国民经济和社会发展统计公报

2018 年,全市上下以习近平新时代中国特色社会主义思想为指引,认真贯彻党的十九大精神和中央经济工作会议精神,坚持稳中求进工作总基调,牢牢抓住"高质量发展"核心要义,按照"六增六强"发展要求,以供给侧结构性改革为主线,统筹做好稳增长、促改革、调结构、惠民生、防风险各项工作,综合实力迈上新台阶,社会事业实现新进步,民生福祉获得新改善,高质量发展迈出新步伐。

一、综合

经济总量再上新台阶。初步核算,2018 年全市实现地区生产总值 2 750.72 亿元,比上年增长 6.8%,比全省增速快 0.1 个百分点。其中,第一产业增加值 300.84 亿元,增长 3.0%;第二产业增加值 1 279.54 亿元,增长 7.4%;第三产业增加值 1 170.34 亿元,增长 7.3%。人均 GDP 达 55 906 元,按平均汇率达 8 448 美元。

产业结构进一步优化。全市三次产业结构调整为 10.9∶46.5∶42.6。其中,第一产业增加值比重比上年下降 0.3 个百分点,第二产业增加值比重下降 1.5 个百分点,第三产业增加值比重提升 1.8 个百分点。

高质量发展稳步推进。新技术、新业态、新动能持续发力,全市服务业增加值增速快于 GDP0.5 个百分点,服务业对全市 GDP 增长的贡献率为 43.7%,拉动全市经济增长 3.0 个百分点;规模以上工业高新技术产业产值增长 4.8%,占规模以上工业产值的比重达 26.5%;高技术产

业投资比上年增长 3%,占固定资产投资的比重为 9.1%;限上批发和零售业通过公共网络实现零售额 60.07 亿元,比上年增长 18.6%,占限上零售额的比重为 21.5%,比上年提高 3.3 个百分点;一般公共预算收入中税收占比为 84.0%。

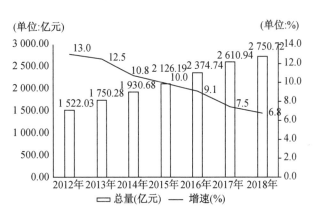

图 1　2012—2018 年全市地区生产总值情况图

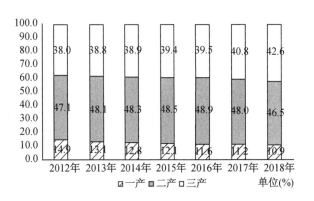

图 2　2012—2018 年全市三次产业结构情况图

科教文卫水平迅速提升。全市专利申请数比上年增长 39.6%,增幅位居全省第二。优质普通高中增招 1 944 人,义务教育阶段学生综合素

质评价优良率95.8%。全市社会文明程度测评指数达90.7,比上年提高1.9个百分点。完成219家村居卫生机构提档升级,新招聘村医304名,完成对建档立卡低收入人口的签约服务,全市35个乡镇基层医院接入远程诊疗平台。

就业形势总体平稳。年末全市从业人员282.7万人,比上年减少2.3万人,下降0.8%。其中,一产84.3万人,下降3.0%;二产101.1万人,下降5.1%;三产97.3万人,增长6.2%。

消费价格涨势温和。全年居民消费价格总水平(CPI)上涨2.1%,比上年涨幅扩大0.2个百分点。八大类消费价格"七升一降"。其中,"七升"为:食品烟酒上涨2.9%,衣着上涨0.6%,居住上涨1.5%,生活用品及服务上涨2.6%,交通和通信上涨2.1%,教育文化和娱乐上涨2.6%,其他用品和服务上涨4.6%;"一降"为:医疗保健下降0.6%。

表1 2018年宿迁居民消费价格比上年涨跌幅度表

指标	实绩(%)
居民消费价格总指数	2.1
其中:食品烟酒	2.9
衣着	0.6
居住	1.5
生活用品及服务	2.6
交通和通信	2.1
教育文化和娱乐	2.6
医疗保健	−0.6
其他用品和服务	4.6

二、农林牧渔业

农业经济稳步发展。2018年,全市实现农林牧渔业总产值559.37亿元,可比价比上年增长3.1%。其中,农业334.65亿元,林业19.86亿元,牧业89.21亿元,渔业98.78亿元,农林牧渔服务业16.85亿元,占比分别为59.8%、3.6%、15.9%、17.7%和3.0%。

粮食生产总体稳定。全市粮食作物播种面积898.14万亩,比上年减少3.27万亩,下降

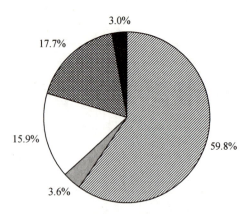

图3 2018年全市农林牧渔业总产值结构图

☑农业 ■林业 □牧业 ☒渔业 ■农林牧渔服务业

0.4%;亩均产量447公斤,比上年减产2.4公斤,下降0.5%;总产量401.02万吨,比上年减产3.63万吨,下降0.9%。其中,夏粮面积436.04万亩,亩产374公斤,总产163.11万吨,分别下降0.1%、2.3%和2.4%;秋粮面积462.11万亩,下降0.6%。秋粮单产上升,拉动总产增收。秋粮亩产为515公斤,总产237.9万吨,分别增长0.8%和0.1%。

图4 2012—2018年全市粮食总产量情况图

注:2016年及2017年粮食面积、产量数据根据第三次全国农业普查结果核定和修订。

农业现代化水平不断提高。全年设施农业面积119.95万亩,比上年增加4.55万亩,增长3.9%;设施渔业面积29.6万亩,比上年增加1.5万亩,增长5.3%。新增高标准农田35.92万亩,农业机械化水平达83%,新增绿色食品107个,地理标志农产品3个,成功获批"国家农业科技园区"。

蔬菜面积、产量稳步增长。全年蔬菜播种面积136.36万亩,比上年增加2.38万亩,增长1.8%;蔬菜及食用菌产量486.49万吨,比上年增加1.87万吨,增长0.4%。重点发展西瓜、草莓等主打品种,瓜果类产业初具规模。全年瓜果类播种面积19.98万亩,比上年增加0.81万亩,增长4.2%,其中西瓜、草莓种植面积分别达到16.35万亩和1.62万亩,分别增长2.4%和17.4%。

畜牧业、渔业保持稳定发展。全年生猪出栏233.08万头,比上年增长4.5%;年末存栏140.88万头,比上年下降4.2%。家禽、牛、羊养殖形势较好,存、出栏均有所增长。家禽出栏5954.5万只,增长8.2%,年末存栏增长2.8%;大牲畜出栏5.22万头,增长12.4%,年末存栏增长6.9%;羊出栏43.48万只,增长22.4%,年末存栏增长3.0%。全年水产品产量26.16万吨,比上年增长0.4%。

表2 2018年主要农业产品产量表

指标名称	产量(万吨)	增长(%)
粮食	401.02	−0.9
棉花	0.05	34.0
油料	3.96	17.9
肉类总产量	28.48	6.6
奶类产量	8.67	5.5
禽蛋产量	10.21	7.8
♯鸡蛋	8.04	4.6
水产品产量	26.16	0.4

三、工业和建筑业

工业生产运行平稳。2018年,全市规模以上工业实现增加值746.95亿元,比上年增长7.8%;实现产值2403.37亿元,增长10.7%;实现出口交货值103.8亿元,增长20.8%,增速比上年高12.1个百分点。

企业效益增长平稳。全市规模以上工业实现主营业务收入2188.65亿元,比上年增长4.3%;实现利润总额271.83亿元,增长4.2%;

主营业务收入利润率为12.4%,高出全省平均水平5.8个百分点。

重点产业增长较快。五大重点产业增长较快,实现产值1796.7亿元,比上年增长11.6%,快于全市工业平均增速0.9个百分点;产值贡献率为80.7%,拉动全市产值增长8.6个百分点,支撑作用明显。其中,食品饮料、纺织服装、机电装备三大拟打造的千亿级产业加速集聚,全年实现规上工业总产值1382.69亿元,增长13.1%,快于规上工业2.4个百分点;家居制造、功能材料两大拟打造的五百亿级产业实现产值414.01亿元,增长7.1%。

主要产品产量有增有降。列入全市统计范围的工业产品共132个,其中44.6%的产品产量增长,增幅在30%以上的有24个,占18.1%。

表3 2018年主要工业产品产量情况表

指标名称	单位	产量	增长(%)
小麦粉	万吨	91.4	−11.7
大米	万吨	101.62	−28.42
饮料酒	万千升	34.54	6.38
其中:白酒(折65度,商品量)	万千升	28.02	4.71
啤酒	万千升	6.5	14.2
纱	万吨	13.01	−8.96
布	万米	27817.65	4.75
蚕丝	吨	197.4	−31.6
服装	万件	9872.45	−26.08
人造板	万立方米	980.29	−9.2
复合木地板	万平方米	102.87	123.44
家具	万件	53.04	32.32
氮肥(折含氮100%)	吨	10858	−86.49
塑料制品	万吨	17.92	−1.93
水泥	万吨	245.74	−15.29
商品混凝土	万立方米	360.98	25.57
钢材	万吨	42.28	−9.75

指标名称	单位	产量	增长(%)
铜材	吨	3 454	37.72
铝材	吨	2 901	−32.11
电力电缆	千米	58 700	−6.35

建筑业平稳发展。全年列统总承包和专业承包建筑业企业 384 家,实现建筑业总产值 682.82 亿元,比上年下降 1.4%;竣工产值 570.51 亿元,比上年增长 3.2%。房屋建筑施工面积 5 918.36 万平方米,比上年增长 2.6%;房屋建筑竣工面积 2 478.56 万平方米,增长 1.2%。其中住宅竣工面积 1 728.08 万平方米,增长 5.3%。

四、固定资产投资和房地产业

投资总体较为平稳。2018 年,全市在建项目 2 093 个,其中新开工项目 1 739 个。固定资产投资总体平稳发展,比上年增长 7%,分别高于全国、全省 1.1 个、1.5 个百分点。分产业看,受大项目投资拉动,第二产业投资增速最快,增长 10.0%,高于全部投资增速 3.0 个百分点;第一产业投资下降 7.2%,第三产业投资增长 2.5%,三次产业投资分别占投资总量的 1.8%、60.2% 和 37.9%。

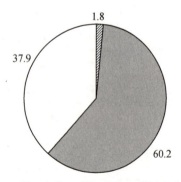

图 5　2018 年全市三次产业投资比重情况图

工业投资平稳增长。全市工业投资比上年增长 10.3%,增速比上年提高 1.5 个百分点。其中制造业投资增长 15.5%,制造业投资占固定资产投资的比重达 57.8%,比上年提高 2.7 个百

分点。

房地产市场总体稳定。全年房地产开发投资完成 253.04 亿元,比上年增长 4.1%。其中住宅投资完成 206.61 亿元,增长 8.9%。商品房施工面积 3 602.60 万平方米,下降 0.8%。其中商品住宅施工面积 2 715.01 万平方米,下降 1.1%。网签数据显示,全市商品房销售面积为 779.46 万平方米,比上年下降 16.8%。其中住宅销售面积 669.60 万平方米,下降 12.4%。

表 4　2018 年全市房地产开发投资和销售情况表

名称	单位	实绩	比上年增长(%)
房地产开发投资	亿元	253.04	4.1
♯住宅	亿元	206.61	8.9
房屋施工面积	万平方米	3 602.60	−0.8
♯住宅	万平方米	2 715.01	−1.1
房屋销售面积	万平方米	779.46	−16.8
♯住宅	万平方米	669.60	−12.4

五、国内贸易和对外经济

国内消费运行平稳。2018 年,全市实现社会消费品零售总额 833.82 亿元,比上年增长 7.0%。按消费形态分,批发和零售业实现 713.67 亿元,增长 6.1%;住宿和餐饮业实现 120.15 亿元,增长 12.3%。按经营单位所在地分,城镇实现 653.54 亿元,增长 7.2%;乡村实现 180.28 亿元,增长 5.9%。

图 6　2012—2018 年全市社会消费品零售总额情况图

全年限额以上单位实现社会消费品零售额 278.85 亿元,比上年增长 4.4%。其中,粮油、食

品类增长 4.6％,石油及制品类增长 9.1％,书报杂志类增长 22.8％,中西药品类增长 21.0％。

表5　2018年全市限额以上社会消费品零售额情况表

指标名称	零售总额(亿元)	增长(％)
限额以上单位社会消费品零售总额	278.85	4.4
其中:批发零售业	267.07	4.4
粮油、食品类	14.26	4.6
饮料类	2.56	5.6
烟酒类	5.22	−6.9
服装、鞋帽、针纺织品类	10.97	3.4
化妆品类	2.54	3.1
金银珠宝类	2.45	−16.0
日用品类	4.66	−3.9
书报杂志类	56.35	22.8
家用电器和音像器材类	15.52	−3.0
中西药品类	5.19	21.0
石油及制品类	50.81	9.1
机电产品及设备类	0.94	5.6
汽车类	83.45	−5.4
住宿餐饮业	11.79	5.0

对外贸易增长较快。全年实现进出口总额 36.01 亿美元,比上年增长 22.1％。其中,出口 27.17 亿美元,增长 25.1％;进口 8.84 亿美元,增长 13.8％。新批外商投资企业 94 个,比上年增长 118.6％;完成协议注册外资 10.57 亿美元,比上年增长 63.6％。实际利用外资 3.77 亿美元,比上年增长 3.7％。

六、园区经济

工业经济保持增长。2018 年,全市开发区规模以上工业企业实现工业总产值 1 540.75 亿元,比上年增长 18.0％;实现主营业务收入 1 458.61 亿元,增长 12.6％。

特色产业增长较快。全市开发区“四大特色产业”实现规模以上工业产值 871.90 亿元,占全部开发区规上工业产值的 56.6％,比上年增长

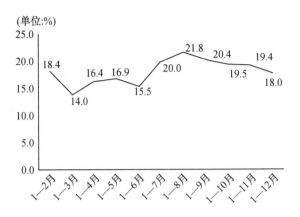

(单位:％)

图7　2018年全市开发区规上工业产值增长趋势图

17.5％。分行业看,机电装备业体量最大,实现规上工业产值 556.61 亿元,占四大特色产业产值的 63.8％;其次分别是纺织服装业、酿酒食品业和家居制造业,分别占四大特色产业产值的 18.6％、16.9％和 0.7％。

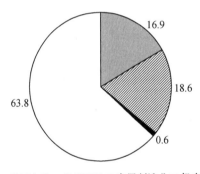

■酿酒食品▨纺织服装■家居制造业▢机电装备

图8　2018年全市开发区四大特色产业产值占比图

民营经济支撑明显。全市开发区民营企业实现规上工业产值比上年增长 20.5％,高于开发区全部规上工业产值增速 2.5 个百分点,占开发区全部规上工业产值的 77.6％;开发区国有控股企业规上工业产值增长 19.4％,占 5.1％;开发区港澳台外商控股企业规上工业产值增长 7.5％,占 17.4％。

财政收入保持增长。全市开发区实现一般公共财政预算收入 86.93 亿元,占全市一般公共财政预算收入的 42.2％,比上年增长 4.0％。

外资外贸总体形势良好。全市开发区实际

使用外资实现 3.62 亿美元,比上年增长 7.4%;本地企业进出口总额实现 27.08 亿美元,比上年增长 10.5%。

七、交通运输、邮政电信和旅游业

交通运输业基本平稳。2018 年,全市完成货运量 5 492 万吨,比上年增长 2.8%。其中,公路货运 4 163 万吨,增长 2.1%;水路货运 1 329 万吨,增长 5.1%。实现货物运输周转量 178.98 亿吨公里,比上年增长 3.0%。其中,公路货物周转量 139.94 亿吨公里,增长 2.4%;水路货物周转量 39.04 亿吨公里,增长 5.3%。完成港口货物运输吞吐量 1 217 万吨,比上年下降 17.6%。完成客运量 7 636 万人,比上年增长 1.7%;实现旅客运输周转量 51.20 亿人公里,增长 2.0%。

表6　2018年全市客货运输量情况表

指标名称	单位	实绩	增长(%)
货运量	万吨	5 492	2.8
公路	万吨	4 163	2.1
水路	万吨	1 329	5.1
货物周转量	亿吨公里	178.98	3.0
公路	亿吨公里	139.94	2.4
水路	亿吨公里	39.04	5.3
客运量	万人	76.36	1.7
旅客周转量	亿人公里	51.20	2.0
港口货物吞吐量	万吨	1 217	-17.6

邮政电信业发展较好。全年完成邮政业务总量 50.60 亿元,比上年增长 34.4%;实现邮政业务收入 19.10 亿元,比上年增长 28.3%。快递业务量完成 2.08 亿件,增长 32.3%;快递业务收入完成 11.60 亿元,增长 30.9%。实现电信业务收入 37.63 亿元,比上年增长 8.8%。年末全市有各类电话用户 487.28 万户,比上年末减少 9.30 万户。其中,移动电话用户 454.37 万户,减少 2.91 万户;固定电话用户 32.91 万户,减少 6.40 万户。年末全市互联网宽带接入用户 141.81 万户,比上年末净增 16.30 万户。

旅游业进一步繁荣。全市接待国内外游客 2 486 万人次,比上年增长 12.0%;实现旅游总收入 293 亿元,增长 15.0%。其中旅游外汇收入 1 389 万美元,增长 33.1%。年末全市共有等级旅游景区 49 个,其中 4A 级景区数量达 10 个,比上年末增加 1 个。4A 级景区接待游客 1 226.71 万人次,增长 22.3%。年末旅行社数量达到 87 家,比上年末增加 7 家。

八、财政和金融

财政收支总体平稳。2018 年,全市实现财政总收入 507.48 亿元,比上年增长 15.4%,其中一般公共预算收入 206.20 亿元,增长 2.8%。完成财政总支出 635.39 亿元,比上年增长 6.6%。其中一般公共预算支出 433.73 亿元,增长 2.2%。

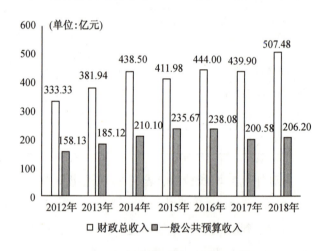

图9　2012—2018年全市财政收入情况图

金融业发展较快。全年金融业实现增加值 142.39 亿元,比上年增长 6.6%。金融机构人民币各项存款余额 2 746.69 亿元,比年初增加 231.74 亿元,增长 9.2%。其中住户存款余额 1 344.78 亿元,比年初增加 135.18 亿元,增长 11.2%。金融机构人民币各项贷款余额 2 563.61 亿元,比年初增加 337.16 亿元,增长 15.1%。其中制造业贷款余额 257.20 亿元,比年初增长 5.0%。企业直接融资占比达 24%,提高 1.7 个百分点。

(单位：亿元)

3 000

2 746.69

2 563.61

2 514.96

2 500

2 207.43

2 223.45

2 000

1 819.81

1 960.37

1 598.96

1 696.7

1 500

1 475.38

1 483.05

1 226.87

1 282.09

1 000

1 002.86

500

0

2012年　2013年　2014年　2015年　2016年　2017年　2018年

□ 金融机构人民币存款余额 　▨ 金融机构人民币贷款余额

图 10　2012—2018 年全市金融机构存贷款情况图

保险体系日趋完善。全市共有保险机构 110 家，其中人寿保险 48 家，财产保险 62 家。全年实现保费收入 75.81 亿元，较上年增长 14.5%。其中，财险保费收入 29.72 亿元，增长 10.8%；人身险保费收入 46.09 亿元，增长 17.0%。

表 7　2018 年全市保险行业主要指标情况表

指标名称	单位	实绩	增长（%）
保险机构数	个	110	107.0
保费总收入	亿元	75.81	14.5
其中：财产险保费	亿元	29.72	10.8
人身险保费	亿元	46.09	17.0
保险赔款总支出	亿元	21.00	22.5

九、科技创新、社会事业和城市建设

科技创新成绩显著。2018 年，全市专利申请数 15 531 件，比上年增长 39.6%。其中，发明专利 3 664 件，增长 84.5%，增幅位居全省第一。专利授权量 8 488 件，比上年增长 94.3%，增幅位居全省第一。有效发明专利数 1 230 件，比上年末增长 27.9%。全市国家高新技术企业总数累计达 252 家，江苏宿迁国家农业科技园区成功获批。全年共落实科技政策减免税 3.51 亿元，比上年增长 44%；企业获"苏科贷"贷款 3.31 亿元，比上年增长 34%。新增省级企业研发机构 30 家，总数达 349 家。

表 8　2018 年全市专利申请及年末有效发明专利情况表

指标	实绩	增长（%）
当年专利申请数（件）	15 531	39.6
其中：发明专利（件）	3 664	84.5
年末有效发明专利（件）	1 230	27.9

教育事业加快发展。创建省优质园 17 所，启动高品质高中创建工作，创成 1 所省现代化示范性职业学校、5 个省现代化实训基地、5 个省现代化专业群、2 所智慧校园。高考成绩取得新突破，2018 年全市高考本科达线率 73.5%，一本达线率 19.1%，比上一年提升 3.1 个百分点。全市共有 21 人被清华、北大录取，录取数苏北第一。职业教育技能大赛省赛共获得 19 金 43 银 82 铜，省赛金牌数及奖牌数均位列全省第七。

医疗保障继续提升。全市卫生机构共 2 394 个，比上年增长 1.9%；卫生技术人员 31 687 人，增长 4.4%；执业医师 12 169 人，增长 5.5%；卫生机构床位数 28 530 张，增长 4.6%。乡镇医院能力提升工程深入实施，完成新一轮 219 家村居卫生机构提档升级。人均基本公共卫生服务经费补助标准提高到 65 元。

文体事业不断繁荣。"时尚体育四季嘉年华"系列活动持续开展，十九届省运会金牌数、奖牌数和总分取得历史性突破，宿迁籍运动员周欣茹夺得青奥会摔跤项目金牌，胡道亮实现第三届亚残会参赛项目"大满贯"。"文化四季"等活动深入推进，完成 524 个基层综合文化服务中心、20 个农村文化大院建设。

城市建设再上台阶。创成省生态园林城市，以全省第一名通过全国水生态文明城市建设试点验收。完成棚户区改造 130 万平方米，老旧小区改造 33 个，累计惠及群众 7.6 万人。16 个街头绿地建成投用，9 家单位庭院完成开放式改造，中心城市建成区绿地率、人均公园绿地面积分别提高到 40.6%、15.47 平方米。依法拆除中心城区 48 座高立柱广告。完成双星大道、黄浦江路

北延等 12 条道路改造,新改建停车场 12 个,新增停车泊位 5 000 余个,完成 50 组公共场所充电桩建设、3 350 辆公共自行车更新升级,市民出行更加便捷。高标准建成"城市之家"5 个,新改建菜市场 9 个,万达广场开业运营。建成现代公厕 88 座,新铺设雨污管网 60.1 公里,雨污分流率达 89.8%。

十、环境保护

生态环境持续良好。持续实施"263"专项行动,全年 $PM_{2.5}$ 为 53 微克/立方米,较上年下降 3.6%;空气质量达标率为 64.6%,较上年提升 1.0%;$PM_{2.5}$ 浓度、空气质量优良率改善幅度分别位居全省第四、第七位。30 条城市水体消除黑臭,"一线一岸"整治基本完成,12 个县级以上集中式饮用水水源地、7 个国考断面水质达标率均为 100%。完成 10 个乡镇垃圾分类运输体系建设,中心城区生活垃圾分类投放设施覆盖率、餐厨废弃物集中处理率分别达 50%、85%。

环保基础进一步夯实。持续推进百万亩生态林建设,新造生态林 10.7 万亩,完成杨树更新改造 26.9 万亩。生态修复工作有序开展,建成 30 条生态示范河道,完成骆马湖"退渔还湖"2.07 万亩、洪泽湖湿地修复超过 1 万亩。基础设施持续完善。新建改造城镇污水收集管网 525.8 公里,建成乡镇污水处理设施 12 个、村庄污水处理设施 252 个。

十一、人口、人民生活和社会保障

人口数量平稳增长。2018 年末,全市户籍总户数 151.52 万户,户籍总人口 591.26 万人。常住人口为 492.59 万人,比上年增加 1.13 万人,增长 0.2%,连续九年平稳增长。分年龄结构看,少儿(0~14 岁)103.38 万人,占比 21.0%,比上年占比提高 0.8 个百分点;劳动力人口(15~64 岁)333.18 万人,占比 67.6%,比上年占比回落 1.2 个百分点;老年人口(65 岁及以上)56.03 万人,占比 11.4%,比上年占比提高 0.4 个百分点。常住人口出生率 13.8%,死亡率 7.2%,人口自然增长率 6.6%。全市城镇化率 60.0%,比上年提高 1.5 个百分点。

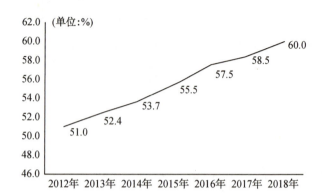

图 11　2012—2018 年全市城镇化率情况图

表 9　2018 年全市常住人口数及年龄结构表

指标	年末数(万人)	占总人口比重(%)
全市总人口	492.59	—
其中:0~14 岁	103.38	21.0
15~64 岁	333.18	67.6
65 岁及以上	56.03	11.4

居民生活水平持续改善。2018 年,全市居民人均可支配收入 22 918 元,比上年增长 9.1%。按收入来源分,工资性收入 12 150 元,增长 8.8%;经营净收入 6 170 元,增长 8.4%;财产净收入 987 元,增长 11.6%;转移净收入 3 611 元,增长 10.7%。按常住地分,城镇居民人均可支配收入 28 281 元,增长 8.3%;农村居民人均可支配收入 16 639 元,增长 9.0%。全市居民人均消费支出 14 350 元,比上年增长 6.9%。全市恩格尔系数为 33.9%。

社会保障体系更加完善。企业职工"五险"新增 34.6 万人次,基本养老、基本医疗保险覆盖率均达 96% 以上,低收入农户养老和医疗保险参保率双双实现 100%。农村"五保"、城乡孤弃儿童保障标准稳步提高,3 541 名残疾儿童享受基本康复免费服务。率先建立失能特困老人集中供养制度,被列为国家级居家和社区养老服务改革试点地区。

(单位:元)

(单位:%)

图 12 2012—2018 年全市居民收入情况图
注:2017 年城镇化率重新修订,2012 年至 2016 年收入根据
2017 年数据修订,尚未定案。

社会治理成效显著。荣获全国城市信用建设创新奖和全国守信激励创新城市,"宿迁之声"微博荣获 2018 年江苏政务新媒体十大最具影响力奖,政府信息公开标准化建设获批全国唯一国家级试点项目。12345 政府服务热线接听群众来电 24.66 万件,群众满意率达 96.23%。法治政府建设满意度始终保持 90% 以上。安全生产事故数量和死亡人数继续实现双下降。

注:

1. 本公报使用的数据为快报数。

2. 地区生产总值、规模以上工业增加值及其分类项目增长速度按可比价计算;其他指标除特殊说明外,按现价计算。

来　　源:宿迁市统计局
发布日期:2019 年 03 月 27 日

2018 年全省经济社会发展新闻发布稿

2018 年，面对错综复杂的国内外环境，全省上下认真贯彻落实党中央、国务院和省委、省政府各项决策部署，坚持稳中求进工作总基调，深入贯彻新发展理念，以供给侧结构性改革为主线，凝心聚力，攻坚克难，全省经济运行总体平稳、稳中有进，经济结构持续优化，新旧动能接续转换，质量效益稳步提升，民生福祉持续改善，高质量发展实现良好开局。初步核算并经国家统计局核定，全年实现生产总值 92 595.4 亿元，按可比价格计算，比上年增长 6.7%。分产业看，第一产业增加值 4 141.7 亿元，增长 1.8%；第二产业增加值 41 248.5 亿元，增长 5.8%；第三产业增加值 47 205.2 亿元，增长 7.9%。

一、农业生产形势较好，粮食总产保持增长

全年粮食总产量 3 660.3 万吨，比上年增长 1.4%。粮食亩产 445.6 公斤，比上年增加 10.1 公斤，增长 2.3%。全年蔬菜播种面积 2 136.7 万亩，比上年增长 1.2%；蔬菜总产量 5 625.1 万吨，增长 1.5%。累计出栏生猪 2 680.9 万头，下降 4.4%；猪肉产量 205.5 万吨，下降 4.1%。全年共出栏家禽 64 201 万只，下降 2.9%；禽肉、禽蛋产量 105.8 万吨、178 万吨，分别下降 4% 和 3%。农业结构不断优化，高效设施农业面积占比达 19.6%，高标准农田占比达 61%，农业综合机械化水平达 84%，农业科技进步贡献率提高到 68%。

二、工业运行总体稳定，中高端行业增势较快

全省规模以上工业增加值比上年增长 5.1%。分经济类型看，国有企业增加值增长 5.6%，股份制企业增加值增长 5%，民营企业增加值增长 4.1%，私营企业增加值增长 3.5%。分行业看，列统的 40 个工业行业大类中有 30 个行业增加值比上年有所增长，增长面达 75%。其中电子、医药、汽车、专用设备等先进制造业增加值分别增长 11.3%、10.4%、7.2%、12.5%。高耗能行业增加值增长 2.5%，低于规模以上工业 2.6 个百分点。全年高技术行业、装备制造业增加值分别增长 11.1%、8%，增速比规模以上工业高 6 个和 2.9 个百分点；对规上工业增加值增长的贡献率达 43.4% 和 74.2%，比上年提高 13.3 个和 16.6 个百分点。全年战略性新兴产业、高新技术产业产值增长 8.8% 和 11%，占规模以上工业总产值比重达 32% 和 43.8%。新能源汽车、城市轨道车辆、3D 打印设备、智能电视、服务器等新产品产量比上年分别增长 139.9%、107.1%、51.4%、36.4% 和 26.2%。全年规模以上工业企业产销率达 98.8%。工业企业盈利能力提升，2018 年 1—11 月，全省规模以上工业企业利润总额同比增长 8.4%；主营业务收入利润率、成本费用利润率分别为 6.41%、6.69%，同比提高 0.03 个、0.04 个百分点。

三、服务业较快增长，新兴服务业发展良好

全省服务业增加值比上年增长 7.9%。其中，交通运输仓储和邮政业增加值 3 349.9 亿元，增长 7.4%；金融业增加值 7 461.9 亿元，增长 7%；房地产业增加值 5 269.8 亿元，增长 1.8%。

服务业增加值占地区生产总值比重达 51%,比上年提高 0.7 个百分点。2018 年 1—11 月,全省规模以上服务业(不含批零住餐、金融及房地产业)实现营业收入 12 599 亿元,同比增长 7.1%,调查的 31 个行业大类和 4 个中类中,有 27 个行业营业收入保持正增长,增长面达 77.1%。现代服务业较快发展,软件和信息技术服务业、专业技术服务业、互联网和相关服务业营业收入分别增长 13.7%、10.9% 和 41.6%。高技术服务业、战略性新兴服务业、科技服务业等高新服务业营业收入分别增长 13.2%、13.3% 和 13.6%。生活性服务业发展势头良好,营业收入同比增长 14%,高出规模以上服务业 6.9 个百分点。全年公路客货运周转量增长 6.7%,铁路客货运周转量增长 5.6%,机场旅客吞吐量、货邮吞吐量分别增长 16.2%、4.5%。2018 年 1—11 月,规上服务业企业营业利润 1 079.1 亿元,同比增长 4.6%。

四、投资增长保持稳定,内部结构继续优化

全省固定资产投资比上年增长 5.5%。民间投资增长 10.8%,民间投资占全部投资比重达 71%,比上年提高 3.4 个百分点。分产业看,第一产业投资增长 6.7%;第二产业投资增长 7.9%;第三产业投资增长 3.7%。第二产业投资中,制造业投资增长 11.2%,制造业投资占项目投资比重为 59%,对全部投资增长的贡献率达 79.9%。工业技术改造投资增长 10.7%,比全部投资、工业投资分别高出 5.2 个、2.7 个百分点。高新技术产业投资增长 15.2%,占全部投资比重达 13.9%,比上年提高 1.2 个百分点。电子及通讯设备、计算机及办公设备、新能源、医药、智能装备、仪器仪表制造业投资分别增长 23.9%、22.6%、19%、14.9%、14.8% 和 11.4%。第三产业投资中,科学研究和技术服务业增长 6.8%,水利、环境和公共设施管理业增长 2.4%,文化、体育和娱乐业增长 8.5%。房地产开发投资增长 14.1%,其中住宅投资增长 14.4%。全省商品房

销售面积 13 484.2 万平方米,比上年下降 5.1%;其中住宅销售面积 12 040.7 万平方米,下降 3.6%。

五、消费品市场增势较稳,网络消费快速增长

全省社会消费品零售总额比上年增长 7.9%。按经营单位所在地分,城镇消费品零售额增长 7.8%,农村消费品零售额增长 9%。按行业分,批发和零售业零售额增长 7.7%,住宿和餐饮业零售额增长 9.7%。从消费品类值看,限上粮油食品饮料烟酒类、服装鞋帽针纺织品类、日用品类商品零售额分别增长 4.4%、7.6% 和 9.5%。消费升级类商品增长较快,以智能手机、平板电脑等为代表的通讯器材类商品零售额增长 30.8%,比上年提高 12.2 个百分点;书报杂志类增长 15.9%,家具类增长 11.8%。石油制品类商品零售额增长 12.2%,占限额以上批零业零售额的 12.1%,拉动限额以上零售增长 1.4 个百分点。网上消费快速增长,限额以上批发和零售业通过公共网络实现零售额增长 25%;住宿和餐饮业通过公共网络实现餐费收入增长 49.4%,分别领先限上消费品零售额增速 21.4 个和 45.8 个百分点。

六、进出口规模继续扩大,贸易结构不断优化

全省完成进出口总额 43 802.4 亿元,比上年增长 9.5%。其中,出口 26 657.7 亿元,增长 8.4%;进口 17 144.7 亿元,增长 11.3%。从贸易方式看,一般贸易进出口额 21 342.6 亿元,增长 10.9%;占进出口总额比重达 48.7%,比上年提高 0.6 个百分点,占比超过加工贸易 9.4 个百分点。从出口主体看,国有企业、外资企业、私营企业出口额 2 989.2 亿元、14 810.2 亿元、8 456 亿元,分别增长 17.7%、3.6% 和 15.1%。从出口市场看,对美国、欧盟、日本出口额 6 143.4 亿元、4 973.6 亿元、1 951.5 亿元,分别增长 6%、6.9% 和 5.5%,对印度、俄罗斯、东盟出口额 847.7 亿元、323.2 亿元、2 996.2 亿元,分别增长

4.4%、10.5%和13%。从出口产品看,机电产品、高新技术产品出口额17 624.4亿元、10 126.2亿元,分别增长8.9%、8.5%。对"一带一路"沿线国家出口保持较快增长,出口额6 459.6亿元,增长8.9%;占全省出口总额的比重为24.2%,对全省出口增长的贡献率为25.7%。

七、财政金融运行平稳,支出结构持续改善

全年完成一般公共预算收入8 630.2亿元,增长5.6%,增速比上年提高1个百分点。税收收入7 263.7亿元,增长12%,其中增值税3 113.5亿元,增长8.7%;企业所得税1 312.7亿元,增长14.6%;个人所得税468.4亿元,增长21.1%。税收占一般公共预算收入比重达84.2%,比上年提高4.8个百分点。全年完成一般公共预算支出11 658.2亿元,增长9.8%,比上年加快3.4个百分点。部分民生支出增长较快,社会保障和就业支出增长25.5%,住房保障支出增长22.2%,一般公共服务支出增长10.6%,城乡社区事务支出增长9.7%,节能环保支出增长9.1%。年末金融机构人民币存款余额139 718亿元,增长7.5%,比上年末提高0.2个百分点;金融机构人民币贷款余额115 719亿元,增长13.3%,比上年末提高1.2个百分点。2018年末,制造业贷款余额14 952.9亿元,比年初增加461.5亿元;租赁和商务服务业贷款余额13 202.7亿元,比上年增长8%;水利、环境和公共设施管理业贷款余额11 645.6亿元,增长12.6%。

八、物价水平温和上涨,工业生产者价格涨幅回落

全省居民消费价格比上年上涨2.3%。分城乡看,城市上涨2.3%,农村上涨2.4%。分类别看,食品烟酒上涨2.3%,衣着上涨2.2%,居住上涨2.4%,生活用品及服务上涨3.4%,交通和通信上涨2.5%,教育文化和娱乐上涨2.4%,医疗保健上涨1.2%,其他用品和服务上涨2.2%。食品中,粮食上涨1.2%,食用油上涨0.2%,鲜菜上涨8%,蛋类上涨12.5%,水产品上涨0.2%,畜

肉类下跌3%。全年工业生产者出厂、购进价格分别上涨2.8%、4.6%,涨幅比上年回落2个、5.1个百分点。

九、就业形势保持稳定,城镇新增就业人数创新高

城镇新增就业继续增长,全年创下153万人的历史新高,超额完成110万人的预期目标。全年扶持30.1万人成功创业,带动就业121.3万人。失业保持较低水平,年末全省城镇登记失业率2.97%,比上年末下降0.01个百分点。全年新增转移农村劳动力25.5万人,转移率达75.2%,比上年末提高0.9个百分点。城镇失业人员再就业89.5万人,城乡就业困难人员就业再就业31.9万人,比上年分别增长11%、26.6%。

十、居民收入稳定增长,城乡收入差距进一步缩小

全省居民人均可支配收入38 096元,比上年增长8.8%。其中,工资性收入21 948元,增长7.6%;经营净收入5 386元,增长7.8%;财产净收入3 746元,增长15.7%;转移净收入7 016元,增长9.8%。按常住地分,城镇居民人均可支配收入47 200元,增长8.2%;农村居民人均可支配收入20 845元,增长8.8%。城乡居民收入差距进一步缩小,城乡居民收入比由上年的2.277∶1缩小为2.264∶1。全省居民人均消费支出25 007元,比上年增长6.6%。其中,城镇居民人均消费支出29 462元,增长6.3%;农村居民人均消费支出16 567元,增长6.1%。

十一、供给侧结构性改革持续深化,"三去一降一补"成效明显

加快淘汰低水平落后产能,制造业发展提质增效。全年压减钢铁产能80万吨、水泥产能210万吨、平板玻璃产能660万重量箱;关闭高耗能高污染及"散乱污"规模以上企业3 600多家;关停低端落后化工企业1 200家以上。稳定房地产市场发展,去库存成效进一步扩大。年末全省商品房待售面积4 993.7万平方米,比上年下降

10.7%；其中住宅待售面积 2 491.2 万平方米，下降 17.5%。去杠杆积极稳妥，企业经营更趋稳健。2018 年 1—11 月全省规模以上工业企业资产负债率为 53.16%，同比下降 0.2 个百分点。减税降费政策落地见效，降成本成果显著。2018 年 1—11 月全省规模以上工业企业每百元主营业务收入中的成本为 85.23 元，同比减少 0.14 元；多措并举为企业降低成本 1 200 亿元以上。着力聚焦提升民生福祉，补短板扎实推进。全省 200 个补短板重大项目完成年度投资 3 600 亿元。

总的来看，2018 年全省经济运行保持在合理区间，呈现总体平稳、稳中有进的态势，发展质效稳步提升。同时也要清醒地看到，经济运行稳中有变、变中有忧，外部环境复杂严峻，经济面临下行压力，发展中还存在不少困难和问题。2019 年，要以习近平新时代中国特色社会主义思想为指导，全面贯彻党的十九大精神和习近平总书记对江苏工作的重要指示要求，紧紧围绕高质量发展，认真抓好中央经济工作会议和省委十三届五次全会重要部署落实，继续打好三大攻坚战，着力激发市场活力、需求潜力和内生动力，统筹推进稳增长、促改革、调结构、惠民生、防风险工作，奋力冲刺高水平全面建成小康社会目标，推动高质量发展走在前列。

附注：

1. 地区生产总值、规模以上工业增加值及其分类项目增长速度按可比价计算，为实际增长速度；其他指标除特殊说明外，按现价计算，为名义增长速度。

2. 规模以上工业统计范围为年主营业务收入 2 000 万元及以上的工业企业。

3. 社会消费品零售总额统计中限额以上单位是指年主营业务收入 2 000 万元及以上的批发业企业（单位）、500 万元及以上的零售业企业（单位）、200 万元及以上的住宿和餐饮业企业（单位）。社会消费品零售总额包括实物商品网上零售额，不包括非实物商品网上零售额。网上零售额是指通过公共网络交易平台（包括自建网站和第三方平台）实现的商品和服务零售额之和。商品和服务包括实物商品和非实物商品（如虚拟商品、服务类商品等）。

4. 金融存贷款数据来源于人民银行南京分行，进出口数据来源于南京海关。

5. 部分数据因四舍五入的原因，存在总计与分项合计不等的情况。

来　　源：江苏省统计局
发布日期：2019 年 01 月 25 日

江苏省城镇化水平居全国第五位

2018 年末,江苏省城镇化率为 69.61%,比全国平均水平(59.58%)高 10.03 个百分点。在全国各省(市、区)中,位列三个直辖市上海市(88.1%)、北京市(86.50%)、天津市(83.15%)和广东省(70.7%)之后,位列浙江省(68.9%)和辽宁省(68.1%)之前,居第五位。

近五年,江苏省城镇化水平在高水平基础上仍旧保持较快速度发展。2013 年至 2018 年,全省城镇化率由 64.10% 提高到 69.61%,上升 5.51 个百分点,平均每年提高 1.1 个百分点。江苏省城镇化率,2013 年、2016 年分别超越浙江省、辽宁省,列居全国第五,并保持至今;与广东省的差距也由 2013 年的 3.66 个百分点缩小到 2018 年的 1.09 个百分点。

来　　源:江苏省统计局
发布日期:2019 年 03 月 11 日

2018 年全省居民收入增长 8.8%

经国家统计局核定,2018 年江苏居民人均可支配收入 38 096 元,同比增长 8.8%。其中,城镇居民人均可支配收入 47 200 元,增长 8.2%;农村居民人均可支配收入 20 845 元,增长 8.8%。城乡居民收入差距进一步缩小,城乡居民收入比由上年的 2.277∶1 缩小为 2.264∶1。

按收入来源分,人均工资性收入 21 948 元,增长 7.6%;人均经营净收入 5 386 元,增长 7.8%;人均财产净收入 3 746 元,增长 15.7%;人均转移净收入 7 016 元,增长 9.8%。

来　　源:江苏省统计局
发布日期:2019 年 02 月 13 日

2018 年全省税务部门组织税收收入情况

1月23日，全省税务工作会议在南京召开。会议以习近平新时代中国特色社会主义思想为指导，全面贯彻党的十九大和十九届二中、三中全会及中央经济工作会议、全国税务工作会议和省委十三届五次全会精神，认真学习贯彻习近平总书记关于税收工作的重要论述以及视察江苏重要讲话精神，总结2018年税务工作，把握新形势新要求，部署2019年工作任务。

省局王学东书记作了题为《立足新起点　聚焦高质量　奋力开启新时代江苏税收现代化新征程》的工作报告。会议由省局侍鹏局长主持。

会议指出，2018年，面对艰巨繁重的改革发展任务，全省税务系统迎难而上、甘于奉献、勇于争先，平稳推进国税地税征管体制改革，各级新税务机构顺畅运转，各项工作取得明显成效，全年组织税收收入近1.4万亿。主要体现在：党的领导在深化改革中全面加强；机构改革在攻坚克难中稳步落地；税收职能在质效并举中充分发挥；税收管理在法治规范中日臻强化；营商环境在简政降负中持续优化；干部队伍在严管厚爱中融合共进。

会议强调，全省税务工作正面临新形势、站在新起点，要担当新使命、展现新作为，必须聚焦服务江苏经济社会高质量发展，系统谋划好当前和今后一段时期的工作思路：一是始终"讲政治"，自觉锚定从严治党的政治标尺；二是坚决"减负担"，主动对标营商环境的更高要求；三是奋力"迎挑战"，科学应对经济税收的复杂局面；四是注重"建机制"，全力突破深化改革的难点堵点；五是紧盯"防风险"，切实增强依法监管的迫切意识；六是围绕"激活力"，积极引领干部队伍的新风正气。

会议要求，2019年全省税务系统要重点做好以下工作：一是突出政治引领，加强党的领导。二是落实减税降费，优化营商环境。三是严格依法征收，完成预算目标。四是规范公正执法，构建法治税务。五是稳步推进改革，巩固优化提升。六是健全管理体系，提高征管质效。七是完善监管机制，防范税收风险。八是改进税费服务，强化系统协同。九是完善激励约束，激发队伍活力。十是加强工作整合，促进深度融合。

省局领导班子成员，部分省局老领导，各市级局、省税校主要负责同志及助手，各县区局主要负责同志，省局各单位主要负责同志在主会场参加会议。会议以视频方式向全省税务系统播放。

来　　　源：国家税务总局江苏省税务局
发布日期：2019年03月27日

2018 年全省消费者信心指数高位运行

消费者信心指数高位运行。一季度延续去年三季度开始的升势创出新高 126.0,二季度、三季度环比连续下降,四季度重拾升势,环比上升 3.5 点,达到 122.8,重返 120 以上的运行区间,位于今年的次高点,虽比去年同期低 1.2 点,仍处在高位。就业信心指数,四季度环比上升 3.4 点,达到 123.4,连续六个季度在 120～130 区间运行。收入信心指数,四季度大幅上升 3.8 点,达到 124.5,连续九个季度在 120～130 区间运行。消费意愿指数,四季度环比上升 3.9 点,达到 111.1,重上 110 以上区间运行。消费者预期指数,四季度环比上升 3.2 点,达到 126.7。

居民计划消费的比重有所扩大。四季度调查显示,未来三个月余钱用于购买商品和服务的消费者所占比重达 45.7％,环比上升 2.9 个百分点,比去年同期上升 27.1 个百分点,连续三个季度超过 40％。

未来收入增量中用于消费的比重保持较高水平。四季度消费者对 2018 年收入增量部分的使用分配中,不同程度用于消费的比例达到 95.7％,连续两个季度比重保持在 95％以上,比去年同期上升 23.1 个百分点。

消费结构持续优化升级。四季度调查显示,在未来三个月购买商品和服务的类别中,教育培训比重位居首位,占 33.4％,环比下降 8.1 个百分点,比去年同期下降 0.8 个百分点。旅游消费比重次之,占 25.4％,环比下降 0.6 个百分点,比去年同期下降 7.6 个百分点。家用电器消费位居第三,占 21.9％,环比上升 1.7 个百分点,同比上升 3.7 个百分点,连续四个季度保持在 20％以上。文化娱乐消费比重连续 7 个季度上升,达到 20.7％,环比上升 1.7 个百分点,同比上升 4.6 个百分点。养老服务消费比重为 15.8％,同比上升 10.1 个百分点。商业保险消费比重环比上升 1.3 个百分点,达到 14.3％,为近年来新高。

来　　源:江苏省统计局
发布日期:2019 年 02 月 11 日

2018 年全省民航旅客吞吐量突破 5 000 万人次

2018 年,全省 9 个机场共完成旅客吞吐量 5 164.6 万人次,同比增长 16.2%,连续 4 年保持 15% 以上的增速。分机场看,南京机场完成旅客吞吐量 2 858 万人次,列全国第 11 位,增长 10.7%,占全省比重为 55.3%,占比较上年下降 2.8 个百分点,增速也比上年回落 4.8 个百分点,回落的主要原因是南京机场进出港航线趋于饱和、T2 航站楼承载力达到上限,航班增加有限,吞吐量增速有所下滑。除无锡外的中小机场,基础设施日趋完善,承载能力大幅增强,新航线陆续开通,原有热门航线不断加密,旅客吞吐量快速增长。

常州机场旅客吞吐量突破 300 万人次,达 332.8 万,增长 32.6%。盐城机场 T2 航站楼投入运营,运行保障能力大幅提升,2018 年旅客吞吐量 182.2 万人次,增长 39.8%,增速列全省第一。连云港机场旅客吞吐量增长 38.7%,南通机场增长 37.9%,徐州机场增长 31.4%,扬泰机场增长 29.8%,淮安机场增长 17.9%,无锡机场增长 7.8%。

来　　源:江苏省统计局
发布日期:2019 年 01 月 29 日

· 145 ·

2018 年全省固定资产投资增长 5.5%

2018 年,全省固定资产投资完成同比增长 5.5%,增速比去年同期回落 2.0 个百分点,比 1—11 月回落 0.1 个百分点,比三季度回落 0.1 个百分点,比上半年提高 0.2 个百分点。从增长趋势看,全年呈低开缓升稳走态势,进入下半年后增速一直保持在 5.5% 左右。

在投资总量中,项目投资同比增长 2.2%,占全部投资的比重为 70.0%,房地产投资同比增长 14.1%,占全部投资的比重为 30.0%。

分地区看,2018 年,苏南、苏中、苏北固定资产投资同比分别增长 3.7%、9.4%、5.2%;从占比看,苏南、苏中、苏北地区固定资产投资分别占全省总量的 44.3％、23.6％、32.1％,同比分别下降 0.8 个、提高 0.9 个、下降 0.1 个百分点。

分产业看,2018 年,第一、二、三产业固定资产投资同比分别增长 6.7％、7.9％、3.7％;二产中工业投资同比增长 8.0％,其中制造业投资增长 11.2％。

来　　源:江苏省统计局

发布日期:2019 年 01 月 28 日

2018 年江苏省一般公共预算收入完成情况

2018 年全省一般公共预算收入完成 8 630 亿元,比上年增加 458 亿元,增长 5.6％。

全省财政收入分地区简况

地区	2018 年(亿元)	同口径增幅(％)	地区	2018 年(亿元)	同口径增幅(％)
全省合计	8 630	5.6	连云港市	234	8.0
♯南京市	1 470	11.1	淮安市	247	5.8
无锡市	1 012	7.6	盐城市	381	4.4
徐州市	526	4.1	扬州市	340	5.1
常州市	560	5.9	镇江市	302	4.8
苏州市	2 120	9.6	泰州市	357	5.4
南通市	606	1.2	宿迁市	206	1.3

注:本表同口径数据对金融业税收由省级下放市县等影响作了调整。

来　　源:江苏省财政厅

发布日期:2019 年 01 月 07 日

2018年江苏常住人口自然增长率2.29‰

据人口变动情况抽样调查资料推算,2018年我省常住人口出生率为9.32‰,死亡率为7.03‰,人口自然增长率为2.29‰,与2017年相比,出生率下降0.39个千分点,死亡率持平,自然增长率下降0.39个千分点,人口自然增长率继续稳定在3‰以下。

由于20~39岁生育旺盛期妇女人数的减少、生育年龄的推迟、生育意愿等因素影响,全省人口出生率近三年持续小幅下降。出生人口中二胎比重在2017年短暂超过50%后,回落到50%以下,高龄妇女因政策调整集中生育的时段已过,生育将逐步走向常规。

来　　源:江苏省统计局
发布日期:2019年03月07日

改革开放四十年江苏人均GDP稳步提升

改革开放40年来,江苏人均GDP不断提高,按照世界银行人均国民收入的划分标准,江苏已由低收入国家水平跨入高收入国家水平行列。1978年,江苏人均GDP为430元(计174美元),相当于美国人均GDP的1.6%,在世界银行公布的134个国家(地区)中,江苏与第129位国家水平相当。2017年,江苏人均GDP升至107 189元(计15 876美元),相当于美国人均GDP的26.7%,在世界银行公布的189个国家(地区)中,与排名第50位的国家水平相当。

来　　源:江苏省统计局
发布日期:2018年12月25日

2018 年末全省就业人口 4 750.9 万人

根据全省人口变动情况抽样调查资料测算，2018 年末，全省就业人口 4 750.9 万人，占常住人口总数的 59.01%。与 2017 年末相比，就业人口减少 6.9 万人，占总人口的比重下降 0.24 个百分点。全省就业人口分三次产业的数量分别为 764.89 万人、2 033.39 万人、1 952.62 万人，占就业人口的比重分别为 16.1%、42.8%、41.1%。与 2017 年末相比，第一、第二产业就业人口分别减少 34.42 万人、7.71 万人，第三产业就业人口增加 35.23 万人；第一、第二产业就业人口比重分别下降 0.7 个、0.1 个百分点，第三产业就业人口比重上升 0.8 个百分点。

在总人口低速增长、劳动年龄人口大幅减少的情况下，全省常住人口就业总量近年来呈波动式下降态势，与此同时，就业结构在进一步优化。分产业就业结构变化体现出，第一，城镇化发展持续快速稳定的推进，第一产业继续呈挤出效应，就业人数保持较大规模的缩减。第二，在劳动力资源的缩减、供给侧改革的双重作用下，劳动力密集型企业，尤其是制造业加快转型升级步伐，吸纳就业能力有所下降。同时，再就业帮扶行动和职业培训计划，有效解决了释放的劳动力就业问题，稳定了就业形势。第三，第三产业内部传统行业的分工进一步细化、深化，新型行业不断涌现，也是就业人数增加的主要因素。而随着人口老龄化程度的进一步推进，针对老年人口的服务行业增加迅速。

来　　源：江苏省统计局
发布日期：2019 年 03 月 11 日

2018 年全省民营经济发展情况

2018 年,全省民营经济积极应对经济下行压力加大的趋势,保持平稳健康发展。规模以上民营工业增加值同比增长 4.1%,工业民间投资同比增长 10.5%,新注册私营企业近 50 万户,户均注册资本达到 541 万元,民企纳税达 9 015 亿元。

一、规模以上民营工业增速保持平稳

截至 2018 年底,全省规模以上民营工业企业达到 35 158 家,占全省规模以上工业企业数的 77.0%。2018 年,规模以上民营工业增加值同比增长 4.1%,比 1—11 月增幅提高 0.1 个百分点。规模以上民营工业实现主营业务收入 67 219.6 亿元,同比增长 7.6%;实现利润总额 4 314.3 亿元,同比增长 10.1%。

二、新登记注册私营企业近 50 万户

2018 年,全省新登记私营企业和个体工商户合计 158.5 万户,同比增长 7.1%。其中,新登记私营企业 48.9 万户,新登记个体工商户 109.5 万户,平均每天新注册私营企业 1 340 家,个体工商户 3 000 家。截至 12 月底,全省私营企业和个体工商户累计登记户数为 876.9 万户,比上年底增加 107.9 万户,其中,私营企业累计登记户数为 286.8 万户,比上年底增加 28.2 万户;个体工商户累计登记户数为 590.1 万户,比上年底增加 79.7 万户。全省私营企业集团达 2 189 户,比上年底增加 8 户。

三、私营企业新增注册资本达 2.6 万亿元

2018 年,全省私营企业和个体工商户新增注册资本(金)27 293.1 亿元,其中,私营企业新增注册资本 25 838 亿元,同比下降 0.7%;个体工商户新增注册资金 1 455.1 亿元,同比增长 13.1%。截至 12 月底,全省私营企业和个体工商户注册资本(金)总额达 161 534.9 亿元,比上年底增长 20.6%,其中,私营企业注册资本 155 195.5 亿元,比上年底增长 20.6%;个体工商户注册资金 6 339.3 亿元,比上年底增长 20.3%。私营企业单体规模继续扩张,户均注册资本由上年底的 498 万元提高到 541.2 万元;注册资本超过 1 亿元的私营企业比上年底增长 19.4%,达 18 108 户。

四、私营个体投资增长较快

2018 年,全省工业民间投资同比增长 10.5%,比 1—11 月增速提高 1.3 个百分点,比上年底增幅提高 1 个百分点,增速快于全部工业投资 2.5 个百分点。其中,私营企业工业投资同比增长 13.2%,比 1—11 月增速提高 1.2 个百分点,高于工业投资 5.2 个百分点,对工业投资增长起到了较强的支撑作用。全年全省工业和技改投资同比分别增长 8.0%、10.7%,分别比 1—11 月增幅提高 1.3 个和 0.2 个百分点。

五、民营经济纳税超过 9 000 亿元

2018 年,全省民营经济上缴税金 9 015.1 亿元,同比增长 18.4%,占全省税务部门直接征收总额的 59.4%。其中,民营经济上缴国税 5 608.5 亿元,同比增长 16.6%;上缴地税 3 406.6 亿元,同比增长 21.4%。从主要税种看,上缴增值税同比增长 17.9%;上缴营业税同比下降 34.5%;上缴

地税的企业所得税同比增长 26.2%。从主要行业看，制造业缴纳国税占民营经济缴纳国税的 41.6%，纳税额同比增长 9.5%，其中交纳增值税同比增长 7.7%。

六、民营企业进出口总额近 1 900 亿美元

2018 年，全省民营企业实现出口总额 1 347.8 亿美元，同比增长 18.0%，比全省出口总额增幅高 6.7 个百分点，比上年底出口总额增幅提高 8 个百分点；民营企业出口总额占全省出口总额的 33.4%，较去年同期提高 2 个百分点。民营企业实现进口总额 546.2 亿美元，同比增长 21.9%，较去年同期提高 1.7 个百分点，比全省进口总额增幅高 7.7 个百分点；民营企业进口总额占全省进口总额的 21.0%，较去年同期提高 1.3 个百分点。

来　　源：江苏省工业和信息化厅
发布日期：2019 年 01 月 31 日

2018 年全省规模以上中小工业经济运行情况

2018年,全省中小企业呈现高开低走、逐步平稳、稳中有进的发展态势。

一、规模以上中小工业总产值同比增长 7.9%

至 2018 年底,全省规模以上中小工业企业数为 44 530 个,比上年底减少 2 356 个,占全省规模以上工业的 97.5%;总资产为 68 725.4 亿元,同比增长 5.6%。2018 年,全省规模以上中小工业总产值同比增长 7.9%,比去年同期下降 4.5 个百分点;完成主营业务收入 75 917.2 亿元,占全省规模以上工业的 59.3%,同比增长 6.8%,比去年同期下降 3 个百分点。

二、规模以上中小工业利润总额超 4 800 亿元

2018 年,全省规模以上中小工业实现利润总额 4 853.3 亿元,占全省规模以上工业比重的 57.2%,同比增长 8.7%。至 12 月底,全省规模以上中小工业亏损企业个数为 6 468 个,亏损面为 14.5%,比去年同期提高 2.8 个百分点;企业"两项资金"占用总额(应收账款净额与存货之和)为 17 323.5 亿元,同比增长 7.9%,比去年同期下降 2.9 个百分点。

三、机械和石化行业主营业务收入突破万亿元

2018 年,全省规模以上中小工业主要行业中,机械、轻工、石化和纺织四大行业支撑作用显著,主营业务收入均超过 7 000 亿元,其中,机械行业主营业务收入 3 万亿元,石化行业主营业务收入 1.2 万亿元。四大行业的主营业务收入合计占规模以上中小工业的比重为 76.1%,比去年同期提高 2.1 个百分点。建材、冶金和医药行业主营业务收入增长较快,增幅均突破 10%。其中,建材行业主营业务收入同比增长 17.5%,冶金行业主营业务收入同比增长 15.3%,医药行业主营业务收入同比增长 10.2%。建材和冶金行业效益增长较快,利润总额分别增长 38.0% 和 37.0%,分别比去年同期提高 23.3 和 29.9 个百分点。轻工和纺织行业利润同比有所下降。

四、民营中小工业运行平稳

2018 年,全省规模以上民营中小工业企业总数为 34 690 个,占规模以上中小工业企业总数的 77.9%,比去年同期下降 0.2 个百分点;完成主营业务收入和利润总额分别占规模以上中小工业的 63.2% 和 58.8%,同比增长 6.8% 和 9.4%,分别高于外资中小工业企业主营业务收入和利润总额增幅 0.6 个和 2.7 个百分点。

五、苏中地区增幅稳中趋好

2018 年,苏中地区主营业务收入和利润总额同比分别增长 10.2% 和 20.1%,比 1—11 月增幅提高 1.1 个和 5.4 个百分点。苏南地区主营业务收入和利润总额同比分别增长 8.3% 和 8.9%。苏北地区主营业务收入和利润总额同比分别下降 2.8% 和 10.2%。

来　　源:江苏省工业和信息化厅
发布日期:2019 年 01 月 31 日

2018年全省景气指数、信心指数较高位运行

2018年企业景气指数和企业家信心指数一季度大幅上升,后三季度持续下行,但仍处较高位势。一季度企业景气指数为130.1,环比上升6.2点,后3个季度环比分别下降5.6、1.9和2.8点。四季度景气指数为119.8,同比下降4.1点。连续7个季度在120～150较为景气区间运行后,四季度回到110～120相对景气区间运行。企业家信心指数与景气指数走势基本一致,一季度为131.3,环比上升7.8点,后3个季度分别下降5.6、2.1和2.5,四季度企业家信心指数为121.0,同比下降2.5点。连续8个季度在120～150较为乐观区间,继续保持高位运行。

来　　源:江苏省统计局

发布日期:2019 年 02 月 11 日

我省规上工业企业知识产权保护力度得到加强

据全省创新调查数据显示:2017 年,我省有71.8％的规上工业企业通过采用多种形式对所拥有的知识产权和技术秘密进行了保护,比上年提高了 27.5 个百分点。

其中:申请发明专利、申请实用新型或外观设计专利、申请注册商标和进行了版权登记的企业分别占 17.7％、21.2％、15.5％和 2.1％,对技术秘密进行内部保护的企业占 21.5％,均比上年有所提高。同时,工业企业发明专利转化率也有明显提高,2017 年达到 60.8％,比 2016 年提高 23.3 个百分点,企业创新成果得到了有效实施。

来　　源:江苏省统计局

发布日期:2018 年 11 月 29 日

改革开放 40 年——综合篇：
锐意改革勇立潮头　开拓创新谱写华章

以 1978 年党的十一届三中全会为开端,我国改革开放走过了 40 年不平凡的光辉历程。40 年来,在中国特色社会主义伟大旗帜指引下,江苏改革开放从农村到城市、从经济体制改革到全面深化改革,波澜壮阔地全面展开,取得了社会主义现代化建设的历史性成就。40 年砥砺奋进,40 年春华秋实,勤劳智慧、自强不息的江苏人民,抢抓机遇、创新探索、锐意进取,谱写了辉煌壮丽的时代华章。

一、奋斗历程

回顾 40 年发展历程,是一部思想大解放、制度大创新、动力大转换的历史,是一部主动应对各种风险挑战,在挫折中奋进、在困境中成长、在历练中成熟的历史。回眸这段历史,大致可分为四个阶段。

第一阶段:农村生产力大解放和乡镇企业大发展时期(1978—1989 年)

1978 年召开十一届三中全会之后,全国开始实行对内改革、对外开放的政策。会议深入讨论了农业问题,同意将《中共中央关于加快农业发展若干问题的决定(草案)》和《农村人民公社工作条例(试行草案)》发到各省、市、自治区讨论和试行。全会认为,全党目前必须集中主要精力把农业尽快搞上去。随着农村家庭联产承包责任制的探索逐步推广,农业生产效率快速提升,农村生产力大解放和乡镇企业大发展成为了改革

开放初期江苏经济社会发展的显著特点,推动江苏经济社会进入快速发展阶段。这一时期,江苏生产总值从 1978 年的 249.2 亿元提升至 1989 年的 1 321.9 亿元,年均增长 11.6%;固定资产投资从 21.8 亿元提升至 320.2 亿元,年均增长 27.7%;社会消费品零售总额从 84.8 亿元增加至 509.6 亿元,年均增长 17.7%;进出口总额从 4.3 亿美元增加至 38.4 亿美元,年均增长 22.1%;城乡居民收入年均分别增长 15.2%、17.1%。

农业农村改革深入推进。随着家庭联产承包责任制在江苏的普遍推行,农村生产力得到极大解放,农业农村发展取得突破性进展。截至 1983 年,全省有 96% 的生产队实行联产承包制,其中包干到户的占 56%。1983 年以后,江苏逐步撤销人民公社建制,进行了农产品流通体制、农产品价格体制、农村产业结构三项改革。进入 80 年代中后期,江苏建立乡村社区性合作经济组织,健全农业社会化服务体系,推进耕地适度规模经营。1987 年中央确定无锡、吴县和常熟三县(市)建立"江苏省社会主义农业现代化试验区",为全国推进实施农业现代化建设积累了丰富经验。这一时期,江苏农业农村经济发展迅猛。1983 年江苏粮食总产量首次突破 3 000 万吨,至 1989 年达到 3 282.8 万吨,比 1978 年增长 36.7%。农林牧渔业总产值从 1978 年的 105.9 亿元增加至 1989 年的 522.3 亿元。农村人均纯

收入从 155 元提升至 876 元,农村居民家庭恩格尔系数从 62.3% 下降至 50.2%。农业生产效率大幅提升,第一产业就业人口从 1978 年的 1 937.1 万人降至 1989 年的 1 714.7 万人,占总就业人口比重从 69.7% 降至 48.7%,劳均农林牧渔业产值从 529 元提升至 3 100 元。

乡镇企业异军突起。随着农业生产效率的快速提升,大量劳动力从第一产业向第二、三产业转移,为江苏乡镇企业蓬勃发展提供了重要契机。江苏乡镇企业的迅猛发展,加速了从农业社会到工业社会的历史性跨越,实现了产业、人口向集镇的大规模集聚,率先走出了一条城乡二元格局下城市化发展的新路,并由此形成了具有江苏发展特色的以集体经济为主体,以乡村工业为主导,以中心城市为依托,以市场调节为主要手段,以共同富裕为重要目标的"苏南模式",为全省工业化、城市化和现代化建设作出了重大的历史性贡献。这一时期江苏乡镇企业发展主要分为两个阶段:一是探索摸索阶段。20 世纪 70 年代中后期,江苏乡镇企业冲破种种束缚,依靠"四千四万"的顽强意志和自身的灵活机制,获得了较快发展。到 1980 年,全省乡镇企业产值突破百亿元大关,形成了乡镇企业发展的第一个高潮。二是快速发展阶段。1983 至 1985 年中央连发关于农村工作的一号文件,国务院也先后出台了《关于发展社队企业若干问题的规定(试行草案)》(1979)、《关于社队企业贯彻国民经济调整方针的若干规定》(1981)。在此期间推广无锡县堰桥乡农民创造的"一包三改"改革经验,苏南乡镇企业凭借快人一拍的制度创新,呈现出发展的第二次高潮。1985 年,全省乡村两级工业企业达 8.16 万个,完成产值比 1980 年增长 2.31 倍。

第二阶段:开放型经济和民营经济长足发展时期(1990—2003 年)

1990 年 4 月,中央决定开发开放浦东,实施以上海浦东为龙头,带动长三角地区经济向更高层次发展,进而促进整个长江流域经济发展的战略。1992 年,党的十四大正式确立"我国经济体制改革的目标是建立社会主义市场经济体制"。1997 年,党的十五大明确指出"公有制为主体、多种所有制经济共同发展,是我国社会主义初级阶段的一项基本经济制度"。江苏认真贯彻落实中央部署要求,主动对接服务浦东开发开放,积极推动经济体制改革,鼓励引导乡镇企业向民营企业转制,开放型经济迅猛发展和民营经济快速成长成为这一时期江苏改革开放最为显著的两大特征。1990—2003 年,江苏生产总值从 1 416.5 亿元增加至 12 442.9 亿元,年均增长 13.5%;固定资产投资、社会消费品零售总额年均增长 23.1%、17.5%;进出口总额从 41.4 亿美元提升至 1 136.7 亿美元,增长 26.5 倍,年均增长 29%;城乡居民收入年均分别增长 15.2%、12.8%。

开放型经济迅猛发展。江苏及时抓住浦东开发开放的重大发展机遇,主动与其相呼应、相对接。1992 年春,小平同志在南巡讲话中明确要求"江苏等发展比较好的地区,就应该比全国平均速度快"。江苏通过"三外齐抓、三外齐上"、推进开发区建设、扩大对外经济技术合作等举措,江苏开放型经济取得长足发展。1994 年末,全省建立了 10 个国家级开发区和苏州工业园区以及一批省级开发区,当年实现进出口总额突破百亿美元,达 117.6 亿美元,比 1990 年增长 1.84 倍,年均增长 29.8%;外商直接投资 41.8 亿美元,相当于 1990 年的 29.6 倍。1994 年底召开的省第九次党代会上,正式把经济国际化战略确立为经济社会发展的重大战略,进一步推动了全方位、多层次、宽领域对外开放新格局的形成。二十世纪末到本世纪初,抢抓国际产业和资本向长三角转移以及我国加入世贸组织的契机,着力提高利用外资的质量和水平,重点加强与跨国公司的合资合作,积极拓展海外市场,开放型经济取得重大突破。到 2003 年,全省进出口总额首超千亿美元,达 1 136.7 亿美元,外商直接投资 158 亿美元,对外承包工程和劳务合作营业额 19.8 亿美元,分别比 1990 年增长 26.5 倍、111.1 倍和 48.4 倍。

民营经济蓬勃发展。江苏认真贯彻党的十五大提出的以公有制为主体、多种所有制经济共同发展的方针,积极鼓励和支持民营经济发展。与乡镇政府产权主动退出和集体经济改制相伴,一大批集体乡镇企业开始改制为民营企业。1997 年底,全省有 80% 的乡村企业实行了多种形式的改制。2000 年底,省委、省政府召开全省私营个体经济工作会议,提出"思想上放心放胆、工作上放手放开、政策上放活放宽"的要求,并制定了引导和促进民营经济快速健康发展的政策措施。宽松的创业环境和有效的支持措施,使源于民众、植根本土的民营经济发展走上了快车道,成为创造民众财富的生力军、新增就业的主渠道和新的经济增长点。2001—2003 年,全省民营经济总量大幅增长,经营领域逐步扩大,结构层次明显提升,科技含量和开放度不断提高,三年间民营企业数翻了一番,民营经济上缴税收占全省税收的比重由 13% 提高到 19.9%,增加值占全省经济总量的比重由 26.2% 提高到 30.5%。

第三阶段:全面建设小康社会和积极探索基本现代化时期(2003—2012 年)

根据党的十六大精神和中央对江苏的发展要求,2003 年 7 月,江苏省委十届五次全会作出决定,把率先全面建成小康社会、率先基本实现现代化作为新世纪之初江苏发展的总定位和总目标,确定了"两个率先"的基本目标和完成时序,明确提出了实现第一个"率先"的总体思路和工作举措,开启了全省迈向"两个率先"的新征程。这一时期,江苏紧紧围绕全面建设小康社会、积极探索基本实现现代化建设路径目标,有力应对了国际金融危机冲击,全省经济社会实现快速发展。2003—2012 年,江苏生产总值从 12 442.9 亿元增加至 54 888.8 亿元,年均增长 13.1%;一般公共预算收入从 798.1 亿元增加至 5 860.7 亿元,年均增长 24.8%;城镇化率从

46.8% 提升至 63%;进出口总额从 1 136.7 亿美元提升至 5 480.9 亿美元,年均增长 19.1%;固定资产投资、社会消费品零售总额年均分别增长 22.8%、17.8%;城乡居民收入年均分别增长 13.8%、12.5%。

产业结构加速优化升级。先进制造业快速发展。全省规上工业企业数从 2003 年的 2.39 万家增加至 2012 年的 4.59 万家,规上工业主营业务收入从 1.8 万亿元增加至 11.9 万亿元。2012 年,全省装备制造业产值是 2003 年的 7.57 倍,占规上工业总产值比重达 46.4%,比 2003 年提高 5.5 个百分点。其中,电子行业、电气机械及器材制造业产值规模均从千亿级迈上万亿级台阶。服务业发展迅速。全省服务业增加值占 GDP 比重从 2003 年的 36.1% 提升至 43.1%,年均提高 0.78 个百分点。金融业增加值从 392.1 亿元增长至 3 136.5 亿元,房地产业增加值从 447.5 亿元增长至 2 992.8 亿元。

发展动力逐步转换。创新动力逐步增强。全省研究与发展经费内部支出占 GDP 比重从 2003 年的 1.21% 提升至 2.3%,创新投入规模从 150.5 亿元增长至 1 288 亿元。高新技术产业产值从 2005 年的 7 928.2 亿元增长至 45 041.8 亿元,占规上工业比重从 2005 年的 24.2% 提升至 37.5%。经济总量中投资、进出口占比提升。2012 年按支出法计算地区生产总值中,资本形成总额、货物和服务净出口占比分别达 50.4%、7.6%,比 2003 年分别提高 0.7 个、1.4 个百分点。城镇消费市场率先启动,2012 年按支出法计算地区生产总值中,城镇居民最终消费占比达 22%,比 2003 年提高 2.2 个百分点,政府消费占比提高 0.8 个百分点。

开放型经济持续发展。对外贸易规模再上新台阶。2003—2012 年,全省进出口总额从 1 136.7 亿美元提升至 5 480.9 亿美元,自 2011 年起一直稳定在五千亿美元以上规模。对外贸易依存度从 2003 年的 75.6% 逐年提升至 2006

年的 104.6%,随后逐年下降至 2012 年的 64%。实际利用外资规模翻番。全省实际利用外资从 2003 年的 158 亿美元提升至 2012 年的 357.6 亿美元,增长 1.26 倍。对外承包工程和劳务营业额从 19.8 亿美元提升至 64.7 亿美元,增长 2.27 倍。

社会民生稳步改善。居民收入较快增长。2003—2012 年,全省城镇常住居民人均可支配收入从 9 262 元增加至 29 677 元,城镇家庭恩格尔系数从 38.3%下降至 35.4%;农村居民人均纯收入从 4 239 元增加至 12 202 元,农村家庭恩格尔系数从 41.4%下降至 37.4%。医疗卫生体系不断完善。每万人拥有医师数从 14.5 人提升至 19.9 人,每万人拥有医院、卫生院床位数由 24 张提升至 38.8 张。教育水平持续提升。小学毕业生升学率自 2006 年始终保持 100%,初中毕业生升学率从 2003 年的 83.2%提升至 2012 年的 98%,每万人口中大学生在校生数从 116.1 人提升至 228.6 人。

第四阶段:高水平全面建成小康社会决胜阶段和全面开启基本现代化建设时期(2012 年至今)

党的十八大以来,江苏认真贯彻落实党的十八大、十九大精神和习近平总书记对江苏工作的重要指示要求,坚持以习近平新时代中国特色社会主义思想为指引,统筹推进"五位一体"总体布局和协调推进"四个全面"战略布局,积极践行新发展理念,加快推进高水平全面建成小康社会目标实现。2013 年全国两会,习总书记参加江苏代表团审议时提出"深化产业结构调整、积极稳妥推进城镇化、扎实推进生态文明建设"三项重点任务。2014 年底,习总书记视察江苏时提出建设"强富美高"新江苏、推动"五个迈上新台阶"的要求。党的十九大胜利闭幕以后,习总书记再次视察江苏时就"坚守实体经济、推动创新发展、深化国有企业改革、实施乡村振兴战略、建设生态文明、加强基层党组织建设"等方面问题提出了明确要求。习总书记对江苏发展的关注关怀,为全省发展指明了方向、提振了信心、增强了动力。这一时期,在省委省政府的正确领导下,全省上下紧紧围绕"强富美高"新江苏建设和高质量发展要求,紧盯高水平全面建成小康社会和全面开启基本现代化新征程目标,主动适应引领经济发展新常态,积极应对各项风险挑战,经济社会向高质量发展迈出坚实步伐。2012—2017 年,江苏生产总值从 54 888.8 亿元增长至 85 900.9 亿元,年均增长 8.4%,一般公共预算收入连跨 3 个千亿级台阶,达到 8 171.5 亿元,年均增长 6.9%;社会消费品零售总额从 18 331.3 亿元增长至 31 737.4 亿元,年均增长 11.5%;进出口总额接近六千亿美元,达 5 911.4 亿美元;城乡居民人均可支配收入分别达到 43 622 元、19 158 元,年均分别增长 8.6%、9.5%。

党的十九大作出了"我国经济已由高速增长阶段转向高质量发展阶段"的科学论断。省委十三届三次全会明确,推动高质量发展,是江苏作为东部发达省份必须扛起的重大责任,必须坚持经济发展、改革开放、城乡建设、文化建设、生态环境、人民生活六个"高质量"。江苏认真贯彻落实党中央的部署要求,大力推进质量变革、效率变革、动力变革,是当前和今后一段时期内推动江苏经济社会发展的重要指引。

经济发展质效明显提升。2012—2017 年,江苏积极适应引领经济发展新常态,深入推进供给侧结构性改革,全力打好"三大攻坚战",经济结构、发展质效取得显著提升,增长动力加速转换。自 2016 年起,江苏第三产业增加值占比超过经济总量的"半壁江山",产业结构实现了"三二一"的标志性转变。研发经费支出占 GDP 比重提升至 2.63%,创新对经济增长的贡献不断增强。高新技术产业产值占规上工业比重达 42.7%,网上零售额(按卖家所在地计)突破七千亿元,工业新产品产值达到 1.46 万亿元,新产业、新业态、新产品蓬勃发展。规上工业企业利润总额突破万亿元大关,税收收入连跨 5 千亿、6 千亿台阶,经济发展效益明显提升。

改革开放持续深入推进。积极推进"放管服"改革创新探索,大力实施"不见面审批",加速优化营商环境。商事制度改革激发创业活力,2014—2016年全年新登记企业先后突破30万、40万、50万户,2017年新登记市场主体和注册资本分别比上年增长13.8%、25.5%,平均每天新增市场主体4 184户。外向型经济持续优化。2017年,全省一般贸易进出口占进出口总额比重达48.1%,比2012年提高8.1个百分点。2017年,全省与"一带一路"沿线国家进出口总额增长20.6%,其中出口增长16.3%,对全省出口增长贡献率达23.3%。2014—2018年6月,全省对"一带一路"沿线国家累计协议投资额达141.1亿美元。全省年均实际使用外资始终保持在300亿美元左右,对外承包工程和劳务营业额从64.7亿美元增长至95.3亿美元。

城乡建设水平稳步提升。江苏认真贯彻落实新型城镇化和城乡一体化发展,大力实施乡村振兴战略,全力推进民生补短板项目和重大基础设施项目建设,城乡建设水平快速提升。2012—2017年,江苏常住人口城镇化率从63%提高至68.8%。铁路营业里程从2 348公里增加至2 770.9公里。高速公路里程从4 371公里增加至4 688公里。港口货物吞吐量从19.5亿吨增加至25.7亿吨。邮电业务总量从1 108.8亿元增加至2 948.6亿元。年末移动电话用户从7 471.4万户增长至8 807.7万户,计算机互联网用户从1 400.7万户增加至3 106.2万户。

生态环境质量持续改善。至2017年末,全省自然保护区增至31个,其中国家级自然保护区3个,面积达53.63万公顷;自然湿地保护率达到48.2%;林木覆盖率提高到22.9%。全面推行河长制和断面长制,确保太湖流域实现安全供水、不发生大面积湖泛,长江、淮河等重点流域以及近岸海域污染治理深入推进。城乡环境综合整治成效显著,建成国家生态市(县、区)45个,国家生态园林城市16个,国家生态工业园区21个,国家生态文明建设示范市县5个。

社会民生福祉不断增进。江苏大力实施民生幸福工程,明确将"聚焦富民"作为经济社会发展的着力点和落脚点,着力缓解教育、医疗、养老等群众关注关心的民生压力,社会民生事业取得显著进步。2012—2017年,城乡居民收入比从2.37:1缩小至2.28:1;城乡居民家庭恩格尔系数分别下降7.9个、8.5个百分点。城乡居民人均住房建筑面积分别增长15.3%、14.8%。全省每千人口拥有医师数达2.71人,每千人口拥有医院、卫生院床位数达5.46张。

二、辉煌成就

回眸改革开放40年来,江苏在经济社会文化等各个领域、各个方面都取得了巨大成就。这40年,是江苏综合实力大幅跃升的40年,是城乡面貌发生巨变的40年,是社会主义文化繁荣发展的40年,是社会民生显著改善的40年。2017年,江苏以全国1.1%的土地,养育了5.8%的常住人口,创造了10.4%的GDP,实现了5.7%的粮食总产量、8.7%的社会消费品零售总额、14.4%的进出口总额和8.9%的一般公共预算收入,为全国发展大局作出了突出贡献。

(一)综合实力连续迈上新台阶

改革开放以来,江苏始终围绕党中央、国务院各项决策部署,全方位推进国民经济和社会发展各领域各层级改革,全面参与对外经济合作交流,探索出了一条富有江苏特色的全面深化改革、全面对外开放的发展路径,取得了令人瞩目的发展成就。经济总量规模迅猛增长。1978—2017年,江苏生产总值从249.2亿元增长至85 900.9亿元,按可比价计算增长了82.68倍,年均增长12%,比全国年均增速高2.5个百分点。按当年美元汇率计算,地区生产总值从1985年的221.96亿美元提升至2017年的13 181.8亿美元,经济体量从1985年处于世界45位左右提升至2017年的14位左右。其中,第二产业、第三产业增加值分别增长了127.16倍、147.31倍，分别年均增长13.2%、13.7%。人均产出效率快速提升。人均GDP从430元增长至10.7万元，可比增长59.92倍，年均增长11.1%。按当年美元汇率计算，2017年江苏人均GDP达到15 876美元。全员劳动生产率从899.8元/人提升至180 577.6元/人，高出全国平均水平78.4%。地方财力显著增强。全省一般公共预算收入从61.1亿元增长至8 171.5亿元，累计增长了132.8倍，年均增长13.4%，其中税收收入从35.9亿元增长至6 484.3亿元，年均增长14.2%，人均实现一般公共预算收入从105.3元提升至10 196.6元，增长了95.8倍；一般公共预算支出从28.4亿元增长至10 621.4亿元，增长了373倍，人均拥有一般公共预算支出从48.9元提升至13 253.6元，增长了270倍。

（二）发展质效不断实现新提升

改革开放以来，江苏坚持深化社会主义市场经济体制改革，努力做大做强产业基础，不断探索行政审批、商事制度、科技创新、市场监管等各领域改革创新，"江苏制造"已成为享誉世界的知名品牌，加快打造"江苏创造"品牌已成为全省发展共识。现代产业体系初步构建。1978—2017年，江苏第三产业增加值占GDP比重从19.8%提高至50.3%，三次产业就业人员结构从69.7：19.6：10.7调整至16.8：42.9：40.3，第二产业加快由大向强转变，第三产业已成为全省经济增长和就业岗位供给的重要支撑。创新驱动力不断增强。全社会研发经费内部支出从1997年的25.2亿元提升至2017年的2 260亿元，占地区生产总值比重从0.38%提升至2.63%。拥有各类专业技术人员数从1978年的22.18万人增加至2017年的119.34万人。专利申请量和授权量分别从1990年的2 706件、1 455件增长至2017年的514 402件、227 187件。新兴产业蓬勃发展。高新技术产业产值占规上工业比重达到42.7%，战略性新兴产业产值占比达到31%。

工业新产品产值突破万亿元，达1.46万亿元。企业规模持续壮大。至2017年，江苏有太平洋建设集团、恒力集团、沙钢集团和苏宁云商4家企业入围世界500强；共有47家企业入围中国企业500强。中国民营企业500强中江苏企业占据82席。2017年末，全省境内上市公司382家。

（三）改革开放持续拓展新空间

改革开放以来，江苏认真贯彻落实党中央的各项改革部署，从农业农村改革逐步拓展至乡镇企业改革、国有企业改革、教育体制改革、医疗卫生体制改革等涉及各个领域的全面深化改革，从抢抓浦东开发开放机遇到加入WTO后全面参与国际竞争，绘就了一张江苏人民敢为人先、敢闯敢试的辉煌画卷。全面改革激发市场经济活力。以农村联产承包责任制为主要内容的改革，大大解放了农村生产力；随着从高度集中的计划经济体制逐步转向充满活力的社会主义市场经济体制，经济发展活力得以充分激发。农业农村、经济体制、价格体制、财税体制、投融资体制等各领域改革蹄疾步稳，外商企业、合资企业、民营企业、混合所有制企业等多种经济类型蓬勃发展。至2017年，全省非公有制经济实现增加值58 326.7亿元，占GDP比重达67.9%。私营个体经济、民营经济增加值占GDP比重分别为44.1%、55.4%。全省工商部门登记的私营企业258.6万户，注册资本128 648亿元；个体户510.4万户。全面开放拓展发展空间。1978—2017年，江苏进出口总额从4.27亿美元增长至5 911.39亿美元，增长了1 381.8倍，年均增长20.4%。贸易结构不断优化，至2017年，江苏与全球两百多个国家（地区）有贸易往来。其中，美国、欧盟、东盟、日本分别占进出口总额比重17%、16.3%、11.5%、9.5%，对"一带一路"沿线国家进出口占进出口总额比重达到21.8%。利用外资格局更加多元。江苏实际使用外资从1985年的0.12亿美元增长至2017年的251.4亿美元，年末外商投资企业数从1995年的

24 099家增加至2017年的58 577家,企业分布也从主要集中在制造业领域逐步拓展至批发零售业、科研服务业、租赁商务服务业、住宿餐饮业等新兴领域。

（四）城乡建设接续展现新面貌

改革开放以来,江苏始终坚持统筹推进城乡建设,先后提出"以城市为中心、以农村为基础、以小城镇为纽带""城市现代化、农村城镇化、城乡一体化""城乡统筹、集约发展、规划引导、改善环境、保持特色"等发展方针。党的十八大以来,江苏认真贯彻落实党中央作出的新型城镇化和城乡发展一体化部署,大力推进实施乡村振兴战略,城市和乡村建设始终走在全国前列。新型城镇化建设成效明显。1978—2017年,江苏常住人口城镇化率从13.7%提升至68.8%,累计提高55.1个百分点,城镇常住人口从800.8万人增加至5 521万人,年均增加121万人。城市建成区面积从1995年的1 109平方公里增长至2016年的4 299平方公里,城市人口密度从1 743人/平方公里增长至2 057人/平方公里。用水普及率从1990年的91.3%提升至99.9%,燃气普及率从36.8%提升至99.5%。新时代乡村建设走在前列。大力实施美丽乡村和特色小镇建设,富有江苏特色的新时代乡村建设取得长足进步。至2016年,江苏建制镇用水普及率(97.94%)、燃气普及率(90.18%)、排水管道密度(11.55公里/平方公里)、绿化覆盖率(29.42%)、绿地率(22.2%)均居全国首位;人均公园绿地面积6.68平方米,居全国第2位;人均道路面积18.2平方米,居全国第3位。城乡一体化发展水平显著提升。坚持统筹提升城乡建设水平,全力补足城乡基础设施、民生保障等领域短板。至2017年,江苏城乡居民人均可支配收入比为2.28∶1,是全国城乡收入差距较小的省份之一。城乡居民家庭恩格尔系数仅相差1.4个百分点,比1978年缩小5.8个百分点。至2017年,江苏行政村客运班线通达率达100%,农村无害化卫生户厕普

及率达90.4%。

（五）文化建设不断取得新业绩

改革开放以来,江苏坚持大力推进中国特色社会主义文化建设,不断完善公共文化服务体系,着力促进对外文化交流、文化贸易,加快提升文化事业产业发展水平。尤其是党的十八大以来,江苏大力弘扬社会主义核心价值观,充分发挥文化引领社会发展、推进社会进步作用,全力讲好新时代的江苏故事。大力培育践行社会主义核心价值观。通过各种途径、多种方式加大社会主义核心价值观的宣传教育,通过宣传解读、教育实践等形式,切实将培育和弘扬社会主义核心价值观融入经济社会发展的各个方面,为全省发展凝心聚力。至2017年末,全省共有10个设区市、7个县(市)跻身全国文明城市行列,总数保持全国第一。公共文化服务体系不断完善。至2017年,全省共有公共图书馆115个,比1978年增加37个,公共图书馆总藏量达8 597.6万册;拥有博物馆322个,增加303个。2017年,全省群众艺术馆115家,文化站1 279家;举办各类展览8 884个,组织文艺活动6.6万场次,举办各类文艺类训练班近3万班次,结业人数达227万人次。文化产业蓬勃发展。2016年,全省文化产业增加值占GDP比重达到4.99%。2017年,全省出版图书共计2.9万种,总印数达到6.4亿册;制作各类广播节目时长达到57.8万小时,各类电视节目制作时长达19.6万小时。

（六）人民生活持续获得新改善

改革开放以来,江苏始终坚持以人民为中心的发展理念,始终把保障改善民生作为经济发展的出发点和落脚点。尤其是党的十八大以来,江苏省委在高水平全面小康社会的建设过程中,明确提出"聚焦富民"的发展思路,大力实施民生幸福工程,确保江苏人民共享经济社会发展成果。居民收支水平快速提升。1978—2017年,江苏城乡居民收入分别年均增长13.7%、13.1%,比GDP增速分别高1.7个、1.1个百分点。城乡居

民家庭恩格尔系数分别从 55.1％、62.3％下降至 27.5％、28.9％。居民生活处于较高水平。江苏百户居民家庭拥有家用汽车数量居全国各省区第 3 位,冰箱、空调、彩电等家庭耐用消费品拥有量均居各省区前列。社会事业取得长足进步。教育现代化水平持续提升,2017 年全省学前三年教育毛入园率 98％,九年义务教育巩固率保持 100％,高中阶段教育毛入学率 99.3％,高等教育毛入学率达 56.7％。医疗卫生服务体系更加完善,全省每万人拥有医师数达 27.1 人,每万人拥有医院、卫生院床位数 54.6 张,分别为 1978 年的 2.8 倍、2.9 倍,每千名老人拥有养老机构床位数达 39.3 张。社会保障体系不断完善。大力实施全民参保计划,社会保障"扩面提标"有力推进。2017 年,全省城镇职工基本医疗、失业、工伤、生育保险参保人数分别为 2 601 万人、1 583 万人、1 690 万人和 1 582 万人,分别为 2001 年的 5.3 倍、2.1 倍、3.6 倍、3.3 倍。企业职工基本养老保险参保人数达 2 097.5 万人。

三、宝贵经验

改革开放四十年,是江苏发展进程中最为精彩纷呈的一个阶段,是江苏人民面对各项风险挑战不断解放思想、开拓创新、勇于突破的一个阶段,是江苏经济快速发展、社会持续进步、民生不断改善的一个阶段。四十年来江苏人民经过长期探索和艰辛实践得来的宝贵经验,对新时代江苏经济社会高质量发展和"强富美高"新江苏建设都具有重要意义。

(一)坚持为了人民、依靠人民,充分发挥人民群众的创造力

四十年的风雨历程中,在党中央的坚强领导下,江苏始终坚持以人民为中心的发展思想,充分发挥人民群众的积极性、主动性、创造性。人民群众日益增长的物质文化需要和对美好生活的向往,是江苏不断深化改革、扩大开放的根本动力。从家庭联产责任承包制的试点、推广和施行,到乡镇企业的"异军突起"和民营经济的蓬勃

发展,再到"引进来、走出去"的全方位对外合作交流,众多推动经济社会发展的成功实践,都来源于广大人民群众持续不断的创新探索。尤其是党的十八大以来,江苏认真贯彻落实精准扶贫要求,在加快推进高水平全面小康建设进程中,确保一个不少、一户不落。江苏经济发展、社会进步离不开江苏人民的艰辛实践和勇敢探索;江苏居民的幸福感、获得感、安全感的持续提升,也是江苏发展建设的最初动力和最终目标。

(二)坚持解放思想、实事求是,持续增强深化改革的源动力

四十年的经济腾飞中,江苏认真贯彻落实党中央、国务院的各项决策部署,紧密结合本地实际,积极应对宏观经济环境变化,主动响应企业发展需求,用持续深化各领域改革为经济社会发展提供源源动力。从改革开放初期的"苏南模式",到浦东开发开放以来的外向型经济蓬勃发展;从劳动密集型产业抢占国际市场到高端装备制造享誉全球;从脱贫致富奔小康到高水平全面建成小康社会和开启基本现代化建设探索。江苏始终遵循发展规律,积极破除发展束缚,在改革探索中,抢抓机遇推进发展,在科学实践中,积累经验打造样板,为全国发展提供了众多的"江苏经验""江苏模式"。

(三)坚持对外开放、合作共赢,不断拓展经济发展的新空间

四十年的全球化经济浪潮中,江苏积极融入国际市场,参与国际竞争,加强合作交流。在主动呼应对接浦东建设过程中,不断加强自身能力建设,规划建设了一批开发区、高新园区、保税区等对外开放载体。积极招引外商投资,加大对外经济合作交流,在引资选资中不断提升外资质量;在加入 WTO 以后,深度参与国际分工,持续扩展合作领域。"江苏制造"从纺织、鞋帽等传统产品转向电子、成套设备、精细化工等高端产品,技术实力也从跟跑向并跑、在部分领域领跑转变。在国际市场中的深耕细作,为江苏发展拓展

了空间、培养了人才、提升了能力,也为经济社会平稳健康可持续发展提供了保障。

（四）坚持与时俱进、锐意进取,努力凝聚创新发展的驱动力

四十年的不断突破中,江苏始终秉持敢为人先的勇气和魄力,主动适应国内外市场变化趋势,加速调整产业结构、产品结构,实现了从简单加工装配的劳动密集型产业向高端设计制造的技术密集型、资本密集型产业迈进的"江苏路径"。尤其是进入20世纪以来,江苏积极参与国际市场竞争,不断强化体制机制创新,大力推进创新型省份建设。在科技人才培养、海外人才引进、产业技术创新等领域不断探索,创新对经济发展的推动作用持续增强。党的十八大以来,江苏认真践行"发展是第一要务、人才是第一资源、创新是第一动力"的发展思路,在新技术、新材料、新能源等新兴领域形成了一批具有国际领先优势的创新成果,不断推动"江苏制造"向"江苏创造"加快转变。

（五）坚持生态优先、绿色发展,全力探索环境友好的新路径

四十年的经济建设中,江苏构建了较为完备的现代工业体系,集聚了大量的人口,实现了全国第二的经济总量,但面对土地面积小、生态资源少等现实困难,江苏坚持推动集中集聚集约发展,努力缓解资源环境压力。尤其是党的十八大以来,江苏认真贯彻落实生态文明建设要求,主动调整产业结构,科学划定生态红线,狠抓环保制度执行,系统开展监测评价,江苏经济社会发展的绿色不断浓厚,生态文明建设成果的群众满意度不断提高,为实现可持续发展奠定了坚实基础。

（六）坚持统筹兼顾、协调发展,构建城乡区域发展的新格局

四十年的全面进步中,江苏始终注重城乡间、区域间的统筹协调发展。自改革开放以来,江苏大力推动新农村建设,县域经济发展始终走在全国前列,逐渐走出了一条符合江苏实际、富有江苏特色的农村现代化建设道路。江苏高度重视南中北区域协调发展,南北共建、产业转移、沿海开发等各项工作高效有序推进。尤其党的十八大以来,江苏认真践行协调发展理念,积极推进新型城镇化和城乡发展一体化,美丽乡村、特色小镇等重大建设举措加快落地,区域特色发展顶层设计不断完善,为江苏经济社会的全面进步和高水平全面建成小康社会提供了强大保障。

抚今追昔,鉴往知来。四十年的成就来之不易,四十年的探索充满艰辛。党的十九大报告指出中国特色社会主义发展进入新时代,站在新的发展起点上,江苏将坚持以习近平新时代中国特色社会主义思想为指引,自觉践行新发展理念,以不断深化的改革,持续激发经济社会发展活力,以不断扩大的开放,持续拓展经济社会发展空间,积极推进探索性发展、创新性发展、引领性发展,统筹推进经济发展、改革开放、城乡建设、文化建设、生态环境、人民生活六个"高质量"发展,推动高质量发展走在全国前列,确保高水平全面建成小康社会如期实现,高起点开启基本实现现代化建设新征程,把"强富美高"新江苏建设不断推向前进。

来　　源:江苏省统计局

发布日期:2018 年 11 月 12 日

改革开放 40 年——经济结构篇：
江苏经济结构调整成效显著
转型升级步伐加快

40 载风雨征程,40 年春华秋实。回首改革开放 40 年,是江苏不断发展的 40 年,同时也是经济结构不断优化的 40 年。1978 年党的十一届三中全会以来,在省委、省政府的正确领导下,江苏坚持以经济建设为中心,不断加强经济结构调整和转变经济增长方式,全省经济实现了跨越式发展,经济总量连续翻番、产业结构更趋优化、经济效益日益提升、发展质量不断提高,全省经济结构战略性调整取得重要进展和成效。

一、产业结构不断向高层次递进

改革开放以来,江苏经济发展由单一注重总量增加逐步向提升经济发展质量转变,全省经济实力不断增强,经济结构明显得到优化。

(一)服务业已达经济总量的半壁江山

经过 40 年发展,江苏不断优化经济结构,积极转变经济增长方式,总量持续扩大,经济实力不断增强,全省经济结构战略性调整在不断向纵深推进。2017 年,江苏 GDP 为 85 900.9 亿元,比 1978 年增加 85 651.7 亿元,年均增加 2 196.2 亿元,年均增长 12%。国民经济在平稳较快运行的同时,代表较低结构层次的第一产业比重不断下降,代表较高结构层次的第二产业在快速发展后占比也呈下降趋势,代表最高结构层次的第三产业比重明显提高。改革开放 40 年来,第一、第

二和第三产业增加值年均分别增长 4.4%、13.2% 和 13.7%。1978 年,三次产业结构比为 27.6∶52.6∶19.8,呈"二一三"型。1989 年,第三产业增加值占比超过第一产业,三次产业结构比调整为 24.5∶49.7∶25.8,呈"二三一"型。2015 年,第三产业增加值占比超过第二产业,三次产业结构比调整为 5.7∶45.7∶48.6,呈"三二一"型。2016 年,第三产业(服务业)增加值占比超过 50%,2017 年三次产业结构比为 4.7∶45∶50.3。2017 年与 1978 年相比,第一产业占比下降了 22.9 个百分点;第二产业占比下降了 7.6 个百分点;第三产业占比上升了 30.5 个百分点。

(二)经济增长的动力近七成来自第二产业

改革开放以来,江苏三次产业贡献率分别为:第一产业 1.2%,第二产业 68.6%,第三产业 30.2%,第一产业的贡献率最低,第三产业次之,第二产业的贡献率最大。2000 年以来,第一、二、三产业贡献率分别为 1.5%、59% 和 39.5%,第二产业的贡献率总体上高于第三产业,但呈现波动式下滑态势,而从第三产业的贡献率走势看,近年来呈明显提升态势。尤其是 2016 年出现了拐点,第二产业对 GDP 的贡献率由 2015 年的 51.8% 下降至 38.7%,第三产业贡献率由 2015 年的 46.5% 升至 60.8%,贡献率首次大幅高于

第二产业 22.1 个百分点。2017 年，第一、二、三产业贡献率分别为 1.6%、42.4% 和 56%，第三产业的贡献率较上年略有回落，但仍高于第二产业。

（三）全社会劳动生产率明显提升

改革开放以来，技术的进步、劳动者素质的提高、资本和技术密集型行业的兴起，有力地推动了江苏全社会劳动生产率的大幅提高。江苏全社会劳动生产率由 1978 年人均 899 元增至 2017 年 180 578 元，年均增长 10.5%。分三次产业看，1978 年第一、二、三产的劳动生产率分别为人均 343 元、2 822 元、1 615 元，2017 年第一、二、三产的劳动生产率分别增至人均 49 680 元、189 194 元和 228 012 元，扣除价格因素，年均分别增长 6.7%、9% 和 8.5%，第二产业劳动生产率增长最快，第三产业次之。

（四）第二、三产业从业人员比重稳步提高

伴随着改革开放 40 年经济结构的大调整，全省就业结构也发生了明显变化，相当数量的农村剩余劳动力转移到第二、三产业中就业，就业人员在三次产业结构中的分配逐步优化，第一产业就业人员比重大幅降低，第二产业和第三产业就业人员比重不断提高。随着服务业发展速度不断加快，第三产业从业人员数大幅提高，虽然第二产业就业人员比重仍高于第三产业，但差距有所减少。1978 年，就业人员第一、二、三产业比例为 69.7∶19.6∶10.7，2017 年调整为 16.8∶42.9∶40.3。其中，第一产业就业比重下降了 52.9 个百分点，第二、三产业则分别上升了 23.3 个、29.6 个百分点。

二、各产业结构内部不断优化

（一）农林牧渔业多种经营均衡发展

改革开放以来，随着农业生产稳定发展，内部结构也在不断优化和调整，由以较为传统的种植业为绝对主体，调整为种植业、林牧渔业并驾齐驱，呈现出多种经营均衡发展的良好态势。主要表现为：农业（种植业）比重逐年下降，林牧渔业及农林牧渔服务业比重逐年上升。在全省农林牧渔业总产值中，种植业的比重由 1978 年的 80.4% 降至 2017 年的 52.8%，降低了 27.6 个百分点；林牧渔及农林牧渔服务业比重由 19.6% 上升至 47.2%，增加了 27.6 个百分点。

（二）工业中高新技术和民营经济成分不断增强

四十年来，江苏工业增加值由 1978 年的 117.1 亿元增加到 2017 年的 34 013.6 亿元；工业增加值占 GDP 的比重由 1978 年的 47% 降至 2017 年的 39.6%。通过整合资源、创新管理、调整产品结构，使传统产业的增长方式发生了重大转变，高新技术产业化水平不断提升，全省工业经济调整取得了明显成效。

1. 高新技术产业快速崛起。江苏在传统产业取得重要进展的同时，全省高新技术产业快速扩张，产业规模不断做大做强。2011 年以来，江苏高新技术产业发展增速呈先回落后回升的发展态势，高新技术产业产值占规模以上工业总产值比重则逐年上升。2017 年，江苏实现高新技术产业产值 6.79 万亿元，同比增长 14.4%；占全省规模以上工业产值比重为 42.7%，较 2011 年提高 7.4 个百分点。

2. 所有制结构调整进展明显。1978 年，江苏工业全民和集体所有制一统天下，国有工业占 66.3%，集体工业占 33.7%。伴随市场化改革的深入，江苏工业所有制结构调整取得明显进展，多种所有制经济共同发展的格局逐步形成。2017 年，国有控股工业增加值占全省规模以上工业 12.9%（国有工业占 2.5%），集体工业增加值占 0.3%，外商和港澳台商投资工业增加值占 33.8%，民营工业增加值占 54.7%。2017 年，民营工业对规上工业增加值增长贡献率达 57.4%。

（三）现代及新兴服务业快速发展

改革开放 40 年，江苏服务需求不断增长，推动了服务业发展速度不断加快。1978 年江苏服务业增加值仅有 49.4 亿元，而 2017 年升至

43 169.4亿元,是1978年的873.2倍。1978—2017年服务业增加值年均增长13.7%,高于GDP年均增速1.7个百分点。

1. 现代服务业增长较快。服务业主要行业中,电信、金融、房地产、旅游等产业增长势头迅猛,成为国民经济的新增长点。2017年,江苏金融业和房地产业增加值分别为6 786.4亿元和5 015.7亿元,占GDP的比重为7.9%和5.8%。与1978年相比,占比分别提升3.7个和3.6个百分点,占比总体呈现先小幅回落后逐年攀升的发展态势。

2. 新兴服务业发展迅速。2005年以来,以互联网及相关服务、信息技术、商务服务等为代表的营利性服务业蓬勃发展,特别是2010年以来一直保持两位数高速增长。2017年,全省营利性服务业增加值增长14.8%。互联网和相关服务业实现营业收入609.5亿元,同比增长37.2%,对规上服务业增长贡献率达12%;软件和信息技术服务业营业收入增长17%,营业利润增长23.3%。

三、需求结构趋于合理

改革开放以来,江苏全面贯彻扩大内需的方针,认真贯彻和落实国家各项宏观调控政策,在促进固定资产投资增长的同时,努力扩大消费需求,投资与消费需求共同拉动经济增长,两者之间的关系是投资率先上升后回落,消费率先回落后回升。

(一)投资率先上升后回落

伴随着工业化、城市化和市场化水平的提高,改革开放以来我省投资规模不断扩大,投资率呈现总体上升、与经济发展阶段相适应的发展态势。1978年,江苏投资率为31.3%,2016年投资率达42.8%,提高了11.5个百分点。

一是三次产业调整步伐加快。1995年,全社会固定资产投资中三次产业投资占比分别为:2.4%、48.8%和48.8%,二产投资占比与三产相当。2000年以来,全省投资规模不断扩大,二产投资比例日益高于三产。尤其是到了2005年,二产投资占比升至历史最高值,达55.7%,比重首次大幅高于三产12个百分点。近年来,随着供给侧结构性改革、放管服等各项改革的不断深化和结构调整的稳步推进,全省投资结构进一步得到优化,第三产业占比稳步提升。2017年,全省三次产业投资占比分别为0.8%、49.6%和49.6%,二产和三产占比基本一致。

二是投资结构向质量效益型转变。近年来,全省投资更多地投向新兴产业,产业投资向提质增效转变。全省高新技术产业完成投资由2007年的1 445.4亿元猛增至2017年的7 748.2亿元,年均增长18.3%,比同期全部增速高出2.5个百分点。2017年高新技术产业完成投资占全部投资比重为14.5%,比2007年的11.8%提高2.7个百分点。

三是民间投资增势强劲。随着各级政府鼓励和促进民间投资政策措施的落实到位,全省民间投资总量日益增多,占比不断加大。全省民间投资总量由2002年的1 858.4亿元增至2017年的37 485.5亿元,年均增长22.2%,增速高于全部投资3.1个百分点;民间投资占全部投资比重由2002年的48.3%升至2017年的70.4%,较2002年大幅提高22.1个百分点。

(二)最终消费率由回落转为回升

改革开放以来,江苏消费需求占GDP的份额平均为45.5%左右,这一比例在年度间较为稳定,最高年度为54.9%,最低年度为41.2%,高低相差13.7个百分点,消费需求实际增长率波动较小。1978年至1991年,全省消费需求占GDP的份额一直高于投资需求,这说明消费对国民经济的贡献一直大于投资的贡献。1991年至2013年,随着投资需求的快速增长,出现了消费需求占GDP的份额低于投资需求的现象。2013年以来,消费率开始缓慢回升,并高于投资率。

一是居民消费率呈下降趋势,政府消费率呈上升趋势。居民消费率由1978年的46.2%,下降到 2016 年的 37%,下降了 9.2 个百分点。随着国家实施积极的财政政策和稳健的货币政策,政府消费率明显提高,由 1978 年的 6.2%,提高至 2016 年的 14%,提高了 7.8 个百分点。

二是城乡市场发展日益均衡,农村消费水平日益提高。城镇常住居民人均生活消费支出由 1978 年的 276 元升至 2017 年的 27 726 元,是 1978 年的 100.5 倍;农村常住居民人均生活消费支出由 1978 年的 140 元升至 2017 年的 15 612 元,是 1978 年的 111.5 倍,农村人均生活消费水平明显加快。

三是居民消费结构升级加快。居民消费结构中吃、穿、用的消费比重下降,住、行及文化、教育、旅游、娱乐、体育和医疗保健消费比重上升。2017 年,城镇、农村居民家庭恩格尔系数分别为 27.5% 和 28.9%,比 1978 年下降了 27.6 和 33.4 个百分点。

四是居民享受发展型消费加快增长较快。2000 年以来,以居住、交通通信和教育文化娱乐为代表的享受发展型消费发展明显加快。2017 年,全省城镇居民人均居住支出、交通通信支出和教育文化娱乐支出比上年分别增长 10.3%、0.5%、9.1%,三项支出占消费支出比重为 51.2%,比 2000 年的 28.2% 提高 23 个百分点。

(三)净出口占经济总量的比重保持稳定

改革开放以来,江苏经济的快速增长带来了更多的外贸需求,通过不断地深化外贸体制改革,江苏进出口总额规模迅速扩大。2017 年,全省外贸进出口总额达 5 911.39 亿美元,是 1978 年的 1 384.4 倍。全省货物和服务净出口(含流出)占 GDP 的比重先回落后回升,2008 年以后逐步趋于稳定。2016 年,全省货物和服务净出口占比为 6.2%。

四、收入分配格局基本稳定

1978 年以来,我国在分配领域进行了一系列改革,大致可分为以下几个阶段:一是恢复社会主义按劳分配的原则(1978—1984 年)。这一阶段是以农村 20 世纪 80 年代初普遍实行家庭联产承包责任制为基础,明确划分了国家、集体、个人的权利、责任和利益关系,最有效地将农民的收入同他们的劳动成果挂起钩来。农村分配改革的成功对以后我国分配体制的改革产生了极为深远的影响。二是探索社会主义初级阶段分配方式(1984—1992 年)。这一阶段强调以按劳分配为主体,其他多种分配方式为补充,其中包括合法的非劳动收入。从分配上来说,主要是国有企业"工效挂钩"的工资改革。三是探索适应社会主义市场经济的分配方式(1992—1997 年)。这一阶段明确提出允许和鼓励资本、技术等生产要素参与收益分配;不断完善分配结构,既要坚持效率优先,促进经济发展,又要兼顾公平,促进社会稳定。四是贯彻"效率优先、兼顾公平"的原则和明确按要素分配的模式(1997—2004 年)。这一阶段对按生产要素分配的进行了明确界定,并指出如何贯彻"效率优先、兼顾公平"的原则。明确了劳动、资本、技术和管理是基本的生产要素,生产要素要参与收益分配。五是更加强调社会公平的原则(2004 年至今)。这一阶段不再提"效率优先、兼顾公平"的原则,而是更加强调社会公平。合理调整国民收入格局,采取有力措施解决地区之间和部分社会成员之间收入差距过大的问题。同时,将收入分配与构建社会主义和谐社会有机统一起来。

与全国一样,改革开放以来江苏不断调整和完善收入分配制度,规范分配秩序,国家、集体、个人三者分配关系得到调整和改善,城乡居民收入水平显著提高,社会保障制度逐步健全和完善。

1978 年以来,江苏国民收入初次分配中个人所得总体上排在首位,1978 年个人所得份额达 46.9%,此后在波动中小幅回落,2016 年降至 44.3%,下降 2.6 个百分点;企业所得份额在波动中小幅上升,由 1978 年的 40.3% 升至 2016 年的 42.5%,上升 2.2 个百分点;政府所得份额总体上不断上涨,但近年来有逐步回落态势,由1978年的12.8%升至2016年的13.2%,上升0.4个百分点。在江苏经济蓬勃发展的同时,政府、企业和个人所得有所变化,个人所得份额小幅下降,政府和企业所得份额则有所回升,但总体格局基本稳定。

五、城乡区域协调发展

随着城乡一体化发展政策、区域共同发展政策和区域协调发展政策不断发力,江苏城市化水平进一步提高,全省新农村建设取得明显成效,苏南、苏中和苏北三大区域经济协调发展。

(一)城镇化水平明显提升

改革开放以来,随着江苏城乡统筹发展的政策措施落实到位,全省城镇化水平显著提升。江苏城镇人口由1978年的800.77万人增至2017年的5 520.95万人,净增4 720.18万人;城镇化水平由1978年的13.7%提高到2017年的68.8%,年均增加1.4个百分点,全省城乡面貌和人居环境得到明显改善。

(二)城乡收入快速增长

2017年,江苏居民人均可支配收入达35 024元,高于全国9 050元,位于全国第五位。其中,城镇和农村常住居民人均可支配收入为43 622元、19 158元,分别高于1978年43 334元、19 003元。1978年江苏城乡收入比为1.86:1,随着经济发展水平的不断提高,江苏城乡收入差距不断扩大,2009年达到峰值2.57:1,随后城乡差距逐步缩小,2017年江苏城乡收入比减为2.28:1。

(三)区域发展差距由大变小

改革开放以来,江苏三大区域的经济实力一直呈"南快北慢"之势,且差距持续扩大,自2004年起扭转为"北快南慢"发展态势。2017年,苏南、苏中和苏北占全省GDP的比重分别为57%、19.9%和23.1%,苏南占比先提高后逐年下降,苏中和苏北占比先回落后稳步提升。2000年以来,三大区域人均GDP之比不断扩大,2005年达到峰值4.5:1.7:1,随后差距比不断缩小,2017年三大区域人均GDP之比缩小为2.2:1.6:1。

整体而言,改革开放四十年来江苏不断深化体制机制改革、扩大对外开放,大力优化发展环境,着力解决长期困扰全省发展的结构性矛盾和问题,全省经济规模持续扩大,产业结构不断优化升级,结构调整取得显著成效。当前,正处于转变经济发展方式、转换经济新动能的关键时期,我们必须全面贯彻落实中央经济工作会议和省委十三届三次全会精神,坚持稳中求进工作总基调,紧紧围绕"六个高质量"要求,以供给侧结构性改革为主线,扎实推动经济增长质量提升和效益提升,挖掘经济增长新动能,全力以赴保持全省经济平稳健康运行。

来　　源:江苏省统计局
发布日期:2018年10月31日

改革开放 40 年——民营经济篇：
民营经济蓬勃发展　规模比重不断提高

　　自 1978 年党的十一届三中全会开启改革开放进程以来，江苏民营经济发展已经走过 40 年的光辉岁月。回顾 40 年的发展历程，江苏民营经济从无到有，从小到大，从限制到允许，再到鼓励支持，如今已经成为江苏经济发展的重要支撑。

一、江苏民营经济发展基本历程

　　总的来看，改革开放 40 年，江苏民营经济发展大致可以分为初步探索、快速发展、跨越发展和转型发展四个阶段。

（一）初步探索阶段（1978—1992 年）

　　江苏民营经济是第一次思想大解放中全省农村经济改革和大力发展乡镇企业的"意外之获"。为了解决长期的计划经济体制导致的生活必需品严重短缺以及城乡就业压力日益严峻等问题，江苏率先突破"尾巴"思想，鼓励社员发展副业和参与集市贸易等个人经济，同时大力发展社队工业，即乡镇企业。

　　1978 年底，全省发展个体工商户 2.3 万户、从业人员 30 247 人。而到了 1981 年底，全省个体工商户达到 9.25 万户，从业人员达 9.9 万人，与 1978 年比，分别实现年均 59.1％与 48.9％的增长。同年，江苏民营企业注册资金 1.2 亿元，突破 1 亿元大关。短短三年时间，江苏民营经济在理论与实践的初试探索中得到了良好的发展，同时也奠定了民营经济发展的坚实基础。

　　1982—1987 年，在中央连续五年一号文件的发出及 1982 年宪法对"在法律规定范围内的城乡劳动者个体经济，是社会主义公有制经济的补充"的提出，与江苏省委省政府对民营经济发展经验总结积累并对"耿车模式""苏南模式"的积极推广下，江苏民营经济再上新台阶，至 1987 年底，全省个体工商户达 86.68 万户，从业人员 120.36 万人，注册资金达 11.38 亿元。

　　1992 年初，邓小平同志视察南方发表重要谈话并强调指出"发展才是硬道理"。江苏各级党委、政府以"三个有利于"为标准，进一步解放思想，转变观念，放宽政策。为抓住历史机遇，加快民营经济发展，同年十月，江苏出台全省第一个促进民营经济发展意见：《关于鼓励支持我省个体私营经济进一步健康发展的意见》。在民营经济发展的带动下，1992 年底，江苏国民经济的各项指标在全国各省市区中名列前茅。

（二）快速发展阶段（1992—2002 年）

　　江苏民营经济迎来快速发展得益于中央及地方进一步解放思想，使得民营经济经营主体一改以往。党的十四大报告明确指出，中国经济体制改革的目标是建立和完善社会主义市场经济体制。之后，我国正式确立了建立社会主义市场经济的目标，个体私营经济是中国特色社会主义经济组成部分的观念逐步成为社会共识。2000 年 12 月，江苏召开全省私营个体经济工作会议，省委、省政府高度认可发展民营经济是江苏实现新跨越、再创新辉煌的一个现实增长点，要求在发展民营经济上再来一次思想大解放，做到发展民营经济"放心、放胆、放手、放开、放宽、放活"。在此之后，江苏民营经济走上了快速发展之路。

在中央、地方不断的利好政策推动下，江苏省内陆续出现机关干部下海创业、国有企业职工下岗或辞职创业、科技界知识分子创业、农民自主创业等现象，民营经济创业气氛渐浓。与此同时乡镇企业、国有企业和集体企业大规模改制为民营企业，也为江苏民营经济的发展注入一股强大动力。另外，伴随着国外企业不断涌入中国，一定程度上也促进了江苏民营企业的发展。

截至2002年底，全省个体工商户已发展到157.33万户，从业人员286.49万人，注册资本270.17亿元，分别是1992年的1.79倍、2.18倍和10.5倍。在个体工商户基础上发展起来的私营企业达28.62万户，从业人员363.69万人，注册资本2170.76亿元。2002年底全省民营经济实现增加值3001.78亿元，民营经济增加值占GDP的比重已达28.3%，江苏民营经济实现快速增长。

（三）跨越发展阶段（2002—2012年）

这一阶段，中国加入世界贸易组织（WTO）、互联网创业浪潮兴起为江苏民营经济实现跨越式发展提供了宝贵历史机遇。党的十六大提出"必须毫不动摇地鼓励、支持和引导非公有制经济发展"后，党的十七大进一步提出"坚持平等保护物权，形成各种所有制经济平等竞争、相互促进新格局"。之后，"非公经济36条"、《企业所得税法》《物权法》等政策法规密集出台，促进非公有制经济发展的政策体系和法律体系日益完善。江苏的经济格局日益开放，经济结构得到调整优化，涌现了国有、集体、私营、港澳台以及国有与外商和集体与外商合资合作的混合经济等经济主体。产业结构的优化升级和所有制结构的多元化使得江苏民营经济实现跨越式发展。

2012年，全省民营经济继续保持稳健增长态势，经济总量持续扩大，带动作用不断增强。全年民营经济完成增加值28959.6亿元，同比增速10.5%，增速高于GDP增速0.4个百分点，民营经济占GDP的比重达53.6%，比上年提高0.6个百分点，对全省经济增长贡献率达55%。与2002年相比，民营经济增加值增加了25957.8亿元，是2002年的9.6倍。

民营企业吸纳就业能力增强。截至2012年末，全省民营经济共吸纳就业人员2233万人，比上年底增长5.1%。其中，私营企业从业人数1662万人，增长4.4%。与2002年相比，民营经济中就业人员增加了1582.8万人，是2002年的3.4倍，民营经济成为吸纳社会劳动者就业的重要渠道。

民营企业逐步走向国际市场。2012年，江苏民营企业实现进出口总额1425.2亿美元，比上年增长33.5%，高于全省31.9个百分点，高于国有企业和外资企业增速33.7个和40.6个百分点；民营企业进出口总额占全省出口总额的26.0%，为稳定全省外贸市场做出重要贡献。

（四）江苏民营经济实现转型发展阶段（2012年以来）

从党的十八大提出"要保证各种所有制经济依法平等使用生产要素、公平参与市场竞争、同等受到法律保护"，到党的十八届三中全会提出"坚持权利平等、机会平等、规则平等，废除对非公有制经济各种形式的不合理规定，消除各种隐性壁垒，制定非公有制企业进入特许经营领域具体办法"，再到"鼓励社会投资39条""促进民间投资26条"等政策的出台，为民营经济发展营造了更加公平、开放、宽松的环境。江苏民营经济逐步由早期分散粗放型经营走向规模化、集约式发展转变，规模实力、营利能力、创新能力不断提升。

截至2017年底，全省工商部门登记的私营企业和个体工商户累计登记户数为769万户，私营企业和个体工商户注册资本总额达 133 919.2 亿元;私营企业户均注册资本再次刷新纪录,提高到 498 万元,注册资本超过 1 亿元的私营企业达 15 165 户。2017 年,全省民营经济上缴税金 7 617.2 亿元,同比增长 6.6%,高于全省税收增幅 2.9 个百分点;占全省税务部门直接征收总额的 62.0%,同比提高 3.6 个百分点。其中,上缴国税 4 811.6 亿元,上缴地税 2 805.6 亿元。从主要行业看,制造业缴纳国税占民营经济缴纳国税的 44.2%,纳税额同比增长 37.7%,较上年提高 28.3 个百分点,其中交纳增值税同比增长 27.2%。

民营经济结构逐步转型优化。2017 年全省新登记的私营企业中,第一产业 8 096 户,占比 1.7%;第二产业 11.46 万户,占比 23.9%;第三产业 41.61 万户,占比 74.4%,第三产业占据新增私营企业主要地位,全省新登记私营企业产业结构继续保持"三二一"格局,产业结构仍处于不断调整优化中。

全省民营企业实力明显增强。2017 年中国民营企业 500 强中,江苏 82 家企业入围,入围企业总数居全国第二。其中,苏宁控股集团、恒力集团有限公司进入榜单前十名,入围企业中营收总额超千亿的企业达 6 家,超 500 亿的有 17 家。

二、十八大以来江苏民营经济发展主要成果

改革开放,特别是十八大以来,江苏民营经济发展如雨后春笋成长迅猛,为推动全省经济的持续稳定发展,拓宽社会就业渠道,提高自主创新能力发挥了重要作用。这是江苏经济始终保持新鲜活力和强劲动力的基本保障,也是江苏经济在新时代实现自主创新和转型升级发展战略的底气所在。

(一)民营经济是江苏发展的重要力量

十八大以来,江苏全省民营经济保持着较快增长的发展态势,成为全省经济增长强劲的发展动力。民营经济的综合实力不断跨上新台阶,在全省经济社会发展中的作用日益明显,地位日渐突出,民营经济成为江苏经济发展的重要力量。

2017 年,全省民营经济积极应对经济发展新常态,在加快转型升级中保持平稳健康发展。民营企业增加值占比逐年攀升。2017 年江苏全省民营企业增加值 47 589.10 亿元,占全省 GDP 比重达 55.4%,与 2012 年相比,民营经济增加值总量增加 18 629.50 亿元,占全省 GDP 比重提升了 1.8 个百分点。

规模以上民营工业成为全省规模以上工业重要支柱。2017 年,全省规模以上民营工业企业数占全省规模以上工业企业的 77.2%,民营工业对全省工业经济增长贡献率达 58.0%。2017 年,全省规模以上民营工业实现增加值占全省规模以上工业比重达 54.7%,比 2012 年提升 4.2 个百分点,拉动全省规模以上工业增速 4.4 个百分点。规模以上民营工业企业效益不断增强。2017 年,规模以上民营工业完成主营业务收入同比增长 10.6%;完成利润总额同比增长 15.1%。

民间投资对全省固定资产投资贡献巨大。2017 年,江苏全省完成民间投资 37 485.5 亿元,比上年增长 9.5%,增速分别比国有及国有经济控股投资、港澳台及外商投资高 3.9 与 13.9 个百分点,为全省固定投资增长提供强劲动力。2013—2017 年期间,全省民间投资累计完成额为 156 320.6 亿元,年均增长 11.2%,高于同期全部项目投资增幅 1 个百分点。在投资增幅提高的同时,民间投资的份额也不断提升,占全部投资总额的比重从 68.2% 提高到 70.7%。

(二)民营企业成为"走出去"的主力军

江苏积极发挥沿海地理优势,民营企业大力发展对外经济,成为走出去的主力军。

江苏民营企业对外贸易发展壮大。2017 年全省民营企业实现进出口总额 1 590.5 亿美元,同比增长 12.6%,民营企业进出口总额占全省进出口总额比重达 26.9%。其中,民营企业出口总额 1 142.4 亿美元,占全省出口总额的 31.5%;民营企业实现进口总额 448.0 亿美元,占全省进口总额的 19.7%,民营企业进出口、出口、进口总额占全省比重分别较上一年提高 1 个、0.9 个、1.1 个百分点。与 2012 年相比,民营企业进出口总额增长 165 亿美元,对全省进出口增长贡献率达 38.4%。

外贸民营主体持续增加,出口市场多元发展。2017 年有进出口实绩的民营企业超过 4.5 万家,占全省有进出口实绩企业数的 73.2%,占比同比提高 1.5 个百分点。江苏民营企业对传统市场和新兴市场出口较上一年分别增长 7.2%、12.6%,对"一带一路"沿线国家出口增长 14.9%,增幅高于全省平均水平 1.0 个百分点。

境外并购成为我省民营企业对外投资的主要方式。2017 年,我省民营企业实施海外并购项目 81 起,中方协议投资额达 38.4 亿美元,同比高速增长 86.2%,我省境外投资逐步向高端要素集聚。三胞集团出资 9.1 亿美元并购美国丹德里昂医药公司是我省 2017 年对外投资第一大项目。

(三)民营经济提供创新发展的主动力

江苏民营科技企业规模快速增长,创新能力持续提升,竞争能力不断增强。2017 年,全省纳入调查统计范围内的民营科技企业达 120 157 家,实现收入近 7.9 万亿元,分别较 2016 年增长 8.25% 和 9.3%,面广量大的民营科技企业,已成为江苏民营经济中最具有创业精神、创新活力和创优实力的主体力量和产业转型升级、实体经济创新发展的主要动力。根据全国工商联发布的"2017 中国民营企业 500 强"及"2017 中国民营企业制造业 500 强"榜单,中国民营企业 500 强中江苏共有 47 家民营科技企业上榜,占全省上榜总数的 57%,营业收入总额全部超过百亿元。中国民营企业制造业 500 强中,江苏共有 91 家民营科技企业上榜,占全国的 18.2%。

江苏一大批民营科技企业在国内多个领域成为领军企业和骨干企业,成为新时代转型提质、率先发展的引领力量。如联创科技投资开发百余项拥有国家计算机软件著作权的自主知识产权软件产品,是国家软件信息的旗舰企业;恒瑞医药不断加大在医药研发领域的投入,在美、欧、日多地建有研发中心或分支机构,是国内最大的抗肿瘤药物的研究和生产基地等。

(四)民营经济成为保障就业的主渠道

民营企业行业分布较广,投资活力强,单位投资容纳的劳动力和单位投资新增加的劳动力较高,且经营方式灵活多样,其规模的不断扩大,对缓解下岗多、就业难的社会矛盾具有突出效果。

江苏民营企业在拓宽就业渠道,尤其是缓解高校就业压力方面发挥重要作用。2017 年,江苏新增就业总量占全国的 11%,仅比广东少 0.34 万人,居第二位,比浙江多 21.34 万人,比山东多 20.28 万人,比河南多 4.35 万人,其中私营个体和灵活就业占比达 77%,远超城镇单位就业。此外,全省吸纳高校毕业生享受社保补贴和岗前培训补贴的小微企业 1 044 家、享受人数 3 662 人,补贴金额 2 170 万元。

民营企业不仅发挥着吸纳就业不可替代的作用,同时也是社会扩大保障范围的重要力量。2017 年全省民营企业参加职工养老保险人数达 984.83 万人,比 2016 年末增长 6.77%;参加失业保险人数达 877.8 万人,比上年末增长 4.41%。民营经济发展的带动下,城乡居民基础养老金最低标准提高到每人每月 125 元;城乡居民医保财政补助最低标准提高到每人每年 470 元。

三、新时代江苏民营经济发展迎来新机遇

习近平总书记曾形容民营企业在发展过程中遭遇到"三座大山":市场的冰山、融资的高山、转型的火山。在落实党的十九大精神的具体工作中,从中央经济工作会议的表述来看,江苏民营企业们应该能够更加清晰地看到,江苏省委省政府正集全社会之力逐渐破除民营企业发展障碍。作为江苏经济发展的坚强基石,我们有充

分理由期望,江苏民营经济必将迎来非凡发展机遇。

首先,继续发挥江苏制造业大省优势,发展实体经济将大有可为。党的十九大报告强调,必须把发展经济的着力点放在实体经济上,中央经济工作会议也着重强调了鼓励和促进发展实体经济,这对引导江苏广大民营企业保持定力,坚守实体经济,以坚定的发展信心,促进民营经济加快技术、产品、管理、商业模式等方面的创新将产生积极的推动作用。当前全省深入实施"中国制造 2025 江苏行动纲要"、大力发展先进制造业、积极推进智能制造、打造世界级先进制造业产业集群等,这都将为江苏民营经济高质量发展提供有力支撑。江苏民营企业摆脱价值链低端和产能过剩,推进技术创新实现提质增效升级,提高市场竞争力将迎来大好时机。

其次,以完善产权制度和要素市场化配置为重点的经济体制改革,江苏民营经济将迎来更加优化的市场环境。完善产权制度。党的十八届三中全会明确提出,公有制经济财产权不可侵犯,非公有制经济财产权同样不可侵犯,标志着我国坚持和完善产权保护制度的伟大实践已进入一个新的发展阶段,以往困扰江苏民营企业发展的产权纠纷问题得以解决,民营企业发展活力将得到进一步的释放。优化要素市场配置方式,打破部分行业国有企业垄断。伴随着传统国有垄断要素市场面向民营企业的逐步放开,将提高上游产业企业生产效率,降低中下游大量民营企业的原材料价格,扩大民营企业盈利空间,提升江苏民营企业在国际市场的竞争力,江苏民营企业将迎来前所未有的发展动力。

再次,打破行政性垄断,进一步推进"放管服"改革,民营经济的市场竞争环境将更加公平干净。随着多证合一、不见面审批等便民制度的不断出台,推进证照分离、照后减证改革,破解准入不准营问题,为江苏民营企业的发展提供了更多便利。随着"亲"的氛围不断增强,"清"的理念不断深入人心,政商交往的新风尚、新气象正在形成,必将激励江苏民营企业家安心守法创办更多更好民营企业,为建设强富美高新江苏做出新贡献。

最后,伴随着互联网＋、人工智能等科学技术的不断发展,江苏民营企业将迎来新一轮的创新创业高潮。近年来,互联网＋、人工智能、大数据、5G 通信等科学技术发展迅猛,江苏作为人才聚集高地,最具有创新发展活力的江苏民营企业将会在新一轮创新创业浪潮中实现新的跨越。

来　　源:江苏省统计局
发布日期:2018 年 11 月 02 日

改革开放 40 年——文教卫体篇：
社会事业繁荣发展　文教卫体成就卓著

改革开放 40 年来,江苏以邓小平理论、"三个代表"重要思想、科学发展观、习近平新时代中国特色社会主义思想为指引,坚持改革开放,紧紧围绕富民强省、高水平建设全面小康社会、"强富美高"新江苏目标,抢抓发展机遇,砥砺奋勇前行,文化、教育、卫生、体育事业快速发展,成就辉煌。

一、文化事业繁荣兴旺

改革开放以来,江苏坚决贯彻省委省政府建设文化大省、文化强省战略部署,全面深化文化体制改革,强化文化市场管理,大力发展文化产业,公共文化服务体系日趋完善,文化事业呈现出繁荣兴旺的良好局面。

（一）公共文化服务体系日趋完善

扎实推进公共文化服务体系建设。在全国率先建成"省有四馆、市有三馆、县有两馆、乡有一站、村有一室"五级公共文化设施网络体系。截至 2017 年底,全省拥有公共图书馆 115 个、博物馆 322 个、文化馆 115 个、艺术表演团体 628 个,比 1978 年均有大幅度增加。

公共文化设施使用率明显提升。2017 年全省公共图书馆图书刊物总藏量 8 597.6 万册

（件）、参观人数 374.4 万人次、书刊文献外借 5 585.7 万册次、阅览室座席 6.5 万个,分别比 2007 年增长 1.5 倍、0.6 倍、3.9 倍和 1.4 倍;群众艺术馆（文化馆）举办展览 8 884 个,组织文艺活动 65 557 场次,举办训练班 29 863 次,分别比 2007 年增长 0.6 倍、1.1 倍和 1.3 倍,人民群众渴望丰富多彩的文化消费需求有了充分保障。

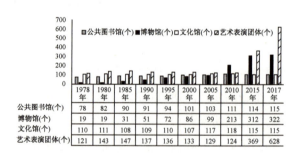

图 1　江苏各类公共文化设施发展情况

家庭文教娱乐支出占比稳中有升。城镇居民家庭文教娱乐支出比重由 1990 年的 8.8%,提高至 2017 年的 12.4%,上升 3.6 个百分点;农村居民家庭文教娱乐支出比重由 1990 年的 4.4%,提高至 2017 年的 9.3%,上升 4.9 个百分点。

表 1　居民家庭文教娱乐支出占总支出的比重　　　　　　　　　　　　　（%）

分类	1990 年	1995 年	2000 年	2005 年	2010 年	2015 年	2017 年
城镇	8.8	7.8	12.6	14.9	14.9	12.3	12.4
农村	4.4	7.2	11.5	13.4	13.9	10.2	9.3

（二）新闻出版和广电业快速发展

图书、报纸、期刊等传统出版物大幅增长。图书出版由1978年的1.9亿册增加至2017年的6.4亿册，增长2.3倍；杂志出版由1978年的535万册增加至2017年的11 544万册，增长20.6倍；报纸出版由1978年的2.5亿份增加至2017年的22.9亿份，增长8.3倍。

广播电视事业快速发展。2017年末，全省广播、电视职工73 417人，比1995年增加51 912人，增长2.4倍。有线电视用户1 605.8万户，比2000年增加1 079.8万户，增长2.1倍；有线电视入户率65.8%，比2000年提高42.0个百分点；数字电视用户1 478.7万户，比2010年增加470.7万户，增长0.5倍；电视综合人口覆盖率100%，比1978年提高64.4个百分点。广播综合人口覆盖率为100%，比1985年提高9.0个百分点。广播节目、电视节目制作时间57.8万小时、19.6万小时，分别比1985年增加55.7万小时、19.3万小时。

表2 各类出版物情况

分类	1978年	1985年	1990年	1995年	2000年	2005年	2010年	2017年
图书出版量（亿册）	1.9	2.7	3.4	4.1	3.5	4.3	5.2	6.4
杂志出版量（万册）	535	5 091	4 107	7 005	11 008	8 743	10 475	11 544
报纸出版量（亿份）	2.5	9.3	8.3	16.0	23.3	26.8	27.1	22.9

（三）文化产业规模和质量持续提升

文化及相关产业发展取得新突破，规模和质量持续提升。2016年末，全省文化产业法人单位11.7万家，吸纳就业人员230万人，占全社会就业人员的比重达4.8%；文化及相关产业实现增加值3 863.9亿元，占GDP比重达5%，比2004年提高3.3个百分点。文化及相关产业增速明显高于同期经济发展增速，发展势头及对社会经济发展的拉动作用不断增强。

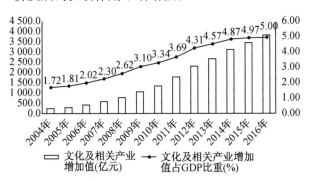

图2 江苏文化及相关产业增加值

二、教育事业均衡发展

改革开放以来，江苏教育领域发生了深刻变化，全省上下认真贯彻落实科教兴省战略，教育事业持续、快速、健康发展。教育规模持续扩大，教育资源积累更加雄厚，教育环境不断优化，教育质量显著提升，教育普及率、均衡化和优质化水平大幅度提升，基本形成结构合理、规模协调、质量明显提高的可持续发展的国民教育体系，教育整体水平和综合实力在全国继续保持领先水平。

（一）高等教育规模持续扩大

高等教育发展水平、人才培养质量、教育投入和教育贡献率多年保持全国领先地位。

普通高等学校规模快速增长。普通高等学校由1978年的35所增加到2017年的142所；招收本专科生、在校本专科生、本专科毕业生分别由1978年的3.4万人、6.1万人、1.5万人增加到2017年的53.4万人、176.8万人、49.0万人；招收研究生、在校研究生、毕业研究生分别由1990年的0.2万人、0.7万人、0.3万人增加到2017年的6.5万人、17.7万人、4.6万人；平均每万人口在校大学生由1978年的10.4人增加至2017年的242.2人，增长22.3倍。

高等教育实现大众化。2000年全省高等教育毛入学率达15%，实现由精英教育向大众化教育的历史性转变，高等教育在全国提前进入大众化阶段;2014年全省高等教育毛入学率达到51.0%,高等教育全面进入普及化阶段;2017年高等教育毛入学率达到56.7%,名列全国省份之首。

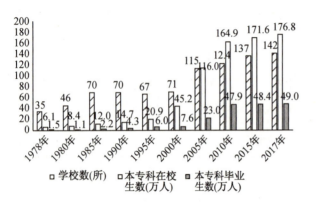

图3 普通高等学校及本专科在校生、毕业生情况

(二)基础教育均衡快速发展

基础教育进入新发展时期。全省围绕建设高质量、高水平基础教育、率先基本实现教育现代化目标,基本普及15年基础教育,各学段教育事业呈现健康协调可持续发展的良好态势。

学前教育规模不断扩大。按照国家统一部署,江苏各级政府认真编制实施学前教育各阶段行动计划,积极动员社会力量办学,持续加大投入,增加优质学前教育资源供给,全省学前教育普及水平稳步提高,公益普惠的学前教育公共服务体系已基本建成。截至2017年底,全省共有幼儿园6 982所,在园幼儿260.5万人,在园幼儿数比1978年增加193.2万人,增长2.9倍;学前三年教育毛入园率达98.0%,高出全国18.4个百分点;省、市优质幼儿园占比75.0%以上,优质园在园幼儿数占全部幼儿园在园幼儿数的84.0%;公办幼儿园和普惠性民办幼儿园得到较快发展,入公办幼儿园和普惠性民办幼儿园幼儿数占全部幼儿园幼儿数比例达76.9%。

义务教育优质均衡发展。江苏认真贯彻实施《义务教育法》和《教育部关于进一步推进义务教育均衡化发展的若干意见》,坚持以教育现代化为统领,以提高质量和促进公平为重点,大力推进义务教育优质均衡发展,努力办好人民满意的义务教育;大力提升经济欠发达地区的义务教育短板,缩小全省区域间、城乡间、校际间均衡发展差异,极大地改善了办学条件。2015年6月,江苏全部县(市、区)通过国家县域义务教育发展基本均衡督导认定,成为全国率先启动和首个实现县域义务教育发展基本均衡全覆盖的省份,继1996年全面普及义务教育后,江苏教育发展史上的又一里程碑。2017年,全省小学毕业生升学率、初中毕业生升学率均达到100%,全省九年义务教育普及率全面实现100%的目标。

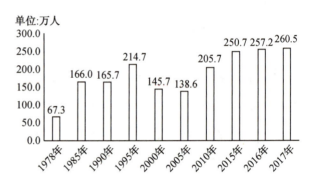

图4 在园幼儿数量

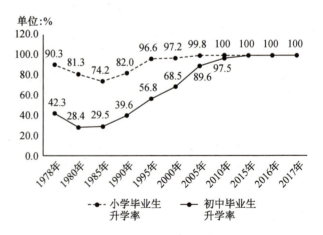

图5 小学及初中毕业生升学率

高中阶段教育毛入学率持续提高。高中阶段教育普及水平进一步提升,师资队伍逐步加强,办学条件持续改善,为建设高水平、高质量江苏现代化国民教育体系、满足人民群众更高层次

的教育需求作出了重要贡献。2017年高中阶段教育毛入学率为99.3%，比2000年提高48.1个百分点；普通高中在校学生数94.3万人，专任教师由1978年的4.6万人增加至2017年的9.5万人，在在校学生数保持基本稳定的情况下，师资力量明显加强。

表3 普通高中阶段教育学校、教师及学生情况

分类	1978年	1980年	1985年	1990年	1995年	2000年	2005年	2010年	2015年	2017年
学校数（所）	2 942	2 110	1 078	1 017	963	853	849	653	569	564
专任教师（万人）	4.6	2.9	2.9	3.3	3.6	5.5	8.9	9.8	9.5	9.5
招生数（万人）	49.7	18.8	15.0	14.0	18.5	29.9	52.3	44.0	32.0	31.5
在校学生（万人）	101.8	46.1	44.7	40.8	47.7	80.2	145.3	135.7	97.8	94.3
毕业生数（万人）	39.2	42.2	12.8	13.8	13.7	23.0	42.7	48.6	36.9	31.8

中等专业教育健康稳定发展。中等专业学校由1978年的93所增加至2017年的161所，增加68所，在校学生由3.8万人增加至40.5万人，增长9.7倍，毕业生由0.2万人增加至13.3万人，增长54.3倍。

（三）职业教育协调稳步推进

职业教育迅速崛起。江苏职业教育围绕"强富美高"新江苏建设，坚持"服务发展、促进就业"的办学方向，加强质量保障体系建设，大力提升服务能力，职业教育进入全新时代。2017年，江苏高职（专科）院校90所（其中高等职业技术学院83所），高职（专科）院校占普通高等学校的63.4%；职业高中52所，在校生、毕业生由1980年的2.23万人、0.7万人增加至15.5万人、5.3万人，分别增长5.9倍和6.6倍。职业教育主要

质量指标在全国名列前茅，在全国职业院校技能大赛中荣获九连冠、信息化教学大赛获得七连冠；截至2017年，全省建成国家示范中职学校58所、国家示范（骨干）高职院校15所，优质资源占比位居全国第一位。

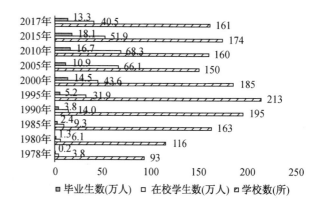

图6 中等专业学校发展情况

表4 职业高中学校数、学生数情况

分类	1980年	1985年	1990年	1995年	2000年	2005年	2010年	2015年	2017年
学校数（所）	126	263	374	441	362	239	122	51	52
招生数（万人）	1.02	6.15	6.15	10.50	5.86	15.19	9.82	3.64	5.67
在校生数（万人）	2.23	11.91	15.54	26.24	16.71	35.31	25.88	11.02	15.47
毕业生数（万人）	0.70	2.56	4.98	7.61	7.25	7.11	9.73	4.03	5.32

（四）民办教育健康快速成长

民办教育成为教育事业发展的重要增长点。江苏坚持将民办教育作为教育事业发展的重要

增长点和促进教育改革的重要力量，优化资源配置，推动社会力量捐资办学，努力培养出一批高质量有特色的民办学校，形成了公办学校和民办

学校优势互补、公平竞争、共同发展的格局。2017年，全省民办高校54所，比2007年增加30所，在校生39万人，比2007年增加26.3万人；普通高校举办的民办独立学院25所，比2007年减少1所，在校生23.6万人，比2007年增加6.6万人；民办高校在校生占高校在校生总数的32.6%，比2007年提高12.4个百分点；民办普通高中114所，在校学生13.5万人；民办普通初中193所，在校学生30.6万人；民办小学192所，在校生38.5万人；民办幼儿园2 726所，比2005年增加162所，在园幼儿86.9万人，比2005年增加49.1万人。

三、卫生事业成就显著

改革开放以来，江苏卫生医疗机构经历了从小到大、从弱到强的发展历程，覆盖城乡居民的15分钟健康服务圈已经建成，全民医保体系基本形成，基本医疗卫生制度、疾病预防控制体系和突发公共卫生事件医疗救治体系基本建成，城乡卫生服务体系逐步完善，人民群众健康得到了有效保障。

（一）医疗体制机制不断健全

江苏积极推进医疗卫生体制改革，卫生事业发展取得突破性进展，卫生资源进一步整合，卫生服务效率进一步提高，卫生力量、医疗服务能力和人民群众健康水平在全国均处领先位置。形成了县乡两级、乡村一体、防治结合、多元投资、分工合理的新型农村卫生服务体系；构建以社区卫生服务中心为主体、社区卫生服务站及其他具有社区特色的专业服务机构为补充的社区卫生服务网络，形成了社区卫生服务中心与医院和预防保健机构合理分工、双向转诊的两级新型城市卫生服务体系，实现了"小病在社区、大病到医院"的目标。截至2017年底，江苏所有县（市、区）建立了新型农村合作医疗制度，人口覆盖率达99%以上；分级诊疗制度加快实施，基层诊疗人次占诊疗总数的比重达到60%以上。2013年出台《江苏省开展城乡居民大病保险的实施意见》，在全国省级层面率先建立城镇居民基本医疗保险稳定增长的筹集机制。加强突发公共卫生事件应急防治体系建设，县以上疾病预防控制体系已全面建成。

（二）卫生保障资源稳步增长

全省卫生机构数（含诊所、医务室、卫生所、社区卫生服务站）、卫生机构床位数由1978年的9 277家、12.3万张，增加至2017年的32 037家、47.0万张，分别增长2.5倍、2.8倍；卫生技术人员数、每万人拥有医生数、每万人医院床位数由1978年的14.0万人、9.7人、19.0张增加至2017年的54.8万人、27.1人、54.6张，分别增长2.9倍、1.8倍、1.9倍；专科疾病防治院（所、站）、疾病防治控制中心（防疫站）由1978年的9所、107个，增加至2017年的42所、116个。

表5　卫生机构、床位及卫生技术人员情况

分类	1978年	1985年	1990年	2000年	2010年	2017年
卫生机构数（个）	9 277	11 515	12 366	12 813	30 961	32 037
卫生机构床位数（万张）	12.3	14.3	16.5	17.3	27.0	47.0
卫生技术人员数（万人）	14.0	18.3	21.4	25.4	32.8	54.8
每万人医生数（人）	9.7	12.3	14.6	15.6	16.4	27.1
每万人医院床位数（张）	19.0	20.4	21.5	22.1	31.5	54.6

（三）卫生服务水平不断提升

妇幼保健工作不断加强，疾病预防控制成效显著。2017年，全省妇幼保健院（所、站）110所，比1978年增加26所；婚前医学检查率、孕妇产前医学检查率为88.63%、98.8%，分别比2000年提高26.0、4.4个百分点；孕产妇系统管理率、住院分娩率为 95.03％、100％,分别比 2000 年提高 13.2 个、1.13 个百分点;落实孕前预防措施,免费孕前优生健康检查目标人群覆盖率达 100％,筛查出的高风险人群全部获得针对性的咨询指导和治疗转诊等服务,有效降低了出生缺陷发生。托幼机构卫生保健合格率、7 岁以下儿童保健管理率为 97.4％、97.7％,分别比 2000 年提高 36.6 个、4.8 个百分点。

人口健康状况普遍改善,生命质量显著提升。人均期望寿命由 1982 年的 69.5 岁提高至 2015 年的 77.5 岁,高于全国同期平均水平 1.2 岁,居民健康水平总体处于全国前列,接近高收入国家水平。2017 年孕产妇死亡率 10.4/10 万,比 1995 年降低 25.9/10 万;婴儿死亡率 2.6‰,比 1995 年降低 18.7 个千分点;5 岁以下儿童死亡率 3.7‰,比 1995 年降低 29.22 个千分点,妇女儿童健康状况普遍改善,生命质量显著提升。

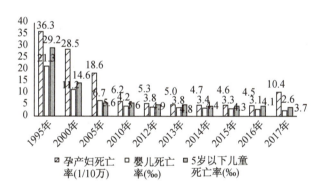

图7 孕产妇、婴儿及五岁以下儿童死亡率

四、体育事业成就斐然

江苏省委省政府高度重视体育事业发展,2001 年作出了《关于进一步加强体育工作加快建设体育强省的决定》,江苏体育事业按照健康中国和健康江苏建设部署,全面深化体育体制改

革,坚持以增强人民体质为根本任务,大力实施全民健身国家战略,积极构建有利于科学发展的体制机制;深入推进公共体育服务体系示范区建设,着力完善功能明确、网络健全、城乡一体、惠及全民的公共体育服务体系,全省体育事业在快速发展中取得了辉煌的成就。

(一)竞技体育实力突出

全省以承办十运会为契机,加大大型体育赛事申办力度,提高竞赛组织水平。先后成功承办、举办了第十届全国运动会、第六届全国残疾人运动会、世界女篮锦标赛、世界青年女子垒球锦标赛、亚青会、青奥会等世界高水平比赛,充分展示了江苏承办大型赛事的能力和水平,受到国际和社会各界的广泛好评。竞技体育硕果累累,竞技水平保持全国前列。2004 年雅典奥运会,江苏 4 人获金牌、1 人获银牌、1 人获铜牌;2008 年北京奥运会,获得 8 枚金牌、3 枚银牌、1 枚铜牌,奖牌总数位居全国前列;2012 年伦敦奥运会,5 人获 23.5 枚金牌,2 人获 1.5 枚银牌,2 人获 2 枚铜牌,取得江苏境外参加奥运会的最好成绩,获国家体育总局颁发的"2012 年伦敦第三十届夏季奥运会重大贡献奖"和"特殊贡献奖";2013 年,第二届亚青会江苏运动员有 34 名运动员参赛,同年第十二届全运会上,共获得 45 枚奖牌,与上海并列第四;2014 年青年奥林匹克运动会,获得金牌 14 项次、银牌 5 项次、铜牌 3 项次,同年仁川亚运会上,获金牌 22 项次、银牌 13 项次、铜牌 18 项次、破 3 项赛会纪录,金牌数列全国第 3 位、奖牌数位居全国第 1 位;在第 31 届里约奥运会上,江苏 33 名运动员入选中国体育代表团,5 人获得 3 枚金牌,4 人获得 2 枚银牌,3 人获得 3 枚铜牌。

表6 江苏运动员在比赛中夺冠情况

项目	2000 年	2005 年	2010 年	2015 年	2016 年	2017 年
世界最高比赛(个)	26	5.5	15	4	22	10
亚洲最高比赛(个)	23	21	50	15	7	16
全国最高比赛(个)	20.5	56	172	8	55	34

（二）群众体育蓬勃开展

江苏全面实施《全民健身计划纲要》，不断完善全民健身服务体系，深入开展群众体育活动。国民体质监测和体育组织网络逐步完善，环太湖体育圈、沿江体育带等体育健身品牌建设进展顺利。青少年、职工、农民、妇女、老年人体育健身活动广泛开展，残疾人体育、少数民族体育、军队体育进一步加强。全民健身运动会、老年人体育节、"长三角"全民健身大联动、"长三角"体育旅游休闲季等定期举办，其中"泛沿江体育带"全民健身大联动活动已连续举办十三届，影响力持续扩大。广场健身舞运动作为群众体育的新兴力量，江苏在全国率先成立省级协会——江苏省广场健身舞运动协会，有效推动了广场舞的健康有序发展。2017年，全省经常参加体育锻炼的人数比例超过35%，国民体质合格率达92.1%以上。

（三）体育环境明显改善

公共体育服务体系基本建成。全省公共体育服务体系示范区建设成绩斐然，在国内率先建成全国公共体育服务体系示范区，11个设区市、86个县（市、区）创建成省级公共体育服务体系示范区；体育保障体系基本形成，全省公共体育服务从业人数占本地常住人口比例平均达到0.15%，每万人拥有社会体育指导员数量达到27名，参与提供公共体育服务的企业、事业和体育社会组织数量稳步增长，政府主导、企事业、社会组织和机构共同参与的服务主体供给格局基本形成。

公共体育服务设施逐步完善。"十二五"末，全省12个设区市建成功能齐全的体育中心和全民健身中心，95%以上的县（市、区）完成"新四个一"工程（即建成一个塑胶跑道标准田径场、一个3 000个座席的体育馆、一个游泳馆或标准室内游泳池、一个3 000平方米以上的全民健身中心），城市社区全部建成10分钟体育健身圈，6 500公里健身步道覆盖城乡，90%以上的乡镇（街道）建成小型全民健身中心，行政村（社区）基本实现体育设施全覆盖。全省人均公共体育场地面积达2.01平方米，高出全国平均值0.55平方米。省、市、县、乡镇（街道）、行政村（社区）五级公共体育设施服务网络逐步完善。学校体育设施开放率接近50%。

截至2017年末，所有设区市、县（市、区）均建成省级公共体育服务体系示范区，全省拥有国民体质测试站（点）458个，接受国民体质测试人数为39.4万人，社会体育指导员年末累计审批人数为29.98万人。

（四）体育产业快速发展

体育产业体系逐步健全，规模逐年壮大。全省体育产业在国民经济发展中的地位和作用不断提升，基本形成以健身休闲、竞赛表演、体育用品、场馆服务、体彩销售、体育旅游为主的体育产业体系。2016年末，全省体育产业从业人员66.7万人，体育产业总规模3 154.1亿元。成功创建苏南（县域）国家体育产业基地，组建江苏体育产业集团，建成省级体育产业基地59家，实现体育产业规模化发展。江苏彩票销售量在全国实现"十连冠"，2017年全省体育彩票销量达201.3亿元，比2006年增长5.18倍。

改革开放四十年来，江苏文教卫体等社会事业取得巨大成就，但与"强富美高"新江苏建设目标及人民群众对美好生活的向往还有一定距离，一些薄弱环节亟需解决。如：文化贸易"走出去"存在障碍，整体实力尚需加强；教育现代化、优质资源均衡化有待进一步提升；卫生与健康服务结构不够合理、分布不够均衡、基层服务能力相对薄弱问题还比较突出；城乡居民体育需求日趋个性化、多元化，公共体育服务的内涵和空间亟需拓展等。我们坚信，在习近平新时代中国特色社会主义思想的指引下，在省委、省政府的坚强领导下，坚持把人民群众对美好生活的向往作为奋斗目标，站在更高的历史起点上谋划社会事业，牢牢把握高质量发展要求，着力推进"两聚一高"新实践、"强富美高"新江苏建设，江苏社会事业一定会谱写出更加美好篇章！

来　　　源：江苏省统计局

发布日期：2018年11月14日

改革开放 40 年——科技篇：
科技发展突飞猛进　创新能力与日俱增

党的十一届三中全会开启了我国改革开放的历史新时期，经过 40 年波澜壮阔改革开放的创新实践，江苏社会经济各项事业蓬勃发展，"科学技术是第一生产力"的指导思想在改革开放实践中得到了有力的论证。特别是党的十八大以来，以习近平同志为核心的党中央全面实施创新驱动发展战略，江苏各地坚持科学发展，锐意改革，开拓进取，实现了科技、经济、社会发展的历史性跨越，朝着"两聚一高"的战略目标迈进。全省科技创新和科技体制改革全面推进，基础研究得到加强，高新技术产业快速发展，技术市场规模稳步扩大；科技投入持续增加，企业创新活力竞相迸发，科技产出成果丰硕，科技实力不断增强，科学技术事业突飞猛进，科技创新为转型升级、经济高质量发展提供强力支撑。

一、科技创新环境不断优化

（一）经济稳定发展为科技创新提供坚强的后盾

改革开放 40 年，江苏生产总值从 1978 年的 249.2 亿元增加至 2017 年的 85 900.9 亿元，按可比价计算增长了 81.68 倍，年均增长 12%，比全国年均增速高 2.5 个百分点；经济体量从 1985 年处于世界 45 位左右提升至 2017 年的 14 位左右；人均 GDP 从 1978 年的 430 元增加至 2017 年的 10.7 万元，可比增长 58.98 倍，年均增长 11.1%。全员劳动生产率从 1978 年的 900 元/

人提升至 2017 年的 180 578 元/人，高出全国平均水平 78.4%。

（二）基础设施不断完善为科技创新奠定坚实的基础

技术研究中心作为科技研究、重大课题攻关的前沿阵地，其数量多少直接体现地区科技综合实力。截至 2017 年末，全省建立各类研究机构 24 112 个，比 1995 年增长 11.8 倍，年均增长 11.9%；其中政府部门属独立研究与开发机构达 133 个。截至 2016 年末，已建国家重点实验室 42 个，省级重点实验室 134 个；省级以上工程技术研究中心 3 097 个，企业院士工作站 344 个，企业博士后科研工作站 401 个，博士后创新实践基地 451 个，企业研究生工作站 3 780 个。全省共认定省级以上企业技术中心 1993 个，其中国家级企业技术中心 110 个，比 2012 年增加了 43 个，数量均居全国前列。截至 2016 年末，全省已建省级以上科技服务平台 300 个，拥有省级以上科技企业孵化器 468 家，孵化面积达 3 000 万平方米，其中国家级孵化器数量、面积及在孵企业数量连续多年位居全国第一。

（三）"第一资源"为江苏科技创新发展提供强大的支撑

全省上下紧紧围绕经济社会发展目标，深入实施科教与人才强省战略，不断加大人才资源开发力度，人才资源总量稳步增长，人才队伍结构持续优化,人才引领发展的作用进一步增强。2017年,全省人力资本投资额超过1.1万亿元,占GDP的比重接近15%,全省人才资源总量超过1 100万人,人才贡献率接近40%。截至2016年末,全省拥有两院院士98人,其中科学院院士43人、工程院院士55人;国家"杰出青年基金"获得者337人,"长江学者奖励计划"特聘教授197人,国家"百千万人才工程"国家级人选276人,国家有突出贡献中青年专家271人,省有突出贡献中青年专家2 352人,享受国务院政府特殊津贴专家8 496人;省自然科学基金杰出青年基金获得者250人,青年基金获得者4 447人;全省高层次人才达84.43万人,占人才资源总量的7.38%。

（四）政策密集出台为科技创新提供有力服务保障

江苏科技事业的快速发展离不开国家和地方的政策支持,省委、省政府历来高度重视科技创新工作,把落实和完善科技创新政策作为"一把手"工程来抓。我省先后出台了《江苏省"十三五"科技创新规划》《中共江苏省委江苏省人民政府关于实施创新驱动战略推进科技创新工程加快建设创新型省份的意见》《中共江苏省委江苏省人民政府关于加快企业为主体市场为导向产学研相结合技术创新体系建设的意见》《创新型省份建设推进计划（2013—2014）》等文件。特别是2016年后又出台了《关于加快推进产业科技创新中心和创新型省份建设的若干政策措施》（创新"40条"）、《关于聚焦富民持续提高城乡居民收入水平的若干意见》（富民"33条"）、《关于聚力创新深化改革打造具有国际竞争力人才发展环境的意见》（人才"26条"）、《关于知识产权强省建设的若干政策措施》（知识产权"18条"）、《江苏省贯彻国家创新驱动发展战略纲要实施方案》、《江苏省促进科技成果转移转化行动方案》等一系列鼓励和支持科技创新的政策文件,全省形成了一个涉及人才引进培养使用、企业财政税收研发减免、促进创新型省份建设等优惠政策的创新

创业生态环境,企业创新积极性极大提高,全省科技创新工作实现了跨越式发展。

二、科技综合实力显著增强

（一）科技资金投入快速增长

2017年全省研究与发展经费内部支出2 260.06亿元,比1995年（26亿元）增长86.3倍,年均增速为22.5%,研究与发展经费内部支出占地区生产总值比重由1995年的0.51%提升到2017年的2.63%,占比提高2.12个百分点。其中,全省科研机构投入研发经费164.57亿元,比2010年增长2.6倍,年均增长14.8%;高等院校投入研发经费109.58亿元,比2010年增长2.0倍,年均增长10.2%;工业企业投入研发经费1 833.88亿元,比2010年增长2.6倍,年均增长14.8%。全省财政一般公共预算支出中科技支出436.14亿元,比1978年增长7 000多倍,占一般公共预算支出比重达4.1%。截至2016年末,"苏科贷"累计发放贷款282.96亿元,支持科技型中小企业3 751家;全省新型科技金融组织达147家,创业投资管理资金规模超过2 100亿元。

（二）科技人才队伍不断壮大

2017年,全省研发人员达到75.42万人,比2010年增加了34.80万人,增长85.7%,年均增长9.2%;折合全时当量人员56.00万人年,比2010年增加了24.42万人年,增长77.3%,年均增长8.5%。其中科研机构研发人员达到2.84万人,比2010年增加了0.83万人,增长41.2%,年均增长5.1%;折合全时当量人员2.66万人年,比2012年增加了1.02万人年,增长61.8%,年均增长7.1%。2017年高等院校研发人员达到6.73万人,比2010年增加了3.15万人,增长88.1%,年均增长9.4%,折合全时当量人员2.71万人年,比2010年增加了0.95万人年,增长54.5%,年均增长6.4%;规上工业企业研发人员达到58.94万人,比2010年增加了26.57万人,增长82.1%,年均增长8.9%;折合全时当量

人员45.55万人年,比2010年增加了19.07万人年,增长72.0%,年均增长8.1%。2017年全省研发人员中,研究人员占比为38.5%,比2010年提高了1.4个百分点。2017年全省每万名从业人员中研发人员数达120人年,比2010年增加了54人年。

（三）科技机构建设力度不断加大

截至2017年,全省建立各类研究机构2.41万个,比2010年增加1.74万个,增长3.61倍,年均增长20.1%。其中:高等学校建立研究机构0.11万个,比2010年增加0.06万个,增长1.96倍,年均增长10.1%；规上工业企业建立研究机构2.20万个,比2010年增加1.65万个,增长3.96倍,年均增长21.7%。截至2017年末,全省各类机构拥有研发人员50.64万人,比2010年增长3.22倍,年均增长18.2%；研究机构拥有博士学历人员2.48万人,比2010年增长2.84倍；硕士以上学历人员9.01万人,比2010年增长3.11倍；全省研发机构硕士以上学历人员占机构研发人员的17.8%,其中科研机构占比为57.7%,高等学校占比为86.5%,规上工业企业占比为10.7%。截至2017年末,全省各类机构科研用仪器设备原价2 175.34亿元,比2010年增长5.56倍,年均增长27.7%。

三、科技创新产出大幅增加

（一）知识产权创造能力提高,专利申请数量快速增长

2017年全省共申请专利51.44万件,比1990年增长190.10倍,年均增长21.5%；其中发明专利申请数为18.70万件,比1990年增长486.99倍,年均增长25.8%。2017年,发明专利申请数占全部专利申请数的比重为36.4%,比1990年提高了22.2个百分点。2017年全省专利授权数为22.72万件,比1990年增长156.14倍,年均增长20.6%；其中发明专利申请数为4.15万件,比1990年增长601.71倍,年均增长26.7%。2017年,发明专利授权数占全部专利授

权数的比重为18.3%,比1990年提高13.5个百分点。在专利申请与授权中,由企业申请的专利36.03万件,占全省申请专利数的70.0%,比1990年提高50.7个百分点；授权专利中企业授权专利16.12万件,占全省申请专利数的70.9%,比1990年提高50.5个百分点,全省的专利申请和授权多项指标排名均在全国前列。

（二）基础研究投入继续加大,原始创新能力不断提升

2017年我省基础研究经费为67.62亿元,比2010年增长3倍,年均增长17.0%；其中作为知识创新主体的高等学校和研究机构基础研究经费分别为50.85亿元和13.85亿元,分别是2010年的2.64倍和5.03倍,年均增长14.8%和25.9%。2017年全省基础研究经费占全社会研发经费的比重为2.99%,比2010年提高0.37个百分点。其中:科研机构基础研究经费占科研机构全部研发经费的比重为8.42%,比2010年提高4.92个百分点；高等学校基础研究经费占高等学校全部研发经费的比重为46.40%,比2010年提高11.73个百分点。

（三）新产品开发力度加大,新产品出口占比提高

2017年全省规上企业新产品开发6.97万项,比2010年增长1.92倍,年均增长9.8%；投入新产品开发费用2 150亿元,比2010年增长2.31倍,年均增长12.7%；新产品产值达到2.94万亿元,比2010年增长2.66倍,年均增长15.0%；新产品销售收入产值达到2.89万亿元,比2010年增长2.64%,年均增长14.9%,其中新产品出口交货值0.57万亿元,比2010年增长了2.45倍,年均增长13.7%。新产品销售额占全部规上工业销售额的比重19.2%,比2010年提高7.1个百分点；新产品出口交货值占全部规上工业出口交货值的比重25.1%,比2010年提高12.6个百分点；全省规上工业企业新产品产值率达19.7%,比2010年提高7.5个百分点。

（四）高新技术产业稳定增长，经济贡献份额提高

2017年，全省高新技术产业实现产值6.79万亿元，比2009年增长3.09倍，年均增长15.1%。2017年高新技术产业实现出口交货值1.25万亿元，占全部规上工业企业出口交货值的55.5%，比2009年增长1.80倍，年均增长7.6%。2017年全省高新技术产业新产品产值为0.91万亿元，占全部规上工业企业新产品产值的62.0%，高新技术产业新产品产值率13.4%，高出规上工业企业新产品产值率4.2个百分点。2017年全省高新技术产业产值占规上工业企业总产值的比重的42.66%，比2009年提高12.62个百分点，对全省经济发展的贡献份额进一步提高。

科技兴则民族兴，科技强则国家强。当前，江苏发展站在新的历史起点上，随着新一轮科技革命和产业革命加快推进，工业化、信息化、城镇化、市场化、国际化深入发展，长三角区域经济一体化和江苏沿海地区发展战略的加快实施。在省委、省政府的坚强领导下，按照党的十九大部署，以习近平新时代中国特色社会主义思想为指引，充分发挥创新引领发展的第一动力作用。牢牢把握新一轮世界科技革命和产业变革机遇，深入实施创新驱动发展战略，凝聚起更为强大、更为持久的科技创新力量。我们要紧扣新时代战略安排，紧紧围绕"聚力创新"这一发展取向，以科教与人才强省战略为经济社会发展的基础战略，把创新驱动战略提升为核心战略，为全省"聚力创新"能力将进一步提高打下坚实基础；切实提升创新型省份建设水平，加快推动我省从"科技大省"向"科技强省"跨越，为推动高质量发展走在全国前列，为开辟新时代中国特色社会主义新境界作出"江苏贡献"！

来　　源：江苏省统计局
发布日期：2018年11月14日

改革开放 40 年——开放篇：
改革活力不断释放　开放水平持续提升

自 1978 年党的十一届三中全会开启我国的改革进程以来，中国的改革开放已经走过了 40 年的光辉岁月。40 年来，江苏对外开放取得了巨大成就，全省顺利实现了从封闭半封闭型经济向开放型经济的历史转折，发生了翻天覆地的变化，成为深度融入经济全球化的重要区域和促进经济平稳较快增长的强大引擎。实践证明，江苏持续深入实施经济国际化战略，以改革创新精神大力发展开放型经济，推动全省开放型经济蓬勃发展、转型升级并取得引人瞩目的重大成就，成为促进江苏经济再上新台阶的重要支撑。

一、对外贸易硕果累累

党的十一届三中全会以来，江苏对外贸易随着我国外贸体制的重大改革，以及全省经济国际化战略的实施和产业经济的发展，实现了跨越式发展。全省货物进出口总额（以下简称"进出口总额"）由 1978 年的 4.3 亿美元跃升到 2017 年的 5 911.4 亿美元，增长 1 383 倍，年均递增 20.4%。其中出口总额突破 3 600 亿美元，达 3 633 亿美元，增长 867 倍，年均递增 18.9%；进口总额达 2 278.4 亿美元，实现了年均 29.7% 的高增长。与此同时，江苏在全国对外贸易中的份额、地位不断提高。全省进出口总额占全国的比重由 1978 年的 2.1% 提高到 2017 年的 14.4%，其中出口总额由 4.3% 提高到 16.1%，进口总额由 0.1% 提高到 12.4%。迄今，江苏外贸出口额

从 2000 年起连续 18 年位居全国第二位，成为全国外向型经济发展的重要推动力量，为提升中国成为世界贸易大国地位作出了重要贡献。

（一）对外贸易规模迅速扩大

改革开放 40 年来，我国对原有外贸体制进行了重大改革，经历了以下 4 个发展阶段：1979—1987 年的放权阶段、1988—1990 年的推行承包经营制阶段、1991—1993 年的改革深化和攻坚阶段、1994—2000 年的综合配套改革阶段、2001 年至今的以 WTO 规则为基础的全面改革阶段。由此促进了江苏对外贸易规模持续快速扩大，结构与效益双双提升，并进入不以数量争高低，而以质量论英雄的外贸外经发展新常态。全省进出口总额 1981 年超过 10 亿美元，1994 年突破 100 亿美元，2003 年突破 1 000 亿美元，2005 年突破 2 000 亿美元，2007 年突破 3 000 亿美元，2017 年接近 6 000 亿达 5 911.4 亿美元。可见，贸易额从十亿美元迈上百亿美元，江苏用了 14 年；从百亿美元迈上千亿美元，用了 10 年时间；从 1 千亿美元迈上 2 千亿美元，从 2 千亿美元迈上 3 千亿美元，均仅用 3 年时间；从 3 千亿美元迈上 4 千亿美元，用了 4 年时间；从 4 千亿美元迈上 5 千亿美元，仅用 1 年时间；之后一直保持在 5 千亿美元级，2017 年达到近 6 千亿美元。从上世纪八十年代以来对外贸易总额增速看，"六五"至"七五"期间以年均 16.0% 和 15.8% 速度平稳增

长;"八五"期间增速有所加快,年均递增31.5%;"九五"期间受到东南亚金融危机影响,增速放慢,年均增长22.8%;"十五"期间,受"入世"推动,年均增长高达37.9%;"十一五"期间,受国际金融危机影响,增幅回落,年均递增15.4%;"十二五"期间,外贸发展进入"新常态",年均增长3.2%;"十三五"前2年年均增长4.1%。

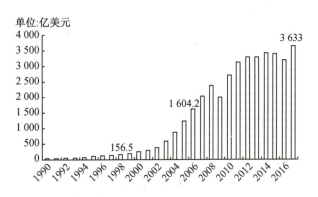

图1 1990—2017年江苏外贸出口走势图

（二）进出口商品结构不断优化

随着江苏工业化程度的提高,出口商品结构不断改善,工业制成品出口所占比重逐渐提高,高附加值产品出口比重上升。上世纪80年代,江苏在巩固发展轻纺产品出口的同时,大力发展机电产品出口,工业制成品出口比重由1985年的63.9%提高到1989年的79%。上世纪90年代,出口产品高附加值和多元化取得重大进展,1999年工业制成品出口比重上升到95.9%,其中机电产品出口占出口总额的比重达42%。进入新世纪,江苏积极实施科技兴贸和品牌战略,机电产品出口快速增长,高新技术产品出口迅速崛起。2017年机电产品、高新技术产品出口占出口总额的比重分别达到65.9%和38%。其中技术含量高、附加值较大的机械及设备、计算机与通信技术产品出口占出口总额比重分别达22.9%和23.6%。与此同时,纺织纱线织物及制品、服装及衣着附件出口比重逐渐回落,2017年与1998年相比,分别回落6个和13.6个百分点。

江苏进口商品的结构一直以工业制成品为主,但随着改革开放的深入和江苏经济的快速发展,对原材料和机电设备的需求不断扩大,进口商品结构也发生了变化。一方面,工业制成品进口比重逐步下降,而初级产品比重逐步上升。1985年工业制成品进口比重为97%;1986—2002年保持在85%～90%之间;2003—2006年,占比又超九成;2007—2014年,占比由89.8%波动回落至84.8%;之后,由于产业转型升级对进口提出新要求,比重又渐次回升至2017年的86.1%。另一方面,机电产品,尤其是高新技术产品的进口快速增长,加快了江苏企业技术改造的步伐,促进了江苏产业结构的升级换代。2017年,机电产品进口1354.9亿美元,占进口总额的59.5%,低于2002年3.8个百分点;高新技术产品进口950.2亿美元,占进口总额的41.7%,高于2002年11.1个百分点。其中电子技术进口占进口总额的四分之一,为25%。

（三）国际贸易市场向多元化发展

1978年,江苏对外贸易进出口的国家(地区)还不到30个。随着改革开放的深入,江苏的对外贸易伙伴不断增加。至2017年末,已与世界233个国家(地区)建立了贸易关系,领域和渠道进一步拓宽,逐步稳固了以欧盟、美国、日本、香港、韩国、东盟为主,以周边国家(地区)以及非洲、拉丁美洲、南亚等为重要方向的贸易市场格局。2017年,位居江苏出口额前十位的贸易伙伴依次为:美国、香港、日本、韩国、荷兰、德国、印度、台湾地区、英国、越南,合计出口额占全省出口总额比重63.6%;进口额名列前十位的贸易伙伴依次为:韩国、台湾地区、日本、美国、德国、澳大利亚、马来西亚、巴西、泰国、新加坡,合计进口额占全省进口总额比重72.5%。

（四）积极对接国家"一带一路"战略

随着国家"一带一路"战略深入推进,江苏紧扣"一带一路"交汇点优势,着力推进沿海地区进一步发展和沿江地区融合发展,重在从"五通"(政策沟通、设施联通、贸易畅通、资金融通、民心相通)角度获取新动能,深化与"一带一路"沿线国家的外贸合作与交流。当前,江苏与沿线国家外贸基本面好、潜力大、韧性强、回旋广,已到了向更高层次跨越的关键时间节点。江苏抢抓机遇,化解挑战,对外拓展沿线市场求突破、创实效,对内提升企业素质抓中心、补短板,助力江苏加快实现由外贸大省向外贸强省的转型。

2017年,江苏与"一带一路"64国实现外贸进出口1 290.2亿美元,较2010年增长46.2%;其中,出口875亿美元,较2010年增长61%,2010—2017年7年年均增长7%;进口415.2亿美元,较2010年增长22.5%。

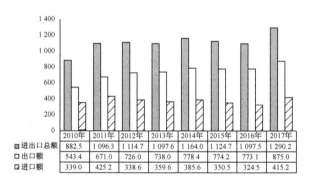

**图2　2010—2017年江苏与"一带一路"
沿线64国外贸走势(亿美元)**

江苏占全国对"一带一路"国家出口比重由2012年的14.5%降为2014年的12.2%,2015年回升至12.6%,2016年回升至13.3%,2017年比重继续回升至13.8%。

2017年,江苏与"一带一路"64国外贸进出口、出口、进口占全省比重分别为23.9%、28%、18.3%,较2012年分别提升3.6个、5.9个和0.6个百分点。

(五)灵活多样的贸易方式拓展了对外贸易领域

改革开放以来,随着对西方国家和第三世界国家贸易的发展,江苏在继续巩固一般贸易的基础上,大力发展来料加工装配贸易、进料加工贸易及补偿贸易等。1985年一般贸易进出口额占全部贸易总额的93.3%,加工贸易仅占4.8%。至2007年,江苏加工贸易进出口额高达2 152.2

亿美元,比1985年增长了2 264.5倍,占全部贸易总额的比重高达61.5%,超过一般贸易进出口1 086.5亿美元,成为江苏最主要的对外贸易方式。近年来,国家对加工贸易政策进行了一系列调整和完善,推进加工贸易转型升级;同时,产业链更长、更能体现自主发展、对经济推动作用更为明显的一般贸易比重稳步提升,贸易方式结构进一步优化。2017年,全省一般贸易进出口2 842.4亿美元,占全省进出口比重48.1%,高于加工贸易6.9个百分点。其中,一般贸易出口1 756.4亿美元,占全省出口比重48.3%,高于加工贸易6.6个百分点;对全省出口增长贡献率为45.9%,高于加工贸易17.7个百分点。同时,保税仓库进出境货物也得到较快发展,2007年进出口128.7亿美元,占全省贸易总额比重3.7%,比1995年提高3.3个百分点。2017年,保税监管场所进出境货物、海关特殊监管区域物流货物进出口占全省比重分别达到1.9%和7.2%。目前,江苏已形成了来料加工装配贸易、进料加工贸易、一般贸易、保税仓库进出境货物、海关特殊监管区域物流货物贸易等竞相发展,多种贸易方式共同推动对外贸易提质发展的新局面。

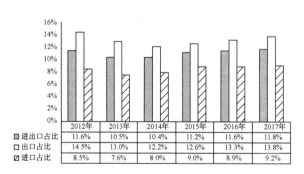

**图3　2012—2017年江苏占全国与"一带一路"
外贸比重(美元值)**

(六)外商投资企业为江苏外贸发展作出巨大贡献

随着1979年中外合资企业法的诞生,中国对外资敞开了大门,外商投资企业从无到有,经营规模不断扩大。但在改革开放初期,外商投资

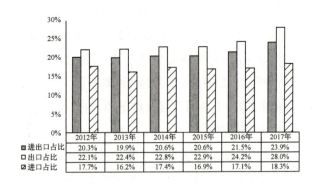

**图4 2012—2017年江苏与"一带一路"
外贸占全省比重(美元值)**

	2012年	2013年	2014年	2015年	2016年	2017年
进出口占比	20.3%	19.9%	20.6%	20.6%	21.5%	23.9%
出口占比	22.1%	22.4%	22.8%	22.9%	24.2%	28.0%
进口占比	17.7%	16.2%	17.4%	16.9%	17.1%	18.3%

企业在江苏经济发展中的作用并不突出,1987年出口0.1亿美元,仅占出口总额的0.6%,进口0.4亿美元,占5.0%。到1998年,出口、进口分别占比达51.5%和79.9%。进入新世纪,随着外商来苏投资迅猛增加,大批外商投资企业进入了经营期,其进出口额随之大幅度增加。2007年外商投资企业出口额为1 556.3亿美元,占出口总额的比重高达76.4%;进口1 245.9亿美元,占到85.4%。2017年外商投资企业出口额达到2 114.4亿美元,占出口总额的比重为58.2%;进口1 653.8亿美元,占到72.6%。外商投资企业为江苏对外贸易和国民经济发展作出了巨大贡献。

(七)对外贸易在经济社会发展中的重要性凸显

对外贸易作为江苏经济与世界经济联通的桥梁,对江苏经济的发展起到了积极的推动作用。外贸依存度由1978年的2.9%上升到2007年的104%,其中出口由2.8%上升到60.6%,进口由0.1%上升到43.4%。2017年,全省外贸依存度为44.8%,其中出口依存度为27.6%,进口依存度为17.3%。江苏对外贸易依存度的变化主要得益于加工贸易的快速发展,表明江苏经济参与国际分工和交换的深度与广度有显著的提高,江苏经济与国际经济深度融为一体。江苏利用"两种资源"、开发"两个市场",使江苏国内生产尤其是工业生产所创造的价值,通过直接或间接参与国际分工实现的份额越来越大,对外贸易成为推动江

苏国民经济持续健康发展的重要因素。

二、利用外资成就辉煌

改革开放以来,江苏充分利用地处沿海沿江区位优势、良好的营商环境、充沛的人才人力资源,不断创新招商方式,主动促进资源对接,积极打造投资高地,吸引了大量国际资本落地生根,在利用外资方面取得了令人瞩目的成就。外资经济成为江苏经济的特色和优势,每年贡献四分之一的固定资产投资和税收、超过六成的对外贸易额、超过七成的高新技术产品进出口和三成以上就业岗位。

(一)投资呈阶段性上升,外资总量全国领先

1981年,江苏批准设立了第一家中外合资企业"中国江海木业有限公司",由此拉开了外商在江苏直接投资的帷幕。经过上世纪80年代的起步阶段、90年代的持续发展阶段和新世纪提高发展阶段,江苏利用外资取得了令人瞩目的成就。实际外商直接投资在1992年突破10亿美元,2002年突破100亿美元,2007年突破200亿美元,2011年突破300亿美元,2012年突破350亿美元。实际利用外资额自2003—2014年保持了十二年的全国第一,2015年被广东超过居于次席,2016年重新登顶全国第一,2017年列北京之后居全国第二位。

2017年,江苏新增外商投资项目3 254个,同比增长13.9%;实际到账外资251.4亿美元,同比增长2.4%;新增协议外资554.3亿美元,同比增长28.5%。按行业分,第一产业实际外资3.1亿美元,同比下降36.6%;第二产业实际外资140.4亿美元,同比增长11.4%;第三产业实际外资107.9亿美元,同比下降5.8%。按地区分,苏南地区实际外资153.9亿美元,同比增长1.3%;苏中实际外资50.8亿美元,增长3.1%;苏北实际外资46.7亿美元,增长5.5%。全省外资企业缴纳涉外税收3 047.1亿元,同比增长10.4%。其中苏南地区外资企业缴纳涉外税收2 501.8亿元,同比增长10.9%,占全省的82.1%。

起步阶段(1985—1991年)。随着我国首先在经济特区、沿海开放城市和沿海经济开放区对外资和"三资企业"实行优惠政策,并扩大地方审批外商投资的权限等政策和措施的逐步实施,初步改善了江苏的投资环境,调动了各地利用外资的积极性。江苏实际外商直接投资从1985年的1 191万美元增加到1991年的23 324万美元,增长18.6倍,年均递增64.2%,7年累计外商直接投资6.5亿美元。

持续发展阶段(1992—2001年)。中国对外商投资兴办产品出口企业和先进技术企业给予更为优惠的待遇,改善了外商投资企业的生产经营条件。同时,随着江苏对外开放的不断扩大,吸收外资的环境和结构得到进一步改善,促进了外商投资的较快发展。1992—2001年江苏实际外商直接投资从14亿美元增加到71.2亿美元,增长4.1倍,年递增19.8%,10年累计外商直接投资超过500亿美元。

提高发展阶段(2002年至今)。随着经济持续快速增长以及入世过渡期的结束,国内市场的进一步开放,投资环境得到更大改善,加上巨大的市场潜力,劳动力、土地等要素的比较优势明显,江苏抓住机遇积极引进外资,着力提高利用外资水平与质量,推动全省新一轮高水平对外开放向宽领域纵深方向发展。2002—2017年全省累计实际利用外商直接投资3 730.3亿美元,15年年均递增6.1%。

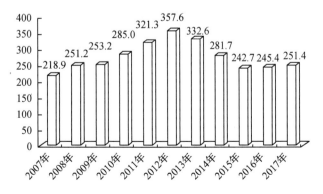

图5 2007—2017年江苏实际利用外商直接投资(亿美元)

(二)投资来源多元化,投资区域不断扩大

1990年,江苏吸收外商直接投资的国家和地区只有17个,而目前达到170个左右,已形成投资主体多元化的格局。外资来源地按各大洲的分布看,2017年亚洲投资额占全部实际外商直接投资总额的72.1%;南美洲占6.5%;欧洲占5.2%;北美洲占3%;大洋洲占1.9%;非洲占0.8%;其它国别(地区)不详的和投资性公司投资占2.9%。同时,投资额最多的十大国家和地区依次为香港地区(57.8%)、英属维尔京群岛(5%)、新加坡(4.7%)、韩国(3.8%)、日本(3.1%)、美国(2.2%)、台湾地区(2.1%)、萨摩亚(1.6%)、开曼群岛(1.4%)、德国(1%),合计占全省外商直接投资总额的82.7%。外资投向也由改革开放初期的苏南地区逐渐向苏中、苏北地区扩展。2017年外商在江苏苏南、苏中、苏北的实际直接投资比重分别为61.2%、20.2%和18.6%,比2007年分别下降6.4个、下降1.5个、提升7.9个百分点。

(三)投资领域不断拓宽,产业结构不断改善

改革开放早中期,外商在江苏投资大部分流向第二产业,尤其是制造业。随着我国加入WTO后对外开放领域的进一步拓宽,外商投资产业结构也得到明显改善。外商投资从一般性加工工业逐步向装备制造业、服务业、基础设施和高新技术产业等资金技术密集型项目扩展。目前,服务业引资占比大为提升。2017年,实际外商直接投资在第一产业3亿美元,占实际利用外资总额的1.2%,与2007年基本持平;第二产业140.4亿美元,占55.8%,比2007年下降19.1个百分点;第三产业107.9亿美元,占42.9%,比2007年提升19.1个百分点。主要行业吸收外资比重为:制造业(44.5%),建筑业(9.1%),电力、燃气及水的生产和供应业(2.3%),交通运输、仓储和邮政业(2.9%),批发和零售业(8.2%),房地产业(13.8%),租赁和商务服务业(8.9%)。此外,金融、软件业、科研技术服务等行业引资规

模与占比也在不断提升。

（四）投资项目规模扩大，投资主体逐步转变

外商投资项目平均规模由 1985 年的 25.9 万美元，增至 2007 年的 374.7 万美元，再进一步增至 2017 年的 772.4 万美元。目前，世界 500 强企业中有近 400 家落户江苏，其投资的规模大、领域宽、覆盖面广，对扩大江苏外商投资整体规模及水平和质量提升，都具有较强推动作用。与此同时，外商投资方式也由改革开放初期合资经营为主逐步转为独资经营做大。1990 年中外合资企业、外商独资企业占实际利用外资份额为 97.7％ 和 0.5％；2010 年分别为 16.6％ 和 80.1％；2017 年分别为 31.5％ 和 66％。近年来中外合资企业占比有所回升。

表1　2012—2017 年江苏主要行业实际使用外商直接投资比重变化　　　　　　（美元值）

行业	2012 年	2013 年	2014 年	2015 年	2016 年	2017 年
制造业	62.4％	52.4％	51.7％	46.5％	42.6％	44.5％
＃通信设备、计算机及其他电子设备制造业	6.9％	6.3％	7.5％	9.1％	7.0％	7.5％
电气机械及器材制造业	8.1％	6.5％	7.2％	5.7％	4.1％	4.0％
化学原料及化学制品制造业	6.4％	4.6％	5.6％	4.9％	3.8％	4.9％
交通运输设备制造业	6.4％	6.0％	5.4％	4.5％	4.0％	4.0％
通用设备制造业	9.0％	6.6％	5.4％	3.5％	4.0％	3.9％
专用设备制造业	4.9％	4.6％	3.6％	3.1％	2.2％	2.6％
金属制品业	2.9％	2.9％	2.3％	2.2％	2.8％	1.7％
医药制造业	1.3％	1.3％	1.2％	1.7％	4.4％	4.3％
食品制造业	1.1％	0.4％	0.9％	1.4％	0.8％	0.8％
塑料制品业	1.4％	1.1％	0.9％	1.3％	1.0％	1.1％
造纸及纸制品业	1.5％	1.6％	1.5％	1.2％	0.5％	0.8％
纺织业	1.6％	1.1％	1.2％	1.2％	0.6％	0.8％
纺织服装、鞋、帽制造业	2.6％	1.4％	2.7％	1.1％	1.5％	0.6％
第三产业	31.3％	42.0％	43.5％	46.6％	46.7％	42.9％
＃房地产业	16.4％	20.7％	18.0％	15.6％	12.4％	13.8％
租赁和商务服务业	3.1％	4.7％	6.9％	9.3％	12.0％	8.9％
批发和零售业	4.9％	7.6％	7.6％	8.8％	10.8％	8.2％
金融业	1.2％	1.3％	3.2％	4.2％	3.0％	2.4％
交通运输、仓储和邮政业	1.9％	3.3％	3.9％	3.6％	2.7％	2.9％
科学研究、技术服务和地质勘查业	1.0％	1.8％	1.9％	2.1％	2.8％	3.4％
信息传输、计算机服务和软件业	0.8％	0.7％	0.7％	1.4％	0.9％	1.3％

（五）利用外资在经济社会发展中作用明显

一是缓解和弥补国内建设资金的不足，促进经济持续快速发展；二是引进先进技术和管理经验，加速企业技术进步，加快产业结构的调整升级和产业集群的发展；三是大量外商投资企业的建立和投产开业，增加了财政收入，创造了就业机会；四是带动进口和出口，促进外贸发展；五是促进思想解放和观念更新，推进市场经济的形成

和体制创新,促进改革发展和社会进步;六是引进先进技术和理念,培养了一批熟悉国际规则的管理人才,推动了更高层次开放型经济发展。

三、对外经济技术合作成绩斐然

江苏的对外承包工程与劳务合作始于上世纪80年代初期,是在党的十一届三中全会以后随着改革开放的不断深入逐步发展、壮大起来的一项新兴事业。创业初始,江苏仅在中东地区的少数国家开展建筑工程、公路桥梁、土木工程和成套设备出口等业务。经过近四十年的迅速拓展,逐步形成了业务遍及100多个国家和地区、涉及多行业、多渠道经营的新格局,业务规模不断扩大,已连续多年名列全国前茅。2017年,江苏签订对外承包工程合同额、实际完成营业额108.2亿美元、95.3亿美元,比2016年分别增长48.5%和4.6%,比1990年分别增长302倍和269.6倍。1990—2017年27年年均分别递增23.6%和23.1%。

(一)对外承包工程与劳务合作的发展历程

改革开放以来,江苏对外承包工程与劳务合作的发展经历了起步创业、逐步发展和快速发展三个阶段。

起步创业阶段(1980—1990年)。我国的对外承包工程与劳务合作事业始于上世纪70年代末,是在国内和国际一定历史条件下兴起的。江苏于1980年12月成立了具有对外承包工程和劳务合作经营资格的“中国江苏国际经济技术合作公司”,由此拉开了江苏进军国际市场的帷幕。首先抓住了国际市场的有利机遇,进入中东地区的伊拉克、科威特等市场,随后又开拓了美国关岛、苏丹、索马里、日本等市场,对外承包劳务业务的发展初见成效。10年里新签合同额以年均89.2%的速度增长,累计完成营业额超过2亿美元。

逐步发展阶段(1991—2000年)。自1991年起,江苏经批准先后成立了省、省辖市和部分县三级国际经济技术合作公司的同时,还由省农业、水利、交通、地质等行业管理部门组建的公司及部分专业工程公司开展对外承包劳务业务。到2000年底,全省经批准具有对外承包工程、劳务合作经营资格的企业142家,数量居全国首位。这期间,对亚洲、非洲等传统市场的开拓逐步深入,业务规模不断扩大。实现了新签合同额年均递增33.4%,累计完成营业额达32.2亿美元,与1981—1990年相比,营业额增加了30.1亿美元。

快速发展阶段(2001年至今)。2001年江苏签订对外承包工程和劳务合作合同额、完成营业额双双突破10亿美元,规模首次超过全国业务总量的十分之一。同时,新签合同额、完成营业额和期末在外人数首次居全国第一。自中央提出实施“走出去”开放战略以来,国家陆续制定、出台了一系列扶持企业“走出去”的政策措施,江苏“走出去”企业发展的环境越来越好,积极性越来越高,进入了一个持续、健康、稳定、快速发展的新阶段。

(二)对外承包工程与劳务合作主要特点与作用

1. 业务规模不断扩大。江苏的对外承包劳务业务是伴随着改革开放的进程逐步发展壮大的。1981年,全省只有一家企业从事对外承包劳务业务,仅签订合同额13万美元,完成营业额9万美元,外派劳务人员6人。经过多年发展,2007年江苏签订对外承包工程劳务合作设计咨询的合同额、完成营业额均已突破40亿美元,分别达到45.2亿美元和41.6亿美元。同时,在55个国家或地区完成营业额超过1000万美元以上;在新加坡、日本、阿尔及利亚、苏丹等22个国家或地区完成营业额超过5000万美元以上;在斯里兰卡常州轨道车辆牵引传动工程技术研究中心承揽合同额1.6亿美元的轻轨交通项目,在特立尼达和多巴哥江苏国际公司承揽合同额1.8亿美元的大学城建设项目。2017年,江苏签订对外承包工程新签合同额过百亿美元,完成营业额近百亿美元;在沙特和安哥拉完成营业额超5亿美元,分别为5.1亿和5亿美元;在越南、新加坡、尼日利亚、阿尔及利亚完成营业额超3亿美元,分别为3.8亿、3.7亿、3.6亿、3.6亿美元;在澳大利亚完成营业额超2亿美元,达2.6亿美元;在阿联酋、巴西超1亿美元,达1.7亿和1.3亿美元。

2. 合作区域不断增加。江苏在开展对外承包工程与劳务合作创业初期,仅在中东地区和少数国家开展业务。目前,江苏已同106个国家和地区开展国际经济技术合作,并基本形成了以"亚洲市场继续巩固、非洲市场发展迅速、欧洲市场取得突破"的市场格局。2017年,江苏对外承包劳务完成营业额中:亚洲53.3亿美元,占55.9%;非洲29.5亿美元,占31%;欧洲4.9亿美元,占5.2%;大洋洲4.1亿美元,占4.4%;拉丁美洲3.1亿美元,占3.3%;北美洲0.2亿美元,占0.2%。

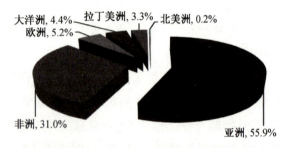

图6　2017年江苏对外承包工程
完成营业额各大洲比重

3. 企业素质、合作水平不断提高。目前,江苏国际合作公司以实业化为基础,加快集团化、国际化进程,按照"一业为主,多种经营"的方针,制定公司的经营战略,把经济效益放在经营目标的首位,由注重合同向注重合同与效益并重转换,由单项经营向综合经营转换,由单一市场向多元化市场转换,由分散单干向联营集团转换,从而使江苏对外经济合作水平与层次不断提高,有力地增强了国际市场的竞争力。形成了对外承包工程以建筑、交通、石化、煤炭、通讯、电力、建材等行业为主的经营优势,劳务合作以成建制派出为主、普通劳务与技术劳务相结合的多行业、多层次的经营格局。

4. 促进经济发展,改善对外关系。实施"走出去"战略,有利于转移省内富余或优势工程建设能力,优化资源配置,调整产业结构,拓宽发展空间,带动设备、技术、材料和产品出口;有利于推动江苏企业融入经济全球化,全方位参与国际分工与合作,发挥江苏劳动力资源丰富的比较优势;有利于缓解就业压力,增加就业机会、加快农村劳动力转移、促进农民增收、富民强省、建设小康社会等方面起到了极大的推动作用。同时,也有利于东道国发展经济、创造就业、增加税收等,实现互利共赢,促进共同发展,受到世界各国特别是广大发展中国家的普遍欢迎。

来　　源:江苏省统计局
发布日期:2018年11月14日

改革开放 40 年——消费篇：
商品市场繁荣稳定 消费升级稳步推进

改革开放以来，江苏紧抓历史机遇，在中国特色社会主义伟大旗帜指引下，以市场化改革为导向激活发展动力，以商贸兴盛带动经济繁荣，消费品市场持续繁荣活跃，稳定发展，取得了令人瞩目的成就。40 年来，江苏消费品市场规模由小变大，市场主体日趋多元化，消费热点亮点纷呈，消费结构不断升级，消费新动能快速成长，消费对经济发展的基础性作用日益增强。

一、消费品市场 40 年发展历程

回顾 40 年江苏消费品市场的发展历程，伴随改革与发展，江苏消费品市场大致经历了"改革起步、全面展开、快速发展、规范创新、结构升级"五个阶段。

第一阶段：市场改革起步期——改革起步和消费初步拉升时期（1978—1984 年）

改革开放初期，江苏主要在调整市场流通结构、发展多种经济成分、扩大企业自主权和改变商品经营机制上进行改革。一是采取"国家、集体、个人一起办商业"的措施，迅速发展了大批多种经济成分的市场网点。二是开放全省城乡集市贸易，建立小商品批发市场，扩大工业企业自销，初步改变了单一的市场流通结构。三是改革商贸流通企业的经营方式，对大、中型国营零售商业和饮食服务企业试行经营承包制，对小型国营零售商业、饮食服务企业实行"改、转、租"（即部分企业改为国家所有、集体经营、照章纳税、自

负盈亏；部分企业直接转为集体所有制企业；部分企业特别是以劳务为主的饮食、服务、修理等小店租赁给个人经营）。四是改革商品购销政策，物资流通突破单一的计划分配体制，从主要采取指令性计划逐步向扩大指导性计划和市场调节相结合的方向转变。五是调整商品经营机制，改批发按商品分工、零售按城乡分工的体制为城乡通开、货畅其流的新体制。1984 年全省社会消费品零售总额上升到 205.1 亿元，1978—1984 年 6 年间年均名义增长 15.9%，扣除商品零售价格指数，实际增长 13.6%。

第二阶段：市场机制建设期——有计划的商品经济和市场化改革加速推进期（1985—1992 年）

随着改革开放的进一步深入，江苏城市经济体制改革稳步推进，特别是乡镇企业和一些民营企业的异军突起，为商品市场的迅速发展奠定了基础。一是加快批发流通体制改革的步伐。为了改革深入发展的需要，江苏在商贸流通领域尝试实行政企职责分开，把百货、糖烟酒等公司所属 35 个分公司下放给所在市的商业行政部门统一领导管理，分公司下放后与各地原有的批发零售企业一起发挥各自的优势，使中心城市在工业品流通方面的辐射和聚集作用得到进一步加强。二是改革农副产品经营方式。从 1985 年起，江苏取消了农副产品长期以来的统购派购政策，实行合同定购和自由购销相结合，对粮食的收购实

行保护价和敞开收购,开放粮食的议购议销。三是逐步放开商品的价格。在大幅度缩减计划商品种类的基础上,江苏分三批放开了567种小商品、部分日用品和城市主要副食品价格,提高粮食合同定购价格,大幅度提高了多年来一直未动的粮食和食油销售价格,初步理顺了粮油价格体系。这一阶段江苏商品市场的发展步伐明显加快,其特征是市场规模不断扩大,调整改革的步伐显著加快,市场功能和作用也逐步显现出来。1992年全省社会消费品零售总额增加到704.5亿元,1985—1992年7年间年均名义增长15.1%,扣除商品零售价格指数,实际增长5.7%。

第三阶段:市场要素壮大期——完善市场经济体系和要素成长时期(1993—2002年)

在1992年初小平同志南巡讲话后,尤其是党的十四大、十五大以来,商品市场建设也从理论的突破,到观念、制度和组织形式的不断创新和突破。一是改革市场调控管理机制。按照政企分开和精简、统一、效能的原则,江苏分别于1995年和1996年对省物资局和省商业厅进行改组,组建省物资集团总公司和省贸易厅,把工作职能转移到培育和建设商品市场以及对商品流通的宏观调控、规划、协调、监督和服务上来,受政府委托行使行业管理。二是建立新的市场流通格局。随着多种经济成分进入流通领域,原有的省、市、县三级批发流通形式已经不能适应形势的需要,商品市场逐步建立形成了多种经济成分、多条流通渠道、多种经营方式、少流通环节的"三多一少"流通格局。三是逐步完善商品市场体系。从不完善的商品市场发展到多层次商品市场体系,以小康型社会商品结构为主体,兼顾温饱型的商品需求,积极创造条件开拓新的消费领域,发展适应高收入阶层的高档次消费市场,逐步形成一个多档次、多结构、多形式的商品市场。四是大力发展各类批发市场。通过试点推广和有关政策扶持,全省各地出现了大量产地型、销地型和集散地型的农产品批发市场、工业

消费品批发市场和生产资料批发市场。2002年全省社会消费品零售总额增加到3 656.6亿元,1993—2002年9年间年均名义增长15.9%,扣除商品零售价格指数,实际增长11.9%。

第四阶段:市场快速发展期——市场规范管理和消费升级加速期(2003—2011年)

党的十六大以来,我国的对外开放进一步深化,经济全球化、兑现开放市场的入世承诺和互联网普及所带来的沟通便利,江苏商品市场建设同时面临机遇和挑战。一是不断开拓农村市场。江苏从重视城市市场到城乡市场并重,在抓好城市市场的同时,大力抓好农村市场建设,积极实施"万村千乡农家店"、"双百市场工程"。二是着力加强市场信息化建设。全省各地注重在加强市场经营环境和软件设施建设上下功夫,许多商品流通企业积极适应形势的变化,参与市场竞争,纷纷加大投入,新建、改建、扩建和装修市场,提升商品市场的规模和档次。三是不断规范市场秩序。在我国实行市场经济的大环境下,江苏商品市场的管理不断向国际惯例接轨,各项规范市场主、客体资格,规范市场交易行为的法规、法律条文和具体措施不断出台和完善,市场管理的法制水平不断提高。为加强市场监管和整治力度,省整顿规范市场秩序办公室于2005年出台了江苏省整顿和规范市场经济秩序三年规划(2005—2007年),通过三年专项治理整顿,全省市场秩序规范程度、地区信用度明显好转。2011年全省社会消费品零售总额达到16 058.3亿元,2003—2011年8年间年均名义增长18.3%,扣除商品零售价格指数,实际增长15.7%。

第五阶段:市场转型升级期——创新经营和网络消费新型业态期(2012—2017年)

新阶段,人民对美好生活的需要日益增长,网络消费迅速发展,新兴消费模式陈出不穷,个性化和多样化消费逐渐成为主流。针对消费出现的新特点,全省积极采取应对措施:一是坚持把扩大消费需求作为战略重点,着力增强内需对

经济增长的拉动力,建立长效机制,完善消费政策,优化消费环境,促进消费升级。二是以产业链和产业集聚效应为目标,提高商业产业竞争力。围绕新兴产业发展和传统产业升级,全面提升消费品市场的竞争力。三是规范发展电子商务。完善电子商务服务与管理体制,培育壮大市场主体,拓宽网络购物领域,规范交易行为,满足消费者多元化需求。四是加快发展现代物流业。通过提升物流企业机械化、自动化和信息化水平,大力提高商品流通效率。在各项政策措施指引下,江苏电子商务快速发展,商业实体经济融合线上线下优势,发展多渠道、多元化经营,消费品市场保持着转型升级,提质增效,稳中向好的良好发展势头。2017 年全省社会消费品零售总额达到 31 737.4 亿元,2012—2017 年 5 年间年均名义增长 11.5%,扣除商品价格指数,实际增长 10.1%。

二、消费品市场 40 年辉煌成就

(一)消费市场蓬勃发展,居民生活水平显著改善

改革开放以来,随着经济的持续快速增长,居民收入水平的不断提高,消费市场的逐步开放,消费环境的不断完善,消费品市场日趋活跃,规模持续扩大,实力显著增强。

市场规模不断扩大。全省社会消费品零售额先后于 1994 年、2005 年、2009 年、2013 年、2017 年分别跨过 1 000 亿元、5 000 亿元、10 000亿元、20 000 亿元、30 000 亿元大关。2017 年实现社会消费品零售总额 31 737.4 亿元,是 1978年的 374.3 倍,年均增长 16.4%。经过 40 年的发展,全省流通网络日趋完善,商业网点遍布城乡。至 2017 年末,全省共有限额以上批发零售和住宿餐饮企业 22 540 个、限额以上产业活动单位 37 610 个,限上企业(单位)从业人员 127.3 万人。商品流通体系的不断完善,商品市场的日益繁荣,既为江苏经济持续快速增长提供了必要的条件和市场支持,又为老百姓带来了前所未有的

实惠和便利。

居民生活水平显著提高。从城乡居民耐用消费品拥有量看,2017 年全省城镇居民平均每百户拥有汽车 47.5 辆,是 2005 年的 11 倍,年均增长 22.1%;移动电话、空调器分别为 243.5 部、211.1 台,分别是 2005 年的 2 倍、1.7 倍,年均增长分别为 5.9%、4.5%。2017 年全省农村居民平均每百户拥有汽车和家用电脑分别为 26.6 辆和 45.4 台,分别是 2005 年的 24.2 倍和 15.7 倍,年均分别增长 30.4%、25.8%;移动电话和空调器为 241.8 部和 134.7 台,分别是 2005 年的 3.1倍和 6 倍,年均分别增长 9.9%、16.1%。同时,健身器材、高档乐器等提档升级消费产品已逐步进入广大家庭,反映出人民生活品质的逐步提升,2017 年全省城镇居民平均每百户拥有中高档乐器、健身器材分别为 6.7 台、8.4 台,其中健身器材是 2005 年的 1.5 倍,年均增长 3.4%。

(二)城乡市场差距缩小,区域发展趋于协调

城乡市场差距缩小。随着国民经济快速发展,江苏城乡居民收入状况大幅提高。城镇居民人均可支配收入和农村居民人均纯收入 1978 年分别仅为 288 元和 155 元,2017 年增加到 43 622和 19 158 元,分别是 1978 年的 151.5 倍和 123.6倍。城镇居民恩格尔系数从改革开放初期的55.1%,降至 2017 年的 27.5%;农村居民恩格尔系数从改革开放初期的 62.3%,降至 2017 年的28.9%。按照国际通用的划分标准,说明居民生活已经进入相对富裕阶段。近年来,随着农村社会养老和医疗保险制度的不断完善,以及乡村振兴战略、"万村千乡市场工程"等一系列措施的实施,农村消费品市场发展速度明显加快,呈现城乡消费市场共同繁荣和协调发展的良好态势。2017 年,全省城镇市场实现消费品零售额28 385.3 亿元,农村市场实现零售额 3 352.1 亿元,分别是 2012 年的 1.73 倍和 1.82 倍,年均增长 11.6% 和 12.7%。

区域发展趋于协调。改革开放以来,全省 13

个设区市消费品市场均保持平稳较快增长,苏南、苏中和苏北地区发展更加协调。2017 年,苏南、苏中、苏北分别实现零售额 18 315.6 亿元、5 621.6 亿元和 7 800.2 亿元,分别是 2000 年的 12.7 倍、10.5 倍和 12.5 倍,年均分别增长 16.1%、14.8% 和 16%。2017 年苏南、苏中、苏北地区零售额分别占全省零售总额的 57.8%、17.8% 和 24.4%,与 2000 年相比,苏南、苏北分别提高了 2.3 个、0.5 个百分点,苏中占比则回落了 2.8 个百分点。

（三）消费结构稳步升级,消费热点亮点纷呈

随着居民收入水平的持续增长以及消费观念的转变,消费结构不断改善,居民消费从注重基本生活需求的满足向追求质的提升、从有形物质商品向更多服务消费转变。通讯器材、汽车、居住相关商品、文化用品等品质升级类商品销售旺盛,热点商品不断涌现;大众餐饮、文化娱乐、休闲旅游、教育培训、医疗卫生、健康养生等服务性消费成为新的消费热点,个性化、多样化消费渐成主流。2017 年,城镇居民人均消费性支出 27 726 元,农村居民人均消费性支出 15 612 元,近 5 年年均分别增长 8% 和 12.5%。

升级类商品销售良好。对限额以上贸易企业 18 类主要商品零售额统计,近几年江苏消费热点主要体现在以下几个方面:一是伴随信息时代的到来和飞速发展,信息消费高速增长。随着移动互联网应用普及的加快,通讯类商品销售持续较快增长。2017 年,全省限额以上单位通讯器材类商品零售额 333.9 亿元,比 2012 年增长 122%,年均增速为 17.3%,高于同期社会消费品零售总额增速 5.9 个百分点,是各类商品中增长最快的。二是居民住房及其相关商品消费快速增长。2017 年,全省限额以上单位建筑装潢类、家具类和家电类商品实现零售额分别为 678.5 亿元、245.2 亿元和 975.7 亿元,分别比 2012 年增长 87.2%、96.9% 和 68%,年均增速分别为 13.3%、14.5% 和 10.9%。三是文化相关类商品

增长较快。2017 年,全省限额以上单位文化办公用品类商品实现零售额 410.4 亿元,比 2012 年增长 95.4%,年均增速为 14.3%。四是汽车消费更新提速。2017 年,全省限额以上单位汽车类商品实现零售额 3 940.2 亿元,比 2012 年增长 64.9%,年均增速为 10.5%。伴随着汽车类商品的旺销,石油及制品类商品的零售额也保持稳步增长,由 2012 年的 956.2 亿元增长到 2017 年的 1 455 亿元,增幅为 52.1%,年均增长 8.7%。

服务消费前景广阔。改革开放以来尤其是近年来,人们对服务性消费的需求不断释放,休闲旅游、文化娱乐、大众餐饮等服务消费亮点纷呈。旅游、电影等娱乐休闲服务消费旺盛,尤其是旅游消费持续升温。据省旅游局数据显示,2017 年,江苏国内旅游收入为 11 307.5 亿元,是 1995 年的 43.3 倍,年均增速为 36.9%;国内旅游接待人数为 74 287.3 万人次,是 1995 年的 16.9 倍,年均增速为 26.6%。据新闻出版广电总局数据显示,2017 年我省电影票房收入 52 亿元,全国排名第二,是 2012 年的 3.4 倍,年均增速为 28%。国家鼓励发展大众化餐饮,优化大众化餐饮布局,支持大型餐饮企业建设主副食加工配送中心,发展标准化餐饮网点,培育了一批品牌化、连锁化经营的大众化餐饮企业,同时注重弘扬中华饮食文化,逐步形成业态互补、高中低档协调发展、中外餐饮融合促进的发展格局。2017 年,江苏餐饮业实现零售额 2 891.4 亿元,是 1978 年的 892.4 倍,餐饮消费年均增速为 19%,高于同期批零业年均增速 2.7 个百分点。

（四）新兴业态发展强劲、消费结构转型加快

随着新世纪以来互联网的快速发展,消费品市场也在发生翻天覆地的变化。"互联网＋零售"成为最具活力的领域之一,全省网络零售新兴业态持续快速增长,发展日趋成熟和完善,同时传统实体业态积极转型调整,线上线下加速融合发展。

网络零售快速发展。经过多年的市场培育

和发展,网络购物用户数量大幅增加,网上零售市场交易额快速增长,市场地位明显提升,对拉动消费和促进消费结构升级起到了重要作用。根据《2017年度江苏省互联网发展状况报告》,截至2017年底,江苏网民规模达4 903万人,互联网普及率达61.1%,比全国水平高出5.3个百分点。基础建设方面,江苏省光缆线路总长度为324.8万公里,位居全国第一;互联网省际出口带宽达3.2万G、宽带接入端口数达6 531.7万个,端口数位列全国第一。2017年,江苏网民对商务交易类应用的使用量保持平稳增长:网络购物用户使用率达71%,比2012年底提高17.8个百分点。从市场交易规模看,2017年,我省实现网上零售额7 006.9亿元,居全国第三。其中,实物商品网上零售5 545.3亿元元,增长34.8%,增速高于同期社会消费品零售总额增速24.2个百分点;占社会消费品零售总额的比重为17.5%,比2016年提升3.6个百分点。江苏网上零售不仅在规模上稳居全国前列,在物流配送、商品种类以及商业模式创新上也创出了江苏特色。

连锁业态蓬勃发展。改革开放以后特别是近年来,江苏市场格局发生了明显变化,彻底改变了以往传统百货商店一统天下的局面,新型流通业态发展较快,作为现代流通手段之一的连锁经营方式已成为江苏商业企业采用的重要组织方式,连锁商业从少到多、从小到大,逐步发展壮大起来。2017年,江苏批发零售和住宿餐饮企业连锁经营门店总数达到23 151个,实现商品零售额3 262.9亿元,分别是2002年的5.9倍和12.3倍,年均增长分别为12.6%和18.2%。其中门店数量增长显著,连锁企业门店已经深入城镇乡村,分布更加合理,消费者购物更加便捷。

商业模式创新发展。面对网上零售新兴业态、经营成本上升等方面的挑战,实体商业业态积极加快调整转型,不断推进业态创新融合,探索新的模式和新的增长点。近几年聚合了零售、餐饮、休闲养生、娱乐、文化、教育等多种服务功能的新商业模式——城市商业综合体呈现井喷式发展,吸引客流人数较多,市场销售增长较快。截至2017年底,全省共有城市商业综合体130家,其中2012年以来全省新开业城市商业综合体合计为88家,占总数的67.7%。2017年,全省城市商业综合体全年总客流量为11.9亿人次,比2016年增长16.7%;平均到每个城市商业综合体,日均客流量为2.5万人次。2017年,全省城市商业综合体中商户实现销售额(包括零售业商户销售额、餐饮业和其他服务业商户营业额)752.7亿元,比2016年增长9.9%。

大型市场辐射增强。江苏是"市场大市",商品交易市场具有起步早、数量多、种类齐、规模大、综合功能强的特点。改革开放以来,江苏城乡集市贸易迅速发展,经过80年代初期的市场恢复和重建以及中期的专业市场崛起,90年代初期的超常规发展,以及近几年加快改造提升,一个以消费品市场为基础、专业批发市场衔接的商品交易市场网络已基本形成,成为江苏改革开放和经济发展的一大特色和独特优势。目前已涌现出一批规模大、辐射强、功能全的全国知名大型商品交易市场。截至2017年末,全省亿元以上商品交易市场487个,市场摊位数39.6万个,营业面积3 510.1万平方米,市场年成交额达19 796.6亿元。全省拥有各类专业市场395个,成交额超1 000亿元的市场3个。专业市场的发展和繁荣,促进了地方经济的快速发展,推动了商品化、市场化的进程,在活跃商品流通、方便居民生活、扩大城乡就业、推动国民经济发展等方面也发挥了积极作用。

(五)经营主体呈多元化,消费环境持续改善

改革开放以来,江苏商品流通体制发生了深刻变化,多种经济成分并存流通格局形成,促进了生产的发展、流通的活跃和市场的繁荣。商贸流通业成为个体、私营等非公有制经济起步最早和发展最快的领域,打破了传统体制下国合商业一统天下的局面,国有、集体企业及其从业人员

所占比重大幅度下降,非公有制经济成为新的市场主体。

经营主体稳步增加。从经营单位规模、吸纳就业以及综合贡献来看,十八大以来江苏流通领域市场主体自身发展良好。一是经营主体单位数增长较快,随着商事制度改革全面推进,营商环境明显改善市场主体活力得到激发。2017年末,全省共有批发零售和住宿餐饮私营企业82.8万个、个体工商户357.1万户。两者合计经营单位是1978年的60.9倍,年均增长11.1%。二是商贸流通市场对外开放程度不断提高。2017年末,全省限额以上批发零售业和住宿餐饮业内资企业、港澳台商投资企业和外资企业分别为21 782家、390家和340家,分别是2002年的11.3倍、15倍和9.7倍,其中港澳台商投资企业发展速度相对较快,年均增速为19.8%。三是吸纳就业能力显著增强。2017年末全省批发零售业和住宿餐饮业私营企业从业人员375.8万人、个体工商户从业人员598万人,两者合计从业人员是1978年的21.4倍,年均增长8.2%。

消费环境不断改善。改革开放尤其是本世纪以来,省委、省政府对于消费品质量标准、市场监管以及消费者保护等问题十分重视,省级有关部门做出了一系列部署和政策措施,对于提振消费者信心以及扩大内需发挥了重要作用。目前,现有消费品国家标准和已经备案的行业标准近6 000项,消费品标准体系逐步建立。严格按照国家体系加快消费品标准化和质量工作的快速推进,全省消费品质量国家监督抽查合格率始终保持较高水平。此外,全省各级政府和有关部门始终强化质量安全监管,保障消费安全,加大对食品、药品等与广大人民群众生活息息相关的商品检验和监管,严厉打击侵权假冒行为,大力推进肉菜和中药材等重要商品流通追溯体系的建设。在消费环境逐步改善的影响下,消费者信心不断提升。

展望未来,江苏消费市场仍蕴含着巨大的发展潜力和空间,只要加快供给侧结构性改革步伐,进一步提升消费者消费能力和意愿,进一步改善消费环境,消费市场规模有望继续保持平稳较快增长,消费对经济增长的贡献率不断提高,对经济发展高质量和人民生活高质量的基础性作用将更加凸显。

来　　　源:江苏省统计局
发布日期:2018年11月14日

改革开放 40 年——建筑业篇：
施工能力提升　建设成就辉煌

　　江苏是全国建筑业大省，同时，建筑业又是江苏国民经济的支柱产业、富民强省的优势产业。改革开放 40 年，全国各地城乡面貌翻天覆地变化的同时，成就了江苏建筑业发展壮大的豪情和梦想，企业规模由小到大，施工能力由弱变强。从大江南北、长城内外，到"一带一路"沿线各国，江苏建筑队伍的足迹不仅走遍全国，更是迈向了世界。从改造城市面貌到美丽乡村建设，从修路架桥到水利、电力工程，江苏建筑人用智慧和汗水打造了建筑"铁军"的响亮名片，展现了"江苏建造"的绚丽风采，为经济社会发展、提升人民群众生活品质做出了不可或缺的重要贡献。

一、坚持深化改革，不断发展壮大

　　改革开放初期，为适应国家大规模基本建设的需要，并与战备相结合，江苏省政府转发了《关于组织建筑民兵师的意见》，全省共组建了 8 个师、55 个团的建设队伍。到 1980 年末，全省共有建筑业企业 2 022 家，职工人数 68.18 万人。1984 年，国务院发布《关于改革建筑业和基本建设管理体制若干问题的暂行规定》，在"坚持改革、稳定队伍、控制发展、整顿提高"的方针指导下，全省建筑业抓改革促发展，到 1988 年末，全省建筑业企业 2 614 家，建筑业从业人数较 1980 年翻了一番，达到了 142.64 万人。

　　进入上世纪 90 年代，全省建筑业企业在数量扩张的基础上注重提高企业素质，在队伍壮大的同时注重人才的培养和技术装备的提高。1998 年，国家建设部对日益扩大和兴旺发展的建筑业行业加强企业管理，规范建筑市场行为，推广扩大建设项目招投标制度，对建筑业企业进行资质管理。1998 年我省取得建筑业资质的企业达到 3 587 家，企业职工平均人数达到了 232.32 万人。其中：一、二级企业有 835 家，平均人数为 114.78 万人，几乎占到全部企业人数的一半。1998 年以后，全省建筑系统按照省政府批转的《省建委、省建管局关于江苏建筑业企业深化改革的若干意见的通知》精神，展开了新一轮企业体制改革，扶大育强，努力打造江苏建筑业的强势企业。

　　2001 年，国家建设部制定新的建筑业企业资质标准，设立总承包、专业承包和劳务企业三个资质序列，增加总承包特级资质标准，将建筑业企业按资质序列和级别进行市场准入管理，2002 年建筑业企业按新资质标准重新申报，江苏4 084 家建筑业企业取得新的建筑业资质（不含劳务资质企业，下同）。其中：房屋建筑工程施工总承包特级资质企业 4 家，总承包一级企业 142 家，总承包二级企业 520 家；专业承包一级企业 152 家，专业承包二级企业 574 家。建筑业企业的职工平均人数达到了 251.36 万人。跨入新世纪后，江苏建筑业企业规模与改革开放初期相比，企业数量翻番，职工平均人数增长 268.7%。

2007年6月，国家建设部颁布了重新修订的《建筑业企业资质管理规定》，建筑业企业应按规定进行资质重新就位。当年末，全省建筑业资质企业达到7 017家，比2002年增加了2 933家，企业数增长了71.8%；资质建筑企业从业人数增加到437.10万人，比2002年增长73.9%，是1980年企业职工人数的6.4倍。其中：房屋建筑工程施工总承包特级企业达到31家，矿山工程施工总承包特级企业1家，总承包特级企业由资质就位时的4家增长到32家，增长了7倍。总承包一级企业211家，比2002年又增加了69家；专业承包一级企业213家，比2002年增加了61家。

2015年，国家住建部进一步简政放权，规范行政审批，引导建筑业结构调整和转型升级。合理调整施工总承包资质内容；专业承包资质重新整合，精减了19个类别。2016年，国家住建部下发《关于进一步推进工程总承包发展的若干意见》，大力推进工程总承包，促进企业做优做强，推动产业转型升级，服务于"一带一路"战略实施。江苏省建筑业企业在新一轮的资质就位和特级资质申报中，取得了可喜的成果。

2017年末，江苏省获批建筑业特级资质企业65家，遍及12个设区市，比2007年增加了33家，实现了翻番。苏南地区建筑业特级企业19家，占全省特级企业数量的29.2%；苏中地区建筑业特级企业38家，占全省特级企业数量的58.5%；苏北地区有8家特级资质建筑业企业，占全省特级企业数量的12.3%。设区市中，南通市特级企业数量最多，达到20家；其次，南京市13家；扬州、泰州分别有10家和8家，列第3、第4位。苏州市中亿丰建设集团股份有限公司成为我省同时具有建筑工程施工总承包和市政公用工程施工总承包双特级资质建筑业企业。全省66个总承包特级资质涵盖了建筑工程施工、矿山工程施工、化工石油工程施工和市政公用工程施工等专业，提升了江苏建筑业工程总承包在更多

准入领域的市场竞争力。总承包一级企业635家，比2002年增加493家，增长347.2%；专业承包一级企业494家，比2002年增加342家，增长了225%；特、一级资质企业在全部资质建筑业中的占比达到13.4%，比2002年提高6.1个百分点。2017年江苏建筑业从业人员达到894.95万人，比1980年增长了12.1倍。

改革开放40年来，江苏建筑业大胆改革摸索，抓住发展机遇，不断壮大队伍，建筑业企业之多和从业人数之众均为全国第一。同时，经过企业多轮体制改革，江苏建筑业企业的所有制形式从改革之初城镇和乡村集体所有制为主转变为以民营经济为主的多元化格局。2017年末，江苏民营企业8 483家，占全部建筑业企业的95.1%，其中以私营有限责任公司和其他有限责任公司居多，分别为5 360家和2 345家，占全部企业的60.1%和26.3%。国有控股企业占4%，外商及港澳台商控股企业仅为1%。

二、目标规划引领，生产显著提升

江苏建筑业在工程项目建设热点不断变化的市场环境中，准确预测行业发展方向，抓生产促发展，抓转型促提升，注重科技创新和成果应用，有效提高全员劳动生产率，提高了全行业的生产能力，建筑企业的生产规模显著提升。

改革开放初期，省委省政府和省建筑业主管部门先后颁布了《关于集体所有制建筑企业若干经济政策的规定》、《江苏省集体所有制建筑企业管理暂行办法》、《关于加强农村建筑队伍管理的若干问题规定》和《关于集体所有制建筑企业若干经济政策的补充规定》等，肯定了集体建筑企业的作用，调动了集体所有制建筑企业的生产积极性，推动了全省乡镇集体建筑企业的发展和壮大。随着招投标制度、百元产值工资含量包干制和承包经营责任制在建筑行业的推开，为江苏建筑业的行业发展注入了内在动力，在进一步改革、开放、搞活的政策方针指引下，调动和发挥了全省建筑业广大干部职工的积极性，1987年我省

建筑业年完成建筑业总产值上升到119.6亿元，比1980年增加了92.3亿元，翻了两番多。

上世纪90年代，江苏建筑业企业不断提高企业适应市场经济的能力，积极探索生产经营新模式，从单纯提供建筑劳务向实行承包经营发展，提高建筑施工机械化水平，建设项目从普通民用建筑、多层建筑向较大工业项目、公共设施及超高层建筑等大体量工程过渡，企业生产逐年提高。1980年，全省建筑业总产值为27.3亿元，全员劳动生产率为0.4万元/人；1996年，全省建筑业企业总产值超过1 000亿元，达到1 049.42亿元，全员劳动生产率提高到4.75万元/人。2002年，全省建筑业企业总产值超过2 000亿元，达到了2 199.52亿元，全员劳动生产率提高到8.8万元/人，劳动生产率水平是1980年22倍。

2003年初，全省建筑业工作会议确立了江苏建筑业2015年长远发展目标，制定了江苏由建筑大省向建筑强省跨越的战略规划，并提出了为实现目标"三步走"的阶段性量化要求，为全省建筑业做大做强明确了方向。江苏省建筑业在做大做强战略思想的指导下，针对江苏建筑业地区发展不平衡的客观现状，坚持"一体两翼"发展的战术思想，以苏中为主体，苏南、苏北为两翼，充分发挥各自的优势特长，构架以施工总承包公司为龙头、综合性及专业性施工公司为主体、小型劳务分包企业为补充的新型模式，使大、中、小型施工企业分工明确、协调配套，形成一个新型的、高效有序的承包体系。大、中、小企业错位经营，优势互补，不断提升实力。2003年，全省完成建筑业总产值2 794.9亿元，建筑业劳动生产率为10.1万元/人，比上一年分别增长了27.1%和15.0%，江苏建筑业进入高速发展时期。2006年江苏建筑业总产值超过5 000亿元、达到5 424.85亿元，全员劳动生产率提升至14.3万元/人；2007年，江苏建筑业总产值达到7 010.6亿元，成为全国建筑业生产总量最大的省份。

2009年，江苏建筑业总产值超万亿元，达到10 264.9亿元；2010年江苏建筑业劳动生产率超20万元/人；2013年全省建筑业总产值超2万亿元，达到21 990.8亿元。

党的"十八大"以后，中国经济发展进入新常态。为进一步推动江苏建筑业的发展，引导建筑业转型升级，向建筑业强省跨越，省政府先后出台了《关于推进建筑产业现代化，促进建筑产业转型升级的意见》和《加快推进全省建筑企业"走出去"发展的实施意见》，先后与云南、贵州、广西、新疆、广东、福建、海南、湖南、湖北、浙江等十多个省份签署了建设领域战略合作协议，不断鼓励江苏建筑业企业走出去发展。大力推进建筑工业化和信息化融合发展，促进建筑业向现代化产业升级，在建筑施工企业推广BIM技术，探索企业信息化、建筑工业化和员工职业化的路子。在2013年至2017年的5年间，江苏建筑业保持稳中有进的发展态势，避免盲目扩张，在提质增效上发力。5年累计完成建筑业总产值12.5万亿元，超过前35年建筑业总产值总和。2017年全省建筑业总产值达到27 956.7亿元，连续十一年保持全国建筑业生产规模最大的领先地位，建筑业总产值在全国占比高达13.1%。

改革开放以来，江苏建筑业企业共完成建筑业总产值22.7万亿元，建筑业总产值从1980年的27.3亿元增加到2017年的27 956.7亿元，生产规模扩大了1 023倍，年均增长20.6%。完成房屋建筑施工面积从1980年的3 189.8万平方米增加到2017年的232 034.2万平方米，共完成房屋建筑施工面积222.2亿平方米，年均增长12.3%。建成竣工房屋面积从1980年的2 296.1万平方米增加到75 454.3万平方米，年均增长9.9%。共完成竣工房屋面积89.6亿平方米，相当于改革开放以来江苏建筑业为全国人民平均每人提供了6.4平方米的可用房屋面积（按2017年末全国总人口13.9亿人计算）。

三、科技创新驱动,行业自信增强

跨入新世纪,江苏省建筑业进入了第十个五年发展规划,稳步推进建筑业工程技术标准化建设,大力推动科技进步与技术创新工法,规范建设施工行为,有效提升施工能力,提高工程质量。2001年至2005年,全省共评选省级工法165项,其中17项被评为国家级工法。共建立了584项省级建筑业"十项新技术"应用示范工程,其中374项工程已经通过验收;共有15项工程被确定为国家级建筑业"十项新技术"应用示范工程。全省建筑企业的施工能力不断提高,超高层房屋建筑施工技术、大跨度预应力技术、超大跨度桥梁施工技术、钢结构施工技术、高性能混凝土技术、大型复杂成套设备安装技术等都已达到国内领先水平。依靠科技支撑建设了以润扬大桥、南京奥体中心为代表的一批体量大、技术复杂、施工难度高的大型工程项目。全省建筑企业科技进步取得丰硕成果,共获得詹天佑奖4项,鲁班奖77项(其中参建奖36项),国优奖10项,华夏奖7项,国家级装饰优质工程奖40项,国家级QC成果43项。

"十一五"期间,江苏建筑业"六大人才高峰"建设深入展开,高中低三级培训有序有效,形成了一批具有知识产权的核心技术。全省有上千项工法被确定为国家级和省级工法,拥有知识产权的发明专利200多项。建筑业10项新技术得到广泛应用,20多项工程通过了国家级建筑业新技术应用示范工程的验收,500多项工程通过评审被授予省级建筑业10项新技术应用示范工程,平均每平方米节省造价45.58元。坚持"工程示范、现场管控、科技创新、管理突破",全省建筑工程质量继续上新台阶,住宅工程分户验收覆盖率与合格率均达100%,100多个住宅小区被评为"工程质量分户验收示范小区",老百姓对住宅工程质量的投诉明显减少。评选QC成果一等奖100项,二等奖150项,三等奖250项,数量和水平都比"十五"有很大提高。大力推行精品

工程战略,全省累计获得"鲁班奖"和"国优奖"各63项,总数列全国第一。在上海世博会场馆建设中,江苏建筑企业以雄厚的技术实力、可靠的施工水平和较高的质量信誉成为除东道主上海之外承担世博场馆建设项目最多的省份,共承担了15个世博会场馆总包项目。苏中集团承建的上海世博会英国馆获展馆设计金奖、2010年英国皇家建筑师学会国际建筑大奖;中江公司承建的沙特馆获创意展示金奖;南京成道建设公司承建的韩国馆获展馆设计银奖;省建设集团承建的俄罗斯馆获展馆主题演绎银奖;苏中集团承建的爱尔兰馆获展馆主题演绎铜奖;常州第一建筑有限公司承建的世界气象馆获评委会特别奖。

"十二五"期间,江苏建筑业工程质量实现新突破,奉献了一个又一个建筑精品杰作,全省共获得"鲁班奖"77项、"国优奖"118项,总量继续保持在全国首位,较"十一五"期间番了一番,其中不仅有东南大学教学医疗综合大楼、扬州市文化艺术中心这样的文化医疗用房,也有南京市江宁区联创科技大厦、新疆自治区特变电工科技研发中心等科研用户,更有南京雨花区岱山经济适用房项目这样与人民生活紧密相关的建设项目。创建省优质工程奖(扬子杯)1 285项,较"十一五"期间增长30%。全面贯彻落实工程质量治理两年行动,突出抓好房屋建筑工程勘察设计质量和住宅工程质量常见问题的治理,从设计、施工、检查验收各个环节落实常见质量问题的防治措施,"十二五"期间全省受监工程8.48万项,建筑面积8.83亿平方米,全省住宅工程分户验收覆盖率与合格率均达100%。

"创新、协调、绿色、开放、共享"的新发展理念,对建筑产品安全、绿色、美观有了更新的要求。2016年是"十三五"起步之年,全省共获国家"鲁班奖"7项,国家优质工程13项,获奖总数位于全国前列;南京燕子矶新城保障性住房项目获2016年度获中国土木工程最高奖"詹天佑"优秀住宅小区金奖;28项工程获中国安装优质工程

（安装之星）奖；286 项工程获全国建筑装饰奖（建筑装饰类 198 项，建筑幕墙类 88 项）；获全国建筑装饰设计奖 13 项。499 项工程获江苏省优质工程奖（扬子杯）。

在工程技术创新方面，"软土地基沉降控制刚性桩复合地基新技术与应用"项目获 2016 年度国家技术发明二等奖；"严酷环境中混凝土结构钢筋高效阻锈成套技术及工程应用"等 5 个项目获 2016 年度华夏建设科技奖；"冬夏双高效空调系统关键技术及建筑节能集成应用"等 3 个项目获省科学技术一等奖；"铰链式混凝土生态护坡关键技术创新及其推广应用"等 4 个项目获省科学技术三等奖；"南京地铁高性能混凝土质量控制关键技术"等 25 个项目获江苏省建设优秀科技成果；"中国常熟世联书院（培训）项目（一期）"等 16 个项目获 2016 年江苏省绿色建筑创新奖。

建筑施工技术和工法的创新，建筑产品国优省优荣誉的取得，极大鼓舞了江苏建筑人的士气，提升了江苏建筑业在行业中的自信。

来　　源：江苏省统计局
发布日期：2018 年 11 月 12 日

改革开放 40 年——投资篇：
推动协调发展　建设美好江苏

改革开放 40 年来,江苏固定资产投资规模由小到大,投资种类不断丰富,投资主体日益多元化,投资总量迅速增长,为促进全省经济发展发挥了重要作用。

一、固定资产投资发展历程

党的十一届三中全会以来,全国的投资管理模式适应改革开放的总体要求,发生了一系列深刻的变化,江苏积极稳妥地推行了建设领域投资的体制改革,充分发挥宏观调控职能,合理把握社会经济消费与积累的比例,取得了显著的阶段性成果。改革开放 40 年来,全省固定资产投资总量不断扩大,累计完成全社会投资额逾 40 万亿元,年均增长 22.1%。从投资改革的历程和投资总量的运行规律来分析,我省固定资产投资大致可划分为以下几个阶段:

(一) 第一阶段,1978—1990 年

这一阶段全省累计完成固定资产投资 2 254.9 亿元,年均增长 26.2%。这一阶段我省投资体制改革处于起步阶段,简政放权,缩小指令性计划范围,财政预算内拨款实行“拨改贷”,地方财政利用机动财力和预算外收入不断扩大基建投入,1990 年基建投资中地方投资所占比重达到 55.2%,同时为了弥补基建不足,面对老企业机器设备老化和技术落后的现实,为增强经济建设的实力,逐步加强了技术改造投资的份额,对原有工业企业进行了有效的挖潜、革新、改造,

累计完成技术改造投资 302.9 亿元,1990 年全省技改投入 41.5 亿元,相当于 1978 年的 14 倍。在上世纪 80 年代中期,江苏投资建设领域的一个重要特征,体现在农村集体投资的迅猛发展,为乡镇企业的崛起奠定了坚实的基础,“七五”时期,全省累计完成农村集体投资 329.1 亿元,占全社会固定资产投资的 8.7%,位居全国首位,巨大的投入提高了农村经济的物质技术装备水平,巩固和壮大了乡镇的传统产业,并形成了机械、纺织服装、化学、建材和冶金五大传统支柱产业。

(二) 第二阶段,1991—1993 年

随着投资管理体制改革的不断推进和融资渠道的拓宽,投资主体多元化和资金来源多样化的特征逐渐显现,固定资产投资总量迅速增长。这一阶段,全省累计完成固定资产投资 2 295.9 亿元,年平均增长 43.5%。1993 年全社会固定资产投资 1 144.2 亿元,其中国有经济 403.7 亿元,集体经济 493.1 亿元,个体经济 161.4 亿元,其他经济 86.0 亿元,各类投资主体并存的格局初步形成。“七五”末期,江苏省委、省政府发出了《关于加强发展外向型经济若干问题的意见》和《关于加速发展吸收外商直接投资的意见》后,我省固定资产投资领域吸收利用外资的力度明显加大,三年间共吸收利用外资 150.5 亿元,占同期全社会固定资产投资的比重为 6.6%,在全国位居前列。同时,由于投资决策权限的逐步放

宽,地方和企业拥有更多的自主权,中央项目投资的份额逐渐减少,1993年,基建投资中的中央占27.7%,地方投资占72.3%;技术改造投资中央项目占18.3%,地方项目占81.7%。不难看出,这一阶段主要是依靠地方财力和企业自筹而形成投资。

（三）第三阶段,1994—1997年

针对前一阶段投资增长过快,导致物价上涨,影响社会总供需平衡的局面,1994年初国务院发出了《关于继续加强固定资产投资宏观调控的通知》。通知发出后,各级政府在宏观调控上采取了一系列必要措施,如对项目进行清理,停缓建了一批项目,严格掌握新开工项目,从严控制资金的投放,成功地抑制了投资增长过速势头。这一时期,全省累计完成投资7 163.9亿元,年均增长18.8%。投资管理体制改革积极适应社会主义市场经济的要求,在投资建设领域逐步实行了固定资产投资项目资本金制度,建立和规范了投资主体的风险约束机制,投资管理由直接变为间接,开始形成以产业政策为核心,以资金源头控制为主要手段的投资宏观调控体系。这一时期投资调控始终围绕"总量控制,结构调整"的主旋律,经过几年的努力,我省的固定资产投资结构逐步趋于合理,农业水利、能源、交通等基础产业投资力度不断加强。1997年,农业水利投资占全社会投资的比重为3.5%,能源占7.3%,交通邮电占11.3%,较调整初期的1993年分别提高了1.5个、2.5个和4.8个百分点。随着市场机制的初步建立,投资主体多元化程度继续提高,融资渠道进一步拓宽,各种经济主体在全社会固定资产投资中的地位进行了合理配置,1997年我省全社会固定资产投资中,国有经济占37.5%,集体经济占20.3%,个体经济占15.7%,外资等其他经济占26.5%。

（四）第四阶段,1998—2003年

上世纪九十年代以来,国内原有的一些消费热点逐渐平淡,新的消费热点尚未形成,消费需求对经济增长的贡献度稳中趋降,需求不足已经成为我国经济生活中的突出矛盾和问题。特别是受1997—1998年东南亚金融危机的影响,我国对外贸易尤其是对东南亚国家和地区的出口贸易受阻,以致相当一部分产品收缩在国内市场上。这种市场波及的滞后效应在1999年显现无疑,当年我省固定资产投资增速仅为8.2%,降到了谷底。在此宏观背景下,中央及时作出了"扩大内需,加大固定资产投资力度,以投资拉动经济增长"的重要决策,为扩大内需,促进经济增长,国家先后发行了2 350亿元国债,用于固定资产投资。江苏省委、省政府牢牢抓住这一机遇,按照既有利于启动内需,又有利于经济结构调整和国民经济长远发展,不搞重复建设的原则,积极争取国债资金,重点加强基础设施投资,加快住宅建设步伐,积极吸引外资,引导和调动城乡集体、城乡个体私营经济投资的积极性。经过几年的努力,到2003年底,全年全社会固定资产投资完成5 335.8亿元,比2002年增长38.6%;其中,国有及其他投资完成3 664.8亿元,增长57.4%,两项增幅均创十年之最。从行业分布看,投资多、增长快的一是以城市建设为主体的社会服务业,二是电力工业,三是交通运输业,三项投资分别为514.0亿元、248.6亿元、346.7亿元,增长111.6%、80.9%和43.2%。

（五）第五阶段,2004—2007年

随着改革开放的进一步深入、中国加入WTO的进程以及全球经济的复苏,中国的经济增长再次加速。进入2004年之后,出现了部分行业投资增长过快,物价上涨压力增大等问题,政府和经济学界普遍认为中国经济进入了一个经济出现过热势头的时期。2004年4月,根据一季度部分行业投资继续膨胀的问题,国家果断采取了一系列宏观调控措施,经济运行中不稳定、不健康的因素得到了抑制,2004年我省完成全社会固定资产投资6 827.6亿元,同比增长28.0%,增幅比2003年下降了8.6个百分点。2005年财政、货币、产业政策都保持了稳健性,宏观调控延续了2004年的"突出重点,注重微调,区别对待,有保有压"的基本原则,既保持了政策的稳定性和连续性,又具有针对性和灵活性。2006年是我国"十一五"规划的第一年,经济快速发展,投资增幅也比较高,我省当年完成全社会固定资产投资10 071.4亿元,首次突破万亿,增幅与上年一样为28.0%。2007年6月召开的国务院常务会议指出了投资增速继续在高位运行等突出问题,决定继续加强和改善宏观调控,有效防止经济增长由偏快转向过热。为此政府出台了一系列政策加强和改善宏观调控。到2007年底,我省完成全社会固定资产投资12 268.1亿元,同比增长21.8%,增幅进一步回落。

（六）第六阶段,2008—2012年

这一阶段虽然国内外经济环境复杂多变,但由于措施得当、应对有方,我省固定资产投资保持稳定高速发展,年均增速达20.9%。2008年,由美国次贷危机引发的金融危机席卷全球。为了减少国际金融危机对我国经济的冲击,刺激经济较快增长,中央政府出台了加大投资力度、鼓励金融机构增加对中小企业贷款等一系列扩大内需、促进经济增长的政策措施。江苏省委、省政府也出台了10项政策措施,迅速启动3 000亿元政府主导性投资项目,用来扩需求、保增长、促发展。随着这些政策和措施的贯彻落实,成效也不断得到显现,2009年全省完成固定资产投资18 949.9亿元,增幅也提高到25.8%。2011年,受国内外经济环境和各种宏观调控政策的影响,固定资产投资增速先升后降,下半年开始逐月回落;2012年,在国家稳投资、保增长的宏观政策作用下,全省投资平稳增长,全年完成固定资产投资31 706.6亿元,总量跨上新台阶,首次超过3万亿元。

（七）第七阶段,2013—2017年

随着"一带一路"战略以及长三角一体化、沿海发展、苏南现代化示范区等重大发展战略全面贯彻落实,为投资发展带来新机遇和广阔空间。面对经济增长从高速转入中高速增长新形势、新常态,全省上下转观念、换思路、出举措、谋发展,积极主动适应新常态,把提升投资质量和效益放在突出位置,着力调整投资结构促进转型升级,固定资产投资呈现结构优化、质量提升的良好发展态势,为促进全省经济持续健康发展发挥了重要作用。这一阶段虽然增速逐步趋缓,但全省固定资产投资仍然保持高位运行,累计完成投资225 811.5亿元,年均增长10.8%。从投资对经济增长的贡献看,2013—2017年,全省固定资本形成对经济增长的贡献率分别为48.4%、47.7%、44.8%、42.0%和32.2%,分别拉动当年经济增长4.6、4.1、3.8、3.3和2.3个百分点,固定资产投资对经济平稳运行的支撑作用效果显著。

二、改革开放四十年建设成果卓著

（一）投资结构不断优化,推动产业提档升级

1. 农村投资稳定增长

改革开放初期,江苏各地就以大力发展乡镇企业为契机,率先在农村内部进行统筹工农收益矛盾的实践。1978年农村实行家庭联产承包责任制后,农业中存在大量剩余劳动力,苏南抓住这个机遇,率先发展乡镇企业推进农村工业化,同时就地转移非农劳动力,启动了农村工业化和城镇化进程。这种农村工业化和城镇化的发展模式不仅符合发展中国家经济发展的实际,而且具有中国特色,形成了举世瞩目的"苏南模式"。上世纪八十年代中期,农村集体投资的迅猛发展为江苏乡镇企业的崛起奠定了坚实的基础。1985至1997年,我省累计完成农村集体投资2 756.5亿元,占同期全社会固定资产投资的24.5%,居全国首位。到了上世纪九十年代中后期,随着市场经济的逐步深入,工业化进程加快推进,特别是外向型经济的蓬勃发展和工业园区的建立,集体经济为主的乡镇企业在体制改革中向外资、股份制企业、私营个体投资等多元经济

转型,从苏南经济发达的县(市)开始,农村工业与城市工业逐渐由城乡分割走向城乡联动发展。

进入二十一世纪,江苏紧紧围绕发展农村经济、增加农民收入的中心任务,大力发展现代化高效农业。特别是近十年来,第一产业投资累计达 2 052.6 亿元,年均增长 15.4%,几乎与同期全社会投资持平,我省呈现出农业增效、农民增收、农村持续发展的良好势头。农业发展在为保持全省经济社会较快发展提供支撑的同时,成为维护社会和谐稳定大局的坚实基础。

2. 高新技术产业投入不断提高

高新技术产业的发展水平,不但决定着一个国家国际竞争力的高低,而且决定着一个国家在世界经济中的分工地位。高新技术产业发展状况反映出一个国家、一个地区科技发展水平的重要方面,是制定国家和地方科技发展规划、政策,进行宏观管理的重要依据之一。因此高新技术产业的发展已日益引起各级政府和社会各界的普遍关注,高新技术产业的规模有多大,它的发展水平和变化态势怎样,直接关系到经济发展的后劲和活力。随着改革开放的不断深化,以及江苏"科技兴省"战略的逐步实施,江苏高新技术产业有了较快的发展,一个以航空航天器制造业、专用科学仪器设备制造业、电器机械及设备制造业、电子及通信设备制造业、医药制造业、新材料产业、计算机及办公设备制造业等为代表的高新技术产业正蓬勃兴起,并且已经形成了一定的规模。以 2008—2016 年为例,我省高新技术产业累计完成投资 47 593.9 亿元,年均增长 21.6%,快于同期全社会投资增幅 5 个百分点。

3. 第三产业投资发展迅猛

改革开放以来,伴随着国民经济的发展、工业化进程的推进,第三产业在整个国民经济中的地位越来越重要,而第三产业投资作为固定资产投资中的重要组成部分,不仅是提升整个第三产业发展水平的有效途径,而且在总量上影响着经济增长的速度,在结构上影响着经济结构形成及其发展变化。从总量上看,江苏第三产业投资是随着全省经济的发展逐年增加的,以 2008—2017 年为例:十年中,全省第三产业共完成投资 164 021.5 亿元,年均增长 16.9%。其中,2017 第三产业投资达 26 244.4 亿元,比 2007 年增长 3.8 倍。从占全社会投资的比重看,2008—2017 年第三产业投资在全社会投资中的比重平均为 48.3%。近年来,由于科技的进步、生产力水平的提高、产业结构的调整升级和国有企业改革、改制,使第一、二产业转移出来大批富余劳动力,加上自然人口增长,新成长的劳动力的增加,妥善安置就业人员成了稳定政治、经济、社会的一大重要问题。第三产业具有行业众多,集劳动密集型、资金密集型和技术密集型于一体的独特优势,既能提供简单劳动就业机会,又能提供复杂劳动的就业机会,有较大的就业容纳能力,因此安置了大批的下岗工人和农村剩余劳动力,成为吸纳劳动就业、维护社会稳定的重要支柱。

(二)民间投资发展迅猛,成为投资主要推动力

江苏民间投资起步于"七五"时期,在大力发展乡镇企业和努力开拓外向型经济的两次浪潮中把握住机会,于"八五"时期快速壮大起来。"九五"初期由于受国际经济环境恶化和国内市场结构性饱和的双重制约,民间投资的总量裹足不前。1998 年后,国家实施积极的财政政策和稳健的货币政策,在加强基础设施建设的同时,把启动民间投资作为推动投资增长的着眼点,使全省民间投资逐步走出低谷,呈现出投资总量攀升、增长速度加快、所占比重提高的趋势。经过十年发展,"十一五"时期民间投资已经占据投资领域主导地位,在促进经济增长、优化产业结构、繁荣城乡市场、扩大社会就业等方面发挥了重要作用。

党的十八大以来,全省民间投资进一步发展壮大。2012 年全省民间投资完成额为 21 293.5 亿元,总量首次突破 2 万亿元,2017 年达到

37 485.5 亿元,是 2012 年的 1.8 倍。2013—2017 年,全省民间投资累计完成额为 156 320.5 亿元,年均增长 12.0%,高于同期全部项目投资增幅 1.2 个百分点。在投资增幅提高的同时,民间投资的份额也不断提升,占全部投资总额的比重从 67.2% 提高到 70.7%。

（三）促进区域协调发展

江苏区域经济发展的梯度特征非常明显。改革开放以来,江苏高度重视区域经济发展差异问题,把区域共同发展确立为经济社会发展的五大战略之一。江苏省"十一五"规划纲要中明确要求,促进区域协调发展、努力缩小地区差距是江苏经济社会发展的重要战略任务,按照不同区域社会成员都享有均等化的公共服务的要求,赋予区域发展新的内涵,形成区域之间协调发展的新格局。

党的十八大以来,江苏全面落实国家区域发展总体战略,紧紧抓住长三角区域经济一体化和江苏沿海地区发展上升为国家战略的重大机遇,放大国家战略和政策的叠加效应,加快苏北振兴、苏中崛起、苏南提升,进一步缩小区域发展差距。从固定资产投资情况来看,2012 年苏南完成投资 17 404.3 亿元,占全省比重为 54.9%;苏中完成投资 6 121.6 亿元,占全省比重为 19.3%;苏北完成投资 8 180.6 亿元,占全省比重为 25.8%。到 2017 年,三大区域差距明显缩小,苏南完成投资 23 548.5 亿元,占全省比重为 44.4%,较 2012 年下降 10.5 个百分点;苏中完成投资 12 258.8 亿元,占全省比重为 23.1%,较 2012 年提高 3.8 个百分点;苏北完成投资 17 192.9 亿元,占全省比重为 32.4%,较 2012 年提高 6.6 个百分点。

（四）基础设施建设投资大力推进

基础设施是社会正常运行和健康发展的物质基础。加强基础设施建设,有利于改善人居环境、增强城市综合承载力、提高经济运行效率,有利于加快转变发展方式、拉动投资和消费增长、扩大就业、促进节能减排,对推动"强富美高"新江苏具有重要意义。从近五年数据来看,2013—2017 年全省共完成基础设施投资 35 680.3 亿元,年均增长 16.1%,高于同期全部投资增速 5.3 个百分点。

1. 现代化综合交通运输体系建设步伐加快

2013—2017 年,全省交通运输累计完成投资 8 913.7 亿元,年均增长 14.1%;其中道路运输业完成投资 6 845.0 亿元,水上运输业完成投资 1 459.2 亿元,铁路运输业完成投资 325.3 亿元,航空运输业完成投资 157.4 亿元。公路、铁路、水路、航空重点项目纷纷落地开花:南通至洋口港区高速公路(一期)、临海高等级公路灌江口大桥建成通车,沪通大桥公路南北接线工程启动;宁启铁路、郑徐客运专线相继开通运营,徐宿淮盐城际铁路、沿海铁路盐城至南通段开工建设;全国最大的内河水运工程长江南京以下 12.5 米深水航道二期工程实现初通;南京禄口机场二期工程建成启用,徐州观音山机场二期工程开工建设。交通基础设施投资正在向铁、水、空等领域迈进,形成多个综合交通枢纽,打造立体交通走廊。

2. 电力可持续发展能力进一步提升

建设"强富美高"新江苏,离不开电力的保障和支撑。2013—2017 年全省共投入 4 948.8 亿元用于电网建设,年均增长 17.9%,超过同时期全部投资增速 7.1 个百分点,有力保障了日益增长的电力需求。为促进江苏绿色发展、循环发展、低碳发展,全省电力建设注重优化省内电源结构。2013—2017 年,全省水力、风力、核力、太阳能等发电共投入 2 403.7 亿元,年均增长 48.8%,占全部电力生产投资的比重从 37.4% 提高到 66.4%。在推进核电建设、加强海上风电开发、推进光伏发电应用的同时,科学规划、有序发展煤电。2013—2017 年,全省火力发电共投入 1 665.9 亿元,年均增长 3.9%。

3. 信息通信基础设施建设日趋完善

信息通信基础设施是信息化发展的重要基

础和支撑,其建设和利用水平已成为衡量一个国家或地区经济社会发展水平、综合竞争力及现代化程度的重要标准之一。为加快推进全省信息通信基础设施建设,带动新一代信息技术广泛应用和信息化水平提升,省财政每年安排1 000万元专项资金,采取"以奖代补"方式,支持信息通信基础设施建设,引导社会各类资金积极参与信息基础设施投资。2013—2017年,全省信息传输、信息技术服务业完成投资968.3亿元,年均增长9.8%,其中电信、广播电视和卫星传输服务业完成投资584.2亿元,互联网和相关服务完成投资384.2亿元。

4. 生态环境投入不断加强

改革开放以来,全省水利、环境及公共设施管理业的固定资产投资总体上保持较快的增长速度,投资完成总量较多。2013—2017年全省水利、环境、公共设施业完成固定资产投资共18 638.6亿元,年均增长18.2%,占基础设施投资总额的52.2%。其中,公共设施管理业的投资达到了16 154.3亿元,年均增长18.4%,在水利、环境及公共设施管理业中的比重最大、增速最快;水利管理业的投资为1 863.2亿元,年均增长17.3%;生态保护和环境治理业的投资为621.1亿元,年均增长16.8%。

改革开放四十年来,我省投资领域取得了辉煌的成果。现阶段,江苏正处在转型发展的关键时期,全省上下要深入贯彻习近平新时代中国特色社会主义思想,补短板、惠民生,推动经济高质量发展,为"强富美高"新江苏建设作出更大贡献。

来　　源:江苏省统计局
发布日期:2018年11月12日

改革开放 40 年——农村篇：
全面推进农村改革　三农发展铸就辉煌

以党的十一届三中全会为标志，中国进入了一个波澜壮阔的改革开放新时期。改革率先从农村突破，并以磅礴之势迅速推向全国。在过去的 40 年中，江苏农村改革发展取得了重大突破和重大成就。全面实行以家庭联产承包责任制为基础、统分结合的双层经营体制，积极开展农产品流通体制改革，率先发展乡镇企业，较早开展农村税费改革，大力推进统筹城乡发展，极大地解放了农村生产力，实现了农产品供给、农民生活、农村产业结构和农村经济体制的历史性跨越，形成了城乡、工农协调发展的鲜明特色。40 年农村改革发展取得了巨大成就，为全省改革开放和现代化建设作出了重大贡献。江苏农村改革发展创造的许多经验，在全国产生了积极影响。展望未来，江苏"三农"发展已经站在新的历史起点上，随着乡村振兴战略的逐步实施和推进，农村一二三产业融合发展，江苏农村改革与发展必将铸就新的辉煌。

一、江苏农村改革发展历程

（一）第一阶段（1978—1984 年）：农村改革全面启动，农村经济快速发展

1. 联产承包全面推行，农业生产快速发展。1978 年 12 月，党的十一届三中全会召开，在农村实行了家庭联产承包责任制，从而使农村生产力得到极大解放。1979—1980 年江苏进行大宗作物联产计酬试点，至 1983 年上半年全面实行了包产到户、包干到户，与此同时大幅度提高农副产品的收购价格。1979—1984 年农产品收购价格平均提高了 45.6％，其中粮食收购价格提高了 56.6％。农村经营体制的重大改革和扶持政策措施的出台，极大地调动了农民生产积极性，促进了农村经济迅猛发展和农民收入增长。1984 年，江苏农林牧渔业总产值 253.8 亿元，比 1978 年增长 1.4 倍；粮食和棉花产量分别达到 3 353.6 万吨和 66.6 万吨，其它农产品也有显著的增长。1984 年江苏农民人均纯收入比 1978 年增长 1.9 倍，年递增 19.3％。

2. 乡镇企业逐步兴起，非农产值首超农业。江苏是乡镇企业的发源地。从 1956 年无锡东亭镇创办第一个社队企业到 1970 年初锡山市农民首次提出"围绕农业办工业、办好工业促农业"和"以副养农、以工补农"的口号，乡镇企业从此起步。1980 年江苏成为全国社队工业产值第一个超百亿元省份。这期间，江苏涌现出以苏锡常一带为代表的以发展集体经济为主体，以城市工业为依托，迅速发展乡镇企业的"苏南模式"和苏北地区以户办、联户办、村办、乡办等四个轮子一齐转，发展乡镇企业的"耿车模式"，在全国产生了广泛影响。乡镇企业的蓬勃发展，使江苏农村经济结构发生了较大变化，全省农村工业、建筑业、运输业产值年均增长 24.5％、32.9％和 29.7％。1984 年江苏农村社会总产值中非农产业的比重

首次超过农业,达到 54.4%。

(二)第二阶段(1985—1997 年):农村改革继续深化,农村经济全面调整提高

1. 实施农产品流通体制改革,农业生产逐步迈向市场化。1985 年中共中央发出 1 号文件,制定了十项经济政策,重点是改革农产品统派购制度,粮食、棉花取消统购,实行合同定购和市场收购双轨制,并逐步放开了水产品、水果、茶叶等农产品价格,农民开始进入流通领域。1993 年江苏油料定购任务全部取消,苏南 5 市和南通市取消夏粮定购任务,放开价格。1994 年全省全面开放粮油价格和经营,普遍推行购销合同制。1995 年,确立了"米袋子"省长负责制新体制,明确定购任务,并实行价外补贴政策。流通体制改革,有力地推进了农村集贸市场和批发市场发展。1995 年末全省城乡集贸市场总数达到 4 700 多个,其中农副产品批发市场 320 多个,农产品市场网络基本形成。

2. 合理调整农业生产结构,多种经营迅猛发展。针对 1984 年后农业生产波动徘徊的局面,江苏坚持贯彻"决不放松粮食生产,积极发展多种经营"的方针,合理调整农业生产结构,单一的种植业向农林牧副渔全面发展、工商建运服综合经营方向转变。1997 年,全省粮食总产量达 3 563.8 万吨,油料、园林水果、水产品、禽蛋和猪牛羊肉产量分别比 1984 年增长 1 倍、3.8 倍、3.7 倍、2.2 倍和 50.3%。蔬菜瓜果种植面积占总播种面积的比重由 1984 年 3.1%上升到 1997 年 8.6%。1997 年全省农林牧渔业总产值比 1984 年增长 6.2 倍,其中林牧渔业总产值占整个农林牧渔业总产值的比重由 1984 年 23.9%上升到 40.3%。

3. 乡镇企业发展出现新高潮,农村非农劳动力规模日益扩大。1984 年 3 月,中央下发 4 号文件,高度肯定乡镇企业的地位和作用,江苏适时推出了一系列鼓励扶持政策,并创造性地把农业联产承包的经验带进乡镇企业,使累积多年的能量得到迅猛释放,出现了乡镇企业发展史上的第一高潮。1984 年到 1992 年 8 年间,江苏乡镇企业产值增长了近 10 倍,年均增长幅度达到 34.5%。1992 年邓小平同志南巡讲话后,江苏紧紧抓住浦东开发开放重大机遇,引导和支持乡镇企业进行外向开拓,同时开始普遍推行乡镇企业产权制度改革,使乡镇企业整体素质跨上重要台阶。1997 年乡镇企业实现总产值 8 266.7 亿元,达到全省经济"三分天下有其二"。随着乡镇企业新一轮发展,城市化进程加快,农村劳动力向非农转移规模迅速扩大。1993 年江苏乡镇企业职工人数创历史最高水平,达 947.4 万人。1997 年末全省乡村从业人员中非农人员达 1 217.9 万人,比重 44.3%,比 1984 年提高了 15.1 个百分点。

(三)第三阶段(1998—2007 年):走"三化"带"三农"道路,农村改革发展开创新局面

1. 农村税费改革加快,强农惠农政策加大。江苏农村税费改革从 2000 年开始试点,2001 年在全国率先全面推开,农民负担逐年减轻。改革后的 2001 年全省农民负担人均 91.1 元,比税改前 2000 年下降 47.6%。2002 年和 2003 年逐年降低"两工"和以资代劳,取消农业特产税,全省农民负担进一步减少到人均 83 元。2004 年降低农业税税率 3 个百分点。2005 年比全国早一年实现免征农业税,免除农业税超过 32 亿元。实施税费改革的同时,我省还不断加大强农惠农政策力度。从 2004 年开始实行粮食直补、良种补贴、农机补贴、农资综合补贴等政策,同年还开展了政策性农业保险试点。2007 年全省承保水稻、小麦等面积占粮食面积的 70%,其中水稻投保农户达 905 万户,实际参保面积 2 877 万亩,占水稻面积的 86.1%。强农惠农政策的实施调动了农民生产积极性,促进了农民增收。2004 年开始,江苏粮食连续 4 年增产,年均增幅达 6.1%,农林牧渔业总产值连续 4 年增加,年均增长 11.9%,农民收入以两位增长,达 11.5%。

2. 高效农业加快发展，农村"三大合作"逐步兴起。1998年以来，江苏改革传统农业发展模式，积极推进高效农业发展。通过依靠科技进步，提升高效农业发展的科技含量，通过加强农业基础设施建设，加大耕地保护和农业资源开发力度，夯实高效农业发展基础，通过农业结构战略性调整，推广农业适度规模经营，发展高效农业规模化，全力提高土地产出率，提升农业综合生产能力和竞争能力。1999年粮食亩产突破400公斤。2007年，油料亩产创历史达179公斤；农业科技贡献率达到55%，高出全国平均水平10个百分点；耕地有效灌溉面积和旱涝保收面积占比分别达到80.9%和63.9%，比1997年分别增加5个和6.9个百分点；亩均耕地创造种植业总产值2171元，比1997年增长51.8%，亩均效益达到2000元以上的种植面积达1330多千公顷，占全省耕地面积的28.3%。进入新世纪，各地农民专业合作、土地股份合作和社区股份合作纷纷兴起，有力地推进了土地要素流动市场化，提高了农业集约化生产和组织化程度。2007年底，全省农民专业合作经济组织达到7400个，成员260万人，带动农户380万户，占全省农户25.5%；农村社区股份合作经济组织2700家，社员310万人，带动农户约90万户；农村土地股份合作社338家，入股土地41万多亩。

3. 城市化进程加快，新农村建设开启。1997年开始对户籍管理制度进行改革。2000年制定并实施《江苏省城镇体系规划(2001—2020)》，先后对10个省辖市的市区行政区划进行调整，集中力量做大做强重点中心镇，逐步形成梯度辐射、层次分明、各具特色、功能互补的现代城镇网络体系。2003年在全省范围内取消农业户口和非农业户口性质，至2007年底全省城市化水平达到53.2%。城市化进程加快，带动了社会主义新农村建设。2003年和2006年江苏实施了农村"五件实事"和"新五件实事"工程，农村基础设施和社会事业建设极大加强。2007年底，全省共新

建改建农村公路6.3万公里，通公路行政村的班车通达率达89.7%；新增农村改水受益人口1002万人，农村自来水普及率达96.9%。这一阶段，江苏比全国提前一年实现城乡免费义务教育，有线电视村村通工程和"送科普、送电影、送戏下乡"活动得到有力推进，促进了先进文化在农村传播覆盖。

4. 农村经济蓬勃发展，助推县域经济发展壮大。经过10年的改革、调整、巩固和提高，江苏农村经济再次出现蓬勃发展的良好局面。粮食生产从2004年走出低谷，总产量连续保持4年增长，油料、肉类、禽蛋总产量分别创历史，园林水果和水产品分别突破200万吨和400万吨大关，并以年均4.8%和4.4%的增速保持增长。2007年，江苏农林牧渔业总产值踏上3000亿元台阶，各行业全面增长。与1997年相比，农林牧渔业总产值及农业、林业、牧业和渔业总产值年均增幅分别达5.4%、3.6%、10.1%、5.1%和7.6%。农业服务业逐步兴起，2007年总产值达到179.9亿元，占农林牧渔业总产值的5.9%，居全国各省之首。2007年农村居民人均纯收入比1997年增长1倍，高出全国平均水平58.5%。农村经济的蓬勃发展，夯实了乡村经济基础，推动了县域经济发展。江苏出现了华夏第一县——无锡县、"昆山之路"、"张家港精神"和"江阴板块"等享誉全国的县域经济发展品牌。2000至2006年，国家统计局开展县域经济百强县测评，江苏由14个发展到17个。2006年江苏位列全国百强县前十名的县达到7个，其中昆山、张家港和江阴分别位列第1、第3和第4位。

(四)第四阶段(2008—2017年)：深化统筹城乡发展，农村发展出现新突破

1. 财政支农投入增加，惠农强农力度加大。2008年以来，江苏坚持多予少取放活的方针，大力支持调整国民经济收入分配和财政支出结构，千方百计增加财政对"三农"投入。特别是近几年，认真贯彻中央各项支农惠农政策，坚持农业

农村优先发展,以支持农业供给侧结构性改革为重要抓手,以促进农业增效、农民增收为中心任务,按照"力度不减弱、总量有增加"的要求,健全完善财政支农政策,推动形成多元支农投入机制,财政对"三农"投入的增幅明显加快。2017年,全省农林水事务支出887.5亿元,比2007年增长3.6倍,年均增长16.4%;农业直接补贴57.8亿元,增长1.3倍,年均增长8.7%。

2. 积极发展现代农业,农业提质增效明显。2008年以来,江苏坚持以提质增效为目标,以市场为导向,积极推进农业供给侧结构性改革,发展现代农业,农产品质量和农业经济效益明显提高。2017年,全省高效设施农业面积累计达到867.7千公顷,占耕地面积的18.9%;高效设施渔业面积219.3千公顷,占渔业养殖面积29.8%;全省劳均农林牧渔业增加值达到60 138元,比2007年增长2.1倍,年均增长11.9%。农产品质量明显提高,至2017年,全省"三品一标"有效数累计达18 348个,其中无公害农产品15 834个,绿色食品2 020个,有机食品105个,地理标志农产品49个;全省种植业"三品"产量占食用农产品产量的比重达40.6%,累计认证无公害水产品2 101个。

3. 推行适度规模经营,土地生产能力提高。2008年以来,我省以农业现代化工程为引导,加快推进土地集中型和统一服务型规模经营,通过经营权流转、股份合作、土地托管、联耕联种等方式,大力发展多种形式的适度规模经营。2008年,我省在国内率先建立农村土地规模流转补贴制度,年底全省农业适度规模经营面积达到2 280万亩,约占全省耕地面积的32.2%。2013年江苏提出100~300亩的适度规模"江苏标准"。2015年出台《关于积极引导农村土地经营权有序流转促进农业适度规模经营健康发展的实施意见》,建立土地流转价格年度递增机制。全省农业规模经营已初步形成以昆山为代表的种植大户及农地入股经营模式、以射阳为代表的联耕联种模式、以太仓为代表的合作农场集体经营模式、以高邮界首为代表的农业社会化服务模式、以江都宜陵为代表的整村流转经营模式和以邳州为代表的"七统一自"发展设施农业模式。农业规模经营再次解放了农村劳动力,提高农业劳动生产率。2017年,全省种植业从业人员比2007年下降25.6%,亩均耕地产出种植业增加值3 830元,比2007年增长1.5倍。

4. 发展农业园区建设,积极支持发展家庭农场。2008年以来,我省坚持把建设现代农业产业园区,作为加快现代农业发展、辐射带动区域农业平衡发展的重要载体和实践平台。我省先后4批认定112个省级现代农(渔)业产业园区,其中农业园区91个,渔业园区21个,已在全省实现农业县(市、区)全覆盖。2013年中央1号文件提出要扶持发展家庭农场,我省连续三年在省委1号文件对发展家庭农场作出一系列部署,并通过设立省级家庭农场扶持专项资金、分级建立示范家庭农场、引导农村土地向家庭流转等政策举措,加强示范引导、强化政策扶持,推动家庭农场蓬勃发展。截至2017年底,全省累计认定家庭农场4.42万家,其中省级示范家庭农场总数达到1 142个。目前农业园区的土地产出率、劳动生产率、资源利用率等均高于全省平均水平,有效发挥了引领、示范和带动作用,家庭农场已成为我省粮食生产、适度规模经营、促进农民增收、职业农民培育和生态循环农业的重要主体。

5. 加强农业科技推广,打造现代农业技术体系。我省围绕农业重大科技需求和农业重大技术推广计划"两个导向",以现代农业科技综合示范基地和农业科技服务云为平台,着力打造现代农业产业技术体系。2011年以来,全省审定主要农作物新品种247个,农业行业累计获得国家科学技术奖43项、省科学技术奖143项、农业部科技奖励106项,省级农业技术推广奖170项,居全国第二位;水稻精确定量栽培、数字化测土配方施肥等技术水平全国领先,部分达到国际先进水平；发布 50 项重大农业技术推广计划，实施粮食丰产科技工程，示范面积累计超 1 500 多万亩次；完善农村科技服务超市体系，累计确认农村科技服务超市 416 家，实现全省涉农县（市、区）全覆盖。目前全省农业科技型企业总数达到 639 家、省级农业产业技术创新战略联盟 45 家，建设国家农业科技园区 11 家、省级现代农业科技园 58 家。

6. 积极发展开放型农业，农业走出国门加快推进。2008 年以来，省委省政府十分重视开放型农业发展，出台了《关于加快推进开放型农业发展的意见》，下发了《全省开放型农业发展目标考核方案》，加大政策支持力度，努力拓展海外市场，扩大江苏农产品知名度。特别是"一带一路"的发展战略实施，给江苏开放型农业发展提供了重大机遇，农业走出国门加快推进。截至 2017 年，全省累计批准境外农业投资项目 100 个，中方协议投资额 13.8 亿美元，其中 2008 年以后批准的项目 91 家，中方协议投资额 13.7 亿美元，分别占 91％和 99.6％。2017 年全省农产品进出口总额 172.9 亿美元，比 2007 年增长 1.4 倍，年均增长 9.1％，其中出口 38.3 亿美元，增长 1.3 倍，年均增长 8.9％，进出口总额、出口额、进口额均创历史新高。

7. 推进一二三产融合发展，拓宽农民就业增收渠道。根据《国务院办公厅关于推进农村一二三产业融合发展的指导意见》，我省牢固树立创新、协调、绿色、开放、共享的发展理念，着力推进农业与二三产业交叉融合发展，促进农业增效、农民增收和农村繁荣。一是培育壮大农村产业融合主体。以农业产业化龙头企业为示范引领，强化农民合作社和家庭农场基础作用，积极发展行业协会和产业联盟。2017 年，全省累计培育县级以上龙头企业 7 465 家，比 2007 年增加 4 851 家。其中：国家级 60 家，比 2007 年增加 32 家，总数位居全国第二；省级龙头企业 675 家，比 2007 年增加 445 家，辐射带动了省内 46.8％农

户；二是创新农村产业融合方式。依托新型城镇化推进农村产业融合，将农村产业融合发展与新型城镇化建设、新农村建设有机结合，将农业（渔业）与旅游、教育、文化、健康养老等产业深度融合，发展休闲农业观光农业，将创意农业与重要历史文化遗产传承、特色小镇培育、美丽乡村建设等相结合，发展科技型、文化型、功能型、生态型、服务型创意农业。截至 2017 年底，全省具有一定规模的休闲观光农业园区景点（包括农家乐）达 8 500 个以上，年接待游客量 1.5 亿人次，综合收入超过 420 亿元，全省休闲观光农业从业人员近 100 万人，其中农民 92.3 万人。休闲观光农业发展指数全国第一；三是扩大延伸农业产业链。大力发展土地托管、联耕联种、代耕代种等统一服务以及种子种苗、统防统治、肥水管理等专业化服务，大力发展农产品精深加工，推动农业由单一生产向生产、加工、销售一体化方向转变，提高农业附加值。2017 年全省农产品加工业产值与农业产值之比达 2.9∶1，居各省区第二位；四是加大农村合作经济组织建设。以"规范、创新、提质"为发展导向，着力推动农民合作社提升运行质量，实现转型发展，突出一二三产融合，引导和带动农民共同致富。2017 年底，全省农民合作社总数达到 8.95 万家，农户入社比重 78.4％，累计创建国家示范社 496 家、省级示范社 1 650 家，其中国家示范社总数位居全国第二。发展农机合作社 8 807 个，经营服务总收入 321.8 亿元，培育渔民专业合作组织 4 600 多家，渔户参合率超过 65％。一二三产融合发展促进了农民增收。2017 年全省农村居民人均可支配收入达到 19 158 元，比 2007 年增长 1.9 倍，其中二、三产业经营性净收入比 2007 年增长 1.7 倍，增幅高于一产经营净收入 77.7 个百分点。

8. 发展农村电子商务，促进传统农业转型升级。2008 年以来，我省农村电子商务逐步兴起。特别近几年来，全省各地积极发挥政府引导作用，通过加大政策扶持，强化工作推进，大力支持

农村电商加快发展,拓展农产品销售渠道,促进传统农业转型升级。2017年全省农产品网络销售额达到364亿元,比上年增长27.7%,增幅连续多年保持在25%以上,农村电商综合发展水平位居全国前列。目前全省农产品网店15万家。已创建国家级电子商务进农村综合示范县7个、省级农村电商示范县28个、省级农村电商示范镇125个、省级农村电商示范村260个、乡镇电子商务特色产业园(街)区50个、电商人才培训基地33个。已打造了一批像睢宁县"沙集模式"等在全国有影响力的农村电商典型。

二、江苏农村改革取得的主要成就

(一)农村经济蓬勃发展,农产品供给实现了从长期短缺到极大丰富历史性突破

农林牧渔业实现跨越式发展。2017年全省实现农林牧渔业总产值达到7 210.4亿元(按当年价格计算,下同),比1978年增长67.1倍,年均可比增长5.4%。1978年农林牧渔业增加值不足70亿,2002年突破1 000亿元大关,2008年突破2 000亿元,2011年突破3 000亿元,2015年突破4 000亿,4个关口突破分别用时24年、6年、3年和4年。2017年实现农林牧渔业增加值4 346亿元,比1978年增长61.2倍,年均可比增长5.2%。

农产品供给日益丰富。全省粮食生产先后跨越2 500万吨、3 000万吨、3 500万吨台阶,特别是2003年以后,我省粮食总产量连续12年增产,有力地保证了全省粮食总量充分供给。2017年,全省粮食总产量达到3 539.8万吨,比1978年增长47.5%,人均占有粮食441公斤,比1978年增加28公斤;油料亩产连续5年创历史新高,2017年达到205公斤,比1978年增长1.1倍,总产量达126.3万吨,比1978年增长2.4倍,人均占有油料16公斤,比1978年增加9公斤;蔬菜种植面积逐年扩大、新品种、新技术特别温室大棚的推广应用,使全省蔬菜产量逐年提高,丰富了城乡居民菜篮子。2017年,全省蔬菜种植面积达到1 407.6千公顷,比1978年增长14.4倍,蔬菜产量达到5 540.5万吨,人均蔬菜占有量达到651公斤;畜牧业取得长足发展,肉蛋奶供应丰富。2017年与1978年相比,全省生猪出栏2 805.5万头,增长1.1倍,家禽存栏29 550.3万只,增长5.4倍,猪牛羊肉类产量225.2万吨,增长1.4倍,禽蛋产量186.1万吨,增长4.8倍,牛奶产量59.9万吨,增长4.8倍。2017年肉、蛋、奶的人均占有量分别达到43公斤、23公斤和7公斤,远高于全国平均水平;渔业产量持续稳步增长。2017年全省水产养殖面积已达到735.2千公顷,水产品总产量达到520.1万吨,居全国第六位,比1978年增长12.1倍。全省人均占有水产品产量65公斤,比1978年增长9.5倍,渔业产值的比重也由2.3%提高到22.5%。

(二)农民生活水平显著提高,实现从温饱不足到总体小康的历史性跨越

2017年江苏农村常住居民人均可支配收入19 158元,比1978年增长122.6倍,年均增长13.1%。农村常住居民人均生活消费支出从1978年140元增长到2017年的15 612元,年均增加397元。2017年农村居民家庭恩格尔系数28.9%,比1978年下降33.4个百分点,全省绝大多数地区进入了富裕阶段。2017年末,每百户农民家庭拥有家用汽车26.6辆、摩托车39.7辆、助力车138辆、洗衣机97.9台、电冰箱(柜)104.1台、热水器94.7台、排油烟机39台、移动电话241.8部,彩色电视机158.7台、空调134.7台、电脑45.4台。农村人均现住房建筑面积57.3平方米,比1978年增长4.9倍,其中钢筋、砖木结构住房比例达到99.8%。江苏省第三次全国农业普查资料显示,2016年末全省有93%的农户饮用经过净化处理的自来水,87%的农户炊事使用燃气,58.4%的农户使用水冲式卫生厕所,90.6%的农户使用有线电视,46.7%的农户使用过互联网购物。

（三）就业结构发生变化，实现从单一务农向多渠道转移就业的历史性变化

改革开放前，江苏的乡村社会结构是一个高度刚性且具有很大同质性的封闭型结构。改革开放40年是全省从传统社会向现代社会、从农业社会向工业社会、从封闭性社会向开放性社会的变迁和发展时期。多年来，江苏各级政府和部门把劳务输出摆到了社会经济发展和农村工作更为突出的位置，将增加农村劳务输出作为现阶段最大的农民致富工程来抓。特别是从2003年开始，江苏实施500万农村劳动力大转移和百万农民大培训计划，全面推进农村劳动力向城镇和二三产业转移就业。到2017年末，全省农村劳动力累计转移1 927.9万人，转移率达74.3%，全省已转移农村劳动力中接受过培训的比例超过50%。农村劳动力大面积转移有力地推动了农村就业结构从单一务农向多渠道就业转变。2017年，全省乡村从业人员2 589.2万人，就业结构进一步优化，一、二、三产就业人员比重为27.9∶47.2∶24.9，农村从业人员就业趋于非农化，比重超七成。1978—2017年农村第一产业从业人员比重由90%下降到27.9%。

（四）建立健全农村社会保障体系，实现了从相当薄弱到逐步完善的历史性进步

农村最低生活保障实现应保尽保，同时大力推进城乡低保标准一体化，缩小城乡低保标准差距。截至2017年底，全省共保障农村低保对象56.9万户、104.2万人，平均保障标准达到611元/月。52%涉农县（市、区）实现城乡并轨，一体化率全国领先。目前全省城乡低保平均标准之比达到1.06∶1，其中苏南地区已实现1∶1。新型农村合作医疗在2015年已基本实现全覆盖，居全国各省之首。2016年省政府整合城镇居民基本医疗保险制度和新型农村合作医疗制度，建立统一的城乡居民基本医保制度。2017年底，全省城乡居民医保参保人数达5 017.9万人，基本实现城乡居民医保应保尽保。农村养老保险制度稳步推进，并由新农保过渡到城乡居民保险。2017年底，全省城乡居保参保人数达1 268.4万人，参保率99.8%，待遇领取人数1 051.7万人，领取率100%。养老保险待遇水平逐步提高，全省基础养老金最低标准由2009年实施新农保制度之初每人每月60元，提高到2017年城乡居民基本养老保险基础养老金每人每月125元，比国家规定的最低标准70元高出55元，全省1 000多万60周岁以上城乡老年居民直接受益。

（五）农村公共服务不断健全，实现了从长期供给不足到日益便捷全面的历史性发展

农村两轮五件实事工程的兴办，新农村建设和城乡一体化的推进，极大地改善了农村生产生活条件，提高了农村公共服务水平。江苏省第三次全国农业普查资料显示，2016年末，全省99.9%的村和96.1%的自然村和居民定居点通公路，30.3%和20.9%的乡镇有高速公路出口和码头，农民拜访亲友、上学看病基本都不会因交通问题而发愁。2016年末，江苏农业普查范围内的行政村（含涉农居委会）中，村内主要道路有路灯的村达到66.1%，村内主要道路路面为水泥和柏油路面的村占97.8%，通电的村和通电话的村达到100%，安装了有线电视的村和通宽带互联网的村达到99.7%和99.3%，有电子商务配送站点的村也达到37.4%。有94.5%的村完成或部分完成改厕，98.9%的村生活垃圾集中或部分集中处理，36.5%的村生活污水集中或部分集中处理。36%的村有幼儿园、托儿所，79.3%的村有体育健身场所，47.7%的村有农民业余文化组织，73.9%的村有50平方米以上的综合商店或超市，88.9%和79.3%的村有卫生室和执业（助理）医师。2016年平均每个乡镇拥有学校6.6个、医疗卫生机构18.3个，社会福利收养性单位1.8个。

三、农村社会经济发展的成功经验

40年来，江苏农村改革发展所取得的重大成就，农村面貌发生了翻天覆地的变化，得益于党

中央、国务院正确领导,得益于党的农村工作政策,得益于省委、省政府结合我省实际切实贯彻中央在农村的各项重大决策,得益于全省广大干部群众解放思想、开拓创新,齐心协力,共同努力的结果。

改革开放以来,党中央、国务院围绕"三农"问题开了近20次全委会,下发了数十个文件,特别是1982—1986年及2004—2018年接连发出了20个"一号文件"锁定三农,主题鲜明。省委、省政府认真贯彻落实中央精神,每年召开农村工作会议,发布相关文件支持、推动"三农"工作。党中央、国务院和省委、省政府一系列加强"三农"工作的战略思想、方针政策和重大举措,顺应了形势的变化和农民群众的愿望,有力地促进了农村社会经济的发展。江苏广大农村干部群众勇于探索、大胆创新,争当改革发展的排头兵,创造了许多具有江苏特色的经验和做法,不仅推动了全省的发展,也在全国产生了广泛影响。

(一)坚持把"三农"作为全部工作的重中之重,巩固和加强农业基础地位

十一届三中全会以后,江苏各级党委政府始终把"三农"工作放在经济工作的首位,立足全局通盘考虑、精心谋划、统筹部署农业和农村工作。坚持不懈地增加对"三农"投入,切实加强以农田水利建设为重点的农业基础设施建设;积极推进新农村建设,实施完成农村"五件实事"及"新五件实事"工程,不断改善农村生产生活条件,不断提高农业综合生产能力,提升农民生活质量;坚持不懈地注重研究和解决生产关系变革过程中的新矛盾、新问题,强化实施以"一免三补"为中心的农业扶持政策,建立乡镇企业"以工补农"、"以工建农"制度,强化农村集体经济的微观调节功能;积极引导广大农民以市场为导向发展农业生产,大力推进农村劳动大规模向二三产业转移,广开农民就业渠道,极大地提高了农民收入水平,有力地促进农业农村发展和全省经济的繁荣与社会稳定。

(二)坚持深化推进农业经济制度改革,不断增强农村经济发展活力

十一届三中全会以后,江苏推行实施了许多农业经济制度改革,从实行家庭联产承包到农村基本经营制度的不断完善,从放开水产、水果市场到全面实行农产品购销市场化改革,从乡镇企业异军突起到多种所有制加快发展,从减轻农民负担到推行农村税费改革,农村改革的每一次深化,都极大地解放了农村生产力,极大地提高了农民生产积极性,极大地促进了农村经济的发展,极大地改变了农村面貌。江苏40年农村改革的轨迹表明,必须坚持市场经济为取向,以解放农村生产力为目的,不失时机的加大改革力度,力争在重要领域和关键环节取得突破,才能全面增强农业和农村经济的发展活力。

(三)坚持以农村工业化为突破口,促进城乡统筹协调发展

党的十一届三中全会以来,江苏各级党和政府坚持"稳定发展第一产业,大力发展第二产业,相应发展第三产业"的方针,正确处理发展粮食生产与多种经营、农业与非农产业间的关系。乡镇工业的兴起和蓬勃发展,走出一条具有江苏特色的农村工业化发展之路,为振兴农村经济发挥了不可低估的作用。全省乡镇企业的发展为农业现代化提供了资金积累,大量吸纳了农村剩余劳动力,提高了全省农村工业化水平,加快了城市化进程。从苏南乡镇工业发达地区开始并逐步向全省推广,先后采取了一系列"以工补农"、"以工建农"等措施保持农业的稳定发展,并逐步形成"以工保农、以工建农""工农互补""村企挂钩""城乡南北合作"的良性循环新格局,逐步推动了以工业化致富农民、以城镇化带动农村、以产业化提升农业,初步实现了城市和农村协调发展、共同繁荣。

(四)坚持尊重农民群众首创精神,充分发挥农民的主体作用

过去的40年,江苏农村改革中许多成功经

验,都是党的思想路线和农民实践创造相结合的产物,江苏农村改革发展的几次重大突破,都来自于基层和农民的探索和实践。全省第一家乡镇企业就是无锡东亭镇的农民自发创办的。改革乡镇企业承包产权制度和管理模式也是最先由基层起步的。发展专业合作、建立农业服务体系、推进农业产业化经营、探索农业适度规模经营、实行集体资产管理体制改革、扩大农村基层民主、美丽乡村建设、城乡一体化等等,都是基层创造出来的,全省涌现出了江阴华西村、徐州马庄村等一系列先进典型。实践反复证明,活力和动力来源于基层,创新和创造来自于群众。坚持从实际出发,允许和鼓励农民大胆探索,尊重群众的首创精神,发挥农民的主体作用,保护基层的改革积极性,及时归纳、总结和推广基层和群众创造的新鲜经验,是农业和农村改革和发展不断推进和顺利进行的重要保证。

(五)坚持科技进步是第一生产力,不断提高农业综合生产能力

40年来,全省逐步建立了全面开发、利用和治理、保护资源的技术体系,进行了大规模的治水改土;加强肥料建设和改进施肥技术;改革耕作制度;积极推进农业机械化;培育推广优良品种和杂交组合;应用高产稳产栽培技术和科学饲养管理;搞好农作物和畜禽的综合防治;增加了化肥、农机具、机油、电力、农药及农用薄膜等物质投入,从而保证了农业的自然生产力和经济生产力不断提高。2017年,全省农业综合机械化水平达到83%,农业科技进步贡献率达67%,比80年代初期提高了30多个百分点,农业知识产权创造指数达98.4%,均居全国前列。农业综合生产能力不断提高,使我省粮食在播种面积减少了904.5千公顷情况下总产量比1978年增加1 139.2万吨,耕地面积在减少80.6千公顷情况下种植业总产值增加3 719.8亿元,增长43.7倍。

来　　源:江苏省统计局
发布日期:2018年11月12日

改革开放 40 年
——单位快速增长结构持续优化

法人单位是构成整个社会经济活动最基本的单元,也是社会经济发展信息的主要源头和载体。为摸清国民经济家底,查实法人单位数量,全国先后组织了 1996 年第一次基本单位普查、2001 年第二次基本单位普查、2004 年第一次经济普查、2008 年第二次经济普查、2013 年第三次经济普查,通过对上述五次大型普查取得的翔实统计数据,结合江苏 2017 年单位名录库年报数据进行纵向对比,从各类法人单位数量增减变化的角度可折射改革开放 40 年来在经济领域取得的辉煌成就:法人单位作为经济社会的主体,其增长稳步有力地带动了宏观经济快速发展,增速总体平稳,质量稳步提升,结构不断优化,发展的稳定性和协调性进一步增强。

一、法人单位总量快速增长

(一)改革开放以来法人单位总量快速增长

历次普查资料显示,改革开放以来江苏法人单位呈现出高质量高速度的发展态势,各类法人单位的不断增加,有力地支撑了宏观经济的稳健增长。截止 2017 年时点值,江苏省共有法人单位 235.6 万个,与 2016 年相比,增加 44.8 万个,增长 23.5%;与 1996 年第一次全国基本单位普查时期相比,增加 205.0 万个,法人单位数是 1996 年的 7.7 倍。

其中,2017 年共有企业法人单位 214.8 万个,比 2016 年增加 43.1 万个,增长 25.1%;比 1996 年增加 195.0 万个,企业数是 1996 年的 10.8 倍,是全省各类法人单位中最具活力的中流砥柱。社团法人单位数量增长较快,从 1996 年的 3 000 多个增长到 2017 年的 3.1 万个。其他法人从 4.1 万个增加到 12.7 万个。事业、机关保持持续小幅下降态势,与 1996 年相比分别减少了 0.8 万个和 0.5 万个,这是由于机构改革、政府部门、基层机构改制精减以及行政区划调整等原因造成的。

(二)法人单位产业结构日趋完善

三次产业比重反映了一个国家或地区的经济发展水平,也反映了人民生活的质量状况。产业结构与经济发展密切相关,产业结构不断优化升级是经济发展的一般规律,合理的产业结构是区域社会经济持续、健康、稳定发展的基础。根据 2003 年、2012 年国家三次产业划分规定,目前全省法人单位的产业构成中,第三产业法人单位在数量上持续超过第二产业,经过"十一五""十二五""十三五"时期的稳定快速发展,已成为全省名副其实的主导产业类型。

2017 年江苏共有第一产业法人单位 5.0 万个,比上年增加 1.1 万个,增长 27.9%;第二产业法人单位 70.2 万个,增加 11.3 万个,增长 19.2%,是 1996 年的 5.5 倍;第三产业法人单位 160.4 万个,增加 32.4 万个,增长 25.3%,是 1996 年的 9.1 倍。法人单位总量的三次产业构成也相应变化:一产比重从 2016 年 2.0% 提高到 2017 年 2.1%;二产比重从 30.9% 降低到 29.8%;三产比重从 67.1% 提高到 68.1%。

三产单位数量逐渐提高,在优化产业结构、大力促进产业升级的背景下,江苏经济发展重心向第三产业平稳转移,法人单位产业分布趋向合理。

(三)形成二三产业双轮驱动的行业分布格局

1. 制造业单位数持续增加,占比从 2005 年开始走低

制造业作为江苏支柱产业,对全省经济发展有着举足轻重的作用。多年来在江苏全部法人单位中,制造业作为传统产业代表领跑行业 GDP,一直保持着单位数量优势且持续增长:从 1996 年的 11.6 万个到 2001 年的 16.4 万个,2007 年 25.9 万个、2010 年 32.3 万个、2014 年 40.6 万个、2016 年 48.2 万个,2017 年突破 50 万大关,达到 55.4 万个。

从制造业在全部法人单位数中所占比重来看,1996 年占 37.9%,此后占比持续上升,到 2004 年达到最高值:45.8%;从 2005 年开始,制造业单位数占比逐年走低,2010 年为 37.4%、2014 年 30.2%、2016 年 25.3%、2017 年 23.5%。

2. 批发和零售业单位数快速增长,从 2015 年起居首位

"十二五"以来,在省委、省政府和商务部的领导下,江苏商贸流通总量规模稳步扩大,转型升级步伐加快,现代化水平显著提升,流通大省地位进一步巩固。批发和零售业作为流通业最重要的组成部分,在此期间得到快速发展,已成为江苏仅次于制造业的国民经济第二大产业部门。

批发和零售业单位 2004 年 7.3 万个,占全部法人单位的 17.0%;2007 年 11.7 万个占 20.0%;2010 年 22.5 万个占 26.1%;2014 年 39.3 万个占 29.2%;2015 开始单位数达到 47.7

万个首次超过制造业单位数,占比达到 30.2%,居各行业首位;2016 年 58.8 万个占 30.8%;2017 年 72.3 万个占 30.7%。

纵观改革开放 40 年来的单位变化情况,可以将江苏制造业和批发零售业法人单位的总体特点概括为:发展稳定、优势突出、数量众多、双轮驱动。

(四)国资固本强基,民资突飞猛进

从法人单位的经济类型看,近年来全省积极调整和优化所有制结构,大胆进行战略性重组,使国有经济逐步撤离一般性竞争行业,取得了明显成效。江苏国有法人单位数量从 1996 年的 7.4 万个、2001 年的 7.2 万个,下降到 2004 年的 5.6 万个以后,一直徘徊在 5 万至 6 万个之间;2017 年为 6.0 万个,多年来仅有小幅微调。集体法人单位从 1996 年的 16.9 万个、2001 年的 10.4 万个、2004 年至 2007 年均为 4 万多个;从 2008 年的 2.5 万个至今,一直徘徊在 2 万至 3 万个之间,2017 年为 2.8 万个,十年来数据保持稳定。国有集体法人单位数很大程度上体现了江苏经济体制改革进入到深层次阶段攻坚战的战略目标。

与此同时,全省私营经济呈现出几何级数的高速增长态势:私营法人单位从 1996 年的不足 1 万个,到 2001 年井喷式增长到 15.7 万个,2004 年至 2005 年为 20 多万个、2006 年至 2014 年从 30 多万个增长到 98 万个,2015 年 117.7 万个、2016 年 145.9 万个、2017 年 192.6 万个。改革开放 40 年来,随着人们对私营经济发展认识上的转变和各级政府的大力支持,江苏私营法人单位从无到有、从少到多,经过多年的发展完善,目前已形成相当的规模,成为推动江苏经济持续、快速、健康发展的重要力量。

二、企业单位布局与时俱进

(一)改革开放以来企业数量成倍增长

企业作为法人单位的核心组成部分,是市场经济活动的主要参与者,是社会生产和流通的直

接承担者,是反映一个地区经济实力、市场竞争力强弱的重要标志,在社会主义经济体制下,各种企业并存共同构成社会主义市场经济的微观基础。改革开放40年来,江苏企业在改革开放的大潮中激流勇进,从1996年的19.8万个增长到2001年29.6万个、2007年49.4万个、2010年75.6万个、2012年99.0万个、2014年118.4万个、2015年141.4万个、2016年171.7万个、2017年214.8万个。

从各类企业的产业构成来看,2007年全省第二产业企业28.6万个占57.9%,第三产业企业20.3万个占41.2%;2009年二产企业32.2万个占52.2%,三产企业28.6万个占46.4%;从2010年开始,三产企业37.7万个占比49.9%,单位数和占比开始全面超过二产企业;此后企业和个数稳步攀升,2012年53.3万个占53.8%、2014年70.2万个占59.3%、2016年111.0万个占64.6%、2017年142.1万个占66.1%。

(二)制造业企业仍居主导地位

江苏向来以实体经济见长,随着改革开放的深入,江苏坚持走新型工业化道路,制造业企业数量增势迅猛、规模日趋扩大。2017年制造业总产值超16万亿元,约占全国1/8,是名副其实的制造大省。2017年全省共有制造业企业55.3万个,是1996年的4.8倍。但制造业单位数占全省企业总数的比重则由1996年的58.5%、2001年55.4%、2007年的52.5%,下降到2010年的42.6%、2012年的38.2%、2014年的34.3%,直至2016年的28.0%、2017年的25.7%。

2017年资产总计1 000万元以上的企业中,制造业企业9.7万个,2007年为3.3万个,单位数占该类企业总数的比重由2004年的60.5%下降到2007年的58.4%、再到2017年的43.5%,但仍为各行业首位,第二位批发和零售业占比仅为18.6%。

全年营业收入1 000万元以上的企业中,制造业企业10.0万个,2007年为4.0万个,占比由2004年的55.9%提高到2007年的60.8%,2017年降至47.2%,但仍为各行业首位,第二位批发和零售业占比为30.4%。

期末从业人数500人以上的企业中制造业企业0.4万个,2007年0.3万个,该类企业总量的比重由2004年的53.5%提高到2007年的54.2%,2017年为51.0%,第二位建筑业占比为30.6%。

强大的制造业是江苏国民经济名副其实的支柱产业,对江苏经济增长起着重要的推动作用。制造业中单位数排名前三位的分别是:通用设备制造业8.6万个、金属制品业5.5万个、专用设备制造业5.3万个,三者合计19.4万个,占全部制造业企业数的35.0%。

(三)私营企业数量突飞猛进,结构渐趋稳固

2017年,江苏企业中单位数比重最大、增长最快的是私营企业,总量达191.9万个,占企业总数的比重从1996的3.9%飞速提升到2001年52.4%、2004年72.6%、2007年77.1%、2012年83.7%、2016年84.6%,2017年更是高达89.3%。私营企业的增长强有力地推动了江苏经济的又好又快发展。在各类私营企业中单位数最多的是私营有限责任公司,达161.6万个,是2001年的25.9倍;单位数第二位的是私营独资企业,达26.0万个,是2001的3.3倍,增幅也居第二位。以上两种经济形式单位数占全部私营企业单位数的97.8%,成为江苏各类私营经济中的主流。

从私营企业行业分布情况看,2017年我国私营企业仍主要集中在制造业与批发和零售业,但与2004年相比,行业分布发生了明显的变化,制造业比重下降,批发和零售业上升,服务业尤其是新兴服务业发展迅速。

2017年末,全省私营企业中从事制造业的企业49.3万个,占私营企业总数的25.7%,比2004年下降35.7个百分点;从事批发和零售业的企业65.6万个,占34.2%,比2004年提高12.5个百分点。

伴随近年来社会经济的发展,服务业比重随人均收入水平的提高而提高,私营企业伴随着服务业的发展而壮大,在积极参与制造业、批发和零售业的同时,逐步向金融业、房地产业、交通运输、仓储和邮政业、租赁和商务服务业等新兴服务业发展。

2004年至2017年,全省私营企业中从事金融业的企业从111个增加到5 402个;从事水利、环境和公共设施管理业的企业从461个增加到6 652个;从事建筑业的企业从7 541个增加到13万个;从事交通运输、仓储和邮政业的企业从3 463个增加到5.6万个;从事租赁和商务服务业的企业从8 514个增加到20.7万个;从事房地产业的企业从4 451个增加到4.9万个。这些行业私营企业增长速度大大高于其它行业私营企业及全部企业的增长速度,私营企业在上述领域中所占份额日益增加。

(四)外向型经济稳扎稳打、平稳发展

改革开放以来,江苏经济发展的最大亮点之一就是大力发展外向型经济,外贸出口、引进外资总额在全国名列前茅,大量外来资本、人才、技术的引进,使江苏经济实现了快速发展。

2017年全省共有港澳台商投资企业1.6万个,是1996年的3.6倍,其中与港澳台商合资经营企业和港澳台商独资企业合计1.5万个,占全部港澳台商投资企业的96.1%。外商投资企业2.2万个,是1996年的5.5倍,其中中外合资经营企业和外资企业合计2.1万个,占全部外商投资企业的95.6%。

(五)苏南继续做大做强,苏北增速明显加快

从企业单位数看:由1996年的苏南、苏中、苏北次第分布,发展到目前的苏南、苏北、苏中分布。苏南地区以资源禀赋和比较优势仍然保持着经济发展的龙头地位,企业数量、私营企业数量一直都超过苏中、苏北之和;苏北单位增长很快,地区差距有缩小之势,区域协调发展进一步推进。从企业总量占比看:苏南从1996年的60.3%小幅提高到2017年的60.6%,苏中从20.6%降低到15.4%,苏北从19.2%提高到24.0%。随着"十三五"以来我省提出并实施的"1+3"功能区战略,将重塑江苏的苏南、苏中、苏北三大版块,使苏南苏中进一步融合起来,形成更为强大的经济增长核,更好辐射、带动和支撑包括苏北腹地在内的其他区域发展。

从规模企业占比看:苏南占绝对优势,2017年江苏资产总计1 000万元以上企业共有22.3万个,苏南13.6万个占61.0%;全年营业收入1 000万元以上企业共有21.3万个,苏南11.5万个占54.0%;期末从业人员500人以上企业共有0.79万个,苏南0.41万个占52.7%,充分反映苏南地区企业做大做强的良好发展趋势。

从近年来的增长速度看:苏北增长速度加快,2017年,苏北企业数为51.6万个,比2016年增长30.9%,高于全省平均增长率5.8个百分点;苏南130.2万个,增长24.2%,低于全省平均0.9个百分点;苏中33.1万个,增长20.2%,增速低于全省平均4.9个百分点,区位优势没有得到很好的发挥。

改革开放40年来,江苏经济在上个世纪末整体由温饱到小康的过渡过程中一直保持着持续稳定发展的态势,目前已进入由总体小康向全面小康加速迈进的新阶段,工业化、城市化、国际化互动取得了明显成效。纵观40年来我省各类法人单位数量规模的扩张和行业结构、所有制结构的变迁,集中反映了改革开放的成效和经济社会发展水平的跃升。展望未来,我们坚信,随着放管服改革的进一步深化,营商环境的不断优化,必将促进市场主体创新力和市场活力的进发,为江苏经济行稳致远保持平稳健康发展奠定坚实基础。

来　　　源:江苏省统计局
发布日期:2018年12月26日

江苏经济高质量发展的形势、现状和重点任务

高质量发展是党的十九大提出的新时期发展目标。江苏省委十三届三次全会进一步提出"六个高质量"发展目标任务，包括经济发展、改革开放、城乡建设、文化建设、生态环境和人民生活六个方面。其中，经济发展高质量居"六个高质量"之首，也是"六个高质量"的物质基础。本文以经济发展高质量为核心，在发展历程回顾和国际形势判断的基础上，结合江苏经济发展的基础条件，借鉴主要发达国家成功经验，指出江苏经济高质量发展的重点任务，并提出相关政策建议。

一、经济高质量发展的背景与内涵

经济发展是全面现代化的物质基础，经济高质量发展就是要顺利跨越"中等收入陷阱"，为开启全面建设现代化新征程打下坚实基础。改革开放以来，我国经济"三年一小步、五年一大步"高速增长，无论从当前收入水平考量，还是从国际经济格局出发，都进入到必须走高质量发展之路的阶段。

（一）我国人均 GDP 超过发展中经济平均水平

衡量一国经济发展水平最重要的指标是人均 GDP。回顾历史，我国经济发展起步晚、增长快。上世纪 90 年代初，我国发展还非常落后，全球人均 GDP 约为我国的 13.6 倍，发展中经济体约为我国的 3.6 倍。2009 年，我国首次实现对发

展中经济体的赶超，随后优势持续扩大。2017 年，初步测算我国实现人均 GDP 为 59 660 元，按年均汇率折算为 8 836 美元，已相当于全球人均 GDP 平均水平（10 827 美元）的 82%，比 IMF 测算的新兴市场和发展中经济体平均水平（5 018 美元）高 76%，发展程度在发展中经济体居于前列。较快增长的人均 GDP 也意味着我国劳动力成本优势的逐步削弱，必须转变发展方式，走高质量发展之路，才能促进人均 GDP 可持续增长，进而迈入高收入国家行列。

（二）我国 GDP 总量占发展中经济比重为 38%

审视中国在世界经济格局中地位的变化。1990 年，全国 GDP 总量按官方汇率折算为 3 986 亿美元，占世界经济比重仅为 1.7%，占全部发展中经济体的比重为 7.8%，在国际上属于无足轻重的角色。经过 20 年的高速发展，到 2010 年，全国 GDP 总量已超 6 万亿美元，总量增长约 15 倍，超越日本成为全球第二大经济体，占世界经济的比重达 9.2%，占全部发展中经济体的比重为 26.6%。2015 年，全国经济总量突破 11 万亿美元，占世界经济的比重进一步提高到 15.1%，占全部发展中经济体的比重达 38.2%。2015 年至今，虽然官方汇率略有波动，但我国经济总量份额基本稳定，保持在全球 15% 和发展中国家 38% 的比例。这一比例，意味着目前我国在发

中经济体的份额已与美国占发达国家的份额接近。1990—2017 年这段较长的时期内，美国GDP 占全部发达国家的比重最低为 30.4%，最高为 40.2%，在某种意义上定义了大国经济的极限。因此，未来我国经济必须跳脱出原有的舒适区域，坚定不移去产能、补短板，为经济增长开辟新的空间。

（三）产业转移对经济份额的拉动已接近临界

全球化背景下，全球价值链分工可简化为发达国家从事的中高端产业和发展中国家从事的中低端产业。随着发达国家收入水平提高，不足以支撑较高收入的产业模块逐步向发展中国家转移，刺激了发展中国家经济增长，促进了发展中国家占全球经济份额的提升。发展中经济体占全球经济的份额在 2000 年仅为 20.8%，2010年提高到 34.5%，2017 年进一步提高到 39.7%，形成了发达经济和发展中经济约为 6∶4 的总量格局。如果说全球化初期，产业转移是发达国家主导下的分工协作，那么当发展中经济体开始威胁到发达经济体的总量优势之时，产业转移势必会遇到阻力。国际金融危机加剧了部分发达国家对产业转移态度的逆转，2010 年至今，虽然发展中经济占全球的份额有所提升，但全部由中国贡献（提高 5.8 个百分点），中国之外的其他发展中国家经济份额甚至下降了 0.7 个百分点。多数发展中国家的经济增长不能持续超越全球，预示着产业转移对发展中经济体份额的拉动已接近临界。

（四）我国已全面介入全球高技术领域的竞争

全球化时代，一国经济发展的上限由国际分工价值链中的地位所决定，以美国为代表的发达国家能够占据全球价值链高端位置，主要依靠强大的技术创新能力。麦肯锡全球研究院利用中美上市公司数据（截止至 2013 年）分析了两国在不同产业的创新表现：美国在科学研究类行业（如生物技术、医药和半导体设计）具有绝对的创新优势，我国在效率驱动类行业（劳动密集型）相对较优，在工程技术类和终端产品类行业方面，虽然美国具备优势的领域略多，但我国也在高铁、风电和家电等领域实现赶超，表明中国已开始介入全球技术创新领域的竞争。

我国向价值链高端攀登的努力增强了经济增长的韧性。2010 年以来，我国经济虽然增速下滑，但相比其他金砖国家和发达经济体，整体表现依然优秀。2010—2016 年，我国对世界经济增长的平均贡献率达到 27.6%，超过美国、欧元区和日本贡献率的总和。计算我国与美国的经济增速相关系数，1980 年至今两国经济相关系数为 0.28，属于较弱的正相关，但 2008 年至今相关系数为 −0.39，呈负相关，说明中国对发达经济体依赖程度下降，已具备自主发展和高质量发展的能力。展望未来，随着科技创新能力增强、国产替代能力提高，我国在全球价值链的位置将不断上移，占世界经济的份额也将持续提高。由于我国总人口约为美国的 4 倍，预计 2035 年我国基本实现社会主义现代化之时，经济总量可能超越美国，成为世界第一经济大国。

二、江苏经济高质量发展的基础条件

改革开放以来，江苏坚持走规模与质量齐头共进的发展之路，形成了完善的工业体系，积累了较为充裕的物质资本、科技基础和管理经验。与全国平均水平相比，江苏具有"高起点开局"的优势，发展水平、产业基础和创新能力居全国前列，因此，推动高质量发展走在全国前列是江苏的能力所在，也是江苏的责任所在。

（一）人均 GDP 已跨越高收入门槛

据初步测算，2017 年江苏实现人均地区生产总值 107 189 元，按汇率折算约为 15 876 美元，高于全球平均水平，约为发达经济体平均水平的35%。与 2017 年世界银行最新发布的 12 056 美元高收入标准相比，江苏已超过高收入门槛 3 820美元。

回顾历史，与全国相比，江苏人均 GDP 水平高、增速快。上世纪 90 年代初，江苏人均 GDP 为全国的 1.27 倍，2017 年已达全国的 1.8 倍，其中苏南地区按汇率折算已超 2.2 万美元，约为全国的 2.5 倍。与世界主要经济体相比，江苏处在不断赶超的进程中。上世纪 90 年代，江苏人均 GDP 还不到全球平均水平的十分之一，约为发展中经济体平均水平的三分之一；到新世纪开端，江苏已实现对发展中经济体的赶超，人均 GDP 约为全球平均水平的四分之一；2012 年，江苏首次超过全球平均水平，2014 年又进一步超越世界银行高收入标准。站在当前的起点上，江苏下一阶段目标应是发达经济体人均 GDP 平均水平的 50%，向韩国、西班牙、意大利等二线发达国家看齐。

（二）产业发展步入后工业化阶段

改革开放至今，江苏经历了完整的工业化进程，产业结构变迁的轨迹勾勒出江苏经济发展的轮廓：产能强大、门类齐全的工业体系积累物质资本，推动道路仓储、信息网络等基础设施建设，并进一步推动服务经济全面发展。

改革开放之初，江苏三次产业尚为"二一三"结构，农业增加值占 GDP 的比重超过三分之一，工业经济发展水平较低；1990 年前后，第三产业经济规模已超越了第一产业，形成"二三一"结构；到 2015 年，产业格局进一步转变为"三二一"，第一产业占比降至 5%左右，第三产业占比增至 48.6%；2016 年，第三产业占比首次超过 50%，江苏跨进服务经济主导的后工业化阶段。三产结构外，产业内部更替也在持续，2017 年江苏高新技术产业产值占规模以上工业比重达 42.7%，比 2010 年提高了 9.7 个百分点；信息传输、软件和信息技术服务业增加值占 GDP 比重达 3.3%，比 2010 年增加了 1 倍有余。全国范围内对比，除京、沪、津三个直辖市外，只有江苏、广东和浙江三个省份步入后工业化阶段，发展程度居全国前列。

（三）科技活动和企业创新较为活跃

产业发展的过程也是科技投入持续增长的过程。2017 年，江苏科技机构达 2.54 万个，比 2011 年（规模以上工业企业科技统计开始实施）增长了 1.8 倍；科技活动人员达 122 万人，比 2011 年增长了 49.5%；全社会研发经费支出占 GDP 比重达 2.7%，比 2011 年提高了 0.5 个百分点。企业研发意愿较高。2016 年规模以上工业企业中有研发活动的企业为 1.9 万家，占比达 40.1%，分别比 2011 年提高了 264.4%和 28 个百分点；企业专利申请数为 13.1 万件，其中发明专利申请数为 4.9 万件，分别比 2011 年提高了 77.6%和 119.7%；企业拥有有效发明专利数为 11.8 万件，约为 2011 年的 4 倍。

国内横向对比显示，江苏区域创新能力综合排名连续多年位居全国榜首；研发经费投入保持全国前列，超过全国研发投入总额的八分之一；每千人就业中研发人员折合全时当量为 11.77 人年，强度超全国的 2 倍。2014 年，苏南自主创新示范区成为第 5 个国家自主创新示范区，是中国首个以城市群为基本单元的国家自主创新示范区，截至日前，也只有珠三角国家示范区同样以城市群为单位。

（四）国际贸易总量结构持续优化

对外贸易顺差是国际贸易竞争力的重要体现。我国在 1990 年左右成为货物贸易顺差国，到 2007 年贸易顺差总额已超 2 万亿元，2015 年突破 3 万亿元，2017 年略有回落，为 2.87 万亿元，"中国制造"在全球的竞争力毋庸置疑。江苏作为沿海外贸大省，出口需求是经济增长的重要动力之一。2017 年江苏实现出口额达 2.46 万亿元，占全国的比重为 16.0%，仅次于广东（4.22 万亿元）；贸易顺差额为 9 192.3 亿元，占全国的比重 32.0%，居全国第三，低于广东（1.62 万亿元）和浙江（1.33 万亿元）。

对外贸易结构能够反映全球价值链分工所处的位置。改革开放早期，我国主要通过附加值较低的加工贸易参与全球经济,加工贸易进出口额占总货物贸易比重在 2000 年高达 48.5%;随着产业竞争力的提高,产业链更长的一般贸易快速发展,一般贸易占比自 2006 年开始逐步提升。与全国发展步调相符,江苏的贸易方式近年来持续改善,2017 年一般贸易进出口额占总货物贸易比重为 48.1%,比 2006 年累计提高了 19.4 个百分点;国际贸易产品结构也不断优化,2017 年机电产品出口占全省出口总额比重为 65.8%,占全国机电产品出口比重为 18.1%;高新技术产品出口占全省出口总额比重达 37.9%,占全国高新技术产品出口比重为 20.7%。

(五)成本结构改善促企业利润提升

市场经济推动优质企业在竞争中发展,从而产业集聚程度和市场组织结构不断优化。集聚带来的规模优势对企业成本结构具有正面影响,内部管理改善和透明市场有助于各项费用下降,共同推动企业盈利能力提升。

以江苏规模以上工业企业为例。2000 年至今,规模以上工业企业主营业务毛利润率(毛利润占主营业务收入的比重)随宏观市场变化在 11.4%~14.6% 的区间小幅波动,但反映盈利能力的息税前利润率指标始终保持稳中向好,从 2000 年的 5.4% 提高到 2017 年的 7.6%。从成本结构看,2000 年企业主营业务毛利润率水平不低,为 14.4%,但销售和管理费用高企,占主营业务收入的比重高达 8.6%,因此扣除费用后企业息税前利润率仅为 5.4%(含营业外收支),相对较低;随着销售和管理费用占比得到控制,企业利润水平也相应回升。具备合理的盈利能力是企业健康发展的前提,也是预防系统性风险的重要内容,近年来规上工业企业息税前利润率始终保持 7% 以上,即使在金融危机冲击最为严重的 2009 年也实现了 6.6% 的利润率,说明企业已具备较强的盈利能力和抗风险能力。

三、江苏经济高质量发展的重点任务

以当前的生产效率和收入水平为起点,围绕高质量发展目标的要求,综合考虑与发达国家存在的差距,江苏未来经济发展的重点任务在于要素配置优化、自主创新能力增强和优质企业培育等方面。

(一)促进要素流动,提高配置效力

要素流动最容易测度的就是产业间劳动力转移,江苏也正经历着大规模的劳动力转移。1990 年至今,江苏第一产业就业比重从 56.6% 下降到 16.8%,累计减少 39.8 个百分点,第二和第三产业通过吸纳就业转移,就业比重分别提高了 14.2 个和 25.6 个百分点。与发达国家相比,江苏的就业结构依然存在大幅优化的空间。美国、日本和韩国 2016 年第一产业就业比重分别为 1.7%、3.5% 和 4.9%,第三产业就业比重分别为 79.4%、70.9% 和 70.3%,江苏第一产业还能释放出 12~15 个百分点的劳动力,而第三产业的就业比重还有约一倍的增长潜力。

在后工业化阶段,三次产业中第三产业的生产效率最高、增长潜力最大。江苏第三产业就业人员人均创造增加值自 2013 年起开始超过第二产业,并且优势持续扩大。2017 年,初步测算江苏第三产业就业人均创造增加值为 22.1 万元,是第一产业的 4.4 倍和第二产业的 1.2 倍。因此,持续扩大第三产业就业比重是江苏提高要素配置效率的关键,具体路径如下:第一,优化第一产业和第二产业的生产方式,以"机器换人"、"去产能"等方式释放低效劳动力占用,增加专业技术岗位,提高技术装备水平。第二,顺应消费升级趋势,发展新型服务供给,大量吸纳一、二产业的剩余劳动力,例如网约车、网络外卖等服务。第三,集中优势资源,重点发展资本密集型和知识密集型服务业,如金融业、信息技术行业等,以高端服务业带动全社会产业结构升级。第四,配合学历教育和职业教育,抓紧培养紧缺型技术人员和服务业人才,逐步实现农村劳动力和一线操作工人向服务业岗位的转换。

（二）优化创新投入，增强竞争实力

技术创新能力测度主要包括创新投入与产出两个方面。根据世界知识产权组织最新发布的2018年全球创新指数报告，我国的创新总指数位列全球第17位，其中产出、投入和效益3个分指数分别位列第10位、第27位和第3位。效益分指数仅次于瑞士和卢森堡，说明科研活动投入能够高效转化为创新成果；投入分指数相对落后，意味着我国技术创新的相对短板在于创新投入不足。我国R&D经费支出占GDP比重（研发投入强度，下同）2016年为2.12%，比2001年提高1.18个百分点，在各国对比中提高较快，但强度水平依然偏低。江苏的研发投入强度略高于全国，2017年为2.70%，接近美国（2016年为2.74%），但低于日本（3.14%）和韩国（4.24%）。从知识积累角度，江苏虽然边际投入强度接近美国，但由于早期投入强度较低，加之早期经济总量也偏小（增速较快），因此知识资本的积累远低于美国及其他发达国家。以同样经济增长较快的韩国为例，为了弥补知识资本积累较迟、经济总量规模较小的欠缺，韩国研发投入强度提高迅速，2010年超过瑞典位列全球第二，2014年还曾超过以色列居全球第一。2001—2016年，韩国研发投入强度累计提高1.90个百分点，同期江苏提高了1.69个百分点。

研发经费支出结构也需要重视，特别是基础研究投入比重较低的问题。2016年，美国、日本和韩国的基础研究经费支出占总研发支出的比重分别为16.9%、12.6%和16.0%，我国仅为5.2%。资金主要被投入到试验发展上，说明我国现阶段技术创新的定位依然以"跟随"为主，对新一轮科技革命的前瞻性投入不足。江苏在基础研究方面的投入占比甚至低于全国，说明江苏尚未肩负起自主创新排头兵的重任。目前，江苏专利总量的70%集中在传统产业和外围技术，高新技术企业"两头在外"现象突出，核心技术对外依存度高。

（三）培育一流企业，构造发展主力

高质量发展的经济必须孕育世界一流水平的企业。2018年7月发布的《财富》世界500强排行榜显示，我国以2017年营业收入衡量的（不含港澳台）上榜公司为103家，已经非常接近美国（126家），占榜单比重为20.6%，超过了中国经济总量占全球的比重。分行业看，房地产、纺织行业的世界500强上榜公司全部为中国公司；工程与建筑、采矿、原油、金属产品的中国公司占比为60%以上；贸易、互联网服务和零售的中国公司占比为50%；能源、建材、机械、设备、银行、汽车、电信、公用设施的中国公司占比也都超过了我国经济总量占全球的比重。与之对应，我国在高技术行业的国际一流公司相对较少，消费和服务领域尚未能培育起国际一流公司。

从省域分布看，广东的上榜公司数量（12家）最多，产业覆盖面最广，高技术领域有互联网（腾讯）和通讯设备（华为），制造业有汽车（广汽）、家电（美的）和金属材料（正威），服务业有贸易（雪松）、银行（招商）、保险（平安）和房地产（万科、恒大、碧桂园）。在净资产收益率榜上，中国公司排位靠前的是腾讯、碧桂园、华为和美的，无一例外都是广东公司。浙江的上榜企业数量不多（3家），但汽车（吉利）、互联网（阿里巴巴）和贸易（物产中大）的产业分布颇具发展潜力，充分体现了区域发展特点。相比之下，江苏3家上榜公司（太平洋建设总部已迁往新疆）分别为钢铁（沙钢）、纺织（恒力）和零售（苏宁），都属于传统产业。江苏虽然打造了南京软件、苏州纳米、无锡物联网、常州碳材料、泰州生物医药等多个高新技术产业集群，但未能培育出国际一流的高技术企业。国际一流企业具备规模优势，是区域自主创新（基础研究投入）和参与全球治理（行业标准制定）、实现弯道超车的主力军，培育一流企业是经济高质量发展的重要任务之一。

四、江苏经济高质量发展的政策措施

(一) 认清经济形势,确立主攻方向

高质量发展是党的十九大提出的新时期发展目标,新时期面对的经济形势有以下特点:第一,江苏人均GDP已超过世界银行高收入标准,第三产业总量占比超过50%,生产效率已超过第二产业,标志着江苏已进入后工业化阶段。第二,全球价值链分工中发展中国家经济总量已达到40%,发达国家的总量优势受到威胁,必将严守高端产业的市场份额,高端产业的技术壁垒加强、竞争趋向激烈。第三,江苏与发达国家的主要差距在于生产效率,以2011年美国美元的不变价购买力折算(扣除了汇率、通胀的波动和各国物价差异),2017年美国就业人员人均创造的产品或服务增加值相当于江苏的2.5倍,日本和韩国分别相当于江苏的1.7倍和1.5倍生产效率提高是人均GDP持续增长的前提,自主创新和高端产业的发展是生产效率提高的关键。认清形势有助于确立目标,指明新时期江苏经济高质量发展的努力方向。

(二) 完善激励制度,扩大创新投入

后工业化阶段,高端产业和轻资产的服务业成为增长的主动力,依靠固定资产投资高速增长加速物资资本积累、促进经济发展的效用不断减弱,知识资本积累的重要性快速提升。2008年,联合国国民经济核算框架建议将研发支出作为知识资本计入GDP,体现出这一发展理念的转变。因此,新时期投资活动的重点应逐步转移到科技创新上来,完善创新投入的激励制度,解决创新投入的资金来源。第一,坚持以企业为主体选择创新方向。技术赶超期,许多技术领域已经进入或接近世界前沿,没有现成的路径可以模仿。因此,推动企业试错,以市场机制选择技术进步的路径和方向,效率高于政府主导模式,如腾讯和华为都属于企业自主确定战略方向的成功案例。第二,政府对创新行为给予财税支持。由于创新活动具有天然的技术外溢性,除知识产权保护外,政府还应适度增加对科研和教育机构的财政拨款,补贴企业研发支出,实行减、免、退税政策;在基础研究和战略领域,为加快突破核心技术瓶颈,政府可设立创投引导基金加大支持力度。第三,完善重点单位创新激励机制。对于省属国有企业,从短期利润考核向科技创新考核转变;对于金融机构,适度开发和销售与创新风险相匹配的金融产品;对于科研单位,准许通过技术入股、期权等方式激发人才创新活力。

(三) 坚持自主发展,打造领军企业

长期以来,利用外资是江苏开放型经济发展的强项,外资企业(含港澳台商投资企业)占全省固定资产投资的比重接近20%,占全省城镇非私营就业的比重接近30%,占规上工业研发经费内部支出的比重在30%以上。随着与发达国家之间的差距缩小,外资在全省经济中的重要性逐步下降,内、外资企业也从跟随互补向适度竞争转变。特别是创新领域,内资企业自主发展特征显著,研发经费内部支出2016年比2012年增长了68.6%,港澳台商投资企业和外商投资企业分别仅增长了41.9%和20.7%。从江苏来看,长期以来对外资的依赖对本土企业带来一定负面影响。由于外资企业的供应链体系多依附于海外母公司,缺乏对本土服务的需求,所以江苏虽然进出口总额在全国居于前列,却未能培育出贸易和供应链领域的国际一流企业,与浙江、福建和广东相比存在空白。由于外资高技术企业"两头在外"的经营模式,容易造成产业繁荣但企业羸弱的问题,如江苏电子行业虽然规模较大,但劳动密集型的生产方式下人均创造增加值仅为美国的8.5%,生产效率甚至低于部分传统产业。反思过去才能更好地规划未来,经济高质量发展过程中更应时刻警惕,避免特定时期的优势成为长远发展的阻碍。

(四) 继续深化改革,促进要素流动

要实现生产要素优化配置,促进生产效率提

高,必须深化改革,破除影响生产要素自由流动的各类障碍。第一,消除地方分割自治,促进生产要素跨区域流动。避免地方政府主导下的产业同质化、投资重复化倾向,通过市场竞争实现区域主导产业的特色化和错位化发展,为企业打造更加广阔的发展空间。第二,推动所有制改革和行业重组,避免生产要素的无效占用。坚决清理"僵尸"企业和去产能,推动国有企业混改加速,支持具效率优势的龙头企业跨行业、跨区域、跨所有制并购,提高优质企业市场集中度。第

三,加强制度保障,为人才合理流动畅通渠道。打破户口限制,建立高层次、急需紧缺人才优先落户制度。优化基础服务,如加快人事档案管理服务信息化建设,完善社会保险转移接续办法,提供公租房、子女就学等便利,解决人才跨地区、跨体制流动的后顾之忧。

来　　源:江苏省统计局
发布日期:2018 年 10 月 31 日

我省96个县(市、区)机构改革方案出台
2月底前基本完成改革任务

我省96个县(市、区)的机构改革方案近日全部出台。各县(市、区)坚持和加强党的全面领导,借鉴省级机构改革成功经验,在落实省委规定的22项机构改革重点任务上,不搞变通、不打折扣、不搭便车,确保在县(市、区)机构限额内。2月底前,基本完成机构改革任务。

省委编办主任俞军告诉记者,这次机构改革是全面的改革,除党政机构改革外,还要深化人大、政协机构改革,群团组织及承担行政职能的事业单位改革,并统筹推进政府职能转变和审批服务便民化改革。

执行限额规定,既上下贯通又加强整合

根据《中共江苏省委关于市县机构改革的总体意见》,市县机构实行总量控制和限额管理。限额范围包括党委工作机关、纪检监察机关、政府工作部门。

宝应县等15个"大县"、张家港市等22个县级市、南京市玄武区等28个"大区",机构不超过37个;响水县等4个"中县"、苏州市吴中区等23个"中区",机构不超过35个;苏州市姑苏区(苏州国家历史文化名城保护区)、虎丘区(苏州国家高新技术产业开发区),无锡市新吴区(无锡国家高新技术产业开发区),常州市新北区(常州国家高新技术产业开发区)等4个"区政合一"的区,机构不超过30个。

由于县级机构限额少于省、市两级,各县(市、区)在确保上下贯通的同时,着眼方便群众办事、按优化协同高效的原则,统筹整合职能相近、联系紧密的机构,加大机构综合设置力度。此外,对确需保留但受制于限额无法单独设置的机构,采取挂牌方式设立。

《总体意见》除对市县党政机构限额作出具体规定外,还要求:机构的行政编制,市级原则上不少于20名,县级原则上不少于10名;内设机构的行政编制不少于3名。对此俞军解释:"这是防止机构职责过于分散,避免出现'几个局长一个兵'的现象,使人员编制结构更合理、更科学。"

此次机构改革,我省将县(市、区)副科级以上(南京市辖区副处级以上)、承担行政职能的645个事业单位,全部纳入改革范围,根除挂牌机构实体化和"事业局"。

组建和优化政府机构,做好"规定动作"

22项重点任务,包括新组建和优化12个政府机构。其中,退役军人事务局、应急管理局,96个县(市、区)全部组建;医疗保障局,淮安、盐城、宿迁所辖县(市、区)全部组建,其余10个设区市中共有34个县(市、区)组建医疗保障局;农业农村部门,多数县(市、区)组建,但记者看到南京市玄武区、秦淮区、鼓楼区、建邺区,苏州市姑苏区,无锡市梁溪区既未单独设置农业农村局,也不在其他机构挂农业农村局牌子,体现出"完全城市化"的特点。

绝大多数县（市、区）设置城市管理局，挂综合行政执法局牌子，仅个别县（市、区）略有不同。如苏州市姑苏区，在城市管理委员会挂综合行政执法局牌子；江阴市，在城市综合管理局挂综合行政执法局牌子；常州市新北区，在住房和城乡建设局挂城市管理综合行政执法局牌子；灌南县设置综合行政执法局，加挂城市管理局牌子。省委编办有关人士介绍，全省普遍在城市管理局挂综合行政执法局牌子，是深化综合行政执法体制改革的需要，是"一支队伍管执法"理念的落地。

记者还发现，虽然地方金融监督管理部门并不在"新组建和优化12个政府机构"之列，但南京、扬州、南通、泰州、徐州所辖县（市、区），全部设置地方金融监督管理局。部分县（市、区）在政府办、财政局挂地方金融监督管理局或政府金融工作办公室牌子。

部分市级特色机构，"延伸"至县级

南京、无锡均单独设置大数据管理局。不过，在96个县（市、区）中，仅无锡市梁溪区单独设置大数据管理局；无锡所辖其余6个市、区，都在工业和信息化局挂大数据管理局牌子；南京11个区，都在发展和改革委员会挂大数据管理局牌子。

南京是唯一组建投资促进局的设区市。该市栖霞区、江宁区、浦口区、高淳区在商务局挂投资促进局牌子，另外7个区都单独设置投资促进局。淮安、南通虽未设置市级投资促进机构，但淮安市清江浦区、洪泽区均设置投资促进局，南通市崇川区、港闸区设置投资促进局、投资服务局。

苏州将市长三角地区合作与发展办公室，设在市发展和改革委员会。该市所辖4市、5区，都在发展和改革委员会设县级长三角地区合作与发展办公室。

在设区市党委工作机关中，淮安组建全省唯一的市委营商环境优化办公室。该市淮安区将区委办公室、区政府办公室承担的牵头制订优化营商环境方面的政策举措，推动营商环境相关政策落地见效，推动部门转职能转服务转作风等职责整合，组建区委营商环境优化办公室，作为区委工作机关。

南通、盐城、连云港3个沿海设区市在自然资源局、自然资源和规划局加挂海洋局牌子。南通所辖海安市、海门市、启东市，盐城所辖东台市、射阳县、滨海县、响水县、大丰区，连云港所辖灌云县、灌南县、赣榆区，在自然资源局、自然资源和规划局挂海洋局牌子。盐城所辖东台市、射阳县、滨海县、响水县、大丰区，在交通运输局挂港口管理局牌子。

机构设置，适应经济社会发展需要

逐一翻阅96个县（市、区）的机构改革方案，记者还发现一些适应当地经济社会发展需要的机构。

常州市新北区有两个全省独一无二的机构——创意产业园区管理办公室、综合保税区管理局。该区在常州市创意产业基地管理委员会的基础上，组建创意产业园区管理办公室，不再保留中共常州市创意产业基地工作委员会、常州市创意产业基地管理委员会。该区优化综合保税区管理局职责，由其承担常州综合港务区建设领导小组办公室、常州综合港务区建设推进小组办公室工作，加挂常州综合港务区管理办公室牌子。

东海县整合经济和信息化局（中小企业局）的职责、相关部门盐业行业管理职责，组建县工业和信息化局，挂县硅产业发展局牌子。该县将硅产业作为主导产业之一，近年来大力推动硅产业转型升级，向中高端迈进。

徐州所辖沛县、铜山区、贾汪区，都在农业农村局加挂矿（厂）地关系协调办公室牌子。

扬州、南通、泰州、苏州、无锡、盐城等设区市的18个县（市、区），在商务局挂口岸办公室牌子，体现做大做强口岸的需要。

来　　源：新华日报
发布日期：2019年01月30日

省政府办公厅关于积极开发专门岗位确保下岗、失业转业志愿兵（士官）就业工作的通知

各市、县（市、区）人民政府，省各委办厅局，省各直属单位：

为贯彻落实党中央、国务院促进安置后下岗、失业转业志愿兵（士官）等退役军人再就业的决策部署，各地要在充分挖掘资源，落实优惠政策、促进退役军人就业创业的基础上，专门开发一批适合退役士兵特点，有利于发挥其积极作用的工作岗位，作为下岗、失业转业志愿兵（士官）等退役士兵就业的兜底保障。根据省政府专题会议部署，现就开发专门岗位，保障下岗、失业转业志愿兵（士官）就业工作有关事项通知如下：

一、保障对象

主要保障安置后下岗、失业转业志愿兵（士官）就业。对于应安置未安置、安置后非本人原因未上岗的退役士兵，如本人自愿，应优先纳入保障范围。所有对象都应具备以下上岗条件：

（一）拥护党的领导，政治立场坚定；

（二）在法定劳动年龄内，且具有劳动能力，符合岗位需求；

（三）无违法行为记录。

二、岗位开发

各地要通过多种方式开发、筹集就业岗位，确保符合条件、有就业意愿的下岗、失业转业志愿兵（士官）充分就业。

（一）机关、事业单位要充分挖掘自身潜力，提供一批适宜退役士兵就业的公共管理和社会服务等社会化用工岗位，定向安排下岗、失业转业志愿兵（士官）等退役士兵就业。

（二）政府通过购买服务的方式，向企事业单位、社会组织等筹集岗位，定向、定岗安排下岗、失业转业志愿兵（士官）等退役士兵就业。

（三）乡镇（街道）、城乡社区在招录退役军人服务管理专职工作人员时，优先选聘下岗、失业转业志愿兵（士官）等退役士兵。

（四）鼓励企事业单位、社会组织等开发岗位自主招录下岗、失业转业志愿兵（士官）等退役士兵。

各地要充分摸底调研，掌握详实数据，有针对性地开发专门岗位，确保符合条件的人员实现就业。

三、程序步骤

专门岗位的选聘工作一般按照公布岗位、个人申请、资格审查、体格检查、公开选岗、组织公示、决定聘用、培训上岗等程序进行。符合条件的下岗、失业转业志愿兵（士官）在本人户籍所在地报名申请就业。

四、待遇保障

（一）劳动报酬。用人单位要依据法律规定

向专门岗位就业人员按月支付劳动报酬,确保实际收入水平在扣除"五险一金"后不低于当地最低工资标准。

(二)社会保险。用人单位应当依据《中华人民共和国社会保险法》相关规定为专门岗位就业人员足额缴纳各项社会保险。

(三)劳动合同。用人单位应依法与专门岗位就业人员签订劳动合同。根据就业人员距法定退休年龄的时间,鼓励用人单位与其签订中长期劳动合同。

(四)落实要求。各地开发的专门岗位的劳动报酬水平,要以设区市为单位相对统一,报省退役军人事务厅备案。实现专门岗位就业的人员,自上岗之日起,不再享受针对下岗、失业转业志愿兵(士官)的相关生活困难补助。

(五)经费保障。涉及保障经费主要由当地财政承担,省财政对苏北、苏中开发就业岗位安排下岗、失业转业志愿兵(士官)较多的地区予以适当补助。

五、有关要求

(一)细化办法措施。各地要结合实际,研究制定专门岗位的开发、制度保障、就业选聘和待遇落实等方面的具体实施办法,采取切实有效措施,保障符合条件且有就业意愿的下岗、失业转业志愿兵(士官)等退役士兵充分就业。

(二)加强宣传引导。各地要广泛开展宣传教育,讲清设置专门岗位帮扶退役士兵的重要意义,引导社会资源广泛支持参与;讲清扶持就业政策,使退役士兵充分认识到党和政府对他们的关心关爱,鼓励引导他们积极参加选岗;讲清各类就业岗位的基本情况和用工需求,使他们找准目标定位,选择适合自身特点的工作岗位,实现稳定就业。

(三)明确职责分工。各级政府要统筹规划,加强组织领导。各有关部门要加强协调配合,各司其责,共同做好专门岗位的开发和管理等工作。退役军人事务部门要积极履行牵头责任,并做好政策宣传、身份认定和安排上岗等工作;人力资源社会保障部门要抓好劳动合同管理、劳动报酬落实和社会保险政策落实等工作;财政部门负责安排专项资金予以保障;其他有关部门在职责范围内做好工作。

凡在本通知印发之前,已由政府安排再就业的下岗、失业转业志愿兵(士官),其劳动报酬、社会保险缴纳等参照上述标准执行,保持相对平衡。

来　　源:江苏省人民政府办公厅
发布日期:2018 年 10 月 23 日

省委省政府召开民营企业座谈会
为民营企业营造公平竞争环境
让民营经济走向更加广阔舞台

11月13日,省委、省政府召开全省民营企业座谈会,学习贯彻习近平总书记民营企业座谈会重要讲话精神,听取民营企业家对发展民营经济的意见建议。省委书记、省人大常委会主任娄勤俭强调,民营经济发展与中国改革开放的历史进程相伴随,是社会主义市场经济发展的重要成果。江苏发展走在前列,民营经济作出了巨大贡献,发挥了重要作用。我们要深入学习贯彻习近平总书记重要讲话精神,不折不扣落实好中央决策部署,努力为民营经济发展创造更好条件和宽松环境。广大民营企业家要坚定发展信心,踏实办好企业,为江苏高质量发展走在前列提供强有力支撑。省委副书记、省长吴政隆主持座谈会。

座谈会气氛热烈,来自省内的优秀民营企业家代表汇聚一堂。孙飘扬、张近东、周海江、沈文荣、徐翔、梁勤、杨永岗、薛驰等8位企业家代表先后发言,畅谈了学习总书记重要讲话的体会和感受,表达了坚定不移做强做优企业的信心和决心。大家还就加快创新药发展、持续创新升级智慧企业、建立完善现代企业制度、促进传统产业品牌提档升级等提出了积极建议。省工商联、省工信厅、省地方金融监管局负责人也就更好推动民营经济高质量发展作了发言。

娄勤俭认真听取大家发言,感谢全省广大民营企业家为江苏发展作出的巨大贡献。他指出,支持民营企业发展是党中央始终坚持的大政方针。习近平总书记在民营企业座谈会上的重要讲话,充分肯定了我国民营经济的重要地位和作用,重申了"两个毫不动摇""三个没有变"的一贯立场,提出"四个重要"的新论断,作出"自己人"的新表述,明确支持民营经济发展6个方面的政策举措,表达党中央毫不动摇鼓励、支持、引导民营经济发展的坚定决心和鲜明态度,向全社会发出了最强音,给出了定心丸,提供了指南针,为民营企业发展注入强大的信心和动力,必将引领民营经济实现更高质量发展,迎来又一个发展的"春天"。

娄勤俭指出,民营经济发展与中国改革开放同呼吸、共命运、相伴随,江苏民营经济始终走在前列,为全省乃至全国作出重大贡献。民营经济的实践探索,始终在党的路线方针政策指引下进行;民营经济的地位作用,是40年来为经济社会发展作出的巨大贡献所奠定的。广大民营企业家要坚定走中国特色社会主义道路的信心,坚定对党中央大政方针的信心,坚定民营经济未来的信心,吃下定心丸、安心谋发展。

娄勤俭强调,当前民营经济发展面临的问题,也是我国经济发展遭遇困难的集中体现,必须放在大背景大趋势中来认识和把握,最根本的是要以习近平新时代中国特色社会主义思想为指导,把认识和行动统一到党中央对经济形势的判断和各项决策部署上来,明大势、增信心、抓机遇,以动态性思维看待前进中的困难、变化中的需求,抢抓机遇、抢占先机,在经济低迷、市场困难之时抓紧调整、收购、布局,专注创新与技术突破,更多地从国家战略、政策支持中捕捉商机红利,实现逆势发展。

娄勤俭指出,对民营经济发展最大的支持,就是要把民营企业作为平等的市场主体,努力营造公平竞争的市场环境、亲清和谐的营商环境、简明有效的政策环境、公正透明的法治环境。政策举措力求更实一些,进一步细化实化降低企业负担促进实体经济高质量发展的28条措施,在减税降费、融资帮助、定向支持等方面加大举措。要围绕企业需求搭建平台,着重建好大型仪器设备共享平台、产业链精准对接平台、企业信用信息平台、专利交易平台和政府服务快速反应平台。要妥善处理"亲""清"关系,正确发挥政府"有形之手"作用,制定标准规则、明确审批内容、加强知识产权保护,切实从"门槛管理"转变为"信用管理"。真正把民营企业家当成"自己人",进一步完善协调沟通机制,制订政商交往正、负面两张清单,清理有违公平竞争的地方性法规,为民营经济发展创造更好条件。

娄勤俭强调,民营企业和民营企业家是江苏发展最宝贵的财富,希望广大民营企业家立足新时代解放思想、与时俱进,加强自我学习、自我教育、自我提升,坚持走中国特色社会主义道路,坚持聚焦实业做精主业,坚持创新突破,勇担社会责任,当好实体经济的坚守者、高质量发展的引领者、社会责任的担当者,努力做有立场、有思想、有情怀、有坚守、有匠心的新时代企业家。

吴政隆就贯彻落实会议精神提出要求。他指出,在新时代推动高质量发展走在前列、加快建设"强富美高"新江苏的征程中,我们要进一步提高政治站位,坚决贯彻落实习近平总书记重要讲话精神和党中央方针政策,坚定不移支持民营经济发展壮大。要把民营经济作为转型升级、高质量发展的主力军,着力解决突出问题,全面落实支持政策,研究制定更加精准的政策措施,切实开展针对性帮扶,更大力度推动民营经济高质量发展。要优化营商环境,打造优良政务环境、法治环境、舆论环境,让市场竞争环境更公平,让企业发展空间更充足,让民营企业家更顺心安心放心,让民营经济创新源泉充分涌现、创新活力充分迸发。

省委、省政府有关领导,省法院、省检察院有关负责同志,省工商联及省有关部门和单位负责同志参加座谈会。

来　　源:新华日报
发布日期:2018年11月14日

第六届江苏省优秀企业家名单

王世宏	苏州工业园区蓝天燃气热电有限公司 董事长、总经理	李洪耀	江苏新长江实业集团有限公司 董事长
王　刚	江苏艾科半导有限公司 执行总裁	李晓义	金城集团有限公司 董事长、总经理
王志刚	如皋市花木大世界有限公司 董事长	李超飞	江苏省精创电气股份有限公司 董事长
马自强	扬州龙川钢管有限公司 董事长	杨东升	徐工集团 总经理、党委副书记
戈亚芳	黑牡丹(集团)股份有限公司 董事长、党委书记	吴以芳	江苏万邦生化医药有限责任公司 董事长
卢明立	江苏天明机械集团有限公司 董事长、党委书记	吴勤芳	苏州明志科技有限公司 总经理
印海燕	江苏理士电池有限公司 总经理	佘海峰	中盛光电能源股份有限公司 总裁兼 CEO
冯维娥	连云港市弘扬石英制品有限公司 董事长	张小宇	南京化学工业园热电有限公司 总经理、党委书记
吉富华	苏州吉人高新材料股份有限公司 董事、总经理	张　中	中储粮镇江粮油有限公司 董事长
朱小坤	江苏天工工具有限公司 董事长	陈士斌	江苏太平洋石英股份有限公司 董事长
朱本根	南京宏亚建设集团有限公司 董事长	陈学军	无锡威孚高科技集团股份有限公司 董事长
任晓平	无锡农村商业银行股份有限公司 董事长、党委书记	陈炳章	江苏信成交通工程有限公司 董事长、总经理
严圣军	中国天楹股份有限公司 董事长	陈　锴	淮安澳洋顺昌光电技术有限公司 董事长
李建新	晨牌控股集团股份有限公司 董事长	武　俊	国电江苏电力有限公司 执行董事、总经理

范朝洪　江苏光芒集团有限公司
　　　　董事长、党委书记

林雅杰　扬力集团股份有限公司
　　　　总经理

金向华　苏州金宏气体股份有限公司
　　　　董事长、总经理

周文军　连云港市城建控股集团有限公司
　　　　董事长、党委书记

郑文春　江苏丰华化学工业有限公司
　　　　董事长

胡士勇　江苏华宏实业集团有限公司
　　　　董事长

胡友华　江苏金贸建设集团有限公司
　　　　董事长、总经理

姚向东　常熟市东方红木家俱有限公司
　　　　总经理

姚　辉　夏溪花木市场控股有限公司
　　　　总经理

顾灿兴　靖江市新程汽车零部件有限公司
　　　　董事长、总经理

钱怀国　江苏银珠化工集团有限公司

　　　　董事长、党委书记

钱恒荣　一汽解放汽车有限公司无锡柴油机厂
　　　　厂长、党委书记

徐　宁　中国移动通信集团江苏有限公司盐城
　　　　分公司
　　　　总经理

陶　明　江苏华能电缆股份有限公司
　　　　董事长

黄小平　江苏常发实业集团有限公司
　　　　董事长

常科伟　江苏易天投资集团有限公司
　　　　董事长

蒋文武　江苏中能硅业科技发展有限公司
　　　　总经理

薛　驰　中天科技集团有限公司
　　　　总裁

来　　　源：江苏省企业联合会

发布日期：2018 年 03 月 28 日

省政府关于公布 2018 年江苏省
有突出贡献中青年专家名单的通知

各市、县(市、区)人民政府,省各委办厅局,省各直属单位:

根据《江苏省有突出贡献的中青年专家选拔和管理办法》有关规定,经组织申报、评议推荐、专家评审和公示,省人民政府批准丁锦宏等 200 名同志为 2018 年江苏省有突出贡献中青年专家,现予公布。

江苏省人民政府
2018 年 8 月 22 日

2018 年江苏省有突出贡献中青年专家名单
(共 200 名)

一、专业技术人才(170 名,按姓氏笔画为序排列)

丁锦宏	南通大学
于大全	华天科技(昆山)电子有限公司
马 莹	南京金宸建筑设计有限公司
马晓东	东南大学建筑设计研究院有限公司
马海乐	江苏大学
王 华	泰州市中医院
王 岳	南通通达矽钢冲压科技有限公司
王 勇	徐州市产品质量监督检验中心
王文波	中国科学院兰州化物所盱眙凹土中心
王书勤	泰兴市农业科学研究所
王寿强	中铁十四局集团大盾构工程有限公司
王志杰	苏州市体育专业运动队管理中心
王宏胜	江苏京海禽业集团有限公司
王其传	淮安柴米河农业科技发展有限公司
王国成	江苏天士力帝益药业有限公司
王国俊	江苏捷诚车载电子信息工程有限公司
王忠东	国家电网江苏省电力公司电力科学研究院
王思源	江苏省扬州技师学院
王修来	解放军博士后管理信息中心
王振林	南京大学
王晓东	常州四药制药有限公司
王晓勇	南京工业职业技术学院
王朝霞	南京医科大学第二附属医院
王鹏来	徐州市口腔医院
王鹏勃	江苏金刚文化科技集团股份有限公司
仇 明	南通中远船务工程有限公司
仓基俊	盐城市水利规划办公室
方祝元	江苏省中医院
叶 平	江苏金呢工程织物股份有限公司

史生才	中国科学院紫金山天文台	杨建	无锡日报报业集团
冯继锋	江苏省肿瘤医院	杨凌	盐城市畜牧兽医站
冯淑怡	南京农业大学	杨树才	南京地铁集团有限公司
朱卓君	江苏省天一中学	杨继军	南京财经大学
朱宝立	江苏省疾病预防控制中心	吴波	江苏苏体实业发展有限公司
朱海涛	宝银特种钢管有限公司	吴岳军	无锡工艺职业技术学院
任小文	江苏省梁丰高级中学	吴健荣	苏州科技大学
刘凤权	江苏省农业科学院	吴维宁	国家电网电力科学研究院有限公司
刘玉军	江苏省产业技术研究院	吴敬禄	中国科学院南京地理与湖泊研究所
刘龙	江南大学	邱绍虎	江苏省宿迁市方圆机械有限公司
刘庆淮	江苏省人民医院	何松	南通市肿瘤医院
刘兴法	江苏省海头高级中学	汪仁	江苏省中国科学院植物研究所
刘安生	常州市规划设计院	汪洪洋	东海县农业技术推广中心
刘芳	中复神鹰碳纤维有限公司	宋爱国	东南大学
刘建忠	江苏苏博特新材料股份有限公司	张勇	江苏里下河地区农业科学研究所
刘俊栋	江苏农牧科技职业学院	张华	中国船舶重工集团公司第七〇二研究所
江世银	南京审计大学	张琳	常州大学
祁付珍	淮安市第一人民医院	张卫兵	南通市疾病预防控制中心
祁海宁	南京市考古研究院	张红叶	响水县农业技术推广中心
孙丽	徐工集团工程机械股份有限公司建设机械分公司	张建雄	苏州日报报业集团
孙波	中国科学院南京土壤研究所	张晓冰	江苏省南通第一中学
杜向东	苏州市广济医院	张朝晖	江苏省渔业技术推广中心
李庆	刘海粟美术馆	陆玉方	苏州市广播电视总台
李大婧	江苏省农业科学院	陆建根	江苏省镇江中学
李臣明	陆军炮兵防空兵学院南京校区	陈立平	苏州同元软控信息技术有限公司
李伟平	常州市局前街小学	陈勇	南京龙渊微电子科技有限公司
李育娟	无锡市农业技术推广总站	陈道桢	无锡市妇幼保健院
李学斌	中铁建电气化局集团康远新材料有限公司	邵君飞	无锡市人民医院
李宗岭	连云港市农机试验推广站	罗成	江苏省苏州市文艺创作中心
李俊	苏州市植物保护植物检疫站	金培生	徐州医科大学附属医院
李程骅	群众杂志社	周骏	中交天和机械设备制造有限公司
李曙生	泰州职业技术学院	周云曙	江苏恒瑞医药股份有限公司
杨州	南京师范大学	周仕龙	泰州市教育局教学研究室
杨忠	金陵科技学院	周显信	南京信息工程大学
杨桃	江苏春兰清洁能源研究院有限公司	周颖华	江苏扬农化工集团有限公司
		周德敬	银邦金属复合材料股份有限公司
		赵健	南京禄口国际机场有限公司

赵军军	江苏豪森药业集团有限公司	黄一新	南京钢铁联合有限公司
赵茂程	泰州学院	梅 丽	江苏万邦医药科技有限公司
赵国普	江苏四明工程机械有限公司	曹 俊	江苏省血吸虫病防治研究所
赵 强	南京邮电大学	曹兰英	中国航空工业集团公司雷华电子技术研究所
赵 霞	法尔胜泓升集团有限公司		
胡国良	江苏省社会科学院	曹国华	江苏省城市规划设计研究院
胡春洪	苏州大学附属第一医院	曹珊珊	中天科技光纤有限公司
施士争	江苏省林业科学研究院	曹 鹏	江苏省中医药研究院
施巍巍	中国联通江苏省分公司	戚韵东	南京市琅琊路小学
姜树华	如皋市安定小学	龚伟达	宜兴市肿瘤医院
费 泳	南京艺术学院	龚莉莉	镇江市艺术创作研究中心
袁 源	中通服咨询设计研究院有限公司	崔志钰	江苏省海门中等专业学校
袁训来	中国科学院南京地质古生物研究所	董云华	江苏省演艺集团锡剧团
袁爱华	江苏科技大学	董自波	济川药业集团有限公司
耿世彬	陆军工程大学	蒋 青	南京鼓楼医院
聂时南	南京总医院	蒋 艳	徐州工程学院
贾 鹏	南京熊猫汉达科技有限公司	韩同友	淮阴工学院
贾雪梅	南京市妇幼保健院	程志军	龙信建设集团有限公司
夏文俊	江苏省交通工程建设局	程海波	南京中医药大学
夏春光	正大天晴药业集团股份有限公司	储征伟	南京市测绘勘察研究院股份有限公司
夏雷震	江苏省锡山高级中学	雷 燕	盐城市实验小学
顾 翔	苏北人民医院	阙红波	中车戚墅堰机车车辆工艺研究所有限公司
钱建林	亨通集团有限公司		
倪 娟	江苏省教育科学研究院	裴冬生	徐州医科大学
徐 宁	江苏省文化投资管理集团有限公司	谭友文	镇江市第三人民医院
徐 凯	南京市演艺集团	缪荣明	无锡市康复医院
徐 燕	江苏省书法家协会	樊学锋	双钱集团(江苏)轮胎有限公司
徐一华	苏州天准科技股份有限公司	潘 娜	苏州市平江实验学校
徐南伟	常州市第二人民医院	潘世扬	江苏省人民医院
徐胜元	南京理工大学	薛义荣	扬州市新华中学
徐新建	日出东方太阳能股份有限公司	薛法根	苏州市吴江区程开甲小学
殷国勇	南京医科大学	薛颖旦	新华报业传媒集团
郭 凯	南京工业大学	戴真煜	盐城市第三人民医院
郭同斌	徐州市林业技术推广服务中心	瞿立新	无锡城市职业技术学院
唐 波	江苏联海生物科技有限公司	**二、高技能人才(30名,按姓氏笔画为序排列)**	
唐维兵	南京市儿童医院	马上录	扬州中远海运重工有限公司
陶 俊	扬州大学	马继张	江苏常发农业装备股份有限公司

王　君　南京技师学院

王晓昀　常州公路运输集团有限公司

史小明　宜兴长乐弘陶艺有限公司

史丽娟　江苏瑞特电子设备有限公司

朱连兵　泰州口岸船舶有限公司

刘思峰　金城集团有限公司

汤文辉　江苏美龙航空部件有限公司

杨运忠　江苏核电有限公司

余　廷　无锡市殡仪馆

张国六　南京粮食集团有限公司

张洪琪　无锡宏源机电科技股份有限公司

张清雷　南京朴石玉器有限公司

张强勇　江苏海事职业技术学院

陆　峻　南京熊猫电子装备有限公司

陈　昊　国家电网江苏省电力公司检修分公司

范泽锋　宜兴爱宜艺术陶瓷有限公司

周永健　江苏省江都水利工程管理处

贲道春　江苏鹏飞集团股份有限公司

胡　闯　沭阳中等专业学校

宫衍平　国家电网南京供电公司

姚光虎　中车南京浦镇车辆有限公司

徐夏民　无锡机电高等职业技术学校

徐维贵　鸿准精密模具(昆山)有限公司

黄　强　张家港港务集团有限公司

梁双翔　久保田农业机械(苏州)有限公司

蒋　炜　徐州工程机械技师学院

童　江　江苏省盐城技师学院

蔡叶昭　苏州市王森教育咨询有限公司

来　　源：江苏省人民政府

发布日期：2018 年 08 月 22 日

省政府关于公布江苏省
第十五届哲学社会科学优秀成果奖的决定

各市、县(市、区)人民政府,省各委办厅局,省各直属单位:

根据《江苏省哲学社会科学优秀成果奖励办法》,省人民政府决定,授予 500 个项目江苏省第十五届哲学社会科学优秀成果奖,其中,一等奖 58 项、二等奖 152 项、三等奖 290 项。

哲学社会科学是人们认识世界、改造世界的重要工具,是推动历史发展和社会进步的重要力量,在坚持和发展中国特色社会主义中具有不可替代的重要地位和作用。希望全省广大哲学社会科学工作者坚持以习近平新时代中国特色社会主义思想为指导,深入贯彻党的十九大精神,

坚持以人民为中心的研究导向,强化责任担当,弘扬优良学风,坚持问题导向,回应时代呼唤,不断探索创新,努力打造具有中国特色、江苏特点的哲学社会科学品牌,为推动高质量发展走在前列、建设"强富美高"新江苏作出新的更大贡献。

附件:江苏省第十五届哲学社会科学优秀成果获奖项目

江苏省人民政府
2018 年 11 月 28 日

附件

江苏省第十五届哲学社会科学优秀成果获奖项目

一等奖(58 项)

马克思主义魅力与信仰研究(著作)黄明理(河海大学)

近代中国的民主之路与历史经验(著作)刘焕明(江南大学)

国家治理语境中的非制度化生存研究(著作)孟宪平(南京师范大学)、姚润田(商丘师范学院)

城乡公共服务均等化与基层政府职能建设(著作)陆道平(苏州科技大学)

政治仪式:权力生产和再生产的政治文化分析(著作)王海洲(南京大学)

伦理道德的精神哲学形态(著作)樊浩(江苏省社会科学院)

东方哲学与东方宗教(上、下)(著作)洪修平(南京大学)主编

政治经济学与唯物史观的内在关联(论文)曹典顺(江苏师范大学)

熟语表征与加工的神经认知研究(著作)张辉(南京师范大学)

A monolingual mind can have two time lines：Exploring space-time mappings in Mandarin monolinguals（单语者思维中具有两条时间轴线：探索汉语单语者思维中的时-空映射）（论文）杨文星（扬州大学）、孙滢（扬州大学）

La traduction et la réception de la littérature chinoise moderne en France（中国现代文学在法国的翻译和接受）（著作）高方（南京大学）

古诗阅读的认知机制：来自眼动的证据（论文）陈庆荣（南京师范大学）、杨亦鸣（江苏师范大学）

《楚辞》英译的中国传统翻译诗学观研究（著作）严晓江（南通大学）

从形式主义到历史主义：晚近文学理论"向外转"的深层机理探究（著作）姚文放（扬州大学）

赫尔曼·麦尔维尔的现代阐释（著作）杨金才（南京大学）

中国历代民歌史论（著作）陈书录（南京师范大学）等

文学社会学：明清诗文研究的问题与视角（著作）罗时进（苏州大学）

中国当代文学批评史料编年（共十二卷）（著作）吴俊（南京大学）总主编；肖进（上海市对外经贸大学）、黄珊（上海同济一附中）、林宁（南京邮电大学）、李丹（南京大学）、方岩（江苏省作家协会）、李媛媛（重庆市大渡口区商务局）、周述波（中山大学）、刘莹（湖南大学）、闫海田（淮阴师范学院）、陈俊（安徽师范大学）、黄静（南京大学）、刘熹（重庆第二师范学院）主编

20 世纪中国戏剧史（上、下）（著作）傅谨（南京大学）

汉唐佛教造像艺术史（著作）费泳（南京艺术学院）

艺术与数字重构：城市文化视野的公共艺术及数字化发展（著作）王峰（江南大学）

隐喻与视觉：艺术史跨语境研究下的中国书画（著作）王菡薇（南京师范大学）

中国歌剧音乐剧通史（全 5 册）（著作）居其宏（南京艺术学院）总编撰；戈晓毅（南京财经大学）、满新颖（厦门大学）、智艳（南京艺术学院）、张强（南京特殊教育师范学院）、钱庆利（南京艺术学院）

留学生群体与民国的社会发展（著作）周棉（江苏师范大学）等著

国民党中央对民众运动的压制与消解（1927—1929）（论文）齐春风（南京师范大学）

钓鱼岛问题文献集（共十本）（著作）张生（南京大学）主编；董为民（江苏省社会科学院）、殷昭鲁（鲁东大学）、徐一鸣（南京大学）、杨骏（南京大学）、奚庆庆（安徽师范大学）、王卫星（江苏省社会科学院）、陈海懿（南京大学）、刘奕（南京大学）、屈胜飞（浙江工业大学）编

网络时代言论自由的刑法边界（论文）刘艳红（东南大学）

人的尊严的法律属性辨析（论文）胡玉鸿（苏州大学）

风险控制的部门法思路及其超越（论文）宋亚辉（南京大学）

当代情感体制的社会学探析（论文）成伯清（南京大学）

城镇化的不平等效应与社会融合（论文）陈云松（南京大学）、张翼（中国社会科学院）

流动儿童与媒介：移民融合中的传播与社会化问题（著作）庄曦（南京师范大学）

焦循全集（全 18 册）（著作）刘建臻（扬州大学）整理

Measuring Delayed Recognition for Papers：Uneven Weighted Summation and Total Citations（测度论文的"延迟认可"：不均等加权求和与引文总量）（论文）闵超（南京大学）、孙建军（南京大学）、裴雷（南京大学）、丁颖（Indiana University Bloomington）

百年语文教育经典名著（全十五册）（著作）徐林祥（扬州大学）主编；张心科（华东师大）、龚

孟伟(扬州大学)、许艳(北京教育学院)、高笑可(北京教育学院)、余虹(四川师大)、赵志伟(华东师大)、张立兵(扬州大学)、欧阳芬(江西师大)、韦冬余(扬州大学)、程稀(上海师大)、冯永玲(盐城师院)、陈黎明(聊城大学)、闫淑惠(赣南师大)、兰保民(上海浦东教师发展研究院)编

中国近代中学组织结构演变研究(著作)陈学军(南京师范大学)

新教育公平引论——基于我国教育公平模式变迁的思考(论文)程天君(南京师范大学)

中国残疾人文化权利保障研究——融合教育的视角(著作)侯晶晶(南京师范大学)

论"核心素养"的证成方式(论文)高伟(江苏师范大学)

中国高校学术创业:影响因素·实现机制·政策设计(著作)易高峰(盐城师范学院)

我国公共体育服务体系研究(著作)王家宏(苏州大学)等

收入优先增长:总量与结构(著作)范从来(南京大学)、张中锦(南京财经大学)、巩师恩(南京农业大学)、吴凯(南京审计大学)

国际产能合作与重塑中国经济地理(论文)吴福象(南京大学)、段巍(南京大学)

协调性均衡发展:长江经济带发展新战略与江苏探索(著作)成长春(南通大学)、杨凤华(南通大学)等

创新驱动区域转型升级的逻辑与江苏的实践研究(著作)陈晓雪(江苏理工学院)、谢忠秋(江苏理工学院)、潘冬(江苏理工学院)

基于物价调控的我国最优财政货币政策体制研究(著作)卞志村(南京财经大学)

多产品企业、汇率变动与出口价格传递(论文)韩剑(南京大学)、郑秋玲(南京大学)、邵军(东南大学)

中国残疾人事业发展报告 2006—2015(著作)凌亢(南京特殊教育师范学院)、白先春(南京特殊教育师范学院)等

非常规突发水灾害应急合作管理与决策(著作)王慧敏(河海大学)、刘高峰(河海大学)、陶飞飞(河海大学)、佟金萍(常州大学)

能源价格系统分析(著作)田立新(南京师范大学)等

政府会计概念框架论(著作)陈志斌(东南大学)

城市居民碳能力:成熟度测度、驱动机理及引导政策(著作)陈红(中国矿业大学)、魏佳(中国矿业大学)

流程、合规与操作风险管理(论文)肖斌卿(南京大学)、李心丹(南京大学)、徐雨茜(美国伊利诺伊大学)、陈垣桥(南京大学)

中国食品安全风险治理体系与治理能力考察报告(研究报告)吴林海(江南大学)、王晓莉(江南大学)、尹世久(曲阜师范大学)、张晓莉(石河子大学)等

关于建立区域生态认证制度的研究报告(研究报告)刘陈(南京邮电大学)、景杰(南京邮电大学)、杜运伟(南京邮电大学)

中国文化二十四品(普及成果)陈洪(南开大学)、徐兴无(南京大学)主编;黄德宽(安徽大学)、程章灿(南京大学)、许勇(南京大学)、周德丰(南开大学)、李承福(天津外国语大学)、闫广芬(南开大学)、王子今(中国人民大学)、高永久(兰州大学)、白长虹(南开大学)、华成钢(南开大学)、杨英杰(辽宁师范大学)、刘筱筱(辽宁师范大学)、张峰屹(南开大学)、李翔海(北京大学)、陈引驰(复旦大学)、苏畅(复旦大学)、赵益(南京大学)、王楚(南京大学)、孙立尧(南京大学)、郭辉(山西师范大学)、解玉峰(南京大学)、曹小鸥(中国艺术研究院)、陈彦青(汕头大学)、司冰琳(首都师范大学)、陶慕宁(南开大学)、俞士玲(南京大学)、李建珊(南开大学)、贾向桐(南开大学)、孙中堂(天津中医药大学)、邓婷(天津中医药大学)、张伯伟(南京大学)、卞东波(南京大学)、侯杰(南开大学)、赵天鹭(南开大学)

法治中国悦读丛书(全 10 册)(普及成果)刘小冰(南京工业大学)、吴颖文(江苏省哲学社会科学界联合会)、杨东升(泰州学院)、马树同(宁夏师范学院)、刘青(江苏省委党校)、纪潇雅(南京市六合区人民法院)、张琳(南京工业大学)、吴洛婵(南京工业大学)、谢彤(江苏省港口集团审计法务部)、方晴(红豆集团有限公司)、倪德海(北京市京师(郑州)律师事务所)、李凤鸣(南京工业大学)、芮成浩(江苏耀达石化集团有限公司)、张小晴(南京工业大学)、黄欣安(江苏方德律师事务所)、宋瑞龙(南京市人力资源和社会保障局)、徐蕾(南京工业大学)、衣家奇(南京工业大学)、姚华(南京工业大学)、张治宇(南京工业大学)、杨彬权(西北政法大学)、黄月华(南京工业大学)、程兵(南京工业大学)、张慧颖(大成律师(南京)事务所)、王军(江苏省哲学社会科学界联合会)、刘洁(江苏省哲学社会科学界联合会)、葛蓝(江苏省哲学社会科学界联合会)

江苏农村物流业发展与城乡一体化研究(研究报告)姚冠新(扬州大学)、杨蓉(扬州市发展和改革委员会)、徐静(扬州大学)、戴盼倩(江苏大学)、沈友娣(盐城工学院)、杨阳(江苏大学)

二等奖(152 项)

马克思恩格斯的生态文明思想:基于《马克思恩格斯文集》的研究(著作)方世南(苏州大学)

意识形态功能提升新论(著作)张志丹(南京师范大学)

苏俄非常时期列宁的常态性思想(著作)俞敏(南京师范大学)

中国马克思主义意识形态变迁的动力与逻辑分析——以社会主义现代化为视点(论文)蒋艳(徐州工程学院)、张长立(中国矿业大学)

当代资本主义新变化的批判性解读(著作)唐正东(南京大学)

新民主主义革命与中国现代化(著作)张菊香(常州大学)

从历史进程看中国道路的独特性(论文)袁久红(东南大学)、郭广银(东南大学)、陈硕(东南大学)

国际视野下马克思主义中国化研究(著作)杨建新(无锡商业职业技术学院)

国家认同:全球化视野下的结构性分析(论文)金太军(南京审计大学)、姚虎(南京审计大学)

民族主义之前的"民族":一项基于西方情境的概念史考察(论文)张凤阳(南京大学)、罗宇维(北京师范大学)、于京东(南京大学)

转型时期中国社会的政治稳定机制研究(著作)许开轶(南京师范大学)

中国城市工业用地利用效率研究(著作)吴群(南京农业大学)、陈伟(西北农林科技大学)

政策问题建构研究——基于中国农村社会养老保险政策的验证(论文)王婷(江苏省社会科学院)

中国城市风险化:空间与治理(论文)陈进华(苏州大学)

保罗·尼采:核时代美国国家安全战略的缔造者(著作)石斌(南京大学)

中国共产党执政伦理建设研究(著作)张振(南京师范大学)

当代中国马克思主义哲学创新范式图谱(论文)任平(苏州大学)

新乡土伦理——社会转型期的中国乡村伦理问题研究(著作)王露璐(南京师范大学)

城市化与空间正义:我国城市化的问题批判与未来走向(著作)张天勇(南京信息工程大学)、王蜜(南京信息工程大学)

哲学的解释与解释的哲学(著作)李承贵(南京大学)

园冶多维探析(上、下卷)(著作)金学智(苏州市职业大学)

从权利到权力:洛克自然法思想研究(著作)李季璇(苏州科技大学)

敦煌本古佚与疑伪经校注:以《大正藏》第八

十五册为中心（全8册）（著作）于淑健（江苏经贸职业技术学院）、黄征（南京师范大学）

中日韩三国"性向词汇"及文化比较研究（著作）施晖（苏州大学）、栾竹民（日本广岛市立大学）

儿童语言障碍引论（著作）梁丹丹（南京师范大学）

语料库戏剧翻译文体学（著作）任晓霏（江苏大学）、冯庆华（上海外国语大学）等

常州籍四大语言学家与中国语文现代化（著作）赵贤德（江苏理工学院）

俄汉语流重音声学实验对比及应用研究（著作）徐来娣（南京大学）

汉语句类史概要（著作）王建军（苏州大学）、汤洪丽（中澳科技职业学院）等

语义学与语用学的分界：一种新方案（论文）陈新仁（南京大学）

汉语语体语法研究（著作）朱军（南京审计大学）

汉译英翻译能力自动评价研究（论文）王金铨（扬州大学）、朱周晔（扬州大学）

东亚楚辞整理与研究丛书（全六册）（著作）周建忠（南通大学）主编；徐燕（南通大学）、王舒雅（南通大学）、张佳（南通大学）、徐毅（南通大学）、贾捷（南通大学）、陈慧（南通大学）、施仲贞（南通大学）、张琰（南通大学）

东亚汉文学研究的方法与实践（著作）张伯伟（南京大学）

传统艺术活态保护与当代美学建设（论文）高小康（南京大学）

文艺美学的汉字学转向（著作）骆冬青（南京师范大学）、朱崇才（南京师范大学）、董春晓（浙江财经大学）

论自然生态审美的三大观念转变（论文）赵奎英（南京大学）

文学政治学的创构：百年来文学与政治关系论争研究（著作）刘锋杰（苏州大学）、薛雯（上海

理工大学）、尹传兰（浙江越秀外国语学院）等

清代散见戏曲史料汇编（共十册）（著作）赵兴勤（江苏师范大学）、赵韡（徐州市医疗保险基金管理中心）、蒋宸（温州大学）

洛文塔尔文学传播理论研究（著作）甘锋（东南大学）

20世纪俄苏文学批评理论史（著作）张杰（南京师范大学）等

中国辞赋理论通史（上、下）（著作）许结（南京大学）

现代中国佛教文学史稿（著作）谭桂林（南京师范大学）

文类：世界观影响文学的中介——卢卡契文类理论研究（论文）陈军（扬州大学）

空间过程、环境认知与意象表达：中国古代绘画的历史地理学研究（著作）张慨（常州大学）

二十世纪中国戏剧理论大系（全四卷七册）（著作）董健（南京大学）、胡星亮（南京大学）

民间艺术的审美经验研究（著作）季中扬（南京农业大学）

中国南北朝时期佛教造像背光研究（著作）金建荣（淮阴师范学院）

瓦萨里和他的《名人传》（著作）李宏（南京师范大学）

论音程循环在后调性音乐作品中的结构力作用（论文）陈林（苏州科技大学）

中国艺术海外传播的国家战略与理论研究（论文）王廷信（东南大学）

产品的视觉性与文化实践（著作）鲍懿喜（江南大学）

亚洲新电影之现代性研究（著作）周安华（南京大学）等

中国戏剧通史建构的百年转型与重构可能（论文）孙书磊（南京师范大学）

中国艺术史学理论与研究方法（著作）李倍雷（东南大学）、赫云（东南大学）

艺术的自我整合——从艺术跨界作品表现

形式论艺术创意的建构逻辑（论文）徐子涵（东南大学）

太湖鼋头渚近代园林研究（著作）朱蓉（江南大学）、王文姬（无锡市市政和园林局）

秦汉土地赋役制度研究（著作）臧知非（苏州大学）

中国邮政通史（著作）叶美兰（盐城工学院）

东南亚早期区域合作：历史演进与规范建构（论文）郑先武（南京大学）

明末清初私家修史研究（著作）杨绪敏（江苏师范大学）

近代江南社会保障机构的经费收支与运作研究（著作）黄鸿山（苏州大学）

先秦两汉农业与乡村聚落的考古学研究（著作）刘兴林（南京大学）

马克思的法律发展思想及其当代意义（论文）公丕祥（南京师范大学）

民国时期法律解释的理论与实践（著作）方乐（南京师范大学）

具体的打击错误：从故意认定到故意归责（论文）欧阳本祺（东南大学）

货运代理转委托行为的类型区分及法律效力（论文）方新军（苏州大学）

重大行政决策概念证伪及其补正（论文）熊樟林（东南大学）

法治评估知识的生成逻辑及实践反思（论文）张建（常州大学）

明代以来汉族民间服饰变革与社会变迁（1368—1949 年）（著作）崔荣荣（江南大学）、牛犁（江南大学）

基础教育中的学校阶层分割与学生教育期望（论文）吴愈晓（南京大学）、黄超（南京大学）

社会学芝加哥学派：一个知识共同体的学科贡献（著作）何雨（江苏省社会科学院）

在野的全球化：流动、信任与认同（著作）范可（南京大学）

苏南现代化建设示范区进展评估（著作）宋林飞（常州大学）主编

中医药文化传承与传播系列丛书（全 3 册）（著作）申俊龙（南京中医药大学）、朱佩枫（南京中医药大学）、曾智（南京中医药大学）、王希泉（南京中医药大学）主编

社会舆论与教育发展（著作）骆正林（南京师范大学）

西方媒介文化理论研究（著作）曾一果（苏州大学）

移动互联网用户阅读行为研究（著作）茆意宏（南京农业大学）

数据与信息之间逻辑关系的探讨——兼及DIKW 概念链模式（论文）叶继元（南京大学）、陈铭（南京大学）、谢欢（南京大学）、华薇娜（南京大学）

天堂应该是图书馆模样——走进民国大学图书馆（著作）王一心（南京师范大学）

南京博物院文物保护科技丛书（全 5 册）（著作）南京博物院编

对义务教育优质学校及其建设路径的几点思考（论文）张新平（南京师范大学）

The Neural Dynamics of Reward Value and Risk Coding in the Human Orbitofrontal Cortex（人脑眶额皮质区域表征奖赏信息和风险信息神经信号的时空动态性特征）（论文）李岩松（南京大学）、GiovannaVanni-Mercier（法国国家科学中心）、JeanIsnard（法国里昂一大）、Francois Mauguiere（法国里昂一大）、Jean-Claude Dreher（法国国家科学中心）

重温"教学与科研相统一"（论文）王建华（南京师范大学）

专题教育社区评价指标体系建构的方法研究（论文）冯锐（扬州大学）、董利亚（南京市金陵汇文学校）、李闻（南京市南化实验小学）

高等教育与人才集聚两种投入对区域经济增长的共轭驱动研究：以江苏、浙江两省为例（著作）刘林（江苏师范大学）

弹性与韧性：乡土社会民办教师政策运行的民族志（著作）魏峰（南京师范大学）

教育还能促进底层的升迁性社会流动吗（论文）余秀兰（南京大学）

流动儿童心理研究（著作）王亚南（南京邮电大学）等

学习范式下的教师发展：理论模式与组织建设（论文）吴立保（南京信息工程大学）

从环境到智慧：信息时代的教学变革（著作）沈书生（南京师范大学）

"适合的教育"：内涵、困境与路径选择（论文）冯建军（南京师范大学）、刘霞（南京晓庄学院）

中美研究型大学本科生学习经历满意度的比较研究——基于 SERU 调查的实证分析（论文）吕林海（南京大学）、龚放（南京大学）

共轭与融通：职业教育学术课程与职业课程的整合研究（著作）陈鹏（江苏师范大学）

教学认识信念研究（著作）喻平（南京师范大学）

道德量化评价与学校道德教育（著作）尹伟（江苏理工学院）

教育神经科学视野中的体育教育创新（著作）陈爱国（扬州大学）

体育治理视野下我国高端体育智库的建设研究（论文）杨国庆（南京体育学院）

运动养生术"健心"理论研究（著作）高亮（南京师范大学）

丝绸之路与中西体育文化交流（著作）张矛矛（中国矿业大学）

人口年龄结构、养老保险制度转轨对居民储蓄率的影响（论文）杨继军（南京财经大学）、张二震（南京大学）

投资者关系管理能够稳定市场吗？——基于 A 股上市公司投资者关系管理的综合调查（论文）权小锋（苏州大学）、肖斌卿（南京大学）、吴世农（厦门大学）

税费负担、创新能力与企业升级——来自"新三板"挂牌公司的经验证据（论文）李林木（南京财经大学）、汪冲（上海财经大学）

高管与员工：激励有效性之比较与互动（论文）陈冬华（南京大学）、范从来（南京大学）、沈永建（南京财经大学）

县域经济发展的动力结构及其变迁规律（著作）秦兴方（扬州大学）、田珍（扬州大学）

基于创新驱动的我国高端服务业国际竞争力提升研究（著作）宣烨（南京财经大学）

多样性视阈下的东亚区域经济一体化研究（著作）宣昌勇（淮海工学院）

出口与内需的结构背离：成因及影响（论文）易先忠（南京审计大学）、包群（南开大学）、高凌云（中国社会科学院）、张亚斌（湖南大学）

资本账户开放对人民币国际化"货币锚"地位的影响分析（论文）杨荣海（南京财经大学）、李亚波（复旦大学）

研发要素流动、空间知识溢出与经济增长（论文）白俊红（南京师范大学）、王钺（南京师范大学）、蒋伏心（南京师范大学）、李婧（南京师范大学）

农村土地流转中农村土地金融创新研究（著作）林乐芬（南京农业大学）等

异质性出口固定成本、生产率与企业出口决策（论文）邱斌（东南大学）、闫志俊（南京大学）

中国基础设施超常规发展的土地支持研究（论文）葛扬（南京大学）、岑树田（广西壮族自治区商务厅）

要素分工与国际贸易理论新发展（著作）戴翔（南京审计大学）、张二震（南京大学）

碳信息披露研究：基于 CDP 的分析（著作）蒋琰（南京财经大学）

系统评价：方法、模型、应用（著作）刘思峰（南京航空航天大学）、郭本海（中国计量大学）、方志耕（南京航空航天大学）、菅利荣（南京航空航天大学）

社会预期管理论(著作)江世银(南京审计大学)

远与近:远程医疗服务模式创新(著作)赵林度(东南大学)

Hedging with Futures: Does Anything Beat the Naïve Hedging Strategy?(期货套期保值:简单策略能够被打败吗?)(论文)王玉东(南京理工大学)、吴冲锋(上海交通大学)、杨立(新南威尔士大学)

流动性与金融系统稳定:传导机制及其监控研究(著作)刘晓星(东南大学)

煤炭资源整合中的政府与企业关系研究(著作)孙自愿(中国矿业大学)

增加值率能否反映经济增长质量?(论文)范金(南京林业大学)、姜卫民(中国科学院)、刘瑞翔(南京审计大学)

中国战略石油储备研究(著作)周德群(南京航空航天大学)、白洋(南京师范大学)、周鹏(中国石油大学)

工作特征对新生代员工幸福感的影响机制研究(著作)赵宜萱(南京大学)

最小成本共识决策建模及应用(著作)巩在武(南京信息工程大学)、张欢欢(南京信息工程大学)、徐晓霞(南京信息工程大学)等

Empirical study on the relationship between entrepreneurial cognitions and strategic change momentum: The moderating effect of organizational knowledge structures(企业家认知与战略变革动能关系实证研究:组织知识结构的调节效应)(论文)杨林(南京财经大学)

新兴大国发展战略性新兴产业的追赶时机、赶超路径与政策工具:全球价值链视角(著作)黄永春(河海大学)

赢得死亡游戏:破解华为的创新之道(著作)杨忠(南京大学)等

强化大学农技推广职能 推进大学与农技推广体系有机结合——农业转型背景下高校农业技术推广模式创新与对策研究(研究报告)陈巍(南京农业大学)、应瑞瑶(南京农业大学)、黄水清(南京农业大学)、李玉清(南京农业大学)、王克其(南京农业大学)、徐敏轮(南京农业大学)、雷颖(南京农业大学)、佘德贵(南京农业大学)

加强风险防范 确保饮用水源安全(研究报告)杨莉(南京邮电大学)、戴明忠(江苏省环保厅)、刘宁(南京大学)、王静(江苏省生态环境评估中心)、王俊(南京邮电大学)

公共治理与政策创新(研究报告)金世斌(江苏省人民政府研究室)

一体化建设"扬子江城市群"的对策建议(研究报告)李程骅(《群众》杂志社)

中国与周边国家水资源合作开发机制研究(研究报告)周海炜(河海大学)

《中华人民共和国中医药法》立法重点问题研究(研究报告)田侃(南京中医药大学)、王艳翚(南京中医药大学)、喻小勇(南京中医药大学)、吴颖雄(南京中医药大学)、陈庆(南京中医药大学)、杨勇(南京中医药大学)、白庚亮(南京中医药大学)

城市政治学视域下的城市遗产保护机制研究(研究报告)姚远(南京大学)、任羽中(北京大学)

领导干部看发展:对江苏当前发展形势的评估及对"十三五"发展的建议(研究报告)杨明(江苏省委党校)、薛莉(江苏省委党校)、陈娟(江苏省委党校)、刘伟(江苏省委党校)、孙乐艳(江苏省委党校)

南水北调工程可持续性发展的水价研究(研究报告)史安娜(河海大学)、刘永进(河海大学)、刘远书(南水北调工程建设监管中心)、冯晓波(南水北调工程建设监管中心)、郑垂勇(河海大学)、赵敏(河海大学)、王启明(河海大学)、肖楠(河海大学)、陶嘉慧(河海大学)、唐琴娜(河海大学)、刘海荣(河海大学)、胡玮(南水北调建设建

管中心)、朱锐(南水北调建设监管中心)

关于推进宁镇扬一体化、共建"大南京都市区"的建议(研究报告)张颢瀚(江苏省哲学社会科学界联合会)、刘西忠(江苏省哲学社会科学界联合会)

推进我省积极创建"中国落实2030年可持续发展议程创新示范区"的若干建议(研究报告)丁宏(江苏省社会科学院)

中国价值:图说社会主义核心价值观的根与源(普及成果)刘同君(江苏大学)主编

黑色记忆:南京大屠杀(普及成果)张连红(南京师范大学)、刘燕军(侵华日军南京大屠杀遇难同胞纪念馆)

唐诗与宋词(普及成果)莫砺锋(南京大学)

童心萌蒙绘:传统文化里的中国精神(全三册)(普及成果)刘佳(扬州大学)、郭兆云(扬州大学)、陆惠敏(浙江丽水职业技术学院)

知识产权贸易与创新驱动发展(著作)顾晓燕(金陵科技学院)

推进江苏品质城市建设的建议(研究报告)顾维中(泰州市质量技术监督局)

地方治理法治化的实践与路径研究(著作)朱未易(南京市社会科学院)等

徐州汉画像石通论(著作)武利华(徐州汉画像石艺术馆)

全面建成小康社会的战略选择:基于淮安的实证分析(著作)葛涛安(淮安市委党校)

论解放区前期文学中知识分子的自我批判(论文)秦林芳(南京晓庄学院)

《永乐大典·常州府》清抄本校注(著作)王继宗(常州市图书馆)

中国式儿童情境学习范式的建构(论文)李吉林(南通师范第二附属小学)

探索用发展理念引领道路交通安全监管转型升级(研究报告)方先友(宿迁市公安局)

三等奖(290项)

马克思社会形态理论及其中国实践研究(著作)洪光东(南京师范大学)

任弼时与《关于若干历史问题的决议》(论文)韩同友(淮阴工学院)、羊森(淮阴师范学院)

文化自信与马克思主义意识形态话语权的当代发展(论文)梅景辉(南京财经大学)

马克思主义生态文明思想及其历史发展研究(著作)刘希刚(南京财经大学)、徐民华(江苏省委党校)

中国特色的公共事务治理之道:协商治理(论文)池忠军(中国矿业大学)

中国特色社会主义理论体系的哲学透视(著作)顾玉平(南通大学)、孙国志(南通大学)

正向与反向:大同思想对早期中国知识分子接受马克思主义的影响(论文)王刚(南京师范大学)、丁亚娟(无锡旅游商贸高等职业技术学校)

政治社会化与列宁时期的红色文化符号(论文)梁化奎(徐州工程学院)

当代中华民族凝聚力研究(著作)田旭明(江苏师范大学)

思想政治教育的公共化转型(论文)戴锐(河海大学)

浅析生态危机问题认识上的三大偏差(论文)何畏(南京航空航天大学)

公民服从的逻辑(著作)唐慧玲(扬州大学)

当代中国县域信访治理研究(著作)于水(南京农业大学)

当代我国大陆公民政治参与的变迁与类型学特点——基于2002与2011年两波全国抽样调查的分析(论文)肖唐镖(南京大学)、易申波(南京大学)

公共服务合同外包的理论、实践与反思(著作)詹国彬(南京审计大学)、王雁红(南京审计大学)

江苏省城市公共安全蓝皮书(2017)(著作)王义保(中国矿业大学)、许超(中国矿业大学)、曹明(中国矿业大学)

老年痴呆症社区早期预防与人群管理研究

（著作）代宝珍（江苏大学）

地方事业单位分类改革：缘起、方向和路径（著作）李强（江苏省机构编制委员会办公室）

应对突发公共事件中政府和企业互动研究（著作）袁建军（南京审计大学）

医院人力资源管理实践创新（著作）丁强（江苏省人民医院）、王晓东（江苏省人民医院）、张正堂（南京大学）、朱卫华（江苏省人民医院）、张全（江苏省人民医院）

政治诠释学视域中的公正问题研究（著作）亓光（中国矿业大学）

科技创新与现代化进程（著作）张云霞（江南大学）

A LOGIC FOR WEAK ESSENCE AND STRONG ACCIDENT（弱本质与强偶性的逻辑）（论文）潘天群（南京大学）、杨春瑰（南京信息工程大学）

第二国际马克思主义哲学：时代、问题与批判（著作）陈爱萍（江南大学）

谁之权利？何以利用？——基于整体生态观的动物权利和动物利用（论文）张燕（南京师范大学）

中国美学精神（著作）潘知常（南京大学）

马克思主义空间正义的问题谱系及当代建构（论文）王志刚（江苏大学）

法国科学哲学中的进步性问题（论文）刘鹏（南京大学）、蔡仲（南京大学）

尼采与现代道德哲学（著作）范志均（东南大学）

歧路中的探求：当代俄罗斯科学技术哲学研究（著作）万长松（江南大学）

When a causal assumption is not satisfied by reality: differential brain responses to concessive and causal relations during sentence comprehension（当因果假设与事实相悖时：大脑处理让步和因果关系的机制）（论文）徐晓东（南京师范大学）、蒋晓鸣（北京大学）、周晓林（北京大学）

《说文》古文研究（著作）张学城（南通大学）

子变韵和子变韵的形成构拟——以孟州方言为例（论文）史艳锋（江苏师范大学）

赣榆金山方言研究（著作）王恩建（淮海工学院）、唐浩（淮海工学院）

段玉裁年谱长编（著作）王华宝（东南大学）

出场　差异　合理性：晚清以来英美小说翻译行为研究（著作）徐剑（中国矿业大学）、袁辉（中国矿业大学）

Task type effects on English as a Foreign Language learners' acquisition of receptive and productive vocabulary knowledge（任务类型对英语学习者接受性和产出性词汇知识习得的影响）（论文）鲍贵（南京工业大学）

词块教学法：大学英语口语教学的创新实践（著作）戚焱（南京邮电大学）

马王堆帛书《六十四卦》异体字源流考（论文）于淼（扬州大学）

汉语中不礼貌构式的社会认知研究：以《红楼梦》为例（著作）严敏芬（江南大学）

《日本书纪》中特殊语言文字现象考察（论文）董志翘（南京师范大学）

上古——中古汉语颜色词研究（著作）赵晓驰（南京特殊教育师范学院）

翻译价值论（著作）高雷（淮阴师范学院）

中外文学交流史·中国-法国卷（著作）钱林森（南京大学）

行进中的现代性：晚清"五四"散文论（著作）丁晓原（常熟理工学院）

契诃夫戏剧的喜剧本质论（著作）董晓（南京大学）

别样的在场与书写——论近年女性非虚构文学写作（论文）王晖（南京师范大学）

当代艺术及其美学阐释的危机（论文）周计武（南京大学）

台湾当代文学与五四新文学传统（著作）方忠（盐城师范学院）等

选本批评与清代词坛的统序建构(论文)沙先一(江苏师范大学)

章回体小说的现代历程(著作)张蕾(苏州大学)

媒介场中基于欲望主体的文学存在方式动态研究(著作)赵玉(南京晓庄学院)

1930年代中国现代作家群落研究(著作)顾金春(南通大学)

伍尔夫小说美学与视觉艺术(著作)杨莉馨(南京师范大学)

域外汉籍与宋代文学研究(著作)卞东波(南京大学)

"空"之美学释义(著作)王耘(苏州大学)

西方思潮与中国近代文学(著作)王韬(江苏省社会科学院)

论基莲·克拉克和格温妮丝·路易斯诗歌中的民族性书写(论文)何宁(南京大学)

鲁迅《中国小说史略》研究:以中国小说史学为视野(著作)温庆新(扬州大学)

中国电影刊物史稿:1921—1949(著作)丁珊珊(南京大学)

民国前期书画市场与社会变迁(论文)陶小军(南京艺术学院)、谢建明(南京艺术学院)

造物之道——中国古代设计思想散论(著作)郭廉夫(江苏美术出版社)

中国古代染织纹样史(著作)张晓霞(苏州大学)

生活美学视域下的中国家庭伦理剧热播解析(论文)钱晓田(南京邮电大学)

士人传统与书法美学(著作)周睿(南京艺术学院)

动画艺术及创作研究(著作)殷俊(江南大学)

漆向大海:古代海上丝绸之路漆艺文化研究(著作)潘天波(江苏师范大学)

软实力视域下中国电影品牌国际化战略研究(著作)路璐(南京农业大学)

明清小说戏曲插图研究(著作)乔光辉(东南大学)

艺术启蒙与趣味冲突:第一次全国美术展览会(1929年)研究(著作)商勇(南京艺术学院)

戏之发生考——中国戏曲起源新说(论文)王宁邦(南京大学)

宋元时期中日绘画的传播与交流(著作)王莲(扬州大学)

电影政策与中国早期电影的历史进程:1927—1937(著作)宫浩宇(南京师范大学)

宋代民间画家身份的再厘定——基于《画继》的考察(论文)黎晟(淮阴师范学院)

风雅之好:明代嘉万年间的书画消费(著作)叶康宁(南京艺术学院)

中国当代艺术歌曲研究(著作)孙会玲(南京晓庄学院)

圣朝名画书评　五代名画补遗(著作)徐声(江苏第二师范学院)

苏南传统民居建筑装饰研究(著作)崔华春(江南大学)

元朝进士集证(全二册)(著作)沈仁国(江苏第二师范学院)

浅述孟河四大医家遣方用药思想与人文地域的关系(论文)吴承艳(南京中医药大学)、任威铭(南京中医药大学)

中国农业文化遗产名录:全2册(著作)王思明(南京农业大学)、李明(南京农业大学)主编

迁洛元魏皇族与士族社会文化史论(著作)王永平(扬州大学)

南京保卫战史(著作)孙宅巍(江苏省社会科学院)

宋代图经与九域图志:从资料到系统知识(论文)潘晟(南京师范大学)

刑事程序比例构造方法论探析(论文)秦策(南京师范大学)

我国集体土地征收制度的构建(论文)王克稳(苏州大学)

被误解和被高估的动态体系论（论文）解亘（南京大学）、班天可（复旦大学）

论被害人的自陷风险——以诈骗罪为中心（论文）王骏（南京财经大学）

科研人员的刑法定位：从宪法教义学视域的思考（论文）姜涛（南京师范大学）

中国法官惩戒的现代化转型：1901—1949（著作）李凤鸣（南京工业大学）

经济、社会和文化权利的法理学研究（著作）杨春福（河海大学）等

环境权入宪的比较研究（论文）吴卫星（南京大学）

劳动法上用人单位：内涵厘定与立法考察（论文）秦国荣（南京审计大学）

构建与创新：经济法哲学研究（著作）陶广峰（南京财经大学）等

国际私法与民法典的分与合（论文）宋晓（南京大学）

利他型人寿保险中投保人与受益人的对价关系（论文）岳卫（南京大学）

标准化案主：社会工作临床技能教育的新策略（论文）臧其胜（南通大学）

大都市社区协同治理视域下的公共文化服务（著作）颜玉凡（河海大学）

中国新农村性别结构变迁研究：流动的父权（著作）金一虹（南京师范大学）

从"派系结构"到"关系共同体"：基于某国有中小改制企业组织领导"关系"变迁的案例研究（著作）沈毅（河海大学）

村落里的单身汉（著作）彭大松（南京邮电大学）

民间权威与地方政治：一个中原乡村的传统蜕变（著作）李晓斐（南京理工大学）

福利多元主义视域下的城市养老服务供给模式研究（著作）陈静（中国矿业大学）

网络谣言叙事范式及"跟进式"治理研究（著作）浦玉忠（南通大学）、薛健飞（常州大学）

新媒体涉私内容传播与隐私权理念审视（论文）陈堂发（南京大学）

共识与分歧：网络舆论的信息传播研究（著作）于德山（南京师范大学）

错时空与本土化：比较视野下中国电视纪录片风格衍变：1958—2013（著作）武新宏（扬州大学）

苏州传统藏书文化研究（全2册）（著作）曹培根（常熟理工学院）

数据素养研究：源起、现状与展望（论文）孟祥保（东南大学）、常娥（东南大学）、叶兰（深圳大学）

基于协同学理论的数字图书馆演化趋势探讨（论文）郑建明（南京大学）

网站用户信息获取中的心智模型研究（著作）吴鹏（南京理工大学）、沈思（南京理工大学）、钱敏（常熟理工学院）、王佳敏（武汉大学）

高校科研数据管理理论与实践（著作）刘桂锋（江苏大学）

公共文化服务背景下我国公共图书馆发展战略分析（论文）陈雅（南京大学）、王锰（江苏大学）

国外文化遗产基金制度及其借鉴（论文）朱琰（江苏省文化和旅游厅）、吴文卓（美国南加州大学）

我国高校智库影响力提升路径探析（论文）周刚（苏州科技大学）

大学组织内部治理研究：基于权力场域的视角（著作）胡仁东（江苏师范大学）

山石磊落自成岩：王德滋传（著作）王运来（南京大学）、李运庆（南京森林警察学院）

高校师范生教师职业认同及其影响因素研究（论文）胡维芳（江苏理工学院）、黄丽（江苏理工学院）

高校文科本科专业应用性研究（著作）张兄武（苏州科技大学）

远离学校的教育：当代西方国家"在家上学"

运动研究(著作)王佳佳(江苏大学)

集权改革、城镇化与义务教育投入的城乡差距——基于刘易斯二元经济结构模型的分析(论文)宗晓华(南京大学)、陈静漪(河海大学)

谁是高考加分政策的受益者——基于2012年全国高校抽样调查数据(论文)董美英(南京晓庄学院)、程家福(安徽建筑大学)

苏霍姆林斯基评传(著作)孙孔懿(江苏省教育科学研究院)

教学生活新论:基于过程哲学的视角(著作)魏善春(南京师范大学)

中国残疾人职业教育与就业服务:全2册(著作)何侃(南京特殊教育师范学院)

教学媒体:由技术工具论、工具实在论到具身理论的范式转换(论文)张刚要(南京邮电大学)、李艺(南京师范大学)

教学模式创新发展的核心要素——以十大名师名家为例(论文)程岭(江苏师范大学)

我国特殊教育政策变迁的历史演进与路径依赖——基于历史制度主义分析范式(论文)冯元(南京特殊教育师范学院)、俞海宝(南京信息工程大学)

"一带一路"沿线73国高等教育大众化进程分析(论文)刘志民(南京农业大学)、刘路(南京农业大学)、胡顺顺(南京农业大学)

学校课程领导发展的个案研究:以江苏省锡山高级中学为例(著作)王淑芬(江苏第二师范学院)

社会需求视域中的大学课程变革:基于江苏省六所大学的研究(著作)徐高明(常州大学)

世界一流大学通识教育课程研究:以美国大学为例(著作)汪霞(南京大学)、钱铭(盐城工学院)主编

学习方式何以变革:标准与路径(论文)王运武(江苏师范大学)、朱明月(江苏师范大学)

农村职业教育发展新论(著作)马建富(江苏理工学院)等

选择性注意机制探微(著作)张明(苏州大学)

当代中国社会心态与道德生活状况研究报告(著作)马向真(东南大学)

本科教育质量提升研究:基于就读经验的视角(著作)刘海燕(南京审计大学)

教育公正视角的农村学校变革研究(著作)刘国艳(淮阴师范学院)

全日制体育硕士专业学位研究生培养问题研究:基于可雇佣性视角的分析(著作)孙国友(南京体育学院)

竞技能力网络结构特征的实证演绎——以女子重剑项目为例(论文)杜长亮(南京航空航天大学)

运动员人力资本投资风险的形成与规避研究(著作)刘建(南通大学)

西方职业体育市场秩序演化与中国实践研究(著作)张兵(盐城师范学院)

罗马体育法要论(著作)赵毅(苏州大学)

苏北区域中心城市集聚与辐射能力研究:基于淮安市的分析(著作)史修松(淮阴工学院)

Does the marriage market sex ratio affect parental sex selection? Evidence from the Chinese census(婚姻市场性别比是否影响父母生育时的性别选择?)(论文)李杏(南京财经大学)、M. W. Luke Chan(McMaster University)、Byron G. Spencer(McMaster University)、Wei Yang(University of North Dakota)

中国居民收入差距变化对企业产品创新的影响机制研究(论文)安同良(南京大学)、千慧雄(江苏省社会科学院)

房价、迁移摩擦与中国城市的规模分布——理论模型与结构式估计(论文)刘修岩(东南大学)、李松林(东南大学)

政府隐性担保一定能降低债券的融资成本吗?——关于国有企业和地方融资平台债券的实证研究(论文)韩鹏飞(南京财经大学)、胡奕明

（上海交通大学）

江苏省产业系统环境适应性评价（著作）仇方道（江苏师范大学）等

中国农地流转现状及其政策改进——基于江苏、广西、湖北、黑龙江四省（区）调查数据的分析（论文）钱忠好（扬州大学）、冀县卿（南京审计大学）

流域生态系统恢复价值评估：CVM 有效性与可靠性改进视角（著作）蔡志坚（南京林业大学）、杜丽永（南京林业大学）

外资商业竞争与中国流通产业安全研究（著作）李陈华（南京审计大学）

基于多学科视角的企业财务管理拓展与创新探讨（论文）王卫星（常州大学）

区域经济差异视角下政府环境责任研究：基于省际碳排放的测度（著作）姜国刚（常州大学）、赵杨（吉林大学）

全球化视角下的需求约束与我国产业发展研究（著作）孙军（淮海工学院）

高铁网络时代区域旅游空间格局（著作）汪德根（苏州大学）

中国企业"出口——生产率悖论"：理论裂变与检验重塑（论文）汤二子（南京审计大学）

中国外资需求偏好与供给机制的制度安排研究（著作）胡立法（扬州大学）

生产者服务业与制造业的空间集聚：基于贸易成本的研究（论文）谭洪波（扬州大学）

环境规制引起了污染就近转移吗？（论文）沈坤荣（南京大学）、金刚（南京大学）、方娴（复旦大学）

东道国产业集群根植性壁垒及其治理策略——基于 FDI 进入的视角（论文）黄建康（江南大学）、詹正华（江南大学）

全球空间关联视角下的中国经济增长（论文）刘瑞翔（南京审计大学）、颜银根（南京审计大学）、范金（南京林业大学）

出口技术复杂度、劳动力市场分割与中国的人力资本投资（论文）陈维涛（南京审计大学）、王永进（南开大学）、毛劲松（天津市宝坻区人民政府）

农地产权结构、生产要素效率与农业绩效（论文）李宁（南京财经大学）、何文剑（南京信息工程大学）、仇童伟（华南农业大学）、陈利根（南京农业大学）

中国资源型城市脆弱性时空演化理论与实证研究（著作）徐君（江苏师范大学）、李贵芳（江苏师范大学）

收入分配与增长质量：中国经济模式的解读与重塑（著作）李子联（江苏师范大学）

山西农家行为变迁：1986—2012（著作）彭小辉（南京师范大学）、王玉琴（山西省农业厅）、史清华（上海交通大学）

基于双重网络嵌入的海归创业企业成长机制研究（著作）彭伟（常州大学）

家族企业治理模式的分类比较与演进规律（论文）吕鸿江（东南大学）、吴亮（东南大学）、周应堂（南京农业大学）

我国"公司＋农户"型农产品供应链理论模型和运作研究（著作）浦徐进（江南大学）

城市居民节能行为影响因素及引导政策（著作）龙如银（中国矿业大学）、岳婷（中国矿业大学）

江苏人才发展报告 2017（著作）曹杰（南京信息工程大学）、蒋莹（南京信息工程大学）等

中国城镇体系规划的发展演进（著作）张京祥（南京大学）、胡嘉佩（广州市城市规划勘测设计研究院）

我国数字出版产业发展新思路：基于动态能力理论视阈的研究（著作）朱云（南京财经大学）

Hybrid Strategies, Dysfunctional Competition, and New Venture Performance in Transition Economies（转型经济下混合战略、不良竞争与新企业绩效关系研究）（论文）杜运周（东南大学）、Phillip H. Kim（Babson College）、Howard

E. Aldrich(University of North Carolina-Chapel Hill)

考虑行为外部性的多零售商销售努力激励(论文)孟庆峰(江苏大学)、盛昭瀚(南京大学)、陈敬贤(南通大学)、李真(江苏大学)

生态文明建设:镇江实践与特色(著作)马志强(江苏大学)、江心英(江苏大学)

会计视角的资源环境核算与管理(著作)袁广达(南京信息工程大学)

Research on the decoupling analysis between energy consumption or its related CO_2 emission and economic growth in China(中国能源消耗相关的碳排放与经济发展脱钩关系研究)(著作)张明(中国矿业大学)

组织创新氛围、创新自我效能感与员工创新行为(著作)顾远东(南京审计大学)

面向中国制造2025的产业知识创新研究:结构、能力和发展(著作)卢锐(杭州师范大学)、赵佳宝(南京大学)等

核心企业技术联盟伙伴选择问题研究(著作)吴松强(南京工业大学)

双边视角下用户参与众包创新的知识获取机制及实现策略(著作)孟庆良(江苏科技大学)

流域生态补偿机制研究:基于主体行为分析(著作)张婕(河海大学)、王济干(河海大学)、徐健(江苏大学)

聘任制公务员契约治理研究(著作)张宏伟(江苏省人力资源和社会保障厅)

江苏省知识产权密集型产业统计及培育研究(研究报告)王亚利(江苏省专利信息服务中心)、唐小丽(江苏省专利信息服务中心)、杨玉明(江苏省专利信息服务中心)、丁荣余(江苏省知识产权局)、李卫明(江苏省统计局)、赵顺龙(南京工业大学)、赵喜仓(江苏大学)、龚跃鹏(江苏省专利信息服务中心)、石瑛(江苏省专利信息服务中心)、高劼(江苏省专利信息服务中心)、刘菊芳(国家知识产权局规划发展司)、吕阳红(国家

专利局南京代办处)、张晓月(南京工业大学)等

中国碳生产率的估算、预测及优化分配研究(研究报告)张成(南京财经大学)、史丹(中国社会科学院)、王群伟(南京航空航天大学)、刘小峰(南京财经大学)、周宁(南京财经大学)、刘宁(国务院参事室当代绿色经济研究中心)、徐圆(南京财经大学)

全球智能制造装备领军人才资源分布研究(研究报告)廖文和(南京理工大学)、孔捷(南京理工大学)、高扬(南京理工大学)、周文魁(南京理工大学)、陆蒨(南京理工大学)、李莉(南京理工大学)、章成志(南京理工大学)、朱英明(南京理工大学)、武兰芬(南京理工大学)、张捷(南京理工大学)、唐娜(南京理工大学)、马蕾(南京理工大学)、刘永(南京理工大学)、刘婷婷(南京理工大学)、张长东(南京理工大学)、王禹林(南京理工大学)、汪惠芬(南京理工大学)、程新斌(南京理工大学)、邵军华(南京理工大学)、杨鹃瑞(南京理工大学)

苏北生态优先绿色发展调研报告(研究报告)章寿荣(江苏省社会科学院)、王树华(江苏省社会科学院)、吕永刚(江苏省社会科学院)、华学成(淮阴工学院)、郭玉燕(江苏省社会科学院)、岳少华(江苏省社会科学院)、苗国(江苏省社会科学院)、樊佩佩(江苏省社会科学院)、赵锦春(江苏省社会科学院)、于诚(江苏省社会科学院)、刘海健(淮阴工学院)

中国当代犯罪隐语数据库建设及犯罪隐语在刑事侦查中的应用研究(研究报告)王卉(南京森林警察学院)

政府参与农村土地流转研究(研究报告)邹伟(南京农业大学)、诸培新(南京农业大学)、陆万军(南京农业大学)、王雪琪(南京农业大学)、徐礼球(淮安市委农工部)、曹铁毅(南京农业大学)、张建(南京农业大学)、王圣华(泰州市委农村工作办公室)、魏永春(镇江市农业合作经济经营管理站)、王敏(南京农业大学)、康争光(江苏

省科学技术发展战略研究院）

江苏推进大运河文化带建设的思考（研究报告）方标军（江苏省文化和旅游厅）

苏北地区创新人才集聚突破路径的调查研究（研究报告）段鑫星（中国矿业大学）、王雪松（中国矿业大学）、余利川（中国矿业大学）、徐苏兰（中国矿业大学）、吴瑞（中国矿业大学）、朱静坤（中国矿业大学）

协同创新中心运行模式与机制研究（研究报告）施琴芬（苏州科技大学）、于娱（南京审计大学）、宋福明（南京邮电大学）、姜田（南京大学）、任刚（东南大学）、周国栋（南京农业大学）、秦卫明（南京工业大学）、钱福良（苏州大学）、尹洁（江苏科技大学）

藏区基层治理法治化的若干思考（研究报告）唐宏强（江苏省人力资源和社会保障厅）

中非海洋领域合作现状、挑战与对策（研究报告）张振克（南京大学）

科技创新驱动江苏省经济增长研究（研究报告）徐盈之（东南大学）、朱春晓（江苏省统计局）、岳书敬（东南大学）、郭进（东南大学）、王书斌（东南大学）、赵永平（东南大学）、高嘉颖（中国建设银行）、杨英超（东南大学）

建立科学合理的容错机制　为江苏新一轮发展注入充足动能（研究报告）陈朋（江苏省社会科学院）

现代农业导向的农业结构战略性调整研究（研究报告）张兵（南京农业大学）、刘丹（南京农业大学）、王翌秋（南京农业大学）、姜长云（国家发展和改革委员会）、孟德锋（南京审计大学）、李丹（南京审计大学）、邹伟（南京农业大学）、何军（南京农业大学）

图像学视野下的传统江南景观视觉基因分析与构建研究（研究报告）徐伟（南京理工大学）、罗婷（南京邮电大学）、孔凡报（南京理工大学）

苏南地区制造业向服务型制造转型的路径及对策研究（研究报告）金青（常州工学院）、李荧（常州工学院）、张忠（常州工学院）、陈杰（常州工学院）

构建区域商标品牌发展指数助推江苏省商标品牌战略的深入实施（研究报告）钱建平（南京理工大学）、徐升权（南京理工大学）、郑伦幸（南京理工大学）、韩兴（南京理工大学）、董新凯（南京理工大学）、吴永才（江苏省工商行政管理局）、张传博（江苏省工商行政管理局）

社会主义核心价值观的"内省"与"外化"（普及成果）黄进（江苏科技大学）

中国丝绸之路上的墓室壁画（7卷本）（普及成果）汪小洋（东南大学）、姚义斌（南京航空航天大学）、赵晓寰（悉尼大学）、王诗晓（东南大学）、吴思佳（兰州理工大学）、邓新航（东南大学）、包艳（兰州理工大学）、张骋杰（东南大学）、史亦真（东南大学）、刘刚（兰州理工大学）、段少华（东南大学）、郭振文（华侨大学）、金源（江苏经贸职业技术学院）

汉画像艺术概论（普及成果）顾颖（江苏师范大学）

五百年来王阳明（普及成果）郦波（南京师范大学）

劳动维权成功百例（普及成果）刘业林（镇江市哲学社会科学界联合会）

新家庭教育问答（普及成果）王道荣（江苏旅游职业学院）

决策的基因（普及成果）李娟（南京大学）

这就是二十四节气（全四册）（普及成果）高春香（苏州中科知成地理信息科技有限公司）、邵敏（苏州中科知成地理信息科技有限公司）、许明振（苏州中科知成地理信息科技有限公司）、李婧（苏州中科知成地理信息科技有限公司）

南京通史·隋唐五代宋元卷（著作）南京市地方志编纂委员会办公室编；李天石等编著

苏北精准扶贫与农民增收面临的新问题及对策建议（研究报告）刘宗尧（徐州市哲学社会科学界联合会）、周仕通（徐州工程学院）、张中强

（徐州工程学院）、董金玲（徐州工程学院）、张文君（徐州市哲学社会科学界联合会）、郭慧（徐州市哲学社会科学界联合会）

扬州木版年画与苏州桃花坞木版年画之比较（论文）孙璐（扬州市职业大学）

转型视角下的城市网络研究：基于生产性服务业的长三角实证分析（著作）王聪（南京市社会科学院）

多语环境下的母语建构与母语社区规划研究（著作）方小兵（南京晓庄学院）

刑事证据审查三步法则（著作）李勇（南京市建邺区人民检察院）

电子政府治理理念及其相关制度创新研究（著作）王文建（南京晓庄学院）

让儿童热爱科学：走向深度学习的小学科学课程实践（著作）曹燕琴（宜兴市城北小学）

白居易生平与创作实证研究（著作）文艳蓉（徐州工程学院）

"沛县封侯虎"课程是怎样炼成的（著作）张振华（沛县教师发展中心）

新常态下常州市出租汽车行业改革建议研究（研究报告）王建明（常州工学院）、谢金楼（常州工学院）、冯英华（常州工学院）等

义务教育优质均衡发展政策执行考察：以苏南 W 市 B 区为例（著作）刘玮（苏州市沧浪新城第二实验小学校）

自学·议论·引导：涵育学生核心素养的重要范式（论文）李庾南（南通市启秀中学）、祁国斌（南通大学）

砥砺奋进：擘画上海"北大门"建设蓝图（著作）蒋建（南通市委党校）主编

江苏建设海洋经济强省研究（研究报告）孙巨传（连云港市社会科学院）、蒋红奇（连云港市社会科学院）、刘增涛（连云港市社会科学院）、薛继坤（连云港市社会科学院）

基于学校发展的中小学章程建设研究（论文）骆增翼（连云港市海州实验中学）

交互式电子白板的教学资源共建共享及创新应用（著作）颜韡（连云港市中云中学）

周恩来法治思想研究（著作）张亚青（淮安市法学会）、季秀平（淮阴师范学院）、朱锦（淮安市法学会）、郭兴利（淮阴师范学院）、傅红冬（淮阴师范学院）、赵国付（淮阴师范学院）、陈上海（淮阴师范学院）

高等职业教育的文化驱动：吕凤子"崇爱尚美"文化育人思想的传承与实践（著作）丁钢（镇江市高等专科学校）、徐铭（镇江市高等专科学校）、王桂龙（镇江市高等专科学校）、蒋纯利（镇江市高等专科学校）

江苏开发区创新与转型发展研究（研究报告）镇江市社科联（院）

转型期农村经济改革探索（著作）彭智勇（镇江市委党校）

镇江市推进特色小镇规划建设的对策研究（研究报告）江苏大学、镇江市发改委联合课题组

旅游高职教育人才培养研究（著作）李冬梅（镇江市高等专科学校）、罗春燕（镇江市高等专科学校）

刑事立法过程中公民参与问题研究（著作）阴建峰（北京师范大学）、贾长森（句容市人民检察院）、万育（中国建设银行北京分行中关村支行）、黄静野（美国密歇根大学）

世界历史与世界市场的空间维度——基于历史唯物主义体系的全景化透视（论文）吴耀国（宿迁高等师范学校）

中国特大城市经济转型发展研究（著作）黄南（南京市社会科学院）等

乡村让城市更向往——关于南京农村空心化问题的调研报告（研究报告）邵建光（南京市人大常委会）、韩道辉（南京市委办公厅）、于水（南京农业大学）、郭俊（南京市委办公厅）、邢光河（南京市委办公厅）

认罪认罚从宽制度试点改革实证研究——以南京市为样本（研究报告）范群（南京市人民检察

院)、潘科明(南京市人民检察院)、余红(南京市人民检察院)、黄志坚(南京市人民检察院)、李勇(南京市建邺区人民检察院)、马虹(南京市江宁区人民检察院)、张婷(南京市人民检察院)、聂婷婷(南京市人民检察院)

产业转型的地方实践:苏南工业园区的生态文明建设(著作)任克强(南京市社会科学院)

价值观建设与传播(著作)曹劲松(南京市委台湾工作办公室)

南京市行政区划史(著作)雍玉国(南京市行政区划地名协会)主编

"法益可恢复性犯罪"概念之提倡(论文)庄绪龙(江苏省无锡市中级人民法院)

无锡产业强市战略研究(研究报告)钱喜中(无锡市发展和改革委员会)、李仲贵(无锡市发展和改革委员会)、占丽(无锡太湖学院)等

无锡商会史(著作)汤可可(无锡市档案局)主编;王海宝(无锡市工商联)、浦文昌(无锡市发展和改革委员会)

用生长定义教育——孟晓东与语文生长课堂(著作)孟晓东(无锡市锡山区教育局)

关于我市城市跨区域重大基础设施和重点工程共建共担共享机制的研究(研究报告)高圣华(无锡市财政局)、杨百海(无锡市财政局)、潘福林(无锡市财政局)、马元燕(无锡市财政局)、胡雯雯(无锡市财政局)

无锡招商引资机制创新和优化研究(上中下)(研究报告)李伟刚(无锡市人民政府研究室)、陶琦(无锡市人民政府研究室)、朱永福(无锡市人民政府研究室)

中国城镇化土地征收冲突治理模式转型研究(论文)王华华(无锡市委党校)

检察建设初论(著作)李乐平(无锡市人民检察院)、韩彦霞(无锡市人民检察院)

基于空间分异的我国农村金融改革特色化研究(著作)董金玲(徐州工程学院)

"十三五"时期非公经济"两个健康"发展战

略和路径研究——以常州市为例(研究报告)王建华(江苏理工学院)、查艳(常州市委统战部)、朱正奎(江苏理工学院)、谢忠秋(江苏理工学院)、李梅香(常州市委统战部)、陈晓雪(江苏理工学院)、李刚(江苏理工学院)、俞超(江苏理工学院)、刘宁(江苏理工学院)

死刑案件检察监督研究(著作)张加林(常州市司法局)、姜涛(南京师范大学)等

虚拟存在的美学研究(著作)杨建生(常州工学院)、吕在(常州信息学院)

常州曲艺史(著作)言禹墨(常州市文化艺术研究所)

财政专项资金管理中的风险防范(论文)乔俊杰(常州市财政局)、沈才(常州市财政局)、孙蓉蓉(常州市财政局)、桂萍(常州市财政局)、王欣冉(常州市旅游局)、徐明星(常州市财政局)、王珏(常州市财政局)

盛宣怀与中国近代化(上、下册)(著作)陈吉龙(常州市炎黄文化研究会)主编

基于功能设计的图书馆"十三五"发展战略构想(论文)许晓霞(苏州图书馆)、陆秀萍(苏州图书馆)

关于助推全市中医药事业健康发展的建议(研究报告)苏州市政协文教卫体委员会

苏州文化创意产业与金融融合发展的现状与建议(研究报告)廖文杰(苏州工业职业技术学院)

苏州丝绸志(著作)苏州丝绸志编纂委员会

"苏州制造"转型破局之探讨——深圳、杭州、苏州三城比较研究(研究报告)苏州地税局课题组

苏州农村集体"三资"管理的实践与创新(研究报告)苏州市委农村工作办公室、苏州城乡一体化改革发展研究院

大众创业、万众创新背景下创业担保贷款政策研究(研究报告)朱晨(苏州市财政局)

江苏县域公共文化服务标准化问题研究——

以张家港"一中心、双总分、数字化"公共文化服务模式为例(研究报告)陈世海(张家港市文化广电新闻出版局)、李忠影(张家港市文化广电新闻出版局)、邵海宇(张家港市文化广电新闻出版局)

法治理念下的行政程序证据制度研究(著作)陈峰(苏州市政府法制办公室)、张杰[江苏钟山明镜(苏州)律师事务所]

相对集中行政许可权改革的探索及建议——以南通市为例(研究报告)刘召(南通市委党校)

有趣的语文:一个语文教师的"另类"行走(著作)凌宗伟(南通市通州区金沙中学)

前苏联马克思主义意识形态嬗变的原因及启示(论文)朱联平(南通市委党校)

法的沉思(著作)王晓如(南通市保险行业协会)

教师八大功课(著作)李明高(连云港师范高等专科学校)编著

融合式适应体育教学法(著作)李沛立(连云港师范高等专科学校)

下好生态"先手棋"打好绿色"发展牌"——基于苏北其他四市比较的淮安生态绿色发展路径初探(研究报告)淮安市联合调研组

以农民集中居住为支点　以土地制度改革为杠杆　着力撬动新型城镇化发展和新农村建设(研究报告)郝道君(淮安市人民政府办公室)、张延峰(淮安市人民政府研究室)、姚凤雷(淮安市人民政府办公室)、鲁振湖(淮安市人民政府办公室)、王中书(淮安市规划局)、黄春(淮安市住建局)、赵天(淮安市委农工部)、储卫东(淮安市国土局)、倪军(淮安市国土局)、左宏(淮安市国土局)、王建纲(淮安市国土局)

深化农村土地制度改革研究——参考淮安的实践(研究报告)时洪兵(淮安市政协文史资料委员会)、姚凤雷(淮安市人民政府办公室)、许军(淮安市人民政府办公室)、孙建林(淮安市委农工部)、陈开昶(淮安市国土局)

关于档案执法监督检查的决策咨询报告(研究报告)朱鸿英(淮安日报社)、林华东(淮阴师范学院)、谢雨(淮阴师范学院)、谈有法(淮安市档案局)

关于淮安市重点中心镇建设的调研报告(研究报告)黄克清(淮安市发展和改革委员会)、高金宝(淮安市发展和改革委员会)、单君(淮安市发展和改革委员会)、陈健(淮安市发展和改革委员会)、华贵(淮安市发展和改革委员会)、段明祥(淮安市发展和改革委员会)、曹雨(淮安市发展和改革委员会)

在建言中见证淮安发展:2013—2016年重点调研报告集(著作)朱毅民(民进江苏省委员会)、朱洁(淮安市政协经济科技委员会)

盐城地区精准扶贫与农民增收研究(研究报告)吴先国(盐城市审计局)、孙红青(盐城市审计局)、陈玥光(上海地方税务局)、蔡书亚(盐城市审计局)、郭红(盐城市审计局)、陶振华(盐城市审计局)

史海盐踪:盐城海盐文化历史遗存(著作)盐城市政协学习文史委员会编

江淮生态大走廊建设研究(研究报告)扬州市委研究室课题组

与时代发展同步——校长治校的实践独白(著作)周俊(江苏旅游职业学院)

政校行企四方深度合作办学创新研究与实践(研究报告)陈康林(扬州技师学院)、商玉美(扬州技师学院)、居远山(扬州市运输管理处)、门涛(扬州市运输管理处)、韩彬(扬州技师学院)、周秋菊(扬州技师学院)、姚恒梅(扬州技师学院)、罗杰(扬州技师学院)、程芳(扬州技师学院)、袁法军(扬州技师学院)

镇江投资及营商环境调查报告(研究报告)国家统计局镇江调查队

完善环境保护税制建设的建议(研究报告)吉秋根(泰州地方税务局)、刘富民(泰州地方税务局)、袁曙明(泰州泰兴地方税务局)

泰州市新经济发展案例分析研究（研究报告）李占国（江苏省社会科学院泰州分院）、焦金芝（江苏省社会科学院泰州分院）

列宁的阶级观国家观社会主义观及其当代价值（论文）朱妙宽（兴化市委党校）

江苏地区明代浇浆墓及出土服饰的初步研究（论文）郭正军（泰州市博物馆）

"互联网＋农业"：引领宿迁现代农业发展的新引擎（研究报告）宿迁市委党校课题组

司法的剧本与表演（著作）崔永峰（宿迁市中级人民法院）

刑事责任理论研究（著作）尹维达（宿迁学院）

来　　　源：江苏省人民政府办公厅

发布日期：2018 年 12 月 14 日

第二部分

财政、金融、统计

江苏省财政厅 2019 年度部门预算情况说明

一、收支预算总体情况说明

本表反映部门年度总体收支预算情况。根据《江苏省财政厅关于 2019 年省级部门预算的批复》（苏财预〔2019〕7 号）填列。

江苏省财政厅 2019 年度收入、支出预算总计 47 472.71 万元，与上年相比收、支预算总计各增加 7 869.7 万元，增长 19.87%。其中：

（一）收入预算总计 47 472.71 万元。包括：

1. 财政拨款收入预算总计 43 282.22 万元。

一般公共预算收入预算 43 282.22 万元，与上年相比增加 6 437.19 万元，增长 17.47%。主要原因是人员经费、项目经费增加。

2. 财政专户管理资金收入预算总计 4 190.49 万元。与上年相比增加 1 432.51 万元，增长 51.94%。主要原因是在校生人数增加，学费收入增加。

（二）支出预算总计 47 472.71 万元。包括：

1. 一般公共服务（类）支出 24 029.36 万元，主要用于省财政厅行政机关及事业单位开展财政事务而发生的支出。与上年相比增加 4 316.72 万元，增长 21.9%。主要原因是人员经费、项目经费增加及事业单位新增物业管理费。

2. 教育（类）支出 14 863.79 万元，主要用于江苏财会职业学院、江苏省徐州财经高等职业技术学校两所学校的教育支出。与上年相比增加 2 123.93 万元，增长 16.67%。主要原因是在校生人数增多，人员经费政策性增加。

3. 社会保障和就业（类）2 765.39 万元，主要用于离退休人员的支出。与上年相比增加

122.26 万元，增长 4.63%。主要原因是：房租补贴、离退休费等政策调整导致离退休人员经费增加。

4. 住房保障（类）支出 5 814.17 万元，主要用于省财政厅、行政机关及事业单位按照国家有关规定为职工缴存住房公积金和发放提租补贴。与上年相比增加 1 306.79 万元，增长 28.99%。主要原因是：根据政策调整住房公积金及房租补贴，公积金及住房补贴支出增加。

此外，基本支出预算数为 28 424.16 万元。与上年相比增加 3 424.27 万元，增长 13.7%。主要原因是人员工资、公积金和提租补贴等人员支出增加。

项目支出预算数为 16 605.59 万元。与上年相比增加 3 455.69 万元，增长 26.28%。主要原因是：江苏财会职业学院增加了修缮资金；江苏省徐州财经高等职业技术学校恢复图书购置专项，新增合作办学专项；江苏省财政厅财政信息管理中心新增了物业管理经费、公务用车更新两个运转类项目，调增了四个常年项目资金规模。

单位预留机动经费预算数为 2 442.96 万元。与上年相比增加 989.74 万元，增长 68.11%。主要原因是工资政策性调整安排。

二、收入预算情况说明

江苏省财政厅本年收入预算合计 47 472.71 万元，其中：

一般公共预算收入 43 282.22 万元，占 91.17%；

财政专户管理资金 4 190.49 万元，占 8.83%。

2019年度江苏省财政厅收入预算表

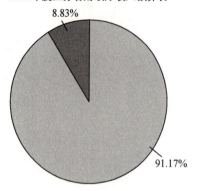

图1 收入预算图

三、支出预算情况说明

江苏省财政厅本年支出预算合计47 472.71万元,其中:

基本支出28 424.16万元,占59.87%;

项目支出16 605.59万元,占34.98%;

单位预留机动经费2 442.96万元,占5.15%。

2019年度江苏省财政厅支出预算表

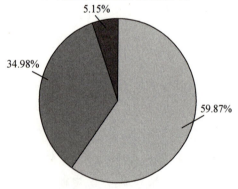

图2 支出预算图

四、财政拨款收支预算总体情况说明

江苏省财政厅2019年度财政拨款收、支总预算43 282.22万元。与上年相比,财政拨款收、支总计各增加6 437.19万元,增长17.47%。主要原因是人员经费和项目经费增加。

五、财政拨款支出预算情况说明

江苏省财政厅2019年财政拨款预算支出

43 282.22万元,占本年支出合计的91.17%。与上年相比,财政拨款支出增加6 437.19万元,增长17.47%。主要原因是工资、公积金、提租补贴等人员经费、项目经费支出增加。

其中:

(一)一般公共服务(类)

1. 财政事务(款)行政运行(项)支出6 890.79万元,与上年相比增加988.45万元,增长16.75%。主要原因是:机关正常增资、公积金、提租补贴等增加。

2. 财政事务(款)一般行政管理事务(项)支出8 328.8万元,与上年相比基本持平。

3. 财政事务(款)机关服务(项)支出556.48万元,与上年相比增加141万元,增长33.94%。主要原因是:财政信息管理中心人员工资及事务性支出增加。

4. 财政事务(款)信息化建设(项)支出6 439.18万元,与上年相比增加3 107.18万元,增长93.25%。主要原因是:江苏省财政厅财政信息管理中心新增了物业管理经费、公务用车更新两个运转类项目,调增四个常年项目资金规模。

5. 财政事务(款)事业运行(项)支出1 109.4万元,与上年相比增加114.48万元,增长11.51%。主要原因是:事业单位人员增加及调资等基本支出增加。

6. 财政事务(款)其他财政事务(项)支出704.71万元,与上年相比增加19.81万元,增长2.89%。主要原因是:新增物业管理费专项。

(二)教育支出(类)

职业教育(款)高等职业教育(项)支出13 289.14万元,与上年相比增加1 224.39万元,增长10.15%。主要原因是:江苏省徐州财经高等职业技术学校人员支出增加。

(三)社会保障和就业(类)

行政事业单位离退休(款)未归口管理的行政单位离退休(项)支出241.75万元,与上年相比增加 21.1 万元,增加 9.56%。主要原因是:离退休人员住房补贴等增加。

行政事业单位离退休(款)机关事业单位基本养老保险缴费(项)支出 1 527.05 万元,与上年相比减少 143.3 万元,减少 8.58%。主要原因是:江苏省徐州财经高等职业技术学校部分支出安排使用了财政专户管理资金。

行政事业单位离退休(款)机关事业单位职业年金缴费(项)支出 610.49 万元,与上年相比减少 53.12 万元,减少 8%。主要原因是:江苏省徐州财经高等职业技术学校部分支出安排使用了财政专户管理资金。

（四）住房保障支出（类）

1. 住房改革支出(款)住房公积金(项)支出 895.7 万元,与上年相比增加 182.7 万元,增长 25.62%。主要原因是:职工人数增加及政策性调整住房公积金。

2. 住房改革支出(款)提租补贴(项)支出 2 688.73 万元,与上年相比增加 888.7 万元,增长 49.37%。主要原因是:职工人数增加及政策性调整提租补贴。

六、财政拨款基本支出预算情况说明

江苏省财政厅 2019 年度财政拨款基本支出预算 24 238.47 万元,其中:

（一）人员经费 18 393.94 万元。主要包括:基本工资、津贴补贴、奖金、绩效工资、机关事业单位基本养老保险缴费、职业年金缴费、其他社会保障缴费、住房公积金、医疗费、其他工资福利支出、离休费、退休费、医疗费补助、奖励金。

（二）公用经费 5 844.53 万元。主要包括:办公费、水费、电费、邮电费、差旅费、维修(护)费、会议费、培训费、公务接待费、专用材料费、工会经费、福利费、公务用车运行维护费、其他交通费用、其他商品和服务支出。

七、一般公共预算支出预算情况说明

江苏省财政厅 2019 年一般公共预算财政拨款支出预算 43 282.22 万元,与上年相比增加

6 437.19 万元,增长 17.47%。主要原因是工资、公积金、提租补贴、养老保险及职业年金等人员经费、项目经费支出增加。

八、一般公共预算基本支出预算情况说明

江苏省财政厅 2019 年度一般公共预算财政拨款基本支出预算 24 238.47 万元,其中:

（一）人员经费 18 393.94 万元。主要包括:基本工资、津贴补贴、奖金、绩效工资、机关事业单位基本养老保险缴费、职业年金缴费、其他社会保障缴费、住房公积金、医疗费、其他工资福利支出、离休费、退休费、医疗费补助、奖励金。

（二）公用经费 5 844.53 万元。主要包括:办公费、水费、电费、邮电费、差旅费、维修(护)费、会议费、培训费、公务接待费、专用材料费、工会经费、福利费、公务用车运行维护费、其他交通费用、其他商品和服务支出。

九、一般公共预算"三公"经费、会议费、培训费支出预算情况说明

江苏省财政厅 2019 年度一般公共预算拨款安排的"三公"经费预算支出中,因公出国(境)费支出 130 万元,占"三公"经费的 40.91%;公务用车购置及运行费支出 101.3 万元,占"三公"经费的 31.87%;公务接待费支出 86.52 万元,占"三公"经费的 27.22%。具体情况如下:

1. 因公出国(境)费预算支出 130 万元,本年数等于上年预算数。

2. 公务用车购置及运行费预算支出 101.3 万元。其中:

（1）公务用车购置预算支出 0 万元,与上年相比无变化。

（2）公务用车运行维护费预算支出 101.3 万元,比上年预算增加 1.6 万元,主要原因是省财政科学研究所公务用车运行维护费调增。

3. 公务接待费预算支出 86.52 万元,与上年相比无变化。

江苏省财政厅 2019 年度一般公共预算拨款安排的会议费预算支出 502.66 万元,与上年相

比基本持平。

江苏省财政厅 2019 年度一般公共预算拨款安排的培训费预算支出 706.62 万元，比上年预算增加 57.89 万元，主要原因是：近年来随着财政事业的发展和财政改革任务的不断增加，财政干部教育培训需求不断增大，培训费预算相应增加。

十、政府性基金预算支出预算情况说明

本部门无政府性基金支出预算。

十一、一般公共预算机关运行经费支出预算情况说明

2019 年本部门一般公共预算机关运行经费预算支出 1 336.14 万元，与上年相比增加 49.01 万元，增长 3.81%。主要原因是：人员增加日常公用经费相应增加。

十二、政府采购支出预算情况说明

2019 年度政府采购支出预算总额 9 928.52 万元，其中：拟采购货物支出 4 876.73 万元、拟采购工程支出 0 万元、拟购买服务支出 5 051.79 万元。

十三、国有资产占用情况

本部门共有车辆 23 辆，其中，一般公务用车 23 辆、执法执勤用车 0 辆、特种专业技术用车 0 辆、其他用车 0 辆等。单价 20 万元（含）以上的设备 69 台（套）。

十四、预算绩效目标设置情况说明

2019 年本部门共 10 个项目实行绩效目标管理，涉及财政性资金合计 11 118.48 万元。

来　　源：江苏省财政厅

发布日期：2019 年 02 月 13 日

省财政厅部署 2019 年全省政府购买服务工作

近日,省财政厅印发《关于做好 2019 年政府购买服务工作的通知》(苏财购〔2019〕11 号),对 2019 年全省政府购买服务工作进行了部署,并从加强管理、有效实施和信息报送三方面提出了具体工作要求。

推广政府购买服务是全面深化改革的一项重点任务,是创新公共服务供给机制和财政支出方式的重要举措,对于转变政府职能、改善公共服务、加快建立现代财政制度具有重要意义。省财政厅要求各市县依法依规加强政府购买服务管理,规范政府购买服务范围,严格执行国务院《关于政府向社会力量购买服务的指导意见》(国办发〔2013〕96 号),坚持先有预算、后购买服务,

不得把政府购买服务作为增加预算单位财政支出的依据,严禁利用或虚构政府购买服务合同违法违规融资,切实做好政府购买服务信息公开工作。同时,省财政厅要求各市县抓好重点领域购买服务,积极开展第三方绩效评价试点,推进事业单位和行业协会商会政府购买服务改革,扎实有序实施政府购买服务工作,努力实现政府购买服务力度进一步加大、范围进一步拓展、绩效进一步提升。

来　　源:江苏省财政厅
发布日期:2019 年 04 月 19 日

《江苏省省级特色小镇奖补资金管理办法》政策解读

为贯彻《省政府关于培育创建江苏特色小镇的指导意见》(苏政发〔2016〕176 号),规范省级特色小镇奖补资金(以下简称"奖补资金")管理,提高资金使用效益,根据《中华人民共和国预算

法》、《江苏省省级财政专项资金管理办法》等有关法律法规,省财政厅、省发展改革委制定了《江苏省省级特色小镇奖补资金管理办法》,现就有关问题作如下政策解读。

一、奖补资金指的是什么？

本办法所称省级特色小镇奖补资金（以下简称"奖补资金"），是指省级财政预算安排，支持省级特色小镇（不含旅游风情小镇）创建的专项资金。

二、奖补标准是什么？

对经考核合格的省级特色小镇，在创建期间及验收命名后累计3年内，省财政给予每年200万元奖补，总额600万元。

三、奖补资金如何下达？

每年年初由省发改委牵头，结合上年度特色小镇运营情况对纳入省级创建名单的特色小镇进行考核，并结合考核结果提出奖补资金分配初步方案。省财政厅依据省发改委考核结果及资金分配意见，下达奖补资金。

四、奖补资金可用于哪些方面？

奖补资金由特色小镇所在市、县（市）统筹用于特色小镇规划范围内的基础设施及公共服务设施等方面。

来　　源：江苏省财政厅
发布日期：2018年08月24日

2018年江苏省一般公共预算收入完成情况

2018年全省一般公共预算收入完成8630亿元，比上年增加458亿元，增长5.6％。

全省财政收入分地区简况

地区	2018年（亿元）	同口径增幅（％）	地区	2018年（亿元）	同口径增幅（％）
全省合计	8 630	5.6	连云港市	234	8.0
＃南京市	1 470	11.1	淮安市	247	5.8
无锡市	1 012	7.6	盐城市	381	4.4
徐州市	526	4.1	扬州市	340	5.1
常州市	560	5.9	镇江市	302	4.8
苏州市	2 120	9.6	泰州市	357	5.4
南通市	606	1.2	宿迁市	206	1.3

注：本表同口径数据对金融业税收由省级下放市县等影响作了调整。

来　　源：江苏省财政厅
发布日期：2019年02月13日

我省在全国率先出台相关意见
引导社会资本参与乡村振兴

省政府办公厅近日出台《关于引导社会资本更多更快更好参与乡村振兴的意见》，提出在坚持"共享共荣、互利互惠"基础上，社会资本要重点投向美丽宜居乡村、乡村加工业、乡村旅游业、乡村生活服务业、农业生产服务业、优质高效农业、绿色循环产业、科技装备业等8大产业。

工商资本是推动乡村振兴的重要力量，引导好、服务好、保护好工商资本下乡的积极性是加快实施乡村振兴战略的重要措施。我省在全国率先出台《意见》，重点突出号召、引导、激励作用，尽可能调动社会资本投资积极性，引导社会资本投资把握好方向。

《意见》综合运用财政、土地、金融、税收等政策手段，构建支持社会资本投入乡村振兴的政策体系。"目前，支持农业农村领域创新创业，扶持民营资本的相关政策比较多，但在实施过程中往往遇到一些问题。《意见》重点围绕制约社会资本投资的关键矛盾、突出问题，对现有政策细化、实化，有所创新，体现我省特色。"省农业农村厅发展计划处处长邹芳刚说，调研中发现，社会资本投资乡村振兴一大顾虑是建设用地问题，集体建设用地无法入市，导致投入资金不能成为资产，交易、转让十分困难。《意见》在用地政策上明确，要严格落实乡（镇）土地利用总体规划预留不超过5％规划建设用地，用于零星分散的单独选址农业设施、乡村旅游设施等建设政策。农村集体建设用地使用权经具备评估资质机构评估后，可以作价入股与社会资本合资建设经营乡村旅游、创意办公、产品加工等设施，所建设施经营权可以转让。社会资本以"村企合作"模式投资村庄整治和整体流转经营耕地，通过村庄整治、土地整理等节约的建设用地可优先支持投资主体发展新产业新业态。高标准农田整体推进建设增加的耕地，经严格核定后可作为占补平衡补充耕地指标。这些规定有利于调动社会资本积极性，加快推动乡村民宿、旅游、加工业等发展。

为防止社会资本投资农业侵犯农民利益，《意见》还提出建立社会资本投入乡村振兴"负面清单"制度，明确社会资本投资农业农村，不得侵犯农民利益，不得侵害农村集体产权，不得改变土地用途，不得破坏农业综合生产能力，严禁以发展休闲农业、设施农业等为名开展违法违规非农建设，严禁农地非农化。

来　　源：新华日报
发布日期：2019 年 01 月 02 日

江苏省地方金融监管局
2019 年度部门预算情况说明

一、收支预算总体情况说明

江苏省地方金融监督管理局 2019 年度收入、支出预算总计各 2 294.39 万元,与上年相比收、支预算总计各增加 2 294.39 万元,增长 100%。其中:

(一)收入预算总计 2 294.39 万元。包括:

1. 财政拨款收入预算总计 2 294.39 万元。

(1)一般公共预算收入预算 2 294.39 万元,与上年相比增加 2 294.39 万元,增长 100%。主要原因是我局为 2018 年机构改革后新组建单位,首次作为一级预算单位编制预算。

(2)政府性基金收入为 0。

2. 财政专户管理资金收入为 0。

3. 其他资金收入为 0。

4. 上年结转资金为 0。

(二)支出预算总计 2 294.39 万元。包括:

1. 社会保障和就业支出 149.33 万元,主要用于机关事业单位基本养老保险缴费和职业年金缴费。与上年相比增加 149.33 万元,增长 100%。主要原因是我局为 2018 年机构改革后新组建单位,首次作为一级预算单位编制预算。

2. 金融支出 1 722.97 万元,主要用于行政运行、重点金融机构监管、金融发展支出、其他金融支出等。与上年相比增加 1 722.97 万元,增长 100%。主要原因是我局为 2018 年机构改革后新组建单位,首次作为一级预算单位编制预算。

3. 住房保障支出 422.09 万元,主要用于住房公积金、提租补贴。与上年相比增加 422.09 万元,增长 100%。主要原因是我局为 2018 年机构改革后新组建单位,首次作为一级预算单位编制预算。

4. 结转下年资金预算数为 0。

此外,基本支出预算数为 1 357.49 万元。与上年相比增加 1 357.49 万元,增长 100%。主要原因是我局为 2018 年机构改革后新组建单位,首次作为一级预算单位编制预算。

项目支出预算数为 936.90 万元。与上年相比增加 936.90 万元,增长 100%。主要原因是我局为 2018 年机构改革后新组建单位,首次作为一级预算单位编制预算。

单位预留机动经费预算数为 0。

二、收入预算情况说明

江苏省地方金融监督管理局本年收入预算合计 2 294.39 万元,其中:

一般公共预算收入 2 294.39 万元,占 100%;政府性基金预算收入为 0;财政专户管理资金为 0;其他资金为 0;上年结转资金为 0。

三、支出预算情况说明

江苏省地方金融监督管理局本年支出预算合计 2 294.39 万元,其中:

基本支出 1 357.49 万元,占 59.17%;项目

支出 936.90 万元,占 40.83％;单位预留机动经费为 0;结转下年资金为 0。

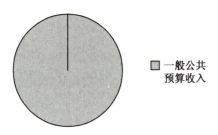

图 1　收入预算图

■ 一般公共预算收入

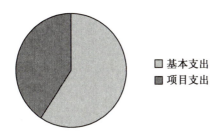

图 2　支出预算图

■ 基本支出
■ 项目支出

四、财政拨款收支预算总体情况说明

江苏省地方金融监督管理局 2019 年度财政拨款收、支总预算各 2 294.39 万元。与上年相比,财政拨款收、支总计各增加 2 294.39 万元,增长 100％。主要原因是我局为 2018 年机构改革后新组建单位,首次作为一级预算单位编制预算。

五、财政拨款支出预算情况说明

江苏省地方金融监督管理局 2019 年财政拨款预算支出 2 294.39 万元,占本年支出合计的 100％。与上年相比,财政拨款支出增加 2 294.39 万元,增长 100％。主要原因是我局为 2018 年机构改革后新组建单位,首次作为一级预算单位编制预算。

其中:

(一)社会保障和就业支出(类)

1. 行政事业单位离退休(款)机关事业单位基本养老保险 25 缴费支出(项)106.66 万元,与上年相比增加 106.66 万元,增长 100％。主要原因是我局为 2018 年机构改革后新组建单位,首次作为一级预算单位编制预算。

2. 行政事业单位离退休(款)机关事业单位职业年金缴费支出(项)42.67 万元,与上年相比增加 42.67 万元,增长 100％。主要原因是我局为 2018 年机构改革后新组建单位,首次作为一级预算单位编制预算。

(二)金融支出(类)

1. 金融部门行政支出(款)行政运行支出(项)786.07 万元,与上年相比增加 786.07 万元,增长 100％。主要原因是我局为 2018 年机构改革后新组建单位,首次作为一级预算单位编制预算。

2. 金融部门监管支出(款)重点金融机构监管支出(项)394.87 万元,与上年相比增加 394.87 万元,增长 100％。主要原因是我局为 2018 年机构改革后新组建单位,首次作为一级预算单位编制预算。

3. 金融发展支出(款)其他金融发展支出(项)122.80 万元,与上年相比增加 122.80 万元,增长 100％。主要原因是我局为 2018 年机构改革后新组建单位,首次作为一级预算单位编制预算。

4. 其他金融支出(款)其他金融支出(项)419.23 万元,与上年相比增加 419.23 万元,增长 100％。主要原因是我局为 2018 年机构改革后新组建单位,首次作为一级预算单位编制预算。

(三)住房保障支出(类)

1. 住房改革支出支出(款)住房公积金(项)133.20 万元,与上年相比增加 133.20 万元,增长 100％。主要原因是我局为 2018 年机构改革后新组建单位,首次作为一级预算单位编制预算。

2. 住房改革支出支出(款)提租补贴(项)288.89 万元,与上年相比增加 288.89 万元,增长 100％。主要原因是我局为 2018 年机构改革后新组建单位,首次作为一级预算单位编制预算。

六、财政拨款基本支出预算情况说明

江苏省地方金融监督管理局 2019 年度财政拨款基本支出预算 1 357.49 万元,其中:

(一)人员经费 1 152.65 万元。主要包括:基本工资、津贴补贴、奖金、机关事业单位基本养老保险缴费、职业年金缴费、其他社会保障缴费、住房公积金、医疗费、奖励金支出。

（二）公用经费 204.84 万元。主要包括：办公费、水费、电费、邮电费、差旅费、维修（护）费、会议费、培训费、公务接待费、专用材料费、工会经费、其他交通费用、其他商品和服务支出。

七、一般公共预算支出预算情况说明

江苏省地方金融监督管理局 2019 年一般公共预算财政拨款支出预算 2 294.39 万元，与上年相比增加 2 294.39 万元，增长 100%。主要原因是我局为 2018 年机构改革后新组建单位，首次作为一级预算单位编制预算。

八、一般公共预算基本支出预算情况说明

江苏省地方金融监督管理局 2019 年度一般公共预算财政拨款基本支出预算 2 294.39 万元，其中：

（一）人员经费 1 152.65 万元。主要包括：基本工资、津贴补贴、奖金、机关事业单位基本养老保险缴费、职业年金缴费、其他社会保障缴费、住房公积金、医疗费、奖励金支出。

（二）公用经费 204.84 万元。主要包括：办公费、水费、电费、邮电费、差旅费、维修（护）费、会议费、培训费、公务接待费、专用材料费、工会经费、其他交通费用、其他商品和服务支出。

九、一般公共预算"三公"经费、会议费、培训费支出预算情况说明

江苏省地方金融监督管理局 2019 年度一般公共预算拨款安排的"三公"经费预算支出中，因公出国（境）费支出 30 万元，占"三公"经费的 90.6%；无公务用车购置及运行费支出；公务接待费支出 3.1 万元，占"三公"经费的 9.4%。具体情况如下：

1. 因公出国（境）费预算支出 30.00 万元，比上年预算增加 30.00 万元，主要原因是我局为 2018 年机构改革后新组建单位，首次作为一级预算单位编制预算。

2. 公务用车购置及运行费预算支出为 0。

3. 公务接待费预算支出 3.10 万元，比上年预算增加 3.10 万元，主要原因是我局为 2018 年机构改革后新组建单位，首次作为一级预算单位编制预算。

江苏省地方金融监督管理局 2019 年度一般公共预算拨款安排的会议费预算支出 80.00 万元，比上年预算增加 80.00 万元，主要原因是我局为 2018 年机构改革后新组建单位，首次作为一级预算单位编制预算。

江苏省地方金融监督管理局 2019 年度一般公共预算拨款安排的培训费预算支出 80.00 万元，比上年预算增加 80.00 万元，主要原因是我局为 2018 年机构改革后新组建单位，首次作为一级预算单位编制预算。

十、政府性基金预算支出预算情况说明

江苏省地方金融监督管理局 2019 年政府性基金支出预算支出为 0。

十一、一般公共预算机关运行经费支出预算情况说明

2019 年本部门一般公共预算机关运行经费预算支出 204.84 万元，与上年相比增加 204.84 万元，增长 100%。主要原因是我局为 2018 年机构改革后新组建单位，首次作为一级预算单位编制预算。

十二、政府采购支出预算情况说明

2019 年度政府采购支出预算总额 509.69 万元，其中：拟采购货物支出 91.05 万元、拟购买服务支出 418.64 万元。

十三、国有资产占用情况

本部门暂无车辆及单价 20 万元（含）以上的设备。

十四、预算绩效目标设置情况说明

2019 年本部门共 0 个项目实行绩效目标管理。

来　　源：江苏省地方金融管理局
发布日期：2019 年 02 月 13 日

我省综合金融服务平台注册企业超 10 万家

从省地方金融监管局获悉,截至 19 日,江苏省综合金融服务平台注册企业超 10 万家,达到 103 071 家,上线金融产品 865 项,发布融资需求 6 343.9 亿元,解决需求 6 041.5 亿元,企业融资需求满足率超过 95%。

从行业大类来看,制造业融资需求最为旺盛,注册企业数量 17 138 家;紧随其后的是批发和零售业,注册 8 613 家;排在第三位的是建筑业,有 2 447 家。随后是科学研究和技术服务业、住宿餐饮业、居民服务修理和其他服务业、软件和信息技术服务业。

由于苏州市较早设立了综合金融服务平台,因此其统计数据单独计算。该市已注册企业 31 671 家,注册数量最多的企业是机械机电类,达 2 157 家,随后是纺织服装、建筑建材、交通运输、电子电工、信息产业和包装用品类。

其他 12 个设区市注册企业数量差距颇大。镇江、南京、南通位列前三,分别注册 13 967、12 928、7 371 家,随后是宿迁、泰州、徐州、扬州、盐城、连云港、淮安、常州,无锡注册企业数量最少,仅 255 家。综合金融服务平台采用"母平台—子平台"模式,目前各设区市均成立子平台。

省综合金融服务平台还吸引担保机构、保险机构、转贷公司等入驻。以担保为例,目前已有抵押、质押、信保基金、一般保证、信用、实际控制人夫妇提供连带担保等 7 种担保方式,共有 798 项产品,其中占比较高的是信用担保和抵押担保。在保险方面,人保财险已通过中小企业贷款保证保险、安业保、创业保、雇主无忧计划等产品为部分企业提供金融服务。该平台专门设立曝光台,实时跟踪银行对接情况,一旦超出规定时间立即曝光,督促整改。

来　　源:新华日报
发布日期:2019 年 02 月 20 日

· 273 ·

去年全省创投融资 587.62 亿元
凸显双创新成效发展新动能

2018 年江苏创投融资报告日前发布,报告显示去年全省创投融资总额达到 587.62 亿元人民币,增幅高达 113.99%,涉及 281 个项目。该报告根据市场公开披露、第三方机构专题调研和产业园区公布信息梳理分析,凸显了江苏创新创业新成效和正在加快培育的经济新动能。

281 个项目中,大额融资保持高位,获得 1 亿元人民币及以上融资的项目有 58 个,其中 12 个项目获得 10 亿元人民币以上融资。最近 6 年我省创投融资情况保持上升趋势,其中南京、苏州热度最高。去年,南京以 134 个融资项目超过苏州,位居榜首,多出 29 个;无锡、常州分别以 16 个、10 个融资项目位列第三、第四。从融资总额看,"最吸金"城市也是南京,约为 438.49 亿元人民币,占到 74.62%。

医疗健康、企业服务以及硬件,是去年我省吸引创投融资最多的领域。其中,医疗健康项目 63 个,占比 22.42%;企业服务项目 56 个,占比 19.93%;硬件项目 49 个,占比 17.44%。三个领域融资项目总和占到全年融资项目数的 59.79%,与江苏转型升级方向高度契合。智能交通、文化娱乐体育、社区消费等积极培育的新产业也成为创投关注热点。

行业领军企业对江苏颇为青睐。无论是阿里巴巴、腾讯、百度、京东、小米等互联网巨头,还是江苏本土成长起来的优秀企业,均深度挖掘我省优质项目。

来　　源:新华日报
发布日期:2019 年 01 月 17 日

2018 年 12 月末金融机构存款贷款

金融机构存款贷款

2018 年 12 月末

指标名称	本月末(亿元)	比年初增减(亿元)
金融机构人民币存款余额	139 717.98	9 775.0
境内存款	139 437.41	9 768.2
住户存款	50 768.61	4 663.9
非金融企业存款	49 895.18	2 712.4
广义政府存款	30 216.95	874.2
非银行业金融机构存款	8 556.67	1 517.7
境外存款	280.57	6.8
金融机构人民币贷款余额	115 719.00	13 572.4
境内贷款	115 667.78	13 616.8
住户贷款	39 009.37	6 156.2
短期贷款	7 516.24	1 421.2
中长期贷款	31 493.13	4 735.0
非金融企业及机关团体贷款	76 602.03	7 414.0
短期贷款	28 278.99	2 347.7
中长期贷款	41 452.72	3 104.3
票据融资	5 485.79	1 702.9
融资租赁	1 300.85	235.4
各项垫款	83.68	23.8
非银行业金融机构贷款	56.38	46.6
境外贷款	51.22	—44.4
分市金融机构人民币存款余额	**本月末(亿元)**	**比年初增减(亿元)**
南京市	33 740.63	3 795.7
无锡市	15 568.68	961.7
徐州市	7 107.39	711.0

分市金融机构人民币存款余额	本月末(亿元)	比年初增减(亿元)
常州市	9 798.55	−74.8
苏州市	28 560.45	2 092.9
南通市	12 001.61	504.4
连云港市	3 218.79	301.3
淮安市	3 638.01	205.3
盐城市	6 177.28	196.5
扬州市	5 997.55	296.7
镇江市	5 042.97	165.5
泰州市	6 119.38	387.1
宿迁市	2 746.69	231.7
分市金融机构人民币贷款余额	本月末(亿元)	比年初增减(亿元)
南京市	28 402.34	3 814.1
无锡市	11 971.55	867.5
徐州市	4 912.47	739.3
常州市	7 533.42	848.2
苏州市	26 546.23	2 555.1
南通市	8 811.69	975.2
连云港市	2 921.36	488.0
淮安市	3 303.44	514.1
盐城市	4 887.74	614.3
扬州市	4 630.51	622.8
镇江市	4 450.60	586.4
泰州市	4 784.04	610.2
宿迁市	2 563.61	337.2

指标解释:

城乡居民储蓄存款余额:指某一时点城乡居民存入银行及农村信用社的储蓄金额,包括城镇居民储蓄存款和农民个人储蓄存款,不包括居民的手存现金和工矿企业、部队、机关、团体等单位存款。

来　　源:江苏省统计局

发布日期:2019 年 01 月 30 日

2018 年 1—12 月份开放经济主要指标

开放经济主要指标

2018 年 1—12 月

指标名称	实际完成（亿元）		增长（%）	
	本月	累计	本月	累计
进出口总额	3 804.58	43 802.37	2.5	9.5
♯国有企业	343.52	4 325.72	−89.1	19.3
♯一般贸易	1 811.42	21 342.55	−89.7	10.9
♯机电产品	2 433.89	27 829.34	−89.4	9.8
♯高新技术产品	1 555.27	17 414.25	−89.1	10.5
进口	1 354.17	17 144.68	−2.1	11.3
♯国有企业	113.40	1 336.49	−88.5	22.9
♯一般贸易	609.77	7 941.77	−90.8	8.1
♯机电产品	783.82	10 204.92	−90.5	11.5
♯高新技术产品	563.94	7 288.03	−90.2	13.4
出口	2 450.40	26 657.68	4.2	8.4
♯国有企业	230.12	2 989.22	−89.4	17.7
♯一般贸易	1 201.64	13 400.78	−89.0	12.6
♯机电产品	1 643.99	17 624.42	−88.7	8.9
♯高新技术产品	974.54	10 126.23	−88.3	8.5
分市进出口总额	实际完成（亿元）		增长（%）	
	本月	累计	本月	累计
苏南	3 197.30	36 900.09	3.0	9.0
苏中	361.66	4 301.09	−1.8	8.4
苏北	245.62	2 601.19	2.3	19.2
南京市	378.41	4 317.20	−0.9	4.7
无锡市	582.57	6 161.83	11.0	12.0
徐州市	75.17	773.70	9.7	46.7

分市进出口总额	实际完成（亿元）		增长（%）	
	本月	累计	本月	累计
常州市	200.42	2 266.40	2.0	7.0
苏州市	1 975.30	23 375.60	2.3	9.3
南通市	218.13	2 542.90	1.2	7.7
连云港市	61.11	629.94	16.0	13.3
淮安市	28.05	330.28	−23.3	5.4
盐城市	61.45	629.79	−1.6	7.5
扬州市	67.08	789.44	−5.3	7.9
镇江市	60.60	779.07	−11.7	9.1
泰州市	76.45	968.75	−6.8	10.5
宿迁市	19.84	237.48	0.1	18.9

分市出口总额	实际完成（亿元）		增长（%）	
	本月	累计	本月	累计
苏南	2 043.18	22 079.83	5.6	8.4
苏中	236.94	2 866.34	−0.1	3.0
苏北	170.29	1 711.51	3.9	19.0
南京市	244.31	2 500.68	15.9	7.9
无锡市	337.22	3 743.68	−2.2	11.6
徐州市	59.17	638.35	3.7	49.1
常州市	152.73	1 652.94	8.3	6.3
苏州市	1 263.20	13 656.91	5.9	7.8
南通市	138.28	1 676.88	−0.7	−0.9
连云港市	26.48	273.41	−7.5	3.3
淮安市	21.90	222.12	11.0	9.1
盐城市	45.71	398.31	4.2	0.8
扬州市	49.53	562.05	−4.0	5.4
镇江市	45.73	525.62	0.7	11.0
泰州市	49.13	627.41	6.1	12.7
宿迁市	17.03	179.32	16.4	21.8

指标解释：

进出口总额是指海关进出口总额指实际进出我国国境的货物总金额。包括对外贸易实际进出口货物，来料加工装配进出口货物，国家间、联合国及国际组织无偿援助物资和赠送品，华侨、港澳台同胞和外籍华人捐赠品，租赁期满归承租人所有的租赁货物，进料加工进出口货物，边境地方贸易及边境地区小额贸易进出口货物（边民互市贸易除外），中外合资企业、中外合作经营企业、外商独资经营企业进出口货物和公用物品，到、离岸价格在规定限额以上的进出口货样和广告品（无商业价值、无使用价值和免费提供出口的除外），从保税仓库提取在中国境内销售的进口货物，以及其他进出口货物。进出口总额用以观察一个国家在对外贸易方面的总规模。我国规定出口货物按离岸价格统计，进口货物按到岸价格统计。

来　　源：江苏省统计局

发布日期：2019 年 01 月 30 日

江苏省统计局 2019 年度部门预算情况说明

一、收支预算总体情况说明

本表反应部门年度总体收支预算情况。根据《江苏省财政厅关于 2019 年省级部门预算的批复》(苏财预〔2019〕7 号)填列。

江苏省统计局 2019 年度收入、支出预算总计 22 967.51 万元,与上年相比收、支预算总计各增加 2 849.77 万元,增长 14.17%。其中:

(一)收入预算总计 22 967.51 万元。包括:

1. 财政拨款收入预算总计 22 967.51 万元。

(1)一般公共预算收入预算 22 967.51 万元,与上年相比增加 2 849.77 万元,增长 14.17%。主要原因是基本支出增加 1 483.01 万元,增幅为 11.92%;项目支出减少 217.51 万元,较上年压减了 3.99%;单位预留机动增加 1 584.27 万元。基本支出和单位预留机动经费增加的主要原由是增人增资、国标工资调整及基本养老保险费和职业年金进入正式缴纳年份管理等因素,导致经费总量发生变化。项目支出发生变化的主要原因有两方面:一方面本年新增三个运转类项目;另一方面,执行《江苏省财政厅关于下达 2019 年省级预算和 2019—2021 年财政规划收支控制数的通知》(苏财预〔2018〕87 号)中"2019 年单位运转类专项一律压减 10%"的要求。

(2)政府性基金收入预算 0 万元,与上年相比增加(减少)0 万元,增长(减少)0%。主要原因是本单位无政府性基金收入。

2. 财政专户管理资金收入预算总计 0 万元。与上年相比增加(减少)0 万元,增长(减少)0%。

主要原因是本单位无财政专户管理资金。

3. 其他资金收入预算总计 0 万元。与上年相比增加(减少)0 万元,增长(减少)0%。主要原因是本单位无其他资金收入。

4. 上年结转资金预算数为 0 万元。与上年相比增加(减少)0 万元,增长(减少)0%。主要原因是本单位无上年结转资金预算。

(二)支出预算总计 22 967.51 万元。包括:

1. 一般公共服务(类)支出 17 501.77 万元,主要用于行政运行、一般行政管理事务、机关服务、信息事务、专项统计业务、统计管理、统计抽样调查、事业运行和其他统计信息事务开展。与上年相比增加 1 649.93 万元,增长 10.41%。主要原因是人员增加、工资调整以及新增三项运转类项目经费,同时运转类项目经费统一压减 10%。

2. 公共安全(类)支出 0 万元,主要用于无。与上年相比增加(减少)0 万元,增长(减少)0%。主要原因是无。

3. 结转下年资金预算数为 0 万元,主要原因是无。

4. 社会保障和就业支出 1 607.25 万元,主要用于保障行政事业单位离退休人员生活待遇发放和机关事业单位基本养老保险费和职业年金缴费支出,较上年增加 25.19 万元,增幅为 1.59%。

5. 住房保障支出 3 858.49 万元,主要用于机关事业单位人员的住房公积金和住房补贴等住房改革支出,较上年增加 1 174.65 万元,增幅为 43.77%，主要原因是受住房改革支出政策调整及人员增加因素影响。

此外，基本支出预算数为 13 920.95 万元。与上年相比增加 1 483.01 万元，增长（减少）11.92%。主要原因是人员增加及工资调整及基本养老保险费和职业年金缴纳进入正常缴费年份管理。

项目支出预算数为 5 237.62 万元。与上年相比减少 217.51 万元，下降 3.99%。主要原因有两方面：一方面本年新增三个运转类项目，使得总量发生变化；另一方面，新增项目后总量却有下降，是执行《江苏省财政厅关于下达 2019 年省级预算和 2019—2021 年财政规划收支控制数的通知》（苏财预〔2018〕87 号）中"2019 年单位运转类专项一律压减 10%"的要求。

单位预留机动经费预算数为 3 808.94 万元。与上年相比增加 1 584.27 万元，增长 71.21%。主要原因是以年度总体支出预算为基础，为满足全年人员变动、工资调整。

二、收入预算情况说明

江苏省统计局本年收入预算合计 22 967.51 万元，其中：

一般公共预算收入 22 967.51 万元，占 100%；

政府性基金预算收入 0 万元，占 0%；

财政专户管理资金 0 万元，占 0%；

其他资金 0 万元，占 0%；

上年结转资金 0 万元，占 0%。

三、支出预算情况说明

江苏省统计局本年支出预算合计 22 967.51 万元，其中：

基本支出 13 920.95 万元，占 61%；

项目支出 5 237.62 万元，占 23%；

单位预留机动经费 3 808.94 万元，占 16%；

结转下年资金 0 万元，占 0%。

四、财政拨款收支预算总体情况说明

江苏省统计局 2019 年度财政拨款收、支总预算 22 967.51 万元。与上年相比，财政拨款收、

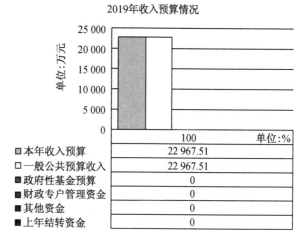

	2019年收入预算情况	单位:万元
本年收入预算		22 967.51
一般公共预算收入		22 967.51
政府性基金预算		0
财政专户管理资金		0
其他资金		0
上年结转资金		0

图 1　收入预算图

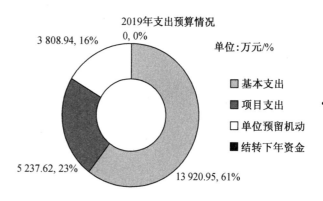

2019年支出预算情况

3 808.94，16%　　0，0%　　单位:万元/%

基本支出　项目支出　单位预留机动　结转下年资金

5 237.62，23%　　13 920.95，61%

图 2　支出预算图

支总计各增加 2 849.77 万元，增长 14.17%。主要原因包括两大块三小项：一是基本支出和单位预留机动经费增加的主要原由是增人增资、国标工资调整及基本养老保险费和职业年金进入正式缴纳年份管理等因素；二是项目支出发生变化的主要原因有两方面：一方面本年新增三个运转类项目；另一方面，执行《江苏省财政厅关于下达 2019 年省级预算和 2019—2021 年财政规划收支控制数的通知》（苏财预〔2018〕87 号）中"2019 年单位运转类专项一律压减 10%"的要求。

五、财政拨款支出预算情况说明

江苏省统计局 2019 年财政拨款预算支出 22 967.51 万元，占本年支出合计的 100%。与上年相比，财政拨款支出增加 2 849.77 万元，增长 14.17%。主要原因是人员增加、工资调整及基本养老保险费和职业年金缴费进入正常缴纳管

理年份,所以基本支出和部门预留机动经费均有所变化,而本年开展运转类项目增加及按照厉行节约要求统一压减后项目经费也有所变化,故两大类支出累计调整后,较上年增加 14.17%。其中:

（一）一般公共服务（类）

1. 统计信息事务（款）行政运行（项）支出 11 616.61 万元,与上年相比增加 1 745.95 万元,增长 17.69%;一般行政管理事务（项）支出 159.55 万元,与上年相比减少 8.9 万元,下降 5.28%;机关服务（项）支出 322.4 万元,与上年年相比增加 83.66 万元,增幅为 35.04%;信息事务（项）支出 235.8 万元,与上年相比减少 26.2 万元,压减了 10%;专项统计业务（项）支出 950.97 万元,与上年相比减少了 101.67 万元,下降比例为 9.66%;统计管理（项）支出 789.84 万元,较上年减少了 93.32 万元,压减了 10.57%;统计抽样调查（项）支出 2 329.26 万元,与上年相比压减了 261.62 万元,下降比例达 10.10%;事业运行（项）支出 325.14 万元,较上年增加 37.83 万元,增幅为 13.17%;其他统计信息事务（项）支出 772.2 万元,较上年增加 274.20 万元,增幅为 55.06%。主要原因是人员变动、工资调整等因素导致基本支出类各款项科目变动,而新增运转类项目和运转类项目统一压减 10% 又是项目支出类各款项变化的主要因素。

（二）公共安全（类）——无

1. 公安（款）行政运行（项）支出 0 万元,与上年相比增加（减少）0 万元,增长（减少）0%。主要原因是无此类预算收支项目。

（三）社会保障和就业支出

1. 社会保障和就业支出 1 607.25 万元,其中:未归口管理的行政单位离退休支出 63.13 万元,较上年减少 16.19 万元,下降比例为 20.41%;机关事业单位基本养老保险缴费支出 1 102.94 万元,较上年增加 29.55 万元,增幅为 2.75%;机关事业单位职业年金缴费支出 441.18 万元,与上

年相比增加 11.83 万元,增幅为 2.76%。上述变化的主要原因是:一是离退休人员正常增减,二是由于新增在职人员和零星工资调整。

（四）住房保障支出

1. 住房保障支出 3 858.49 万元,其中:住房公积金支出 1 164.78 万元、提租补贴支出 2 693.71 万元。上述两项较上年增加 1 174.65 万元,增幅达 43.77%,主要原因是新增人员、工资调整及受住房改革支出政策变动影响所致。

六、财政拨款基本支出预算情况说明

江苏省统计局 2019 年度财政拨款基本支出预算 13 920.95 万元,其中:

（一）人员经费 11 793.33 万元。主要包括:基本工资、津贴补贴、奖金、社会保障缴费、伙食补助费、绩效工资、其他工资福利支出、离休费、退休费、抚恤金、生活补助、医疗费、奖励金、住房公积金、提租补贴、其他对个人和家庭的补助支出。

（二）公用经费 2 127.62 万元。主要包括:办公费、印刷费、咨询费、手续费、水费、电费、邮电费、取暖费、物业管理费、差旅费、维修（护）费、租赁费、会议费、培训费、公务接待费、专用材料费、劳务费、委托业务费、工会经费、福利费、公务用车运行维护费、其他交通费用、其他商品和服务支出、办公设备购置、专用设备购置、信息网络及软件购置更新、其他资本性支出。

七、一般公共预算支出预算情况说明

江苏省统计局 2019 年一般公共预算财政拨款支出预算 22 967.51 万元,与上年相比增加 2 849.77 万元,增长 14.17%。主要原因是人员增加、工资调整及基本养老保险费和职业年金缴费进入正常缴纳管理年份,增加三个运转类项目同时按照厉行节约要求统一进行压减。

八、一般公共预算基本支出预算情况说明

江苏省统计局 2019 年度一般公共预算财政拨款基本支出预算 13 920.95 万元,其中:

（一）人员经费 11 793.33 万元。主要包括:基本工资、津贴补贴、奖金、社会保障缴费、伙食补

助费、绩效工资、其他工资福利支出、离休费、退休费、抚恤金、生活补助、医疗费、奖励金、住房公积金、提租补贴、其他对个人和家庭的补助支出。

（二）公用经费 2 127.62 万元。主要包括：办公费、印刷费、咨询费、手续费、水费、电费、邮电费、取暖费、物业管理费、差旅费、维修（护）费、租赁费、会议费、培训费、公务接待费、专用材料费、劳务费、委托业务费、工会经费、福利费、公务用车运行维护费、其他交通费用、其他商品和服务支出、办公设备购置、专用设备购置、信息网络及软件购置更新、其他资本性支出。

九、一般公共预算"三公"经费、会议费、培训费支出预算情况说明

江苏省统计局 2019 年度一般公共预算拨款安排的"三公"经费预算支出中，因公出国（境）费支出 55 万元，占"三公"经费的 18%；公务用车购置及运行费支出 224.90 万元，占"三公"经费的 74%；公务接待费支出 25.27 万元，占"三公"经费的 8%。具体情况如下：

1. 因公出国（境）费预算支出 55 万元，比上年预算增加 5 万元，主要原因根据财政部门核定数额进行填报。

2. 公务用车购置及运行费预算支出 224.90 万元。其中：

（1）公务用车购置预算支出 0 万元，比上年预算增加（减少）0 万元，主要原因无此项支出预算。

（2）公务用车运行维护费预算支出 224.90 万元，比上年预算增加（减少）0 万元，主要原因与上年一致，无变化。

3. 公务接待费预算支出 25.27 万元，比上年预算增加（减少）0 万元，主要原因与上年一致，无变化。

江苏省统计局 2019 年度一般公共预算拨款安排的会议费预算支出 506.85 万元，比上年预算减少 0.66 万元，主要原因是根据年度工作需要，对个别会议进行了调整。

江苏省统计局 2019 年度一般公共预算拨款安排的培训费预算支出 632.68 万元，比上年预算增加（减少）0 万元，主要原因与上年一致，无变化。

十、政府性基金预算支出预算情况说明

江苏省统计局 2019 年政府性基金支出预算支出 0 万元。与上年相比增加（减少）0 万元，增长（减少）0%。主要原因是本部门无政府性基金预算支出。其中：

1. 城乡社区支出（类）政府住房基金及对应专项债务收入安排的支出（款）管理费用支出（项）0 万元，主要是用于无。

十一、一般公共预算机关运行经费支出预算情况说明

2019 年本部门一般公共预算机关运行经费预算支出 2 055.92 万元，与上年相比增加 93.91 万元，增长 4.79%。主要原因是新增人员后公用开支有增加。

十二、政府采购支出预算情况说明

2019 年度政府采购支出预算总额 1 430.98 万元，其中：拟采购货物支出 109.90 万元、拟采购工程支出 0 万元、拟购买服务支出 1 321.08 万元。

十三、国有资产占用情况

本部门共有车辆 15 辆，其中，一般公务用车 15 辆、执法执勤用车 0 辆、特种专业技术用车 0 辆、其他用车 0 辆等。单价 20 万元（含）以上的设备 52 台（套）。

十四、预算绩效目标设置情况说明

2019 年本部门为省级部门整体支出绩效目标申报考核单位，涉及财政性资金合计 22 967.51 万元。

来　　源：江苏省统计局
发布日期：2019 年 02 月 13 日

2019年省统计局重点工作

全省统计工作会议明确了2019年全省统计工作的基本思路，即坚持以习近平新时代中国特色社会主义思想和党的十九大精神为指导，全面贯彻中央经济工作会议、省委十三届五次全会和全国统计工作会议精神，牢固树立和贯彻落实新发展理念，以提高数据质量为中心，以改革创新为动力，坚决打赢第四次全国经济普查攻坚战，切实做好保持经济运行在合理区间统计监测，着力强化统计基层基础，加快构建推动高质量发展的统计体系，为冲刺高水平全面建成小康社会、推动高质量发展走在前列、建设"强富美高"新江苏提供扎实统计保障，以一流业绩庆祝中华人民共和国成立70周年。会议部署了九项重点工作，一是全面贯彻中央《意见》《办法》《规定》，矢志不渝提高统计数据真实性；二是全力做好四经普，以务求必胜的决心打好主攻仗；三是精心实施三大核算改革；四是开展高质量发展监测评价考核，构建推动高质量发展统计体系；五是完善统计体制，推进重点领域统计制度方法改革；六是科学组织统计调查监测，精准把握经济发展脉动；七是进一步做好部门统计工作，充分发挥政府统计整体合力；八是强化大数据应用，持续构建"六位一体"统计双基体系；九是忠诚担当、扛起责任，一以贯之推进全面从严治党向纵深发展。

来　　　源：江苏省统计局
发布日期：2019年02月25日

小微企业融资困难问题依然比较突出

近期，省统计局通过抽样对全省433家小微企业进行了专题调查，在是否存在融资难这个问题上，有356家企业作了回答。其中156家选择了融资难，占作答企业的43.8％。说明小微企业融资困难问题依然比较突出。

融资难的主要表现是，105家企业认为融资成本高，排在首位；96家企业认为银行贷款门槛高、环节多、时期长、额度小，位列第二；64家企业认为融资渠道窄，排第三位；企业无可抵押担保资产、民间借款利息高也是融资难的重要表现。从融资效果情况来看，73家企业选择资金需求可以完全满足，142家企业选择资金需求可以部分满足,35 家企业选择资金需求完全无法满足。

来　　源:江苏省统计局
发布日期:2018 年 08 月 13 日

2018 年地区生产总值

地区生产总值

2018 年

指标名称	绝对量(亿元)	增长(%)
地区生产总值	92 595.40	6.7
第一产业	4 141.72	1.8
第二产业	41 248.52	5.8
第三产业	47 205.16	7.9

来　　源:江苏省统计局
发布日期:2019 年 01 月 30 日

全省统计网络安全和信息化工作会议在南京召开

4月25日，全省统计网络安全和信息化工作会议在南京召开。会议传达学习了全国统计网络安全和信息化会议精神，总结2018年工作，研究部署2019年重点工作任务。省局副巡视员徐汉庆出席会议并讲话。

徐汉庆在讲话中，对全省数管中心2018年网络安全和信息化工作予以充分肯定，认为全省网络安全和信息化工作常规工作有成效、重点工作有亮点、自选工作有突破，较好地完成了四经普数据处理、数据中心运行维护、网络和信息安全保障等各项重点工作任务。

徐汉庆就做好2019年重点工作提出要求。他强调，一要再接再厉，做好第四次全国经济普查数据处理系统运行监测工作。要从网络、系统、安全、应用软件等方面加强运行监控和技术支持工作，确保按照普查数据处理工作时点和质量要求，圆满完成普查数据的采集、接收、审核、汇总、报送以及后期的数据分析和开发等工作任务；二要高度重视，切实做好网络安全保障工作。认真落实网络安全工作责任制，继续完善全省统计系统网络安全保障体系，强化国庆70周年期间安全防护和安全监测；三要稳扎稳打，继续推进数据中心建设工作。进一步改进和完善数据中心系统部分功能，补充完善统计元数据标准内容，加大数据加载、审核、确认工作，做好与省大数据中心数据交换和共享的对接工作，继续做好省市县共建共用试点工作；四要开拓创新，积极开展大数据应用开发。搭建统计云大数据应用平台，收集、整理和管理省级部门行政记录、商业记录等大数据，做好省局相关部门大数据应用的技术支持工作；五要强化意识，切实抓好党建工作。旗帜鲜明讲政治，树牢"四个意识"、坚定"四个自信"、践行"两个维护"，自觉以习近平新时代中国特色社会主义思想武装头脑、指导实践、推进工作。把纪律挺在前面，严格执行中央八项规定及其实施细则以及省局各项规章制度，认真做好省局对中心巡察后的问题整改工作。

会上，参会代表围绕今年工作重点并结合本地区实际进行了交流发言，对如何做好新形势下统计信息化和网络安全工作提出不少有益的意见和建议。

各设区市信息化分管领导、数管中心（信息处）主要负责人参加了会议。

来　　源：江苏省统计局
发布日期：2019年05月05日

关于 2018 年江苏省统计
重点研究课题结项的通报

省各有关部门、高等院校,各设区市统计局,省局各部门:

经 2018 年度江苏省统计重点研究课题结项评审会议审定,同意对 19 项立项资助课题、21 项立项无资助课题予以结项;对 3 项立项无资助课题不予结项。现将结项课题通报如下:

一、立项资助课题(19 项)

1. 全力推进"江苏制造"向"江苏创造"转变研究(江苏省统计局 徐 莹)

2. "互联网+"与江苏实体经济整合发展研究(东南大学 徐盈之)

3. 江苏高水平全面小康冲刺期的补短板强弱项研究(江苏省统计局 刘兴远)

4. 江苏城市群优化发展实证研究(南京审计大学 贾晓峰)

5. 扬子江城市群与珠三角城市群竞争力比较研究(江苏第二师范学院 刘继红)

6. 江苏富民需求与经济不平衡不充分发展的表征探析与对策研究(南京农业大学 郑华伟)

7. 江苏塑造营商环境与激励创新创业研究(南京大学 王 翔)

8. 江苏农村三产融合的发展模式与实现路径研究(江苏省农业科学院 孙洪武)

9. 江苏人工智能产业发展研究(徐州工程学院 李苏北)

10. 先行城市经济发展与能源消费的实证研究(江苏省统计局 周国强)

11. 环保硬约束对苏北中小制造企业影响的统计调查研究(淮阴师范学院 郭 嵩)

12. 发展绿色金融支持江淮生态圈建设研究(中共江苏省委群众杂志社 金 雯)

13. 江苏不平衡不充分发展的统计测度研究(江苏大学 赵喜仓)

14. 江苏共享经济统计指标体系的构建及测度方法研究(南京财经大学 陈耀辉)

15. 实体经济发展环境调查研究(常州市统计局 庄小涛)

16. 江苏文化产业增长点分析与培育研究(扬州市统计局 赵振东)

17. 新兴城市推进经济高质量发展路径探索(宿迁市统计局 后 宁)

18. 江苏城乡居民公共服务获得感评价体系研究(南京邮电大学 岳中刚)

19. 江苏省残疾人事业发展评价研究(南京特殊教育师范学院 孙计领)

二、立项无资助课题(21 项)

1. 江苏实现更高质量更充分就业路径研究(南京财经大学 袁国敏)

2. 江苏乡村振兴综合评价的指标体系研究(南京邮电大学 范兆媛)

3. 江苏沿江地区产业绿色转型升级评价与实现路径研究(南京邮电大学 杨 莉)

4. 江苏共享经济指标的构建及测度方法研究(徐州工程学院　赵建强)

5. 江苏乡村精准扶贫绩效评价指标体系研究(徐州工程学院　何颖)

6. 江苏转型发展进程测度与路径研究(江苏省信息中心　韩磊)

7. 乡村振兴战略背景下江苏农村三次产业融合发展模式及路径研究(江苏省农业科学院　徐雪高)

8. 江苏高水平全面小康冲刺期的补短板强弱项研究(江苏省社会科学院连云港分院　蒋红奇)

9. 江苏省企业创业环境影响因素的匹配对区域经济发展的作用研究(常州大学　李林芳)

10. 交通运输行业竞争力统计评价及其提升策略研究(常州工学院　曹国)

11. 江苏海洋经济创新发展示范城市建设研究(淮海工学院　张宏远)

12. 江淮生态经济区农业绿色发展水平测度与转型升级路径研究(淮阴师范学院　孟祥海)

13. 扬子江城市群与珠三角城市群竞争力比较研究(盐城师范学院　孙慧慧)

14. 江苏省高质量充分就业的路径探索与政策选择研究(盐城师范学院　孟凡淇)

15. 江苏高质量发展的统计评价研究(盐城师范学院　张爱武)

16. 江苏人民群众获得感评价体系研究(江苏开放大学　方万里)

17. 创新链视域下江苏人工智能产业创新发展路径与模式优化研究(江苏理工学院　张雪伍)

18. 江苏现代服务业集聚发展方向与路径研究(连云港职业技术学院　钱英)

19. 江苏乡村振兴综合指标体系研究(南通市统计局　侯峰)

20. 制造业高质量发展统计评价研究(扬州市统计局　陈凤桂)

21. 人民群众获得感评价体系研究(扬州市统计局　刘加祥)

来　　源:江苏省统计局

发布日期:2019 年 04 月 04 日

第三部分

商务贸易、民营经济

江苏省商务厅 2019 年度部门预算情况说明

一、收支预算总体情况说明

江苏省商务厅 2019 年度收入、支出预算总计 15 850.96 万元,与上年相比收、支预算总计各增加 700.51 万元,增长 4.62%。其中:

(一)收入预算总计 15 850.96 万元。包括:

1. 财政拨款收入预算总计 15 757.91 万元。

(1)一般公共预算收入预算 15 757.91 万元,与上年相比增加 709.54 万元,增长 4.72%。主要原因有:一是工资、公积金等人员经费政策性调整;二是项目经费政策性调整;三是机构改革需要部门之间项目经费划转;四是增加预留机动经费;五是江苏省流通产业促进中心财政拨款收入增加。

(2)政府性基金收入预算为 0,与上年持平。

2. 财政专户管理资金收入预算总计为 0,与上年持平。

3. 其他资金收入预算总计为 0,与上年持平。

4. 上年结转资金预算数为 93.05 万元。与上年相比减少 9.03 万元,减少 8.85%。主要原因是江苏省流通产业促进中心财政拨款收入增加。

(二)支出预算总计 15 850.96 万元。包括:

1. 一般公共服务(类)支出 8 752.29 万元,主要用于省商务厅行政机关及事业单位开展商贸事务方面而发生的支出。与上年相比增加 202.92 万元,增长 2.37%。主要原因有:一是人员经费政策性调整;二是增加预留机动经费。

2. 社会保障和就业(类)支出 931.01 万元,主要用于离退休人员的支出和单位代缴基本养老保险和职业年金支出。与上年相比减少 8.7 万元,减少 0.93%。主要原因有:一是新增退休人员工资由社保中心发放;二是退休人员变动。

3. 商业服务业等支出 3 447.57 万元,主要用于省商务厅机关商业服务业事务方面的支出。与上年相比减少 214.88 万元,减少 5.87%。主要原因有:一是项目经费政策性调整;二是机构改革需要部门之间项目经费划转。

4. 住房保障支出 2 720.09 万元,主要用于省商务厅行政机关及事业单位按照国家有关规定为职工缴存住房公积金、发放提租补贴的支出。与上年相比增加 721.17 万元,增加 36.08%。主要原因是政策性调整住房改革支出。

5. 结转下年资金预算数为 0,与上年持平。

此外,基本支出预算数为 7 456.53 万元。与上年相比增加 733.95 万元,增长 10.92%。主要原因是人员调资,政策性调整公积金和提租补贴。

项目支出预算数为 6 336.57 万元。与上年相比减少 735.88 万元,减少 10.40%。主要原因是政策性调减项目经费。

单位预留机动经费预算数为 2 057.86 万元。与上年相比增加 702.44 万元,增长 51.82%。主要原因是根据 2018 年预算执行情况调整。

二、收入预算情况说明

江苏省商务厅本年收入预算合计 15 850.96 万元,其中:

一般公共预算收入 15 757.91 万元,占 99.41%;

政府性基金预算收入为 0;

财政专户管理资金为 0;

其他资金为 0;

上年结转资金 93.05 万元,占 0.59%。

■ 一般公共预算资金
■ 上年结转和结余资金

图1 收入预算图

三、支出预算情况说明

江苏省商务厅本年支出预算合计 15 850.96 万元,其中:

基本支出 7 456.53 万元,占 47.04%;

项目支出 6 336.57 万元,占 39.98%;

单位预留机动经费 2 057.86 万元,占 12.98%;

结转下年资金为 0。

■ 基本支出
■ 项目支出
■ 单位预留机动经费

图2 支出预算图

四、财政拨款收支预算总体情况说明

江苏省商务厅 2019 年度财政拨款收、支总预算 15 757.91 万元。与上年相比,财政拨款收、支总计各增加 709.54 万元,增长 4.72%。主要原因有:一是人员调资,政策性调整公积金和提租补贴;二是项目经费政策性调整;三是机构改革需要部门之间项目经费划转。

五、财政拨款支出预算情况说明

江苏省商务厅 2019 年财政拨款预算支出 15 757.91 万元,占本年支出合计的 99.41%。与上年相比,财政拨款支出增加 709.54 万元,增长

4.72%。主要原因有:一是人员调资,政策性调整公积金和提租补贴;二是项目经费政策性调整;三是机构改革需要部门之间项目经费划转。

其中:

(一)一般公共服务(类)

1. 统计信息事务(款)行政运行(项)支出 35.72 万元,与上年相比减少 1.02 万元,减少 2.78%。主要原因是江苏省世界贸易组织事务中心人员变动调资。

2. 商贸事务(款)行政运行(项)支出 5 524.43 万元,与上年相比增加 706.07 万元,增加 14.65%。主要原因是人员调资及预留机动经费增加。

3. 商贸事务(款)一般行政管理事务(项)支出 549 万元,与上年相比减少 61 万元,减少 10.00%。主要原因是项目经费政策性调整。

4. 商贸事务(款)机关服务(项)支出 900 万元,与上年相比减少 300 万元,减少 25.00%。主要原因有:一是机关部分房产划出,相应管理费用减少;二是机关服务经费政策性调减。

5. 商贸事务(款)国际经济合作(项)支出 1 440 万元,与上年相比减少 160 万元,减少 10.00%。主要原因是海外代表机构经费政策性调减。

6. 商贸事务(款)事业运行(项)支出 216.54 万元,与上年相比增加 27.03 万元,增加 14.26%。主要原因是江苏省国际经济贸易研究所、江苏省世界贸易组织事务中心、江苏省商务厅信息中心等 3 家事业单位人员变动。

(二)社会保障和就业支出(类)

1. 行政事业单位离退休(款)未归口管理的行政单位离退休(项)支出 223.19 万元,与上年相比减少 13.77 万元,减少 5.81%。主要原因有:一是离退休人员变动;二是新离退休人员工资统一由社保中心发放。

2. 行政事业单位离退休(款)机关事业单位基本养老保险缴费支出(项)支出 500.98 万元,

与上年相比增加 4.24 万元,增加 0.85%。主要原因是人员变动、基数调整。

3. 行政事业单位离退休(款)机关事业单位职业年金缴费支出(项)支出 200.39 万元,与上年相比增加 1.70 万元,增加 0.86%。主要原因是人员变动、基数调整。

(三)商业服务业等支出(类)

1. 涉外发展服务支出(款)一般行政管理事务(项)支出 3 447.57 万元,与上年相比减少 214.88 万元,减少 5.87%。主要原因有:一是商务运行和管理项目经费政策性调减;二是机构改革需要部门之间项目经费划转。

(四)住房保障支出(类)

1. 住房改革支出(款)住房公积金(项)支出 628.35 万元,与上年相比增加 85.93 万元,增加 15.84%。主要原因是政策性调整。

2. 住房改革支出(款)提租补贴(项)支出 2 091.74 万元,与上年相比增加 635.24 万元,增加 43.61%。主要原因是政策性调整。

六、财政拨款基本支出预算情况说明

江苏省商务厅 2019 年度财政拨款基本支出预算 7 363.48 万元,其中:

(一)人员经费 6 336.28 万元。主要包括:基本工资、津贴补贴、奖金、绩效工资、机关事业单位基本养老保险缴费、职业年金缴费、其他社会保障缴费、住房公积金、医疗费、离休费、退休费、奖励金。

(二)公用经费 1 027.20 万元。主要包括:办公费、水费、电费、邮电费、差旅费、维修(护)费、公务接待费、工会经费、公务用车运行维护费、其他交通费用、其他商品和服务支出。

七、一般公共预算支出预算情况说明

江苏省商务厅 2019 年一般公共预算财政拨款支出预算 15 757.91 万元,与上年相比增加 709.54 万元,增长 4.72%。主要原因有:一是人员调资,政策性调整公积金和提租补贴;二是项目经费政策性调整;三是机构改革需要部门之间

项目经费划转。

八、一般公共预算基本支出预算情况说明

江苏省商务厅 2019 年度一般公共预算财政拨款基本支出预算 7 363.48 万元,其中:

(一)人员经费 6 336.28 万元。主要包括:基本工资、津贴补贴、奖金、绩效工资、机关事业单位基本养老保险缴费、职业年金缴费、其他社会保障缴费、住房公积金、医疗费、离休费、退休费、奖励金。

(二)公用经费 1 027.20 万元。主要包括:办公费、水费、电费、邮电费、差旅费、维修(护)费、公务接待费、工会经费、公务用车运行维护费、其他交通费用、其他商品和服务支出。

九、一般公共预算"三公"经费、会议费、培训费支出预算情况说明

江苏省商务厅 2019 年度一般公共预算拨款安排的"三公"经费预算支出中,因公出国(境)费支出 410 万元,占"三公"经费的 74.56%;公务用车购置及运行费支出 39.60 万元,占"三公"经费的 7.20%;公务接待费支出 100.30 万元,占"三公"经费的 18.24%。具体情况如下:

1. 因公出国(境)费预算支出 410 万元,与上年预算持平。

2. 公务用车购置及运行费预算支出 39.60 万元。其中:

(1)公务用车购置预算支出为 0,与上年预算持平。

(2)公务用车运行维护费预算支出 39.60 万元,与上年预算持平。

3. 公务接待费预算支出 100.30 万元,比上年预算减少 50 万元,主要原因是贯彻落实中央厉行节约精神。

江苏省商务厅 2019 年度一般公共预算拨款安排的会议费预算支出 270 万元,比上年预算增加减少 30 万元,主要原因是贯彻落实中央厉行节约精神。

江苏省商务厅 2019 年度一般公共预算拨款

安排的培训费预算支出 220 万元,比上年预算减少 20 万元,主要原因是贯彻落实中央厉行节约精神。

十、政府性基金预算支出预算情况说明

江苏省商务厅 2019 年无政府性基金支出预算。

十一、一般公共预算机关运行经费支出预算情况说明

2019 年本部门一般公共预算机关运行经费预算支出 994.70 万元,与上年相比增加 5.76 万元,增长 0.58%。主要原因是人员变动。

十二、政府采购支出预算情况说明

2019 年度政府采购支出预算总额 1 638 万元,其中:拟采购货物支出 226 万元、拟采购工程支出为 0、拟购买服务支出 1 412 万元。

十三、国有资产占用情况

本部门共有车辆 8 辆,其中,一般公务用车 8 辆、执法执勤用车 0 辆、特种专业技术用车 0 辆、其他用车 0 辆等。单价 20 万元(含)以上的设备 7 台(套)。

十四、预算绩效目标设置情况说明

2019 年本部门共 0 个项目实行绩效目标管理,涉及财政性资金为 0。

来   源:江苏省商务厅
发布日期:2019 年 02 月 13 日

江苏"牵手"商务部
共同推动全方位高水平对外开放

3月2日下午，省政府与商务部在京签署部省合作框架协议。签约前，省委书记娄勤俭、省长吴政隆与商务部部长钟山举行了工作会谈。

娄勤俭、吴政隆感谢商务部长期以来对江苏发展的关心支持。娄勤俭说，江苏深入贯彻习近平新时代中国特色社会主义思想和党的十九大精神，按照总书记对江苏工作的系列重要讲话指示，推动高质量发展实现良好开局。习近平总书记对江苏"一带一路"交汇点建设、开放型经济发展寄予很高希望，为我们指明了前进方向、提供了强大动力。我们将以此次部省合作为契机，进一步加强与商务部协作联动，共同落实好习近平总书记重要讲话精神，推动全方位高水平对外开放，努力在全国率先建成开放强省。希望商务部在参与"一带一路"建设、开放创新平台建设、国际交流合作平台培育等方面继续给予我省大力支持，共同为全国发展大局作出新的贡献。

钟山感谢江苏省对商务部各项工作给予的大力支持。他表示，江苏一直走在改革开放的前沿，开放型经济发达，近年来在积极构建开放新格局、培育开放新动能、参与"一带一路"建设等方面都取得显着进展，创造了许多经验，为经贸强国建设作出了重要贡献。商务部将通过部省合作加强工作互动、资源共享、优势互补，形成发展合力，助推江苏加快构建全方位高水平对外开放新格局，助力江苏高质量发展走在全国前列。

吴政隆、钟山分别代表双方签署协议。

根据部省合作框架协议，双方将在"一带一路"建设、构建开放创新体系、加快推动消费升级、率先建成经贸强省、积极有序扩大服务业开放、建设重大开放载体平台、打造服务贸易创新高地、培育具有国际影响力的交流合作平台等领域加强协作联动，推动江苏商务事业在新时代走在全国前列，形成经贸强国建设的有力支撑。

商务部副部长王炳南、部长助理任鸿斌，副省长郭元强参加会谈和签约。

来　　源：中国江苏网
发布日期：2019 年 03 月 02 日

省长吴政隆来省商务厅调研

2月14日,省长吴政隆来到省商务厅调研。他强调,要坚持以习近平新时代中国特色社会主义思想武装头脑,坚持稳中求进工作总基调,扎实做好"六稳"工作,保持战略定力,抓住有利条件,勇挑重担善作为,扑下身子抓落实,增创新一轮对外开放新优势,大力推动外资外贸稳中提质,积极培育强大市场,有力有效防范化解风险,不断开创新时代商务事业高质量发展新局面。

吴政隆首先来到省电子口岸中国(江苏)国际贸易"单一窗口"服务平台。实施"单一窗口"后企业通关缩短了多少时间,与国际一流水平相比还有哪些不足,数据互联互通还有什么困难?吴政隆详细了解平台功能、运营模式、数据共享、应用效果等情况后说,要紧紧围绕问题导向和需求导向,拓展数据共享范围,丰富平台应用功能,着力提高贸易便利化程度,打造更优的营商环境。同时要加强数据分析,为更好打通制约通关便利化的"堵点""难点"提供智力支持。

随后,吴政隆主持召开座谈会。认真听取省商务厅厅长马明龙的商务工作情况汇报后,吴政隆指出,去年以来,在全省商务系统广大干部职工共同努力下,商务工作取得了新进展新成效,多项经济指标位居前列。当前,世界正处于百年未有之大变局。商务系统要坚持以习近平新时代中国特色社会主义思想为指导,从长期大势正确认识当前形势,辩证看待国际环境和国内条件的变化,坚决落实好党中央决策部署和省委省政府工作安排,勇于担当,敢于斗争,善于作为,推动商务事业高质量发展走在前列。要增创新一轮对外开放新优势,抓住用好"一带一路"建设、长江经济带发展、长三角区域一体化发展三大战略叠加机遇,促进各类开发园区提档升级,打造重大开放平台,持续深化"放管服"改革,大力推进贸易投资便利化,加快形成更高层次、更大范围的对外开放新格局。要坚持优进优出,提升外资质量,多元开拓市场,推动外资外贸稳中提质。要围绕高质量发展、高品质生活,既抓好传统消费,又积极发展新的消费增长点,着力培育强大市场。

吴政隆强调,江苏处在对外开放前沿,也是应对各类风险挑战的"前哨"。商务系统广大干部职工要继续弘扬优良作风,永葆忠诚干净担当本色,坚持底线思维,强化忧患意识,增强斗争本领,把风险隐患排查工作做得更细,把防范化解措施拿得更准,在复杂艰苦的岗位上练就敢于斗争的风骨、气节、操守、胆魄。

副省长郭元强,省政府秘书长陈建刚参加调研。

来　　源:新华日报
发布日期:2019 年 02 月 18 日

省政府 2018 年度十大主要任务百项重点工作商务厅完成情况

一、开展质量提升行动（第 9 项）

组织"江苏老字号"企业参加"香港江苏文化嘉年华"活动，举办"2018 中国（江苏）老字号博览会"。

落实情况：成功组织 40 余家"江苏老字号"等企业参加"香港江苏文化嘉年华"活动。推动江苏省老字号企业协会会同国内十余家省级老字号协会与京东网上商城共同发起成立无界零售联盟，江苏老字号京东旗舰店于 2018 年 7 月正式上线运营。成功组织"2018 中国（江苏）老字号博览会暨中国大运河与中华老字号高峰论坛"活动。

二、促进大众创业万众创新迈上新水平（第 12 项）

培育首批 50 个左右省电子商务众创空间。

落实情况：在深入调研走访的基础上，制定出台了《江苏省电子商务众创空间确认规范（试行）》，确认首批 53 家江苏省电子商务众创空间。

三、促进新产业、新模式、新业态加快成长（第 14 项）

出台《关于推进供应链创新与应用培育经济增长新动能的实施意见》，积极争取国家供应链试点。

落实情况：报请省政府出台了《关于推动供应链创新与应用培育经济增长新动能的实施意见》（苏政办发〔2018〕35 号），并在全国率先建立"江苏省供应链创新与应用联席会议制度"。组织申报国家供应链创新与应用试点，我省南京、张家港 2 个城市及 33 家企业列入全国试点范围，牵头会同省工信厅等 8 部门部署开展全国试点工作。

四、大力支持现代服务业发展（第 16 项）

创建 15 个左右省级电商示范社区，全省网络零售额增长 25% 左右。

落实情况：制定了《江苏省电子商务示范社区确认规范（试行）》，组织开展省级电商示范社区申报确认工作，确认了首批 21 个江苏省电子商务示范社区。全年网络零售额 8 567 亿元左右，同比增长 24.3%。

五、推动农产品网络营销加快发展（第 23 项）

新建 100 个左右电子商务示范村、50 个左右乡镇电子商务特色产业园（街）区。

落实情况：明确年度农村电商工作安排，印发了《关于开展第七批江苏省农村电子商务示范村创建工作的通知》《省商务厅关于开展第二批江苏省乡镇电子商务特色产业园（街）区创建工作的通知》，分 2 批次开展了农村电商示范村创建工作，全年共创建 108 个示范村、53 个乡镇电商特色产业园（街）区。

六、进一步做好援藏、援疆、援青工作，推进与陕西、辽宁等省际协作（第 40 项）

推进与陕西、辽宁等省际协作。支持苏州工

业园区和沈抚新区深度合作。

落实情况:2018年3月份在南京召开了苏陕合作共建"区中园"江苏对接会,11月份在汉中市召开了苏陕扶贫协作共建"区中园"联席会议,12月份与陕西省商务厅合作在苏州举办了开发区管理与招商引资培训班。支持各结对设区市及开发区建立常态化招商合作机制,目前均已签署合作框架协议。推荐优秀项目进驻陕西园区,多个共建园区先后有多个项目正在或已办理入驻手续。我厅和辽宁省商务厅签订了《商务重点领域合作协议》,苏州工业园区和沈抚新区研究确定了年度合作计划。6月份苏州工业园区与沈抚新区签订对口深化合作协议并开展工作对接,10月份在苏州举办了沈抚新区——苏州工业园区招商引资推介会,协助辽宁参加昆山进口展、中美(昆山)智能制造合作论坛等江苏重大经贸活动,与辽宁省商务厅共同制定《关于赴辽宁对口交流合作利用外资工作的实施方案》,与辽宁省经济合作局签署了江苏省海外经贸网络支持辽宁境外招商合作协议。

七、充分发挥"一带一路"交汇点优势(第50项)

1. 制定《中韩(盐城)产业园实施方案》,建立省级中韩(盐城)产业园领导机制。

落实情况:2018年2月份盐城市和省商务厅共同向省政府上报了《中韩(盐城)产业园建设实施方案》;6月份商务部和韩国产业通商资源部共同在盐城市举办中韩产业园合作协调机制第二次会议和第一届中韩产业园合作交流会;8月份成立中韩(盐城)产业园发展工作协调小组,明确职责分工。9月份报请省政府印发了《中韩(盐城)产业园建设实施方案》(苏政发〔2018〕121号)。带领江苏代表团参加了第17次泛黄海中日韩经济技术交流会议。

2. 加强境外经贸合作区和产业集聚区建设,新增1家省级境外产业集聚区。扎实开展国际产能合作,围绕重点产业、重点国别开展1~2场投资促进活动。

落实情况:扎实开展国际产能合作,配合哈萨克斯坦国有铁路公司在苏州举办了"东门特区招商推介会",在泰州举办了"江苏省境外经贸合作区推介会",在南京举办了中白工业园、中阿(联酋)产能合作示范园、哈萨克斯坦东门特区联合推介会。印尼吉打邦农林生态产业园于2018年9月通过省商务厅和财政厅联合确认,成为我省第三家省级境外产业集聚区。

八、促进外贸"优进优出",外贸进出口稳中向好(第52项)

1. 推进中国(苏州)跨境电子商务综合试验区、省级跨境电子商务产业园和公共海外仓建设。

落实情况:推动中国(苏州)跨境电子商务综合试验区加快创新政策落地,苏州线上综合服务平台累计备案企业386家,备案商品5.8万种。跨境电商网购保税进口业务顺利开展,据海关统计,2018年网购保税进口超730万美元。南京、无锡成功入选第三批国家跨境电商综试区试点城市。支持省级跨境电商产业园和公共海外仓加快集聚经营主体,打造完善跨境电商产业链。跨境电商零售出口货物免税政策正式执行。

2. 支持海门叠石桥、常熟服装城市场采购贸易试点工作。

落实情况:深入推进市场采购贸易方式试点建设,海门、常熟市场采购贸易试点市场的监管体系、外贸服务体系、金融载体、物流体系等进一步完善,试点市场外贸功能、主体活力不断提升,两地注册用户数已突破2000家。举办了海门叠石桥"一带一路"进出口商品交易会,组织试点企业抱团参加广交会、加拿大国际纺织展、美国国际纺织展等国际性展会。

3. 做大做强外贸综合服务企业。

落实情况:密切关注外贸综合服务企业的运行情况,及时反馈企业困难和诉求,帮助企业适应出口退税新政,开展备案,加强风控,推动外贸综合服务持续健康发展。截至2018年12月底,我省共有 30 家综服企业和 3 784 家代办退税生产企业完成备案。

4. 加快出口结构优化升级,深入推进自主品牌和出口基地建设,鼓励企业参与境内外优质贸易展会。

落实情况:组织企业参加了广交会、华交会、高交会、日本大阪展、法国复合材料展、中国消费品(俄罗斯)品牌展、美国世界移动大会、澳大利亚中国纺织服装展等境内外重点展会。完善外贸品牌培育、评价、宣传和保护机制,利用广交会、华交会等展会平台对 348 家企业、360 个省级出口名牌开展宣传推介,发挥 39 个出口品牌领军企业的引领作用;推动广交会等优质资源向品牌企业倾斜,全省广交会品牌展位获评 1 017 个,增加 81 个。推进出口基地提档升级,2018 年我省 18 家出口基地被认定为国家外贸转型升级基地。

5. 加强进口促进,培育平台载体,引导企业扩大高新技术、高端装备、关键零部件、优质消费品等进口。

落实情况:落实《国务院办公厅转发商务部等部门关于扩大进口促进对外贸易平衡发展意见的通知》(国办发〔2018〕53 号),报请省政府出台了《省政府办公厅关于促进进口的实施意见》(苏政办发〔2018〕83 号)。积极参与中国国际进口博览会,牵头做好我省招展及现场活动组织工作,组织专业采购商、参展商对接洽谈;成功举办 2018 中国(昆山)品牌产品进口交易会。推动张家港汽车平行进口试点工作,出台实施方案,认定 4 家试点企业和 1 家试点平台。

九、提升引进外资质量(第 53 项)

1. 全面实行准入前国民待遇加负面清单管理模式,推进外资准入"单一窗口"改革。争取率先复制北京服务业扩大开放试点经验。

落实情况:2018 年 6 月 30 日,开始全面推行外资企业设立商务备案与工商登记"一口办理"改革,在全国率先实现"一口办理"。报请省政府

出台了《省政府关于促进外资提质增效的若干意见》(苏政发〔2018〕67 号),充分授权地方根据本地区要素组合现状,依法出台招商引资创新政策举措。我省复制北京市服务业扩大开放综合试点经验的请示,目前正在国家相关部委会签。

2. 着力引进一批先进制造业和现代服务业外资大项目,引进 20 家跨国公司地区总部和功能性机构。

落实情况:进一步修订完善了鼓励跨国公司在我省设立地区总部和功能性机构的扶持政策。成功引进宝马新一代纯电动汽车、华虹半导体、中环领先半导体等先进制造业项目,以及运满满智慧物流、盒马网络科技、皇包车旅游管理等现代服务业项目。2018 年新认定 25 家外资地区总部和功能性机构。

十、复制自贸试验区创新制度(第 54 项)

复制推广落实第三批自贸试验区改革试点经验。

落实情况:按照国家部委文件要求,制定了第三批自贸试验区改革试点经验复制推广工作方案,目前第三批自贸试验区 5 项改革事项已全部在我省得到落实。第四批 30 项改革事项中,已有 19 项在我省落实,其余 11 项正在积极推进中。

十一、高水平推动开放载体和平台建设(第 55 项)

贯彻落实《江苏省开发区条例》,修订完善经济开发区考核评价办法。

落实情况:2018 年 5 月 1 日起《江苏省开发区条例》正式实施;6 月在苏州分两期组织省级以上开发区专题学习该《条例》,通过新华社、人民日报等十几家媒体广泛开展宣传;指导各地结合实际,出台贯彻落实意见,总结贯彻实施情况。修订完善经济开发区考核评价办法,11 月份报请省政府下发《省政府办公厅关于印发江苏省经济开发区科学发展综合考核评价办法(2018 版)的通知》(苏政办发〔2018〕95 号)。

十二、高水平推动开放载体和平台建设(第55项)

1.开展省级特色创新示范园区创建工作。

落实情况:按照《江苏省特色创新示范园认定与管理办法(试行)》有关规定,经过初审、复审和专家评审,评定江宁经济技术开发区智能电网产业园等18家特色产业园为第一批江苏省特色创新(产业)示范园区。

2.深化苏州工业园区开放创新综合试验,推动落实开放创新综合试验42项年度重点改革任务。

落实情况:商务部办公厅于2018年5月份发文在全国推广苏州工业园区11项改革经验最佳实践案例。园区42项重点改革任务有序推进,38项按时完成,其余4项因政策影响和机构改革等因素暂缓推进,开放合作、产业优化升级、科技创新、行政管理体制和城市综合治理等5大示范平台均取得积极进展。

3.办好世界物联网博览会、世界智能制造大会、中国(南京)软博会、中国(昆山)品牌产品进口交易会、中国(连云港)丝绸之路国际物流博览会。

落实情况:完成了中国(昆山)品牌产品进口交易会组展参展工作;配合无锡完成世界物联网博览会各项组展工作;配合南京完成中国(南京)软博会审批及组展工作;完成了中国(连云港)丝绸之路国际物流博览会招商和组展工作,配合上级完成世界智能制造大会相关展览展示的审批工作。

十三、打造"精彩江苏"对外文化交流品牌(第77项)

组织企业申报省级对外文化贸易项目资金,推动我省更多企业进入国家文化出口重点企业和重点项目目录。

落实情况:组织实施2018年省级文化贸易项目资金申报审核工作,研究制订资金申报指南,我省24家企业、7个项目入选2017—2018年度国家文化出口重点企业和重点项目目录。

来　　源:江苏省商务厅
发布日期:2019年03月19日

2018 年江苏进出口总额 43 802 亿元
创历史新高　同比增长 9.5%

南京海关 18 日发布消息称,去年全省实现外贸进出口 43 802.4 亿元,同比增长 9.5%。按美元计价,去年江苏进出口 6 640.4 亿美元,同比增长 12.4%。进出口总额创历史新高。

面对风云变幻的国际贸易新形势,我省把拓市场、抢订单作为稳定进出口的重中之重,不仅在春秋两季广交会、首届进口博览会等国内重要展会上力争最好表现,而且走出国门参加各类境外专业展,仅省贸促会就组织近 2 000 家企业参加 167 个境外知名展会。去年 10 月 30 日举办的中国机械工业(俄罗斯)品牌展,22 家江苏企业参展洽谈,寻找商机。徐工集团展示的 LW300FN 型装载机和 XLZ2303 型冷再生机受到采购商青睐,收获 500 万元订单。

国际贸易伙伴更趋多元。去年我省对美国、欧盟、韩国、东盟和日本进出口分别增长 4.1%、7.3%、19.7%、12% 和 4.1%,合计占全省进出口的 64.9%。同期,对"一带一路"沿线国家进出口增长较快,其中对中东欧 16 国增长 14.3%,对东南亚 11 国增长 12%,对西亚北非 16 国增长 10.4%,均高于同期进出口总体增速。对拉丁美洲和非洲等新兴市场的开拓卓有成效,全年进出口分别增长 13.2% 和 19.7%。

进出口质量稳步提升。去年全省有进出口实绩的企业达 7.79 万家,比上年增加 14.8%。一般贸易比重进一步增加,外贸自主性增强。全年完成一般贸易进出口 21 342.6 亿元,增长 10.9%,占进出口值的 48.7%,占比较上年同期提升 0.6 个百分点。汇鸿集团全年进出口总额 43.83 亿美元,苏豪控股集团进出口 17.54 亿美元,均呈规模增长、质态改善之势。苏豪控股的服装、纺织品等传统主力出口商品集聚效应凸显,出口占比从上年的 76% 上升至 78%,服装和纺织品出口分别增长 10% 和 21%。全省进出口产品结构不断优化,部分机电产品和装备制造产品出口保持良好增势,出口汽车、金属加工机床、照相机分别增长 27.8%、25.2% 和 23.3%。能源资源性产品进口稳定增长,液化天然气和初级形状的塑料进口量分别增加 53% 和 13.1%。部分重要设备和关键零部件、优质消费品进口快速增长,其中集成电路增长 26.5%,数控机床增长 17.8%,水海产品增长 95.2%,化妆品增长 45%。

新业态释放新动能,跨境电商、市场采购、贸易综合服务等成为我省进出口贸易的新看点。去年汇鸿国际集团股份有限公司及收购控股的无锡天鹏集团有限公司,双双入选"全国供应链创新与应用试点企业"。汇鸿畜产有关子公司全年 70% 的订单源于自主设计,汇鸿盛世自营出口额同比增长 30% 以上。苏豪集团所属弘业股份组建 60 多人电商团队,去年平台销售超 1 000 万美元,同比增长五成。总部位于南京江北新区的焦点科技通过运营中美跨境贸易服务平台、收购美国电商平台 Doba、上线跨境 B2B 在线交易平台开锣,在美国加州、越南、马来西亚等地设立海外仓,助力中小企业以跨境贸易方式"出海",拥有 1 380 万注册供采会员,网上年出口成交超 620 亿美元,其中不少是江苏企业。

来　　　源:新华日报
发布日期:2019 年 01 月 21 日

2018 年江苏省外贸进出口总体情况

　　2018 年,我省实现外贸进出口 43 802.4 亿元,比上年(下同)增长 9.5%,占同期我国进出口总值的 14.4%,占比与上年基本持平;其中,出口 26 657.7 亿元,增长 8.4%,占同期我国出口的 16.2%,占比提升 0.2 个百分点;进口 17 144.7 亿元,增长 11.3%,占我国进口的 12.2%,占比降低 0.1 个百分点。按美元计价,2018 年,我省进出口 6 640.4 亿美元,增长 12.4%,其中出口 4 040.4 亿美元,增长 11.3%,进口 2 600 亿美元,增长 14.1%。

来　　　源:江苏省商务厅
发布日期:2019 年 01 月 21 日

海关总署发布最新公告 2018 年第 203 号（关于保税维修业务监管有关问题的公告）

为规范海关对保税维修业务监管，现将有关事项公告如下：

一、本公告适用于海关对企业开展保税维修业务的监管，即企业以保税方式将存在部件损坏、功能失效、质量缺陷等问题的货物或运输工具（以下统称"待维修货物"）从境外运入境内进行检测、维修后复运出境。

二、企业可开展以下保税维修业务：

（一）法律、行政法规、国务院的规定和部门规章允许的；

（二）国务院和国家有关部门批准同意开展的。

除法律、行政法规、国务院的规定或者国务院有关部门依据法律、行政法规的授权作出的规定准许外，企业不得开展国家禁止进出口货物的保税维修业务，不得通过保税维修方式开展拆解、报废等业务。

三、企业开展保税维修业务应满足以下条件，并接受海关实地验核评估：

（一）海关认定的企业信用状况为一般信用及以上；

（二）企业应当具备开展该项业务所需的场所和设备，对已维修货物、待维修货物、无法维修货物、维修用料件、维修过程中替换下的旧件或坏件、维修过程中产生的边角料等进行专门管理；

（三）企业应当建立符合海关监管要求的管理制度和计算机管理系统，实现对维修耗用等信息的全程跟踪，并按照海关要求进行申报；

（四）符合海关监管所需的其他条件。

四、企业开展保税维修业务，应向海关提交以下材料：

（一）企业开展保税维修业务情况说明；

（二）企业对外签订的维修合同；

（三）品牌所有人或代理人对维修业务的授权文件。

属于国务院和国家有关部门个案批准同意开展的保税维修项目，还应提交相应的批准文件。

五、企业开展保税维修业务所需的维修用料件可以采用保税或者非保税方式进口。适用保税方式进口的，企业应实施以维修工单为基础的据实核销。

六、企业开展保税维修业务，应设立保税维修专用账（手）册，建立待维修货物、已维修货物、无法维修货物等信息的电子底账。企业采用保税方式进口维修用料件的，保税维修专用账（手）册还应包含维修用料件电子底账。

保税维修专用账（手）册备案商品不纳入加工贸易禁止类商品目录管理。

七、企业设立电子账（手）册时，按照以下规则填报：

表头"监管方式"填报"保税维修(1371)"，"保税方式"填报"保税维修(5)"，账册周转金额根据企业自身实际生产能力和合同情况自行确定填报。

备案成品填报"货物品名(已修复)"和"货物品名(无法修复)"。

备案料件填报"货物品名(待修复)"和"维修用保税料件"，其中"维修用保税料件"按照货物品名据实填报。

八、保税维修账(手)册核销周期按海关监管要求和企业生产实际确定，原则上最长不得超过1年；开展飞机、船舶等大型装备制造业的保税维修企业，经主管海关确认，可参照合同实际有效期确定账(手)册核销周期。

九、企业办理保税维修货物进出口申报时，备案料件"货物品名(待修复)"、备案成品"货物品名(已修复)"和"货物品名(无法修复)"均按照"保税维修(1371)"监管方式申报；

采用保税方式进口的"维修用料件"按对应的"进料加工(0615)"或"来料加工(0214)"监管方式申报；需复运出境的按对应的"进料料件复出(0664)"或"来料料件复出(0265)"监管方式申报出口；需结转使用的，按对应的"进料余料结转(0657)"或"来料余料结转(0258)"监管方式申报；

维修替换下的旧件、坏件、维修产生的边角料按实际报验状态采用"进料边角料复出(0864)"或"来料边角料复出(0865)"申报，统一按对应备案料件的项号复运出境；无法对应备案料件项号或采用非保税方式进口"维修用料件"的，统一按对应备案待维修货物的项号填报复运出境。

十、企业开展保税维修业务的待维修货物、已维修货物、无法修复货物、维修过程中产生的边角料、替换下的旧件、坏件，原则上应全部复运出境。确实无法复运出境的，不得内销，企业应当按照《海关总署关于加工贸易货物销毁处置的相关问题的公告》(海关总署公告2014年第33号)相关规定进行处置。其中属于固体废物的，企业应当按照《固体废物进口管理办法》(环境保护部、商务部、发展改革委、海关总署、质检总局令第12号)和国家生态环境主管部门有关要求交由有资质的企业进行处置。

通过保税方式进口的维修用料件余料，企业可按照《中华人民共和国海关关于加工贸易边角料、剩余料件、残次品、副产品和受灾保税货物的管理办法》相关规定处置。

十一、企业开展保税维修业务，原则上每年至少盘点一次，并如实申报该核销期内维修替换下的旧件、坏件信息(包括品名、规格型号、数量等)。

以保税方式进口维修用料件的企业，还应如实申报维修中使用保税料件产生的边角料信息(包括品名、规则型号、数量等)。

十二、企业有下列情形之一的，应当及时向海关报告并整改。整改期间，海关不受理企业新设保税维修专用电子化账(手)册，原保税维修专用电子账册自本核销周期截止日起暂停执行。

(一)不再符合本公告第二、三条所述业务开展条件的；

(二)未能将保税维修有关货物、料件、维修替换下旧件、坏件、维修中产生的保税边角料等按规定进行处置的；

(三)在保税维修过程中违反国家固体废物管理规定的，擅自处理维修过程中所产生的固体废弃物的；

企业完成整改，并将整改结果报主管海关认可后，方可开展新的保税维修业务。

海关发现有前款所列情形之一的，可以要求企业整改。

十三、企业涉嫌走私被海关立案调查的，海关不受理企业新设保税维修专用电子化账(手)册。

十四、企业有下列情形之一的，终止开展保税维修业务：

（一）企业倒闭或破产，或被政府主管部门撤销经营资格的；

（二）海关认定的企业信用状况被降为失信企业的；

（三）保税维修货物在境内被转让或移作他用的；

（四）整改期满仍不能按照海关要求对保税维修货物进行管理的。

十五、本公告实施前已经试点开展的保税维修业务，可在电子化手册有效期内或电子账册核销周期内按原有规定继续开展业务，之后统一按照本公告有关要求进行办理。

十六、本公告中保税维修业务涉及商品安全的相关要求另行公告。

十七、海关特殊监管区域内企业开展保税维修业务，按照《海关总署关于海关特殊监管区域内保税维修业务有关监管问题的公告》（海关总署公告〔2015〕59 号）办理。

十八、本公告自 2019 年 1 月 1 日起施行。

特此公告。

海关总署

2018 年 12 月 14 日

来　　　源：江苏省商务厅

发布日期：2018 年 12 月 15 日

江苏省国家级和省级开发区名单

国家级开发区(共 46 家)

南京经济技术开发区、苏州工业园区、昆山经济技术开发区、南通经济技术开发区、连云港经济技术开发区、扬州经济技术开发区、徐州经济技术开发区、镇江经济技术开发区、吴江经济技术开发区、常熟经济技术开发区、淮安经济技术开发区、江宁经济技术开发区、盐城经济技术开发区、锡山经济技术开发区、太仓港经济技术开发区、张家港经济技术开发区、海安经济技术开发区、靖江经济技术开发区、吴中经济技术开发区、宿迁经济技术开发区、海门经济技术开发区、如皋经济技术开发区、苏州浒墅关经济技术开发区、宜兴经济技术开发区、沭阳经济技术开发区、相城经济技术开发区、南京高新技术产业开发区、无锡高新技术产业开发区、常州高新技术产业开发区、苏州高新技术产业开发区、泰州医药高新技术产业开发区、昆山高新技术产业开发区、江阴高新技术产业开发区、武进高新技术产业开发区、徐州高新技术产业开发区、南通高新技术产业开发区、镇江高新技术产业开发区、盐城高新技术产业开发区、连云港高新技术产业开发区、常熟高新技术产业开发区、扬州高新技术产业开发区、淮安高新技术产业开发区、宿迁高新技术产业开发区、张家港保税港区、无锡太湖国家旅游度假区、苏州太湖国家旅游度假区

省级开发区(共 85 家)

南京浦口经济开发区、江苏溧水经济开发区、南京六合经济开发区、江苏高淳经济开发区、南京雨花经济开发区、南京栖霞经济开发区、南京江宁滨江经济开发区、南京化学工业园区、江苏南京生态科技岛经济开发区、江苏无锡惠山经济开发区、江苏无锡经济开发区、江苏无锡蠡园经济开发区、江苏江阴临港经济开发区、江苏宜兴陶瓷产业园区、江苏无锡空港经济开发区、江苏丰县经济开发区、江苏邳州经济开发区、江苏新沂经济开发区、江苏沛县经济开发区、江苏睢宁经济开发区、江苏徐州泉山经济开发区、江苏徐州工业园区、江苏常州天宁经济开发区、江苏常州经济开发区、江苏常州钟楼经济开发区、江苏溧阳经济开发区、江苏金坛经济开发区、江苏武进经济开发区、江苏常州滨江经济开发区、江苏昆山花桥经济开发区、江苏南通苏通科技产业园区、江苏南通崇川经济开发区、江苏南通港闸经济开发区、江苏如东经济开发区、江苏启东经济开发区、江苏启东吕四港经济开发区、江苏海门工业园区、江苏赣榆经济开发区、江苏东海经济开发区、江苏灌云经济开发区、江苏海州经济开发区、江苏连云经济开发区、江苏连云港徐圩经济开发区、江苏连云港化学工业园区、江苏淮安经济开发区、江苏涟水经济开发区、江苏金湖经济开发区、江苏洪泽经济开发区、江苏盱眙经济开发区、江苏淮安工业园区、江苏射阳经济开发区、江苏阜宁经济开发区、江苏响水经济开发区、江苏大丰经济开发区、江苏亭湖经济开发区、江苏滨海经济开发区、江苏建湖经济开发区、江苏东台经济开发区、江苏大丰港经济开发区、江

苏高邮经济开发区、江苏宝应经济开发区、江苏江都经济开发区、江苏仪征经济开发区、江苏扬州维扬经济开发区、江苏扬州广陵经济开发区、江苏扬州化学工业园区、江苏丹阳经济开发区、江苏句容经济开发区、江苏丹徒经济开发区、江苏扬中经济开发区、江苏镇江京口工业园区、江苏泰州港经济开发区、江苏泰兴经济开发区、江苏姜堰经济开发区、江苏兴化经济开发区、江苏泰州海陵工业园区、江苏江阴-靖江工业园区、江苏宿城经济开发区、江苏泗洪经济开发区、江苏泗阳经济开发区、江苏苏州宿迁工业园区、南京白下高新技术产业园区、江苏省汾湖高新技术产业开发区、江苏省赣榆海洋经济开发区、江苏省南通外向型农业综合开发区

来　　　源：江苏省商务厅

发布日期：2017 年 12 月 04 日

江苏省工商业联合会
2019年度部门预算情况说明

一、收支预算总体情况说明

根据《江苏省财政厅关于2019年省级部门预算的批复》(苏财预〔2019〕7号)。

江苏省工商业联合会2019年度收入、支出预算总计6 981.34万元,与上年相比收、支预算总计各增加829.08万元,增长31.15%。主要原因是:新增项目经费和按国家政策规定,调增的在职人员工资、住房补贴、日常公用定额标准等。其中:

(一)收入预算总计3 490.67万元。包括:

1.财政拨款收入预算总计3 490.67万元。

(1)一般公共预算收入预算3 490.67万元,与上年相比增加829.08万元,增长31.15%。主要原因是:新增项目经费和按国家政策规定调增的在职人员工资和住房补贴、公用定额标准等。

(2)政府性基金收入预算0万元。

2.财政专户管理资金收入预算总计0万元。

3.其他资金收入预算总计0万元。

4.上年结转资金预算数为0万元。

(二)支出预算总计3 490.67万元。包括:

1.一般公共服务(类)支出2 529.74万元,主要用于单位的行政运行和行政管理事务及参政议政。与上年相比增加537.04万元,增长26.95%。主要原因是:新增项目经费和按国家政策规定调增的在职人员工资、日常公用定额标准等。

2.社会保障和就业支出216.11万元。与上年相比增加15.25万元,增长7.59%。主要原因是:按国家政策规定调整的退休人员工资。

3.住房保障支出744.82万元。与上年相比增加276.79万元,增长59.14%。主要原因是:按国家政策规定调增的住房补贴。

4.结转下年资金预算数为0万元。

此外,基本支出预算数为2 119.45万元。与上年相比增加362.74万元,增长20.65%。主要原因是:人员增加和按国家政策规定调增的在职人员工资、住房补贴、日常公用定额标准等。

项目支出预算数为792.86万元,与上年相比增加223.02万元,增长39.14%。主要原因是:新增项目经费和一次性项目。

单位预留机动经费预算数为578.36万元。与上年相比增长243.32万元。主要原因是:按国家政策规定调增的绩效工资。

二、收入预算情况说明

江苏省工商业联合会本年收入预算合计3 490.67万元。其中:一般公共预算收入3 490.67万元,占100%;政府性预算收入0万元,占0%;财政专户管理资金0万元,占0%;其他资金0万元,占0%;上年结转资金0万元,占0%。

三、支出预算情况说明

江苏省工商业联合会本年支出预算合计

3 490.67 万元,其中:基本支出 2 119.45 万元,占 60.72%;项目支出 792.86 万元,占 22.71%;单位预留机动经费 578.36 万元,占 16.57%;结转下年资金 0 万元,占 0%。

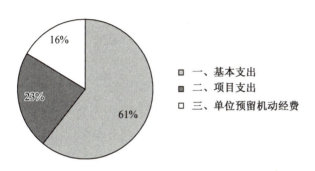

图 1 支出预算图

四、财政拨款收支预算总体情况说明

江苏省工商业联合会 2019 年财政拨款收、支总预算 6 981.34 万元,上年相比收、支预算总计各增加 829.08 万元,增长 31.15%,主要原因是:新增项目经费和按国家政策规定,调增的在职人员工资、住房补贴、日常公用定额标准等。

五、财政拨款支出预算情况说明

年财政拨款预算支出 3 490.67 万元,占本年支出合计的 100%。与上年相比,财政拨款支出增加 829.08 万元,增长 31.15%。主要原因是:新增项目经费和按国家政策规定,调增的在职人员工资、住房补贴、日常公用定额标准等。

六、财政拨款基本支出预算情况说明

江苏省工商业联合会 2019 度财政拨款基本支出预算 2 119.45 万元,其中:

(一)人员经费 1 566.81 万元。主要包括:基本工资 306.12 万元、津贴补贴 838.96 万元、奖金 25.51 万元、机关事业单位基本医疗保险缴费 147.51 万元、职业年金缴费 59.00 万元、住房公积金 180.83 万元、医疗费 8.88 万元。

(二)公用经费 374.21 万元。主要包括:办公费 45.20 万元、邮电费 38 万元、差旅费 69 万元、维修(护)费 26 万元、公务接待费 5 万元、专用材料费 5 万元、工会经费 18 万元、公务用车运

行维护费 26 万元、其他交通费用 71.81 万元、其他商品和服务支出 70.20 万元。

(三)对个人和家庭的补助 178.43 万元。主要包括:退休费 178.43 万元。

七、一般公共预算支出预算情况说明

江苏省工商业联合会 2019 年一般公共预算财政拨款支出预算 3 490.67 万元,与上年相比增加 829.08 万元,增长 31.15%。主要原因是:新增项目经费和按国家政策规定,调增的在职人员工资、住房补贴、日常公用定额标准等。

八、一般公共预算基本支出预算表情况说明

江苏省工商业联合会 2019 年度一般公共预算财政拨款基本支出预算 2 119.45 万元,其中:

(一)人员经费 1 566.81 万元。主要包括:基本工资 306.12 万元、津贴补贴 838.96 万元、奖金 25.51 万元、机关事业单位基本医疗保险缴费 147.51 万元、职业年金缴费 59.00 万元、住房公积金 180.83 万元、医疗费 8.88 万元。

(二)公用经费 374.21 万元。主要包括:办公费 45.20 万元、邮电费 38 万元、差旅费 69 万元、维修(护)费 26 万元、公务接待费 5 万元、专用材料费 5 万元、工会经费 18 万元、公务用车运行维护费 26 万元、其他交通费用 71.81 万元、其他商品和服务支出 70.20 万元。

(三)对个人和家庭的补助 178.43 万元。主要包括:退休费 178.43 万元。

九、一般公共预算"三公"经费、会议费、培训费支出预算情况说明

江苏省工商业联合会 2019 年度一般公共预算拨款安排的"三公"经费预算支出中,因公出国(境)费支出 40 万元,占"三公"经费的 52.76%;公务用车购置及运行费支出 26 万元,占"三公"经费的 34.29%;公务接待费支出 9.82 万元,占"三公"经费的 12.95%。具体情况如下:

1. 因公出国(境)费预算支出 40 万元,本年数与上一年度持平。

2. 公务用车购置及运行费预算支出 26 万

元。其中：

（1）公务用车购置预算支出 0 万元。

（2）公务用车运行维护费预算支出 26 万元，本年数与上年预算数持平。

3. 公务接待费预算支出 9.82 万元，本年数与上年预算数持平。

江苏省工商业联合会 2019 年度一般公共预算拨款安排的会议费预算支出 94.38 万元，本年数与上年预算数增加 8.58 万元。

江苏省工商业联合会 2019 年度一般公共预算拨款安排的培训费预算支出 111.93 万元，本年数与上年预算数增加 10.18 万元。

十、政府性基金支出预算情况说明

2019 年政府性基金支出预算支出 0 万元。

十一、一般公共预算机关运行经费支出预算情况说明

江苏省工商业联合会 2019 年度一般公共预算机关运行经费预算支出 374.21 万元，比上年相比，增加 17.1 万元。主要原因是：人员增长和调整了机关运行经费标准。

十二、政府采购情况说明

2019 年江苏省工商业联合会政府采购预算总额为 200.39 万元。其中拟采购货物 8.01 万元，主要是办公设备和办公家具；拟购买服务 187.88 万元，主要是会议服务、物业管理服务、车辆维修和保养服务。

十三、国有资产占用情况

本部门共有车辆 7 辆，其中：省部级领导用车 2 辆，退休干部用车 1 辆，机要保障用车 1 辆，一般公务用车 3 辆。单价 20 万元（含）以上的设备 0 台（套）。

十四、预算绩效目标设置情况说明

2019 年本部门共 0 个项目实行绩效目标管理，涉及财政性资金合计 0 万元。

来　　源：江苏省工商业联合会
发布日期：2019 年 02 月 02 日

2018年江苏民营经济平稳健康发展

江苏省工信厅日前公布了2018年民营经济运行情况。2018年,江苏省民营经济积极应对经济下行压力加大的趋势,保持平稳健康发展。规模以上民营工业增加值同比增长4.1%,工业民间投资同比增长10.5%,新注册私营企业近50万户,户均注册资本达到541万元,民企纳税达9 015亿元。

规模以上民营工业增速保持平稳

截至2018年年底,全省规模以上民营工业企业达到35 158家,占全省规模以上工业企业数的77.0%。2018年,规模以上民营工业增加值同比增长4.1%,比1—11月增幅提高0.1个百分点。规模以上民营工业实现主营业务收入67 219.6亿元,同比增长7.6%,高于规模以上工业0.3个百分点;实现利润总额4 314.3亿元,同比增长10.1%,高于规模以上工业0.7个百分点。

新登记注册私营企业近50万户

新登记注册私营企业近50万户。2018年,全省新登记私营企业和个体工商户合计158.5万户,同比增长7.1%。截至2018年12月底,全省私营企业和个体工商户累计登记户数为876.9万户,比上年年底增加107.9万户。全省私营企业集团达2 189户,比上年年底增加8户。

私营企业新增注册资本达2.6万亿元

2018年,全省私营企业和个体工商户新增注册资本(金)27 293.1亿元。截至2018年12月底,全省私营企业和个体工商户注册资本(金)总额达161 534.9亿元,比上年年底增长20.6%。

私营个体投资增长较快

2018年,全省工业民间投资同比增长10.5%,比1—11月增速提高1.3个百分点,比上年年底增幅提高1个百分点,增速快于全部工业投资2.5个百分点。全年全省工业和技改投资同比分别增长8.0%、10.7%,分别比1—11月增幅提高1.3个和0.2个百分点。

民营企业进出口总额近1 900亿美元

2018年,全省民营企业实现出口总额1 347.8亿美元,同比增长18.0%,比全省出口总额增幅高6.7个百分点,比上年年底出口总额增幅提高8个百分点;民营企业出口总额占全省出口总额的33.4%,较上年同期提高2个百分点。民营企业实现进口总额546.2亿美元,同比增长21.9%,较上年同期提高1.7个百分点,比全省进口总额增幅高7.7个百分点;民营企业进口总额占全省进口总额的21.0%,较上年同期提高1.3个百分点。

来　　源:江苏省工商业联合会
发布日期:2019年04月10日

江苏省工商联党组部署开展
"工作奋进年"活动
助力江苏民营经济高质量发展

"工作奋进年"活动开展背景

为全面提高机关工作效能和服务水平,确保更好适应新时代非公有制经济领域统战工作新要求,切实推动我省民营经济高质量发展走在前列,省工商联党组决定 2019 年在机关深入开展"工作奋进年"活动,并提出了"四个强化"(强化思想引领,强化业务学习,强化实践应用,强化作风培养)和"四个更加"(奋斗精神更加昂扬,专业能力更加过硬,工作实绩更加突出,品牌形象更加优良)的目标要求。

这是会党组继去年"能力提升年"活动之后,进一步坚持目标引领和问题导向,持续把牢全会工作方向、夯实机关建设基础的又一重要举措,旨在团结带领机关人员着力深化对岗位、责任、能力、作风的思考认识,积极争当服务"两个健康"的奋斗者,力推新时代工商联工作迈上新台阶、取得新突破。

"工作奋进年"活动部署摘要

4月3日,省工商联党组召开机关全体工作人员会议,部署开展"工作奋进年"活动。会议由会党组成员、副主席丁荣余主持,党组书记顾万峰出席会议并作了动员讲话。

顾万峰指出,将今年的工作基调定位于"工作奋进年",主要有三个方面的考量:一是今年是我省冲刺高水平全面建成小康社会的决胜之年,全省各级各部门都在以更高的标准和更严的要求,奋力加快工作推进。省工商联必须紧跟形势大局,牢固树立"不进则退"思想,切实通过鲜明的目标引领和务实的举措带动,努力把工作抓得更加扎实,把机关建得更加过硬。二是今年我会既定的大项活动和重点工作连续集中,特别是协助省委、省政府举办第二届江苏发展大会暨首届全球苏商大会和牵头举办扬子江工商峰会等标志性任务的关注度高、影响面广,深化落实民营企业座谈会精神的责任重大、困难不少,要求全会同志在精神状态、能力素质和工作作风等各个方面都必须全面加强、全面提高。三是去年开展的"能力提升年"活动虽然取得了阶段性成效,但也暴露出机关在推动学习研究成果转化、加强业务工作品牌创建、跟进政策制度末端落实、攻克重点难点堵点问题等方面还有不小差距,需要在巩固好经验、延续好做法的同时,积极把活动向更深一层、更进一步扎实推进,切实为促进新时代工商联工作迈上新台阶、取得新突破夯实基础。

顾万峰强调,开展"工作奋进年"活动,不是空喊口号、空谈目标,更不是为了搞"两张皮"、做"无用功",而是要紧密联系实际,针对现实问题和工作需要来进行。要坚持问题和结果导向。当前,工作目标思路不够清晰,调查研究与参政议政、民主监督、引领企业发展融合不紧,针对民营企业发展面临的瓶颈性问题缺乏真招实策,与非公经济代表人士的联系沟通不深入不经常,"马上就干、真抓实干"的作风不够实等问题,在机关还不同程度存在。要坚持问题导向找差距、紧盯结果导向促整改,切实对照"四个强化""四个更加"目标要求,深入查找处室和个人存在的问题不足,深刻反思剖析,聚焦突出问题,深入整改落实。要联系自身和工作实际。要把活动开展与处室建设、干部成长和正在做的工作紧密联系起来。各处室要对照全会年度工作部署和"工作奋进年"活动方案安排,组织所属人员认真开展好"工作奋进当先锋"主题讨论,进一步加强对2019年重点工作和创新工作的研究谋划,切实理清目标思路、细化计划措施、找准实现路径、明确责任时限。要注重开门纳谏,广泛听取设区市工商联、基层商会和民营企业家的意见建议,促进和加强工作改进。要推动载体和抓手创新。要把创新方式方法贯穿活动全过程,比如,在"提高调查研究质量"方面,要进一步走开联合下级工商联、当地政府部门和专家学者开展针对性调研的路子;在"创建处室工作品牌"方面,既要把那些延续性强、影响面广、已经形成特色的经验做法固化下来,更要进一步在商会改革发展、优化营商环境、海外商会拓展、防范化解金融风险、搭建政企沟通平台、促进产学研对接、"民参军"工作和商会企业党建等重点工作上见成效;在"提升工商联影响力"方面,要紧盯全局性工作和重大活动下功夫,争当服务两个健康的奋斗者,汇智聚力展示好工商联形象、发挥好工商联作用。

顾万峰要求,机关各级要深刻领会和准确把握会党组决策意图,牢固树立"一盘棋"思想,自觉强化共识共为。要切实压实责任。各处室负责人(党支部书记)要积极履行好第一责任人责任,坚持以上率下,发挥关键作用,自觉在具体工

作中主动挂帅当先锋,坚决防止和杜绝"谁年轻谁上台""谁资历浅谁参加"的问题,切实以身作则营造人人参与、严肃活泼的良好氛围,引领和推动"工作奋进年"活动高质量开展。要加大宣传力度。积极用好网站、微信公众号、杂志、简报等各类公共媒介及自媒体,充分带动各级共同参与、群策群力,着力提升活动的品牌效能,扩大活动的影响力。要突出抓好典型引路,及时总结推广好的经验做法,注重挖掘、培养和宣扬各类先进个人,并向设区市工商联、基层商会和民营企业加强推送,努力形成辐射效应。要严格督查考核。要把开展活动的过程作为培养人才、考察干部、激励作为的有效抓手,将活动参与度和取得的实际成效纳入年度考核范畴,并作为评先评优的重要依据。活动领导小组要加强对督查考核的量化设计,定实标准、细化指标、严明程序,确保公平公正公开。活动办公室要加强跟踪问效,细致做好效果评估、讲评通报和考勤登记等工作,对存在问题要严肃追责问责,切实激励先进、鞭策后进。

动员部署会后,研究室、会员处、宣教处、机关党委、总商会党委的负责同志,围绕"工作奋进当先锋"主题作了发言,并交流了本处室2019年重点工作和创新工作的思路举措。

"工作奋进年"活动主要抓手

"工作奋进年"活动紧紧围绕"四个强化""四个更加"目标要求展开,重点抓好16个方面具体工作落实。

1. 抓实主题教育。围绕提高机关干部政治站位,结合实际筹划开展"不忘初心、牢记使命"主题教育。下半年,依托红色教育资源,集中组织1次外出教育培训。国庆前后,举办"我和我的祖国"主题演讲。

2. 强化理论学习。严格落实中心组学习和干部理论学习制度。组织全体机关工作人员积极用好"学习强国"APP,严格督促检查。通过持续加强理论武装,促进党员、干部树牢"四个意

识"、坚定"四个自信"、坚决做到"两个维护"。

3. 开展特色支部活动。着眼强化党支部战斗堡垒和党员先锋模范作用,突出抓好结对共建、党性教育和主题党日等活动,进一步增强工作的针对性、有效性和支部的凝聚力、感召力。3月下旬,机关党委审核各党支部年度工作计划。加强党支部活动的跟进指导和经费保障,按规定充分用好党费。"七一"前后,评选表彰一批优秀共产党员和优秀党务工作者。

4. 组织"微党课"评选。督导各党支部认真落实党课制度,吸收党外人员参加,厚植砥砺奋进的精神土壤。6月底,集中组织"微党课"授课比赛,迎接和庆祝建党98周年。

5. 开展专题讨论。围绕"工作奋进当先锋"主题,以处室为单位开展专题讨论交流,促进各处室、各岗位人员加强对抓好2019年重点工作和创新工作的谋划思考,进一步理清目标思路,制定计划措施,找准实现路径,明确责任时限。

6. 争创书香机关·书香处室·书香个人。着眼深化拓展书香机关读书交流会做法,持续营造爱读书、勤读书、读好书的浓厚氛围,有效促进阅读与思考、学习与工作、实践与创新深度融合,制定并抓好《"书香机关·书香处室·书香个人"争创计划》落实。

7. 开设业务课堂。以处室为单位,每月组织1次业务学习。二、四季度,分别开设1次业务课堂,分两批组织各处室负责人为机关干部集中介绍本处室的主要工作职责、最新工作动态和特色经验做法,促进工作交流。

8. 办好名家讲坛。围绕全面从严治党、经济社会发展、深化改革开放等课题,每季度开设1次名家讲坛,邀请知名专家和民营企业家集中授课,促进机关干部开拓思维眼界、深化工作思考、强化使命担当。

9. 提高调查研究质量。以党委政府重视、民营企业急需、社会各界关注、工商联履职尽责的重难点问题为切入点,深入开展"大调研"和"微调查"。4至10月,由专职会领导牵头、相关处室人员参加组成调研组展开深度调研;11月,撰写完成并提交调研报告;12月,抓好调查研究成果运用和汇编。

10. 创建处室工作品牌。按照全会年度工作部署,以推进重点工作任务为牵引,由各处室系统梳理本部门延续性强、影响面广、形成特色的工作抓手,精心培育,总结经验,加强宣传,力争每个处室形成1~2项工作品牌,以此提升服务党委政府中心工作效能,彰显工商联作为。

11. 推进"苏商e家"建设运行。深化与省有关部门的合作交流,推动建立民营经济发展综合数据库,加快建设"苏商e家"信息化服务平台,积极构建民营经济网络服务模式,完善和加强机关办公自动化建设。

12. 优化创新成果评选。进一步完善《省工商联机关开展理论创新成果和工作实践创新成果评选实施方案》,从评选范围、评选程序、评选标准等方面细化优化,切实增强导向性和说服力。12月底前,完成创新成果评选表彰。

13. 抓好作风整治工作。按照方案部署,扎实开展集中整治形式主义、官僚主义工作,突出抓好问题查改、原因剖析和责任清单落实。4月,迎接省纪委监委驻省委统战部纪检监察组专项检查。5月,采取逐个处室过堂的方式进行检查验收,并以适当方式进行内部通报。6月,总结上报集中整治工作开展情况。

14. 提升工商联影响力。以协助省委、省政府举办第二届江苏发展大会暨首届全球苏商大会和牵头举办扬子江工商峰会、配合省委统战部组织开展新生代企业家嘉年华活动为契机,加强干部队伍综合素质锤炼,汇智聚力抓好各项工作谋划落实,切实树好工商联形象、贡献工商联力量、扩大工商联影响。

15. 健全考核激励机制。研究制定贯彻落实省委"三项机制"的具体措施,修订《省工商联机关工作人员年度考核实施办法》,催生干事创业内生动力。采取自评打分、处室互评、群众参评、活动领导小组研究确定等程序方式，在四季度组织1次"工作奋进年先进处室"和"工作奋进年先进个人"竞赛评选，激励机关干部奋发进取、创先争优。评选结果作为年度考核的重要参考内容。

16. 严格工作管理督查。大力践行"马上就办，真抓实干"精神，利用主席办公会、党组会、专题会等抓手，及时对工作落实和进展情况进行督查，确保事事有落实、件件有回音。严格工作任务办结时限，坚持急事急办、特事特办，确保按照上级规定和领导要求的时限完成。

来　　　源：江苏省工商业联合会
发布日期：2019 年 04 月 08 日

服务零距离　改革接地气
——省工商联组织召开
2019年经济服务工作会议

2月26—27日,2019年江苏省工商联经济服务工作会议在徐州召开,省政协副秘书长、省工商联副主席周洁参加会议并讲话,徐州市政协副主席、工商联主席王海永到会并致辞。省委统战部经济处负责同志,各设区市工商联分管副主席、经济处处长,徐州各县(市、区)工商联有关领导,省工商联直属商会秘书长代表,省工商联中小企业委员会轮值主任王雷、王枫和部分副主任、副秘书长,部分中小企业委员会委员代表等100余人参加会议。

此次经济服务工作会议,以创新的模式邀请省工商联中小企业委员成员代表参加,并同期同地同时召开了省工商联中小企业委员会主任工作会议,总结中小企业委员会前期工作,研究部署今年重点工作,工商联机关领导和企业家共同交流研究如何更加扎实有效地做好经济服务工作。会议还就中小企业关心的热点难点问题,专门安排了宏观经济政策分析、中小企业税收政策培训、融资方式介绍等内容,并组织了赴睢宁实地考察和学习交流活动。全新的服务模式、贴心的服务方式、暖心的服务内容,得到参会企业家们的充分认可,引发了强烈反响。

周洁副主席在讲话中指出,2018年是中国民营经济发展史上的一个重要年份,习近平总书记多次发表重要讲话,各级党委政府高度关注"两个健康",工商联服务民营经济发展使命更加光荣,但任务更也加艰巨。

周洁副主席强调,新形势下,工商联经济服务工作面广量大,与企业接触多、要求高,政府部门对工商联也更加重视,作为工商联经济服务战线上的同志,要注重平时的学习积累,对重要的会议、讲话、文件,要学深学透、了然于胸;要走出机关、走出舒适区,在服务企业过程中彰显工商联工作的价值。

周洁副主席对2019年省工商联经济服务工作提出了要求:要勇于创新、善于谋划,要出新成绩,要有新亮点。他指出,着重做好精准扶贫工作,要做好宣传、选好项目、用好基金;要动员更多的企业家参与,不断扩大基金规模;各设区市工商联要主动配合做好各项工作。他强调,扎实推进中小企业委员会工作,要建立相应的工作机制,加强相互之间的沟通合作;要进一步扩大委员会的覆盖面,把更多创新能力强、特色鲜明的中小企业吸收进来;要对相关工作成效进行总结提炼,让中小企业委员会成为整个工商联系统在服务中小企业方面的一个突破和样板。

徐州市政协副主席、市工商联主席王海永在致辞中代表徐州市工商联、徐州市总商会,对会议的召开表示热烈祝贺,对参会嘉宾表示诚挚欢迎。他详细介绍了徐州悠久的历史文化、便利的交通条件、独特的区位优势,以及徐州市通过推进生态转型实现老工业基地华丽转身的良好发展态势。他说,党的十九大后,习近平总书记首次地方视察来到徐州,对徐州振兴转型实践给予充分肯定,对坚守实体经济、推动创新发展、实施乡村振兴战略、建设生态文明、传承红色基因、加强基层党建等作出重要指示,为徐州奋进新时代、开启新征程、再创新辉煌指明了前进方向、注入了强大动力,希望企业家朋友们多来徐州走一走、看一看,进一步加深了解、增强合作。

会上,省工商联经济处处长罗向阳,通报了2018年经济服务工作开展情况,并部署了2019年度重点工作。省工商联服装业商会秘书长陆梅、江苏麦格思频仪器有限公司董事长刘文美、南京苏美仑生态环境技术有限公司董事长陈计超等16位省直属商会和中小企业委员会代表先后发言,介绍企业经营发展情况,并对省工商联经济服务工作提出意见建议。

南京九州会计咨询有限公司董事长李炎炜博士为大家简要分析了国际国内经济形势,介绍了我国为鼓励促进中小民营企业健康快速发展的经济政策,并就国家持续推进税收改革情况和最新出台的普惠型税收优惠政策进行了重点培训。国金鼎兴投资有限公司资本市场部负责人陈海滨为大家介绍了公司的融资项目的方式方法和取得的成效,并就如何解决企业融资难题给出了建设性的意见建议。

会议期间,组织参观考察了空港经济开发区、姚集镇高党社区、睢商新经济产业园、睢谷科技园、睢宁博物馆等地,实地了解睢宁工业发展、乡村振兴、改革创新等经济社会发展情况,现场学习睢宁县工商联推动建设"睢商新经济产业园"的创新举措。睢宁县委书记贾兴民,县委常委、统战部部长秦玉锦,县委常委、经济开发区党工委副书记吕亚凯陪同活动。

省工商联中小企业委员会参会代表随团参观考察,企业家们切身感受了睢宁经济发展变化和推进新农村建设的累累硕果,亲眼见证了睢宁工商联创新经济服务工作新模式所取得的成效,纷纷就如何更加扎实有效开展好中小企业委员会工作提出意见建议,就企业如何履行社会责任,如何参与做好精准扶贫工作进行了深入探讨。

来　　　源:江苏省工商业联合会
发布日期:2019 年 03 月 01 日

江苏民营经济40年:新时代迎来新机遇

近年来,江苏民营经济发展质量和效益不断提升,在加快转型升级中保持平稳健康发展。近期,"最江苏"公众号推出"聚焦江苏民营经济发展"系列专辑文章,回顾民营经济大省江苏的经验之路,共同展望高质量发展的未来。

自1978年党的十一届三中全会开启改革开放进程以来,江苏民营经济发展已经走过40年的光辉岁月。回顾40年的发展历程,江苏民营经济从无到有,从小到大,从限制到允许,再到鼓励支持,如今已经成为江苏经济发展的重要支撑。

江苏民营经济发展基本历程

总的来看,改革开放40年,江苏民营经济发展大致可以分为初步探索、快速发展、跨越发展和转型发展四个阶段。

一、初步探索阶段(1978—1992年)

江苏民营经济是第一次思想大解放中全省农村经济改革和大力发展乡镇企业的"意外之获"。为了解决长期的计划经济体制导致的生活必需品严重短缺以及城乡就业压力日益严峻等问题,江苏率先突破"尾巴"思想,鼓励社员发展副业和参与集市贸易等个人经济,同时大力发展社队工业,即乡镇企业。

1978年底,全省发展个体工商户2.3万户、从业人员30 247人。而到了1981年底,全省个体工商户达到9.25万户,从业人员达9.9万人,与1978年比,分别实现年均59.1%与48.9%的增长。同年,江苏民营企业注册资金1.2亿元,突破1亿元大关。短短三年时间,江苏民营经济在理论与实践的初试探索中得到了良好的发展,同时也奠定了民营经济发展的坚实基础。

1982—1987年,在中央连续五年一号文件的发出及1982年宪法对"在法律规定范围内的城乡劳动者个体经济,是社会主义公有制经济的补充"的提出,与江苏省委省政府对民营经济发展经验总结积累并对"耿车模式""苏南模式"的积极推广下,江苏民营经济再上新台阶,至1987年底,全省个体工商户达86.68万户,从业人员120.36万人,注册资金达11.38亿元。

1992年初,邓小平同志视察南方发表重要谈话并强调指出"发展才是硬道理"。江苏各级党委、政府以"三个有利于"为标准,进一步解放思想,转变观念,放宽政策。为抓住历史机遇,加快民营经济发展,同年十月,江苏出台全省第一个促进民营经济发展意见:《关于鼓励支持我省个体私营经济进一步健康发展的意见》。在民营经济发展的带动下,1992年底,江苏国民经济的各项指标在全国各省市区中名列前茅。

二、快速发展阶段(1992—2002年)

江苏民营经济迎来快速发展得益于中央及地方进一步解放思想,使得民营经济经营主体一改以往。党的十四大报告明确指出,中国经济体制改革的目标是建立和完善社会主义市场经济体制。之后,我国正式确立了建立社会主义市场经济的目标,个体私营经济是中国特色社会主义经济组成部分的观念逐步成为社会共识。2000

年12月,江苏召开全省私营个体经济工作会议,省委、省政府高度认可发展民营经济是江苏实现新跨越、再创新辉煌的一个现实增长点,要求在发展民营经济上再来一次思想大解放,做到发展民营经济"放心、放胆、放手、放开、放宽、放活"。在此之后,江苏民营经济走上了快速发展之路。

在中央、地方不断的利好政策推动下,江苏省内陆续出现机关干部下海创业、国有企业职工下岗或辞职创业、科技界知识分子创业、农民自主创业等现象,民营经济创业气氛渐浓。与此同时乡镇企业、国有企业和集体企业大规模改制为民营企业,也为江苏民营经济的发展注入一股强大动力。另外,伴随着国外企业不断涌入中国,一定程度上也促进了江苏民营企业的发展。

截至2002年底,全省个体工商户已发展到157.33万户,从业人员286.49万人,注册资本270.17亿元,分别是1992年的1.79倍、2.18倍和10.5倍。在个体工商户基础上发展起来的私营企业达28.62万户,从业人员363.69万人,注册资本2 170.76亿元。2002年底全省民营经济实现增加值3 001.78亿元,民营经济增加值占GDP的比重已达28.3%,江苏民营经济实现快速增长。

三、跨越发展阶段(2002—2012年)

这一阶段,中国加入世界贸易组织(WTO)、互联网创业浪潮兴起为江苏民营经济实现跨越式发展提供了宝贵历史机遇。党的十六大提出"必须毫不动摇地鼓励、支持和引导非公有制经济发展"后,党的十七大进一步提出"坚持平等保护物权,形成各种所有制经济平等竞争、相互促进新格局"。之后,"非公经济36条"、《企业所得税法》《物权法》等政策法规密集出台,促进非公有制经济发展的政策体系和法律体系日益完善。江苏的经济格局日益开放,经济结构得到调整优化,涌现了国有、集体、私营、港澳台以及国有与外商和集体与外商合资合作的混合经济等经济主体。产业结构的优化升级和所有制结构的多元化使得江苏民营经济实现跨越式发展。

2012年,全省民营经济继续保持稳健增长态势,经济总量持续扩大,带动作用不断增强。全年民营经济完成增加值28 959.6亿元,同比增速10.5%,增速高于GDP增速0.4个百分点,民营经济占GDP的比重达53.6%,比上年提高0.6个百分点,对全省经济增长贡献率达55%。与2002年相比,民营经济增加值增加了25 957.8亿元,是2002年的9.6倍。

民营企业吸纳就业能力增强。截至2012年末,全省民营经济共吸纳就业人员2 233万人,比上年底增长5.1%。其中,私营企业从业人数1 662万人,增长4.4%。与2002年相比,民营经济中就业人员增加了1 582.8万人,是2002年的3.4倍,民营经济成为吸纳社会劳动者就业的重要渠道。

民营企业逐步走向国际市场。2012年,江苏民营企业实现进出口总额1 425.2亿美元,比上年增长33.5%,高于全省31.9个百分点,高于国有企业和外资企业增速33.7个和40.6个百分点;民营企业进出口总额占全省出口总额的26.0%,为稳定全省外贸市场做出重要贡献。

四、江苏民营经济实现转型发展阶段(2012年以来)

从党的十八大提出"要保证各种所有制经济依法平等使用生产要素、公平参与市场竞争、同等受到法律保护",到党的十八届三中全会提出"坚持权利平等、机会平等、规则平等,废除对非公有制经济各种形式的不合理规定,消除各种隐性壁垒,制定非公有制企业进入特许经营领域具体办法",再到"鼓励社会投资39条""促进民间投资26条"等政策的出台,为民营经济发展营造了更加公平、开放、宽松的环境。江苏民营经济逐步由早期分散粗放型经营走向规模化、集约式发展转变,规模实力、营利能力、创新能力不断提升。

截至2017年底,全省工商部门登记的私营企业和个体工商户累计登记户数为769万户,私营企业和个体工商户注册资本总额达133 919.2亿元;私营企业户均注册资本再次刷新纪录,提高到498万元,注册资本超过1亿元的私营企业达15 165户。2017年,全省民营经济上缴税金7 617.2亿元,同比增长6.6%,高于全省税收增幅2.9个百分点;占全省税务部门直接征收总额的62.0%,同比提高3.6个百分点。其中,上缴国税4 811.6亿元,上缴地税2 805.6亿元。从主要行业看,制造业缴纳国税占民营经济缴纳国税的44.2%,纳税额同比增长37.7%,较上年提高28.3个百分点,其中交纳增值税同比增长27.2%。

民营经济结构逐步转型优化。2017年全省新登记的私营企业中,第一产业8 096户,占比1.7%;第二产业11.46万户,占比23.9%;第三产业41.61万户,占比74.4%,第三产业占据新增私营企业主要地位,全省新登记私营企业产业结构继续保持"三、二、一"格局,产业结构仍处于不断调整优化中。

全省民营企业实力明显增强。2017年中国民营企业500强中,江苏82家企业入围,入围企业总数居全国第二。其中,苏宁控股集团、恒力集团有限公司进入榜单前十名,入围企业中营收总额超千亿的企业达6家,超500亿的有17家。

十八大以来江苏民营经济发展主要成果

改革开放,特别是十八大以来,江苏民营经济发展如雨后春笋成长迅猛,为推动全省经济的持续稳定发展,拓宽社会就业渠道,提高自主创新能力发挥了重要作用。这是江苏经济始终保持新鲜活力和强劲动力的基本保障,也是江苏经济在新时代实现自主创新和转型升级发展战略的底气所在。

一、民营经济是江苏发展的重要力量

十八大以来,江苏全省民营经济保持着较快增长的发展态势,成为全省经济增长强劲的发展动力。民营经济的综合实力不断跨上新台阶,在全省经济社会发展中的作用日益明显,地位日渐突出,民营经济成为江苏经济发展的重要力量。

2017年,全省民营经济积极应对经济发展新常态,在加快转型升级中保持平稳健康发展。民营企业增加值占比逐年攀升。2017年江苏全省民营企业增加值47 589.10亿元,占全省GDP比重达55.4%,与2012年相比,民营经济增加值总量增加18 629.50亿元,占全省GDP比重提升了1.8个百分点。

规模以上民营工业成为全省规模以上工业重要支柱。2017年,全省规模以上民营工业企业数占全省规模以上工业企业的77.2%,民营工业对全省工业经济增长贡献率达58.0%。2017年,全省规模以上民营工业实现增加值占全省规模以上工业比重达54.7%,比2012年提升4.2个百分点,拉动全省规模以上工业增速4.4个百分点。规模以上民营工业企业效益不断增强。2017年,规模以上民营工业完成主营业务收入同比增长10.6%;完成利润总额同比增长15.1%。

民间投资对全省固定资产投资贡献巨大。2017年,江苏全省完成民间投资37 485.5亿元,比上年增长9.5%,增速分别比国有及国有经济控股投资、港澳台及外商投资高3.9与13.9个百分点,为全省固定投资增长提供强劲动力。2013—2017年期间,全省民间投资累计完成额为156 320.6亿元,年均增长11.2%,高于同期全部项目投资增幅1个百分点。在投资增幅提高的同时,民间投资的份额也不断提升,占全部投资总额的比重从68.2%提高到70.7%。

二、民营企业成为"走出去"的主力军

江苏积极发挥沿海地理优势,民营企业大力发展对外经济,成为走出去的主力军。

江苏民营企业对外贸易发展壮大。2017年全省民营企业实现进出口总额1 590.5亿美元,同比增长12.6%,民营企业进出口总额占全省进出口总额比重达26.9%。其中,民营企业出口总额1 142.4亿美元,占全省出口总额的31.5%;

民营企业实现进口总额 448.0 亿美元,占全省进口总额的 19.7%,民营企业进出口、出口、进口总额占全省比重分别较上一年提高 1 个、0.9 个、1.1 个百分点。与 2012 年相比,民营企业进出口总额增长 165 亿美元,对全省进出口增长贡献率达 38.4%。

外贸民营主体持续增加,出口市场多元发展。2017 年有进出口实绩的民营企业超过 4.5 万家,占全省有进出口实绩企业数的 73.2%,占比同比提高 1.5 个百分点。江苏民营企业对传统市场和新兴市场出口较上一年分别增长 7.2%、12.6%,对"一带一路"沿线国家出口增长 14.9%,增幅高于全省平均水平 1.0 个百分点。

境外并购成为我省民营企业对外投资的主要方式。2017 年,我省民营企业实施海外并购项目 81 起,中方协议投资额达 38.4 亿美元,同比高速增长 86.2%,我省境外投资逐步向高端要素集聚。三胞集团出资 9.1 亿美元并购美国丹德里昂医药公司是我省 2017 年对外投资第一大项目。

三、民营经济提供创新发展的主动力

江苏民营科技企业规模快速增长,创新能力持续提升,竞争能力不断增强。2017 年,全省纳入调查统计范围内的民营科技企业达 120 157 家,实现收入近 7.9 万亿元,分别较 2016 年增长 8.25% 和 9.3%,面广量大的民营科技企业,已成为江苏民营经济中最具有创业精神、创新活力和创优实力的主体力量和产业转型升级、实体经济创新发展的主要动力。根据全国工商联发布的"2017 中国民营企业 500 强"及"2017 中国民营企业制造业 500 强"榜单,中国民营企业 500 强中江苏共有 47 家民营科技企业上榜,占全省上榜总数的 57%,营业收入总额全部超过百亿元。中国民营企业制造业 500 强中,江苏共有 91 家民营科技企业上榜,占全国的 18.2%。

江苏一大批民营科技企业在国内多个领域成为领军企业和骨干企业,成为新时代转型提质、率先发展的引领力量。如联创科技投资开发百余项拥有国家计算机软件著作权的自主知识产权软件产品,是国家软件信息的旗舰企业;恒瑞医药不断加大在医药研发领域的投入,在美、欧、日多地建有研发中心或分支机构,是国内最大的抗肿瘤药物的研究和生产基地等。

四、民营经济成为保障就业的主渠道

民营企业行业分布较广,投资活力强,单位投资容纳的劳动力和单位投资新增加的劳动力较高,且经营方式灵活多样,其规模的不断扩大,对缓解下岗多、就业难的社会矛盾具有突出效果。

江苏民营企业在拓宽就业渠道,尤其是缓解高校就业压力方面发挥重要作用。2017 年,江苏新增就业总量占全国的 11%,仅比广东少 0.34 万人,居第二位,比浙江多 21.34 万人,比山东多 20.28 万人,比河南多 4.35 万人,其中私营个体和灵活就业占比达 77%,远超城镇单位就业。此外,全省吸纳高校毕业生享受社保补贴和岗前培训补贴的小微企业 1 044 家、享受人数 3 662 人,补贴金额 2 170 万元。

民营企业不仅发挥着吸纳就业不可替代的作用,同时也是社会扩大保障范围的重要力量。2017 年全省民营企业参加职工养老保险人数达 984.83 万人,比 2016 年末增长 6.77%;参加失业保险人数达 877.8 万人,比上年末增长 4.41%。民营经济发展的带动下,城乡居民基础养老金最低标准提高到每人每月 125 元;城乡居民医保财政补助最低标准提高到每人每年 470 元。

新时代江苏民营经济发展迎来新机遇

习近平总书记曾形容民营企业在发展过程中遭遇到"三座大山":市场的冰山、融资的高山、转型的火山。在落实党的十九大精神的具体工作中,从中央经济工作会议的表述来看,江苏民营企业家们应该能够更加清晰地看到,江苏省委省政府正集全社会之力逐渐破除民营企业发展障碍。作为江苏经济发展的坚强基石，我们有充分理由期望，江苏民营经济必将迎来非凡发展机遇。

首先，继续发挥江苏制造业大省优势，发展实体经济将大有可为。党的十九大报告强调，必须把发展经济的着力点放在实体经济上，中央经济工作会议也着重强调了鼓励和促进发展实体经济，这对引导江苏广大民营企业保持定力，坚守实体经济，以坚定的发展信心，促进民营经济加快技术、产品、管理、商业模式等方面的创新将产生积极的推动作用。当前全省深入实施"中国制造2025江苏行动纲要"、大力发展先进制造业、积极推进智能制造、打造世界级先进制造业产业集群等，这都将为江苏民营经济高质量发展提供有力支撑。江苏民营企业摆脱价值链低端和产能过剩，推进技术创新实现提质增效升级，提高市场竞争力将迎来大好时机。

其次，以完善产权制度和要素市场化配置为重点的经济体制改革，江苏民营经济将迎来更加优化的市场环境。完善产权制度。党的十八届三中全会明确提出，公有制经济财产权不可侵犯，非公有制经济财产权同样不可侵犯，标志着我国坚持和完善产权保护制度的伟大实践已进入一个新的发展阶段，以往困扰江苏民营企业发展的产权纠纷问题得以解决，民营企业发展活力将得到进一步的释放。优化要素市场配置方式，打破部分行业国有企业垄断。伴随着传统国有垄断要素市场面向民营企业的逐步放开，将提高上游产业企业生产效率，降低中下游大量民营企业的原材料价格，扩大民营企业盈利空间，提升江苏民营企业在国际市场的竞争力，江苏民营企业将迎来前所未有的发展动力。

再次，打破行政性垄断，进一步推进"放管服"改革，民营经济的市场竞争环境将更加公平干净。随着多证合一、不见面审批等便民制度的不断出台，推进证照分离、照后减证改革，破解准入不准营问题，为江苏民营企业的发展提供了更多便利。随着"亲"的氛围不断增强，"清"的理念不断深入人心，政商交往的新风尚、新气象正在形成，必将激励江苏民营企业家安心守法创办更多更好民营企业，为建设强富美高新江苏做出新贡献。

最后，伴随着互联网＋、人工智能等科学技术的不断发展，江苏民营企业将迎来新一轮的创新创业高潮。近年来，互联网＋、人工智能、大数据、5G通信等科学技术发展迅猛，江苏作为人才聚集高地，最具有创新发展活力的江苏民营企业将会在新一轮创新创业浪潮中实现新的跨越。

来　　　　源：江苏省工商业联合会
发布日期：2019 年 01 月 08 日

江苏出台 30 条举措促进民营经济高质量发展

为进一步加大对民营经济高质量发展支持力度,我省出台《关于促进民营经济高质量发展的意见》,提出营造公平市场环境、降低民营企业负担、畅通企业融资渠道、增强科技创新能力、提升民营企业实力、构建"亲""清"政商关系、健全服务保障体系、保护企业合法权益等八大重点任务 30 条具体举措。

30 条具体措施将助力民营经济高质量发展。例如,落实全国统一的市场准入负面清单制度,鼓励和引导民间资本进入法律法规未明确禁止准入的所有行业和领域。进一步开放铁路、民用机场、基础电信、配售电、国防科技、金融等领域,确保对各类投资主体一视同仁。建立向民间资本推介重点项目的常态化机制,持续推出对民间资本有吸引力的基础设施等项目。规范有序推进 PPP,持续完善相关政策措施,对于民营企业作为主要社会资本方的省级 PPP 项目,落地奖补资金标准上浮 10%。

公平推进市场竞争。省级部门年度采购预算总额中,专门面向中小微民营企业的比例力争不低于 40%。鼓励支持民营企业通过参股、控股、资产收购等形式,参与国有企业改制重组,除国家规定必须保持国有资本控股的企业外,一律不得设置国有股权比例限制。鼓励民营企业参与实施国有企业重大投资项目和资产整合项目,符合条件的民营企业可获得控股权。降低民营企业负担,加大涉企收费清理规范力度,只减不增,能减尽减。降低市场融资成本,充分发挥政府性融资担保体系作用,用好用足国家融资担保基金 300 亿元授信支持。鼓励各地设立信贷风险补偿资金池、过桥转贷资金池、知识产权质押融资风险补偿资金等,加大对中小微企业、科技创新企业的支持。

畅通企业融资渠道方面,鼓励引导金融机构加大对民营企业支持力度,争取年度新增公司类贷款中,大型银行对民营企业的贷款不低于 1/3,中小型银行不低于 2/3,力争到 2021 年银行业对民营企业的贷款占比不低于 50%。创新融资服务工具,拓展省综合金融服务平台中介服务功能,提升对中小微企业的融资服务能力,到 2020 年,对中小微企业融资需求响应时间不超过 1 个工作日,信用贷款平均审批时间不超过 15 个工作日,抵质押或担保贷款平均审批时间不超过 25 个工作日。组建省级企业征信服务平台,为综合金融服务平台内企业和金融机构免费提供征信服务。化解企业融资风险,支持民营企业妥善处置债务风险。加快设立 100 亿元的省级纾困基金,各市设立相应基金。

《意见》提出,将支持龙头民营企业提升规模水平。实施创新型领军企业培育计划、单项冠军企业培育提升计划,到 2020 年培育 100 家全国单项冠军企业。培育引进民营总部企业,加大奖励和补贴,新迁入我省或在我省新注册设立且经认定为民营总部企业(含综合型总部、地区总部和职能型总部)的,各地在认定当年可给予一次性资金补助。支持中小微企业发展,鼓励引导中小民营企业专精特新发展,到 2020 年认定 1 000 家聚焦主业、创新能力强、市场占有率高的专精特新"小巨人"企业,争创 30 家国家专精特新"小巨人"企业,在申报省级专项资金项目中优先安排。支持民营企业"走出去"发展,加大对统一组织的"一带一路"国家及新兴市场重点展会的支持力度。

来　　源:新华日报
发布日期:2019 年 01 月 25 日

"改革开放 40 年百名杰出苏商" 推荐宣传公示名单

（按姓氏笔画排序）

1. 丁山华　江苏上上电缆集团有限公司董事长
2. 丁佐宏　月星集团有限公司董事局主席
3. 于敦德　南京途牛科技有限公司（途牛旅游网）CEO
4. 王　刚　建华建材（中国）有限公司董事长
5. 王　勇　南京圣和药业股份有限公司董事长
6. 王　耀　苏酒集团董事局总裁
7. 王子纯　江苏东强股份有限公司党委书记、董事长
8. 王军华　苏交科集团股份有限公司副董事长、CEO
9. 王振华　新城控股集团股份有限公司董事长
10. 王爱钦　江苏徐钢钢铁集团有限公司董事长
11. 王强众　江苏共创人造草坪股份有限公司董事长
12. 车建兴　中国红星家具集团有限公司董事长
13. 石明达　通富微电子股份有限公司董事长
14. 卢之云　江苏迅达电子线有限公司董事长
15. 卢秀强　江苏秀强玻璃工艺股份有限公司董事长
16. 卢明立　江苏天明机械集团党委书记、董事长
17. 朱小坤　江苏天工集团有限公司董事长
18. 朱共山　协鑫集团有限公司董事长
19. 朱相桂　江苏森达集团有限公司董事长
20. 任元林　江苏扬子江船业集团董事长
21. 华若中　无锡兴达泡塑新材料股份有限公司董事长
22. 刘锦兰　江苏兴达钢帘线股份有限公司董事长
23. 江　楠　南京金陵金箔股份有限公司董事长
24. 安继文　江苏淮海控股集团董事长
25. 孙力斌　南京联创科技集团股份有限公司董事长、总裁
26. 孙彭生　江苏恩华药业股份有限公司董事长、总经理
27. 孙飘扬　江苏恒瑞医药股份有限公司党委书记、董事长
28. 严　奇　无锡航亚科技股份有限公司董事长
29. 李　兴　江阴澄星实业集团有限公司董事长
30. 李明霞　南京金阳光乳品有限公司、南京环亚宝丽投资实业有限公司董事长
31. 杨　飞　江苏中超控股股份有限公司董事长
32. 杨宗义　福中集团董事局主席
33. 杨善基　双登集团股份有限公司董事长
34. 肖　伟　江苏康缘集团有限责任公司党委书记、董事长
35. 吴光明　江苏鱼跃医疗设备股份有限公司董

36. 吴志祥　同程旅游集团董事长、同程艺龙联席董事长

37. 吴建新　江苏神通阀门股份有限公司董事长

38. 吴栋材　江苏永钢集团有限公司董事局名誉主席

39. 吴培服　江苏双星彩塑新材料股份有限公司董事长

40. 何达平　江苏淮冶科技发展有限公司董事长

41. 汪建国　五星控股集团有限公司董事长

42. 沙　敏　南京三宝科技集团有限公司董事长

43. 沈小平　通鼎集团有限公司董事长

44. 沈文荣　江苏沙钢集团有限公司董事局主席

45. 宋郑还　好孩子集团董事局主席

46. 张　健　无锡市电子仪表工业有限公司董事长

47. 张近东　苏宁控股集团董事长

48. 张国良　连云港鹰游纺机集团有限公司、中复神鹰碳纤维有限责任公司董事长

49. 陆云芳　南通台联三通房业经济发展有限公司董事长

50. 陆亚萍　江苏亚萍集团董事长

51. 陈丽芬　江苏阳光集团有限公司董事长

52. 陈建华　恒力集团有限公司董事长

53. 陈晓龙　大亚科技集团有限公司董事长

54. 陈锦石　中南控股集团有限公司董事局主席

55. 范世宏　江苏邗建集团有限公司党委书记、董事长

56. 郁霞秋　长江润发集团有限公司总裁、长江村党委书记

57. 金志峰　江南嘉捷电梯股份有限公司董事长、总经理

58. 周　江　法尔胜泓昇集团有限公司董事长、总裁

59. 周　荣　苏州路之遥科技股份有限公司董事长

60. 周立成　新誉集团有限公司董事长

61. 周建平　海澜集团有限公司董事长

62. 周海江　红豆集团党委书记、董事局主席

63. 周善红　江苏万顺机电集团有限公司党委书记、董事长

64. 单建华　苏州汽车客运集团有限公司党委书记、董事长

65. 茹伯兴　百兴集团有限公司董事长

66. 郦海星　江苏肯帝亚木业有限公司董事长

67. 俞金坤　今创集团股份有限公司董事长

68. 俞德超　苏州信达生物科技有限公司董事长、总裁

69. 昝圣达　江苏综艺集团董事长

70. 施文进　惠龙易通国际物流股份有限公司董事长

71. 宫长义　中亿丰建设集团股份有限公司董事长

72. 袁永刚　苏州东山精密制造有限公司董事长

73. 袁亚非　三胞集团有限公司董事长

74. 袁凯飞　江苏新时代造船有限公司董事长

75. 耿裕华　南通四建集团名誉董事长

76. 钱月宝　江苏梦兰集团有限公司董事长兼总裁

77. 徐　翔　大全集团有限公司副董事长、总裁

78. 徐新建　太阳雨控股集团董事长、日出东方太阳能股份有限公司董事长

79. 徐镜人　扬子江药业集团董事长

80. 殷凤山　江苏丰山集团股份有限公司董事长

81. 殷根章　江苏泰隆减速机股份有限公司董事长

82. 殷舜时　江苏金石机械集团董事长

83. 高仕军　江苏高力集团有限公司董事长

84. 高纪凡　天合光能股份有限公司董事长

85. 高德康　波司登集团党委书记、董事局主席、总裁

86. 郭金东　金浦投资控股集团有限公司党委书记、董事长

87. 黄裕辉　江苏南通三建集团股份有限公司董

事长

88. 曹龙祥　济川药业集团有限公司董事长

89. 龚育才　江苏苏嘉集团董事长

90. 崔桂亮　维维集团股份有限公司董事长

91. 崔根良　亨通集团有限公司董事局主席

92. 梁　勤　扬州扬杰电子科技股份有限公司董事长

93. 董才平　中天钢铁集团有限公司董事局主席

94. 蒋东良　宜安控股有限公司董事长

95. 蒋锡培　远东控股集团有限公司董事局主席

96. 缪文彬　双良集团有限公司董事长

97. 缪汉根　盛虹控股集团有限公司董事长

98. 滕道春　江苏天裕能源化工集团有限公司董事长

99. 潘雪平　金昇实业股份有限公司董事长

100. 薛济萍　中天科技集团董事长

来　　源：江苏省委统战部

发布日期：2019 年 01 月 24 日

第四部分

发展和改革、
国有资产

关于江苏省 2018 年国民经济和社会发展计划执行情况与 2019 年国民经济和社会发展计划草案的报告

——2019 年 1 月 14 日在江苏省
第十三届人民代表大会第二次会议上

省发展和改革委员会主任　李侃桢

各位代表：

受省人民政府的委托,现将 2018 年江苏省国民经济和社会发展计划执行情况与 2019 年国民经济和社会发展计划草案提请各位代表审议,并请各位政协委员提出意见。

一、2018 年国民经济和社会发展计划执行情况

过去的一年,面对错综复杂的外部环境和转型升级的艰巨任务,特别是下半年经济运行出现新变化新挑战,全省上下坚持以习近平新时代中国特色社会主义思想为指导,深入贯彻党的十九大精神和习近平总书记对江苏工作的重要指示要求,全面落实党中央、国务院和省委省政府决策部署,坚持稳中求进工作总基调,坚持新发展理念,坚持以供给侧结构性改革为主线,紧扣"高质量发展走在前列"的目标定位,进一步解放思想,加强系统谋划,深入实施国家重大战略,全力打好"三大攻坚战",切实做好"六稳"工作,全省经济社会发展呈现总体平稳、稳中有进的态势,主要经济指标保持在合理区间,经济结构不断优化,质量效益稳步提升,新旧动能加快转换,高质量发展实现良好开局,"强富美高"新江苏建设迈出新步伐。

——预计地区生产总值增长 6.7%左右。

——固定资产投资增长 5.5%,其中高新技术产业投资增长 15.2%、工业投资增长 8%、工业技改投资增长 10.7%。

——预计社会消费品零售总额增长 8.2%。

——预计外贸进出口增长 9.6%(以人民币计价),服务贸易额增长 10%,实际利用外资 255 亿美元。

——一般公共预算收入增长 5.6%。

——常住人口城镇化率 69.6%,户籍人口城镇化率 64.9%。

——居民消费价格指数 102.3。

——预计全社会研发经费支出占 GDP 比重 2.74%(2018 年国家对调查统计制度进行调整,按新口径计算占比 2.64%),高新技术产业产值占比 43.8%,科技进步贡献率 63%,万人发明专利拥有量 26.45 件,全员劳动生产率 19.3 万元/人,每万劳动力高技能人才数 791 人。

——预计居民人均可支配收入增长 8.7%,其中城镇居民人均可支配收入增长 8.2%,农村居民人均可支配收入增长 8.8%。

——城镇新增就业 153 万人,城镇登记失业率 2.97%,预计城镇调查失业率 4.4%。

——预计城乡基本养老、基本医疗保险参保率均达到 97.8%,失业保险参保率 98.1%。

——高中阶段毛入学率 99% 以上,高等教育毛入学率 58.3%。

——预计每千人口医疗卫生机构床位数 6 张,每千人口执业(助理)医师数 2.77 人。

——农村低收入人口脱贫 67.5 万人。

——预计单位地区生产总值能耗下降 5.5%,单位地区生产总值二氧化碳排放量下降 4.5%,化学需氧量、二氧化硫、氨氮、氮氧化物四项主要污染物减排任务完成国家下达目标。

——PM2.5 浓度为 48 微克/立方米,空气质量优良天数比率为 68%。

——地表水国考断面优于 Ⅲ 类水质比例 68.3%。

——预计单位 GDP 建设用地占用下降率达 5.8%。

一年来,全省上下围绕年初确定的经济社会发展目标任务,坚定信心、攻坚克难、奋发有为,努力保持了经济持续健康发展和社会大局稳定,国民经济和社会发展计划执行情况总体较好。需要说明的是,去年下半年以来,我省经济下行压力加大,投资、消费增速有所放缓,工业增速前高后低,地区生产总值增速与计划目标存在一些差距,这既受到国内外经济环境深刻变化的影响,更有我省主动调结构促转型、坚决减少无效和低端供给的因素,但仍保持在合理区间和中高速增长,反映结构、效率和动力变革的指标继续呈现良好态势;空气质量指标主要受长期累积的结构性矛盾以及一季度不利的气象条件等因素影响,二季度以来总体呈现改善态势,其中 PM2.5 浓度指标能够完成国家下达的考核目标(49 微克/立方米)。

2018 年经济社会发展取得的成绩来之不易。

主要做了以下工作:

(一)着力稳定经济发展长期向好的基本面。认真落实中央"六稳"要求,开展经济监测预测预警,及时采取针对性措施,增强政策举措的有效性,努力保持经济平稳健康发展。建立推动高质量发展的体制机制。落实省委解放思想大讨论要求,明确"六个高质量"发展思路,各地区各部门制定"高质量发展走在前列"实施方案。加强高质量发展监测评价考核,制定《江苏高质量发展监测评价指标体系与实施办法》《设区市高质量发展年度考核指标与实施办法》,更好发挥对推动高质量发展的激励导向作用。加强政策研究和供给。先后出台稳定和促进就业、降低企业负担促进实体经济高质量发展、推进开放型经济高质量发展、加快培育先进制造业集群等政策文件,进一步提高政策储备和制度供给能力。狠抓重大项目建设。召开重大项目现场推进会,建立省领导挂钩联系省重大项目制度,建立重大项目动态调整机制。南京台积电 12 吋晶圆一期、盐城远景海上智慧风电装备一期等项目顺利投产,连云港盛虹炼化一体化、昆山中科曙光国产安全服务器、苏州康宁杰瑞生物制药等项目开工建设。省重大项目进展良好,预计全年省重大实施项目完成投资 5 300 亿元,超额完成年度目标。工业技改投资占工业投资比重达到 60.6%,民间投资占全部投资比重达到 71%,投资结构不断优化。进一步激发居民消费潜力。研究出台我省完善促进消费体制机制进一步激发居民消费潜力的实施意见,积极发展新型消费业态,推动品质消费和服务消费,持续扩大消费需求。加快构建现代综合交通运输体系。组建省铁路集团、东部机场集团,编制沿江城市群城际铁路建设规划并获国家批复,青连、连盐、宁启二期铁路建成通车,南沿江城际铁路开工建设,加快推进连淮扬镇铁路、盐通高铁、连徐高铁、徐宿淮盐铁路和过江通道建设,长江南京以下 12.5 米深水航道二期工程建成试运行。

（二）着力推动经济转型升级。坚定不移推动产业结构优化调整和提档升级，积极培育新增长点，加快构建现代化经济体系。大力发展先进制造业。推进化工钢铁煤电行业转型升级，宝武梅钢基地等钢铁产能布局调整取得重要进展。积极推进智能制造，大力发展"互联网＋先进制造业"，重点培育13个先进制造业集群。制定高技术发展重点项目计划，实施20项战略性新兴产业重点专项工程。强化科技创新支撑带动作用。深入推进苏南国家自主创新示范区建设，未来网络试验设施、高效低碳燃气轮机试验装置可研报告获国家批复。出台科技体制改革30条和人才10条政策措施，实施"一深化四提升"专项行动，高新技术企业超过1.8万家。率先启动创建专业性国家产业创新中心。全年PCT专利申请量5 500件，增长19.8％。积极促进新动能加快成长。加快发展现代服务业，软件和信息技术服务业、互联网和相关服务业营业收入保持两位数增长。新产品新业态发展势头良好，新增国家制造业单项冠军25个，3D打印设备、智能电视、工业机器人快速增长。新增国家级专业化众创空间5家和小微企业双创示范基地4家、省级双创示范基地40家和小微企业双创示范基地31家。统筹推进区域协调发展。大力推进扬子江城市群建设，宁镇扬同城化取得新进展。扎实推进江淮生态经济区、沿海经济带、徐州淮海经济区中心城市建设，《淮河生态经济带发展规划》获国务院批复。加快推进能源结构调整。实施削减煤炭消费总量专项行动，预计煤炭消费总量比2016年减少1 800万吨以上，关停落后煤电机组48.8万千瓦，可再生能源装机规模占比超过20％。

（三）着力化解经济运行困难和矛盾。针对经济运行中新旧矛盾交织叠加、部分企业生产经营困难，采取有力有效举措，狠抓政策落地见效。有效应对中美经贸摩擦。制定中美经贸摩擦应对工作预案，建立监测日报制度、重点企业跟踪服务制度、对美出口月报制度、企业用工监测制度。加快构建多元化市场格局，大力推进外贸"优进优出"，南京、无锡入围国家新一批跨境电商综合试验区试点，外贸出口增长8.6％（以人民币计价），一般贸易进出口占比持续提升。加大对实体经济支持力度。在企业税费、用工用地、物流、融资等方面明确28条举措，进一步清理规范涉企收费，切实降低企业负担。召开民营企业座谈会，制定出台推动民营经济高质量发展的意见。筛选一批优质基础设施项目向民间资本公开推介，持续激发民间投资活力。全力打好"三大攻坚战"。出台防范化解地方政府隐性债务风险的实施意见，重点打击非法集资等非法金融活动，坚决守住不发生区域性系统性风险的底线。聚焦重点片区、经济薄弱村和低收入群体，强化产业扶贫、就业创业扶贫等精准帮扶措施，67.5万建档立卡低收入人口、244个省定经济薄弱村实现脱贫。对口支援工作继续走在全国前列，东西部扶贫协作有力推进，帮助对口帮扶地区25万人脱贫。出台加强生态环境保护坚决打好污染防治攻坚战的实施意见，认真对照中央环保督察反馈意见加快解决突出环境问题，开展集中式饮用水水源地环境保护、沿江八市交叉互查联合执法等多项整治行动，较好完成国家下达的环保约束性指标。

（四）着力推进国家重大战略深入实施。贯彻落实国家重大战略部署，全面提升产业竞争力，不断拓展发展新空间。深入推进长江经济带发展。坚决贯彻"共抓大保护、不搞大开发"要求，制定出台推进我省长江经济带高质量发展走在前列的实施意见，印发推动长江经济带发展"一要点两清单"。编制钢铁化工行业布局优化推进方案，推动沿江化工产业搬迁或进入合规园区、钢铁产业向沿海地区有序转移。加快推进"一带一路"交汇点建设。出台高质量推进"一带一路"交汇点建设的意见，上合组织（连云港）国际物流园获批国家级示范物流园区，中哈物流合作基地与霍尔果斯口岸共建"无水港"。中阿（联酋）产能合作示范园成功获批全国首家"一带一路"产能合作园区，新增"一带一路"沿线对外投资项目230个，中欧（亚）班列发送量突破1000列。协同推进长三角区域一体化发展。积极配合国家做好长三角区域一体化发展规划纲要编制工作，认真落实三年行动计划，首张跨区域科技创新券（昆山-上海创新券）发放，省界断头路（青浦盈淀路至昆山锦淀路）实现通车。大力推进乡村振兴战略。编制出台乡村振兴战略实施规划，指导开展国家农村产业融合发展试点示范县创建。制定实施现代农业八个千亿级特色产业发展规划，加快建立粮食生产功能区和重要农产品生产保护区，建设高标准农田300万亩以上，全年粮食总产量732亿斤，农产品电子商务、休闲观光农业综合收入增长近30%。加快推进"四好农村路"建设。总结推广马庄经验，农村文化建设、农民精神面貌和乡村治理水平不断提升。积极推进大运河文化带建设。编制大运河江苏段文化保护传承利用规划，形成"1个省级规划＋5个专项规划＋11个实施规划"体系，大运河国家文化公园江苏段建设加快推进。

（五）着力深化重点领域和关键环节改革。以改革开放40周年为契机，对重点改革事项逐个研究、逐项推进，不断激发经济发展活力。扎实推进供给侧结构性改革。全年压减钢铁产能80万吨、水泥产能210万吨、平板玻璃产能660万重量箱，水泥、平板玻璃去产能任务均已提前完成"十三五"目标。稳妥推进企业降杠杆，积极发展直接融资，新增境内上市公司20家，境内首发和增发融资额1451亿元。房地产市场总体平稳，全省商品住宅去化周期8.5个月。认真落实减税降费政策，为企业降低成本1200亿元以上。补短板重点工程完成投资3600亿元。持续推进"放管服"改革。制定进一步优化营商环境的意见，加快"不见面审批（服务）"标准化、规范化建设，推动政务服务"一张网"向基层延伸，90%以上的审批服务事项实现网上办理。深化投融资体制改革。加快实现企业投资项目备案直接办理和核准并联办理，推进企业投资项目信用承诺制试点，财税、价格等改革和信用建设取得新成效。深化国有企业混合所有制改革。启动实施全省第一批国企混合所有制改革试点，省属企业公司制改革基本完成，出台营造企业家成长环境弘扬企业家精神发挥企业家作用的实施意见。深入推进新型城镇化建设。聚焦农业转移人口市民化，制定实施城镇建设用地增加规模与吸纳农业转移人口落户数量挂钩政策。制定特色小镇建设实施意见，公布第二批31个特色小镇创建名单。

（六）着力保障和改善民生水平。公共财政用于民生领域支出持续增加，民生十件实事顺利推进，人民群众获得感幸福感安全感不断提升。居民收入与经济增长基本同步。深入落实富民增收政策措施，实施农民收入新增万元工程，农村居民收入增速继续高于城镇。低保、临时救助、特困供养等社会救助政策有效落实，社会救助和保障标准与物价上涨挂钩联动，发放价格补贴超9000万元。就业形势良好。"双创"带动就业占城镇新增就业50%以上，平台经济、众包经济、共享经济等新业态对新增就业贡献率达到8.3%。基本公共服务体系不断完善。基层基本公共服务功能标准化配置实现度90%以上。系统谋划推动教育改革，着力扩大优质教育资源供给。社会保障网进一步织密扎牢，社会保险参保率稳定在97%以上。"健康江苏"建设扎实推进，居民健康水平位居全国前列，文化、养老等社会事业加快发展。苏北地区农民群众住房条件改善工作有序开展。社会治理能力增强。积极发挥工会、共青团、妇联等群团组织及社会组织作用，基层群众自治进一步深化，共建共治共享的社会治理格局加快构建，各类生产安全事故起数、死亡人数继续下降，社会大局保持和谐稳定。

在总结成绩的同时，也要清醒地看到，当前

经济运行稳中有变、变中有忧,特别是对照高质量发展走在前列的要求,全省经济社会发展还存在不平衡不充分的问题。经济下行压力有所加大,实体经济发展面临较大困难;产业转型升级面临许多挑战,新旧动能接续转换任务艰巨,自主创新能力还不足以支撑引领产业迈向全球产业链的中高端;资源环境约束趋紧,大气、水、土壤等领域治理形势依然严峻;部分领域风险隐患不容忽视。必须高度重视这些问题,坚定发展信心,树立底线思维,抓住并用好重要战略机遇期,主动应对各种困难挑战,牢牢把握经济社会发展工作主动权。

二、2019 年国民经济和社会发展计划及重大项目安排

（一）2019 年国民经济和社会发展计划安排

坚持实事求是,体现担当作为,具体指标设置和安排注重把握"四个突出":一是突出中央工作部署的要求。按照稳中求进工作总基调,稳字当头,稳中求进,以进促稳,处理好改革发展稳定的统一性关系,统筹好速度、结构、质量和效益的协调性关系,正确把握宏观政策、结构性政策、社会政策的取向,保持经济运行在合理区间。二是突出我省高质量发展走在前列的要求。根据国家推动高质量发展实施意见,结合我省"六个高质量"要求,更加注重经济结构调整、质量效益提升、新旧动能转换,提升国民经济整体性水平。三是突出实事求是、尽力而为的要求。适应全球经济发展总体走势,考虑到经济下行压力有所加大的实际,特别是中美经贸摩擦影响及其外溢效应的不确定性,需要稳妥慎重安排经济增长预期目标,同时要体现激励担当、干事创业的鲜明导向。四是突出增强信心、稳定预期的要求。为更好地引导市场预期、增强社会信心,体现江苏抓住和用好重要战略机遇期的主动性创造性,为全国发展大局多担责任、多做贡献,经济增长预期目标安排需要更积极。

对照我省高质量发展监测评价考核体系,对

2019 年主要指标安排作三项调整与优化。一是为进一步提升企业创新能力、突出企业的创新主体地位,增加企业研发经费投入占主营业务收入比重指标;二是考虑到高中阶段毛入学率长期保持在 99％以上,年度指导性不足,为聚焦薄弱环节、积极回应民生诉求,以学前三年教育资源配置率指标替换高中阶段毛入学率指标;三是根据江苏发展实际和指标之间的关联性,保留常住人口城镇化率、删减户籍人口城镇化率。调整后的2019 年度计划指标为四大类 25 项 43 个指标,其中预期性指标 30 个,约束性指标 13 个。在具体目标安排上,注重系统性与匹配性相结合,并与国家目标相衔接。

2019 年全省经济社会发展计划主要指标具体建议如下:

（1）地区生产总值增长 6.5％以上。

（2）固定资产投资增长 6％左右,其中高新技术产业投资增长 10％、工业投资增长 6.5％以上、工业技改投资增长 9％。

（3）社会消费品零售总额增长 8.5％。

（4）外贸进出口和实际利用外资稳中提效。

（5）一般公共预算收入增长 4.5％左右。

（6）居民消费价格指数 103 左右。

（7）全社会研发经费支出占 GDP 比重 2.65％（新口径）,企业研发经费投入占主营业务收入比重 1.4％,高新技术产业产值占规模以上工业产值比重 44％以上。

（8）城乡居民人均可支配收入与经济增长同步。

（9）城镇新增就业 120 万人以上,城镇调查失业率和登记失业率分别在 5％以内和 4％以内。

（10）单位地区生产总值能耗下降 3％左右,单位地区生产总值二氧化碳排放量下降 4％,主要污染物减排任务确保完成国家下达的目标。

（11）$PM_{2.5}$浓度 47 微克/立方米,空气质量优良天数比率 70％;地表水国考断面优于Ⅲ类水质比例70%。

(二)2019年省级重大投资项目总体安排

编制2019年省重大项目投资计划,注重把握"四个突出":一是突出创新发展。聚焦产业链两端和价值链高端,强化技术先进性、示范带动性、结构优化性,更多安排尖端技术攻关的科创载体项目和核心技术应用的新兴产业项目,以创新驱动引领产业转型升级。二是突出实体经济。围绕培育13个先进制造业集群,注重发挥重大项目对产业的带动作用,更多安排拥有自主知识产权、实现进口替代、产业突破提升的重大产业项目,加快建设自主可控的先进制造业体系。三是突出补齐短板。落实长三角区域一体化发展等国家战略以及"1+3"重点功能区战略,进一步突出南京首位度,更多安排高速铁路、机场、过江通道等基础设施短板领域关键性、支撑性项目,加快构建现代综合交通运输体系。四是突出民生导向。坚持生态优先、绿色发展,更多安排环境治理、乡村振兴等补短板的民生项目和高校、医院、文化设施等提能级的社会事业项目,增强公共产品供给能力,满足人民美好生活需要。

2019年省重大项目投资计划草案建议安排省级重大项目240个,其中实施项目220个、储备项目20个,预计年度计划投资5 300亿元以上。实施项目包括五类,其中重大创新载体项目,主要包括南京国家科学中心、中科院常州国家空间信息综合应用创新平台等;重大产业项目,主要包括南京台积电12吋晶圆、无锡华虹集成电路、连云港盛虹炼化一体化、徐工特种起重机械、苏州恒瑞生物制药、宿迁长电集成电路封装、海安利物盛石墨烯等;重大生态环保项目,主要包括太湖水环境综合治理、沿江生态环境修复提升、盐城沿海百万亩生态防护林等;重大民生(文化)工程项目,主要包括中国(扬州)大运河博物馆、西北工业大学太仓校区、淮安淮盐文化旅游综合开发、泰州里下河地区长江引水工程、棚户区改造提升工程、农村公路提档升级工程等;

重大基础设施项目,主要包括南沿江铁路、宁淮铁路、常泰过江通道、句容抽水蓄能电站等。

三、实施2019年国民经济和社会发展计划的重点举措

做好今年的经济社会发展工作,必须坚持以习近平新时代中国特色社会主义思想为指导,全面贯彻党的十九大和十九届二中、三中全会精神,深入落实习近平总书记对江苏工作重要指示要求,统筹推进"五位一体"总体布局,协调推进"四个全面"战略布局,坚持稳中求进工作总基调,坚持新发展理念,坚持推动高质量发展,坚持以供给侧结构性改革为主线,坚持深化市场化改革、扩大高水平开放,认真落实"一带一路"建设、长江经济带发展、长三角区域一体化发展三大国家战略,统筹做好稳增长、促改革、调结构、惠民生、防风险、保稳定各项工作,进一步稳就业、稳金融、稳外贸、稳外资、稳投资、稳预期,保持经济持续健康发展和社会大局稳定,为高水平全面建成小康社会收官打下决定性基础,推动高质量发展走在前列,以优异成绩庆祝中华人民共和国成立70周年。重点抓好以下六个方面:

(一)培育壮大国内市场,全力以赴保持经济平稳健康发展

完善和创新经济区间调节手段和办法,注重培育强大内需市场,着力提升国民经济整体性水平。加强宏观政策统筹协调。制定我省推动高质量发展的贯彻落实意见,进一步完善高质量发展监测评价考核体系,营造推动高质量发展的政策环境。加强重大战略谋划与研究,把握好时机和力度,努力实现最优政策组合和最大整体效果。根据经济形势发展变化,适时采取逆周期的宏观调控措施,保持经济运行在合理区间。充分发挥消费基础作用。加快完善促进消费的体制机制,制定实施消费升级行动计划,激发信息消费、绿色消费、文化消费、品质消费、时尚消费等新兴消费潜力,引导社会资本进入文化、体育、健康、养老、家政、幼教等领域。推动中心城区传统

商业创新发展和实体零售业转型发展,培育区域消费中心。健全商务诚信制度,加强重要产品追溯体系建设。更好发挥投资关键作用。着力优化投资结构,积极扩大制造业投资,稳步增加基础设施投资,稳定房地产投资,持续扩大有效投入。将项目建设与淘汰落后产能、整治环境污染、促进协调发展一体谋划、统筹推进,加快省级重大项目建设。落实省重大产业项目用地计划支持保障政策,探索资源环境指标省级层面统筹,引导金融资源向重大项目聚焦。加大基础设施领域补短板力度。研究制定我省基础设施领域补短板实施意见,重点支持脱贫攻坚、农业农村、水利、生态环保、社会民生、能源等项目建设。谋划制定交通强国江苏方案,加快构建国家级综合交通大通道,加强高速铁路、过江通道、机场、高速公路、港口航道、管道和城市轨道交通建设。超前布局新一代信息基础设施。妥善应对中美经贸摩擦。持续跟踪中美经贸摩擦动态变化,做好经贸摩擦升级若干应对准备,力求将不利影响降到最低。帮助出口企业解决生产经营困难,稳定出口市场份额,加强产业链、供应链优化配置,降低企业因加征关税带来的影响。引导和稳定市场预期。健全信息发布和政策解读机制,及时向社会发布经济发展情况,宣传江苏转型升级、推动高质量发展成效,切实增强预期管理。

(二)更大力度支持实体经济发展,加快建设自主可控的先进制造业体系

按照"巩固、增强、提升、畅通"要求,持续深化供给侧结构性改革,着力构建现代产业体系,努力推动产业向中高端攀升。推动制造业优化升级。持续推动化工钢铁煤电行业转型发展,优化产业空间布局,加大沿长江、环太湖、沿大运河等重点地区的产业布局调整。重点打造13个先进制造业集群,实施关键技术攻关工程、工业强基工程和高端装备研制赶超工程,打造一批具有竞争优势、自主可控的龙头企业,提升在全球产业链中的地位。以智能制造为突破口,创建一批示范智能车间和智能工厂,加强云服务建设,大力发展工业互联网。坚决化解钢铁、煤炭等领域的过剩产能,推动输配电价、油气价格和物流流通领域降本增效。培育一批军民融合高端特色产业集群。全面开展质量提升行动,深入推进国家标准化综合改革试点。积极推进存量建设用地盘活利用,推动城镇低效用地再开发,进一步提高土地产出率。大力发展战略性新兴产业。系统布局战略性新兴产业发展,规划打造一批世界级新兴产业集聚区、一批优势产业集群和特色产业链。扎实推进苏南国家自主创新示范区建设,积极创建国家产业创新中心,着力培育高新技术企业,推进省产业技术研究院改革,用好省技术产权交易市场。实施一批重大专项,集中力量突破一批"卡脖子"关键核心技术,加快推进未来网络和高效低碳燃气轮机等国家重大科技基础设施建设。加强知识产权保护和应用,完善知识产权保护和运营服务体系。实施创新创业三年行动计划,升级各类"双创"平台载体,强化创业投资基金的支撑引领作用。研究制定深入推进数字经济发展的意见,抢占产业竞争制高点。加快发展现代服务业。全面落实服务业创新发展江苏行动纲要,制定出台促进现代服务业发展的政策措施。坚持把生产性服务业作为主攻方向,深入实施生产性服务业"双百"工程和互联网平台经济"百千万"工程,推进先进制造业与生产性服务业深度融合。深化新一轮省级服务业综合改革试点,大力发展总部经济、枢纽经济和金融服务。持续优化营商环境。进一步优化融资服务,加大降本增效力度,着力营造便捷高效、公平竞争、稳定透明的营商环境。加快建设统一开放、竞争有序的现代市场体系,形成市场和生产主体、经济增长和就业扩大、金融和实体经济良性循环。积极推进能源变革。加强重要节点电力供需分析,全面提升电力安全保供水平,加强天然气产供储销体系建设。完善煤炭消费生产管控体系,确保完成减煤年度任务。组织开展风

电竞争性配置工作,稳妥推动光伏平价上网示范项目,加强光伏发电领跑基地建设。

（三）坚决打好"三大攻坚战",冲刺高水平全面建成小康社会

按照中央部署要求,强化措施,动真碰硬,既"补好短板"又"加固底板",确保全面小康成果过硬。有效防范化解金融风险。落实防范处置非法金融活动风险攻坚战三年专项行动,构建金融风险早期预防干预处置机制,有效遏制非法金融活动。开展互联网金融风险专项整治,逐步化解存量风险,严格防范增量风险。做好地方政府隐性债务风险防范化解工作,强化政府投资项目的财政承受能力约束,确保不新增政府隐性债务。进一步扩大市场化债转股落地规模,加强国有企业资产负债约束。强化房子是用来住的、不是用来炒的定位,着力稳地价、稳房价、稳预期,确保房地产市场稳定健康运行。加大力度打好污染防治攻坚战。积极推进相关产业污染综合治理,主动优化调整产业结构。深入推进"263"专项行动,大力推进生态环境治理体系和治理能力现代化试点,打好蓝天、碧水、净土保卫战,全面加强主要污染源管控,努力实现 PM2.5 和臭氧"双控双减";严格落实"河长制""湖长制""断面长制",全面推动太湖流域综合治理,着力保护水资源、修复水生态;切实加强土壤污染防治和污染地块风险管控,促进土壤资源永续利用。持续落实环保服务高质量发展十条举措,出台环保整治达标企业激励和保护政策。确保完成脱贫攻坚任务。大力落实三年行动实施意见,强化产业扶贫、社保兜底脱贫等重点举措,确保 60 万左右建档立卡低收入人口脱贫、97 个省定经济薄弱村全部达标。继续做好对口支援、东西部扶贫协作、对口合作工作。

（四）深入实施国家战略,提升区域协调发展水平

抢抓长三角区域一体化发展上升为国家战略的重大机遇,全面实施国家重大战略,拓展和提升更高层次的发展空间。积极融入长三角区域一体化发展。加强与国家层面规划对接,编制长三角区域一体化发展江苏实施规划,有效落实三年行动计划,加力推进基础设施、政策扩散、区域市场、社会治理和公共服务"五个一体化",加快打造世界级产业集群和城市群。全面加强与上海、浙江的合作交流,谋划共建一体化示范区,推动宁杭生态经济带规划获批实施。加快"一带一路"交汇点建设。认真落实"一带一路"交汇点建设意见,深入实施"五大计划",推进中欧中亚班列有序发展,支持连云港战略支点建设。积极推进国际产能合作,完善省"一带一路"重点项目库。加快中阿(联酋)产能合作示范园建设,支持柬埔寨西港特区、埃塞俄比亚东方工业园等重点境外合作园区建设。统筹推进长江经济带发展。出台三年行动计划,制定负面清单,研究设立我省长江经济带发展基金,优化沿江地区产业布局。加快专项整治行动实施进度,重点推进实施"4+1"工程,加快沿江化工污染整治搬迁。推进园区循环化改造和资源循环利用基地建设,推进大宗固体废弃物综合利用。大力实施乡村振兴战略。坚持农业农村优先发展,积极落实乡村振兴规划,加快实施十项重点工程和 78 项重大工程行动计划。深化农业供给侧结构性改革,积极构建现代农业产业体系、生产体系和经营体系,加快推进全国农村产业融合发展试点示范县建设和产业融合示范园区创建。扎实推进特色田园乡村建设,大力改善农村人居环境。构建经济地理新格局。按照"1+3"重点功能区要求,优化区域发展布局。加快提升南京首位度,打造国家综合科学中心和科技产业创新中心,统筹谋划建设国家中心城市。务实推进宁镇扬、苏锡常一体化发展,大力推动江阴-靖江等长江两岸城市跨江融合,放大扬子江城市群在区域发展中的整体竞争优势。协调推进沪宁产业创新带、沿海基础产业带、淮河生态经济带、宁杭生态经济带和大运河文化带建设,推进各板块特色发展。打造一

批具有较强示范引领作用的特色小镇。加快苏北振兴，扎实推进苏南苏北共建园区建设，加快改善苏北农村住房条件。在苏南选择部分有条件的地区开展社会主义现代化建设试点。

（五）坚持深化市场化改革，努力扩大高水平开放

处理好政府与市场的关系，以系统化思维推动重点领域改革攻坚突破，释放体制机制红利，激发市场主体活力。深化重点领域改革。进一步简政放权、放宽准入，加强事中事后监管，加快破除制约微观主体活力释放的体制机制障碍。持续深化"不见面审批（服务）"改革，推进"不再审批"企业投资项目承诺制试点。全面推开证照分离改革，巩固扩大相对集中行政许可权改革试点。抓好国有企业混合所有制改革试点，组织实施国企改革"双百行动"，推进国有资本投资、运营公司改革试点。开展金融支持供给侧结构性改革创新试点，大力发展直接融资。完善价格调控机制，深化电、水、天然气等资源性产品价格改革，保持价格水平总体稳定。深化社会信用体系建设，完善公共信用信息共享平台，在行政审批、政务服务过程中实施联合奖惩，构建以信用为核心的新型监管机制。提升对外开放水平。推动出口市场多元化，深度开拓区域重点市场。落实外商投资负面清单，实施重大外资项目"直通车"制度，瞄准产业链上的龙头企业，集中精力推动重大外资项目落地。推进营商服务标准化、便利化，加强国际贸易"单一窗口"建设，推动关检业务融合，进一步压缩口岸通过时间、降低通关成本。推进国家跨境电子商务综合试验区建设和市场采购贸易方式试点，积极争取国家服务业开放综合试点。积极承接进博会溢出效应，扩大先进技术、高端装备、关键零部件、优质消费品等进口。完善企业"走出去"综合服务体系，加快培育具有国际竞争力的本土跨国公司。发挥好苏州工业园区、南京江北新区的引领作用，按照"一特三

提升"要求，推动开发区向现代产业园区转型，积极争取上海自贸区试点经验在我省复制推广，打造新一轮对外开放"试验田"。

（六）切实保障和改善民生，不断满足人民日益增长的美好生活需要

坚持以人民为中心的发展思想，尽力而为、量力而行，实施好更具普惠性和可持续性的社会政策，兜牢民生保障底线，切实增强人民群众的获得感。稳步推进城乡居民增收。全面落实"富民33条"政策措施，开展城乡居民增收试点，抓好农民工返乡创业试点。坚持就业优先政策，持续推进全民创业行动计划和职业技能提升行动计划，组织开展援企稳岗专项行动，统筹做好去产能分流职工、高校毕业生、退役军人、农民工等重点群体就业。推动全面建成多层次普惠保障体系，完善企业职工基本养老保险省级统筹制度，深入实施"全民参保计划"，稳步提高社保待遇水平。优化公共服务供给。制定实施基本公共服务标准，强化基层基本公共服务功能配置。开展教育领域突出问题专项治理，稳妥做好高考方案调整工作，积极扩大普惠性幼儿园供给。加快推进"健康江苏"建设，深化医药卫生体制改革，做优做强省会城市和重点功能区医疗中心，全面提升基层医疗卫生服务能力，加快发展"互联网＋医疗健康"。城镇职工医疗保险、城乡居民基本医保住院医疗费用基金支付比例保持在80%以上、70%左右。推进居家和社区养老服务改革试点，提升机构养老服务质量。统筹抓好文化事业、文化产业和旅游业发展，推动文化和旅游深度融合。加快发展体育产业，促进体育消费。加强和创新社会治理。推进平安法治建设，纵深推进扫黑除恶专项斗争。推进网格化社会治理机制创新，严格落实安全生产责任制，强化食品药品安全监管，坚决防范和遏制重特大事故发生。加强社区治理体系建设，防范化解社会矛盾，确保社会大局和谐稳定。

各位代表,做好今年经济社会发展各项工作任务艰巨、责任重大。让我们紧密团结在以习近平同志为核心的党中央周围,以习近平新时代中国特色社会主义思想为指导,在省委省政府的坚强领导下,进一步解放思想、奋发有为、攻坚克难、开拓创新,奋力推动高质量发展走在前列,将"强富美高"新江苏建设不断推向前进,以优异成绩庆祝中华人民共和国成立70周年。

来　　源:江苏省人民政府办公厅

发布日期:2019年02月15日

江苏省发展和改革委员会
2019 年度部门预算情况说明

一、收支预算总表情况说明

江苏省发改委 2019 年度收入、支出预算总计 17 275.87 万元，与上年相比收、支预算总计各增加 5 577.08 万元，增长 47.67%。其中：

（一）收入预算总计 17 275.87 万元。

2019 年一般公共预算收入预算 17 275.87 万元，全部为公共财政拨款（补助）资金，与上年相比增加 5 577.08 万元，增长 47.67%。主要原因是：机构改革职能划转，在职人员、离退休人员大幅增加，导致工资福利收入、商品服务定额收入、对个人和家庭补助收入、运转类项目经费收入及单位预留机动经费收入都有所增加。

（二）支出预算总计 17 275.87 万元。包括：

1. 一般公共服务（类）支出 11 579.59 万元，主要用于人员经费等基本支出及完成发展改革事务而发生的单位运转类项目支出。与上年相比增加 3 238.58 万元，增长 38.83%。主要原因是：机构改革职能划转、在职人员大幅增加，导致工资福利支出、商品服务定额支出、运转类项目经费支出都有所增加。

2. 社会保障和就业支出 1 503.27 万元，主要用于省发展和改革委机关事业单位基本养老保险缴费、单位职业年金缴费和离退休人员支出。与上年增加 314.59 万元，增幅 26.47%，主要原因：一是在职人员基本养老保险金和职业年金正常调整，增加了该项支出；二是机构改革职

能划转增加了离退休人员从而增加了该项支出。

3. 住房保障支出 4 193.01 万元，与上年相比，增加 2 023.91 万元，增长 93.3%。主要原因：一是机构改革、职能划转增加了在职人员数量导致住房公积金、提租补贴增加，二是政策性调整住房公积金、提租补贴。

此外，基本支出预算数为 10 826.07 万元。与上年相比增加 3 892.12 万元，增幅 56.13%。主要原因是机构改革职能划转，在职人员、离退休人员大幅增加，导致工资福利支出、商品服务定额支出、对个人和家庭补助支出都大幅增加；项目支出预算数为 4 227.75 万元，比上年增加 797.75 万元，主要原因是机构改革职能划转增加了运转类项目支出；单位预留机动经费预算数 2 222.05 万元，比上年增加 887.21 万元，主要原因是机构改革、人员增加，预留的未休假工资、绩效考核奖相应增加。

二、收入预算情况说明

省发改委 2019 年收入预算合计 17 275.87 万元，其中：一般公共财政拨款（补助）资金收入 17 275.87 万元，占总预算 100%。

三、支出预算情况说明

省发改委 2019 年支出预算合计 17 275.87 万元，其中：基本支出 10 826.07 万元，占 62.67%；项目支出 4 227.75 万元，占 24.47%；单位预留机动经费 2 222.05 万元，占 12.86%。

四、财政拨款收支预算总表情况说明

省发改委 2019 年度财政拨款收、支总预算 17 275.87 万元。与上年相比各增加 5 577.08 万元,增长 47.67%。主要原因是:机构改革职能划转,在职人员、离退休人员大幅增加,导致工资福利收支、商品服务定额收支、对个人和家庭补助收支、运转类项目经费收支及单位预留机动经费收支都有所增加。

五、财政拨款支出预算表情况说明

省发改委 2019 年财政拨款预算支出 17 275.87 万元,占本年支出合计的 100%。与上年相比,财政拨款支出增加 5 577.08 万元,增长 47.67%。

(一)一般公共服务(类)支出 11 579.59 万元。

1. 发展改革事务行政运行支出 7 351.84 万元,与上年相比增加 2 440.83 万元,增长 49.7%。主要原因是机构改革职能划转、在职人员大幅增加,导致工资福利支出、商品服务定额支出都大幅增加。

2. 发展改革事务一般行政管理事务支出 4 227.75 万元,比上年增加 797.75 万元,主要原因是机构改革职能划转运转类项目经费相应增加。

(二)社会保障和就业支出(类)支出 1 503.27 万元。

1. 未归口管理行政单位离退休经费 556.11 万元,与上年相比增加 27.35 万元,增幅 5.17%。主要原因是机构改革职能划转增加了离退休人员从而增加了该项支出。

2. 机关事业单位基本养老金缴费支出 676.55 万元。比上年增加 205.18 万元,增幅 43.53%,主要原因是机构改革职能划转,在职人员大幅增加,从而增加了该项支出。

3. 机关事业单位职业年金缴费 270.61 万元。比上年增加 82.06 万元,增幅 43.52%,主要原因是机构改革职能划转,在职人员大幅增加,从而增加了该项支出。

(三)住房保障支出(类)支出 2 169.1 万元。

1. 住房改革支出(款)住房公积金(项)支出 825.1 万元,比上年增加 360.62 万元,增幅 77.64%。主要原因:一是机构改革职能划转,在职人员大幅增加,从而增加了该项支出;二是住房公积金政策性调整增加了该项支出。

2. 住房改革支出(款)提租补贴(项)支出 3 367.91 万元,比上年增加 1 663.29 万元,增幅 97.58%。主要原因:一是机构改革职能划转,在职人员大幅增加,从而增加了该项支出;二是提租补贴政策性调整增加了该项支出。

六、财政拨款基本支出预算表情况说明

省发改委 2019 年度财政拨款基本支出预算 10 826.07 万元,其中:

(一)人员经费 9 310.85 万元。主要包括:基本工资、津贴补贴、奖金、社会保障缴费、伙食补助费、绩效工资、其他工资福利支出、离休费、退休费、抚恤金、生活补助、医疗费、奖励金、住房公积金、提租补贴、其他对个人和家庭的补助支出。

(二)公用经费 1 515.22 万元。主要包括:办公费、印刷费、咨询费、手续费、水费、电费、邮电费、取暖费、物业管理费、差旅费、维修(护)费、租赁费、会议费、培训费、公务接待费、专用材料费、劳务费、委托业务费、工会经费、福利费、公务用车运行维护费、其他交通费用、其他商品和服务支出、办公设备购置、专用设备购置、信息网络及软件购置更新、其他资本性支出。

七、一般公共预算支出预算表情况说明

省发改委 2019 年一般公共预算财政拨款支出预算 17 275.87 万元,与上年相比增加 5 577.08 万元,增长 47.67%。主要原因是:机构改革职能划转,在职人员、离退休人员大幅增加,导致工资福利支出、商品服务支出、对个人和家庭补助支出、运转类项目经费支出及单位预留机动经费支出都大幅增加。

八、一般公共预算基本支出预算表情况说明

省发改委 2019 年度一般公共预算财政拨款

基本支出预算 10 826.07 万元,其中:

(一)人员经费 9 310.85 万元。主要包括:基本工资、津贴补贴、奖金、社会保障缴费、伙食补助费、绩效工资、其他工资福利支出、离休费、退休费、抚恤金、生活补助、医疗费、奖励金、住房公积金、提租补贴、其他对个人和家庭的补助支出。

(二)公用经费 1 515.22 万元。主要包括:办公费、印刷费、咨询费、手续费、水费、电费、邮电费、取暖费、物业管理费、差旅费、维修(护)费、租赁费、会议费、培训费、公务接待费、专用材料费、劳务费、委托业务费、工会经费、福利费、公务用车运行维护费、其他交通费用、其他商品和服务支出、办公设备购置、专用设备购置、信息网络及软件购置更新、其他资本性支出。

九、一般公共预算"三公"经费、会议费、培训费支出预算表情况说明

省发改委 2019 年度一般公共预算拨款安排的"三公"经费预算支出中,因公出国(境)费支出 120 万元,占"三公"经费的 50%;公务用车购置费为零,与上年持平;公务用车运行维护费支出 60 万元,占"三公"经费的 25%;公务接待费支出 60 万元,占"三公"经费的 25%。具体情况如下:

1. 因公出国(境)费预算支出 120 万元,与上年持平。

2. 公务用车购置及运行维护费预算支出 60 万元。2019 年公务用车购置预算支出为零,与上年持平;公务用车运行维护费预算支出 60 万元,与上年持平。

3. 公务接待费预算支出 60 万元,减少 35 万元,下降 36.84%。主要原因是进一步加强接待经费管理,压减支出。

省发改委 2019 年度一般公共预算拨款安排的会议费预算支出 183.7 万元,较上年增加 7.7 万元,增幅 4.37%。本年数大于上年预算数的主要原因是机构改革、职能划转,参会人数增多,导致经费略有增加。

省发改委 2019 年度一般公共预算拨款安排的培训费预算支出 76.2 万元,比上年增加 4.7 万元,增幅 6.57%。本年数大于上年预算数的主要原因是机构改革、职能划转,培训人数增多,导致经费有所增加。

十、政府性基金支出预算情况说明

本部门无政府性基金支出预算。

十一、一般公共预算机关运行经费支出预算表情况说明

本表反映一般公共预算机关运行经费支出预算安排情况,按照政府收支分类科目的经济分类"款"级细化列示。省发改委 2019 年机关运行经费 1 515.22 万元,比上年增加 510.76 万元,增幅 50.84%。主要原因是机构改革、职能划转,在职人员大幅增加,商品服务定额支出也随之增加。具体包括:办公费、印刷费、咨询费、手续费、水费、电费、邮电费、物业管理费、差旅费、维修(护)费、会议费、福利费、公务用车运行维护费、其他交通费用、其他商品和服务支出、办公设备购置、专用设备购置、信息网络及软件购置更新、其他资本性支出。

十二、2019 年部门政府采购预算情况说明

2019 年度我委政府采购预算总金额为 148 万元。拟购买货物 148 万元。

十三、国有资产占用情况说明

截止 2018 年 12 月 31 日,本部门共有车辆 12 辆,全部为一般公务用车;无单位价值 200 万元以上大型设备。

十四、预算绩效目标设置情况说明

2019 年本部门共有 0 个单位运转类项目实行绩效目标管理。涉及财政性资金合计 0 万元。

来　　　源:江苏省发展和改革委员会
发布日期:2019 年 02 月 13 日

国家批准我省 9 个增量配电改革试点项目居全国第二位

为全面落实《中共中央 国务院关于进一步深化电力体制改革的若干意见》(中发〔2015〕9 号),进一步鼓励和引导社会资本投资增量配电业务,近日,国家发展改革委、国家能源局发布了《关于规范开展第三批增量配电业务改革试点的通知》(发改经体〔2018〕604 号),确定全国 97 个项目为第三批增量配电业务改革试点,其中我省上报的 9 个增量配电网项目全部获得国家批准,数量居全国第二位,仅次于甘肃的 10 个(广东获批 4 个,山东、浙江、上海无获批项目)。

我省第三批 9 个增量配电业务改革试点包括常州双创示范园、无锡星洲工业园、苏州张家港双山岛、扬州仪征枣林湾、泰州泰兴经济技术开发区、徐州徐矿集团矿区、徐州经济技术开发区、盐城滨海新区新滩产业园、淮安盱眙宁淮新

兴产业科技园等。在我省第一批 5 个增量配电业务改革试点项目(南京江北新区玉带片区、连云港徐圩新区、南通通州湾、宿迁运河宿迁港产业园、镇江扬中高新技术产业开发区)的基础上,我省增量配电业务改革试点项目已实现地级以上城市全覆盖。在后续具体操作中,我委将按照省政府《江苏省增量配电业务改革试点实施细则》(苏政办发〔2017〕110 号)等要求,积极稳妥推进增量配电业务改革试点项目各项工作,特别在增量配电网项目的多种能源系统设计和优化调控运行等方面不断创新、取得突破。

来　　源:江苏省发展和改革委员会
发布日期:2018 年 04 月 25 日

省委省政府建立省领导挂钩联系推进
重大项目建设制度

为扎实推动重大项目建设,省委、省政府近日决定建立省领导挂钩联系推进省重大项目建设制度,由省委书记、省长负总责,每位省委常委、副省长分别挂钩联系一个省重大项目建设。省委、省政府领导同志已分别明确挂钩联系推进建设的16个重大项目。

省委、省政府要求全省各级党委、政府和各有关部门要切实把思想和行动统一到省委、省政府的决策部署上来,强化做好当前经济工作的紧迫感责任感,增强为企业服务的积极性、主动性,全面加强对重大项目建设推进工作的组织协调,着力推动有效投资平稳较快增长,全力以赴推进全省经济高质量发展。项目所在地党委、政府要认真落实项目推进主体责任,扎实有

效做好政策扶持、跟踪服务、要素保障等工作,确保省重大项目顺利实施。省级机关服务联络部门要切实履行职责,会同省重大项目办和省有关职能部门组成工作专班,充分发扬"马上就办"作风和"钉钉子"精神,主动加强服务联络,跟踪掌握项目进展,推动各项工作落实到位。省重大项目办(省发展改革委)要加强对省领导挂钩联系省重大项目工作的情况综合、衔接落实、跟踪服务,定期汇总推进工作进展情况,及时向省委、省政府报告。

来　　源:江苏省发展和改革委员会
发布日期:2018年12月05日

· 345 ·

我省上合组织（连云港）国际物流园、南京龙潭综合物流园2家园区正式获批为国家级示范物流园区

　　近期，国家发展改革委、国土资源部、住房和城乡建设部联合开展了第二批国家级示范物流园区评审认定工作，我省上合组织（连云港）国际物流园、南京龙潭综合物流园正式获批为国家级示范物流园区。这次评审认定工作经过省（市）推荐、择优筛选、专家评审、部门会审和网上公示，共评选出27家第二批国家级示范物流园区，我省占两席。截至目前，全国共有国家级示范物流园区56家，我省为4家，位居全国前列。

来　　　源：江苏省发展和改革委员会
发布日期：2018年02月28日

南京市出台2019年市政府投资项目计划

　　2月12日，南京市政府正式印发《2019年市政府投资项目计划》。计划共安排317个项目，总投资金额为3533.7亿元，年度计划投资662.7亿元，其中市财政预算安排189.1亿元。

　　投资项目包括五大类。其中：重大科技基础设施建设类拟以专项资金引导市场资源加速集聚的同时，协同推进南京网络通信与安全紫金山实验室、南京农业大学作物表型组学研究设施和未来网络设施等3个重大科技基础设施项目，当年计划投资7.3亿元；市场监管和服务平台建设类拟开工建设石化装备安全保障技术研发与应用江北基地等项目，年度计划投资3.69亿元；社会治理体系建设类拟推进建设公共安全、应急管理、打造智慧南京升级版等方面共53个项目，年度计划投资21.04亿元；基础设施和公共服务类拟推进建设苏南沿江铁路、城际轨道交通、过江通道等项目，年度计划投资465.8亿元；生态环境建

设类拟加快推进长江岸线功能提升、水环境治理及城市环境综合治理等方面项目，年度计划投资 164.94 亿元。

苏州市组织编制乡村振兴战略实施规划

为认真贯彻乡村振兴战略，加快落实《中共苏州市委苏州市人民政府关于实施乡村振兴战略加快推进城乡融合发展的意见》，由苏州市发改委牵头，委托乡村振兴研究院，于 9 月 15 日正式起动编制《苏州市乡村振兴战略实施规划（2018—2022 年）》工作，计划 11 月底拿出初稿，2019 年 2 月完成规划编制工作。

一是在城乡体系优化方面，以功能优化统领小城镇建设，提出振兴苏州小城镇的策略，以特色田园乡村统领村庄整治，提出村庄分类建设策略；

二是在产业振兴与融合发展方面，以农业园区为主体，全面提升苏州农业现代化水平，以乡村旅游和休闲康养产业为重点，大力推进乡村产业融合发展；

三是在生态宜居方面，以美丽宜居为引领，推进村庄更新和农宅更新，以水环境治理和田园景观建设为重心，提升乡村人居环境水平；

四是在乡风文明方面，以古村落保护推进传统文化保护和利用，以品牌文化产品培育推进乡村文化建设；

五是在社会治理建设方面，以基本公共服务覆盖乡村为统领推进乡村均衡，以党建引领和网格化管理创新为核心，健全乡村社会治理体系；

六是在生活富裕方面，以集体经实现形式创新为重点推进强村富民，以薄弱村帮扶为重点，推进精准扶贫。

在规划实施保障方面，重点在组织创新、人才制度、用地制度、金融改革、集体产权制度改革和农业支持保护体系等六个方面提出政策框架。

来　　源：苏州市发展和改革委员会
发布日期：2018 年 11 月 18 日

扬州市"12345"创新发展工程有序推进成效明显

大力实施"12345"创新发展工程,是扬州市第七次党代会明确提出的"十件大事"中的第一件大事。今年以来,在市委市政府的坚强领导下,"12345"创新发展工程取得积极进展,圆满完成年度目标任务。

一、全国小微企业创业创新基地城市示范建设成效明显

推行"三十证合一",实现"一窗受理、一套材料、一份档案、信息共享、核发一照",全市注册开办企业平均用时已降至 2.5 个工作日。激发创新创业新活力,全年发放服务券、创新券、技改券等"三张券"各 1 亿元。大力建设科技产业综合体,截至 11 月底,全市 28 个综合体规划累计开工建设 573 万平方米、投入使用 260 万平方米,入驻企业累计达 3 000 家。建成线上"1+N"小微企业双创网络服务平台和线下"1+9+82"共 82 个小微企业双创服务中心,实现了市、县、乡三级全覆盖。引导金融机构为小微企业提供各类融资产品,截至 11 月底,财政资金池规模达 23.5 亿元,引导金融机构对 13 200 多家企业投放信贷 140 亿元,有力地缓解小微企业融资难、融资贵问题。

二、20 个特色小镇建设扎实推进

公布了 2 批次共计 24 个市级特色小镇创建名单,完成首批 10 个市级特色小镇创建对象创建工作考核,制定出台了《市级特色小镇专项奖补资金管理办法》,兑现首批小镇首年创建奖补资金 1 300 万。开展有房地产化倾向、特色不明显和不具备创建条件的特色小镇大排查,引导规范特色小镇健康发展。头桥医械小镇、武坚智能电气小镇、曹甸教玩具小镇入选省级特色小镇创建对象,邵伯运河风情小镇入选省级旅游风情小镇创建对象。

三、3 大创新板块加快构筑

印发了《关于加快"三大创新板块"建设的实施意见》,按照"一年打基础、两年建框架、三年出形象"的总体要求,明确了三大创新板块的发展布局和重点任务。目前,三大创新板块已集聚全市 1/4 的高层次人才、1/3 的省级以上研发机构、1/4 的软件服务业收入、1/3 的高端装备制造业产值,重大基础设施、创新平台等重点项目建设有序推进。江广融合区板块新增落户重点产业亿元以上项目 5 个,列入板块重点项目累计完成投资 63.6 亿元;开发区-高新区-科教园板块扎实推进重点项目 16 个,潍柴动力、李尔汽车座椅、荣德新能源技改扩建等项目已竣工投产或部分投产;农科园板块加快基础设施建设,扬州大学科教示范园生态智慧牧场建成投产。

四、重大服务业项目建设稳步实施

对照省高质量发展考核指标的要求,出台《2018 年度重大项目建设考核细则》,确保重大项目建设更加契合中央和省高质量发展的要求。结

合我市服务业重大项目建设实际情况,制定《扬州市现代服务业提质增效三年(2018—2020年)行动计划》,修订《扬州市级服务业重大项目认定办法》,1—11月,全市新开工服务业重大项目37个。

五、重大工业项目推进有序

修订完善了工业重大项目"四新"认定办法,成立了由10个市级部门组成的联合核查组,突出"5 000万元设备投资和2 000万元开票销售"两大指标,更加侧重达产列统环节考核。今年1—11月,全市新开工工业重大项目48个。

来　　源:扬州市发展和改革委员会
发布日期:2018年12月28日

南通市2018年国民经济和社会发展计划执行情况与2019年国民经济和社会发展计划草案的报告通过市人代会审议

1月10日,市十五届人大三次会议经过认真审议,批准通过了南通市发展改革委起草的《关于南通市2018年国民经济和社会发展计划执行情况与2019年国民经济和社会发展计划草案的报告》。

2019年全市经济社会发展主要预期目标有:地区生产总值增长7%以上;一般公共预算收入增长5%以上;固定资产投资增长8%以上,其中工业投资增长8%;社会消费品零售总额增长9%左右;外贸进出口总额增长4%以上;注册外资实际到账25亿美元;常住人口城镇化率68%;全社会研发投入占地区生产总值比重2.7%以上;高新技术产业产值占规模以上工业总产值比重50%;每万人发明专利拥有量29件;科技进步贡献率64%;城镇、农村居民人均可支配收入与经济增长同步;居民消费价格涨幅控制在3%左右;城镇新增就业8万人以上;城镇登记失业率控制在3%以内;万元GDP能耗下降率完成省下达目标任务;主要污染物减排完成省下达目标任务;空气质量保持全省领先;地表水省控断面优于Ⅲ类水质比例71%以上。

来　　源:南通市发展和改革委员会
发布日期:2019年01月14日

2019年泰州市区改善民生实事项目敲定

2019年泰州市区改善民生实事项目敲定,共十大类,包括就业服务、养老服务、医疗救助、基础教育、交通出行、食品卫生监管、饮用水安全、绿化、生态、城市公共服务等,实施到位后将进一步增进百姓获得感和幸福感,丰富"泰州幸福多"的时代内涵。

今年,泰州市委市政府将继续做好就业服务工作,组织公益性人力资源招聘200场,开展城乡劳动者就业创业培训2万人,新增就业3万人。为高校毕业生提供就业见习服务,开发见习岗位2000个。

在提升养老服务水平方面,我市将为困难老年人和80周岁及以上老年人提供政府购买居家养老上门服务;为有需求的失能老人家庭成员免费提供养老护理技能培训;建成2个老年人日间照料中心、26个标准化社区居家养老服务中心。

今年,泰州市将扩大市区医疗救助范围,将低收入家庭(人均收入低于低保标准2倍)中的白血病和尿毒症患者参照单人户纳入低保范围。为建档立卡低收入人口每年开展一次免费健康体检。将困难群众城乡居民医保大病保险起付标准由10 000元降为5 000元。实施长期护理保险制度,对重度失能人员医疗护理费用进行一定的补偿。

在统筹基础教育布局方面,市区将新建、改扩建幼儿园3所、小学6所、初中1所。

为提高交通出行能力,市区将开工建设江州路、东进路维修改造工程;改造升级5条城市主干道慢行系统;开工建设城东公交枢纽站,更新公交车辆200辆以上,新辟K6公交线路,优化36路、302路公交线路,对902路、K3公交线路进行加密,方便人民医院新院和中医院新院群众就医出行;新增汽车停车泊位2 000个;投放共享单车5 000辆。

为强化食品卫生监管,市区今年将完成食品安全监督抽检6 000批次;创建省餐饮质量安全示范街(区)1条、示范店(食堂)80家;组织"快速检"5 000批次,"标准检"2 000批次。

为加强饮水用水安全,今年我市将完成市二水厂、三水厂自来水深度处理主体工程。

每年市区都会新建一批游园,便于市民休闲娱乐。今年,市区将推进绿化提档升级,新(扩)建游园14个,建成道路绿带4条。

在改善宜居生态环境方面,市区今年将新增污水管网40公里,完成小区雨污分流46处;完成4处黑臭水体整治;完成30个老旧小区微整治。

为完善城市公共服务,市区今年将建成网上公安为民服务工程;新(改)建公厕23座,改建垃圾中转站2座;新增垃圾分类小区30个。

市委市政府已发布《通知》,要求各承办单位进一步强化责任意识,加强协调配合,精心组织实施,确保完成各项实事任务。

来　　源:泰州市发展和改革委员会
发布日期:2019年02月01日

2018 年常州市中德交流成效颇丰

近年来,常州市不断加大中德交流力度,在职业教育培养、科研平台建设、产业园区发展等各方面开展沟通合作,推动更多德方项目在常州落地生根,促进常州市开放型经济发展和对外交流合作。

职业教育培养方面。持续开展中德合作师资培训,中德合作"胡格模式"行动导向教改班累计为山东职业学院、黄河水利职业技术学院、江苏信息职业技术学院等国内职业院校共计 204 名教师开展胡格教学模式培训;创新开展"双元制"模式教育教学,中德创新园 2018 年接受德国"双元制"模式教育的在校学生达 560 人,与德国巴符州州立教师进修学院合作开展胡格教学模式试点班、"AHK"项目、保时捷项目、中德诺浩项目等各类中德合作教学改革试点;注重拓展德资企业订单培养,与博世力士乐、曼恩机械、卡尔迈耶等德资企业实行校企共同培养人才,通过企业考核、双向选录,组建订单班,按照"1+2"和"2+1"模式,实行工学交替、过程共管培养高素质技能型人才,2018 年德资企业订单培养学生合计达 193 人。

科研平台建设方面。积极推进中德品牌应用科学大学筹建,常州大学和德国品牌学院—汉堡设计与传播应用科学大学拟合作建立江苏汉堡品牌应用科学大学,常州工程职业技术学院与德国汉堡国际传媒艺术与新媒体学院合作共建常州工程职业技术学院中德设计与数字媒体学院,通过中外合作办学的形式引进德方优质教育资源和教育模式,将中德品牌应用科学大学建设成为江苏

与德国合作的示范项目;与德国优质科研机构开展产学研对接,与德国科研机构开展常态化互访交流,邀请德方 22 名技术专家来常考察中德园区建设和相关企业,弗朗恩霍夫协会分别与中科(常州)创新科技园有限公司与共建弗朗恩霍夫制造与信息研究院常州代表处,与机械科学研究总院共同成立虚拟现实实验室及国际合作工程中心。

产业园区发展方面。加快中德(金坛)创新产业园建设,园区规划面积 4.8 平方公里,致力于打造以智能装备制造、新能源、汽车核心零部件等三大产业为主导的中德中小企业合作精品园区,目前园区已签约引进新光凯乐、埃斯杰贝等 4 个德国行业隐形冠军项目,协议总投资 4 493 万欧元,此外,以埃马克、皮尔磁、康普、格瓦诺等企业为代表的近 20 家德企业已在金坛落地,累计总投资超 1.5 亿欧元;不断推进中德创新园区发展,建筑面积 1.54 万平米的中德产业创业创新及合作中心大楼落成投运,中德产业创新与合作中心、中德职业教育与科技创新服务中心揭牌,百菲萨、本特勒-易莫、格雷斯海姆等一批优质项目与常州经济开发区签订友好合作协议,新引进的稀土项目落户中德产业创新与合作中心,与德国卡尔斯鲁尔理工学院合作计划建设中德数字产业中心并助推"智能化工业云平台"项目落地。

来　　源:常州市发展和改革委员会
发布日期:2019 年 01 月 14 日

无锡市出台现代服务业提质增效政策意见

为进一步增强无锡市现代服务业的竞争力和辐射力,努力建设全国服务经济转型发展示范区,重点发展金融服务、科技服务、物流服务、信息服务、会展服务、文创服务、休闲服务、商贸服务等八大服务产业,无锡市出台了《关于进一步加快现代服务业提质增效的若干政策意见》。

该政策是在对现代服务业提质增效政策执行情况进行评估、充分学习借鉴先进城市经验的基础上,提出了新一轮现代服务业提质增效政策意见,明确了服务业提质增效资金的支持范围和支持标准。与上轮服务业提质增效政策意见相比,本轮政策的支持方向更明确、扶持力度更大、政策门槛更低。

该政策从三方面促进全市服务业发展:一是通过扶持重大项目带动服务业发展。进一步完善服务业重大项目库,从中筛选符合国家、省及市产业发展导向,发展目标明确,具有较好的社会效益和经济效益,市场前景好、带动能力强、影响力大的重大项目进行扶持,引导全市服务业发展。二是建立科学合理的监测体系。按照"三围绕、二跟踪、一深入"(即围绕市委市政府的中心工作,围绕服务业发展中的重点和难点问题,围绕8大重点行业,跟踪市委市政府的最新工作动态,跟踪项目和园区进展情况,深入细致分析)的总体要求,进一步分解落实工作任务,强化责任,拿出高质量、有深度、有见地、能够全面反映服务业情况、得到普遍认可的分析报告,监测服务业发展动态,及时发现全市服务业经济运行中的新情况、新特点和新问题。三是加快开展服务业集聚区评选。依托省开展服务业集聚区综合评价,规范现代服务业集聚区管理,建立评价考核机制,既注重约束、考核功能,更强调激励、导向作用,加快推进集聚区提档升级,促进全市现代服务业高质量发展。

来　　源:无锡市发展和改革委员会
发布日期:2019 年 01 月 15 日

宿迁市出台扶持政策推动服务业高质量发展

为引导和推动服务业高质量发展，宿迁市出台了支持服务业发展的若干政策措施，重点支持服务业做大做强、品牌建设、载体建设等方面。

一是支持服务业做大做强。服务业十大重点行业当年收入前3名、当年投资前2名的企业，分别给予10万元、20万元奖励。

二是支持服务业品牌建设。当年新获认定中华老字号（驰名商标）、江苏老字号的服务业企业，分别给予10万元、5万元奖励；总部设在宿迁的服务业企业用原有或新创品牌扩大连锁规模，直营店首次达到30家以上的，且当年新增直营店10家、5家以上的，分别给予20万元、10万元奖励；新认定的省、市级服务业创新示范企业、生产性服务业示范企业、生活性服务业示范企业和互联网平台重点企业，分别给予10万元、5万元奖励。

三是支持服务业载体建设。新认定的省级服务业集聚区（含各类省级集聚区、示范区、特色基地），给予集聚区管理机构100万元的补助；对新认定的市级服务业集聚区，给予集聚区管理机构30万元的补助；建筑面积10 000平方米以上的，企业入驻率达80%以上，且入驻企业90%以上在我市登记注册并正常经营的特色楼宇，给予运营主体一次性30万元奖励。

四是支持商业核心区建设。在西湖路核心商圈内，城市综合体新引进的国内外知名商品品牌，落户并投入运营后，给予品牌店面装修补助20万元；在西湖路核心商圈内，年度本地销售收入首次超过10亿元的商贸流通综合体，给予经营主体30万元奖励；在西湖路核心商圈内，新引进知名商业品牌企业单体建筑面积1 000平方米以上的（重点引进线上线下联动体验店），给予企业10万元补助。

来　　源：宿迁市发展和改革委员会
发布日期：2019年01月11日

1—9月盐城市"两重一实"项目推进有力有序

1—9月，盐城市107个重大项目完成投资381.7亿元，占年度投资计划67.6%。86个项目已达到或超过序时进度，占项目总数80.4%。其中，大丰阿特斯3GW光伏组件、东台富乐德半导体陶瓷基板、射阳鹤乡菊海现代农业产业园等25个项目超额完成序时进度，占项目总数23.4%。40个重点工程完成投资290亿元，占年度投资计划60%。徐宿淮盐铁路、盐城港扩容提升工程等34个项目达序时进度，占比85%，其中斗龙港生态组团、阜宁协鑫生活垃圾焚烧发电等7个项目已完成年度投资计划，占比17.5%。20件为民办实事项目完成投资85.6亿元，占年度投资计划53.4%。新水源地及引水工程、开展关爱残疾人专项行动、实施政府民生综合保险等16个项目达到或超过排定工作计划序时。

来　　源：盐城市发展和改革委员会
发布日期：2018年10月17日

淮安市第二批重大产业项目集中开工

9月29日上午,淮安市第二批重大产业项目集中开工,淮安市委书记姚晓东在市主会场洪泽区华强方特开工现场致辞并宣布"2018年全市第二批重大产业项目集中开工"。姚晓东强调,项目建设犹如逆水行舟,一篙不可放缓;又如滴水穿石,一滴不可弃滞。全市上下要牢固树立项目为王意识,坚定不移、坚持不懈,全力打好重大产业项目建设攻坚战、持久战,让项目建设成为淮安发展主旋律、最强音。淮安市长蔡丽新主持活动。

姚晓东说,在这欢庆丰收、喜迎国庆的特别日子里,我们隆重举行全市重大产业项目集中开工活动,全面掀起狠抓大项目、大干四季度发展热潮。重大产业项目是拉动淮安经济发展的动力引擎,是推动淮安跨越崛起的强力支撑。近年来,全市上下坚持把抓好重大产业项目作为头等大事、纳入头版头条,一切围绕项目转,一切聚焦项目干,一切帮着项目办,成功引进实施了一大批重大产业项目,为加快构建"433"现代产业体系、推动经济高质量发展积蓄了强劲动力。

姚晓东强调,淮安重大产业项目集中开工活动,擂响了项目建设的战鼓,吹响了推进高质量发展的号角。全市上下要咬定目标、精准发力,紧紧围绕构建"433"现代产业体系,加大产业招商力度,积极引进培育有优势、有市场、有前景、牵引力强的主导产业项目,为未来发展注入不竭动力;要争分夺秒、抢前抓早,一着不让抓开工、抓建设、抓投产、抓达效,培育形成源源不断的新经济增长点;要勇于担当、大胆创新,大力弘扬求真务实作风,认真践行101%优质服务理念,全方位、全天候服务保障好项目建设,为项目顺利实施创造良好环境。淮安市委、市政府将全面落实鼓励激励、能上能下、容错纠错"三项机制",为奋战项目一线的干部鼓劲撑腰,让作出项目贡献的干部有为有位。期待有更多的企业选择淮安、投资淮安,我们愿与各位企业家一道,共图发展大业,共创美好未来。

此次集中开工活动采取市、县(区)联动方式举行,除了在洪泽区设立市主会场,还在其他7个县(区)设立分会场,共计集中开工72个重大产业项目,总投资373.26亿元,年度计划投资126.07亿元。开工项目具有投资大、质态好、效益高特点,契合高质量发展要求,符合淮安产业发展定位,对提升淮安城市影响力、吸引力都具有重要支撑和带动作用。

今年以来,淮安全市亿元以上项目共计开工183个,项目计划总投资582.39亿元。

来　　源:淮安市发展和改革委员会
发布日期:2018年09月30日

镇江市召开污染防治攻坚战暨
"116"专项行动大会

6月11日,镇江市召开污染防治攻坚战暨"116"专项行动大会。要求全市上下要自觉践行习近平生态文明思想,坚决贯彻中央和省委省政府相关部署要求,高度统一思想,迅速行动起来,采取有效措施,及时、精准、彻底地整治环境问题,开创生态文明建设新局面,为推动高质量发展走在前列、建设"强富美高"新镇江作出新的更大贡献。

会议指出,污染防治攻坚战是党的十九大提出的"三大攻坚战"之一,位置很高、分量很重、责任很大,补好生态短板是大势所趋、形势所迫、机遇所在。大势所趋,就是要深刻把握生态环境保护已成为压倒性任务,自觉以最鲜明的立场、最坚定的态度、最扎实的举措铁腕治污;形势所迫,就是要清醒看到镇江市环境问题的特殊紧迫性、严峻性、艰巨性,必须坚决彻底整改、不留任何退路;机遇所在,就是要辩证看待生态环境治理这项工作,充分发挥"倒逼"效应,借势借力转变发展方式、加快转型升级、推进高质量发展。全市各级领导干部要切实担负政治责任、历史责任和社会责任,全力打好思想重视、责任落实的主动仗。

整改突出环境问题,是当前第一位的任务。会议强调,要全力打好聚焦问题、扎实整改的主动仗。近期"116"专项行动(即"一江一河六行业"生态环境综合整治专项行动)的重点要放在解决环境突出问题上,雷厉风行,重拳出击,综合施策,着力整改上级点名的问题、群众反映强烈的问题、需要专题研究解决的问题,确保立竿见影见成效。要全力打好系统治理、长效管理主动仗,加大统筹力度、注重保护修复、优化体制机制,力求找准"病根"、祛除"病灶",探索形成长效化的工作机制,加快推进生态文明治理体系和治理能力现代化。

生态文明建设,是全市上下共同的责任。会议要求,全力打好联动协同、合力作为的主动仗。各地各部门要做到思想同心、目标同向、行动同步,工作协同要到位、督查问责要严格、舆论引导要加强,确保各项工作有力有序向前推进。

来　　源:镇江市发展改革委
发布日期:2018 年 06 月 12 日

连云港市发展改革委召开党风廉政建设暨安全生产工作推进会

4月4日上午,连云港市发展改革委召开党风廉政建设暨安全生产工作推进会。委领导班子同志、科级以上干部参加会议。会议由委党组成员、市信息中心主任马红兵同志主持。

会议首先由委党组书记、主任,市粮食和物资储备局局长韦怀余同志作工作报告。韦怀余指出,这次会议的主要任务是深入学习贯彻习近平新时代中国特色社会主义思想和党的十九大精神,全面落实中纪委三次全会、省纪委四次全会和市纪委四次全会部署,传达学习党中央、国务院领导和省委、省政府对响水天嘉宜"3·21"爆炸事故批示指示精神,回顾总结2018年全委党风廉政建设和安全生产情况,统筹安排今年重点工作和目标任务,动员全系统广大党员干部,进一步改进作风、振奋精神、拼搏实干,从严从紧抓好安全生产工作,努力为发展改革各项工作高质量发展提供坚强保障。

韦怀余指出,2018年,连云港市发展改革系统坚持把纪律和规矩挺在前面,切实担负起"促一方发展、保一方平安"的政治责任,推动党风政风持续好转,油气管道和粮食安全生产形势总体平稳,为顺利完成发展改革各项工作营造风清气正、安全有序的良好环境。在党风廉政建设方面,层层传导压力,责任意识进一步增强。注重教育实效,党性修养进一步提升。深化整改落实,工作作风进一步转变。坚持标本兼治,源头预防进一步强化。在安全生产工作方面,健全工作机制,组织领导更加有力。凝聚强大合力,部门联动更加协调。明确监管职责,安全防线更加牢固。狠抓排查治理,安全形势更加稳定。

韦怀余强调,全系统上下要攻坚克难、把握关键,全面推动2019年党风廉政建设和安全生产工作行稳致远。2019年党风廉政建设工作要着眼于加强政治建设不放松,落实"两个责任"不偏移,抓好作风建设不松懈,做好源头防控不缺位,打造过硬队伍不停步。2019年安全生产工作要立足齐抓共管,推动安全生产责任再压实。立足问题导向,推动安全风险管控再强化。立足久久为功,推动安全工作基础再夯实。

韦怀余号召,党风廉政建设和安全生产工作任重道远。我们一定要认真贯彻习近平新时代中国特色社会主义思想,严格按照党风廉政建设和安全生产工作各项决策部署,紧紧围绕"高质发展、后发先至"主题主线,强化底线思维、坚守红线意识,以更坚定的信心、更扎实的作风、更有效的措施,一着不让抓落实,一以贯之强推进,为推进发改系统各项事业奋勇争先提供坚强有力的纪律保证和安全保障,为助力全市"高质发展、后发先至"大突破之年夺取胜利做出新的更大贡献!

来　　源:连云港市发展和改革委员会
发布日期:2019年04月08日

徐州市召开重大产业项目观摩点评会

1月24日，徐州市发展和改革委筹备召开全市重大产业项目观摩点评会，通过现场观摩进一步营造比学赶超的浓厚氛围，形成一心一意抓项目、强产业的强烈共识。市委书记周铁根强调，全市上下要牢固树立"功成不必在我、建功必定会有我"的境界和担当，迅速掀起新一年重大产业项目建设热潮，以项目建设新成效推动徐州全面小康和现代化建设进程。

周铁根在讲话中说，临近春节，举行全市重大产业项目观摩活动，充分体现了市委、市政府狠抓产业发展、实体经济和项目建设的坚韧不拔的定力。此次观摩的项目层次高了、亮点多了，呈现出了新气象、新面貌，充分体现了近年来市委、市政府提出的"工业立市、产业强市"鲜明导向的效果日益凸显。全市上下抓项目的方向更明朗了，思路更清晰了，办法更多了，成效更好了，信心更足了。当前，徐州还处在经济快速发展阶段，处在工业化中期的初期，在搬迁扶贫、城镇化建设、环境改善等方面的任务依然繁重，特别是近年来基础设施加快建设，城市功能不断完善。各地各部门要抢抓机遇、乘势而上，充分利用好近年来形成的政策氛围、积累的宝贵经验，加快推进生产要素特别是高端生产要素向徐州集聚。

周铁根就做好下一步项目建设提出四点要求。一要坚持抓项目的定力，扭住全局工作的"牛鼻子"。近几年来，全市项目组织推进扎实有力，质量结构持续优化，支撑发展的作用日益凸显。对徐州来说，落实好总书记视察徐州重要指示、推动高质量发展、建设淮海经济区中心城市仍然是我们工作的重中之重，抓项目建设仍然是推动全局工作的"牛鼻子"。项目建设是稳定经济增长、加快产业转型的坚实基础，是增强城市活力、提升发展能力的有效途径，是建成全面小康、改善人民生活的根本举措。二要坚持项目主攻方向，不断把产业推向高端。要跳出产业梯度转移、跟随发展的传统思维方式，进一步匡正发展理念，提升发展境界。要坚定不移地抓产业主攻方向，大力发展高新技术产业、战略性新兴产业和"四新"经济，抬高产业发展水平，敢于同发达地区同台竞争；要坚定不移地抓主导产业，集中精力抓产业链招商，加快产业集聚发展；要坚定不移地抓产业平台建设，加快科技产业孵化器、标准厂房等载体建设，加快集聚生产要素。三要坚持以项目集聚要素，提升发展能力。要持之以恒抓招商，加强组织各类招商活动，推进专业小分队招商、代理招商等；持之以恒抓平台载体建设，加快提升各类开发园区、创新园区功能，加快陆港、海港、空港、内河港联动建设；持之以恒抓营商环境建设，坚持以诚待商、以诚待人，帮助企业破解发展难题，着力打造全国一流营商环境。四要坚持聚焦项目导向，狠抓工作落实。要强化过程管理，持续抓好项目观摩活动，落实领导包挂、统筹协调等机制。要强化考核导向，全市重点工作考核进一步突出项目建设，加强专项考核激励，在干部选拔任用方面向招商一线倾斜，树立鲜明用人导向。要强化招商抓手，组织好重大招商活动，加强招商引资引智，迅速掀起新一年重大产业项目建设热潮。

市长庄兆林在点评时指出，要注重从头抓紧，迅速完成全年目标任务分解，确保开好局、起好步。任务分解要突出抓好量化分段任务、细化时间节点、固化工作责任三个方面，确保春节前迅速完成全年目标任务分解。要注重分类施策，毫不放松推进重大产业项目，确保快开工、快建设。各地各有关部门要坚持把重大项目建设摆在全局工作中更加突出的位置，狠抓签约项目落地、落地项目开工、在建项目推进。要注重精准发力，扎实做好招商项目洽谈跟踪，确保早签约、早落地。要瞄准主攻方向发力，不断提高招商精准性；精心组织推介活动，切实增强招商实效性；切实落实激励政策，充分调动招商积极性。要注重优化服务，全力以赴抓好要素调度保障，确保解难题、优服务。要做好审批服务保障、资金保障、用地保障和拆迁保障，为加快项目建设做好协调组织和要素保障。要注重督查调度，从严执行项目建设六项制度，确保动真格、见实效。要强化一把手亲自抓，强化定期调度推进、日常督查考核，推动项目建设工作更加务实、过程更加扎实、结果更加真实。

点评会上，沛县、丰县、贾汪区负责同志做交流发言；会前，与会人员还实地观摩了沛县、丰县、贾汪区产业项目建设情况。

来　　源：徐州市发展和改革委员会
发布日期：2019 年 01 月 29 日

江苏省人民政府国有资产监督管理委员会 2019 年度部门预算情况说明

一、收支预算总体情况说明

根据《江苏省财政厅关于 2019 年省级部门预算的批复》(苏财预〔2019〕7 号)填列。

省国资委 2019 年度收入、支出预算总计 17 450.29 万元,与上年相比收、支预算总计各增加 2 105.26 万元,增长 13.72%。主要原因是省属企业离休人员生活补贴标准上涨及增加信息化建设专项经费等。

(一)收入预算总计 17 450.29 万元。为一般公共预算收入,与上年相比增加 2 015.26 万元,增长 13.72%。主要原因是省属企业离休人员生活补贴标准上涨及增加信息化建设专项经费等。

(二)支出预算总计 17 450.29 万元。包括:

1. 社会保障和就业(类)支出 9 983.1 万元,主要用于省级企业离休人员生活补贴(住房补贴)和省国资委离退休人员离退休费支出。与上年相比增加 605.71 万元,增加 6.46%。主要原因是个人补贴标准上涨。

2. 资源勘探信息(类)支出 5 416.11 万元,主要用于省国资委机关人员经费和日常办公经费支出。与上年相比增加 796.44 万元,增长 17.2%。主要原因是增加信息化建设专项、个人增资等。

3. 住房保障(类)支出 2 051.08 万元,主要用于省国资委人员住房公积金和提租补贴支出。

与上年相比增加 703.11 万元,增长 52.16%。主要原因是省国资委人员住房公积金和住房补贴支出增加。

此外,基本支出预算数为 4 774.48 万元。与上年相比增加 740.3 万元,增加 18.35%。主要原因是个人薪酬、离退休费标准增加。

项目支出预算数为 11 340.00 万元。与上年相比增加 860.00 万元,增长 8.2%。主要原因是省属企业离休人员生活补贴个人标准提高。

单位预留机动经费预算数为 1 335.81 万元。与上年相比增加 504.96 万元,增长 60.77%。主要原因是财政预拨工资调整。

二、收入预算情况说明

省国资委 2019 年收入预算合计 17 450.29 万元,全部为一般公共预算收入。

三、支出预算情况说明

省国资委 2019 年支出预算合计 17 450.29 万元,其中:

基本支出 4 774.48 万元,占 27.36%;

项目支出 11 340.00 万元,占 64.98%;

单位预留机动经费 1 335.81 万元,占 7.66%。

四、财政拨款收支预算总体情况说明

省国资委 2019 年度财政拨款收、支总预算 17 450.29 万元。与上年相比,财政拨款收、支各增加 2 105.26 万元,增长 13.72%。主要原因是省属企业离休人员生活补贴标准上涨及增加信息化建设专项经费等。

五、财政拨款支出预算情况说明

省国资委 2019 年度财政拨款预算支出 17 450.29 万元,占本年支出合计的 100%。与上年相比,财政拨款增加 2 105.26 万元,增长 13.72%。主要原因是增加信息化建设专项、个人增资等。

其中:

1. 社会保障和就业(类)支出 9 983.1 万元,与上年相比增加 605.71 万元,增加 6.46%。主要原因是个人补贴标准上涨。

2. 资源勘探信息(类)支出 5 416.11 万元,与上年相比增加 796.44 万元,增长 17.2%。主要原因是增加信息化建设专项、个人增资等。

3. 住房保障(类)支出 2 051.08 万元,与上年相比增加 703.11 万元,增长 52.16%。主要原因是省国资委人员住房公积金和住房补贴支出增加。

六、财政拨款基本支出预算情况说明

省国资委 2019 年度财政拨款基本支出预算 4 774.48 万元,其中:

(一)人员经费 4 177.12 万元。主要包括:基本工资、津贴补贴、奖金、机关事业单位基本养老保险缴费、职业年金缴费、其他社会保障缴费、住房公积金、医疗费、离休费、退休费、奖励金。

(二)公用经费 597.36 万元。主要包括:办公费、水费、电费、邮电费、差旅费、维修(护)费、工会经费、公务用车运行维护费、其他交通费用、其他商品和服务支出。

七、一般公共预算支出预算情况说明

省国资委 2019 年度一般公共预算财政拨款支出预算 17 450.29 万元。与上年相比,财政拨款增加 2 105.26 万元,增长 13.72%。主要原因是增加信息化建设专项、个人增资等。

八、一般公共预算基本支出预算情况说明

省国资委 2019 年度财政拨款基本支出预算

4 774.48 万元,其中:

(一)人员经费 4 177.12 万元。主要包括:基本工资、津贴补贴、奖金、机关事业单位基本养老保险缴费、职业年金缴费、其他社会保障缴费、住房公积金、医疗费、离休费、退休费、奖励金。

(二)公用经费 597.36 万元。主要包括:办公费、水费、电费、邮电费、差旅费、维修(护)费、工会经费、公务用车运行维护费、其他交通费用、其他商品和服务支出。

九、一般公共预算"三公"经费、会议费、培训费支出预算情况说明

省国资委 2019 年度一般公共预算拨款安排的"三公"经费、会议费和培训费共 257.6 万元。预算支出中,因公出国(境)费支出 50 万元,占"三公"经费的 43.63%;公务用车购置及运行费支出 39.6 万元,占"三公"经费的 34.55%;公务接待费支出 25 万元,占"三公"经费的 21.82%;会议费 88 万元;培训费 55 万元。具体情况如下:

1. 因公出国(境)费预算支出 50 万元,与上年持平。

2. 公务用车购置及运行费预算支出 39.6 万元。其中:公务用车运行维护费预算支出 39.6 万元,与上年持平。

3. 公务接待费预算支出 25 万元,与上年持平。

省国资委 2019 年度一般公共预算拨款安排的会议费、培训费预算分别为 88 万元、55 万元,根据省统一标准,较上年上涨 10%。

十、政府性基金预算支出预算情况说明

省国资委 2019 年政府性基金收入、支出预算支出 0 万元。

十一、一般公共预算机关运行经费支出预算情况说明

省国资委 2019 年一般公共预算机关运行经

费预算支出 597.36 万元,与上年相比增加 13.9 万元,增长 2.38%。主要原因是适度增长了工会经费。

十二、政府采购支出预算情况说明

省国资委 2019 年度政府采购支出预算总额 1 110 万元,其中:拟采购货物支出 87 万元、拟购买服务支出 1 023 万元,主要为会议费、培训费、物业管理费、租赁费、委托业务费。

来　　源:江苏省国资委

发布日期:2019 年 02 月 12 日

2018年省、设区市国资委监管企业主要财务指标完成情况

财务快报反映,2018年省、设区市国资委监管企业运营总体平稳、稳中向好,主要财务指标保持增长(如无说明,均与上年同期快报相比)。

一是省市国资监管企业营收规模实现两位数增长,省属贸易企业进出口总额保持增长。2018年,省、设区市国资委监管企业实现营业收入8 345.41亿元,增加870.64亿元,增长11.65%。设区市国资委监管企业实现营业收入5 331.23亿元,增长20.4%。省属企业实现营业收入3 014.18亿元,同口径增长2.34%。省属外贸企业全年进出口额保持增长,累计实现进出口总额101.41亿美元,增长3.25%;其中出口额59.41亿美元,增长3.87%,进口额42亿美元,增长2.34%。四季度进出口总额下降2.53%。

二是省市国资监管企业利润实现两位数增长,省属企业利润总额首破400亿。2018年,省、设区市国资委监管企业实现利润总额890.95亿元,增加99.22亿元,增长12.53%。设区市国资委监管企业实现利润总额478.44亿元,增长18.13%。省属企业实现利润总额412.51亿元,增长6.67%,利润总额创历史新高。

三是省市国资监管企业实现国有资本保值增值,省属企业所有者权益首破5 000亿。12月末,省、设区市国资委监管企业所有者权益、归属于母公司权益为21 621.51亿元、16 763.11亿元,

分别增长13.3%、9.22%。设区市国资委监管企业所有者权益、归属于母公司权益为16 565.33亿元、13 970.58亿元,分别增长8.6%、8.39%。省属企业所有者权益、归属于母公司权益为5 056.18亿元、2 792.53亿元,分别增长31.8%、13.57%。

四是省市国资监管企业平均资产负债率明显下降,省属企业超额完成目标任务。2018年12月末,省、设区市国资委监管企业平均资产负债率59.75%,较2017年年末(年报财务决算数,下同)下降2.02个百分点,提前两年实现中央提出的下降2个百分点左右的负债约束目标。设区市国资委监管企业平均资产负债率59.4%,较2017年年末下降1.61个百分点。省属企业资产总额12 912.03亿元,平均资产负债率60.84%,较2017年年末下降3.77个百分点,超额完成省政府下达的省属企业压降2个百分点的工作目标。

五是缴纳税费略有下降,总体保持较大规模。2018年,省、设区市国资委监管企业上缴税费535.75亿元,下降3.01%。设区市国资委监管企业上缴税费322.27亿元,下降1.99%;省属企业上缴税费213.47亿元,下降4.51%。

来　　　源:江苏省国资委
发布日期:2019年01月25日

江苏国企 2018 年成绩单

2018 年是贯彻落实党的十九大精神的开局之年。全省国有企业和国资监管机构在习近平新时代中国特色社会主义思想指导下,坚决贯彻落实党中央国务院和省委省政府决策部署,坚持改革开放 40 年积累的宝贵经验,以系统化思维谋改革、抓党建、促发展,坚定信心、迎难而上,有效应对外部环境变化,扎实做好各项工作,推动国资国企改革发展取得积极成效。省市国资委监管企业全年完成营业收入 8 345 亿元,实现利润 891 亿元,同比分别增长 11.65%、12.53%。其中,省国资委监管企业完成营业收入 3 014 亿元;实现利润 412.5 亿元,同比增长 6.67%,利润首次突破 400 亿元大关,创历史最好水平,比 2012 年翻一番;净资产收益率 7.4%,高于全国省级国资委监管企业平均水平,省属企业资产质量整体上处于优良状态。

一、企业发展质量稳步提升

1. 大力推进重大项目投资建设。省属企业新增投资 567.68 亿元,超额完成全年投资任务。

2. 积极开拓海内外市场。

3. 创新发展取得丰硕成果。

4. 三大攻坚战开局良好,特别是降杠杆、减负债、控风险工作取得重大进展。

截至 2018 年底,省市国资委监管企业平均资产负债率 59.75%,较 2017 年末下降 2.02 个百分点,提前两年实现中央提出的国有企业资产负债约束目标。其中,省国资委监管企业平均资产负债率 60.84%,较 2017 年末下降 3.77 个百分点,圆满完成省政府提出的下降 2 个百分点的工作目标。

二、国企改革攻坚深入推进

1. 进一步完善公司治理结构。省市属企业基本完成公司制改制任务。

2. 大力推进战略性重组。组建省铁路集团、东部机场集团、整合省属酒店资源注入金陵饭店集团,深化全省沿江沿海港口资源整合。

3. 持续推进瘦身健体。省属企业全年完成"僵尸企业"清理 56 户,列入清理计划的 118 户"僵尸企业"全部出清,同时退出劣势企业和低效无效参股投资 200 多户(项)。

4. 以市场化方式稳妥推进混合所有制改革。3 户省市属企业在 A 股首发上市,全省国有控股上市公司达 53 户。

5. 全面启动国信集团改建国有资本投资运营公司试点。

6. 有序推进国企改革"双百行动"。

7. 加快剥离国企办社会职能和解决历史遗留问题。

三、国资监管效能不断增强

1. 加快推进国资监管机构职能转变。

《江苏省国资委以管资本为主推进职能转变方案》经省委深改委、省政府常务会议审议通过,由省政府办公厅转发。

2. 加强国资监管制度建设。

开展"制度落实年"活动,对省属企业就省纪委《监督意见》下发后省国资委新出台的 25 个制度性文件和相关重要管理制度落实情况进行督查。

3. 强化出资人监督。

组织专家对部分省属企业非主业投资项目进行第三方再论证,阻止了高风险项目上马。出台并严格落实禁止省属企业开展融资性贸易的制度规定,防止发生重大经营风险。

4. 加大力度推进问题整改。

四、国企党的领导进一步加强

1. 强化党的创新理论武装。

深入开展解放思想大讨论活动,把学习贯彻习近平新时代中国特色社会主义思想和党的十九大精神作为首要政治任务,增强"四个意识"、坚定"四个自信"、坚决做到"两个维护"。

2. 压实管党治党责任。

修订完善省国资委党委和省属企业党委履行全面从严治党主体责任清单,制定党建工作要点,逐层签订责任书,全面开展党建述职述责评议。

3. 建强基层战斗堡垒。

推进"强基提质"工程,评选表彰全省国有企业基层党建优秀创新案例 83 项,4 户省属企业基层党组织入选全省"双百双千"示范点,1 户省属企业入选全省县以上党委理论学习中心组示范点。

4. 配合省委组织部加强省属企业干部人才队伍建设。

协办首届中英高层次人才交流大会,支持省属企业挂牌成立驻英国、欧洲人才工作联络站,人才引进更加积极开放有效。落实"三项机制",制定省属企业领导人员鼓励激励、能上能下实施办法。

5. 持之以恒正风肃纪。

保持反腐败高压态势,集中整治形式主义、官僚主义,不折不扣抓好巡视反馈意见整改落实。

6. 扎实做好新形势下群众工作。

统筹抓好意识形态、民主管理、统一战线和企业文化建设,以群众工作"软实力"打造企业发展"硬支撑"。

五、落实省纪委《监督意见》取得新成效

在省纪委直接指导下,持续巩固深化整改成果,推动"三重一大"决策事项清单、投资负面清单、非主业投资第三方"双重论证"、重大事项"双重法律审核"、风险管理指引、抽查审计、专项巡察、国有资产监督工作闭环机制等创新性制度落实落地,以制度规定的刚性执行提升省属企业党风廉政建设和经营管理水平。

来　　　源:江苏省国资委

发布日期:2019 年 01 月 22 日

江苏省省属企业——国信集团

江苏省国信集团有限公司成立于2001年8月，是省属大型国有独资企业集团，从事省政府授权范围内的国有资产经营、管理、转让、投资、企业托管、资产重组以及经批准的其他业务，注册资本金为人民币200亿元。集团充分依托资本市场发展壮大，拥有江苏国信股份有限公司、江苏舜天股份有限公司、江苏新能源开发有限公司等3家上市公司。截至2017年底，集团总资产1 529亿元，净资产805亿元，营收575亿元，利润总额69亿元。

江苏国信自成立以来，始终依托资源和功能优势，发展形成了能源（新能源）、金融、房地产、贸易、酒店旅游和社会事业等六大业务板块。集团是省内最大的地方能源投资主体，坚持发挥全省能源供应主渠道作用，逐步建立了"风、光、水、火"多能互补，电力、天然气和新能源多轮驱动的能源供应体系，已投产控股装机总容量1 402万千瓦，投运天然气管道380公里，实现了全省近50%的电力供应来自国信控参股电厂、15%以上的天然气供应来自国信天然气公司。产融结合是集团的一大独特优势。集团拥有信托、融资性担保、期货、保险经纪等金融牌照，其中信托业务综合实力排名省内第一，信托资产规模近5 500亿元。集团服务金融强省战略，参与组建了华泰证券、江苏银行、紫金保险等省级地方金融机构，均为第一大股东。作为综合性企业，集团产业类型多样，业务领域广泛，还涉足房地产开发、进出口贸易、酒店旅游、园区建设与运营、医药商业、电影发行放映等多元化业务，发展的韧性好、潜力足、回旋空间大。

作为全省唯一的改建国有资本投资运营公司试点企业，集团将以此为契机，积极探索国有企业高质量发展的模式和路径，把国信集团建设成为服务省委省政府战略部署、承担全省重大战略实施的主要载体和引领全省战略性产业发展的先行主体，建设成为具有较强规模实力和持续竞争力的地方性国企，奋力打造一流国有资本投资运营公司。

来　　源：江苏省国资委
发布日期：2017年09月19日

江苏省省属企业——交通控股

交通控股公司成立于2000年,主要负责省内干线高速公路、过江桥梁、铁路等交通基础设施的投融资,并对建成后的高速公路和过江桥梁进行运营管理,对授权经营的国有资产行使经营决策、资产处置和投资收益权。公司自成立以来,在省委、省政府的坚强领导下,以服务江苏经济社会发展大局为己任,在积极发挥投融资平台作用的同时,积极稳妥地推进兼并重组和产业整合,初步构建了综合大交通投资经营管理的格局,形成了以公路、铁路、港口、机场等交通基础设施投资经营为主,电力能源、物流运输、金融租赁、建设施工、创业投资、酒店管理等多个行业齐头并进的发展局面。目前,公司下设办公室(信息中心)、投资发展部(研究室)、营运安全部、工程技术部(扩建办)、财务部、审计部、人力资源部、党群工作部(老干部工作部)、监察室等部室,下辖40家单位,其中路桥企业17家、非路桥企业20家、代管事业单位3家,员工人数3.3万余名。截止2015年上半年,公司总资产和净资产分别为2 651亿元和969亿元。公司目前运营的高速公路总里程3 905公里,占全省高速公路通车总里程的86%;参股投资的铁路运营里程1 723公里,占全省铁路运营里程的63%。

十多年来,我们深入贯彻落实省委、省政府的决策部署,高效履行使命,积极主动作为,着力打造"三大平台"——优质高效的投融资平台、全国领先的路桥管理服务平台、行业领先的产业发展平台,实现了企业发展规模与速度的全国率先、高速公路联网畅通的全国率先、路桥管理水平和服务品质的全国率先、竞争性企业良性发展的行业率先。

来　　源:江苏省国资委
发布日期:2017年09月19日

江苏省省属企业——东部机场集团

东部机场集团有限公司是省委、省政府从推动江苏高质量发展走在全国前列，加快建设"强富美高"新江苏，推动全省机场资源整合的战略高度出发，依托于南京禄口国际机场组建的全省机场集团。集团注册资本由原来的75亿元增资到120亿元，按照省市共建的原则，采用现金收购方式，受让徐州、常州、淮安、盐城、扬泰等5家机场公司51%的股权，以及连云港机场60%的股权，6家机场公司成为机场集团的控股子公司。机场集团于2018年9月15日正式挂牌成立。

东部机场集团是在长三角世界级机场群建设大背景下成立的省级机场集团，对长三角区域经济一体化发展有着重要意义。东部机场集团承担着集团内7家机场总体规划、统筹布局、协调共建的职责。集团坚持优势互补、联动发展的原则，致力于推动全省机场协调发展，推动江苏民航做强做大，不断增强服务地方经济发展能力，为更好推动江苏高质量发展走在全国前列做出新的更大贡献。

来　　　源：禄口机场办公室
发布日期：2018年09月21日

江苏省省属企业——省农信社

江苏省农村信用社联合社是全国农村信用社首家改革试点单位，是经中国人民银行批准设立的具有独立企业法人资格的地方性金融机构，成立于2001年9月19日。

江苏省农村信用社联合社在省政府领导下，负责行使对全省农村商业银行的行业管理、指导、协调和服务职能。省联社坚持以发展为要务，以改革为动力，以服务为平台，以控险为责任，以创新为抓手，突出"管方向、管班子、管制度、管风险"四项重点，探索出了一条既符合现代金融企业管理要求、又彰显江苏农信特色的科学管理模式。走出了一条规模、质量、效益协调发展，改革、发展、支农相得益彰的科学道路。江苏省联社成立以来，是全省农村商业银行发展速度最快、支农力度最大、经营效益最好、员工热情最高、行业形象最佳的发展时期。

截至 2015 年 10 月末,全省农村商业银行系统共有 62 法人单位,各类营业网点 3 074 家,从业人员 44 957 名,是省内金融机构中营业网点最多、覆盖范围最大、服务群体最多的金融企业。至 10 月末,全省农村商业银行系统各项存款余额 14 747.9 亿元,各项贷款余额 10 388.3 亿元,

存、贷款规模均居全省金融机构第一,在促进全省农业持续增产、农民持续增收、农村经济持续发展中,农村商业银行较好地发挥了金融主力军作用。

来　　源:江苏省国资委
发布日期:2017 年 09 月 19 日

江苏省省属企业——苏豪控股

江苏省苏豪控股集团有限公司(简称"苏豪控股")是江苏省人民政府授权经营的国有资产投资主体,注册资本 20 亿元人民币,年营业收入超过 200 亿元人民币,总资产 350 亿元人民币。曾列中国企业 500 强,位于 2014 年度中国服务业企业 500 强第 160 位,拥有职工约 8 000 名,子公司近 130 户。集团重点发展投资、贸易、文化产业、地产四大核心业务。

在投资领域,苏豪控股不断推进资产证券化进程,将投资重点布局于金融服务业、产业投资和创业投资,在期货、证券、信托、保险、再担保、银行、小额贷款、融资租赁、产业基金、私募股权基金等金融和准金融平台以及能源、生物医药等高科技产业领域进行合理的投资布局,参与设立 19 亿人民币规模的伊犁苏新投资基金,100 亿元人民币规模的沿海基金,50 亿元人民币规模的新兴产业基金以及江苏省"一带一路"基金。

在贸易领域,苏豪控股集团年进出口总额

25~30 亿美元,内贸营业收入 100 亿元人民币。集团主要出口产品有纺织品服装、机械电子、轻工工艺品以及船舶等近百种门类。经过数十年的经营和积累,SOHO、ARTALL、SUTEX 等品牌享誉海内外,是江苏省重点培育和发展的国际知名品牌。

在文化产业领域,集团已经形成艺术品经营、艺术工程设计与施工、文化产权交易、艺术投资基金、出版传媒等重点业务板块。"爱涛"品牌在全国工艺美术界享有盛名,产品多次获得国家大奖,并多次作为国家领导人的国礼赠送外国元首和国际友人。

在地产领域,苏豪控股累计开发面积超过 100 万平米,并持有 40 余万平米的办公、商业不动产。

来　　源:江苏省国资委
发布日期:2017 年 09 月 19 日

江苏省省属企业——中江集团

中国江苏国际经济技术合作集团有限公司于1980年经国务院批准成立，系江苏省大型国有企业。公司坚持国际化、集团化、多元化发展战略，业务涵盖国内外工程承包、国际贸易、城镇发展三大主营板块和工程咨询服务、国际人力资源业务。

公司拥有国家对外承包工程和劳务合作经营权、进出口贸易经营权、对外援助成套项目施工任务和对外援助物资项目A级实施企业资格，具有房建工程总承包特级、市政工程总承包一级资质和多项专业承包一级资质，通过ISO9001质量管理体系、ISO14001环境管理体系和GB/T 28001职业健康安全体系认证。

在长期"走出去"发展中，公司的国际化水平走在全省前列。目前，已在海外设立30多家分支机构，业务涉足全球80多个国家和地区。30多年来，共承接海外工程项目2 000多个，合同额60多亿美元；外派劳务10万余人次，劳务收入100多亿元；带动机电设备材料及一般出口贸易总额40多亿美元。

公司连续20年入围美国《工程新闻记录》评定的"全球最大的250家承包商"，被评为"中国建筑业综合竞争力百强企业""中国对外承包工程和劳务合作双优奖企业""中国500家最大服务行业企业""对外承包工程和对外劳务合作行业AAA级信用企业"和"江苏省名牌企业""全国守合同重信用企业"。

来　　源：江苏省国资委
发布日期：2017年09月19日

江苏省省属企业——海企集团

江苏省海外企业集团有限公司成立于1995年7月，注册资本8 888万元，2008年转增资本金至5亿元，1996年被列为省重点企业集团。

经过不断发展壮大，海企集团目前已成长为年营业额超140亿元、进出口总额超16亿美元，总资产超80亿元，净资产超18亿元，集进出口贸易、实业投资和现代服务业于一体的大型企业集团。

海企集团是江苏省最大的进出口企业之一，已有 30 年国际贸易史。海企集团是江苏省最大的既有大额国际贸易，又有较大实业投资的企业之一；拥有自己的化工码头与仓储物流基地，还拥有自己的宠物用品、船舶新能源、3D 打印机、纺织服装研发及生产制造基地。

海企集团所属有外贸公司、海企国际、海企长城、海企技术、海企进出口分公司、海企远泰等 6 家控股的进出口贸易企业；所属有从事对外经济技术合作业务的外经公司；所属有泰州化工码头及仓储公司、江苏钟腾化工、南京钟腾化工、常州钟海塑业、江阴丽天石化码头及仓储公司、海企港华燃气、徐州联益生物、盱眙恒华工贸、江苏威宝仕、南京海龙王服饰、六合海企宝德实业、丹阳海企宝德实业、江苏摩尔、江苏连特等 14 家全资或控股的生产企业；所属有钟山有限公司（香港）等境外投资企业或驻外代表处，以及部分参股企业。

根据集团发展规划，海企集团的总体发展方向为：打造集贸工融服于一体的跨国经营综合商社；集团的定位为：一流的产品和服务供应商；集团的愿景为：海纳百川、企立全球；集团的企业精神为：诚信敬业、创新有为。具体发展路径为：一是进一步提升传统贸易的层次和结构，做强做优国际贸易。努力在进出口贸易传统领域再造竞争新优势并成为江苏乃至全国同行业若干经营品种的优势企业。二是进一步加快现有生产企业的技术创新和提档步伐，做精做专实业板块。努力形成实业投资领域在全国细分市场中的优势产品和企业。三是进一步加大服务业的投资力度，做大做强现代服务业。努力打造江苏化工物流的优势企业、招标服务的龙头企业、信息产业的生力军。

来　　源：江苏省国资委
发布日期：2017 年 09 月 19 日

江苏省省属企业——江苏农垦

江苏农垦诞生于 1952 年 2 月，前身是由毛泽东主席亲自签署命令，人民解放军原步兵第 102 师整建制转为农业建设第四师，在江苏"屯垦戍边"创建的一批国有农场。1996 年 11 月，经江苏省政府批准，改制为江苏省农垦集团有限公司，同时挂"江苏省农垦事业管理办公室"牌子。集团总部设在南京市。

经过六十多年的改革发展，江苏农垦集团形成了农林牧渔及食品加工、医药制造、贸易物流及相关服务、投资及房地产、通用设备制造等五个产业板块，成为农、工、商综合经营的大型国有企业。目前，集团拥有直属企事业单位 42 个，其中：国有农场 18 个，分布在江苏省内 13 个县（市、区）；全资及控参股企业 18 个，分布在江苏南京、连云港、盐城、淮安、镇江、南通以及河北承德等地。垦区土地总面积 181.8 万亩，其中：耕地 100 万亩，林地 32.9 万亩，水面 19.4 万亩。

江苏农垦集团拥有国家育繁推一体化种子企业 1 家，农业产业化国家重点龙头企业 2 家、江苏省农业产业化重点龙头企业 11 家,国家农产品质量安全示范区 1 个、江苏省现代渔业产业园区 1 个;中国驰名商标 4 个,省著名商标 26 个;中国名牌产品 1 个、省名牌产品 45 个、中国名牌农产品 2 个、省名牌农产品 16 个;34 种农产品被许可使用绿色食品或有机食品认证标识,实行质量可全程追溯农产品 7 个。

江苏农垦集团将进一步增强机遇意识、进取意识、责任意识,以"现代农业示范区"为功能定位,以"保障区域粮食安全、提供优质安全食品"为历史使命,着力打造产业完整、链条齐全、效益突出的江苏农垦现代农业发展模式,为江苏推进现代农业建设迈上新台阶发挥好带头领向作用;坚持三次产业协调发展,加快转变经济发展方式,加快构建现代产业体系,加快优化发展空间格局,加快培育壮大新的经济增长点,把江苏农垦建设成为具有较强核心竞争力和社会影响力的现代企业集团。

来　　源:江苏省国资委
发布日期:2017 年 09 月 19 日

江苏省省属企业——徐矿集团

徐州矿务集团有限公司(简称"徐矿集团")是江苏省人民政府直属的特大型能源化工企业,中国井工开采历史最长的煤矿之一,已有 136 年的历史,集团总部坐落在"五省通衢"的全国历史文化名城江苏省徐州市。全集团资产总额 500 亿元,在职职工 4 万人,二级企业 69 家,产业涉及煤炭、电力、煤化工、矿业工程、装备制造、地产置业、医疗商服等众多领域,是国家煤炭应急储备基地,中国 500 强企业,位列煤炭企业全球竞争力排名 30 强。连续多年被评为"信用江苏诚信单位"、资信 AA＋等级企业,先后荣获全国"五一"劳动奖状、全国精神文明建设工作先进单位、全国学习型组织标兵单位、全国煤矿安全质量标准化公司、中国优秀企业文化奖、全国煤炭工业安全生产先进单位、全国煤炭工业科技创新先进单位、江苏省先进基层党组织、江苏省文明单位、江苏省创新型试点企业等荣誉。

走进新时代,徐矿集团深入贯彻党的十九大精神和习近平总书记视察徐州重要指示,认真落实江苏省委省政府决策部署,以"建设江苏最大的能源集团"为目标,以"服务全省能源保障、融入地方发展、让全体徐矿人都能过上好日子"为使命担当,坚持稳中求进工作总基调,坚持新发展理念,以"走访转"为总抓手,以"聚焦主业、聚力转型"为总定位,抢抓"一带一路""两聚一高"和"1＋3"功能区战略以及淮海经济区中心城市建设机遇,做大做强煤电化核心产业,积极盘活土地等存量资源,大力开发品牌人才等无形资源,着力构建"一体两翼"战略格局,打造老工业基地振兴、传统煤企转型的"徐矿样本",争当建设"强富美高"新江苏国企排头兵。

来　　源:江苏省国资委
发布日期:2017 年 09 月 19 日

江苏省省属企业——沿海集团

2009 年 6 月,江苏沿海开发上升为国家战略,为推动沿海开发战略的实施,省委、省政府决定在原江苏省滩涂开发投资公司的基础上组建江苏省沿海开发集团,作为沿海开发重要的投融资平台,积极推进国家沿海开发战略的贯彻落实。

集团现注册资本 62 亿元人民币,总资产 103 亿元人民币,净资产 86 亿元人民币。作为江苏沿海开发的重要投资主体,集团紧紧围绕省委、省政府发展战略,主要从事大规模沿海滩涂围垦开发,进行滩涂资源综合开发经营,实施百万亩沿海滩涂围垦开发综合试验区工程,构建沿海开发投融资体系,发行企业债券,设立运营沿海产业投资基金,发起组建江苏沿海开发银行,投资沿海重大产业项目等。集团主营业务主要有滩涂围垦开发,现代农业发展,产业投资与经营,资本运作管理四大板块,另外还涉及新能源开发、生化制药、食品加工、仓储物流、房地产开发和国内贸易等领域。

当前,集团正紧紧围绕省委、省政府沿海开发决策部署,全力推进大规模滩涂围垦,发展海洋战略性新兴产业,加快产业集聚园区建设等。集团现经营管理 50 余万亩土地,其中包括近年来国内一次性规划匡围面积最大的条子泥工程,一期围垦面积 10.12 万亩,当前正在抓紧开发建设。今后集团将积极参与江苏省内沿海地区政府性、基础性项目开发,承担土地储备职能,参与土地开发经营,投资战略性新兴产业等。

来　　源:江苏省国资委
发布日期:2017 年 09 月 19 日

· 373 ·

江苏省省属企业——华泰证券

华泰证券股份有限公司(以下简称"公司")是一家中国领先的综合性证券集团,具有庞大的客户基础、领先的互联网平台和敏捷协同的全业务链体系。

公司于 1991 年 5 月成立。2010 年 2 月 26 日,公司 A 股在上海证券交易所挂牌上市交易,股票代码601688。2015年6月1日，公司H股在香港联合交易所有限公司挂牌上市交易，股票代码6886。在20多年的发展历程中，公司抓住了中国资本市场及证券业变革创新的历史机遇，实现了快速成长，主要财务指标和业务指标均位居国内证券行业前列。

目前，公司在境内控股华泰联合证券有限责任公司、华泰期货有限公司、江苏股权交易中心有限责任公司；在境内外全资设立华泰金融控股（香港）有限公司、华泰紫金投资有限责任公司、华泰创新投资有限公司、华泰证券（上海）资产管理有限公司；参股南方基金管理有限公司、华泰柏瑞基金管理有限公司、江苏银行股份有限公司、金浦产业投资基金管理有限公司、证通股份有限公司。

近年来，公司着力为客户提供全生命周期综合金融服务，逐步形成了以投资银行业务为龙头，以经纪与财富管理业务为基础，以投资与交易业务和资产管理业务为两翼的全业务链业务体系。

公司拥有中国规模最大的证券经纪业务及业内领先的互联网平台。2014年，公司股票基金交易市场份额位居中国证券业第1位。截至2014年底，公司证券经纪业务账户数位居行业第1；融资融券余额规模位居行业第2，托管证券市值位居行业第3。2014年，公司移动财富管理终端"涨乐财富通"在新浪网手机证券App测评中排名第1。

公司拥有领先的综合投资银行平台及业内第一的并购业务。按照中国证监会核准的并购交易数量计，公司并购业务自2012年起连续3年排名行业第一。公司的股权和债券承销金额和数量排名在2014年均位居中国证券行业前10。

公司也拥有中国证券业最大的综合资产管理平台之一和行业领先的产品创新能力。截至2014年底，集合资产管理计划的资产管理规模及2014年资产管理业务实现净收入分别位居中国证券业第2位及第3位。

今后，公司将基于证券业务优势积极拓展综合金融服务，致力于成为兼具本土优势和全球视野，在亚太市场拥有较强影响力的一流综合金融集团。

来　　　源：江苏省国资委

发布日期：2017年09月19日

江苏省省属企业——汇鸿集团

江苏汇鸿国际集团股份有限公司成立于1996年12月，发展至今已成为江苏最大的省属外贸企业之一，同时也是中国企业500强企业、中国对外贸易500强企业、中国服务业500强企业，并荣登中国上市公司品牌价值榜·海外榜第43位。2017年，集团实现年营业收入368亿元，进出口总额37.2亿美元。

多年来，汇鸿集团立足做大做强主业，坚持适度多元发展，业务涉及贸易、房地产、投资、制造业、物流、服务等多个领域，与全球160多个国家和地区建立了广泛的经贸关系,纺织服装、浆纸板材、船舶机电等商品进出口居于行业领先地位。集团积极实施"走出去"战略,抢抓"一带一路"机遇,多渠道参与国际经济合作,有力推进了国际化进程;坚持大客户、大宗商品、大业务的发展模式,国内贸易增长强劲,电解铜、燃料油等商品经营形成了一定的地区优势;房地产板块运行良好,别墅、公寓和商业地产项目齐头并进,品牌效应逐步辐射;投资控股了产业链上下游的生产制造企业,参股了证券、银行、保险以及环保、能源等产业,获得了良好的投资回报,为集团的转型升级打下了坚实基础。

汇鸿集团高度重视品牌建设,先后通过ISO9001、ISO14001 和 OHSAS18001 体系认证;获得国际认证联盟及中国质量认证中心颁发的"卓越管理组织证书";荣膺"全国 AAA 级诚信单位""江苏省服务业名牌企业"等称号。"HIGH-HOPE""SKYRUN""报春""友谊""JSTEX"等一批自有品牌被评为国家级或省级出口名牌,注册商标"汇鸿""金梅"被国家工商总局认定为驰名商标。

2015 年 10 月,汇鸿集团作为省委、省政府确定的国有企业改革试点单位,实现了整体上市。集团上市后,确立了建设产融结合、跨国经营、高质量发展国内领先的现代供应链服务企业的战略目标,紧紧围绕"供应链运营"和"投资与金融"两大主业,积极打造供应链云平台、绿色食品安全供应链、再生资源业务供应链、浆纸供应链信息化服务等平台,加快纺织服装业务的提档升级。同时,充分发挥投资与金融业务的综合效用,形成资本运营和供应链运营的密切协同,助力集团实现跨越式发展。

汇鸿集团秉承"汇天下英杰,展鸿鹄之志"的企业精神,坚持"讲信修睦、贯连中西"的文化理念,加快培育企业核心价值,做实做好转型升级、创新发展大文章,努力为推进"两聚一高"、建设经济强、百姓富、环境美、社会文明程度高的新江苏作出积极贡献。

来　　源:江苏省国资委
发布日期:2018 年 09 月 11 日

江苏省省属企业——再保集团

江苏省信用再担保集团有限公司是省委、省政府为促进中小微企业和实体经济发展、支持创业创新、服务"三农"经济而成立的省属大型国有金融企业。自 2009 年成立以来,面对错综复杂的宏观经济、金融环境,以及艰巨繁重的改革发展任务,公司认真贯彻落实省委、省政府决策部署,紧紧围绕"一体系、两平台"建设,着力创新合作模式、优化产品结构、拓展业务渠道、巩固区域合作、防范经营风险、深化企业内部治理,扎实推进服务国家和全省重大战略实施,助推"三农"、科技、旅游、文化等全省特色产业发展。政策性引领、市场化运作、公司化管理、集团化协同、综合化服务的"江苏再保模式"成为全国行业"样板",江苏再保在全省地方金融板块中发挥出"四梁八柱"的重要支撑作用。2016年，集团成为全国首家同时获得国内5个权威评级机构AAA信用评级的省级再担保机构。公司还获得"全国最具公信力中小企业信用担保机构""再担保体系建设创新奖""中小企业信用担保突出贡献奖""全国中小企业信用担保机构三十强""江苏省生产性服务业百企升级引领工程首批领军企业"等殊荣。

截至2018年5月，公司实收资本近60亿元，总资产近130亿元，净资产超70亿元，银行授信规模超过600亿元。公司管理的资产规模（含表外担保）超1000亿元，累计再担保规模近4800亿元，累计服务中小微企业超11万家，再担保体系覆盖全省，合作机构逾百家。拥有全资和控股子公司11家、参股公司6家，同时设立了13家省辖市级分公司、1家县级分公司，业务涵盖再担保、担保、融资租赁、科技小贷、创业投资、资产管理、典当服务、互联网金融等金融服务领域。

公司将进一步紧扣"两聚一高"新任务，紧紧围绕高质量发展新要求，牢牢把握稳中求进主基调，主动适应供给侧结构性改革和经济金融形势变化，以服务实体经济、防控金融风险、深化金融改革"三大任务"为主线，以深化政策性再保业务、创新综合化金融服务、提升集团化协同发展能力"三项工程"为抓手，不断提高金融服务实体经济、服务创业创新发展"两种能力"，努力把江苏再保集团打造成为在全国担保行业信用优势突出、综合实力名列前茅，在省内新金融特色鲜明、服务"两聚一高"成效显著、行业龙头地位突出的现代普惠金融服务集团，为建设"强富美高"新江苏作出新的更大的贡献。

来　　源：江苏省国资委
发布日期：2017年09月19日

江苏省省属企业——港口集团

江苏省港口集团有限公司是贯彻落实省第十三次党代会关于"加快构建现代综合交通运输体系，推进长江深水航道和深水海港建设，加大沿江、沿海港口整合力度"部署要求，经省政府批准，由省市两级国有资本共同出资组建的省属大型国有企业，于2017年5月正式挂牌成立，涉及南京、连云港、苏州、南通、镇江、常州、泰州、扬州市等沿江沿海8市港口和省属港航企业。

江苏省港口集团作为我省沿江沿海港口、岸线及相关资源一体化整合的重要平台，是沿江沿海主要港口、省级航运企业和临港产业等领域的国有资本投资运营主体，具有区域枢纽功能的重要港口集群，全省航运服务中心、大宗物资储运交易中心和现代物流中心，致力于达到智慧型、国际化港口应当具备的条件和综合服务水平，做强上海国际航运中心北翼港口群，更好地促进长三角一体化和全省经济社会转型发展。

来　　源：江苏省国资委
发布日期：2019年05月20日

江苏省省属企业——铁路集团

江苏省铁路集团有限公司（以下简称集团）是江苏省人民政府批准组建的特大型国有企业，由省委管理领导班子，由省国资委列名监管，接受省交通运输厅行业管理以及铁路建设发展业务管理，注册资本1 200亿元，是全国范围内注册资本规模最大的省属铁路企业。

集团主要承担六项职能，分别是负责全省铁路建设项目省级资本金筹措和相关债务融资，牵头做好社会资本参与我省铁路投资相关工作，做好全省铁路建设资金的协调落实和监管；负责相关铁路项目公司组建，参与铁路建设项目前期工作，组织开展以省投资为主铁路项目的初步设计、施工图设计及相关报审工作；负责自主建设铁路项目建设管理，对委托代建、设计施工总承包等项目履行省方出资人职责，负责相关建设期监管和协调工作；负责铁路项目产权管理和运营管理，探索自建铁路项目自主运营模式；负责铁路沿线土地等相关资源综合开发，探索多元化经营路径；负责铁路建设发展基金设立和管理运作。

来　　源：江苏省国资委
发布日期：2018年10月29日

江苏省省属企业——盐业集团

江苏省盐业集团有限责任公司是江苏省人民政府投资设立的国有独资公司，注册资本15.6亿元，主营业务包括食盐专营、商贸流通、井矿制盐和盐化工生产经营。

来　　源：江苏省国资委
发布日期：2017年09月19日

江苏省省属企业——粮食集团

江苏省粮食集团有限责任公司(以下简称"省粮食集团")是省政府直属国有独资企业,主要承担省政府委托的粮油储备、粮食收购、进出口等调控任务,在省政府实施粮油宏观调控、保证全省粮油安全、推进粮食产业化经营、服务"三农"中发挥主力军和重要载体作用。

省粮食集团 2001 年 6 月成立,经过 10 多年的发展,截至 2014 年底,注册资本 6.34 亿元,总资产近 50 亿元,净资产约 15 亿元。直接管理全资和控股企业 46 家,粮油总库容 116 万吨,粮油年加工能力 155 万吨。

"十二五"以来,省粮食集团坚持"突出主业,壮大产业,培育品牌,差别发展"的发展战略,突出"粮油储备、粮油工业、粮油物流、粮油贸易、粮油期货和证券、房产等综合创收业务""5+1"产业链,深化改革,创新管理,提质增效,稳健发展,已成为江苏省最大的国有粮食流通企业,在全国同行业稳居第一方阵,逐渐发展成为集粮油购销、储备、加工、物流为一体的综合性粮食产业集团。

来　　源:江苏省国资委
发布日期:2017 年 09 月 19 日

江苏省省属企业——高投集团简介

江苏高科技投资集团(简称"高投集团")是一家以股权投资为核心业务的国内顶级现代金融投资集团。始创于 1992 年,是中国最早设立的专业化私募股权投资和创业投资机构之一。

集团主营业务:一是私募股权和创业投资业务,包括天使投资基金、创业投资基金、并购投资基金、不动产基金等的发起、设立和管理,政府政策性基金的市场化管理,及整合创投行业资源服务人才创新创业平台建设;二是以金融领域为主的战略性资产运营管理业务。集团拥有 200 多人的股权和创业投资专业化团队,在国内重点区域设立了分支机构,并有股权投资领域的国家级博士后工作站;累计组建了 87 支不同定位的股权投资基金,管理资本规模超过 900 亿元,累计投资支持了 800 多家创业企业,助推 152 家企业成功登陆资本市场;另有一大批也成长为科技创新的典范和行业排头兵。

集团拥有以毅达资本为核心业务平台,遍布长三角等国内热点区域管理公司为一体的全方位投资体系。多年来集团坚持创新金融手段,围绕助力科技创新创业、发展战略性新兴产业和促进区域经济转型升级的目标,服务实体经济和中小企业发展,赢得了良好的品牌和声誉,多次获

得"中国最具竞争力创投机构""中国卓越创业投资机构""中国最佳管理团队创投机构"等荣誉,长期在中国私募股权投资和创业投资机构排行榜中位居第一方阵。现为中国证券投资基金业协会副会长单位、中国股权和创业投资专委会联席会长单位等。

来　　源:江苏省国资委
发布日期:2018 年 08 月 30 日

江苏省省属企业——金陵饭店

• 379 •

金陵饭店集团公司是 2002 年底在原金陵饭店基础上组建的省属国有独资公司,名列"中国旅游集团十强",中国酒店业前三强。"金陵 Jin-ling"商标被国家工商总局商标评审委员会认定为"中国驰名商标"。

集团公司的业务经营主要通过各分、子公司开展业务实现,主要产业集中在酒店业、健康养老业两个产业。集团公司本部则主要行使控股管理职能,其授权经营的绝大部分资产均以法人资产的形式注入到了各分、子公司。集团公司所属的金陵饭店股份有限公司(为上市公司)、江苏天泉湖开发建设有限公司是本集团酒店业、健康养老业的核心业务企业。

金陵饭店股份有限公司在酒店方面的业务分为两个方面,一是酒店实体投资,主要包括金陵饭店、新金陵饭店和盱眙天泉湖金陵山庄酒店;二是酒店连锁经营,目前股份公司所属金陵酒店管理公司经营管理连锁酒店 126 家,客房数

34 000 多间,业务规模在全国名列前茅。除酒店投资管理业务板块外,股份公司还有旅游资源开发、酒店物资贸易等业务。此外,股份公司还参股了金陵置业发展公司和紫金保险。

集团公司的健康养老产业主要集中在盱眙金陵天泉湖商务中心区。该项目迄今已连续七年列入江苏省重大投资计划项目和省服务业重点项目,同时列入《江苏省现代服务业"十百千"行动计划(2012—2015)》重点保障项目和省发改委 2015 年 3 月下达的《江苏省"三一一"重大工程项目投资计划》。根据总体规划,天泉湖商务中心区在规划面积 48 平方公里的区域内,优先发展休闲度假、健康养老等支柱产业,计划滚动投资近百亿元。目前已投资建设了道路、桥梁、供排水、污水处理、电力、燃气、综合管线等市政配套基础设施和休闲度假设施、青少年科普实践基地等;健康养老项目规划建设总规模约 120 万平方米,主要为大型养老社区和养老配套设施,

目前一期养生养老公寓已投入市场销售。

此外，集团公司全资或控股的企业还有：南京金陵大厦有限公司、南京世界贸易中心有限责任公司、江苏五星实业有限公司、南京湖滨金陵饭店有限公司、南京金陵置业发展有限公司等。参股企业有江苏金陵商务国际旅行社有限责任公司。

来　　源：江苏省国资委

发布日期：2017 年 09 月 19 日

江苏省省属企业——钟山宾馆

江苏钟山宾馆集团有限公司，2000 年 12 月经江苏省人民政府批准组建，被授权为国有资产投资主体，对授权范围内的国有资产代行出资者权利。2001 年 3 月 28 日正式挂牌成立，为省属 20 多家大型企业集团之一。

来　　源：江苏省国资委

发布日期：2017 年 09 月 19 日

江苏省省属企业——江苏惠隆

江苏省惠隆资产管理有限公司于 2001 年 4 月经省政府批准设立，注册资本 7 000 万元，主营生产资料贸易、资源再生、现代物流、房地产、汽车销售和酒店餐饮等业务，先后被授予"江苏省服务业百强企业""中国生产资料流通创新型企业"等荣誉称号。公司自成立以来，为保障江苏经济社会发展所需的能源及原材料供应发挥了重要作用，其重要子企业江苏省燃料总公司多次被省经信委评为"江苏省迎峰度夏有功单位"。

公司紧紧围绕省委、省政府和省国资委的决策部署，强化战略引领，加快转型升级，为客户创造价值，为员工创造机会，致力成为现代企业制度完善、核心竞争力突出的大型现代商贸流通企业集团、江苏燃料行业的领军企业，跻身全省现代服务业百强企业前列。

来　　源：江苏省国资委

发布日期：2017 年 09 月 19 日

江苏省省属企业——江苏水源

公司成立于 2005 年,是由国务院南水北调办、江苏省政府批准成立的国有独资公司,在工程建设期,主要承担项目法人职责,负责南水北调东线江苏境内工程建设管理;工程建成后,负责东线江苏境内工程的供水经营和相关水产品开发经营业务。公司总部内设综合、计划发展、工程建设、财务审计、工程管理、资产运营部等 6 个部门,下设扬州、宿迁、淮安、徐州 4 个直属分公司,以及江苏水源绿化公司(控股)、江苏东源投资公司(全资)两家直属子公司,控股参股江苏华达环境工程公司、江苏鸿基水利建设公司、宿迁东源投资开发公司、河海大学设计研究院公司、南京淮苏工程咨询公司、宝应潼河水务公司等 6 家子公司。总部在职员工 75 人,47 人具有中高级职称,其中研究员级高级工程师 7 人、高级职称 22 人、中级职称 18 人;54 人具有注册职业资格。

公司先后被国务院南水北调办评为质量管理、安全生产、投资计划、资金管理、征迁移民等先进单位。公司注重科技创新,多年来,累计形成多项科技成果,获得省、部级表彰七项,其中"大型灯泡贯流泵关键技术研究与应用"项目获得"大禹水利科学技术奖"一等奖;"大型水泵液压调节关键技术研究与应用"获得"江苏省科学技术奖"一等奖;"基于多主体合作和供应链的水资源现代调配理论、关键技术与应用"获"教育部科学技术进步奖"一等奖;使我省南水北调泵站工程综合性能指标达到国际领先国内一流水平,部分科研成果运用于工程建设中,取得较好成效。承建的南水北调东线宝应站、淮安四站工程评为 2013—2014 年度中国水利工程优质(大禹)奖。

公司先后被全国农林水工会评为"全国农林水系统模范职工之家",被全国总工会评为"全国工人先锋号",被全国农林水工会评为"全国农林水系统劳动关系和谐企业",被江苏省文明委授予"2010—2012 年度江苏省文明单位",被全国总工会授予"全国五一劳动奖状",被江苏省国资委、科技厅评为"江苏省第二批创新型试点企业"。

来　　源:江苏省国资委
发布日期:2017 年 09 月 19 日

江苏省省属企业——体育集团

江苏省体育产业集团有限公司（以下简称集团公司）是经省政府批准并出资设立的省属国有控股公司，于 2015 年 4 月 21 日正式挂牌成立。集团公司注册资本为人民币 3.5 亿元，由省财政厅履行国有资产出资人职责，省国资委履行国有资产监管职责，省体育局履行行业管理与指导产业发展职责。

集团公司是推动我省体育产业发展重要的经营主体和投融资平台，主要业务为体育服务业和体育相关产业，同时也是我省体育产业发展的融资渠道和技术服务平台，承担国有资产保值增值责任和省政府委托举办的公益性体育服务项目。集团公司经营范围包括：体育基础设施、体育产业项目的投资、运营；省政府授权的国有资产经营管理和资本运作；体育场馆开发建设和运营管理；体育竞赛和表演市场开发；健身休闲和体育培训，体育旅游；体育会展；体育用品和装备的研发、制造、销售；体育地产开发、建设和运营；体育健康管理和酒店经营；国内、外贸易，设计、制作、代理、发布广告。

集团公司目前有五家下属单位，分别为省五台山体育中心、南京奥体中心经营管理有限公司、江苏苏体实业发展有限公司、江苏苏体运动健康管理有限公司、江苏苏体运动科技有限公司及江苏省体育竞赛有限公司。

集团公司将认真落实省委、省政府关于加快发展体育产业的实施意见，坚持以市场为导向，积极整合各类优质体育产业资源，加快建立现代企业制度，形成更加开放、更具活力的运行机制，努力打造"立足江苏、辐射华东、面向全国"的体育产业龙头企业，充分发挥示范、辐射和带动作用，推动我省体育产业规模、效益和竞争力快速提升。

来　　源：江苏省国资委
发布日期：2017 年 09 月 19 日

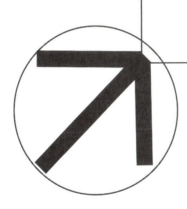

第五部分

工业和信息化、
农业农村

江苏省工业和信息化厅
2019 年度部门预算情况说明

一、收支预算总表情况说明

本表反映部门年度总体收支预算情况。根据《江苏省财政厅关于 2019 年省级部门预算的批复》(苏财预〔2019〕7 号)填列。

省工信厅部门(机关本级和下属单位汇总口径)2019 年度收入、支出预算总计 108 916.97 万元,与上年相比收、支预算总计各增长 11 108.54 万元,增长 11.36%,其中:

(一)收入预算总计 108 916.97 万元。包括:

1. 财政拨款收入预算总计 77 733.18 万元。

(1)一般公共预算收入预算 77 733.18 万元,与上年相比增加 6 782.69 万元,增长 9.60%。主要原因是部分商品和服务类支出、人员类支出政策性调整变动。

(2)政府性基金收入预算,本年度无政府性基金收入。

2. 财政专户管理资金收入预算总计 24 800 万元。与上年相比增加 1 630 万元,增加 7.03%。主要原因是下属高职院校招生人数增加,教育收入增加。

3. 其他资金收入预算总计 2 420 万元。与上年相比减少 595 万元,减少 19.73%。主要原因下属高职院校的科研项目减少,收入减少。

4. 上年结转资金预算数为 3 963.79 万元。与上年相比增加 3 290.85 万元,增加 489.03%。主要原因是部分高职院校根据省教育厅批复的

《江苏省高水平高等职业院校建设单位建设方案》,动用自有结余资金落实"高水平高等职业院校"建设各项任务要求。

(二)支出预算总计 108 916.97 万元(机关本级和下属单位汇总口径)。包括:

1. 一般公共服务(类)支出 10 433.68 万元,主要用于保障机关事业单位正常运转、履行职能。与上年相比增加 1 464.29 万元,增加 16.33%。主要原因是部分商品和服务类支出、人员类支出政策性调整变动。

2. 教育(类)支出 68 824.33 万元,主要用于下属高职院校预算支出。与上年相比增加 6 654.43 万元,增加 10.71%。主要原因是政策性调整和下属高职院根据省教育厅批复的《江苏省高水平高等职业院校建设单位建设方案》,开展"高水平高等职业院校"建设。

3. 结转下年资金预算数为 0 万元,主要原因是直属单位预计前一年度支出进度执行率高。

此外,基本支出预算数为 77 475.76 万元。与上年相比增加 4 682.02 万元,增长 6.43%。主要原因是部分商品和服务支出类、人员类支出政策性调整变动。

项目支出预算数为 28 141.75 万元。与上年相比增加 6 031.47 万元,增加 27.28%。主要原因下属部分高职院校根据省教育厅批复的《江苏省高水平高等职业院校建设单位建设方案》,开

展"高水平高等职业院校"建设。

单位预留机动经费预算数为 3 299.47 万元。与上年相比增加 395.06 万元,增长 13.60%。主要原因是财政基本支出预算政策发生变化,原在年中追加安排的人员支出改在年初预留(与上年同口径相比基本持平)。

二、收入预算情况说明

省工信厅(机关本级和下属单位汇总口径)本年收入预算合计 108 916.97 万元,其中:

一般公共预算收入 77 733.18 万元,占 71.37%;

政府性基金预算收入 0 万元,占 0%;

财政专户管理资金 24 800 万元,占 22.77%;

其他资金 2 420 万元,占 2.22%;

上年结转资金 3 963.79 万元,占 3.63%。

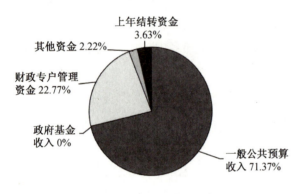

图 1　收入预算图

三、支出预算情况说明

省工信厅(机关本级和下属单位汇总口径)本年支出预算合计 108 916.97 万元,其中:

基本支出 77 475.76 万元,占 71.14%;

项目支出 28 141.74 万元,占 25.84%;

预留机动经费 3 299.47 万元,占 3.03%

结转下年资金 0 万元,占 0%。

四、财政拨款收支预算总表情况说明

省工信厅(机关本级和下属单位汇总口径)2019 年度财政拨款收、支总预算 77 733.18 万元。与上年相比,财政拨款收、支总计各增加 6 782.69 万元,增长 9.56%。主要原因是基本支出和预留机动增加,部分商品和服务类支出、人

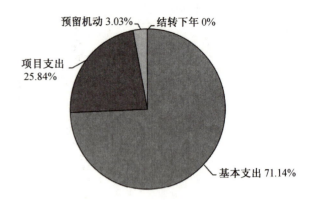

图 2　支出预算图

员类支出政策性调整变动。

五、财政拨款支出预算表情况说明

省工信厅(机关本级和下属单位汇总口径)2019 年财政拨款预算支出 77 733.18 万元,占本年支出合计的 71.37%。与上年相比,财政拨款支出增加 6 782.69 万元,增加 9.56%,主要原因是部分商品和服务类支出、人员类支出政策性调整变动。其中:

(一)一般公共服务(类)支出 9 796.89 万元,与上年相比增加 1 825.44 万元,增长 22.90%。主要原因是部分商品和服务类支出、人员类支出政策性调整变动。

(二)教育(类)支出 48 251.16 万元,与上年相比增加 3 322.57 万元,与上年相比增加 7.40%。主要原因是下属部分高职院校根据省教育厅批复的《江苏省高水平高等职业院校建设单位建设方案》,落实"高水平高等职业院校"建设各项要求,教育投入增加。

(三)社会保障和就业支出(类)8 514.15 万元,比上年增加 1 490.42 万元,与上年相比增加 21.22%。主要原因是社保政策性调整。

(四)资源勘探信息等(类)支出 5 139.14 万元,与上年相比减少 1 447.16 万元,与上年相比减少 21.97%。主要原因是机构调整和压缩支出。

(五)住房保障支出(类)支出 5 995.84 万元,与上年相比增加 1 595.42 万元,增长 36.26%。主

要原因是住房保障类支出政策性调整。

六、财政拨款基本支出预算表情况说明

省工信厅（机关本级和下属单位汇总口径）2019年度财政拨款基本支出预算 59 489.42 万元，其中：

（一）人员经费 54 368.86 万元。主要包括：基本工资、津贴补贴、奖金、机关事业单位基本养老保险缴费、绩效工资、职业年金缴费、其他社会保障缴费、住房公积金、其他工资福利支出、离休费、退休费、抚恤金、生活补助、医疗费、其他对个人和家庭的补助支出。

（二）商品和服务支出 5 120.56 万元。主要包括：办公费、水费、电费、邮电费、差旅费、维修（护）费、会议费、培训费、公务接待费、专用材料费、工会经费、福利费、公务用车运行维护费、其他交通费用、其他商品和服务支出等。

七、一般公共预算支出预算表情况说明

省工信厅（机关本级和下属单位汇总口径）2019 年一般公共预算财政拨款支出预算 77 733.18 万元，与上年相比增加 6 782.69 万元，增长 9.56%。主要原因是部分商品和服务类支出、人员类支出政策性调整变动。

八、一般公共预算基本支出预算表情况说明

省工信厅（机关本级和下属单位汇总口径）2019 年度一般公共预算财政拨款基本支出预算 59 489.42 万元，其中：

（一）人员经费 54 368.86 万元。主要包括：基本工资、津贴补贴、奖金、机关事业单位基本养老保险缴费、绩效工资、职业年金缴费、其他社会保障缴费、住房公积金、其他工资福利支出、离休费、退休费、抚恤金、生活补助、医疗费、其他对个人和家庭的补助支出。

（二）商品和服务支出 5 120.56 万元。主要包括：办公费、水费、电费、邮电费、差旅费、维修（护）费、会议费、培训费、公务接待费、专用材料费、工会经费、福利费、公务用车运行维护费、其他交通费用、其他商品和服务支出等。

九、一般公共预算"三公"经费、会议费、培训费支出预算表情况说明

省工信厅（机关本级和下属单位汇总口径）2019 年度一般公共预算拨款安排的"三公"经费预算支出中，因公出国（境）费支出 180 万元，占"三公"经费的 44.07%；公务用车购置及运行费支出 136.66 万元，占"三公"经费的 33.48%；公务接待费支出 91.8 万元，占"三公"经费的 22.47%%。具体情况如下：

1. 因公出国（境）费预算支出 180 万元，比上年预算减少 10 万元。主要原因是深入贯彻落实中央"八项规定"和省委要求，严格管理，厉行节约，严控"三公"、"两费"经费预算。

2. 公务用车购置及运行费预算支出 136.66 万元。其中：

（1）公务用车购置预算支出 0 万元，此项经费预算为财政单项核定，单位如有报废更新需向财政部门专项申报。

（2）公务用车运行维护费预算支出 136.66 万元，比上年预算减少 8.05 万元，主要原因：是深入贯彻落实中央"八项规定"和省委要求，严格管理，厉行节约，严控"三公""两费"经费预算；

3. 公务接待费预算支出 91.8 万元，比上年预算减少 11.10 万元，主要原因是深入贯彻落实"中央八项规定"和省委十项规定精神，严格管理，厉行节约，进一步压缩经费支出。

另外，2019 年度一般公共预算拨款安排的会议费预算支出 502 万元、培训费预算支出 316.7 万元，分别比上年预算（同口径）减少 92 万元、34 万元，主要原因是深入贯彻落实"中央八项规定"和省委十项规定精神，严格管理，厉行节约，进一步压缩经费支出。

十、政府性基金支出预算表情况说明

省工信厅（机关本级和下属单位汇总口径）2019 年政府性基金支出预算支出 0 万元，与上年相同。我厅目前无政府性基金收入。

十一、一般公共预算机关运行经费支出预算表情况说明

省工信厅(机关本级和下属单位汇总口径)2019年一般公共预算机关运行经费预算支出1 876.09万元,与上年相比增加87.71万元,增长4.90%。主要原因是预算支出政策性调整。

十二、政府采购支出预算情况说明

省工信厅(机关本级和下属单位汇总口径)2019年政府采购预算总金额为8 066.27万元。其中拟购买货物1 406.85万元、拟购买工程3 597.00万元、拟购买服务3 062.42万元。

十三、国有资产占用情况

省工信厅(机关本级和下属单位汇总口径)共有车辆55辆,其中,一般公务用车40辆、执法执勤用车0辆、特种专业技术用车5辆、其他用车10辆等。单价20万元(含)以上的设备730台(套)。

十四、预算绩效目标设置情况说明

2019年本部门共0个项目实行绩效目标管理,涉及财政性资金合计0万元。因机关本级均为运行类项目,拟按财政要求试行单位整体绩效评价。

来　　源:江苏工业和信息化厅

发布日期:2019年02月13日

2018 年全省发用电情况

一、发电情况

12 月份,全省发电量 459.48 亿千瓦时,同比增长 1.93%;1—12 月份,全省发电量累计 5 030.87 亿千瓦时,同比增长 2.99%。1—12 月份,全省累计发电利用小时为 4 080 小时,同比下降 398 小时。截至 12 月底,全省发电装机容量为 12 657.38 万千瓦。

二、用电情况

12 月份,全省全社会用电量 552.58 亿千瓦时,同比增长 3.93%;其中,工业用电量 426.46 亿千瓦时,同比增长 0.02%。1—12 月份,全省全社会用电量累计 6 128.27 亿千瓦时,同比增长 5.52%;其中,工业用电量 4 396.06 亿千瓦时,同比增长 2.92%。

1—12 月份,第一产业累计用电量 46.46 亿千瓦时,同比增长 12.84%,其中 12 月份用电量 3.32 亿千瓦时,同比增长 9.75%;第二产业累计用电量 4 448.23 亿千瓦时,同比增长 3.07%,其中 12 月份用电量 428.46 亿千瓦时,同比增长 0.22%;第三产业累计用电量 875.31 亿千瓦时,同比增长 14.15%,其中 12 月份用电量 78.87 亿千瓦时,同比增长 30.19%;城乡居民生活累计用电量 758.27 亿千瓦时,同比增长 10.84%,其中 12 月份用电量 41.92 亿千瓦时,同比增长 3.38%。

三、电力建设情况

1—12 月份,全省电源基本建设完成投资 32.34 亿元,新增发电能力 1 239.4 万千瓦,其中火电 360.80 万千瓦、核电 237.20 万千瓦、风电 204.34 万千瓦、太阳能发电 437.05 万千瓦。

1—12 月份,全省电网基本建设完成投资 392.22 亿元,新增 110 千伏及以上线路长度 3 348.76 千米、变电容量 2 999.75 万千伏安。

来　　　源:江苏省工业和信息化厅

发布日期:2019 年 01 月 11 日

省政府 2018 年度十大主要任务百项重点工作进展情况

1. 继续抓好去产能重点工作。制定《2018年省经信委去产能工作要点》，分解下达并组织实施年度化解过剩产能和淘汰低端低效产能任务项目。坚持运用综合标准依法依规推动落后产能退出，落实 56 个低端低效产能退出项目，压减水泥产能 210 万吨、平板玻璃产能 660 万重量箱。组织省发改、安监、质检等部门分别牵头，分4 个组对全省 13 市重点行业淘汰落后产能工作进行督促检查，防止淘汰产能死灰复燃。及时组织各市对相关项目考核验收。

2. 继续抓好降成本重点工作。积极落实国家、省降成本政策。在前两年出台 3 个降成本意见的基础上，今年再次牵头研究并提请省政府出台《关于进一步降低企业负担促进实体经济高质量发展若干政策措施》，提出税费负担、用地成本、用工成本、用电成本、物流成本、融资成本、创新成本、制度性交易成本 8 个方面、28 条政策措施，预计将进一步为企业降本减负 600 亿元。扩大企业电力市场交易范围，实现 20 kV 及以上电压等级所有用户的全覆盖，预计全年可减少用户电费支出 35 亿元左右。持续加强政策落实情况跟踪评估，并向国家发改委推荐我省降成本工作典型案例。加大各类惠企政策落实，预计今年全省将降低企业成本 1 200 亿元以上，进一步增强了企业获得感。

3. 提高制造业智能化、数字化、网络化水平。

一是实施智能制造工程。研究制定《关于进一步加快智能制造发展的实施意见》《江苏省智能制造示范区创建实施方案（试行）》，编制《省智能制造示范工厂建设三年行动计划》《2018 年省智能制造示范工厂创建方案》，发布《省智能工厂建设指南》，制定省智能制造领军服务企业评选标准，建立智能制造领军企业基础数据库，分行业召开推进会，推广示范项目，组织专家指导，开展业务培训，推动企业向数字化、网络化、智能化转型。今年以来新创建第一批智能车间 81 家、累计达 536 家，第二批示范智能车间 192 家已经公示结束；13 个项目入选 2018 年国家智能制造综合标准化与新模式应用项目、7 个项目入选2018 年国家智能制造试点示范，数量全国领先；遴选 14 家企业进行智能工厂建设试点。

二是大力发展工业互联网。落实《深化"互联网＋先进制造业"发展工业互联网的实施意见》和省政府与工信部签署的工业互联网战略合作协议，实施工业 APP 培育三年行动计划，发布第一批工业互联网服务资源池 212 家单位名单，举办 2018 长三角工业互联网峰会，系统推进工业互联网建设。今年以来，认定省制造业"双创"示范平台 48 个，推荐 3 个平台项目和 3 个网络和安全项目获得国家专项。

三是加强工业互联网云平台建设。以龙头双跨平台建设推广为重点，实施"一市一重点平台、一行业一重点平台"计划,发布省级重点工业互联网平台建设标准,安排 2.6 亿元专项资金重点支持 20 个跨行业跨领域、行业级、企业级工业互联网平台建设,认定第一批行业级(跨行业)工业互联网平台 22 个,有 2 个省级重点工业互联网平台分别成为全国首批 8 个双跨平台和全国首批 4 个区域平台。

四是推动"企业上云"。实施《企业上云三年行动计划》和"133 工程",发布《"企业上云"工作指南》和《星级上云企业评定工作指南》,建设上线省"企业上云"综合服务平台,组织"工业互联网-企业上云"环省行宣贯活动,构建"企业上云"支撑体系,提升企业上云的积极性。今年以来,认定首批 25 家五星级、62 家四星级、187 家三星级上云企业,新增上云企业 3 万家,累计上云企业达 22 万家。

4. 加快培育重点产业集群。起草并提请省政府印发了《关于加快培育先进制造业集群的指导意见》,把先进制造业集群培育作为制造强省建设的主抓手,明确重点打造新型电力装备、工程机械、物联网等 13 个先进制造业集群,每个集群制订具体细化的培育实施方案,梳理集群技术、装备、标准、人才等领域的突出短板,提出针对性举措,力争用 3～5 年打造一批世界级先进制造业集群。

5. 促进高效益、高产出、高技术、高成长性企业发展。

一是深入开展工业企业资源集约利用综合评价工作,先后制定《江苏省工业企业资源集约利用综合评价工作数据技术规范》《江苏省工业企业资源集约利用综合评价数据信息安全管理办法(试行)》等评价工作规范文件,出台《工业经济运行政务数据信息交流共享工作方案》,督促各地加快数据归集、评价系统建设步伐。目前已有 7 个设区市基本完成本地区工业企业资源集约利用首次综合评价,苏州、无锡、南京、溧阳等地区已率先出台差别化政策措施,苏州市已利用

该政策为工业企业减税超 5 亿元。

二是编制完成年度产业协作配套活动工作计划,连续组织工程机械、农业装备、汽车产业、环保产业系列专业对接会,推动大中小企业融通发展,其中,主机企业提出的外协配套需求价值约 350 亿元,汽车产业协作配套会达成 10 亿元年度配套采购意向,环保产业协作配套会达成 40 亿元年度采购意向。

三是实施专精特新小巨人企业培育计划,围绕细分行业领域,推广智能制造和先进制造,推动企业专精特新转型。新增国家制造业单项冠军示范企业(产品)25 家,累计 58 家,位居全国前列;新认定 70 个省级专精特新产品、60 家科技小巨人企业,累计达 420 个和 260 家。推出"专精特新贷",推荐 50 家企业在省"专精特新板"挂牌,帮助企业解决融资难题。

四是实施小微企业成长计划,印发《2018 年小微企业成长培育计划目标任务分解表的通知》,分解下达年度目标任务,建立并完善全省"小升规"重点企业培育库,截止目前,全省入库企业达 2 609 家,超过入库目标近 30%。

6. 开展质量提升行动。围绕重点产品领域,引导企业制订超越国际、国家或行业标准的企业标准,提升标准制定主导力,全年培育领航标准 100 余项。组织"三品"专项行动,组织自主工业品牌五十强宣传系列活动,扩大江苏制造影响力。累计培育全国质量标杆 17 个、新认定省级质量标杆 26 个,2 家企业获全国质量奖、累计获奖企业 18 家。

7. 加快构建以科技创新为核心的区域创新体系。推进制造业创新中心建设,围绕重点行业和先进制造业集群培育,分类进行梳理,研究可行性方案,发布第二批 15 家省制造业创新中心名单,累计达 27 家。新批复高档数控机床及成套装备、高端工程机械及核心零部件、特种纤维、物联网、新能源汽车能源与信息 5 家省级试点,省级试点累计 7 家。推动无锡国家传感网创新

示范区建设,指导无锡制定出台示范区建设行动计划和相关政策措施意见,支持无锡实施全球第一个车联网(LTE-V2X)城市级大规模示范项目,推广无锡汽车电子标识、环保物联网、智慧医疗等一批物联网应用项目和行业平台。指导和支持无锡以"企业法人+产业联盟"为核心组建物联网创新中心。

8. 促进大众创业万众创新迈上新水平。贯彻落实财政部、工信部、科技部《关于支持打造特色载体推动中小企业创新创业升级的实施方案》,推荐徐州经济开发区申报获批 2018 年国家中小企业"双创"升级特色载体(大中小企业融通型)。培育国家和省级小微企业双创示范基地,推荐 4 家基地成功申报国家小微企业双创示范基地、累计达到 16 家,开展 2018 年度省级小型微型企业创业创新示范基地评定工作。制定双创活动周工作方案,在全省组织开展各类双创活动 50 多场;举办中小企业创新创业大赛、"i 创杯"互联网创新创业大赛等活动,营造良好氛围。

9. 着力推动传统产业技术升级、设备更新和绿色低碳改造。实施技改综合奖补政策,以信息化、网络化、智能化为方向,引导企业技术改造、设备更新、模式创新。编制实施《2018 年江苏省重点工业投资项目计划》,全年实施 419 项、总投资超 5 800 亿元的重点项目。构建完善重点项目推进工作机制,按月调度项目进展情况,对重点地区组织项目现场督查,针对项目实施中的困难和问题,积极做好协调服务,促进项目早日达产达效。遴选 50 个重大项目并开展在线监测展示,对年度省重点工业投资项目、亿元以上重点项目进行跟踪,按季度通报进展情况。1—10 月,全省工业投资增长 6.6%、工业技改投资增长 10.5%。

大力推广绿色制造,开展绿色制造示范创建,发布 2018 年全省绿色制造示范创建计划企业名单,指导和推荐企业创建国家绿色制造单位,49 家绿色工厂、3 个绿色园区和 2 家绿色供应链管理示范企业入选国家绿色制造名单,累计创建国家绿色工厂 97 家、绿色园区 9 家、绿色供应链管理企业 4 家,数量全国第一。持续推进节能降耗,推进工业领域能效领跑行动和"百千万"行动,组织开展节能宣传周活动,建设能耗在线监测系统,深入推进重点用能单位能源管理体系建设,922 家企业通过评价或认证。在 10 个设区市开展节能量交易试点,1—10 月完成节能量认定项目 40 个,登记节能量 38.39 万吨;办理节能量交易手续 37 笔,交易节能量 17 万吨。

10. 大力支持现代服务业发展。

一是实施发展服务型制造专项行动。组织开展省级服务型制造示范企业形式审查、国家级服务型制造示范遴选等工作,2 家、4 家、2 家单位获评全国服务型制造示范企业、示范平台、示范项目单位。对 84 家省级服务型制造示范企业进行资金奖励。通过开展服务型制造推进会、分行业、分地区组织召开企业现场会等形式,鼓励本地企业针对行业特点进行服务化模式创新、改进组织模式,加快制造企业的服务化转型。

二是大力发展工业设计。组织开展省工业设计中心认定(复核),拟认定 40 家省工业设计中心,13 家已认定中心通过复核。组织举办 2018 年省工业设计培训班、设计师走进企业活动,指导举办省徐工杯、莱克杯、汇鸿杯、东方 1 号杯和天目湖杯工业设计产业大赛,开展工业设计观摩、对接和交流。完善省工业设计融合发展平台、省级工业设计示范园建设,推荐徐工集团智能化振动压路机等 149 件产品(作品)申报 2018 年中国优秀工业设计奖。筹备举办第五届江苏工业设计周活动。

三是大力推进信息消费。提请省政府印发《关于进一步扩大和升级信息消费持续释放内需潜力的实施意见》,明确了扩大和升级信息消费的指导思想、发展目标、主要任务和重点工程。根据工信部组织信息消费试点示范项目申报要求,推荐 16 个项目申报国家试点示范;开展省信息消费重点企业和优秀产品及应用服务认定工作。预计全年信息消费增长15%以上。

11. 推动军民融合深度发展。落实省政府与国家国防科工局等单位战略合作协议，修订印发《江苏省军民结合产业示范基地认定办法（试行）》，发布推介《省军民两用技术和产品目录》，梳理军民两用高技术和产品近400项，组织企业与军工单位、军工项目对接，推进军民产业融合发展。

12. 扎实推进特色田园乡村建设。以惠农助农扶农为主题，联合团省委、省电信、省邮政，组织委属三所院校师生利用暑期开展全省农民用网活动，向农村居民积极宣传网络和信息化知识，培养农村种养殖大户和电商致富带头人。修订完善农村信息化应用示范基地认定标准，推动特色田园乡村示范点申报全省农村信息化应用示范基地，促进信息化在特色田园乡村应用。

13. 抓好光网江苏、无线江苏、高清江苏等重大工程。重点推动骨干网扩容、光网城市、城乡4G网络、农村地区光纤网络、广电网络数字化双向化改造等重大工程建设，截至目前，全省光网城市已全面建成，4G网络和窄带物联网城乡基本实现全覆盖。启动5G规模组网及试点应用工作，协调运营商加快项目进度，落实建设计划，目前建成5G试验站点86个。推进IPv6规模部署，印发实施我省《推进互联网协议第六版（IPv6）规模部署计划》，开展网络和应用基础设施IPv6升级改造。启动量子保密通信政务网试点应用相关工作，组织开展宁苏量子保密干线延长线建设，年底前组织竣工验收。持续推进三网融合普及推广，预计到年底全省IPTV用户达到1 063万户，互联网电视用户数达到759万，手机电视用户1 183万。加快工业互联网"企企通"应用推广，新增互联网高带宽专线服务企业数量超过5 000家，累计超过1.5万家。预计全年完成信息基础设施建设投资超过420亿元。

14. 进一步做好援藏、援疆、援青工作，推进

与陕西、辽宁等省际协作。组织超1 200家江苏企业与西藏、新疆、青海、陕西、辽宁开展对口支援或双向产业合作。举办"苏陕汽车产业合作推介会"，组织"一带一路"边贸行、"苏陕合作陕西名优特色食品产业对接会"、"苏陕产业扶贫协作项目推介签约大会"等系列活动，创建"苏陕产业扶贫协作项目库"；组织开展"苏企辽宁行"和"辽企江苏行"活动，举行"辽宁-江苏经济社会发展座谈会暨合作项目签约仪式"，开展军民融合产业、科技成果产业化方面的合作推介。

15. 深化科技体制改革。紧扣国家企业技术中心认定重点领域，认真做好辅导培训和择优筛选，推荐9家企业建设国家中心（分中心）；新增省级企业技术中心301家；累计建有省级以上企业技术中心2 391家，其中国家企业技术中心111家，基本实现了各行业龙头骨干企业技术中心全覆盖。聚焦战略性新兴产业、高新技术产业及产业链关键环节的重要领域，争创国家技术创新示范企业，新增国家技术创新示范企业5家，累计已有42家，居全国前列。

16. 扎实推进价格、配售电改革和公平竞争审查工作。进一步扩大电力直接交易规模，组织对新增用户的市场准入审核，参与电力市场交易的电力用户达到4 739家，实现了20 kV及以上电压等级所有用户的全覆盖。持续缩减燃煤机组电量计划，提高煤电机组市场化电量比例，省内30万千瓦及以上煤电机组共安排计划电量1 500亿千瓦时左右，市场化电量1 900亿千瓦时左右，占56%。推进电力交易机构股份制改组，拟订电力交易机构股份制改组实施方案。

17. 营造支持民营企业发展的良好环境。以落实新修订《中小企业促进法》为抓手，将国家和省出台的惠企政策汇编成册、广泛发放、深入宣讲，让企业对降成本等惠企政策应知尽知，同时会同省有关部门联合开展专项督查，推动政策落实。构建完善中小企业公共服务体系，累计创建国家级中小企业公共服务示范平台35家，省三

星级以上示范平台564家，整合带动3 000多家中介服务机构开展服务，为中小企业解决人员创新创业、人才培训、政策咨询等具体问题。开展银企对接活动和小微企业融资"金惠行动"，按季发布技改项目融资需求，建设公益性转贷应急资金平台等举措，缓解融资难题。开展"四新"能力提升培训，实施"英才名匠"产业人才培训计划，为产业转型升级提供人才支撑。

18. 促进国际产能合作。根据《江苏省2018年参与一带一路建设工作要点》，滚动建立国际产能合作项目库。支持引导我省中小企业开展符合国家投资方向和政策，以增强核心竞争力为目的的跨境并购合作。鼓励我省工程机械、轨道交通、新型电力、船舶、轻纺、石化、冶金、建材等优势产能在境外园区落地。

19. 协同推动长江经济带发展。配合制定《长江经济带化工污染专项整治工作方案》，积极开展全省工业固体废物综合利用量大排查、水污染防治等工作。贯彻落实《关于加快全省化工钢铁煤电行业转型升级高质量发展的实施意见》，推进产业结构优化升级。

20. 高水平推动开放载体和平台建设。继续办好世界物联网博览会、世界智能制造大会、中国（南京）软博会，加快打造一批具有国际水平的品牌展会平台。

一是成功举办2018世界智能制造大会。2018世界智能制造大会于以"赋能升级、智造未来"为主题，集产业盛会、前沿展示、赛事路演、高峰论坛、智能体验于一体，为国内外院所、机构、企业搭建了行业趋势发布、国际交流合作、技术产业对接、技术成果展示平台。据统计，大会吸引了十余个国家和地区近200名重要嘉宾参会，观展人数超10万人次。

二是成功举办2018世界物联网博览会。2018世界物联网博览会以"数字新经济物联新时代"为主题，围绕物联网通信、智能制造、智慧生活等领域，通过主题展会、高峰论坛、成果发布、

创新大赛等形式，集中展示物联网前沿技术、产品方案、商业模式和应用示范。本次博览会包含各类活动28场，规模为历年之最。

三是成功举办第十四届中国（南京）软博会。软博会以"数字世界、智领未来"为主题，有效实现了集新品展示、技术研讨、人才交流、产品交易、项目对接等专业功能于一体的国际软件产业交流与合作平台。本次软博会共有20多个国家和地区的1 000多家企业参会。

21. 推进城市管理标准化、网格化、智慧化、精细化。制定扬子江城市群信息化协调发展三年行动计划（2018—2020），提出了扬子江城市群建设的指导思想、行动目标、具体任务和保障措施。贯彻落实《智慧江苏建设三年行动计划（2018—2020年）》，支持南京、苏州等地率先建设"城市大脑"，打造智慧城市运营中心。实施智慧江苏重点工程，在政务、民生、企业服务、智慧城市等领域组织实施30项示范工程和重大项目。开展智慧江苏门户平台升级改造工程，完善企业服务、民生服务、政务服务等应用。推动经信大数据平台建设，目前26个业务应用系统已正式交付并开始试运行。

22. 全力打好精准脱贫攻坚战。制定南北结对服务帮扶活动方案，更好地对接服务，推动产业帮扶工作，组织开展全省小型微型企业双创基地南北结对服务帮扶活动，先后在苏北五市的五个地区举办11场活动。推进扶贫项目的落实，目前四个光伏扶贫项已完成选址、备案和初步设计及可行性研究报告并发布招标公告。

23. 深化大气污染防治行动。按照《江苏省挥发性有机物污染治理专项行动实施方案》要求，印发2018年全省挥发性有机物清洁原料替代计划，明确294家替代企业名单，并逐级落实到市、县（区）和具体企业，扎实推进清洁原料替代工作。加大新能源汽车推广力度，确定年度目标任务，分解落实到各市，确保完成推广新能源汽车5万辆标准车任务。推动省新能源汽车充

电设施监测平台建设,制定《充电实施监测平台建设方案》。研究推广应用财政支持政策,组织央补和省补资金清算工作,根据各地标准车推广数量安排省充电设施建设补助资金。组织制定《江苏省城市公共服务领域车辆电动化方案》,力争实现到 2020 年,城市公共服务领域车辆电动化。加快推动前途汽车、敏安汽车、FMC、光束汽车、观致汽车、大乘汽车等一批重点新能源汽车整车项目建设。

24. 强力推进"263"专项行动。扎实推进263"减化"和化工企业"四个一批"专项行动。对上年度各设区市目标任务完成情况进行考核。对 13 个设区市落实今年目标任务情况开展专项督查,加强工作指导,及时帮助协调解决突出矛盾和问题,推动化工整治深入开展。1—10 月,全省关闭化工企业 882 家(累计关闭2 303 家),前三季度转移 20 家,重组 61 家,升级 647 家企业。制定《省化工园区规范发展综合评价指标体系》,开展全省沿海化工园区(集中区)专项整治,对自查问题清单逐项进行现场审核,指导地方制定整治方案,目前正在对各个园区整治方案进行联合评审。根据国家部署,制定《省推进城镇人口密集区危险化学品生产企业实施方案》,提出"就地改造 83 家、异地迁建 40 家、关闭退出 111 家"的 234 家企业清单,督促企业所在地相关部门有序推进搬迁改造工作,妥善处理各类矛盾风险,确保安全生产和社会稳定大局。

来　　　源:江苏省工业和信息化厅
发布日期:2018 年 11 月 30 日

信息技术应用创新研讨会在南京召开

2019年3月26日,信息技术应用创新研讨会(以下简称研讨会)在南京市召开,会议由江苏省工业和信息化厅和中国电子工业标准化技术协会安全可靠工作委员会(以下简称"安全可靠工作委员会")共同主办。111家党政金融等用户单位、7家地方工信主管部门、203家安全可靠工作委员会会员单位,共640余人参加会议。工业和信息化部机关服务局局长付京波、信息化和软件服务业司副司长董大健、江苏省人民政府副秘书长张乐夫、江苏省工业和信息化厅副厅长池宇、中国电子工业标准化技术协会安全可靠工作委员会理事长赵波出席会议并致辞。江苏省党委信息化工作领导小组办公室副主任张笛申、国家工业信息安全发展研究中心副主任何小龙、中国电子技术标准化研究院副院长孙文龙、工业和信息化部电子第五研究所副所长王勇、中国电子信息产业发展研究院副院长黄子河等出席会议。

研讨会上,江苏省工业和信息化厅与国家工业信息安全发展研究中心、中国电子技术标准化研究院、工业和信息化部电子第五研究所、中国电子信息产业发展研究院签订了战略合作备忘录。本次研讨会采用"1个主论坛和4个分论坛(平台、整机存储、基础软件、安全)"形式,设置专题报告、新应用新产品发布、展览等内容。三场专题报告的内容涵盖了技术现状和产业格局分析、信息技术软硬件标准体系和信息产品产业成熟度评估体系建设的最新进展。安全可靠工作委员会53家会员单位进行新产品、新应用发布,71家企业展示了127款产品、34款应用。同时,江苏省集中展示本地安全可靠产业支撑能力建设情况。

研讨会的召开进一步加强了供需对接、汇聚了产业资源、推动了技术创新,为信息技术的新产品新应用向不同行业不同领域延伸铺平了道路。安全可靠工作委员会将秉持服务用户、支撑产业的工作初心,以高度负责和勇于担当的态度,与各会员单位密切协作,努力为赋能安全可靠产业做出更大的贡献。

来　　源:江苏省工业和信息化厅
发布日期:2019年03月27日

徐工集团董事长王民：夯实基础　大步向前

2019 年工程机械产业发展，几乎所有预测都会提到"不确定性"。

的确，全球经济和产业，至今仍处于一场巨大的变化中。但对于此，总有一些人，能用远见、用定力、用经验、用行动，把不确定变为确定，把挑战化为机会，把远景和目标落为现实。

新年伊始，工程机械观察对话了这些领军人物。

对于今后发展，徐工集团董事长王民这样看：

中国工程机械产业的新时代，一定是"高质量"发展的时代，也一定会在全球获得更大突破。

上一程，中国工程机械靠市场推动跑赢了；下一场仅靠这些不够。全球和中国产业变革已经进入密集活跃期，行业竞争涌现新特点；经济大势、全球化、新的科技和产业革命，包括大宗跨国并购，都在重塑全球工程机械竞争格局。未来，新技术、新产品、新模式、新业态等一定会层出不穷；这些比拼的是企业对产业价值链的掌控，对核心资源的整合。

在这个关键时刻，中国工程机械企业，对战略的思考不能停步，对产业的纵深探索不能停步；我们要在更具体的、更现实的环节，比如产品、技术、智能化、营销、国际化及核心零部件攻关与自主掌控上，拉开一场切实的阵地战。

徐工一直坚持，产品和技术是最根本的竞争力。在此，我们已经取得了一些成绩，但现在远不到我们庆贺的时候；我们要更坚定地对标世界一流企业，要用显微镜找差距，要用实际行动和卓绝的奋斗补短板，要用更前瞻的视角明确方向。我们要永远聚焦技术和质量，让用户拿到产品只管用、就是用不毁，技术领先、用不毁永远是金标准。

成为世界级品牌的道路，一定不是一条好走的路。作为中国工程机械制造商，我们必须有足够的定力、耐力、魄力；我们比任何时候都要看得更远、更准，走得更稳；我们不喜欢在野蛮的高速中粗放生长，更喜欢在中低速的理性与逆境中锤炼企业与队伍；我们要坚持最正确的价值观，真正扑下身子，沉心静气，脚踏实地，不务空名，做最符合产业规律的事情，履行领军者的责任和义务。

2018 年，是徐工领跑行业的第 29 个年头，是企业快步跑赢大势，获得历史最好业绩的一年，更是徐工用努力、用实力、用行动，兑现高质量发展的一年。

这一年，徐工的硬实力——产品、技术，捷报不断。超级起重机、全球超大吨位挖掘机、全球累计销量最多的压路机等，徐工在扎扎实实地从中国制造，向中国创造升级转变。也是在这一年，徐工营业收入再次突破千亿元；我们全系列产业板块扎实掘进；我们的品牌影响力空前提升；我们的国企改革、智能制造、深化管理、质量提升工程等扎实迈进；我们的海外之路，越走越宽。世界产业，徐工已经成为一张"中国名片"。

新一年，徐工要加速奔跑，加速发展；但同

时,我们也要做好迎接新挑战的准备。高质量发展,对中国工程机械制造企业而言,是一场攻坚克难的持久战;但越是严酷的过程,越能证明企业的实力。

"中国装备"装备世界之路,从来都是在荆棘中奋力突破。作为产业引领者,徐工要以前所未有的紧迫感,聚精会神,把握大势,因势而谋,应势而动。2019年,徐工将不负习总书记的期望与嘱托,永保一根筋、一种激情、一份清醒的勇气,永保坚韧奋斗精神,在各方面,再上一个大台阶。

来　　源:徐工集团
发布日期:2019 年 03 月 14 日

徐工获全国企业管理现代化
创新成果一等奖

2019 年 4 月 2 日,以"深入推进管理创新,加快企业高质量发展"为主题的 2019 年全国企业管理创新大会在北京召开,会议发布了第二十五届全国企业管理现代化创新成果。

经评定委员会一致认定,徐工管理创新成果——《装备制造企业面向高端的世界一流品牌建设》摘得全国一等奖殊荣,徐工集团副总经理韩冰受邀出席大会并作品牌建设经验分享。

韩总首先回顾了习近平总书记考察徐工讲话精神,总书记特别强调,实现三个转变必须有信心、有耐心、有定力地抓好自主创新,并且勉励徐工要着眼世界前沿,努力探索创新发展的好模式、好经验,在制造业、实体经济和产业发展方面为国家"两个一百年"的奋斗目标做出新的贡献。随后,韩总分别从品牌战略、核心优势、全球推广、国际形象和体系协同五大方面向大家作了世界一流品牌建设详细经验介绍。

韩总表示:"当前,国家已将品牌定位提升到战略层面,徐工也将品牌建设作为企业经营战略,通过品牌建设的清晰定位、核心竞争优势的持续塑造、全球媒体的整合推广、国际高端形象的持续打造、组织体系和资源平台的高效协同,提升了徐工品牌全球认知度、美誉度和忠诚度,实现了徐工从高知名品牌、高价值品牌到高情感品牌的渐进式发展。"

通过世界一流品牌建设,徐工主动适应经济新常态,实施管理提升与组织效率变革,激活了企业管理模式的变革创新。主营收入、自营出口、品牌出口稳居行业第一。

在已实现出口的 183 个国家和地区中,70 个国家、12 类主机市场占有率第一,国际化收入占比达 35%,主要指标再创历史新高,重新迈上千亿台阶,全球行业排名上升至第 6 位,摆脱了国内行业粗放式发展的竞争格局,进入了有质量、有效益、有规模、可持续高质量发展的健康轨道,成为全球工程机械最具美誉度的"中国名片"。

2019 年,在集团创建 30 周年的历史节点上,徐工必将按照总书记要求,以匠心铸造大国重器,心无旁骛攀登产业高峰,通过不断改革进步、自主创新、打磨品牌,一步步朝着"微笑曲线"高端攀升,在全球竞争中占据主动,为推动国家从制造大国向制造强国转变,为"两个一百年"奋斗目标的顺利实现,贡献真正意义的世界一流品牌!

同时,会议就新时期企业转变经营理念与发展方式,推进管理创新实现高质量发展等问题进行经验交流和研讨。

中国企业联合会、中国企业家协会会长王忠禹在会上发言时表示,管理是企业发展的永恒主题,企业要科技和管理两手抓,通过科技创新提升企业硬实力,通过管理创新提升企业软实力,加快培育具有全球竞争力的世界一流企业,努力开创企业高质量发展的新局面。

全国企业管理现代化创新成果审定委员会主任邵宁表示,希望广大企业依托不断改善的企业外部环境,扎扎实实做好自身的经营和管理,迎难而上,努力实现高质量发展。

会议同时举办了"深入实施创新驱动战略,推动企业高质量发展""管理创新—新思路、新方法、新经验""推进企业数字化转型,构建数据驱动型管理新模式""践行'一带一路'建设"等四场专题论坛,徐工进出口公司副总经理张岩梅受邀出席"一带一路"专题论坛,并将徐工贯彻"一带一路"倡议的管理创新经验与相关企业负责人及专家学者共同探讨,受到与会人员一致认可。

来　　源:徐工集团

发布日期:2019 年 04 月 04 日

大丰区工信局多措并举
全力推动工业经济首季"开门红"

一是强化目标任务意识。迅速将全年及一季度目标进行下发,督促各板块一季度工业经济主要指标分解细化量化到每个企业、项目。二是全力组织工业运行。服务企业做好节日期间生产组织、市场供应、要素协调、人员安排等各项工作。重点跟踪全区50家规模骨干企业,强化服务,加大协调,确保保持稳定增长。三是着力抓好增量培植。围绕新增长点项目,加强

服务协调,逐一解决运行中的问题,推动竣工项目早投产、投产项目早达效,力促企业(项目)满生产、多产出,确保一季度新增开票销售14亿元以上。

・401・

来　　源:盐城市大丰区人民政府
发布日期:2019 年 03 月 16 日

大丰区工业企业在 2018 年市
"争星创优"活动中表现突出

全区共有 20 家工业企业被市政府认定为2018 年度星级企业,其中五星级 7 家、四星级 2家、三星级 11 家,五星级工业企业和工业星级企业总数盐城第一。另外,3 家企业获科技创新奖,全市共 6 家;4 家企业获销售规模奖,全市共 11

家;1 家企业获投入标兵奖,全市共 3 家。

来　　源:盐城市大丰区经济信息发展委员会
发布日期:2019 年 02 月 20 日

关于公布 2018 年江苏省工业设计产品金奖评选结果的通告

为推动全省工业设计发展,强化工业设计成果产业化导向,发挥示范带动作用,我厅组织了 2018 年江苏省工业设计产品金奖评选活动。经企业自愿申报、地方推荐、专家评审、信用和知识产权审查、公示等程序,南京德朔实业有限公司申报的"EGO ST1 521S 自动绕线打草机"等 30 件产品分获金、银、铜奖,江苏高淳陶瓷股份有限公司申报的"金典《盛世如意》金枝茶具"等 13 件产品获优秀奖。现将获奖产品予以公布:

一、金奖产品

1. EGO ST1 521S 自动绕线打草机(申报单位:南京德朔实业有限公司)

2. Yard Force All in One 多合一高压清洗机(申报单位:江苏苏美达五金工具有限公司)

3. 比佛利 BVL1D100TY4T 滚筒洗衣机(申报单位:无锡小天鹅股份有限公司)

4. 徐工 XR400E 旋挖钻机(申报单位:徐州工程机械集团有限公司)

5. gb-GB826-Swan 婴儿车(申报单位:好孩子儿童用品有限公司)

6. 莱克魔洁 M85Plus 吸尘器(申报单位:莱克电气股份有限公司)

7. BOHHOM D50 700 001 可组合智能移动机器人(NEXT)(申报单位:博众精工科技股份有限公司)

8. 海狮牌 SDX60-16 工业用高效节能隧道式洗衣龙(申报单位:江苏海狮机械股份有限公司)

9. 鱼跃 9F-3BW 制氧机(3L)(申报单位:江苏鱼跃医疗设备股份有限公司)

10. 林海 T-BOSS 系列全地形车(申报单位:江苏林海动力机械集团有限公司)

二、银奖产品

1. 苏州有轨电车 2 号线(申报单位:中车南京浦镇车辆有限公司)

2. 新日太子一号电动两轮车(申报单位:江苏新日电动车股份有限公司)

3. 徐工 XCA60_E 全地面起重机(申报单位:徐州重型机械有限公司)

4. 徐工 XS365 振动压路机(申报单位:徐州工程机械集团有限公司)

5. 小牛 U1 电动车(申报单位:江苏小牛电动科技有限公司)

6. 碧云泉 R702 免安装智能净水机(申报单位:莱克电气股份有限公司)

7. 科沃斯 WA3 智能擦窗机器人(申报单位:科沃斯机器人股份有限公司)

8. Best Baby A73 汽车儿童安全座椅(申报单位:江苏安用座椅科技有限公司)

9. 迅捷科技 RFID 实时(监控)盘库智能档案柜(申报单位:江苏迅捷装具科技有限公司)

10. 鱼跃 M102 网式雾化器(申报单位:江苏鱼跃医疗设备股份有限公司)

三、铜奖产品

1. 建康牌 NJC6 850GBEV3 纯电动城市客车（申报单位：南京市公共交通车辆厂）

2. PLX118 移动式平板 C 形臂 X 射线机（申报单位：南京普爱医疗设备股份有限公司）

3. 徐工 TZ3A 凿岩台车（申报单位：徐州工程机械集团有限公司）

4. 复兴号中国标准动车组风挡产品（申报单位：常州今创风挡系统有限公司）

5. 上汽大通 RV80C 型房车（申报单位：上汽大通房车科技有限公司）

6. 中驰威 CEV390 半挂式越野房车（申报单位：溧阳二十八所系统装备有限公司）

7. CHOOCH 撸坡电动助力自行车（申报单位：苏州赛诺伊电动科技有限公司）

8. 华佗牌真空拔罐器（申报单位：苏州医疗用品厂有限公司）

9. OEMMEBI-IREB1 703 -智能卧式健身车（申报单位：南通铁人运动用品有限公司）

10. 万方 WF6 飞机发动机安装车（申报单位：扬州万方电子技术有限责任公司）

四、优秀奖产品

1. 金典《盛世如意》金枝茶具（申报单位：江苏高淳陶瓷股份有限公司）

2. DEVON 5612-Li-4 多功能锂电螺丝批（申报单位：南京德朔实业有限公司）

3. 比佛利 BVL2D100TY6 滚筒洗衣机（申报单位：无锡小天鹅股份有限公司）

4. ROIDMI 手持无线吸尘器 F8（申报单位：无锡睿米信息技术有限公司）

5. 金彭牌智能电动卡丁车（申报单位：江苏金彭车业有限公司）

6. greenworks pro 双电池双刀自走割草机（申报单位：常州格力博有限公司）

7. GE2296 智能织带服饰经编机（申报单位：五洋纺机有限公司）

8. 莱克魔力风 F501D 智能空气调节扇（申报单位：莱克电气股份有限公司）

9. 荟智胶囊车（申报单位：江苏小小恐龙儿童用品集团有限公司）

10. OEMMEBI-IREB1702 -智能立式健身车（申报单位：南通铁人运动用品有限公司）

11. 飞毛腿新款情侣车（申报单位：江苏爱特福股份有限公司）

12. 鱼跃 YH-450 呼吸机（申报单位：江苏鱼跃医疗设备股份有限公司）

13. 鱼跃 YU300 制氧机（申报单位：江苏鱼跃医疗设备股份有限公司）

江苏省工业和信息化厅

2018 年 12 月 27 日

来　　源：江苏省工业和信息化厅

发布日期：2018 年 12 月 29 日

江苏省农业农村厅
2019 年度部门预算情况说明

根据省机构编制委员会《关于对省农业委员会所属承担行政职能事业单位职能和机构编制调整事项的批复》(苏编〔2017〕46 号),省农业机械管理局、省农业资源开发局、省农业委员会外事外经办公室的行政职能划入省农业委员会,将原省农业机械管理局、省农业资源开发局所属事业单位一并划转至省农业委员会(省农业资源开发局)。根据省委机构编制委员会办公室《关于省农业农村厅职责机构编制转隶方案的通知》(苏编办发〔2018〕14 号),将省农委(省农业资源开发局)的职责,省海洋与渔业局的渔业管理职责,省发改委的农业投资项目、省国土厅的农田整治项目、省水利厅的农田水利建设项目等管理职责整合,组建省农业农村厅,作为省政府组成部门。省委农村工作领导小组办公室设在省农业农村厅。经商省财政厅,2019 年度部门预算情况说明涉及与上年数比较的,以 2018 年度江苏省农业委员会预算数为基数。

一、收支预算总体情况说明

省农业农村厅 2019 年度收入、支出预算总计 167 177.82 万元,其中:厅行政机关 19 223.19 万元、厅属三所院校(苏州农业职业技术学院、江苏农牧科技职业学院、江苏农林职业技术学院,下同)106 129.98 万元、厅属事业单位(含参照公务员管理事业单位、除三所院校以外的全额拨款事业单位和差额拨款事业单位,下同)41 824.65 万元,分别占 11.50%、63.48%、25.02%。

与上年相比收、支预算总计各增加 45 047.31 万元,增长 36.88%;其中:厅行政机关增加 7 386.34 万元,厅属三所院校增加 6 940.05 万元、厅属事业单位增加 30 720.92 万元,分别占 16.40%、15.40%、68.20%。

其中:

(一)收入预算总计 167 177.82 万元。包括:

1. 财政拨款收入预算总计 138 227.02 万元。

(1)一般公共预算收入预算 138 227.02 万元,其中:厅行政机关 19 123.19 万元、厅属三所院校 78 009.98 万元、厅属事业单位 41 093.85 万元,分别占 13.83%、56.44%、29.73%。

与上年相比增加 44 479.55 万元,增长 47.45%,其中:厅行政机关增加 7 286.34 万元、厅属三所院校增加 7 111.05 万元、厅属事业单位增加 30 082.16 万元,分别占 16.38%、15.99%、67.63%。

主要原因是原省委农工办、省海洋与渔业局部分预算,以及原省农机局、省农开局所有预算编入省农业农村厅。

(2)政府性基金收入预算 0 万元,与上年相比持平。

2. 财政专户管理资金收入预算总计 18 520 万元,均为厅属三所院校收入预算,与上年相比减少 362 万元,减少 1.92%。主要原因是根据国家政策江苏农林职业技术学院、江苏农牧科技职业学院对西部地区农学类学生施行免学费政策导致教育性收费减少等。

3. 其他资金收入预算总计 2 192.27 万元,其中:厅属三所院校 1 600 万元,厅属事业单位 592.27 万元,分别占 72.98%、27.02%。

与上年相比增加 191.23 万元,增长 9.56%,其中:厅属三所院校减少 309 万元,厅属事业单位增加 500.23 万元。主要原因是苏州农业职业技术学院校内企业经营收入减少、苏州农业职业技术学院及江苏农牧科技职业学院横向补助收入及科研收入较上年减少,事业单位经营收入、事业收入等较上年增加。

4. 上年结转资金预算数为 8 238.53 万元,其中:厅行政机关 100 万元、厅属三所院校 8 000 万元、厅属事业单位 138.53 万元,分别占 1.22%、97.10%、1.68%。

与上年相比增加 738.53 万元,增长 9.85%,其中:厅行政机关增加 100 万元、厅属三所院校增加 500 万元、厅属事业单位增加 138.53 万元,分别占 13.54%、67.70%、18.76%。

主要原因是 2018 年度追加项目及项目跨年度实施以至于结余结转资金有所增加等。

(二)支出预算总计 167 177.82 万元。包括:

1. 教育(类)支出 96 755.87 万元,主要用于苏州农业职业技术学院、江苏农牧科技职业学院、江苏农林职业技术学院等教育支出。与上年相比增加 5 412.29 万元,增长 5.93%。主要原因是院校教学类工作、日常运营维护成本等较上年增加。

2. 社会保障和就业(类)支出 8 333.23 万元,其中:厅行政机关 1 373.62 万元、厅属三所院校 3 910.19 万元、厅属事业单位 3 049.42 万元,分别占 16.48%、46.93%、36.59%,主要用于厅行政机关、厅属事业单位离休费支出、退休人员住房补贴支出以及机关事业单位人员基本养老保险缴费、职业年金缴费支出。

与上年相比增加 3 140.42 万元,增长 60.48%,其中:厅行政机关增加 585.77 万元、厅属三所院校增加 719.14 万元、厅属事业单位 1 835.51 万元,分别占 18.65%、22.90%、58.45%。主要原因是原省委农工办、省海洋与渔业局部分预算,以及原省农机局、省农开局所有预算编入省农业农村厅。

3. 农林水(类)支出 42 817.34 万元,其中:厅行政机关 14 085.96 万元、厅属事业单位 28 731.38 万元,分别占 32.90%、67.10%。主要用于厅行政机关、事业单位在职人员工资性支出、保障机关事业单位日常运转支出及单位发展专项支出。

与上年相比增加 26 250.91 万元,增长 158.46%,其中:厅行政机关增加 4 573.82 万元、厅属事业单位增加 21 677.09 万元,分别占 17.42%、82.58%。主要原因是原省委农工办、省海洋与渔业局部分预算,以及原省农机局、省农开局所有预算编入省农业农村厅。

4. 住房保障(类)支出 19 271.38 万元,其中:厅行政机关 3 763.61 万元、厅属三所院校 5 547.33 万元、厅属事业单位 9 960.44 万元,分别占 19.53%、28.79%、51.68%,主要用于行政事业单位按照现有规定为职工缴纳的住房公积金、提租补贴。

与上年相比增加 10 243.69 万元,增长 113.47%,其中:厅行政机关增加 2 226.75 万元、厅属三所院校增加 719.14 万元、厅属事业单位增加 7 124.91 万元。主要原因是原省委农工办、省海洋与渔业局部分预算,原省农机局、省农开局所有预算编入省农业农村厅,以及根据相关政策调增住房公积金、逐月住房补贴基数和比例等。

5. 结转下年资金预算数为 0 万元。

此外,基本支出预算数为 120 298.07 万元,其中:厅行政机关 10 158.84 万元、厅属三所院校 81 085.98 万元、厅属事业单位 29 053.25 万元,分别占 8.44%、67.41%、24.15%。与上年相比增加 32 169.33 万元，增长 36.50%，其中：厅行政机关增加 5 041.88 万元、厅属三所院校增加 8 138.05 万元、厅属事业单位增加 18 989.40 万元，分别占 15.67%、25.30%、59.03%。主要原因是原省委农工办、省海洋与渔业局部分预算，原省农机局、省农开局所有预算编入省农业农村厅，以及根据有关政策调增工资性支出等。

项目支出预算数为 40 782.28 万元，其中：厅行政机关 7 552.29 万元、厅属三所院校 25 044 万元、厅属事业单位 8 185.99 万元，分别占 18.52%、61.41%、20.07%。与上年相比增加 8 527.72 万元，增长 26.44%，其中：厅行政机关增加 1 934.79 万元、厅属三所院校减少 1 198 万元、厅属事业单位增加 7 790.93 万元。主要原因是原省委农工办、省海洋与渔业局部分预算，原省农机局、省农开局所有项目预算编入省农业农村厅，以及江苏农牧职业技术学院"化债及代建专项"、"中药科技园建设"等运转类项目预算支出减少等。

单位预留机动经费预算数为 6 097.47 万元，其中：厅行政机关 1 512.06 万元、厅属事业单位 4 585.41 万元，分别占 24.80%、75.20%。与上年相比增加 4 350.26 万元，增长 248.98%，其中：厅行政机关增加 409.67 万元、厅属事业单位 3 940.59 万元，分别占 9.42%、90.58%。主要原因是原省委农工办、省海洋与渔业局部分，原省农机局、省农开局所有单位预留机动经费预算编入省农业农村厅，以及根据有关政策调增工资性支出等。

二、收入预算情况说明

省农业农村厅本年收入预算合计 167 177.82 万元，其中：

一般公共预算收入 138 227.02 万元，占 82.68%，其中：厅行政机关 19 123.19 万元、厅属三所院校 78 009.98 万元、厅属事业单位 41 093.85 万

元，分别占 13.83%、56.44%、29.73%；

政府性基金预算收入 0 万元，占 0%；

财政专户管理资金 18 520 万元，占 11.08%，均为厅属三所院校预算；

其他资金 2 192.27 万元，占 1.31%，其中：厅属三所院校 1 600 万元、厅属事业单位 592.27 万元，分别占 72.98%、27.02%；

上年结转资金 8 238.53 万元，占 4.93%，其中：厅行政机关 100 万元、厅属三所院校 8 000 万元、厅属事业单位 138.53 万元，分别占 1.21%、97.10%、1.68%。

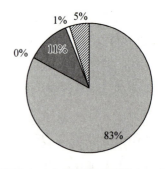

图 1 收入预算图

三、支出预算情况说明

省农业农村厅本年支出预算合计 167 177.82 万元，其中：

基本支出 120 298.07 万元，占 71.96%，其中：厅行政机关 10 158.84 万元、厅属三所院校 81 085.98 万元、厅属事业单位 29 053.25 万元，分别占 8.44%、67.41%、24.15%；

项目支出 40 782.28 万元，占 24.39%，其中：厅行政机关 7 552.29 万元、厅属三所院校 25 044 万元、厅属事业单位 8 185.99 万元，分别占 18.52%、61.41%、20.07%；

单位预留机动经费 6 097.47 万元，占 3.65%，其中：厅行政机关 1 512.06 万元、厅属事业单位 4 585.41 万元，分别占 24.80%、75.20%；

结转下年资金 0 万元，占 0%。

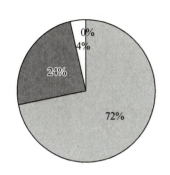

图 2 支出预算图

图例：
- □ 基本支出
- □ 项目支出
- □ 单位预留机动经费
- ■ 结转下年资金

（图中数值：72%、24%、4%、0%）

四、财政拨款收支预算总体情况说明

省农业农村厅 2019 年度财政拨款收、支总预算 138 227.02 万元，其中：厅行政机关 19 123.19 万元、厅属三所院校 78 009.98 万元、厅属事业单位 41 093.85 万元，分别占 13.83%、56.44%、29.73%。

与上年相比增加 44 479.55 万元，增长 47.45%，其中：厅行政机关增加 7 286.34 万元、厅属三所院校增加 7 111.05 万元、厅属事业单位增加 30 082.16 万元，分别占 16.38%、15.99%、67.63%。

主要原因是原省委农工办、省海洋与渔业局部分预算，原省农机局、省农开局所有预算编入省农业农村厅，以及厅属三所院校公共财政拨款收入增加等。

五、财政拨款支出预算情况说明

省农业农村厅 2019 年财政拨款预算支出 138 227.02 万元，占本年支出合计的 82.68%，其中：厅行政机关 19 123.19 万元、厅属三所院校 78 009.98 万元、厅属事业单位 41 093.85 万元，分别占 13.83%、56.44%、29.73%。

与上年相比，财政拨款支出增加 44 479.55 万元，增长 47.45%，其中：厅行政机关增加 7 286.34 万元、厅属三所院校增加 7 111.05 万元、厅属事业单位增加 30 082.16 万元，分别占 16.38%、15.99%、67.63%。

其中：

（一）教育（类）

1. 职业教育（款）中专教育（项）支出 57.38 万元，与上年相比增加 57.38 万元，增长 100%。

主要原因省财政厅将南京农业机械化学校预算列在省农业农村厅，相关支出增加。

2. 职业教育（款）高等职业教育（项）支出 73 663.99 万元，与上年相比增加 6 441.72 万元，增长 9.58%。主要原因是厅属三所院校教师工资性支出、日常事务性支出及养护成本增加等。

（二）社会保障和就业（类）

1. 行政事业单位离退休（款）未归口管理的行政单位离退休（项）支出 640.14 万元，其中：厅行政机关 431.11 万元，厅属参公事业单位 209.03 万元，分别占 67.35%、32.65%。

与上年相比增加 369.22 万元，增长 136.28%，其中：厅行政机关增加 163.16 万元，厅属参公事业单位增加 206.06 万元，分别占 44.19%、55.81%。

主要原因是原省海洋与渔业局部分，原省农机局、省农开局所有行政及参公事业单位离退休人员预算编入省农业农村厅。

2. 行政事业单位离退休（款）机关事业单位基本养老保险缴费（项）支出 5 491.64 万元，其中：厅行政机关 673.22 万元，厅属三所院校 2 792.99 万元，厅属事业单位 2 025.43 万元，分别占 12.26%、50.86%、36.88%。

与上年相比增加 1 976 万元，增长 56.21%，其中：厅行政机关增加 301.86 万元，厅属三所院校增加 513.67 万元，厅属事业单位增加 1 160.47 万元，分别占 15.28%、26%、58.72%。

主要原因是原省委农工办、省海洋与渔业局部分在职人员，原省农机局、省农开局所有在职人员预算编入省农业农村厅。

3. 行政事业单位离退休（款）机关事业单位职业年金缴费（项）支出 2 196.62 万元，其中：厅行政机关 269.29 万元、厅属三所院校 1 117.20 万元、厅属事业单位 810.13 万元，分别占 12.26%、50.86%、36.88%。

与上年相比增加 790.37 万元，增长 56.20%，其中：厅行政机关增加 120.75 万元、厅属三所院校增加 205.47 万元、厅属事业单位增加 464.15 万元,分别占 15.28%、26%、58.72%。

主要原因是原省委农工办、省海洋与渔业局部分在职人员,原省农机局、省农开局所有在职人员预算编入省农业农村厅。

(三)农林水(类)

1. 农业(款)行政运行(项)支出 19 076.57 万元,其中:厅行政机关 6 533.67 万元、厅属事业单位 12 542.90 万元,分别占 34.25%、65.75%。

与上年相比增加 12 992.62 万元,增长 213.56%,其中:厅行政机关增加 2 639.03 万元、厅属事业单位增加 10 353.59 万元,分别占 20.31%、79.69%。

主要原因是原省委农工办、省海洋与渔业局部分预算,原省农机局、省农开局所有预算编入省农业农村厅,以及根据政策调增住房公积金、提租补贴基数和比例、政策性增资等。

2. 农业(款)一般行政管理事务(项)支出 6 219.97 万元,其中:厅行政机关 6 208.97 万元、厅属事业单位 11 万元,分别占 99.82%、0.18%。

与上年相比增加 2 656.94 万元,增长 74.57%,其中:厅行政机关增加 2 645.94 万元、厅属事业单位增加 11 万元,分别占 99.59%、0.41%。

主要原因是原省委农工办、省海洋与渔业局、省农机局、省农开局综合管理经费预算编入省农业农村厅。

3. 农业(款)事业运行(项)支出 8 141.97 万元,均为厅属事业单位支出。与上年相比增加 3 689.03 万元,增长 82.84%。主要原因是原省海洋与渔业局部分,原省农机局、省农开局所有事业单位运转类项目预算编入省农业农村厅。

4. 农业(款)科技转化与推广服务(项)支出 136.80 万元,均为厅属事业单位支出。与上年相比增加 136.80 万元,增长 100%。主要原因是江苏省农业机械技术推广站承担的农机技术试验示范推广专项以及江苏省农机化服务站承担的农机职业技能管理专项预算编入省农业农村厅。

5. 农业(款)执法监管(项)支出 4 611.05 万元,均为厅属事业单位支出。与上年相比增加 3 938.05 万元,增长 585.15%,其中:厅行政机关减少 673 万元、厅属事业单位增加 4 611.05 万元。主要原因是厅机关本级执法监管专项合并调整至一般行政管理事务(项)支出,江苏省农业机械试验鉴定站,中华人民共和国江苏渔港监督局,江苏省太湖、滆湖、高宝邵伯湖、骆马湖、洪泽湖的渔业管理委员会办公室承担相应的执法监管专项预算编入省农业农村厅。

6. 农业(款)统计监测与信息服务(项)支出 25.20 万元,均为厅属事业单位支出。与上年相比增加 25.20 元,增长 100%。主要原因是江苏省农机信息中心承担的综合管理专项预算编入省农业农村厅。

7. 农业(款)农产品加工与促销(项)支出 1 063.32 万元,均为厅行政机关支出。与上年相比减少 118.15 万元,减少 10%。主要原因是省财政厅根据国务院文件要求统一压减境内外农业促销专项预算等。

8. 农业(款)农业资源保护修复与利用(项)支出 1 834.65 万元,均为厅属事业单位支出。与上年相比增加 1 834.65 万元,增长 100%。主要原因是江苏省太湖、滆湖、高宝邵伯湖、骆马湖、洪泽湖的渔业管理委员会办公室承担的渔业资源增殖保护专项以及江苏省渔业技术推广中心承担的环境监测专项预算编入省农业农村厅等。

9. 农业(款)其他农业支出(项)支出 468 万元,其中:厅行政机关 180 万元、厅属事业单位 288 万元,分别占 38.46%、61.54%。与上年相比减少 52 万元,减少 10%,其中:厅行政机关减少 20 万元、厅属事业单位减少 32 万元,分别占 38.46%、61.54%。主要原因是省财政厅根据国务院文件要求统一压减农业援助补助经费、动物及动物产品检疫专项、会计集中核算与财务监管专项预算等。

10. 农业综合开发(款)机构运行(项)支出

445.21 万元,均为厅属事业单位支出。与上年相比增加 445.21 万元,增长 100％。主要原因是江苏省农业资源开发评审中心、江苏省农业资源开发局驻盐城办事处、江苏省农业资源开发利用外资办、江苏省农业资源开发信息中心预算编入省农业农村厅。

（四）住房保障（类）

1. 住房改革支出（款）住房公积金（项）支出 3 258.47 万元,其中:厅行政机关 826.32 万元、厅属事业单位 2,432.15 万元,分别占 25.36％、74.64％。

与上年相比增加 1 923.06 万元,增长 144.01％,其中:厅行政机关增加 462.46 万元、厅属三所院校减少 124.83 万元、厅属事业单位增加 1 585.43 万元,分别占 24.05％、-6.49％、82.44％。主要原因是原省委农工办、省海洋与渔业局部分,原省农机局、省农开局所有住房公积金支出预算编入省农业农村厅,以及根据有关政策调增机关事业单位人员住房公积金基数及比例等。

2. 住房改革支出（款）提租补贴（项）支出 10 896.04 万元,其中:厅行政机关 2 937.29 万元、厅属三所院校 435.80 万元、厅属事业单位 7 522.95 万元,分别占 26.96％、4％、69.04％。

与上年相比增加 7 373.45 万元,增长 209.32％,其中:厅行政机关增加 1 764.29 万元、厅属三所院校 75.02 万元、厅属事业单位增加 5 534.14 万元,分别占 23.93％、1.02％、75.05％。主要原因是原省委农工办、省海洋与渔业局部分,原省农机局、省农开局所有提租补贴支出预算编入省农业农村厅,以及根据有关政策调增机关事业单位人员逐月住房补贴基数及比例等。

六、财政拨款基本支出预算情况说明

省农业农村厅 2019 年度财政拨款基本支出预算 98 918.48 万元,其中:

（一）人员经费 74 223.52 万元。主要包括:基本工资、津贴补贴、奖金、绩效工资、机关事业单位基本养老保险缴费、职业年金缴费、其他社会保障缴费、住房公积金、医疗费、其他工资福利支出、离休费、退休费、抚恤金、生活补助、医疗费补助、奖励金。

（二）公用经费 24 694.96 万元。主要包括:办公费、水费、电费、邮电费、差旅费、维修（护）费、会议费、培训费、公务接待费、专用材料费、工会经费、福利费、公务用车运行维护费、其他交通费用、其他商品和服务支出。

七、一般公共预算支出预算情况说明

省农业农村厅 2019 年一般公共预算财政拨款支出预算 138 227.02 万元,其中:厅行政机关 19 123.19 万元、厅属三所院校 78 009.98 万元、厅属事业单位 41 093.85 万元,分别占 13.83％、56.44％、29.73％。

与上年相比,财政拨款支出增加 44 479.55 万元,增长 47.45％,其中:厅行政机关增加 7 286.34 万元、厅属三所院校增加 7 111.05 万元、厅属事业单位增加 30 082.16 万元,分别占 16.38％、15.99％、67.63％。

主要原因是原省委农工办、省海洋与渔业局部分预算,原省农机局、省农开局所有预算编入省农业农村厅,以及厅属三所院校公共财政拨款收入增加等。

八、一般公共预算基本支出预算情况说明

省农业农村厅 2019 年度一般公共预算财政拨款基本支出预算 98 918.48 万元,其中:

（一）人员经费 74 223.52 万元。主要包括:基本工资、津贴补贴、奖金、绩效工资、机关事业单位基本养老保险缴费、职业年金缴费、其他社会保障缴费、住房公积金、医疗费、其他工资福利支出、离休费、退休费、抚恤金、生活补助、医疗费补助、奖励金。

（二）公用经费 24 694.96 万元。主要包括:办公费、水费、电费、邮电费、差旅费、维修（护）费、会议费、培训费、公务接待费、专用材料费、工会经费、福利费、公务用车运行维护费、其他交通费用、其他商品和服务支出。

九、一般公共预算"三公"经费、会议费、培训费支出预算情况说明

省农业农村厅 2019 年度一般公共预算拨款安排的"三公"经费预算支出中,因公出国(境)费支出 157.60 万元,占"三公"经费的 14.55%;公务用车购置及运行费支出 550.74 万元,占"三公"经费的 50.84%;公务接待费支出 374.98 万元,占"三公"经费的 34.61%。具体情况如下:

1. 因公出国(境)费预算支出 157.60 万元,均为厅行政机关支出。比上年预算增加 77.60 万元,主要原因是原省委农工办、省海洋与渔业局部分,原省农机局、省农开局所有因公出国(境)费预算编入省农业农村厅。

2. 公务用车购置及运行费预算支出 550.74 万元。其中:

(1) 公务用车购置预算支出 0 万元,与上年持平。

(2) 公务用车运行维护费预算支出 550.74 万元,其中:厅行政机关 97.60 万元,厅属三所院校 200 万元,厅属事业单位 253.14 万元,分别占 17.72%、36.31%、45.97%。

比上年预算增加 193.14 万元,其中:厅行政机关增加 36 万元、厅属三所院校减少 10 万元、厅属事业单位增加 167.14 万元,分别占 18.64%、−5.18%、86.54%。

主要原因是原省农机局、省农开局车辆编制及预算编入省农业农村厅。

3. 公务接待费预算支出 374.98 万元,其中:厅行政机关 111.40 万元、厅属三所院校 110 万元、厅属事业单位 153.58 万元,分别占 29.71%、29.33%、40.96%。

比上年预算增加 179.36 万元,其中:厅行政机关增加 33 万元、厅属事业单位增加 146.36 万元,分别占 18.40%、81.60%。

主要原因是原省海洋与渔业局部分,原省农机局、省农开局所有公务接待费预算编入省农业农村厅。

省农业农村厅 2019 年度一般公共预算拨款安排的会议费预算支出 1 435.92 万元,其中:厅行政机关 970.31 万元、厅属三所院校 100 万元、厅属事业单位 365.61 万元,分别占 67.58%、6.96%、25.46%。比上年预算增加 709.11 万元,其中:厅行政机关增加 429.77 万元、厅属事业单位增加 279.34 万元,分别占 60.61%、39.39%。主要原因是原省委农工办、省海洋与渔业局部分,原省农机局、省农开局所有会议费预算编入省农业农村厅。

省农业农村厅 2019 年度一般公共预算拨款安排的培训费预算支出 1 195.82 万元,其中:厅行政机关 562.86 万元、厅属三所院校 240 万元、厅属事业单位 392.96 万元,分别占 47.07%、20.07%、32.86%。比上年预算增加 309.33 万元,其中:厅行政机关增加 132.69 万元、厅属事业单位增加 176.64 万元,分别占 42.90%、57.10%。主要原因是原省委农工办、省海洋与渔业局部分,原省农机局、省农开局所有培训费预算编入省农业农村厅。

十、政府性基金预算支出预算情况说明

省农业农村厅 2019 年政府性基金支出预算支出 0 万元,与上年持平。

十一、一般公共预算机关运行经费支出预算情况说明

2019 年本部门一般公共预算机关运行经费预算支出 3 122.06 万元,其中:厅行政机关 1 385.58 万元、厅属参公管理事业单位 1 736.48 万元,分别占 44.38%、55.62%。与上年相比增加 1 989.06 万元,增长 175.56%,其中:厅行政机关增加 576.66 万元、厅属参公管理事业单位增加 1 412.40 万元,分别占 28.99%、71.01%。主要原因是是原省海洋与渔业局部分,原省农机局、省农开局所有行政机关运行经费预算编入省农业农村厅。

十二、政府采购支出预算情况说明

2019 年度政府采购支出预算总额 23 299.63 万元,其中:拟采购货物支出 9 430.66 万元、拟采

购工程支出 7 448.90 万元、拟购买服务支出 6 420.07 万元。

十三、国有资产占用情况

本部门共有车辆 233 辆,其中,一般公务用车 84 辆、执法执勤用车 16 辆、特种专业技术用车 5 辆、其他用车 2 辆、其他交通工具 126 辆。单价 20 万元(含)以上的设备 383 台(套)。

十四、预算绩效目标设置情况说明

2019 年本部门共 5 个项目实行绩效目标管理,涉及财政性资金合计 775 886 万元,均为省对市县转移支付项目。

来　　源:江苏省农业农村厅
发布日期:2019 年 02 月 13 日

我省乡村振兴与城乡融合发展研究

实施乡村振兴战略是党的十九大做出的重大决策部署。乡村振兴战略以农业农村现代化为总目标,以坚持农业农村优先发展为总方针,以产业兴旺、生态宜居、乡风文明、治理有效、生活富裕为总要求,要让农业成为有奔头的产业,让农民成为有吸引力的职业,让农村成为安居乐业的美丽家园。江苏乡村建设虽然走在全国前列,但与乡村振兴的要求依然存在差距,主要表现为乡村就业渠道偏窄、产业发展不够高端、基础设施和公共服务相对薄弱,对资金、技术和人才的吸引力不足等。实施乡村振兴战略,是基于经济已由高速增长阶段转向高质量发展阶段这一现实、基于社会发展主要矛盾变化提出的新要求,是新时代解决城乡发展不平衡、农业农村农民发展不充分问题的关键任务,是全面实现高质量发展的重要基础。

一、江苏乡村发展的历程和现状

实施乡村振兴战略,首先要认清乡村发展的现状,从人口、产业、农民生活、生产条件和农村建设等方面审视江苏"三农"发展情况。

(一)乡村人口占比持续下降

关于乡村人口,目前有两种统计口径:第一种是常住人口城镇化率的统计口径,方法是全省人口减去城区和镇区常住人口,计算出来的乡村人口数偏小,更接近于乡村人口的规划目标;第二种是农业普查口径,统计范围包括农业经营户、农业经营单位、居住在农村且有确权(承包)土地的住户,部分依然从事农业生产的镇区人口,甚至城区人口也被纳入统计,因此计算出来的乡村人口数较大,更接近于经济社会发展的实际情况。

以城镇化率口径统计的江苏乡村人口(注:数据来源于历次人口普查和年度人口变动情况抽样调查),2017年江苏乡村人口数为2 508.4万人,占全省总人口数的比重仅为31.2%,比1990年下降了47.3个百分点。

以农业普查口径统计的江苏乡村人口(注:数据来源于历次农业普查资料和历年农林牧渔业统计报表),2017年江苏乡村人口数为4 775.1万人,占全省总人口数的比重为59.5%,比2013年下降了1.4个百分点。

两种口径的乡村人口数及占比在较长时期内都呈下降态势,反映出城镇化进程取得的成效;但乡村人口数占比的口径间差距达28.3个百分点,体现出"地的城镇化"向"人的城镇化"转变依然任务艰巨。本文从乡村振兴战略实施意图出发,主要采用农业普查口径数据进行分析。根据第三次农业普查结果,2016年末江苏共有农户1 168.47万户、农业经营单位8.45万个;农户又分为普通户1 153.51万户和规模户14.96万户。

(二)农民生活水平显著提高

收入提高、生活富裕是农民群众最关切的内容,关系到乡村振兴战略的成败。近年来,一系列政策落实促进农村居民收入和生活质量切实提高,人民群众获得感有所增强。

第一,农村居民收入较快提高,城乡收入差距持续缩小。在"三农"工作有序推进、富民增收"33条"深入实施的背景下,全省农村居民人均可支配收入较快提高,2017年为19 158元,比上年增长8.8%,增速快于城镇居民0.2个百分点。自2010年以来,农村居民人均可支配收入增速就持续高于城镇居民,城乡居民收入差距不断缩小,2017年城乡居民人均可支配收入差距为2.28倍。从收入来源看,农村居民与城镇居民差距最大的为工资性收入,差距为16 785元;差距倍数最大的是财产净收入,城镇居民财产净收入为农村居民的6.80倍。

第二,乡村生活质量水平大幅改善。从住房看,2016年末,99.8%的农户拥有自己的住房,比2006年(第二次农业普查)提高1.5个百分点;其中拥有2处及以上住房的占比为22.1%,比2006年提高16.9个百分点;拥有商品房的占比为17.9%。建筑材料有所升级,2016年末,农户住房为砖混结构的占68.8%,比2006年提高9.1个百分点,为钢筋混凝土结构的占13.2%,比2006年提高9.6个百分点。从饮用水和卫生设施看,2016年末,全省饮用经过净化处理自来水的农户占93.0%,比2006年提高16.8个百分点;使用水冲式卫生厕所的占58.4%。从耐用消费品看,2016年末,平均每百户拥有小汽车33.2辆、彩色电视机159.1台、手机251.2部、电脑53.2台,分别为2006年的7.5倍、1.6倍、2.7倍和7.8倍;此外,每百户还拥有淋浴热水器88.7台、空调130.3台、电冰箱105.1台。从生活能源看,2016年末,农民做饭取暖对电力、煤气、天然气、液化石油气的使用比重提高,对煤和柴草依赖度下降,并且有3.45万户主要使用太阳能,占0.3%。

(三)农业生产经营条件优化

农业是乡村的基础产业,农业全面升级是乡村振兴的前提。根据第三次农业普查结果,江苏农业生产条件和现代化水平大幅提高,经营主体和经营方式也推陈出新,呈现出良好发展势头。

第一,农业生产条件大幅改善,农业机械和设施广泛应用。农业机械方面,2016年末,全省共有拖拉机147.09万台,耕整机6.12万台,旋耕机47.88万台,播种机11.11万台,水稻插秧机4.64万台,联合收获机7.99万台,机动脱粒机15.5万台,均比第二次农业普查有大幅提高。农田水利方面,全省4 571.15千公顷的耕地面积中,灌溉耕地面积3 074.97千公顷,占比为67.3%,其中有喷灌、滴灌、渗灌设施的耕地面积331.65千公顷,占全部耕地面积的7.3%。设施农业方面,全省温室占地面积10.9千公顷,大棚占地面积109.7千公顷,渔业养殖用房面积0.39千公顷。

第二,农业新型经营主体繁荣发展,商品交易市场覆盖面较高。经营主体方面,2016年末,全省20.8%的普通户和32.7%的规模户参加了新型农业经营组织或采用了新型农业经营形式,包括公司化、农民合作社、专业协会、土地托管等;67.3%的普通户、77.9%的规模户和87.9%的农业经营单位有政策性或商业性农业保险。全省6.7%的规模户和66.7%的农业经营单位开展了餐饮住宿、采摘、垂钓和农事体验等新型经营活动。农产品生产方面,全省23.0%的规模户和73.9%的经营单位实施了设施农业、循环农业或工厂化生产等模式;11.3%的规模户和66.5%的经营单位生产的产品获得了无公害农产品、绿色食品或有机食品认证。农产品销售方面,全省1.9%的规模户和2.6%的经营单位实现了通过电子商务销售农产品,户均销售额分别为442.1万元和159.9万元。市场建设方面,全省96.8%的乡镇有商品交易市场,其中有以粮油、蔬菜、水果为主的专业市场,有以畜禽为主的专业市场和有以水产为主的专业市场的乡镇分别占62.8%、17.0%和17.6%。全省73.9%的村有50平米以上的综合商店或超市,4.1%的村开展了旅游接待服务,45.6%的村有营业执照的餐馆。

（四）农村公共服务全面进步

乡村振兴意味着农村的全面进步。第三次农业普查显示,江苏乡村区域的基础设施和公共服务已具备较高水平,形成了一批"美丽乡村"样板。调查中农民群众普遍反映:道路变好变宽了、医疗方便了、上学容易了、环境更好了等。

第一,乡村基础设施建设较为完备。交通方面,根据第三次农业普查数据,2016年末,在乡镇地域范围内,有火车站的乡镇占5.7%,有码头的占20.9%,有高速公路出入口的占30.3%;99.9%的村通公路。能源、通讯方面,全省100%的村通电和电话,14.2%的村通天然气,99.3%的村通宽带互联网,37.4%的村有电子商务配送站点。环境卫生方面,99.6%的乡镇实施集中或部分集中供水,98.6%的乡镇生活垃圾集中或部分集中处理;98.9%的村生活垃圾集中或部分集中处理,36.5%的村生活污水集中或部分集中处理,94.5%的村完成或部分完成改厕。

第二,文娱、教育、医疗、养老等公共服务基本覆盖。文娱方面,2016年末全省99.6%的乡镇有图书馆、文化站,44.1%的乡镇有剧场、影剧院,49.8%的乡镇有体育场馆,89.6%的乡镇有公园及休闲健身广场;79.3%的村有体育健身场所。教育方面,99.8%的乡镇有幼儿园、托儿所,99.5%的乡镇有小学;36.0%的村有幼儿园、托儿所。医疗方面,99.9%的乡镇有医疗卫生机构,99.9%的乡镇有执业(助理)医师,98.2%的乡镇有社会福利收养性单位;88.9%的村有卫生室,79.3%的村有执业(助理)医师。养老方面,93.5%的乡镇有本级政府创办的敬老院。

（五）乡村产业结构有待完善

产业是乡村经济发展的基础。受统计数据可得性所限,以乡村就业来推演乡村产业结构发展状况,结论是乡村服务业发展较为薄弱,是一二三产联动发展的短板。

第一、乡村劳动力主要集中于第一产业和第二产业,第三产业比重相对较低。2017年,江苏乡村三次产业就业结构为27.9:47.2:24.9。与全省16.8:42.9:40.3的就业结构相比,第一产业和第二产业就业比重分别高于全省11.1个和4.3个百分点,第三产业就业比重低于全省15.4个百分点,乡村与城市产业的主要区别在于服务业。乡村服务业中,发展最为薄弱的是科学研究和技术服务业,只有4.76万人从业,其次为金融业、卫生、体育、社会福利业,教育、文化、艺术和娱乐业,从业人员都不到20万。

第二,就业结构制约了乡村劳动生产率的持续提升。后工业化阶段,三次产业中第三产业的生产效率最高、增长潜力最大,这恰恰是乡村产业的短板。以江苏为例,第三产业就业人员人均创造增加值自2013年起开始超过第二产业,并且优势持续扩大,2017年人均创造增加值达22.1万元,是第一产业的4.4倍和第二产业的1.2倍。反观乡村劳动力分布,人均创造增加值最低的务农人口比重较高,2017年务农人口722.7万,占全省第一产业就业人口的90.4%;第三产业从业人口比重较低,为645.2万,仅占全省第三产业就业人口的33.7%,并且主要集中在交通运输、贸易餐饮等传统行业。

第三,城镇与乡村的产业发展差距自2005年起不断加大。回顾乡村就业结构变迁,发现乡村第三产业就业比重自2005年开始止步不前,2005年为25.9%,2017年为24.9%,比12年前不升反降1.0个百分点;同期乡村第二产业就业比重保持了持续上升势头,比2005年累计提高了12.8个百分点。服务业发展的这种停滞仅仅出现在乡村,全省范围内第三产业就业比重增长较快,2017年比2005年累计提高了8.4个百分点,提高幅度大于第二产业。出现这种情况是因为近年来的服务业增量主要聚集在城镇,乡村服务业在一定程度上被忽视,从而乡村劳动力转移的主要通道为务农人口流入第二产业,缺乏服务业领域的工作机会。

二、城乡融合发展存在的主要问题

党的十九大报告明确提出了"建立健全城乡融合发展体制机制和政策体系"的任务。城乡融合是新时代背景下对我国城乡关系的新思考、新定位，是乡村振兴的基本途径。与"统筹城乡发展""城乡发展一体化"相比，城乡融合发展强调乡村与城市地位平等，关注城乡之间的融合渗透、良性循环和功能耦合。与城乡融合的要求相比，江苏当前的乡村发展主要存在以下问题。

（一）农民就业机会相对不足

城乡融合首先应解决"就业"问题。历史上，主要发达国家都经历了农业就业人口占总就业人口比重大幅下降的过程。美国农业就业人口在1840年占比将近70％，到2016年仅占1.7％；日本1946年农业就业比重为53.3％，2016年仅占3.5％。2017年，江苏农业就业人数为799.3万人，占总就业人口比重为16.8％，就业总量与比例都明显偏高。农业普查结果也显示，当前乡村实际务农人口与城镇化率口径下的乡村人口有较大的差距，部分行政区划上已属于城镇区域的居民依然以务农为主要谋生手段，就业机会缺乏，收入渠道狭窄。解决农村劳动力就业问题主要有两种路径：第一，推动小城镇建设。二战之后，日本就是通过"工业下移"的城镇化布局拓展了农村劳动力的就业机会，农民通过兼业实现了收入水平大幅提高。1960年，日本农村居民总收入的55％来自农业，2000年已下降到17.9％，也就是农民收入的80％以上来自兼业收入。自1975年至今，日本农户的平均收入超过城市并保持至今，城乡差距逐渐缩小直至消失。第二，推动农村人口向城市迁徙就业，彻底改变农户身份，实现"市民化"。优化农村基础教育和职业培训，不断提高劳动者素质，落实农村劳动者通过就业在大城市"落地生根"的各项政策。农业转移人口市民化也有利于全社会消费升级。

（二）农村产业定位不够精准

国内外实践表明，区域经济长盛不衰的关键在于独特资源优势的挖掘和合理的产业定位。我国现阶段仍处于城镇化推进过程中，大量的三、四线城市、小城镇及农村都面临着产业振兴的任务，如果不结合各地资源优势进行科学规划，实施差异化产业定位，而是一哄而上，"处处点火、村村冒烟"，结果必然是同质化发展和恶性竞争。相关研究表明，江苏特别是扬子江城市群就具有制造业布局相似度高但不够集聚的特点，一定程度上制约了制造业发展的质量水平。要精准定位农村产业，必须挖掘乡村在生态、文化、历史等方面的独特价值，与城市产业互补发展。以日本川场村为例，曾被认定为"过疏地域"的川场村，于1981年与东京都世田谷区结为姐妹关系，利用其森林、农业和生态资源丰富的优势，结合城市居民对美好生活的需要需求，通过"农业＋观光"的产业定位实现了乡村振兴。川场村与世田谷区1986年共同成立了"世田谷区川场故乡公社"，1991年启动了"友谊林"森林保护项目，重点发展健康疗养、民宿居住、"田园广场"主题乐园等服务项目，还结合农业地景规划旅游路径，营造"食物工坊"实现农业品牌化发展。川场村没有盲目上马制造业与城市开展竞争，而是找准自身优势，以生态旅游吸引城市居民并促进农产品销售，实现了农业和服务业互动发展格局，是精准产业定位的成功案例。

（三）资源集聚水平亟待提升

"市场化"是提高资源配置效率，提高发展质量效益的前提。当前城乡一体的市场交易机制尚未健全，农村各类资源资产布局分散、流通不畅，造成农村产业的重复建设和低端发展。第一，农业生产经营的规模化、专业化水平较低。江苏人口密度高、耕地面积小，农户生产经营较为分散，2017年农业人均创造增加值仅为5.1万元，还不到第三产业的四分之一。日本的耕地条件与江苏类似，在农业生产方面通过资源集聚，实现了专业化、市场化发展，生产效率明显提高。日本农户的生产特点是产品类型少而专，商品率高达95%以上,规模效益和品牌效应显著;日本的农协组织——农业协同组合在农产品专业集聚和市场营销方面发挥了重要作用。借鉴日本经验,江苏应完善农用地流转机制并建设农产品交易市场,积极培育一二三产联动发展的新型经营主体和农业龙头企业,引导农业适度规模经营。第二,"资源变资本"渠道不畅,高质量发展亟待破除制度性障碍。经历了乡镇企业的快速发展,当前江苏许多乡村出现了大量破旧闲置厂房和农居,受集体资产产权和土地政策制约,即无法有效盘活,又缺少产业振兴的启动资金。可借鉴浙江德清以土地政策改革促民宿经济高端发展的经验。德清位于莫干山脚,具备开展民宿经济的自然条件。起初受制于土地政策,主要通过租赁空置农居、废弃校舍投资建设,发展质量相对较低。2015年获批"农村集体经营性建设用地入市改革"试点之后,通过集体土地与国有土地同权同价、"四规合一"等创新措施,吸引了大量社会资本进入,高标准建设了一批精品工程。目前,莫干山民宿已成为全国知名品牌,其中精品民宿房价千元以上,衍生的产业链有效拉动了当地经济转型。

(四)公共资源基础较为薄弱

长期以来,我国存在"以城统乡、以工带农"的二元发展格局,城市对乡村要素单方"吸附",乡村基础设施建设和基本公共服务与城市对比显著落后。虽然在城乡统筹、城乡一体化战略的推进下,江苏乡村道路、环境和基本公共服务已出现较大程度提升,但离城乡融合的要求还有很大差距,人才、资金和技术等要素对进入乡村依然有顾虑,阻碍了城乡要素的双向流动。历史上,许多国家都曾出台过优先支持乡村发展的各项政策,致力于城乡公共资源和服务水平的去差异化。如日本,1975年开始加强农村生活基础设施项目的财政投入,至2002年已经达到30%的比例;2001年建立了新的农业养老体系——农业者年金基金,由国库承担该基金的事业管理费,对农民实行养老补贴;积极将好的城市管理经验

"移植"到农村的城镇管理,鼓励倡导制定各类村民公约与规范等。借鉴日本经验,江苏乡村振兴战略的推进中必须要坚持农业农村优先发展的总方针,促进城乡基础设施和公共服务一体化发展。第一,在要素配置上优先满足,引导和推动资本、技术、人才等生产要素向农业农村流动。第二,在资源条件上优先保障,持续加大强农惠农力度,大力改善农村基础设施和农田水利等农业生产条件。第三,在公共服务上优先安排,加大教育、医疗、文化、养老等财政投入。

三、江苏山泉村乡村振兴方面的经验做法

山泉村位于无锡江阴市周庄镇东南部,现村域面积为2.3平方公里,村民3 000余人,实际居住人口近8 000人。山泉村过去经济基础薄弱,2009年以来,在村委书记李全兴的带领下,快速跻身江阴村级经济发展第一方阵,村民生活越来越好,被誉为"流淌幸福的村庄"。2016年,山泉村集体经济收入6 101万元,村民人均可支配收入42 039元,为全省农村居民人均收入的2.39倍;全村集体净资产达4.26亿元,与2008年底的2 781万元相比,累计增加了近16倍。回顾山泉村的发展历程,主要做到了以下四个方面。

(一)加强管理,盘活集体资产

2008年,山泉村集体负债高达4 700万元,村集体经济存在家底不明、管理粗放、群众分享少的状况。针对这些问题,山泉村建立了民主理财小组,开展清家底、理旧账、建新规、堵漏洞等系列活动。一是开展了全面清理集体资产专项行动。对村有资产进行全面账务核对,企业用地重新核定并登记造册,历史遗留下来的账面不实资产核实清理。二是统一费用标准并账目公开。统一制定资产租赁费、水电气使用费、资金使用费、上缴综合规费等标准,定期公开租金、利息等上缴款项、村级资产负债和收支明细。三是营造公正公平的发展环境。企业间不搞特殊化、差异化,有效解决了原来企业缴费有高有低、有松有紧,对应缴的费用能拖则拖、能欠则欠、能少则少

等问题,实现了村级收入有效增长。

（二）整合资源,扩展发展空间

2009年,山泉村被江阴市委、市政府确定为"三置换"改革试点村之一。以此为契机,山泉村通过整体规划,对村域3 350亩土地进行了全面归集,划分为功能明确的商贸居住区、工业集中区、三产物流区、生态农业区四个块区,土地得到集约利用。通过土地归集,全村有效农田面积翻番并连片集中,方便开展规模化种养殖,成为了生态农业、高效农业的生产基地;新增出300多亩的有效工业用地和488亩宅基地置换,成为全村经济再发展的新空间;依托村民集中居住的新社区,新建改建门面房、老年公寓和外来人员出租房,新增了上亿元的集体资产。

（三）优化服务,增创收入渠道

山泉村集体在产业园区内为入驻企业提供集中统一的服务,如供电、供水、供气,以及通讯、互联网、污水处理等,并可根据企业需求定制硬件设施,降低了企业运营成本,也获得了稳定的租金收入。村集体还自筹资金为入驻企业提供金融服务,以贷款的方式帮助企业渡过难关,赚取利息收入。通过在发展中优服务,在服务中增效益,村级工业经济量质并增,服务业比重不断提高,高新技术产业比例加大,企业上市稳步推进,村集体收入也相应持续增长。

（四）重视民生,建设美好家园

山泉村聚焦"民富、村美",真正将村集体的收入转变为村民的美好生活。一是以"生态宜居"为目标,完善各类基础设施。山泉村目前已完成新农村建设一期、二期工程,根据江南水乡特点整体设计,进行道路硬化、村庄美化、夜间亮化、环境净化,村容村貌焕然一新。先后建成了社区卫生服务站、社区综合服务中心、行政事业服务中心、老年活动中心和幼儿园等,让村民足不出村就能享受到城市生活的便利与舒适。二是村级收入持续向民生倾斜,各项社会事业协调发展。目前山泉村社会保险全面覆盖,义务教育

阶段学生学杂费由村委承担,村里还大力投资兴建养老公寓,打造"孝亲敬老,山泉示范"。三是营造以"民主促民生"的乡村文化。全村上下政通人和,党务、村务、财务公开,被评为"江苏省民主管理示范村"和"民主自治的先行者"。

从上述经验看,山泉村紧抓周边地区中小微民营企业繁荣发展的区位优势,从厂房租赁起步向企业服务拓展,逐步形成了富竞争力的产业体系,吸引了生产要素的持续流入。山泉村还强化民主管理模式,形成了收益共享、生活富裕、持续投入的良性循环,不断优化乡村软硬件环境,实现了村民群众的幸福生活。

四、实施乡村振兴战略的工作建议

2018年是乡村振兴战略实施的开局之年,基于江苏农业农村农民的发展现状,借鉴国内外乡村振兴的发展经验,提出了实施乡村振兴战略的具体工作内容。

（一）提高认识,把握发展的路径和动力

以提高思想认识为起点,转变旧有的发展思路,理解乡村振兴的战略目标、实现途径和动力来源。实施乡村振兴战略总目标是农业农村现代化,基本路径是城乡融合发展。乡村振兴就是要破除城乡二元结构问题,从根本上改变乡村长期从属于城市的现状,从原有的以城市为中心的发展路径,转移到城乡融合发展的路径上来。乡村振兴不是乡村被动接受城市的反哺和帮扶,应摒弃"扶弱"思想,重塑地位平等的新型工农城乡关系。乡村振兴的动力主要源于乡村自身蕴含的巨大发展潜力。乡村应牢牢把握自身发展的主动性,充分激发农民创造美好生活的自主能力,在保持城乡各自独立性和差异化的前提下尊重乡村自主,让农民群众共商共建共享乡村振兴,成为乡村振兴的主体。

（二）重点推进,抓好乡村产业振兴工程

以城乡产业深度融合为导向,促进城乡生产需求的互动对接,找准乡村产业的发展方向。长期看,城、镇、乡村三者应形成分工明确、互相依存

的有机整体;城市就是知识密集、产业引领的地方;乡村是文化、乡土、休闲、历史的区域和载体;在城乡之间还会有小城镇存在,肩负起连接城市和乡村的"驿站"功能。在城市产业带动下,乡村产业振兴重点关注两个方向:第一,农业生产现代化。推动农业生产规模化、专业化、商品化,种植高效作物,开展名特优水产品养殖,培育农业企业载体。扩大农产品认证范围,打造一批有影响力的"苏"字号公用品牌和农产品品牌。第二,农村产业链条延伸化。充分利用农村资源优势,着力开发特色服务,把农业种养、加工和休闲观光、健康养老有机结合起来,形成乡村产业发展新格局。

(三)深化改革,完善农村集体产权制度

以农村集体产权制度改革为重点,逐步推进城乡统一的要素市场和产权市场建设,疏通人才、科技、金融、资本支持农业农村发展的渠道。第一,做好乡村集体资产清产核资工作,厘清产权归属、全面保障村民权利。第二,推进农村集体经济组织建设,开展股份合作制改革,健全创新社会资本与农业经营主体、农户之间的收益分配机制。第三,构建农村产权流转交易市场服务体系,强化交易市场标准化、规范化建设。第四,深化农村土地制度改革,创新农用地经营权、宅基地使用权、集体经营性建设用地入市相关政策,让农民分享土地增值的收益。

(四)科学规划,城乡互动共建美丽乡村

以科学规划为指引,推进城乡公共资源一体化配置,彻底改善农村环境面貌,建设美丽家园。第一,加强城际交通网络和交通连接线建设,有条件的区域重点建设高铁网络,实施"四好农村路"建设行动,缩短城乡"距离",增强城乡融合基础。第二,统筹布局城乡基础设施网络和生态环保设施,开展农村饮水安全巩固提升行动,农村电网改造升级行动,推进"光网乡村""无线乡村"工程建设,提高农民物质生活水平。第三,引导农村产业园区建设,按照主体功能划分优化空间布局,因地制宜开展农房改造,建设规划合理、集聚集约、生态宜居的美丽乡村。

(五)加强管理,提升现代乡村治理水平

以有效治理为保障,打造村务管理示范样板,促进城乡社会事业并轨发展,确保乡风文明、民生幸福。第一,坚持自治、法治和德治相结合,完善乡村治理体系。发挥自治基础作用,推行村级事务阳光工程,加强集体"三资"管理,保障广大村民合理利益;发挥法治保障作用,梳理依法治理的理念,把政府各项涉农工作纳入法治化轨道;发挥德治引领作用,开展文明村创建,弘扬优秀传统文化,提升农民精神风貌。第二,加强乡村公共服务功能配置,切实增进民生福祉,提升乡村服务水平。实施乡村教育提升行动,解决"上学难"问题;健全医疗服务体系,打造"15分钟健康服务圈";巩固城乡居民养老和医疗保险全覆盖成果,实施脱贫致富奔小康工程。

来　　源:江苏省统计局
发布日期:2018 年 10 月 31 日

今年省委1号文件发布
对标硬任务确保农业农村发展"优先"

省政府新闻办公室18日举行新闻发布会，通报当前全省三农工作形势，介绍、解读今年省委1号文件重点内容。省委副秘书长赵旻表示，省委1号文件按照走在前列的目标定位，坚持农业农村优先发展总方针，以实施乡村振兴战略为总抓手，对标高水平全面建成小康社会必须完成的硬任务，抓重点、补短板、强弱项，深入实施乡村振兴规划和十项重点工程，确保到2020年高水平全面小康在江苏乡村大地如期实现。

坚持农业农村优先发展

省委农办主任、省农业农村厅厅长杨时云介绍，省委1号文件要求注重把优秀干部充实到"三农"战线，把精锐力量充实到基层一线，把熟悉"三农"工作的干部充实到地方各级党政班子，提出清理评比考核、加强表彰奖励、建立县域人才统筹使用制度和乡村人才定向委托培养制度、发展乡村职业教育等一系列政策要求，确保让基层干部有能力、有精力为群众办实事办好事。

在"三农"发展要素配置方面，我省要求全面推开农村土地征收制度改革和农村集体经营性建设用地入市改革，加快建立城乡统一的建设用地市场；允许县域内开展土地整治，盘活建设用地重点用于支持乡村新产业新业态和返乡下乡创业；可以为符合条件的农业设施和休闲旅游设施建设预留部分规划建设用地指标；加快推进农村产权交易市场标准化建设，推动农村各类产权

交易"应进必进"；深化农村集体产权制度改革，完善农村集体产权权能等。

"这些措施将为农村各类要素权能进一步松绑，改变农村要素单向流出格局，推动城乡要素自由流动、平等交换。"杨时云说。

在"三农"资金投入方面，我省要求把农业农村作为财政优先保障领域和金融优先服务领域。今年，我省公共财政将更大力度向"三农"倾斜，省级财力安排"农林水"支出192亿元，比上年增长14.1%。在农村公共服务方面，要求区域供水、公路、交通运输、公共照明、电气、信息基础和各类公益性服务的基础设施建设向乡村广泛延伸，农村教育、医疗卫生、养老殡葬、社会保险、体育文化等公共服务实现更高水平覆盖，推动全省逐步从形式上的普惠向实质上的公平转变。

明确今明两年硬任务

到2020年，江苏要高水平全面建成小康社会，重点在农村、焦点在农业、难点在农民。省委1号文件立足今明两年，对标对表，列出现代农业建设、乡村产业、农村改革、社会治理、基层党组织建设等9个方面40条任务，并进行逐一部署。

打赢脱贫攻坚战，是高水平全面建成小康社会的底线任务。我省全力实施打赢打好脱贫攻坚战三年行动，聚焦低收入人口、经济薄弱村、重点片区，全面排查解决低收入农户义务教育、基

本医疗、住房安全等方面存在的突出问题，强化到村到户到人的精准帮扶措施落实，探索缓解相对贫困长效机制，确保人均年收入 6 000 元以下农村低收入人口全部脱贫、省定经济薄弱村全部达标、12 个重点帮扶县（区）全部退出。

加快改善苏北农民住房条件是全省实施乡村振兴战略的标志性工程。在编制完善实施方案的基础上，注重发挥乡镇集聚带动作用，集中财政补助、政府债券、土地指标有偿调剂等资金，强化生产生活配套设施建设，突出低收入农户、低保户、农村分散供养特困人员和贫困残疾人家庭等四类重点群体，有力有序推进建设苏北农民住房条件改善。

围绕打好农村人居环境整治这场硬仗，各地各部门要认真学习推广浙江"千村示范、万村整治"工程经验，坚持规划引领，全面推开农村人居环境整治，聚焦垃圾污水处理、厕所革命、村容村貌提升等重点环节，开展美丽宜居村庄、最美庭院、水美乡村和绿美村庄等一系列创建活动，推动农业农村绿色发展，全面改善乡村整体面貌和农民生活环境。

着眼长远一张蓝图绘到底

"我省坚持一张蓝图绘到底，注重与管全面、管长远的政策文件相衔接，特别是与去年省委 1 号文件、乡村振兴实施规划和十项重点工程等文件相衔接，既突出今明两年的硬任务，又注重政策要求的一致性和连续性。"杨时云表示，我省对去年部署的乡村振兴十项重点工程——作出规定，确保各项工程目标不变、方向不偏、内容拓展、力度加大。针对乡村振兴三个发展阶段，我省要求各地加快建立健全党政主要领导负责的乡村振兴推进工作组织领导体系，推动各项政策措施制定和落实。

结合实际，我省增加改善苏北地区农民住房条件、推进农业提质增效等特色工作，明确今明两年 36 项硬指标。比如，到 2020 年农业科技贡献率达到 70%，无害化卫生户厕普及率达 95%，农业信息化率达 65%，行政村双车道四级公路、百兆光纤宽带入户、镇村两级人民调解委员会规范化建设、村务监督委员会等实现全覆盖。

在乡村产业发展上，我省要求推进农业提质增效，优化提升粮食产能，实施 8 个千亿级产业规划。在美丽乡村建设上，要求做好乡村规划布局，在村域内形成"一本规划、一张蓝图"。在农村改革创新上，要求加快推进农村房地一体的不动产权籍调查，将集体经营性资产以股份或份额的形式量化到人、固化到户。在农村社会保障上，明确 2019 年基本公共卫生服务经费人均补助标准提至 75 元、到 2020 年基础养老金省定最低标准提至每人每月不低于 160 元。

来　　源：新华日报
发布日期：2019 年 03 月 19 日

江苏省委一号文件解读
落实农业农村优先发展，全面推进乡村振兴

3月18日下午三点，江苏省委召开新闻发布会，就今年的省委一号文件做出了详细解读。省委一号文件立足今明两年，对标对表，列出了九个方面40条任务，并进行逐一部署。

据介绍，今年在财政收入增速放缓的情况下，公共财政依然实现了更大力度向"三农"倾斜，江苏省级财力安排"农林水"支出192亿元，比上年增长14.1%。文件明确了今明两年36项硬指标，比如，到2020年农业科技贡献率达到70%，无害化卫生户厕普及率达95%，农业信息化率65%，行政村双车道四级公路、百兆光纤宽带入户、镇村两级人民调解委员会规范化建设、村务监督委员会等实现全覆盖。

农村低收入人口全部脱贫
经济薄弱村全部达标

打赢脱贫攻坚战，让广大农民同全国人民一道迈入全面小康社会，这是高水平全面建成小康社会的底线任务。

"十三五"以来，江苏省年收入6 000元以下低收入人口已累计脱贫199.4万，新增和返贫人口呈逐年下降趋势。文件要求，必须全力实施打赢打好脱贫攻坚战三年行动，聚焦低收入人口、经济薄弱村、重点片区，全面排查解决低收入农户义务教育、基本医疗、住房安全等方面存在的突出问题，强化到村到户到人的精准帮扶措施落实，探索缓解相对贫困长效机制，确保6 000元以下农村低收入人口全部脱贫、省定经济薄弱村全部达标、12个重点帮扶县（区）全部退出。

加快改善苏北农民住房条件
但要避免"千村一面"

加快改善苏北农民住房条件，是全省实施乡村振兴战略的标志性工程。

去年江苏省先后两次召开会议专题部署，把优先引导有条件的农民进城入镇居住，优先改善低收入农户的居住条件，优先推进农村危房和"空关房"改造摆在突出位置，在改善住房条件的同时，同步配套基础和公共服务设施。

与此同时，各地要加大对历史文化名村、传统村落和特色村庄的保护，保持和延续其传统格局和历史风貌，注重对非物质文化遗产的挖掘和活态传承，实现保护与发展齐头并进。对新建新型农村社区要进一步提高规划设计和建造水平，不能简单套用城市设计手法指导乡村建设，坚决避免乡村景观城市化或"千村一面"的现象。

6 000个"美丽宜居村庄"
300个省级"特色田园乡村"

农村人居环境整治是实施乡村振兴战略的重点任务，也是今明两年"三农"必须完成的硬任务。

自2011年以来，江苏省委、省政府先后实施了村庄环境整治、村庄环境改善提升、美丽乡村和特色田园乡村建设等系列行动，去年按照中央决策部署，启动实施了农村人居环境整治三年行动。

浙江"千万工程"坚持16年，一张蓝图绘到

底,持续扎实推进,造就了万千美丽乡村,荣获联合国"地球卫士奖",对全国具有普遍的、直接的指导意义和重要的示范带动作用。这次省委一号文件明确提出要学习推广浙江"千万工程"经验,3月8日省政府已召开专门会议部署推进,要求各地各部门要认真学习推广浙江"千村示范、万村整治"工程经验,坚持规划引领,全面推开农村人居环境整治,聚焦垃圾污水处理、厕所革命、村容村貌提升等重点环节,开展美丽宜居村庄、最美庭院、水美乡村和绿美村庄等一系列创建活动,推动农业农村绿色发展,全面改善乡村整体面貌和农民生活环境。

根据文件要求,到 2020 年要实现农村人居环境明显改善,所有村庄环境干净整洁有序,并建成 6 000 个"美丽宜居村庄"、300 个省级"特色田园乡村"。

培育壮大 8 个千亿元级优势产业
让绿色发展成为江苏最大特色

唯有将推动乡村产业振兴作为关键着眼点,解决好农村实体经济发展和农民就业增收这两大难题,才能真正让农业成为有奔头的产业,让农民成为有吸引力的职业,让农村成为安居乐业的家园。党的十九大提出的实施乡村振兴战略的总要求,首位就是产业兴旺。

今年的省委一号文件的九大部分中有两个部分"坚持质量兴农,着力推进现代农业建设迈上新台阶"和"发展壮大乡村产业,促进农民收入持续较快增长",都强调了产业的发展。只有产业兴,才能百业兴,推进产业振兴是乡村振兴最基础、最关键的任务,当前重点是要深入推进农业供给侧结构性改革,推动农业从一产向一二三产融合发展、向乡村产业延伸转变。

首先,培育壮大 8 个千亿元级优势特色产业。实施好藏粮于地、藏粮于技战略,稳定发展粮食生产,全省目标是要保持水稻种植面积在 3 200 万亩以上,调减非优势区低效粮食种植面积。因地制宜扩大绿色蔬菜、应时鲜果、食用菌、苗木花卉、名优茶叶、特色畜禽、特色水产等地方特色农产品规

模,推进特色产业集群集聚发展。实施开放型农业提升行动,加快部省级开放型农业"两区"建设,组织各类境外展示展销,引导企业到"一带一路"国家和地区发展,拓展国际市场,扩大产业规模。

其次要转方式,将绿色发展打造成为江苏农业的最大特色。进一步推进化肥农药减量增效,加大畜禽粪污、农作物秸秆等农业废弃物资源化利用力度,推进农膜、农药包装废弃物回收利用。加强农业资源保护,在苏南地区整体推进轮作休耕,进一步优化畜禽养殖、渔业养殖布局,减少生态环境敏感区、重要水体的承载负荷。大力发展种养结合、农牧结合,扩大生态循环农业发展试点,推进绿色畜牧业、生态渔业生产,引导发展绿色、有机农产品,把生态优势转变为产品优势。

三是促转型,切实增强农产品市场竞争力。守好农产品质量安全底线,创建国家农产品质量安全示范省,实施农产品质量追溯"四挂钩"制度,提升农产品质量安全水平。抓好"苏"字号农业品牌建设,完善农产品品牌目录制度,打造一批知名区域公用品牌、企业产品品牌。加大农产品市场竞争主体培育,推进农业集群集聚发展,打造农业产业化联合体、各类农业园区、农产品专业村镇和加工强县,做强一批市场竞争力强的农业企业、农民合作社等。

四是抓融合,推动乡村产业全产业链全价值链发展。实施"农业+"融合发展行动,推进"农业+加工业"、"农业+文旅休闲"、"农业+电商"、"农业+服务业"等,大力发展农业新产业新业态,发展农产品产地初加工、精深加工、主食加工和副产物综合利用,实施"百园千村万点"休闲农业精品行动、促进农产品网络销售、大力开展农业全程社会化服务、建设一批一二三产业融合发展先导区。推进乡村创新创业,支持发展手工业、家庭工厂、手工作坊等特色乡土产业。

来　　源:微讯江苏
发布日期:2019 年 03 月 19 日

构建乡村产业新格局
加快推进农业农村现代化

2018 年以来,江苏省按照乡村振兴和高质量发展的决策部署,紧紧围绕"走在前列"的目标定位,大力实施现代农业提质增效工程,编制 8 个千亿级优势特色产业规划,制定农业高质量发展工作方案,调减非优势区粮食 273 万亩,优势特色产业新增 420 万亩,休闲农业、农产品电商等新产业新业态增速接近 30%,组建产业化联合体 259 家,836 家省级龙头企业销售额 7 800 亿元、同比增 8%,呈现"结构调优、业态调新、方式调绿、效益调高"的趋势。2019 年,江苏省将结合机构改革,加大统筹整合力度,以乡村振兴十项重点工程为主抓手,拓展产业内涵,彰显产业特色,提升产业层次,构建乡村产业新格局,加快推进农业农村现代化。

围绕促进全产业链融合,
加快拓展产业内涵和业态特色

坚持"立足农村、农民主办、体现乡村价值"原则,把乡村产业发展作为乡村振兴的重点,突出 8 个千亿元级优势特色产业规划实施,推动乡村产业兴旺。狠抓新产业新业态培育,抢抓"互联网+""乡村旅游"机遇,推进"百园千村万点"休闲农业精品行动、"一村一品一店"建设、农村一二三产融合等,新产业新业态增速保持在 20%以上。提升产地初加工、精深加工、综合利用水平,发展冷链物流、定制农业等流通新业态,农产品加工业产值与农业总产值比达到

3.1∶1。狠抓乡村服务业培育,推动农业生产性服务业规模化发展,提升服务质量,扩大覆盖面,把小农户带入现代农业发展轨道。顺应农民群众改善生产生活愿望,积极培育健康、养老等乡村生活性服务业。狠抓优势特色产业培育,加强标准化产业化规模基地建设,推动高效特色产业集群集聚发展,继续调减低效粮食作物 200 万亩,稻田综合种养达 120 万亩以上。通过企业、产品、产能"走出去",扩大产业规模,提升竞争力。

围绕协调生产生态发展,
加快推动绿色发展和质量提升

坚持生态优先、绿色发展,推广应用"戴庄经验",推进绿色兴农、质量兴农。以农产品质量安全整省示范,筑牢品牌信誉。以整省示范为契机,创建一批示范县、示范市,加快农产品质量安全可追溯体系建设,新建省级绿色优质农产品基地 300 个,培育超亿元区域公用品牌 5 个。以畜禽废弃物资源化利用整省推进,构建生态循环体系。突出 22 个畜牧大县,采取农牧结合、有机肥生产、沼气利用等多种途径,畜禽粪污资源化利用率提高到 83%。探索政府引导、市场运行、农民参与的农膜回收利用机制,回收利用率达 73%。以县为单位、乡镇为重点,扩大整建制生态循环农业试点规模,构建新型农牧结合、生态循环生产体系。以休耕轮作、围网养殖整治和投

入品减量,减轻资源环境承载压力。在苏南地区整体推进轮作休耕,选择适宜技术路线,力争3年左右全面休耕一遍。推动部省市县试点层层开展,全省轮作休耕规模达125万亩以上。依法拆除禁养区网围养殖,面积压减到75万亩以内。对保留的网围实行生态化养殖、小区化管理,加大增殖放流力度,强化种质资源保护。在化学防治集中区域试点推广零差价农药集中配送模式,建设省级绿色防控区200个,化肥使用总量较2015年削减4%以上。

围绕激发创业创新活力,
加快打造经营主体和平台载体

依托现有各类农业园区,鼓励各类主体入园创业创新,进一步做强主体、提升载体,合力推动规模扩大、转型升级。提升新平台建设水平,重点推进南京科创园建设,吸引一批国际国内农业高新技术企业、创新团队等入园,及早发挥作用。争创一批国家级平台建设,加大省级现代农业产业示范园创建力度,更好地集聚资源,推动产业发展。提升新主体经营水平,推进新型职业农民培育整省示范,探索农民职称评审,认定新型职业农民2万人。实施新型经营主体培育工程,重点发展适度规模经营的家庭农场,开展合作社规范化提升建设,做大做强农业龙头企业,引领现代农业发展。提升新农民创业能力,筹备举办全国"双新双创"博览会,鼓励引导涉农大学生、城市返乡下乡人员、非农行业退休人员、海归人才等到农村创新创业,领办创办新型经营主体,发展新产业新业态。

围绕强化产业升级支撑,
加快提升农业物质和装备水平

发挥机构改革的优势,整合资源,加快推进农田基础设施与现代装备建设,凝聚产业转型升级的强大支撑。推进农田高标准建设,加快粮食生产功能区和重要农产品生产保护区划定建设,创建一批特色农产品优势区。整合高标准农田、千亿斤粮食产能、高效设施农业等项目资源,统一谋划布局,提高标准,整建制推进,完善全省高标准农田建设"一张图",新建高标准农田300万亩。推进生产机械化发展,深化农机"一项行动两大工程",粮食生产全程机械化整省推进行动新增5个示范县,设施农业"机器换人"工程和绿色环保农机装备与技术示范应用工程新建20个项目,农业机械化水平达85%。推进管理智能化建设,实施农业物联网区域试验工程,新增智能农业示范点500个,推进农业大数据、农业智能决策体系、智慧农业云平台等建设,加快智能化技术在农业生产管理上的推广应用。推进农业设施化发展,实施新一轮设施农业提升行动,引导建设采光保温性能好、结构坚固、便于机械作业的新型农业设施,新建设施农业50万亩。

杨时云
江苏省委农办主任
省农业农村厅党组书记、厅长

来　　源:《农业工作通讯》
2019年第3期
发布日期:2019年01月31日

我省 15 个地区试点 24 项国家和省级农村改革任务

改革开放以来,我省从农村基本实现以家庭承包经营为基础,到积极探索多样化的村集体经济发展路子,再到农村承包土地三权分置、农村社区股份合作改革,掀起了一波又一波改革热潮。"十三五"以来,我省各地又承担了 24 项国家级、省级农村改革试点任务,是全国承担改革试点任务最多的省区之一。1 月 11 日,省农业农村厅召开改革试验区工作座谈会,15 个试点地区总结了经验,为试验区发展建言献策,给深化农村改革探路出招。

农村拆迁变"社区"　留地发展要落实

南京承担国家集体资产改革试验区改革任务。该市农工委副书记马洁峰介绍,目前已有 449 个村(社区)完成股权固化改革,量化集体经营性资产 40.7 亿元。

发展新型集体经济,南京支持拆迁地区通过货币化补偿、留地发展、置换经营性物业(股权)三种方式开辟致富新路径。记者调查了解到,在江宁等经济条件好的城郊区,拆迁村转型为城市社区,拿到拆迁款后,村集体多选择购买菜场、超市、门面房等物业资产,发展租赁经济;有的和城建平台、开发商合作,开发写字楼、研发楼。江宁东山街道章村社区从工业集中区、门面房到总部大楼,账上的经营性资产超过 6 亿元。骆村社区书记刘宁介绍,村里利用留地政策,建起了骆村总部大厦对外出租,年租金 400 多万元,眼下又

联合区城建平台合作建设 3 万多平方米的人才公寓,总投资 1 亿多元。

但并非所有拆迁村都像章村、骆村这样,能够利用区位优势得享城市化红利,在市场大潮中"呼风唤雨"。对那些区位不占优势、经济实力不强的村,南京鼓励村集体联合抱团、异地发展。江宁、栖霞区有 67 个村组建 4 家集体资产股份合作社,通过购买优质资产、承担实施配套项目,每年获得 8%～10% 的稳定回报。在苏州,吴江引导 50 个经济相对薄弱村组建惠村公司,统筹各类帮扶资金、村集体资金 2.2 亿元投向太湖新城优质项目,每村年收入增加 60 万元。

不过,即便集体经济发展较好的村,也有"成长的烦恼"。"虽然南京有村组拆迁后有 2% 土地留地开发的政策,像我们村有 50 亩的用地指标,但这么多年下来,只用了十几亩。"南京某城郊村负责人叹苦经,留地给拆迁村开发物业,对所在区街来说,是损失了一笔土地出让金,却为村集体"养了一只会下蛋的鸡",这项政策落地,还需有关部门支持。此外,村集体出租物业赚的钱,除了给农民分红,承担集体公益事业,还要留足滚动发展基金。可眼下虽然免征了契税、印花税,还要缴纳增值税、所得税,而且运行经费、公共服务支出需所得税后列支,社员普遍认为不合理。

"市场经济大浪淘沙,村组拆迁进城,集体这

笔钱来得不容易,还要紧着花,农民挣的钱,应尽量用于农民,相关税费应尽量减免。"江宁农工委书记周书全说。

土地承包经营权有偿退出,帮农民算好"三笔账"

作为全国改革试验区,苏州承担土地承包经营权有偿退出改革、重要农产品保险等四项试点改革任务,是承担全国农村改革试点最多的地区之一。这当中,土地承包经营权有偿退出事关农民长远保障,推动农民市民化,关注度很大。

"之所以试点土地承包经营权有偿退出,是因为劳动力非农化转移率高,土地保障功能已经弱化。"苏州市农办副调研员季瑞昌介绍,虎丘区土地承包经营流转到村集体和合作社比例达90%,农民对土地的依赖性较小,而城乡一体的基础设施、公共服务、户籍制度和社保制度,为农民提供了很好保障。

围绕土地承包经营权有偿退出,虎丘区出台了一系列政策文件,把试点对象分为非特色田园村庄和特色田园村庄两种类型,因地分类推进。目前,改革试点已在全区 4 个乡镇 33 个村展开,共退出承包地 2 万多亩,涉及农户 1 万多户,落实社保资金 32 亿元,有力地促进了现代农业发展和新型城镇化。

但单一的经营性土地退出后,农民对宅基地退出意愿开始下降,这不利于土地复垦和集约利用。为此虎丘区又提出了承包土地与宅基地"双地退出":承包地换社会保障,宅基地换保障性住房,弥补了原有政策缺陷。

困扰这项改革试点的另一难题,是保障所需资金数额巨大,以及农民退出土地承包经营权的"后路"问题。虎丘区从全区 2017—2021 年的土地拍卖金中提取 5%,作为推动这项改革的社保专项资金。如皋市也在试点土地承包权有偿退出,做法是为退地农民保留集体经济组织成员资格,保障认可分红的权利,同时建立财政支持下的收储机制,充分保障农民利益。

"土地承包经营权有偿退出,是充分保障承包农户财产权利的重要形式,但要帮农民算好三笔账:进城账、离农账、后路账。"省农业农村厅农经处处长杜海蓉认为,虎丘区不仅一揽子解决了当地 1 万多农户就地城镇化、市民化问题,而且 2 万多亩土地由镇村统一进行农业开发,促进现代农业发展,实现强村富民目标;但对于经济欠发达地区,这项改革的成本应该由谁来承担,如何确保可复制可推广,还需要通过改革试验继续探索。

土地经营权入股,"债股渐进"可双赢

农村土地流转后,集中到种植大户和农业企业手中,农民一次性收取租金,是当前土地经营的常见模式,但土地作为农业经营的核心要素价值并未充分体现,农民出租土地后也与现代农业发展"分道扬镳"。常州市武进区试点农村土地经营权入股发展农业产业化经营改革,让承包农户成为"股民",分享现代农业的发展成果。

武进区农办副主任姚志平介绍,该区主要采取土地经营权入股农民专业合作社的形式,有三个典型案例:一是洛阳镇汤墅农地股份合作社以 603 亩土地经营权作价 260 万元,入股组建农副产品专业合作社;二是嘉泽镇跃进农地股份合作社以 184 亩土地经营权作价 2 000 万元,入股组建西太湖花木合作社;三是洛阳镇岑村以 550 亩土地经营权作价 1 000 万元,入股组建农地股份合作社,探索构建了"农地股份"＋"农民专业"的土地流转"双重合作"模式,农民除了"保底收益",还有"分红收益",以及"劳务收益"。

"虽然制度设计积极推进,但经营权入股也存在问题和困难。"姚志平说,流转土地的农民习惯每年收取租金,对入股经营这种新的经营模式不理解,对入股经营参与分红有疑虑;企业也担心,土地流转金本是固定成本,现在却成了公司股份,如果经营不善,农民无法接受,如果分红多,会降低自身利润。

"经营权入股,农民和企业的关切都要考虑,如果一下子推不开,可采用'债股渐进'模式,谋

求农企双赢。"专家建议选择经营状况好的涉农企业，按照普通债权、可转换债权、优先股权、普通股权等债权与股权形式，逐步入股企业，探索"保底＋分红"、股份分红、优先股等分配方式。这样，既让农民分享产业增值收益，又降低失去土地经营收入的风险，同时保障了入股各方的合理权益。

让村集体和农民持续增收，南京市高淳区探索出"股权＋能人"的混合经济模式，释放出"富能量"。土地流转后，集体股份由村社区作为投资主体，引入会经营、懂管理的乡土专家和农业企业参股。东坝镇东坝村和水草专家汪桂伢、农户以 5：4：1 合股养青虾。阳江镇胜利村、新正村与龙头企业帅丰集团以 51：49 股份，雇用农户养鲈鱼，试点均取得成功，鲈鱼养殖亩均效益5 000 元～1 万元。

声　音

守住"四条底线"　呵护农民利益

江苏农村四十年的快速发展变化得益于改革，未来永续发展的动力也依然靠改革。农村改革只有进行时，没有完成时。书写新时代乡村振兴"江苏答卷"，农村改革还要攻坚克难、持续发力。

农村改革走到今天，广度和深度有了很大拓展，从农地集约经营到入股分红，从土地承包经营权有偿退出到集体资产股份制改革，农村很多深层次的矛盾，问题出在农村，症结并不在农村，仅仅依靠农村内部的改革，是难以根本突破的。改革不能就农村论农村，而要紧扣城乡关系重塑，统筹谋划城乡改革，加快构建城乡融合发展体制机制和政策体系。

农村改革到深水区，也不是某一个部门可以完成的，更不是某一项改革单兵突进就能奏效的，当前尤需注重顶层设计、系统集成。作为国家农村改革试验区，苏州同步推进土地承包经营权、集体分配收益权有偿退出，以及重要农产品保险、政府购买农业公益性服务机制创新、新型职业农民试点等多项改革，就是因为这些改革举措彼此关联、相辅相成。同样，集体产权股改的"江宁经验"，也不是一改了之，而是统筹布局留地开发、区街扶持、抱团发展，帮助社区集体经济组织闯荡市场。

省委农办主任、省农业农村厅厅长杨时云指出，在乡村振兴战略的大背景下，农村改革需要凝聚各方面合力，从城乡融合的全局，对农村改革试验的各种要素统筹考虑，既抓改革方案协同，也抓改革落实协同，更抓改革效果协同，促进各项农村改革举措在政策取向上相互配合，在实施过程中相互促进，在改革成效上相得益彰。

鼓励地方创新、尊重基层创造、总结先进典型，方能发挥其示范作用。农村改革的价值和意义，不仅在于将完成多少项改革任务和要求，打破哪些体制机制的障碍和束缚，更在于补齐农业农村发展短板，加快推进农业农村现代化，不断提升农民群众的获得感满意度。农村改革无论怎么改，都要守好四条底线：不能把农村土地集体所有制改垮了，不能把耕地改少了，不能把粮食生产能力改弱了，不能把农民利益损害了。

来　　源：新华日报
发布日期：2019 年 01 月 14 日

坚持农业农村优先发展不动摇
推动我省乡村振兴走在全国前列

省委常委会1月7日召开会议,传达学习习近平总书记对做好"三农"工作的重要指示和中央农村工作会议精神,研究部署相关工作。省委书记娄勤俭主持会议。

会议指出,习近平总书记对做好"三农"工作的重要指示,确定了今明两年"三农"工作的总基调,为我们做好"三农"工作提供了根本遵循。刚刚过去的2018年,我省实施乡村振兴战略实现了良好开局,农业丰产丰收,农民收入增幅继续高于城镇居民,脱贫攻坚成效明显,农村民生持续改善,农村社会保持和谐稳定。农业农村发展所取得的成绩,为我们应对风险挑战、推进高质量发展奠定了坚实基础。但必须清醒地看到,到2020年高水平全面建成小康社会,"三农"工作还有很多必须完成的硬任务。我们要把思想和行动统一到习近平总书记关于做好"三农"工作的重要论述上来,认真贯彻落实中央决策部署,高质量完成今明两年"三农"工作各项任务,推动乡村振兴走在全国前列。

会议强调,坚持稳中求进工作总基调,保持

经济持续健康发展和社会大局稳定,更要毫不放松地重农强农惠农,落实重中之重要求,稳住"三农"发展基本盘。要落实走在前列要求,推动"三农"发展高质量,不仅要做指标和进度上的领先者,也要做思路和路径上的引领者,还要做城乡融合发展和农业农村现代化建设上的探路者。要落实优先发展要求,抓好"三农"发展硬任务,对标高水平全面小康切实做好攻难关、补短板、抓弱项工作,特别是围绕苏北地区农民群众住房条件改善、农村人居环境整治、脱贫攻坚三项重点工作和乡村振兴十项重点工程,强化系统思维,提升攻坚能力,全力啃下硬骨头、打好攻坚战。要落实党管农村要求,强化"三农"发展领导力,全面落实五级书记抓乡村振兴的要求,健全完善工作推进、规划实施、政策支撑、考核评估等体系,推动乡村振兴各项目标任务落细落实。

来　　源:新华日报
发布日期:2019年01月21日

第六部分

人民防空、
城乡建设

省人防办召开全省人防工作会议

　　3月26日,省人防办在南京召开全省人防工作会议,学习贯彻全国"两会"精神和国家人防办"科技铸盾强防"活动要求,总结2018年度人防工作,部署2019年工作任务。这是机构改革后召开的第一次人防工作会议,省政府高度重视,费高云副省长作出批示,要求在认真总结去年工作的同时,切实抓好今年人防工作落实,努力实现人民防空高质量发展走在前列的目标。各设区市、县(市、区)人防办主任(住建局长)参加了会议。

　　会议首先邀请2018年度国家最高科学技术奖获得者,中国人民解放军陆军工程大学钱七虎院士作报告。钱院士从增强忧患意识,国家安全环境复杂多变、增强忧患意识,确保国家安全、信息化战争对防护工程的挑战、信息化战争条件下工程伪装防护的对策、人防建设,任重道远,大有可为等五个方面给会议代表作了一堂生动的报告。钱院士是我国军事防护工程领域的奠基人,对人防工作有特殊感情,他语重心长地说,世界并不太平,没有强大的国防,就没有安全可言。人民防空是国防的重要组成部分,人防工程是地下空间开发利用的重要载体,人防各级领导要认真学习贯彻习近平新时代中国特色社会主义思想,贯彻落实新发展理念,爱人防、干人防、努力干出名堂,建设好"地下钢铁长城"。与会人员认真聆听了钱院士的报告,深受教育和启发。

　　在听取了南京、徐州、泰兴和泗阳市人防办领导的交流发言后,省人防办党组书记、主任戴跃强作了工作报告,他指出,这次全省人防工作会议意义重大,将动员全系统抓好用好改革机遇,牢记人防职责使命,强化担当,凝心聚力,真抓实干,努力推动我省人防建设高质量发展走在全国前列。

　　在总结了2018年工作情况,部署了2019年工作任务后,戴跃强就做好新年度人防工作提出了六点要求。一要提高政治站位,从全局和战略高度深刻认识人民防空的重要性。要坚持用习近平新时代中国特色社会主义思想指导人防建设,人防机关是军地双重领导部门,担负着"战时防空、平时服务、应急支援"的重要使命,只有平时建得好、训练得好,战时才能有效地实施防御。各级领导要提高政治站位,充分认识人民防空的战略地位,切实把人防工作摆上更加重要的位置。二要以更强动力,创造性地贯彻落实好中央和省委各项决策部署。要立足当前、着眼长远,把主要精力放到抓有效投入、抓重点项目、抓攻坚克难上来,进一步压实责任。要突出抓好"十三五"规划的落实,抓好人防系统腐败问题专项治理和行业治理,营造好风清气正的良好政治生态和行业营商环境。三是突出备战强防,全面提升备战核心能力建设。要以战备需求牵引建设准备、主导资源配置,着力加强人防指挥机构建设、加强重要经济目标防护、加强城市重要区位综合防护建设、加强核应急能力建设,以完备体系护佑生命,以可靠手段稳定社会,以有效行动消除后果。四要改革创新,推动人防转型升级和高质量发展。要全面深化改革,认真落实好《江苏省人民防空高质量发展实施方案》,坚持稳中求进基调和高质量发展要求,聚集备战,把人防核心能力建设摆到重中之重;聚力改革,把依法治理能力的提高作为工作的着力点;整体推动,把营造良好的发展环境作为推动高质量发展的重要途径。汲取住建部门抓建设和管理的好做法,借城建大平台之力,借住建系统完备的执法队伍、质监队伍、监理队伍和设计力量,把人防和城建业务工作有机结合起来,协调推进,相互促进。五要坚持以人民为中心思想,让人民群众获得更多福祉。要坚持人防发展为了人民、发展依靠人民、发展成果由人民共享,统筹规划,把人防建设融入城市建设、人防工程开发利用融入城市发展、人防资源融入城市应急体系,加快形成人防建设与经济社会深度融合发展的格局,使全省人民在人防高质量发展中有更多获得感。六要加强自身建设,打造一支忠诚干净、干事创业、作风优良的人防队伍。要牢固树立政治意识、大局意识、国防意识、责任意识,加强对人防工作的领导,加强与军事机关的协调配合,建立联合会商机制,及时解决重难点问题。要科学设置内设机构,使人防核心任务正常、有序、有力开展。要做好县(市、区)机构改革的指导督促工作,明确党委成员分管人防工作。要加强业务培训,走开基地化、专业化、社会化培训路子,切实提高各级各类人员的理论素养、业务技能和执法水平。要加强宣传教育,巩固、深化人防宣传教育"五进"成果,开展形式多样的宣教活动,加强宣传阵地建设,发挥好新媒体的作用,营造全社会关心、支持、建设人防的浓厚氛围,促进形成人防工作强大合力。

省人防办领导和机关、直属单位负责同志以及南京铁路办事处人防办、省级机关人防办,驻省发改委纪检监察组负责同志约160人参加会议。

来　　源:江苏省人民防空办公室
发布日期:2019 年 03 月 28 日

省政府办公厅关于推动人防工程建设与城市地下空间开发融合发展的意见

各市、县(市、区)人民政府,省各委办厅局,省各直属单位:

人防工程是城市地下空间开发利用的重要载体。近年来,全省各地认真贯彻中央关于人防建设与经济社会融合发展的决策部署,按照"平战结合"的要求,因地制宜组织实施人防工程项目建设,有效提升了城市防护能力,促进了地下空间开发利用。为进一步推动人防工程建设与城市地下空间开发融合发展,根据《中共中央国务院中央军委关于深入推进人民防空改革发展若干问题的决定》(中发〔2014〕15号)和省委、省政府相关部署要求,现提出如下意见。

一、把握推动融合发展的总体要求

认真贯彻中央决策部署和第七次全国人民防空会议精神,根据现代战争特点和国家安全战略需要,立足新型城镇化建设发展,深入贯彻长期准备、重点建设、平战结合方针,坚持统筹规划、有序实施,坚持公共优先、综合利用,坚持政府主导、社会参与,坚持质量第一、确保安全,加快转变人民防空发展方式,在城市地下空间开发落实防护要求的同时,充分发挥人防工程优势推动城市地下空间开发利用,切实提高城市整体防护和综合承载能力,努力实现人防建设的更大作为和可持续发展,为"迈上新台阶、建设新江苏"提供坚实保障。

二、加强对人防工程建设的规划引导

各地在组织编制或修订城市总体规划时,要坚持集约建设和资源共享,统筹提出人防工程建设与地下空间开发利用融合发展的相关要求,并依据城市总体规划,编制人防工程规划和城市地下空间开发利用规划,实现人防工程与地下空间融合集成建设、综合开发利用、互连互通、连片成网。人防工程规划要充分考虑战时和平时使用需求,对人防工程的建设规模、结构布局、体系配套、地下空间兼顾人民防空需要的区域和标准,以及落实规划的保障措施等作出具体规定。编制城市控制性详细规划,要对人防工程建设规模、功能定位、远期目标等提出具体要求。制订项目修建性详细规划,要对地下空间及人防工程出入口位置、连通方式等内容予以明确。

三、明确人防工程和兼顾设防工程建设标准

根据国家颁布的人防工程建设标准,紧密结合我省实际,城市规划区新建民用建筑要按照总建筑面积的5%～9%结合建设6级以上防空地下室。其中,一类、二类、三类人民防空重点城市建设比例分别为9%、8%、7%,一级、二级、三级县(市)建设比例分别为7%、6%、5%。因地质、地形、结构及其他条件限制不能修建的,或城市某区域人防工程人均面积达到最低人均结合建设面积指标且人防工程布局满足服务半径要求的,经建设单位申请,人民防空主管部门批准,可

按规定缴纳人防工程易地建设费。其中，一类、二类、三类人民防空重点城市最低人均结合建设面积分别为1.8、1.6、1，县（市）按照防护级别确定最低人均结合建设面积，标准为1.2。防空地下室建设实施细则由省民防局另行制定。城市地下空间开发要按规定落实防护要求，单独建设的城市地下空间可按建筑面积的5%～9%集中修建6级以上防空地下室，也可按整体满足防常规武器非直接命中的要求建设人防工程。轨道交通设施的建设标准，按照《轨道交通工程人民防空设计规范》（RFJ02—2009）执行。城市地下交通干道、隧道、地下综合管廊等重要基础设施建设，按有关规定兼顾人民防空需要。

四、规范人防和兼顾设防工程使用管理

各地要按照权责明确、各负其责、齐抓共管的要求，建立人防工程和地下空间兼顾设防工程使用管理机制。各主管部门要按照有关法律法规和政策规定加强监管，督促设施使用管理单位履行职责和义务。人民防空主管部门要加强对人防工程、兼顾设防工程日常维护使用的管理；使用单位要向人民防空主管部门申领平时使用证，并签订使用协议，明确维护管理、战时义务、违约责任等事项，确保工程安全使用。地下空间兼顾设防工程的使用管理，可参照人防工程执行，不得降低防护效能。强化执法检查，及时发现、通报、查处违法违规行为，确保人防工程和兼顾设防工程维护和使用管理规范有序。

五、努力为推动融合发展创造良好环境条件

各级人民政府要着眼于提高城市防护能力和完善城市功能，切实重视并认真做好人防工程建设和城市地下空间开发融合发展工作，简化行政审批程序，积极创造良好条件。各市、县要严格落实结合民用建筑修建防空地下室的要求，不得擅自少建、不建防空地下室或减免易地建设费。各级人民防空主管部门要按照专款专用的要求，加强对人防工程建设经费使用管理，将其重点用于老旧居民小区地下停车场、闹市区地下过街通道、地铁换乘中心、人员密集区地下综合体等人防工程建设。积极创新投资运营机制，适时开展政府与社会资本合作模式（PPP）试点，通过特许经营、投资补助、政府购买服务等形式，鼓励社会资本以独资、合资、联营、租赁等方式，参与人防工程和兼顾设防工程建设。加强政策扶持，除按法定义务建设的人防工程外，其余地下空间遵循"谁投资、谁受益"原则。符合条件的人防工程享受相关税费优惠政策，城市地下空间兼顾设防工程同时享受国防工程和社会公益性项目有关政策优惠。

江苏省人民政府办公厅
2016年7月4日

来　　　　源：江苏省人民政府办公厅
发布日期：2016年07月04日

2018 年全省民防工作要点(摘要)

2018 年是贯彻党的十九大精神的开局之年,是全面贯彻落实第七次全国人民防空会议精神和"十三五"民防发展规划承上启下的关键之年。全省民防工作要以习近平新时代中国特色社会主义思想和十九大精神为指导,围绕建设强大巩固的现代人民防空体系,强化备战打仗,聚焦核心能力,抓重点、补短板、转方式、严监管,推动高质量发展,在新的起点上努力开创江苏民防工作新局面。

一、深入学习贯彻党的十九大精神

把学习贯彻十九大精神作为首要任务,系统组织学习党的十九大文件,组织开展主题教育、专题培训班,加大宣传力度,营造浓厚氛围,深刻领会习近平新时代中国特色社会主义思想的精神实质和丰富内涵,统一思想和行动,努力在学懂、弄通、做实上下功夫,自觉地在思想上政治上行动上同以习近平同志为核心的党中央保持高度一致,牢固树立政治意识、大局意识、核心意识、看齐意识。贯彻落实新发展理念和新时代党的强军思想,把学习十九大精神与贯彻第七次全国人民防空会议精神紧密结合起来,准确把握新时代人民防空建设新定位、新目标、新要求,强化备战打仗鲜明导向,增强民防工作使命感责任感,把智慧和力量凝聚到落实第七次全国人民防空会议提出的各项任务上来,把解决问题的重点聚焦到人民防空建设中的发展不平衡、不充分上来,大力提升发展质量和效益,更好地满足人民群众在人民防空设施设备开发利用、平战结合等方面日益增长的需要,提升人民防空对推动社会全面进步的贡献率。组织开展新时代人民防空理论研究。

二、认真履行人民防空使命任务

(一)组织"十三五"规划中期评估。采取上下联动、自评与第三方评估相结合的方式,查找差距,分析原因,研究解决办法,调整完善规划,加快任务完成。

(二)抓好指挥平台建设。建设集空情接收、信息处理、警报发放、指挥控制等功能于一体的人防指挥信息系统。继续抓好对老旧指挥所信息平台的改造和县级基本指挥所的建设,尚未建基本指挥所的县(市、区),要完成选址、立项等前期工作。完成人民防空警报专项规划编制。

(三)开展实战化演练。依据《人民防空训练规定》《人民防空训练与考核大纲》,严格落实训练时间、人员、内容和效果,重点抓好以重要经济目标防护为课题的人防指挥部演练,积极参加军地联合实战化训练演练。各设区市指导 1 个县(市)完成城市防空袭综合演习。继续组织"9·18"全省防空警报统一试鸣活动,结合防空警报试鸣,组织机关、学校、社区开展应急演练。

(四)优化专业队伍编组。针对现代空袭特点和防护救援需要,调整优化专业队伍力量编成和规模结构,按比例要求足额组建抢险抢修、医疗救护、消防、治安、防化防疫、通信、运输等 7 支人防专业队伍。各设区市指导 1 个县(市)组建信息保障中心建设试点工作。加强志愿者队伍建设,依托志愿者协会,积极发展培育民防志愿者队伍,建立健全管理机制,加强编组及训练,并为其提供必要的政策支持和活动保障。

三、严格落实城市重要区位人民防空设施建设

（一）建立健全城市综合防护体系。紧紧围绕人员防护、目标防护、专业力量、组织指挥、支撑保障五大体系要求,突出抓好城市中心区、重要目标毗邻区人民防空设施建设,落实平战转换要求,完善防护功能和工程布局,增强城市整体防护和综合承载能力。贯彻落实省政府办公厅《关于推动人防工程建设与城市地下空间开发融合发展的意见》(苏政办发〔2016〕72号)《关于加强人防工程维护管理工作的意见》(苏政办发〔2016〕111号)和《江苏省防空地下室建设实施细则(试行)》(苏防规〔2016〕1号),以城市核心区为重点,推动地下过街通道、地下综合体、地下停车场的规划与建设,构建平战结合、四通八达、军民兼用的地下空间。

（二）抓好重要经济目标防护试点建设。5月底前完成理论研究成果的梳理,完成《江苏省重要经济目标防护建设管理暂行办法》《江苏省重要经济目标分类分级标准》《江苏省重要经济目标防护管理目录》《江苏省重要经济目标防护战术技术要求》《江苏省重要经济目标防护建设系列标准规范》的制定。

（三）加强人防工程建设与管理。严格落实民用建筑结合建设人防工程要求,确保"应建必建"。运用信息化、智能化方法手段,加强人防工程维护管理,切实提高人民防空设施维护管理水平。苏州市指导吴江区完成人防工程平战转换演习。继续在全省组织开展人防工程建设、建设市场管理、防护设备生产安装等专项检(抽)查。

（四）狠抓人防工程质量监督检查。重点抓好全省防护设备安装企业生产质量和安装质量检查,抓好全省人防工程甲级监理企业现场行为

检(抽)查,抓好县(市、区)监督人防工程质量情况抽查。推行人防工程质量监督检查规范化标准化建设。加强队伍建设,健全监管力量。积极探索市县联合监管新模式,实现人防工程质量监督检查全覆盖。

四、深入实施创新驱动高质量发展

（一）聚力科学研究与技术创新。坚持以满足新时代民防发展需求为导向,聚焦防精确打击、防网电攻击、快速抢修恢复等重难点问题,加强组织指挥、发展规划、通信信息、人防工程和地下工程开发利用等领域的科学研究与技术创新,重视新技术、新材料、新工艺的应用研究。加强科研立项、成果鉴定、推广应用等环节管理和专家库建设。

（二）推动科研成果转化。坚持市场导向,推动创新成果在民防领域的应用。充分调动企业的积极性,广泛吸收民防系统既有科研成果和军地科研成果,促进民防建设提质增效、提档升级,推动人民防空向科技密集型、质量效能型转变。组织一批技术先进、实用性强、有推广价值的科研成果参加国家人防办组织的人民防空科技创新及军地适用成果推介主题活动。

（三）推进人民防空融合发展。加强防空防灾一体化建设,推进人民防空警报融入省突发事件预警信息发布系统。探索将新型防护设备定型检测等事项纳入军民融合渠道管理,结合城市生态公园、城市地下空间等公共场所,统筹建设宣传教育、人口疏散、训练、医疗救护等人民防空设施,走开依托建设、集约建设的内涵式发展路子。

五、积极推进人民防空审批制度改革和行业治理

（一）深化人民防空行政审批制度改革。深入贯彻落实"放管服"要求,优化升级窗口行政审批工作,做好人防工程设计、监理等行政许可及相关服务事项,做好"不见面"审批办理配套服务工作。探索"容缺受理"等行政审批新模式,加强

行政审批事中事后监管。省民防局调整下放自建人防工程审批权限，设区市民防机关审慎稳妥推进人防工程建设、质量监督、开发利用、维护管理等权力下放工作，各级要认真做好下放审批事项的承接工作，依据有关规定，制定相关配套制度文件，规范审批程序，明确报批文件编制要求。加强与质监部门的协调，协同做好人防工程防护设备检测工作。

（二）加强人民防空行业联合监管。建立人民防空从业企业网上监管平台，信息在线共享，实现民防部门、行业协会、建设单位、检测机构、从业企业共同监督管理。建立落实人民防空企业不良行为记录和红黑名单公示制度，出台人民防空行业从业单位和个人"黑名单"管理规定以及人防工程监理、防护设备生产安装企业信用评价指标等制度，健全人民防空建设市场诚信体系，及时公布市场主体违规失信行为，规范市场秩序和市场主体行为。

（三）狠抓人民防空行业整顿治理。采取积极有效的措施，引导人民防空从业企业守法经营、质量至上，加快形成统一开放、公平竞争、优胜劣汰的市场秩序。严格人防工程造价管理，组织人防工程造价咨询成果的质量检查。制订《江苏省人防工程建设造价管理办法》。省市民防局指导属地企业开展达标建设。各地民防部门要切实履行好属地管理职能，对不达标的企业，进行停业整顿，严肃查处违法违规企业，情节严重的建议国家人防办取消其从业资质，清除出目录清单并及时向社会公布。

六、切实加强人民防空建设经费筹集管理

强化对人民防空建设经费收费程序规范性审计，抓好对年度筹集人民防空建设经费情况和减免情况的审计，探索对市、县（市）基本建设补助支出进行专项审计。重视内部审计的成果运用，纠正和防止地方性减免缓政策多样、易地建设费使用效率不高、人民防空建设经费使用不规范等问题。规范人民防空建设经费征缴行

为，确保人民防空建设经费及时足额入库。合理调度和控制中长期人民防空财政预算安排和项目建设规模。分期分批组织财务审计人员培训，着力提高财务审计人员的综合业务素质。

七、加快推动法治民防建设

（一）全面推进依法行政。认真抓好省民防局《关于深入推进依法行政加快建设法治民防的意见》和《关于加强民防行政执法队伍建设的意见》的贯彻落实。省民防局印发《江苏省法治民防建设评估指标体系》，组织全省法治民防建设评估。建立民防法治信息管理系统运行情况统计通报制度，纳入年度目标考核内容。

（二）规范民防重大行政决策行为。严格执行重大行政决策公众参与、专家论证、风险评估、合法性审查和集体研究决定程序，加强对民防行政决策实施情况和执行效果的监督。开展贯彻落实省政府办公厅"两个意见"专项调研。

（三）完善法规制度体系。完成《江苏省人防工程平战转换规定》《人防工程竣工验收备案管理办法》修订，适时出台《江苏省人防工程维护管理质量评定标准》《人防工程维护管理检查考核办法》《人防工程维护管理经费收取管理办法》。设区市完成本地区人防工程易地建设费收费标准的修订。

（四）加强监督检查。完成人防工程平时违规使用情况专项整治工作，严格依法查处违法违规出售、出租人防工程停车位行为。省民防局协调省人大环资城建委等有关单位开展《江苏省核事故预防和应急管理条例》贯彻实施情况视察检查，对部分地区人防工程易地建设费筹集和使用管理情况、人防工程开发利用和维护管理情况进行专项检查。

（五）规范行政执法队伍建设。落实执法资格审查和持证上岗制度。市、县级民防机关全面完成行政执法队伍的组建任务，省民防局组织全省民防行政执法基础知识考核竞赛。拟于二、三季度在泰州市召开行政执法队伍及行政执法规

范化建设工作现场会。做好行政复议工作，及时化解社会矛盾。

八、认真落实核应急准备各项工作

深入贯彻落实《中华人民共和国核安全法》和《江苏省核事故预防和应急管理条例》，健全完善应急体系建设，完成《江苏省核应急预案》的修订。连云港市完成各行动组执行程序的修编。扎实开展核应急培训和演练。加强应急基础建设，构建形成省、连云港市、田湾核电站、核应急机动指挥所互联互通、资源共享、顺畅高效的一体化核应急无线通信指挥网络。协调军地有关部门加强田湾民兵防化营装备建设，加快固定洗消场建设。积极开展重点课题研究。大力加强公众宣传沟通。组织核应急知识竞赛及科普宣传，扩大核安全文化宣传的受众面，增强核安全文化影响力。

九、深入开展防空防灾宣传教育

（一）丰富宣传教育形式和内容。继续坚持把民防宣传教育融入国民教育、国防教育和公共安全教育体系，结合国际民防日、科普宣传周、防灾减灾日、防空警报试鸣日、国防教育日、法制宣传日等重大节点，进一步推进民防宣传教育进机关、进学校、进企业、进社区、进网络，创新民防宣传教育形式。注重传统媒体与手机 APP、微博、微信公众平台等新媒体的融合并用，广泛开展防空防灾科普知识宣传，提升民防的社会形象和地位作用。继续联合省科协、省应急办和省红十字会等单位组织民防应急科普文艺巡演活动。举办民防宣传报道骨干培训。

（二）深化民防知识教育。逐步规范中小学民防知识教学体例，组织师资培训，提高教学质量和效果。举办中学生民防夏令营，增强中学生的国防观念，提升安全防护技能。进一步推动社区民防工作规范化、常态化开展，并积极向乡镇延伸。修订社区民防工作标准，组织社区民防志愿者队伍培训，增强社区民防工作效果。

（三）推动民防宣教场馆设施建设。市、县要按"十三五"民防发展规划要求，加快民防科普宣教场所建设步伐，努力打造一批高质量的综合性民防宣传教育平台。已建成的民防宣传教育场馆继续做好规范管理，根据需要对展项内容进行更新完善。适时组织召开民防宣教场馆设施建设研讨会，制定出台民防宣教场馆建设标准，不断提升场馆的建设水平。

十、全面加强民防系统自身建设

（一）大兴调查研究之风。聚焦民防建设发展不平衡、不充分的问题，紧扣民防改革发展重大课题和群众关心的突出问题，深入实际、深入基层，开展调查研究，找准自身方位和工作定位，采取有效措施，解决好突出矛盾和问题。省民防局针对部分县（市）民防工作滞后的问题开展专项调研，分析原因，研究对策，并向地方党委、政府和军事机关提出建议。

（二）大抓干部骨干培训。依托军地院校和专业培训机构，加强领导干部和专业骨干培训，着力提高各级各类人员的专业素养和理论水平，提高履行使命任务的能力。省民防局举办新任人防办主任和新入职人员的培训。

（三）狠抓党风廉政建设。各级要强化"四个意识"，严格落实全面从严治党要求，认真履行主体责任和"一岗双责"，努力打造一支忠诚干净、干事创业、作风优良的民防队伍。强化对权力运行的控制和监督，坚持不懈地抓好内控平台的运行，抓住重大项目招投标、人防工程建设审批与验收、易地建设费征缴等环节，确保行政权力在阳光下运行，从源头上防治腐败。

来　　源：江苏省人民防空办公室
发布日期：2018 年 03 月 06 日

小区防空地下室产权归属问题解读

结合城市新建民用建筑修建防空地下室,是建设人防工程的重要组成部分,也是战时保护人民群众生命和财产安全,平时服务经济社会发展的重要措施。

《中华人民共和国人民防空法》是早在1996年制定颁发的,2007年颁布施行的《中华人民共和国物权法》由于多种原因也未能对建筑区划内人防工程权属做出规定。为了加快推动人防工程产权制度改革,促进人民防空事业发展,2006年江苏省政府、省军区在大量调研论证基础上,结合江苏实际,联合发文要求明晰人防工程权属,规范登记管理办法。文件明确:国家投资(包括中央、地方各级人民政府财政预算安排的人民防空经费和人民防空主管部门依法向社会筹集的资金)修建的人民防空工程,以及依法按规定比例结合新建民用建筑修建的防空地下室,所有权属于国家。此后,全省陆续据此展开了人防工程产权制度改革试点工作。

由于没有从法律层面根本解决人防工程权属问题,防空地下室平时使用管理一度仍然处于混乱状态。为了保护人防工程国防效能,维护社会各方利益和社会稳定,2008年7月24日修订施行的《江苏省实施〈中华人民共和国人民防空法〉办法》规定,依法按照国家和省规定的比例结合城市新建民用建筑修建的防空地下室,应当按照设计文件在实地标注,任何单位和个人不得出售。2013年5月1日施行的《江苏省物业管理条例》进一步规定,物业管理区域内依法配建的人民防空工程平时用作停车位的,应当向全体业主开放,出租的租赁期限不得超过三年,不得将停车位出售、附赠。同时明确,人民防空工程平时用作停车位收取的汽车停放费、租金,应当依照有关规定,用于该人民防空工程设施的维护管理和停车管理的必要支出。《江苏省物业管理条例》重申强调依法结建的人防工程不得出售、附赠,并确立了人防工程平时使用和管理三项基本原则:一是全体业主平等使用原则,二是有偿使用原则,三是平时使用收益优先用于工程维护管理原则。全省应当认真贯彻省人大规定,衷心希望全社会和广大群众加强监督,协助配合做好人防工程平时管理工作。

来　　源:江苏省人民防空办公室
发布日期:2017年04月17日

《江苏省防空地下室建设实施细则》解读

1. 《细则》主要包括哪几个方面内容?

答:《细则》主要包括以下五个方面的内容:

(1) 防空地下室的修建范围;

(2) 防空地下室的功能配置要求;

(3) 防空地下室的易地建设条件;

(4) 单独建设的城市地下空间兼顾设防标准;

(5) 易地建设费的缴纳。

2. 什么样的建筑需要修建防空地下室?

答:国家规定城市新建民用建筑,按照国家有关规定修建防空地下室。所称民用建筑包括除工业生产厂房及其配套设施以外的所有非生产性建筑。在具体执行时,由于建筑类别的多样性,总会遇到一些特殊建筑根据上述定义难以判别是否需要修建防空地下室。《细则》中对需要修建防空地下室的民用建筑范围和不需要修建防空地下室的建(构)筑物范围通过列表的方式进行明确。这部分内容在《细则》的附件1和附件2中。《细则》同时指出,对今后可能遇到的特殊项目,是否需要修建防空地下室,由设区市人民防空主管部门认定、公告并报省民防局备案。

3. 防空地下室的功能配置要求包括哪些?

答:(1) 总体要求:符合城市人防工程专项规划以及相关规划设计规范要求,做到规模适当、布局合理、功能配套。

(2) 连通要求:规划明确需与其他地下工程连通的,应当建设连接通道或者预留连通口。

(3) 防空专业队工程和医疗救护工程配置要求:

① 明确建设责任主体。人民防空专业队工程由人防专业队组建单位负责建设。医疗机构应当在新建和改扩建医用建设工程时,结合修建医疗救护工程。重要经济目标单位要按照相关要求落实防护建设工作任务。

② 各市配置要求。根据城市区位属性、防护类别等合理布局、协调配置人民防空专业队工程和医疗救护工程,相应的建设量在人防工程总量的比例宜控制在 4%～7.5% 和 2.5%～4%。地上建筑面积超过一定规模的,鼓励配置医疗救护工程或防空专业队工程。由于各市建设情况不一,具体的标准由设区市确定。防空专业队工程和医疗救护工程配置要求

③ 鼓励措施。鼓励相关单位建设防空专业队工程、医疗救护工程以及一等人员掩蔽工程。经建设单位申请,人民防空主管部门同意,防空专业队工程和一等人员掩蔽工程可按 1:1.4 的比例折算应建防空地下室面积,医疗救护工程可按 1:1.7 的比例折算应建防空地下室面积。

(4) 人员掩蔽工程配置要求:满足战时最低人员掩蔽需求。战时掩蔽人数的确定:按地上建筑面积 28～35 平方米/人进行核定。面积需求按照《意见》中明确的最低人均结建面积确定,各市、县(市)的具体指标在《细则》的附件3中予以明确。

(5) 配套工程配置要求:严格控制。在满足战时人员掩蔽需求和按规定配置相应医疗救护工程或防空专业队工程的前提下,可适当配置物资库等配套工程。

4. 什么情况下可进行防空地下室的易地建设?

答:满足下列条件之一的,经建设单位申请,人民防空主管部门批准,可进行易地建设:

(1)所在地块被禁止、限制开发利用地下空间的;

(2)因暗河、流砂、基岩埋深较浅等地质、地形或者建筑结构条件限制不适宜修建防空地下室的;

(3)因建设场地周边建筑物或者地下管道设施等密集,防空地下室不能施工或者难以采取措施保证施工安全的;

(4)按照规定标准应建防空地下室的建筑面积小于1 000平方米的(中小学、幼儿园、养老院以及为残疾人修建的生活服务设施等项目建设除外);

(5)按照城市人防工程建设规划,城市某区域人防工程人均面积达到最低人均结建面积指标,且在既有人防工程服务半径内的;

(6)其他因特殊情形需要易地建设的。

前述(5)款中所称城市某区域:对已编制人防工程控制性详细规划等专项规划的,城市某区域根据相关专项规划确定;对未编制人防工程控制性详细规划等专项规划的,若城市控制性详细规划已编制的,城市某区域由基本控制单元确定,若城市控制性详细规划未编制的,城市某区域为项目建设地块红线范围。

人防工程服务半径:按照200米进行计算,具体为:建设地块红线与既有人防工程邻近出入口间的最短直线距离。

具体操作要求:依(1)(2)(3)(6)款申请易地建设的,建设单位应提供相关地质勘查报告,或相关部门和单位提供的证明材料。人民防空主管部门应当自收到申请及相关证明材料之日起10个工作日内予以核实;对属于(2)(3)款情形的,人民防空主管部门应当采取实地勘验等方式进行核实。

5.单独建设的城市地下空间兼顾设防标准是什么?

答:按建筑面积5%～9%确定的应建面积大于等于1 000平方米的,应当按照应建面积修建6级以上人防工程。在功能配置上,应当优先配建人员掩蔽工程,鼓励配建防空专业队工程。

按建筑面积5%～9%确定的应建面积小于1 000平方米的,可按1个防护单元建设(建筑面积不得小于1 000平方米)6级以上人防工程,也可整体按满足防常规武器非直接命中的要求建设人防工程。

使用人防专项资金单独建设的人防工程,要注重与周边地铁、隧道、过街通道及地面大中型服务场所等公共设施的连通,严格控制非防护区的规模,不得超过建筑面积的40%。防护区内甲类人防工程建设比例不得低于附件3中明确的比例要求,且规模不能小于1个防护单元,其余可按乙类人防工程要求进行建设,其抗力等级不得低于6级,防化要求可根据战时功能确定。

6.易地建设费的缴纳标准是什么?

答:易地建设费的缴纳应符合《江苏省人民防空建设经费筹集管理规定》(苏防办字〔2002〕52号)等规定要求。

(1)符合易地建设条件的,按照总建筑面积核算缴纳人防易地建设费。

(2)不符合易地建设条件应建未建的,人民防空主管部门应责令限期修建;因主体工程完工无法补建的,按照应建防空地下室面积每平方米2 400～2 800元缴纳易地建设费,并依法实施处罚。

7.《细则》什么时间开始实施?

答:本细则自2017年1月1日起施行。为确保《意见》和本细则有效落实,设置必要的政策过渡期,截止日期为2016年12月31日。在政策过渡期内,各市结合民用建筑修建防空地下室的标准可按原政策执行,也可按本细则执行。

具体实施的时间节点:以申请防空地下室结建许可的时间节点,还是以规划部门批准的规划方案的时间节点,还是以发改部门立项的时间节点,由各设区市自行明确。省局要求就是要统一标准。

来　　　源:江苏省人民防空办公厅

发布日期:2018年04月10日

以需求为牵引 以政策为导向
理顺人防信息化建设脉络

随着信息化技术的加速演进和应用潮现，"大数据""物联网""云计算""互联网＋"等诸多夺人眼球的新名词层出不穷。各级人防如何紧跟信息化技术迭代与应用的时代步伐，以适应信息化战争下"能打仗、打胜仗"和政务管理信息化的要求，是一个应当认真思考的紧迫而又现实的问题。笔者认为，人防部门应结合实际，以需求为牵引，以政策为导向，理顺人防信息化建设脉络，把握人防信息化建设正确方向，保持定力、通篇谋划，把人防信息化项目建好用好，努力为提高人防现代化水平，适应现代信息战和政务管理的需要。

一、业务多维性决定了人防信息化需求的多样性

人防机关作为一个"准军事化"部门，接受军地双重领导，业务范围涵盖了政务管理、行业监管与服务、防空袭组织指挥、训练演练、普法与宣传教育等方面。虽然总量不大，但其业务类别交织度大、性质复杂度高。开展人防信息化建设工作，最好从不同性质的业务角度来分析需求。

政务管理信息化是提高机关管理质量的有效和必要手段。以电子政务为抓手的政务信息化工作是各级党委政府部门常抓不懈的工作，每年必下任务、搞检查、抓督促。当前，地方党委政府和有关部门很多业务管理工作已经用相应的信息系统来代替传统的人工作业模式。不建不

用相应的政务管理信息系统，诸多日常工作无法开展，人防行业发展电子政务势在必行。

行业监管与服务是各级人防机关推动人防事业发展则无旁贷的职责。越到基层，人防部门编制越小，工作人员越少，人均需要监督管理和跟踪服务的事项却越多。传统的管理者与被管理对象面对面的作业方式，势必因工作量太大而疲于应付，又会因管理者素质参差不齐，带来管理中的遗漏和缺失。运用相应信息技术建设合理、规整的信息管理系统，是提高人防行业监管与服务工作水平的必要途径。

防空袭组织指挥是各级人防部门的核心业务，而指挥通信网络和指挥信息平台又是组织指挥的眼睛、耳朵和中枢神经。随着层出不穷的高精尖信息技术在军事领域的加码应用，人防组织指挥工作面临的压力越来越大，难度也越来越大。只有充分运用信息技术，用信息对抗信息，才能提高防空袭组织指挥的快反性、针对性和有效性，更好地动员和组织人民群众采取有效手段，防范和减轻空袭灾害。

二、不同政策要求决定了人防信息化的多导向性

信息化经过多年的建设与应用，在各领域、各行业都有了许多经验积累。各级政府和军事机关在不断提高认识，优化建设方式和内容，推动新的信息技术应用，探索并积累信息化建设客

观内在规律。基于对信息化建设客观规律认识的提高，不同时期的各部门、各个行业都有一系列政策法规和技术标准，用来规范和引领信息化发展。

作为政府部门的人防机关，在政务信息化建设方面，必须遵照同级党委政府关于信息化建设的政策来决定建什么，用什么。如在机密级电子政务内网、非密级电子政务外网、互联网的引接，涉密政务、非涉密政务、互联网政务云平台的建设和应用系统的部署等方面，各级党委政府都有部署。去年以来，我省政府相关部门为整合政务信息资源和信息化工作，连续出台多份文件，反复强调各行业、各部门不得新建政务网和政务平台，对已建的政务网，要限时迁移，已建的政务平台要进行审计和整合。

人防行业监管与服务以及普法与宣传教育信息化作为人防信息化建设的一个重要方面，同样在政策和内容方面不是空白。国家人防办作为人防业务工作的总策划使者，在"十三五"建设规划任务部署中，已经清晰地阐明了发展方向，提出了发展要求。为促进人防业务管理信息化发展，国家人防办还组织制定了一批涉及信息化建设的数据格式，地图格式等行业的标准规范，研发并推广了人防综合信息管理系统，"十三五"期间还将推动基于大数据的人防数据中心建设。这些标准规范，应该是我们组织开发人防行业管理与服务，宣传教育等信息化应用系统的基本遵循。近年来，我省有的民防（人防）部门紧跟信息化建设的潮头，进行民防（人防）管理信息系统的研究开发，对于提高民防（人防）部门的信息化水平上发挥了积极作用。但我们也看到，有的民防（人防）部门在遵循国家人防颁布的标准规范方面不够严肃，随意性比较大。造成了上下级之间类似系统数据不能共享，不同系统使用同一类数据时无法交互，连数据采集都要重复做，造成很多重复性劳动和浪费，也带来诸多不便。

关于人防指挥信息系统建设，国家人防办更是强调顶层设计，强调集中统管。不论是情报收集和警报发放，还是指挥控制、通信网络、决策支撑，不论是平台还是系统，不论硬件或软件都已经形成了比较配套的政策和标准、规范支撑体系，并且统一组织开发了不少应用系统。"十三五"期间，还将部署人防指挥信息系统升级、人防重要经济目标数据库及信息管理系统、人防机动和固定指挥平台的信息化升级改造等工作。这些是我们组织人防指挥信息系统建设的统领性准则。但是，建与用"两张皮"的现象还不同程度地存在。国家人防办统一部署的系统被束之高阁，演习演练和集训时不用，更有甚者从来没用过就说不好用，组织演习演练时再花钱另搞一套。这种随意性的行为，不光造成浪费，还人为地堆砌一个个孤岛，无法形成信息系统的网际化、体系化。

三、合理开展人防信息化工作应该考虑的方面

同一层级不同业务信息系统之间有区分，也会有交叉。不同层级之间更是对同一业务信息系统的功能、性能指标、涵盖数据范围的粗放与精细化要求存在差异。不同的信息化软件系统所承载的网络环境、服务对象、部署场地都有差别，如果各自为政，必将碰到诸多体制性障碍和结构性矛盾。最好从以下几个方面去通盘考虑，合理谋划。

（一）把握好顶层设计、集中统管和差别化发展的结合度。既保证步调一致，又充分发挥各级主观能动性、创造性和创新性。条线上部署的信息化建设项目，特别是软件系统，满足不了应用时，最好的方式应该是下级以此为基础去丰富和完善，而不是推倒重来、另起炉灶。凡涉及互联互通的地方，应该全国、全省或者全市一盘棋，同一个方案，同一个步骤，同一个标准，同一套架构，这样才能最大程度地保证互联互通。凡不涉及互联互通的，上级应该充分放开，而不去干涉下级的事权。

（二）把握好自建自用与引接共享的关系。人防部门掌握的资源少，人员也少，尤其是能较好地运用相关政策，理解并驾驭信息技术应用的人更少。关起门来单打独斗地搞信息化建设，易犯闭门造车的错误。如政务平台、互联网平台建设，各级政府已经或正在建设，人防部门没必要花经费和精力去另搞一套，把我们的政务管理系统部署到政务平台上去，把政务网引接进来，就能为我所用。

（三）合理区别好不同系统的应用场所和受众对象，有区别地部署。人防部门基本都有指挥场所和办公场所，办公场所主要开展日常政务管理，行业监管与服务工作。这个环境里，最大的需求应该是政务信息系统。指挥场所主要是训练演练，指挥作业的地方，这个环境里，最大的需求应该是指挥信息系统。当然，基于互联网、政务网的情报信息需求，日常管理信息系统积累的数据资源也是开展防空袭组织指挥工作的必要信息，可以点状引接到指挥场所。

（四）把握好开放与保密和信息安全的关系，合理配套信息系统网络环境。信息系统的正常运行，需要稳定可靠、可行的网络来承载。人防业务涉军，按照国家人防办要求，保密内容多，知悉范围越小越好。服务于日常政务管理，特别是行业监管和宣传工作的信息系统，往往又需要开放网络环境，如何做好信息脱密处理，破解上级定密部门的定密政策障碍，从而把该保的密保住，该开放的信息开放出来。

（五）把握好继承与创新的关系。无论在政务管理、行业监管，还是组织指挥方面，人防信息化不是新事物，当然新时代要有新气象、新作为。如何在发展中处理好新与旧的关系，历史与当下的关系，是一门学问，需要技巧。不管怎么说，继承好过往的经验与成就，不搞一刀切，在继承的基础上去开创新篇，这应该是最稳妥的路径。信息技术领域遵从"向下兼容"的基本规律，同样适用于组织开展人防信息化工作。

（六）把握好整体与局部的关系，体现体系化发展思维。每个业务的信息化是一个部门整体业务信息化的组成之一，一个部门的信息化是整个行业信息化的组成之一。因此，每个人防业务的信息化势必关联左右，牵扯上下。体系化的顶层设计是否到位，对于人防业务信息化建设的成败至关重要。必须充分考虑信息从哪里来和怎么来？到哪里去和怎么去？为谁所用和怎么用？以及用来干什么和发挥什么作用？只有用这种系统化的思路，才能比较科学地处理好整体与局部的关系，真正做到体系化发展。

近年来，随着"智慧城市"这个概念的提出和热度的不断高涨，我省人防系统兴起了一股"智慧人防"的信息化建设热潮。有组织科研的，有搞项目建设的。笔者有机会接触过一两个方案，总感觉这些方案大而化、笼而通，"眉毛胡须一把抓"。如在业务层面的涉及内容交织度高，有政务信息化的、有管理信息化的，还有指挥信息化的。相关的信息和数据既有公开的，也有涉密的。系统所承载的网络也是复杂多维，有人防专网的，也有互联网的。真心希望各级在筹划信息化工作时，先把国家人防办、地方党委政府关于信息化建设的政策认真梳理一遍，在相应的政策和标准规范指引下有序开展人防信息化工作。也希望各级把人防业务信息化的需求分析透彻，把可行性研究做足，把方案做实，用成熟的技术来推动人防信息化不断向高水平发展。

陈贵来
省民防局指挥通信处

来　　源：江苏省人民防空办公室
发布日期：2018 年 02 月 11 日

莱斯信息荣获"国家知识产权优势企业"荣誉称号

2018年10月，国家知识产权局颁发了《2018年度国家知识产权示范企业和优势企业》奖牌，莱斯信息荣获2018年"国家知识产权优势企业"荣誉称号。这项国家级荣誉，是国家知识产权局对公司坚持自主研发、重视知识产权工作的高度肯定。

国家知识产权优势企业是指属于国家重点发展产业领域，能承担国家或本区域重点产业发展项目，具备自主知识产权能力，积极开展知识产权保护和运用，建立了全面的知识产权管理制度和机制，具有知识产权综合实力的企业。

莱斯信息此次获得"国家知识产权优势企业"，是国家权威部门对公司重视科技创新、坚持自主研发以及知识产权保护工作方面的高度认可，也将激励公司强化自主创新的核心地位、提升公司的技术研发水平，促进企业核心竞争力和国际竞争力的提升。

来　　源：南京莱斯信息技术
　　　　　股份有限公司
发布日期：2018 年 12 月 06 日

江苏省人防行业从业单位名录(部分)

江苏众信工程投资项目管理咨询有限公司

南通永恒建设监理有限公司

江苏省第二建筑设计研究院有限责任公司

南京地下工程建筑设计院有限公司

江苏省建筑设计研究院有限公司

南京新华人防设备有限公司

南通长兴人防设备有限公司

南京五星人防工程防护设备有限公司

江苏穗丰人防设备有限公司

张家港市潮信人防工程防护设备有限公司

常州华东人防设备有限公司

江苏国泰人防设备有限公司

淮安市中信人防设备有限公司

无锡市人防防护设备有限公司

苏州淳熙人防设备有限公司

苏州荣盾人防工程防护设备有限公司

徐州宇旺人防工程防护设备有限公司

江苏坚威防护工程科技有限公司

江苏拓华人防工程有限公司

南京民生源人防工程防护设备有限公司

南京玖城人防设备有限公司

江苏铧邦人防防护设备科技有限公司

江苏琦特人防工程防护设备有限公司

江苏上田民防设备有限公司

南通诺捷人防工程防护设备有限公司

江苏欧特电子科技有限公司

苏州钢盾人防工程有限公司

苏州市天盛人防工程防护设备有限公司

扬州碧源人防工程有限公司

江苏瀚江人防工程科技有限公司

徐州市淮海人防设备厂

宜兴市人防设备厂有限公司

苏州市江诚人防设备有限公司

南京永丰人防设备有限公司

四川泰吉特种设备制造安装有限公司

南京恒威防护设备有限公司

盐城市世纪安泰人防设备有限公司

扬州市恒泰人防设备有限公司

江苏龙腾门业有限公司

泰兴市强达人防设备有限公司

江苏宿迁弘毅人防工程防护设备有限公司

江苏九洲人防设备有限公司

江苏鼎盛防护设备有限公司

南京国泰人防装备股份有限公司

江苏省长城防护设备有限公司

盐城耀晖人防防护设备科技有限公司

江苏伟宇人防工程防护设备有限公司

江苏华铭人防设备有限公司

江苏盛天人防工程防护设备有限公司

扬州京展防护设备有限公司

南京飞鹰人防设备有限公司

江苏恒进人防设备有限公司

丹阳市建安钢构人防工程有限公司

南通苏通人防防护设备有限公司

江苏城威人防设备有限公司

江苏中豪神庞科技有限公司

南京工大建设工程技术有限公司

连云港市建筑设计研究院有限责任公司

江苏精爆工程检测公司

中民防咨询中心有限公司

南京金盾人防工程管理有限公司

苏州市天益人防工程施工图审查有限公司

江苏省天安人防工程管理有限公司

无锡市都市民防工程设计审图有限公司

南京益和人防工程施工图审查有限公司

江苏浩宸人防工程审图有限公司

南通兴益人防工程施工图审查有限公司

淮安市三才人防建设咨询服务有限公司

江苏天益人防工程咨询有限公司

来　　　源：江苏人民防空办公室

江苏省住房和城乡建设厅
2019年度部门预算情况说明

一、收支预算总体情况说明

江苏省住房和城乡建设厅2019年度收入、支出预算总计59 247.16万元,与上年相比收、支预算总计各增加12 479.62万元,增长26.68%。其中:

(一)收入预算总计46 767.54万元。包括:

1. 财政拨款收入预算总计39 667.6万元。

(1)一般公共预算收入预算39 667.6万元,与上年相比增加13 311.15万元,增长50.50%。主要原因是省工程技术翻译院和省属工程勘察设计单位改制前离退休人员补贴经费编入预算。

(2)无政府性基金收入,与上年一致。

2. 财政专户管理资金收入预算总计4 260万元。与上年相比增加505万元,增长13.45%。主要原因是江苏省城乡建设职业学院增加了财政专户管理的资金。

3. 其他资金收入预算总计13 978.41万元。与上年相比减少1 394.98万元,减少9.07%。主要原因是江苏省城乡建设职业学院减少了其他资金收入。

4. 上年结转资金预算数为1 341.15万元。与上年相比增加58.45万元,增加4.56%。主要原因是上年签订合同但未支付完的事项增多。

(二)支出预算总计59 247.16万元。包括:

1. 一般公共服务(类)支出4 857.16万元,主要用于发放省工程技术翻译院和省属工程勘察设计单位改制前离退休人员补贴以及厅所属事业单位江苏省建设工会工作委员会的支出。与上年相比增加4 724.65万元,增长3 565.50%。主要原因是省工程技术翻译院和省属工程勘察设计单位改制前离退休人员补贴经费纳入2019年度预算中。

2. 教育(类)支出18 425.17万元,主要用于厅所属事业单位江苏省城乡建设职业学院除住房保障支出外的基本支出和项目支出。与上年相比增加7 435.78万元,增长67.66%。主要原因是江苏省城乡建设职业学院校区投入及债务偿还支出增多。

3. 社会保障和就业(类)支出4 487.31万元,主要用于厅机关及各事业单位的人员支出。与上年相比增加173.13万元,增长4.01%。主要原因离退休人数增加以及工资标准的正常变动导致了该项支出的增长。

4. 城乡社区(类)支出23 150.41万元,主要用于厅机关、厅所属事业单位的日常运行和完成年度目标任务的专项支出。与上年相比减少1 112.63万元,减少4.58%。主要原因是机构改革,我厅部分职能和省太湖风景名胜区管理办公室划出我厅,导致该项支出减少。

5. 资源勘探信息(类)支出830.33万元,主要用于厅所属事业单位省装饰装修发展中心和江苏省建筑管理总站日常运行和完成年度目标任务的专项支出。与上年相比增加 99 万元,增加 13.53%。主要原因是省装饰装修发展中心和省建筑管理总站的工资标准的正常变动,导致该项支出增长。

6. 住房保障(类)支出 7 402.28 万元,主要用于厅机关、厅所属事业单位按照国家政策规定为职工发放的住房公积金、提租补贴和完成年度目标任务的专项支出。与上年相比增加 1 565.19 万元,增长 26.81%。主要原因是行政事业单位人数增多;在职人员公积金、住房补贴政策调整,住房保障类支出增加;离退休人员住房补贴政策调整,住房保障类支出增加。

7. 其他支出 94.50 万元,主要用于厅机关大楼修缮费用。与上年相比较少了 405.5 万元,主要原因是大楼修缮工程量较上年减少。

8. 上年结转资金 1 341.15 万元,主要用于上年已签订合同尚未完工的事项。与上年相比增加 58.45 万元,增加 4.56%。主要原因是上年签订合同但未支付完的事项增多。

此外,基本支出预算数为 35 076.25 万元。与上年相比增加 2 231.79 万元,增长 6.79%。主要原因是行政事业单位在职人员公积金、住房补贴政策调整,人员支出增加。

项目支出预算数为 22 060.71 万元。与上年相比增加 9 614.35 万元,增长 77.12%。主要原因是省工程技术翻译院和省属工程勘察设计单位改制前离退休人员补贴经费纳入 2019 年度预算中。

单位预留机动经费预算数为 2 110.2 万元。与上年相比增加 653.48 万元,增长 44.86%。主要原因是省财政考虑绩效工资、年终一次性奖金的发放,相应增加了本部门预留机动经费。

二、收入预算情况说明

江苏省住房和城乡建设厅本年收入预算合计 59 247.16 万元,其中:

一般公共预算收入 39 667.6 万元,占 66.95%;

财政专户管理资金 4 260 万元,占 7.19%;

其他资金 13 978.41 万元,占 23.59%;

上年结转资金 1 341.15 万元,占 2.26%。

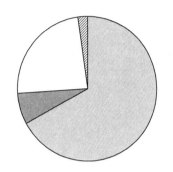

图 1　收入预算图

三、支出预算情况说明

江苏省住房和城乡建设厅本年支出预算合计 59 247.16 万元,其中:

基本支出 35 076.25 万元,占 59.20%;

项目支出 22 060.71 万元,占 37.24%;

单位预留机动经费 2 110.2 万元,占 3.56%。

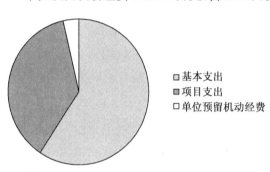

图 2　支出预算图

四、财政拨款收支预算总体情况说明

江苏省住房和城乡建设厅 2019 年度财政拨款收、支总预算 39 667.60 万元。与上年相比,财政拨款收、支总计各增加 13 311.15 万元,增长 50.50%。主要原因是省工程技术翻译院和省属工程勘察设计单位改制前离退休人员补贴经费纳入 2019 年度预算中、江苏省城乡建设职业学院校区投入及债务偿还支出增多。

五、财政拨款支出预算情况说明

江苏省住房和城乡建设厅 2019 年财政拨款预算支出 39 667.60 万元,占本年支出合计的 66.95%。与上年相比,财政拨款支出增加 1 311.15 万元,增长50.50%。主要原因是省工程技术翻译院和省属工程勘察设计单位改制前离退休人员补贴经费编入2019年度预算中、江苏省城乡建设职业学院校区投入及债务偿还支出增多。

其中：

（一）一般公共服务支出（类）

人力资源事务（款）其他人力资源事务支出（项）支出4 720万元，与上年相比增加4 720万元。主要原因是省工程技术翻译院和省属工程勘察设计单位改制前离退休人员补贴经费编入2019年度预算。

群众团体事务（款）行政运行（项）支出137.16万元，与上年相比增加4.65万元，增长3.51%。主要原因是省建设工会工作委员会人员工资的正常变动，住房公积金、住房补贴政策调整，导致该项经费增加。

（二）教育支出（类）

职业教育（款）高等职业教育（项）支出15 524.10万元，与上年相比增加7 138.85万元，增长85.14%。主要原因是江苏省城乡建设职业学院校区投入及债务偿还支出增多。

（三）社会保障和就业支出

行政事业单位离退休（款）未归口管理的行政单位离退休（项）支出1 824.34万元，与上年相比减少177.34万元，减少8.861%。主要原因是机构改革我厅下属事业单位省太湖风景名胜区管理办公室划出，导致该项支出减少。

（四）城乡社区事务（类）

1. 城乡社区管理事物（款）

① 行政运行（项）支出6 368.78万元，与上年相比增加414.39万元，增长6.96%。主要原因是工资的正常变动，人员支出增加。

② 一般行政管理事务（项）支出611.64万元，与上年相比增加35.94万元，增长6.24%。

③ 工程建设标准规范编制与监管（项）支出18万元，与上年相比减少2万元，减少10%。主要原因是工程建设标准规范编制经费降低。

④ 职业资格注册、资质审查（项）支出1 615万元，与上年相比增加415万元，增加34.58%。主要原因是2019年将新增二级造价工程师考试，该项支出增加。

⑤ 其他城乡社区管理事务支出（项）支出601.71万元，与上年相比减少69.20万元，减少10.31%。主要原因是机构改革我厅部分职能划出，导致该项支出减少。

2. 城乡社区规划与管理（款）

城乡社区规划与管理（项）支出539.40万元，与上年相比减少55万元，减少9.25%。主要原因是机构改革我厅部分职能划出，导致该项支出减少。

3. 城乡社区公共设施（款）

其他城乡社区公共设施支出（项）支出50.90万元，与上年相比减少11.50万元，减少18.43%。主要原因是厅机关单位发展项目内部调剂。

4. 城乡社区环境卫生（款）

其他城乡社区公共设施支出（项）支出201.60万元，与上年相比增加6.6万元，增长3.38%。主要原因是厅机关单位发展项目内部调剂。

5. 建筑市场管理与监督（款）

建筑市场管理与监督（项）支出1 309.56万元，与上年相比减少296.75万元，减少18.47%。主要原因是各类监督检查考核事务支出减少。

6. 其他城乡社区支出（款）

其他城乡社区支出（项）支出921.24万元，与上年相比减少140.60万元，减少13.24%。主要原因是厅机关根据实际需要调整了部分项目经费。

（五）资源勘探信息等支出（类）

建筑业（款）其他建筑业支出（项）支出554.3万元，与上年相比增加23.44万元，增加4.41%。主要原因是省装饰装修发展中心和省建筑管理总站的工资标准的正常变动，导致支出增长。

（六）住房保障支出（类）

1. 住房改革（款）住房公积金（项）支出 1 332.54 万元，与上年相比增加 247.30 万元，增长 22.79％。主要原因在职人员公积金增加。

2. 住房改革（款）提租补贴（项）支出 3 242.77 万元，与上年相比增加 1 083.32 万元，增长 50.17％。主要原因是在职、离退休人员住房补贴增加。

六、财政拨款基本支出预算情况说明

江苏省住房和城乡建设厅 2019 年度财政拨款基本支出预算 19 909.02 万元，其中：

（一）人员经费 17 399.61 万元。主要包括：基本工资、津贴补贴、奖金、社会保障缴费、伙食补助费、绩效工资、其他工资福利支出、离休费、退休费、抚恤金、生活补助、医疗费、奖励金、住房公积金、提租补贴、其他对个人和家庭的补助支出。

（二）公用经费 2 509.41 万元。主要包括：办公费、印刷费、咨询费、手续费、水费、电费、邮电费、取暖费、物业管理费、差旅费、维修（护）费、租赁费、会议费、培训费、公务接待费、专用材料费、劳务费、委托业务费、工会经费、福利费、公务用车运行维护费、其他交通费用、其他商品和服务支出、办公设备购置、专用设备购置、信息网络及软件购置更新、其他资本性支出。

七、一般公共预算支出预算情况说明

江苏省住房和城乡建设厅 2019 年一般公共预算财政拨款支出预算 39 667.6 万元，与上年相比增加 13 311.15 万元，增长 50.50％。主要原因是省工程技术翻译院和省属工程勘察设计单位改制前离退休人员补贴经费编入 2019 年度预算。

八、一般公共预算基本支出预算情况说明

江苏省住房和城乡建设厅 2019 年度一般公共预算财政拨款基本支出预算 19 909.02 万元，其中：

（一）人员经费 17 399.61 万元。主要包括：基本工资、津贴补贴、奖金、社会保障缴费、伙食补助费、绩效工资、其他工资福利支出、离休费、退休费、抚恤金、生活补助、医疗费、奖励金、住房公积金、提租补贴、其他对个人和家庭的补助支出。

（二）公用经费 2 509.41 万元。主要包括：办公费、印刷费、咨询费、手续费、水费、电费、邮电费、取暖费、物业管理费、差旅费、维修（护）费、租赁费、会议费、培训费、公务接待费、专用材料费、劳务费、委托业务费、工会经费、福利费、公务用车运行维护费、其他交通费用、其他商品和服务支出、办公设备购置、专用设备购置、信息网络及软件购置更新、其他资本性支出。

九、一般公共预算"三公"经费、会议费、培训费支出预算情况说明

江苏省住房和城乡建设厅 2019 年度一般公共预算拨款安排的"三公"经费预算支出中，因公出国（境）费支出 68.50 万元，占"三公"经费的 29％；公务用车购置及运行费支出 81.85 万元，占"三公"经费的 34.65％；公务接待费支出 85.88 万元，占"三公"经费的 36.35％。具体情况如下：

1. 因公出国（境）费预算支出 68.50 万元，比上年预算减少 5.50 万元，主要原因厅机关和稽查办公室减少了因公出国（境）经费。

2. 公务用车购置及运行费预算支出 81.85 万元。其中：

（1）无公务用车购置预算支出，与上年一致。

（2）公务用车运行维护费预算支出 81.85 万元，比上年预算增加 3.60 万元，主要原因省住房和城乡建设厅稽查办公室建设车辆运行费 3.60 万元。

3. 公务接待费预算支出 85.88 万元，比上年预算减少 20.57 万元，主要原因是城乡建设职业学院公务接待费降低。

江苏省住房和城乡建设厅 2019 年度一般公共预算拨款安排的会议费预算支出 386.05 万元，比上年预算减少 49.71 万元，主要原因是厅

系统落实厉行节约有关规定,会议费下降。

江苏省住房和城乡建设厅 2019 年度一般公共预算拨款安排的培训费预算支出 193.42 万元,比上年预算减少 24.73 万元,主要原因是厅系统落实厉行节约有关规定,培训费下降。

十、政府性基金预算支出预算情况说明

无政府性基金,与上年一致。

十一、一般公共预算机关运行经费支出预算情况说明

2019 年本部门一般公共预算机关运行经费预算支出 1 033.08 万元,与上年相比增加 7.1 万元,增长 0.69%。主要原因是:人员增多,一般公共预算机关运行经费支出增多。

十二、政府采购支出预算情况说明

2019 年度政府采购支出预算总额 462.84 万元,其中:拟采购货物支出 221.04 万元、无采购工程支出、拟购买服务支出 241.8 万元。

十三、国有资产占用情况

本部门共有车辆 27 辆,其中,一般公务用车 27 辆。单价 20 万元(含)以上的设备 15 台(套)。

十四、预算绩效目标设置情况说明

2019 年本部门 0 个项目实行绩效目标管理。

来　　源:江苏省住房和城乡建设厅
发布日期:2019 年 02 月 13 日

智慧江苏建设行动计划(2018—2020 年)

为深入贯彻习近平总书记关于信息化发展的重要指示要求,全面落实《网络强国战略实施纲要》《国家信息化发展战略纲要》和《网络强省战略实施纲要》,推动实施《"十三五"智慧江苏建设发展规划》,加快推进网络强省建设,高水平建设智慧江苏,特制定本行动计划。

一、总体要求

(一)指导思想

以习近平新时代中国特色社会主义思想为指导,深入贯彻党的十九大精神,践行新发展理念,发挥信息化对经济社会发展的驱动引领作用,突出"互联网＋政务""互联网＋民生""互联网＋先进制造业",实施"12345"行动计划,即构建一个创新发展服务体系,实施大数据应用推广和云服务提升两大计划,打造智慧江苏门户、政务服务、民生服务三类云平台群,围绕超前布局信息基础设施、深入推进智慧城市建设、加速普及智慧民生应用、加快发展数字经济等四个重点方向,实施基础设施提档升级、政务服务能力优化、智慧城市治理创新、民生服务便捷普惠、数字经济融合发展等五方面工程,着力建设更高水平、更有优势、更具活力的智慧江苏,为推动全省高质量发展走在全国前列、建设"强富美高"新江苏提供有力支撑。

(二)基本原则

政府引导、市场推动。发挥政府在顶层设计、规范标准、统筹协调等方面的引导作用,聚焦信息资源管理和信息基础设施等公共领域重点项目建设,积极引入市场机制,科学量化效能目标,形成政府、企业、社会合力推进的格局。

需求导向、创新服务。立足居民生活、企业生产和运营、政府管理和服务的实际需求,积极探索信息化条件下高效配置物质、信息和智力资源的有效途径,促进服务创新、技术创新、模式创新、业态创新等各类创新。

以人为本、惠民优先。把保障和改善民生作为智慧江苏建设的出发点和落脚点,充分应用智慧手段提供多样化、普惠化、均等化的公共服务,让百姓少跑腿、信息多跑路,使城乡居民共享智慧化建设成果。

保障安全、促进发展。牢牢把握网络安全和信息技术发展应用的辩证关系,坚持依法管理,完善制度规范,提升技术能力,形成与信息化发展相协调的网络安全保障体系。

(三)总体架构

智慧江苏建设的总体架构包括基础设施层、数据层、平台层、展现层等四个层次和标准规范体系、安全保障体系等两个体系。展现层通过整合各种渠道,为市民、企业、管理服务者、管理决策者四类服务对象提供统一的访问和交互入口;平台层通过提供跨部门、跨行业的融合性服务应用,实现管理端的有序协同和服务端的有效反馈;数据层通过建设各类数据库、统一数据交换平台,实现数据资源的标准化、规范化;基础设施层通过集约化建设和云服务方式,合理灵活地分配基础设施资源。遵循国家各项法律法规和相关行业标准,构建智慧江苏标准规范体系,形成统一的信息化标准框架和面向各重点领域的行业信息化标准规范。打造涵盖技术、设施、管理、法规的智慧江苏网络安全保障体系,提升态势感知和应急响应能力,加强重要数据资源和个人信息安全保护,强化关键信息基础设施安全可控水平。

二、主要任务

(一)构建创新发展服务体系

1. 加强组织领导。在省委网络安全和信息化委员会领导下,由省经济和信息化委会同省有关部门协调推进,各市、县(市、区)成立统筹推进智慧城市建设工作机构,协同抓好智慧江苏建设行动计划的分工落实。

2. 优化专家队伍。建立专家决策咨询机制,组织信息化和信息技术领域院士、学者、企业家等业内专家,对智慧江苏和地方智慧城市规划设计、项目立项、工程建设、推进实施等开展咨询和指导。发展第三方咨询服务机构,面向重点行业、重点领域信息化建设提供咨询服务。

3. 完善服务平台。建立健全智慧江苏建设政策法规、标准规范、统计监测、管理评估和运营保障体系。开展智慧交通、智慧健康、智慧旅游等国家标准、地方标准研制,制定发布智慧城市、智慧服务门户、重点行业智慧化等建设指南,组织智慧江苏标准和建设指南实施推广工作。

4. 建设创新中心。依托行业龙头企业,联合产业链上下游的企业、高校、科研院所,围绕智慧城市、智能制造、物联网、工业互联网、工业大数据等重点领域,面向产业共性关键技术、关键产品以及创新成果转化,组建智慧城市、特种机器人、物联网与传感器、工业互联网及工业大数据创新中心,引领行业发展。

5. 推进工程示范。围绕企业服务、便民服务、社会治理、智慧城市等方向,联合省有关部门共同建设一批跨行业、跨区域、跨部门的信息化重点工程项目,创建一批智慧江苏示范工程,形成智慧江苏行业应用解决方案。

6. 创新运营模式。加大各级财政对智慧江苏建设的投入,建立政府引导、社会投入的信息化投融资机制,探索采用公私合作关系(PPP)、服务外包等模式,通过市场化手段引导带动各类社会资本投入,提高建设运营和管理服务水平。

7. 加强评估考核。研究制定智慧城市建设标准规划和评价指标体系,对行动计划确定的重点任务和重大工程进行量化考核,并总结推广一批典型作法和成功经验。

(二)实施大数据应用推广计划和云服务提升计划

1. 大数据应用推广计划。重点实施大数据新兴业态培育工程、信用信息系统建设工程、现代农业大数据工程、经济运行大数据工程、智慧交通大数据工程、警务大数据工程、市场监管大数据工程、人力资源社会保障大数据工程、健康医疗大数据工程、食品药品大数据工程、环境保护大数据工程、审计大数据工程和安全生产大数据工程。实施政府大数据资源共享开放工程,建设全省统一的"大平台、大数据、大系统",加快构建省、市、县三级大数据共享交换平台。

2. 云服务提升计划。面向公共服务、社会治理等领域推进政务服务云化,建设完善政务云、医疗云、教育云、交通云、水利云、警务云、市场监管云、信用云、国土资源云等一体化云服务平台。以推动云计算创新应用为重点,建设工业云、企业云和中小企业"e企云"。大力推进"企业上云"计划,实施工业云平台示范应用、星级"上云"企业建设、云服务体系培育、工业互联网标杆工厂建设、"互联网+先进制造"特色基地建设等工程,发展工业互联网生态体系,提升两化融合和智能制造发展水平。支持建设面向重点行业、重点地区的企业云服务平台,鼓励重点企业建立协同研发设计云服务平台,推进无锡国家云计算服务创新发展试点。

（三）打造智慧江苏门户云平台群、政务服务云平台群、民生服务云平台群

1. 智慧江苏门户云平台群。聚集省级公共服务大数据资源和各类应用，继续推进智慧江苏门户、智慧江苏 APP、智慧江苏微信小程序等载体建设，支持各设区市公共服务平台和新型智慧门户建设，支持和引导社会资金加大智慧江苏平台投入，鼓励平台进一步创新市场化运作与合作模式。推动智慧江苏门户平台面向政务服务、民生服务、企业服务等领域，完善客户互动服务功能，增强智慧服务体验，持续探索和深化跨平台、跨区域、跨领域应用，加强平台与江苏政府网站群、全省政务服务"一张网"的深度融合，推进"多屏联动"，打造全景式、全覆盖的省级公共服务平台。

2. 政务服务云平台群。争创国家"互联网＋政务服务"试点示范省份，建成政务服务"一网一门一端一号一码"，打造纵横全覆盖、事项全口径、内容全方位、服务全渠道、用户全参与、资源全共享、各级全衔接、跨区全支持、过程全监控、考评全实时的网上政务服务平台，实现政务服务标准化、精准化、便捷化、平台化、协同化。着力破解身份认证、数据共享、在线支付等瓶颈难题，实现身份证、驾驶证和其他证照的电子化，实现"证件上网、网上认定"。将全省政府网站打造成更加全面的政务公开平台、更加权威的政策发布解读和舆论引导平台、更加及时的回应关切和便民服务平台，着力构建以省政府门户网站为龙头、各级各地政府部门网站为支撑的全省政府网站群体系，加快建成整体联动、高效惠民的网上政府。

3. 民生服务云平台群。深化"互联网＋民生服务"应用，发展基于互联网的医疗、健康、社保、教育、交通、旅游和信用等新兴服务，推动互联网向民生服务领域渗透。开展智慧江苏医疗健康云建设，打造互联网健康医疗服务规模化、集约化、集中式建设平台。启动建设智慧江苏社保云，打造省市一体、共建共享、按需分配的人社云平台。推动智慧江苏教育云建设和应用，提升教育优质资源统建共享能力。加快建设智慧江苏交通云，推动交通业务信息系统资源共享和应用协同。开展智慧江苏旅游云建设，打造"水韵江苏"旅游品牌。加强智慧江苏信用云建设和应用，打造公共信用信息政务应用和社会服务平台。

（四）超前布局信息基础设施

1. 宽带网络。加快推进网络强省建设，城镇和农村家庭宽带基本达到千兆接入能力，实现4G 无线网络全省城乡全覆盖。支持 5G 技术研发和布局，率先实施 5G 实验和商务服务。鼓励下一代互联网与移动互联网、窄带物联网协同应用，大力推动电信网、广电网、互联网三网融合发展。积极推进国家未来网络重大基础设施（CE-NI）建设工程。

2. 下一代互联网（IPv6）。加强下一代互联网新型网络体系结构与关键技术创新，完善 IPv6 技术标准体系。推广移动和固定网络终端的 IPv6 应用，实现网络全面升级。加快基础设施升级改造，优化流量调度能力。强化 IPv6 网络安全能力建设。

3. 窄带物联网。加快发展窄带物联网（NB-IoT）低功耗广域网技术，推进物联网感知设施规划布局，建设基于窄带物联网（NB-IoT）、软件定义网络（SDN）和视频监控网络的基础设施物联网运管平台，发展物联网开环应用。

4. 功能性信息基础设施。建成一批国际一流的区域大型数据中心，支持互联网数据中心、云计算中心、灾备中心和安全认证中心等功能性基础设施建设的统一布局和升级改造。

5. 公共基础数据库。加快数据资源归集，推进数据共享开放，建立基础信息资源动态更新机制，不断完善基础信息资源库以及重要领域信息资源库，逐步形成开放统一的公共基础数据库。

（五）深入推进智慧城市建设

1. 国土资源云。推进"时空信息云""国土资源云"等工程建设，统筹整合全省基础设施资源和空间地理数据资源、业务应用与服务体系，推动基于多规合一的"一张图"建设，推动"天地图·江苏"提档升级，实现城市规划和建设的智慧化、可视化、协同化。

2. 智慧城管。建立全面感知、智能分析、信息共享、协同作业的城市管理体系，扩大城市管理可视可控范围，强化城市公共设施精细化管控、公共安全应急预警、执法管理监督、环境卫生监测等方面的管理效能。

3. 城市大脑。支持南京、苏州等有条件地区先行探索建设"城市大脑"，打造智慧城市运营中心。整合城市电子政务资源中心数据，接入通信运营商、基础设施运营商以及互联网企业等社会数据，形成城市大数据，通过对终端信息的全面感知和数据处理，构建完整的"智慧城市运行图"。

4. 智慧能源。深化智能电网建设，提高从电厂、变电站、高压输电线路直至用户终端的精细化管理和自动化运营能力。推进城市对输电、新能源、储能、用电情况的实时监测和分布式优化调度。以智能电网为中枢，促进能源网和互联网深度融合，构建智慧能源系统。探索建设多种能源优化互补的综合能源供应体系，实现能源、信息双向流动，逐步形成以电力流为核心的能源公共服务平台，全面支撑分布式电源接入、电动汽车充放电等业务。

5. 智慧水利。建立智能感知体系，全面监测水利基础信息，提升水利感知监测管理能力。完善水利信息发布制度，增强信息资源管理服务能力。建成水利云及水利展控中心，加快智慧业务应用系统建设，为水利部门实施水资源合理调配、异常事件预警预报和突发事件应急处理提供科学的决策依据。

6. 智慧住建。加大建筑信息模型（BIM）推广应用，推进传统建造模式向设计三维化、构建部品化、施工装配化、管理信息化、服务定制化转变。推动节约型城乡建设向纵深发展，提升城市规划建设与国土资源管理的预测预警、形势分析能力，打造"智慧监管"的建设管理体系。

7. 智慧财税。依托"金税三期""金审三期"等建设成果，合并财政、税务相关经济税收数据和重点企业数据，分阶段逐步实现财税数据的升级完善。建设智慧财税云平台，实现更多税务事项的"统一入口、统一提交、分拣落实、统一反馈"。通过对财政、税务、金融、审计等数据共享交换和数据分析挖掘，为地方经济运行提供决策参考。

8. 智慧市场监管。建设和完善市场监管信息库，打造以信用为核心的新型市场监管机制，提高政府市场监管效能。加快建设全省统一的市场监管与服务大数据中心，实现精准监管和智慧服务。建设和完善国家企业信用信息公示系统（江苏）、江苏省市场监管信息平台、重要产品安全监管与追溯等专业系统，推进全省市场监管信息深化应用、部门共享和有序开放，提升事中事后监管能力，努力打造宽松平等的准入环境、公平竞争的市场环境、安全放心的消费环境，释放企业创新与市场竞争活力。

9. 智慧应急防灾。构建以省智慧应急平台为枢纽，省、市、县三级应急平台互联互通的智慧化应急指挥体系，形成覆盖全部地域、面向不同群体的气象信息发布立体网络，健全动态感知、智能监控、综合研判、指挥调度等功能，加强气象及次生灾害定时、定点、定量的精细化预报预警，提高应对自然灾害和突发公共事件的应急处置能力。

（六）加速普及智慧民生应用

1. 智慧教育。坚持以教育信息化支撑和引领教育现代化，全面实施教育信息化2.0，积极推进教育信息化发展，构建网络化、数字化、个性化、终身化的教育体系，推动形成"人人皆学、处处能学、时时可学"的学习型社会。进一步推进智慧校园和数据中心建设,提高管理决策能力和教育信息化创新水平。

2. 智慧文化。推动网络文化产业集聚发展,大力发展智慧出版、数字影视等新闻出版广播影视业,促进数字出版、移动多媒体、动漫游戏、数字音乐等文化产品供给。积极利用"互联网+"改造出版、印刷、发行等新闻出版业和电影、电视、影院等生活性服务业。支持传统媒体和新兴媒体融合发展,积极推动多媒体电视、网络电视、数字出版、手机媒体等新型业务发展。

3. 智慧人社。推进以大服务、大数据、大平台为主题的"智慧人社"建设,构建城乡网络覆盖、信息互通共享、业务应用融合的"大社保"体系。推动线上"一网通"、线下"一卡通"建设。完善就业、社会保险、劳动关系形势监测体系,建立就业创业信息服务体系,引导劳动力资源有序跨地区流动。

4. 智慧民政。结合"金民工程"等国家重点信息化项目建设,深化全省民政业务一体化应用,全面集成社会组织、救助、养老、慈善、婚姻、殡葬、未成年人保护等民政业务,实现协同联动。整合各类社会救助资源,构建覆盖城乡、信息共享、应用融通的"大救助"体系,促进精准扶贫、精准救助。

5. 智慧健康。发展"互联网+医疗健康",推进健康医疗大数据发展与应用,构建以人为本的智慧医疗服务体系。提升卫生计生基本公共服务的信息化管理水平,探索优化就医流程、医患实时问诊互动,构建线上线下结合医疗健康等新型服务模式。提升养老信息服务平台建设水平,不断充实"互联网+养老服务业"的发展内涵,建设以居家社区服务为重点的信息支持系统。推动医疗卫生与养老服务融合发展,积极构建养老、医护、康复等相衔接的信息共享协同机制。

6. 智慧交通。加快推进现代信息技术在交通运输各领域、全过程深度融合,全面提高数据

采集、管控等基础能力,努力提升客货运输信息服务能力和行业治理能力,积极构建智慧交通运输体系,推动实时监测、精准服务和精细化管理。

7. 智慧警务。构建以智慧情报、智慧侦查、智慧防控、智慧移动、智慧管理等"五大应用体系"和社会动态智能感知体系、智慧警务基础支撑体系、警务大脑智能应用体系、智慧警务安全防护体系等"四项关键支撑"为标志的智慧警务新体系,营造智慧应用新生态,建成智慧警务大脑,形成面向公安民警的"数据支撑力"、面向人民群众的"数据服务力"、针对犯罪分子的"数据威慑力",全面提升智能感知、计算处理、实战应用能力。

8. 智慧人防。构建现代化人民防空体系,实现防空警报信号报知、人员紧急掩蔽场所告知、防空知识和技能体验的泛在化、普适化,营造智慧人防新生态。形成科学的面向人民防空指挥人员的行动决策体系,面向人民群众的生命财产安全保障体系,提高全社会防护能力。

9. 智慧食品药品安全。构建集市场准入、动态监管、应急处置于一体,覆盖食品、药品、化妆品和医疗器械的食品药品安全协同监管执法体系。通过食品和药品的追溯信息,实现食品药品生产记录可存储、流向可跟踪、问题食品药品可召回、储运信息可查询。完善企业食品药品安全信用档案,健全食品安全信用体系。

10. 智慧环保。落实"263"专项行动,建立污染物排放与监控智能多源感知体系,实现生态环境数据"一数一源、一源多用、信息共享、部门协同"。推动环保大数据面向社会公众、民间团体等开放共享。构建企业环保信用评价体系,提升企业自我环境行为修复能力。积极探索开展节能量、碳排放权、排污权、水权网上交易。

11. 智慧旅游。促进旅游业与城市管理、公共服务的深度融合,推动新一代信息技术在旅游行业的创新应用,实现对旅游企业的精细化管理。加强旅游市场线上线下营销推广体系建设,

建立信息集成化、服务智能化、营销精准化、创新多元化的智慧旅游应用体系。

12. 智慧体育。建设全省体育信息服务网络、省级体育数据中心、省级智慧体育应用平台，实现核心数据集中整合、信息资源互联互通。构建跨区域、跨部门、跨行业信息资源共享的体育管理服务体系，推动全面健身与全民健康深度融合，推行智能化全方位、全过程健康管理。

13. 智慧社区。推动江苏政务服务网和政务服务综合管理系统向社区（村）延伸，实现"互联网＋政务服务"社区（村）全覆盖，促进社区政务及公共服务资源整合共享和业务协同联动，逐步实现"一号申请、一窗受理、一网通办"等"互联网＋社区便民服务"，完善各类信息服务载体，探索社区服务 O2O 模式。广泛运用网络新媒体，规范开展村（居）务公开和协商民主。

14. 智能家居。面向家庭生活、楼宇办公、公共空间等场合，融合照明管理、电器控制、安防监控、环境监测等场景体验，开展智能家居应用试点。探索家居环境感知与远程控制、建筑节能与智能控制、公共区域管理与社区服务、物业管理与便民服务等方面的"智慧生活"综合应用。

（七）加快发展数字经济

1. 数字产业化。加快物联网、云计算、大数据、人工智能等新一代信息技术的研发应用和融合创新，在软件和信息服务、集成电路、智能硬件、工业控制、智能终端等关键领域实现重点突破。加快推进无锡国家传感网创新示范区建设，开展汽车电子标识、智能交通等一批重点物联网示范应用，打造无锡物联网产业核心区。积极发展云计算产品、服务和解决方案，促进云计算产业发展和服务能力提升。打造数据获取、数据存储、数据处理与分析、数据应用的大数据技术产业链，建设一批特色鲜明的大数据产业园。不断创新人工智能产业新技术、新产品、新服务，推动产业规模和总体竞争力处于国内第一方阵，成为全国人工智能产业创新发展的引领区和应用示范的先行区。

2. 产业数字化。以信息技术与制造业深度融合为突出抓手，着力突破智能制造关键核心技术和装备，促进信息技术向设计、生产、市场等环节渗透，鼓励生产方式向精细、柔性、智能转变，推动产品高端化、智能化发展，成为具有国际影响力、国内领先的智能制造先行示范区。积极培育平台经济、分享经济、创意经济、智能经济等新经济形态，催生各类新技术、新产业、新业态、新模式。积极发展电子商务，扩大和升级信息消费。加快服务业网络化发展和智能化升级。打造一批具有国际或区域影响力的互联网交易中心，培育一批特色鲜明、竞争力强的互联网品牌企业，建设一批功能完备、配套完善的互联网经济集聚区。打造一批智慧园区和创新型园区，积极深化苏州工业园区开放创新综合试验，推动南京江北新区、中韩盐城产业园、连云港中哈物流园区等平台载体建设。推动南京未来网络小镇、无锡鸿山物联网小镇、新加坡·南京生态科技岛等一批小城镇智慧化发展。加快智慧农业建设步伐，积极运用现代信息技术改造提升农业，发展生态优、村庄美、产业特、农民富、集体强、乡风好的江苏特色田园乡村。

三、重点工程

（一）基础设施提档升级

1. 宽带网络升级工程。大力实施"光网城市""光网乡村"工程，深入推进"企企通"工程建设。在南京国家级互联网骨干直联点基础上加大带宽扩容力度，加快互联网国际通信专用通道建设，打造面向区域级骨干网络互联的区域交换中心、信息交互中心。支持南京、苏州等下一代互联网示范城市建设，打造第五代移动通信产业化基地。加快国家广电骨干网江苏核心枢纽以及江苏地面数字电视覆盖网建设，全面推进"高清江苏""4K 江苏"。

2. 窄带物联网建设工程。加大窄带物联网（NB-IoT）网络部署力度，提供良好的网络覆盖和服务质量,全面增强 NB-IoT 接入支撑能力。推动规模化商用落地,加强 NB-IoT 在公共服务领域、个人生活领域的推广应用,探索与工业互联网、智能制造相结合的应用场景,鼓励在新技术、新业务中的应用。

3. 下一代互联网(IPv6)建设升级工程。按照工业和信息化部推进 IPv6 规模部署有关要求,统筹推进移动和固定网络的 IPv6 发展,实施 LTE 网络端到端 IPv6 改造、移动终端全面支持 IPv6,加快骨干网、城域网和接入网等固定网络基础设施 IPv6 改造。推进数据中心、内容分发网络(CDN)、云服务平台及域名系统 IPv6 改造。加快互联网典型及创新特色应用 IPv6 升级,开展政府网络 IPv6 改造与工业互联网应用。加强 IPv6 网络安全防护手段和防护体系建设,支持 IPv6 安全技术研发、应用和融合创新。

4. 城市基础设施智能化工程。加快建设数据中心、云计算中心、灾备中心和安全认证中心等功能性信息基础设施,加强信息基础设施与市政、公路、铁路、机场等规划建设的衔接。以公安"平安城市"、升级版技防城、"雪亮工程"、"慧眼工程"的视频监控为主,结合交通、城管、环保、国土等视频监控资源,完善城市智能化基础设施。重点建设高速公路智能化运营服务支撑平台,积极发展新能源汽车服务网络。加大物联网技术在城市基础设施领域的应用力度,推动卫星通信与地面信息基础设施融合发展。加快北斗卫星导航系统建设,完善公共技术支持和运营服务平台。加快融合型家庭网关、家庭智能终端和家庭多制式传感器普及布设。

(二)政务服务能力优化

1. 基础数据资源建设工程。完善自然资源和空间地理、宏观经济、公共信用、人口法人等基础信息资源库以及健康、就业、社会保障、能源、统计、质量、国土资源、环境保护、农业、安全监管、城乡建设、企业登记、旅游、食品药品监管、公共安全、交通运输、教育科研、审计等重要领域信息资源库。

2. 政务服务网建设工程。建设省、市、县三级统一的江苏政务服务网,升级政务服务管理平台,改造部门审批业务办理系统,建立健全政务服务事项在线动态管理系统,完善全省统一的 12345 在线服务平台和公共资源交易平台,深化投资项目在线审批监管平台建设,完善行政权力电子监察系统。

3. 政府网站群整合工程。充分发挥省政府门户网站政务公开第一平台和政务服务总门户的作用,切实加强各级各地政府网站信息内容建设管理,并主动对接省政府门户网站。利用统一的省级政府网站技术平台加快部署各级各地政府网站,对所辖单位的政府网站,通过开设栏目、频道等形式进行整合,迁入省级政府网站技术平台。

4. 智慧江苏门户平台改造工程。在企业服务方面,整合构建涵盖企业办事、市场监管、金融服务、环保监测等各类资源的企业服务平台。在市民服务方面,持续深化智慧健康、智慧交通、智慧社区等基本公共服务应用。构建政务服务和民生服务一体化的市民服务平台,积极推广"我的南京"APP 模式。

5. 政府大数据共享开放工程。建成全省政府数据统一共享开放平台,形成国家、省、市三级互联互通的信息资源共享交换平台体系。引导企业、行业协会、科研机构、社会组织等主动采集并开放数据,加强政府数据与社会大数据的汇聚整合和关联分析。

(三)智慧城市治理创新

1. 时空信息云示范工程。加强多平台、多传感器和高分辨率的数据快速获取能力建设,保持基础地理信息数据和重要地理信息的持续更新。开展智慧城市时空信息云平台和高精度位置服务平台典型应用示范试点建设。依托江苏省全球导航卫星连续运行参考站综合服务系统,建设全面兼容的导航与位置服务。

2. 国土资源云示范工程。开展智慧城市国土资源云平台和高精度位置服务平台典型应用示范试点建设。建设决策支持系统,提升城市规划建设与国土资源管理的预测分析能力。部署不动产登记平台,实现业务全流程信息化。依托省全球导航卫星连续运行参考站综合服务系统,建设全面兼容的导航与位置服务平台。

3. 智慧城管建设工程。深化数字化城市管理平台建设,拓展平台功能,推广网格化管理,优化城管体制和运行机制。建设整合综合行政执法、综合指挥调度、市政环卫设施管理、城市景观照明等业务应用的省级管理平台,实现城市管理的协同化、高效化、智慧化。

4. 城市大脑示范工程。鼓励各设区市政府建设城市大脑示范工程,选取若干业务领域为切入点,整合城市各个单元的数据资源,对整个城市管理进行全局、动态分析,优化调配公共资源,提升城市管理水平。

5. 绿色能源资源利用工程。基于国土资源"一张图",构建"天空地"三位一体的能源立体监测、监管系统。建设综合能源管理平台、重点耗能企业能耗在线监测平台、智能电网系统。发展新能源汽车服务网络。推动"互联网+"再生资源回收利用、产业废弃物资源化利用。

6. 智慧住建推进工程。构建绿色建筑公共信息服务系统、地下管线信息系统、建筑物数据库、绿色建材信息库等智能化管理平台。加快建设全省企业、人员和项目数据库和建筑市场、招投标、信用管理和工程质量安全监管一体化信息管理平台。打造省住房城乡建设智慧化管理和大数据分析平台,推进省、市、县三级住房大数据系统互联互通和信息共享共用。

7. 智慧水利建设工程。充分利用统一信息采集平台,完善水、雨、旱情信息采集点、视频监视点和工程监控点建设,进一步增加覆盖率和采集要素。建成智慧水利云服务中心,实现省、市、县、乡四级以及重点水利工程、水利网络的全覆盖。建设河湖长制管理、水利工程远程监控、水政执法及河湖采砂管理等系统,完善防汛防旱调度、水资源管理、河湖及水利工程管理、农村水利管理、水文服务和政务服务等系统,提升水利业务应用智能化水平。

8. 应急防灾一体化工程。建设全省统一的应急管理地理信息系统,加强灾情信息综合服务平台建设,构建联接各部门、贯通省、市、县三级的气象灾害应急服务体系。构建基于物联网技术的城市安全运行气象保障服务系统、气象综合探测信息系统,完善实时高效的气象信息收集分析处理系统,加快形成省、市、县三级统一协调、上下贯通、可管可控、综合覆盖的应急广播体系。

9. 智慧安监建设工程。开发安全生产信息系统和事故应急技术支撑平台,优化整合安全生产信息系统,推进省级安全生产数据中心建设。建成覆盖省、市、县三级的安全生产信息网络,推进各级安监部门信息化建设,提升安全生产监管效能。

10. 智慧审计监督工程。结合"金审工程"三期项目,构建一体化审计数据系统,建设审计大数据分析平台和审计管理平台,加强审计电子数据采集、归集,积极开展大数据审计,推广"总体分析、发现疑点、分散核实、系统研究"的数字化审计方式,不断提高审计监督能力。

(四)民生服务便捷普惠

1. 智慧教育建设工程。推进"互联网+"教育大平台建设,探索"平台+资源"服务模式,促进全省优质教育资源普惠共享,建设省级教育数据中心,加强智慧教育管理服务平台建设,开展教育大数据分析应用,提升教育管理信息化水平和教育服务能力。推进智慧校园、智慧课堂建设,开展网络扶智与精准扶贫,促进信息技术与教育教学的创新融合。支持党校、行政学院、干部学校、高等院校及其他办学机构开展网络教育,建设终身教育公共服务体系。

2. "互联网+"文化建设工程。加快建设公共文化云平台,推动公共文化产品和服务供需精准对接。建设覆盖全省的新媒体城乡传播平台,加快省公共阅读服务平台建设。打造覆盖省、市、县三级的"扫黄打非"综合管理监测平台。加快全省图书馆、博物馆等文化资源的数字化,数字农家书屋实现乡村覆盖,鼓励开发推广各类满足市民需求的数字内容产品和服务。

3. 智慧人社大集中工程。构建全省统一的"二库四平台"体系架构,建立全省集中的人员、单位和社保卡基础信息库,加快推进省、市各类业务系统数据大集中,建立人社业务资源数据库。做好人力资源和社会保障城乡一体化信息系统(金保二期)的建设和维护,全面推动社会保障卡跨业务、跨地区、跨部门应用。推进"互联网＋妇联",建设省妇女儿童云服务平台,打通零距离服务妇女儿童的"智慧通道"。

4. 智慧民政服务工程。推进"金民工程"配套建设,改造提升省民政综合业务信息平台,融入全国民政业务一体化应用,实现各项民政业务部省协同、上下联动。建设省级居民家庭经济核对大数据平台,推动跨业务、跨部门、跨层级数据核查比对与业务协同。

5. 智慧健康推进工程。加快构建统一权威的省、市、县级全民健康信息平台,实现公共卫生、医疗服务等各项业务应用系统互联互通、业务协同,基本建成全员人口、电子健康档案、电子病历三大数据库。促进和规范健康医疗大数据发展应用,推动健康相关产业发展。开展"互联网＋医疗健康"服务,发展互联网医院,推进面向基层的远程医疗服务。推行"虚拟养老院"和居家养老服务智能化建设。

6. 智慧交通建设工程。完善省、市两级交通运输综合数据中心和移动应用等基础平台。建设全面覆盖、泛在互联的智能交通感知网络,加快推广全省交通地理信息云服务平台应用。健全公众出行综合信息服务体系,加快推广掌上公交、公交智能调度系统、出租车管理与服务系统、

渡船航行避碰预警导航系统。推进交通"一卡通"移动支付管理与服务平台建设。构建多式联运信息通道,推动交通物流协作。强化寄递渠道的安全监管和信息服务。

7. 智慧警务建设工程。构建智慧警务应用生态工程,提升反恐处突、侦查破案、服务民生等数据实战支撑能力。构建智慧警务技术支撑工程,按照"织密天网、建强天算、探索天智、铸牢天盾"的要求,夯实智能技术支撑体系。实施互联网网络安全态势感知工程,建设全省网络安全态势感知平台,进一步提升网络安全防护、隐患发现、应急处置能力。

8. 智慧法务提升工程。加快推进"12348"公共法律服务平台的一体融合发展,深化"7天×24小时"服务,实现实体、网络、热线平台之间的信息共享和业务协同。推进县乡村三级"智慧法务"体系建设,建设智慧型县级法律服务中心,加快乡村智能服务的一体连通。推广"互联网＋律所""互联网＋法援""互联网＋公证"等服务,积极推进"智慧调解",让群众享受到一站式、便捷性的公共法律服务。

9. 智慧人防建设工程。贯彻军民融合理念,整合建设人民防空地下空间全生命周期管理,人民防空警报智能化管理,重要经济目标防护和人民防空行动决策等系统。构建横向联动、纵向贯通、平战结合的人民防空防护体系,满足人民群众保护自身生命财产安全的普遍性需要。

10. 食品药品安全监管体系工程。加快构建覆盖省、市、县、乡各级食品药品监管部门的统一信息网络和智能移动监管平台。建设省级食品药品监管云服务平台和食品药品质量安全追溯系统。依托现有资源建立食品药品安全风险监控监测中心,建成省级食品药品监管云数据中心,推进省级食品药品安全信用平台建设。

11. 生态环境综合监管体系工程。开发覆盖主要生态要素的资源环境承载能力动态监测系统,落实"多规合一",统筹建设生态功能区空间

信息管理平台。构建排污许可与总量管理一体化平台,完善集污染物排放监控、工况监控、视频监控、水电能使用监控、智能质控于一体的在线监控系统。建设智慧河湖管理系统,建成河湖信息共享平台、河湖管理应用系统、提高河湖智能化调度水平。建设工业集聚区、化工园区"一园一档"环境信息管理平台,搭建环境综合执法管理系统,完善环保信用评价系统,开发废弃物在线交易系统。建立环境信息数据整合交换与共享机制,构建资源环境基础硬件平台体系和数据挖掘与决策支持体系。

12. 旅游产业综合管理与服务平台建设工程。构建旅游产业信息管理与服务平台,实现旅游与交通、公安、商务等数据信息共享。整合旅游信息展示和发布平台,推进景区管理平台和多维旅游信息平台建设。构建旅游行业服务管理平台,完善智慧旅游大数据运行体系。

13. 智慧体育建设工程。建设覆盖全省的全民健身大数据管理与服务平台,推广《江苏省公共体育服务指南》网络版应用,完善省、市、县三级国民体质监测与运动指导中心网络。充分运用智能穿戴设备等物联网技术采集健身数据,为群众提供在线健身指导、健身处方等服务。推动智慧体育馆建设,培育智慧体育新产品、新服务、新业态,推动电子竞技产业发展。

(五)数字经济融合发展

1. 新兴智慧产业推进工程。研究推动工业大数据、工业云服务平台、工业互联网支撑软件等领域的关键共性技术创新。创建大数据开放共享与应用试验区。实施"数动未来"专项行动,遴选一批优秀云计算大数据应用示范项目,加快云计算、大数据领域重大标准研制和应用推广。大力推进中国软件名城建设,推动苏南、苏中、苏北软件产业园区优势互补、创新合作,实现错位发展、联动发展。推动国家传感网创新示范区建设,加快推进汽车电子标识、智能交通等一批重点物联网应用示范,打造物联网产业发展新高

地。研发自主安全可控服务器、智能终端、可穿戴设备、智能汽车、智能家居设备、工业机器人等一批能够成为互联网新入口的智能硬件。加快发展人工智能软硬件产业,积极培育人工智能平台和服务型企业,建立完善人工智能产品、技术和应用协同发展机制。

2. 互联网经济培育工程。壮大网络销售服务平台,加快推进南京、无锡、徐州、常州、苏州等国家电子商务示范城市建设。提升大宗商品现货交易网络服务平台,着力在化工、纺织、冶金、建材、机械、电子等优势产业领域打造跨区域商品现货交易平台。融合发展物流专业服务平台,支持有条件的本土物流企业向专业化第三方、第四方物流服务平台转型。打造满足多样化需求的细分服务平台,聚焦信息消费、旅游消费、文化消费等新兴消费领域,培育面向百姓生活需求的细分服务平台。建设基于互联网的综合金融服务平台,鼓励金融机构借助互联网加强信用创新和模式创新。实施企业电商拓市专项行动,推动江苏优质制造业企业积极开拓国内外市场。

3. 集成电路产业发展工程。加快构建设计、制造、封装测试三业结构合理的集成电路产业体系,提高产业集聚度,推进以无锡、苏州和南京等市为中心的沿江集成电路产业带建设。推进集成电路产业高端发展,重点发展移动通信、光通信、卫星通信,加快研制下一代互联网设备,打造天地一体现代通信产业链。大力发展满足高端装备、应用电子、物联网、新能源汽车、新一代信息技术需求的核心基础元器件,突破微机电系统(MEMS)微结构加工、高密度封装等关键共性技术。

4. 智能制造示范工程。推进智能制造试点示范,加快培育智能制造模式,支持智能制造核心关键技术、智能化装备研发及产业化。推进制造业创新中心建设,打造智能制造生态体系。组织实施高端装备研制赶超工程、首台套重大装备示范应用工程,积极承担国家高档数控机床、智

能制造装备等重大专项,鼓励工业机器人、增材制造(3D 打印)装备等智能制造装备创新研制。加快高端智能装备产业化,促进成套智能装备向自动化、智能化、标准化、集成化、节能化方向发展。

5.工业互联网创新工程。制定并发布工业互联网平台建设指南,组织开展国家和省级工业互联网平台培育和认定工作,力争建成 2~3 个国内领先的跨行业跨领域工业互联网平台、10 个在国内有较大影响力的行业工业互联网平台、20 个省工业互联网示范平台。组织制定和发布工业互联网标杆工厂、星级上云企业、"互联网+先进制造业"特色基地建设标准和认定办法,重点建设 10 家工业互联网建设与应用创新中心,打造 100 家工业互联网标杆工厂,新增 10 万家企业上云,重点打造星级上云企业,在全省重点产业园区中创建 30 家"互联网+先进制造业"特色基地。组织开展工业互联网服务资源池建设,认

定一批重点工业互联网平台服务商、工业互联网网络平台建设服务商、工业互联网解决方案提供商、数据采集服务商、工控安全服务商、工业互联网配套服务商,打造工业互联网服务生态体系。

6.智慧农业建设工程。大力推进物联网技术在农业生产领域的全程应用,积极发展精准农业、智能农业,推动农业生产智能化。启动江苏农业大数据平台建设,推动数据融合、业务融合和服务融合,逐步形成覆盖全省、统筹利用、统一接入的数据共享平台,推动农业大数据挖掘应用,全面构建智慧农业生产经营服务体系。提升信息进村入户工程整省推进示范省建设水平,促进公益、便民、电子商务、培训体验四项服务不断深化。

来　　源:江苏省人民政府办公厅
发布日期:2018 年 09 月 18 日

推进建筑产业现代化发展新闻发布会

魏赞(省政府办公厅新闻联络处处长):记者朋友们,大家上午好!欢迎参加省政府新闻发布会。

建筑产业是我省的支柱产业和优势产业。近年来,我省认真贯彻落实国家关于推进建筑产业现代化的决策部署,大力推动装配式建筑、成品住房和绿色建筑"三位一体"融合联动发展,统筹推进建筑产业现代化,助推城乡建设高质量,取得了较为明显的成效。为回应社会关切,更好地推进建筑产业现代化工作,经省政府领导批准,今天我们召开省政府新闻发布会,向大家介绍目前全省建筑产业现代化推进情况,并回答记者朋友们感兴趣的问题。

出席今天新闻发布会的有:省住房和城乡建设厅党组书记、副厅长顾小平,副厅长刘大威,省建筑工程管理局副局长陈晨,省住房和城乡建设厅建筑市场监管处处长范信芳。此外,省住房和城乡建设厅相关处室负责同志在发布厅前排就座。我是省政府办公厅新闻联络处魏赞,受省政府徐莹副秘书长委托,主持本场新闻发布会。

首先,请省住房和城乡建设厅党组书记、副厅长顾小平介绍全省建筑产业现代化推进总体情况、推进成效和下一步工作安排。

顾小平(省住房和城乡建设厅党组书记、副厅长):各位新闻界的朋友们,大家上午好!

感谢大家对江苏建筑产业现代化工作的高度关注和重视,也感谢媒体记者界的朋友们长期以来对江苏住房城乡建设工作的关心和支持!

建筑产业是我省的支柱产业、优势产业、富民产业,近年来保持持续健康发展,产业规模连续多年位居全国首位。省委、省政府历来高度重视建筑产业发展,特别是 2014 年我省被住房和城乡建设部确定为国家建筑产业现代化试点省之后,省政府迅速出台指导意见,着力推进以装配式建筑为载体、以"标准化设计、工厂化生产、装配化施工、一体化装修、信息化管理、智能化应用"为方向的建筑产业现代化,提高技术水平和工程品质,促进建筑产业转型升级、提质增效。下面,我就全省建筑产业现代化推进情况向大家作一简要介绍。

一、工作推进情况

(一)建立工作机制,强化组织推进。2014年 11 月,省政府建立由 15 个成员单位组成的建筑产业现代化推进工作联席会议制度,联席会议办公室设在省住房和城乡建设厅。厅内也建立了协同推进机制,22 个处室、单位共同参与推进建筑产业现代化相关工作。省联席会议办公室每年确定工作目标和重点任务,将装配式建筑、成品住房等年度目标任务分解至各设区市,并加强监督检查,强化工作指导和组织推进。全省所有设区市和县级示范城市均建立了建筑产业现代化推进工作联席会议制度,形成了省市县三级联动的工作机制。

(二)完善保障措施,强化政策支持。一是在省级层面,省政府先后印发了《关于加快推进建筑产业现代化促进建筑产业转型升级的意见》

（苏政发〔2014〕111号）、《关于促进建筑业改革发展的意见》（苏政发〔2017〕151号），明确建筑产业现代化发展总体要求、重点任务、支持政策和保障措施。二是在部门层面，省住房和城乡建设厅编制了《江苏省"十三五"建筑产业现代化发展规划》，并在城乡规划、预制装配率计算、"三板"（预制内外墙板、预制楼板、预制楼梯板）推广应用、工程招投标、施工图审查、工程定额、质量安全监管、监测评价等方面出台了一系列配套政策。特别是全面推广应用"三板"政策、预制装配率计算细则，在全国属于创新性的做法，也在实践中取得了良好效果。三是在市县层面，各设区市和县级示范城市结合各地实际情况，出台了推进建筑产业现代化的实施意见，明确发展目标和重点推进领域，细化规划条件制定、土地出让、容积率奖励、城市基础设施配套费奖补、房地产开发项目提前预售、财政支持、费用减免等方面的支持政策，有效落实相关税收优惠政策。南京、徐州、苏州、南通、海门等地将建筑产业现代化要求纳入规划条件和土地出让合同，对鼓励建筑企业技术创新、设备升级改造进行财政补贴，并在装配式建筑项目中实行费用减免和容积率奖励等方面提出创新性的扶持政策，对推动建筑产业现代化发展起到了积极引导作用。

（三）健全技术体系，强化工作支撑。省住房和城乡建设厅成立了由院士领衔的专家委员会，参与制定发展规划和技术政策，为建筑产业现代化发展提供技术指导和服务；先后立项66个研究课题，组织开展建筑产业现代化关键技术攻关；先后编制25部建筑产业现代化地方标准；编制《装配式建筑系列手册》，从项目策划、设计、部品部件生产、施工、监理、检测、质量监督和项目管理等多个方面对相关企业、技术人员提供详细指导。省科技厅在省重点研发计划中设立"装配式建筑关键技术应用研究"专门条目，支持建筑产业科技创新和技术进步。省建筑产业现代化创新联盟充分发挥社团组织优势，结合工程应用

实际，整合高校、企业和示范城市三方力量深入开展14个课题研究。此外，省内一大批科研院所、大专院校、骨干企业积极参与课题研究和相关国家、和行业相关标准的编制。

（四）加大资金补助，强化重点示范。2015—2018年，省级财政累计安排建筑节能和建筑产业现代化专项引导资金14.3亿元，重点支持建筑产业现代化领域的装配式建筑、建筑节能、BIM技术应用、标准编制和人员培训等。2017年，省住房和城乡建设厅进一步整合资源，安排1亿元保障性住房建设引导资金用于支持装配式保障性住房建设。2018年，在省级引导资金中增设"BIM技术集成应用"奖补项目，并组织开展建筑产业现代化示范园区创建工作。省发展改革委在省服务业专项引导资金安排中对建筑产业现代化生产性服务业领军企业和集聚示范区建设给予支持，省工业信息化厅利用新型墙体材料和发展散装水泥省级财政专项资金，支持装配式建筑部品部件科技研发、技术改造和示范应用。

（五）培育骨干企业，强化示范引领。定期发布建筑产业现代化设计、施工、监理、检测和部品部件生产企业名录，供建设单位选择，引导相关企业创新创优、争先进位。充分发挥社会团体在集聚市场主体、加强行业自律、推动创新发展方面的积极作用，指导省内建筑产业骨干企业成立建筑产业现代化创新联盟，构建创新、合作、发展、共赢的建筑产业现代化推进平台，强化产学研用合作。以产业集聚区为载体，推动装配式建筑研发设计、部品部件生产、装备制造、绿色建材、运输物流等全产业链融合发展。目前，常州、扬州、海门、阜宁、句容等地已有5个建筑产业现代化园区落地，企业竞相入驻，产业集聚效应逐步显现。

（六）组织宣传培训，强化氛围营造。组织省内主流媒体专题报道建筑产业现代化发展情况，向社会和群众普及建筑产业现代化知识。定期印发《建筑产业现代化推进工作简报》，充分利用

网站、微信公众号等新媒体广泛宣传建筑产业现代化工作。在每年的江苏国际绿色建筑大会期间举办装配式建筑论坛,指导省建筑产业现代化创新联盟经常性举办联盟年会、技术研讨会、高峰论坛等活动,加强交流合作。组织开展建筑产业现代化人才培训,举办建筑产业现代化研修班和技术培训班,编制系列培训教材,研究建立从业人员培训、考核和认证体系。骨干企业先后设立 18 个实操基地、开展工人实操培训。今年在省人社厅支持下,将装配式建筑的 BIM 应用、预制生产、装配施工、质量检测 4 个职业能力纳入职业能力的规范考核。

二、推进成效

经过全省上下近 4 年的共同努力,建筑产业现代化工作取得了积极成效。

(一)新建装配式建筑规模占比稳步增加。2015、2016、2017 三年全省新开工装配式建筑面积分别为 360 万、608 万、1 138 万平方米,占当年新建建筑比例从 3.12% 上升到 8.28%。今年1—11 月,全省新开工装配式建筑面积已超过2 000 万平方米,占新建建筑面积比例达到 15%,提前完成年度目标任务。目前,我省工作推进的相关指标均居全国前列。

(二)技术支撑和人才培养持续强化。研发整体装配式剪力墙结构体系、世构体系(预制预应力混凝土装配整体式框架结构体系)、装配式框架-剪力墙结构体系、模块建筑体系等一系列典型装配式建筑体系,相关研究成果在 2017 年获得两项江苏省科技进步一等奖。2015—2018年,全省共有超过 8 万人次参加各类建筑产业现代化技术培训。

(三)试点示范建设成效明显。创建国家级装配式建筑示范城市 3 个、产业基地 20 个,占全国总数的十分之一以上;创建省级建筑产业现代化示范城市 12 个、示范园区 4 个、示范基地 151个、人才实训基地 7 个、示范项目 96 个。示范城市区域推进的态势基本形成,示范基地覆盖 13个设区市,示范项目种类齐全、技术先进,示范引领效应逐步显现。

(四)企业转型升级势头良好。形成了一批以南京长江都市、江苏筑森等为代表的全国领先的装配式建筑设计企业,以中南集团、龙信集团、南京大地为代表的全国知名的装配式建筑施工企业,以科逸、金螳螂、旭建为代表的在全国具有影响力的整体厨卫生产企业、装饰装修企业和部品部件生产企业。这些企业不仅自身积极开展技术创新和升级改造,努力提高建筑品质和建造效率,而且带动越来越多的企业投身建筑产业现代化,逐步形成全省范围内骨干企业先行一步、其他企业纷纷跟进的全行业加快转型升级的态势。

(五)产业发展的动能进一步彰显。全省建筑产业现代化的稳步推进,不仅为装配式建筑、装配化装修带来近万亿元的市场空间,而且带动了工厂生产、装备制造、运输物流、新型建材、设计咨询、信息化和智能化技术应用等全产业链的转型发展和协同发展。今年前三季度,全省房地产开发投资同比增长 17.6%,建筑业总产值达到2.12 万亿元,同比增长 14.4%,建筑产业对经济发展的支撑作用显著。

(六)社会共识正在加快构建。政府、部门和建设单位、广大群众对装配式建筑的了解逐渐深入,对建筑产业转型升级的认识更加深化,新闻媒体对建筑产业现代化的关注度不断提高,全社会支持建筑产业现代化发展的良好氛围逐步形成。

三、下一步工作打算

从今年开始,我省建筑产业现代化工作从试点示范期进入推广发展期。我们将认真贯彻中央和省委、省政府决策部署,切实加强统筹协调、加大工作力度,推动全省建筑产业现代化发展迈上新台阶。

(一)加强组织推进。做到"四个不变",即推进建筑产业现代化的决心不变、标准不变、目标不变、思路不变。坚持每年分解下达年度目标任务，并加强绩效考核，强化监督检查。充分发挥省级建筑产业现代化推进工作联席会议制度作用，健全工作机制，密切协作配合，狠抓措施落实。

（二）完善配套政策。落实苏政发〔2014〕111号文和苏政发〔2017〕151号文部署要求，认真分析研判建筑产业现代化发展趋势和存在的问题，结合市场需求，研究制定有针对性的支持政策，督促各地细化具体实施细则，确保省政府相关政策在各地落地见效。

（三）突出重点方向。督促各地严格执行全面推广应用"三板"的规定，积极推动政府投资项目带头采用装配式建造方式。出台推动成品房建设实施意见，推广装配化装修，出台推广应用BIM技术的指导意见。结合乡村振兴战略，推动农村装配式建筑发展。强化装配式建筑"一体两翼"建设，即在完善技术体系的基础上，切实推动装配式建筑的一体化设计和工程总承包。

（四）夯实人才基础。开展系统化、制度化技术培训，提高相关管理人员和技术人员业务水平。健全建筑产业现代化人才实训体系，切实加大实操培训力度。

（五）严格质量管控。适应装配式建筑工厂化生产、装配化施工特点，加强部品部件生产和施工质量全过程管理，探索建立全过程覆盖、全生命周期可追溯的质量监管体系，着力提高建筑品质，更好、更大程度满足消费者需求。

我们坚信，在各级政府、有关部门、企业单位、广大从业人员的持续共同努力下，我省建筑产业现代化工作一定能扎实稳妥推进，一定能取得更加显著成效，一定能为江苏高质量发展贡献新的力量！也请媒体记者朋友们继续关注我省建筑产业现代化工作，多帮我们宣传，多给我们提出宝贵意见和建议。谢谢大家！

魏赟（省政府办公厅新闻联络处处长）：谢谢顾书记。下面，记者朋友们可以就感兴趣的问题提问，提问前请说明自己所供职的媒体。

中国建设报记者：请问现阶段为什么要推动装配式建筑发展，意义何在？

刘大威（省住房和城乡建设厅副厅长）：发展装配式建筑，应该说是建造方式的重大变革。大力推动装配式建筑发展，主要有以下三个方面的考虑：

（一）发展装配式建筑，是建设生态文明的必然要求。装配式建筑的建造过程，主要采用装配化方式进行施工，可以减少80%的现场建筑垃圾和60%的材料损耗，能够显著降低施工噪声和扬尘，有效改善人居环境，有利于节约资源能源，实现可持续发展。

（二）发展装配式建筑，是城乡建设高质量发展的必然要求。江苏城镇化率去年底达到68.8%，在这样一个阶段，推动城乡建设高质量发展，要求建筑本身首先要高质量，也是社会发展的必然要求。发展装配式建筑，采用标准化设计、工厂化生产、装配化建造，有效提升建设水平和建筑品质，建造真正意义上的"百年建筑"。

（三）发展装配式建筑，是建筑产业转型升级的必然要求。近年来，我省建筑产业有了很大发展和提升，但仍面临着结构不尽合理、在建造过程中资源能源消耗较大、科技含量不高等问题。建筑业粗放型生产方式与管理模式有待于进一步完善，转型升级迫在眉睫。通过发展装配式建筑，可以推动设计、生产、施工、开发等全产业链转型升级，带动新材料、装备制造、运输物流等行业同步提升，有效提升生产效率。

正因为如此，从2014年开始，国家和省里都对装配式建筑发展提出了明确要求，希望通过发展装配式建筑，实现建筑产业转型升级，为建设生态文明和城乡建设高质量发展提供有力支撑。谢谢！

微博江苏记者：请问，在推动装配式建筑发展的过程中，如何保证装配式建筑的建造质量？

陈晨（省建筑工程管理局副局长）：谢谢这位记者朋友的提问，我来回答这个问题。总体来看,随着施工技术进步和工程建设管理水平提升,我省、我国的建筑质量也在不断提高。而装配式建筑的建造过程,通过将大量现场作业施工转移到工厂内进行,将危险的高空作业放置到地面完成,将一群人干的工作,由几个人完成,在一定程度上缩短整个房屋建造周期,降低成本、物耗和能耗,使建筑整体质量更可控、装配更精密,有效提高整体建设质量。

目前,我们主要是抓好两个过程,来确保装配式建筑的建造质量。一是在部品部件的生产过程中,借助成熟的工业手段和工业体系,按照工厂质量管理要求和标准体系规范部品部件的原料选择、生产加工、质量检验等环节,对部品部件的质量进行严格把关,为装配式建筑的质量安全提供本质保障。二是在施工过程中,通过建立适合于装配式建筑施工的质量管理责任体系,不断完善装配式建筑施工技术,规范施工现场材料管理,采用专业设备机具,由专业人员在现场对构件进行安装,确保建造质量。

在此过程中,我省各级政府、各部门也一直高度关注装配式建筑的建造质量,创新完善与装配式建筑相适应的工程建设全过程监管机制,建立健全部品部件生产、检验检测、装配施工及验收全过程质量保证体系。2016年以来,我省先后发布了《江苏省装配式建筑(混凝土结构)施工图审查导则(试行)》《装配式结构工程施工质量验收规程》《江苏省装配式混凝土结构质量控制要点》等一系列标准、文件,公布了首批江苏省装配式建筑检测机构名录,南京、苏州等地陆续出台了《南京市装配式建筑工程质量安全管理办法(试行)》《关于推进装配式建筑发展加强建设监管的实施细则(试行)》等文件,进一步规范装配式建筑工程质量安全管理制度,健全质量安全管理体系,落实各方主体责任,确保装配式建筑质量安全。

下一步,我们还将逐步完善装配式建筑技术标准,培育适应装配式建筑建造方式的新型产业工人,探索建立装配式建筑全过程质量追溯机制,进一步提升装配式建筑的质量管控。

新华日报记者:有几个问题想请教一下。第一,刚才顾书记讲到下一步工作打算时,说从今年开始,我省建筑产业现代化工作从试点示范期进入推广发展期,您一开始讲试点示范期是从2014年11月开始的,那么,从试点示范期到推广发展期,是从今年开始还是从明年初开始?

顾小平(省住房和城乡建设厅党组书记、副厅长):建筑产业现代化,包括装配式建筑的发展,可以说是建造方式的一次革命。我刚才也说了,这里涉及到设计、建造、管理、应用等方方面面,环节很多,是全产业链的,有技术、设备、施工,有材料、工厂生产等,是一次革命,涉及这么多的产业环节,不是一蹴而就的。所以,2014年省政府发的文件里就制订了一个十年规划,要求整个建筑产业现代化,包括装配式建筑的发展,分三个阶段来推动:一是试点示范期,主要通过一些项目的试点示范,研究相关技术和管理。二是推广发展期,三是普及应用期。整个过程,是循序渐进的,也有不同阶段的目标。所以,我们所说的从试点示范到推广发展不是绝对的,会有交叉,每个阶段也可能会有新的情况和要求,需要不断调整。基本上,从今年开始,我们就进入了推广发展期。

新华日报记者:第二个问题,前面讲2015—2018年,省级财政累计安排建筑节能和建筑产业现代化专项引导资金14.3亿元,后面又说2017年省住房和城乡建设厅进一步整合资源,安排1亿元保障性住房建设引导资金,用于支持装配式保障性住房建设。那么,这1亿元是否包含在14.3亿里,还是另外的?

顾小平(省住房和城乡建设厅党组书记、副厅长):保障性住房建设,有专门的引导资金,这个1亿元,是用于支持装配式保障性住房建设的,是专门安排的一部分资金,不包含在14.3亿元里面。谢谢。

新华日报记者:还有一个问题。请问,其他省在保障性住房方面,也会专门推广装配式建筑吗?

顾小平(省住房和城乡建设厅党组书记、副厅长):其他省也有,但是我省是最早,也是相对力度最大的。国家住房和城乡建设部还在我们这儿开过现场会,专门推广我们在保障性住房里面发展绿色建筑的做法和经验。

中国日报记者:建筑产业现代化,对建设领域的农民工会产生哪些影响?

范信芳(省住房和城乡建设厅建筑市场监管处处长):建筑业是劳动密集型产业,在传统建造方式下,农民工从业环境艰苦,劳动强度大;从业流动性大,经常"干一段时间换个地方",社会保障低;许多农民工是临时招聘,临时突击施工,接受技能教育培训的机会少。

建筑产业现代化,在工厂生产大部分建筑部件,工地仅是一个组装现场。这样一来,相对于传统建造方式,建筑工地上的农民工可以减少80%左右,留下的20%左右农民工因机械化施工,劳动强度也会大大降低。这80%左右的农民工可以进入工厂工作,成为建筑产业工人。

在工厂上班,建筑产业工人劳动环境大大改善。由于机械化、自动化程度提高,建筑工人的劳动强度会降低;由于上班地点固定,建筑工人也可以像其他行业的工人一样,每天工作8小时,正常上下班;由于就业稳定,可以与用人单位签订长期合同,享有良好职业技能培训,按时领到工资,得到应有的社会保障。

大量的农民工变成建筑产业工人,成为当地的新市民,在城市定居下来,孩子可以在城市读书,农村会大幅度减少空巢家庭。

总之,大力推进建筑产业现代化,对农民工的生产方式和生活方式,都会产生积极而深远的影响。

省广电总台江苏卫视融媒体新闻中心记者:文件的第2页说到"三板"——预制内外墙板、预制楼板和预制楼梯板的推广情况,我想具体了解一下"三板"的推广情况,是从什么时候开始?目前政策执行情况如何?全省预制"三板"产能情况怎么样?

刘大威(省住房和城乡建设厅副厅长):谢谢这位记者朋友的提问,所谓预制"三板",是指预制墙板、楼板和楼梯板。根据国家推动发展装配式建筑的要求,我省结合实际,在2017年2月出台了推广应用预制"三板"的规定,从今年7月1日开始,在全省范围内全面推广应用预制"三板"。从近期的调研情况看,各地都严格执行全面推广应用预制"三板"的政策,在建设过程中,建设主管部门严把施工图审查等关口,不满足"三板"应用要求的项目,审图不得通过。

对于预制"三板"产能情况,从最近一次调研统计来看,全省目前已建成预制"三板"生产企业55家,较2016年的20家大幅增加,另有31家正在建设中,预计2019年底前,均可投入生产。目前,全省已建成的预制"三板"生产企业实际产能为545万立方米/年。到2019年底,另外30多家预制"三板"企业建成投产后,全省预制"三板"产能将达到1021万立方米,完全能够满足全省需求。

下一步,我们还将继续督促各地严格执行全面推广应用"三板"的规定,严格把好施工图审查、竣工验收等关口,确保相关规定落地见效。积极推动政府投资项目,包括保障性安居工程项目、公共建筑等,全面应用预制"三板",率先采用装配式建造方式。同时,持续跟踪了解全省"三板"产能和应用情况,指导各地优化预制构件产能布局,完善监管体系,确保预制"三板"买得到、用得上、质量优。谢谢!

魏赟(省政府办公厅新闻联络处处长):由于时间关系,今天的发布会就开到这里。如果记者朋友们还有疑问,会后,省住房和城乡建设厅各位领导可以继续给大家答疑。谢谢大家!

来　　源:江苏省人民政府
发布日期:2018年12月24日

江苏省建筑行业协会 2019 年会暨 2018 年度江苏省建筑业 "双百强"企业评价排名发布会在海门召开

3月27日下午,江苏省建筑行业协会2019年会暨2018年度江苏省建筑业"双百强"企业评价排名发布会在海门召开。参加会议的有本会会长、副会长、秘书长、监事,常务理事,会员单位代表,"双百强"和"三优"单位代表等共500多人。江苏省住房和城乡建设厅副厅长赵庆红出席会议并讲话。江苏省海门市市长郭晓敏、南通市住建局副局长沈卫星出席会议并致辞。江苏省住房和城乡建设厅建筑市场监管处处长李震、工程质量安全监管处处长汪志强、江苏省住房城乡建设行业党委副书记曹云华应邀出席会议。会议由张宁宁会长主持。

大会听取了江苏省建筑行业协会2018年工作报告、江苏省建筑行业协会2018年财务收支情况报告;发布了2018年度江苏省建筑业"双百强"企业评价排名名单和优秀企业、优秀企业家、优秀企业经理评价结果名单,并为"双百强""三优"代表进行了授牌。

会上,江苏省住房和城乡建设厅副厅长赵庆红作了讲话。他指出,2018年是改革开放40周年,江苏建筑业按照省委省政府确定的高质量发展走在前列的目标定位,不断推动转型发展,从总量最大向实力最强迈进。建筑产业规模稳中有进,对外市场开拓纵深推进、建筑产业现代化步伐加快、建筑业改革试点不断深化、工程质量安全形势平稳。他强调,推动江苏建筑业高质量发展再上新台阶,要在持续优化营商环境、坚持深化改革

创新、坚持深度融合发展、加快"走出去"上下功夫。赵庆红副厅长对协会下一阶段的工作提出了四点要求:一是要切实强化协会党建工作;二是要进一步推进协会改革;三是要加强行业诚信自律建设;四是要努力提升协会服务水平。

会议最后张宁宁会长作总结讲话。他强调,2018年协会工作,积极围绕改革中心,服务企业发展大局,坚持依法办会、按章办会、廉洁办会,各项工作都取得了积极进展和明显成效。结合上级的工作部署和行业发展的形势,他对2019年建筑行业和协会工作提出了三点意见:一要紧扣高质量发展主题,全面推进建筑业改革发展;二要紧贴企业实际,充分发挥建筑行业协会的服务作用;三要紧跟时代需要,推动建设创新型、智慧型、科技型建筑企业。

会上,南通三建董事局主席黄裕辉介绍了该集团转型升级和创新发展的情况和做法。

同时,在2019年会前,江苏省建筑行业协会召开了七届二次会长办公会、七届三次常务理事会和临时会员代表大会,审议通过了有关提案。

3月27日上午,与会全体代表前往海门市悦来镇参观了南通三建超低能耗绿色建筑产业园,并深受大家一致好评。

来　　源:江苏省建筑业
发布日期:2019年04月01日

第七部分

生态环境、自然资源

江苏省生态环境厅
2019 年度部门预算情况说明

一、收支预算总体情况说明

江苏省生态环境厅 2019 年度收入、支出预算总计 75 850.86 万元,与上年相比收、支预算总计各增加 47 451.73 万元,增长 167.10%。其中:

(一)收入预算总计 75 850.86 万元。包括:

1. 财政拨款收入预算总计 72 871.12 万元。

一般公共预算收入预算 72 871.12 万元,与上年相比增加 46 947.78 万元,增长 181.10%。主要原因是机构改革调整,人员调入增加了人员经费以及正常的人员工资变动调整;机构改革职能发生变化,调入单位项目也相应增加,新增水体、大气等项目;环境监测改革调整,环境监测相关预算增加。

2. 其他资金收入预算总计 2 979.74 万元。与上年相比增加 503.95 万元,增长 20.36%。主要原因是主要原因是事业收入增加。

(二)支出预算总计 75 850.86 万元。包括:

1. 社会保障和就业(类)支出 4 610.27 万元,主要用于行政事业单位离退休、职业年金缴费、基本养老保险缴费支出等。与上年相比增加 2 822.77 万元,增长 157.92%。主要原因是在职人员养老保险与职业年金支出增加及正常离退休费调整。

2. 节能环保(类)支出 62 414.5 万元,主要用于行政运行、一般行政管理事务、生态环境保护宣传、环境保护法规、规划及标准、机关服务、

其他环境监测与监察、固体废弃物与化学品、生态环境监测与信息、生态环境执法监察等。与上年相比增加 38 820.92 万元,增长 62.20%。主要原因是水体、生态环境监测与信息、生态环境执法监察项目支出的增加;机构改革职能发生变化,部分项目调整增加。

3. 住房保障(类)支出 8 826.09 万元,主要用于住房公积金、提租补贴。与上年相比增加 5 808.04 万元,增长 65.81%。主要原因是职工公积金与住房补贴的调整及住房保障支出增加。

此外,基本支出预算数为 39 178.9 万元。与上年相比增加 25 757.53 万元,增长 191.91%。主要原因是在职人员养老保险与职业年金支出增加、正常工资调整及正常离退休费调整等。

项目支出预算数为 34 909.06 万元。与上年相比增加 21 418.87 万元,增长 158.77%。主要原因是水体、生态环境监测与信息、生态环境执法监察项目支出的增加;机构改革职能发生变化,部分项目调整增加;环境监测改革调整,环境监测相关预算增加。

单位预留机动经费预算数为 1 762.9 万元。与上年相比增加 275.33 万元,增长 18.51%。主要原因是预留人员绩效等经费。

二、收入预算情况说明

江苏省生态环境厅本年收入预算合计 75 850.86万元,其中:

一般公共预算收入 72 871.12 万元,占 96.07%;

其他资金 2 979.74 万元,占 3.93%。

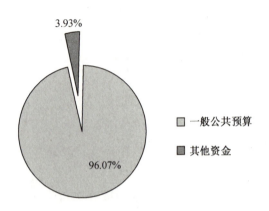

图 1　收入预算图

三、支出预算情况说明

江苏省生态环境厅本年支出预算合计 75 850.86 万元,其中:

基本支出 39 178.9 万元,占 51.65%;

项目支出 34 909.06 万元,占 46.02%;

单位预留机动经费 1 762.9 万元,占 2.33%。

图 2　支出预算图

四、财政拨款收支预算总体情况说明

江苏省生态环境厅 2019 年度财政拨款收、支总预算 72 871.12 万元。与上年相比,财政拨款收、支总计各增加 46 947.78 万元,增长 181.10%。主要原因是机构改革调整,人员调入增加了人员经费以及正常的人员工资变动调整;机构改革职能发生变化,调入单位项目也相应增加,新增水体、大气等项目;环境监测改革调整,环境监测相关预算增加。

五、财政拨款支出预算情况说明

江苏省生态环境厅 2019 年财政拨款预算支出 72 871.12 万元,占本年支出合计的 96.07%。与上年相比,财政拨款支出增加 46 947.78 万元,增长 181.10%。主要原因是机构改革调整,人员调入增加了人员经费以及正常的人员工资变动调整;机构改革职能发生变化,调入单位项目也相应增加,新增水体、大气等项目;环境监测改革调整,环境监测相关预算增加。

其中:

(一)社会保障和就业(类)

1. 社会保障和就业(类)未归口管理的行政单位离退休(项)支出 72.87 万元,主要用于未归口管理的行政单位离退休。与上年相比减少 24.9 万元,减少 25.47%。主要原因是离退休人员减少调减。

2. 社会保障和就业(类)机关事业单位基本养老保险缴费支出(项)支出 2 901.55 万元,主要用于基本养老保险缴费。与上年相比增加 1 894.3 万元,增长 188.05%。主要原因是人员养老保险正常调整变动。

3. 社会保障和就业(类)机关事业单位职业年金缴费支出(项)支出 1 160.62 万元,主要用于职业年金缴费。与上年相比增加 757.7 万元,增长 188.04%。主要原因是人员职业年金正常调整变动。

(二)节能环保(类)

1. 节能环保(类)行政运行(项)支出 7 627.44 万元,主要用于行政基本支出开支。与上年相比增加 1 381.1 万元,增长 22.11%。主要原因是机构改革调整,用于行政方面的基本支出增加。

2. 节能环保(类)一般行政管理事务(项)支出 1 277.78 万元,主要用于一般行政管理事务支出。与上年相比增加 434.6 万元,增长 51.54%。主要原因是机构改革调整,一般性项目支出增加。

3. 节能环保（类）机关服务（项）支出 405 万元，主要用于服务类等支出。与上年相比减少 45 万元，减少 10%。主要原因是按照财政部要求，支出减少。

4. 节能环保（类）生态环境保护宣传（项）支出 1 137.89 万元，主要用于环境保护宣传教育支出。与上年相比增加 68.2 万元，增长 6.38%。主要原因是环境保护宣传教育支出增加。

5. 节能环保（类）环境保护法规、规划及标准（项）支出 295 万元，主要用于环境保护政策方面的支出。与上年相比减少 22 万元，减少 6.94%。主要原因是按照财政部要求，支出预算减少。

6. 节能环保（类）生态环境国际合作及履约（项）支出 144 万元，主要用于环境方面的国际合作与交流等。与上年相比减少 16 万元，减少 10%。主要原因是按照财政部要求，支出预算减少。

7. 节能环保（类）其他环境保护管理事务支出（项）支出 132.62 万元，主要用于其他有关环保事务支出。与上年相比减少 8.3 万元，减少 5.88%。主要原因是按照财政部要求，支出预算减少。

8. 节能环保（类）核与辐射安全监督（项）支出 525.6 万元，主要用于核安全核辐射支出。与上年相比增加 36.6 万元，增长 7.48%。主要原因是核安全核辐射方面管理力度加大。

9. 节能环保（类）其他环境监测与监察支出（项）支出 3 061.36 万元，主要用于环境监察与监测。与上年相比增加 2 060.6 万元，增长 205.90%。主要原因是环境监察与监测支出调整。

10. 节能环保（类）大气（项）支出 360 万元，主要用于应对气候变化。与上年相比增加 360 万元，增长 100%。主要原因是机构改革调整新增项目。

11. 节能环保（类）水体（项）支出 2 945 万元，主要用于海洋环境保护。与上年相比增加 2 945 万元，增长 100%。主要原因是机构改革调整新增项目。

12. 节能环保（类）固体废弃物与化学品（项）支出 540.95 万元，主要用于废弃物污染支出。与上年相比减少 61.1 万元，减少 10.14%。主要原因是按照财政部要求，支出预算减少。

13. 节能环保（类）放射源和放射性废物监管（项）支出 238.5 万元，主要用于放射源相关支出。与上年相比减少 121.5 万元，减少 33.75%。主要原因是按照财政部要求，支出预算减少。

14. 节能环保（类）其他污染防治支出（项）支出 609 万元，主要用于污染防治。与上年相比增加减少 67 万元，减少 9.91%。主要原因是按照财政部要求，支出预算减少。

15. 节能环保（类）其他自然生态保护支出（项）支出 410 万元，主要用于自然生态保护。与上年相比增加减少 1 508.2 万元，减少 78.63%。主要原因是按照财政部要求，支出预算减少，同时部分支出调整变动。

16. 节能环保（类）生态环境监测与信息（项）支出 37 888.57 万元，主要用于环境监测与信息等方面的支出。与上年相比增加 34 183.5 万元，增长 922.61%。主要原因是环境监测改革，职能调整。

17. 节能环保（类）生态环境执法监察（项）支出 1 221.28 万元，主要用于监督环境等方面的支出。与上年相比减少 425.6 万元，减少 25.84%。主要原因是按照财政要求，支出预算减少。

18. 节能环保（类）其他污染减排支出（项）支出 150 万元，主要用于减排专项资金支出。与上年相比减少 303 万元，减少 66.89%。主要原因是按照财政部要求，支出预算减少；同时部分支出调减。

19. 节能环保（类）其他污染减排支出（项）支出 940 万元，主要用于节能环保。与上年相比减少 100 万元，减少 9.62%。主要原因是按照财政部要求，支出预算减少。

（三）住房保障（类）

1. 住房保障（类）住房公积金（项）支出

2 915.18万元,主要用于单位人员住房公积金。与上年相比增加1 925.2万元,增长51.42%。主要原因是单位人员住房公积金正常调整变动。

2. 住房保障(类)提租补贴(项)支出5 910.91万元,主要用于住房补贴。与上年相比增加3 882.9万元,增长52.23%。主要原因是在职人员住房补贴正常调整变动。

六、财政拨款基本支出预算情况说明

江苏省生态环境厅2019年度财政拨款基本支出预算36 972.97万元,其中:

(一)人员经费33 187.16万元。主要包括:基本工资、津贴补贴、奖金、社会保障缴费、伙食补助费、绩效工资、其他工资福利支出、离休费、退休费、抚恤金、生活补助、医疗费、奖励金、住房公积金、提租补贴、其他对个人和家庭的补助支出。

(二)公用经费3 785.81万元。主要包括:办公费、印刷费、咨询费、手续费、水费、电费、邮电费、取暖费、物业管理费、差旅费、维修(护)费、租赁费、会议费、培训费、公务接待费、专用材料费、劳务费、委托业务费、工会经费、福利费、公务用车运行维护费、其他交通费用、其他商品和服务支出、办公设备购置、专用设备购置、信息网络及软件购置更新、其他资本性支出。

七、一般公共预算支出预算情况说明

江苏省生态环境厅2019年一般公共预算财政拨款支出预算72 871.12万元,与上年相比增加46 947.78万元,增长181.10%。主要原因是机构改革调整人员调入增加了人员经费以及正常的人员工资变动调整、机构改革职能发生变化,调入单位项目也相应增加,等。

八、一般公共预算基本支出预算情况说明

江苏省生态环境厅2019年度一般公共预算财政拨款基本支出预算36 972.97万元,其中:

(一)人员经费33 187.16万元。主要包括:基本工资、津贴补贴、奖金、社会保障缴费、伙食补助费、绩效工资、其他工资福利支出、离休费、退休费、抚恤金、生活补助、医疗费、奖励金、住房公积金、提租补贴、其他对个人和家庭的补助支出。

(二)公用经费3 785.81万元。主要包括:办公费、印刷费、咨询费、手续费、水费、电费、邮电费、取暖费、物业管理费、差旅费、维修(护)费、租赁费、会议费、培训费、公务接待费、专用材料费、劳务费、委托业务费、工会经费、福利费、公务用车运行维护费、其他交通费用、其他商品和服务支出、办公设备购置、专用设备购置、信息网络及软件购置更新、其他资本性支出。

九、一般公共预算"三公"经费、会议费、培训费支出预算情况说明

江苏省生态环境厅2019年度一般公共预算拨款安排的"三公"经费预算支出中,因公出国(境)费支出147.25万元,占"三公"经费的12.83%;公务用车购置及运行费支出827.06万元,占"三公"经费的72.09%;公务接待费支出173万元,占"三公"经费的15.08%。具体情况如下:

1. 因公出国(境)费预算支出147.25万元,比上年预算增加15.19万元,主要原因是机构改革,太湖办等部门并入厅系统,预算调整增加。

2. 公务用车购置及运行费预算支出827.06万元。其中:

(1)公务用车购置预算支出0万元,比上年预算增加0万元,主要原因本年无预算。

(2)公务用车运行维护费预算支出827.06万元,比上年预算增加442.16万元,主要原因是机构改革,省太湖办等本门并入厅系统,预算调整增加。

3. 公务接待费预算支出173万元,比上年预算增加30.4万元,主要原因机构改革,省太湖办等本门并入厅系统,预算调整增加。

江苏省生态环境厅2019年度一般公共预算拨款安排的会议费预算支出560.92万元,比上年预算减少40.31万元,主要原因按照财政部要求,支出预算调减。

江苏省生态环境厅 2019 年度一般公共预算拨款安排的培训费预算支出 768.45 万元，比上年预算增加 115.03 万元，主要原因机构改革，太湖办等本门并入厅系统，职能增加，预算调整增加，培训增加。

十、政府性基金预算支出预算情况说明

江苏省生态环境厅 2019 年政府性基金支出预算支出 0 万元。与上年相比增加 0 万元，增长 0%。

十一、一般公共预算机关运行经费支出预算情况说明

2019 年本部门一般公共预算机关运行经费预算支出 1 593.36 万元，与上年相比减少 90.36 万元，降低 5.37%。主要原因是：日常公用支出开支调减。

十二、政府采购支出预算情况说明

2019 年度政府采购支出预算总额 9 435.41 万元，其中：拟采购货物支出 4 250.18 万元、拟采购工程支出 183 万元、拟购买服务支出 5 002.23 万元。

十三、国有资产占用情况

本部门共有车辆 79 辆，其中，一般公务用车 1 辆、执法执勤用车 19 辆、特种专业技术用车 22 辆、其他用车 37 辆等。单价 50 万元（含）以上的设备 19 台（套）。

十四、预算绩效目标设置情况说明

2019 年本部门共 0 个项目实行绩效目标管理，涉及财政性资金合计 0 万元。

来　　　源：江苏省生态环境厅
发布日期：2019 年 02 月 13 日

吴政隆：以更大决心更大力度更实举措坚定不移纵深推进污染防治攻坚战

12月28日，省长吴政隆主持召开打好污染防治攻坚战指挥部会议，研究《江苏省生态环境标准建设实施方案》《江苏省环境基础设施三年建设方案》《江苏省生态环境监测监控系统三年建设规划》《江苏省化工园区（集聚区）环境治理工程实施意见》《江苏省重污染天气应急预案（修订）》《省打好污染防治攻坚战设区市年度考核办法》。他强调，要坚持以习近平生态文明思想为指引，认真学习贯彻中央经济工作会议和省委十三届五次全会精神，坚持目标导向和问题导向相统一、末端治理和源头防控"两手抓"，保持定力、担当实干，持续抓好中央环保督察"回头看"反馈问题整改工作，以更大决心更大力度更实举措，补短板、强弱项，坚定不移纵深推进污染防治攻坚战，努力以高质量的生态环境为群众创造高品质生活。

吴政隆强调，要深入学习贯彻习近平生态文明思想和习近平总书记对江苏工作的一系列重要指示精神，进一步提高政治站位，牢固树立"四个意识"，坚决做到"两个维护"，坚持把良好生态环境作为民生福祉的重要着力点和增长点，作为高质量发展和"强富美高"新江苏建设的重要内涵和重要标杆，按照省委十三届五次全会的部署要求，勇于担当作为、持续攻坚克难，在冲刺高水平全面建成小康社会的征程中坚决打好打赢污染防治攻坚战。要坚持目标导向、问题导向，抓住当前"关键期""攻坚期""窗口期"，聚焦打好蓝天、碧水、净土保卫战，围绕标准不高、能力不足等短板以及群众反映强烈的突出环境问题，加强科技支撑，坚持创新驱动，多措并举、精准施策、标本兼治，大力实施环境基础设施提升工程、环境标准建设提升工程、生态环境监测监控能力提升工程以及环境治理提升工程，着力补齐生态环境建设的短板。要压紧压实各级各部门责任，充分发挥好指挥部牵头抓总作用，强化统筹协调，精准服务指导，狠抓工作落实，以过硬的生态文明建设成果增强群众的获得感幸福感安全感。

副省长马秋林，省政府秘书长陈建刚参加会议。

来　　源：新华日报
发布日期：2018年12月29日

江苏省城市集中式饮用水水源地
保护攻坚战实施方案

城市集中式饮用水水源地（以下简称水源地）是保障饮水安全的源头，水源地管理与保护是我省生态文明建设的重中之重，是污染防治攻坚战的核心任务之一。为贯彻落实《中共江苏省委江苏省人民政府关于全面加强生态环境保护坚决打好污染防治攻坚战的实施意见》（苏发〔2018〕24号）要求，切实提升水源地安全保障水平，特制定本方案。

一、总体要求

以习近平生态文明思想为指导，深入贯彻党的十九大精神和习近平总书记对江苏工作的重要指示，落实国家和我省生态环境保护大会和污染防治攻坚战决策部署，坚持生态优先、绿色发展，坚持问题导向，以保障水源地安全为主线，大力加强水源地保护，着力解决水源地安全方面存在的突出问题，坚决打好打赢水源地保护攻坚战，全面提升水源地安全保障能力和水平，确保饮用水水源水量充足、水质优良、水生态良好。

二、基本原则

坚持属地管理。各市、县（市、区）人民政府是保障饮用水安全的责任主任，对本行政区域的水源地保护攻坚战负总责。各级政府要切实履行职责，在省有关部门的统筹下，加强组织领导，强化目标管理，突出保护实效，严格执法监督，加大投入力度，确保水源地攻坚战各项工作科学有序开展。

坚持系统治理。合理规划，优化水源地布局，统筹推进流域上下游、左右岸、干支流的综合治理，综合运用各类措施，全面加强区域间、部门间协作，合力推进全省水源地保护。

坚持风险管控。按照水量、水质和水生态安全相统一的要求，强化应急水源或双源供水、管网互联互通工程建设，提高正常供给和应急供给能力。抓好隐患设施和风险点管控，落实有针对性的应急预案和调度管理机制，增强应对突发污染事故等抗风险能力。

坚持长效管理。明确水源地管理机构，加强水源地的日常巡查、监督检查等，因地制宜探索推进全省水源地保护的长效机制和有效模式，切实提高全省水源地安全保障水平。

三、工作目标

（一）加强环境隐患整治。2018年底前，全面完成县级以上水源地保护区内违法违规问题的排查与整治。

（二）达标建设。2018年底前，力争完成县级以上水源地达标建设任务；2020年底前，完成难以原地达标的不安全水源地替代水源建设及达标。

（三）应急水源地建设。2020年底前，县级以上城市建立双源供水或应急水源。

（四）长效管护。水源地管理机构健全、责任明确、经费落实、制度建立、设施完善，做到管理科学规范、应急处置有力、各项保障到位。

（五）水量水质保障程度。水源地供水保证率达到97％以上，水质达到或优于Ⅲ类比例达到98％以上。

到2020年，水源地安全保障合格率（已达标水源地与水源地总数的比值）达到98％以上，县级以上城市全面实现"双源供水"或应急水源全覆盖，水源地水量充足、水质优良、水生态良好。

四、主要任务

（一）优化水源地供水布局

1. 加强制度设计，修订水源地安全保障规划。规划是水源地布局与保护的依据。加强各类规划衔接、统筹，突出科学性、前瞻性、针对性，2019年底前，修订完善水源地安全保障规划，优化水源地和应急水源地布局，实现水源地布局合理、集中保护、降低成本、减少风险。对水源地安全状况、建设保护范围、管理措施、调（输）水工程、量质监测、应急预案等内容进行合理安排，全面提升供水保证率和安全保障程度。〔省发展改革委牵头，省水利厅、省生态环境厅、省住房城乡建设厅参与，各市、县（市、区）人民政府负责落实。以下均需各市、县（市、区）人民政府落实，不再列出〕

2. 优化水资源配置，优先保障充足优质的饮用水水源。要按照流域和区域水资源规划，加强饮用水水源的科学调度、联合调度，提高供水保证率和饮用水安全保障程度。根据规划合理布设饮用水水源取水口，从严控制周边产业设置。严格水源地设置，新水源地的设置要符合水源地规划布局和保护区管理的相关要求，在充分论证的基础上，科学选址，确保新水源地水量保障、水质安全、无安全隐患。（省水利厅牵头，省发展改革委、省住房城乡建设厅、省生态环境厅参与）

3. 进一步加快城乡统筹区域供水建设，逐步替代农村水源地。按照城乡供水一体化要求和"城乡统筹，以城带乡，以镇带村"的思路，以水质水量安全保障程度更高的城乡统筹区域供水水源地逐步替代农村水源地，加快建设布局合理、配置均衡、覆盖城乡的供水基础设施体系，稳步做好农村水源地及小水厂"关停并转"工作，不断扩大城乡统筹区域供水工程覆盖面，不断提高自来水入户率和供水保证率。到2020年，全省城乡统筹区域供水入户率达到98％以上，实现城乡居民"同源、同网、同质、同服务"。（省住房城乡建设厅、省水利厅按各自职责分工负责）

4. 抓好应急水源地建设和管理。加快推进应急水源地建设，2020年底前完成南京（含六合区、江宁区）、涟水、金湖、赣榆、灌云等水源单一城市的应急水源地建设。规范应急水源地管理，划分水源地保护区，编制达标建设方案，开展应急水源地综合整治。加强应急水源地应急启用的调试和演练，保障应急用水需求，提高饮用水应急能力。（省水利厅、省住房城乡建设厅、省生态环境厅按各自职责分工负责）

（二）深入推进水源地风险隐患整治

1. 深入开展水源地环境保护专项行动。全面排查县级以上城市水源地，逐一核实水源地基本信息，查清保护区划定、边界设立及违法建设项目等环境违法问题，建立问题清单。按照"一个水源地、一套方案、一抓到底"原则，制定环境违法问题整改方案，明确具体措施、任务分工、时间节点、责任单位和责任人等。2018年底前，全面完成县级以上城市地表水型饮用水水源保护区"划、立、治"三项重点任务，即划定保护区、设立保护区边界标志、整治保护区内环境违法问题，努力实现"保"的目标。省生态环境厅、省水利厅、省住房城乡建设厅定期开展督查督办，对进度滞后的进行跟踪督查；对履职不力、弄虚作假、进展缓慢等问题突出的，以及水源地水质恶化的，采取通报批评、公开约谈等措施；2018年底前未完成整治任务的，移交有关地方实行问责。（省生态环境厅牵头，省水利厅、省住房城乡建设厅、省交通运输厅、省农业农村厅、江苏海事局参与）

2. 加强水域流动污染隐患防治。加强危化品船舶航运、码头管控,严格船舶载运危险货物进出港申报审批,禁止船舶在长江、太湖、苏北大运河、通榆河、徐洪河等主要饮用水水源运输剧毒化学品及《内河禁运危险化学品目录》中所列货物,严禁单壳化学品船和600载重吨以上单壳油船进入长江、苏北大运河等饮用水水源。2020年,长江、太湖、苏北大运河、通榆河、徐洪河等主要供水水体沿线港口、船舶修造厂建成船舶含油污水、化学品洗舱水、生活污水和垃圾等污染的接收设施或落实接收措施。(省交通运输厅、江苏海事局牵头,省工业和信息化厅、省住房城乡建设厅、省生态环境厅、省水利厅参与)

3. 科学优化畜禽养殖布局。严格按照原环保部、农业部联合发布的《畜禽养殖禁养区划定技术指南》及原省环保厅《关于明确畜禽养殖禁养区划定图件制作有关要求的通知》等文件相关要求,科学划定禁养区,严禁随意扩大和缩减禁养区范围。集中式饮用水水源地一、二级保护区,纳入禁养区范围。禁养区内除承担国家或省级畜禽遗传资源保护任务的保种场、保护区、基因库外,不得建设畜禽规模养殖场。太湖流域要根据土地(耕地、草地、林地等)消纳能力确定养殖总量上限,畜禽养殖存栏总量达到或超过控制总量的,不得新建、扩建畜禽养殖场(小区)。苏中地区在沿江和水系发达的环境敏感区实行养殖总量严格控制,苏北地区在重点流域保护区实行养殖总量严格控制。(省生态环境厅、省农业农村厅按各自职责分工负责)

(三)加快推进水源地达标建设

各地务必牢固树立地方政府是饮用水安全第一责任人的意识,在完成水源地风险隐患整治、环境问题整治的基础上,按照"水量保证、水质达标、管理规范、运行可靠、监控到位、信息共享、应急保障"的要求,明确水源地专门管护机构、加强定期巡查、规范日常管理。建立健全应急水源地保障机制。完善水量水质监测和共享

体系,进一步落实责任、健全制度、提高能力、规范管理、加强督查,并综合运用法律、经济、技术和行政手段,强化全过程管理,确保2018年底前基本完成县级以上城市水源地达标建设,即:"一个保障"(保障水源地安全供水,正常情况下水源地安全供水,突发事件情况下保证应急供水),"两个达标"(水质达到国家规定的水质标准,供水保证率达到97%以上),"三个没有"(一级保护区没有与供水设施无关的设施和活动,二级保护区没有排放污染物的设施或开发活动,准保护区没有对水体污染严重的建设项目、设施或开发活动),"四个到位"(管护机构和人员到位,警示标牌、分界牌和隔离措施到位,备用水源地和应急管理预案到位,水质在线监测和共享机制建立到位)。

对整治难度太大、已明确关闭的个别水源地,报经省政府同意后,于2020年底前建设完成替代水源地,并同步完成替代水源地的达标建设。(省水利厅牵头,省生态环境厅、省住房城乡建设厅配合)

(四)继续强化水源地监测预警与数据共享

1. 加强水源地安全监测预警能力建设。加强水源水、出厂水、管网水、末梢水的全过程管理,定期监(检)测、评估水源地、出厂水和用户水龙头水质状况,县级以上城市至少每季度向社会公开一次。完善水源地水质、水量、重点入河排污口和农村供水监测体系,加强饮用水安全监测预警能力建设,加大水源地水质监测和风险监控力度,根据水源地水质特征布设在线监测设施,监测数据间隔时间不得长于2小时,动态掌握水质和风险状况。建设水源地保护区视频监控系统,防范无关船舶在保护区内违章锚泊或作业。水源地管理机构要加强水源地日常巡查和风险监控,相关部门要建立健全信息共享和报告机制,一旦发现异常情况,要按规定及时报告地方人民政府,并通报相关部门,积极做好应急响应和处置工作。(省生态环境厅、省水利厅、省住房

城乡建设厅按各自职责分工负责,省交通运输厅、省卫生健康委、江苏海事局参与)

2. 加快建立水源地信息共享平台。加强水利、环境保护、住房城乡建设、交通运输、海事等涉及水源地保护的部门间数据共享和信息互联互通,力争2018年底全省水源地信息共享平台上线,便于省、市、县实时查阅了解水源地基础信息、监测信息、空间信息、管理信息和安全风险信息,为水源地日常管理和保护提供信息支持。(省水利厅牵头,省生态环境厅、省住房城乡建设厅、省交通运输厅、江苏海事局参与)

(五)建立健全水源地长效管理机制

1. 明确管护机构。完善政府主导、部门协作的工作机制,建立健全保护水源地的部门联动、协作、联席会议和重大事项会商机制。按照水源地管理和保护地方行政首长负责制要求,明确水源地管理和保护工作机构,建立健全严格的水源地管护制度。

2. 加强水源地日常巡查和执法。落实巡查责任、巡查人员、巡查制度和巡查方案。一级保护区现场巡查每周不少于1次,二级保护区现场巡查每月不少于3次,准保护区现场巡查每月不少于1次。严格水源地综合执法,严肃处理威胁饮水安全的违法行为。

3. 定期开展水源地有关评估。逐年组织开展水源地环境状况评估、水源地长效管理与保护评估,每两年组织1次应急水源地综合评估,定期检查各项管理和保护措施的落实情况,及时掌握水源地和应急水源地安全状况。对不符合国家有关标准规范要求,经评估为不安全的饮用水水源地,要立即组织整改。

4. 建立电子档案。按照"一源一档、同时建立、同步更新"的原则,建立水源地、应急水源地管理与保护电子档案,对于有变动的内容须同步更新。

5. 提高应急防控能力。定期排查影响水源地安全的风险隐患,按照"超前预警、及时应对、有效处置、确保安全"的要求,抓紧制定和完善应急预案。明确应急处置工作责任单位和应急程序,及时处置好水源地突发性事件。积极开展应急演练,一旦发生突发性水污染事件,地方政府要加强统一领导,各有关部门要各司其职、快速行动,有力有序开展应急处置工作。(省水利厅、省生态环境厅、省住房城乡建设厅、省应急管理厅按各自职责分工负责,省发展改革委、省交通运输厅、江苏海事局参与)

五、保障措施

(一)加强组织实施。重点任务牵头部门要按职责分工组织制定实施计划,制定关键性工程专项方案,监督指导地方实施,并加强政策引导、技术指导。各级政府要把保障水源地安全作为水源地保护攻坚战的重要内容,抓紧制定本地区具体实施方案,明确目标责任,强化上下联动,守土有责,扎实有序开展各项工作,加快推进水源地保护各项关键性工程建设。

(二)严格督查考核。根据各地实施方案确定的目标任务,定期组织督导评估重点目标任务完成情况和实施效果。对工作任务不落实、工作目标未完成的地区,采取挂牌督办、约谈、限批等措施。将水源地保护攻坚战目标任务完成情况纳入污染防治攻坚战成效考核的重要内容,做好考核结果应用。严格执行《江苏省党政领导干部生态环境损害责任追究实施细则》,有责必问,问责必严。

(三)拓宽投资渠道。建立地方为主、上级补助的政府投入体系。地方各级政府要落实水源地建设、管理与保护的工程建设经费、污染隐患整治经费、人员经费和专项工作经费,并纳入地方政府财政预算。探索建立水源地保护生态补偿办法,完善生态保护成效与资金分配挂钩的激励约束机制,将符合条件的水源地纳入生态补偿转移支付。建立多元化资金筹措渠道,形成稳定的投入机制。

(四)促进公众参与。充分利用各类新闻媒

体,加强宣传引导,深入宣传保护水源地安全的重大意义,营造全社会共同保护水源地的良好氛围。鼓励公众积极参与水源地建设、管理和保护,广泛听取公众意见,充分反映公众意愿,建立水源地安全信息公开制度,定期公布相关信息。充分发挥"12369"环保举报热线和"两微一端"新媒体作用,用好新闻发布会制度,主动发布权威信息,公开曝光环境违法典型案件,宣传保护成效,增强群众对水源地保护工作的认同和支持。

来　　源:江苏省人民政府办公厅

发布日期:2018 年 12 月 18 日

省政府办公厅关于加强危险废物
污染防治工作的意见

各市、县(市、区)人民政府,省各委办厅局,省各直属单位:

为全面加强我省危险废物污染防治,严厉打击非法转移、倾倒、填埋等环境违法行为,切实防范环境风险,保障环境安全和人民群众身体健康,现就加强我省危险废物污染防治工作提出如下意见。

一、总体要求

(一)指导思想

以习近平新时代中国特色社会主义思想为指导,全面贯彻落实党中央、国务院和省委、省政府关于打好污染防治攻坚战决策部署,突出"源头控制、安全处置、过程监管、防范风险"四个环节,坚持市场化、法治化原则,大力提升危险废物处置能力,加大环境监管执法力度,着力解决危险废物环境管理存在的突出问题,努力实现危险废物"减量化、无害化、资源化"。

(二)主要目标

到2020年,全省基本建立与经济和社会发展相适应的危险废物处置体系,处置能力和实际需求基本匹配;形成较为完善的源头严防、过程严管、违法严惩的危险废物监管体系,危险废物规范化管理水平和环境监管能力明显提升,全省危险废物规范化管理抽查合格率达到85%以上。

二、推进危险废物源头管控

(三)着力调整产业结构

推动产业结构优化调整,提升工业绿色发展水平,不得新建、改建、扩建三类中间体项目,减少低价值、难处理危险废物的产生量。严格淘汰落后产能,依法关闭规模小、污染重、危险废物治理难度大的企业。(责任单位:省发展改革委、省工业和信息化厅,各市、县政府负责落实,以下任务措施均需各市、县政府落实,不再列出)

对年产危险废物量500吨以上且当年均未落实处置去向,以及累计贮存2 000吨以上的化工企业,督促企业限期整改,未按要求完成整改的,依法依规予以处理。(责任单位:省生态环境厅)

(四)严格涉危项目准入

严格控制产生危险废物的项目建设,禁止审批无法落实危险废物利用、处置途径的项目,从严审批危险废物产生量大、本地无配套利用处置能力、且需设区市统筹解决的项目。(责任单位:省发展改革委、省工业和信息化厅、省生态环境厅)

严格规范建设项目危险废物环境影响评价,科学判定废物危险特性或提出鉴别方案建议。对无危险废物集中处置设施或处置能力严重不足且设区市无法统筹解决的地区,以及对飞灰、工业污泥、废盐等危险废物库存量大且不能按要

求完成规范处置的地区,暂停审批该地区产生危险废物的工业项目环境影响评价文件。(责任单位:省生态环境厅)

(五)引导企业源头减量

推进绿色制造体系建设,引导企业在生产过程中使用无毒无害或低毒低害原料,鼓励有关单位开展危险废物减量化、无害化、资源化技术研发和应用。(责任单位:省工业和信息化厅、省科技厅)

对危险废物经营单位和年产生量100吨以上的产废单位实施强制性清洁生产审核,提出并实施减少危险废物的使用、产生和资源化利用方案。(责任单位:省生态环境厅、省工业和信息化厅)

开展危险废物"减存量、控风险"专项行动。推进危险废物"点对点"应用等改革试点,鼓励企业将有利用价值的危险废物降级梯度使用。危险废物年产生量5 000吨以上的企业必须自建利用处置设施。(责任单位:省生态环境厅)

三、提升末端安全处置能力

(六)加快建设集中处置设施

认真实施《江苏省危险废物集中处置设施建设方案》,推动各地加快危险废物集中处置能力建设,保障全省生态环境高质量发展。(责任单位:省生态环境厅、省发展改革委)

各设区市结合实际制定具体实施方案,将危险废物集中处置设施纳入本地重大环保公共基础设施进行规划布局,加快建成满足本行政区域实际处置需求的危险废物集中焚烧、填埋设施和突出类别危险废物利用处置能力。(责任单位:省生态环境厅、省发展改革委)

采取焚烧处置的危险废物年产生量大于5 000吨的县(市、区)和工业园区(高新区、化工园区、工业集中区等),应配套建设集中焚烧设施;设区市范围内应建设危险废物安全填埋场并统筹使用。未按期建成投运的或处置能力严重不足的地区,由设区市统筹解决,否则对产生危险废物的工业项目实施区域限批。(责任单位:省生态环境厅、省发展改革委、省工业和信息化厅)

(七)推进工业窑炉协同处置

各地要建立多部门协调机制,加强正面宣传引导,加大财政资金扶持,开展技术攻关和试点示范推广,按规定落实税收、金融等鼓励政策,研究建立协同处置价格政策,消除市场和制度瓶颈,鼓励依托水泥窑企业、钢铁企业的现有工业窑炉协同处置危险废物和依托火电厂协同处置工业污泥等。南京、无锡、徐州、常州、镇江等具备水泥窑协同处置条件的地区必须建设水泥窑协同处置设施。(责任单位:省发展改革委、省工业和信息化厅、省生态环境厅、省科技厅、省财政厅、省市场监管局)

(八)改扩建医疗废物处置设施

各设区市对本行政区域内医疗废物产生、处置情况进行摸底调查,科学预测医疗废物增长量,合理规划和建设医疗废物集中处置设施。对满负荷或超负荷运行的医疗废物处置设施进行处置能力扩容改造,对建成投运时间较早、工艺技术水平达不到标准规范要求的医疗废物处置设施实施提标改造。(责任单位:省生态环境厅、省卫生健康委)

(九)提升设施规模和管理水平

严格执行危险废物利用、处置标准规范,新(改、扩)建焚烧设施总设计处理能力不得低于1万吨/年,鼓励处置技术多元化发展,优先采用对废物种类适应性强的回转窑焚烧炉或其他技术更成熟、自动化水平高、运行更稳定的焚烧设施。加强技术培训交流,支持引进专业化运营管理团队,提升设施利用处置水平。(责任单位:省生态环境厅)

鼓励采用国资参与、投资多元、市场化运作的建设和经营模式,引进国内外处置技术先进、运营管理水平高的大型企业和行业龙头企业,建设一批标准高、规模大、水准一流的处置设施,开

展兼并重组,有效整合现有资源。(责任单位:省生态环境厅、省商务厅、省国资委)

(十)推动处置市场良性竞争

充分发挥市场在处置资源配置中的决定性作用,全面实时公开全省危险废物利用处置单位的许可种类、规模和剩余能力等,产废单位自主选择利用处置单位,建立竞争市场,消除价格垄断,通过竞争降低处置成本。严禁人为设置行政壁垒,保障跨区域合法转移和公平竞争。加强处置能力省级统筹协调,鼓励各地建立处置能力资源互助共享和应急处置机制。(责任单位:省生态环境厅)

四、强化危险废物过程监管

(十一)完善收集体系

加强危险废物分类收集和规范贮存,推进工业园区危险废物集中收集贮存试点工作,鼓励危险废物处置单位建设区域性收集网络和贮存设施。(责任单位:省生态环境厅)

探索生产者责任延伸制度,引导生产或经营企业利用销售网络和渠道回收其产品使用产生的危险废物。(责任单位:省发展改革委、省工业和信息化厅、省商务厅、省生态环境厅)

鼓励有条件的地区开展实验室废物、有害垃圾等社会源危险废物的收集贮运试点。(责任单位:省教育厅、省科技厅、省住房城乡建设厅、省公安厅、省交通运输厅、省生态环境厅)

加强医疗废物源头管理,督促医疗机构严格落实医疗废物管理的规章制度、工作流程、分类管理、专用包装、集中贮存等要求,防止流向社会非法加工利用。(责任单位:省卫生健康委)

(十二)加强转运监管

加强对危险废物运输过程的管理,将危险废物运输车辆、船舶纳入日常检查内容,严控非法转运,加大对道路、水路,特别是跨境路口、收费站点、道路卡口、船闸码头的巡查力度。(责任单位:省交通运输厅、江苏海事局)

加强沿江沿河沿湖重点区域的固体废物非法贮存、倾倒和填埋点排查和监管。(责任单位:省水利厅)

加强危险废物跨省移入审查,严禁从省外移入表面处理废物、含铜污泥、废无机酸、废乳化液、省内不产生的等利用价值低、危害性大、环境风险大、次生固废产生量大的危险废物和需要进行贮存、处置(焚烧、填埋和物化处置)的危险废物,从严控制危险废物移入我省进行综合利用。(责任单位:省生态环境厅)

(十三)强化规范化管理

落实企业污染防治主体责任,严格执行危险废物各项法律法规和标准规范,以及危险废物申报登记、经营许可、管理计划、转移联单、应急预案等管理制度。探索建立法人责任制,对危险废物产生、转移、利用处置全过程负责,并依法承担相应法律责任。(责任单位:省生态环境厅)

加强培训指导,宣传贯彻危险废物规范化管理要求。加强危险废物规范化管理督查考核,将考核结果与企业环保信用挂钩,强化联合惩戒。建立双随机抽查机制,加强事中事后监管。(责任单位:省生态环境厅、省信用办)

(十四)推动信息化监管

健全完善危险废物动态管理信息系统,实现危险废物申报登记、管理计划、转移联单和转移轨迹、经营单位经营记录和在线工况监控、许可证和跨省转移网上审批等信息化管理。加强数据分析应用,强化对管理决策的支撑。(责任单位:省生态环境厅)

严格执行电子运单和转移联单管理制度,扩大运输电子运单和转移电子联单对接试点,实现转移运输轨迹实时在线监控,强化危险废物转移过程联动监管。(责任单位:省生态环境厅、省交通运输厅)

五、加强危险废物风险防控

(十五)严厉打击危险废物环境违法行为

将危险废物监管纳入日常环境监管执法体系。开展危险废物专项整治行动,严厉打击非法转移、倾倒、填埋危险废物,以及无经营许可证从事危险废物收集、贮存、利用、处置等环境违法行为;涉嫌环境污染犯罪的,依法移送司法机关,并依法追究企业法人责任。加强环境污染犯罪案件危险废物认定、环境损害评估等司法衔接,保障环境污染犯罪案件及时立案、依法查处。对污染环境、破坏生态、损害公共利益的行为,依法提起公益诉讼。鼓励将固体废物非法转移、利用、处置等列为有奖举报内容,加强社会监督。(责任单位:省生态环境厅、省公安厅、省司法厅、省检察院、省法院)

(十六)开展历史遗留问题排查整治

全面排查整治工业园区、工矿企业、废弃河道、厂房、坑塘、宕口等可能存在的堆存、倾倒、填埋危险废物等历史遗留问题。历史遗留废物的清理、运输、处置应确保安全,不发生二次污染。积极探索制度创新,鼓励企业自查自纠,对自查自纠及时有效的企业,依法从轻或者减轻处罚。(责任单位:省生态环境厅、省水利厅、省自然资源厅、省交通运输厅、省公安厅、省司法厅、省检察院、省法院)

(十七)建立联防联控机制

加强生态环境、公安、住房城乡建设、交通运输、水利、自然资源、海事等多部门联动和区域间协作,建立联合执法、信息共享、重大案件会商督办制度,形成监管合力。在打击危险废物非法转移、非法处置、污染事件调查、取缔非法窝点、排查安全生产隐患等方面建立合作机制,提高联合应对突发性危险废物环境污染事故的快速处置能力。(责任单位:省生态环境厅、省公安厅、省住房城乡建设厅、省交通运输厅、省水利厅、省自然资源厅、省应急厅、江苏海事局)

六、严格监督考核

(十八)加强信息公开

严格按照信息公开要求及时公布本辖区危险废物重点监管源名单、危险废物行政审批结果及危险废物规范化管理考核结果。危险废物产

生和处置单位应依法主动及时向社会公开危险废物的产生类别、数量和利用、处置等情况。危险废物集中焚烧处置企业须在厂区门口明显位置设置显示屏,实时公布炉温、二燃室温度、烟气停留时间、烟气出口温度、污染物排放因子和浓度等。(责任单位:省生态环境厅)

(十九)引导公众参与

加强危险废物污染防治工作的宣传和教育,提高公众对危险废物的认识,增强法制观念和污染防治意识。鼓励社会各界参与监督危险废物环境管理工作,营造社会监督的良好环境。搭建政府、企业、公众多方交流合作平台,鼓励各地推进危险废物处置设施建设"邻避"问题防范与化解。2020年,有条件的地区选择危险废物处置企业向社会开放,接受公众参观。(责任单位:省生态环境厅、省委宣传部、省委网信办、省教育厅、省广电局、省科协)

(二十)强化督查问责

本意见的实施情况纳入省"263"专项行动考核及省级环保督察重点内容,考核结果和督察情况作为各级、各部门党政领导班子和领导干部政绩考核的重要参考内容,并以适当形式向社会公布。对实绩考核突出的,进行表扬;对工作滞后、履职不力、逾期未完成规定任务的,尤其是对危险废物处置能力严重不足、规划项目建设严重滞后、发生危险废物非法转移倾倒填埋等违法违规事件且性质恶劣的地区,采取通报批评、区域限批、媒体曝光、专项督查等措施,督促问题整治,并约谈党委政府主要负责人,视情责成作出深刻检查或依法依规严格问责。(责任单位:省生态环境厅、省"263"办、省人力资源社会保障厅、省委组织部、省监委)

七、落实保障措施

(二十一)加强组织领导

各级政府、各部门要切实把思想和行动统一到省委、省政府的决策部署上来,把解决危险废物突出环境问题放在重要位置,履职尽

责,主要负责同志亲自抓,分管负责同志具体抓,细化各项任务到地区、到年度,建立健全调度、检查、督办、通报制度,层层抓落实,确保完成各项工作任务。(责任单位:省生态环境厅、省发展改革委、省工业和信息化厅、省公安厅、省住房城乡建设厅、省交通运输厅、省卫生健康委等)

(二十二)强化政策保障

各地要将危险废物污染防治工作纳入经济和社会发展规划。将危险废物处置设施纳入城市总体规划统筹布局,加大财政投入力度,拓宽项目融资渠道,建立项目立项、环评、安评、能评、消防等审批绿色通道,重点保障项目建设用地,科学论证设施选址,强化社会稳定风险评估,按规定落实危险废物利用处置税收优惠政策,鼓励危险废物利用处置单位参加环境污染责任保险,保障处置设施建设和稳定运营。建立健全危险废物处置收费管理制度,利用价格杠杆推动工业危险废物和社会源危险废物规范化处置。从事危险废物收集、贮存、利用、处置

的企业关停后应开展污染场地风险评估及修复工作,探索建立危险废物填埋场封场后维护管理费用预提制度。加强危险废物管理机构队伍建设,提高监管人员素质和水平。(责任单位:省发展改革委、省工业和信息化厅、省住房城乡建设厅、省财政厅、省自然资源厅、省生态环境厅、省应急厅、省市场监管局、省税务局、江苏银保监局筹备组等)

(二十三)强化科技支撑

鼓励企业加大危险废物污染防治科技研发投入。加强危险废物产生、利用处置、污染防治等方面的基础技术和应用研究,研究制定相关危险废物利用处置行业技术规范,积极引导高校、处置企业对废盐、飞灰等危险废物利用处置开展技术攻关。鼓励危险废物利用和处置新技术、新工艺、新装备的开发、试点和示范推广。(责任单位:省科技厅、省生态环境厅)

附件:江苏省危险废物集中处置设施建设方案

附件

江苏省危险废物集中处置设施建设方案

长期以来,我省工业经济总量大,产业结构偏重,危险废物产生量一直处于高位并保持持续增长势头,部分地区危险废物处置设施建设不到位、运行不规范,现有处置能力难以满足实际处置需求。为贯彻落实党中央、国务院和省委、省政府关于打好污染防治攻坚战的重要决策部署,加快构建与区域经济社会发展相适应的危险废物处置体系,结合我省实际情况,制定本方案。

一、指导思想

以习近平新时代中国特色社会主义思想为指导,深入贯彻党中央、国务院和省委、省政府重要决策部署,以安全处置危险废物、保护生态

环境、保障人体健康为出发点,坚持问题导向,督促各级政府切实履行统筹建设危险废物集中处置设施职责,全面提升危险废物安全处置能力,为实现危险废物"减量化、资源化与无害化"目标和推动全省生态环境高质量发展提供坚实保障。

二、基本原则

(一)解决急需、兼顾长远

基于全省危险废物产生和处置能力缺口现状,加快推进一批危险废物焚烧、填埋集中处置和突出类别危险废物利用处置设施建设,缓解当前重点地区危险废物处置压力。按照"适度超前"原则,实施一批集中处置设施项目,满足全省

危险废物污染防治长远发展需要。

（二）因地制宜，科学布局

充分发挥地方政府主导作用，以设区市为单位，统筹考虑区域内危险废物处置能力现状，科学规划，合理布局，构建满足本区域产业发展需要的处置设施体系，为危险废物处置提供"兜底式"保障。

（三）技术先进，淘汰落后

新建设施须采用安全、可靠的先进工艺，并满足国家相关标准要求，积极借鉴国外先进技术和专业化管理经验。适时淘汰一批技术和设备落后、不能稳定达标排放的处置能力。

（四）完善机制，打破壁垒

加强体制机制创新，在设施建设运行过程中，鼓励国资主导、多元投入、市场化运营，加大资金、土地资源等要素保障，确保设施落地和稳定规范运行。建立全省处置设施资源统筹协调机制，引导区域互助共享，提高处置设施利用效率。

三、主要目标

到2020年，全省各设区市和重点地区危险废物处置能力与产生种类、数量基本匹配，处置设施布局趋于合理，处置能力不足问题得到有效缓解，各类医疗废物全部纳入集中处置，全省基本建立起较为完善的危险废物处置体系。其中，工业危险废物集中处置能力较2017年新增85万吨，年总处置能力达到180万吨以上。

四、主要任务

（一）统筹规划和加快建设集中处置设施

各设区市全面调查评估危险废物处置能力与产生量匹配情况，掌握危险废物处置能力缺口的区域、种类和数量，按照"自我消纳为主、区域协同为辅"的思路，立足当前，兼顾长远，结合本地区实际制定具体实施方案，将集中处置设施纳入本区域重大环保公共基础设施进行规划布局、统筹建设，并保障正常运行。

各设区市应建成满足实际处置需求的危险废物集中焚烧设施和填埋场。采取焚烧处置的危险废物年产生量大于5 000吨的县（市、区）和工业园区（高新区、化工园区、工业集中区等），应配套建设集中焚烧设施，实现就近安全处置；设区市范围内应建设危险废物安全填埋场并统筹使用。危险废物年产生量5 000吨以上的企业必须自建利用处置设施。未按期建成投运的或处置能力严重不足的地区，由设区市统筹解决，否则一律禁止建设产生危险废物的工业项目。

鼓励合理规划建设医疗废物处置中心，加强医疗废物收集处置体系建设，实现医疗废物统一收集、统一处置。对满负荷或超负荷运行的医疗废物处置设施进行处置扩容改造，对建成投运时间较早、工艺技术水平达不到标准规范要求的医疗废物处置设施实施提标改造。

专栏1　工业危险废物集中处置能力建设目标

到2020年，各地须至少形成以下处置能力：

1. 南京市：形成填埋能力1.5万吨/年以上。

2. 无锡市：形成集中处置能力10.4万吨/年以上，其中，焚烧能力8.8万吨/年、填埋能力1.6万吨/年以上。新吴区、江阴市分别形成集中焚烧能力2.0万吨/年、3.0万吨/年以上。

3. 徐州市：形成集中处置能力5.4万吨/年以上，其中，焚烧能力2.9万吨/年、填埋能力2.5万吨/年以上。

4. 常州市：形成集中焚烧能力11.5万吨/年以上，武进区形成集中焚烧能力1.0万吨/年以上。

5. 苏州市:形成集中处置能力 33.7 万吨/年以上,其中,焚烧能力 25.7 万吨/年、填埋能力 8 万吨/年以上。工业园区、高新区、张家港市、常熟市、太仓市、昆山市分别形成集中焚烧能力 2.3 万吨/年、1.6 万吨/年、5.1 万吨/年、3.8 万吨/年、1.8 万吨/年、6 万吨/年以上。

6. 南通市:形成集中处置能力 24.2 万吨/年以上,其中,焚烧能力 21.3 万吨/年、填埋能力 2.9 万吨/年以上。如东县、海门市、南通开发区分别形成集中焚烧能力 4.3 万吨/年、1.5 万吨/年、4.0 万吨/年以上。

7. 连云港市:形成集中处置能力 17.6 万吨/年以上,其中,焚烧能力 12.8 万吨/年、填埋能力 4.8 万吨/年以上。灌南县、灌云县分别形成集中焚烧能力 8 万吨/年、2.6 万吨/年以上。

8. 淮安市:形成集中处置能力 9.7 万吨/年以上,其中,焚烧能力 7.7 万吨/年、填埋能力 2 万吨/年以上。

9. 盐城市:形成集中处置能力 17.6 万吨/年以上,其中,焚烧能力 11.7 万吨/年、填埋能力 5.9 万吨/年以上。滨海县形成集中焚烧能力 3.6 万吨/年以上。

10. 扬州市:形成集中处置能力 9.4 万吨/年以上,其中,焚烧能力 6.5 万吨/年、填埋能力 2.9 万吨/年以上。

11. 镇江市:形成集中焚烧能力 5.7 万吨/年以上。

12. 泰州市:形成集中焚烧能力 3.4 万吨/年以上。泰兴市形成集中焚烧能力 2.5 万吨/年以上。

13. 宿迁市:形成安全填埋能力 2.6 万吨/年以上。

(二)着力加强突出类别废物安全处置

以飞灰、工业污泥、废盐等库存量大、处置难的危险废物为重点,抓紧配套建设利用处置能力。加大废盐利用技术研发,有效去除有毒有害物质,提高综合利用价值。加大工业污泥减量技术示范推广,加快推进专业化、规范化利用处置能力建设。鼓励开展飞灰资源化利用技术的研发与应用,加快飞灰填埋场建设。着力推动产业结构优化调整,减少废盐、工业污泥等低价值、难处理废物产生量,对产生量大、无法落实处置去向的企业依法实施限产、停产、关停。

专栏 2 突出类别危险废物利用处置能力建设目标

到 2020 年,建成一批飞灰、工业污泥、废盐等突出类别危险废物利用处置能力。

1. 无锡市:至少建成 1 个飞灰填埋场、1 个工业污泥利用处置设施。
2. 常州市:至少建成 1 个工业污泥利用处置设施。
3. 南通市:至少建成 1 个飞灰填埋场、1 个工业污泥利用处置设施。
4. 连云港市:至少建成 1 个废盐利用处置设施。
5. 盐城市:至少建成 1 个废盐利用处置设施。
6. 镇江市:至少建成 1 个飞灰填埋场、1 个工业污泥利用处置设施。
7. 宿迁市:至少建成 1 个工业污泥利用处置设施。

(三)大力推进现有工业窑炉协同处置

各地要建立多部门协调机制,大力推进协同处置。加大正面宣传力度,严格加强环境监管,消除社会对协同处置过程环境安全的担忧。加大财政资金扶持,开展技术攻关和试点示范推广,按规定落实税收、金融等鼓励政策,研究建立协同处置价格政策,消除市场和制度瓶颈,鼓励依托水泥窑企业、钢铁企业的现有工业窑炉协同处置危险废物和依托火电厂协同处置工业污泥等。南京、无锡、徐州、常州、镇江等地必须建设水泥窑协同处置设施,水泥窑协同处置危险废物应满足《水泥窑协同处置固体废物污染防治技术政策》《水泥窑协同处置固体废物环境保护技术规范》等相关要求,单线设计熟料生产规模不低于4 000吨/日。

（四）不断提升处置设施规模和管理水平

严格执行危险废物利用、处置标准规范,新(改、扩)建焚烧设施总设计处理能力不得低于1万吨/年,鼓励处置技术多元化发展,优先采用对废物种类适应性强的回转窑焚烧炉或其他技术更成熟、自动化水平高、运行更稳定的焚烧设施。加强技术培训交流,支持引进专业化运营管理团队,提高设施运行效率。鼓励采用国资参与、投资多元、市场化运作的建设和经营模式,积极引进国内外处置技术先进、运营管理水平高的大型企业和行业龙头企业,开展兼并重组,整合现有资源,高标准新建一批处置设施,改造一批现有处置设施,淘汰一批落后处置设施。严格限制可利用或可焚烧处置的危险废物进入填埋场,最大限度降低填埋量。

（五）全面加强监管体系建设

建立健全覆盖危险废物产生、贮存、转移、处置全过程的监管体系。加强危险废物鉴别和监测能力建设,创新监管手段和机制,建立完善危险废物产生单位和经营单位监管机制。建设完善全省危险废物管理信息系统,实现危险废物全过程信息跟踪和可追溯。充分发挥市场在处置资源配置中的决定性作用,全面实时公开全省危险废物利用处置单位的许可种类、规模和剩余能力等,产废单位自主选择利用处置单位,建立竞争市场,消除价格垄断,通过竞争降低处置成本。严禁人为设置行政壁垒,保障跨区域合法转移和公平竞争。根据全省危险废物实际产生情况和

处置单位实际运营情况,加强处置能力省级统筹协调,鼓励各地建立处置能力资源互助共享机制和应急处置机制。

（六）开展危险废物收集改革试点

深入推进危险废物园区集中收集贮存、"点对点"应用等改革试点工作,解决企业小量危废转移不及时、处置去向难、费用高和危险废物降级梯度使用等问题。探索实施生产者延伸责任制,推动有条件的生产企业依托销售网点回收其产品使用产生的危险废物。以科研院校、检测监测机构等单位为重点,探索开展实验室废物收集处置试点。以机动车销售与维修等行业为重点,开展废矿物油、废铅酸蓄电池收集体系建设试点。以垃圾分类示范城市为重点,开展生活源危险废物收集贮运试点。

五、重点工程

围绕提升危险废物集中处置能力,重点实施集中焚烧能力提升工程、安全填埋能力优化工程、突出类别利用处置工程等三大工程。组织各地建立健全重点工程项目库,并采取滚动实施、动态调整方式,形成竣工一批、实施一批、储备一批的项目推进机制。

重点推动实施工程项目58个,预计投资98亿元。其中,集中焚烧能力提升工程项目37个,共可新增能力96.9万吨/年;安全填埋能力优化工程项目14个,共可新增能力32万吨/年;突出类别利用处置工程项目7个,共可新增能力32.2万吨/年。

工业危险废物处置项目进度汇总表

项目类别	项目数（个）	处置能力（万吨/年）			
		总量	2018 年	2019 年	2020 年
集中焚烧能力提升工程	37	96.9	26.8	28.8	41.3
安全填埋能力优化工程	14	32	6.8	3	22.2
突出类别利用处置工程	7	32.2	20.1	2.1	10

根据工程项目实施的重要性和可行性,将其

分为实施类和预备类两大类。其中,实施类项目共41个,预计新增集中焚烧能力60万吨/年、安全填埋能力14.5万吨/年、突出类别危险废物利用处置能力32.2万吨/年;预备类项目共17个,预计新增危险废物集中焚烧能力36.9万吨/年、安全填埋能力17.5万吨/年。

六、保障措施

(一)加强组织实施

各级政府是落实本方案的责任主体,要把推进危险废物集中处置能力建设放在突出位置,按照《中华人民共和国环境保护法》要求,切实履行统筹建设危险废物集中处置设施、并保障正常运行的工作职责,加强系统设计,制定具体方案,分解目标任务,明确责任清单,落实保障措施,强化督促落实,确保各项重点工程任务落到实处。各级发展改革、工业和信息化、生态环境、住房城乡建设、自然资源、财政等部门要建立协调推进机制,形成工作合力,抓好工作任务落实,加快推进设施建设,尽快补足能力缺口。

(二)严格督查考核

各地要将危险废物集中处置能力建设列入政府工作目标,纳入部门工作考核,重点督促项目推进缓慢、能力建设严重滞后的地区加快处置能力建设。充分发挥人大、政协和社会监督作用,对方案执行情况开展监督检查。将方案能力建设目标完成情况纳入省“263”专项行动考核、省级环保督察等重点内容,对工作滞后、履职不力、逾期未完成规定任务的,综合采取约谈通报、区域限批、媒体曝光等措施,督促各项目标任务

落实,依法依规严格问责。

(三)强化政策保障

各地要坚持“政府引导、地方为主、市场运作、社会参与”的原则,加大财政投入力度,拓宽项目融资渠道,引导多元化投入,保障项目建设和运营资金。将危险废物处置设施纳入城市总体规划统筹布局,建立项目立项、环评、安评、能评、消防等审批绿色通道,重点保障项目建设用地,科学论证设施选址,强化社会稳定风险评估,搭建政府、企业、公众多方交流合作平台,防范与化解处置设施“邻避”问题。按规定落实危险废物利用处置的税收优惠政策,鼓励危险废物利用处置单位参加环境污染责任保险,促进处置设施正常稳定运营。建立健全危险废物处置收费管理制度,采取市场化和政府指导相结合的收费机制,利用价格杠杆推动危险废物规范化处置,对违反规定乱收费的,依法依规查处。

(四)强化技术支撑

鼓励企业加大危险废物污染防治科技研发投入,提升回收利用和源头减量水平,减轻末端处置压力。鼓励危险废物利用处置领域的产学研结合,加大科研攻关能力,积极支持危险废物特别是废盐、飞灰、工业污泥等突出种类危险废物利用处置新技术、新工艺、新装备的开发、试点和示范推广。加强国际合作交流,及时了解和跟踪国外危险废物管理和利用处置新动向,积极引进国外的先进技术和专业化管理经验。

工业危险废物集中焚烧能力提升工程项目汇总表

序号	设区市	县(市、区)	园区名称	项目名称	项目类别	新增能力(吨/年)	总投资(万元)	完成时间(年)
一	实施类				合计	600 800	410 992	—
1	南京	江北新区	化工园区	南京化学工业园天宇固体废物处置有限公司二期项目	焚烧	18 200	18 800	2018

序号	设区市	县（市、区）	园区名称	项目名称	项目类别	新增能力（吨/年）	总投资（万元）	完成时间（年）
2	无锡	江阴市	秦望山产业园	江阴市新建焚烧处置设施	焚烧	30 000	10 000	2020
3		宜兴市	官林化工集中区	宜兴凌霞固废焚烧能力扩建工程	焚烧	20 000	10 000	2018
4		新昊区	无锡高新区	新昊区危废焚烧新型技术处置设施	等离子处置	20 000	15 000	2019
5	徐州	贾汪区	贾汪区江庄工业园区	徐州鸿誉环境科技有限公司水泥窑协同处置10万吨工业废物项目	水泥窑协同处置	100 000	8 600	2018
6	常州	金坛区	金坛盐化工区	常州市和润环保科技有限公司新建工业废弃物处置项目	焚烧	25 000	15 000	2019
7	苏州	高新区	—	苏州新区环保服务中心有限公司新增2.1万吨焚烧项目	焚烧	21 000	4 800	2019
8		工业园区	苏州工业园区	苏州工业园区固废综合处置项目	焚烧	30 000	35 000	2019
9		太仓区	太仓港化工园区	太仓中蓝环保科技服务有限公司资源综合利用项目	焚烧	19 800	19 800	2018
10		吴江区	—	吴江市绿怡固废回收处置有限公司整体搬迁改造项目	焚烧	29 000	12 000	2019
11		吴江区	—	吴江区太湖工业废弃物处理有限公司危险废物集中焚烧设施搬迁扩建项目	焚烧	30 000	50 000	2019
12		张家港市	—	张家港市华瑞危险废物处理中心有限公司危险废物焚烧改扩建工程	焚烧	15 600	8 000	2020
13		昆山市	—	昆山市利群固废处理有限公司危险废物集中焚烧设施技改扩建项目	焚烧	18 000	10 000	2019

序号	设区市	县 (市、区)	园区名称	项目名称	项目类别	新增能力 (吨/年)	总投资 (万元)	完成时间 (年)
14	南通	海安市	—	海安老坝港滨海新区危废处置项目	焚烧	10 000	10 000	2018
15		海安市	—	海安天楹环保能源有限公司等离子体飞灰资源化示范工程项目	等离子体熔融	13 200	6 900	2019
16		如皋市	如皋港新材料工业园区	南通九洲环保科技有限公司危险废物焚烧处置项目	焚烧	10 000	15 000	2018
17		如东县	如东沿海经济开发区	危险废物综合处置工程项目	焚烧	20 000	20 000	2018
18	连云港	灌南县	连云港化工园区	灌南金圆环保科技有限公司危废焚烧二期	焚烧	10 000	8 000	2019
19		徐圩新区	徐圩新区	连云港市徐圩新区危废处置中心一期焚烧项目	焚烧	15 000	22 000	2018
20	淮安	苏淮高新区	淮安苏淮高新区	洪泽蓝天化工科技有限公司3万吨危废焚烧扩建项目	焚烧	30 000	16 000	2020
21	盐城	滨海县	滨海化工园区	盐城市沿海固废处置有限公司危废焚烧项目	焚烧	25 000	12 000	2020
22		射阳县	射阳经济开发区	盐城源顺环保科技有限公司危废焚烧项目	焚烧	15 000	8 100	2018
23	扬州	邗江区	扬州环保科技产业园	扬州首拓环境科技有限公司危险废物处置项目	焚烧	30 000	21 992	2018
24	镇江	丹阳市	—	江苏弘成环保科技有限公司危险废物焚烧处置项目	焚烧	6 000	8 000	2019
25	泰兴	泰兴市	经济开发区	泰兴苏伊士废料处理有限公司危废焚烧项目	焚烧	30 000	36 000	2019
26		泰兴市	经济开发区	泰兴市福昌环保科技有限公司危废焚烧项目	焚烧	10 000	10 000	2018

序号	设区市	县(市、区)	园区名称	项目名称	项目类别	新增能力(吨/年)	总投资(万元)	完成时间(年)
二			预备类		合计	368 600	238 806	—
1	南京	浦口区	江北静脉产业园区	江苏苏全固体废物处置有限公司危险废物综合处置中心工程项目	焚烧	21 000	26 826	2020
2		浦口区	江北静脉产业园区	南京卓越环保科技有限公司工业废物综合处置工程项目	焚烧	20 000	15 000	2019
3	无锡	宜兴市	—	水泥窑协同处理固危废工程	水泥窑协同处置	100 000	10 000	2020
4	常州	溧阳市	—	水泥窑协同处理技术改造项目	水泥窑协同处置	60 000	35 064	2020
5	连云港	灌云县	灌云县临港产业区	江苏远征化工有限公司危废焚烧项目	焚烧	21 600	18 650	2020
6		徐圩新区	徐圩新区	连云港市徐圩新区危废处置中心二期(焚烧项目)	焚烧	15 000	25 204	2020
7		赣榆区	赣榆区拓汪临港产业区	连云港美旗环保科技公司危险废物焚烧项目	焚烧	30 000	31 462	2020
8	盐城	阜宁县	阜宁高新技术产业开发区	江苏泛华环境科技有限公司危废焚烧项目	焚烧	36 000	12 000	2019
9		滨海县	滨海化工园区	光大绿色危废处置(盐城)公司危废焚烧项目	焚烧	30 000	33 000	2020
10	泰州	泰兴市	经济开发区	淳蓝工业废弃物处置有限公司危废焚烧项目	焚烧	15 000	10 000	2020
11		靖江市	经济技术开发区	华晟重金属防控有限公司固废综合处理工程	焚烧	20 000	21 600	2020

工业危险废物安全填埋能力优化工程项目汇总表

序号	设区市	县(市、区)	园区名称	项目名称	项目类别	新增能力(吨/年)	总投资(万元)	完成时间(年)
一			实施类		合计	144 700	112 618	—
1	无锡	滨湖区	—	工业固体(危险)废物安全填埋(二期)工程	填埋	10 000	10 518	2019
2		江阴市	秦望山产业园	江阴市秦望山产业园配套填埋场项目	填埋	30 000	10 000	2020

序号	设区市	县(市、区)	园区名称	项目名称	项目类别	新增能力(吨/年)	总投资(万元)	完成时间(年)
3	徐州	新沂市	—	新沂市光大危废填埋项目	填埋	20 000	24 100	2018
4	南通	海安市	—	海安老坝港滨海新区危废处置项目	填埋	13 000	15 000	2018
5		如皋市	如皋港新村料工业园区	南通九洲环保科技有限公司危险废物填埋场项目	填埋	35 000	15 000	2018
6	连云港	徐圩新区	徐圩新区	连云港市徐圩新区危废处置中心一期刚性填埋项目	填埋	10 700	15 000	2020
7	淮安	高新区	淮安高新区	淮安华科环保科技有限公司危废填埋项目	填埋	20 000	20 000	2019
8	宿迁	宿豫区	宿迁生态化工科技产业园	光大环保(宿迁)固废处置有限公司一期提标改造项目	填埋	6 000	3 000	2020
二			预备类		合计	175 000	136 211	—
1	南京	浦口区	江北静脉产业园区	江苏苏全固体废物处置有限公司危险废物安全填埋场工程项目	填埋	30 000	17 063	2020
2	无锡	宜兴市	—	宜兴配套危废安全填埋场项目	填埋	15 000	5 000	2020
3	苏州	张家港市	静脉科技产业园	固体废物填埋场BOT项目	填埋	40 000	46 557	2020
4	南通	海门市	—	危废填埋场项目	填埋	20 000	20 000	2020
5	连云港	灌南县	连云港化工园区	连云港市亚邦化工集团公司危险废物填埋场项目	填埋	20 000	30 000	2020
6		灌云县	灌云县临港产业区	光大环保(连云港)固废处置有限公司钢性结构填埋1期	填埋	50 000	17 591	2020

突出类别危险废物利用处置工程项目汇总表

序号	设区市	县(市、区)	园区名称	项目名称	项目类别	新增能力(吨/年)	总投资(万元)	完成时间(年)
一			飞灰利用处置项目		合计	215 600	48 652	—
1	无锡	滨湖区	—	桃花山垃圾填埋场飞灰分库区	飞灰填埋	35 000	5 000	2018
2		惠山区	—	无锡市区范围内配套飞灰安全填埋场	飞灰填埋	100 000	28 000	2020
3	徐州	沛县	—	沛县垃圾发电厂飞灰填埋场	飞灰填埋	13 300	4 892	2019
4	南通	如皋市	如皋港新材料工业园区	生活垃圾飞灰填埋场项目	飞灰填埋	60 000	3 760	2018
5	连云港	灌云县	—	江苏筑富实业投资有限公司飞灰填埋项目	飞灰填埋	7 300	7 000	2019
二			工业污泥利用处置项目		合计	106 000	33 000	—
1	徐州	贾汪区	江苏徐州工业园区	徐州美利圆环保科技有限公司工业废物资源化循环回收利用项目	含铝污泥利用处置	6 000	16 000	2018
2	宿迁	宿城区	宿城经济开发西区	年综合利用10万吨HW17表面处理废物技改项目	表面处理污泥利用处置	100 000	17 000	2018

来　　　源:江苏省人民政府办公厅
发布日期:2018 年 11 月 09 日

江苏省自然资源厅
2019 年度部门预算情况说明

一、收支预算总体情况说明

江苏省自然资源厅 2019 年度收入、支出预算总计 59 849.28 万元,与上年相比收、支预算总计各增加 12 325.64 万元,增长 25.94%。其中:

(一) 收入预算总计 59 849.28 万元。包括:

1. 财政拨款收入预算总计 34 017.05 万元。

(1) 一般公共预算收入预算 34 017.05 万元,与上年相比增加13 061.34万元,增长 62.33%。主要原因是机构改革跟随职能一并划转到我厅的财政拨款收入导致了一般公共预算收入的较大幅度增加。

(2) 政府性基金收入预算 0 万元,与上年相比无变化,主要原因是本部门无政府性基金。

2. 财政专户管理资金收入预算总计 0 万元。与上年相比无变化,主要原因是本部门无财政专户管理资金收入。

3. 其他资金收入预算总计 25 832.23 万元。与上年相比减少 735.7 万元,减少 2.77%。主要原因是厅直属单位事业收入、经营收入、其他收入预计有所减少。

4. 上年结转资金预算数为 0 万元。与上年相比无变化。

(二) 支出预算总计 59 849.28 万元。包括:

1. 社会保障和就业(类)支出 2 868.03 万元,主要用于行政事业单位离退休人员支出。与上年相比增加 749.5 万元,增长 35.38%。主要原因是因机构改革转隶导致离退休人员数量增加以及工资标准的正常变动导致了该项支出的增长。

2. 农林水(类)支出 4 920.74 万元,主要用于水资源调查确权登记、滩涂围垦开发等专项支出。与上年相比增加 4 920.74 万元,主要原因是因机构改革转隶导致相关职能划入我厅,本部门 2019 年发生农林水类支出。

3. 自然资源海洋气象等事务(类)支出 43 295.66 万元,主要用于一般行政管理事务、土地资源利用与保护、地质矿产资源利用与保护、矿产资源专项收入安排的支出及其他国土资源事务支出。与上年相比增加 3 118.73 万元,增加 7.76%。主要原因是预计 2019 年自然资源海洋气象等事务支出有所增加。

4. 住房保障(类)支出 8 764.85 万元,主要用于住房公积金和提租补贴支出。与上年相比增加 3 536.67 万元,增加 67.65%。主要原因是机构改革转隶导致人员数量增加导致住房公积金和提租补贴支出的增加。

5. 基本支出预算数为 25 499.16 万元。与上年相比增加 7 947.43 万元,增长 45.28%。主要原因是机构改革转隶导致人员数量增加,工资福利支出、商品和服务支出、对个人和家庭的补助支出都有较大幅度的提高。

项目支出预算数为 31 921.08 万元。与上年

相比增加 2 897.97 万元,增长 9.99%。主要原
因是因机构改革转隶厅直属单位增加 3 个,项目
支出有所增加。

单位预留机动经费预算数为 2 429.04 万元。
与上年相比增加 1 480.24 万元,增长 156.01%。
主要原因是省财政考虑绩效工资、年终一次性奖
金的发放,相应地增加了本部门的单位预留机动
经费。

二、收入预算情况说明

江苏省自然资源厅本年收入预算合计
59 849.28 万元,其中:

一般公共预算收入 34 017.05 万元,占 56.84%;

政府性基金预算收入 0 万元,本部门无该
项目;

财政专户管理资金 0 万元,本部门无该项目;

其他资金 25 832.23 万元,占 43.16%;

上年结转资金 0 万元。

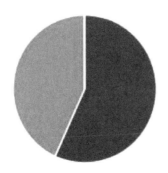

■一般公共预算收入 ■政府性基金预算收入 ■财政专户管理资金
■其他资金　　　　 ■上年结转资金

图 1　收入预算图

三、支出预算情况说明

江苏省自然资源厅本年支出预算合计
59 849.28 万元,其中:

基本支出 25 499.16 万元,占 42.61%;

项目支出 31 921.08 万元,占 53.34%;

单位预留机动经费 2 429.04 万元,占 4.06%;

结转下年资金 0 万元。

四、财政拨款收支预算总体情况说明

江苏省自然资源厅 2019 年度财政拨款收、

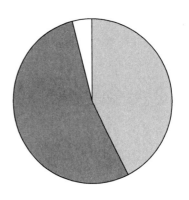

□基本支出 ■项目支出 ■单位预留机动经费 ▨结转下年资金

图 2　支出预算图

支总预算 34 017.05 万元。与上年相比,财政拨
款收、支总计各增加 13 115.34 万元,增长
62.59%。主要原因是机构改革导致机关职能扩
大、人员增多,财政支持力度进一步加大。

五、财政拨款支出预算情况说明

江苏省自然资源厅 2019 年财政拨款预算支
出 34 017.05 万元,占本年支出合计的 56.84%。
与上年相比,财政拨款支出增加 13 115.34 万元,
增长 62.59%。主要原因是机构改革导致本部门
的职能扩大、人数增加。

其中:

(一) 社会保障和就业(类)

社会保障和就业(类)支出 2 868.03 万元,与
上年相比增加 749.5 万元,增长 35.38%。主要
原因是机构改革转隶导致离退休人员数量增加
以及工资标准的正常变动导致了该项支出的
增长。

(二) 农林水(类)

农林水(类)支出 4 920.74 万元,与上年相比
增加 4 920.74 万元,主要原因是因机构改革转隶
导致相关职能划入我厅,本部门 2019 年发生农
林水类支出。

(三) 自然资源海洋气象(类)

自然资源海洋气象等事务(类)支出 43 295.66
万元,与上年相比增加 3 118.73 万元,增加 7.76%。
主要原因是预计 2019 年自然资源海洋气象等事

务支出有所增加。

（四）住房保障（类）

住房保障（类）支出 8 764.85 万元，与上年相比增加 3 536.67 万元，增加 67.65%。主要原因是机构改革转隶导致人员数量增加导致住房公积金和提租补贴支出的增加。

六、财政拨款基本支出预算情况说明

江苏省自然资源厅 2019 年度财政拨款基本支出预算 25 499.16 万元，其中：

（一）人员经费 23 630.84 万元。主要包括：基本工资、津贴补贴、奖金、社会保障缴费、伙食补助费、绩效工资、其他工资福利支出、离休费、退休费、抚恤金、生活补助、医疗费、奖励金、住房公积金、提租补贴、其他对个人和家庭的补助支出。

（二）公用经费 1 868.32 万元。主要包括：办公费、印刷费、咨询费、手续费、水费、电费、邮电费、取暖费、物业管理费、差旅费、维修(护)费、租赁费、会议费、培训费、公务接待费、专用材料费、劳务费、委托业务费、工会经费、福利费、公务用车运行维护费、其他交通费用、其他商品和和服务支出、办公设备购置、专用设备购置、信息网络及软件购置更新、其他资本性支出。

七、一般公共预算支出预算情况说明

江苏省自然资源厅 2019 年一般公共预算财政拨款支出预算 34 017.05 万元，与上年相比增加 13 061.34 万元，增长 62.33%。主要原因是因自然资源工作发展需要，机构改革导致职能扩大、人员增加，一般公共预算支出增加。

八、一般公共预算基本支出预算情况说明

江苏省自然资源厅 2019 年度一般公共预算财政拨款基本支出预算 25 499.16 万元，其中：

（一）人员经费 23 630.84 万元。主要包括：基本工资、津贴补贴、奖金、社会保障缴费、伙食补助费、绩效工资、其他工资福利支出、离休费、退休费、抚恤金、生活补助、医疗费、奖励金、住房公积金、提租补贴、其他对个人和家庭的补助支出。

（二）公用经费 1 868.32 万元。主要包括：办公费、印刷费、咨询费、手续费、水费、电费、邮电费、取暖费、物业管理费、差旅费、维修(护)费、租赁费、会议费、培训费、公务接待费、专用材料费、劳务费、委托业务费、工会经费、福利费、公务用车运行维护费、其他交通费用、其他商品和服务支出、办公设备购置、专用设备购置、信息网络及软件购置更新、其他资本性支出。

九、一般公共预算"三公"经费、会议费、培训费支出预算情况说明

江苏省自然资源厅 2019 年度一般公共预算拨款安排的"三公"经费预算支出中，因公出国(境)费支出 160 万元，占"三公"经费的 74.56%；公务用车购置及运行费支出 48.40 万元，占"三公"经费的 22.55%；公务接待费支出 6.20 万元，占"三公"经费的 2.89%。具体情况如下：

1. 因公出国(境)费预算支出 160 万元，比上年预算增加 60 万元，主要原因是根据省财政出国境团组计划，因公出国境费有相应的调整。

2. 公务用车购置及运行费预算支出 48.40 万元。其中：

（1）公务用车购置预算支出 0 万元，与上年持平。

（2）公务用车运行维护费预算支出 48.40 万元，与上年持平。

3. 公务接待费预算支出 6.20 万元，比上年减少 0.8 万元，原因是按照相关要求，需要在 2019 年进一步减少公务接待活动，进一步压缩公务接待费。

江苏省自然资源厅 2019 年度一般公共预算拨款安排的会议费预算支出 265 万元，与上年持平。

江苏省自然资源厅 2019 年度一般公共预算拨款安排的培训费预算支出 180 万元，与上年持平。

十、政府性基金预算支出预算情况说明

江苏省自然资源厅 2019 年无政府性基金支

出预算支出,本部门无该项目。

十一、一般公共预算机关运行经费支出预算情况说明

2019 年本部门一般公共预算机关运行经费预算支出 820.93 万元,与上年相比增加 122.88 万元,增长 17.60%。主要原因是本部门因机构改革职能扩大、人员增多,一般公共预算机关运行经费也相应增加。

十二、政府采购支出预算情况说明

2019 年度政府采购支出预算总额 1 201.08 万元,其中:拟采购货物支出 152.84 万元、拟购买服务支出 1 048.24 万元。

十三、国有资产占用情况

本部门共有车辆 11 辆,其中,一般公务用车 10 辆、执法执勤用车 1 辆。单价 20 万元(含)以上的设备 4 台(套)。

十四、预算绩效目标设置情况说明

2019 年本部门共 5 个项目实行绩效目标管理,涉及财政性资金合计 18.96 亿元。

来　　源:江苏省自然资源厅
发布日期:2019 年 02 月 11 日

省政府关于切实加强滨海湿地保护严格管控围填海有关事项的通知

各市、县（市、区）人民政府，省各委办厅局，省各直属单位：

为贯彻落实《国务院关于加强滨海湿地保护严格管控围填海的通知》（国发〔2018〕24 号）精神，紧密结合江苏实际，现就加强我省滨海湿地保护、严格管控围填海有关事项通知如下。

一、切实提高思想认识

海洋是国土空间和生态系统的重要组成部分，是人类社会赖以生存、永续发展的宝贵财富。加强滨海湿地保护，严格管控围填海活动，对于改善海洋生态环境，促进陆海统筹与综合管理，构建国土空间开发保护新格局，建立海洋生态环境治理体系，提升海洋发展水平，推进江苏海洋强省和生态文明建设，实现人与自然和谐共生，具有十分重要的意义。江苏是海洋大省，沿海地区部分岸段滩面宽阔，土地后备资源丰富。同时，江苏处于丝绸之路经济带、长江经济带与21世纪海上丝绸之路交汇处，区位优势独特。加强滨海湿地保护，严格管控围填海，对于推动沿海地区高质量发展具有重要作用。各地各部门要坚持以习近平新时代中国特色社会主义思想为指导，深入贯彻新发展理念，牢固树立新时代社会主义海洋生态文明观，严格落实党中央、国务院决策部署，坚持生态优先、绿色发展，坚持最严格的生态环境保护制度，切实转变"向海索地"的工作思路，统筹陆海国土空间开发保护，实现海

洋资源严格保护、有效修复、集约利用，为推动高质量发展走在前列、建设"强富美高"新江苏作出积极贡献。

二、全面落实各项举措

（一）严管严控新增围填海项目。严格落实除党中央、国务院、中央军委确定的国家重大战略项目外，全面停止新增围填海项目审批的决定。省政府为落实党中央、国务院、中央军委决策部署，提出的具有国家重大战略意义的围填海项目，严格按照程序，报国家有关部委审核后报国务院审批。坚决落实国务院取消围填海地方年度计划指标的决定。

（二）全面开展围填海现状调查。按照国家统一部署，省海洋行政主管部门会同有关部门，组织开展我省围填海现状调查，掌握规划依据、审批状态、用海主体、用海面积、利用现状等内容，切实查清我省实际填海面积、围海面积和自然淤积面积等现状，查明违法违规围填海和围而未填、填而未用情况，并通报有关设区市人民政府。2018 年 11 月底前，形成全省围填海现状调查报告及成果数据，经审核后报自然资源部。

（三）科学制定围填海历史遗留问题处理方案。沿海各市、县（市、区）人民政府要坚持"生态优先、节约集约、分类施策、积极稳妥"的原则，根据自然资源部核查和反馈的围填海现状调查结果，结合 2017 年国家围填海专项督察情况，按照

相关时间节点要求,加快形成围填海历史遗留问题清单,抓紧制定围填海历史遗留问题处理方案,提出年度处置目标,经省海洋行政主管部门审查汇总后报省政府审核,审核同意后报自然资源部。

(四)妥善处置合法合规围填海项目。沿海各市、县(市、区)人民政府要根据围填海工程进展情况,监督指导海域使用权人进行分类处置。已完成围填海但未开发利用的,在符合国家产业政策的前提下集约节约利用,并进行必要的生态修复。完成部分围填海的,海域使用权人应当编制生态评估报告和必要的生态保护修复方案,由设区市人民政府组织进行评估,根据评估结论最大限度控制围填海面积,并进行必要的生态修复;确需继续围填的,逐级上报省政府审核后报自然资源部。

(五)依法处置违法违规围填海项目。对违法违规围填海项目,依法依规严肃查处,追究有关人员责任。沿海各市、县(市、区)人民政府要依据海洋主体功能区规划、海洋功能区划,以及自然资源部制定的围填海生态评估技术指南,组织开展生态评估,科学确定围填海项目对海洋生态环境的影响程度,全面清理非法占用红线区的围填海项目。对严重破坏海洋生态环境的围填海项目,由县级人民政府责成用海主体限期拆除,进行生态损害赔偿和生态修复;未能限期拆除的,依法予以强制执行,并由用海主体承担费用。对海洋生态环境无重大影响的,要最大限度控制围填海面积,按有关规定限期整改,加快集约节约利用。

(六)加强海洋生态保护修复。实施最严格的海洋生态红线保护和监管制度,确保《江苏省海洋生态红线保护规划(2016—2020年)》划定的海洋生态红线保护区域面积、大陆自然岸线保有率、海岛自然岸线保有率、海水质量等控制指标不减少。强化现有沿海各类自然保护地的管理,科学选划建立海洋自然保护区、海洋特别保护区和湿地公园。认真落实国务院要求,尽快划定江苏如东滨海湿地保护范围,通过切实有效措施开展针对性保护。要根据国家滨海湿地生态损害鉴定评估、赔偿、修复等技术规范,坚持自然恢复为主、人工修复为辅,积极推进"蓝色海湾""南红北柳""生态岛礁"等重大生态修复工程,支持通过退围还海、退养还滩、退耕还湿等方式,逐步修复已破坏的滨海湿地。

三、建立健全长效机制

(一)健全调查监测体系。沿海各市、县(市、区)人民政府要结合第三次全国国土调查,对包括滨海湿地在内的全省湿地进行逐地块调查,全面掌握滨海湿地保护与利用情况。加强围填海情况监测,及时掌握滨海湿地及自然岸线的动态变化。

(二)严格用途管制。坚持陆海统筹,将滨海湿地保护纳入国土空间规划进行统一安排,加强国土空间用途管制,实现山水林田湖草整体保护、系统修复、综合治理。沿海各地在编制辖区海洋功能区划及海洋生态保护红线规划时,要优先布局建设海洋自然保护区、海洋特别保护区和湿地公园等自然保护地,涉及使用海域的,依法办理海域使用申请审批手续。

(三)加强围填海监督检查。沿海各市、县(市、区)人民政府要加快围填海专项督察发现问题的整改工作,挂账督办、跟踪问效,确保整改到位、问责到位,切实防止相关问题反弹,确保国家严控围填海的政策落到实处,坚决遏制、严厉打击违法违规围填海行为。做好围填海专项督察"回头看"各项工作。

四、提升组织保障水平

(一)明确部门责任。省有关部门要提高对滨海湿地保护严格管控围填海重要性的认识,强化围填海管控意识,加强沟通,形成合力。省海洋行政主管部门要切实担负起保护修复与合理利用海洋资源的监督与管理责任,会同省有关部门,统筹各方面力量,加大保护和管控力度,确保完成目标任务。

（二）落实地方责任。沿海各市、县（市、区）人民政府是加强滨海湿地保护严格管控围填海的责任主体，政府主要负责人是本行政区域第一责任人，要切实加强组织领导，明确工作责任，落实经费保障，细化分解目标任务，依法分类处置围填海历史遗留问题，加大海洋生态保护修复力度。

（三）加强舆论宣传。深入宣传加强滨海湿地保护、严格管控围填海的重要意义，及时回应公众关切，提升公众保护滨海湿地意识，及时总结推广典型经验成效，公开曝光反面典型。以知法、用法、守法为目的，积极宣传海洋生态环境保护政策，组织有针对性的普法宣讲，营造良好的社会氛围。

江苏省人民政府

2018 年 10 月 25 日

来　　源：江苏省人民政府

发布日期：2018 年 10 月 25 日

刘聪参加南京大学自然资源研究院成立大会

2018 年 12 月 28 日,南京大学自然资源研究院(以下简称"研究院")成立大会在宁举行,省政协副主席、南京大学党委书记胡金波,自然资源部科技发展司司长高平,厅长刘聪出席会议并分别致辞。厅党组成员、副厅长,省地矿局党组书记、局长潘正勤出席会议。会上举行了研究院揭牌仪式、院长聘任仪式、研究中心揭牌仪式、首席科学家聘任仪式和校企合作签约仪式。省科协主席、南京大学院士陈骏介绍了研究院的组建情况和建设愿景。南京大学院士贾承造、邹志刚分别做了油气能源和可再生能源方面的专题报告。高平指出,研究院的成立搭建了新型的创新平台,希望加强与自然资源部对接,进一步发挥高校专家的科技创新力,形成发展事业的信心。她还作了自然资源科技创新发展思路的报告。刘聪表示,南京大学自然资源研究历史悠久,不仅为自然科学研究行业输送了大量高层次人才,还承担完成了一系列重大科技攻关课程。研究院的成立,将进一步加强省厅与南京大学的合作,推进我省自然资源事业高质量发展。研究院致力于建成我国自然资源领域重要的智库、理论库与技术库,瞄准自然资源领域的世界难题和国家需求,建设面向地球资源科学与生态、环境领域的多学科交叉、汇聚一流人才的综合性科研平台,设置学术咨询委员会、产业顾问委员会和执行委员会,首批建设油气资源研究中心等 6 个研究中心。

来　　源:江苏省自然资源厅
发布日期:2018 年 12 月 29 日

江苏沿海地区综合地质调查
总成果获评优秀级

11月27日,省厅与中国地质调查局南京地质调查中心在南京联合召开"江苏沿海地区综合地质调查"总成果评审会。厅副巡视员倪红升、南京地质调查中心副主任邢卫国出席会议并讲话。评审会上,项目总成果得到了林学钰院士、陈骏院士等评审专家的高度评价,评定为优秀级。

项目突出问题导向和需求导向,紧密结合沿海发展规划,围绕制约沿海发展的重大资源环境问题,开展"地质填图、专题研究、监测预警"全链路融合调查,提交了大批基础性、应用性、战略性成果,部分成果已经应用到江苏沿海地区多项规划编制中,为支撑省委省政府关于支持新一轮沿海发展规划政策制定提供了基础依据。项目取得了多项创新性成果,获得了一系列重大新发现,提升了江苏沿海地区综合地质研究水平。项目创新了海岸带经济区地质工作模式,经过七年的组织实施,探索构建了一条以"部省联合投入、海陆统筹部署、调查与专题研究并举、监测与预警结合、'产学研用'全链路协同攻关、需求导向应用性成果定制、技术创新与政策创新结合"为特色的海岸带综合地质调查工作模式。

来　　源:江苏省自然资源厅
发布日期:2018 年 12 月 05 日

中共江苏省自然资源厅党组
关于贯彻实施乡村振兴战略的若干意见

各市、县(市、区)自然资源主管部门,厅各直属单位,厅机关各处、室、局:

为深入贯彻中央和省委、省政府关于实施乡村振兴战略的重大决策部署,充分发挥自然资源的基础性、支撑性和保障性作用,促进全省乡村振兴走在全国前列,结合自然资源工作实际,提出如下意见。

一、强化规划的引领和管控作用,优化乡村空间布局

(一)加强国土空间规划的统筹管控。按照自然资源部统一部署,组织编制并实施国土空间规划,统筹城乡国土空间开发格局,科学划分生态、农业、城镇等空间,加快形成城乡融合发展的空间格局。统筹划定生态保护红线、永久基本农田、城镇开发边界等控制线,构建节约资源和保护环境的生产、生活、生态空间布局。

(二)发挥现行规划的引领作用。各地在按规定开展土地利用总体规划和城乡规划修改时,应充分考虑现代农业和农村一二三产业融合发展需要,优先安排农村基础设施和公共服务用地。对暂时无法准确定位的农村基础设施、公益设施、农业设施、乡村旅游设施、民生项目等,在不涉及永久基本农田的前提下,各地可将其按农村产业融合发展项目纳入土地利用总体规划重点建设项目清单,并在乡(镇)土地利用总体规划中预留不超过5%的规划建设用地指标用于上述项目建设。

(三)因地制宜编制村庄规划。各地要因地制宜尽快开展镇村布局规划优化完善工作,进一步优化城镇村空间布局,调整完善村庄分类,加强乡村地区公共服务设施配套。特别是在推进苏北地区农民群众住房条件改善、农村土地制度改革试点、特色田园乡村建设试点等工作中,依据现行乡(镇)土地利用总体规划、城镇总体规划、镇村布局规划等上位规划,编制"多规合一"的村庄规划,统筹布局农村生产生活生态空间。

二、严格耕地数量质量和生态保护,夯实农业生产基础

(一)落实最严格的耕地保护制度。放大耕地保护"责任＋激励、行政＋市场"机制效应,坚守耕地和永久基本农田保护红线。强化永久基本农田控制线作用,加强永久基本农田特殊保护,建立健全"划定、建设、管控、补划、保护"的长效机制。建立健全以数量为基础、产能为核心的耕地占补平衡新机制。

(二)全面实施江苏特色的土地综合整治。按照山水林田湖草系统治理的要求,加大土地综合整治力度,落实新增耕地数量和质量,改善农村生态环境。深入实施城乡建设用地增减挂钩、同一乡镇范围内村庄建设用地布局调整、工矿废弃地复垦利用,结合高标准农田建设、耕地质量提升、宜耕后备资源开发,推动耕地数量、质量、生态"三位一体"保护,盘活利用农村零星分散的存量建设用地,为促进农业规模经营和发展现代农业创造条件。整治腾挪的农村建设用地,优先满足农村发展需要。引导社会资本参与土地综合整治。

(三)严禁违法占用、破坏耕地。坚持农地农用,坚决遏制农地非农化现象。认真做好"大棚房"问题专项清理整治工作。对占用农用地修建永久性建筑或配套设施的,需严格依法办理相关用地手续。严禁以设施农业项目、农地流转等为名违法占用农用地进行非农业建设。严禁以休闲观光、养老服务等名义违法占用耕地开发房地产或建造私人庄园会所。加强对耕地和永久基本农田的执法巡查和动态监测,加大对违法占用、破坏耕地等行为的查处力度。

三、加大用地政策支持,助推农村一二三产业融合发展

(一)统筹增量存量加大用地保障力度。统筹安排农村建设用地,加大农业农村发展用地保障,各市县年度土地利用计划单列5%左右的比例用于支持农村一二三产业融合发展。城乡建设用地增减挂钩建新指标优先用于保障农业农村发展。列入省级重大产业项目的农村新产业新业态项目,用地计划由省级保障。坚持节约集约用地,对利用存量建设用地进行农产品加工、农产品冷链、物流仓储、产地批发市场等项目建设或用于小微创业园、休闲农业、乡村旅游、农村电商等农村二三产业的市、县,可给予新增建设用地计划指标奖励。

(二)用足用好设施农用地政策。对农业生产过程中所需各类生产设施和附属设施用地,以及由于农业规模经营必须兴建的配套设施,包括蔬菜种植、烟草种植和茶园等农作物种植园的看护类管理房用地(单层、占地小于15平方米)、临时性烤烟、炒茶、果蔬预冷等农产品晾晒、临时存储、分拣包装等初加工设施用地(原则上占地不得超过400平方米),在不占用永久基本农田的前提下,可纳入设施农用地管理,实

行县级备案。

(三)鼓励农村土地复合利用。围绕农业增效和农民增收,允许在不破坏耕作层的前提下,对农业生产结构进行优化调整,仍按耕地管理。鼓励农业生产和村庄建设等复合利用土地,发展休闲农业、乡村旅游、农业教育、农业科普、农事体验等产业,拓展土地使用功能,提高土地节约集约利用水平。在充分保障农民宅基地用益物权、防止外部资本侵占控制的前提下,探索农村集体经济组织以出租、合作等方式盘活利用空闲农房及宅基地,按照规划要求和用地标准,改造建设民宿民俗、创意办公、休闲农业、乡村旅游等农业农村体验活动场所。

(四)支持苏北地区农民群众住房条件改善。深入贯彻省委、省政府《关于加快改善苏北地区农民群众住房条件推进城乡融合发展的意见》(苏发〔2018〕19号),集成集聚自然资源政策,激发资源要素活力,全力服务保障改善苏北地区农民群众住房条件。配置合理规模的建设用地流量空间与增减挂钩计划指标支持合理用地需求。统筹使用国家、省相关补助资金,加大资金支持力度。根据国家相关规定,统筹推动苏北地区增减挂钩节余指标流转。补充耕地指标年度调剂规模向苏北地区倾斜。

(五)放大自然资源脱贫致富政策效应。把乡村振兴与脱贫攻坚紧密结合,以乡村振兴战略实施带动脱贫攻坚,以脱贫攻坚实施助力乡村振兴。持续开展支持脱贫致富专项行动,着力在土地利用计划指标倾斜、土地综合整治项目及资金安排、增减挂钩节余指标和补充耕地指标市场化交易等方面不断创新工作举措,充分发挥自然资源政策杠杆效应,促进全省经济薄弱地区和革命老区农业发展、农民增收,助力全省打赢打好脱贫攻坚战。

四、拓展乡村地质服务领域,打造宜居生态乡村

(一)提升乡村地质科技服务保障能力。深

化乡村矿地融合创新,重点加强生态农业、饮水安全、村镇规划建设、乡村旅游、清洁能源等领域地质勘查工作。强化地质调查成果转化,开展支撑村镇规划建设的地质调查评价试点,推进特色优质土地资源的深度开发利用。

(二)加强乡村矿山地质环境恢复治理。大力实施乡村矿山地质环境治理工程,将绿色、生态理念贯穿于规划、设计、施工、验收、管护的全部流程和环节。督促矿山企业按照绿色矿业发展要求,履行矿山地质环境保护责任,积极推进矿山地质环境保护与土地复垦。坚持因地制宜、综合治理,积极向国家争取政策,探索更大范围内合理配置工矿废弃地复垦利用。

(三)健全地质灾害监测预警和综合治理体系。全面开展低山丘陵区、岩溶分布区1:5万地质灾害详细调查,健全省、市、县三级地质灾害监测预警体系。深化以地质灾害隐患点治理示范工程为主体的地质灾害综合治理体系建设,对确认危险性大、危害严重的隐患点采取工程治理或搬迁避让措施,彻底消除地质灾害隐患。

(四)发挥地质资料信息重要作用。围绕乡村振兴需求加强地质资料社会化服务工作,研制专题报告和数据库等服务产品,为我省乡村振兴战略实施提供重要基础信息服务和技术支撑。

五、夯实自然资源基础工作,提升服务保障工作水平

(一)扎实推进农村土地调查工作。加快推进第三次全省国土调查,全面查清农村地区土地利用现状和权属状况,为有效促进农村建设用地规模控制、结构优化、布局调整提供基础数据。鼓励有条件的地区探索开展自然资源调查,推动自然资源统一确权登记,为自然资源开发利用和保护监管筑牢基础,助力乡村生态文明建设。

(二)开展耕地质量等别评价与监测工作。建立健全耕地质量和耕地产能评价制度,完善评价指标体系和评价方法,定期发布评价结果。开

展第三次国土调查耕地质量等级调查评价,全面掌握全省耕地的数量、质量、分布和构成。完善国土调查监测体系和耕地质量监测网络,开展耕地质量等别年度更新评价工作,全面掌握年度内耕地现状变化及耕地质量建设引起的耕地质量等别变化情况。

(三)加快推进农村房地一体不动产登记。扎实推进农村房地一体的农村集体建设用地和宅基地、农房不动产统一登记颁证工作,保障农村集体经济组织和农民财产权。加快推进农村土地制度改革地区和"两权抵押"试点地区实现农村不动产权籍调查工作全覆盖,不动产权属证书应发尽发,优先在特色田园乡村试点地区开展农村不动产登记工作。督促指导各地不动产登记网点向乡村地区延伸,在乡村地区设立不动产抵押登记银行代办点,方便农村居民办理不动产登记业务。

六、推进农村土地制度改革,为乡村振兴提供基础制度支撑

(一)巩固深化农村土地制度改革试点。全面总结武进区农村土地制度改革试点工作经验成效,研究制定可复制、可推广的政策措施,发挥改革试点工作在落实乡村振兴战略和脱贫攻坚中的示范、突破和带动作用。在相关法律修改后,根据部署全面推开农村土地征收制度改革和农村集体经营性建设用地入市改革,加快建立城乡统一的建设用地市场。切实做好征地补偿和被征地农民社会保障工作。

(二)积极推进同一乡镇范围内村庄建设用地布局调整。根据意愿,全面开展同一乡镇范围内村庄建设用地布局调整,逐步实现农村建设用地布局优化和"减量化"。节余耕地指标可用于占补平衡,在满足减量化前提下,允许不超过30%的建新指标在县域范围内有偿流转使用,所得收益用于改善农民生产生活条件。

(三)统筹推进其他各项改革。深入落实关于支持特色田园乡村建设试点工作的要求,积极

开展旅游项目点状供地试点。支持返乡下乡人员按照相关用地政策,开展设施农业建设和经营。支持集体经济组织以出租、联营、入股等方式,盘活利用空闲的农房及宅基地,深化利用集体建设用地建设租赁住房试点,但不得违法违规买卖宅基地,严格禁止下乡利用农村宅基地建设别墅大院和私人会馆。

七、加强组织领导,确保各项政策措施落地见效

(一)加强统筹协调。全省各级自然资源主管部门要以习近平新时代中国特色社会主义思想为指导,按照高质量发展要求,坚持解放思想、系统思维,坚持上下联动、问题导向,强化统筹协调,凝聚智慧力量,全面落实乡村振兴战略各项自然资源政策措施。要坚持党建引领推动,充分发挥党支部战斗堡垒作用和党员先锋模范作用,切实增强使命感和责任感,推进贯彻实施乡村振兴战略工作走在前列。各单位、各部门主要负责人负第一责任,要亲自挂帅、靠前指挥;班子成员负直接责任,要根据职责分工,统筹推进、抓好落实。充分发挥基层所在服务保障乡村振兴中的前沿阵地作用。

(二)细化推进落实。全省各级自然资源主管部门要结合实际细化工作重点和政策措施,明确任务书、时间表、路线图,层层压实责任,确保各项政策措施落到实处。积极主动研究政策,加大政策宣传和解读力度,努力营造全社会理解、支持的良好氛围。尊重基层和群众的首创精神,

鼓励大胆探索,主动作为,及时总结推广成功经验,帮助解决实际问题。

(三)提升服务能力。按照"简政放权、放管结合、优化服务"的要求,进一步优化审批流程,实施并联审批,开通"绿色通道",不断提高建设项目用地审批效能和基层满意度。加强与农业等部门沟通,进一步细化设施农用地管理措施,优化备案流程。深化建设项目压覆重要矿产资源审批改革,不断扩展区域压矿调查范围,推进压矿审批权力下放。

(四)强化督促检查。将贯彻实施乡村振兴战略纳入重点工作督查范围,加强全过程督促检查,督任务、督进展、督成效,查认识、查责任、查作风,坚持真督实查、跟踪问效,推动工作落实。注重督查结果的运用,将工作推进情况作为综合考评、督查激励、节约集约考核的重要内容,对履职尽职、成效明显的要予以有力的鼓励激励,对工作落实不力甚至失职渎职的要从严追究责任,确保乡村振兴战略在全省自然资源领域落地生根、取得实效。

中共江苏省自然资源厅党组
2019 年 03 月 05 日

来　　源:江苏省自然资源厅
发布日期:2019 年 03 月 06 日

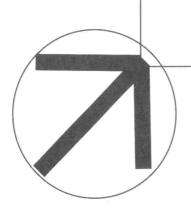

第八部分

水利、粮食和物资储备

江苏省水利厅 2019 年度部门预算情况说明

一、收支预算总表情况说明

本表反映部门年度总体收支预算情况。根据《江苏省财政厅关于 2019 年省级部门预算的批复》(苏财预〔2019〕7 号)填列。

江苏省水利厅 2019 年度收入、支出预算总计 122 123.08 万元,与上年相比收、支预算总计各增加 11 944.76 万元,增长 10.84%,主要原因是行政事业单位人员住房改革支出政策性增资、新进人员、经常性人员追加经费纳入部门预算,新增改制勘测设计单位事业人员退休费专项、增加非财政性资金运转类项目等。其中:

(一)收入预算总计 122 123.08 万元。包括:

1. 财政拨款收入预算总计 96 462.56 万元。

(1)一般公共预算收入预算 96 462.56 万元,与上年相比增加 8 448.78 万元,增长 9.6%。主要原因是行政事业单位人员住房改革支出政策性增资、新进人员、经常性人员追加经费纳入部门预算,新增改制勘测设计单位事业人员退休费专项、新增非财政性资金项目等。

(2)政府性基金收入预算 0 万元,与上年减少 100%,主要是 2019 年起取消小型水库移民扶助基金。

2. 财政专户管理资金收入预算总计 0 万元,与上年持平。

3. 其他资金收入预算 23 831.95 万元,与上年相比增加 3 965.02 万元。主要原因为厅属事业单位根据上年经营收入情况及单位发展规划,增加非财政性资金运转类项目。

4. 上年结余结转资金 1 828.57 万元,与上年相比减少 419.04 万元,降低 18.64%。主要原因是厅属事业单位综合财政保障水平与人员经费实际需求,利用结余资金弥补当年人员经费缺口,年度间正常变动。

(二)支出预算总计 122 123.08 万元。包括:

1. 社会保障和就业(类)支出 10 437.94 万元。主要用于省在职人员基本养老缴费、职业年金缴费、水利厅机关及参照公务员管理单位离退休人员工资、离退休活动经费。与上年相比减少 315.57 万元,降低 2.93%。主要原因是厅属事业单位因财政保障水平降低,养老保险和职业年金缴费下降。

2. 农林水事务(类)支出 83 235.28 万元,主要用于省水利厅行政机关及参照公务员管理单位机关在职人员支出、其他部门预算事业单位在职、离退休人员支出、改制事业单位离退休人员支出,以及开展水利事业而发生的日常公用支出、单位发展专项支出。与上年相比增加 5 765.77 万元,增加 7.44%。主要原因:一是增加非财政资金项目;二是经常性人员追加经费纳入部门预算;三是新增改制勘测设计单位事业人员退休费专项。

3. 住房保障(类)支出 28 369.86 万元,主要用于省水利厅行政机关及厅属事业单位按照国家有关规定为职工缴存住房公积金、发放提租补贴以及新职工缴存的逐月补贴的支出。与上年相比增加 6 414.56 万元,增长 29.21%。主要原因是人员增加、住房公积金与提租补贴总体基数增加。

此外,基本支出预算数为 90 826.2 万元。与上年相比增加 6 165.87 万元,增长 7.28%。主要是行政事业单位人员住房改革支出政策性增资、新进人员增资。

项目支出预算数为 26 357.88 万元。与上年相比增加 3 355.39 万元,增长 14.59%。主要原因是新增改制勘测设计单位事业人员退休费专项、新增非财政性资金项目。

单位预留机动经费预算数为 4 939 万元。与上年相比增加 2 423.5 万元,增长 96.34%。主要原因是厅机关、参公单位及部分其他预算单位年终考核奖等经常性人员经费追加纳入部门预算。

二、收入预算情况说明

江苏省水利厅本年收入预算合计 122 123.08 万元。其中:一般公共预算收入 96 462.56 万元,占 78.99%;其他资金 23 831.95 万元,占 19.51%;上年结转和结余资金 1 828.57 万元,占 1.5%。

江苏省水利厅2019年收入预算图

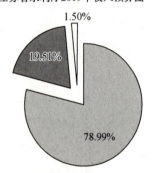

■一般公共预算资金 ■其他资金 □上年结转和结余资金

三、支出预算情况说明

江苏省水利厅本年支出预算合计 122 123.08 万元,其中:基本支出 90 826.2 万元,占 74.37%;项目支出 26 357.88 万元,占 21.58%;单位预留机动经费 4 939 万元,占 4.05%。

四、财政拨款收支预算情况说明

江苏省水利厅 2019 年度财政拨款收、支总预算 96 462.56 万元,占本年度支出合计的

78.99%。与上年相比,财政拨款收、支总计各增加 8 448.78 万元,增长 9.6%。主要原因是行政事业单位人员住房改革支出政策性增资、新进人员、经常性人员追加经费纳入部门预算,新增改制勘测设计单位事业人员退休费专项、增加非财政性资金运转类项目等。

江苏省水利厅2019年支出预算图

■基本支出 ■项目支出 □单位预留机动经费

五、财政拨款支出预算情况说明

江苏省水利厅 2019 年财政拨款预算支出 96 462.56 万元,占本年支出合计的 78.99%。与上年相比,财政拨款支出增加 8 448.78 万元,增长 9.6%。主要原因是行政事业单位人员住房改革支出政策性增资、新进人员、经常性人员追加经费纳入部门预算,新增改制勘测设计单位事业人员退休费专项、增加非财政性资金运转类项目等。其中:

(一)社会保障和就业支出(类)

1. 行政事业单位离退休(款)未归口管理的行政单位离退休(项)支出 303.56 万元,与上年相比减少 81.7 万元,降低 21.2%。主要原因是离休人员去世,离休经费减少。

2. 行政事业单位离退休(款)机关事业单位基本养老保险缴费支出(项)支出 6 667.52 万元,与上年相比减少 106.41 万元,降低 1.57%。主要原因是 2019 年起省财政对养老保险缴费基数仅按绩效工资 1.0 部分计算,超出部分单位自筹,财政补助总体减少。

3. 行政事业单位离退休(款)机关事业单位职业年金缴费支出(项)支出 2 640.86 万元,与上

年相比减少 64.85 万元,降低 2.4%。主要原因是 2019 年起省财政对职业年金缴费基数仅按绩效工资 1.0 部分计算,超出部分单位自筹,财政补助总体减少。

(二)农林水支出(类)

1. 水利(款)行政运行(项)支出 6 404.88 万元,与上年相比增加 879.06 万元,增长 15.9%。主要原因是行政及参照公务员管理事业单位一次性考核奖等经费纳入部门预算。

2. 水利(款)一般行政管理事务(项)支出 59 万元。比上年减少 4 万元,降幅 6.35%。主要为根据财运转类项目经费 2019 年统一压减 10% 规定,压减相应支出。

3. 水利(款)机关服务(项)支出 625.76 万元。与上年相比增加 45.93 万元,提高 7.92%。支出内容主要反映厅后勤中心、信息中心因增加人员相应增加工资及绩效等。

4. 水利(款)水利行业业务管理(项)支出 3 220.72 万元。与上年相比减少 1 397.61 万元,降低 30.26%。主要原因是根据财运转类项目经费 2019 年统一压减 10% 规定,压减相应支出。

5. 水利(款)水利工程运行与维护(项)支出 32 852.78 万元。与上年相比增加 589.34 万元,提高 1.83%。主要原因是厅属事业单位人员政策性增资。

6. 水利(款)水利前期工作(项)支出 227.41 万元。与上年相比增加 5.85 万元,提高 2.64%。主要原因是厅规划办新进人员工资及绩效等增加。

7. 水利(款)水资源节约管理与保护(项)支出 1 077.71 万元。与上年相比减少 131.73 万元,降低 10.89%。主要原因是根据财运转类项目经费 2019 年统一压减 10% 规定,压减相应支出。

8. 水利(款)水文测报(项)支出 10 842.94 万元。与上年相比增加 492.57 万元,提高 4.76%。主要原因是水文管理单位新进人员工资及绩效等增加。

9. 水利(款)其他水利的支出(项)支出 2 699.21 万元。与上年相比增加 1 745.7 万元,增长 183.08%。主要原因是新增改制勘测设计单位事业人员退休费专项。

10. 南水北调(款)行政运行(项)支出 372.3 万元。与上年相比增加 66.77 万元,增长 21.85%。主要原因是省南水北调工程建设领导小组办公室一次性考核奖等经费纳入部门预算。

11. 南水北调(款)一般行政管理事务(项)支出 98.05 万元,与上年比减少 4.7 万元,降低 4.57%。主要原因是根据财运转类项目经费 2019 年统一压减 10% 规定,压减相应支出。

(三)住房保障支出(类)

1. 住房改革支出(款)住房公积金(项)支出 7 444.65 万元,与上年相比增加 660.6 万元,增长 9%。主要原因是人员增加及住房公积金核算基数提高。

2. 住房改革支出(款)提租补贴(项)支出 20 925.21 万元,与上年相比增加 5 753.96 万元,增长 37%。主要原因是人员增加及提租补贴基数标准增加。

六、财政拨款基本支出预算情况说明

江苏省水利厅 2019 年度财政拨款基本支出预算 83 931.68 万元,其中:

(一)人员经费 77 622.08 万元。主要包括:基本工资、津贴补贴、奖金、机关事业单位基本养老保险缴费、职业年金缴费、其他社会保障费、绩效工资、住房公积金、医疗费、其他工资福利支出、离休费、退休费、生活补助、医疗费补助、奖励金。

(二)公用经费 6 309.6 万元。主要包括:办公费、水费、电费、邮电费、差旅费、维修(护)费、会议费、培训费、公务接待费、专用材料费、工会经费、福利费、公务用车运行维护费、其他交通费用、其他商品和服务支出。

七、一般公共预算支出预算情况说明

江苏省水利厅 2019 年一般公共预算财政拨款支出预算 96 462.56 万元,与上年相比增加 8 448.78 万元,增长 9.6%。主要原因是行政事业单位人员住房改革支出政策性增资、新进人员、经常性人员追加经费纳入部门预算,新增改制勘测设计单位事业人员退休费专项、增加非财政性资金运转类项目等。

八、一般公共预算基本支出预算情况说明

江苏省水利厅 2019 年度财政拨款基本支出预 83 931.68 万元,其中:

(一)人员经费 77 622.08 万元。主要包括:基本工资、津贴补贴、奖金、机关事业单位基本养老保险缴费、职业年金缴费、其他社会保障费、绩效工资、住房公积金、医疗费、其他工资福利支出、离休费、退休费、生活补助、医疗费补助、奖励金。

(二)公用经费 6 309.6 万元。主要包括:办公费、水费、电费、邮电费、差旅费、维修(护)费、会议费、培训费、公务接待费、专用材料费、工会经费、福利费、公务用车运行维护费、其他交通费用、其他商品和服务支出。

九、一般公共预算"三公"经费、会议费、培训费支出预算情况说明

江苏省水利厅 2019 年度一般公共预算拨款安排的"三公"经费预算支出中,因公出国(境)费支出 50 万元,占"三公"经费的 5.04%;公务用车购置及运行经费支出 811.36 万元,占"三公"经费的 81.77%;公务接待费支出 130.84 万元,占"三公"经费的 13.19%。具体情况如下:

1. 因公出国(境)经费预算支出 50 万元,比上年预算数减少 10 万元,主要原因是省财政厅根据机构改革需要统一调减。

2. 公务用车运行费及车辆购置费预算支出 811.36 万元。其中:

(1) 公务用车购置费 0 万元,与上年持平,年初预算为 0,公务用车购置费根据实际需求另行向财政申请追加预算。

(2) 公务用车运行费 811.36 万元,与上年持平。

3. 公务接待费预算支出 130.84 万元,与上年相比略降。

4. 一般公共预算拨款安排的会议费预算支出 749.1 万元,本年数比上年预算数减少 80.04 万元,继续严格执行中央"八项规定"、省委"十项规定"及实施细则精神,严格控制会议次数、会议规模和会议费标准。

5. 一般公共预算拨款安排的培训费预算支出 823.49 万元,比上年预算数减少 25.9 万元。主要是严格执行中央"八项规定"、省委"十项规定"及实施细则精神,优化水利行业培训结构,控制培训总体规模,厉行节约。

十、政府性基金预算支出预算情况说明

江苏省水利厅 2019 年政府性基金支出预算支出 0 万元。与上年相比减少 50 万元,减少 100%。主要原因是 2019 年起取消小型水库移民扶助基金。

十一、一般公共预算机关运行经费支出预算表情况说明

2019 年本部门一般公共预算机关运行经费预算支出 1 210.17 万元,比 2018 年增加 20.76 万元,增加 1.74%。主要原因是人员政策性增资。

十二、政府采购支出预算情况说明

2019 年我部门政府采购预算总金额为 1 027.52 万元。其中拟购买货物 155.59 万元;拟购买服务 871.93 万元。

十三、国有资产占用情况

本部门共有交通工具 256 辆(只),其中:一般公务用车 174 辆、执法执勤用车 1 辆、特种专业技术用车 50 辆、其他用车 21 辆、其他交通工具 10 辆(只)。单价 20 万元(含)以上的设备 400 台(套)。

十四、预算绩效目标设置情况说明

2019 年部门预算没有项目实行绩效目标管理,单位发展专项主要用于维持单位正常运转,不纳入绩效目标管理。

来　　源:江苏省水利厅

发布日期:2019 年 02 月 13 日

2018 年 12 月全省水利重点工程进展情况

2018 年 1—12 月完成水利重点工程建设投资 126 亿元,完成重点工程建设任务比例 101%。各主要项目完成投资分别为:

太湖治理工程新沟河完成投资 9 400 万元,占 100%;新孟河工程完成投资 260 640 万元,占 100%;望虞河西岸控制工程完成投资 26 100 万元,占 100%;望虞河除险加固工程完成投资 17 715 万元,占 100%;东太湖综合整治后续工程完成投资 38 500 万元,占 100%。长江治理工程镇扬河段三期完成投资 26 000 万元,占 104%;长江干流江苏段崩岸应急治理工程完成投资 70 821 万元,占 116%;长江八卦洲汉道河道整治工程完成投资 10 000 万元,占 111%;长江堤防能力提升及崩岸应急治理工程完成投资 52 557 万元,占 104%。淮河治理黄墩湖滞洪区调整和建设工程完成投资 34 500 万元,占 100%。沿海水利建设九圩港泵站完成投资 2 000 万元,占 100%;大丰市四卯酉闸工程完成投资 17 200 万元,占 115%;海堤巩固工程完成投资 15 811 万

元,占 100%。省属水利工程完成投资 14 731 万元,占 90%。江河支流治理完成投资 21 122 万元,占 102%;小型病险水库除险加固完成投资 10 249 元,占 96%;重点易涝区排涝能力建设完成投资 30 000 万元,占 100%;病险水闸完成投资 9 777 万元,占 100%;水利灾后薄弱环节建设—中小河流治理完成投资 133 737 万元,占 102%。重点区域治理完成投资 31 425 万元,占 104%;永安河治理完成投资 22 377 万元,占 100%;九曲河治理工程完成投资 1 000 万元,占 100%;澡港河泵站扩容工程完成投资 713 万元,占 100%;京杭大运河苏州段堤防加固工程完成投资 50 000 万元,占 100%;郑集河输水扩大工程完成投资 16 000 万元,占 100%;黄河故道后续工程完成投资 70 000 元,占 99%。

来　　源:江苏省水利厅
发布日期:2019 年 02 月 13 日

江苏水利建设谱写高质量发展新篇章

日前,水利部代表全国质量工作部际联席会议办公室进行的 2017—2018 年度水利建设质量考核中,我省获得 A 级(优秀),成绩位列全国 32 个省级水利部门第二。水利部自 2015 年开展水利建设质量工作考核 4 年来,我省连续蝉联优秀格次,累计获得 1 次第一、3 次第二,综合成绩全国第一的好成绩,得到省委、省政府领导的充分肯定。

一是完善制度"促"质量。将质量工作纳入水利建设发展规划,以及省对市水行政主管部门的考核,对重大质量安全事故实行"一票否决"。每年度在制定考核办法和考核细则的基础上,组织考核组对全省 13 个设区市进行实地考核,并将考核结果通报市政府。先后制定印发质量强水指导意见、贯彻落实强制性条文通知、质量监督管理办法、质量检测管理办法、项目负责人质量终身制办法等规范性文件,贯彻落实部、省质量要求;出台代建制试行办法、区域集中监理指导意见,丰富质量管理模式;印发造价管理办法和主材价格风险控制指导意见,强化造价管理;下发质量统计分析制度通知,提高质量管理的预见性和针对性;针对一些薄弱环节,出台加强桥梁工程与房屋建筑工程质量管理通知、施工图设计文件审查管理办法、危险性较大工程安全专项施工方案编制办法;大力推广"四新技术",出台推广应用组合式对拉止水螺杆、整体式门槽埋件、沉箱式水下抛石指导意见。技术标准体系方面,已累计出台《长江水下平顺抛石护岸施工规范》《水利工程预拌混凝土应用技术规范》等 15 部水利建设质量方面的地标,截至目前我省已出台涉及水利建设质量方面的地方标准 15 部,地方标准数量和质量全国领先。

二是政策支持"优"质量。将质量创优、质量激励、质量发展等举措常态化,通过奖励、激励等措施方式,引导水利建设者"重质量、优质量"氛围。自 2005 年水利部开始评选大禹奖以来,我省累计已有 26 项工程获得大禹奖称号,获奖总数全国第一。除此之外,全省每年均有 20 余项工程分别获得"全国水利建设工程文明工地、淮委水利建设文明工地、江苏省水利建设文明工地及优质工程"等奖项。对获得奖项的工程参建单位,直接将奖励信息列为信用档案内容,在依据履约考核得出的信用等级的基础上,将参建单位的信用等级调高 1 个等次。2017 年,组织开展全省水利系统内的质量表扬活动,表扬质量管理先进集体 13 名,质量管理先进个人 39 名。2018 年我厅明确将为水利建设"质量提升行动年",制定《江苏省水利工程建设质量提升行动计划(2018—2020 年度)》,在水利工程施工中,着力推动水利工程建设新技术、新工艺、新装备、新材料的推广应用,混凝土浇筑重点推广应用整体式滑模、组合式对拉止水螺杆、钢筋机械连接技术,金属结构安装重点推广应用闸门门槽整体式埋件,长江整治工程推广应用沉箱式水下抛石工艺,这些新技术、新工艺在江苏省很多工程中得到较好应用,取得明显效果。

三是强化监管"控"质量。目前已建立起省、市、县（市、区，下同）3 级质量监督管理体系。全省 13 个市、64 个农业县均设立了质量监督机构，均配备了专职质监人员，每年市、县财政均落实一定专项工作经费，质监工作正常开展得到有效保障。全省水利基建工程 100% 接受质量监督。常态化开展水利重点工程项目稽察，2012 年以来每年稽察项目达 50 个以上，质量稽察是其中的重点内容，同时开展建设项目的质量专项稽察活动。从 2010 年开始，每年定期集中受理、审批 1 次水利检测单位乙级资质，严格按照有关规章规定履行行政许可程序。在强化检测工作事中事后监管方面，每年组织对检测单位及其质量检测活动进行监督检查，督查质量检测工作的规范性、符合性。开展"双随机、一公开"检测单位专项督察活动。在项目法人委托检测工作方面，实现了基本建设项目全覆盖。工程验收过程中，适时安排质量"飞检"，为工程验收提供质量数据佐证。注重质量诚信和履约考核，每个建设项目均由项目法人和省市监管部门进行考核评分，并依据评分结果评定信用等级，作为招标投标信用等级评分的依据，此举对参建单位提高诚信意识和质量管理行为，起到了很明显的作用。

四是夯实基础"保"质量。强化落实质量终身责任制，进一步压实项目法人、勘察、设计、施工、监理及质量检测等从业单位质量主体责任、领导人责任、从业人员责任以及质量终身责任，并对"要在建筑物明显部位设置永久性标牌，公示质量责任主体和主要责任人"进行了专门部署。印发了《江苏省水利基本建设工程质量责任主体项目负责人质量终身责任管理办法》，专题对质量责任主体项目负责人明确质量终身责任，要求建设单位建立质量终身责任信息档案、设置质量责任公示牌和质量责任永久性标牌。在水利建设信息化方面，研发建立《江苏省水利建设工程质量信息管理系统》，实现水利工程质量动态监控、管理。建立了电子招标投标管理系统，在全国率先实现招标投标全过程电子化。专门建立《江苏省水利工程建设安全监督管理系统》，从责任制落实、隐患排查、教育培训、技术交底、班组活动等方面进一步规范参建单位行为。利用江苏水利网、《江苏水利》杂志、水利手机报等多种媒体，大力宣传贯彻《质量发展纲要》和质量强省战略，大力宣传"百年大计、质量第一"的质量方针，大力宣传江苏水利质量管理的成就。每年组织开展质量管理专题培训学习活动，增强人们对水利工程质量重要性的认识，提升全行业质量意识，努力形成政府重视质量、企业追求质量、行业崇尚质量、人人关心质量的良好氛围。

来　　源：江苏省水利厅
发布日期：2019 年 02 月 22 日

我省南水北调工程 2018—2019 年度
第二阶段向山东省调水启动

　　根据省委、省政府和水利部关于南水北调东线一期工程 2018—2019 年度调水工作安排,我省按照南水北调新建工程和江水北调工程统一调度、联合运行的原则,于 2 月 20 日下午 14 时起,启动南水北调工程 2018—2019 年度第二阶段向山东省调水工作。

　　综合考虑水利部年度水量调度计划及我省当前河湖水情,本阶段先期调水水源为洪泽湖水,经徐洪河沿途启用泗洪站、睢宁二站、沙集站和邳州站等泵站抽水入骆马湖,经韩庄运河送水至台儿庄站下出省;后期将根据洪泽湖水情变化,适时启动江都东闸、宝应站、金湖站、洪泽站等工程抽引长江水补入洪泽湖。

　　为做好本阶段调水工作,省水利厅、省南水北调办(省南水北调工程管理局)及江苏水源公司高度重视,积极部署,精心组织,科学管理。春节后一上班,第一时间进入调水运行准备工作状态,组织有关部门分析研判水情,做好工程调度方案和水量水质监测方案,并深入调水沿线各工程,部署检查工程现场各项运行准备。同时,加强与水利部、南水北调东线总公司、山东省以及省有关部门和沿线地方政府的沟通协调,协同做好工程准备、安全检查、水质保障、用水管控、航运管理和危化品通航管制、养殖管理、电力保障等准备工作,确保调水有序开展。

　　我省南水北调工程 2018—2019 年度第二阶段调水工作预计将于 5 月上旬结束,将向山东省供水 6.84 亿立方米。

　　来　　源:江苏省水利厅
　　发布日期:2019 年 02 月 21 日

江苏新时空：省领导开展集中巡河

去年底，江苏在全国率先宣布全面建立河长制，并率先将河长制纳入地方法规。一年来，全省各地、各部门结合碧水保卫战、生态河湖建设等工作，全面推进河湖突出问题治理和长效管护，全省河长制湖长制工作已由"见河长、见湖长"全面转向"见行动、见成效"的新发展阶段。记者从省水利厅获悉，目前全省共落实省市县乡村五级河长 5.7 万余人，在全国率先交出"每条河流都有河长"的庄严答卷。

今年江苏河长体系高起点建立。省级实行双总河长，省委书记娄勤俭、省长吴政隆担任省级总河长；12 位省委、省政府领导分别担任 24 条流域性重要河道、13 个重点湖泊的河长湖长。

日前，省领导开展集中巡河，他们对所负责河流仔细察看变化、认真查找问题、精心谋划对策，推动解决了一批河湖管治重点难点问题。

省委书记娄勤俭先后察看洪泽湖、太湖、微山湖、高邮湖，调研部署长江大保护、大运河文化带建设等工作。8 月 1 日，娄勤俭主持召开省委常委会会议，听取全省河长湖长制工作情况，肯定江苏推进河长湖长制工作取得的初步成效，要求强化责任意识、系统意识、创新意识，切实提高河湖治理水平；

省长吴政隆先后检查指导长江、太湖、大运河、微山湖、洪泽湖等河湖治理保护工作。在今年 5 月召开的全省长江经济带发展工作推进会上，吴政隆指出要在大保护的前提下实现高质量发展，以加强生态环境保护倒逼产业结构调整和发展方式转变，扎实推进供给侧结构性改革；

省委常委、省委统战部部长杨岳巡查洪泽湖与淮河干流江苏段时表示，要持续推动洪泽湖、淮河管理保护工作，大力推进河湖资源的可持续利用；

省委常委、无锡市委书记李小敏全年开展 8 次河长制河道整治工作调研，压实压紧各级河长责任，推进太湖治理和河道综合治理；

省委常委、常务副省长、省委秘书长樊金龙巡查沭河、新沭河时指出，要紧扣生态河湖建设目标，建立统筹协调工作机制，强化上下配合协同发力；

省委常委、省委宣传部部长王燕文巡查淮河入海水道和苏北灌溉总渠时说，要强化问题意识，做到整改落实到位，确保治理一条、达标一条；

省委常委、省委政法委书记王立科巡查淮河入江水道和邵伯湖、高邮湖、宝应湖、白马湖时指出，要思想认识再深化、重点任务再聚焦、运行机制再完善，以点带面推动各项工作整体突破；

省委常委、苏州市委书记周乃翔今年 4 次巡查七浦塘，提出全面落实河长制，以实施综合整治为抓手，全面提升支浜支流水质，推进水环境治理取得实效；

省委常委、省委组织部部长郭文奇巡查京杭大运河苏北段和微山湖时要求，要增强思想和行动自觉，让千年运河在新时代焕发新风采，把微山湖打造成"民心工程""精品工程""共治工程"；

省委常委、南京市委书记张敬华多次开展河湖治理专项调研部署,要求坚决打赢治水攻坚战,补齐生态环境短板,切实改善人居环境;

副省长马秋林巡查新孟河、新沟河与滆湖、长荡湖时指出,要全力保障太湖治理骨干水利工程建设,压实责任、加强协作、细化任务、开展督导、广泛宣传;

副省长王江巡查泰州引江河和通榆河时强调,要落实最严格水资源管理制度、"三乱"专项整治任务、水污染防治措施和水生态修复要求,确保治理取得实效;

副省长郭元强巡查里下河腹地湖泊湖荡时指出,各级湖长要压实主体责任,从全流域出发,既推行一河一策、一段一长、分段负责,又通盘考虑、整体联动;

副省长、省级副总河长费高云巡查新沂河、沂河、分淮入沂时强调,要强化刚性约束,严格空间管控,通过联防联控和城乡统筹,建设水清岸绿美好环境;

副省长陈星莺巡查石臼湖、固城湖时指出,要加强面源污染治理,推进入湖河道治理、固城湖退圩还湖和住家船舶治理,加快保护规划编制、生态河湖行动计划实施等。

据统计,今年江苏省级河长湖长巡河35人次,市级河长湖长巡河900余人次,县级河长湖长巡河17 000余人次,产生了良好的社会效果。

综合措施下,我省河长制湖长制工作成效初显。河湖空间管控不断加强,全省累计完成河湖管理范围划定5.8万公里,已完成东太湖、滆湖一期、大纵湖、白马湖等4个湖泊退圩还湖,恢复水域面积92平方公里;河湖水质不断改善,326个国考水功能区今年上半年达标率83%,高于国家要求的74%;河湖水生态不断恢复,全省9个设区市列入全国水生态文明建设试点,试点经验在全国推广;河湖水资源不断优化,全省万元GDP和工业增加值水耗完成国控目标,在落实国家最严格水资源管理制度考核中,连续5年蝉联优秀,去年和今年为全国第一。

来　　　源:江苏广电融媒体中心

发布日期:2018年12月25日

2019 年全国水利工作会议在京召开

1 月 15—16 日，2019 年全国水利工作会议在京召开。李克强总理作出重要批示。水利部党组书记、部长鄂竟平出席会议并讲话。他强调，要更加紧密地团结在以习近平同志为核心的党中央周围，积极践行"节水优先、空间均衡、系统治理、两手发力"的治水方针，紧紧围绕水利工程补短板、水利行业强监管，凝心聚力、锐意进取，努力开创水利改革发展新局面。

水利部副部长田学斌作总结讲话。部领导蒋旭光、田野、陆桂华、叶建春、魏山忠出席会议。

会议的主要任务是：深入贯彻习近平新时代中国特色社会主义思想和党的十九大精神，积极践行"节水优先、空间均衡、系统治理、两手发力"的治水方针，按照中央经济工作会议和中央农村工作会议部署，总结 2018 年水利工作，分析当前水利改革发展形势，理清今后一个时期管水治水思路，部署 2019 年重点任务，进一步统一思想、明确目标、落实责任、转变作风，推动水利工程补短板、水利行业强监管，为全面建成小康社会提供坚实水利保障。

鄂竟平指出，2018 年是全面贯彻党的十九大精神的开局之年，也是水利事业承前启后的重要一年，原国务院三峡办、国务院南水北调办并入水利部，水利部机构职能得到优化调整，水利事业开启了新的征程。2018 年，各级水利部门真抓实干、迎难而上，推动各项水利工作取得新进展。一是贯穿了一条主线。坚持以学懂弄通做实习近平新时代中国特色社会主义思想为主线，以习近平总书记治水重要论述精神统领水利工作，明确了水利工作的"一个前提"和"三个关系"。二是强抓了两件大事。水利部机构改革任务圆满完成，省级水利部门机构改革正在进行，基层水利部门机构改革全面展开；防汛抗旱工作成效明显，全年因洪涝灾害死亡失踪人数为新中国成立以来最少。三是实现了三大突破。在河湖管理上，河长制、湖长制的组织体系、制度体系、责任体系初步形成，全国河湖"清四乱"、采砂专项整治行动、长江干流岸线保护和利用专项检查行动取得明显成效。在行业监管上，首次在全国水利行业大范围采取"四不两直"方式开展小型水库暗访督查，开展重点领域专项督查稽察，推进河湖执法，加入水利安全生产监督和项目稽察力度。在地下水超采治理上，首次实施华北地下水超采综合治理河湖地下水回补试点，南水北调中线工程首次向受水区 30 条河流进行生态补水，补水区河流重现生机，水质明显提升，生态明显好转。四是推进了七项重点工作。水资源节约保护力度加大，水利基础设施加快建设，水利脱贫攻坚成效明显，三峡工程综合效益显著发挥，南水北调工程运行平稳向好，水利重点领域改革不断深化，水利行业能力建设进一步加强。五是强化了一个保证。坚持以习近平新时代中国特色社会主义思想为指导，以党的政治建设为统领，加强党的政治建设，夯实管党治党主体责任，推进党风廉政建设和作风建设，推动全面从严治党不断向纵深发展。

鄂竟平指出,中国特色社会主义进入新时代,水利事业发展也进入了新时代。我国治水的主要矛盾已经发生深刻变化,从人民群众对除水害兴水利的需求与水利工程能力不足的矛盾,转变为人民群众对水资源水生态水环境的需求与水利行业监管能力不足的矛盾。各级水利部门要准确把握当前水利改革发展所处的历史方位,清醒认识治水主要矛盾的深刻变化,加快转变治水思路和方式,将工作重心转到水利工程补短板、水利行业强监管上来。这是当前和今后一个时期水利改革发展的总基调。

鄂竟平强调,要深刻认识补短板、强监管的必要性和紧迫性,这是贯彻落实党的十九大精神,破解我国新老水问题,适应治水主要矛盾变化,践行"节水优先、空间均衡、系统治理、两手发力"十六字治水方针,推动行业健康发展的必然要求。全面落实水利工程补短板、水利行业强监管,当务之急是要抓好落实,制定好补短板和强监管的路线图、时间表、任务书,将水利改革发展的总基调变为实实在在的工作成果。重点补好防洪工程、供水工程、生态修复工程、信息化工程等方面的短板,加强对江河湖泊、水资源、水利工程、水土保持、水利资金、行政事务工作的监管,以问题为导向,以整改为目标,以问责为抓手,因地制宜建立相应的法制、体制、机制,加强上下联动、信息共享和资源整合,形成水利行业齐心协力、同频共振的监管格局。

鄂竟平强调,要准确把握水利改革发展总基调,确保补短板到位,强监管有力。一要处理好"补"与"强"的关系,二者是解决新老水问题的"两翼",相互联系、相互支撑、相互补充。二要处理好"上"与"下"的关系,全行业上下一心、共同努力,确保水利监管务实管用。三要处理好"总"与"分"的关系,各部门、各领域工作都要聚焦聚力,按照总基调来调整思路、安排工作。四要处理好"标"与"本"的关系,坚持问题导向,真正把强监管落实在日常工作之中,建立起促进人水和谐的长效机制,实现水问题的标本兼治。

鄂竟平强调,2019年是新中国成立70周年,是全面建成小康社会关键之年,也是习近平总书记发表治水重要讲话5周年。做好2019年水利工作,要以习近平新时代中国特色社会主义思想为指导,全面贯彻党的十九大和十九届二中、三中全会精神,认真落实中央经济工作会议、中央农村工作会议决策部署,紧紧围绕统筹推进"五位一体"总体布局、协调推进"四个全面"战略布局,紧紧围绕打好三大攻坚战、扎实推进乡村振兴战略、促进区域协调发展,牢牢贯穿学懂弄通做实习近平总书记治水重要论述精神这条主线,按照水利工程补短板、水利行业强监管的总基调,攻坚奋进破难题,提档升级谋发展,强基固本守底线,改革创新增活力,从严治党树新风,推动水利工作取得新的更大成效,以优异成绩庆祝新中国成立70周年。

鄂竟平强调,要坚决打好水利工作攻坚战。一要打好节约用水攻坚战,制定完善节水标准定额体系,建立节水评价机制,实施高校合同节水,开展水利行业节水机关建设。二要打好河湖管理攻坚战,把"清四乱"作为第一抓手,把划定河湖管理范围作为重要支撑,把系统治理"盆"和"水"作为核心任务,把长江大保护作为重点区域,把编制岸线保护和采砂管理规划作为重要基础,把河湖执法督查作为重要手段。三要打好水生态环境保护攻坚战,狠抓以水定需、量水而行,狠抓生态流量确定与管控,狠抓取用水管控,狠抓地下水超采区综合治理,狠抓小水电清理整改与绿色改造,狠抓人为水土流失监管,狠抓水源地保护,打造一批水生态文明建设样板。四要打好农村饮水安全巩固提升和运行管护攻坚战,聚焦"建得好""改得好""管得好",全面提升农村饮水安全保障水平,保障改水工作顺利推进,工程长效运行。五要打好水利脱贫攻坚战,推进贫困地区水利支撑保障项目建设,抓实定点扶贫和片区联系工作,做好水库移民安置和后期扶持工作。

鄂竟平说,要狠抓重点领域提档升级。在工程建设水平上,在重大水利工程建设、防汛抗旱水利提升工程建设、农村水利建设、水土保持生态建设和工程建设现代化等方面提档升级。在依法治水管水上,健全水法制体系,完善水利规划体系,抓好执法能力建设,落实法治政府建设实施纲要。在水利信息化建设上,抓好智慧水利顶层设计,加快信息化基础设施升级改造,强化行业监管信息支撑。在行业基础支撑能力上,进一步提升水文水资源基础支撑能力,加快水利科技创新步伐,强化投资计划执行管理。在三峡工程管理上,实施好三峡后续工作规划,保障三峡工程安全运行,推进三峡水运新通道建设有关工作。在南水北调建设运行上,保障工程运行安全、供水安全,持续提升工程运行管理水平,做好水量调度工作,加快工程验收和配套工程建设,推动东线一期北延向京津冀应急供水工程建设,抓紧开展东线二期工程、中线引江补汉水源工程和沿线调蓄工程前期工作,持续深化西线工程前期论证,为早日开工建设创造条件。

鄂竟平强调,要守住水利发展底线任务。各级水利部门要牢固树立底线思维,强化风险意识,全面梳理排查影响水利行业发展的隐患。一要守住水利工程安全底线,除险加固要盯紧,运行管理要盯住,监督检查要盯实,严防死守、有效化解。二要守住水旱灾害防御底线,从防汛抗旱监测预警、工程调度、抢险救灾三个阶段,细化水利部门的职责,落实责任和措施,抓好汛前准备、监测预警、工程调度、风险管理。

鄂竟平指出,要深化水利重点领域改革创新。进一步深化水利"放管服"改革,继续推进农业水价综合改革,统筹推进其他领域改革工作,以更大的力度、更硬的举措推进水利改革创新,推动政策措施落地见效。

鄂竟平强调,全国各级水利部门要进一步强化管党治党政治责任,坚持和加强党的全面领导,以党的政治建设为统领,不断把全面从严治党引向深入,为水利改革发展提供坚强政治保证。一要全面加强党的建设。提高政治站位,坚决践行"两个维护";完善体制机制,压实党建主体责任;打牢基层基础,加强基层党组织建设;用好"四种形态",严格监督执纪问责;坚持党管干部,强化干部队伍建设;强化党建融合,统筹做好其他工作。二要坚决反对形式主义和官僚主义。全面查找突出问题,着力抓好问题整改,建立完善长效机制。三要大力弘扬水利行业精神,把握核心要义,深化认知认同,注重实践养成。

田学斌在总结讲话时指出,这次会议是机构改革后水利部召开的第一次全国水利工作会议,也是在水利改革发展关键时期召开的一次重要会议。水利改革发展的总基调已经明确,水利工程补短板、水利行业强监管,需要全国水利系统从思想观念到行为方式进行一次深刻转变。要把学习贯彻会议精神与学懂弄通做实习近平总书记治水重要讲话精神紧密结合起来,教育引导广大干部职工深刻领会"十六字"治水方针的精神实质和丰富内涵。要凝聚思想共识抓落实,坚持问题导向抓落实,咬定目标任务抓落实,打牢工作基础抓落实,强化使命担当抓落实,把会议确定的路线图、时间表变成施工图、进度表,把补短板、强监管的顶层设计变为全国水利系统工作的具体行动。田学斌还就做好岁末年初有关工作作了具体安排。

各省、自治区、直辖市水利(水务)厅(局),各计划单列市水利(水务)局,新疆生产建设兵团水利局,部机关各司局和直属各单位党政主要负责人参加会议。大会进行了分组讨论。18个单位作了大会交流发言。

来　　源:水利部网站

发布日期:2019 年 01 月 21 日

江苏省水利建设工程有限公司

江苏省水利建设工程有限公司是国家"水利水电工程施工总承包一级"资质企业,同时具有港口与航道工程、市政公用工程、机电设备安装、土石方工程、地基与基础工程、钢结构等总承包和专业资质。现有各专业技术、管理人员500余名,其中,中高级职称人员223人,一、二级建造师156人;注册资本金40 136万元;资产总额9.2亿元;各类大中型机械设备1 000余台套。

自1952年创立以来,公司作为江苏水利系统的一支骨干施工队伍,始终坚持以"工程报国"为己任,积极承担水利基础设施建设任务,建设了江都水利枢纽、淮安水利枢纽、泰州引江河高港枢纽、淮河入海水道、沂沭泗流域治理、南水北调东线一期工程、太湖水环境综合整治等600多项体量大、技术复杂、施工难度高的大中型工程项目,以优良的质量、合理的工期、先进的管理和诚恳的服务,让业主放心,用业绩说话,为江苏水利工程的建设和水利事业的发展作出了积极的贡献。

公司具有直接对外经营权。早在上世纪60年代,就多次承担了国家对越南、缅甸、塞内加尔、坦桑尼亚等国的经援项目;80年代起先后独立承包了尼泊尔、巴基斯坦、叙利亚、也门、菲律宾等国的农业灌溉、水利水电等国际招投标项目,获得了良好的国际声誉。

2005年4月,按照企业国有产权转让的法规和政策,公司规范地完成了企业改制。改制以来,公司以建立完善现代企业制度为目标,推进内部管理体制改革,实施多元化经营发展战略,实行制度创新和科技创新,走出了一条改革发展的创新之路,公司综合经济实力、市场竞争力不断增强,进入了一个快速发展的新阶段。

江苏水建人将本着"互惠互利,共同发展"的原则,与海内外各界朋友精诚合作,携手共进,建造更多的与自然和谐、与社会发展相融的精品工程。

来　　源:江苏省水利建设工程有限公司

江苏省粮食和物资储备局
2019 年度部门预算情况说明

一、收支预算总体情况说明

江苏省粮食和物资储备局 2019 年度收入、支出预算总计 15 273.52 万元，与上年相比收、支预算总计各增加 1 462.66 万元，增长 10.59%。其中：

（一）收入预算总计 15 273.52 万元。包括：

1. 财政拨款收入预算总计 13 773.52 万元。

（1）一般公共预算收入预算 13 773.52 万元，与上年相比增加 1 062.66 万元，增长 8.36%。主要原因是因机构改革职能增加、人员增多，一般公共预算收入预算也相应增加。

（2）政府性基金收入预算 0 万元，与上年一致。

2. 财政专户管理资金收入预算总计 1 500.00 万元。与上年相比增加 400 万元，增长 36%。主要原因是江苏省经贸技师学院本年安排的专户收入增加。

3. 其他资金收入预算总计 0 万元。与上年一致。

4. 上年结转资金预算数为 0 万元。与上年一致。

（二）支出预算总计 15 273.52 万元。包括：

1. 教育（类）支出 6 806.65 万元，主要用于江苏省经贸技师学院有关教育支出。与上年相比增加 409.70 万元，增长 6%。主要原因是江苏省经贸技师学院安排的专户支出增加。

2. 社会保障和就业（类）支出 1 698.18 万元，主

要用于江苏省粮食和物资储备局机关事业单位养老保险及职业年金缴费支出、离退休人员支出。与上年相比增加 196.87 万元，增长 13%。主要原因一是部门人员增加，单位养老保险及职业年金缴费支出增加，二是新增救灾帐篷维护费项目支出。

3. 住房保障（类）支出 2 409.72 万元，主要用于江苏省粮食和物资储备局职工住房公积金及住房补贴支出。与上年相比增加 743.01 万元，增长 45%。主要原因是人员增加及住房公积金和住房补贴政策调整。

4. 粮油物资储备（类）支出 4 358.97 万元，主要用于江苏省粮食和物资储备局有关粮油储备事业支出。同比增加 113.08 万元，增长 3%。主要原因是单位预留机动经费增加。

5. 结转下年资金预算数为 0 万元。

此外，基本支出预算数为 10 689.89 万元。与上年相比增加 1 218.07 万元，增长 13%。主要原因是因机构改革职能增加、人员增多及有关支出政策性调增，基本支出增加。

项目支出预算数为 3 691.08 万元。与上年相比减少 54.72 万元，减少 1.46%。主要原因是执行财政统一压缩政策。

单位预留机动经费预算数为 892.55 万元。与上年相比增加 299.31 万元，增长 50%。主要原因是因机构改革职能增加、人员增多及有关支出政策性调增，相应预算增加。

二、收入预算情况说明

省粮食和物资储备局本年收入预算合计15 273.52万元,其中:

一般公共预算收入13 773.52万元,占90%;

政府性基金预算收入0万元,占0%;

财政专户管理资金1 500.00万元,占10%;

其他资金0万元,占0%;

上年结转资金0万元,占0%。

三、支出预算情况说明

省粮食和物资储备局本年支出预算合计15 273.52万元,其中:

基本支出10 689.89万元,占70%;

项目支出3 691.08万元,占24%;

单位预留机动经费892.55万元,占6%;

结转下年资金0万元,占0%。

四、财政拨款收支预算总体情况说明

省粮食和物资储备局2019年度财政拨款收、支总预算13 773.52万元。与上年相比,财政拨款收、支总计各增加1 062.66万元,增长8.36%。主要原因是因机构改革职能增加、人员增多,财政拨款收支预算相应增加。

五、财政拨款支出预算情况说明

省粮食和物资储备局2019年财政拨款预算支出13 773.52万元,占本年支出合计的90%。与上年相比,财政拨款支出增加1 062.66万元,增长8.36%。主要原因是因机构改革职能增加、人员增多,财政拨款支出预算相应增加。

其中:

(一)教育(类)

职业教育(款)高等职业教育(项)支出6 160.87万元,与上年相比增加217.64万元,增长3.66%。主要原因是江苏省经贸技师学院人员支出政策性调增。

(二)社会保障和就业(类)

1.民政管理事务(款)其他民政管理事务支出(项)支出90万元,与上年相比增加90万元。主要原因是按机构改革要求,新增救灾帐篷维护费项目支出。

2.行政事业单位离退休(款)未归口管理的行政单位离退休(项)支出350.95万元,与上年相比增加11.67万元,增长3.43%。主要原因是离退休人员政策性增资。

3.行政事业单位离退休(款)机关事业单位基本养老保险缴费支出(项)898.01万元,与上年相比增加67.99万元,增长8.2%。主要原因是机构改革人员增多,社保支出预算相应增加。

4.行政事业单位离退休(款)机关事业单位职业年金缴费支出(项)359.22万元,与上年相比增加27.21万元,增长8.2%。主要原因是机构改革人员增多,社保支出预算相应增加。

(三)住房保障(类)

1.住房改革支出(款)住房公积金(项)支出279万元,与上年相比增加59.58万元,增长27%。主要原因是政策性调增相关支出。

2.住房改革支出(款)提租补贴(项)支出1 276.50万元,与上年相比增加475.49万元,增长59%。主要原因是住房补贴政策调整。

(四)粮油物资储备(类)

1.粮油事务(款)行政运行(项)支出2 295.37万元,与上年相比增加329.86万元,增长17%。主要原因是预留人员工资福利支出增加。

2.粮油事务(款)一般行政管理事务(项)支出1 231.20万元,与上年相比减少136.80万元,减少10%。主要原因是执行财政统一压缩政策。

3.粮油事务(款)机关服务(项)支出179.37万元,与上年相比增加18.67万元,增长12%。主要原因是江苏省粮食干部培训服务中心人员支出政策性调增。

4.粮油事务(款)事业运行(项)支出218.91万元,与上年相比增加减少3.85万元,减少2%。主要原因是江苏省粮油质量监测所人员支出减少。

5.粮油事务(款)其他粮油事务(项)支出434.12万元,与上年相比减少94.80万元,减少18%。主要原因是执行财政统一压缩政策。

六、财政拨款基本支出预算情况说明

省粮食和物资储备局 2019 年度财政拨款基本支出预算 9 835.64 万元,其中:

(一)人员经费 8 417.73 万元。主要包括:基本工资、津贴补贴、奖金、绩效工资、机关事业单位基本养老保险缴费、职业年金缴费、其他社会保障缴费、住房公积金、医疗费、其他工资福利支出、离休费、退休费、医疗费补助、奖励金。

(二)公用经费 1 417.91 万元。主要包括:办公费、水费、电费、邮电费、差旅费、维修(护)费、会议费、培训费、公务接待费、专用材料费、工会经费、福利费、公务用车运行维护费、其他交通费用、其他商品和服务支出。

七、一般公共预算支出预算情况说明

省粮食和物资储备局 2019 年一般公共预算财政拨款支出预算 13 773.52 万元,与上年相比增加 1 062.66 万元,增长 8.36%。主要原因是因机构改革职能增加、人员增多,一般公共预算支出预算也相应增加。

八、一般公共预算基本支出预算情况说明

省粮食和物资储备局 2019 年度一般公共预算财政拨款基本支出预算 9 835.64 万元,其中:

(一)人员经费 8 417.73 万元。主要包括:基本工资、津贴补贴、奖金、绩效工资、机关事业单位基本养老保险缴费、职业年金缴费、其他社会保障缴费、住房公积金、医疗费、其他工资福利支出、离休费、退休费、医疗费补助、奖励金。

(二)公用经费 1 417.91 万元。主要包括:办公费、水费、电费、邮电费、差旅费、维修(护)费、培训费、公务接待费、专用材料费、工会经费、福利费、公务用车运行维护费、其他交通费用、其他商品和服务支出。

九、一般公共预算"三公"经费、会议费、培训费支出预算情况说明

省粮食和物资储备局 2019 年度一般公共预算拨款安排的"三公"经费预算支出中,因公出国(境)费支出 50.00 万元,占"三公"经费的 25%;

公务用车购置及运行费支出 88.20 万元,占"三公"经费的 43%;公务接待费支出 66 万元,占"三公"经费的 32%。具体情况如下:

1. 因公出国(境)费预算支出 50 万元,本年数与上年预算数一致。

2. 公务用车购置及运行费预算支出 88.20 万元。其中:

(1)公务用车购置预算支出 0 万元,本年数与上年预算数一致。

(2)公务用车运行维护费预算支出 88.2 万元,本年数与上年预算数一致。

3. 公务接待费预算支出 66 万元,比上年预算减少 39.6 万元,主要原因是本年度压缩有关预算。

省粮食和物资储备局 2019 年度一般公共预算拨款安排的会议费预算支出 229.24 万元,比上年预算减少 37.8 万元,主要原因是本年度压缩有关预算。

省粮食和物资储备局 2019 年度一般公共预算拨款安排的培训费预算支出 189.11 万元,比上年预算减少 8 万元,主要原因是本年度压缩有关预算。

十、政府性基金预算支出预算情况说明

省粮食和物资储备局 2019 年政府性基金支出预算支出 0 元。与上年一致。

十一、一般公共预算机关运行经费支出预算情况说明

2019 年本部门一般公共预算机关运行经费预算支出 399.31 万元,与上年相比增加 14.29 万元,增长 3.71%。主要原因是:因机构改革职能增加、人员增多,一般公共预算机关运行经费也相应增加。

十二、政府采购支出预算情况说明

2019 年度政府采购支出预算总额 753.97 万元,其中:拟采购货物支出 247.97 万元、拟采购工程支出 0 万元、拟购买服务支出 506.00 万元。

十三、国有资产占用情况

本部门共有车辆 15 辆,其中,一般公务用车 14 辆、执法执勤用车 1 辆等。单价 20 万元(含

以上的设备 64 台(套)。

十四、预算绩效目标设置情况说明

2019 年本部门共 1 个项目实行绩效目标管理,涉及财政性资金合计 13 420 万元。

来　　源:江苏省粮食和物资储备局
发布日期:2019 年 02 月 13 日

江苏省承担的全国粮食实物标样工作
顺利通过审定

3 月 14 日至 15 日,国家粮食和物资储备局标准质量中心在长沙组织召开了 2019 年全国粮食实物标准样品审定会,各省级粮食质量监测中心技术骨干和有关专家参加了会议。

此次审定的粮食实物标样有早籼米、晚籼米、粳米加工精度标准样品;南方小麦粉、北方小麦粉加工精度标准;籼稻、粳稻整精米率标准样品;大米颜色黄度指数标准样品;粳米、籼米品尝评分参考样品;小麦硬度指数标准样品;小麦储存品质尝评分参考样品。

江苏省承担了南方小麦粉、北方小麦粉及早籼稻加工精度标准样品的研制和定值工作,具体由省局粮油质量监测所组织实施。由于大米新国标将于今年 5 月份正式实施,且新标准比以前内容有较大变化。为做好标样的研制定值工作,省局粮油质量监测所提前制定了工作方案,多次与制样企业沟通协调并赴现场实地考察,确保标准样品的质量和各项技术参数满足要求,从而顺利地通过了此次审定。

来　　源:江苏省粮食局
发布日期:2019 年 03 月 18 日

省粮食和物资储备局加强全省粮食和物资储备行业"两个安全"工作

根据江苏省委办公厅、省政府办公厅《关于切实做好危化品等重点行业领域安全生产的紧急通知》(苏办发电〔2019〕29号)要求,3月22日,江苏省粮食和物资储备局对全省粮食行业安全储粮、安全生产工作做出紧急部署。

一是压紧压实安全责任。全面落实企业"两个安全"主体责任,进一步提高企业主体责任意识,完善规章制度,确保安全投入、安全培训、基础管理、应急救援"四到位",切实把"两个安全"责任落实到一线。

二是排查整治安全隐患。根据今年全省粮食大清查工作总体安排,加大对储粮安全和生产安全监管力度。坚持"四不两直",采取现场巡查、材料检查、走访群众等多种方式进行,做到"全覆盖、零死角"。对检查中发现的问题和安全隐患,责令立即整改,并抓好跟踪督导,确保隐患整改到位,措施落实到位。

三是严格监管化学药剂。储粮、质检药剂实行定点储存,专仓存放,落实"五双"管理,做到账实相符。对已出库的化学药剂实行动态监管,防止流失和被盗。企业计划熏蒸前,严格落实属地粮食和物资储备管理部门备案制度,熏蒸作业结束后及时将剩余药品回收入库,药物残渣和药品包装物按有关规定妥善处理。

四是规范储粮库区管理。目前,我省粮食库存仍处于高位,进出仓作业频繁,进一步督导各地加强粮食进出仓作业管理,严格落实《粮食仓库安全操作规程》(LS1206—2005)要求,规范进出仓作业的各项操作程序,严防事故发生。

五是提高应急处置能力。加强"一规定两守则"教育培训工作,确保各层级领导、管理人员、保管员掌握"应知应会应做"业务知识。结合粮食和物资储备行业"两个安全"工作特点、严格督促企业制定完善切实可行的应急预案,并开展有针对性的应急演练,确保一旦遇到情况,能够迅速展开,有效应对。

六是严肃安全责任追究。建立和完善"两个安全"奖惩制度,严格执行问责制,对安全工作落实到位、采取措施得力、工作成绩突出的单位和个人,给予奖励。对无视安全造成责任事故的单位和个人,将会同有关部门依法、依规严肃追究相关人员责任。

来　　　源:江苏省粮食和物资储备局

发布日期:2019年03月26日

第九部分

交通、文化和旅游

江苏省交通运输厅
2019 年度部门预算情况说明

一、收支预算总体情况说明

（反映部门年度总体收支预算情况。根据《江苏省财政厅关于 2019 年省级部门预算的批复》（苏财预〔2019〕7 号）填列。）

江苏省交通运输厅 2019 年度收入、支出预算总计 268 425.80 万元，与上年相比收、支预算总计各减少 691 687.25 万元，减少 72.04％。其中：

（一）收入预算总计 268 425.80 万元。包括：

1. 财政拨款收入预算总计 242 876.00 万元。

（1）一般公共预算收入预算 242 876.00 万元，与上年相比减少 689 911.83 万元，减少 73.96％。主要原因是 2019 年省对市县转移支付支出不在本预算中反映，故收入也未反映。年度数据不具可比性。

（2）政府性基金收入预算 0 万元，与上年相同。

2. 财政专户管理资金收入预算总计 22 940.00 万元。与上年相比增加 2 484.00 万元，增长 12.14％。主要原因是专户管理教育收费增加。

3. 其他资金收入预算总计 904.00 万元。与上年相比减少 454.50 万元，减少 33.46％。主要原因是学校其他收入减少。

4. 上年结转资金预算数为 1 705.80 万元。与上年相比减少 3 804.92 万元，减少 69.05％。主要原因是结余资金减少。

（二）支出预算总计 268 425.80 万元。包括：

1. 教育（类）支出 64 122.02 万元，主要用于教育事务各项支出。与上年相比增加 4 506.70 万元，增长 7.56％。主要原因是学校运转及发展支出增加。

2. 社会保障和就业（类）支出 17 979.47 万元，主要用于社会保障和就业方面的支出。与上年相比减少 268.05 万元，减少 1.47％。

3. 交通运输（类）支出 154 718.21 万元，主要用于交通运输方面的支出。与上年相比减少 704 306.28 万元，减少 81.99％。主要原因是 2019 年省对市县转移支付支出不在本预算中反映，年度数据不具可比性。

4. 住房保障（类）支出 31 606.10 万元，主要用于住房改革方面的支出。与上年相比增加 8 430.38 万元，增长 36.38％。主要原因是国家政策性调整。

此外，基本支出预算数为 165 758.57 万元。与上年相比增加 6 961.33 万元，增长 4.38％。

项目支出预算数为 100 923.74 万元。与上年相比减少 698 747.40 万元，减少 87.38％。主要原因是 2019 年省对市县转移支付支出不在本预算中反映，年度数据不具可比性。

单位预留机动经费预算数为 1 743.49 万元。与上年相比增加 98.82 万元，增长 6.01％。

二、收入预算情况说明

（反映部门年度总体收入预算情况。填列数与《收支预算总表》收入数一致。）

江苏省交通运输厅本年收入预算合计
268 425.80 万元，其中：

一般公共预算收入 242 876.00 万元，占 90.48%；
财政专户管理资金 22 940.00 万元，占 8.55%；
其他资金 904.00 万元，占 0.34%；
上年结转资金 1 705.80 万元，占 0.64%。

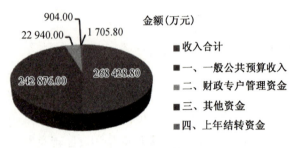

图 1 收入预算图

三、支出预算情况说明

（反映部门年度总体支出预算情况。安排数
与《收支预算总表》支出数一致。）

江苏省交通运输厅本年支出预算合计
268 425.80 万元，其中：

基本支出 165 758.57 万元，占 61.75%；
项目支出 100 923.74 万元，占 37.60%；
单位预留机动经费 1 743.49 万元，占 0.65%。

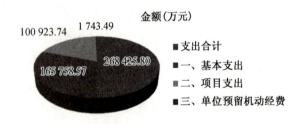

图 2 支出预算图

四、财政拨款收支预算总体情况说明

（反映部门年度财政拨款总体收支预算情
况。财政拨款收入数、支出安排数与《收支预算
总表》的财政拨款数对应一致。）

江苏省交通运输厅 2019 年度财政拨款收、支
总预算 242 876.00 万元。与上年相比，财政拨款
收、支总计各减少 689 911.83 万元，减少 73.96%。
主要原因是 2019 年省对市县转移支付支出不在本

预算中反映，故收入也未反映。年度数据不具可
比性。

五、财政拨款支出预算情况说明

（反映部门年度财政拨款支出预算安排情
况。财政拨款支出安排数与《财政拨款收支预算
总表》的财政拨款数一致，并按照政府收支分类
科目的功能分类"项"级细化列示。）

江苏省交通运输厅 2019 年财政拨款预算支
出 242 876.00 万元，占本年支出合计的 90.48%。
与上年相比，财政拨款支出减少 689 911.83 万元，
减少 73.96%。主要原因是 2019 年省对市县转移
支付支出不在本预算中反映，年度数据不具可
比性。

其中：

（一）教育支出（类）

1. 职业教育（款）—中专教育（项）7 887.96 万
元，与上年相比减少 204.67 万元，减少 2.53%。

2. 职业教育（款）—技校教育（项）11 849.05
万元，与上年相比增加 2 673.03 万元，增长
29.13%。主要原因是教学运转支出增加。

3. 职业教育（款）—高等职业教育（项）
30 271.91 万元，与上年相比增加 3 514.71 万元，
增长 13.14%。主要原因是教学运转支出增加。

（二）社会保障和就业支出（类）

1. 行政事业单位离退休（款）—未归口管理
的行政单位离退休（项）支出 446.14 万元，与上
年相比减少 31.07 万元，减少 6.51%。

2. 行政事业单位离退休（款）—机关事业单
位基本养老保险缴费（项）支出 12 523.82 万元，
与上年相比减少 169.25 万元，减少 1.33%。

3. 行政事业单位离退休（款）—机关事业单
位职业年金缴费（项）支出 5 009.51 万元，与上年
相比减少 67.73 万元，减少 1.33%。

（三）交通运输支出（类）

1. 公路水路运输（款）—行政运行（项）
5 497.58 万元，与上年相比减少 1 037.54 万元，
减少 15.88%。

2. 公路水路运输(款)——一般行政管理事务(项)8 929.02 万元,与上年相比减少 14 563.76 万元,减少 61.99％。主要原因是 2018 年我厅完成厅所属承担行政职能事业单位改革,2019 年预算单位组成及单位性质和 2018 年不同,年度数据不具可比性。

3. 公路水路运输(款)——机关服务(项)3 011.71 万元,与上年相比增加 739.27 万元,增长 32.53％。主要原因是 2018 年我厅完成厅所属承担行政职能事业单位改革,厅内设机构及单位发生变化,系统维护支出增加。

4. 公路水路运输(款)——公路养护(项)691.66 万元,与上年相比减少 425 383.34 万元,减少 99.84％。主要原因是 2019 年省对市县转移支付支出不在本预算中反映,年度数据不具可比性。

5. 公路水路运输(款)——交通运输信息化建设(项)927.00 万元,与上年相比增加 927.00 万元。主要原因是 2018 年我厅完成厅所属承担行政职能事业单位改革,预算单位性质发生变化,支出选项与上年不同,年度数据不具可比性。

6. 公路水路运输(款)——公路运输管理(项)5 176.46 万元,与上年相比减少 13 310.29 万元,减少 72％。主要原因是 2018 年我厅完成厅所属承担行政职能事业单位改革,2019 年厅内设机构和预算单位组成和 2018 年不同,年度数据不可比。

7. 公路水路运输(款)——航道维护(项)26 740.15 万元,与上年相比减少 114 386.94 万元,减少 81.05％。主要原因是 2019 年省对市县转移支付支出不在本预算中反映,年度数据不具可比性。

8. 公路水路运输(款)——其他公路水路运输支出(项)56 855.42 万元,与上年相比增加 1 677.79 万元,增长 3.04％。

9. 铁路运输(款)——行政运行(项)1 037.06 万元,与上年相比增加 135.34 万元,增长 15.01％。

10. 铁路运输(款)——一般行政管理事务(项)1 980.00 万元,与上年相比减少 220.00 万元,减少 10％。

11. 其他交通运输支出(款)——其他交通运输支出(项)41 652.35 万元,与上年相比增加 16 598.03 万元,增长 66.25％。主要原因是 2018 年我厅完成厅所属承担行政职能事业单位改革,2019 年预算单位组成及单位性质和 2018 年不同,年度数据不具可比性。

(四)住房保障支出(类)

1. 住房改革支出(款)——住房公积金(项)6 947.35 万元,与上年相比增加 644.29 万元,增长 10.22％。

2. 住房改革支出(款)——提租补贴(项)15 441.85 万元,与上年相比增加 4 046.22 万元,增长 35.51％。主要原因是政策性调整。

六、财政拨款基本支出预算情况说明

(反映部门年度财政拨款基本支出预算安排情况。)

江苏省交通运输厅 2019 年度财政拨款基本支出预算 147 389.15 万元,其中:

(一)人员经费 130 399.30 万元。主要包括:基本工资、津贴补贴、奖金、绩效工资、机关事业单位基本养老保险缴费、职业年金缴费、其他社会保障缴费、住房公积金、医疗费、其他工资福利支出、离休费、退休费、退职(役)费、抚恤金、生活补助、医疗费补助、奖励金。

(二)公用经费 16 989.85 万元。主要包括:办公费、水费、电费、邮电费、差旅费、维修(护)费、会议费、培训费、公务接待费、专用材料费、工会经费、福利费、公务用车运行维护费、其他交通费用、其他商品和服务支出。

七、一般公共预算支出预算情况说明

(反映部门年度一般公共预算支出预算安排情况。)

江苏省交通运输厅 2019 年一般公共预算财政拨款支出预算 242 876.00 万元,与上年相比减少 689 911.83 万元,减少 73.96%。主要原因是 2019 年省对市县转移支付支出不在本预算中反映,年度数据不具可比性。

八、一般公共预算基本支出预算情况说明

(反映部门年度一般公共预算基本支出预算安排情况。)

江苏省交通运输厅 2019 年度一般公共预算财政拨款基本支出预算 147 389.15 万元,其中:

(一)人员经费 130 399.30 万元。主要包括:基本工资、津贴补贴、奖金、绩效工资、机关事业单位基本养老保险缴费、职业年金缴费、其他社会保障缴费、住房公积金、医疗费、其他工资福利支出、离休费、退休费、退职(役)费、抚恤金、生活补助、医疗费补助、奖励金。

(二)公用经费 16 989.85 万元。主要包括:办公费、水费、电费、邮电费、差旅费、维修(护)费、会议费、培训费、公务接待费、专用材料费、工会经费、福利费、公务用车运行维护费、其他交通费用、其他商品和服务支出。

九、一般公共预算"三公"经费、会议费、培训费支出预算情况说明

(反映部门年度一般公共预算资金安排的"三公"经费情况。)

江苏省交通运输厅 2019 年度一般公共预算拨款安排的"三公"经费预算支出中,因公出国(境)费支出 100.00 万元,占"三公"经费的 4.19%;公务用车购置及运行费支出 1 971.06 万元,占"三公"经费的 82.53%;公务接待费支出 317.25 万元,占"三公"经费的 13.28%。具体情况如下:

1. 因公出国(境)费预算支出 100.00 万元,与上年预算相同。

2. 公务用车购置及运行费预算支出 1 971.06 万元。其中:

(1)公务用车购置预算支出 0 万元,与上年预算相同。

(2)公务用车运行维护费预算支出 1 971.06

万元,比上年预算减少 8.36 万元。

3. 公务接待费预算支出 317.25 万元,比上年预算减少 76.77 万元。

江苏省交通运输厅 2019 年度一般公共预算拨款安排的会议费预算支出 1 089.28 万元,比上年预算增加 90.47 万元。

江苏省交通运输厅 2019 年度一般公共预算拨款安排的培训费预算支出 2 002.92 万元,比上年预算增加 10.57 万元。

十、政府性基金预算支出预算情况说明

(反映部门年度政府性基金支出预算安排情况。政府性基金支出安排数应与《部门收支预算总表》的政府性基金收入数一致,并按照政府收支分类科目的功能分类"项"级细化列示。)

江苏省交通运输厅 2019 年政府性基金支出预算支出 0 万元。与上年相同。

十一、一般公共预算机关运行经费支出预算情况说明

(反映部门年度一般公共预算机关运行经费支出预算安排情况。)

2019 年本部门一般公共预算机关运行经费预算支出 1 676.14 万元,与上年相比减少 54.28 万元,降低 3.14%。

十二、政府采购支出预算情况说明

(反映部门年度政府采购支出预算安排情况。)

2019 年度政府采购支出预算总额 41 335.00 万元,其中:拟采购货物支出 8 017.03 万元、拟采购工程支出 1 143.71 万元、拟购买服务支出 32 174.26 万元。

十三、国有资产占用情况

本部门共有车辆 815 辆,其中,一般公务用车 139 辆、执法执勤用车 492 辆、特种专业技术用车 43 辆、其他用车 141 辆等。单价 20 万元(含)以上的设备 425 台(套)。

十四、预算绩效目标设置情况说明

2019 年本部门共 18 个项目实行绩效目标管理,涉及财政性资金合计 939 940.89 万元。

2018 年全省交通运输经济运行情况

2018 年,全省交通运输经济运行总体平稳、稳中有进,与全省宏观经济的运行态势基本吻合。

一、客运方面

2018 年,全省公铁水空四种运输方式完成综合客运总量 12.2 亿人次,同比下降 4.7%;完成综合旅客周转量 1 692 亿人公里,同比增长 2.0%。

二、货运方面

2018 年,全省公铁水空四种运输方式完成综合货运总量 23.3 亿吨,同比增长 5.7%;完成综合货物周转量 8 964 亿吨公里,同比下降 1.0%。

三、港口生产情况

2018 年,全省规模以上港口完成货物吞吐量 23.3 亿吨,同比增长 0.8%。其中,外贸货物吞吐量 4.9 亿吨,同比增长 0.8%;完成集装箱吞吐量 1 799 万标箱,同比增长 4.4%,其中外贸集装箱吞吐量 805 万标箱,同比增长 4.1%。

四、交通固定资产投资情况

2018 年,全省交通基础设施建设完成投资 1 197.4 亿元,同比增长 8.6%。

· 539 ·

来　　源:江苏省交通运输厅
发布日期:2019 年 02 月 19 日

2018 年江苏省物流业发展统计公报发布

根据省现代物流协会发布的 2018 年江苏省物流业发展统计公报,过去一年中,我省物流业呈现平稳健康的发展态势,物流需求稳中有进,运行效率继续提高,衡量社会物流行业发展的三方面数据全线上扬。

社会物流总额进一步扩大。2018 年全省社会物流总额 302 551.9 亿元,同比增长 8.2%。其中,工业品物流总额 244 355.6 亿元,同比增长 7.8%,在社会物流总额中占比达到 80.8%;进口物流总额 17 205.2 亿元,增长 13.8%,占社会物流总额 5.7%;农产品物流总额 3 108.3 亿元,同比增长 3.3%,占社会物流总额 1%;外省市商品购进额 36 382.0 亿元,同比增长 10%,占社会物流总额 12%。

社会物流总费用有所提升。2018 年全省社会物流总费用 12 892.7 亿元,同比增长 6.5%,对 GDP 的贡献进一步巩固。

物流业增加值进一步提高。2018 年,全省物流业增加值为 5 647.3 亿元,按可比价格计算,同比增长 8.1%。较快的增速,使物流业增加值占全省服务业增加值的比重提高到 12%。

来　　源:新华日报
发布日期:2019 年 03 月 14 日

我省农村公路建设质量总体处于较高水平

日前,省交通运输厅下发《关于 2018 年度全省农村公路提档升级工程项目检查情况的通报》,检查结果表明,全省农村公路建设质量总体处于较高水平。

2018 年全省共检查道路项目 1 514 个,累计里程 3 486.68 公里,检查桥梁项目 2 341 座。检查覆盖了农村公路提档升级工程项目的内业资料和外业质量(主要技术指标),检查道路主要技术指标涉及宽度、厚度、沥青面层压实度、水泥面层强度等,合格率均在 91% 以上,其中路面厚度合格率达到 95.9%,沥青面层压实度合格率达到 95.3%;桥梁主要技术指标中,构件结构强度合格率达 99.9%。

下一阶段,我省将进一步健全质量管理体系,强化质量责任意识,坚持政府监督、项目监理和施工企业自检三个层次的管理体制,加强质量指导和监督管理工作;确保完成年度建设任务,推进“七公开”公示制度,加快项目前期启动工作,细化分解年度建设任务,在保证质量的前提下加快推进项目实施进度,切实处理好质量和进度的关系,保证项目又好又快推进;同步实施附属工程,提升农村公路安全施工水平,附属工程和主体工程同时设计、同时施工、同时投产使用;因地制宜推进品质工程创建,加强行业监管和指导,以“品质工程”创建为抓手,推进设计品质提升、工程管理创新、工程质量控制、科技信息集成、绿色安全保障和发展环境优化等六大行动。

来　　源:江苏省交通运输厅公路中心
发布日期:2019 年 02 月 28 日

省委省政府召开交通强省暨现代综合交通运输体系建设推进会议

2月12日,省委、省政府召开交通强省暨现代综合交通运输体系建设推进会议,省委书记娄勤俭出席并宣布2019年全省重大交通项目集中开工。娄勤俭强调,要坚持以习近平新时代中国特色社会主义思想为指导,认真贯彻落实党的十九大精神和总书记对江苏工作的系列重要讲话指示精神,认识再深入、力度再加大、工作再创新、责任再落实,用奋斗书写交通强省建设新篇章,为"强富美高"新江苏建设提供更坚实战略支撑。

省委副书记、省长吴政隆主持会议并作总结讲话。中国铁路总公司副总经理王同军出席并讲话。

会议首先举行了全省重大交通项目集中开工仪式,共有41个项目集中开工。在现场视频连线听取13个设区市开工项目准备情况汇报后,娄勤俭宣布2019年全省重大交通项目集中开工。

娄勤俭在讲话中指出,把这个会议确定为春节后第一个全省性大会,充分体现了省委、省政府对交通运输工作的高度重视。他强调,党的十九大作出了建设交通强国的重大决策部署,江苏有责任有义务、有基础有条件走在全国前列,率先建成交通强省。经过改革开放40年来的努力,江苏已经建成交通大省,没有交通的有力支撑,就没有江苏今天的发展成果。党的十九大以来,面对新时代新要求,我们从思想观念更新、规划体系构建、重点项目建设等方面,采取了一系列措施,取得了明显成效,交通强省建设其时已至、其势已成、其局已开。到2035年,我们将基本实现一日联通全球、半日通达全国、2小时畅行全省、各设区市1.5小时抵达南京,货物经由江苏口岸直运主要发达国家和"一带一路"沿线主要国家,基本建成人民满意、保障有力、国际领先的交通强省。当前,最重要的就是只争朝夕抓落实,撸起袖子加油干,把确定的事情一项一项落下去,把对人民作出的承诺一件一件兑现好。

娄勤俭强调,要深入学习贯彻习近平总书记对综合交通运输发展的系列重要论述,切实提高站位,结合江苏实际,牢牢把握交通是发展先行官的战略定位,牢牢把握"十三五"是交通发展黄金时期的重要论断,牢牢把握打造综合交通运输体系的工作要求,牢牢把握供给侧结构性改革的发展主线,牢牢把握建设人民满意交通的根本目的,以认识的提升促进工作的跨越。

娄勤俭强调,非常之事必须有非常之为。要紧盯突出问题,强势攻坚突破,跑出发展"加速度"。要更大力度补短板,加快铁路、机场和过江通道建设。要更大力度强枢纽,打造整体功能强大的枢纽组团和枢纽偏好型产业发展高地。要更大力度调结构,加快发展多式联运,坚决打好交通运输领域污染防治攻坚战。要更大力度惠民生,积极推进城乡客运、交通与互联网、交通与旅游融合发展。

娄勤俭指出,建设交通强省,工作要再创新。要创新前期工作推进方式,优化决策机制,统筹工作资源。要创新要素保障方式,更多地用市场化手段吸引各路资金参与,更加注重节约集约用地。要创新市场主体培育方式,省属交通企业特别是新组建企业要按照现代企业制度要求,深化改革、做大做强。要创新交通组织和治理方式,深化交通管理体制改革,加强信息化建设,强化安全稳定发展。

娄勤俭强调,建设交通强省没有局外人。要夯实工作责任,凝聚工作合力,省市县三级党政领导要认真落实挂钩联系重大项目制度,省有关部门要发挥好指导和协调作用,各市县要承担好主体责任,全省交通运输系统要发挥好主力军作用。要严格督查考核,树立鲜明导向,健全完善奖惩机制,落实"三项机制",为担当者担当,为负责者负责。要守好廉洁底线,建百年工程,树廉洁丰碑。

吴政隆就贯彻落实会议精神提出要求。他强调,全省上下要坚持以习近平新时代中国特色社会主义思想为指导,牢固树立"四个意识",切实增强"四个自信",坚决做到"两个维护",深入贯彻党中央建设交通强国重大战略部署和这次会议精神,同心协力,真抓实干,奋发有为,以奋斗精神高质量建设新时代交通强省,努力创建交通强国建设先行区,为推动我省高质量发展走在全国前列、加快建设"强富美高"新江苏提供有力支撑、奠定坚实基础。要紧紧围绕国家发展大局

以及高质量发展走在前列推进交通强省建设,进一步完善综合交通运输体系,加快过江通道建设,大力发展先进运输方式,着力解决区域和城乡交通建设不平衡问题,不断满足群众对美好生活需求,在交通强国建设中发挥江苏作用,在落实国家战略中贡献交通力量。各级各部门要细化目标任务,强化协同配合,保证工程质量,以钉钉子精神一个项目一个项目地抓、一件事情一件事情地推,努力把宏伟蓝图变成美好现实。

王同军代表中国铁路总公司对项目集中开工和会议召开表示祝贺。他表示,中铁总公司将深入学习贯彻习近平新时代中国特色社会主义思想,牢记交通强国、铁路先行的职责使命,加快推进铁路事业高质量发展。同时将以此次会议为契机,合力推动江苏人民热切期盼的重大铁路项目尽早开工建设,在深化路地合作共赢上取得新成效,为推动江苏高质量发展走在全国前列提供更大支持。

会上播放了专题片,南京市、南通市、徐州市和省交通运输厅、省铁路集团、东部机场集团负责同志先后作了表态发言。

会议采用视频连线方式召开,省里设主会场,各设区市设分会场和项目集中开工现场。省委、省政府有关领导,省有关部门和单位主要负责同志,各设区市党委主要负责同志等在主会场参加会议。

来　　源:交汇点

发布日期:2019 年 02 月 12 日

省交通运输厅 2018 年为民服务实事项目完成情况新闻发布会

胡化奎（省交通运输厅新闻办副主任）：各位记者朋友们，大家上午好！欢迎大家参加省交通运输厅 2018 年为民服务实事项目完成情况新闻发布会。

近年来，为更好践行以人民为中心的发展思想，持续推进交通运输公共服务新供给，不断满足人民群众对交通运输服务的新需求，我厅每年都推出一批贴近民生的实事项目，作为建设"人民满意交通"的具体举措，受到了人民群众的广泛欢迎。为回应社会关切，及时向社会通报有关情况，今天我们邀请了厅相关单位负责同志，向大家通报"2018 年交通为民服务实事"项目完成情况，并发布 2019 年为民服务实事项目安排情况。

出席今天新闻发布会的有：厅新闻发言人、副厅长金凌先生，厅机关党委周体光先生、省交通综合执法局道路执法局杨金国先生、厅港航中心薛扬先生、厅航空处刘松先生、厅运管局李云飞先生、省交通综合执法局水上执法局聂柱中先生、厅公路中心陈胜武先生，以及相关处室负责同志。我是厅政研室胡化奎，今天的新闻发布会由我主持。下面我们开始新闻发布，每个单位通报情况不超过 8 分钟。

首先进行第一项议程，由厅相关部门发布 2018 年交通为民服务实事项目完成情况。现在，请厅公路中心副主任陈胜武发布农村公路、桥梁新建及公路安全生命防护工程建设相关情况。

陈胜武（省交通运输厅公路事业发展中心副主任）：2018 年，农村公路提档升级和公路安全生命防护工程建设都被列入了省厅 2018 年为民服务实事项目。在过去的一年中，全省公路系统在省厅的坚强领导下，始终坚持以人民为中心的发展思想，在多次深入一线调研的基础上，采取有针对性的务实举措，高质量完成了两项为民服务实事项目的年度目标任务，切实提升了百姓出行的获得感、幸福感和安全感。

一、高质量推进农村公路提档升级工程建设，为乡村振兴战略和特色田园建设提供助力

一是提请省政府出台《关于进一步加强"四好农村路"建设的实施意见》，并批复同意《全省农村公路提档升级工程三年行动计划（2018—2020 年）》，全年农村公路提档升级工程完成投资 79 亿元，新改建农村公路 4 838 公里、桥梁 2 874 座，行政村通双车道四级公路覆盖率超过 80%，超额完成年度目标任务。

二是全力服务脱贫攻坚，为成子湖片区、西南岗片区、涟沭结合部片区、石梁河水库片区、灌溉总渠以北片区、丰县湖西片区等 6 个重点扶贫片区，黄桥革命老区、茅山革命老区等 2 个革命老区，徐州丰县、徐州睢宁县、宿迁泗洪县、宿迁泗阳县、宿迁沭阳县、淮安淮安区、淮安淮阴区、淮安涟水区、盐城滨海县、盐城响水县、连云港灌

南县、连云港灌云县等 12 个贫困县安排省补资金 12.52 亿元,新改建农村公路 1 737 公里,改造危桥 610 座,为当地的发展提供助力。

三是推进"四好农村路"示范创建。镇江丹阳市、南通海门市、泰州泰兴市、徐州贾汪区、常州溧阳市、南京江宁区获"四好农村路"全国示范县称号,我省成为获得全国示范县称号最多的省份之一。今年,全省完成"四好农村路"苏州、常州、南通 3 个省级示范市和 34 个省级示范县创建,超额完成省政府任务目标。

四是做好"一县一品牌,一区一特色"创建。深入农村开展调研工作,充分结合当地区域发展、社会人文、景观地貌等因素,因地制宜规划农村公路发展,创建具有地域特色的农村公路品牌。今年完成南京市高淳区、仪征市、泰州市高港区、灌云县等 4 个县(市、区)省级专题策划设计,推动农村公路由"交通线"向"风景线"转变、由"通上车"向"富一方"转变。

五是面向全社会开展了"中设杯"农村公路创意设计大赛,征集作品达 1 600 余件,同时编制《江苏省农村公路桥梁创意设计图库(集)》,为下一阶段的"四好农村路"建设提供新理念、新思路。

二、高质量实施公路安全生命防护工程建设,全力保障百姓出行安全

一是实施完成普通国省道安防工程 2 400 公里、农村公路安防工程 7 568 公里,超额完成年度目标任务。南京扬子江隧道江北连接线、常州长虹西路快速化改造工程,被冠名为部 2016—2017 年度"平安工程",全省公路安全保障水平得到进一步提升。

二是印发《公路系统落实"平安交通"三年行动计划实施方案》,践行"以人为本、安全发展"的理念,梳理并细化公路安全生命防护设施建设、农村公路重点路段标志标线等工作目标,全面推进"平安公路"建设,让百姓出行更有保障。

三是下发《2018 年普通国省道公路安全生命防护工程建设工作手册》,重点针对我省国省干线公路事故多发路段,分别向 13 个市下达年度建设任务,实施 48 个项目路段涉及 37 条线路,做到有目标、有计划、有保障。

四是加大农村公路安防工程实施力度,重点关注农村公路重点路段标志标线等安防设施的完备情况,全面提升农村公路安全防护水平,保障群众出行安全。

五是加强工程技术质量控制。组织专家开展技术审查,重点对每条线路的事故多发点进行现场诊断,深入分析产生原因,并下发 13 个设区市施工图设计批复,保障安防工程实施到位,真正起到为百姓出行护航的作用。

胡化奎(省交通运输厅新闻办副主任):谢谢陈主任。现在,请厅运管局副调研员李云飞发布新增(调整)城市公交线路、新增城市轨道交通运营线路、乡镇开通镇村公交等有关情况。

李云飞(省交通运输厅运输管理局副调研员):省交通运输厅运输管理局发布运管系统 2018 年度为民服务实事项目完成情况:

一、大力发展公共交通,坚持绿色节能环保理念,新辟、调整城市公交线路 100 条以上,新购节能环保公交车 1 000 辆以上。新增城市轨道交通运营线路 3 条,运营里程 58.5 公里,车站 28 座。

根据 2018 年全省城乡客运发展年度目标任务,指导各地加强城市居民出行调研,创新服务方式,因地制宜做好城市公交线路新辟和优化调整。2018 年,全省新辟、优化公交线路 326 条,新购节能环保公交车辆 2 801 辆,公交运力持续加强。全省新增城市轨道交通运营线路 3 条,包括南京宁溧城际轨道、苏州有轨电车 1 号线延伸线和苏州有轨电车 2 号线,均已正式投入试运营。

近年来,省厅连续多年把城市客运发展相关工作列入交通运输行业为民服务实事项目,全省城市客运发展取得了明显的成效。目前,我省共有南京、苏州、常州、扬州、昆山等 5 个城市列入

国家公交都市创建城市名单,其中南京市和苏州市成功通过交通运输部验收并获"国家公交都市示范城市"称号。2015年我省全面启动省级公交优先示范城市建设工作,目前已有3批12个城市列入示范建设名单,随着公交优先示范城市建设深入,公共交通事业得到较好发展。目前,全省共有城市公共汽电车车辆4.7万辆,折合5.6万标台,运营里程近7.5万公里。共有5个城市开通轨道交通(含有轨电车)线路22条,运营里程超过640公里,总里程列全国第四,全省各地基本形成布局合理、功能完备、模式多样、服务优良的城市交通出行体系。2017年,全省城市公交累计服务乘客47亿人次,轨道交通累计服务乘客近14亿人次,为人民群众提供了安全可靠、便捷舒适、绿色低碳的出行服务。

二、推进城乡交通运输一体化、均等化,持续改善农村居民出行条件,全省新增80个乡镇开通镇村公交,镇村公交开通率达到77.6%,让农村百姓共享交通发展成果。

按照推进城乡基本公共服务均等化、实现乡村振兴等战略要求,指导各地合理确定城乡客运一体化服务模式,组织实施镇村公交攻坚工程,指导苏中、苏北相关地区紧紧围绕"到2020年基本实现镇村公交开通率100%"的发展目标,指导各地编制完成镇村公交开通三年工作计划,全面启动了镇村公交三年攻坚。同时,以问题和目标为导向,组织开展了全省城乡客运现状调研与发展对策研究,赴徐州、连云港、盐城等重点地区调研,研究提出了新形势下我省镇村公交可持续发展的对策建议和保障措施,2018年,全省新增88个乡镇开通镇村公交,累计开通907个乡镇,开通率达到83.7%。全省已开通镇村公交地区的日均客运量约32万人次,农村百姓充分共享了交通运输发展成果,并得到了人民群众的拥护和肯定。

胡化奎(省交通运输厅新闻办副主任):谢谢李局长。现在,请厅航空处副调研员刘松发布新开国际及地区客货运航线、加密空中快线、拓展航班联系相关情况。

刘松(省交通运输厅航空处副调研员):2018年我省民航坚持聚焦高质量发展,抢抓机遇,扎实推进,为全省经济社会发展和人民群众便捷出行交出了一份亮丽的成绩单。国际航空运输增速明显,全省机场旅客吞吐量首次突破5 000万人次,机场基础设施建设加快推进,东部机场集团挂牌成立,服务枢纽经济新格局的积极作用进一步凸显。全年全省9个机场共保障运输起降41.3万架次,完成旅客吞吐量、货邮吞吐量5 164.4万人次、59.7万吨,同比分别增长12.1%、16.2%、4.6%。9家机场全部突破百万人次,200万级以上机场已达6家,数量位居国内各省份首位。苏南硕放机场首次突破700万人次,南京禄口机场旅客吞吐量连续两年稳居全国第11位。在全力推进全省民航加快实现高质量发展的同时,圆满完成2018年全省交通运输系统为民服务实事项目航空发展相关目标任务。

一是着力提升南京城市首位度和国际影响力,加强我省与经济中心城市以及与国内二、三线城市间的联系。2018年,南京禄口机场完成旅客吞吐量2 858万人次,同比增长10.68%;新开了南京—圣彼得堡、赫尔辛基、莫斯科3条洲际远程客运航线;加密了南京—大阪、济州、芽庄、卡利博、台北等国际及地区航线;此外,南京禄口国际机场还加密了广州、深圳、成都、重庆、西安、厦门等空中快线,新开了通达汉中、满洲里等地国内新航点的定期航班。南京禄口机场已开辟连接20个国家和地区、33个城市的客运航线,其中8条是远程洲际航线,国际通达能力不断提升。

二是加快开辟国际地区航线。2018年,全省机场国际及地区旅客吞吐量同比增长22.5%,货邮吞吐量同比增长45.7%。除南京禄口机场外,我省其他机场相继新开了淮安—芽庄、普吉,扬泰—金边,常州—普吉岛、岘港等5条国际客运航线；无锡—香港—徐州、仁川—无锡—德国哈恩、无锡—辛辛那提、无锡—芝加哥4条国际及地区货运航线；加密了无锡—西港，扬泰—曼谷，淮安—台北、暹粒，常州—澳门、芽庄，盐城—曼谷，徐州—大阪等航线。

三是航线运营平稳向好，服务经济社会能力进一步增强。国内、国际航线平稳增长，全省机场平均出港客座率达83.8%，较2017年提升0.6个百分点，其中南京禄口、淮安涟水、扬州泰州机场平均出港客座率均为85%，其他机场均超过80%。从货邮吞吐量来看，南京禄口机场国际货邮保持34%的高速增长态势，苏南硕放机场全年国际航线货邮吞吐量是2017年的23倍。

一年来，江苏民航的快速发展，有效促进了江苏与国际及地区间的产能合作和贸易往来，进一步密切了我省与世界各国的经贸往来和科技文化交流，为全省进一步拓展对外开放空间，实现高质量发展发挥了重要作用，同时也为旅客提供了更为便捷、更为丰富的出行条件。

2019年，我们将根据省委省政府工作部署和要求，紧紧围绕全省经济社会发展大局和提升南京城市首位度的目标任务，持续增强东部机场集团、无锡硕放机场、南通兴东机场协同发展能力；加快禄口机场国际枢纽建设；支持基地航空公司加大运力投放，积极推动组建本土航空公司；加大国际航线开辟力度，大力发展航空货运；按照中长期通用机场布局规划，健康有序发展通用航空，大力发展临空经济。

胡化奎（省交通运输厅新闻办副主任）：谢谢刘处长。现在，请厅港航中心副主任薛扬发布干线航道船讯通推广及苏北运河船讯通服务再升级、水上服务区岸电系统建设有关情况。

薛扬（省交通运输厅港航事业发展中心副主任）：2018年，省交通运输厅确定的为民服务实事项目中由港航部门具体落实的是："为广大水运企业和船民提供多元服务，全省干线航道船讯通推广及苏北运河船讯通服务再升级；建设绿色水上交通走廊，推进水上服务区岸电系统建设。"

根据省委、省政府统一部署，港航部门迅速行动起来，强化责任担当，周密部署，认真执行，全面完成了2018年为民服务实事项目，有效降低物流成本，让船民航行更安全便捷。具体工作开展如下：

一、干线航道船讯通推广及苏北运河船讯通服务再升级情况

2018年厅港航事业发展中心圆满完成了在省内交通船闸实现便捷过闸全覆盖（干线航道船讯通推广）的为民办实事任务。便捷过闸系统是依托物联网、移动互联网、移动支付等技术打造的一款适合内河运输领域的创新型、服务型产品。同时便捷过闸系统在省内率先与省财政公共支付平台对接，实现了通过支付宝、微信、银联等第三方支付平台在线支付功能，构建了全省统一的过闸远程申报与电子支付以及电子票据打印平台。目前APP注册船舶约3万余艘，使用便捷过闸系统过闸的船舶已达到80%以上，部分船闸已达90%以上。便捷过闸APP的广泛应用，一是方便了船民缴费。实现了船员不上岸远程办理过闸手续，彻底改变了长期以来的"下船—上岸缴费—再回到船上"的过闸方式，降低了船民因上岸而产生的额外交通成本，减轻了船员劳动强度。二是保障了资金安全。船舶使用便捷过闸APP可以减少现金使用，实现不见面缴费，大大减少了船民在运输途中的现金储备。三是提高了过闸效率。通过进一步优化船舶过闸流程，提高了船闸智能化监管水平和船闸运行效率，某种程度上缩短了船舶过闸时间，同时也有利于上下梯级船闸及时掌握船舶运行状态，做好调度和监管准备。四是体现了节能环保。通过使用便捷过闸APP，过闸船舶可以不用停靠或减少停靠，从而减少燃油消耗，降低废气废料排放，进一步提升水运节能减排效果，体现绿色发展。

2018年推进苏北运河船讯通服务再升级，推

出"船运信息港"服务,为船民、货主、港口、物流中心等搭建航运信息交流平台,将船舶、货源、港口、物流中心与航运紧密联系起来,目前已有 25 艘船舶及部分港口、物流企业等在平台上登记。

2019 年我中心将继续优化完善便捷过闸系统,将便捷过闸服务由单船扩大到船队,并为广大运输企业和船员提供更丰富的港航公共信息服务,并重点保障内河集装箱运输,实现港航运的深度融合,为打造我省现代化的内河集疏运体系贡献力量。

二、建设绿色水上交通走廊,推进水上服务区岸电系统建设

2018 年厅港航事业发展中心联合国家电网江苏省电力公司圆满完成了 21 个水上服务区和 6 个船闸待闸区的 274 套智能岸电系统的新、改建任务,其中改造 162 套,新建 112 套,为广大船员提供了方便安全的接电、用电服务,改善了船员的生活环境。在国内率先实现了内河岸电系统的联网运营,并由国家电网车联网公司负责运营,岸电计费标准全部由当地物价部门核准批复,电价为 1.1 元/度左右,船员可通过智能岸电 APP 进行扫码充值并支付电费,岸电桩上也会同步显示实时用电量,既方便又快捷。岸电投入使用以来,累计用电量约 46.43 万千瓦时,约节约燃油 232 吨,约减少硫氧化物排放量 7.45 吨。

2019 年我们将继续与国家电网江苏省电力公司加强合作,共同维护好内河岸电系统,并逐步在内河港口、船闸待闸区、锚地覆盖低压小容量岸电系统,合力推动绿色水运的发展。

胡化奎(省交通运输厅新闻办副主任):谢谢薛主任。现在,请省交通综合执法局水上执法局副调研员聂柱中发布落实"免费为江苏籍内河船舶安装 VITS 船载终端,辖区内本省籍船舶实施就近年度检验"有关情况。

聂柱中(省交通综合执法局水上执法局副调研员):

一、免费为江苏籍船舶安装船舶身份设别与

轨迹终端(VITS 船载终端)

省厅在 2016 年和 2017 年连续两年实施免费为本省籍内河船舶安装 2 万台 VITS 船载终端的基础上,2018 年继续为本省籍运营的内河船舶免费安装,并根据省长江浮吊船综合整治办的要求,为长江江苏段 316 艘浮吊船免费安装了 VITS 终端,升级了水上交通安全监测预警 VITS 系统和 APP,更加突出了实时监控、电子巡航和船舶配员核查等功能,方便船员可以远程实现危化品申报、通检通认申请等功能,大大节省了广大船员上岸办理时间和经济支出,并能及时收阅由海事部门发布的极端天气等预警预防信息,提前做好预防措施,避免水上交通事故的发生。截至到 11 月底,安装 VITS 6 442 艘,该项目已于 12 月 17 日进行完工安装验收。近几年来,VITS 设备一共安装 28 776 艘,其中普货船 24 515 艘,危化品船 2 417 艘,浮吊船 316 艘,海巡艇 566 艘,客船 962 艘。已接近基本实现本省籍内河运营船舶安装全覆盖。

二、全力推行船舶营运检验"通检通认"新机制

为了优化公共服务质量、提升人民群众获得感,我们根据"放管服"改革要求,主动服务水运供给侧改革,自 2018 年开始,在全省推行船舶营运检验"通检通认"新机制,通过积极探索、破旧立新、主动作为、力量前移、整合资源、提高效率、科技支撑、流程再造等举措,实现内河船舶年度检验"零距离"和"零费用",有力地推动了内河水运行业降本增效,取得了较好的经济和社会效益。一是为船民节约了检验费用。截至 2018 年底,全省开展"通检通认"范围内船舶年度检验共计 6 737 艘次,为船民免除和节约检验费用 4 645 万元,平均为每艘船舶节约 6 800 余元。二是为船民节省了检验时间。在全省设立营业检验工作站 40 个,极大地方便了船民申请检验。比如,徐州籍船舶"红航货 6628"原来需要返回徐州或由徐州市船检局派验船师到镇江检验,至少需要

2~3天才能完成申请、检验、办证等流程,实行"通检通认"后,船民就近选择在镇江谏壁年度检验工作站申请检验,一天之内就完成了全部流程,取得了证书,而且不花一分钱。三是推动内河水运降本增效。从行业的角度分析,推行船舶营运检验"通检通认"新机制,为船民减少了检验费用,节省了检验时间,同时让船舶增加了营运航次,其实质是降低了水运业的运行成本,提升了行业的经济效益。

胡化奎(省交通运输厅新闻办副主任):谢谢聂局长。现在,请省交通综合执法局道路执法局局长杨金国发布优化提速部分高速公路路段、转型升级正谊等 10 对高速公路服务区等有关情况。

杨金国(省交通综合执法局道路执法局局长):2018 年省交通综合执法局道路执法局列入省厅为民服务实事项目的是:促进交通运输节能减排,改善高速通行条件,对苏沪、宁宿徐、宁靖盐等部分高速公路路段实施优化提速,持续对正谊、宣堡、阳澄湖等 10 对高速公路服务区进行转型升级。按照省厅的工作部署,我们全面完成这两项工作任务。

一、全面推动落实完成了正谊、宣堡、茅山、六合、洪泽、仙人山、新沂、东庐山、黄栗墅、瘦西湖等十对以上高速公路服务区的转型升级工作

开展"服务区+旅游"行动,将服务区与旅游深度融合。省厅与省旅游局签订"交通+旅游"战略合作协议,全面推进包括服务区在内的交通与旅游的融合发展。各高速公路经营管理单位积极推进具有旅游元素和特色的主题服务区建设,其中:东庐山服务区在打造"最美高速"美化出行环境的基础上,充分发挥东庐山服务区阅山揽水、旅游资源丰富的独特优势,将中欧合璧的主体建筑风格和功能布局较好地融入于东庐山的自然生态之中,基本具备 1 小时都市圈旅游、休闲、度假功能;茅山服务区进一步突出自然生态特色;大丰等服务区免费提供旅游咨询、特色

景点宣传、旅游票务服务等服务,并为自驾游旅客提供专门的房车和露天帐篷营地;堰桥服务区引入惠山泥人、苏州核雕等,传递吴地风韵地方特色文化。

在服务区改造中全面深化"厕所革命"。建设了黄栗墅、仙人山等一大批旅游星级厕所,新建第三卫生间 108 个。梅村、六合、大丰等服务区通过引入自然光、4D 空气循环系统有效排除异味,微信扫码免费提供厕纸等服务,堪比五星级厕所。大大提升了服务驾乘人员的软、硬件水平,使得服务区功能更加完善,环境更加优美。

促进完善老年人、残疾人出行服务及母婴设施建设维护等人性化服务设施。对于新建或改建高速公路服务区,要求无障碍设施全覆盖,并提供轮椅等残疾人用具服务。黄栗墅等服务区设置了残疾人、女士停车位;郭村服务区为残疾人标注了盲文,设置儿童游乐区,满足儿童休憩需求。

省厅高度重视服务区工作,先后出台了《江苏省高速公路服务区文明服务创建工作实施方案》《江苏省高速公路服务区服务质量等级评定办法》等文件,为全省高速公路服务区高质量发展提供了方向指引。我局建立了完善的高速公路服务区监管机制,定期组织对全省高速公路服务区监督检查,每年对全省高速公路服务区服务质量进行明查暗访,并试点开展满意度调查。各高速公路执法支队每季度、每月均对辖区内服务区的经营服务行为开展监督检查,对发现的问题及时通告,并要求服务区反馈整改情况。另外,全省高速公路服务区均在显著位置公布了行业管理部门投诉电话,还依托全省高速公路"96777"客服系统,建立了投诉服务平台,24 小时接受社会各界对服务区服务质量的监督和投诉,用优质的服务展现"畅行高速路、温馨在江苏"的亮丽名片。

二、部分高速公路提速工作

为进一步提高通行效率,更好地服务社会公

众出行,省交通运输厅决定开展高速公路部分路段限制速度调整(提高最高行驶速度限值)工作,将实施新扬、盐靖、淮涟、宁通广九段、扬州绕城、宁高等路段提速,提高通行效率作为一着不让推进重大工程建设,提升综合交通网供给能力的重要工作任务,作为2018年度交通运输十项为民实事之一。

按照科学严谨开展高速公路提速工作的总要求,针对我省高速公路部分限速为100公里/小时的路段,进行了提速可行性研究。根据可行性研究成果,对新扬高速公路宿迁南枢纽至盱眙互通段、盐靖高速公路特庸枢纽至广陵枢纽段、沪陕高速公路广陵枢纽至九华段等9条路段,进行交通工程论证和安全性评价,提出限速调整方案,编制提速路段限速标志等相关交通安全设施优化初步设计方案。

为确保提速工作依法依规安全有序推进,开展了限速调整方案交通安全咨询工作,根据安全风险认证结果,决定按照总体规划、分步实施开展提速实施工作。

省交通运输厅、省公安厅交警总队和江苏交通控股有限公司先后多次就高速公路部分提速工作进行协调推进,确定提速方案如下:

1. G40沪陕高速扬州南绕城段(K343—K353)。全线限制速度按车道自内向外依次调整为:第一车道为小客车道,最高限制速度由100 km/h调整到120 km/h,最低限制速度调整为100 km/h;第二车道为客车道,最高限制速度由100 km/h调整到120 km/h,最低限制速度调整为90 km/h;第三第四车道为客货车道,最高限制速度为100 km/h,最低限制速度分别为80 km/h、70 km/h。

2. S19通锡高速环太湖段(新安互通—南泉段:K136—K148)。路段限制速度按车道自内向外依次调整为:第一车道为小客车道,最高限制速度由100 km/h调整到120 km/h,最低限制速度调整为100 km/h;第二第三车道为客货车道,

最高限制速度100 km/h,最低限制速度为70 km/h。

以上2条路段的限制速度调整方案,已由省交通运输综合行政执法监督局与省公安厅交警总队联合发布公告,确定于2019年2月1日起执行新的限制速度标准。

3. S49新扬高速(K68+885—K181+762)、S29盐靖高速(K0—K168+620)、S48沪宜高速(K106+936—K171+626)、S55宁宣高速(K29—K78+435)等4个路段,限制速度按车道自内向外依次调整为:第一车道为小客车道,最高限制速度由100 km/h调整到120 km/h,最低限制速度调整为90 km/h;第二车道为客货车道,最高限制速度100 km/h,最低限制速度为70 km/h。

以上4条路段的限制速度调整方案,已由省交通运输综合行政执法监督局与省公安厅交警总队联合发布公告,确定于2019年6月1日起执行新的限制速度标准。

4. G40沪陕高速公路九华枢纽至广陵枢纽、G25长深高速公路宁海枢纽至王兴枢纽等2个路段,目前正在组织风险深度评估论证,将依据评估论证结果确定限制速度调整方案。

下一步,我们将会同江苏交通控股公司抓紧组织相关设施的完善,及时跟踪实施情况,确保运行安全。

胡化奎(省交通运输厅新闻办副主任):谢谢杨局长。现在,由我发布落实不见面审批(服务)相关情况。

2018年,省交通运输厅确定的为民服务实事项目中由我部门具体落实的是:"全面实施交通运输不见面审批(服务)改革,实现省级交通运输部门100%不见面审批(服务),市县级交通运输部门不见面审批(服务)比例达到90%以上。"

根据省政府统一部署,自2017年6月起,我厅对省级交通运输部门"不见面审批(服务)"事项进行了三轮梳理,均及时通过江苏政务服务网

交通运输旗舰店向社会公示。2018年,"不见面审批(服务)"被列为交通运输部门2018年十项为民服务实事之一。我厅认真贯彻落实党中央、国务院和省委省政府关于"互联网＋政务服务"的工作部署,进一步深化我省交通运输"不见面审批(服务)"工作。印发了《关于开展"我为不见面审批改革献一策"活动的通知》(苏交法〔2018〕21号),发动全系统力量为"不见面审批(服务)"改革建言献策。在《江苏省交通运输系统行政权力标准化清单》及其办事指南基础上,根据省审改办《"不见面审批(服务)"标准化指引》要求,结合全省交通运输行业推开"证照分离"改革工作情况,全面梳理了全省交通运输系统"不见面审批(服务)"清单,并编制了"不见面审批(服务)"办事指南,在省政务服务网、省政务服务大厅、各基层站所进行同步公示。在"不见面审批(服务)"事项的清单公布、实现方式、基本流程、申请材料、办理时限、缴纳费用等方面,初步实现省市县三级标准统一。

同时,通过系统内书面调研与实地调研相结合、向行政相对人及社会公众发放调查问卷等形式,积极研究、采取有效措施,依托政务服务"一张网",着力破除"不见面审批(服务)"掣肘难题、努力拓宽"不见面审批(服务)"途径,按照"外网受理、内网办理、全程公开、快递送达、网端推送、无偿代办"的方式开展审批,做到"不见面审批"是原则、见面审批是例外。

截至目前,省级交通运输部门共29大项46小项81业务项中,除"对路产损失调查处理"等非依申请事项外,78项依申请政务服务事项全部列入"不见面审批(服务)"事项清单。按照"网上办、集中批、联合审、区域评、代办制、不见面"的要求,省级交通运输政务服务事项实现100%不见面审批;市县级交通运输政务服务事项共12 127项,11 348项业务事项实现"不见面审批(服务)",实现比例达到93.5%。2018年全省交通运输政务服务事项办件量共351 146件。通过

"不见面审批(服务)"改革,"一次不跑、事情办好"在交通运输领域成为现实,真正做到了"一网、一门、一次",让群众少跑腿、少费时。

下面进行第二项议程,请厅新闻发言人、副厅长金凌先生发布2019年交通为民服务实事项目安排。

金凌(省交通运输厅新闻发言人、副厅长):按照省委省政府和交通运输部部署要求,根据年度工作安排,厅机关党委会同有关单位部门在开展督查调研的基础上,按照厅党组会议有关要求,紧密围绕党的十九大确定的各项任务,以建设"人民满意交通"为宗旨,以"交通强国"战略部署为引领,以服务人民群众安全便捷舒适高效出行为目标,在综合各地、各有关单位意见建议和群众反映的热点难点问题基础上,提出了2019年度交通为民服务实事项目,具体如下:

一、实施乡村振兴战略,服务特色田园农村建设,全省新改建农村公路4 500公里,实施农村公路安全生命防护工程7 000公里,改造桥梁2 100座,继续创建一批"四好农路"示范县。(承办:厅公路中心;协办:厅安全处、省交通综合执法局)

为贯彻落实中央及省委省政府乡村振兴战略部署,加快推进"四好农村路"建设,积极开展农村地区"平安放心路"创建,继续实施农村公路提档升级三年行动计划,重点推进所有行政村通双车道四级公路、特色田园乡村通达等级公路,基本完成现有农村公路危桥改造任务。2019年,全省实现新增通双车道四级公路惠及行政村1 200个,增加销号乡镇250个,全省行政村双车道四级公路通达比例达到90%。为全面打造农村地区"平安放心路",2019年实施农村公路安全生命防护工程7 000公里。为充分发挥"四好农村路"示范县的示范带动效应,2019年力争创建"四好农村路"示范县27个(涉及乡镇约310个),促进我省农村公路建设水平总体提升。

二、推进城乡交通一体化、均等化,新辟、优

化城市公交线路 100 条以上,新增 80 个乡镇开通镇村公交,让城乡居民共享交通运输改革发展成果。(承办:厅运管局;协办:省交通综合执法局、厅公路中心)

加快城乡客运基本公共服务向农村延伸,提高城乡公共交通覆盖范围,2019 年,计划新辟、优化城市公交线路 100 条以上,新增 80 个乡镇开通镇村公交,镇村公交开通率超过 90%。

三、建设完成 10 个"司机之家",不断改善道路货运司机停车、休息、食宿条件。(承办:厅运管局;协办:省交通综合执法局、厅公路中心)

我国道路货车司机达 2 100 万,长期以来为经济社会发展做出了突出贡献。按照坚持需求导向、政府引导、市场为主、因地制宜,按照边探索、边建设、边完善原则,联合省总工会印发了《江苏省"司机之家"建设试点实施方案》,择优选取 20 个项目,推进司机之家试点建设,2019 年度计划完成 10 个以上"司机之家"建设目标。进一步改善货车司机工作条件,维护道路货运健康稳定发展、提升货车司机从业获得感。力争为货车司机提供舒适便捷、经济实惠的休息场所,让货车司机在外工作能够"喝口热水、吃口热饭、洗个热水澡、睡个安稳觉"。

四、建立汽车维修"电子病历档案",实现全省一、二类维修企业 100% 接入,方便车主查询、放心消费。(承办:厅运管局)

充分发挥互联网技术手段,推进汽车维修电子健康档案系统建设。计划 2019 年底,全省一、二类维修企业 100% 接入汽车维修电子健康档案系统,实现对全省一、二类维修企业全覆盖,推进汽车维修行业转型升级,透明维修服务,方便车主查询,切实保障消费者合法权益。

五、推进公交车安装安全防护设施,2019 年实现 2 万辆的城市公交车安装防护隔离设施,2020 年实现全覆盖。(承办:厅运管局;协办:厅安全处、省交通综合执法局)

推进公交车车辆安装安全防护设施,2019 年实现完成 2 万辆的城市公交车安装防护隔离设施安装工作。通过在公交车驾驶区域安装安全防护隔离设施,保护驾驶员在行车过程中不受侵扰,进一步保障公交车安全运行。

六、进一步优化营商环境,落实货运车辆通行费优惠政策,降低物流成本,全面实现普通货运车辆省内网上年审。(承办:厅运管局;协办:厅财务处)

对进出南京港、连云港港、太仓港的集装箱运输车辆及中欧班列集装箱主要装车点和集货点的运输车辆,在全省所有高速公路、普通公路收费站全免车辆通行费。在普通货运车辆综合性能检测省部联网的基础上,2019 年 6 月底全面实现普通货运车辆省内网上年审。

七、全面推动我省高速公路服务区升级工作,2019 年计划完成毕庄等 8 对以上的高速公路服务区的升级改造和建设工作。建设普通国省干线公路服务设施 29 个,打造一批"公路驿站"服务品牌。(承办:省交通综合执法局、厅公路中心)

一是高速公路服务区整体设施升级改造、业态多样化品牌化、厕所革命,引入社会力量,优化管理体制,力争产生一批"有记忆、有特色"的个性化高速公路服务区,使高速公路服务区整体形象、经营效益、服务水平、社会评价等大幅提升。二是充分利用沿线现有管养设施,整合公路资源,建设普通国省干线公路服务区、停车区等服务设施。2019 年建设普通国省干线公路服务设施 29 个,同时打造一批"公路驿站"。

八、对标国际先进机场,加快提升南京禄口机场旅客出行体验和满意度,国际出入境更加便捷,持续建设全国服务最佳机场。(承办:厅航空处)

2019 年度,计划在南京禄口国际机场增加自助值机设备 6 台;新增边防自助查验通道出境、入境各 6 条,自助查验达到 40%~50%。通过项目实施,旅客通关效率进一步提升,不断满足广大旅客日益增长的高品质服务需要,稳步提升广大旅客对南京机场服务环境及口岸环境的满意度。

九、全省高速公路监控视频信息和收费站通行管制信息向社会大众全面开放，提供实时服务。（承办：厅信息中心；协办：厅科技处）

计划2019年通过网站和手机应用，向社会发布我省高速公路的监控视频信息，以及全省高速公路收费站及出入口的管制信息，以便社会公众能合理规划出行方案、提升出行效率和安全性，提供温馨出行服务，促进我省综合交通运输体系更快发展。

十、为运输业户提供便利服务，在苏北运河沿线船闸打造"船民驿站"，建立智能快递柜、自助服务平台、休闲阅读中心等系列便民服务设施。（承办：苏北航务管理处）

为让辛劳奔波于水运一线的船民共享"互联网＋运河管理"发展成果，2019年在苏北运河沿线船闸打造"船民驿站"服务项目。年内完成在苏北运河沿线10个船闸远方调度站"智能快递柜"的布设工作，全线10个船闸快递服务全覆盖。在部分船闸远调站试点安装"自助服务终端"，为船员提供视频对话、证件拍照、快速支付、事项查询等多功能一体化服务。建立船员休闲阅读中心，为船员提供党建资讯、视听资料、新闻报纸等服务项目，让"运河管理"服务品牌惠及更多船员。

胡化奎（省交通运输厅新闻办副主任）：谢谢金厅长。接下来，请记者朋友就感兴趣的问题进行提问。

……

因为时间关系，我们今天新闻发布会到此结束，各位记者朋友如果还有感兴趣的问题，我们会后可以继续交流。在此我谨代表省交通运输厅感谢各位媒体朋友们在过去的一年对交通运输工作的关心和支持，2019年已经启程，希望各位在新的一年里继续支持、助力交通强国建设。新春在即，借此机会祝大家新年快乐、工作顺利、身体健康、诸事如意！谢谢大家！

来　　源：江苏省交通运输厅
发布日期：2019年02月01日

聚焦交通高质量发展先行引领
"强富美高"新江苏

江苏省交通运输厅厅长、党组书记兼省铁路办主任　陆永泉

　　经过多年努力,江苏交通运输发展总体上走在全国前列,但发展不平衡不充分等问题依然突出。江苏交通运输系统将深入学习贯彻党的十九大精神及习近平总书记提出的江苏要紧紧围绕"两个率先"光荣使命、为全国发展探路等重要指示精神,全面贯彻江苏省委、省政府对交通运输工作新要求,聚焦高质量发展,加强系统性谋划,紧紧抓住交通运输部开展交通强国建设试点示范的重大机遇,扎实推动江苏由交通大省向交通强省转变,奋力开启交通强省建设新征程。

　　今后 3 年是江苏高水平建成全面小康社会的决胜期,江苏交通运输部门将按照"补基础设施短板、降交通物流成本、强公众出行服务、优交通生态环境、增创新发展动能"的总体思路,加快构建安全畅通、集约高效、便捷公平、智慧绿色的现代化综合交通运输体系,积极推动交通运输探索性发展、创新性发展、引领性发展,有效推动区域发展战略实施,有力引导城镇空间重塑,深度融合新经济发展,为推进"两聚一高"新实践、建设"强富美高"新江苏发挥先行引领作用。

补基础设施短板　降交通物流成本

　　补基础设施短板,就是对标城乡建设高质量,以补齐短板、互联互通为导向,加快建设具有世界先进水平的综合交通基础设施体系。瞄准世界交通运输先进水平,坚持高起点规划、高水平设计、高质量建设。

　　一是全力加快推进铁路建设,打造轨道上的江苏。着眼于改变江苏经济地理格局,满足人民群众在家门口乘高铁出行的强烈期盼,加快推进"三纵四横"高铁网建设,加快构建沿江两岸高铁环线,加快形成设区市到南京"1.5 小时高铁交通圈";加强高铁、城际铁路、市域市郊铁路等各层次轨道交通规划建设有机衔接,形成以轨道交通为客运主骨架的综合交通运输网络。

　　二是全面加快过江通道建设,推动沿江两岸由"隔江相望"转变为"拥江融合"发展。以促进宁镇扬、锡常泰、(沪)苏通经济板块紧密融合发展为目标,今年全面开工南京和燕路过江通道,力争开工南京仙新路过江通道,争取 2019 年至 2020 年再开工建设 8 条过江通道。

　　三是着力加强综合运输通道建设,提升江苏在长三角乃至全国交通运输网中的地位。服务"一带一路"建设、长江经济带发展,突出加强江苏境内四大国家级综合运输通道,即京沪、陇海、沿海、沿江通道内干线铁路、骨干航道等重大项目建设;全面加强省际互联互通项目建设,加快消除"断头路"。

　　四是建设一批交通优势明显的枢纽型城市,加强综合客货运枢纽建设。着力推动全省综合交通运输网由网格状布局向以南京为核心的放

射型布局转变,努力将南京打造成全球"流空间"的重要节点。着力打造连云港、徐州等国家级以及苏州、南通、淮安等区域性综合交通运输枢纽城市。以客运"零距离换乘"、货运"无缝衔接"为目标,加快建设覆盖全省的综合客货运枢纽体系。

降交通物流成本,就是对标经济发展高质量,以多式联运、集约发展为导向,加快构建运输成本更低、运输效率更高、面向全球的供应链系统。落实习近平总书记提出的将连云港—霍尔果斯串联起的新亚欧陆海联运通道打造为"一带一路"合作倡议的标杆和示范项目等重要指示,构建高效顺畅的多式联运系统,统筹推动中欧(亚)国际集装箱铁路班列扩量增效。

江苏还将加快完善千吨级航道网络,大力发展内河集装箱运输,优化港口功能布局,加快开辟近远洋航线,推动港航运协同发展,发挥江苏得天独厚的水运资源优势以及水运低成本优势。系统谋划机场布局分工,协同推进长三角空域精细化管理改革试点,加快开辟国际国内航线,推进临空经济区港产城融合发展。

强公众出行服务 增创新发展动能

强公众出行服务,就是对标人民生活高质量,以公交优先、畅通安全为导向,加快建设群众更有获得感、幸福感、安全感的出行服务体系。江苏将着力改变当前城际铁路服务模式以及班线化的城际道路客运模式,把公交化发展理念从城市交通领域拓展到城际、城乡交通领域,更好适应高端人才等创新要素便捷快速流动需要。把加强"四好农村路"建设作为新时代实施乡村振兴战略、打赢脱贫攻坚战、推进农业农村现代化的一项重要举措,突出打造特色致富路,全面打造平安放心路,积极打造美丽乡村路,致力打造美好生活路,打造全国"四好农村路",建设江苏新样板。坚持以人为本的发展理念,"零死亡"的发展导向,全面实施《关爱生命筑牢防线江苏

省"平安交通"建设三年行动计划(2018—2020年)》,从基础设施、管理政策、现场执法等多个方面发力,提升交通运输本质安全度,更好地维护人民群众生命财产安全。

优交通生态环境,就是对标生态环境高质量和文化建设高质量,以绿色低碳、洁化美化为导向,加快打造生态优美、赏心悦目的交通环境。加强交通运输领域水污染、大气污染等防治,加大运输装备应用推广清洁能源、新能源工作力度,加快建成全国首个绿色交通示范省份。深入开展交通干线沿线环境综合整治,提升绿化、洁化、美化水平,确保2019年打造形成2万公里交通绿色廊道,让交通干线成为展示美丽江苏建设成效的第一窗口。落实习近平总书记关于大运河文化带建设的重要指示精神,注重发挥内河航道的旅游、景观、文化功能,大力推进京杭运河江苏段经济长廊、生态长廊、文化长廊建设。

增创新发展动能,就是对标改革开放高质量,以创新驱动、改革推动为导向,有效激发交通运输转型发展的内生动力。深化"放管服"改革和行业引导,积极支持更多企业发展成为行业独角兽或排头兵;支持苏南国家自主创新示范区在新一代交通控制网、自动驾驶车辆测试及营运生态环境建设等方面率先取得应用突破,打造交通产业链条及产业集群,使交通产业成为全省经济发展的新支柱。积极探索利用大数据技术提升交通规划层次、运输服务精度、行业治理能力。深化交通运输大部门制改革,积极探索推进铁路建设管理体制、机场管理体制改革,创新开展行业党建工作,为交通运输现代化建设提供更加坚实可靠的体制保障和要素支撑。

来　　源:中国交通报

发布日期:2018 年 04 月 24 日

江苏远洋新世纪货运代理有限公司召开 2019 年度工作会议

2月22日下午,江苏远洋新世纪货运代理有限公司召开了2019年度工作会议。江苏远洋总经理毛雪强、新世纪货运代理总经理李斌、新世纪各所属公司经营层和财务负责人、以及新世纪总部人员等参加了此次会议。

新世纪副总经理汪国宝首先传达了省港口集团2019年度工作会议精神,副总经理蔡永强传达了江苏远洋2019年度工作会议精神。

新世纪李斌总经理报告了2018年新世纪货运代理有限公司的经营管理情况,并从强化总部管理职能、提升新世纪长江集装箱物流品牌效应、建立和完善风险内控体系、建立人员交流、人才培养和激励机制、完成公司年度研究课题、强化企业价值观作用等六个方面提出了具体的要求和设想。李总表示,新世纪全体员工将在省港口集团和江苏远洋的坚强领导下,稳中求进、进中求变,不忘初心、砥砺前行,为深化省港口集团一体化改革、实现江苏远洋高质量发展和新世纪可持续健康发展做出应有的贡献。

毛总表示,此次会议无论是对江苏远洋,还是对新世纪,都具有很强的历史性意义。2018年新世纪发展稳中向好,离不开省港口集团的领导和江苏远洋的支持,更离不开全体工作人员的共同努力。未来,大家需要肩负的责任和使命不同于以往,省港口集团的成立对于远洋来说,面临的发展机遇是前所未有的,同样新世纪也将迎来发展的新世代、新纪元。毛总对新世纪2019年的发展提出了三个方面的要求。一是注重三个提高,即是要提高站位、提高认识、提高能力。要围绕省港口集团发展目标,提高对业务、市场、客户、自身等多方面的认识,要不断提高综合服务能力、市场竞争力和盈利能力。二是坚持四个汇聚。在企业发展过程中,要汇聚人才,未来发展需要人才,用好现有人才,谋划未来人才;要汇聚人心,全体人员要同心同德、齐心协力、共同发展;要汇聚共识,有共识才能聚人心;要汇聚力量,让每个个体都强起来,成为有力量的团队。三是强调五种意识。要有正直意识、大局意识、责任意识、风险意识和创新意识。

毛总表示,我们会坚定不移地贯彻落实好省港集团的发展战略,坚定不移地推动江苏远洋的发展战略,也会坚定不移地支持新世纪的发展战略。通过我们共同努力,把江苏远洋创建成为世界一流的航运企业,把新世纪创建成为具有全方位竞争力的领先企业。

会上,李总与新世纪各分公司负责人签订了2019年绩效考核目标责任书。会议最后对新世纪2018年度先进集体和先进个人举行了表彰仪式。

来　　源:江苏远洋新世纪货运代理有限公司
发布日期:2019年02月25日

江苏省文化和旅游厅
2019 年度部门预算情况说明

一、收支预算总体情况说明

本表反映部门年度总体收支预算情况。根据《江苏省财政厅关于 2019 年省级部门预算的批复》(苏财预〔2019〕7 号)填列。

根据《关于省文化和旅游厅职责机构编制转隶方案的通知》(苏编办发〔2018〕16 号)文件精神,将江苏省文化厅(江苏省文物局)、江苏省旅游局的职责整合,组建江苏省文化和旅游厅。2019 年是新成立的江苏省文化和旅游厅是第一次编制预算,无上年预算数对比。

江苏省文化和旅游厅 2019 年度收入、支出预算总计 86 720.85 万元,其中:

(一)收入预算总计 86 720.85 万元。包括:

1. 财政拨款收入预算总计 75 179.48 万元。

(1)一般公共预算收入预算 75 179.48 万元。

(2)政府性基金收入预算无。

2. 财政专户管理资金收入预算总计 5 873.00 万元。

3. 其他资金收入预算总计 2 071.87 万元。

4. 上年结转资金预算数为 3 596.50 万元。

(二)支出预算总计 86 720.85 万元。包括:

1. 一般公共服务(类)支出 50.88 万元,主要指政府提供一般公共服务的支出,主要用于保障文旅厅机关正常运转、开展文化管理活动的支出。

2. 教育(类)支出 20 717.01 万元,主要为省戏剧学校、省文化学校和南京旅游职业学院的日常运行支出以及为完成事业发展目标的项目支出。

3. 文化旅游体育与传媒(类)支出 47 482.04 万元,主要为江苏省文化和旅游厅(机关)和南京图书馆、江苏省文化馆、江苏省美术馆、南京博物院等开展公益性文化事业发展的专项支出,以及各单位承担的相关项目的支出。

4. 社会保障和就业(类)支出 5 370.51 万元,主要为江苏省文化和旅游厅(机关)和南京图书馆、江苏省国画院等事业单位的离退休经费支出。

5. 住房保障支出(类)支出 13 100.41 万元,主要为厅机关和事业单位按照国家政策规定为职工发放的住房公积金、提租补贴、购房补贴等支出。

6. 结转下年资金预算数为无。

此外,基本支出预算数为 50 010.41 万元,项目支出预算数为 34 431.40 万元,单位预留机动经费预算数为 2 279.04 万元。

二、收入预算情况说明

本表反映部门年度总体收入预算情况。

江苏省文化和旅游厅 2019 年收入预算合计 86 720.85 万元,其中:

一般公共预算收入 75 179.48 万元,占 86.69%;

政府性基金预算收入无;

财政专户管理资金 5 873.00 万元,占 6.77%;

其他资金 2 071.87 万元,占 2.39%;

上年结转资金 3 596.50 万元,占 4.15%。

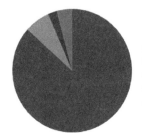

图 1　收入预算图

三、支出预算情况说明

本表反映部门年度总体支出预算情况。

江苏省文化和旅游厅 2019 年支出预算合计 86 720.85 万元,其中:

基本支出 50 010.41 万元,占 57.67%;

项目支出 34 431.40 万元,占 39.70%;

单位预留机动经费 2 279.04 万元,占 2.63%;

结转下年资金无。

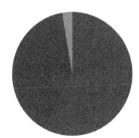

图 2　支出预算图

四、财政拨款收支预算总体情况说明

本表反映部门年度财政拨款总体收支预算情况。

江苏省文化和旅游厅 2019 年度财政拨款收入、支出总预算 75 179.48 万元。

五、财政拨款支出预算情况说明

本表反映部门年度财政拨款支出预算安排情况。

江苏省文化和旅游厅 2019 年度财政拨款预算支出 75 179.48 万元,占本年支出合计的 86.69%。

其中:

(一)教育支出(类)

1. 职业教育(款)中专教育(项)支出 5 980.47 万元。

2. 职业教育(款)高等职业教育(项)支出 6 611.40 万元。

(二)文化旅游体育与传媒支出(类)

1. 文化和旅游(款)行政运行(项)支出 5 066.40 万元。

2. 文化和旅游(款)一般行政管理事务(项)支出 1 471.95 万元。

3. 文化和旅游(款)机关服务(项)支出 219.66 万元。

4. 文化和旅游(款)图书馆(项)支出 11 525.88 万元。

5. 文化和旅游(款)文化展示与纪念机构(项)支出 4 188.27 万元。

6. 文化和旅游(款)文化活动(项)支出 1 699.20 万元。

7. 文化和旅游(款)群众文化(项)支出 714.51 万元。

8. 文化和旅游(款)文化和旅游交流与合作(项)支出 1 080.00 万元。

9. 文化和旅游(款)文化创作与保护(项)支出 3 370.75 万元。

10. 文化和旅游(款)旅游宣传(项)支出 65.96 万元。

11. 文化和旅游(款)旅游行业业务管理(项)支出 1 688.80 万元。

12. 文化和旅游(款)其他文化和旅游(项)支出 4 340.62 万元。

13. 文物(款)一般行政管理事务(项)支出 378.00 万元。

14. 文物(款)博物馆(项)支出 9 764.42 万元。

(三)社会保障和就业支出(类)

1. 行政事业单位离退休(款)未归口管理的行政单位离退休(项)支出 391.84 万元。

2. 行政事业单位离退休(款)机关事业单位基本养老保险缴费(项)支出 3 553.67 万元。

3. 行政事业单位离退休(款)机关事业单位职业年金缴费(项)支出 1 421.47 万元。

(四)住房保障支出(类)

1. 住房改革支出(款)住房公积金(项)支出 2 410.62 万元。

2. 住房改革支出(款)提租补贴(项)支出 9 235.59 万元。

六、财政拨款基本支出预算情况说明

本表反映部门年度财政拨款基本支出预算安排情况。

江苏省文化和旅游厅 2019 年度财政拨款基本支出预算 40 843.48 万元,其中:

(一)人员经费 36 435.56 万元

主要包括:基本工资 6 747.57 万元、津贴补贴 7 522.96 万元、奖金 76.70 万元、绩效工资 8 751.90 万元、机关事业单位基本养老保险缴费 3 553.67 万元、职业年金缴费 1 421.47 万元、其他社会保障缴费 531.03 万元、住房公积金 2 410.62 万元、医疗费 322.64 万元、其他工作福利支出 10.00 万元、离休费 1 419.77 万元、退休费 3 623.99 万元、生活补助 20.00 万元、医疗费补助 19.51 万元、奖励金 3.73 万元。

(二)公用经费 4 407.92 万元

主要包括:办公费 700.20 万元、水费 149.25 万元、电费 819.75 万元、邮电费 172.70 万元、差旅费 222.20 万元、维修(护)费 480.25 万元、会议费 66.70 万元、培训费 36.04 万元、公务接待费 40.70 万元、专用材料费 147.45 万元、工会经费 286.32 万元、福利费 32.95 万元、公务用车运行维护费 181.98 万元、其他交通费用 257.14 万元、其他商品和服务支出 814.29 万元。

七、一般公共预算支出预算情况说明

本表反映部门年度一般公共预算支出预算安排情况。

江苏省文化和旅游厅 2019 年一般公共预算财政拨款支出预算 75 179.48 万元,其中:

(一)教育支出(类)

1. 职业教育(款)中专教育(项)支出 5 980.47 万元。

1. 职业教育(款)高等职业教育(项)支出 6 611.40 万元。

(二)文化旅游体育与传媒支出(类)

1. 文化和旅游(款)行政运行(项)支出 5 066.40 万元。

2. 文化和旅游(款)一般行政管理事务(项)支出 1 471.95 万元。

3. 文化和旅游(款)机关服务(项)支出 219.66 万元。

4. 文化和旅游(款)图书馆(项)支出 11 525.88 万元。

5. 文化和旅游(款)文化展示与纪念机构(项)支出 4 188.27 万元。

6. 文化和旅游(款)文化活动(项)支出 1 699.20 万元。

7. 文化和旅游(款)群众文化(项)支出 714.51 万元。

8. 文化和旅游(款)文化和旅游交流与合作(项)支出 1 080.00 万元。

9. 文化和旅游(款)文化创作与保护(项)支出 3 370.75 万元。

10. 文化和旅游(款)旅游宣传(项)支出 65.96 万元。

11. 文化和旅游(款)旅游行业业务管理(项)支出 1 688.80 万元。

12. 文化和旅游(款)其他文化和旅游支出(项)支出 4 340.62 万元。

13. 文物(款)一般行政管理事务(项)支出 378.00 万元。

14. 文物(款)博物馆(项)支出 9 764.42 万元。

(三)社会保障和就业支出(类)

1. 行政事业单位离退休(款)未归口管理的行政单位离退休(项)支出 391.84 万元。

2. 行政事业单位离退休（款）机关事业单位基本养老保险缴费（项）支出 3 553.67 万元。

3. 行政事业单位离退休（款）机关事业单位职业年金缴费（项）支出 1 421.47 万元。

（四）住房保障支出（类）

1. 住房改革支出（款）住房公积金（项）支出 2 410.62 万元。

2. 住房改革支出（款）提租补贴（项）支出 9 235.59 万元。

八、一般公共预算基本支出预算情况说明

本表反映部门年度一般公共预算基本支出预算安排情况。

江苏省文化和旅游厅 2019 年度一般公共预算财政拨款基本支出预算 40 843.48 万元，其中：

（一）人员经费 36 435.56 万元

主要包括：基本工资 6 747.57 万元、津贴补贴 7 522.96 万元、奖金 76.70 万元、绩效工资 8 751.90 万元、机关事业单位基本养老保险缴费 3 553.67 万元、职业年金缴费 1 421.47 万元、其他社会保障缴费 531.03 万元、住房公积金 2 410.62 万元、医疗费 322.64 万元、其他工作福利支出 10.00 万元、离休费 1 419.77 万元、退休费 3 623.99 万元、生活补助 20.00 万元、医疗费补助 19.51 万元、奖励金 3.73 万元。

（二）公用经费 4 407.92 万元

主要包括：办公费 700.20 万元、水费 149.25 万元、电费 819.75 万元、邮电费 172.70 万元、差旅费 222.20 万元、维修（护）费 480.25 万元、会议费 66.70 万元、培训费 36.04 万元、公务接待费 40.70 万元、专用材料费 147.45 万元、工会经费 286.32 万元、福利费 32.95 万元、公务用车运行维护费 181.98 万元、其他交通费用 257.14 万元、其他商品和服务支出 814.29 万元。

九、一般公共预算"三公"经费、会议费、培训费支出预算表情况说明

本表反映部门年度一般公共预算资金安排的"三公"经费情况。

江苏省文化和旅游厅 2019 年度一般公共预算拨款安排的"三公"经费预算支出中，因公出国（境）费支出 168.00 万元，占"三公"经费的 36.34%；公务用车购置及运行费支出 181.98 万元，占"三公"经费的 39.37%；公务接待费支出 112.30 万元，占"三公"经费的 24.29%。具体情况如下：

1. 因公出国（境）费预算支出 168.00 万元。

2. 公务用车购置及运行费预算支出 181.98 万元。其中：

（1）公务用车购置预算支出无。

（2）公务用车运行维护费预算支出 181.98 万元。

3. 公务接待费预算支出 112.30 万元。

江苏省文化和旅游厅 2019 年度一般公共预算拨款安排的会议费预算支出 392.75 万元。

江苏省文化和旅游厅 2019 年度一般公共预算拨款安排的培训费预算支出 588.04 万元。

十、政府性基金支出预算情况说明

本表反映部门年度政府性基金支出预算安排情况。

江苏省文化和旅游厅 2019 年政府性基金支出预算无。

十一、一般公共预算机关运行经费支出预算情况说明

本表反映部门年度一般公共预算机关运行经费支出预算安排情况。

2019 年本部门一般公共预算机关运行经费预算支出 909.29 万元，具体情况如下：

商品和服务支出 909.29 万元，明细如下：办公费 67.00 万元、水费 12.00 万元、电费 80.00 万元、邮电费 65.00 万元、差旅费 92.00 万元、维修（护）费 35.00 万元、会议费 56.80 万元、培训费 15.00 万元、公务接待费 11.21 万元、专用材料费 50.90 万元、工会经费 46.00 万元、福利费 4.00 万元、公务用车运行维护费 69.90 万元、其他交通费用 205.99 万元、其他商品和服务支出 98.49 万元。

十二、政府采购支出预算情况说明

2019 年政府采购预算总额 5 804.97 万元，其中：拟采购货物支出 3 015.66 万元，拟采购工程支出 0 万元，拟购买服务支出 2 789.31 万元。

十三、国有资产占用情况

本部门共有车辆 55 辆，其中：一般公务用车 49 辆、执法执勤用车 3 辆、特种专业技术用车 2 辆、其他用车 1 辆、其他交通工具无。单价 20 万元（含）以上的设备 212 台（套）。

十四、预算绩效目标设置情况说明

2019 年本部门共六个项目实行绩效目标管理，涉及财政性资金合计 28 186.43 万元。

来　　源：江苏省文化和旅游厅

发布日期：2019 年 02 月 13 日

原江苏省旅游局
2018 年度政府信息公开工作报告

根据《中华人民共和国政府信息公开条例》规定,现编制发布原江苏省旅游局 2018 年度政府信息公开工作报告。本报告所列数据信息的统计期限自 2018 年 1 月 1 日起至 2018 年 12 月 31 日止。

一、概述

2018 年,原江苏省旅游局按照《中华人民共和国政府信息公开条例》和省政府关于政府信息公开工作的总体要求与部署,进一步加强组织领导,完善体制机制,强化责任意识,狠抓责任落实。以保障群众的知情权、参与权、监督权为出发点,以推进旅游行业重点领域信息公开、回应社会关切、提升旅游部门公信力为重点,严格规范程序,依法、及时、准确公开相关政府信息。同时,进一步拓展信息公开渠道,积极运用新媒体公开政府信息,不断增强政府信息公开实效,为推进全省旅游产业更好更快发展服务。

二、重点工作

(一)主动公开政府信息情况。2018 年,组织各类新闻发布会 11 场次,安排各类新闻媒体采访 72 场次。在江苏旅游政务网信息公开栏目公开信息 220 条,其中主动公开文件 61 份。

(二)依申请公开政府信息情况。2018 年,共收到个人、公司、企业或社会团体要求公开政府信息及咨询的申请 18 件,已按规定全部答复。

(三)重点领域信息公开情况。一是推进行政权力运行公开。原江苏省旅游局权利事项目录(许可、处罚、其它)均在江苏旅游政务网上公开。根据职责分工,按照合法性、合理性、适用性、时效性的原则,依法梳理审核各执法部门行政职权。二是推进财政资金信息公开。已在政务网公布了 2017 年度部门决算和 2018 年度部门预算。

三、亮点工作

(一)大力推进政民互动。2018 年,江苏旅游政务网互动管理平台受理、流转办件 176 件,其中局长信箱 50 件,在线咨询 126 件。

(二)充分利用新媒体发布信息。"江苏微旅游"微信公众号全年共推送文章 1 710 篇(原创 182 篇),总阅读达 1 435 万次,累计关注人数 29 万人。10 次位居全国旅游微信影响力排行榜首,全年稳定排行榜前五名。"江苏微旅游"微博累计关注人数 36.5 万人,阅读总数达 2.1 亿次,位居上半年人民日报政务旅游排行榜首。腾讯企鹅号和今日头条江苏微旅游官方帐户全年共发布文章 2 000 篇,全年阅读数达 117.3 万人次。

(三)积极回应公众关注热点。元旦、春节等假日期间,组织全省所有 5A 级景区和部分 4A 级景区在江苏旅游政务网等平台发布游览舒适度指数和剩余车位信息。春节、暑期和国庆黄金周前夕,会同江苏省物价局,分别调查了我省旅游市场热销的线路产品经营成本,向社会公布了

100条热门线路的成本价格,线路涉及国内多个省份、港澳台地区以及国外热点旅游目的地,有效引导游客消费,抵制不合理低价游。

（四）加强公共服务信息公开。在江苏旅游政务网设置"从业人员网上培训"栏目,为旅游行业从业人员继续教育提供服务;在政务网设置"2018年导游资格考试报名""全国中高级导游等级考试报名"入口,并提供相关资料,方便公众报名和了解相关信息;接入12301"旅游网络投诉举报平台",方便游客依法维权。

四、政府信息公开收费及减免情况

2018年,原江苏省旅游局在办理依申请公开工作中,均未向申请人收取费用。

五、相关行政复议和行政诉讼情况

本年度,原江苏省旅游局无因信息公开而被提起的行政复议或行政诉讼。

来　　源:江苏省文化和旅游厅
发布日期:2019年02月28日

《江苏省"十三五"旅游业发展规划》解读
——建设旅游风情小镇

省政府办公厅发布实施的《江苏省"十三五"旅游业发展规划》(以下简称《规划》),提出要大力推进旅游风情小镇建设。在旅游+新型城镇化和大力发展乡村旅游等背景下,旅游风情小镇建设将进一步上快车道,成为江苏"十三五"期间旅游发展的新任务和新亮点。

一、什么是旅游风情小镇?

旅游风情小镇作为特色小镇的一种类型,是以旅游为主导功能,具有独特的风土人情和风采韵味,产业特色鲜明、体制机制灵活、人文气息浓厚、生态环境优美、多种功能叠加、宜业宜居宜游的特定区域。

旅游风情小镇应以自身独特的自然景观和文化底蕴为依托,以彰显小镇人文个性、旅游风采意趣和风土人情韵味为灵魂,以提升旅游服务功能和旅游休闲产业为核心,坚持旅游、文化、产业、社区"四位一体"和生产、生活、生态融合发展,打造小镇风情独特的新型旅游社区。旅游风情小镇的首要属性是"风情特色",包括自然(山水)风情、文化(民俗)风情、社会(生活)风情、资源特色、环境特色、文化特色、风貌特色、产品特色、产业特色、管理特色和服务特色等,"风情特色"是小镇生命、活力和核心竞争力。

按照李强书记的思想和省政府《关于培育创建江苏特色小镇的指导意见》(苏政发〔2016〕176号),特色小镇不是行政区划单元,而是产业发展载体;不是产业园区,而是同业企业协同创新、合作共赢的企业社区;不是政府大包大揽的行政平台,而是企业为主体、市场化运作、空间边界明晰的创新创业空间。因而,在"十三五"时期,全省不仅要继续加强传统旅游特色小镇的保护建设和优化提升,更要大力推进新型旅游风情小镇的建设与发展。

旅游风情小镇是推进供给侧结构性改革的重要抓手,是推动经济转型升级和发展动能转换的重要平台,是落实"聚力创新、聚焦富民"的重要载体,将对推进旅游业供给侧结构性改革、适应消费新需求,丰富旅游产品有效供给,增强旅游产业竞争力,展示"水韵江苏"旅游新形象,带动就业和强镇富民,实现旅游产业转型升级发挥重要作用。

二、旅游风情小镇建设目标

"十三五"旅游业发展规划提出,到2020年,储备打造50~100个省级旅游风情小镇,形成具备一定规模的旅游风情小镇群,构筑我省旅游业新的竞争优势,将旅游风情小镇打造为我省休闲度假旅游、乡村旅游发展的核心载体。

上述目标,既提出了旅游风情小镇发展的数量目标,即到2020年储备打造50~100个省级旅游风情小镇,并要在空间格局中形成具备一定规模的旅游风情小镇群,又体现了旅游发展质量目标,强调要将旅游风情小镇打造为我省休闲度假旅游、乡村旅游发展的核心载体,构筑我省旅游业新的竞争优势。同时,《规划》又明确提出,要推动旅游要素全面融入各类型特色小镇建设,所有特色小镇按照 3A 级以上景区标准建设,其中文化旅游类要按照 5A 级景区标准建设。

三、旅游风情小镇建设要求

1. 贯彻五大发展理念

认真贯彻党中央、国务院关于推进新型城镇化建设的精神,按照住房城乡建设部、国家发展改革委、财政部开展特色小镇培育工作和江苏省政府《关于培育创建江苏特色小镇的指导意见》的要求,牢固树立和贯彻落实创新、协调、绿色、开放、共享的发展理念,聚焦旅游特色要素和旅游优势产业,科学、有序、高水平地推进旅游风情小镇的建设。

2. 坚持五项基本原则

一是坚持创新导向,高标准培育旅游风情小镇,防止"新瓶装旧酒",不搞"运动式"部署推进;二是坚持因地制宜,差异化打造旅游风情小镇,彰显小镇独特魅力,防止"千镇一面";三是坚持以人为本,高起点策划和规划建设旅游风情小镇,树立绿色发展理念,防止搞"形象工程";四是坚持市场主导,多元化构建旅游风情小镇建设主体,创新建设模式、管理方式和服务手段,提高多元化主体共同推动旅游风情小镇发展的积极性;五是坚持节约用地,集约化提升土地资源配置效率,着力提升节地水平和产出效益,防止借机"圈地造城"。

3. 坚持六大建设标准

一是产业特色鲜明,突出旅游风情小镇特色的鲜明性,打造特色旅游产业,推动"旅游+"产业融合发展,立足产业发展"特而精"、功能集成"聚而合"、建设形态"小而美"、运作机制"活而新",做精做强本地最有基础、最具潜力、最能成长的旅游主导型特色产业,形成可满足游客需求的旅游业态;二是体制机制灵活,创新旅游体制机制,以充满活力的体制机制激发内生动力,促进小镇健康发展;三是人文气息浓厚,突出地域文化和民俗风情旅游资源特色,保持乡土文化的原真性和鲜活性,以文化彰显小镇个性魅力和旅游核心竞争力;四是生态环境优美,树立"绿水青山就是金山银山"的发展理念,坚持生态立镇,构建优美的生态环境,彰显生态小镇特色,实现绿色低碳循环发展;五是多种功能叠加,旅游风情小镇应旅游为主导功能,以"旅游+"为手段融合和叠加多种功能,形成"产、镇、人、文"四位一体有机结合的重要功能平台;六是宜业宜居宜游,充分利用现有区块的环境优势和存量资源,合理规划生产、生活、生态等空间布局,打造旅游创业创新的重要平台、旅游休闲的重要载体及和谐宜居的精美生活小镇,并达到 3A 级以上景区标准(文化旅游类旅游风情小镇要达到 5A 级景区标准)。

4. 聚力打造风情小镇

(1)坚持规划先行,统筹小镇发展。科学编制旅游风情小镇旅游策划与相关规划,把以人为本、尊重自然、传承历史、绿色低碳、特色发展等理念融入规划过程,合理确定建设规模、功能定位、项目建设、空间布局、产业发展、设施配套、实施保障等规划内容,推动小镇旅游发展规划、城乡规划、土地利用规划等"多规合一",切实提升规划的前瞻性、科学性和操作性。

(2)强化风情特色,培育旅游核心。打造旅游风情小镇是一个发现、挖掘、做大做强小镇特色的过程,要突出地域文化、乡土民俗、历史遗存等独特旅游资源,坚持精致打造,凸显"风情特色",适应大众旅游时代特点,发挥江苏园林、古镇、湿地、湖泊、文化、美食等旅游资源和特色产业优势,提供多元化旅游产品,满足差异性消费需求。注重生态环境和文化原真性保护,注重旅游核心吸引(包括景观吸引、文化吸引、功能吸引、活动吸引和品牌吸引等)项目的创意策划和开发,提升美誉度和影响力,培育江苏旅游品牌新亮点。

（3）营造优美环境，完善设施功能。营造优美生态宜居环境，加大环境综合整治力度，实施绿化美化工程和生态环境提升工程，强化独特文化与景观风貌保护和展示，做到自然环境保护有序，生活污水和垃圾集中处理，镇区保洁工作完善，努力打造环境优美、文化浓郁、生态宜居的特色小镇。完善基础设施和旅游公共服务体系，建立完备的游客咨询服务、公共交通服务、智慧旅游服务、旅游慢行系统、旅游标识标牌、公共休闲区域、旅游厕所等旅游公共服务设施。《规划》强调，要打造 G38 等沿海景观大道，沿线建设一批特色旅游小镇；提升高铁沿线旅游风情小镇的基础设施和服务品质，实现高铁沿线旅游功能全覆盖；旅游风情小镇要建设与旅游交通流量相适应的游客集散中心。

（4）培育特色产业，推动融合发展。旅游风情小镇应有各类旅游业态，有满足不同旅游者的住宿设施、不同特色的地方餐饮、可供主客共享的公共休闲体验场所、体现当地特色的旅游文化活动和旅游商品。要立足资源禀赋、区位环境、产业集聚、历史文化等条件，按照加快形成现代旅游产业体系要求，紧扣旅游产业发展趋势，锁定产业主攻方向，加快发展特色优势旅游产业。要突出融合创新，培育旅游经济发展新动能，打造富有活力的旅游创新创业生态，搭建产业融合发展服务平台，做到形态、业态、生态相统一，着力打造集产业链、投资链、创新链、人才链、服务链等要素支撑的众创生态系统，加快推动旅游产业转型升级。要积极引导乡村地区旅游资源丰富或特色产业集聚程度高的镇积极创建旅游风情小镇，将旅游风情小镇打造为我省乡村旅游发展的新引擎。

（5）创新体制机制，完善保障体系。进一步创新旅游风情小镇的体制机制，形成科学合理的管理体制、多元化的投入机制和市场化的运作机制。旅游风情小镇应有统一的旅游管理机构和专兼职管理人员，有政策要素保障，有完善的旅游投诉和安全保障机制，有专人负责旅游统计工作等。要加大财政资金支持力度，创新市场投融资机制，探索多元投资渠道，落实企业主体地位，引导和鼓励金融机构对旅游风情小镇建设予以资金支持，广泛吸引社会资本参与旅游风情小镇建设和投资小镇旅游业态；积极落实风情小镇旅游建设项目用地，依法合理保障旅游用地需求；加强宣传营销力度，充分利用各种媒体，采用多种形式，广泛宣传旅游风情小镇；要完善工作机制，积极推进旅游风情小镇的创建工作，聚力打造旅游资源独特、风情韵味浓郁、自然风光秀丽的旅游风情小镇，扩大旅游风情小镇规模，提升旅游风情小镇的品质和影响力。

来　　源：江苏省文化和旅游厅
发布日期：2018 年 01 月 12 日

2019 年江苏省公共图书馆工作年会召开

3月21日，由南京图书馆主办的2019年江苏省公共图书馆工作年会在南京召开。江苏省文化和旅游厅党组成员、副厅长、省图书馆学会理事长裴旭出席会议。

会上，南京图书馆对全省公共数字文化工程建设情况、2019年全省公共数字文化工程工作重点、全省古籍保护工作情况、江苏省图书馆学会工作情况等工作进行了汇报；上海图书馆馆长做了题为《智慧、包容、链接——全力实施转型战略，全面构建图情一体化的知识服务体系——上海图书馆创新转型发展探索与思考》的学术报告；金陵图书馆、苏州图书馆等江苏13个地级市图书馆馆长以及淮安市少儿图书馆、扬州市少儿图书馆、连云港市少儿图书馆等3个少儿图书馆馆长作了交流发言。

裴旭对我省图书馆事业近年来取得的成绩和南京图书馆作为省龙头馆发挥的引领表率作用给予了充分的肯定。他对全省图书馆事业发展提出了三点要求：一是大力推进公共文化服务重点改革落实落地，建立基本公共服务标准体系，推进基层综合性文化服务中心建设，推进县级图书馆总分馆制建设，推进公共文化服务机构法人治理结构改革；二是努力推进公共文化产品和服务供给提质增效，抓好公共文化服务保障法、公共图书馆法的深入贯彻，切实推进规定制度的落实落地，抓好数字图书馆等供需对接服务平台建设，抓好全省公共图书馆服务大数据平台建设和大数据分析利用，积极参与"十百千"示范工程创建；三是勇于在探索融合发展的路径上有所作为，公共图书馆要勇于在文化和旅游融合、事业与产业融合、体制内与体制外融合等方面，积极探索，寻找路径，实现突破。

厅公共文化处、各省辖市图书馆相关负责人及业务骨干近50人参加会议。

来　　源：江苏省文化和旅游厅
发布日期：2019年03月22日

第十部分

科学技术、教育、体育、外事

江苏省科学技术厅
2019 年度部门预算情况说明

一、收支预算总体情况说明

本表反映本部门年度总体收支预算情况。根据《江苏省财政厅关于 2019 年省级部门预算的批复》(苏财预〔2019〕7 号)填列。

江苏省科学技术厅 2019 年度收入、支出预算总计 229 267.54 万元,2018 年度收入、支出预算总计 204 165.95 万元,与上年相比收、支预算总计各增加 25 101.59 万元,增长 12.29%。其中:

(一)收入预算总计 229 267.54 万元。包括:

1. 财政拨款收入预算总计 79 099.35 万元。

(1)一般公共预算收入预算 79 099.35 万元,与上年相比增加 14 407.84 万元,增长 22.27%。主要原因:一是增人增资、政策性调资、调增住房补贴、公积金、调增省属改制院所离退休经费、增加有关项目经费等,相应增加基本支出、项目支出财政拨款;二是增加单位预留机动经费。

(2)政府性基金收入预算 0 万元,同上年。

2. 财政专户管理资金收入预算总计 0 万元,同上年。

3. 其他资金收入预算总计 146 503.19 万元。与上年相比增加 11 953.75 万元,增长 8.88%。主要原因是所属预算单位科研、技术服务等业务逐年增长,事业收入、其他收入相应增加。

4. 上年结转资金预算数为 3 665 万元。与上年相比减少 1 260 万元,减少 25.58%。主要原因是所属预算单位 2019 年动用上年结转和结余资金有所减少。

(二)支出预算总计 229 267.54 万元。包括:

1. 一般公共服务(类)支出 1 158 万元,主要用于引进外国人才以及引智行政许可和外国专家奖励等方面的支出。与上年相比增加 1 158 万元,为本年新增预算。主要原因是江苏省机构改革,省人力资源保障厅的外国专家管理职责与省科学技术厅职责整合,其相关专项经费支出纳入省科学技术厅部门预算。

2. 科学技术(类)支出 205 246.54 万元,主要用于科学技术方面的支出。与上年相比增加 18 866.86 万元,增长 10.12%。主要原因是科技管理事务、科研机构运行、科技项目研究、省属转制院所经费等预算支出加大。

3. 社会保障和就业(类)支出 6 750.98 万元,主要用于厅机关离退休人员离休费、交通费以及机关事业单位职工养老保险、职业年金等。与上年相比增加 77.70 万元,增长 1.16%。主要原因是厅机关离休人员各项政策性调资、调贴以及机关事业单位职工养老保险、职业年金缴费总体增加。

4. 住房保障支出(类)支出 16 112.02 万元,主要用于各预算单位的住房公积金和住房补贴支出。与上年相比增加 4 999.03 万元,增长 44.98%。主要原因是按政策规定调增在职人员住房公积金以及调增在职、离退休人员住房补贴支出。

5. 结转下年资金预算数为 0 万元,同上年。

此外,基本支出预算数为 74 782.24 万元。与上年相比增加 6 021.38 万元,增长 8.76%。主要原因是增人增资以及政策性调资、调贴等,人员费用增加,相应增加基本支出预算。

项目支出预算数为 153 007.92 万元。与上年相比增加 18 516.12 万元,增长 13.77%。主要原因是所属预算单位面向市场,开展科研、技术服务活动,横向项目不断增多增大,相应增加了项目支出预算。

单位预留机动经费预算数为 1 477.38 万元。与上年相比增加 564.09 万元,增长 61.76%。主要原因是用于年度执行中增人、增资等不可预见支出有所增加。

二、收入预算情况说明

本表反映本部门年度总体收入预算情况。

江苏省科学技术厅本年收入预算合计 229 267.54 万元,其中:

一般公共预算收入 79 099.35 万元,占 34.50%;

政府性基金预算收入 0 万元;

财政专户管理资金 0 万元;

其他资金 146 503.19 万元,占 63.90%;

上年结转资金 3 665 万元,占 1.60%。

2019年度本年收入预算合计229 267.54万

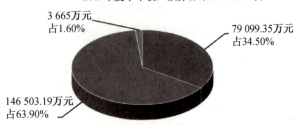

3 665万元
占1.60%

79 099.35万元
占34.50%

146 503.19万元
占63.90%

■一般公共预算资金　■其他资金　■上年结转资金

图 1　收入预算图

三、支出预算情况说明

本表反映本部门年度总体支出预算情况。

江苏省科学技术厅本年支出预算合计

229 267.54 万元,其中:

基本支出 74 782.24 万元,占 32.62%;

项目支出 153 007.92 万元,占 66.74%;

单位预留机动经费 1 477.38 万元,占 0.64%;

结转下年资金 0 万元。

2019年度本年支出预算合计229 267.54万

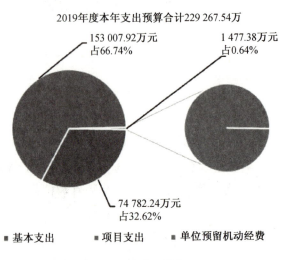

153 007.92万元
占66.74%

1 477.38万元
占0.64%

74 782.24万元
占32.62%

■基本支出　■项目支出　■单位预留机动经费

图 2　支出预算图

四、财政拨款收支预算总体情况说明

本表反映本部门年度财政拨款总体收支预算情况。

江苏省科学技术厅 2019 年度财政拨款收、支总预算 79 099.35 万元。与上年相比,财政拨款收、支总计各增加 14 407.84 万元,增长 22.27%。主要原因是所属预算单位基本支出、专项支出财政拨款收支预算增加以及省属转制院所离退休经费财政拨款收支预算的增加。

五、财政拨款支出预算情况说明

本表反映本部门年度财政拨款支出预算安排情况,按照政府收支分类科目的功能分类"项"级细化填列。

江苏省科学技术厅 2019 年财政拨款预算支出 79 099.35 万元,占本年支出合计的 34.50%。与上年相比,财政拨款支出增加 14 407.84 万元,增长 22.27%。主要原因是所属预算单位基本支出预算增加、省属转制院所离退休经费支出预算增加、一般公共服务及科学技术项目支出预算增加。

其中：

（一）一般公共服务支出（类）

1. 人力资源事务（款）引进人才费用（项）支出1 158万元，与上年相比增加1 158万元，为本年新增预算。主要原因是江苏省机构改革，省人力资源保障厅的外国专家管理职责与省科学技术厅职责整合，其相关专项经费支出纳入省科学技术厅部门预算。

（二）科学技术支出（类）

1. 科学技术管理事务（款）行政运行（项）支出3 087.33万元，与上年相比增加688.64万元，增长28.71％。主要原因是厅机关基本支出增加（增人增资、政策性调资、预留机动增加）。

2. 科学技术管理事务（款）一般行政管理事务（项）支出333万元，与上年相比减少37万元，减少10％。主要原因是根据国务院文件要求，所属预算单位省本级运转类项目经费预算统一压减10％。

3. 应用研究（款）机构运行（项）支出20 440.20万元，与上年相比增加794.45万元，增长4.04％。主要原因是所属科研院所基本支出增加（增人增资、政策性调资等）。

4. 应用研究（款）社会公益研究（项）支出4 936.87万元，与上年相比增加1 299.16万元，增长35.71％。主要原因是所属预算单位社会公益专项科研支出的增加。

5. 其他科学技术支出（款）转制科研机构（项）支出27 446.61万元，与上年相比增加5 719.89万元，增长26.33％。主要原因是省属转制院所离退休经费及住房补贴的增加。

6. 其他科学技术支出（款）其他科学技术支出（项）支出53.10万元，与上年相比减少5.90万元，减少10％。主要原因是根据国务院文件要求，所属预算单位省本级运转类项目经费预算统一压减10％。

（三）社会保障和就业支出（类）

1. 行政事业单位离退休（款）未归口管理的行政单位离退休（项）支出255.48万元，与上年相比减少28.15万元，减少9.92％。主要原因是厅机关离休人员去世，相应离休费用预算支出减少。

2. 行政事业单位离退休（款）机关事业单位基本养老保险缴费支出（项）支出3 769.10万元，与上年相比减少128.78万元，减少3.30％。主要原因是机关事业单位在编在职人员转退休，随人员减少相应单位基本养老保险缴费减少。

3. 行政事业单位离退休（款）机关事业单位职业年金缴费支出（项）支出1 507.64万元，与上年相比减少51.50万元，减少3.30％。主要原因是机关事业单位在编在职人员转退休，随人员减少相应单位职业年金缴费减少。

（四）住房保障支出（类）

1. 住房改革支出（款）住房公积金（项）支出4 019.98万元，与上年相比增加769.56万元，增长23.68％。主要原因是按文件规定调增所属预算单位职工住房公积金支出。

2. 住房改革支出（款）提租补贴（项）支出12 092.04万元，与上年相比增加4 229.47万元，增长53.79％。主要原因是按文件规定调增所属预算单位职工住房补贴支出。

六、财政拨款基本支出预算情况说明

本表反映本部门年度财政拨款基本支出预算安排情况。

江苏省科学技术厅2019年度财政拨款基本支出预算43 779.14万元，其中：

（一）人员经费40 337.69万元。主要包括：基本工资7 714.32万元、津贴补贴10 096.15万元、奖金44.71万元、绩效工资5 850.35万元、机关事业单位基本养老保险缴费3 769.10万元、职业年金缴费1 507.64万元、其他社会保障缴费1 258.40万元、住房公积金4 019.98万元、医疗费243.81万元、其他工资福利支出1 005.17万元、离休费1 092.07万元、退休费3 650.19万元、抚恤金1.20万元、生活补助12万元、医疗费补助 68.60 万元、奖励金 4 万元。

（二）公用经费 3 441.45 万元。主要包括：办公费 208.30 万元、水费 105.40 万元、电费 602.55 万元、邮电费 138 万元、差旅费 379.40 万元、维修（护）费 331.83 万元、会议费 63 万元、培训费 27 万元、公务接待费 29.65 万元、专用材料费 162.30 万元、工会经费 471.80 万元、福利费 52.35 万元、公务用车运行维护费 217.32 万元、其他交通费用 172.93 万元、其他商品和服务支出 479.62 万元。

七、一般公共预算支出预算情况说明

本表反映本部门年度一般公共预算支出预算安排情况。

江苏省科学技术厅 2019 年一般公共预算财政拨款支出预算 79 099.35 万元，与上年相比增加 14 407.84 万元，增长 22.27％。主要原因是所属预算单位一般公共预算财政拨款基本支出预算增加、省属转制院所离退休经费支出预算增加、一般公共服务及科学技术项目支出预算的增加。其中：

（一）一般公共服务支出（类）

1. 人力资源事务（款）引进人才费用（项）支出 1 158 万元，与上年相比增加 1 158 万元，为本年新增预算。主要原因是江苏省机构改革，省人力资源保障厅的外国专家管理职责与省科学技术厅职责整合，其相关专项经费支出纳入省科学技术厅部门预算。

（二）科学技术支出（类）

1. 科学技术管理事务（款）行政运行（项）支出 3 087.33 万元，与上年相比增加 688.64 万元，增长 28.71％。主要原因是厅机关基本支出增加（增人增资、政策性调资、预留机动增加）。

2. 科学技术管理事务（款）一般行政管理事务（项）支出 333 万元，与上年相比减少 37 万元，减少 10％。主要原因是根据国务院文件要求，所属预算单位省本级运转类项目经费预算统一压减 10％。

3. 应用研究（款）机构运行（项）支出 20 440.20 万元，与上年相比增加 794.45 万元，增长 4.04％。主要原因是所属科研院所基本支出增加（增人增资、政策性调资等）。

4. 应用研究（款）社会公益研究（项）支出 4 936.87 万元，与上年相比增加 1 299.16 万元，增长 35.71％。主要原因是所属预算单位社会公益专项科研支出的增加。

5. 其他科学技术支出（款）转制科研机构（项）支出 27 446.61 万元，与上年相比增加 5 719.89 万元，增长 26.33％。主要原因是省属转制院所离退休经费及住房补贴的增加。

6. 其他科学技术支出（款）其他科学技术支出（项）支出 53.10 万元，与上年相比减少 5.90 万元，减少 10％。主要原因是根据国务院文件要求，所属预算单位省本级运转类项目经费预算统一压减 10％。

（三）社会保障和就业支出（类）

1. 行政事业单位离退休（款）未归口管理的行政单位离退休（项）支出 255.48 万元，与上年相比减少 28.15 万元，减少 9.92％。主要原因是厅机关离休人员去世，相应离休费用预算支出减少。

2. 行政事业单位离退休（款）机关事业单位基本养老保险缴费支出（项）支出 3 769.10 万元，与上年相比减少 128.78 万元，减少 3.30％。主要原因是机关事业单位在编在职人员转退休，随人员减少相应单位基本养老保险缴费减少。

3. 行政事业单位离退休（款）机关事业单位职业年金缴费支出（项）支出 1 507.64 万元，与上年相比减少 51.50 万元，减少 3.30％。主要原因是机关事业单位在编在职人员转退休，随人员减少相应单位职业年金缴费减少。

（四）住房保障支出（类）

1. 住房改革支出（款）住房公积金（项）支出 4 019.98 万元，与上年相比增加 769.56 万元，增长 23.68％。主要原因是按文件规定调增所属预

算单位职工住房公积金支出。

2. 住房改革支出（款）提租补贴（项）支出 12 092.04 万元，与上年相比增加 4 229.47 万元，增长 53.79%。主要原因是按文件规定调增所属预算单位职工住房补贴支出。

八、一般公共预算基本支出预算情况说明

本表反映本部门年度一般公共预算基本支出预算安排情况。

江苏省科学技术厅 2019 年度一般公共预算财政拨款基本支出预算 43 779.14 万元，其中：

（一）人员经费 40 337.69 万元。主要包括：基本工资 7 714.32 万元、津贴补贴 10 096.15 万元、奖金 44.71 万元、绩效工资 5 850.35 万元、机关事业单位基本养老保险缴费 3 769.10 万元、职业年金缴费 1 507.64 万元、其他社会保障缴费 1 258.40 万元、住房公积金 4 019.98 万元、医疗费 243.81 万元、其他工资福利支出 1 005.17 万元、离休费 1 092.07 万元、退休费 3 650.19 万元、抚恤金 1.20 万元、生活补助 12 万元、医疗费补助 68.60 万元、奖励金 4 万元。

（二）公用经费 3 441.45 万元。主要包括：办公费 208.30 万元、水费 105.40 万元、电费 602.55 万元、邮电费 138 万元、差旅费 379.40 万元、维修（护）费 331.83 万元、会议费 63 万元、培训费 27 万元、公务接待费 29.65 万元、专用材料费 162.30 万元、工会经费 471.80 万元、福利费 52.35 万元、公务用车运行维护费 217.32 万元、其他交通费用 172.93 万元、其他商品和服务支出 479.62 万元。

九、一般公共预算"三公"经费、会议费、培训费支出预算情况说明

本表反映本部门年度一般公共预算资金安排的"三公"经费情况。

江苏省科学技术厅 2019 年度一般公共预算拨款安排的"三公"经费预算支出中，因公出国（境）费支出 217 万元，占"三公"经费的 39.20%；公务用车购置及运行费支出 217.32 万元，占"三公"经费的 39.27%；公务接待费支出 119.15 万元，占"三公"经费的 21.53%。具体情况如下：

1. 因公出国（境）费预算支出 217 万元，比上年预算增加 28 万元，主要原因是所属预算单位因科研工作需要出国任务增加，相应因公出国（境）费支出预算有所提高。

2. 公务用车购置及运行费预算支出 217.32 万元。其中：

（1）公务用车购置预算支出 0 万元，同上年。

（2）公务用车运行维护费预算支出 217.32 万元，比上年预算减少 20 万元，主要原因是所属预算单位坚决落实厉行节约、反对浪费的各项规定，严控"三公"经费预算支出，进一步规范公务用车管理使用，减少公务用车运行维护费支出预算。

3. 公务接待费预算支出 119.15 万元，比上年预算减少 2.40 万元，主要原因是所属预算单位坚决落实厉行节约、反对浪费的各项规定，严控"三公"经费预算，进一步压缩接待规模及人次，减少公务接待费支出预算。

江苏省科学技术厅 2019 年度一般公共预算拨款安排的会议费预算支出 615.06 万元，比上年预算增加 60.22 万元，主要原因是因业务需要所属预算单位 2019 年非部门预算项目中安排的会议次数、人数有所增加，相应的会议费预算有所增加。

江苏省科学技术厅 2019 年度一般公共预算拨款安排的培训费预算支出 368.56 万元，比上年预算增加 188.56 万元，主要原因是因业务需要所属预算单位 2019 年非部门预算项目中安排的培训次数、人数有所增加，相应的培训费预算有所增加。

十、政府性基金预算支出预算情况说明

本表反映本部门年度政府性基金支出预算安排情况，按照政府收支分类科目的功能分类"项"级细化填列。

江苏省科学技术厅 2019 年政府性基金支出预算支出 0 万元。与上年相比增加（减少）0 万元,增长(减少)0％。主要原因是本部门2019年政府性基金预算无相关收支项目,同上年。

十一、一般公共预算机关运行经费支出预算情况说明

本表反映本部门年度一般公共预算机关运行经费支出预算安排情况。

2019年本部门一般公共预算机关运行经费预算支出563.09万元,与上年相比增加59.92万元,增长11.91％。主要原因是:江苏省机构改革,省人力资源保障厅的外国专家管理职责与省科学技术厅职责整合,省科技厅机关在职人员增加,基本支出中的日常公用经费相应增加。

十二、政府采购支出预算情况说明

本表反映本部门年度政府采购支出预算安排情况。

2019年度政府采购支出预算总额2 910.85万元,其中:拟采购货物支出1 632.42万元、拟采购工程支出0万元、拟购买服务支出1 278.43万元。

十三、国有资产占用情况

本部门共有车辆86辆,其中,一般公务用车72辆、执法执勤用车0辆、特种专业技术用车6辆、其他用车8辆等。单价20万元(含)以上的设备1 034台(套)。

十四、预算绩效目标设置情况说明

2019年本部门共10个项目实行绩效目标管理,涉及财政性资金合计517 861.86万元。其中:纳入省科技厅部门预算2个项目,涉及财政性资金28 411.86万元,未纳入省科技厅部门预算8个项目,涉及财政性资金合计489 450万元。

来　　源:江苏省科学技术厅
发布日期:2019年02月13日

王秦:加强基础性创新平台和原创性研发项目

李克强总理在报告中指出,我国深入实施创新驱动发展战略,一批重大科技成果相继问世,创新能力和效率进一步提升。过去一年,江苏省委省政府坚决贯彻党中央国务院决策部署,坚持把创新驱动发展战略摆在全局发展的核心位置,召开了全省科技创新工作会议,出台了科技改革30条等激励政策,进一步强化了创新引领高质量发展的鲜明导向,高质量建设创新型省份取得了明显进展。

从主要创新投入和产出指标来看,去年全社会研发投入增长了7.5%,研发人员增长了6%左右,主要投入指标实现平稳增长,但同时江苏专利申请量增长了16.7%,万人发明专利拥有量增长了17.6%,技术合同成交额增长了32%,专利授权量增长了35.1%,创新产出指标实现了明显跃升,创新体系的效率进一步提高。

2018年4月,江苏省在改善地方科研基础条件、优化科技、创新环境等方面成效突出,获国务院通报表扬。李克强总理在报告中系统部署了2019年十大工作任务,特别是围绕提升科技支撑能力,提出了强化原始创新,健全以企业为主体的产学研一体化创新机制,开展项目经费使用改革试点等一系列新举措,让我们感到方向更加明确,责任更加重大,同时信心也更加坚定。我们将紧紧围绕报告中提出的创新引领发展,培育壮大新动能这一重大任务,牢固树立企业是主体,

产业是方向,人才是支撑,环境是保障的工作理念。坚持整体推进与重点突破相结合,以科技创新的统筹集成为突破口,体制化的组织产业技术创新活动,机制化的完善,创新资源,优化布局,结构性的调整科技管理工作格局,全面提升江苏在国家创新体系中的地位和科技创新对江苏高质量发展的支撑能力。

在具体工作中重点打好科技创新的五个攻坚仗。

一是坚决打好产业关键核心技术攻关攻坚仗。围绕我省重点培育的先进制造业集群,选择先进材料、生物医药、半导体等三个战略性前瞻性领域,开展新型产业技术集成创新试点,启动实施前沿引领技术基础研究专项,深入实施产业前瞻与关键核心技术研发专项和重大科技成果转化专项,齐力推进22个重点创新平台建设,集中力量突破一批原创性标志性重大成果。

二是坚决打好高新技术企业培育攻坚仗。扩大培育资金规模,制订专门支持政策,力争全省高企数量达到2.5万家。提升院士工作站等企业研发机构建设水平,探索建设院士企业研究院。积极推动落实普惠性税收政策,力争企业科技税收减免额突破500亿元。

三是坚决打好科技资源统筹的攻坚仗。加快建设省科技资源统筹服务中心,全省技术合同交易额力争超过一千四百亿元。拓展和深化与

创新大国和关键小国的合作,提升中国以色列常州创新园建设发展水平,积极拓展一带一路创新合作。

四是坚决打好优化区域创新布局攻坚仗。高质量建设苏南国家自主创新示范区。按照一体化规划,一体化决策,一体化实施的原则,加快建立制度性实体性的一体化工作推进体系,提升创新一体化发展水平。进一步完善高新区创新驱动发展综合评价发布,定期通报和动态管理机制,推进高新区争先进位。

五是坚决打好深化科技体制改革的攻坚仗。推动省产业技术研究院改革再出发,聚焦发挥产业技术创新,统筹基层作用和培育重大标志性原创成果两大目标。进一步深化管理体制和运行机制改革,更大力度推动科技改革30条落地见效,深入开展省级科研项目和经费管理改革试点,营造良好的创新创业生态。

最后借此机会提三点建议。

一是建议国家有关部门加强基础性创新平台和原创性研发项目的建设。建议集中国家和地方优势力量,上下联动基层组织开展基础性原创性研究和产业关键核心技术攻关,合力突破一批引领性,原创性重大成果。

二是建议更大力度激发企业主体活力。根据国际通行做法和主要新兴工业化国家的实践经验,税收激励是激发企业创新活力的最有效手段,建议国家在普惠性减税"放水养鱼"的基础上,进一步加大结构性减税的力度。对于高新技术企业将现行的减按15%征收所得税,减至减按10%征收。对于企业研发费用由现在按支出额的175%扣除,提高到200%扣除。

三是建议进一步完善改革配套措施。在具体落实过程中,我们还发现存在着一些省级层面无法解决的操作性问题,比如结余经费使用手续太过繁琐,横向科研范围不明确,设备采购中,通用急需等概念界定不清,部门之间项目管理规定不一致等等,建议国家相关部门及时制定配套制度和具体的实施操作办法。

来　　源:江苏人大网

发布日期:2019 年 03 月 07 日

2019 年全国科技工作会议在京闭幕

1 月 10 日,2019 年全国科技工作会议在京闭幕。科技部党组书记、部长王志刚作总结讲话。

会议代表一致认为,改革开放 40 年来,党中央的高度重视和坚强领导是科技事业始终走在国家改革发展前列、取得举世瞩目的进展和成就的根本原因。党的十八大以来,以习近平同志为核心的党中央高瞻远瞩、审时度势,指引我国科技创新实现了历史性、整体性、格局性重大变化。习近平新时代中国特色社会主义思想和习近平总书记关于科技创新的重要论述是这一伟大实践的深刻总结和智慧结晶,是做好科技工作的根本遵循和行动指南,一定要认真学习领会、深入贯彻落实。此次党和国家机构改革重新组建科技部,进一步提升了科技创新在国家战略全局中的地位作用,体现了党和国家对科技创新的高度重视和殷切希望,也赋予了新的历史使命,提出了新的更高要求,对于坚持和加强党对科技工作的全面领导、健全创新驱动发展战略的体制机制、开创我国科技创新崭新局面具有重大而深远的历史意义和现实意义。全国科技系统倍感振奋、倍感压力、倍感责任重大,表示一定用加倍的努力、优异的成绩向党和国家交出一份满意的答卷。

王志刚在讲话中强调,这次会议是党和国家机构改革后重新组建的科技部召开的首次全国科技工作会议,是科技界站在新的历史起点上,面对更加复杂多变的国内外形势,以习近平

新时代中国特色社会主义思想为指导,总结经验、筹划未来、部署工作的一次重要会议。全国科技管理系统要坚持把习近平新时代中国特色社会主义思想作为根本遵循,牢固树立"四个意识",坚定"四个自信",坚决践行"两个维护",按照"三个面向"的战略方向,充分发挥科技创新的引领作用,深入实施创新驱动发展战略,加快创新型国家和世界科技强国建设。一是要全面深入学习习近平总书记关于科技创新的重要论述,牢牢把握世界大势,切实增强忧患意识和责任意识,努力做到大道理讲得通、工作落得实、措施见实效,积极开创科技创新事业新局面。二是要紧密围绕国家目标,聚焦重点难点,加快关键领域核心技术攻关,有力支撑高质量发展。三是要全面对标创新型国家建设,牢固树立创新发展理念,遵循创新发展规律,探索各具特色的区域创新发展模式。要坚持一把手抓第一生产力,把促进高质量发展作为区域创新发展的出发点和落脚点。四是要着力改进学风作风,弘扬科学精神,建设创新文化,共同营造风清气正的科研环境,为建设创新型国家提供强大的精神动力和文化支撑。

王志刚要求,2019 年是新中国成立 70 周年,是全面建成小康社会关键之年,决胜进入创新型国家行列的责任重大、使命光荣,全国科技系统要提升管理能力和水平,同心协力,攻坚克难,做好科技改革发展各项工作。要坚持把党的政治建设放在首位,树牢"四个意识",坚定"四个自

信",坚决践行"两个维护",把习近平总书记关于科技创新的重要论述体现在理念上、贯穿于部署中、落实到行动上,进一步强化担当使命、履行责任、增强能力的思想自觉和行动自觉。要驰而不息加强作风建设,打造一支忠诚、干净、担当的高素质干部队伍,拧成一股绳、下好一盘棋,齐心协力打好创新型国家建设攻坚战,以优异成绩迎接新中国成立70周年,为实现"两个一百年"奋斗目标和中华民族伟大复兴的中国梦作出新的更大贡献。

会议期间,参会代表进行了分组讨论,教育部科技司、山东省科技厅、新疆维吾尔自治区科技厅、四川省科技厅、武汉东湖高新区、湖南省浏阳市、北京大学、中科院上海药物研究所、港珠澳大桥管理局等单位的负责同志在大会上作了典型交流发言。

来　　源:科技部门户网站
发布日期:2019 年 01 月 18 日

苏州高新区入选国家文化和科技融合示范基地

近日,由国家科技部、中宣部、文化和旅游部等 5 个部门共同认定的 21 家第三批国家文化和科技融合示范基地名单公示,苏州高新区成为此次评选中全国五家之一、江苏省唯一入选的集聚类示范基地,位列榜单之首。

苏州高新区聚力打造文化科技融合发展高地。据了解,截至 2018 年底,苏州高新区搭建了 70 多个公共服务平台,集聚文化科技企业 600 多家,从事文化科技相关工作人员超过 10 000 多人,文化科技企业收入总额超 1 000 亿元、利润总额超 100 亿元。目前,苏州高新区已初步形成以创意设计、数字传媒、文化旅游等为代表的文化产业集群和以新一代电子信息为代表的高新技术产业集群。

来　　源:江苏省科学技术厅
发布日期:2019 年 03 月 27 日

江苏省教育厅 2019 年度部门预算情况说明

江苏省教育厅是江苏省人民政府主管全省教育工作的职能部门。纳入省教育厅 2019 年部门预算管理的省属高校 54 所、高校附属医院 4 所、中专校 1 所,厅机关和直属事业单位 13 个。

一、收支预算总表情况说明

根据《江苏省财政厅关于 2019 年省级部门预算的批复》(苏财预〔2019〕7 号),2019 年度收入、支出预算总计 4 482 497.63 万元,与上年相比收、支预算各增加 354 386.03 万元,增长 8.58%。主要是高校生源自然增长及生均拨款提高。其中:

(一)收入预算总计 4 482 497.63 万元。包括:

1. 财政拨款收入预算总计 2 423 344.19 万元。

(1)一般公共预算收入预算 2 423 344.19 万元,与上年相比增加 148 667.03 万元,增长 6.53%。主要原因是高校生源自然增长、生均拨款提高及高水平大学建设。

(2)政府性基金收入预算 0 万元。

2. 财政专户管理资金收入预算总计 860 279.18 万元。与上年相比增加 62 969.76 万元,增长 7.89%。主要原因是生源变动,高校和中专校的学费、住宿费收入增加。

3. 其他资金收入预算总计 1 117 064.30 万元。与上年相比增加 140 141.95 万元,增长 14.34%。主要原因是事业收入 643 430.58 万元,经营收入 117 903.99 万元,其他收入 355 729.73 万元都有所增长。

4. 上年结转资金预算数为 81 809.96 万元。与上年相比增加 2 607.29 万元,增长 3.29%。主要原因是 2018 年财政政策改革部分项目资金下达较迟。

(二)支出预算总计 4 482 497.63 万元。包括:

1. 一般公共服务支出(201),主要为政府提供一般公共服务的支出。2019 年预算数为 0 万元。

2. 教育支出(205),主要为高校和事业单位日常运行支出以及为完成事业发展目标的项目支出。2019 年预算数为 3 721 830.32 万元,比上年增加 241 956.53 万元,增长 6.95%。

3. 科学技术支出(206),主要用于支持高校科学研究的项目支出。2019 年预算数为 0 万元。

4. 文化体育与传媒支出(207),主要为支持厅属教育报刊宣传出版事业发展的专项支出,以及各单位承担的相关项目的支出。2019 年预算数为 22 407.61 万元,比上年增加 6 127.55 万元,增长 37.63%。

5. 社会保障和就业支出(208),主要为厅机关的离退休经费支出以及离退休人员归口管理的事业单位的离退休经费支出。2019 年预算数为 262 252.93 万元。比上年增加 18 687.43 万元,增长 7.67%。

6. 医疗卫生与计划生育支出(210),主要为南京医科大学、江苏大学、扬州大学、徐州医科大学等附属医院的有关支出。2019 年预算数为

60 388.00万元。

7. 住房保障支出（221），主要为厅机关、高校和事业单位按照国家政策规定为职工发放的住房公积金、提租补贴、购房补贴等支出。2019年预算数为413 326.83万元，比上年增加52 934.58万元，增长14.68%，增长的主要原因是政策性调整。

8. 结转下年资金预算数为0万元。

此外，按照支出用途分：

基本支出2 896 081.72万元，比上年增加261 174.40万元，增长9.91%。包括工资福利支出1 931 643.07万元，商品和服务支出771 214.48万元，对个人和家庭的补助支出193 224.17万元。

项目支出1 584 588.87万元，比上年增加94 430.66万元，增长6.33%。包括运转类项目支出972 148.87万元，发展类及代编支出612 440万元。

单位预留机动经费1 827.04万元（按照预算编制统一要求，各高校在预算中安排的预留经费）。

二、收入预算情况说明

本年收入预算合计4 482 497.63万元，其中：

一般公共预算收入2 423 344.19万元，占54.06%；

政府性基金预算收入0万元，占0%；

财政专户管理资金860 279.18万元，占19.19%；

其他资金1 117 064.30万元，占24.92%；

上年结转资金81 809.96万元，占1.83%。

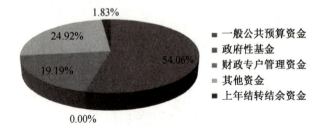

图1　收入预算图

三、支出预算情况说明

本年支出预算合计4 482 497.63万元，其中：

基本支出2 896 081.72万元，占64.61%；

项目支出1 584 588.87万元，占35.35%；

单位预留机动经费1 827.04万元，占0.04%；

结转下年资金0万元，占0%。

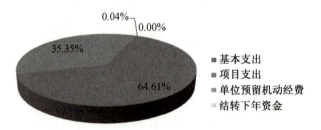

图2　支出预算图

四、财政拨款收支预算总表情况说明

2019年度财政拨款收、支总预算2 423 344.19万元，与上年相比，财政拨款收、支预算各增加148 667.03万元，增长6.53%。主要原因是高校生源自然增长及生均拨款增加。

五、财政拨款支出预算表情况说明

2019年财政拨款预算支出2 423 344.19万元，占本年支出合计的54.06%。与上年相比，财政拨款支出增加148 667.03万元，增长6.53%。增加的经费主要用于省属高校生均拨款标准的提高和各级各类家庭经济困难学生资助。

（一）教育财政拨款支出2 111 916.92万元，主要为各预算单位的日常运行支出以及为完成年度事业发展目标的项目支出。其中：

1. 教育管理事务支出19 037.88 19 233.23万元，与上年相比减少195.35万元，下降1.01%。占教育财政拨款0.90%，其中，行政运行4 599.10万元，一般行政管理事务189.00万元，其他教育管理事务支出14 249.78万元。

2. 普通教育支出1 554 118.45万元，与上年相比增加112 855.46万元，增长7.83%。占教育财政拨款73.58%，其中，小学教育53 000万元，初中教育60 780万元，高等教育1 440 338.45万元。

3. 职业教育支出538 760.59万元，与上年相比减少11 980.43万元，下降2.17%。占教育财政拨款 25.51％,其中,中专教育 18 517.34 万元,职业高中教育 36 800 万元,高等职业教育 483 443.25 万元。

(二)文化旅游体育与传媒财政拨款支出 207.97 万元,主要为支持厅属教育报刊宣传出版事业发展的专项支出,以及各单位承担的相关项目的支出。

(三)社会保障和就业财政拨款支出 237 685.90 万元,主要为未归口管理的行政事业单位的离退休经费支出,增加机关事业单位基本养老保险缴费支出 168 622.28 万元,机关事业单位职业年金缴费支出 68 785.66 万元。

(四)住房保障支出财政拨款支出 73 533.40 万元,主要为各预算单位按照国家政策规定为职工发放的住房公积金 1 514.65 万元,提租补贴 72 018.75 万元。

六、财政拨款基本支出预算表情况说明

2018 年度财政拨款基本支出预算 1 552 348.93 万元,比上年增加 117 294.71 万元,增长 8.17％。其中:

(一)人员支出(工资福利支出)1 208 781.51 万元。比上年增加 15 371.17 万元,增长 1.29％。包括基本工资 304 978.79 万元、津贴补贴 51 359.77 万元、奖金 287.96 万元、绩效工资 539 003.98 万元、机关事业单位基本养老保险缴费 168 622.28 万元、职业年金缴费 68 785.66 万元、其他社会保障缴费 49 754.74 万元、住房公积金 1 514.65 万元、医疗费 20 461.88 万元、其他工资福利支出 4 011.80 万元。

人员经费(对个人和家庭的补助支出) 91 878.01 万元。包括离休费 16 946.89 万元、退休费 65 366.99 万元、生活补助 5.00 万元、医疗费补助 5 895.04 万元、助学金 3 585.00 万元、奖励金 79.09 万元。

(二)公用支出(商品和服务支出)251 689.41 万元。比上年增加 10 045.53 万元,增长 4.16％。包括办公费 13 486.99 万元、水费 16 783.55 万

元、电费 35 571.14 万元、邮电费 5 434.90 万元、差旅费 20 822.91 万元、维修费 22 933.31 万元、会议费 837.88 万元、培训费 1 263.65 万元、公务接待费 1 541.69 万元、专用材料费 24 733.90 万元、工会经费 8 529.10 万元、福利费 2 633.86 万元、公务用车运行维护费 1 223.56 万元、其他交通费用 1 956.59 万元、其他商品和服务支出 93 936.38 万元等。

七、一般公共预算支出预算表情况说明

2019 年一般公共预算财政拨款支出预算 2 423 344.19 万元,占本年支出合计的 54.06％。与上年相比,财政拨款支出增加 148 667.03 万元,增长 6.53％。增加的拨款主要用于省属高校生均拨款标准的提高和各级各类家庭经济困难学生资助。

八、一般公共预算基本支出预算表情况说明

2019 年度一般公共预算财政拨款基本支出预算 1 552 348.93 万元,比上年增加 117 294.71 万元,增长 8.17％。其中:

(一)人员支出(工资福利支出)1 208 781.51 万元。比上年增加 15 371.17 万元,增长 1.29％。包括基本工资 304 978.79 万元、津贴补贴 51 359.77 万元、奖金 287.96 万元、绩效工资 539 003.98 万元、机关事业单位基本养老保险缴费 168 622.28 万元、职业年金缴费 68 785.66 万元、其他社会保障缴费 49 754.74 万元、住房公积金 1 514.65 万元、医疗费 20 461.88 万元、其他工资福利支出 4 011.80 万元。

人员经费(对个人和家庭的补助支出) 91 878.01 万元。包括离休费 16 946.89 万元、退休费 65 366.99 万元、生活补助 5.00 万元、医疗费补助 5 895.04 万元、助学金 3 585.00 万元、奖励金 79.09 万元。

(二)公用支出(商品和服务支出)251 689.41 万元。比上年增加 10 045.53 万元,增长 4.16％。包括办公费 13 486.99 万元、水费 16 783.55 万元、电费 35 571.14 万元、邮电费 5 434.90 万元、

差旅费 20 822.91 万元、维修费 22 933.31 万元、会议费 837.88 万元、培训费 1 263.65 万元、公务接待费 1 541.69 万元、专用材料费 24 733.90 万元、工会经费 8 529.10 万元、福利费 2 633.86 万元、公务用车运行维护费 1 223.56 万元、其他交通费用 1 956.59 万元、其他商品和服务支出 93 936.38 万元等。

九、一般公共预算"三公"经费、会议费、培训费支出预算表情况说明

本表反映教育部门年度公共财政预算资金安排的"三公"经费、会议费、培训费情况。2019年预算安排 17 858.31 万元,比上年减少 1 034.05 万元,下降 5.47%。一般公共预算拨款安排的"三公"经费预算支出中,因公出国(境)费支出 357.75 万元,占"三公"经费的 11.43%;公务用车购置及运行费支出 1 223.56 万元,占"三公"经费的 39.09%;公务接待费支出 1 548.69 万元,占"三公"经费的 49.48%。具体情况如下:

1. "三公"经费是指因公出国(境)费、公务用车购置及运行维护费和公务接待费。2019年预算安排 3 129.75 万元,比上年减少 786.51 万元,下降 20.08%。下降的主要原因是,贯彻落实预算编制及压缩"三公经费"只降不增的政策要求,合理安排"三公经费"支出。其中:

(1)因公出国(境)费指单位工作人员公务出国(境)的住宿费、差旅费、伙食补助费、杂费、培训费等支出,预算安排 357.50 万元,占"三公"经费的 11.43%,比上年下降 5.30%,主要是出国任务需求调整。其中:教育厅机关安排 110 万元,与上年持平。

(2)公务用车购置及运行维护费指单位公务用车购置、租用费、燃料费、维修费、过路过桥费、保险费、安全奖励费用等支出,其中公务用车购置费为 0 万元;公务用车运行维护费 1 223.56 万元,占"三公"经费的 39.09%,比上年下降 30.14%。其中:教育厅机关安排运行维护费 39.60 万元,与上年持平。

(3)公务接待费是指单位按规定开支的各类公务接待(含外宾接待)支出,预算安排 1 548.21 万元,占"三公"经费的 49.48%,比上年下降 13.35%,主要是按政策要求从严从紧控制各类公务接待支出,其中:教育厅机关安排 9 万元,与上年持平。

2. 会议费指单位按规定召开会议直接发生的住宿费、伙食费、会场费用、交通费、办公用品费、材料印刷费、医药费等支出。预算安排 1 270.21 万元,比上年减少 168.24 万元,下降 11.70%。其中:省教育厅机关安排 334.27 303.68 万元,比上年增长 10.07%。

3. 培训费是指单位按规定开展培训直接发生的住宿费、伙食费、培训场地费、讲课费、培训资料费、交通费、其他费用等支出。预算安排 13 458.35 万元,比上年减少 79.30 万元,下降 0.59%,其中省级专项安排的各级各类教师培训 11 800 万元,教育厅机关安排的培训 83.78 万元,比上年增长 10.01%,增长因素主要新制度培训。

十、政府性基金支出预算表情况说明

2018年政府性基金支出预算支出 0 万元。

十一、一般公共预算机关运行经费支出预算表情况说明

2019年本部门一般公共预算机关运行经费预算支出 6 921.94 万元,比上年减少 436.71 万元,下降 5.93%。包括教育厅厅机关、省教育评估院、省学生资助管理中心、江苏警官学院。主要包括:办公费 100.30 万元、水费 207.00 万元、电费 701.50 万元、邮电费 185.70 万元、差旅费 289.67 万元、维修费 1 015.50 万元、会议费 2.50 万元、培训费 2.50 万元、公务接待费 10.00 万元、专用材料费 57.43 万元、工会经费 338.12 万元、福利费 17.50 万元、公务用车运行维护费 43.20 万元、其他交通费用 756.49 万元、其他商品和服务支出 3 194.53 万元等。其中,厅机关 695.70 万元,江苏警官学院 6 129.35 万元。

十二、政府采购支出预算表情况说明

2019年本部门政府采购预算总金额为53 532.19万元,比上年减少2 154.67万元,下降3.87%。其中拟购买货物35 821.38万元;拟购买工程6 955.98万元;拟购买服务10 754.83万元。其中:省属高校政府采购预算总金额为51 185.26万元,其中拟购买货物35 589.28万元,拟购买工程6 935.98万元,拟购买服务8 660万元。厅机关及直属事业单位政府采购预算总金额为2 346.93万元,其中拟购买货物232.10万元,拟购买工程20.00万元,拟购买服务2 094.83万元。

十三、国有资产占用情况

2019年省教育厅(含省属高校)共有车辆970辆,其中,一般公务用车424辆、执法执勤用车6辆、特种专业技术用车15辆、其他用车525辆等。单价20万元(含)以上的设备18 216台(套)。其中省属高校共有车辆933辆,其中,一般公务用车392辆、执法执勤用车6辆、特种专业技术用车15辆、其他用车520辆等。单价20万元(含)以上的设备18 086台(套)。

十四、预算绩效目标设置情况说明

2019年本部门共5个项目实行绩效目标管理,涉及财政性资金合计612 440万元(不含基础教育对市县转移支付项目229 800万元)。

十五、其他重要事项说明

2019年本部门国有资本经营预算收入为0万元。

来　　源:江苏省教育厅

发布日期:2019年02月18日

江苏教育发展概况

2018年，全省教育系统深入学习贯彻习近平新时代中国特色社会主义思想和党的十九大精神，认真贯彻落实全国教育大会精神，高质量推进教育改革发展。对2017年的江苏教育现代化建设监测，综合得分为83.68分，实现省政府规划要求。在2018年国家级教学成果奖评选中，江苏各级各类教育获奖总数及一等奖总数均位居全国第一。

教育高质量发展实现良好开局。基础教育优质发展。全年新建改扩建幼儿园581所、义务教育阶段学校444所、普通高中35所。建设基础教育内涵建设项目335个，建成823个融合教育资源中心，有力支撑了基础教育质量提升。推进义务教育城乡一体化发展，推动义务教育学校标准化建设和优质均衡发展县创建。普通高中课程改革积极有序推进。职业教育质量稳步提升。公布了531个现代职业教育体系建设试点项目。认定了27所现代化示范性职业学校和5所优质特色职业学校。实现全国职业院校技能大赛"十连冠"、全国职业院校信息化大赛"八连冠"。高等教育内涵建设不断加强。全省普通高校在校生突破200万。"双一流"和高水平大学建设持续推进，省政府与教育部、工信部分别启动"双一流"建设高校共建工作。启动优势学科三期项目建设。26所高校的124个学科进入ESI前1%，机构数和学科数分列全国第一和第二。新增博士硕士学位授权点数量全国第一，总量全国第二。国家级精品在线开放课程和国家级虚拟仿真实验教学项目获选数量均居全国第

一。终身教育体系逐步完善。社区教育基础能力建设继续加强，如皋等4个市（区）被认定为第三批国家级农村职业教育和成人教育示范县。继续实施农民工学历能力双提升计划。完成学分银行管理中心实体建设一期工程。

改革发展活力持续激发。教育体制改革有序推进。扎实推进国家"完善县域内义务教育教师均衡配置体制机制"等3项教育综合改革重点推进事项，提供江苏经验。遴选高教综合改革试点项目30个。贯彻落实全省科学技术奖励大会暨科技创新工作会议精神，从提升自主创新能力等5个方面提出了30条改革举措。民办教育管理更加规范。实施分类管理，积极促进民办学校健康发展，出台了一系列鼓励和支持民办教育发展的政策措施，明确分类登记的具体要求、营利性民办学校监管办法等，为民办教育事业创造公平有序的发展环境。教育对外开放步伐稳健。加强和规范外国留学生管理，93所高校招收培养留学生4.59万名，"留学江苏"品牌质量不断提升。与省商务厅合作建设校企合作国际人才地图项目，为江苏企业走出去提供人才支撑。推进中外合作办学高质量建设，江苏现有中外合作办学机构和项目323个，占全国总量的13.5%，居全国首位。国际交流平台建设稳步推进，对港澳台交流成效显著，江苏教育的国际影响力持续提升。

师生协同发展形成新格局。德育工作深入人心。建设52个中小学生品格提升工程项目。积极开展劳动教育、研学旅行、环保教育等。促

进线上线下联动服务学生成长。研制家庭教育指导意见,推动家校协同育人。素质教育全面推进。全面实施中小学生体质健康报告书制度。创建国家校园足球试点县(市、区)2个、特色学校327所。全国第五届大学生艺术展演获一等奖总数位列全国第一。师资队伍建设不断巩固。全面加强各级各类教师培训,其中省级培训12万人。乡村定向师范生招收2 653名,比上年增加375名。新选聘75名江苏特聘教授,全省高等教育国家级人才逾1 400人次(占全国10%)。向全省所有高职院校全面下放职称评审权。

教育服务发展能力不断提升。科技创新能力持续增强。继续实施江苏高校协同创新计划,成立江苏高校协同创新联盟,获批4个省部共建协同创新中心。加强高校科技创新平台建设,新增省级大学科技园1个、省工程研究中心21个、高职院校工程技术研究开发中心39个。产教融合持续深化。促进高等教育产教融合,全省高校累计选聘1 711名行业企业专家担任产业教授。完善产学研合作机制,推动创新链和产业链"双向融合"。人才支撑作用持续提升。智慧就业平台覆盖全省158所高校,全年通过该平台发布岗位需求301.7万个,年访问量达9.8亿次。高校毕业生年终就业率达96.9%(连续14年保持在95%左右)。

教育保障能力建设展现新作为。教育优先发展得到强化。在全国率先建立并实施面向设区市人民政府的履行教育职责考核评价制度,形成"一级督一级"的督政体系,教育优先发展责任得到细化实化。持续稳定加大投入,确保两个只增不减,全省教育经费总投入约2 800亿元,其中公共财政预算安排的教育经费约2 200亿元。教育信息化水平继续提升。教育装备支撑作用更加明显。全省中小学接入100M以上宽带的学校占85.8%,优质资源班班通覆盖率达93.2%,开通师生网络学习空间858万个。实施教师信息技术应用能力提升工程,培训37万人次。

来　　源:江苏教育
发布日期:2019 年 03 月 12 日

2019 年全省教育工作会议在宁召开

2019 年全省教育工作会议于 2 月 14 日在南京召开。会议深入学习贯彻习近平新时代中国特色社会主义思想和党的十九大、省委十三届五次全会和 2019 年全国教育工作会议精神,总结 2018 年教育工作,分析研判当前教育改革发展形势,部署 2019 年教育重点工作任务。省教育厅厅长、党组书记、省委教育工委书记葛道凯作工作报告并部署工作,省教育厅、省委教育工委全体厅领导出席会议。

葛道凯指出,在省委、省政府的正确领导和教育部的大力指导下,2018 年全省教育系统高质量推进教育改革发展取得新成绩。一是教育现代化进入新阶段。江苏教育现代化建设监测综合得分为 83.68 分,实施中小学和高校智慧校园建设,全省中小学接入 100 M 以上宽带的学校占 85.8%,优质资源班班通覆盖率达 93.2%,开通师生网络学习空间 858 万个。二是基础教育优质发展再展新颜。重视前瞻引领,开展教育资源盈缺状况预警工作,推动设区市党委政府把扩大基础教育资源摆上重要日程,全省总体上基本消除超大班额办学,"入园难"得到缓解,建成 823 个融合教育资源中心。三是职业教育质量稳步提升。组织开展了 531 个现代职业教育体系建设试点项目,认定了 27 所现代化示范性职业学校和 5 所优质特色职业学校。实施高职教育创新发展卓越计划,立项建设 22 所省高水平高职院校。实现全国职业院校技能大赛"十连冠"、全国职业院校信息化大赛"八连冠"。四是高等教育内涵建设不断加强。"双一流"和高水平大学建设持续推进,高校科技创新能力持续增强、产教融合持续深化、人才支撑作用持续提升,教育服务发展能力不断提升,全省普通高校在校生突破 200 万。五是终身教育体系逐步完善。继续实施农民工学历能力双提升计划,完成学分银行管理中心实体建设一期工程。六是部分教育热点难点问题得到初步解决。全省开展教育领域人民群众反映强烈突出问题专项治理工作,通过规范校外培训机构发展、提供课后延时服务、查处中小学违规办学行为、推进"名师空中课堂"建设、查处中小学教师有偿补课等举措,切实解决人民群众关切的难点问题。七是关注民生问题,精准开展扶困助学。全年共下达各级各类学校学生资助经费 68.9 亿元,资助学生 238.7 万人次,确保人人都能接受公平而有质量的教育。

葛道凯强调,全国教育大会是深入贯彻落实党的十九大精神的重要举措和实际行动,标志着中国教育现代化建设进入新阶段、迈向新征程。全省教育工作要以习近平新时代中国特色社会主义思想为指导,全面贯彻全国教育大会精神,认真落实省委、省政府决策部署,加快推进教育现代化,深化教育强省建设,努力办好人民满意的教育。葛道凯指出,我省教育现代化建设进入了以高质量发展为主要任务的教育现代化新阶段,推进教育现代化总体上需要实现"五个转变":一是发展重点由注重规模扩张向更加注重结构优化转变,在着力补齐短板的同时,必须把推动高质量发展作为战略主题,把优化教育结构作为主要任务。二是发展方式由注重刚性保障向更加注重弹性供给转变,在用制度刚性保障老百姓平等受教育权利的同时,要大力倡导适合的教育理念,更多提供与个性需求相适应的弹性教育供给和发展性教育政策体系。三是发展要求由注重达标考核向更加注重特色品牌转变,要推动教育高质量发展,既要抓达标示范,保基本、守底线、统一要求,更要加强特色品牌建设,以特色形成比较优势和竞争力影响力。四是发展取向由注重学校建设向更加注重师生成长转变,通过科学化、个性化的课程体系,多元化、系统化的评价方式,全面发展素质教育,努力构建师生协同发展的育人格局。五是发展评价由注重水平高低向更加注重人民满意转变,要着力解决人民最关心最直接最现实的教育问题,努力办好人民满意的教育。

葛道凯指出,2019 年是新中国成立 70 周年,是全面建成小康社会的关键之年,是贯彻落实全国教育大会精神的开局之年,意义重大、使命光荣。重点做好以下几方面工作,一是切实加强党对教育工作的全面领导。通过完善领导体制机制、加强基层党的建设、抓好意识形态工作、增强德育工作实效,积极推进教育改革发展。二是加快推进全省教育现代化建设。准确把握"五个转变"的总体趋势,坚持"现代化""一盘棋""守底线""造氛围",深化教育领域改革开放、增强服务经济社会发展能力、着力打造江苏教育特色品牌。三是攻坚克难解决一批热点难点问题。在着力回应人民群众教育关切、促进学生全面成长成才、改革创新教师队伍建设等方面,拿出关键举措,不断提高人民群众的教育获得感和满意度。

葛道凯要求,各地各校要深入开展调查研究,广泛汇聚各方智慧,着眼于落下去、出效果,确保全省教育改革发展各项重点任务取得实实在在成效。要大力宣传优秀教师先进事迹和各地各校加快教育改革发展的做法和成效,形成教育宣传的"大江大河"和"涓涓细流",积极营造健康向上的教育生态。

东南大学、南京工业大学、扬州工业职业技术学院、无锡市教育局、徐州市教育局、苏州市教育局、南通市教育局、滨海县教育局分别作交流发言。各设区市,县(市、区)教育局主要负责人,各高校党委书记、校(院)长参加会议。

来　　源:江苏省教育厅
发布日期:2019 年 02 月 14 日

省政府办公厅关于
规范校外培训机构发展的实施意见

各市、县（市、区）人民政府，省各委办厅局，省各直属单位：

规范校外培训机构发展，切实减轻中小学生过重课外负担，是全面贯彻党的教育方针、培养德智体美劳全面发展的社会主义建设者和接班人的重要举措。根据党中央、国务院决策部署，规范校外培训机构发展，要坚持以习近平新时代中国特色社会主义思想为指导，深入贯彻党的十九大精神，全面落实全国教育大会和《国务院办公厅关于规范校外培训机构发展的意见》（国办发〔2018〕80号）部署要求，遵循依法规范、分类管理、综合施策、协同治理的原则，聚焦面向中小学生的语文、数学、英语、物理、化学、生物等学科知识培训，强化对校外培训机构和中小学校办学行为的有效监管，构建标本兼治的长效机制，促进中小学生身心健康发展，推动立德树人和发展素质教育落到实处、见到成效。经省人民政府同意，现就我省规范校外培训机构发展提出如下实施意见。

一、加强校外培训机构准入管理

各设区市教育行政部门要会同有关部门，结合本地区实际制定完善校外培训机构设置的具体标准，并向省级教育行政部门和有关部门备案。校外培训机构必须经县（市、区）教育行政部门审批取得办学许可证后，登记取得营业执照（或事业单位法人证书、民办非企业单位登记证书）；未经教育行政部门批准，任何机构不得以家教、托管、咨询、文化传播等名义面向中小学生开展与学校文化教育课程相关或者与升学考试相关的补习辅导等培训业务。校外培训机构在同一县（市、区）设立分支机构或培训点的，均须经过批准；跨县（市、区）设立分支机构或培训点的，须到分支机构或培训点所在县（市、区）教育行政部门审批。中小学校和在职中小学教师不得举办或参与举办校外培训机构。青少年宫、青少年活动中心、青少年科技中心（馆、站）、妇女儿童活动中心、青少年素质教育基地、线上教育机构、社区教育机构、职业培训机构、教育咨询类公司、学生托管服务机构、体育俱乐部、文化书画院、国学院（班）等，未经教育行政部门批准，不得面向中小学生开展语文、数学、英语、物理、化学、生物等与升学或考试相关的学科及其延伸类培训（教学）活动、竞赛活动、等级测试等变相竞赛活动。

二、明确校外培训机构场所基本条件

校外培训机构应当具备与所开办培训项目及规模相适应的办学场所和设施设备，同一培训时段内生均面积不得低于3平方米，不得选用半地下室、地下室及其他有安全隐患的场所。办学场所和设施设备必须符合国家关于消防、卫生、环保等方面的规定要求，设立食堂、小卖部的校外培训机构还应依法取得食品经营许可证。校外培训机构应当加强培训场所安全管理,参照中小学幼儿园安全防范工作规范,建立健全安全管理制度和应急预警处理机制,落实人防、物防、技防等安全防范措施,提升安全风险防控能力。

三、细化校外培训机构教学培训要求

校外培训机构应当按照办学许可证载明的培训项目及培训内容,开设课程、选用教材、组织教学。开展语文、数学、英语、物理、化学、生物等学科知识培训的内容、班次、招生对象、进度、上课时间等,应当向所在县(市、区)教育行政部门备案并向社会公布;培训内容不得超出相应的国家课程标准,培训班次必须与招生对象所处年级相匹配,培训进度不得超过所在县(市、区)中小学同期进度,培训时间不得和当地中小学校教学时间相冲突,培训结束时间不得晚于20:30,不得留作业,不得对学龄前儿童进行"小学化"教学,除寒暑假外不得招收义务教育阶段学生开展全日制培训。校外培训机构不得面向社会举办或参与举办以学前教育和义务教育阶段学生为对象、与升学或考试相关的学科及其延伸类竞赛活动或等级测试等变相竞赛活动;面向机构内部学员组织考试测评的成绩,以及优秀学员评定、升学等情况,不得面向中小学校公开或进行社会宣传。

四、强化校外培训机构师资队伍管理

各地要督促校外培训机构配备与培训类别、层次及规模相适应的专兼职师资队伍,不得聘用中小学校在职教师。指导校外培训机构加强师德师风建设,建立健全教师专业发展机制。在校外培训机构从事语文、数学、英语、物理、化学、生物等学科知识培训的教师,应当具有相应的教师资格。聘用外籍人员须符合国家和省有关规定。校外培训机构应当将全体教师的姓名、照片、任教班次及教师资格证号在机构网站和培训场所显著位置予以公示。

五、严格校外培训机构招生宣传

各地要督促校外培训机构践行诚实守信,招生简章和广告应当真实、合法、准确。其中,招生简章应当报审批机关备案并向社会公示,标明校外培训机构全称、办学许可证号、办学内容、收费项目、收费标准、退费办法和服务承诺等内容;宣传广告不得误导学生、家长或引发歧义,不得对升学、通过考试、获得合格证书及培训效果进行明示或暗示的保证性承诺,不得明示、暗示有相关考试机构或其工作人员、考试命题人员参与培训,不得到中小学校内进行宣传或者招生。各地要督促指导新闻媒体在承接培训机构广告宣传业务时,认真核查招生简章备案手续、办学许可证等,并确保按审批机关备案的招生简章发布。

六、注重校外培训机构收费管理

校外培训机构应当严格执行财务与资产管理规定,不得一次性收取时间跨度超过3个月的培训费用。收费应当开具合法票据,所收费用存入机构开设的学杂费专用账户。培训机构收费项目及标准、退费标准、退费程序等应当向社会长期动态公示,并接受有关部门监督,不得在公示的项目和标准外收取其他费用,不得以任何名义向教师、学生、家长等群体摊派费用、强行集资或非法集资。校外培训机构应当与受教育者或其监护人签订培训服务规范合同,严格履行合同约定内容,切实维护双方合法权益。对于培训对象未完成的培训课程,有关退费事宜严格按照双方合同约定和相关法律规定办理。

七、落实校外培训机构年检年报制度

各县(市、区)教育行政部门要会同有关部门按照校外培训机构设置标准、审批条件、办学行为要求和登记管理有关规定完善管理办法,每年定期组织开展年检和年度报告工作,相关结果及时在报刊、网站上公示。在境外上市的校外培训机构向境外公开披露的定期报告及对公司经营活动有重大不利影响的临时报告等信息,应以中文文本在公司网站(如无公司网站,应在证券信息披露平台)向境内同步公开、接受监督。对经年检和年报公示信息抽查检查发现校外培训机

构隐瞒实情、弄虚作假、违法违规办学,或不接受年检、不报送年度报告的,要依法依规严肃处理,直至吊销办学许可证,追究有关人员的法律责任。

八、建立校外培训机构黑白名单制度

各地要加快建设校外培训机构信息管理综合服务平台,依法采集、使用、共享校外培训机构信息,增强监测预警能力,提升管理服务效率。全面推行白名单制度,对通过审批登记的,在政府网站公布校外培训机构的名单及主要信息,并根据日常监管和年检、年度报告公示情况及时更新。建立完善黑名单制度,根据校外培训机构的设置和管理要求形成负面清单,对已经审批登记,但有负面清单所列行为的校外培训机构,应当及时将其从白名单上清除并列入黑名单;对未经批准登记、违法违规举办的校外培训机构,予以严肃查处并列入黑名单。各地要将黑名单信息纳入本地区信用信息共享平台,按有关规定实施联合惩戒。将营利性校外培训机构的行政许可信息、行政处罚信息、黑名单信息、抽查检查结果等归集至国家企业信用信息公示系统,记于相对应企业名下并依法公示。对于非营利性校外培训机构的失信行为,依据社会组织信用信息管理有关规定进行信用管理并依法公示。

九、规范中小学校招生和教育教学行为

各地要严明中小学校招生入学工作纪律,严格实施义务教育学校免试就近入学,规范民办中小学校招生、考试和办学行为。坚决禁止中小学校与校外培训机构联合招生,坚决查处中小学校将校外培训机构培训结果或培训证书与招生入学挂钩的行为,并依法追究有关中小学校、校外培训机构和相关人员责任。切实加强中小学校师德师风建设,鼓励广大教师为人师表、潜心教书育人。中小学校必须严格按照国家发布的课程方案、课程标准和学校教学计划,开足、开齐、开好每门课程,严禁超课程标准、超课程进度进行教学或命题考试。各级教育行政部门要指导

中小学校按照学校管理有关标准对标研判、依标整改,严格规范教育教学行为,着力提高教育教学质量。坚持依法从严治教,对中小学校不遵守教学计划、"非零起点教学"等行为,要坚决查处并追究有关校长和教师的责任;对中小学校在职教师从事有偿家教、"课上不讲课后到校外培训机构讲"、诱导或逼迫学生参加校外培训机构培训等行为,要严肃处理,直至取消有关教师的教师资格。

十、推行中小学生弹性离校制度

各地要创造条件、加大投入、完善政策,强化中小学校在课后服务中的主渠道作用,普遍建立弹性离校制度。中小学校要充分挖掘学校师资和校舍条件的潜力,积极利用社会教育资源,发挥家长委员会的作用,开辟多种适宜的途径,帮助学生培养兴趣、发展特长、开拓视野、增强实践,坚决防止课后服务变相成为集体教学或补课。倡导和支持中小学校为学习有困难的学生提供免费辅导。各地可根据课后服务性质,采取财政补贴、收取服务性收费或代收费等方式筹措经费。设定服务性收费或代收费项目的课后服务,要坚持成本补偿和非营利原则,其收费项目由省级教育行政部门、价格主管部门联合报省人民政府审定,收费标准按有关规定由市县价格主管部门、教育行政部门联合报本级人民政府批准后执行。各地人力资源社会保障、财政部门要在核定中小学校绩效工资总量时,对开展课后服务的学校,根据课后服务内容、时长等情况,适当增核绩效工资总量;增核的绩效工资总量,主要用于参与课后服务教师的分配。中小学生是否参加课后服务,由学生和家长自愿选择,严禁各地以课后服务名义乱收费。

十一、明晰校外培训机构日常监管责任

坚持党委领导、政府主导,落实以县为主管理责任,强化省和设区市统筹协调作用,发挥各级联席会议议事协调职能,按照"谁审批谁监管、谁主管谁监管"的原则,完善监管责任体系和工

作机制,建立健全行政监管、信用监管、行业自律、社会监督相结合的综合监管机制。教育行政部门要切实强化监管队伍建设,负责查处未取得办学许可证违法经营的机构,组织精干力量会同相关部门开展校外培训市场联合执法,在做好办学许可审批工作基础上,重点加强培训内容、培训班次、招生对象、教师资格及培训行为的日常监管;市场监管部门要重点加强相关登记、收费、广告宣传、反垄断、反不正当竞争、规范不公平合同格式条款、食品安全等方面的日常监管,及时将无证经营行为通报教育行政部门并开展联合执法;人力资源社会保障部门要重点加强职业培训机构未经批准面向中小学生开展培训的日常监管;机构编制、民政部门要重点加强校外培训机构违反相关登记管理规定的日常监管;公安、应急管理、消防、卫生健康等部门要重点加强校外培训机构安全、卫生等工作的日常监管;网信、工业和信息化、文化和旅游、广播电视等部门要在各自职责范围内配合教育行政部门加强线上教育日常监管;价格主管部门要重点做好中小学校课后服务收费项目和标准管理工作;城市管理部门要重点加强校外培训机构户外广告设置的日常监管;金融监管部门要指导金融机构配合教育行政部门加强校外培训机构资金的日常监管。乡镇人民政府、街道办事处要依托网格化管理体系,开展所在区域校外培训市场的日常巡查,协同县(市、区)相关部门开展校外培训市场联合执法,切实维护社会和谐稳定;有条件的乡镇人民政府、街道办事处可将校外培训机构违法违规行为纳入综合执法内容。各地要扎实开展校外培训机构集中整治,畅通投诉举报渠道,定期、不定期开展校外培训机构专项治理,特别是要紧盯寒暑假、法定节假日等关键时间节点开展专项治理。各级教育督导机构要将规范校外培训机构发展工作纳入对下一级人民政府履行教育职责

考评内容,相关结果作为有关领导干部综合考核评价的重要参考。规范治理校外培训机构及减轻中小学生课外负担不力的县(市、区),不得申报义务教育优质均衡发展评估认定,已经通过认定的要下发专项督导通知书予以限期整改。建立问责机制,对责任不落实、措施不到位,造成中小学生课外负担过重、人民群众反映特别强烈的地区及相关责任人进行严肃问责。

十二、引导全社会形成良好舆论氛围

各地要通过家长会、家长学校、家访、专题报告等形式,大力宣传适合的教育是最好的教育理念,促进家长树立正确的教育观念、成才观念,不盲目攀比,科学认识并切实减轻学生过重的课外负担,努力形成家校育人合力。支持民办培训行业组织发展,鼓励行业协会参与制定行业标准、行业规划和政策法规,参与建设校外培训机构信息管理综合服务平台、推广使用培训合同示范文本,建立健全行业自律准则、自律公约和职业道德规范,不断规范会员行为。广泛宣传和解读规范校外培训机构发展的政策措施,引导校外培训机构增强社会责任担当,强化自我约束,树立良好社会形象。

各市、县(市、区)人民政府要根据本实施意见,抓紧研究出台符合本地区实际的工作方案,细化分工、压实责任、大力推进,确保校外培训机构规范有序发展,确保中小学生过重课外负担切实减轻。

江苏省人民政府办公厅

2018 年 11 月 26 日

来　　源:江苏省教育厅

发布日期:2018 年 12 月 04 日

关于做好中小学生课后服务工作的指导意见

各设区市教育局、财政局、发展改革委（物价局）、人社局：

为认真贯彻落实党的十九大和全国教育大会精神，积极回应广大家长的现实需求，深入推进素质教育，努力办好人民群众满意的教育，按照《国务院办公厅关于规范校外培训机构发展的意见》（国办发〔2018〕80 号）《教育部办公厅关于做好中小学生课后服务工作的指导意见》（教基一厅〔2017〕2 号）和《省政府办公厅关于规范校外培训机构发展的实施意见》（苏政办发〔2018〕98 号）要求，现就做好我省中小学生课后服务工作提出如下指导意见。

一、总体要求

开展中小学生课后服务，是强化校内教育、帮助家长解决按时接孩子放学困难的重要举措，是促进学生学习、培养学生兴趣、促进个性发展、发展素质教育的重要途径，是激发学校办学活力，增强教育服务能力，使人民群众具有更多获得感和幸福感的民生工程。各地各校、各有关部门要认真学习贯彻习近平总书记全国教育大会讲话精神，提高政治站位，站稳人民立场，增强"办人民满意教育"的思想和行动自觉，高度重视并做细做实中小学生课后服务工作，积极构建课内外相结合的良好育人生态。

开展中小学生课后服务工作须坚持以下基本原则：

1. 公开服务事项，主动接受监督。开展课后服务的学校要公开服务时间、服务内容、服务方式、安全措施、收费事项等，主动接受学生、家长和社会监督。

2. 坚持自愿选择，解决群众急需。中小学生是否参加课后服务，由学生家长自愿选择，严禁以任何方式强制或变相强制学生参加，不得因此增加学生课业负担。

3. 发展学生素质，创新服务模式。根据学生身心发展特点，开展丰富多样的课后服务，培养学生兴趣爱好，促进学生综合素质发展。

4. 公益性质为主，加强有效监管。鼓励有条件的地区以财政投入为主，为学生提供力所能及的服务。确实不具备条件但有课后服务需求的地区，开展课后服务可采用政府财政补助和学校支持、家长合理分担运行成本的做法，坚持公益导向，不得营利。

二、服务安排

1. 服务范围。课后服务的范围为小学、初中的学生。

2. 服务时间。课后服务一般从周一至周五下午放学后开始，结束时间原则上不晚于 18:00。具体服务时间由县级以上政府教育行政部门根据实际情况规定。

3. 服务对象。课后服务对象是本校在读的学生，优先保障残疾儿童、留守儿童、进城务工人员随迁子女、家庭经济困难儿童和中低年级学生等亟需服务群体，对个别学习有困难的学生给予免费指导帮助。

4. 组织方式。有课后服务需求的学生家长依照学校相关规定自愿提出申请,经学校审核后统筹安排,统一组织。具体活动安排由学校负责,学校要充分利用管理、人员、场地、资源等方面的优势,积极开展课后服务工作,也可与具备资质、规范的社会组织和专业机构联合提供服务。课后服务原则上以一学期为相对固定期。

5. 服务内容。课后服务主要包括:(1)集中完成作业。安排学生在指定场所自主完成作业,并可进行学生作业个别答疑,提倡对个别学习有困难的学生给予免费辅导帮助。鼓励利用"名师空中课堂"等面向学生开展个性化学习辅导。(2)参加社团活动。安排学生参加各种社团和兴趣小组活动。学校要立足本校实际和特色建设,开展覆盖面广的、满足学生兴趣爱好的各类社团活动,可依托体育、科技、文化艺术等部门,充分挖掘和重点建设体育训练、科学技术、文化艺术、传统工艺等各类社团或兴趣小组,为学生提供"菜单式"服务。(3)自主阅读交流。安排学生在阅览室等区域自主阅读或开展读书交流活动。(4)组织专题教育活动。学校统一安排专题教育等其他有益活动。活动安排要体现实践性、体验性、自主性。(5)其他根据学校特色开展的活动。充分发挥各类课程基地等学习场所的作用,促进课后服务与转变学生学习方式的有机结合。

三、组织实施

1. 县区属地管理。各县(市、区)教育行政部门要担负起中小学生课后服务的管理职责,同时加强与各有关部门的沟通协调,共同做好中小学生课后服务管理工作。各设区市要加强督促指导,统筹管理本区域的中小学生课后服务工作。

2. 学校为主实施。各中小学要结合实际,主动承担课后服务工作,尽可能满足学生的需求。鼓励学校与(青)少年宫、青少年活动中心、妇女儿童活动中心、科技馆、社区活动中心等机构开展合作,共同开展综合实践等服务。学校应将开展课后服务的具体方式、服务内容、人员安排、容纳人数、社团活动菜单、收费事项等信息及时告

知学生及家长,方便学生家长自愿选择,提出申请。

3. 加强队伍保障。鼓励学校教师发挥爱好特长、跨学科指导学生。支持社会专业人员、学生家长、高校优秀学生、退休教师等为学生提供各种专业化的服务。同时广泛动员体育教练、民间艺人、能工巧匠、非物质文化传承人及社会热心人士等志愿服务力量,为学生提供形式多样的服务,提升课后服务能力。中小学及相关机构要对参与人员严格把关。

4. 人员合理取酬。各地人力资源社会保障、财政部门在核定中小学校绩效工资总量时,对开展课后服务的学校,根据课后服务内容、时长等情况,适当增核绩效工资总量;增核的绩效工资总量,主要用于参与课后服务教师的分配。对学校外聘的参与课后服务的社会专业人员,可由双方协议确定有关劳务报酬,所需经费可从收取的费用中列支。

四、保障机制

1. 加强组织领导。开展课后服务涉及城乡千万学生,涉及学校、家庭和社会方方面面,涉及发改、财政、人社、安监等各个部门的密切合作,各设区市、县(市、区)要成立由地方政府牵头的领导小组,统筹协调开展课后服务的各项工作,确保安全稳定,群众满意。

2. 落实经费保障。各地可根据课后服务性质,采取财政补贴、收取费用、社会捐助等方式筹措经费。收费项目由省教育行政部门、价格主管部门联合报省人民政府审定;收费标准按有关规定由市县价格主管部门、教育行政部门联合报本级人民政府批准后执行。

3. 争取社会支持。充分依靠和发挥学校家长委员会的优势,参与课后服务的管理并提供相关支持。结合学校社团服务,争取社会各方支持,帮助学校建设各类学生社团,鼓励向学校捐赠社团专业器材、图书资料,提供经费支持和各类志愿者活动。

4. 加强监督管理。各地各校要制定学校开展教师课后服务的办法,加强学校课后服务的管理。财政补贴及收取的课后服务费用等须专款专用,不得用于其他任何支出。学校主要负责人是课后服务的第一责任人。任何学校不得利用课后在校时间集体上课。要加强学生活动安全管理,确保学生人身安全。各地各部门要高度重视、密切配合、加强督查,切实做好课后服务工作,共同为办好人民满意的教育而努力。

省教育厅　省发展改革委
省财政厅　省人力资源社会保障厅
2018 年 12 月 18 日

来　　源:江苏省教育厅
发布日期:2018 年 12 月 20 日

2019 年全省高等学校本科教学工作会议在宁召开

3月22日,2019年全省高等学校本科教学工作会议在宁召开。会议主题是深入学习贯彻习近平新时代中国特色社会主义思想,全面部署落实立德树人根本任务,坚持"以本为本",加快培养一流人才,建设一流本科教育,努力开创新时代全省高校本科教育教学工作新局面。教育部高等教育司副司长王启明出席会议并作专题报告,省教育厅副厅长王成斌出席会议并讲话。

王启明充分肯定了近年来江苏高校本科教学工作取得的成绩,他以"识变、应变、求变,打好全面振兴本科教育攻坚战"为主题作报告。他指出,2018年是新时代高等教育元年,召开了新时代首次全国教育大会和本科教育工作会议,2019年是全面振兴本科教育关键之年。他强调,"以本为本"是国际高等教育共识与趋势,中国高等教育要超前识变、积极应变、主动求变,把握高等教育发展大势,吹响集结号、唱响主旋律,全面振兴本科教育。

王成斌回顾了2018年全省高校本科教育教学工作。一是强化政治意识,落实立德树人的根本任务。强化课堂教学立德树人主渠道作用,推动高校各类课程与思想政治理论课同向同行;组织品牌专业教学学术周活动,开展思想政治理论课和中华优秀传统文化课示范说课;推进马工程重点教材统一使用工作,在习近平新时代中国特色社会主义思想进教材、进课堂、进头脑方面发挥了积极作用。二是强化服务意识,大力推动产教融合和产学研协同育人。围绕政府关切、产业趋势,相继举办药业、文化产业、生态文明和乡村振兴四场对话对接活动;开展大学生万人计划学术冬令营项目,以产业和技术发展的最新需求推动高校人才培养模式改革。三是强化改革意识,全面提高人才培养能力。在专业建设、创新创业教育、教学改革等方面,聚焦人才培养质量,改革培养模式,取得显著成效。四是强化一流意识,努力使本科教学工作走在前列。在高等教育国家级教学成果奖获奖总数、国家精品在线开放课程认定总数、国家级示范性虚拟仿真实验教学项目入选总数和工程教育认证专业总数等四个方面,江苏高校均居全国第一。

王成斌强调,要坚持"以本为本",建设江苏一流本科教育。全省高校要把全面提高本科教育质量特别是人才培养质量作为高等教育的首要任务,作为衡量学校办学水平的第一标准,作为学校工作的出发点和落脚点。一是抓好政治方向。要深入学习贯彻习近平总书记在"学校思想政治理论课教师座谈会"上的重要讲话精神,不断强化课程思政和专业思政,全方位加强理想信念教育、道德教育和社会责任教育。二是抓好重点任务。要提前谋划,积极推动一流专业与一流课程建设;加强实践教学、促进产教融合。三是抓好基础环节。高校要切实把教风学风建设放在突出位置,进一步规范教学管理秩序,落实教师主体责任;要建立健全适应新时代发展所需的基层教学组织,完成对原有教研室、课程组等基层教学组织的提档升级;要以习近平新时代中国特色社会主义思想为指导,努力打造发展质量高、贡献度高、社会认可度高的高等教育。

会上,王成斌代表省教育厅对在 2018 年为江苏本科教育教学工作做出突出贡献的 25 所高校颁发致谢状。南京大学、东南大学、江南大学、苏州大学、常州大学、盐城师范学院等 6 所高校分管负责人作交流发言。

来　　源:江苏省教育厅
发布日期:2019 年 03 月 27 日

江苏省体育局 2019 年度部门预算情况说明

一、收支预算总表情况说明

省体育局部门 2019 年度收入、支出预算总计 105 474.54 万元,与上年相比收、支预算总计各增加 7 658.95 万元,增长 7.83%。其中:

(一)收入预算总计 105 474.54 万元。包括:

1. 财政拨款收入预算总计 87 312.03 万元

(1)一般公共预算收入预算 87 312.03 万元,与上年相比增加 5 599.01 万元,增长 6.85%。主要原因是根据《关于调整 2018 年度住房公积金、逐月住房补贴基数的通知》(苏机房改办〔2018〕1 号),在职人员调整缴存基数导致公积金和提租补贴预算较上年增加 2 205.80 万元;根据《关于做好 2018 年度省级机关事业单位退休人员租金补贴基数调整申报工作的通知》(苏机事险函〔2018〕11 号),离退休人员房贴较上年增加 850.06 万元;根据《省财政厅省体育局关于提高省优秀运动队运动员教练员伙食费标准的通知》(苏财教〔2019〕3 号),教练员运动员及集训运动员伙食费较上年增长 1 118 万元。

(2)政府性基金收入预算 0 万元,与上年相比无变化。

2. 财政专户管理资金收入预算总计 3 569 万元。与上年相比减少 111 万元,减少 3.02%。主要原因是南京体育学院教育收费较上年减少。

3. 其他资金收入预算总计 13 489.93 万元。与上年相比增加 1 965.81 万元,增长 17.06%。主要原因是省队市办运动队事业收入和其他收入较上年增加 956 万元;省足球运动管理中心事业收入较上年增加 638.93 万元。

4. 上年结转和结余资金预算数为 1 103.58 万元。与上年相比增加 205.13 万元,增加 22.83%。主要原因是南京体育学院动用上年结余结转资金较上年增加。

(二)支出预算总计 105 474.54 万元。包括:

1. 教育支出 12 560 万元,主要用于南京体育学院中专及高校相关事务的支出。与上年相比减少 589.63 万元,减少 4.48%。主要原因是南京体育学院"高等教育专项经费"较上年减少 536 万元。

2. 文化旅游体育与传媒支出 67 679.87 万元,主要用于体育方面的支出。与上年相比增加 4 070.62 万元,增长 6.40%。主要原因是省体育局各训练单位"运动队保障经费"较上年增加 1 575.81 万元,省足球运动管理中心"足球基地业务经费"较上年增加 830 万元,教练员运动员伙食费调标较上年增加 743 万元。

3. 社会保障和就业支出 8 264.06 万元,主要用于"机关事业单位基本养老保险缴费支出""机关事业单位职业年金缴费支出"及"未归口管理的行政单位离退休经费"开支。与上年相比增加 111.66 万元,增长 1.37%。主要原因是在编人员增加导致的机关事业单位基本养老保险缴费支出及职业年金缴费支出的增加。

4. 住房保障支出 16 970.61 万元,主要用于公积金和住房补贴开支。与上年相比增加 4 066.30 万元,增长 31.51%。主要原因是根据

《关于调整 2018 年度住房公积金、逐月住房补贴基数的通知》(苏机房改办〔2018〕1 号)和《关于做好 2018 年度省级机关事业单位退休人员租金补贴基数调整申报工作的通知》(苏机事险函〔2018〕11 号)文件要求,调整公积金和房贴基数导致的增资。

5. 结转下年资金预算数为 0 万元。

此外,基本支出预算数为 79 351.23 万元。与上年相比增加 5 591.61 万元,增长 7.58%。主要原因是根据《关于调整 2018 年度住房公积金、逐月住房补贴基数的通知》(苏机房改办〔2018〕1 号)和《关于做好 2018 年度省级机关事业单位退休人员租金补贴基数调整申报工作的通知》(苏机事险函〔2018〕11 号)文件要求,调整公积金和房贴基数导致的住房保障支出增资 4 066.30 万元;教练员运动员伙食费调标较上年增加 743 万元。

项目支出预算数为 25 314.71 万元。与上年相比增加 1 943.71 万元,增长 8.32%。主要原因是省体育局各训练单位"运动队保障经费"较上年增加 1 575.81 万元。

单位预留机动经费预算数为 808.60 万元。与上年相比增加 123.63 万元,增长 18.05%。主要原因是根据相关薪资改革政策,预留机动经费预算中应休未休假补贴、年终一次性奖金、绩效工资及离休人员经费等开支较上年增加。

二、收入预算情况说明

省体育局部门本年收入预算合计 105 474.54 万元,其中:

一般公共预算收入 87 312.03 万元,占 82.78%;

财政专户管理资金 3 569 万元,占 3.38%;

其他资金 13 489.93 万元,占 12.79%;

上年结转资金 1 103.58 万元,占 1.05%。

三、支出预算情况说明

省体育局部门本年支出预算合计 105 474.54 万元,其中:

基本支出 79 351.23 万元,占 75.23%;

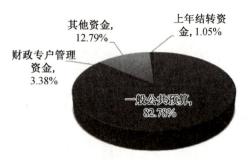

图 1　收入预算图

项目支出 25 314.71 万元,占 24%;

单位预留机动经费 808.60 万元,占 0.77%。

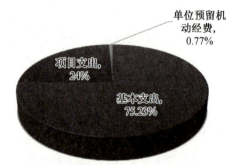

图 2　支出预算图

四、财政拨款收支预算总表情况说明

省体育局部门 2019 年度财政拨款收、支总预算 87 312.03 万元。与上年相比,财政拨款收、支总计各增加 5 599.01 万元,增长 6.85%。主要原因是根据《关于调整 2018 年度住房公积金、逐月住房补贴基数的通知》(苏机房改办〔2018〕1 号),在职人员调整缴存基数导致公积金和提租补贴预算较上年增加 2 205.80 万元;根据《关于做好 2018 年度省级机关事业单位退休人员租金补贴基数调整申报工作的通知》(苏机事险函〔2018〕11 号),离退休人员房贴较上年增加 850.06 万元;根据《省财政厅省体育局关于提高省优秀运动队运动员教练员伙食费标准的通知》(苏财教〔2019〕3 号),教练员运动员及集训运动员伙食费较上年增长 1 118 万元。

五、财政拨款支出预算表情况说明

省体育局部门 2019 年财政拨款预算支出

87 312.03 万元,占本年支出合计的 82.78%。与上年相比,财政拨款支出增加 5 599.01 万元,增长 6.85%。根据《关于调整 2018 年度住房公积金、逐月住房补贴基数的通知》(苏机房改办〔2018〕1 号),在职人员调整缴存基数导致公积金和提租补贴预算较上年增加 2 205.80 万元;根据《关于做好 2018 年度省级机关事业单位退休人员租金补贴基数调整申报工作的通知》(苏机事险函〔2018〕11 号),离退休人员房贴较上年增加 850.06 万元;根据《省财政厅省体育局关于提高省优秀运动队运动员教练员伙食费标准的通知》(苏财教〔2019〕3 号),教练员运动员及集训运动员伙食费较上年增长 1 118 万元。

其中:

(一)教育支出(类)

1. 普通教育(款)高等教育(项)支出 9 640.99 万元,与上年相比减少 133.85 万元,减少 1.37%。主要原因是南京体育学院(高校)"高等教育专项经费"及"高校内涵建设专项"的财政拨款预算较上年减少。

2. 职业教育(款)中专教育(项)支出 506.05 万元,与上年相比减少 9.06 万元,减少 1.76%。主要原因是南京体育学院(中专)在职在编人员减少导致人员经费和公用经费较上年减少。

(二)文化旅游体育与传媒支出(类)

1. 体育(款)行政运行(项)支出 3 660.29 万元,与上年相比减少 82.87 万元,减少 2.21%。主要原因是"省优秀运动队年度比赛成绩奖"较上年减少。

2. 体育(款)一般行政管理事务(项)支出 819 万元,与上年相比减少 91 万元,减少 10%。主要原因是按照党中央、国务院和省委、省政府关于厉行节约的相关规定,严控"三公"经费等一般性支出规模,2019 年单位运转类专项一律压减 10%,省体育局(机关)"物业管理费"专项较上年压减 91 万元。

3. 体育(款)机关服务(项)支出 385.54 万元,与上年相比减少 12.37 万元,减少 3.11%。主要原因是省体育局后勤服务中心和省体育局会计核算中心在职在编人数减少导致的人员经费和公用经费减少。

4. 体育(款)体育竞赛(项)支出 127.52 万元,与上年相比增加 34.99 万元,增长 37.81%。主要原因是省体育竞赛管理中心 2019 年新增"全国以上办赛补助经费"财政拨款预算 45 万元。

5. 体育(款)体育训练(项)支出 47 344.58 万元,与上年相比增加 2 536.24 万元,增长 5.66%。主要原因是根据《省财政厅省体育局关于提高省优秀运动队运动员教练员伙食费标准的通知》(苏财教〔2019〕3 号),教练员运动员及集训运动员伙食费较上年增长 1 118 万元;省体育局各训练单位工作人员及运动员增加导致人员经费及公用经费增加。

6. 体育(款)群众体育(项)支出 71.42 万元,与上年相比减少 25.39 万元,减少 26.23%。主要原因是省社会体育管理中心在编在职人数减少导致人员经费和公用经费减少。

7. 体育(款)其他体育支出(项)支出 2 731.02 万元,与上年相比增加 9.18 万元,增长 0.34%。主要原因是省体育局青少年训练与反兴奋剂管理中心在职在编人数增加导致的人员经费和公用经费增加。

(三)社会保障和就业支出(类)

1. 行政事业单位离退休(款)未归口管理的行政单位离退休(项)支出 208.29 万元,与上年相比减少 5.26 万元,减少 2.46%。主要原因为省体育局机关离休人员减少 1 人导致的离休费减少。

2. 行政事业单位离退休(款)机关事业单位基本养老保险缴费支出(项)支出 5 369.25 万元,与上年相比增加 230.84 万元,增长 4.49%。主要原因为在职在编人数较上年增加导致基本养老保险缴费支出增加。

3. 行政事业单位离退休(款)机关事业单位

职业年金缴费支出(项)支出 2 146.49 万元,与上年相比增加 91.70 万元,增长 4.46％。主要原因为在职在编人数较上年增加导致职业年金缴费支出增加。

(四)住房保障支出(类)

1. 住房改革支出(款)住房公积金(项)支出 3 763.76 万元,与上年相比增加 406.09 万元,增长 12.09％。主要原因为根据《关于调整 2018 年度住房公积金、逐月住房补贴基数的通知》(苏机房改办〔2018〕1 号),在职人员调整缴存基数导致公积金预算较上年增加。

2. 住房改革支出(款)提租补贴(项)支出 10 537.83 万元,与上年相比增加 2 649.77 万元,增长 33.59％。主要原因为根据《关于调整 2018 年度住房公积金、逐月住房补贴基数的通知》(苏机房改办〔2018〕1 号),导致在职人员住房补贴预算较上年增加 1 799.71 万元;根据《关于做好 2018 年度省级机关事业单位退休人员租金补贴基数调整申报工作的通知》(苏机事险函〔2018〕11 号),离退休人员住房补贴较上年增加 850.06 万元。

六、财政拨款基本支出预算情况说明

省体育局部门 2019 年度财政拨款基本支出预算 68 474.72 万元,其中:

(一)人员经费 58 448.49 万元。主要包括:基本工资、津贴补贴、奖金、伙食补助费、绩效工资、机关事业单位基本养老保险缴费、职业年金缴费、其他社会保障缴费、住房公积金、医疗费、其他工资福利支出、离休费、退休费、生活补助、医疗费补助、奖励金。

(二)公用经费 10 026.23 万元。主要包括:办公费、水费、电费、邮电费、差旅费、维修(护)费、会议费、培训费、公务接待费、专用材料费、工会经费、福利费、公务用车运行维护费、其他交通费用、其他商品和服务支出。

七、一般公共预算支出预算情况说明

省体育局部门 2019 年一般公共预算财政拨款支出预算 87 312.03 万元,与上年相比增加 5 599.01 万元,增长 6.85％。主要原因是根据《关于调整 2018 年度住房公积金、逐月住房补贴基数的通知》(苏机房改办〔2018〕1 号),在职人员调整缴存基数导致公积金和提租补贴预算较上年增加 2 205.80 万元;根据《关于做好 2018 年度省级机关事业单位退休人员租金补贴基数调整申报工作的通知》(苏机事险函〔2018〕11 号),离退休人员房贴较上年增加 850.06 万元;根据《省财政厅省体育局关于提高省优秀运动队运动员教练员伙食费标准的通知》(苏财教〔2019〕3 号),教练员运动员及集训运动员伙食费较上年增长 1 118 万元。

八、一般公共预算基本支出预算表情况说明

省体育局部门 2019 年度一般公共预算财政拨款基本支出预算 68 474.72 万元,其中:

(一)人员经费 58 448.49 万元。主要包括:基本工资、津贴补贴、奖金、伙食补助费、绩效工资、机关事业单位基本养老保险缴费、职业年金缴费、其他社会保障缴费、住房公积金、医疗费、其他工资福利支出、离休费、退休费、生活补助、医疗费补助、奖励金。

(二)公用经费 10 026.23 万元。主要包括:办公费、水费、电费、邮电费、差旅费、维修(护)费、会议费、培训费、公务接待费、专用材料费、工会经费、福利费、公务用车运行维护费、其他交通费用、其他商品和服务支出。

九、一般公共预算"三公"经费、会议费、培训费支出预算情况说明

省体育局部门 2019 年度一般公共预算拨款安排的"三公"经费预算支出中,因公出国(境)费支出 90 万元,占"三公"经费的 12.87％;公务用车购置及运行费支出 474.60 万元,占"三公"经费的 67.89％;公务接待费支出 134.48 万元,占"三公"经费的 19.24％。具体情况如下:

(一)"三公"经费

1. 因公出国(境)费预算支出 90 万元,与上

年预算持平。

2. 公务用车购置及运行费预算支出 474.60 万元。其中：

(1) 公务用车购置预算支出 0 万元，与上年预算持平。

(2) 公务用车运行维护费预算支出 474.60 万元，与上年预算持平。

3. 公务接待费预算支出 134.48 万元，比上年预算减少 49.49 万元，主要原因为省体育局严格按照《江苏省党政机关厉行节约反对浪费的有关规定》，从严控制"公务接待费"。

(二) 会议费

省体育局部门 2019 年度一般公共预算拨款安排的会议费预算支出 58.60 万元，比上年预算减少 4.60 万元，主要原因为省体育局严格按照《江苏省党政机关厉行节约反对浪费的有关规定》，从严审核会议费年度计划，控制会议费预算。

(三) 培训费

省体育局部门 2019 年度一般公共预算拨款安排的培训费预算支出 469.97 万元，比上年预算减少 14.30 万元，主要原因为省体育局严格按照《江苏省党政机关厉行节约反对浪费的有关规定》，从严审核培训费年度计划，控制培训费预算。

十、政府性基金预算支出预算情况说明

省体育局部门 2019 年政府性基金支出预算支出 0 万元，与上年预算持平。

十一、一般公共预算机关运行经费支出预算表情况说明

2019 年本部门一般公共预算机关运行经费预算支出 316.12 万元，与上年相比减少 1.85 万元，降低 0.58%。主要原因是省体育局机关在职在编人数减少导致的机关运行经费支出预算较上年减少。

十二、政府采购预算情况说明

2019 年度本部门政府采购预算总金额为 2 962.15 万元，其中：拟采购货物支出 1 783.75 万元、拟购买服务支出 1 178.40 万元。

十三、国有资产占用情况

本部门共有车辆 102 辆，其中，一般公务用车 56 辆、其他用车 45 辆、其他交通工具 1 辆。单价 20 万元(含)以上的设备 297 台(套)。

十四、预算绩效目标设置情况说明

2019 年本部门共 23 个项目实行绩效目标管理，涉及财政性资金合计 62 939 万元。

来　　源：江苏省体育局

发布日期：2019 年 02 月 13 日

我省加快实施全民健身国家战略

从 28 日举行的江苏省群众体育工作会议上获悉,我省加快实施全民健身国家战略,采取系列措施,努力解决老百姓"去哪儿健身"的难题,提升人们的幸福感。

优先发展全民健身设施

江苏把发展全民健身设施作为落实相关国家战略的重要工作,融入长三角一体化、大运河文化带等建设,纳入全面建成小康社会指标体系。省、市、县三级政府把全民健身设施重点项目纳入经济社会发展规划、财政预算和民生实事。

省体育局等部门联合实施《江苏省公共体育设施基本标准》,对省级、市级、县(市、区)级、镇(街道)级、行政村(社区)级、自然村(居住小区)等 6 个级别公共体育设施的分级配置、选址与布局、设计与建设及管理运营作了基本规定。常州、宿迁等市规定,新住宅小区项目、老居民小区整治等项目配套建设公共体育设施。

除积极落实国家关于全民健身设施税费减免政策外,我省还出台优惠政策,鼓励采取企业冠名、社会赞助、市场运作等方式,充分发动社会力量参与全民健身设施建设和管理运营。设立省级体育产业引导资金,鼓励社会力量参与体育场馆的建设和运营,8 年共扶持 107 个项目,投入资金 8 100 万元;扶持企业利用旧厂房、仓库等改建健身服务场所,累计支持 90 个项目、资助总额达 5 000 多万元,新增健身设施面积超过 65 万平方米。3 年来累计发放健身俱乐部专项扶持资金 4 460 万元,114 个健身俱乐部获得支持。全省每年发放 5 000 万元体育消费券,将 400 多个社会资本投资或运营的场馆作为定点服务场馆,鼓励群众健身消费。

整合资源构建便捷网络

江苏抓住承办南京亚青会、南京青奥会等契机,推动体育设施"新四个一工程"建设,满足群众参与大型体育活动和欣赏高水平体育赛事的需要。基本实现"新四个一工程"设区市和县(市、区)全覆盖,即设区市基本建成 5 000 个坐席的体育馆、3 万个坐席的塑胶跑道标准体育场、游泳馆和 5 000 平方米的全民健身中心,各县(市、区)基本建成 3 000 个坐席的体育馆、塑胶跑道标准田径场、游泳馆或标准室内游泳池、3 000 平方米的全民健身中心。

我省注重群众身边的体育设施建设,在市、县(市)主城区建成城市社区"10 分钟体育健身圈"。城市居民以正常速度步行 10 分钟左右、直线距离 800 米到 1 000 米范围内,就有便利的公共体育锻炼设施,还可享受科学健身指导服务。整合健身设施资源,建成覆盖全省的全民健身电子地图,发布相关指南,着力丰富"10 分钟体育健身圈"服务内涵、拓展服务功能。

江苏较早实现了全民健身设施行政村全覆盖,近几年又把农村体育纳入乡村振兴战略,提出全民健身城乡一体化目标,先后实施万村体育健身工程、苏北农民健身设施提档升级工程、苏中苏北接合部农民健身设施提档升级工程和乡镇多功能运动场建设工程。当前,江苏绝大多数乡镇建有小型全民健身中心和 2 000 平方米的多功能运动场,行政村基本建有健身房、篮球场、健身路径、乒乓球台乃至健身广场。

拓展服务推进功能融合

我省注重体育设施与生态文明和城乡建设有机融合,选择在风景优美的城市景观或城郊、滨湖、傍山森林、湿地、公园,以及城市升级产生的"金角银边"和城乡边角地,布局定制,建成规模较大、服务功能较全的体育公园 700 多个,建成健身步道 1.1 万多公里。今年新建 200 个体育公园和 500 公里健身步道继续纳入省政府民生实事项目,到年底全省体育公园将达 900 个。这些公园步道,融入周边的历史、民俗、自然资源等要素,融合运动健身、健康养生、休闲旅游等服务功能,形成点线面相结合、绿色低碳立体的健身设施网络。

针对大型体育场馆面临的服务功能单一、效能不佳、发展动力不足等问题,我省提出打造城市体育服务综合体,在充分发挥体育主体功能的基础上,融合健康、旅游、商贸等服务,打造功能复合多元、运行集约高效的健身产业聚集区和城市服务功能区。目前,全省建成城市体育服务综合体 14 个。

让体育全方位融入人民群众日常生活,省体育局与 14 个县级政府签署协议,探索建设体育健康特色小镇,统筹生产、生活和生态空间布局,实现产业、资源、服务等有效集聚。

目前,我省人均公共体育场地面积达 2.01 平方米,经常参加体育锻炼的人数达 2 968 万,居民体质合格率达 92.3%,群众对公共体育服务的满意率为 90.86%。

来　　源:新华日报
发布日期:2019 年 04 月 29 日

2019年全省体育局长会议在南京举行

2月22日上午,2019年全省体育局长会议在南京召开。本次会议的主要任务是,以习近平新时代中国特色社会主义思想为指导,深入贯彻党的十九大精神和省委十三届五次全会精神,落实全国体育局长会议部署要求,总结2018年全省体育工作,部署2019年各项工作,动员新时代体育强省创建,推动江苏体育高质量发展走在全国前列。省体育局党组书记、局长陈刚,驻省教育厅纪检监察组组长张姬雯,局领导刘彤、王志光、王伟中、熊伟、陈柏、范金华、张建飞,南京体院党委书记朱传耿出席会议。会议由王志光主持。

陈刚说,过去的一年,在省委省政府的坚强领导下,全省体育系统全面贯彻落实习近平新时代中国特色社会主义思想和党的十九大精神,迎难而上、扎实工作,推进各项工作取得了新的突破性进展。

一、党对体育工作的领导更加全面到位。充分发挥党组领导核心作用,坚持"三重一大"集体决策制度,深入推进"两学一做"学习教育常态化制度化,扎实开展解放思想大讨论,找补改提活动。

二、省委巡视及整改阶段性任务圆满完成。省体育局党组将巡视整改作为推动新时代全省体育高质量发展的重要机遇,充分发挥巡视整改"政治体检"和"强身健体"的作用,多次召开党组会、专题民主生活会和巡视整改领导小组会议研究推进整改,并实行挂图督战,逐一按时对账销号,以"坚决改、真正改、彻底改"的实际行动和明显成效体现"两个维护"。

三、各项体育改革顺利推进。成功创建全国足球改革试点省份,创新冬季项目办队模式,与总局有关部门、地市和企业联办共建4支冰雪项目国家集训队,积极推进省行业协会脱钩改革试点,稳妥推进省五台山体育中心转企改制工作。

四、十九届省运会等重要赛事成功举办。新增了15个群众体育项目,取消了金牌总数的排名,评选出了1 424名未来之星,初步实现了重金牌向重健康、重成绩向重人才、重少数向重全体的转变。

五、公共体育服务能力稳步提升。全省新建500公里健身步道,建成700个体育公园。

六、竞技体育综合实力继续保持全国前列。在全国一类比赛上,我省共获得38项次金牌,金牌数、奖牌数均列全国第3位。

七、青少年体育蓬勃发展。命名13个省青少年校园足球试点县(市、区)、12所足球后备人才示范学校、40个省单项体育后备人才训练基地、18个省示范性青少年奥林匹克体育俱乐部。

八、体育产业发展态势持续向好。会同有关部门联合出台《江苏省体育旅游发展三年行动计划》以及山地户外、航空、水上、冰雪等运动产业行动方案。

九、体育行风作风建设持续强化。实现作风建设制度化、规范化、经常化。

陈刚说,习近平总书记多次就体育工作发表

重要讲话、作出指示批示。全省体育系统要深入贯彻落实习近平新时代中国特色社会主义思想和党的十八大、十九大精神,认真学习领会习近平总书记体育工作重要论述精神,用以武装头脑、指导实践、推动发展。要牢固树立以中国梦为追求的情怀担当,筑牢团结拼搏、接续奋斗的思想基础。要深入践行以人民为中心的发展理念,描绘全面小康宏伟蓝图的斑斓底色。要准确把握以深化改革为动力的时代要求,建立健全符合国情省情、适应时代发展的体育制度。

陈刚强调,去年12月,省政府与国家体育总局正式签署新时代体育强省共建协议,标志着江苏体育全面迈上高质量发展、继续走在前列的新征程。全省体育系统要立即行动起来,不等不靠,积极作为,使强省建设真正成为全系统的思想共识和统一行动。

一、要深刻认识新时代意味体育环境新变化,新思想引领体育理念新转变,新征程要求体育目标新提升,实现群众体育发展高质量,实现竞技体育发展高质量,体育产业发展高质量,体育社会组织发展高质量。

二、要牢牢把握创建工作重点,把短板缺位变成均衡充分,条线作战变成融合发展,把江苏优势变成江苏经验,让体育精神变成发展动力。

三、要切实形成创建工作合力,做好"一张图"规划,加强"一盘棋"建设,统筹"一体化"发展。

陈刚强调,新时代体育强省建设,只有两年的创建周期,时间紧、任务重,全省体育系统务必绷紧这根弦,确保如期实现新时代体育强省共建目标任务,要"抓好节点"紧起来,"上紧发条"动起来,"撸起袖子"干起来,始终保持昂扬向上、奋发有为,求真务实的精神状态,在各自岗位上大展身手,确保各项工作再上新的台阶、取得新的成绩。

陈刚强调,2019年,是新中国成立70周年,也是高水平建成全面小康社会的关键之年。全省体育工作,要坚持以习近平新时代中国特色社

会主义思想为指导,全面贯彻落实党的十九大精神和省委十三届五次全会精神,按照全国体育局长会议部署要求,增强"四个意识",坚定"四个自信",做到"两个维护",坚持稳中求进工作总基调,坚持新发展理念,坚持高质量发展,奋力开创新时代体育强省建设新局面。

一、加快推动新时代体育强省建设。强化制度安排,做好对上联络,压实工作责任。

二、努力破解体育发展的难点痛点,加大体育社团改革力度,加快推进"体医融合",加快推进江苏足球改革,加快推进体育信息化发展。

三、进一步完善公共体育服务体系,切实提高组织化程度,不断完善各级全民健身工作领导协调机制;持续增加公共体育服务供给,建成体育公园200个,新建健身步道500公里;努力办好人民群众喜爱的赛事活动,积极响应国家体育总局"带动三亿人上冰雪"的工作要求。

四、抓好东京奥运会、十四届全运会和二青会备战工作,继续抓好冬季项目备战工作,深入推进单板滑雪等4支冬季项目国家集训队联办共建工作。建立健全反兴奋剂长效治理机制,确保在二青会和年度各级各类赛事中拿干干净净的金牌。

五、持续深化体教融合,完善体制机制,强化青少年公共体育服务,努力提升体育后备人才培养效益,切实加强青少年校园足球。

六、着力提升体育产业发展水平,抢抓发展机遇,充分利用国家重视竞赛表演业的契机,推动出台我省加快发展体育竞赛表演产业的行动方案及配套政策;充分发挥现行体育产业政策的综合效益,继续推进体育健康特色小镇和体育服务综合体建设;全面加强责任彩票建设,切实提升体彩品牌公益公信形象;精心培育品牌赛事活动,继续支持全省各地申办、承办大型国际体育赛事,做好2019男篮世界杯南京赛区办赛工作。

七、着力优化体育事业发展环境,深入推进体育法治建设,切实加强体育文化建设和体育对

外交流,不断提高体育宣传思想工作水平,牢牢掌握意识形态工作领导权和主动权。

八、驰而不息地加强党的建设。坚持用党的理论武装头脑,持续加强党的建设,推进全面从严治党,坚决破除形式主义、官僚主义。

会上,表彰了一批体育工作先进单位,南京市、南通市、淮安市、昆山市和镇江市丹徒区体育局作了大会交流发言。

来　　　源:江苏省体育局

发布日期:2019 年 02 月 22 日

省政府召开新时代体育强省建设工作座谈会

2月22日下午,省政府召开新时代体育强省建设工作座谈会,听取各部门单位新时代体育强省建设意见建议。副省长陈星莺,省政府副秘书长王思源,省体育局领导陈刚、王志光、王伟中、熊伟、范金华、张建飞,南京体院党委书记朱传耿,省体育产业集团董事长顾晔,以及各设区市体育局局长、省体育局机关处室主要负责同志出席会议。会议由王思源主持。

在听取省体育局、南京体育学院、省体育产业集团主要负责同志发言后,陈星莺指出,加快新时代体育强省建设,是当前和今后一个时期全省体育系统的一项引领性工作。全省体育系统一是要充分认识加快新时代体育强省建设的重要意义。把体育事业深度融入中华民族伟大复兴中国梦和高水平全面建成小康社会的大格局中,着眼于以人民为中心的发展理念和助力体育强国建设的工作导向,不仅要在国内省级竞争保持优势,不断激发江苏体育的内在动力,而且要在国际舞台上多有作为、多作贡献,共同营造新时代体育强省和体育强国建设的发展合力。二是要切实把握加快新时代体育强省建设的总体思路和要求。要聚焦"首要任务",就是2020年年底前全面完成新时代体育强省创建任务。要围绕"一条主线",就是要把省局共建协议的落实贯穿到创建工作的全过程。要建好"两个机制",即:省政府和国家体育总局共建强省的工作机制协议中已经明确,省体育局作为主要联系单位要主动跟进;全省体育系统共同推进创建的工作协调机制,省体育局要牵头抓紧建立起来。要推进"五大工程",其中包括群众"六个身边"健身示范工程、面向奥运会竞技体育后备人才培养体系示范工程、体育服务业快速提升示范工程、体育社会组织改革示范工程和智慧体育建设示范工程。三是要高质量推进新时代体育强省建设。做到"五个坚持"和"五个着力",即:坚持以人民为中心,着力落实全民健身国家战略;坚持转变发展方式,着力提升竞技体育整体实力;坚持政策引领带动,着力加快体育产业发展;坚持深化体教融合,着力加强体育科教和人才工作;坚持改革"第一动力",着力推动体育领域体制机制创新。

陈星莺强调,要切实加强新时代体育强省建设的组织领导。强化政府责任,切实加强对创建工作的组织领导,把创建工作提上重要议事日程,加快建立健全创建工作机制。要融入发展大局。各级体育部门要充分发挥职能作用,以推进创建为契机,进一步优化体育工作的顶层设计,主动争取把体育工作融入国家、省和当地重大规划,融入长江经济带、"一带一路"建设、乡村振兴等重大发展战略,努力实现体育与全省改革开放同频共振,与经济社会同步协调发展。夯实工作基础。要用好现有的国家全民运动健身模范市县创建、国家体育产业示范基地创建、国家运动休闲特色小镇和省体育健康特色小镇建设等政策杠杆,充分激发县域体育发展活力。加强宣传引导,推动形成全社会积极关注和支持新时代体育强省建设的浓厚氛围。

省体育局局长陈刚在发言时说，要切实加强对新时代体育强省重要意义的认识，提高深层次的理解，从理论层面理清体育强省建设的内涵、外延，处理好体育强省与体育强国在逻辑上的关系。要创造性推动全民运动健身模范市、县创建，争取有更多的市创建成为全民运动健身模范市、县；积极应对机构改革后体育部门职能弱化问题，充分发挥主观能动性，打牢基层体育基础，加强体育强市建设，推动新时代体育强省建设。要积极强化保障措施，出台加快推进新时代体育强省建设实施意见和指标体系，明确目标任务和具体举措。要紧扣时间节点，强化统筹协调，形成整体力量，保证创建目标任务按期完成。

来　　源：江苏省体育局

发布日期：2019 年 02 月 22 日

2018 年，江苏体彩筹集公益金 67.29 亿元

2018 年，江苏体彩全年实现销售 285.24 亿元，筹集公益金 67.29 亿元，上缴中奖偶得税 2.37 亿元。这一年，江苏体彩牢牢把握国家公益彩票的职责和使命，坚守"责任、诚信、团结、创新"的体彩精神，不忘初心，强化责任，稳步前进。

2018 年，江苏体彩各大玩法全年共中出 159 个百万及以上大奖，其中 88 个为 500 万及以上大奖。其中，体彩大乐透从年头火到年尾，首个百万及最后一个百万，皆来自该玩法，大乐透全年共为江苏购彩者送出 56 个百万大奖；走过 20 周年的 7 位数，青春不老，风采依旧，全年送出 38 个百万大奖；传统足彩异军突起，底蕴深厚的江苏购彩者全年共中出 38 个足彩百万大奖；小身材有大能量的姐妹花玩法排列 3 和排列 5，联手送出 20 个百万大奖；此外，竞彩送出 4 个，顶呱刮送出 3 个。

2018 年，江苏体彩秉承"公益体彩　乐善人生"的理念，履行行业社会责任，发布了首份社会责任报告，系统展示了责任彩票建设工作的阶段性成果。这一年，江苏体彩一方面持续助力体育事业以及社会公益事业的发展，另一方面积极开展各项公益活动：继续支持"体彩春蕾班"，帮助困境少年成长；"爱心储蓄罐"项目，被省政府表彰为"最具影响力慈善项目"；向"2018 苏陕帮扶协作"项目捐赠 5 万元；"体彩爱行走"第四季活动成功举行，援助扬州天海职业技术学校；各地体彩助力"全民健身日"主题活动，"暖冬季""助学季""关爱季"系列活动贯穿全年。

岁月不居，时节如流。2019 年，在建设负责任、可信赖、健康持续发展的国家公益彩票的道路上，江苏体彩将继续凝心聚力，奋力走好新时代的新征程。

来　　源：江苏省体育局体彩管理中心
发布日期：2019 年 01 月 04 日

江苏省人民政府外事办公室 2019 年度部门预算情况说明

一、收支预算总体情况说明

省外办 2019 年度收入、支出预算总计 8 701.11 万元,与上年相比收、支预算总计各增加 521.56 万元,增长 6.4%。主要原因是调整人员经费及单位预留机动经费。

(一)收入预算总计 8 701.11 万元。包括:财政拨款收入预算总计 8 701.11 万元。全部为一般公共预算财政拨款,与上年相比增加 521.56 万元,增长 6.4%。主要原因是调整人员经费及单位预留机动经费。

(二)支出预算总计 8 701.11 万元。包括:

1. 一般公共服务(类)支出 6 936.41 万元,主要用于省外办行政事业运行、一般行政管理事务、机关服务等。与上年相比增加 5.54 万元,增长 0.08%。主要原因是调整在职人员经费。

2. 社会保障和就业支出 458.76 万元,主要用于支付未归口管理离退休人员离退休费。与上年相比增加 25.54 万元,增加 5.9%。主要原因是调整离退休人员经费支出。

3. 住房保障支出 1 305.94 万元,主要为依据国家有关规定支付单位人员提租补贴、住房公积金。与上年相比增加 490.48 万元,增加 60.1%。主要原因是调整在职及离退休人员公积金、提租补贴等。

此外,基本支出预算数为 3 770.57 万元。与上年相比增加 611.25 万元,增长 19.35%。主要原因是调整人员经费。

项目支出预算数为 3 985.39 万元。与上年相比减少 440.56 万元,减少 10%。主要原因是运转类专项经费统一压减 10%。

单位预留机动经费预算数为 945.15 万元。与上年相比增加 350.87 万元,增长 59%。主要原因是调整人员经费。

二、收入预算情况说明

省外办本年收入预算合计 8 701.11 万元,全部为一般公共预算财政拨款收入。

三、支出预算情况说明

省外办本年支出预算合计 8 701.11 万元,其中:

基本支出 3 770.57 万元,占 43.33%;

项目支出 3 985.39 万元,占 45.81%;

单位预留机动经费 945.15 万元,占 10.86%。

四、财政拨款收支预算总体情况说明

省外办 2019 年度财政拨款收、支总预算 8 701.11 万元。与上年相比,财政拨款收、支总计各增加 521.56 万元,增长 6.4%。主要原因是调整人员经费和单位预留机动经费。

五、财政拨款支出预算情况说明

省外办 2019 年财政拨款预算支出 8 701.11 万元,与上年相比,财政拨款支出增加 521.56 万元,增长 6.4%。主要原因是调整人员经费和单位预留机动经费。

其中:

(一)一般公共服务(类)

1. 政府办公厅(室)及相关机构事务(款)行政运行(项)支出 2 868.57 万元,与上年相比增加 446.1 万元,增加 18.4%。主要原因是调整人员经费。

2. 政府办公厅(室)及相关机构事务(款)一般行政管理事务(项)支出 3 947.04 万元,与上年相比减少 438.56 万元,减少 10%。主要原因是运转类专项经费统一压减 10%。

3. 政府办公厅(室)及相关机构事务(款)事业运行(项)支出 82.45 万元,与上年持平。

4. 政府办公厅(室)及相关机构事务(款)其他政府办公厅(室)及相关机构事务支出(项)支出 38.35 万元,与上年相比减少 2 万元,下降 5%。主要原因是运转类专项经费统一压减 10%。

(二)社会保障和就业支出(类)

行政事业单位离退休(款)支出 458.76 万元。包括:未归口管理的行政单位离退休(项)支出 109.93 万元、机关事业单位基本养老保险缴费支出 249.16 万元、机关事业单位职业年金缴费支出 99.67 万元。与上年相比增加 25.54 万元,增加 5.9%。主要原因是调整离退休人员经费支出。

(三)住房保障支出(类)

住房改革支出(款)支出 1 305.94 万元。包括:住房公积金(项)支出 299.07 万元、提租补贴(项)支出 1 006.87 万元。与上年相比增加 490.48 万元,增加 60.1%。主要原因是调整在职及离退休人员公积金、提租补贴等。

六、财政拨款基本支出预算情况说明

省外办 2019 年度财政拨款基本支出预算 3 770.57 万元,其中:

(一)人员经费 3 284.12 万元。主要包括:基本工资、津贴补贴、奖金、绩效工资、机关事业单位基本养老保险缴费、职业年金缴费、其他社会保障缴费、住房公积金、医疗费、其他工资福利支出、离休费、退休费、奖励金等支出。

(二)公用经费 486.45 万元。主要包括:办公费、水费、电费、邮电费、差旅费、维修(护)费、公务接待费、工会经费、福利费、公务用车运行维护费、其他交通费用、其他商品和服务支出。

七、一般公共预算支出预算情况说明

省外办 2019 年度一般公共预算财政拨款支出预算情况与财政拨款支出预算相同。

八、一般公共预算基本支出预算情况说明

省外办 2019 年度一般公共预算基本支出预算情况与财政拨款基本支出相同。

九、一般公共预算"三公"经费、会议费、培训费支出预算情况说明

省外办 2019 年度一般公共预算拨款安排的"三公"经费预算中,因公出国(境)费支出 650 万元,占"三公"经费的 67.71%;公务用车购置及运行费支出 28 万元,占"三公"经费的 2.92%;公务接待费支出 282 万元,占"三公"经费的 29.37%。具体情况如下:

1. 因公出国(境)费预算支出 650 万元,与上年相同,主要原因是控制因公出国(境)开支。

2. 公务用车购置及运行费预算支出 28 万元。其中:

(1)公务用车购置预算支出 0 万元,与上年相同,主要原因是无公车购置计划。

(2)公务用车运行维护费预算支出 28 万元,与上年相同,主要原因是按现有公车数量定额核定。

3. 公务接待费预算支出 282 万元,与上年相同,主要原因是控制公务接待费用。

省外办 2019 年度一般公共预算拨款安排的会议费预算支出 23.40 万元,比上年相同。

省外办 2019 年度一般公共预算拨款安排的培训费预算支出 73.25 万元,比上年预算减少 5.06 万元,主要原因是全省外事干部培训班专项费用压减 10%。

十、政府性基金预算支出预算情况说明

本部门无政府性基金支出预算安排。

十一、一般公共预算机关运行经费支出预算情况说明

2019 年度本部门一般公共预算机关运行经费预算支出 474.78 万元，与上年相比增加 25.62 万元，增长 5.7%，主要原因是增加人员编制。

十二、政府采购支出预算情况说明

2019 年本部门政府采购支出预算总金额为 1 657 万元。其中：拟采购货物支出 194.15 万元、拟购买服务支出 1 462.85 万元。

十三、国有资产占用情况

本部门共有车辆 7 辆，其中，主要领导干部用车 1 辆、机要通信用车 1 辆、离退休干部用车 1 辆、应急保障用车 4 辆等。单价 20 万元（含）以上的设备 19 台（套）。

十四、预算绩效目标设置情况说明

2019 年本部门无项目实行绩效目标管理。

来　　源：江苏省人民政府外事办公室

发布日期：2019 年 02 月 13 日

江苏省与外国驻沪领馆圆桌会议在宁举行
吴政隆出席并致辞

3月20日,江苏省与外国驻沪领馆圆桌会议在南京举行,中外嘉宾围绕"新时代江苏新开放"的主题,共商开放合作大计,共叙交流合作友谊。省长吴政隆出席圆桌会议并致辞。

吴政隆在致辞时向各位嘉宾表示欢迎,向外国驻沪领馆一直以来关注支持江苏表示感谢。他说,当今世界,开放合作共赢是发展大势。去年,我国隆重庆祝改革开放40周年,发出新时代改革开放再出发的动员令。今年的全国两会审议通过了《中华人民共和国外商投资法》,宣示了中国奉行互利开放共赢战略、积极推动建设开放型世界经济的鲜明立场。江苏处在"一带一路"交汇点,是一片风光秀美、令人向往的土地,也是一个创造奇迹、成就梦想的地方。过去,江苏发展靠改革开放走在了全国前列;新时代推动高质量发展走在前列,仍然必须走改革开放这条"必由之路"。江苏高质量发展将给世界各国提供很多新机遇,我们也将着力打造更好的营商环境。希望与各国朋友一道在经贸、科技创新和人才、

人文等领域进一步加强交流合作,共同把握开放新机遇,分享发展新成果,谱写合作发展新篇章,携手开创更加美好的明天。

副省长郭元强主持会议。加拿大、德国、以色列、日本、韩国、新加坡、英国、美国驻沪领馆总领事先后发言,奥地利、白俄罗斯、哥伦比亚、捷克、丹麦、意大利、墨西哥、挪威、巴拿马、葡萄牙、瑞典、瑞士、乌克兰、阿联酋、越南、法国、哥斯达黎加、厄瓜多尔、斯洛文尼亚驻沪领馆总领事或代总领事出席会议。省政府秘书长陈建刚参加会议,省发改委、省科技厅、省工业和信息化厅、省人力资源和社会保障厅、省商务、省文化和旅游厅、省外办、省教育厅主要负责同志参加会议。南通市、连云港市、盐城市政府主要负责同志作专题推介。

来　　源:新华日报
发布日期:2019年03月21日

娄勤俭书记会见出席江苏省与外国驻沪领馆圆桌会议的各国总领事

3月20日,省委书记、省人大常委会主任娄勤俭在南京会见了出席江苏省与外国驻沪领馆圆桌会议的奥地利、白俄罗斯、加拿大、哥伦比亚、捷克、丹麦、德国、以色列、意大利、日本、墨西哥、挪威、巴拿马、葡萄牙、韩国、新加坡、瑞典、瑞士、土耳其、乌克兰、阿联酋、英国、美国、越南、法国、哥斯达黎加、厄瓜多尔、斯洛文尼亚总领事或代总领事。

娄勤俭代表省委、省政府对各国总领事表示欢迎,对各位总领事在促进本国与江苏交流合作中发挥的桥梁纽带作用表示赞赏。他说,很高兴在春到江南风景如画的时节与各国嘉宾见面,江苏历史文化底蕴深厚,希望大家在江苏多走走、多看看。他表示,江苏愿与各国在共建园区、技术创新、文化旅游等方面加强交流合作,推动经济全球化,促进优势互补、实现共赢发展。会努力为各国在江苏投资的企业做好服务,也希望各位总领事推动本国政府和企业不断深化"一带一路"框架下与江苏的互惠合作,积极参与和支持江苏的各类重要国际性活动。

奥地利驻沪总领事施丽婷女士代表各国总领事说,"一带一路"是最具远见卓识的倡议,愿积极参与这一伟大倡议,共同努力,促进互惠发展。总领事们高度评价我省良好的营商环境,感谢江苏对本国企业在苏成长发展提供的优质服务,表示愿共同维护巩固友谊桥梁,促进更多企业来江苏投资,推动与江苏的友好合作关系不断向前发展。

省委常委、常务副省长樊金龙,副省长郭元强参加会见,省委副秘书长杨琦、省发改委主任李侃桢、省教育厅厅长葛道凯、省科技厅厅长王秦、省商务厅厅长马明龙、省文化和旅游厅厅长杨志纯、省外办主任费少云参加会见。

来　　　源:江苏省人民政府外事办公室
发布日期:2019 年 03 月 26 日

14 位国际友好人士获 "江苏省荣誉居民"称号

11 月 23 日,江苏省第十三届人大常委会第六次会议审议通过了省人民政府关于提请授予李奕贤等 14 位国际友好人士"江苏省荣誉公民"称号的议案。

李奕贤、冈崎温、劳拉·麦克拉德-卡吉璐阿、夏乐柏、山野幸子、白鸽、姜威、戴维·厄尔·莱瑟巴罗、亚瑟·卡迪、哈罗德·富克斯、李昌钰、黄志源、郭孔丰、布米诺等来自 9 个国家社会各界的 14 位新晋"江苏省荣誉居民"具有广泛代表性和社会影响力,为推动我省开放型经济、创新发展作出了突出贡献,是传播好江苏声音、讲好江苏故事的实践者,尤其是来自"一带一路"沿线国家的候选人为我省社会组织和企业"走出去"、密切与沿线国家的友好交往及经贸合作提供了积极帮助。

本次"江苏省荣誉居民"评选工作自今年 5 月初正式启动,经过各地、各单位推荐人选,评审委员会严格遴选、投票表决,并报省政府同意,至 11 月下旬省人大常委会审议通过,全程严格执行《江苏省授予荣誉居民称号条例》有关规定。"江苏省荣誉居民"称号是我省授予外国友人的最高荣誉,每两年评选一次。今年适逢我省开展国际友好城市交流 40 周年,本次获准授予的"江苏省荣誉居民"数量是该荣誉称号设立以来最多的一次。目前,累计有 49 名外国友人获得这一荣誉称号。

来   源:江苏省人民政府外事办公室
发布日期:2018 年 12 月 03 日

吴政隆省长会见德国巴符州经济部长霍夫迈斯特·克劳特一行

今年是江苏省与德国巴符州结好 25 周年。2 月 26 日上午,省长吴政隆在南京会见来访的德国巴符州经济部长霍夫迈斯特·克劳特一行。

吴政隆省长对霍夫迈斯特·克劳特一行来江苏访问并出席两省州结好 25 周年庆祝活动表示欢迎。他说,很高兴与部长再次会面。去年 9 月,我在巴符州斯图加特市与部长就两省州合作进行了深入交流,达成多项共识。5 个月来,双方紧密对接,合作项目有力推进并取得一定成效。这次部长率团访问江苏,层次高、规模大,有力促进了两省州友好关系发展。当前,在两国领导人亲自推动下,中德全方位战略伙伴关系正在不断深化,为进一步加强地方间合作创造了良好条件。我们愿与巴符州以结好 25 周年为新起点,夯实合作基础,不断拓展合作新空间,加深"一带一路"建设、科技创新、智能制造等多领域的合作,密切人文交流,优势互补、互学互鉴,全力推动两省州交流合作向更高质量、更高层次、更高水平迈进,携手谱写合作共赢新篇章。我们将持续营造稳定公平透明、可预期的营商环境,积极帮助企业排忧解难,让更多德资企业在江苏发展壮大。

霍夫迈斯特·克劳特部长表示,巴符州非常珍视与江苏省的深厚友谊。这次率团访问,大家都实地感受到江苏发展取得的重要成就。希望以两省州结好 25 周年为契机,不断深化各领域交流合作,互惠共赢、共同发展,推动双方友好交往结出更加丰硕的成果。

25 日下午,江苏省-巴符州企业创新推介会举行,巴符州政府有关部门、企业、行业协会、科研院所等约 70 家单位代表及我省有关开发区、企业等 260 余家单位共 400 余人参会,大家围绕新能源汽车、环保和能源、智能制造、人工智能等四个专题进行对接。当晚,两省州结好 25 周年庆祝活动举行。

副省长郭元强在庆祝活动上致辞并参加会见,省政府秘书长陈建刚、副秘书长黄澜、省外办主任费少云等参加会见,德国驻沪总领事欧珍参加相关活动。

来　　源:江苏省人民政府外事办公室
发布日期:2019 年 03 月 05 日

第十一部分

民政、卫生健康、社会保障

江苏省民政厅 2019 年度部门预算情况说明

一、收支预算总体情况说明

本表反映部门年度总体收支预算情况。根据《江苏省财政厅关于 2019 年省级部门预算的批复》(苏财预〔2019〕7 号)填列。

省民政厅 2019 年度收入、支出预算总计 19 994.62 万元,与上年相比收、支预算总计各减少 14 394.37 万元,减少 41.9%。主要是因为机构改革职能调整,部分民政职能转隶至其他厅局。其中:

(一)收入预算总计 19 994.62 万元。包括:

1. 财政拨款收入预算总计 16 099.4 万元。

(1)一般公共预算收入预算 16 099.4 万元。与上年相比减少 9 772.52 万元,减少 37.8%。主要原因一是机构改革职能调整导致相应人员经费、专项经费的减少;二是按照厉行节约相关规定,2019 年单位运转类专项经费压减 10%。

(2)政府性基金收入预算 0 万元。与上年持平,主要是因为 2018 年政府性基金预算全部调整纳入非部门预算。

2. 其他资金收入预算总计 3 895.22 万元。与上年相比减少 4 621.85 万元,减少 54.3%。主要原因是机构改革职能调整,三家事业单位转隶至其他厅局,事业收入预算及经营收入预算减少。

(二)支出预算总计 19 994.62 万元。包括:

1. 社会保障和就业支出 16 638.72 万元,主要用于民政事业改革发展、机关正常运行以及社会保障和就业管理事务等方面的支出。与上年相比减少 14 011.71 万元,减少 45.8%。主要原因是机构改革职能调整导致相应人员经费、专项经费的减少;二是按照厉行节约相关规定,2019 年单位运转类专项经费压减 10%。

2. 住房保障支出 3 355.9 万元,主要用于厅机关及事业单位按国家政策规定用于住房改革方面的支出,具体包括住房公积金、提租补贴 2 个项级支出科目。与上年相比减少 382.66 万元,减少 10.3%。主要为机构改革职能调整导致人员转出,相应住房保障支出经费减少。

此外,基本支出预算数为 11 439.93 万元,与上年相比减少 9 001.11 万元,减少 44.1%。主要为机构改革职能调整导致人员转出,人员经费减少。

项目支出预算数为 6 918.84 万元。与上年相比减少 5 982.3 万元,减少 46.4%。主要因为一是机构改革职能调整双拥慰问、烈士抚恤金、老龄科研经费等专项转出导致项目支出减少;二是按照厉行节约相关规定,2019 年单位运转类专项经费压减 10%。

单位预留机动经费预算数为 1 635.85 万元。与上年相比减少 589.04 万元,减少 56.3%。主要是机构改革职能调整导致人员转出,相应预留机动经费减少。

二、收入预算情况说明

本表反映部门年度总体收入预算情况。填列数与《民政厅部门收支预算总表》收入数一致。

省民政厅本年收入预算合计 19 994.62 万元,其中:

一般公共预算收入 16 099.4 万元,占 80.5%;
其他资金 3 895.22 万元,占 19.5%。

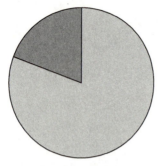

■一般公共预算资金80.5% ■其他资金19.5%

图 1　收入预算图

三、支出预算情况说明

本表反映部门年度总体支出预算情况。安排数与《民政厅部门收支预算总表》支出数一致。

省民政厅本年支出预算 19 994.62 万元,其中:

基本支出 11 439.93 万元,占 57.2%;

项目支出 6 918.84 万元,占 34.6%;

单位预留机动经费 1 635.85 万元,占 8.2%。

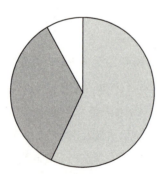

■基本支出57.2%　■专项支出34.6%　■预留机动8.2%

图 2　支出预算图

四、财政拨款收支预算总体情况说明

本表反映部门年度总体收支预算情况。财政拨款收入数、支出安排数与《民政厅部门收支预算总表》的财政拨款数对应一致。

省民政厅 2019 年度财政拨款收、支总预算为 16 099.4 万元。与上年相比,财政拨款收、支总计各减少 9 772.52 万元,减少 37.8%。主要

原因一是机构改革职能调整导致相应人员经费、专项经费减少;二是按照厉行节约相关规定,2019 年单位运转类专项经费压减 10%。

五、财政拨款支出预算情况说明

本表反映部门年度财政拨款支出预算安排情况。财政拨款支出安排数与《民政厅部门财政拨款收支预算总表》的财政拨款数一致,并按照政府收支分类科目的功能分类"项"级细化列示。

省民政厅 2019 年财政拨款预算支出 16 099.4 万元,占本年支出合计 80.5%。与上年相比,财政拨款支出减少 9 772.52 万元,减少 37.8%。主要原因一是机构改革职能调整导致相应人员经费、专项经费减少;二是按照厉行节约相关规定,单位运转类专项经费压减 10%。

其中:

(一)社会保障和就业支出(类)

1. 民政管理事务(款)行政运行(项)支出 4 243.06 万元,与上年相比增加 625.26 万元,增长 17.2%,主要原因是:正常增资、公积金、提租补贴等增加导致的人员经费增加;一般行政管理事务(项)支出 1 561.8 万元,与上年相比减少 288.2 万元,减少 15.8%,主要原因是机构改革职能调整导致人员减少以及财政经费压缩;机关服务(项)支出 104.36 万元,与上年相比减少 8.06 万元,减少 7.2%,主要原因是机构改革职能调整,人员减少以及按要求压缩运转支出;行政区划和地名管理(项)支出 270 万元,项目支出,减少 130 万元,主要是依据 2019 年省级区划与界线管理工作任务测算;其他民政管理事务支出(项) 1 813.16 万元,与上年相比增加 522.42 万元,增加 40.5%,主要原因是新增社会组织法定代表人离任、注销清算审计专项支出。

2. 行政事业单位离退休(款)未归口管理的行政单位离退休(项)支出 149.01 万元,为基本支出,与上年相比减少 97.65 万元,减少 39.6%。机关事业单位基本养老保险缴费支出(项)612 万元,为基本支出,主要为按规定单位应缴纳的基

本养老保险缴费;机关事业单位职业年金缴费支出 244.81 万元,为基本支出,主要为按规定单位应缴纳的职业年金。

3. 优抚事业单位支出(项)1 573.44 万元,较上年减少 4 059.97 万元,减少 72.07%,主要原因为机构改革职能调整,省复退军人精神病医院、省荣军医院人员及省军休干部服务中心转隶至其他厅局。

4. 社会福利(款)社会福利事业单位(项)1 191.31 万元,为基本支出,较上年减少 243 万元,减少 16.9%,主要原因为差额拨款单位省立新农场在职人员减少,相应支出减少。

5. 临时救助(款)临时救助支出(项)540 万元,为项目支出,较上年减少 60 万元,减少 10%,主要原因为财政经费压缩。

6. 其他社会保障和就业支出(款)其他社会保障和就业支出(项)937.33 万元,较上年减少 141.55 万元,减少 13.1%,主要为省民政干部学校将培训专项经费调整至民政管理事务(款)其他民政管理事务(项)内。

(二)住房保障支出(类)

住房改革支出(款)住房公积金(项)支出 524.96 万元,与上年相比减少 376.49 万元,减少 41.8%;提租补贴(项)支出 2 304.16 万元,与上年相比减少 193.26 万元,减少 7.7%。以上两项主要因为机构改革职能调整,人员转出,相应经费减少。

六、财政拨款基本支出预算情况说明

省民政厅 2019 年度财政拨款基本支出预算 8 644.71 万元,其中:

(一)人员经费 7 778.38 万元。主要包括:基本工资、津贴补贴、奖金、绩效工资、机关事业单位基本养老保险缴费、职业年金缴费、住房公积金、医疗费、其他社会保障缴费、其他工资福利支出、离休费、退休费、奖励金。

(二)公用经费 866.33 万元。主要包括:办公费、水费、电费、差旅费、工会经费、公务用车运行维护费、其他交通费用、邮电费、维修(护)费、

公务接待费、福利费、其他商品和服务支出。

七、一般公共预算支出预算情况说明

省民政厅 2019 年一般公共预算财政拨款支出预算 16 099.4 万元,与上年相比减少 9 772.52 万元,减少 37.8%。主要原因一是机构改革职能调整导致相应人员经费、专项经费减少;二是按照厉行节约相关规定,2019 年单位运转类专项经费压减 10%。

八、一般公共预算基本支出预算情况说明

省民政厅 2019 年度一般公共预算财政拨款基本支出预算 8 644.71 万元,其中:

(一)人员经费 7 778.38 万元。主要包括:基本工资、津贴补贴、奖金、绩效工资、机关事业单位基本养老保险缴费、职业年金缴费、住房公积金、医疗费、其他社会保障缴费、其他工资福利支出、离休费、退休费、奖励金。

(二)公用经费 866.33 万元。主要包括:办公费、水费、电费、邮电费、差旅费、维修(护)费、公务接待费、工会经费、福利费、公务用车运行维护费、其他交通费用、其他商品和服务支出。

九、一般公共预算"三公"经费、会议费、培训费支出预算情况说明

省民政厅 2019 年度一般公共预算拨款安排的"三公"经费预算支出中,因公出国(境)费支出 30 万元,占"三公"经费的 48.8%;公务用车购置及运行费 5.42 万元,占"三公"经费的 8.8%;公务接待费 26.1 万元,占"三公"经费的 42.4%。具体情况如下:

1. 因公出国(境)费预算支出 30 万元,比上年预算减少 10 万元。主要为单位工作人员公务出国(境)的住宿费、旅费、伙食补助费、杂费、培训费等支出;

2. 公务用车购置及运行费预算支出 5.42 万元。其中:

(1)公务用车购置预算支出 0 万元,维持上年不变。

(2)公务用车运行维护费预算支出 5.42 万

元,比上年减少的 47.2 万元并入民政管理事务(款)行政运行(项)中。

3. 公务接待费预算支出 26.1 万元,比上年预算减少 12 万元,主要原因为落实厅厉行节约相关要求,继续压缩公务接待支出。

省民政厅 2019 年度一般公共预算拨款安排的会议费预算支出 328.82 万元,比上年预算减少 0.3 万元,主要原因为压缩会议费支出。

省民政厅 2019 年度一般公共预算拨款安排的培训费预算支出 187.2 万元,与上年持平。

十、政府性基金预算支出预算情况说明

省民政厅 2019 年政府性基金支出预算支出 0 万元,与上年持平,主要原因是自 2018 年起政府性基金预算为单独预算,纳入非部门财政预算。

十一、一般公共预算机关运行经费支出预算表情况说明

省民政厅 2019 年一般公共预算机关运行经费预算支出 664.31 万元,与上年相比减少 75.43

万元,减少 10.2%。主要原因是 2019 年财政经费压缩。

十二、政府采购支出预算情况说明

省民政厅 2019 年政府采购支出预算总额为 991.8 万元。其中:拟采购货物支出 588.8 万元;拟采购工程支出 0 万元;拟购买服务支出 403 万元。

十三、国有资产占用情况

本部门共有车辆 32 辆,其中,一般公务用车 20 辆、特种专业技术用车 1 辆、其他用车 11 辆。单价 20 万元以上的设备 54 台(套)。

十四、预算绩效目标设置情况说明

2019 年本部门共 4 个项目实行绩效目标管理,涉及财政性资金合计 378 882 万元,均为非部门预算项目。

来　　源:江苏省民政厅
发布日期:2019 年 02 月 27 日

省民政厅 2018 年下拨低保资金 28.8 亿元保障低保对象 89.5 万人

全年共下拨中央和省级城乡低保资金 28.8 亿元,临时救助资金 2.1 亿元,节日慰问资金 1.6 亿元,共保障城市低保对象 14.5 万人、农村低保对象 75 万人,实施临时救助 27.5 万人次。2018 年,江苏省继续提高城乡低保标准,全省城乡低保平均保障标准分别达到 685 元/月和 670 元/月,同比增长 5.9% 和 9.6%;全省城乡低保平均补差分别达到 493.3 元/月和 383.8 元/月,同比增长 12.8% 和 18.6%,实现了提标和补差的同

步增长;全省城乡低保标准差距从 1∶1.06 缩小到 1∶1.02,社会救助城乡统筹水平进一步增强。同时,农村低保最低保障标准达到 450 元/月,超过省定 430 元/月的年度扶贫考核标准,形成了有效的动态兜底保障机制。

来　　源:江苏省民政厅救助处
发布日期:2019 年 02 月 02 日

省民政厅完成省政府十大主要任务百项重点工作情况

2018年初,江苏省人民政府制定了省政府2018年度十大主要任务百项重点工作。省民政厅加快推进落实民政相关主要任务和重点工作落实,切实提高民生保障质量,提升人民群众获得感、幸福感、满足感。截至2018年11月30日,省民政厅工作完成进度如下:

一、强化托底民生保障

截至9月底,全省共保障城乡低保对象95.2万人,城乡低保平均保障标准分别达到685元/月和670元/月,同比增长5.9%和9.6%。农村低保最低保障标准达到450元/月,超过省定430元/月的年度考核目标。

深入开展农村低保专项治理行动,集中治理"人情保""关系保""错保""漏保"等问题。依托省级申请救助家庭经济状况核对系统,完成了125万低保及相关救助对象存量和新增数据的采集、报送、核对、反馈等任务。全面实施残疾人"两项补贴"制度。落实特困供养政策,截至10月底,全省共有特困供养人员203 628人,集中和分散供养平均标准分别为13 170元/年、11 536元/年。持续开展"合力监护、相伴成长"农村留守儿童关爱保护专项行动,全省19.9万名农村留守儿童全部纳入有效监护范围。依托学校、社区建立200个农村留守儿童关爱之家。9 539名孤儿得到良好照顾,集中养育和分散供养标准分别达到每人每月2 158元、1 470元。

二、持续推进养老服务体系建设

大力发展居家和社区养老服务。南京、苏州、徐州、南通、无锡、宿迁相继开展国家级居家和社区养老服务改革试点,惠及老年人口963.2万人。11个县(市、区)开展省级居家和社区养老服务改革试点。截至10月底,本年度新建街道老年人日间照料中心101个,累计建成340个;新建社区老年人助餐点2 009个,累计建成8 097个,城市社区助餐点实现全覆盖。完成新建100个街道老年人日间照料中心、2 000个社区老年人助餐点,城市社区助餐点实现全覆盖的目标。

深化"放管服"改革,全面放开养老服务市场,社会力量举办或经营的养老床位达到39.87万张,占养老床位总数的62.3%。启动了养老服务业综合发展示范基地和养老服务创新示范企业评定工作。实施护理型床位补贴等扶持政策,护理型床位达到20.8万张,占养老机构床位总数的47.1%。持续开展提高养老机构服务质量专项行动,有效提升了服务水平。认真落实经济困难的高龄失能、独居空巢等老年人养老服务补贴、护理补贴以及政府购买养老服务等制度。全年发放各类养老服务、护理补贴3亿元,惠及全省57万老年人。

三、深化社区治理与服务创新

贯彻落实中央加强社区治理创新的决策部

署,省委省政府先后出台城市社区治理与服务、农村社区治理与服务、乡镇政府服务能力建设、村务监督委员会建设等方面的政策文件。全面实施"政社互动"改革,通过清单的形式明确基层群众自治组织依法履行职责事项和协助政府工作事项。着力推进社区"减负增效",社区台账和挂牌减幅超过85%,创建评比、工作任务、组织机构、盖章等减幅均在75%以上。

全面完成"改造提升和新建300个社区综合服务中心"的目标任务,新增城乡社区服务用房近7万平方米。通过新建、购买、置换、改(扩)建、项目配套和整合共享等方式,进一步提升了综合服务设施建设水平。目前,城乡社区综合服务中心已实现全覆盖,83%的社区(村)达到每百户不低于30平方米的国家新标准。

大力发展社会工作和志愿服务,全省持有国家资格证书的社会工作专业人才达到5.57万人,居全国第二位。开发设置社会工作岗位4万余个,扶持发展民办社工机构1200余家。全省注册登记志愿者达1510万人。

四、加强社会组织服务管理

截至今年10月底,全省共有注册登记社会组织90769家,占全国的11%,总量全国第一。

省政府建立了省社会组织管理工作联席会议制度,并召开了第一次联席会议。全省共建成社会组织孵化培育基地692个,覆盖100%的设区市和87%的县(市、区)。省级设立社会组织综合党委,对全省性社会组织党建工作实行托底管理。建立了社会组织信用信息管理制度、抽查制度、资金监管机制、负责人任前公示制度,切实加强对社会组织的监督管理。加大执法检查力度,省、市、县依法撤销610家社会组织,对49家社会组织予以警告处罚,向社会集中公布了58家非法社会组织名单。

稳步推进行业协会商会与行政机关脱钩。动员社会组织参与苏陕扶贫协作,共有38家社会组织通过资金支持、实物捐赠等形式帮扶项目54个,资金总量1669.5万元。

五、提升专项社会事务服务水平

今年以来,先后完成海安撤县设市以及南京市溧水区、徐州市铜山区、苏州市吴江区、淮安市、盐城市大丰区、兴化市和泗洪县的部分行政区划调整工作。认真做好第二次全国地名普查工作,形成地名普查成果50.1万条。

开展婚姻家庭辅导试点工作。制定收养能力评估标准,全面开展收养评估。

省政府成立了由分管副省长任总召集人的省殡葬改革工作联席会议。惠民殡葬政策实现县(市、区)全覆盖。节地生态安葬逐步推进,各地普遍出台了节地生态安葬奖励政策。组织开展了殡葬领域突出问题专项整治行动。大力推进集中守灵殡仪服务中心建设,方便群众办丧,引导群众移风易俗。

全省建成200个农村留守儿童"关爱之家"。在原有的儿童之家妇女之家的基础上,进一步完善功能,根据农村留守儿童关爱保护的要求,建立心理辅导室、亲情互动室、"四点半"课堂、专兼职辅导员队伍等,农村留守儿童督导员和村(居)农村留守儿童主任实现全覆盖。

来　　源:江苏省民政厅办公室
发布日期:2018年12月03日

2019 年全省民政工作要点

2019 年，全省各级民政部门要以习近平新时代中国特色社会主义思想为指导，深入贯彻党的十九大和十九届二中、三中全会精神，全面落实中央经济工作会议、省委十三届五次全会、全国民政工作视频会议精神，坚持和加强党的全面领导，坚持稳中求进工作总基调，坚持新发展理念，全面履行民政工作最底线的民生保障、最基本的社会服务、最基层的社会治理和最基础的专项管理职责，进一步完善政策制度，深化改革创新，加强科学管理，补齐工作短板，全力推进现代民政高质量发展。

一、切实加强党的全面领导

1. 深入学习习近平新时代中国特色社会主义思想。组织党员干部原原本本学习习近平总书记重要论述和系列重要讲话，全面准确把握习近平新时代中国特色社会主义思想的精髓要义。牢固树立"四个意识"，坚定"四个自信"，坚决做到"两个维护"，始终保持民政事业发展的正确政治方向。

2. 坚决履行全面从严治党主体责任。各级民政部门党委（党组）通过建立健全党建工作责任清单、压紧压实主体责任、强化督查检查等方式，层层传导压力，确保全面从严治党各项部署要求落到实处。

3. 大力加强党建工作。根据机构改革新"三定"方案，建强配齐党的组织，加强党支部书记和支委委员培训。落实《中国共产党支部工作条例》，严格规范"三会一课"、组织生活会、民主评议党员等基本制度，严肃党内组织生活。组织党员干部接受爱国主义教育。将意识形态工作列入年度党建工作考核指标，重点抓好社会组织、基层群众自治领域的意识形态工作。

4. 突出抓好党风廉政建设。持续正风肃纪、反对"四风"，深入开展形式主义、官僚主义集中整治工作。大兴调查研究之风，省厅组织开展大调研，派出工作组深入基层察实情、促落实。贯彻"管行业就要管党风廉政建设"的要求，组织开展全系统警示教育，下大力抓好反腐败工作。加强监督执纪问责，严肃查处违反党纪党规和中央八项规定精神的问题。建立健全权责清晰、流程规范、措施有力、制度管用、预警及时的廉政风险防控机制。规范巡察工作流程和规则，建立常态化巡察工作机制、巡察反馈问题整改督导机制和巡察人员数据库，加强"政治体检"，深化巡察成果运用。

二、充分发挥社会救助兜底保障作用

5. 积极推进民政兜底脱贫攻坚。强化社会救助与扶贫开发政策有效衔接，确保困难群体在全面小康路上一个不少、一户不落。进一步提高社会救助标准，城乡低保标准增长率分别不低于5％、8％，农村低保最低保障标准要超过脱贫攻坚时序进度要求，同步提高城乡低保补差水平。精准落实低保标准2倍以内农村建档立卡对象中重残、大重病对象"单人保"政策，确保"应保尽保"。

6. 大力推进"温情救助"。建立完善"急诊救助"机制,对遭遇急难问题的困难群众,先通过临时救助予以帮扶,再根据致困原因转专项救助,仍然困难的纳入最低生活保障,确保困难群众及时获得救助。探索推行低保渐退机制。深化社会救助管理制度改革,修订低保工作规程,完善低保对象认定办法,大力推广政府购买服务,推动社会救助申请"只需跑一次,无需开证明"。

7. 深入推进低保专项治理。加强社会救助家庭经济状况三级联动核对平台建设,拓展与相关金融机构的数据交换项目,做好省级核对系统与全国低保管理系统的对接工作,加强省市县核对平台的数据共享,做到申请救助必核,动态管理常核。完善全省社会救助信息化管理体系,公开政策信息、透明审批流程、规范管理运行,进一步提高社会救助公信力。出台《江苏省社会救助对象失信惩戒办法》,对"人情保"办理人员和"骗保""赖保""闹保"对象予以失信惩戒。

三、健全完善城乡养老服务体系

8. 深化养老服务业"放管服"改革。开展城市养老和养老机构建设专题调研,出台政策文件。建立与取消养老机构设立许可相适应的综合监管机制,构建全领域、多层次、专业化的养老服务监管体系,将机构养老、居家和社区养老、日间照料、助餐服务等全面纳入监管范围。实施养老机构等级评定制度,将评定结果作为养老机构质量认定、收费标准、补贴发放的重要依据。推进养老服务领域社会信用体系建设,建立健全失信联合惩戒机制。探索通过可视技术等多种手段,加强对养老机构的监管。

9. 进一步加大养老服务供给。落实养老服务和护理补贴、尊老金等政策,加大政府购买养老服务力度,推进城市空巢和农村留守老年人关爱服务工作,切实保障困难群体的基本养老服务需求。继续开展居家和社区养老服务改革试点,为140万居家养老老年人提供助餐、助浴、助洁等服务,新建150个街道老年人日间照料中心,实现全覆盖。提升政府购买养老服务比重,苏

南、苏中、苏北各县(市、区)政府购买服务对象占老年人口比例分别达到11%、9%、7%。稳步增加养老床位总量,每千名老年人拥有养老床位数达到38张以上。深入推进医养结合,新建护理型养老床位2.5万张。推动长期护理保险制度扩大覆盖范围。

10. 引导社会力量成为发展养老服务业主体。加强省级健康养老服务业集聚区、养老服务业综合发展示范基地、创新示范企业建设。落实扶持社会力量参与的各项优惠政策,营造平等参与、公平竞争的市场环境,社会力量举办或经营床位数占总床位的比例达到68%以上。

11. 促进养老服务提质增效。持续开展提高养老机构服务质量专项行动,进一步改造完善养老机构消防设施。着力补齐农村养老服务短板,完善区域性养老服务中心功能,提高床位使用率。大力发展农村互助式养老服务。完善养老服务人员薪酬、职称评定等激励机制,推动更多地区出台养老护理员津贴、补贴政策。

四、认真做好儿童福利保障工作

12. 完善儿童福利保障体系。坚持统筹思维,构建农村留守儿童、困境儿童及其他需要帮助的儿童整体关爱保障和福利服务体系。通过政府购买服务、公益创投等方式,引入社会组织、专业社工和志愿者等社会力量参与困境儿童分类保障、留守儿童关爱保护等工作。

13. 落实困境儿童分类保障政策。制定完善困境儿童分类保障制度实施细则和操作流程,将低保家庭儿童纳入保障范围,强化基本生活保障、医疗康复保障、教育保障、司法保障等政策措施。组织实施好"明天计划",为更多的儿童提供康复服务。切实解决孤弃儿童大排查中发现的问题,进一步规范家庭寄养和涉外收养工作。

14. 加强农村留守儿童关爱保护。完善农村留守儿童强制报告、应急处置、评估帮扶、监护干预等工作机制,做到及时发现、有效处置。逐一落实农村留守儿童委托监护人,压紧压实委托监

护人监护主体责任。新建 200 个农村留守儿童"关爱之家",着力完善服务功能,确保达到省定建设标准。

五、着力提升残疾人福利和专项社会事务管理水平

15. 开展精神障碍社区康复工作。成立省级精神障碍社区康复工作领导小组、专家技术指导组,研究建立康复服务标准体系。建立全省统一的社区康复信息资源平台。建设 100 个精神障碍康复社区服务点。加强精神卫生福利机构建设。

16. 强化残疾人福利保障。全面落实困难残疾人生活补贴和重度残疾人护理补贴制度,做好残疾人"两项补贴"信息系统上线运行工作,制定专项资金管理办法,开展专项资金使用情况评估。支持有条件的地区开展贫困重度残疾人集中或社会化照料护理服务工作。推动康复辅助器具产业发展,加强民政直属康复服务单位能力建设。

17. 提高婚姻和收养登记服务水平。加强婚姻登记规范化管理和信息化建设,做好婚姻历史数据补录工作,促进与公安等部门人口基础信息数据共享。下放涉外婚姻登记权限,对承担涉外婚姻登记任务的机构和人员进行培训。切实解决依附在婚姻登记机构的选择性服务收费问题。推进婚姻登记严重失信当事人信用约束和联合惩戒。强化收养评估工作,切实保障被收养对象权益。

18. 从严规范殡葬管理服务。深化殡葬领域突出问题专项整治。坚持规划引领,各设区市编制完成殡葬事业发展规划及服务设施布局规划,各县(市)编制完成殡葬服务设施布局规划。加快推进乡镇公益性骨灰安放设施、殡仪馆、集中守灵殡仪服务中心等殡葬服务设施建设,各设区市排出并建设一批殡葬服务设施新建项目。推进惠民绿色节地殡葬和文明祭扫,引导群众移风易俗。

19. 加强流浪乞讨人员救助。强化各级救助管理工作联席会议制度建设,压紧压实责任。开展"救助管理工作服务质量大提升"专项行动。建立健全街面巡查、身份查询、寻亲协作、医疗救治、落户安置等重要环节部门协作长效机制,重点建立完善公安为主、城管协助、民政配合的街面巡查协作机制。扎实开展"寒冬送温暖""夏季送清凉"专项救助行动。推动救助管理机构照料模式转型升级。积极引入社会力量参与救助管理。

六、深化基层社会治理多维改革

20. 加强乡镇政府服务能力建设。推动各级党委政府把乡镇政府服务能力建设摆在重要位置,出台实施意见或实施方案,加大统筹推进力度。开展乡镇政府服务能力建设试点。研究制定乡镇政府服务能力评价标准体系。

21. 创新城乡社区治理。继续推进"政社互动""减负增效"等改革实践,不断优化社区治理体制机制,创新社区治理服务模式。抓好全国街道、社区治理服务创新实验区建设,在县(市、区)、乡镇(街道)层面设立"基层社会治理创新观察点",培育更多创新成果。改造提升 300 个社区综合服务设施,重点加强经济薄弱村、老城区社区用房建设。大力推广军门社区工作法及我省获评的 7 个全国优秀社区工作法,培植广受群众欢迎的新时代社区工作法。做好"和谐社区建设示范单位"创建和"最美城乡社区工作者"宣传工作。指导完善社区工作者薪酬管理制度,大力培养"全科社工"。

22. 深化基层群众自治。修改《江苏省村民委员会选举办法》,开展第十二届村民委员会和第七届居民委员会换届选举。大力发展城乡社区协商,推进以村(居)民小组为基本单位的"微自治"实践。做好村规民约和居民公约修订工作。做好村(居)民自治领域"扫黑除恶"专项斗争有关工作。

七、积极引导社会组织健康有序发展

23. 完善社会组织管理制度。强化社会组织

党建工作,加强综合监管,保证社会组织正确发展方向。各级建立社会组织工作协调机制,推动登记管理机关、业务主管单位、行业管理部门、相关职能部门合力加强社会组织建设。

24. 大力培育社区社会组织。继续推进社会组织孵化培育基地建设,重点加大社区社会组织的培育力度,支持鼓励社区社会组织参与社区治理、精准扶贫和乡村振兴。开展宗教活动场所法人登记。

25. 强化社会组织综合监管。实施社会组织年检、信用信息管理制度、抽查制度、负责人任前公示制度、资金监督机制,推进常态化、制度化管理。指导社会组织健全法人治理结构,加强自身能力建设。加强社会组织信用监管,推动建立守信联合激励和失信联合惩戒机制。继续推进行业协会商会脱钩工作。做好行业协会商会涉企收费清理规范工作。加强执法监督,依法查处社会组织违法违规行为,取缔非法社会组织。

26. 引导社会组织发挥作用。进一步落实政府向社会组织购买服务的各项政策,完善社会组织参与平台。实施“千社帮万户”行动计划,引导社会组织在脱贫攻坚、社会救助和对口援助中发挥更大作用。

八、加快推进慈善事业、社会工作和志愿服务联动发展

27. 依法依规发展慈善事业。建立慈善工作协调机制、慈善综合评价体系和区域慈善指数发布制度,做好慈善指数发布工作,举办首届江苏慈善论坛。完善慈善组织公开募捐、信息公开、投资活动等监管机制,加强对慈善组织和民政主管基金会的业务指导和行为规范。加快推进慈善信托合法有序备案。加强互联网募捐平台监管。聚焦扶贫济困领域,立足民政业务,编制“慈善需求清单”,引导慈善组织资源有效对接。组织开展第五届“江苏慈善奖”评选工作和“中华慈善日”“江苏慈善周”宣传活动。做好福利彩票工作。

28. 深化社会工作服务实践。做好社会工作者职业水平考试相关工作,保持专业人才的稳步增长。加强社会工作岗位设置,加大民办社工机构扶持培育力度,推动社会工作服务在养老、医疗卫生、教育、扶贫、社区矫正、残障康复等领域加速发展。做好社会工作服务机构“牵手计划”援助工作。

29. 推动志愿服务发展。加强志愿服务组织建设,完善“社工＋志愿者联动”机制。利用“国际社工日”“学雷锋月”“国际志愿者日”等时间节点,举办志愿服务和社会工作主题宣传活动。组织开展志愿服务展示交流会,征集评选优秀社工和志愿者、优秀案例、优秀项目。

九、有序推进区划地名及界线工作

30. 科学优化行政区划。学习贯彻《行政区划管理条例》,修订我省设镇、街道标准和申报程序。稳妥做好撤县(市)设区、撤县设市、撤销城中乡镇改设街道、乡镇布局优化等工作。制定政府驻地迁移审批程序,推动政府驻地迁移规范化。

31. 加强地名管理和服务工作。深化第二次全国地名普查成果转化运用,推动地名信息化建设,开展地名图录典志编纂工作,创新地名文化载体展现方式,不断提升地名服务水平。深化不规范地名清理整治工作,加强地名标志设置。加强地名文化保护,宣传弘扬优秀地名文化。

32. 深化平安边界建设。完成南京与常州、无锡与苏州、南通与盐城、南通与泰州、扬州与泰州5条市际及35条县(市、区)际界线的联合检查任务。对县(市、区)界桩更换工作进行核查验收。

十、统筹加强民政综合能力建设

33. 提高依法行政能力。做好《江苏省村民委员会选举办法》《江苏省殡葬管理办法》立法有关工作。根据取消养老机构设立许可的实际情况,修改完善相关法规政策。将社会组织、养老服务、地名、殡葬等方面的执法纳入县级综合执法范畴。组织开展全省民政系统学法竞赛及执法实务学习培训,统一规范民政行政执法程序、裁量基准、执法文书。严格落实重大行政决策法

定程序和规范性文件合法性审查制度。全面落实事中事后监管责任,加大"双随机一公开"检查力度。依法开展政府信息公开。

34. 加强民政标准化建设。推动组建民政业务领域标准化专业技术组织,通过招投标、定向委托、购买服务等竞争性方式,加快民政地方标准制定修订工作,重点研制康复辅具、养老服务、婚姻殡葬等民政业务领域团体标准。开展全省民政标准化示范单位创建活动,打造民政标准化管理服务品牌。

35. 增强基层民政服务能力。对基层民政能力建设进行查漏补缺,重点评估人员配备、条件设置、经费保障等情况,推进全面达标。推广政府购买服务,缓解基层民政人少事多的矛盾。对照基层基本公共服务功能配置标准和五级民政基本公共服务设施体系,全面盘点民政服务设施建设情况,加快推进空白项目、薄弱项目新建或改造提升,改善民政公共服务条件。

36. 加强专业人才队伍建设。围绕提升民政干部队伍综合素质和执行效能,着力打造"学习型团队"。落实鼓励激励、容错纠错、能上能下"三项机制",推动各级民政部门党员干部担当作为。实施分级培训制度,持续加强对基层民政工作人员的培训。加强民政行政机关干部队伍建设,建好"民政讲坛""处长论坛""青年干部沙龙"等学习平台。大力加强民政行业职业技能人才队伍建设,设立全省民政技能大师工作室,开展民政行业职业技能竞赛和技能鉴定,培养一批领军人才。发挥省现代民政研究院、民政政策理论研究基地等智库作用,组织民政干部职工广泛参与,深入研究民政领域重点难点热点问题,推动工作创新发展。

37. 推进智慧民政建设。升级改造全省民政综合业务信息平台,融入全国民政业务应用一体化建设,实现各项民政业务部省协同、上下联动。积极开展"互联网＋民政服务"工作,在养老服务、社会救助、社会组织、区划地名、婚姻、殡葬等领域试点"互联网＋"典型应用服务,通过江苏政务服务移动客户端提供掌上办事服务。各级民政部门全面推行"网上批、快递送、不见面"服务模式,推动民政服务对象办事线上"一网通办",线下"只进一扇门",现场办理"最多跑一次"。

38. 做好规划、统计、财务及内审工作。做好规划编制工作,各项民政业务都要注重总体谋划,涉及项目建设的,需编制项目规划或布局规划。加强规划目标任务的落实、监督和评估,确保重点工作按照时序进度推进。开展统计数据清查核对专项行动,实现民政统计数据与民政业务数据同表同源,发挥大数据在民政工作科学决策中的支撑作用。加强民政资金绩效管理,调整优化支出结构,提升资金配置效率及使用效益。实施民政重大政策落实情况、专项资金使用情况及事业单位内部审计,逐步推进内部审计全覆盖。组织开展涉改单位资金、资产清查等相关工作。

39. 强化民政事业单位及所属社会组织建设。根据机构改革实际,优化民政事业单位设置,明确职责功能,确定发展规划。切实加强民政事业单位干部队伍尤其是班子建设,为事业发展奠定基础。健全民政事业单位及所属社会组织党的建设、队伍建设、议事决策、财务管理、项目管理等方面的管理制度,把各项工作纳入制度化轨道。排查民政事业单位及所属社会组织管理风险点,落实防范措施。

40. 做好宣传、安全生产工作。统筹策划民政系统新闻发布和重点宣传工作,充分展示民政改革发展成果。加强民政文化建设,选树挖掘民政系统先进典型,结合"最美社工""最美护理员"评选等活动,宣传民政特色,讲好民政故事。做好"政风热线"上线工作。落实安全生产管理责任,强化检查指导,提高各业务领域、各类民政服务机构安全管理水平。

来　　源:江苏省民政厅办公室
发布日期:2019 年 02 月 19 日

我省推进农村低保专项治理

10日,省民政厅召开深入推进农村低保专项治理工作部署视频会,集中治理基层存在的"人情保""关系保""错保""漏保"等问题,坚决查处农村低保中的腐败和作风问题,筑牢农村兜底保障底线。

截至去年底,全省共保障城乡低保对象51万户、89.5万人,全年临时救助26.5万人次。全省城乡低保平均保障标准分别达到685元/月和670元/月,人均补差493.3元/月,困难群众获得感明显增强。

去年以来,我省按民政部统一部署,启动农村低保专项治理,低保对象精准率大幅提高,农村低保环境得到净化,取得阶段性成效。农村低保专项治理为期3年,今年将从四个方面深入推进治理。今后一个时期,农村低保中的形式主义、官僚主义、责任不落实、措施不精准等问题将受到严肃查处。各地将对"单人保"政策进行全面落实,严查"漏保"问题,提升兜底能力。"人情保""关系保"等问题发现一起、查处一起,做到零容忍、无死角。贪污侵占、虚报冒领、截留私分等违法违纪行为都将受到严厉惩治,确保救助资金使用的安全性。

省民政厅将强化动态监测、高频高压的督查态势,一级督导一级,发现问题移交有关纪检监察机构,对重点对象、重点问题进行严肃查处。

来　　源:新华日报
发布日期:2019年04月11日

江苏省卫生健康委员会 2019 年度部门预算情况说明

一、收支预算总体情况说明

（反映部门年度总体收支预算情况。根据《江苏省财政厅关于 2019 年省级部门预算的批复》（苏财预〔2019〕7 号）填列。）

江苏省卫生健康委员会 2019 年度收入、支出预算总计 3 010 954.44 万元，与上年相比收、支预算总计各增加 123 917.43 万元，增长 4.3%。其中：

（一）收入预算总计 3 010 954.44 万元。包括：

1. 财政拨款收入预算总计 283 984.91 万元。

（1）一般公共预算收入预算 283 984.91 万元，与上年相比增加 6 085.49 万元，增长 2.2%。主要原因是省属卫生学校生均拨款定额标准有所提高；省级财政落实投入政策，加大对公立医院综合改革、学科建设和人才培养等方面的补助；省疾控中心等全额拨款事业单位疾病防控、卫生监督等工作量增加，相应增加收入。

（2）政府性基金收入预算 0 万元。与上年相比增加 0 万元，增长 0%。

2. 财政专户管理资金收入预算总计 26 880.22 万元，与上年相比减少 2 412.27 万元，减少 8.2%。主要原因是省属卫生学校基本建设等项目使用以前年度结余资金，相应减少收入。

3. 其他资金收入预算总计 2 608 303.06 万元。与上年相比增加 133 447.66 万元，增长

5.4%。主要原因是省属医疗机构诊疗人次增加。

4. 上年结转资金预算数为 91 786.25 万元。与上年相比减少 13 203.45 万元，减少 12.6%。主要原因是省属事业单位以前年度支出预算因客观条件变化未执行完毕、结转到本年度按规定继续使用的资金减少。

（二）支出预算总计 3 010 954.44 万元。包括：

1. 教育（类）支出 119 676.45 万元，主要用于省属五所卫生学校正常运转的基本支出和学生培养等支出。与上年相比减少 1 918.38 万元，减少 1.6%，主要原因是各省属高校厉行节约，相应减少支出。

2. 文化旅游体育与传媒（类）支出 98.82 万元，主要用于《江苏医药》编辑部基本运行支出。与上年相比减少 104.62 万元，减少 51.4%。主要原因是《江苏医药》刊物发行由半月刊调整为月刊，相应减少支出。

3. 社会保障和就业（类）支出 53 864.82 万元，主要用于委机关及参公单位的离退休人员支出。与上年相比增加 1 433.58 万元，增长 2.7%。主要原因是离退休人员人数增加，相应增加支出。

4. 卫生健康（类）支出 2 755 313.37 万元，主要用于省属单位维持正常运转的基本支出、开展

业务工作、基础设施修缮及设备购置等支出。与上年相比增加 102 819.91 万元,增长 3.9%。主要原因是省属医疗机构诊疗人次增加,省疾控中心等全额拨款事业单位疾病防控、卫生监督等工作量增加,相应增加支出。

5. 住房保障(类)支出 82 000.98 万元:主要用于省属单位按照政策规定向职工发放的住房公积金、提租补贴等住房改革支出。与上年相比增加 21 686.94 万元,增长 36%。主要原因是住房公积金、住房补贴缴存基数调整,相应增加支出。

6. 结转下年资金预算数为 0 万元。

此外,基本支出预算数为 2 505 327.6 万元。与上年相比增加 118 804.64 万元,增长 5%。主要原因是省属医疗机构诊疗人次增加,省疾控中心等全额拨款事业单位疾病防控、卫生监督等工作量增加,相应增加支出。

项目支出预算数为 502 932.23 万元。与上年相比增加 3 950.19 万元,增加 0.8%。主要原因是各单位项目支出基本保持 2018 年度规模。

单位预留机动经费预算数为 2 694.61 万元。与上年相比增加 1 162.60 万元,增长 75.9%。主要原因是预留绩效考核等经费。

二、收入预算情况说明

(反映部门年度总体收入预算情况。填列数应与《收支预算总表》收入数一致。)

江苏省卫生健康委员会本年收入预算合计 3 010 954.44 万元,其中:

一般公共预算收入 283 984.91 万元,占 9.4%;

政府性基金预算收入 0 万元,占 0%;

财政专户管理资金26 880.22万元,占 0.9%;

其他资金 2 608 303.06 万元,占 86.6%;

上年结转资金 91 786.25 万元,占 3%。

三、支出预算情况说明

(反映部门年度总体支出预算情况。安排数应与《收支预算总表》支出数一致。)

江苏省卫生健康委员会本年支出预算

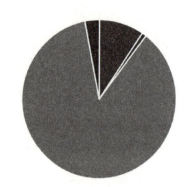

图 1　收入预算图

3 010 954.44 万元,其中:

基本支出 2 505 327.6 万元,占 83.2%;

项目支出 502 932.23 万元,占 16.7%;

单位预留机动经费 2 694.61 万元,占 0.1%;

结转下年资金0 元,占 0%。

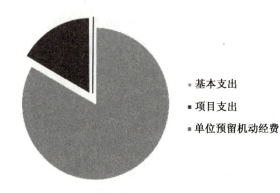

图 2　支出预算图

四、财政拨款收支预算总体情况说明

(反映部门年度财政拨款总体收支预算情况。财政拨款收入数、支出安排数应与《收支预算总表》的财政拨款数核对一致。)

本表反映部门年度财政拨款总体收支预算情况。

江苏省卫生健康委员会 2019 年度财政拨款收、支总预算 283 984.91 万元。与上年相比,财政拨款收、支总计各增加 6 085.49 元,增长 2.2%。主要原因是省属卫生学校生均拨款定额标准有所提高;省级财政落实投入政策,加大对公立医院综合改革、学科建设和人才培养等方面的补助;省疾控中心等全额拨款事业单位疾病防控、卫生监督等工作量增加。

五、财政拨款支出预算情况说明

（反映部门年度财政拨款支出预算安排情况。财政拨款支出安排数应与《财政拨款收支预算总表》的财政拨款数一致，并按照政府收支分类科目的功能分类"项"级细化列示。）

江苏省卫生健康委员会 2019 年度财政拨款预算支出 283 984.91 万元，占本年支出合计的 9.4%。与上年相比，财政拨款支出增加 6 085.49 万元，增长 2.2%。主要原因是省属卫生学校生均拨款定额标准有所提高；省级财政适当加大对公立医院基本支出补助；省疾控中心等全额拨款事业单位疾病防控、卫生监督等工作量增加，相应增加收入。

其中：

（一）教育支出（类）

1. 职业教育（款）高等职业教育（项）支出 80 203.86 万元，与上年相比增加 3 331.02 万元，增长 4.3%。主要原因是省属卫生学校生均拨款定额标准有所提高。

（二）社会保障和就业支出（类）

1. 行政事业单位离退休（款）未归口管理的行政单位离退休（项）支出 474.70 万元，与上年相比增加 23.12 万元，增加 5.1%。主要原因是离退休人员增加，相应增加支出。

2. 行政事业单位离退休（款）机关事业单位基本养老保险缴费（项）支出 11 921.77 万元，与上年相比增加 314.05 万元，增加 2.7%。主要原因是离退休人员增加，相应增加支出。

3. 行政事业单位离退休（款）机关事业单位职业年金缴费（项）支出 3 086.66 万元，与上年相比增加 128.25 万元，增加 4.3%。主要原因是我委及直属单位在职人员增加，相应增加支出。

（三）卫生健康支出（类）

1. 卫生健康管理事务（款）行政运行（项）支出 5 420.79 万元，与上年相比增加 751.3 万元，增长 16.1%。主要原因是省卫生健康委机关工作任务增加，相应增加行政运行经费。

2. 卫生健康管理事务（款）一般行政管理事务（项）支出 1 568.21 万元，与上年相比减少 174.24 万元，减少 10%。主要原因是根据省财政厅统一要求，压减一般性支出。

3. 卫生健康管理事务（款）其他卫生健康管理事务支出（项）支出 1 036.33 万元，与上年相比减少 390.97 万元，减少 27.4%，主要原因是预算收入功能科目调整。

4. 公立医院（款）综合医院（项）支出 12 349.96 万元，与上年相比减少 2 109.95 万元，减少 14.6%，主要原因是机关事业单位养老保险制度改革全面实施后，江苏省人民医院等省属公立医院使用财政资金安排的养老保险缴费计入机关事业单位职业年金缴费功能科目。

5. 公立医院（款）儿童医院（项）支出 1 815.78 万元，与上年相比增加 60.3 万元，增长 3.4%，主要原因是苏州大学附属儿童医院增加财政拨款基本支出。

6. 公立医院（款）其他专科医院（项）支出 305 万元，与上年相比增加 0 万元，增长 0%。主要原因江苏省肿瘤医院财政拨款基本支出规模保持 2018 年度水平。

7. 基层医疗卫生机构（款）其他基层医疗卫生机构支出（项）21 000 万元，与上年相比增加 1 000 万元，增长 5%，主要原因是省财政厅加大基层医疗卫生机构建设项目补助力度。

8. 公共卫生（款）疾病预防控制机构（项）支出 5 635.92 万元，与上年相比减少 7.69 万元，减少 0.1%。主要原因是省疾病预防控制中心财政拨款支出基本水平保持2018 年度规模。

9. 公共卫生（款）卫生监督机构（项）支出 2 532.18 万元，与上年相比增加 519.52 万元，增长 25.8%。主要原因是省卫生监督所新进人员较多，相应增加基本支出。

10. 公共卫生（款）妇幼保健机构（项）支出 1 481.57 万元，与上年相比增加 51.68 万元，增长 3.6%。主要原因是保障省妇幼保健中心基本运行的人员和公用经费增加。

11. 公共卫生（款）采供血机构（项）支出 11 925.34 万元，与上年相比增加 1 621.06 万元，增长 15.7%。主要原因是保障省血液中心基本运行的人员和公用经费增加。

12. 公共卫生（款）重大公共卫生专项（项）支出 20 634.00 万元，与上年相比减少 2 990 万元，减少 12.7%。主要原因是按照财政事权和支出责任划分改革方案，部分重大公共卫生服务项目调整至基本公共卫生服务项目统筹安排，相应减少支出。

13. 计划生育事务（款）计划生育服务（项）支出 747.74 万元，与上年相比减少 51.49 万元，减少 6.4%。主要原因是适当压减计划生育工作相关补助经费。

14. 计划生育事务（款）其他计划生育事务支出（项）支出 376.24 万元，与上年相比减少 14.23 万元，减少 3.6%。主要原因是适当压减计划生育工作相关补助经费。

15. 行政事业单位医疗（款）行政单位医疗（项）支出 29 000 万元，与上年相比减少 1 000 万元，增加 3.45%。主要原因是适当压减行政单位医疗相关补助经费。

16. 老龄卫生健康事务（款）老龄卫生健康事务（项）270 万元，与上年相比增加 270 万元，增加 100%。主要原因是根据《江苏省机构改革方案》，增加老龄卫生健康职责，相应增加支出。

17. 其他卫生健康支出（款）其他卫生健康支出（项）支出 52 288.07 万元，与上年相比减少 1 477.27 万元，减少 2.7%。主要原因是住院医师规范化培训招生学员数减少，相应减少支出。

（四）住房保障支出（类）

1. 住房改革支出（款）住房公积金（项）支出 2 790.27 万元，与上年相比增加 422.15 万元，增长 17.8%。主要原因是住房公积金缴存基数调整。

2. 住房改革支出（款）提租补贴（项）支出

17 120.52 万元，与上年相比增加 5 808.88 万元，增长 51.4%。主要原因是提租补贴缴存基数调整。

六、财政拨款基本支出预算情况说明

（反映部门年度财政拨款基本支出预算安排情况。）

江苏省卫生健康委员会 2019 年度财政拨款基本支出预算 106 820.91 万元，其中：

（一）人员经费 79 266.40 万元。主要包括：基本工资、津贴补贴、奖金、绩效工资、机关事业单位基本养老保险缴费、职业年金缴费、其他社会保障缴费、住房公积金、医疗费、其他工资福利支出、离休费、退休费、抚恤金、生活补助、医疗费和奖励金。

（二）公用经费 27 554.51 万元。主要包括：办公费、水费、电费、邮电费、差旅费、维修（护）费、会议费、培训费、公务接待费、专用材料费、工会经费、福利费、公务用车运行维护费、其他交通费用和其他商品和服务支出。

七、一般公共预算支出预算情况说明

（反映部门年度一般公共预算支出预算安排情况。）

江苏省卫生健康委员会 2019 年一般公共预算财政拨款支出预算 283 984.91 万元，与上年相比增加 6 085.49 元，增长 2.2%。主要原因是省属卫生学校生均拨款定额标准有所提高；省级财政落实投入政策，加大对公立医院综合改革、学科建设和人才培养等方面的补助；省疾控中心等全额拨款事业单位疾病防控、卫生监督等工作量增加，相应增加收入。

八、一般公共预算基本支出预算表情况说明

（反映部门年度一般公共预算基本支出预算安排情况。）

江苏省卫生健康委员会 2019 年度一般公共预算财政拨款基本支出预算 106 820.91 万元，其中：

（一）人员经费 79 266.40 万元。主要包括：基本工资、津贴补贴、奖金、绩效工资、机关事业单位基本养老保险缴费、职业年金缴费、其他社会保障缴费、住房公积金、医疗费、其他工资福利支出、离休费、退休费、抚恤金、生活补助、医疗费和奖励金。

（二）公用经费 27 554.51 万元。主要包括：办公费、水费、电费、邮电费、差旅费、维修（护）费、会议费、培训费、公务接待费、专用材料费、工会经费、福利费、公务用车运行维护费、其他交通费用和其他商品和服务支出。

九、一般公共预算"三公"经费、会议费、培训费支出预算情况说明

（反映部门年度一般公共预算资金安排的"三公"经费情况。）

江苏省卫生健康委员会 2019 年度一般公共预算拨款安排的"三公"经费预算支出中，因公出国（境）费支出 130 万元，占"三公"经费的 15.6%；公务用车购置及运行维护费支出 330.4 万元，占"三公"经费的 39.5%，公务接待费支出 375.31 万元，占"三公"经费的 44.9%。具体情况如下：

1. 因公出国（境）费预算支出 130 万元，比上年预算减少 5.7 万元，主要原因是省属医疗卫生机构厉行节约，控制因公出国（境）支出。

2. 公务用车购置及运行维护费预算支出 330.4 万元。其中：

（1）公务用车购置预算支出 0 万元，比上年预算数减少 0 万元。

（2）公务用车运行维护费预算支出 330.4 万元，比上年预算减少 20.85 万元，主要原因是省属医疗卫生机构厉行节约，控制公务用车运行维护费支出。

3. 公务接待费预算支出 375.31 万元，比上年预算减少 53.12 万元，主要原因是省属医疗卫生机构厉行节约，控制公务接待费支出。

江苏省卫生健康委员会 2019 年度一般公共预算拨款安排的会议费预算支出 614.71 万元，比上年减少 72.59 万元，主要原因各单位厉行勤俭节约，精简会议支出。

江苏省卫生健康委员会 2019 年度一般公共预算拨款安排的培训费预算支出 745.72 万元，比上年减少 122 万元，主要原因各单位厉行勤俭节约，精简培训支出。

十、政府性基金预算支出预算情况说明

（反映部门年度政府性基金支出预算安排情况。政府性基金支出安排数应与《部门收支预算总表》的政府性基金收入数一致，并按照政府收支分类科目的功能分类"项"级细化列示。）

江苏省卫生健康委员会 2019 年度政府性基金预算支出 0 万元。与上年相比增加 0 万元，增长 0%。

十一、一般公共预算机关运行经费支出预算情况说明

（反映部门年度一般公共预算机关运行经费支出预算安排情况。）

2019 年度本部门一般公共预算机关运行经费预算支出 1 374.69 万元，与上年相比增加 79.26 万元，增加 6.1%。主要原因是年度工作任务增加，相应增加运行经费。

十二、政府采购情况说明

（反映部门年度政府采购支出预算安排情况。）

2019 年度政府采购支出预算总额 47 799.18 万元，其中：拟采购货物支出 34 137.46 万元，拟采购工程支出 12 940.00 万元，拟购买服务支出 721.72 万元。

十三、国有资产占用情况

本部门共有车辆 264 辆，其中：一般公务用车 164 辆、执法执勤用车 0 辆、特种专业技术用车 68 辆、其他用车 26 辆。单价 20 万元（含）以上的设备 5 386 台（套）。

十四、预算绩效目标设置情况说明

2019 年本部门共 9 个项目实行绩效目标管理，涉及财政性资金合计 480 011 万元。

来　　源：江苏省卫生健康委员会
发布日期：2019 年 02 月 13 日

2018 年全省卫生健康工作进展情况

2018 年，全省卫生健康系统坚持以习近平新时代中国特色社会主义思想为指导，将全面从严治党贯穿于事业发展全过程，谋思路、抓重点、补短板、强弱项，卫生健康事业高质量发展走在前列实现良好开局。

一、健康江苏建设深入推进。实施全民健康素养提升行动，开展"三减三健"专项行动、全民自救互救素养提升工程和"2018 健康江苏行"环省主题宣传活动，全省居民健康素养水平提高到 24.37％。加强慢性病综合防控，8 个国家级慢性病综合防控示范区通过国家复审，新建成 8 个省级达标区。启动实施青少年近视眼防控工作。积极开展健康城市健康村镇建设，新建成省健康镇 46 个、省健康村 252 个、省健康社区 284 个。14 个国家卫生城市、56 个国家卫生乡镇顺利通过复审，连云港等 4 个市实现省级卫生乡镇全覆盖。对 13 个设区市健康城市发展状况进行监测评估，推动健康江苏建设深入开展。

二、医药卫生体制改革持续深化。分级诊疗格局加快构建。大力推进紧密型医联体建设，全省建有医联体 352 个，三级公立医院全部参与、二级以上社会办医疗机构参与比例达 49.81％。加快五大救治中心建设，建成区域级胸痛救治中心 9 家、创伤救治中心 9 家、卒中救治中心 6 家。以点单式签约和首诊式签约为重点，出台绩效考核办法，引导做细做实家庭医生签约服务。由二、三级医院向基层医疗卫生机构、接续性医疗机构下转人次较上年增长 29.88％、上转增长 14.64％，其中徐州等地下转患者增长近 90％，全省县域就诊率接近 90％。公立医院改革向纵深发展。省政府办公厅印发《关于建立现代医院管理制度的实施意见》，全省 74.8％的三级公立医院、30.9％的二级公立医院和 18.5％的社会办非营利性医院开展章程制定。制定儿科医疗及儿童保健新增项目调价方案，出台医疗服务价格动态调整改革方案和部分"互联网＋"医疗服务项目试行价格标准。药品供应保障更加有力。落实短缺药品每月零报告制度，对 14 种药品实行省级定点储备。新一轮药品集中采购竞价议价采购产品价格平均降幅为 18.04％，267 个抗癌药品平均降幅为 8.65％。对标全国最低价调整血管介入等六大类高值医用耗材价格，1 569 个产品平均价格降幅 11.2％。印发药品供货企业积分、医药购销领域商业贿赂不良记录、公立医疗机构药品耗材采购监督等三个考核办法，规范药品耗材购销行为。综合监管不断加强。全面推进执法全过程记录等三项制度，落实"双随机一公开"抽查机制，抽查 14 199 件、完结率 100％。各地依法查处违法案件 7 532 起。率先出台医疗卫生信用信息管理暂行办法，配合严厉打击"医疗骗保"行为，实现联动查办案件、联合惩戒。

三、公共卫生服务不断优化。基本公共卫生服务水平稳步提高。全省基本公共卫生服务补助标准提高到人均不低于 65 元，免费为城乡居民提供 55 项基本公共卫生服务。重大疾病防控成效显著。全面落实血吸虫病、艾滋病、结核病等重大疾病防治规划，发现并治疗肺结核病患者2.5万例、管理艾滋病病毒感染者和病人2.47万例，传染病发病率为118.68/10万，保持在全国较低水平。累计为适龄儿童免费预防接种2 028万针次，免疫规划疫苗接种率保持在95％以上。及时应对处置长春长生公司问题疫苗案件，全面排查、封存问题疫苗，科学指导群众续种补种，广泛开展咨询服务，解疑释惑，保持社会稳定。妇女儿童健康保障全面加强。实施母婴安全三年行动计划，完善妇幼健康服务体系，全省孕妇产前筛查率达92.88％、新生儿疾病筛查率达98.29％，无锡等地对高危孕产妇进行生育全程专案管理。确定10家机构为第一批省级儿童早期发展基地。突发公共卫生事件处置及时有效。加强H7N9流感防控，妥善处置全球首例人感染H7N4、全省首例H5N6流感病例，有效做好30多起事故卫生应急处置工作，圆满完成第十九届省运会等重大活动医疗卫生保障任务。食品安全风险监测持续加强。强化食品安全风险监测和标准服务，监测食品中化学性污染物及有害因素样品3 350份，食品微生物及其致病因子样品3 340份。

四、医疗服务水平进一步提升。医疗服务体系不断完善。新增医疗卫生机构床位数2.12万张、卫生人员3.46万人以上，其中新增执业（助理）医师1.22万人。新增儿童医院1家、精神病医院3家、康复医院13家、老年病专科医院3家，省人民医院、省肿瘤医院、苏大附一院、中大医院被确定为国家疑难病症诊治能力提升工程建设单位，52个国家临床重点专科建设项目通过国家评估；5家县级医院被新确认为三级医院，71％的县级医院达到国家县医院医疗服务能力推荐标准，其中徐州、南通、镇江、泰州等地县医院已全面达标。基层卫生服务能力显著增强。在18个县（市、区）开展"大基层"体系建设试点，省扶持757个基层医疗卫生机构基础设施建设

和设备装备，作为全国首批10个试点省建成首批26个社区医院，新增省示范乡镇卫生院59个、示范村卫生室808个、基层特色科室89个。扬州市18个农村区域性医疗中心中有8家创成二级医院；宿迁市所有村居卫生机构均达到省定标准。医疗服务持续改善。实施新一轮改善医疗服务三年行动计划，苏北人民医院、淮安市第一人民医院被评为全国年度"改善医疗服务示范医院"。246家二级以上医院开展日间手术，165家二级以上医院开展多学科联合诊疗，严格执行医疗质量安全核心制度，458家医疗机构开展临床路径管理。社会办医发展加快。发布《江苏省社会资本举办医疗机构投资指引（2018年版）》，推进医疗机构、医师准入审批改革，全省民营医院诊疗人次达6 100万人次，较上年增长220万人次，占医院总诊疗人次的23％。

五、中医药事业加快发展。服务体系建设得到增强。推进基层能力提升"十三五"行动计划，基层机构中医馆建设达标率65.1％，新建68个全国和省名老中医药专家传承基层工作站，徐州、扬州市创成"全国基层中医药工作先进单位"。新增国家中医住院医师规范化培训基地5个、全国名老中医药专家传承工作室和基层名老中医药专家传承工作室建设单位9个。省中医院妇科、南京市中医院肛肠科等6个专科成为国家区域中医（专科）诊疗中心建设单位，3个病种入选国家重大疑难疾病中西医临床协作试点项目。人才培养成效显著。启动省名中医评选工作，遴选确定29名省中医药领军人才培养对象，5人入选国家"岐黄学者"培养工程，新增全国中药特色传承人才培养对象10人。传承研究更加深入。省中西医结合医院入选第二批国家中医临床研究基地建设单位，21个国家中医药管理局重点学科顺利通过验收，获得国家中医药重点研发计划项目3项、国家科技进步奖二等奖和国家技术发明奖各1项。

六、卫生人才队伍建设和科技创新取得突破

性进展。"六个一"工程深入实施。全系统新增333工程第一层次培养对象4人、第二层次35人、第三层次462人;医教协同更加密切。新增9个住院医师规范化培训基地,新招收住院医师规范化培训学员4 200人。基层人才队伍得到加强。首次全省联动举办基层卫生人才专场招聘会,一次性录用477人,带动全省招聘4 951人。贯彻落实省政府办公厅《关于改革完善全科医生培养与使用激励机制的实施意见》,新培养全科医生2 900名。扩大农村订单定向医学生免费招生规模,实际招收1 634人,较上年增加54%,总数居全国第一。12个县(市、区)开展基层卫生人才"县管乡用"试点,遴选2 500名省级优秀基层卫生骨干人才,确定45个基层卫生人员实训基地建设单位,安排700名乡镇卫生院临床医师和3 200名乡村医生到上级医院务实进修,组织乡村医生培训1.17万人次。卫生科技创新与成果转移转化取得新突破。苏大附一院入选第四批国家临床医学研究中心,8个省部级以上重点实验室建设管理水平再上新台阶。申报国家新药创制重大科技专项132项,是2017年的1.9倍,省人民医院"药物临床评价技术平台建设"课题获批国家示范性项目;医疗卫生机构通过省科学技术一、二等奖终审的项目数达全省获奖总数的14.7%;取得发明专利135项,推广适宜技术53项。对外交流合作进一步深化。启动援桑给巴尔妇女宫颈癌筛查项目,成功举办2 018南京国际胰腺峰会、"仁心仁术·中国传统医学与马耳他展览",组织175名医护人员赴国(境)外研修,新增国际友好医院23对。

七、重点人群健康保障全面加强。医养结合深入发展。实施健康老龄化三年行动计划,遴选10家省示范性医养结合机构,确定9家安宁疗护省级试点,新增护理院23家、医养结合机构80家。全面两孩政策稳妥实施。办理生育登记55.41万件、再生育审批12 575件;为204万计划生育奖扶、特扶对象发放扶助金26.93亿元,

实现计划生育特殊家庭联系人制度、家庭医生签约、就医绿色通道"三个全覆盖"。建成计划生育心理健康服务项目54家。3个区被国家评为"流动人口基本公共卫生服务均等化示范区"。健康扶贫成效显著。联合省政府扶贫办召开现场会,推进健康扶贫责任落实。农村建档立卡低收入人口家庭医生签约率达97.02%;全面落实农村低收入人口住院"先诊疗后付费"政策,大病专项救治总病种数达30种,全省因病致贫人口从2016年的50万户、135万人下降到29万户、70万人。

八、服务保障进一步优化。重大项目建设取得新进展。省人民医院门急诊病房综合楼等一批重大医疗服务设施建成并投入使用,苏大附一院总院二期工程等一批项目新批立项,全系统新增中央投资项目10个、投资规模达10.36亿元。"互联网+医疗健康"加快推进。省智慧健康平台与13个设区市、98%的县(市、区)平台实现互联互通,标准化建设居民电子健康档案4 300多万份,40个县(市、区)向居民开放电子健康档案在线查询。出台32条"互联网+医疗健康"便民惠民服务措施,省集约式预约诊疗服务平台2018年预约量达603万人次,同比增长34.57%。6家三级医院电子病历应用水平达到五级,205家医院开通手机APP或微信公众号。全省建立区域性远程会诊中心45个、远程影像诊断中心61个、远程心电诊断中心44个,89%的县(市、区)面向基层开展集中读片等远程医疗服务。新闻宣传有声有色。组织新闻发布、媒体集中采访活动,隆重庆祝首个中国医师节,开展优秀医师先进事迹巡回宣讲,命名"百名医德之星""十大医德标兵"和"优秀基层医师",1人当选"全国最美医生"、1人当选"全国最美家庭医生",6人入选"中国好医生中国好护士"月度人物。此外,全系统150名干部人才奔赴西藏拉萨等五省区开展对口帮扶,组团式援疆模式得到国家卫生健康委和省委省政府充分肯定。法制、安全稳定、干部

保健、离退休干部等工作均取得新成绩。

九、全面从严治党深入推进。主体责任进一步压实。制定落实全面从严治党主体责任2018年度任务清单，明确党组履行"一岗双责"的具体任务。党的建设进一步加强。配合省委组织部制定出台《江苏省加强公立医院党的建设工作实施办法》，强化支部书记培训，组织解放思想大讨论，出台以党建引领的行业文化建设指导意见。警示教育进一步强化。认真落实中央巡视反馈意见，编印下发《违纪违法事实和忏悔录汇编》，制作警示教育片，建成网上廉政教育馆；召开省市县乡四级6 000余人参加的警示教育大会，从违规违纪问题中汲取教训，聚焦"三大重点"，开展"三项活动"，切实用身边事教育身边人，起到

震慑作用。专责监督意见整改取得阶段性成效。省本级出台制度规定21项，13个设区市共对应出台相关制度文件174项，32个委管委属单位共出台文件89项。开展医疗购销领域突出问题、行风突出问题专项治理。召开全省强化行风建设和医院基础管理专题电视电话会议，组织各医院进行险情、险点、险种、险象排查和控制廉政风险，对违反"九不准"行为等进行重点整改，加强医德医风建设各项工作，行业风气得到有效净化。

来　　　源：江苏省卫生健康委员会
发布日期：2019 年 05 月 15 日

2019 年全省卫生健康工作会议在南京召开

1 月 25 日,2019 年全省卫生健康工作会议在南京召开。会议传达学习吴政隆省长、陈星莺副省长的批示,总结 2018 年全省卫生健康工作,研究部署新一年改革发展目标任务。

省卫生健康委党组书记、主任谭颖作工作报告。她指出,2018 年,全省卫生健康系统坚持以习近平新时代中国特色社会主义思想为指导,坚定不移地将全面从严治党贯穿于事业发展全过程,谋思路、抓重点、补短板、强弱项,卫生健康事业改革发展取得明显成效。省委省政府确定的卫生健康领域年度 17 项目标任务圆满完成,其中 6 项超额完成;全省卫生健康工作要点确定的十一方面 132 项年度任务全部完成。卫生健康事业高质量发展走在前列实现良好开局,为民服务成效显著,全省完成总诊疗量 5.95 亿人次,同比增加 1 000 多万人次;第三方机构对 153 家三级医院出院患者满意度调查显示,综合满意度达95.74%。群众健康水平不断提升,婴儿死亡率、孕产妇死亡率分别降低至 2.71‰、9.83/10 万。2018 年,我省连续第三次被国家评为无偿献血先进省,省卫生健康委被中央政法委等 9 部委表彰为全国"创建平安医院"活动表现突出集体。这些成绩和经验的取得,是省委省政府坚强领导、相关部门和社会各界大力支持、全省广大卫生健康工作者努力奋斗的结果。

会议指出,2019 年是新中国成立 70 周年,是决胜全面建成小康社会第一个百年奋斗目标的关键之年。全省卫生健康系统要以习近平新时代中国特色社会主义思想为指导,全面贯彻落实党的十九大精神,认真落实省委十三届五次全会部署要求,适应职能转变新形势,牢牢把握高质量发展走在前列要求,坚持新发展理念,坚持稳中求进工作总基调,坚持以人民健康为中心,创造性落实新时代卫生健康工作方针,以健康江苏建设为统领,聚力抓重点、补短板、强弱项,协调推进深化医药卫生体制改革,提升卫生健康服务水平和质量,预防控制重大疾病,积极应对人口老龄化,进一步调动医务人员积极性,不断增强群众获得感、满意度,以优异成绩庆祝中华人民共和国成立 70 周年。

会议强调,全省卫生健康系统要坚持以习近平新时代中国特色社会主义思想为指导,牢牢把握正确发展方向;坚持把高质量发展走在前列作为最鲜明导向,加快提升卫生健康服务整体水平;坚持以改革创新为动力,不断增强事业发展生机活力;坚持以转变职能为关键,切实承担好维护群众健康新责任,按照省委十三届五次全会、全省两会和 2019 年全国卫生健康工作会议明确的要求,全力推进以下九项工作:一是全力推进健康江苏建设,充分发挥爱国卫生工作有机构、有体系的组织优势,加大统筹协调力度,切实加强健康促进,大力推进健康城市健康村镇建设,进一步强化爱国卫生工作。二是协同深化医药卫生体制改革,强化"三医"联动,充分发挥各项改革政策的叠加效应,加快分级诊疗制度建设,深化公立医院改革,强化药品供应保障,协同推动医保支付方式改革,推动医改向纵深发展。三是进一步强化公共卫生工作,突出关口前移,以促进基本公共卫生服务均等化为目标,完善基本公共卫生服务,加强重大疾病防控,狠抓预防接种和疫苗管理,强化慢性病综合防治和精神卫生服务,扎实做好食品安全和卫生应急工作,全力保障公共卫生安全。四是着力提升整合型医疗服务体系整体水平,完善分级分工的医疗服务体系,切实加强医疗质量安全管理,加快建设一批高水平医院,补齐薄弱专科医院短板,大力提升县医院和基层卫生服务能力,着力改善医疗服务。五是做好重点人群健康服务,深入实施健康扶贫攻坚工程,加大妇女儿童健康保障力度,提升老年人健康服务水平,促进人口均衡发展。六是推进中医药事业加快发展,提升中医医院综合服务能力,厚植中医药特色优势,推进中医药传承创新。七是增强人才和科教支撑力,加强卫生健康高峰人才队伍建设,大力实施卫生人才强基工程,深化人事薪酬制度改革,协同做好医学生教育与医学人才培养,全面实施卫生健康科技创新与成果转移转化行动计划,深化卫生国际与地区交流合作。八是强化综合监管,深化"放管服"改革,加大专项整治力度,强化卫生健康监督执法队伍建设。九是大力推进全面从严治党向纵深发展。

会议强调,全系统要以更加强烈的使命意识、更加严实的工作作风、更加高强的业务本领,积极推动各项工作落到实处。要勇于担当作为,在全系统进一步形成人人有责、人人尽责的良好氛围;加强能力建设,加快练就担负起新时代卫生健康高质量发展的过硬本领;改进工作作风,把各项决策部署落到实处;营造良好氛围,凝聚改革发展的强大合力。

会议由巡视员何小鹏主持,党组成员、驻委纪检组长骆凤琴,党组成员、副主任兰青、李少冬、朱岷,副巡视员邱泽森出席会议。各设区市卫生健康(卫生计生)委主任及办公室主任,县(市、区)卫生计生委主要负责同志,委直属各单位主要负责同志,委机关各处室主要负责同志参加会议。会议还邀请省有关部门负责同志、部分三级医院及三级民营医院主要负责同志、部分媒体记者参加。

来　　　源:江苏省卫生健康委员会
发布日期:2019 年 01 月 25 日

2019 年全省疾病预防控制工作会议在南京召开

2 月 26 日,2019 年全省疾病预防控制工作会议在南京召开,省卫生健康委副主任兰青出席会议并讲话。

兰青在讲话中充分肯定 2018 年全省疾病预防控制工作取得的成绩,在肯定成绩的同时,指出也要清醒地看到当前面临的问题和挑战,全省疾控系统要深刻汲取金湖县黎城卫生院过期疫苗事件的教训,始终坚持问题导向,积极破解发展中的难题,有效防范化解重大风险,推动疾病预防控制各项任务和措施的落实。

兰青强调,2019 年全省疾病预防控制工作要以习近平新时代中国特色社会主义思想为指导,全面贯彻党的十九大精神,认真落实全省卫生健康工作会议和全国疾控工作会议的部署和要求,以人民健康为中心,以健康江苏建设为统领,以规划和专项行动为抓手,坚持预防为主、防治结合,加强部门协作,加大社会动员,预防控制重大疾病,推动各项防控措施落地见效,以优异的成绩庆祝新中国成立 70 周年。重点做好九项工作:一要全面加强疫苗和预防接种管理,组织开展规范化、标准化预防接种门诊建设;二要大力实施地方病血吸虫病防治专项行动,有效控制和消除地方病血吸虫病危害;三要努力遏制艾滋病性传播,做好性病和丙肝防治工作;四要不断提升结核病麻风病防治效果,实现"防、治、管"三位一体无缝衔接;五要扎实推进流感、手足口病等重点传染病防控,有效控制聚集性疫情;六要深入开展高血压、糖尿病等慢性病防控,启动实施癌症综合防治;七要切实抓好精神卫生工作,进一步提高严重精神障碍管理治疗工作质量;八要有效落实城乡饮用水监测、环境卫生监测等公共卫生监测工作,不断推进学校卫生工作;九要进一步完善疾病预防控制体系建设,抓好疾控系统健康扶贫和疾控信息化建设等工作。

会上,镇江市卫生健康委、徐州市卫生健康委、泰州市卫生健康委、苏州市疾控中心、张家港市卫生健康委等单位分别作交流发言,省疾控中心负责人介绍了 2019 年疾控重点工作。各设区市以及各县(市)卫生健康委(卫生计生委)分管领导、疾控处处长、疾控中心主任和委直属疾病防治机构负责人 180 余人参加会议。

来　　　源:江苏省卫生健康委员会
发布日期:2019 年 03 月 01 日

2019 年全省医院工作会议在南京召开

1月29日,2019年全省医院工作会议在南京召开。省卫生健康委副主任李少冬出席会议并讲话。

李少冬在讲话中充分肯定了2018年全省医院工作取得的显著成效:一是分级诊疗制度建设取得新进展;二是现代医院管理制度建设全面启动;三是医疗事业的公益性质日益彰显;四是医疗纠纷预防与处理纳入法治化轨道;五是医疗行业作风建设扎实推进。

李少冬指出,随着中国特色社会主义进入新时代和我国改革开放向纵深推进,医院外部治理体系、医院内部管理体制、群众医疗服务需求、医疗服务体系结构、医学科学技术进步、"互联网＋医疗健康"发展、药品采购供应体制、医院评审评价等方面发生了深刻变化,面对新形势新挑战,医院工作必须切实转变发展理念、发展思路和发展动力,站稳人民立场,走内涵发展道路,形成持久内生动力。

李少冬强调,2019年全省医院工作要以习近平新时代中国特色社会主义思想为指导,坚持以人民健康为中心,以建设健康江苏为统领,以深化改革为动力,以推动医院高质量发展为主题,以改善服务为重点,以加强监管为保障,深入推进分级诊疗制度建设重点任务落实,加快建立现代医院管理制度,优化医疗资源结构布局,不断提升医疗服务能力和水平,进一步完善医疗服务监管机制,大力加强行业作风和职业道德建设,努力构建和谐医患关系,充分调动医务人员积极性、主动性和创造性,让人民群众获得更高水平更高质量更高满意度的医疗卫生服务。重点在六个方面再发力:一是加快发展再发力,推动医院服务能力高质量发展;二是深化改革再发力,推动医院运行机制高质量发展;三是管理优化再发力,推动医院管理水平高质量发展;四是服务改善再发力,推动医院服务模式高质量发展;五是整改整治再发力,推动医院行风建设高质量发展;六是促进和谐再发力,推动医院平安建设高质量发展。

李少冬要求,各级卫生健康部门和各医院要切实按照全省卫生健康工作会议部署要求,加强公立医院党的建设、严守政治纪律政治规矩、加强医院意识形态工作、有效化解各类风险隐患、切实加强医院宣传工作,为医院事业高质量发展营造良好环境。

会上,南京市卫生健康委、淮安市卫生健康委、扬州市卫生计生委、徐州医科大学附属医院、常州市第二人民医院、连云港市东方医院、苏北人民医院、镇江市第一人民医院、南京市江宁医院、常州市金坛区人民医院等10家单位做交流发言。各设区市及昆山、泰兴、沭阳县(市)卫生健康(卫生计生)委分管领导和医政处(科)长,各三级医院院长,相关直属单位、相关学(协)会、委机关有关处室负责同志参加会议。

来　　源:江苏省卫生健康委员会
发布日期:2019年01月31日

全省"互联网＋医疗健康"暨
大数据应用示范中心专家评审会在南京召开

12月21日，全省"互联网＋医疗健康"暨大数据应用示范中心专家评审会在南京召开，省卫生健康委兰青副主任出席并讲话。

兰青指出开展"互联网＋医疗健康"暨大数据应用示范中心建设是贯彻落实国务院办公厅《关于促进和规范健康医疗大数据应用发展的指导意见》(国办发〔2016〕47号)和《关于促进"互联网＋医疗健康"发展的意见》(国办发〔2018〕26号)》的重要举措。江苏作为全国首批国家健康医疗大数据应用试点省份，同时也在积极争创国家"互联网＋医疗健康"示范省，全省示范中心建设要立足于重大疾病、疑难重症的诊疗和预防，立足于整体医疗能力和水平提升，立足于打造国家区域临床医学数据示范中心，树立江苏医疗技术水平的新高峰。

兰青要求一是切实搞好遴选工作。要通过科学和有效的遴选，选择一批条件好、基础实、能力强、技术领先、人才储备充分的建设项目方案，综合各方面的力量，集中打造，共同推进，争取尽快出成果，发挥示范和带动作用。二是进一步完成建设方案。遴选确定后，组织各单位进行培训，进一步拓宽思路，在现有的基础上，组织相关专家再研究论证，对建设方案进一步优化完善，制定出更为详尽的时间表、路线图。三是加快研究人才集聚。根据每个项目的不同特点，动员和组织相关高校、研究机构进行合作参与，组建好研究团队，加快研究人才向项目的集中。四是加强政策和资金集聚。争取更多的政策扶持，通过引入投资基金加大资金的投入。

全省共31家单位参加评审，涉及市(县)级统计信息信息中心、疾控中心等机构申报项目6个，三级医院申报项目25个。委规划与信息处负责同志及省内外有关专家出席会议。

来　　源:江苏省卫生健康委员会
发布日期:2018年12月28日

江苏省人力资源和社会保障厅 2019 年度部门预算情况说明

一、收支预算总表情况说明

本表反映部门年度总体收支预算情况。根据《江苏省财政厅关于 2019 年省级部门预算的批复》(苏财预〔2019〕7 号)填列。

江苏省人社厅 2019 年度收入预算总计 49 005.56 万元、支出预算总计 49 005.56 万元,与上年相比预算收入减少 4 114.7 万元,下降 7.74%、预算支出减少 4 114.7 万元,下降 7.74%。主要原因一是按照厉行节约的相关规定,2019 年单位运转类专项经费总额压减 10%;二是由于社保征收职能划转,取消原社保征收手续费项目补助经费。其中:

(一) 收入预算总计 49 005.56 万元。包括:

1. 财政拨款收入预算总计 49 005.56 万元。

(1) 一般公共预算收入预算 49 005.56 万元,与上年相比减少 4 114.7 万元,下降 7.74%。主要原因一是按照厉行节约的相关规定,2019 年单位运转类专项经费总额压减 10%;二是由于社保征收职能划转,取消原社保征收手续费项目补助经费。

(2) 政府性基金收入预算 0 万元。

2. 财政专户管理资金收入预算总计 0 万元。

3. 其他资金收入预算总计 0 万元,与上年相比减少 1 000 万元。主要原因是机构调整,原省转业军官培训中心划转至省退役军人事务厅,原该单位填报的收入不再填报。

4. 上年结转资金预算数为 0 万元。

(二) 支出预算总计 49 005.56 万元。包括:

1. 一般公共服务支出 22 483.75 万元,主要用于提供公共管理服务类单位的基本支出和项目支出。与上年相比增加 99.09 万元,增长 0.44%。主要原因是基本支出预算略有增加。

2. 社会保障和就业支出 21 390.47 万元,主要用于提供社会保障和就业服务类单位的基本支出和项目支出。与上年相比减少 5 657.02 万元,下降 20.91%。主要原因一是按照厉行节约的相关规定,2019 年单位运转类专项经费总额压减 10%;二是由于社保征收职能划转,取消原社保征收手续费项目补助经费。

3. 住房保障支出预算数为 5 131.34 万元,主要用于职工公积金和住房补贴。与上年相比增加 1 433.23 万元,增长 38.75%。主要原因是职工住房公积金和住房补贴随人员增加和工资标准提高而增加。

此外,基本支出预算数为 14 170.45 万元。与上年相比增加 919.35 万元,增长 6.93%。主要原因是新进人员及调整工资标准增加。

项目支出预算数为 31 390.7 万元。与上年相比减少 6 316.70 万元,下降 16.75%。主要原因是一是按照厉行节约的相关规定,2019 年单位运转类专项经费总额压减 10%;二是由于社保征收职能划转,取消原社保征收手续费项目补助经费。

单位预留机动经费预算数为 3 444.41 万元,与上年相比增加 1 272.65 万元,增长 58.59%。主要原因是按照要求统一编制经费预算,将部分基本支出列入预留机动。

二、收入预算情况说明

本表反映部门年度总体收入预算情况。填列数应与《部门收支预算总表》收入数一致。

江苏省人社厅本年收入预算合计 49 005.56 万元,其中:

一般公共预算收入 49 005.56 万元,占 100%;

政府性预算收入 0 万元;

财政专户管理资金 0 万元;

其他资金 0 万元;

上年结转资金 0 万元。

三、支出预算情况说明

本表反映部门年度总体支出预算情况。安排数应与《部门收支预算总表》支出数一致。

江苏省人社厅本年支出预算合计 49 005.56 万元,其中:

基本支出 14 170.45 万元,占 28.91%;

项目支出 31 390.7 万元,占 64.06%;

单位预留机动经费 3 444.41 万元,占 7.03%;

结转下年资金 0 万元。

四、财政拨款收支预算总表情况说明

本表反映部门年度财政拨款总体收支预算情况。财政拨款收入数、支出安排数应与《部门收支预算总表》的财政拨款数对应一致。

江苏省人社厅 2019 年度财政拨款收入总预算 49 005.56 万元、支出总预算 49 005.56 万元。与上年相比,财政拨款收入减少 3 124.70 万元,下降 5.99%、财政拨款支出减少 3 124.70 万元,下降 5.99%。主要原因是一是按照厉行节约的相关规定,2019 年单位运转类专项经费总额压减 10%;二是由于社保征收职能划转,取消原社保征收手续费项目补助经费。

五、财政拨款支出预算表情况说明

本表反映部门年度财政拨款支出预算安排情况。财政拨款支出安排数应与《部门财政拨款收支预算总表》的财政拨款数一致,并按照政府收支分类科目的功能分类"项"级细化列示。

江苏省人社厅 2019 年财政拨款预算支出 49 005.56 万元,占本年支出合计的 100%。与上年相比,财政拨款支出减少 3 124.70 万元,下降 5.99%。主要原因是一是按照厉行节约的相关规定,2019 年单位运转类专项经费总额压减 10%;二是由于社保征收职能划转,取消原社保征收手续费项目补助经费。

其中:

(一)一般公共服务支出(类)

人力资源事务行政运行经费 390.74 万元,与上年相比减少 71.61 万元,下降 15.48%;一般行政管理事务经费 1 032.03 万元,与上年相比减少 164.82 万元,下降 13.77%;机关服务经费 59.13 万元,与上年相比减少 50.05 万元,下降 45.84%;事业运行 384.75 万元,与上年相比增加 25.37 万元,增长 7.05%;其他人力资源事务支出 15 167.10 万元,与上年相比增加 3 337.47 万元,增长 28.21%;其他一般公共服务支出 5 450 万元,与上年相比增加 84 万元,增长 1.5%。

(二)社会保障和就业支出(类)

人力资源和社会保障管理事务行政运行经费 9 101.92 万元,与上年相比增加 1 008.77 万元,增长 12.46%;综合业务管理经费 2 150 万元,与上年相比减少 121 万元,下降 5.32%;劳动保障监察经费 460 万元,与上年相比增加 23 万元,增长 5.26%;就业管理事务经费 1 199.70 万元,与上年相比减少 355.3 万元,下降 22.84%;社会保险经办机构经费 1 967.10 万元,与上年相比减少 2 281.90 万元,下降 53.76%;公共就业服务和职业技能鉴定机构经费 1 790.70 万元,与上年相比减少 1 219.02 万元,下降 40.50%;劳动人事争议调解仲裁经费 120 万元,与上年减少 20 万元,下降 14.28%;其他人力资源和社会保障管理事务支出经费2 018万元,与上年相比减少631万元,下降23.82%。行政事业单位离退休未归口管理的行政单位离退休经费529.76万元,与上年相比增加47.61万元,增长9.87%;机关事业单位基本养老保险缴费支出998.53万元,与上年相比减少61.27万元,下降5.78%;机关事业单位职业年金缴费支出395.96万元,与上年相比减少23.65万元,下降5.63%。就业补助其他就业补助支出658.80万元,与上年相比减少81.20万元,下降10.97%。

（三）住房保障支出类

住房改革支出住房公积金经费1 204.08万元,,与上年相比增加194.46万元,增长19.26%;提租补贴经费3 927.26万元,与上年相比增加1 301.44万元,增长49.56%。

六、财政拨款基本支出预算表情况说明

本表反映部门年度财政拨款基本支出预算安排情况,按照政府收支分类科目的经济分类"款"级细化列示。

江苏省人社厅2019年度财政拨款基本支出预算14 170.45万元,其中:

（一）工资福利支出10 689.27万元,主要包括:基本工资支出1 975.23万元,津贴补贴支出5 162.49万元,奖金支出137.30万元,绩效工资支出675.93万元,机关事业单位基本养老保险缴费998.53万元,职业年金缴费395.96万元,其他社会保障缴费43.60万元,住房公积金1 204.08万元,医疗费96.15万元。

（二）商品和服务支出1 634.98万元,主要包括:办公费647.20万元,水费3万元,电费3.50万元,邮电费9.50万元,差旅费120万元,维修（护）费4万元,公务接待费1.87万元,工会经费212.87万元,福利费2万元,公务用车运行维护费128.66万元,其他交通费用375.66万元,其他商品和服务支出126.72万元。

（三）对个人和家庭补助支出1 846.20万元,主要包括:离休费725.32万元,退休费

1 118.74万元,奖励金2.14万元。

七、一般公共预算支出预算表情况说明

本表反映部门年度一般公共预算支出预算安排情况,按照政府收支分类科目的功能分类"项"级细化列示。

江苏省人社厅2019年一般公共预算财政拨款支出预算49 005.56万元,与上年相比减少3 124.70万元,下降5.99%。

八、一般公共预算基本支出预算表情况说明

本表反映部门年度一般公共预算基本支出预算安排情况,按照政府收支分类科目的经济分类"款"级细化列示。

江苏省人社厅2019年度一般公共预算财政拨款基本支出预算14 170.45万元,其中:

（一）工资福利支出10 689.27万元,主要包括:基本工资支出1 975.23万元,津贴补贴支出5 162.49万元,奖金支出137.30万元,绩效工资支出675.93万元,机关事业单位基本养老保险缴费998.53万元,职业年金缴费395.96万元,其他社会保障缴费43.60万元,住房公积金1 204.08万元,医疗费96.15万元。

（二）商品和服务支出1 634.98万元,主要包括:办公费647.20万元,水费3万元,电费3.50万元,邮电费9.50万元,差旅费120万元,维修（护）费4万元,公务接待费1.87万元,工会经费212.87万元,福利费2万元,公务用车运行维护费128.66万元,其他交通费用375.66万元,其他商品和服务支出126.72万元。

（三）对个人和家庭补助支出1 846.20万元,主要包括:离休费725.32万元,退休费1 118.74万元,奖励金2.14万元。

九、一般公共预算"三公"经费、会议费、培训费支出预算表情况说明

本表反映部门年度一般公共预算资金安排的"三公"经费情况。

江苏省人社厅2019年度一般公共预算拨款安排的"三公"经费预算支出中,因公出国（境）费

支出 60 万元,占"三公"经费的 24.86%;公务用车购置及运行费支出 128.66 万元,占"三公"经费的 53.33%;公务接待费支出 52.60 万元,占"三公"经费的 21.81%。具体情况如下:

1. 因公出国(境)费预算支出 60 万元,与上年相比减少 30 万元,下降 33.33%,主要原因一是因机构改革,职能划转、经费相应减少;二是继续严格控制因公出国(境)费用支出,确保预算支出逐年下降。

2. 公务用车购置及运行费预算支出 128.66 万元。其中:

(1) 公务用车购置预算支出 0 万元,与上年相同。

(2) 公务用车运行维护费预算支出 128.66 万元,本年数小于上年预算数 14.97 万元,主要原因一是因机构改革,车辆随单位职能划转,车辆运行费用预算相应减少;二是继续严格控制公务用车运行费用支出,确保预算支出逐年下降。

3. 公务接待费预算支出 52.60 万元,本年数小于上年预算数 32.59 万元,主要原因一是因机构改革,职能划转、公务接待经费预算相应减少;二是继续严格控制公务接待费用支出,确保预算支出逐年下降。

江苏省人社厅 2019 年度一般公共预算拨款安排的会议费预算支出 1 079.34 万元,本年数小于上年预算数 185.64 万元,主要原因是继续严格执行中央八项规定和省委十项规定,严格控制会议数量和会议经费。

江苏省人社厅 2019 年度一般公共预算拨款安排的培训费预算支出 1 177.62 万元,本年数小于上年预算数 187.01 万元,主要原因是继续加强对培训班次和培训经费的管理。

十、政府性基金支出预算表情况说明

本表反映部门年度政府性基金支出预算安排情况。政府性基金支出安排数应与《部门收支预算总表》的政府性基金收入数一致,并按照政府收支分类科目的功能分类"项"级细化列示。

本部门无政府性基金支出预算。

十一、一般公共预算机关运行经费支出预算表情况说明

本表反映部门年度一般公共预算机关运行经费支出预算安排情况。财政拨款支出安排数应与《部门一般公共预算基本支出预算表》的"商品和服务支出"支出数一致,并按照政府收支分类科目的经济分类"款"级细化列示。

2019 年本部门一般公共预算机关运行经费预算支 1 513.96 万元,比上年减少 31.59 万元,下降 2.04%。主要原因是:继续执行厉行节约有关规定,减少机关运行经费支出。

十二、2019 年部门预算政府采购情况说明

2019 年我部门政府采购预算总金额 3 909.30 万元。其中拟购买货物 875.20 万元;拟购买服务 3 034.10 万元。

十三、其他重要事项说明

(一)预算绩效目标设置情况说明

2019 年本部门共 7 个项目实行绩效目标管理,涉及财政性资金合计 473 058.60 万元。

(二)国有资本经营预算收支情况

2019 年本部门国有资本经营预算收入为 0 万元,支出为 0 万元,与上年相同。

来　　源:江苏省人力资源和社会保障厅
发布日期:2019 年 02 月 15 日

省政府关于进一步完善企业职工
基本养老保险省级统筹的意见

各市、县（市、区）人民政府，省各委办厅局，省各直属单位：

　　建立更加完善的企业职工基本养老保险省级统筹制度，是深化养老保险制度改革的重要任务，也是更好发挥基金统筹共济功能、实现养老保险制度可持续发展的迫切需要。根据《中华人民共和国社会保险法》、《国务院关于建立企业职工基本养老保险基金中央调剂制度的通知》（国发〔2018〕18号）、《人力资源社会保障部财政部关于进一步完善企业职工基本养老保险省级统筹制度的通知》（人社部发〔2017〕72号）等法律规定和文件精神，结合我省实际，现就进一步完善企业职工基本养老保险省级统筹，提出如下意见。

一、总体要求

　　（一）指导思想。深入贯彻习近平新时代中国特色社会主义思想和党的十九大精神，牢固树立和贯彻落实新发展理念，围绕高质量发展走在全国前列目标，紧扣满足人民日益增长的美好生活需要，着力解决发展不平衡不充分的突出问题，以完善制度、健全机制、明晰责任为重点，以加强统一预算管理和建立全省集中的信息系统为支撑，加快完善企业职工基本养老保险省级统筹，在不增加社会整体负担和实现财政负担可控的同时，更好发挥基金在全省范围内的统筹调剂功能，合理均衡地区间基金负担，推动企业职工基本养老保险制度更加公平更可持续发展。

　　（二）基本目标。在统一企业职工基本养老保险制度、缴费政策、待遇政策、基金使用、基金预算和经办管理的基础上，加大调剂力度，实施分步推进，到2020年建立基金省级统收统支、基金缺口分级负担、各级政府责任明晰的企业职工基本养老保险省级统筹制度。

　　（三）主要任务。一是建立更精准的参保扩面机制，基本实现法定人员全覆盖；二是建立更完善的社会保险费征收机制，依法征收社会保险费；三是建立更严格的支付管理机制，确保全省待遇政策标准统一和基金合理规范使用；四是建立更有力的基金调剂机制，更大力度在全省范围内统筹使用；五是建立更精细的预算管理机制，分清压实各级政府确保企业职工基本养老保险制度健康平稳运行的责任；六是建立更可靠的持续发展机制，着力增强全省企业职工基本养老保险基金的整体抗风险能力；七是建立更健全的管理服务机制，加快实现数据全省集中、标准流程统一、服务更加高效。

二、主要措施

　　（一）规范统一全省政策，推进基金统收统支。严格执行国家和省统一的企业职工基本养老保险政策，各地不得自行出台基本养老保险政策。自2019年起将苏州工业园区纳入省级统筹实施范围，参保人数和基金收支纳入全省统一管理，实现省级统筹全覆盖。自2019年1月1日起，各设区市将市辖区企业职工基本养老保险纳入市区统筹，实行基金统收统支。

（二）完善社会保险费征收机制，着力提高征管效能。稳步推进社会保险费征收体制改革，税务部门要切实履行依法征收企业职工基本养老保险费的职责，加强数据共享和比对，夯实缴费基数。严格执行全省统一的企业职工基本养老保险单位缴费比例政策，各地不得自行调整缴费比例。完善企业职工基本养老保险缴费基数上下限确定机制，严格执行国家和省规定的缴费基数政策，各地不得降低企业和个人缴费基数，不得降低缴费基数下限。

（三）严格执行待遇支付政策，加强退休审批管理。各地要严格执行国家和省统一的待遇政策和待遇支付项目，不得自行出台企业职工基本养老保险待遇政策，不得将统筹外项目纳入基金支付范围，不得擅自提高退休人员基本养老金水平。对在基金中列支统筹外项目的，要坚决清理纠正。对违规设立最低养老金标准的，要坚决予以取消。根据国家部署，由省统一制定退休人员基本养老金调整政策，各地按照要求组织实施。严格执行退休审批权限有关规定，进一步加强退休审批管理，凡擅自下放退休审批权限的，要坚决予以纠正。按照国家和省有关规定，严格控制特殊工种提前退休政策实施范围，各地不得自行扩大。建立健全特殊工种岗位人员信息库，加强特殊工种退休信息比对和备案复核，省人力资源社会保障部门每年组织各地开展提前退休人员随机复核，随机复核比例不低于30%。

（四）完善基金预算管理制度，增强基金预算硬约束。省财政部门会同省人力资源社会保障部门、省税务部门，编制全省企业职工基本养老保险基金收支预算，并报省人民政府，经省人民代表大会批准后实施。严格基金预算编制管理，加强对各地预算编制草案的审核，原则上不得编制赤字预算，不得以征收计划取代基金预算。加大对基金预算执行的监督力度，将省级调剂补助金额与基金收支预算完成情况挂钩，定期通报各地基金预算执行情况，强化基金预算的严肃性。

严格规范基金收支内容、标准和范围，并按照批准的预算和规定的程序执行，不得随意调整。

（五）加大省级调剂金筹集力度，强化基金统筹功能。改革省级调剂金筹集办法，自2019年1月1日起，各统筹地区统一以当地职工平均工资的90%和在职应参保人数作为计算上解额的基数，上解比例与上解中央调剂金比例同步。

某统筹地区上解额＝（某统筹地区职工平均工资×90%）×某统筹地区在职应参保人数×上解比例。

某统筹地区职工平均工资，按省统计部门提供的当地城镇非私营单位和私营单位就业人员平均工资计算。

某统筹地区在职应参保人数，暂以各地在职参保人数和省统计部门提供的当地城镇非私营企业就业人数与省市场监管部门提供的当地私营企业就业人数之和的平均数为基数核定，今后根据国家统一部署，以覆盖常住人口的全民参保计划数据为基础确定在职应参保人数。

（六）改革省级调剂补助办法，明晰各级政府责任。自2019年1月1日起，各地上解的调剂金除净上解中央外，其余全部作为省级调剂金使用。当年可用省级调剂金先对困难地区当期基金合规缺口给予全额补助，剩余资金对非困难地区给予补助。

困难地区暂定为基金备付能力在3个月以下（含3个月）且当期符合国家和省规定的基金收入与支出相抵后存在缺口的地区。

对非困难地区，省级调剂金的拨付额按照人均拨付额乘以省核定的非困难地区离退休人数计算。

某非困难地区拨付额＝人均拨付额×核定的某非困难地区离退休人数。

其中：人均拨付额＝当年可用省级调剂金中用于非困难地区调剂的额度/核定的非困难地区离退休人数。

对各地未完成基金预算收入和违规支出形

成的缺口，或少收多支的部分，由地方政府补足。压实各地政府责任，加大对基金收支政策执行情况的综合考核力度，强化省级调剂补助的激励约束导向。

（七）强化基金管理监督，确保基金安全有效运行。省级调剂金实行收支两条线管理，专款专用，不得用于平衡财政预算。省级调剂金采取先预缴预拨后清算的办法，资金按季度上解下拨，年终考核清算。人力资源社会保障、财政、税务等部门要定期对基金征缴、支付及管理等环节开展监督检查，及时发现查处存在问题，确保基金安全完整。加强对基金运行情况的动态监测，建立基金运行风险预警机制，制定切实可行的基金运行风险处置预案。

（八）推进国有资本划转，探索建立战略储备基金。贯彻落实《国务院关于印发划转部分国有资本充实社保基金实施方案的通知》（国发〔2017〕49号），2019年制定我省划转部分国有资本充实社保基金方案，并逐步将符合条件的国有资本划转到位。积极探索建立省级社会保障战略储备基金，逐步扩大储备基金规模，专门用于人口老龄化高峰时全省养老保险等社会保障支出的补充、调剂。

（九）加快统一信息系统建设，提升管理服务水平。按照国家要求，依托现有信息化建设基础，2020年建成数据全省集中、部门信息共享、流程统一规范、服务方便快捷、业务实时监控的企业职工基本养老保险信息系统，满足企业职工基本养老保险基金省级统收统支在业务经办、公共服务、基金监管等方面的要求，不断提高业务经办工作效能和服务质量。

三、组织实施

（一）加强组织领导。完善企业职工基本养老保险省级统筹，是加强基本养老保险体系建设的重要内容，事关改革、发展和稳定全局。各市、县（市、区）人民政府要提高政治站位，强化大局意识，把这项工作摆上重要位置抓紧抓好，主要领导

亲自过问，分管领导具体负责，一级抓一级、层层抓落实，确保领导到位、责任到位、工作到位。

（二）加强目标考核。结合国家下达我省的参保扩面和基金征收任务，合理制定各地参保扩面和基金征收任务计划，由省人民政府下达各地人民政府执行。将养老保险扩面征缴、确保基本养老金发放、严格养老保险基金管理、省级调剂补助制度落实等情况纳入地方政府工作责任制考核范围，并根据考核结果进行奖惩，具体考核办法另行制定。

（三）加强基础管理。省人力资源社会保障部门要会同有关部门，深入实施全民参保计划，落实"多证合一"改革，完善省集中的全民参保登记数据库，强化部门间数据互联共享，推动扩面工作向精确管理转变。省统计部门要会同有关部门完善就业和工资统计制度，及时提供各统筹地区企业就业人数、城镇非私营单位和私营单位就业人员平均工资等基础数据。

（四）加强部门配合。各级人力资源社会保障、财政、税务、发展改革、公安、民政、司法、审计、国资、市场监管、统计等部门要各司其职、协同配合，共同做好完善企业职工基本养老保险省级统筹实施工作。省人力资源社会保障部门要会同省财政部门，加强对省级统筹实施工作的督促检查，重大问题及时报告省人民政府。

本意见自2019年1月1日起实行。其他企业职工基本养老保险省级统筹规定与本意见不一致的，按本意见执行。

江苏省人民政府
2018年12月29日

来　　源：江苏省人民政府
发布日期：2018年12月29日

江苏省人民政府关于修改
《江苏省失业保险规定》的决定

省人民政府决定,对《江苏省失业保险规定》作如下修改:

一、将第六条第一款修改为:"用人单位应当自成立之日起 30 日内到当地失业保险经办机构办理失业保险登记。"

二、将第十四条第五项修改为:"国家规定的其他支出"。

三、将第十九条中的"并且自解除、终止劳动关系之日起 15 日内将失业人员的名单、档案、解除或者终止劳动关系证明、参加失业保险以及缴费情况等有关材料报失业保险经办机构备案"修改为"并将失业人员的名单自终止或者解除劳动关系之日起 15 日内告知失业保险经办机构"。

四、将第二十三条第一款修改为:"失业保险金的标准,缴费不满 10 年的,按照失业人员失业前 12 个月月平均缴费基数的 45% 确定;缴费满 10 年不满 20 年的,按照失业人员失业前 12 个月月平均缴费基数的 50% 确定;缴费 20 年以上的,按照失业人员失业前 12 个月月平均缴费基数的 55% 确定。失业保险金最高不得超过当地最低工资标准,最低不得低于当地城市居民最低生活保障标准的 1.5 倍。"

增加一款作为第二款:"省人民政府可以根据国家规定,结合经济发展状况、失业保险基金的承受能力等因素适当调整失业保险金标准。"

本决定自公布之日起施行。

《江苏省失业保险规定》根据本决定作相应修改,重新公布。

来　　源:江苏省人民政府办公厅
发布日期:2019 年 01 月 16 日

我省民办养老机构发展的现状及对策

当前,人口老龄化逐渐成为当代中国的热点问题之一,成为举国上下高度关注的社会发展现象。我国老龄化的显著特点,就是速度快、规模大,同时还伴随着"少子"老龄化、高龄化、空巢化、家庭结构小型化和家庭保障功能快速弱化的现象。因此,养老问题的配置和发展对于我国养老问题的解决至关重要。为了解我省民办养老发展的现状,近期我们对苏州、南通、徐州市区及贾汪区、新沂市、如东县等地多家民办养老机构进行专题调研。结果显示,各级政府引导、扶持力度大,民办养老机构发展较快,但也存在一些问题,亟待完善解决。

一、我省老龄人口的特点

我省于 1986 年进入老龄化社会,比全国早 13 年,是全国较早进入老龄化的省份,也是老龄化程度相对较高的省份,总体情况呈现出四个方面基本特点。

一是比重大。2017 年底,全省 60 周岁以上老年常住人口达到 1 623.02 万人,占人口的 20.20%,高于全国 2.9 个百分点。

二是增速快。从 2010 年到 2017 年,全省 60 周岁以上老年人口增加了 365 万人,平均每年净增近 52 万人。

三是寿龄长。到 2016 年底,全省 80 周岁以上老年户籍人口达到 269 万人,占老年人口的 15.65%,高于全国 4.65 个百分点。

四是空巢比例高。我省空巢老人占全省老年人口的 52%,高于全国 0.7 个百分点。

二、我省民办养老机构的现状

1. 民办养老机构的数量和规模。据民政厅统计,2016 年末,江苏全省民办养老机构达到 1 116 家,占全国民办养老机构的 8.9%,社会力量举办或经营各类养老床位达到 34.7 万张,占养老床位总数的 56%,护理型床位占养老机构床位数 37.1%,护理院达到 98 家,居全国首位。从这些数据来看,社会力量已成为承担养老服务的主力。全省目前在建投资 20 亿～100 亿元的航母级养老机构项目 5 个,分别是宜兴九如城、常州金东方、盐城千鹤湾、盱眙天泉湖和苏州阳澄湖。还有金陵饭店、宏图三胞、凤凰集团等大型上市公司试水养老服务,更有常州鼎武养老、泰州东方惠乐等一批养老服务企业在上海证交所挂牌。

2. 对民办养老机构的政策支持。

2014 年,省政府出台了《关于加快发展养老服务业完善养老服务体系的实施意见》,2016 年又出台了《江苏省"十三五"养老服务业发展规划》,主要政策如下:一是解决用地困难。关于社区服务设施用地,我省将人均用地面积从 0.1 平方米提高到 0.2 平方米以上,新建小区和老旧小区分别按照每百户不少于 20 和 15 平方米配建和调剂养老服务用房。二是增加融资力度。联合省金融管理部门出台了全国首个《关于金融支持养老服务业发展的意见》,引导各类金融机构加大对养老服务业信贷投入。三是鼓励外资参与。我省民政厅、商务厅、发展改革委、卫计委、省政府外办、省政府台办 6 部门联合出台了鼓励外资参与养老服务业发展的支持政策,在税费、补贴、供地等方面享受内资同等待遇。四是调动社会力量。加大宣传力度和优惠政策,鼓励社会力量积极参与养老事业中来。五是加大补贴力度。给予各类养老机构一次性建设补贴、床位运营补贴、服务和护理补贴,对80岁以上老人发放尊老金。六是重视专业人才培养。从2012年起,省财政每年安排1 000万元,专项用于护理员培训和技能鉴定。

三、我省民办养老机构存在的主要问题

我省养老服务业发展水平总体位于全国前列,但是与持续大幅增长的社会需求相比,养老服务有效供给仍显不足,服务水平仍有明显差距。主要表现在:

一是供求矛盾明显突出。2016年末,全省共有各类养老床位62万张,每千名老人拥有养老床位超过36张,这一比例远低于发达国家50‰至70‰的平均水平。总体上看,养老和卫生资源的结合还不够紧密,进入民办养老机构的医疗卫生资源不足,进入医保定点范围的民办养老机构偏少。护理型床位紧缺,仅占养老机构床位总数的37.1%,高龄老人最需要的护理服务集中在设施较好的公办机构,不少地方存在无证经营的现象,原因是民政部门给民办养老机构进行核名之前不需前置审批,养老机构已经开办起来了想要办齐证件,必须要有消防、环保和餐饮的审批通过意见,一旦消防等不达标,就形成了养老机构无证经营的局面。而一旦取缔这些养老机构,已经入院的老人又涉及到转移、安置,无处接收的难题,于是陷入两难。服务功能比较单一,难以满足老年人多样化需求,尤其在临终关怀方面,特别是对有宗教信仰的临终老人。

二是设施陈旧运营成本高。因为土地、规费、贷款、购买服务等政府配套措施未跟上,社会资本积极性受打击,不敢加大投资力度,不能积极改善环境。通过调研发现,苏南大部分民办养老院已经转型为护养院,医疗设备及医护人员都比较到位;苏中大部分民办养老院处于发展期,总体发展不错;苏北大部分民办养老院还处于起步阶段,经费存在缺口,医疗设施不到位,硬件设施较差。

三是护理院设置难度大。根据原卫生部发布的《护理院基本标准(2011 版)》要求:护理院的临床、医技和职能等科室不得少于14个,且要根据收住对象划分病区;每10张床或每病区至少配备1名具有主管护师以上专业技术职务任职资格的护士,每病区设护士长1名;全院每床至少配备0.8名护理人员,其中注册护士与护理员之比为1∶2～2.5。因此,过高的医疗设备和人员投入,使得护理院申办难度加大。

四是护工素质普遍不高。通过调研发现,几乎所有的民办养老机构护理人员都存在着年龄老化、文化层次低、专业水平不足、性别比例失调、工作满意度不高的问题。由于工资低,外加工作又累又脏,所以大部分民办养老机构的护理人员都是从周边农村或下岗职工中招收的40、50岁的人员,甚至还有一些60岁以上人员,为老人提供的服务也仅限于做饭、喂饭、洗衣、清洁等低附加值的工作,老人的心理慰藉和生活质量得不到保障,专业医护人员的缺乏也使得入住老人生病不能得到及时发现、及时救治。

四、对策和建议

按照习近平总书记关于老龄事业的系列重要讲话精神,坚持党委领导、政府主导、社会参与、全民行动相结合,紧紧围绕"两聚一高"新目标,以创新理念深化养老服务业"放管服"改革,提升民办养老机构服务质量,努力让广大老年群体享受优质养老服务。

一是合理配置,医养结合。医养结合是我国积极应对人口老龄化的一个长久之计。医养结合的上游是健康管理、中游是急性医疗、下游是康复护理。从调研情况看,民办护理院医疗条件、护工人员素质、床位数量等基本能满足老人需求,而民办养老院因无医疗资质,有医保的老人无法入住,此问题在乡镇民办养老机构表现特别突出。2017年11月,国家卫计委颁布《关于养老机构内部设置医疗机构取消行政审批实行备案管理的通知》,要求养老机构内部设置诊所、卫生所(室)、医务室、护理站,取消行政审批,实行备案管理。一是鼓励原有医疗卫生机构开展养

老服务。结合当前公立医院改革,现有的医院、社区医疗服务中心,只要有条件就可以开办养老服务。二是养老机构可增设医疗服务资质。2017年,国家卫计委印发了养老机构医务室、护理站的基本标准,已对设置在养老机构内的医务室、护理站,从人员、房屋、设备、制度等方面做出规定,降低了门槛。三是养老机构与医疗机构合作。社区卫生服务中心定期上门巡诊,遇到紧急情况社区服务中心也能及时处理,及时转诊。四是医养结合进社区、进家庭。依靠社区卫生服务网络,通过推行家庭医生模式,为社区老人提供上门服务。

二是加大扶持,狠抓落实。按照省十二届人大常委会第三十次会议上的要求,对所有新建的、政府投资举办的养老机构,全部实行公办民营;已经建成的公办养老机构,也要逐步实现公办民营。对不同社会主体投资兴办的护理院和护理型养老机构,实施同等的建设补贴、运营补贴和医保进入等政策。目前政府补贴主要是补"床头",而不是补"人头"。建议今后不再对新建或改建的养老院给予补贴,而是根据符合资格且入住养老机构的老人数量给予养老机构相应的补贴,并提高补贴标准,以鼓励养老机构收留更多老人。就无证运营的"家庭作坊式"养老院现状,当地民政部门应积极协调相关部门,因地制宜积极出台举措并督促整改,达不到经营许可证要求的,坚决取缔,杜绝隐患,确保安全。认真做好老人的疏导及后续养老工作。建设更多的社区式小型化养老机构,提供居家上门服务,提供送饭、卫生、急救等服务。有条件地方可以借鉴南通市的"基本照护保险",出台相关政策。"基本照护保险"被称为继"养老、医疗、工伤、失业、生育"这"五险"之后的"第六险",构筑起政府、个人、医保基金、福彩公益金"四源合一"的多元化筹资机制。南通市2016年起将照护保险正式列入社会基本保障制度体系,用以解决长期失能者的照料护理问题。调研发现,"基本照护保险"在对全失能老人、半失能老人的医养过程中,发挥了重要作用。

三是细化标准,升级服务。坚持问题导向,

紧扣实际需求,将养老资源向民办养老倾斜,努力提升民办养老院服务质量。更加注重养老护理院的日常生活照料、养护功能。将更多地人力、物力放到住养老人的护理和康复上。围绕民办养老院运营管理、生活服务、健康服务、社会工作服务、安全管理等五个方面,全面开展民办养老院服务质量大提升工程,建设更多质量有保证、服务有标准、人员有专长的专业化民办特色养老院。苏州新区兴卫护理院加强对临终老人关怀,每日查房拥抱问好,在老人临终后,护理院还会交给老人子女一个"葬包"(老人相关遗物);南通如东县栟茶阳光福利院扩大爱心范围,除了保障当地"五保老人",还专门对宗教信仰老人提供临终关怀,秉承着让老人"事能知足心常泰,人到无求品自高"的境界,在苏、沪地区反响良好;徐州云龙区九如城康养中心拥有多种专业康复器械及设施,房间面积宽敞,功能科室完善,适老设施齐全,还成立了老年大学,为入住长者提供书画、音乐艺术交流平台,实现文化康养。

四是加大宣传,健全制度。在民办养老机构就业的专业技术人员,执行与医疗机构、福利机构相同的执业资格、注册考核制度,在技术职称评定、继续教育、职业技能培训等方面与公办养老机构享受同等待遇。同时加大对专业护理人员及养老机构管理人员的培训,短期范围内,政府要加大对养老机构现有工作人员进行职业化培训,颁发执业证书,减轻民办养老机构的培训压力;长期范围内,要借助现有医卫院校开设养老护理学历教育,对于选择养老护理专业的学生予以减免学费,鼓励并吸引更多的年轻人投身养老服务行业,以带动全社会改变对养老护理的理念,培养一支专业素质高、爱心强、踏实稳定的医护队伍。

来　　源:江苏省统计局
发布日期:2018 年 06 月 14 日

江苏省人力资源和社会保障厅部分问题解答

用人单位非因劳动者原因停工、停产、歇业，工资如何支付？

答：根据《江苏省工资支付条例》第三十一条规定，用人单位非因劳动者原因停工、停产、歇业，在劳动者一个工资支付周期内的，应当视同劳动者提供正常劳动支付其工资。超过一个工资支付周期的，可以根据劳动者提供的劳动，按照双方新约定的标准支付工资；用人单位没有安排劳动者工作的，应当按照不低于当地最低工资标准的百分之八十支付劳动者生活费。国家另有规定的，从其规定。

什么是停工留薪期，工伤职工在停工留薪期享受什么待遇？

答：停工留薪期是指职工因工负伤或者患职业病需要接受工伤医疗的一段期间。停工留薪期的长短应当凭职工就诊的签定服务协议的医疗机构出具的休假证明确定。停工留薪期超过 12 个月的，需要劳动能力鉴定委员会确认。

在停工留薪期内，由所在单位按月支付原工资福利待遇。生活不能自理的工伤职工在停工留薪期需要护理的，由所在单位负责。工伤职工评定等级伤残后，停发原待遇，按照《工伤保险条例》的有关规定享受伤残待遇。工伤职工在停工留薪期间，除法律、法规另有规定外，用人单位不得与其解除或终止劳动关系。

劳动者在哪些情形下，用人单位可以不予支付其期间的工资？

答：根据《江苏省工资支付条例》第二十六条规定那个：劳动者有下列情形之一的，用人单位可以不予支付其期间的工资：

（一）在事假期间的；

（二）无正当理由未提供劳动的；

（三）由于劳动者本人的原因中止劳动合同的。

当前对建筑业企业支付劳动者工资有什么规定？

答：根据《江苏省工资支付条例》《关于进一步规范建筑施工企业工资支付行为的通知》等规定，建筑业企业必须依法按时足额支付农民工工资，不得拖欠或克扣，不得低于当地最低工资标准。企业应当按照约定的标准和日期按月将工资直接发放给农民工本人。经与职工协商实行分批支付工资的，应当依法每月预付工资，预付工资不得低于建设工程项目所在地最低工资标准。每半年至少结算一次工资并付清，第二年 1 月 10 日前结算并付清上年度全部工资余额，不能按期结算并付清的按照拖欠职工工资处理。建筑施工企业在承担工期不足一个月的一次性施工任务时，应当在施工任务完成后三个工作日内按实际完成工作量结算并付清职工工资。建筑施工企业与职工终止或者解除劳动合同，应当在劳动合同终止或者解除之日起两个工作日内结算并付清工资。推广由总承包企业或直接承包工程的专业承包企业将劳务费中的职工工资直接打入银行农民工工资账户并由银行按时代发工资的办法,严禁将工资发放给"包工头"或其他不具备用工主体资格的组织和个人。建筑施工企业按月编制劳动考勤和工资支付书面记录,如实载明职工出勤和工资支付单位、支付时间、支付对象、支付数额等情况,经职工本人确认后保存两年以上备查,同时逐月向职工个人提供工资清单。总承包企业或直接承包工程的专业承包企业对所承包工程的农民工工资支付负总责。劳务分包企业发生职工工资拖欠的,人力资源社会保障或住房城乡建设部门可以责令由总承包企业、直接承包工程的专业承包企业先行垫付职工工资,

先行垫付的数额以未结清的工资款为限。

劳动者在什么情形下,用人单位应当视同劳动者提供正常劳动并支付其工资?

答:劳动者依法享有的法定节假日以及年休假、探亲假、婚丧假、晚婚晚育假、节育手术假、女职工孕期产前检查、产假、哺乳期内的哺乳时间、男方护理假、工伤职工停工留薪期等期间,用人单位应当视同劳动者提供正常劳动并支付其工资。

来　　　源:江苏省人力资源和社会保障厅

第十二部分

电力、电信、移动和联通

2018 年全省发用电情况

一、发电情况

12月份,全省发电量459.48亿千瓦时,同比增长1.93%;1—12月份,全省发电量累计5 030.87亿千瓦时,同比增长2.99%。1—12月份,全省累计发电利用小时为4 080小时,同比下降398小时。截至12月底,全省发电装机容量为12 657.38万千瓦。

二、用电情况

12月份,全省全社会用电量552.58亿千瓦时,同比增长3.93%;其中,工业用电量426.46亿千瓦时,同比增长0.02%。1—12月份,全省全社会用电量累计6 128.27亿千瓦时,同比增长5.52%;其中,工业用电量4 396.06亿千瓦时,同比增长2.92%。

1—12月份,第一产业累计用电量46.46亿千瓦时,同比增长12.84%,其中12月份用电量3.32亿千瓦时,同比增长9.75%;第二产业累计用电量4 448.23亿千瓦时,同比增长3.07%,其中12月份用电量428.46亿千瓦时,同比增长0.22%;第三产业累计用电量875.31亿千瓦时,同比增长14.15%,其中12月份用电量78.87亿千瓦时,同比增长30.19%;城乡居民生活累计用电量758.27亿千瓦时,同比增长10.84%,其中12月份用电量41.92亿千瓦时,同比增长3.38%。

三、电力建设情况

1—12月份,全省电源基本建设完成投资32.34亿元,新增发电能力1 239.4万千瓦,其中火电360.80万千瓦、核电237.20万千瓦、风电204.34万千瓦、太阳能发电437.05万千瓦。

1—12月份,全省电网基本建设完成投资392.22亿元,新增110千伏及以上线路长度3 348.76千米、变电容量2 999.75万千伏安。

来　　源:江苏省工业和信息化厅
发布日期:2019年01月11日

2018 年 1—12 月份新能源行业数据统计分析

截止 2018 年 12 月底,全省发电装机容量 12 657.38 万千瓦,其中新能源装机容量 2 351.05 万千瓦,占总装机容量的 18.40%;风电装机容量 864.60 万千瓦,占总装机容量的 6.83%;太阳能发电装机容量 1 332.26 万千瓦,占总装机容量的 10.53%;垃圾发电装机容量 102.68 万千瓦,占总装机容量的 0.81%;生物质发电装机容量 51.51 万千瓦,占总装机容量的 0.41%。

1—12 月份全省新增发电能力 1 239.40 万千瓦,其中风电新增 204.34 万千瓦;太阳能发电新增 426.95 万千瓦;垃圾发电新增 12.35 万千瓦;生物质发电新增 3.00 万千瓦。

1—12 月份全省发电量 5 030.87 亿千瓦时,其中新能源发电量 385.03 亿千瓦时,占全省发电量的 7.65%。在新能源发电量中,风电发电量 172.53 亿千瓦时,同比增长 43.20%;太阳能发电量 119.80 亿千瓦时,同比增长 48.47%;垃圾发电量 61.54 亿千瓦时,同比增长 8.75%;生物质发电量 31.16 亿千瓦时,同比下降 4.81%。

来　　源:江苏省电力行业协会
发布日期:2019 年 01 月 15 日

2018 年 1—12 月份全社会用电量

全社会用电量 2018 年 1—12 月

指标名称	绝对量（亿千瓦时）		增长（%）	
	本月	累计	本月	累计
全社会用电量	552.58	6 128.27	3.9	5.5
♯工业用电量	423.46	4 396.06	0.02	2.9
城乡居民用电	41.92	758.27	3.4	10.8
城镇居民	20.51	380.87	4.2	12.0
乡村居民	21.42	377.40	2.6	9.7
苏南	250.76	2 667.00	−1.3	3.5
苏中	66.20	667.23	3.5	4.3
苏北	80.76	778.78	1.0	−0.3
南京市	32.80	331.27	−6.9	4.2
无锡市	51.81	551.49	1.4	5.1
徐州市	21.95	219.91	−3.2	−10.4
常州市	35.20	373.05	−2.8	6.2
苏州市	111.94	1 227.77	−1.4	2.1
南通市	29.25	295.86	5.6	7.3
连云港市	11.54	106.52	−6.3	−11.7
淮安市	12.38	115.97	2.0	4.5
盐城市	21.53	212.54	4.2	11.8
扬州市	16.47	165.64	1.5	2.1
镇江市	19.01	183.42	5.5	2.0
泰州市	20.48	205.74	2.3	1.9
宿迁市	13.36	123.84	9.9	8.7

指标解释：

全社会用电量：全社会用电量是一个电力行业的专业词汇，用于经济统计，指第一、二、三产业等所有用电领域的电能消耗总量，包括工业用电、农业用电、商业用电、居民用电、公共设施用电以及其它用电等。

全社会用电量＝第一产业用电量＋第二产业用电量＋第三产业用电量＋居民生活电量

来　　源：江苏省统计局国民经济综合统计处

发布日期：2019 年 01 月 30 日

尹积军会见中国移动江苏公司
董事长周毅一行

2月22日，公司董事长、党委书记尹积军会见了来访的中国移动江苏公司董事长、党委书记周毅一行，双方就共同推进智慧电力建设，向广大客户提供优质服务等内容交换意见。

尹积军对中国移动江苏公司长期以来给予公司的关心和支持表示感谢，并介绍了公司和江苏电网基本情况。他说，国家电网公司正在实施"三型两网"战略。中国移动江苏公司与国网江苏电力建立了长期良好合作、互利共赢的关系。国网江苏电力将进一步加强与中国移动江苏公司的沟通、交流，在建设枢纽型、平台型、共享型企业，打造坚强智能电网、泛在电力物联网等方面开展更加紧密的合作，为地方经济社会高质量发展提供更加便捷、优质的电力服务。

周毅感谢国网江苏电力长期以来给予中国移动江苏公司的信赖与支持。他表示，在服务江苏经济社会发展的过程中，国网江苏电力与中国移动江苏公司建立了深厚的合作友谊。他希望，双方继续携手同行，高效沟通，在无线网络建设、大型数据中心建设运营等方面开展更深入的合作，将更多高品质的通信技术产品和服务应用于高端电网建设重点项目，为建设强富美高新江苏发挥更大作用。

公司副总经理、工会主席刘人楷，副总经理夏勇，公司总经理助理兼办公室主任王啸峰，公司发展部、营销部、后勤部、科信部相关负责人，中国移动江苏公司副总经理关懿珉、刘京奎及有关部门负责人等参加会见。

来　　源：国网江苏电力有限公司
发布日期：2019 年 02 月 22 日

尹积军会见中国电信江苏分公司总经理董涛一行

12月3日,公司董事长、党委书记尹积军会见了来访的中国电信江苏分公司总经理董涛一行,双方就共同推进智慧电力建设,向广大客户提供优质的业务和服务等内容交换意见。

尹积军对中国电信江苏分公司长期以来给予公司的关心和支持表示感谢,并介绍了公司和江苏电网基本情况。他说,中国电信江苏公司与国网江苏电力作为国有大型企业,建立了长期良好合作、互利共赢的关系。国网江苏电力将进一步与中国电信江苏分公司加强沟通与交流,在电源供应、通道建设、通信保障、渠道代收等方面开展更加紧密的合作,为广大客户提供更加便捷、优质的电力和通信服务。

董涛感谢国网江苏电力长期以来给予中国电信的信赖与支持。他表示,在服务江苏经济社会发展的过程中,国网江苏电力与中国电信江苏分公司建立了深厚的合作友谊。他希望,双方继续携手同行,高效沟通,在智能抄表、多表合一、4G专网建设等方面开展更深入的合作,将更多高品质的通信技术产品和服务应用于高端电网建设重点项目,为建设强富美高新江苏发挥更大作用。

公司总经理助理兼办公室主任王啸峰,公司营销部、科信部、后勤部负责人,中国电信南京分公司负责人及有关人员参加会见。

来　　源:国网江苏电力有限公司
发布日期:2018年12月04日

国网海安市供电公司"名师视频课"助推营配业务融合

2月27日,国网海安市供电公司供电服务业务部12名青年员工正在认真观看该公司制作的《配电线路柱上开关倒闸操作规范化流程》短视频。这是该公司促进营配业务融合、加强员工复合技能的一项新举措。

2018年,海安市公司试点开展营配业务融合,将原营销部与运维检修部整合,重新划分营配班组,设立了供电服务业务部。业务融合后,该公司持续加强跨专业间的业务知识与技能培训,去年12月起,在供电服务业务部青年员工中开展"双师一库"活动,由资深员工担任营配内训师,发挥营配老师傅作用,编制营配课件,构建完善营配课程库,实行"老带新、营带配、配带营"的培训模式。

该公司组织6名懂营销、会配电、善服务的资深员工,每月录制一部专业工作短视频,涉及营销、配电、输变电各类知识及技能,由老师傅现场演示工作步骤、流程、注意事项,供青年员工学习。每部视频长度在10分钟左右,计划录制《用户设备巡检规范化操作流程》《电能表校验》等10部系列视频。

该公司要求供电服务业务部30周岁及以下的青年员工观看学习这10部短视频,针对各自岗位特点,及时弥补专业差距,增强一岗多能的业务能力。"短视频中对每一个流程、每一点注意事项,都演示讲解得非常细致、实用。不仅可以学到书本上没有的知识,还能纠正工作中的不规范处,对我们的业务能力提升太有帮助了!"青年员工王康之说。

同时,该公司还采用课堂答疑、现场操作等多种形式巩固学习效果,并组织专业考试考核,选树业务能力强、专业技能扎实的典型人才,进入公司"复合型"人才库。今年以来,该公司已遴选出3名优秀的营配运维人才入库,并实行跟踪培养管理,助力其综合素养提升和职业生涯发展。

(杨海霞)

来　　源:国网江苏省电力有限公司
发布日期:2019 年 03 月 01 日

国网江苏信通公司率先自主完成一项"云环境"漏洞治理

2月20日,国网江苏信通公司率先自主完成国网云平台环境Runc容器逃逸漏洞的在线修复,有效验证了江苏公司自主运维国网云平台的专业能力。

2月12日,Runc容器逃逸漏洞在互联网社区发布。该漏洞可能使攻击者获取整个云平台的控制权,窃取用户数据,破坏系统正常运行,造成重大网络安全事件。

信通公司主动快速响应,依托国网云专业运维团队,组织网络、数据、业务系统等专业的技术力量,第一时间分析漏洞,在测试环境中复现验证该漏洞原理,自主制定修复方案,编制漏洞修复脚本,率先完成漏洞处置工作。同时,充分发挥云平台灵活调度的优势,通过云平台组件容器化部署,在数据不丢失、业务不中断、用户零感知的情况下,对软硬件设备进行版本升级,消除了重大网络安全隐患,确保国网云平台安全稳定运行。

本次漏洞处置的率先响应、自主完成,得益于专业运维团队的支撑。在省公司科信部的指导下,信通公司着力培养国网云运用及运维方面的技术人才,从2018年7月起,组建起一支国网云运维专职团队,固化运维重点步骤、应急处置案例,汇编故障分析报告,积累运维经验。同时,持续加强相关技术的研究与应用,开展自动化脚本编制,确保国网云运维工作做到操作高效、自主可控。该团队多次成功处置国网范围内重大故障隐患,获得国网公司高度肯定。

(查易艺 张震)

来　　源:国网江苏电力有限公司
发布日期:2019年02月25日

国网连云港供电公司
打造党委联系服务专家"三定"工作法

2月18日,国网连云港供电公司网站上,发布了新一期党委联系服务专家项目"进度看板"。这是该公司推行党委联系服务专家"三定"工作法的新举措之一。

"三定"工作法,即"定时定任务""定人定项目""定责定服务"。"定时定任务",就是通过"进度看板",动态跟踪和管控项目推进实施、成果转化推广情况。"进度看板"每月更新一次,项目进展、时间任务节点一目了然。该公司党委还成立了党委联系服务专家工作小组、联络员,每月召开一次联席会议,对进度未达要求的项目,下达滚动纠偏指导意见,限期整改闭环。"在'定时定任务'的督促下,开山岛风光储互补智能微电网一期工程在春节前顺利投运,让守岛民兵过上了用电无忧的春节。"该公司人资部专职梁星永介绍。

"定人定项目"是指公司党委班子成员与专家建立点对点联系,推动每位专家每年至少申报一项创新任务,鼓励专家就公司重大项目组建联合攻关团队。该公司调度控制中心党委联系服务专家罗俊说,以前,他对知识产权保护意识不强,在成果推广应用上更是没有抓手。公司党委书记吴旺东与他结对后,不仅指导他将自主研发

的"智能变电站调控信息一体化自动验收系统"申请了专利,还主动与电科院和各检修单位联系沟通推广事宜。目前,该系统不仅在省内500千伏及以下全电压等级新建变电站应用,并在福建和江西等地试点推广。

"定责定服务"则是明确专业部门工作责任,为专家"量身定做"专业服务队伍。"'离网下可靠供电'这一前瞻性课题,在国网系统内尚无先例。公司党委了解到我擅长配电网规划,但是对重大课题的方案编制、评审、实施全流程缺乏经验,就成立了由发展部、经研所、运检部牵头的服务团队,促成我与省公司经研院、电科院等外部单位协作,帮我补齐知识短板和能力弱项,并让我在车牛山岛和开山岛海岛微电网建设中得到锤炼成长。"党委联系服务专家岳付昌说。在团队帮助下,85后的岳付昌在2018年先后荣获全国质量创新一等奖、国网经研体系科技进步一等奖等荣誉,成为能够独当一面的中坚力量。

(申甲雁 李岩岩)

来　　源:国网江苏电力有限公司
发布日期:2019年02月20日

南京电力无线专网基站突破 200 座大关

2月13日,随着花神变电站的电力4G无线专网基站顺利投运,国网南京供电公司累计建成基站201座,成为目前国网系统唯一基站数量突破200座的地市公司。

电力无线专网是解决电网"最后一公里"终端交互控制难题,实现电力物物相连、推动电力物联网建设的关键基础设施。南京公司自2014年起开展电力无线专网建设,现已获批1 800兆赫兹频段资源。目前,南京地区电力无线专网覆盖面积超过3 000平方公里,占南京全市面积的三分之一。2018年底,国网物联网溧水示范区实现无线专网全境覆盖。

在电力无线专网基站建设中,南京公司率先引入高效的快装塔建设方案,将塔基础建设由原先的现场施工变为工厂内批量预制作,每座基站施工周期由15天缩短至3天,且有效降低现场施工作业风险,该方案通过专家论证,形成典型设计方案并推广应用;改进防坠落绳索设计,采用分段式防坠落绳索,确保建设全过程满足国网安全规定要求;组织十余个通信仓厂商开展终端适配工作,推动用电信息采集专网模块的标准化设计;率先探索公专网自动切换功能,减少网络建设中的终端改造工作量。

下一步,南京公司将重点开展网络优化和深度覆盖,推动各类电网传感设备应用研发,实现电网运营与电力设备状态实时深度感知,推进南京电网深度感知综合示范工程建设,支撑打造世界首个打造泛在电力物联示范区。

(邵明驰)

来　　源:国网江苏电力有限公司
发布日期:2019年02月15日

国内首次电网时间同步监测
专项测试成功开展

1月25日,国网江苏电科院完成第一批时间同步监测装置入网专项测试,该项测试在国内尚属首次。

高精度的时间同步在当今大规模电网中日益重要。一旦电网发生故障,需要综合全网的保护动作和故障录波信息进行分析,如果记录时间及数据的时标不同步,无法相互参考,将给故障分析带来极大困难。

但目前的时间同步系统只能单向授时,无法及时发现二次设备的时间错误和对时异常。通过部署建设时间同步监测装置,将有效监控系统和被授时设备的时间同步精度,有助于定位时间异常设备,确保电网在统一准确时间基准下运行,为故障分析及主站高级应用提供高质量时间数据。

本次入网专项测试检验了时间同步监测装置的各项功能及性能指标。电科院成立了专项测试工作组,编制了《江苏电网时间同步监测功能专项测试技术方案》,开展时间同步监测装置组态配置功能、静态模型校核功能、时钟 MMS 服务端及客户端功能以及 NTP 监测精度等测试,共完成测试项目 112 项,发现缺陷 28 项。

后续,电科院将完成第二批时间同步监测装置的测试工作,为后续时间同步监测装置大规模入网运行提供重要技术保障,支撑江苏电网时间同步监测平台建设高质高效推进。

(郑明忠　彭志强　卜强生　高磊)

来　　源:国网江苏电力有限公司
发布日期:2019 年 01 月 29 日

国网镇江供电公司巡线无人机"更新换代"

12月5日,国网镇江供电公司输电运检室运检四班陈栋、樊昆操控新型"经纬"系列无人机,对220千伏官上2935线1至10号杆塔开展雾霾天气隐患巡检。相较于以往的机型,该系列无人机具有受电磁干扰小、回传图像更清晰等优势。

镇江地区输电线路分布点多面广,地形复杂。仅镇江公司负责管辖的线路就有3 200多公里,其中野外、山区线路达800公里。因此,利用无人机巡线势在必行。该公司2016年以来采用的"大疆"系列无人机,由于受强电场干扰,在220至500千伏线路保护区飞行时,容易丢失信号,出现失控、报警、自动返航等问题,且存在抗风能力弱、续航时间短、回传图像不清晰等缺陷。

新型"经纬"系列无人机受电磁干扰小,且增加了光学变焦和高清摄像头,可连续拍摄100张高清图片,并实时传回图像,提高了巡检效率和质量。"经纬"系列无人机还具备多尾翼螺旋装置,飞行高度可达60米,较"大疆"无人机提升了30米。此外,该系列无人机飞行期间平稳无杂音,不易受风速、气流等影响。

"采用新型无人机巡视,仅需5分钟就可完成一基杆塔的设备检查,巡检时间较人工缩短半小时,线路巡视更高效。"冷华俊表示。

(王亮 计志恒)

来　　源:国网江苏电力有限公司
发布日期:2018年12月10日

国网东海县供电公司
秋检责任落实有"账"可查

11月21日,国网东海县供电公司完成辖区10千伏249条配电线路、6 150台配电变压器等设备的秋季检修。此次秋检工作中,该公司创新实施秋检责任账簿登记,建立"谁检修,谁负责"机制,确保责任落实到人。

以往,完成秋检的线路及设备,一旦在运行中出现导线接触不良、设备连接不牢等二次缺陷,由于具体责任人、监护人落实不清,往往无法问责追责到位。针对这一问题,今年,东海县公司组织技术骨干,研究制定秋检责任账簿登记制度。账簿内容包括检修线路的长度、使用材料、预估寿命等。每个检修项目中,具体配电设备的负责人、施工人员均记录在案。同时,相关人员需要签署责任书,经扫描后存入该公司检修数据库。一旦发现隐瞒质量问题、施工不负责、工艺不到位等情况,该公司将对相关人员给予工作处分和经济处罚。

"过去我们只管干活,现在必须对检修过的设备负责。我准备了一本工作日记,随时将检修情况记清备查。"公司施工人员朱对对表示。据悉,自实行秋检责任账簿登记以来,该公司检修过的线路二次缺陷率降为零,运维费用也降低了30%。

(李健)

来　　源:国网江苏电力有限公司
发布日期:2018年11月26日

国网泰州市姜堰区供电公司开启"竞拍模式"
让能干、愿干的员工"抢着干"

"第一区域:黄村 1-11 号台变、梁徐东片共 22 个台区,请全体台区经理充分考虑,合理竞拍。"11 月 15 日,国网泰州市姜堰区供电公司姜堰供电所内,一场别开生面的台区管理权竞拍正在举行。

近年来,面对姜堰区各乡镇供电所人员减员的形势,为了在台区管理中不留"空位",让能干、愿干的员工主动"多揽担子",姜堰区公司决定对辖区 13 个乡镇供电所共 21 个地段的部分台区实施招拍管理。

此次拍卖对姜堰供电所辖区内 134 个台区 8 590 户的管理权,分 11 个区域进行公开竞拍。招拍户数价格定为 0.6 元/户～0.4 元/户,由最低价或综合合理价中标。经过现场 22 名台区经理近 1 个小时的竞价,钱群民、范跃林、戴方亚等 11 人竞拍成功。竞拍成功者当场与供电所签订责任协议书,明确任务指标和考核措施。

据悉,台区管理招拍将与绩效工资挂钩。根据台区日常管理工作的完成情况、优质服务和各项经营指标,拍得最多台区管理权的台区经理的绩效工资收入,预计每月能增加 760 多元,一年能增加 9 100 多元,打破了"干多干少一个样"的瓶颈,在台区管理工作中营造"抢着干"的积极氛围。

(李如兵　李杨)

来　　源:国网江苏电力有限公司
发布日期:2018 年 11 月 20 日

· 673 ·

国网扬州供电公司在国网系统内首次开展全系统旁路不停电作业

11月15日上午10点，扬州栖月苑小区10千伏变电所退出中低压旁路供电系统，一台全新的环网柜和两台主变压器顺利投入运行，整个小区和周边用户恢复正常供电方式。这是国网扬州供电公司在国网系统内首次开展的全系统旁路不停电作业。

旁路作业法是采用专用设备将待检修或施工的设备进行旁路分流，继续向用户供电的一种不停电新型作业方法。10千伏栖月苑变电所的环网柜和主变老旧，需要更换。但常规的检修方式会造成数十小时停电，影响小区650户居民及周边28户商家的正常用电，全系统旁路不停电作业有效解决了这一难题。

本次施工不仅涉及栖月苑小区和周围商家等低压用户，还包括栖月苑环网柜内的两台高压箱变用户。为此，本次作业中综合利用旁路布缆车、移动箱变车等设备，创新应用低压转接箱，构建了全新的中压旁路、低压旁路有机结合的作业方式，同时满足高、低压用户的持续可靠供电，克服了以往高压旁路作业中无法保证低压用户稳定供电的弊端。

"此次作业流程复杂，牵涉到多工种密切配合，包括高压试验、带电作业、运行操作、检修施工等。"扬州公司配电运检室主任、现场负责人朱健介绍。为了顺利完成本次作业，从9月下旬开始，该公司各专业部门共同协作，经过2个月的现场查勘、研究讨论，编制并完善作业方案。从11月14日凌晨3点开始，30多名作业人员经过近40个小时的奋战，最终圆满完成此次全系统旁路不停电作业。

（殷俊　管诗佳　尤宇辰）

来　　源：国网江苏电力有限公司
发布日期：2018年11月19日

无锡市委副书记批示肯定
国网无锡供电公司工作

11月9日，无锡市委副书记、代市长黄钦在《国网江苏省电力有限公司无锡供电分公司建设高端电网、服务重点工程、优化营商环境情况汇报》上作出批示："无锡市供电分公司主动作为、创新有为，围绕市委、市政府重点步骤做了大量卓有成效工作，取得了良好的社会效益和经济效益。望继续努力、再创佳绩。"

今年以来，国网无锡供电公司积极主动靠前服务，加快建设高端电网，大力推进能源变革和电力改革，各项工作取得新成绩。特别是在优化营商环境方面，构建政企联动机制，促成无锡一市两县均出台支持政策优化营商环境，实现审批手续一站式办理，切实做到用户申请"只进一扇门"；丰富服务举措，执行国家一般工商业电价平均降低10%的要求，让利电费3.63亿元，完成"多表合一"信息采集建设1.8万余户，推行农村低压业务线上办理、台区经理上门服务，实现农村供电所移动作业终端应用全覆盖；提供增值服务，针对客户特点，推行"供电方案＋综合能源服务建议"双方案模式，对锡山车联网小镇、科技城项目等多个试点开展综合能源协同规划，满足客户个性化需求，提升客户综合能效。

（徐韵滢　周磊）

来　　源：国网江苏电力有限公司
发布日期：2018 年 11 月 13 日

国网宿迁供电公司把党员行为公约"谱"成快板书

"胸前党徽熠熠闪亮，为民服务心中装……"11月8日，在国网宿迁供电公司各个办公区的楼宇系统上，一段时长2分28秒的《国网江苏电力党员行为公约》快板说视频正在滚动播放。

自今年6月《国网江苏电力党员行为公约》发布以来，宿迁公司通过公司网站、宣传靠牌、大频展示等多种途径，推动广大干部员工学习《公约》内容。为了创新宣传教育形式，该公司自编自导、自演自录了脍炙人口的快板说视频，利用群众喜闻乐见的快板形式，采取实景拍摄的表现手法，深入浅出地演绎诠释党员行为公约，将公约内容融入日常工作、生活场景，并于11月8日起正式发布展播。

目前，该公司各党支部正在大力推广学习快板说宣传视频。"该作品主题明确、节奏明快，适合干部职工学习观看，有助于指导党员的日常行为，推进党员行为公约学习教育入脑入心。"该公司党建部主任兼党支部书记张洋表示。

（张海军）

来　　源：国网江苏电力有限公司
发布日期：2018年11月09日

"江苏省学雷锋活动示范点"落户睢宁

11月6日,国网睢宁县供电公司"红叶使者"服务队获颁"江苏省学雷锋活动示范点"奖牌和荣誉证书。在今年省委宣传部、省文明办公布的第四批"江苏省学雷锋活动示范点"中,该服务队名列其中。本批次中全省共10家单位入选,电力行业入选单位仅此一家。

"红叶使者"服务队自2014年成立以来,建立了"特约服务资料库",为27位独居老人、32个孤残儿童、18户留守家庭编制信息档案,先后开展"孝善传承、情暖夕阳""创建书香睢电,关爱聋哑儿童""关爱自闭症儿童""呵护留守儿童健康成长"等公益活动,并与孤寡老人、残疾人、特困户等结队帮扶,定期慰问探访、上门服务,帮助他们解决实际生活困难,赢得了政府、客户、群众的一致好评。近年来,该服务队先后荣获江苏省青年文明号、江苏省巾帼文明岗、省公司"标兵班组"等多项荣誉。

（魏媛　王洁）

· 677 ·

来　　　源:国网江苏电力有限公司

发布日期:2018年11月12日

国网徐州供电公司"两会两公开"让基层权力运行在"阳光下"

　　"绩效奖金二次分配必须要上交支委会,根据'干多干少不一样,干好干坏不一样'的原则,支委会研究决定分配结果,签字确认后进行公示,最大化实现'公平、公正、公开'"。11月2日,在国网徐州供电公司乡镇供电所组织力建设主题论坛上,沛县张庄供电所党支部书记的一番话,得到在座评委专家和基层支部书记的广泛认同。

　　今年5月,徐州公司全面加强乡镇供电所组织力建设,进一步规范供电所基础管理,加强供电所权力监督,促进重要事项公开、透明,研究制定了"支委会、所务会和党务公开、所务公开"即"两会两公开"实施方案,并在全市119家供电所推行。

　　"两会两公开"以"9-6-9-10"(支委会必议事项为9项,所务会必议事项为6项,支委会和所务会公开栏分别公开9和10项)为实施载体,支委会前置于所务会,凡重要事项必须经支委会集体研究后,再由所务会布置安排。支委会研究范畴主要围绕两条线,一条线是供电所层面的人、财、物问题,另一条线是业务工作中的异常和风险。同时,建立支委会、所务会两个公开栏,明确了在员工中公开、在党员中公开两个途径。

　　通过党支部主导"必议—公开—监督"机制流程,党员参与管理监督的渠道平台畅通,党支部的组织力覆盖业务工作的各个环节。半年以来,该公司119家供电所共召开支委会1 200余次,解决热点敏感问题3 500余个,增强了党支部在职工中的影响力、号召力和凝聚力。

（周洋）

来　　源:国网江苏电力有限公司

发布日期:2018年11月07日

国网常州供电公司优质服务获市委书记汪泉批示肯定

"市电力公司做得好，表示感谢！"10月10日，常州市委书记汪泉就常州供电公司保障森萨塔科技（常州）有限公司电力供应工作做出批示，高度褒扬国网常州供电公司急企业之所急，为地方经济发展作出的贡献。

今年8月底，位于常州新北工业区的220千伏电子园变闸刀故障亟需停电更换，而由其供电的森萨塔科技（常州）有限公司面临三季度紧急生产任务，用电需求紧张。为此，常州公司组织各部门共同商议，采取先隔离故障控制停电范围，待用户解决生产问题后再进行设备维护的方式，避免了用户的经济损失。10月1日，该公司组织相关工作人员通力合作、科学施工，提前8小时完成全部工作，安全送电。森萨塔科技（常州）有限公司总经理刘志达来函对该公司保障供电工作表示了感谢。

据悉，森萨塔科技（常州）有限公司生产的传感器产品和控制器产品，广泛应用于汽车空调系统和发动机系统，其技术领先业界，为地方经济提供了重要支撑。常州公司充分考虑客户需求，切实解决客户用电问题，获得了客户好评和市委市政府的肯定。

（黄正芳）

来　　源：国网江苏电力有限公司
发布日期：2018年10月15日

盐城加快"先签后建"试点
基建工程不再遇"梗阻"

"我们自进场开工以来,一直进展顺利,没有遇到政处矛盾,完工日期可望大幅提前。"10月8日上午,在江苏建湖县经济开发区中南村三组,110千伏瑞祥—高作输电线路13♯钢管塔基础施工现场,项目负责人王立明表示。这是国网盐城供电公司基建工程推动"先签后建"试点工作的一幕。

为进一步规范依法治企,加强工程前期规范管理水平,今年,国家电网公司在输变电工程建设工作中推行"先签后建"模式,即在工程初设前完成站址拆迁及通道赔偿统计工作、初步协议签订,在开工前完成协议履行。其中,高作110千伏输变电工程是江苏省内的8个国网公司"先签后建"建设模式试点工程之一。

今年2月,为了保证高作110千伏输变电工程建设进度,盐城公司分管负责人与建湖县政府分管领导及相关部门提前沟通协调,明确变电站和线路工程青赔、民事协调工作由政府牵头,统一补偿标准和范围,规范政策处理费用管理方式。在不到一个月时间内,该公司先后与沿线地方政府签订《工程建设政处协议书》和《站址补充征地协议书》,将有关费用列入工程概算,有效控制了工程成本。签订协议后,在供电公司人员的协同配合下,地方政府政处人员随即沿线逐户摸底排查、登门做工作。"签订了协议,落实了费用,跟老百姓做工作就有了底气,绝大部分群众都对我们的工作表示支持。"建湖县经济开发区农工局的季高云表示。

此外,在以往的输变电工程建设中,由于开工后边施工、边办理协议,一旦出现政处矛盾,势必严重影响工程进度,"先签后建"模式能够有效规避此类情况的发生。高作110千伏输变电工程开工前,当地的华茂林业公司因种植的大面积树苗需要迁移,赔偿标准一直未能谈拢,镇、村两级干部与供电公司负责人多次上门,前后商谈近一个月,考虑到该公司的实际困难,承诺为其解决清理场地、苗木运输等后续问题,最终,双方就赔偿标准达成一致。"这样的事如果发生在施工过程当中,必定会引起停工误工,不仅影响工期,业主单位与施工方还有可能为误工费用的结算引起更多纠纷。"建湖县供电公司政处人员蔡慧明说。

据悉,自从"先签后建"模式实行以来,工程建设效率大幅提升。"签了协议以后,我们就提前进场做准备,拿到施工许可证就正式开始施工,比以往节约了至少1个半月的施工准备期。开工4个多月以来,进展飞快,工期预计可以缩短三分之一。"变电站施工监理戴明昭表示。

(顾锋明)

来　　　源:国网江苏电力有限公司
发布日期:2018年10月12日

泰州出台全国设区市首部电力保护条例

10月10日,首批4 000册《泰州市电力保护条例》(下称《条例》)单行本正式下发,该条例是全国新获得立法权的设区市制定的首部电力保护地方性法规,自2019年1月1日起施行。

2017年,泰州市全社会用电量达274亿千瓦时,同比增长14.3%,但在电力事业飞速发展的同时,阻挠电网工程建设、毁损电力设施、非法侵占电力线路保护区等现象仍时有发生,出台电力保护条例迫在眉睫。据悉,《泰州市电力保护条例》自今年1月经泰州市委同意立项,至9月21日获省人大常委会批准并予公布,共历时8个多月,期间,市人大组织相关部门和单位修改完善草案,通过开展立法调研、专家论证等方式,广泛征求各方意见,对《条例》草案进行了11次全面修改。

《条例》共7章46条,分为电力建设保护、电力设施保护、电能保护、应急处置、法律责任和附则。针对电力保护职责不清的现状,《条例》对单位电力用户安全用电义务、供电企业和相关部门应当履行的监管职能作了规定和明确,并把建立电力保护作为信用管理体系内容,纳入政府公共信用信息系统统一管理年度考核。为切实保障社会公共安全,《条例》强化了重要电力用户监管,提出市(区)人民政府应当组织有关部门开展重要电力用户认定并实施动态管理。

围绕电力建设和电力设施、电能保护中的"难点""盲点",《条例》进一步扩大了保护范围,完善了保护程序,细化了保护举措。为适应泰州新能源产业发展新形势,《条例》将风力发电、光伏发电、生物质发电以及储能装置、充换电站等新能源及相关新设施纳入电力设施保护范围。《条例》还结合区域实际,坚持问题导向,总结先进经验,对泰州地区电力保护工作中存在的燃放孔明灯、树线矛盾、施工破坏等可能危及电力安全运行的行为作了规范。

《条例》的颁布实施,不仅对有效落实新一轮能源变革要求,依法强化护电的组织领导和统筹协调机制,落实市、区两级政府及电力行政主管部门、电力企业及相关部门各自护电管理职责,解决电力行政执法力量不足、履职能力弱化等问题具有探索价值,而且对依法保障电网安全、持久、稳定运行,满足当地高质量发展用电需求意义深远。

(周明亮　王锦程)

来　　源:国网江苏电力有限公司
发布日期:2018年10月12日

国网淮安供电公司用"先锋指数"看板"丈量"党建工作

"以前党支部党建工作开展得好和不好,没有量化标准,也不好评价。自从'先锋指数'看板系统上线以来,支部党建工作质量'一目了然',创先争优的热情进一步激发出来了。"10月10日,观看了公司网站上党建"先锋指数"看板的支部"排行榜"后,国网淮安供电公司变电运维室支部书记任立军表示。

近日,国网淮安供电公司党建"先锋指数"看板系统正式上线运行,这是该公司深化"双好"创建,加强基层党建工作的重要举措。

"先锋指数"看板根据省公司《党建工作绩效考核评价办法》,以支部为单位,对党建责任、组织建设、党员教育、宣传思想、企业文化、统战团青、加分项等7个一级指标、26个二级指标,按季度进行考核评价并集中展示。考评结果通过多色柱状图的形式呈现,直观展示各指标得分情况、扣分原因等,各支部党建工作的优势和不足"一目了然",有利于支部找准薄弱环节,聚力改善提高,为党建工作质量的提升提供重要的科学依据。此外,"先锋指数"看板还设置了"排行榜",展示每项考核指标的前三名党支部和后三名党支部,从正向激励和反向鞭策两方面,督促各党支部提升党建工作水平。

自从党建"先锋指数"看板上线以来,该公司各党支部的"三本六盒一证"的执行标准持续提升,"党员统一活动日"的模式得到固化,党建服务中心工作的方式不断优化,逐步实现支部党建工作精益化、可追溯化管理。

（王锐　林圩）

来　　源:国网江苏电力有限公司
发布日期:2018 年 10 月 10 日

国网江苏物资公司推进长期未履行合同"件件清"

"请江苏上上电缆集团有限公司到宿迁公司核实组核实合同履约情况,核实无误后到合同清理五组协商办理合同解除。"9月26日,国网江苏物资公司物资供应部专职沈键组织供应商有序进入会场,一场长期未履行合同数据清理攻坚行动正如火如荼地进行着。

自从物资公司ERP系统上线以来,积累了大量的长期未履行合同数据,成因多种多样,有供应商逾期不供货的,也有项目延期不需要的,有正在办理解除变更手续的,还有供需双方存在争议不能履行的等等。当需要进行物力资源统筹调配或开展大数据分析时,这些系统中的"垃圾"数据往往造成较大的干扰。同时,随着原材料价格的变动和技术路线的变化,长期未履行合同的履约风险也在不断增加,给物资供应工作的顺利实施也带来了潜在的风险。

9月以来,按照省公司统一部署,物资公司作为具体实施单位,在进行大量前期数据梳理和方案准备的基础上,组织公司各单位的相关专业人员集中办公,启动长期未履行合同数据清理专项工作。

据统计,该次攻坚行动需要清理的合同共计7 957份,总金额18.30亿元,合同时间跨度长达8年,涉及供应商574家。该公司按照"统筹推进、规范高效"的原则,以合同交货期为抓手,组织供应商约谈,开展合同清理。"合同长期未履行原因很复杂,数据清理是一项基础性工作,一定要核实清楚具体原因,统一处理标准,充分固化证据,才能保证清理工作有据可依。"参与本次合同清理行动物资履约情况核实的连云港供电公司物资部王磊说。

在清理过程中,该公司既维护企业自身利益,又充分尊重供应商的合法权益,细致耐心开展相关工作——对继续履行合同的,签订书面供货计划;对因供应商原因无法继续履约的,根据合同条款与其解除合同,并进行违约索赔;对因原合同解除产生的新的物资需求,重新上报计划,根据应急供应流程,进行省内调剂调拨;对物资已到货但未及时办理到货手续的,督促项目单位尽快办理系统验收手续;对因供应商涉法、倒闭注销导致无法履行的合同,开展单方面合同解除工作。

"对于这些长期不能执行的合同,我们也希望尽快处理,约谈组的同志和我们友好协商,充分尊重我们的意见,也帮我们解决了历史问题,我真得给他们的工作点个赞!"刚参加完约谈的上上公司代表小张表示。

下阶段,物资公司将在高质量完成本次长期未履行合同数据清理的基础上,总结工作经验,结合智慧运营中心建设,推动建立长期未履行合同数据常态化跟踪预警与定期清理工作机制,促进业务驱动向数据驱动转变,不断提升资源统筹和履约风险防控能力。

（丁辉 沈键）

来　　源:国网江苏电力有限公司
发布日期:2018年09月27日

国网仪征市供电公司"厉兵秣马"备战省园博会开幕

"省博园南、北开关站带最高负荷测试 10 小时未发现异常。"9 月 22 日，国网仪征市供电公司以实战演练形式，检验江苏省第十届园艺博览会开幕前的供电保障准备工作。

此次保电实战演练模拟园博会主展馆 2 号 122 出线电缆击穿、铜山变至枣林 241 开关控制装置损坏等 7 项内容，参演人员在规定时间内对故障判断准确，抢修恢复及时。该公司出动保电人员 52 名、车辆 9 台，对园外涉保的 7 条配电线路，每公里安排 1 人巡检，园内每个开关站、配电房、箱变均安排 2 人值守，并安排 5 人的机动抢修力量。同时，开展红外测温、电压测量等专项检查，全程监测重要供电设备的运行状态。演练期间，全园未发生一起供电故障，实现了电网侧设备"零差错、零闪动、零投诉"目标。

据悉，第十届省园博会将于 9 月 28 日在扬州仪征枣林湾生态园开幕，仪征市公司将本次重大活动作为一级保电任务，从电网建设、电网调控、电源保障、现场抢修、物资供应、综合后勤六方面成立专业工作组，明确职责和任务分工，制定四个专项保障工作方案，做好现场抢修器材、工具以及发电机投切的准备工作，抢修人员随时现场待命，并在 9 月 15 日、18 日、22 日开展 3 次保电实战演练，全面检验应急响应、故障处置能力，确保省园博会保电万无一失。

（陈忠峰 赵斐）

来　　　源：国网江苏电力有限公司
发布日期：2018 年 09 月 26 日

南通最大能源托管项目启动

9月18日,南通市肿瘤医院综合能源服务项目的外部线路和内部配电设施改造启动,这也是南通市目前最大的能源托管项目。

南通市肿瘤医院始建于20世纪70年代初,是国内创建最早、规模最大的地市级肿瘤专科医院。该院目前使用2台燃煤锅炉,年用煤量超过1 500吨,每年的碳排量超过2 000吨,为积极响应国家燃煤锅炉淘汰的政策,改善周围大气环境,该院决定对煤锅炉实施电改造。

以医院的"煤改电"为契机,江苏综合能源服务公司、国网南通供电公司联手启动南通市肿瘤医院综合能源服务项目。该项目通过"电制冷＋电锅炉蓄热"、配电设施增容改造、对配电设施、电锅炉、电蓄冷空调等设备进行运维托管等形式,对医院的电能和热能等用能全盘托管。

该项目计划对该医院实施2 500千伏安容量增容,改造两台总容量2 500千瓦的蓄热式电锅炉,新增两台螺杆式水冷机组等。其中,企业配电设施增容改造和电锅炉电蓄冷改造费用1 300万,由江苏综合能源服务公司一次性出资建设完成;后续10年的托管费及电费7 880万元,通过合同能源托管的形式,由医院若干年分期支付,为医院节约了运维人员费用支出,保障了设备维护的专业到位。

为了推进南通市肿瘤医院综合能源服务项目的落地,南通公司主动对接该院,积极做好医院煤改电及电蓄冷空调等项目的增容改造的勘察、设计等前期工作,大力开展能源托管的宣传和推介等工作,受到客户的高度好评。

(吴庆华　姜晓嵩)

来　　源:国网江苏电力有限公司
发布日期:2018年09月21日

国网苏州供电公司把办电窗口开进行政服务中心

　　9月13日,苏州市相城区行政服务中心供电服务窗口正式营业,在全市范围内首次实现供电服务、行政审批联合集中办公。

　　今年以来,国网苏州供电公司深入开展报装接电专项治理行动,促请政府出台《苏州市进一步优化电力接入营商环境实施办法(试行)》,建立各单位、各部门间分级分层直接对接机制,推动行政服务大厅设置办电窗口,实现用电申请"一窗受理",从简流程、压时限、降成本三方面,切实提升"获得电力"各项指标,持续优化全市营商环境。

　　苏州市相城区行政服务中心供电服务窗口在为广大电力客户提供业扩报装、变更用电和业务咨询等常规服务的基础上,借助行政服务中心平台集成优势,实现电网、住建、交通、公安等部门联合办电、信息共享,对于用户主体资格证明、项目批复文件、房屋土地证明、规划建设许可、环评批复等办电涉及证照和材料,相关部门可以通过线上方式进行信息互通,无须用户重复提供,让用户申请"只进一扇门"。

　　下一步,国网苏州供电公司供电服务窗口将陆续进驻吴中区、高新区行政服务中心。公司将联合各行政审批单位不断优化服务举措,完善"一窗受理、同步审批、限时办结、统一送达"服务,让广大电力客户享受更加优质、高效、便捷的供电服务。

（王弈辰）

来　　源:国网江苏电力有限公司
发布日期:2018 年 09 月 17 日

国网启东市供电公司基层书记把"会场"搬到了现场

8月27日上午,在圩南村7♯变现场,来自国网启东市供电公司的一群有着丰富一线工作经验的基层支部书记们,正在仔细观察杆塔的基础是否牢固、接地线是否安装准确、禁止垂钓警示牌和防撞贴是否安装到位……,并拿起手机拍下现场发现的缺陷,记录下缺陷内容,发送到工作微信群内。

当天,国网启东市供电公司"通电先锋"支部书记小分队队员们身着"国网江苏电力共产党员服务队"红马甲,分批来到汇龙、南阳、北新、惠萍、合作、王鲍范围内的12个台区现场,开展"支部书记进现场、查违章"活动。

今年,该公司聚焦党建工作本质提升,开展建"两专三会四能"党支部书记队伍活动,要求基层党支部书记必须具备党务知识和专业技术知识。结合本月的支部书记会议,该公司组织基层支部书记走进现场,对台区内投诉、报修跳闸频发的线路开展本次巡查活动。

"这既是一次现场红马甲行动,又是一次安全现场专业学习课程,督促我们亮出党员身份,发挥党员表率作用。"参加活动的一位基层支部书记表示。

据悉,本次活动中共发现缺陷52个,经该公司安质部核实后,将及时反馈给相关责任部门,限期完成整改。

(顾春健)

来　　源:国网江苏电力有限公司
发布日期:2018 年 08 月 28 日

国网沭阳县供电公司用"微视频"讴歌一线农电人

"我叫冯加宝,现年60岁,新河供电所运维采集工。"8月15日,国网沭阳县供电公司首期《默默耕耘农电人》微视频上线播放。

《默默耕耘农电人》微视频人物均为来自该公司15个供电所的一线老员工,该公司通过党支部推荐、民主投票,层层筛选出7位农电先进人物,用现场采访、摄制微视频的形式,反映他们"干一行,爱一行,专一行,精一行"的敬业奉献精神。

自国网党组号召向"时代楷模"张黎明同志学习以来,该公司先后开展集中学习讨论、交流座谈、自我查找"短板"等活动,同时,注重挖掘公司员工扎根基层一线苦干、实干,践行"你用电我用心"的服务事迹,引导员工对标先进、争创一流业绩、立足岗位创新创业。

"微视频真实反映了我们一线工作的艰苦,生动展现了农电员工为民服务的情怀。我们将以此为动力,立足岗位,尽职履责,奉献企业。"该公司龙庙供电所党支部书记徐良涛在观看首期《默默耕耘农电人》视频后由衷地表示。

(孙爱功　魏家晋)

来　　源:国网江苏电力有限公司

发布日期:2018年08月17日

省电科院"驻厂监造"同里微网路由器功率子模块

8月15日,历时20余天的同里微网路由器功率子模块监造工作圆满完成。

微网路由器工程是同里综合能源服务中心的重点工程,可实现能源传输及优化分配作用,而正负750伏功率子模块是微网路由器的核心部件,为保障设备出厂质量,国网江苏电科院选派核心专业骨干赴西安西电集团驻厂监造,严格按照技术规范及标准要求,全过程参与微网路由器功率子模块的技术方案制定、关键部件制造、出厂试验见证等工作,有效发现、解决高频变耐压试验不合格、旁路开关拒动、子模块功率不达标等设备缺陷隐患,以"零容忍"的态度管控设备出厂质量。

目前,第一批共计24台正负750伏功率子模块已运往同里,预计将于8月18号开展组装及整机调试工作,届时电科院专业人员还将赴现场开展调试工作,全方位保障微网路由器工程顺利建成。

(刘瑞煌 张宸宇 贾勇勇)

来　　源:国网江苏电力有限公司
发布日期:2018年08月17日

国网盐城市大丰区供电公司用"超声"为配电设备"问诊"

8月9日,国网盐城市大丰区供电公司配电运检人员景徐峰在北京兴泰学成仪器有限公司技术人员刘志伟、黄海松的协助下,使用PD2010-Ⅱ手持式局部放电检测仪,对盐城市大丰县城区10(20)千伏1 000多台开关柜、环网柜进行局部放电带电检测。

此次检测中使用的PD2010-Ⅱ手持式局部放电检测仪,是一款超声波、暂态地电波二合一的局放检测仪,专门为开关柜、环网柜等电气设备的内部缺陷诊断和定位而设计,对电晕、悬浮电位、异物和松动等问题均有良好的检测效果。

大丰区供电公司配电运维检修部主任许卫红介绍,大丰地处黄海海滨,气候比较潮湿,对部分配电设备运行带来不利影响。而传统的检测方法,容易发生漏检、误判等现象,且难以有效发现设备内部的"潜伏病灶"。

"这种全新的检测办法,利用超声波'扫描'设备,借助超声波反馈回来的各种特征声响,很快就能判断出故障所在,特别是局部放电隐患故障。"刘志伟说,"这种放电检测仪最大的特点就是精准快速,无需停电检测,大幅提高电网供电可靠率。检测结果可以记录在巡视人员随身携带的声波数据记录仪中,方便后期开展故障隐患整改。"

据悉,该公司将针对检测中发现的故障隐患,集中突击消缺,保证电网安全可靠运行。

(唐建军　蒋松宁　顾文栋)

来　　源:国网江苏电力有限公司
发布日期:2018 年 08 月 13 日

国网睢宁县供电公司获评"徐州市模范和谐劳动关系幸福企业"

近日,徐州市协调劳动关系三方委员会下发《关于表彰徐州市模范和谐劳动关系幸福企业的决定》,决定授予国网睢宁县供电公司"徐州市模范和谐劳动关系幸福企业"荣誉称号。据悉,该公司是徐州市唯一获此殊荣的电力企业。

近年来,为创建"幸福企业",提升职工幸福感、认同感和获得感,睢宁县公司深入推进家园文化建设,以全心全意为职工服务为准绳,以企业发展和职工需求为导向,以 5 980 职工服务平台为载体,强化服务意识,健全制度保障机制,制定具体服务措施,明确服务管理办法,在为职工服务上,加大政策、资金扶持力度,为职工服务提供了组织保障。该公司组建成立"红细胞"志愿者服务队,在职工遇到困难的时候能快速提供精神和物质双重帮助,切实减轻困难职工负担;坚持走访一线,广泛听取职工意见、建议,为职工办事"十项实事",得到了广大职工的认同;成立了摄影、篮球、乒乓球、游泳、文学等俱乐部,不定期组织有益身心健康的活动,活跃职工业余文化生活;关心关爱女性健康,组织女工健康体检、邀请专家作女性健康知识讲座,举办女职工护肤美妆知识讲座等,受到女职工欢迎;开展职工代表巡视,及时落实职工劳动保护的各项制度和措施,督促执行,向一线单位、施工现场送"小药箱",发放防尘埃口罩,全力保障一线职工的生产生活,2017 年在徐州市"安康杯"劳动竞赛中被评为优胜单位。

该公司通过一系列的活动,使广大职工的归属感、幸福感不断加强,增强了职工的凝聚力和向心力,为公司的各项工作顺利开展提供了强有力的支撑。

(魏媛媛 顾宝)

来 源:国网江苏电力有限公司
发布日期:2018 年 04 月 03 日

国网海门市供电公司
七项电网工程助力地方发展

3月27日上午10时许,国网海门市供电公司110千伏刘浩变电站2号主变扩建工程现场,施工人员正在搬运GIS开关组合部件、紧固主变管型母线、调试二次设备,监理人员不停地巡查各作业小组情况,现场工作紧张而有序。据悉,2018年,该公司投资1.96亿元、实施7项电网基建工程助力地方发展,这是该公司今年实施的7项电网基建工程之一。

海门市公司今年实施的7项工程包括2个110千伏变电续建项目,分别为刘浩110千伏变电站2号主变扩建工程,叠石110千伏变电站2号主变扩建工程;新开工建设项目5个,包括宁启铁路二期江苏南通海门牵引站110千伏外部供电工程,余东110千伏输变电工程,阿里巴巴江苏数据中心110千伏外部供电工程,110千伏余东变10千伏配套送出工程,220千伏洲丰线升压工程。该7项电网基建工程累计新增变电容量20万千伏安,新建线路56.02公里,将进一步完善海门电网架构,为地方经济高质量发展提供充足的电力保障。

海门市余东镇是国家级历史文化名镇。近年来,随着旅游经济的不断发展,工业项目也纷纷落地,其工业重镇的地位日趋凸显。而目前余东地区仅有一座35千伏变电站,原有变电站已无法满足经济发展需要。今年,海门市公司对原变电站实施升压扩建,将结束当地无110千伏变电站的历史。110千伏余东输变电工程投运后,将有效满足余东地区的用电需求,也将辐射至常乐等周边区镇。刘浩110千伏变电站2号主变扩建工程、叠石110千伏变电站2号主变扩建工程的实施,将进一步改善海门港新区、海门工业园区的用电环境。

宁启铁路海门牵引站110千伏外部供电工程是宁启铁路的重要配套设施,该项目分别实施220千伏常乐变扩建工程、110千伏线路新建工程、110千伏配电装置更新改造工程等。其中常乐变新增1台18万千伏安变压器,新建2个110千伏供电间隔;220千伏民生变扩建2个110千伏出线间隔;新建2条共43公里110千伏线路。据海门市公司相关部门负责人介绍,宁启铁路海门牵引变电站实施双电源供电,确保紧急情况下不断电。

为确保上述工程建设进展顺利,海门市公司已把电网建设确立为"一把手"工程,每周总结回顾,分析问题、制定措施;定期编制出版工程建设简报,抓好建设单位与设计单位的对接;落实专人到生产厂家驻盯,确保工程建设的材料需求。该公司将坚持保障措施常抓不懈,保证各项工程如期高质量投产。

(李松)

来　　源:国网江苏电力有限公司
发布日期:2018年03月30日

国网泰兴市供电公司连续十年获"十佳服务地方发展先进单位"称号

3月10日,从泰兴市三级干部大会上传来喜讯,国网泰兴市供电公司被泰兴市委、市政府授予2017年度"十佳服务地方发展先进单位"荣誉称号,这是该公司连续第十年获得该项荣誉。

2017年,泰兴市公司在市委、市政府的坚强领导下,以"聚力创新快转型、聚焦富民奔小康、争当苏中排头兵"为目标,紧紧围绕"再创一个黄金期"的建设需求,着力夯实电网建设基础、做优发展转型升级环境、狠抓电力供应与服务保障,为推进泰兴转型升级认真履行"电力先行官"责任。

电网建设先驱先行,促进经济转型出关。泰兴市公司紧扣泰兴市委、市政府"稳中奋进"的总基调,进一步优化电网构架,全面强化末端支撑。2017年以来,该公司电网建设总投资6.8亿元,重点实施220千伏桑木变、110千伏钱家变输变电工程。认真落实"智能电网合作""中心村合作"两份战略协议,初步形成了纵向到底,横向到边的智能配农网规模。

供电服务优质高效,助力实现项目大突破。泰兴市公司紧紧围绕市委市政府"项目大突破,突破大项目"的决策部署,做优供电服务的软环境。常态化开展"三区三园"走访互动活动,全面

实行"线上线下一体化办理",进一步简化业扩报装流程,助推企业项目早开工、早投产。创新开展泰兴9大抢修片区的划分工作,完善公司"1+2"互保应急抢修机制。持续推进企业能效服务,准确、及时执行电价政策,确保国家"降本"政策有效落地,为全市各大企业节约用电成本5600余万元。

保障工作及时到位,助推泰兴城建新提升。建立健全沟通联系机制,突出保障城市道路工程、道路提档升级、拆迁安置建设、老旧小区改造等城建工作有序开展,不断促进电网与城市建设的协调发展。

绿色能源安全可靠,提升全市人民幸福感。积极推进"两个替代",稳步建设"快充"工程,大力推动环境治理,促进生产方式不断调"绿"。抢抓电网升级改造机遇,全面提升安全可靠性能,圆满完成了中高考、黄桥双人钓鱼大赛、"七运会"开幕式、"十九大"保电等18次保电任务。

（肖杰文）

来　　源:国网江苏电力有限公司
发布日期:2018年03月14日

方天公司新技术解决电厂"燃煤之急"

5月25日,江苏方天电力技术有限公司"大型电站锅炉安全高效燃烧关键技术研究"项目顺利通过中国电机工程学会组织的技术鉴定会。

来自中国工程院、华中科技大学煤燃烧国家重点实验室、中国华能集团、江苏省国信集团的多位专家一致认为,项目研究成果具有显著的经济、社会效益和推广应用前景,总体技术达到国际先进水平。其中,在磨煤机建模理论和配煤掺烧安全经济性评级方法的研究方面居国际领先水平。

项目背景:

近年来,随着电煤需求的增大,掺烧价格相对较低的经济性煤种成为部分电厂的选择。如何提高大型燃煤发电机组锅炉配煤掺烧过程中的适应能力,降低机组的供电煤耗和污染物排放成为当前亟需研究解决的重大课题。

项目内容:

本项目从大型电站锅炉磨煤机磨制不同煤种、燃烧优化和吹灰优化角度出发,以提高电站锅炉的配煤掺烧适应能力为目标,完成了电站锅炉从煤粉制备入炉到燃尽后飞灰出炉全过程关键技术研发,实现电站锅炉运行中的节能减排效果,解决电厂的"燃煤之急"。

项目成效:

以1台百万千瓦燃煤机组为例,应用项目研究成果,在经济性煤种掺烧过程中,通过改善吹灰方式和燃烧优化,可降低综合供电煤耗约2.2克/千瓦时,年节省标煤12 100吨,年降低综合发电成本约4 000万元;可减少排放二氧化碳约31 700吨、二氧化硫约120吨、氮氧化物约90吨。

目前,我省共有16台百万千瓦燃煤机组,若全部应用该项目成果,预计每年可节约发电成本5.6亿元,减排二氧化碳约50万吨、二氧化硫约1 920吨、氮氧化物约1 440吨。

(许馨妍)

来　　源:国网江苏电力有限公司
发布日期:2018年05月30日

宏源公司收到南京市献血办公室感谢信

3月27日,江苏省宏源电力建设监理有限公司收到南京市献血办公室感谢信,感谢该公司员工严海利无私献血挽救危急病人。

感谢信中说:"2017年12月31日上午,南京市妇幼保健院一名孕妇产后大出血,母子危急,急需A型Rh阴性血(俗称熊猫血),由于血型告急,我办立即向全市发出献血号召,并短信通知此类血型志愿者。贵单位职工严海利是A型Rh阴性血型,也是南京红十字血液中心志愿者。在得知急需血液救人的情况下,严海利积极回应,并立即赶到南京红十字血液中心,无私献血400毫升,为挽救危急病人做出了重要贡献……"

据悉,严海利自2005年第一次无偿献血得知自己是A型Rh阴性血型后,每年都坚持献血,累计献血总量达3 300毫升。他经常与人说,自己的一点小举动也许就能挽回别人的一条生命,会将献血行动一直坚持下去。一个人的血液重量占体重的7%～8%,体重约140斤的严海利体内血液总量大约4 600毫升,按照这样计算,他全身70%以上的血液已经换了一遍。

来　　　源:国网江苏电力有限公司
发布日期:2018年03月30日

省委书记娄勤俭调研慰问江苏信息通信业

2019年2月13日,江苏省委书记娄勤俭,省委常委、常务副省长、省委秘书长樊金龙一行开展新年首次调研,前往江苏省通信管理局、江苏电信、江苏移动、江苏联通、江苏铁塔,向全省信息通信业干部职工拜年。省委副秘书长杨琦、省科技厅厅长王秦、省工业和信息化厅厅长谢志成等陪同参加调研活动,江苏省通信管理局局长袁瑞青全程陪同。

在江苏省通信管理局,娄勤俭、樊金龙等亲切慰问了全局干部职工并合影留念。在系统演示大厅,娄勤俭认真听取了"江苏省工业互联网安全监测平台"和"江苏省防范打击通讯信息诈骗智能处置系统"功能介绍,详细了解了工业互联网安全监测平台在提升江苏省工业互联网安全防护方面取得的成效;询问了防范打击通讯信息诈骗智能处置系统与电信运营企业基础网络之间的关系,省通信管理局与公安部门在防范打击通讯信息诈骗方面的协同情况,袁瑞青对重点环节一一作了补充介绍。娄勤俭强调了信息通信在经济发展中的基础性和支撑性作用。他指出,5G是信息通信技术演进发展的新阶段,重在创新、应用,要注重集成创新、融合创新、应用创新,更好地为江苏高质量发展作出新贡献。

在江苏电信,娄勤俭一行现场体验了基于5G网络的高清视频、智能监控、无人机巡检和智慧家庭业务,并与无锡分公司人民路营业厅的一线员工通过5G网络进行现场连线,对基层员工致以亲切慰问和新春祝福。娄勤俭指出,信息化无论是对传统工业的改造,还是对新兴产业的促进,都发挥着至关重要的作用。他勉励江苏电信发挥5G优势,加快推进5G技术与工业经济、行业应用的深度融合,助力江苏制造业转型升级。

在江苏移动,娄勤俭一行听取了江苏移动运营发展总体情况、网络运行及应急保障等情况汇报,参观了大连接创新体验中心和5G联合创新中心江苏开放实验室,了解了物联网、云计算、IDC、自主研发服务器产品和5G应用试点情况,询问了智能制造、智慧工厂、车联网、秦淮灯会5G直播等重点应用进展。娄勤俭勉励江苏移动紧抓5G机遇,强化网络基础设施建设,加大行业应用创新力度,更好支撑和保障江苏创新驱动发展,以新的作为助力江苏高质量发展走在前列。

在江苏联通,娄勤俭一行观看了江苏联通的发展变迁、企业荣誉、企业党建,听取了5G基础设施建设、NB-IoT物联网建设情况汇报,观摩并体验了运维网络机器人、5G无人机、5G春运直播、5G VR、工业AR、5G高清视频监控等技术应用。他强调要紧紧抓住新一轮科技革命和产业变革蓬勃发展的机遇,抢占发展先机,大力推进全省5G试点应用、产业发展,加强5G技术在环保、城市管理、社会治安、民生保障等领域的试点应用,不断提升社会治理水平,增强人民群众的获得感、幸福感、安全感。

在江苏铁塔指挥调度中心,娄勤俭一行听取了江苏铁塔成立四年来在深化行业共享、拓展社会共享上取得成效的汇报,充分肯定了江苏铁塔在服务社会、创新实践上取得的成绩,勉励大家要继续奋斗,为江苏的经济发展发挥更大的支撑作用。

来　　源:江苏省通信行业协会

发布日期:2019年02月14日

江苏省"十三五"信息通信基础设施建设发展规划

一、基础环境

（一）发展成效

"十二五"以来，全省信息通信基础设施整体发展水平快速提升，信息通信网络覆盖和技术性能显著增强，新型应用基础设施加快发展，地区和城乡"数字鸿沟"逐步缩小，总体发展水平位居全国前列，较好地完成了"十二五"规划既定目标任务。

一是信息通信基础设施发展水平位居全国前列。"十二五"以来，省政府相继出台系列支持政策措施，并提供 5 000 万元"以奖代补"专项资金，支持信息通信基础设施建设，全省信息通信基础设施累计完成投资 2 210 亿元，超额完成 1 350 亿元投资计划。2015 年全省网络就绪度指数为 89.1，位居全国第四位，可比省份第二位。

表 1　2015 年重点省份/直辖市信息化发展水平总体情况对标

省份	2015 年网络就绪度指数	全国排名	2015 年信息化发展指数	全国排名	2015 年信息经济占 GDP 比重	全国排名
北京	97.8	1	98.3	2	42.7%	2
上海	95.6	2	99.7	1	43.8%	1
浙江	89.8	3	95.9	3	37%	3
江苏	89.1	4	89.2	5	29.9%	7
广东	82.7	5	88.9	6	30.8%	4
福建	82.4	6	80.9	7	29.9%	6
天津	81	7	89.6	4	30.7%	5

二是骨干网及城域网提速扩容成效显著。截至 2015 年底，全省建成涵盖省市县的高速率、大容量长途传输网络，构建"四纵五横"省内长途光缆网架构，形成南京、无锡省际流量出口双核心，开通国内 35 个城市直达链路。南京国家级互联网骨干直联点建成运行，带宽达到 230 Gbps；互联网国际专用通道出口带宽达到 80.6Gbps；互联网省际出口带宽达到 13.3Tbps，位居全国第二位；互联网城域出口带宽超过 40Tbps。国家广电骨干网江苏核心枢纽节点建设启动。

三是有线及无线接入能力和覆盖水平大幅提升。"十二五"期间，全省加快推进"宽带江苏"建设，重点实施"光纤入户""光进铜退""光网农村"等建设工程,初步建成"全光网省"。截至2015年底,全省光缆总长度(含长途、本地网中继以及接入网光缆)达到251万公里,位居全国第一位。城镇基本实现光纤到户(FTTH)全覆盖,行政村光纤通达率达到95%;城镇、农村宽带接入能力分别达到100 Mbps、20 Mbps,固定宽带用户平均接入速率超过10.6 Mbps。互联网宽带接入端口数达3 572万个,其中FTTH/O端口数2 080万个。全省有线电视光纤化率超过36%。无线网络覆盖和能力水平稳步提升,全省移动基站总数达32.5万个,位居全国第三位;4G基站超过13.3万个,实现全省所有设区市、县城主要城区全覆盖;4G网络性能不断提升,4G峰值下行网速超过300 Mbps,时延缩短至10毫秒。

表2　2015年底重点省份/直辖市网络基础设施能力对标

省份	2015年每平方公里光缆线路长度(公里/平方公里)	可比排名	2015年光纤发展指数	可比排名	2015年FTTH/O端口占比(%)	可比排名	2015年每平方公里移动基站数(个/平方公里)	可比排名
上海	75.4	1	127	1	71.7	2	13.6	1
北京	16.8	4	114.1	2	65.9	3	7.5	2
江苏	23.4	2	98.4	3	58.2	4	3	5
浙江	19.6	3	95.8	4	56.5	5	3.1	4
天津	13.8	5	95.6	5	82.9	1	3.9	3
广东	9.2	6	69	7	40.2	7	2.3	6
福建	6.7	7	88.8	6	52.5	6	1.5	7

四是应用基础设施建设快速发展。基础运营商和IT、互联网企业协同建设互联网数据中心(IDC),开展绿色数据中心试点创建。截至2015年底,全省各类数据中心已经超过5 000个,其中电信行业IDC机架数约4万个,机房面积达46.2万平方米。CDN网络延伸到所有设区市。无锡国家传感网创新示范区以及物联网应用示范工程和服务平台建设初见成效。智慧城市服务平台逐步完善,建成"智慧江苏"门户平台,并在全省13个设区市开通运行。

五是信息通信技术加快探索实践。全省加快信息通信基础设施IPv6升级改造,推动向IPv6平滑演进,南京、苏州、无锡列为国家下一代互联网示范城市。采用柔性卫星通信、北斗/GPS双模导航、异构网络融合接入等多链路技术,建成"云卫通"天基一体化网络智慧服务平台。国家重大科技基础设施项目—中国网络创新实验环境(CENI,简称未来网络试验设施)项目落地江苏。

(二)存在问题

"十二五"期间,我省信息通信基础设施在快速发展过程中,与推动经济社会创新转型发展和建设"网络强省""智造强省"的战略目标相比仍存在一些突出问题。

一是网络覆盖和普及应用水平仍需提高。网络基础设施建设水平与新江苏建设的战略要求相比仍有差距,地区以及城乡"数字鸿沟"依然存在,农村地区光纤入户及4G网络覆盖不足,普遍服务机制有待健全。

二是应用基础设施建设尚处起步阶段。云计算、大数据和物联网等底层核心技术创新不足,数据中心等建设布局缺乏统筹协调,存在重复建设现象,跨部门、跨行业、跨区域数据资源交换共享及综合开发水平偏低,应用基础设施对江苏智能制造以及"互联网+"形势下产业转型升级的支撑服务水平有待提升。

三是信息通信基础设施建设环境有待优化。公共资源及大型公共设施协调占用难度较大,信息通信基础设施未能全面纳入城乡建设规划,还存在基站选址难、光纤改造入户难等诸多建设难题。

四是网络安全防护能力亟需提升。网络安全威胁呈现多样化、复杂化、泛在化的特点,信息通信基础设施核心技术较为薄弱,关键产品安全可控性尚待提升。

(三)面临形势

"十三五"时期,是江苏打造国内领先、国际一流的信息通信基础设施建设水平的关键窗口期,必须深刻认识新一轮信息技术革命浪潮和信息通信基础设施加快建设升级的重要意义。从政策环境看,全球各国纷纷加大了信息通信基础设施建设力度,100多个国家推出了国家宽带战略或行动计划,国内及可比省份高度重视信息通信基础设施建设工作,近年来出台一系列扶持政策与支持意见。从技术演进看,云计算、大数据、物联网、下一代移动通信网(5G)等新一代信息技术快速融合发展,成为促进经济社会转型升级的新动力,对信息通信基础设施建设提出了新要求,创造了新契机。网络基础设施加快向高速化、智能化升级,千兆网络已经成为全球竞争的新高点,基于SDN/NFV技术的网络架构智能化变革加快推进。数据中心、内容分发网络、物联感知等应用基础设施带动经济社会转型发展,成为重要的新型基础设施。从安全保障看,网络安全成为关乎国家生存发展的重大战略问题,争夺网络空间话语权将更加激烈,信息通信基础设施安全保障显得尤为重要。

二、总体要求

(一)指导思想

全面贯彻党的十八大和十八届三中、四中、五中、六中全会精神,深入落实习近平总书记系列重要讲话特别是视察江苏重要讲话精神,牢固树立和贯彻落实创新、协调、绿色、开放、共享

的发展理念,紧抓新一轮科技革命和产业变革历史机遇,以建设"网络强省""智造强省""数据强省"为目标,全面构建"高速、移动、安全、泛在"新一代信息通信基础设施,推进高速光纤宽带、无线网络和大数据、物联网、云计算等应用基础设施建设,强化信息通信基础设施的集约建设和融合发展,推动城乡信息通信基础设施一体化发展,为"两聚一高""强富美高"新江苏建设做贡献。

(二)基本原则

政府引导、市场运作。加强政府顶层设计,做好统筹协调,确保行业发展在规划引导、市场规范、政策扶持等方面得以有效保障。坚持市场在资源配置中的决定性作用,充分发挥企业在信息通信基础设施建设的主体作用。

需求引领、创新发展。落实创新驱动发展战略,把满足政府、企业和社会公众日益增长的信息化需求作为信息通信基础设施建设的着力点,超前规划布局新一代信息通信基础设施,推动云计算、大数据、物联网等应用基础设施建设及在经济社会各领域融合应用,支撑保障经济社会发展。

适度超前、均衡布局。切实推进信息通信基础设施建设,继续保持信息通信基础设施建设规模和力度,适度超前建设社会急需、受益面广、带动性强的信息通信基础设施重大工程,突出苏北地区和农村地区基础设施建设,促进布局优化和城乡一体化发展。

夯实基础、保障安全。加快构建关键信息通信基础设施安全保障体系,全天候全方位感知网络安全态势,增强网络安全防御能力。正确处理安全和发展的关系,坚持安全和发展双轮驱动,以安全保发展,以发展促安全,推动安全与发展良性互动、互为支撑、协调共进。

(三)发展目标

到2020年,基本建成"高速、移动、安全、泛在",处于全国领先、国际一流水平的新一代信息

通信基础设施,形成适应和支撑"强富美高"新江苏建设的信息通信基础设施服务体系,更好地服务"网络强省""智造强省""数据强省"建设。

信息通信网络基础设施发展水平全国领先。光网和 4G 网络深度覆盖城乡,自然村基本实现光纤通达。宽带接入能力大幅提升,城镇和农村家庭普遍提供 1Gbps 的接入服务能力,满足城镇和农村家庭依据实际情况灵活选择多样化信息服务的带宽需求。率先启动 5G 实验及商用服务。建成容量大、网速高、管理灵活的新一代骨干传输网,形成网格化、密集式的骨干传输网布局,互联网省际出口带宽超过 80Tbps。南京国家互联网骨干直联点区域交换中心地位进一步提升。完成国家广电骨干网江苏核心枢纽建设,基于光纤化和双向化的下一代广播电视有线网络全面建成,加快推进下一代广播电视无线网建设。依托国家卫星服务体系,构建全省卫星通信应急保障服务体系,实现延伸到各县的卫星服务

能力。主要商业网站、教育科研网站和政府网站全面支持 IPv6。

应用基础设施资源和能力显著增强。国家级数据中心等应用基础设施建设初具规模,形成技术先进、结构合理、规模适度、协调发展、绿色集约的数据中心新格局。开展绿色数据中心试点,新建数据中心 PUE 值达到 1.4 以下。建立全省政务大数据资源统一开放平台,打造区域性数据汇聚平台。建成技术先进、安全可靠的 CDN 网络。窄带物联网(NB-IoT)实现县(区)基本覆盖。工业互联网服务智能制造、两化深度融合能力明显增强。备案网站数达到 55 万个。

网络安全应急保障体系持续完善。网络安全以及应急保障体系进一步健全,关键信息通信基础设施安全防护能力持续增强,信息通信基础设施建设领域核心技术设备自主创新能力取得突破,部分前沿技术、颠覆性技术在全国乃至全球率先取得突破。

表 3 "十三五"全省信息通信基础设施建设主要发展指标

指标名称			单位	2015 年	2020 年
网络基础设施能力	骨干网/城域网	省际出口带宽	Tbps	13.3	80
		骨干直联点网间互联带宽	Tbps	0.22	1
	有线接入网	城镇家庭宽带接入能力	Mbps	100	1 024
		农村家庭宽带接入能力	Mbps	20	1 024
		固定宽带用户平均接入速率	Mbps	10.6	>100
		自然村光纤通达率	%	90	99
		光纤接入端口数	万个	2 080	6 000
	无线接入网	4G 基站数	万个	13.3	40
		5G 试验站点数	万个	—	5.6
应用基础设施能力	数据中心	IDC 机架	万个	4	10
		新建大型云计算数据中心的能耗效率(PUE)值	—	1.5	<1.4
	物联网	NB-IoT 基站数	万个	—	16
		行业级物联网运营服务平台	个	8	600
	网站	备案网站数量	万个	38.3	55

三、重点任务

（一）提升网络基础设施能力水平

一是加快网络扩容升级和网络结构布局优化。积极部署400G光传输等新技术，加快骨干网扩容升级，提升高速传送、灵活调度和智能适配能力，互联网省际出口带宽超过80Tbps。加大对南京国家级互联网骨干直联点和本地互联的带宽扩容力度，骨干直联点网间互联带宽达到1Tbps。在南京骨干直联点基础上建设省内交换中心，逐步将中国教育和科研计算机网等纳入南京骨干直联点，将广电网络等纳入省内区域交换中心，增强网间互联互通。支持省内互联网国际出入口专用通道建设扩容，推动南京、苏州等城市互联网专线适时扩容，全面提升国际互联带宽和流量转接能力。完成国家广电骨干网江苏核心枢纽建设，实施200Gbps吞吐能力的高性能交

换中心建设，增强与电信网络、跨域广电网络的互联互通能力。

二是推动高速光纤宽带网络跨越发展。充分发挥南京、苏州、无锡、扬州、南通、泰州、镇江、昆山等"宽带中国"示范城市典型示范效应，持续推动光网城市建设。新建小区严格执行光纤到户国家标准从城市扩展到乡镇及农村，新建区域直接部署光纤网络，所有商业楼宇和园区直接实施光纤到楼（有条件的可实施光纤进办公室），全面完成老旧小区光网改造，住宅小区全面实现光纤入户。加快推广实施千兆高速光纤网络，实现千兆光纤宽带网络深度覆盖。推动高速宽带普及应用，固定宽带用户平均接入速率逐步提升至100 Mbps以上，基本消除20 Mbps以下固定宽带接入。建成城乡一体化、双向化、光纤化广电网络，实现全省有线电视数字化全覆盖。

重点工程1 高速光纤网络部署完善工程

工程目标：实现高速光纤网络的全面部署，到2020年，骨干网全面部署采用400G光传输技术，南京国家级互联网骨干直联点带宽扩容至1Tbps，互联网省际出口带宽扩容至80Tbps，高速光纤网络全面实现城乡全覆盖，城镇和农村家庭普遍提供1Gbps的接入服务能力。

工程内容：1. 超前建设超高速、大容量光通信传输系统，全面部署采用400G光传输技术，持续提升骨干网传输容量。2. 南京国家级互联网骨干直联点网间互联带宽扩容至1Tbps。推进南京骨干直联点监控中心建设升级，扩容直联点监测系统，形成具备与直联点带宽规模相适应的监测和分析能力。在南京骨干直联点基础上建设省内交换中心，逐步将中国教育和科研计算机网等纳入南京骨干直联点，将广电网络等纳入省内区域交换中心。3. 扩容互联网省际出口带宽至80Tbps。支持省内互联网国际出入口专用通道建设，推动南京、苏州等城市互联网专线适时扩容，拓展国际业务的承载能力，提高国际流量的疏导能力。4. 丰富干线光缆路由，完成光传输网络全面覆盖，全面推进市到县100G OTN系统建设，推动经济发达区域的县到乡OTN建设。5. 推进全光网建设，重点加快光纤向自然村延伸，提供光纤到户接入服务，全省光端口占比提升至90%，高速光纤网络全面实现城乡全覆盖，城镇和农村家庭普遍提供1Gbps的接入服务能力。

三是加快高速、泛在无线宽带网络建设。推进全省4G网络深度和广度覆盖，优先完善市区、县城室外与室内网络覆盖，逐步推进乡镇和行政村网络覆盖，提升网络质量，保障用户体验和感知。全面提升机场、高速公路、铁路、旅游景区、产业园区及重点水域等4G网络覆盖水平，增加沿海大功率基站建设，实现江苏近海通信信号的远距离覆盖，满足海上航行和海洋作业时的导航、定位

预警、救助等生产安全需要。到 2020 年,实现 4G　网络全省深度覆盖,打造 4G＋精品网络。

重点工程 2　4G 网络覆盖完善工程

工程目标:实现 4G 移动通信网络的深度覆盖,到 2020 年,建成 4G 移动基站近 40 万个,城市农村 4G 网络深度覆盖,4G＋技术普及,向 5G 平滑演进。

工程内容:1. 扩大全省 4G 网络覆盖范围,实现乡镇农村、重要交通沿线、公共场所等区域的连续覆盖,提升 4G 覆盖广度。2. 进一步加强 4G 异构网络建设,采用载波聚合、高阶 MIMO 等新技术以及结合网络优化改善弱覆盖和室内覆盖,提升 4G 覆盖深度。3. 进一步满足业务热点地区的容量需求,充分利用已有频率资源实现网络扩容,保证业务质量和用户体验,提升 4G 覆盖厚度。4. 进一步推进 FDD-LTE 和 TD-LTE 融合组网,加快 VoLTE 全面商用,实现语音承载方式转变,推进融合通信等新业务的创新。推进 4G 技术向 4G＋及 5G 平滑演进。

四是全面深入推进三网融合。加快广电和电信业务加快双向进入步伐,推动交互式网络电视(IPTV)、互联网电视(OTT TV)、双向数字电视、广电宽带接入等双向进入业务全面、规范和深度发展。加大三网融合信息服务系统建设等领域投资,加强和完善省级 IPTV 集成播控平台建设,加快推进 IPTV 集成播控平台与传输系统对接,加快内容资源开发,实现市县电视频道在当地 IPTV 分发平台规范落地。

(二)应用基础设施实现创新突破

一是推进数据中心布局建设。优化数据中心布局,结合各区域特点,建成一批国际一流水平的区域性大型数据中心;以市场需求、贴近用户为原则,在各市灵活部署建设属地化服务的数据中心,支撑各市智慧城市平台建设。大力推动数据中心运营企业云资源池升级扩容及云服务转型,进一步强化网络资源灵活调度和配置能力。到"十三五"期末,机架总规模超过 10 万架,满足长三角乃至整个华东地区海量数据资源集中存储的业务需求。

重点工程 3　互联网数据中心建设工程

工程目标:优化全省数据中心布局,到 2020 年,形成布局合理、规模适度、保障有力、绿色集约的互联网数据中心体系。

工程内容:1. 南京吉山数据中心新建机楼项目。规划机房面积 3.5 万平方米,安装服务器机架 5 000 个。2. 中国移动省级数据中心工程。规划机房面积 17.45 万平方米,安装服务器机架 2.1 万个。3. 江苏广电 IDC 工程。依托于三网融合基地和泰州备份中心,规划建设现代化绿色数据中心,安装服务器机架 1 万个。4. 苏州科技城太湖国际信息中心工程。规划机房面积 2.1 万平方米。5. 华东(无锡)云数据中心工程。规划机房面积 5 万平方米,安装服务器机架 5 500 个。6. 盐城江苏省数据产业园项目。总建筑面积 300 万平方米,包括华为数据中心和中润普达数据中心,主要发展数据存储、数据分析、数据应用、智能制造等大数据产业。7. 联创扬州云计算中心工程。规划总建筑面积 60 万平方米,包含"互联网＋城市""互联网＋政务""互联网＋企业""互联网＋民生"云计算中心等建设内容。8. 南通脉络数据中心工程。建设 10 万平方米机柜用房,安装服务器机架 1 万个,打造数据中心、云终端,服务于金融、电商后台等信息服务和外包领域。9. 中兴(常州、淮安)云计算数据中心工程。总建筑面积 26 万平方米,安装服务器机架 1 万个。10. 常州百度大数据产业园项目。总建筑面积 25 万平方米,努力打造大数据产业生态链。11. 云平台建设和能力提升工程。强化云计算基础设施建设,扩容虚拟主机的业务云平台能力和公共云资源池规模;加快建设中小企业云门户及云平台,为中小企业提供按需使用、动态扩展、优质低价的云服务。

二是健全大数据资源管理体系。建立全省政务大数据资源统一开放平台,完善政务大数据资源管理机制,推动政府大数据资源开放共享。开拓数据采集渠道,形成由政府、社会、企业等多方参与,行政收集、网络搜集、有偿购买、无偿捐赠、传感采集等多种方式构成的数据资源采集体系。依托南京江北新区、苏南现代化示范区、无锡物联网产业园区、盐城大数据产业园等省内重点产业创新载体,整合政府部门、电信运营商、互联网企业、各地区数据中心、大数据交易所、专业机构及各行业与企业等渠道的数据资源,打造区域性数据汇聚平台。发挥电信运营企业、互联网企业等信息服务渠道优势,搭建公共信息资源开发平台和大数据资源交易云平台。

三是加快物联网基础设施部署。基本建成覆盖县(区)的窄带物联网,提供充分面向终端用户的异构、泛在、灵活的网络接入。加快物联网感知设施布局,结合市政、通信网络以及行业基础设施建设及改造升级,在关键部位、重点区域同步部署视频采集终端、RFID 标签、多类条码、复合传感器节点等多种物联网感知设施。建设基于窄带物联网、人工智能、软件定义网络、网络功能虚拟化等新一代信息技术,数据采集、无线网络、运营支撑、业务应用等系统集成的物联网运营服务平台。发挥电信、广电运营企业在物联网产业链中整合牵引作用,深化物联网在基础设施管理、消防设施管理、城市能源管理、水资源管理、城市交通管理、内涝监控、危化品管理、安全监控、环境监控、现代农业和物流管理等重点领域应用。充分发挥无锡国家传感网创新示范区引领带动作用,加快先行先试,突破关键技术,探索先进经验,打造具有全球影响力的物联网示范区。

重点工程 4 窄带物联网建设工程

工程目标:到 2020 年,建成覆盖全省的大连接、优服务、强应用的 NB-IoT 网络。

工程内容:1. 进一步争取国家部委支持,在全国率先实验,加快推动 NB-IoT 技术商用和重点项目落地。2. 加快 NB-IoT 基站建设,同时对现有无线、核心网络及配套网管运维系统进行升级改造,到 2020 年,窄带物联网基站数达到 16 万个,基本实现县(区)有效覆盖。3. 充分发挥现有存量资源,采取多种措施支持物联网公共服务平台建设和运营,到 2020 年,全省物联网公共运营平台数量达到 600 个。4. 在工业制造、现代农业、城管交通、商贸流通、能源电力、环境监测等行业领域及智慧城市建设中推进窄带物联网的精品示范应用。

四是加快推进工业互联网建设。紧跟国家工业互联网的架构和体系,利用 SDN、网络虚拟化、4G/5G、IPv6 等技术,对现有公用电信网进行改造升级,满足工业互联网网络覆盖和业务开展的需要。推动工业互联网创新发展,建设工业互联网标识解析系统、工业互联网 IPv6 地址资源综合管理平台和网络数据流转管理等平台。面向智能制造发展需求,构建信息物理系统（CPS）、工业云、工业大数据中心等广泛普及的新型基础设施，支持企业智能生产、网络协同制造、线上线下 O2O、柔性制造等平台建设。建设一批面向制造业中小企业的"双创"服务平台。依托我省制造产业发展基础良好、建设体系架构完整、具有领军示范作用的产业集群打造工业互联网综合示范基地，创建国家级工业互联网示范区。

重点工程 5 　工业互联网示范工程

工程目标：紧跟国家工业互联网的架构和体系，开展工业互联网创新应用示范，增强工业互联网服务智能制造、两化深度融合能力。

工程内容：1. 贯彻落实《中国制造 2025 江苏行动纲要》，实施"企企通"工程，全面促进工业园区和工业企业的工业宽带、无线网络以及企业车间局域网建设，推进低时延、高可靠、广覆盖的工业基础网络建设，推动设备、加工对象、生产线、制造系统、产品、供应商、人之间的智能互联。2. 加强统筹协调，建设并优化"工业云""企业云""e 企云"等公共服务平台，加强工业大数据收集、分析以及挖掘力度，促进个性化定制、柔性制造、异地协同开发、云制造等先进制造模式落地。3. 以我省汽车、机械、医药、电子、冶金、纺织、石化等优势行业及领军企业为重点，支持行业和企业在工厂内、外网络技术和互联互通、标识解析、IPv6 应用、工业云计算、工业大数据等领域开展创新应用示范，加快企业装备和生产系统智能化改造，建设一批智能工厂和数字化车间，推进关键工序智能化、生产过程智能优化控制、供应链及能源管理优化，推动生产方式向数字化、网络化和智能化变革。

五是强化智慧城市服务平台建设。加快信息通信基础设施向以互联网服务为主的平台化功能输出转型，依托全面覆盖的网络设施资源以及互联接入、智能管道、业务支撑、云计算、大数据、用户渠道方面的能力，建立智慧城市服务平台，加强与社会第三方合作，率先在政务、教育、金融、交通、医疗、旅游、商贸、农业等领域形成示范。支持政务、行业信息系统向云平台迁移，鼓励各领域骨干企业开放自有云平台资源，引导平台间互联互通。

重点工程 6 　智慧江苏支撑服务工程

工程目标：加快智慧城市平台及相关信息通信基础设施建设，有效提升支撑智慧城市的基础能力。

工程内容：1. 智慧政务服务云平台工程。建设全省分级、分域的政务服务云平台，配合打通各类政府公共便民信息服务应用，实现各级政府机关和相关单位系统迁移上云；依托省电子政务云平台建立全省政务大数据库和政务信息资源统一开放平台，到 2020 年，基本实现全省政务数据分类清晰、及时准确和实时交换。2. 智慧江苏时空信息平台工程。以地理空间位置为基础，通过集约化采集、网络化汇聚及统一化管理，整合全省基础时空信息资源和行业时空信息资源，构建全面、海量的智慧江苏公共信息时空大数据体系，建成面向全省产业发展、政务管理、公共服务等的公共信息平台，实现跨部门的信息共享与协同。3. 江苏智慧教育云服务平台。协同建设江苏智慧教育云服务平台，整合优质教育资源，推进智慧校园、智慧课堂建设，通过"宽带＋IPTV"覆盖家庭、"手机＋直播"覆盖个人，实现教育资源共享，助力全省教育信息化建设。4. 智慧交通支撑服务工程。加快建设综合交通数据中心和智慧交通信息服务平台,深化省级交通系统信息资源互联互通和信息共享,向社会提供多层次、多样化的智慧交通服务。5. 智慧医疗支撑服务工程。完善省、市、县三级健康信息平台建设,整合医院诊疗信息和基层公共卫生信息,实现区域健康数据的集约共享和互联互通。6. 智慧旅游公共服务平台工程。加快旅游产业与综合管理平台的云数据中心建设,及时掌握和管理调度全省旅游数据信息资源;加强大数据挖掘应用,以旅游产业与综合管理平台、智慧旅游公共服务平台为手段,为政府、企业、游客提供旅游服务、旅游咨询、信息查询与发布等综合旅游信息服务。7. 智慧农业支撑服务工程。整合构建省级涉农大数据中心和农业云;助力农业物联网公共服务平台等建设,为农业生产经营主体提供数据采集、挖掘分析、监测预警、技术指导、智能控制等应用服务。8. 数字化城管平台工程。推动数字化城管平台建设和功能扩展,统筹推进城市规划、城市管网、园林绿化等信息化、精细化管理,强化城市运行数据的综合采集和管理分析,建立综合性城市管理数据库,重点推进城市建筑物数据库建设。

（三）加快信息通信技术演进升级

一是积极推进 5G 商用步伐。加快 LTE-A Pro 发展及商用,推动 LTE 向 5G 平滑过渡。持续推动新一代移动通信技术演进发展,根据国家 5G 规划部署,支持全省重点城市和区域先行先试,积极开展 5G 网络试点建设,推进 5G 试商用和商用步伐,率先开展 5G 站点建设。

重点工程 7　5G 实验网络建设工程

工程目标:到 2020 年,在南京、苏州等重点城市开展 5G 网络试点及商用建设,计划新建 5.6 万个 5G 基站,推动 5G 新一代移动通信技术的商用。

工程内容:在统筹发展 TD-LTE 和 FDD-LTE 的基础上,在苏南地区率先开展 5G 新一代移动通信试点示范工程,按照国家 5G 发展战略部署计划,搭建 5G 实验网,推进 5G 试商用和商用网络正式运行,率先开展 5G 站点基站,新建 5G 基站 5.6 万个,同时积极推动 5G 网络的应用。

二是加快基于 IPv6 下一代互联网普及。加大网络、终端、软件系统等改造升级力度,提升 CDN、DNS(域名系统)等应用服务基础设施对 IPv6 的支持程度。引导各级政府网站率先完成 IPV6 改造,发挥示范引领效应,完善网络、业务、软件对 IPv6 支持度测评,推动主要商业网站、教育科研网站全面支持 IPv6。发挥南京、苏州、无锡下一代互联网示范城市建设示范带动效应,提升江苏省内网站 IPv6 支持率以及 IPv6 用户普及率和网络接入覆盖率。

三是加强信息通信网络技术攻关。依托我省高校、科研院所集中优势,推动产学研深度合作,开展信息通信领域技术专项研究和未来网络相关关键技术攻关,持续跟踪量子通信等新技术发展,加强关键领域产品研发和孵化,大力推进国家未来网络试验设施 CENI 建设,促进核心技术产业化。

重点工程 8　未来网络试验设施(CENI)建设工程

工程目标:以解决当前互联网面临的主要问题为出发点,重点满足未来网络科学研究、产业发展与网络空间安全的试验需求,到 2020 年,建设一个先进、开放、灵活、国际化、可持续发展的大规模通用未来网络试验设施,为研究网络创新体系结构提供简单、高效、低成本的试验验证环境。

工程内容:分别在南京、北京、合肥、深圳建设"一总三分"运行管控中心,覆盖全国 40 个城市,支撑不少于 128 个异构网络,支持 4 096 个并行试验。实验设施将实现与现有网络(IPv4/IPv6)的互联互通,能够高效承载现有的互联网业务。

四是积极推进网络智能化演进发展。深度融合电信、互联网和 IT 技术,在现有网络注入以 SDN、NFV 和云计算等为代表的网络智能化技术,以数据中心为核心构建新型的泛在、敏捷、按需的智能型网络,打破传统地域和行政区划组网模式,实现网络统一规划、建设和集约运营,有效降低运营商网络建设和维护成本,促进新型网络和业务创新,实现产业链健康开放发展。

(四)推进基础设施集约绿色发展

一是持续推进信息通信基础设施集约建设。实现新建通信基础设施全部共建共享,存量基础设施共建共享水平不断提升。加强电信行业与城管、气象、环保、公安、广电等部门合作,在确保安全的前提下,积极探索"一杆多用""一塔多用"建设模式,进一步提升资源集约高效利用。推进重点场所,特别是高等院校宽带网络的共建共享。科学规划、合理布局、因地适宜、有序推进数据中心等应用基础设施建设,充分发挥政府顶层设计、统筹引领作用,积极探索数据中心等应用基础设施共建共享机制,杜绝盲目建设数据中心和相关园区。推动广电、电信等企业在网络基础设施资源共享等领域开展深度合作。

二是推动节能技术应用促进信息通信基础设施绿色发展。推广安全可控的新能源和节能新技术在行业中的应用,加快老旧、高耗能设备节能化改造,将低碳循环、绿色环保理念贯穿于机房建设、设备采购等各环节。探索建立移动基站基于能耗 PUE 的标杆,推动移动基站整体能耗管控。优化数据中心布局,加大新型设备应用,加快云计算、热场管理、余热管理、分布式供能等先进节能技术创新和改造,新建大型云计算数据中心 PUE 值小于 1.4。

(五)提升基础设施协调发展水平

一是深化区域信息通信基础设施协调发展。支持苏南地区先行先试,开展网络升级和应用创新,打造全国网络建设样板,率先试验 5G 和未来网络等,建设网络强市,形成示范带动效应。加大苏北信息通信基础设施建设力度,鼓励苏中和苏北地区积极争取呼叫中心、云计算中心等应用基础设施落户,带动当地产业发展。

二是加快农村信息通信基础设施建设。结合国家扶贫攻坚任务、苏北六大重点片区扶贫要求,加快苏中、苏北农村地区电信普遍服务进程,认真做好宿迁、盐城、徐州、泰州、连云港普遍服务试点工作,积极争取普遍服务试点资金支持南通、扬州、镇江、淮安等地市农村地区普遍服务项目。以普遍服务试点项目为引领,加大农村地区信息通信基础设施建设资源投入,加快光纤网络改造,扩大 4G 网络覆盖,到 2020 年,自然村基本实现光纤通达,农村家庭普遍提供 1Gbps 的接入服务能力,4G 网络深度覆盖农村区域。开展针对农村地区的信息通信基础设施建设试点示范和推广工作,紧密结合农村电商、现代农业等区域产业特色,建设一批信息镇、信息村。

(六)完善网络安全应急保障体系

一是完善网络安全基础设施和体系建设。推进关键信息基础设施保护等配套法律法规、标准规范的落实工作。推动关键信息通信基础设施和网络安全设施"同步规划、同步建设、同步运行",完善通信枢纽、交换中心等重点信息通信基础设施的多路由建设及容灾备份中心建设。加快部署诈骗电话智能全网拦截平台,确保全省所有固定和移动电话用户全覆盖。持续建设和完善全省通讯信息诈骗管控平台。加强云计算、物联网、工业互联网等新兴重点领域的网络安全防护,持续完善网络信息安全监测系统平台建设。加快构建党政、金融、能源、电力、通信、广电、交通等领域关键信息基础设施安全防护体系。加强技术平台探索开发和应用,推动核心技术突破。加快实施关键网络设备国产化替代,引导和推动自主可控核心信息技术产品应用。

二是加强应急通信保障能力建设。优化江苏省应急通信指挥平台功能,加强跨部门、跨行业联动响应、统一指挥。依托智慧城市建设契机,推动政府部门、电信运营企业、通信服务企业、互联网企业加强应急联动和信息共享。建设完善"云卫通"天基一体化应急通信公共服务平台和江苏北斗地基增强平台,提升应急通信协同能力。推动公用应急宽带卫星网络工程升级改造和站点扩容,加强党政专用通信网建设。加快推进省市县三级应急广播体系建设。

重点工程9 网络安全应急保障工程

工程目标:建立和完善网络信息安全综合管理平台、基础资源管理平台、南京国家级互联网骨干直联点网络与信息安全监测系统、网络信息安全事件发现处置系统、网络通讯诈骗拦截系统、诈骗电话智能全网拦截平台、通讯信息诈骗管控平台、网络信息安全防护手段建设,全面提升我省网络信息安全防护能力和自主可控水平。

工程内容:1. 建设网络信息安全综合管理平台,分步实现网络安全基础实训、安全评估、安全防护、病毒分析等在线实训和仿真实验;支持常规系统防护、网络防护等实验内容。2. 建设基础资源管理平台,对基础数据进行深入的采集、存储、清洗、关联、挖掘,整合并优化信息通信行业大数据资源,逐步提升数据安全分析能力。3. 建设南京国家级互联网骨干直联点网络与信息安全监测系统,构建安全监测中心,提供基础资源数据和重保网站、异常流量、域名等安全监测;构建网络安全展示中心,具备网络与信息安全整体态势感知展现以及安全漏洞、安全事件的分布展示等功能。4. 建立网络信息安全事件发现处置系统,在城域网、移动互联网等重要网络中完善网络与信息安全发现手段,并能实时有效进行技术处置。5. 建设网络通讯诈骗拦截系统,针对互联网的信息通信诈骗内容进行识别、分析和智能拦截,构建全网络、全覆盖的监测拦截机制。6. 建设完善诈骗电话智能全网拦截平台,实现省内所有固定和移动电话用户的全覆盖,有效开展诈骗电话来话方向的监测和拦截,并向全省用户免费提供来电号码标注提醒和风险防控警示等服务。7. 建设通讯信息诈骗管控平台,基于大数据分析技术,关联短信、互联网、电话等多维信令数据开展通讯信息诈骗行为的挖掘分析,自主发现并统一审核和管理"黑名单"数据,不断完善通讯信息诈骗技术反制手段;同时与公安等相关部门建立接口,构建畅通、高效的共享和处置渠道。8. 完善网络信息安全防护手段,通过虚拟安全管理、创新网络架构、虚拟化安全防护等方式,构建云平台全生命周期安全防护管理平台。9. 完成江苏省互联网应急中心综合机房楼建设并投入使用,为其电力配套、通信配套、网络配套保障提供支撑。

四、保障措施

（一）加强统筹协调

各级政府要将信息通信基础设施建设纳入重要工作日程，定期召开协调会议，切实协调解决建设中的困难和问题，督促和推动重点工程实施。推动所有城市完成信息通信基础设施空间布局专项规划编制，并与城乡建设规划做好衔接，将有关建设内容纳入控制性详细规划。

（二）加大投入力度

充分调动政府、企业和社会多方面力量，加大信息通信基础设施投资力度。发挥政府引导作用，省财政每年安排1 500万元以奖代补资金，支持电信、广电网络运营商、IT企业及相关单位加大信息通信基础设施建设投资力度，加快我省信息通信基础设施建设。研究推动以政府购买服务、PPP等模式支持信息通信基础设施建设，吸引企业和社会资本投入。充分运用电信普遍服务基金，完善农村及偏远地区信息通信基础设施建设。推动省政府与信息通信业企业签定的战略合作协议落地实施。完善行业开放配套政策，积极推动民营资本进入信息通信基础设施建设领域，引导和鼓励电信、广电网络及IT和互联网企业开展深度合作，加大光纤宽带、互联网数据中心（IDC）等信息通信基础设施建设投资力度。

（三）加强政策扶持

加快完善产业、财税、金融、科技、教育等领域配套政策措施。省各类相关专项引导资金优先支持纳入信息通信基础设施建设重点工程的各类项目。协调落实信息通信基础设施用地指标、大工业用电等优惠政策，对云计算数据中心等新兴信息通信基础设施在电力建设方面给予支持，降低大型信息通信基础设施落地门槛和运维成本。对因征地拆迁或城乡建设造成信息通信基础设施迁移和损坏的，支持以资金补偿、资源置换、政策补偿等形式足额落实补偿标准。协调出台老旧小区光纤改造相关政策支持措施。推动广电、电信业务双向进入，完善各类专项资金引导和支持作用，对三网融合相关平台和产品开发、基础设施建设及在农村地区推广给予政策支持。

（四）完善法治管理

认真贯彻国家有关信息通信法律法规，强化落实《江苏省电信设施建设与保护办法》，推动《江苏省电信条例》尽快出台，推进信息通信基础设施规划、建设、管理和保护依法依规开展。优化环评、选址、频段等信息通信基础设施建设审批流程，简化相关手续。严厉打击盗窃、破坏信息通信基础设施的违法行为，切实维护信息通信基础设施安全。

（五）营造良好环境

开放政府机关、事业单位、高校、车站、展馆、旅游景点等所属建筑物以及路灯、道路指示牌等公共设施，支持信息通信基础设施建设。强化舆论引导，加大科普宣传力度，大力宣传保护信息通信网络基础设施的重要意义，积极纠正社会公众对通信基站等电磁辐射的错误认知。积极推进信息通信基础设施建设领域专业技术人才的培养与选拔，加快培育创新型、复合型、实用型技术人才。

来　　源：江苏省通讯管理局
发布日期：2017年10月17日

盐城信息通信业迅速行动做好响水"3. 21"爆炸事故抢险救援应急通信保障

3月21日14时48分左右,位于响水县生态化工园区的天嘉宜化工有限公司发生爆炸事故。导致人员伤亡,部分通信阻断。盐城通管办在省通信管理局的指导下,第一时间组织各企业派出抢险队伍赶往一线,并要求各企业启动应急预案,协调各电信运营企业迅速展开抢险救援应急通信保障工作。

在盐城管办的协调下,盐城电信投入30余人次,紧急调度1台应急通信保障车、6台生产车辆、2部移动油机配合抢修。临时布放应急光缆一条,新开通专线和电路各1条,保障国家应急管理部指挥调度、网络会议,抢修公安电路1条,确保抢修调度对讲系统。盐城移动派出应急保障人员40人、投入20台套应急发电装备,2台应

急通信车,同时紧急开通卫星链路通道,即时在事故现场开设海事卫星电话。盐城联通派出8人和应急通信车赶到现场保障应急通信,组织滨海、阜宁、射阳保障队伍进入支援准备。盐城铁塔出动44人,油机22部,车辆22台,在21日晚20:00前,修复受损站点16处,除封锁区内5处退服站点外,灾区其余地区通信正常。通服公司组织了党员突击队赴一线抢修。

盐城信息通信业正与灾区指挥部保持高度协同,继续全力配合做好抢险救灾工作。

来　　源:江苏省通讯管理局
发布日期:2019年03月25日

无锡通管办组织召开 2019 年一季度无锡通信行业高层例会

3 月 20 日下午,无锡通信行业管理办公室组织召开 2019 年一季度无锡通信行业高层例会。无锡电信、移动、联通、铁塔、铁通负责同志以及无锡通信行业协会、互联网协会秘书长参加会议。

会议总结了无锡通管办 2018 年工作,肯定了无锡通信行业的成绩和全省地位,同时提出通管办 2019 年度工作重点:加快推进新一代信息通信基础设施建设,提升信息通信市场服务水平,强化网络信息安全管理工作,做好无锡通信行业管理办公室团队建设和发展工作。

各电信运营企业分别汇报了 2019 年公司发展目标和工作重点,对通管办 2019 年工作重点提出意见建议。并表示将积极配合通管办开展各项工作,依法依规经营,共同维护行业利益,共同营造公平的竞争环境,在 5G、物联网、工业互联网、能源运营等方面发挥各自优势,为无锡信息通信业发展创造价值。

会议组织学习了《市级通信行业管理办公室工作规则》,明确了通管办工作职能、组成人员职责、议事决策、自身建设和作风纪律要求。会议要求进一步促进通管办工作规范运行,切实发挥行业管理职能,有效提升地市信息通信监管对地方党委政府的服务能力,不断提高工作水平。

来　　源:江苏省通讯管理局
发布日期:2019 年 03 月 22 日

南通通管办组织召开一季度行业联席会议

3月11日,南通通信行业管理办公室组织召开一季度行业联席会议,南通电信、南通移动、南通联通主要负责人,南通通信行业协会、南通互联网协会秘书长参加会议。会议还特别邀请了省通信管理局陈夏初巡视员出席并讲话。

会上,通管办负责人回顾了2018年主要工作完成情况,就2019年八项重点工作任务进行了逐一部署。2018年,南通信息通信行业在服务地方华东重要信息港规划建设、推进电信普遍服务项目实施、落实通信基础设施专项规划、提升高质量发展监测指标等方面取得显著成效,较好地完成了全年各项目标任务,得到市政府的积极评价。2019年,全行业要在服务南通建设上海大都市北翼门户城市、优化供给结构改革、提升服务质量、保障网络安全上下功夫,加快推进信息基础设施"共建共享",全面做好打击通讯信息诈骗、压实安全生产责任及规范市场经营秩序等工作,推动南通信息通信业高质量发展走在前列。

各运营企业及协会负责人针对5G网络建设及应用创新、校园市场营销规范、"光纤到户"两项国标贯彻落实、一线施工人员安全生产意识淡薄等突出问题进行了讨论发言。

省通管局陈夏初巡视员对南通行业企业展现的大局意识、责任担当给予充分肯定,对下阶段工作,他提出三点希望:一是要积极谋划、创新作为,力争在新一轮竞争中发挥优势。当前,5G、物联网以及工业互联网等新技术新应用已受到社会各界的重视,发展态势十分强劲,企业要主动参与其中,多做应用创新,用优质的服务、有竞争力的产品炼队伍、提效益、得民心。二是要提高站位、优化服务,进一步推进网络提速降费。今年,提速降费被第三次写入政府工作报告中,各企业要提高认识,不打折扣地推进这项工作,为科技发展铺路、为企业发展加码。三是以人为本、常抓不懈,持续落实好安全生产主体责任。企业要树立红线思维,强化安全生产管理体系建设,加强对一线施工单位安全生产的延伸管理,通管办和两个协会要充分发挥行业自律、协调、监督职能,凝聚合力,推进南通信息通信业健康发展。

来　　源:江苏省通讯管理局
发布日期:2019 年 03 月 15 日

南京通管办荣获市 2018 年度"扫黄打非" 工作先进集体

近日,南京市"扫黄打非"工作领导小组召开2019 年"扫黄打非"工作会议,市委常委、宣传部长陈勇出席会议。会上总结了全市 2018 年"扫黄打非"的工作情况,表彰了"扫黄打非"先进集体和个人。我办被授予 2018 年南京市"扫黄打非"工作先进集体称号,我办一名同志获得先进个人称号。

2018 年,南京通管办在市委、市政府和省通信管理局的有力领导下,按照市委"扫黄打非"工作部署和省通信管理局关于推进"互联网治理"等专项行动要求,高度重视,严格执法,强化技术手段建设与运用,积极配合市"扫黄打非"办及各成员单位开展工作,发挥网络市场监管合力,取得了一定的成效。下一阶段我办将在省通管局的指导下总结经验,开拓创新,力争此项工作再上新台阶。

来　　源:江苏省通讯管理局

发布日期:2019 年 03 月 11 日

扬州通管办召开行业专题座谈会

3 月 21 日下午,扬州市通信行业管理办公室在铁塔公司 11 楼大会议室组织召开了由电信、移动、联通、铁塔、通信行业协会、互联网协会参加的专题讨论会。各运营商相关部门负责人和业务骨干、协会秘书长参加会议。

会议就加快 5G 商用建设需要政府支持的政策,今年对通管办工作的建议,围绕降低运营成本合理合规向政府争取拆迁补偿、群策群力推进共建共享共维、合理降低场租电费成本等问题进行了热烈的讨论,对需要通管办牵头协调解决的问题提出了建议,对下一步工作如何开展达成了共识。

来　　源:江苏省通讯管理局

发布日期:2019 年 03 月 25 日

宿迁市通信行业办公室联合市委网信办对三家基础电信运营企业开展调研

3月13日—14日,宿迁市通信行业管理办公室联合市委网信办对三家基础电信运营企业开展调研。市通管办主任曹旭、市委宣传部副部长、网信办主任王君文、参加调研。

调研围绕网络与信息安全管理、5G等信息通信基础设施建设及IPv6建设部署情况等主题展开。电信、移动、联通三家企业介绍了企业发展情况,针对调研主题进行了详实地汇报,并与调研组进行了深入交流。

市委宣传部副部长、网信办主任王君文向各企业介绍了市委网信办的主要工作职能和基本工作思路,希望三家企业在做好自身网络与信息安全管理工作的同时进一步加强对网信办工作的支撑和配合。

市通管办主任曹旭要求各企业要按照《网络安全法》及工信部相关法规要求扎实做好网络与信息安全管理工作,同时全力配合市委网信办开展好相关工作,做好技术支撑服务,为地方的网络与信息安全管理与信息化推进工作做出贡献。

曹旭主任还代表三家企业向网信办反映了信息基础设施建设和网络运行安全中的共性问题,希望网信办能结合相关工作职能予以推动解决。

来　　源:江苏省通讯管理局

发布日期:2019年03月19日

泰州通管办开展 3.15 小区通信质量调研活动

　　3月14日,泰州通管办组织市电信用户委员会开展小区通信质量调研活动,市通信行业协会、市互联网协会,各通信运营企业参与调研。

　　委员们实地对市华泽天下、华润三期、金通玫瑰园三个住宅小区进行调研。通过发放调查问卷、实地查看管网建设情况及座谈讨论,委员们对三个住宅小区的光纤到户两项国标贯彻落实、现行通信质量及电信用户服务满意度情况有了较为全面的掌握。委员们在调研的基础上,针对调研中发现的问题建言献策,一致认为审图环节和验收环节是两个重要环节,虽然前期"两项国标"贯彻落实在泰州取得了一定成效,但仍需要政府和企业进一步完善现行流程,推动泰州市住宅小区共建共享共维工作进一步提升。

　　实地调研后,泰州通管办召开了泰州市2019年通信行业3.15座谈会。会上,黄克新主任对2018年泰州市通信行业服务投诉情况及本次小区电信用户满意度进行了分析通报,三个小区用户总体满意率达到93%。会议还增补了两名新委员,并发放泰州市第二届电信用户委员会聘书。

　　来　　源:江苏省通讯管理局
　　发布日期:2019 年 03 月 15 日

苏州召开一季度通信行业高层例会

近日,苏州召开一季度通信行业高层例会,局党组成员、巡视员陈夏初出席会议并讲话。苏州通信行业管理办公室,苏州电信、移动、联通、铁塔、铁通公司负责人,市通信行业协会、互联网协会秘书长参加了会议。

会议布置了在"315 国际消费者权益日"前夕,组织开展好本市通信行业宣传工作,审议了苏州通管办 2019 年工作重点,并对近期其他重点工作作出布置。各电信运营企业分别汇报了2019 年本公司发展目标和工作重点,并对通管办2019 年工作重点提出了意见建议。

最后,陈夏初巡视员充分肯定了苏州通管办新一届班子组建以来所做的工作,并对苏州通信行业各电信运营企业间和谐共生的健康发展氛围表示充分赞赏。对近期重点工作,他提出三点要求:一是苏州各电信运营企业要认真贯彻落实十九大精神和政府的各项法律法规,实现规范经营、和谐共生、健康发展,成为全省通信行业和谐共处、互利共赢的典范;二是苏州通管办要牵头组织好"315 国际消费者权益日"前夕的宣传活动,加强与媒体交流,回应社会关切,展现苏州市信息通信行业勇担社会责任,加强惠民服务,助力苏州经济社会发展的良好风貌;三是苏州作为首批 5G 试验网城市,已具先发优势,各企业要积极探索 5G 应用发展,联合产业伙伴共同打造 5G 生态圈,为 5G 应用发展贡献苏州智慧。

来　　源:江苏省通讯管理局
发布日期:2019 年 03 月 15 日

镇江通信行业管理办公室召开工作交接会议

3月6日,镇江通信行业管理办公室召开工作交接会议,省通信管理局副局长耿力扬出席会议并讲话。会议由镇江通信行业管理办公室主任白学任主持,镇江电信、镇江移动、镇江联通、镇江铁塔、苏通服镇江公司负责同志出席会议,镇江市互联网协会理事长、通信行业协会和互联网协会秘书长参加会议。

会上,白学任主任宣读了省通信管理局关于镇江通管办常务副主任、主任助理的职务任免决定,姚文丹任常务副主任,黄明科继续担任主任助理职务,新任命韦芹余、田峰、卜定斐为主任助理。原常务副主任徐伟群回顾总结了通管办四年来的工作成绩,寄望后续在通信领域继续合作,共谋发展,支持镇江信息通信行业的发展。姚文丹表示将进一步加强对政策法规的学习,加强电信运营企业互动,促进和谐行业建设,加强与政府部门的联系沟通,做好通管工作平稳交接过渡。各基础电信运营企业主要负责同志、协会理事长、秘书长分别发言,表态将全力支持通管办工作,共同维护好行业环境。

耿力扬副局长对通管办下一步工作提出要求:一是要加强政策法规的学习,尽快熟悉监管工作;二是要加快机构人员筹建,尽快确定日常工作人员;三是要全面履行通管办职责,找准定位、摆正位置。同时,耿力扬对四家基础电信运营企业提出要求:一是要全力支持通管办工作;二是要服从监管,严格自律;三是要全方位加强沟通,营造良好和谐行业关系。

最后,耿力扬对镇江通信行业提出了四点建议:一是提高政治站位,抓住5G、工业互联网发展机遇,加快行业创新、转型发展的步伐;二是牢固树立以人民为中心的发展理念,提升服务质量,服务好地方百姓;三是切实加强和谐行业建设,理性竞争,规范经营,促进全行业良性健康发展,提升行业形象;四是认真履行央企的政治责任、社会责任,认真抓好网络与信息安全以及各项通信保障工作,促进镇江通信行业的高质量发展。

来　　源:江苏省通讯管理局
发布日期:2019 年 03 月 11 日

淮安召开通信行业管理办公室工作交接会议

2月27日,淮安通信行业管理办公室召开工作交接会议,省通信管理局党组成员、副局长、纪检组长王鹏出席会议并讲话。淮安电信、移动、联通、铁塔公司负责同志及淮安通信行业协会、淮安互联网协会秘书长参加会议。淮安通信行业管理办公室主任华仁方主持会议。

王鹏宣读了省通信管理局关于淮安通信行业管理办公室主任及省通信管理局人事处关于主任助理的职务任免决定。原常务副主任严明荣回顾总结了淮安通管办四年来的工作成绩,并表示将一如既往地关注支持通管办工作,支持淮安信息通信行业的发展。淮安通信行业管理办公室新任常务副主任淮安铁塔公司总经理王旺表示,将努力做好各方面工作,服务通信行业高质量发展。华仁方解读了《市级通信行业管理办公室工作规则》,并对2019年的相关工作任务进行了动员和部署。各基础电信运营企业主要负责同志分别发言,表态将全力支持通管办工作,共同维护好行业环境,并对提出了意见建议。

王鹏对通管办下一步工作提出要求:一是明确地位,服务地方政府、服务通信行业、服务电信用户。二是切实履职,贯彻落实工信部、省管局的工作部署,积极为通信行业发展争取政策支持和舆论支持,维护公平、有序的市场环境。三是加强沟通协作,工作中多请示汇报,与省管局保持密切沟通,同时积极主动向地方政府汇报工作。四是加强自身建设,加强学习,自觉接受监督,忠诚干净担当。

王鹏要求淮安通信行业,一要提高站位,抓住机遇,加快更高质量发展。二要守法经营,理性竞争,维护市场稳定。三要规范服务,提升质量,维护用户合法权益。四是坚守底线,落实责任,维护网络安全。五是主动发声,加强宣传,提升行业形象。

来　　源:江苏省通讯管理局
发布日期:2019 年 03 月 01 日

连云港召开通信行业
管理办公室人事任免会议

2月28日,连云港通信行业管理办公室召开人事任免会议。省通信管理局党组成员、局巡视员陈夏初出席会议并讲话。会议由连云港通信行业管理办公室主任邵彪宁主持,连云港电信、连云港移动、连云港联通、连云港铁塔负责人出席会议,市通信行业协会、互联网协会秘书长参加会议。

会议宣贯了《市级通信行业管理办公室工作规则》,宣读了省通信管理局关于连云港通管办常务副主任、副主任的职务任免决定,仝华任常务副主任,张庆明任副主任,高陆云、陶飞任主任助理。原常务副主任马继民回顾总结了连云港通管办二年来的工作成绩,并表示将一如既往地关注支持通管办工作,支持连云港信息通信行业的发展。仝华表示将进一步加强对政策法规的学习,协同运营企业共同推进连云港通信行业发展。各基础电信运营企业主要负责同志分别发言,表示将全力支持通管办工作,共同维护好行业环境。邵彪宁对通管办交接事宜和近期工作任务进行了动员和部署,要求做好平稳交接,全行业加强沟通协调,营造良好的发展氛围,为地方经济发展和广大电信用户做好服务工作。

陈夏初对连云港信息通信行业提出以下要求:一是连云港信息通信行业要坚决拥护省管局的决定,加强团结,共同促进连云港信息通信行业的发展,并充分肯定了马继民同志在通管办的工作;二是新任同志要加强政策法规的学习,提高政治站位,尽快熟悉监管工作;三是各电信运营企业要积极支持通管办的工作,加强沟通协调,共同营造和谐有序的市场环境;四是强调近期几项重点工作,要加强安全生产管理,各单位主要负责人要切实履行好"一岗双责",特别要做好今年"两会"期间和建国七十周年等重要时点的通信保障工作。

来　　源:江苏省通讯管理局
发布日期:2019 年 03 月 05 日

徐州召开通信行业管理办公室工作交接会议

2月26日,徐州通信行业管理办公室召开工作交接会议,省通信管理局副局长耿力扬出席会议并讲话。会议由徐州通信行业管理办公室主任任光裕主持,徐州电信、徐州移动、徐州联通、徐州铁塔、苏通服徐州公司负责同志出席会议,徐州市通信行业协会、互联网协会秘书长参加会议。

会上,耿力扬宣读了省通信管理局关于徐州通管办常务副主任、副主任、主任助理的职务任免决定,周中超任常务副主任,陈喆任副主任,张鹏德任主任助理。原常务副主任马彦铭回顾总结了通管办四年来的工作成绩,并表示他将一如既往地关注支持通管办工作,支持徐州信息通信行业的发展。周中超表示将进一步加强对政策法规的学习,加强与通信运营企业互动,促进政府出台相关政策,协同运营企业推动5G的高质量发展。陈喆解读了《市级通信行业管理办公室工作规则》。各基础电信运营企业主要负责同志分别发言,表态将全力支持通管办工作,共同维护好行业环境。任光裕对通管办交接事宜和近期工作任务进行了动员和部署,要求通管办做到工作平稳交接,全行业加强沟通协调,开展好通信基础设施共建共享、校园市场营销等重点工作。

耿力扬对通管办下一步工作提出要求:一是要加强政策法规的学习,尽快熟悉监管工作;二是要加快机构人员筹建,尽快确定日常工作人员;三是要全面履行通管办职责,找准定位、摆正位置。同时,耿力扬对四家基础电信运营企业提出要求:一是要全力支持通管办工作;二是要服从监管,严格自律;三是要全方位加强沟通,营造良好和谐行业关系。

最后,耿力扬对通信行业提出了四点建议:一是抓住5G、工业互联网等新技术、新业务快速发展的机遇,加快企业创新、转型发展的步伐,为徐州市高质量发展作出新贡献;二是切实加强和谐行业建设,理性竞争,规范经营,促进全行业良性健康发展,提升行业形象;三是切实提高政治站位,认真履行央企的政治责任、社会责任,认真抓好网络信息安全以及各项通信保障工作;四是切实以政治建设为统领,全面加强行业党的建设工作,用高质量的党建工作保障,促进徐州信息通信行业的高质量发展。

来　　源:江苏省通讯管理局
发布日期:2019年02月27日

常州通管办配合省管局完成光纤到户抽查

3月20日,江苏省通信工程质量监督中心副主任丁玮带队对常州市光纤到户落实情况进行了抽查。常州通管办联合市行协积极落实行程,安排现场对接人员,全程陪同,确保检查工作顺利完成。

本次检查是对去年检查的"回头看",抽查了溧阳"君悦豪庭"小区机房。通过检查,我市各电信运营企业积极落实主体责任,整改了去年发现的大部分问题,得到了丁副主任的高度肯定。同时,现场检查人员就"合理跳纤、保证施工工艺及美观、加强运营商沟通合作"等方面进行了深入的交流和讨论。

下一步,常州通管办将继续加强与市行协的沟通协作,督促电信企业做好相关整改落实工作,确保光纤到户共用机房的共建、共享、共管。

来　　源:江苏省通讯管理局
发布日期:2019 年 03 月 22 日

江苏省通信行业协会第四届理事会秘书长、副秘书长名单

江苏省通信行业协会第四届理事会秘书长、副秘书长名单

（第四届理事会第一次会议通过）

理事会职务	姓名	单位
秘书长	徐健	江苏省通信行业协会
副秘书长	魏刚	中国电信股份有限公司江苏分公司办公室副主任
副秘书长	李宝祥	中国移动通信集团江苏有限公司办公室主任
副秘书长	郭光亮	中国联合网络通信有限公司江苏省分公司综合部总经理
副秘书长	潘韬	中国铁塔股份有限公司江苏省分公司综合部总经理
副秘书长	钱网生	中国铁通集团有限公司江苏省分公司综合部总经理
副秘书长	朱强	江苏省通信服务有限公司综合部副主任
副秘书长	贾昊雯	南京普天通信股份公司总经理助理
副秘书长	肖华	亨通集团有限公司副总工程师
副秘书长	许公全	南京邮电大学党办、校办主任
副秘书长	谢永华	南京信息工程大学党办、校办主任
副秘书长	黄甜	江苏集群信息产业股份有限公司副总裁

来　　源：江苏省通信行业协会

发布日期：2015 年 08 月 07 日

江苏省通信行业协会第四届理事会理事名单

江苏省通信行业协会第四届理事会理事名单

（第四届理事会第二次会议通过 71 名）

姓名	工作单位	职务	协会职务
王建	江苏省通信行业协会	理事长	理事、常务理事、理事长
朱新煜	江苏省通信行业协会	常务副理事长	理事、常务理事、常务副理事长
肖金学	中国电信股份有限公司江苏分公司	总经理	理事、常务理事、副理事长
周毅	中国移动通信集团江苏有限公司	总经理	理事、常务理事、副理事长
刘桂清	中国联合网络通信有限公司江苏省分公司	总经理	理事、常务理事、副理事长
张敏	中国铁塔股份有限公司江苏省分公司	总经理	理事、常务理事、副理事长
刘立斌	中移铁通集团有限公司江苏分公司	总经理	理事、常务理事、副理事长
姚岳	江苏省通信服务有限公司	总经理	理事、常务理事、副理事长
李林臻	南京普天通信股份有限公司	总经理	理事、常务理事、副理事长
崔根良	亨通集团有限公司	总裁	理事、常务理事、副理事长
朱永平	南京邮电大学	党委副书记、纪委书记	理事、常务理事、副理事长
荆晅	南京信息工程大学	副校长	理事、常务理事、副理事长
丁铁骑	江苏中天科技股份公司	副董事长	理事、常务理事
周平	双登集团股份有限公司	执行董事	理事、常务理事
卢杰	国动网络通信集团有限公司	董事长	理事、常务理事
鲁永树	普天高新科技产业有限公司	副总经理	理事、常务理事
姜汉斌	南京华脉科技股份有限公司	总经理	理事、常务理事
徐健	江苏省通信行业协会	第四届理事会秘书长	理事、常务理事、秘书长
章诚敏	江苏省通信行业协会	副秘书长	理事、副秘书长
魏刚	中国电信股份有限公司江苏分公司	综合办主任	理事、副秘书长
魏海彬	中国移动通信集团江苏有限公司	办公室主任	理事、副秘书长

姓名	工作单位	职务	协会职务
郭光亮	中国联合网络通信有限公司江苏省分公司	综合部总经理	理事、副秘书长
潘韬	中国铁塔股份有限公司江苏省分公司	综合部总经理	理事、副秘书长
闵忠	中移铁通集团有限公司江苏分公司	综合部总经理	理事、副秘书长
刘宏阳	江苏省通信服务有限公司	综合部主任	理事、副秘书长
贾昊雯	南京普天通信股份有限公司	总经理助理	理事、副秘书长
肖华	亨通集团有限公司	副总工程师	理事、副秘书长
许公全	南京邮电大学	党办、校办公室主任	理事、副秘书长
谢永华	南京信息工程大学	党办、校办公室主任	理事、副秘书长
白学任	江苏省通信管理局	办公室主任	理事
华仁方	江苏省通信管理局	信息通信管理处处长	理事
邵彪宁	江苏省通信管理局	信息通信发展处处长 通信建设专委会主任	理事
任光裕	江苏省通信管理局	网络安全管理处处长 通信网络安全专委会主任	理事
堵雯熙	江苏省通信管理局	职业技能鉴定中心副主任(主持工作)	理事
颜新颖	江苏省专用通信局	办公室副主任(主持工作)	理事
杜庆波	南京信息职业技术学院	副院长	理事
殷鹏	江苏省邮电规划设计院有限责任公司	董事长、总经理	理事
魏雷	中邮建技术有限公司	总经理	理事
沈顺元	江苏中博通信有限公司	党委书记	理事
刘泽生	中邮通建设监理有限公司	总经理	理事
王睿峰	中博信息技术研究院有限公司	总经理	理事
丁广龙	江苏通信置业管理有限公司	总经理	理事
韦祖国	江苏永鼎股份有限公司	副总兼总工	理事
周震华	普天法尔胜光通信有限公司	总经理	理事
刘霁	上海贝尔股份有限公司江苏分公司	总经理	理事
那加	江苏富士通通信技术有限公司	副总经理	理事
金以铭	南京爱立信熊猫通信有限公司	副总裁	理事
马运山	南京欣网通信科技股份有限公司	董事长	理事
陈卫明	苏州新海宜通信科技股份有限公司	总经理助理	理事
王子纯	江苏东强股份有限公司	董事长	理事
倪娜	南京佳盛机电器材制造有限公司	副总经理	理事
刘斌	江苏辰茂新世纪大酒店	支部书记、执行总经理	理事

姓名	工作单位	职务	协会职务
杨建明	中通服节能技术服务有限公司	总经理	理事
任献忠	常州太平通讯科技有限公司	总裁	理事
江桂霞	南京富尔登科技发展有限公司	总经理	理事
陈秋霞	江苏理士电池有限公司	副总裁	理事
金红	恒安嘉新(北京)科技有限公司	总经理	理事
唐立杰	中兴通讯股份有限公司南京办事处	经理	理事
周隽	南京市通信行业协会	理事长	理事
周建成	苏州市通信行业协会	理事长	理事
杨凯建	无锡市通信行业协会	理事长	理事
孙杰	常州市通信行业协会	理事长	理事
沈岩	徐州市通信行业协会	理事长	理事
王星昌	连云港市通信行业协会	理事长	理事
石磊	盐城市通信行业协会	理事长	理事
李宝祥	南通市通信行业协会	理事长	理事
左明	宿迁市通信行业协会	理事长	理事
江冲	镇江市通信行业协会	理事长	理事
沈才良	扬州市通信行业协会	理事长	理事
王海	泰州市通信行业协会	理事长	理事
李海军	淮安市通信行业协会	理事长	理事

来　　　源:江苏省通信行业协会

发布日期:2017 年 04 月 12 日

江苏省通信学会第八届理事会成员名单

江苏省通信学会第八届理事会成员名单

姓名	单位名称	职务
刘韵洁	江苏省未来网络创新研究院	院长、中国工程院院士
董涛	中国电信股份有限公司江苏分公司	总经理
王鹏	江苏省通信管理局	副局长
朱新煜	江苏省通信管理局	原副局长
周毅	中国移动通信集团江苏有限公司	总经理
方一明	中国联合网络通信有限公司江苏省分公司	总经理
李工	中国铁塔股份有限公司江苏省分公司	总经理
姚岳	江苏省通信服务有限公司	总经理
周南平	江苏科技大学	校长
蒋国平	南京邮电大学	副校长
韦忠平	南京信息工程大学	副校长
韦志辉	南京理工大学	校长助理
吴国良	江苏省广电有线信息网络股份有限公司	副总经理
江淞宁	江苏省邮政公司	副总经理
范建江	中移铁通有限公司江苏分公司	副总经理
孙小菡	东南大学	国家地方联合研究中心主任
朱洪波	南京邮电大学	中国通信学会物联网专委会主任
李文明	中国电子科技集团南京 14 所	所长专项助理/轨道交通公司总经理
胡定宁	南京普天通信股份有限公司	副总工
鲁永树	普天高新科技产业有限公司	副董事长、总裁
谭航	江苏省未来网络创新研究院	常务副院长
陈伟	江苏亨通光纤科技有限公司	总经理
马运山	南京欣网科技股份有限公司	董事长
林征	南京铁马信息技术有限公司	总经理
何利文	江苏产业技术研究院	副院长

姓名	单位名称	职务
王 鹰	江苏省通信学会	秘书长
戴 源	江苏省通信服务有限公司	高级专家
黄甫喜	中国电信股份有限公司江苏分公司	企发部主任
余 冰	中国移动通信集团江苏有限公司	网络部总经理
任 飞	中国联合网络通信有限公司江苏省分公司	运维部总经理
孔庆茹	中国铁塔股份有限公司江苏省分公司	综合部/人力部总经理
马晓勇	江苏省通信服务有限公司	综合部副主任
孙雁飞	南京邮电大学	科研院常务副院长
叶亚涛	江苏省广电有线信息网络股份有限公司	办公室主任/党群部主任
吕雪松	中国邮政集团公司江苏省分公司	企业发展与科技部经理
白学任	江苏省通信管理局	网络安全处处长
邵彪宁	江苏省通信管理局	信息通信发展处处长
堵雯曦	江苏省通信管理局	通信行业职业技能鉴定中心副主任(主持)
吴行富	中移铁通有限公司江苏分公司	维护业务部总经理
赵春明	东南大学	信息学院教授
程崇虎	南京邮电大学	通信与信息工程学院院长
黄卫东	南京邮电大学	管理学院院长
孙知信	南京邮电大学	邮政学院院长
张登银	南京邮电大学	物联网学院院长
周建江	南京航空大学	电子信息工程学院常务副院长
朱晓华	南京理工大学	电子工程与光电技术学院副院长
赵 嘉	江苏省专用通信局	副处长
樊县林	中国电子科技集团公司第28研究所	中国电科集团首席专家
韦祖国	江苏永鼎股份有限公司	总经理
丁铁骑	江苏中天科技股份有限公司	副董事长
袁秀红	南京铁道职业技术学院	通信信号学院副院长
药朝晖	南京扬子信息技术有限责任公司	副总经理
薛 兵	江苏省广播电视总台	技术管理部主任
于 俊	南京6902科技有限公司	副总经理
魏 雷	中邮建技术有限公司	总经理
候 建	中博信息技术研究院有限公司	副总经理(主持)
杨建明	江苏中博通信有限公司	总经理
圣 国	华为技术有限公司南京办事处	副代表
田松岩	中兴通讯股份有限公司	副总裁

姓名	单位名称	职务
刘泽生	中邮通建设咨询有限公司	总经理
袁 源	中通服咨询设计研究院有限公司	副总经理
张静秋	江苏十方通信有限公司	董事长
蒋春云	江苏富士通通信技术有限公司	副总经理
郑学东	南京中网卫星通信股份有限公司	总经理
刘智辉	远江信息技术有限公司	董事长
沈纲祥	苏州大学	研究中心主任
杨卫星	南京奥联信息技术有限公司	总经理
秦卫忠	南京嘉环科技有限公司	副总裁
刘军宁	中通服节能技术服务有限公司	副总经理
刘 琨	江苏亚奥科技股份有限公司	副总经理
吴 俊	南京华讯方舟通信设备有限公司	副总裁
龚永平	中国联合网络通信有限公司江苏省分公司	高级业务经理
葛俊祥	南京信息工程大学	电子与信息工程学院院长
雷卫清	苏州中恒普瑞能源互联网科技有限公司	董事长、总经理
汤昕怡	南京信息职业技术学院	通信学院院长
吴冬华	南京华苏科技有限公司	总经理
马志荣	南京中民新能物联股份有限公司	副总经理
林敬涛	江苏省通信行业协会	秘书长
田 锦	金陵科技学院	网通学院院长
沈卫康	南京工程学院	教授
刘明芳	国家计算机网络与信息安全管理中心江苏分中心	信息安全处副处长
孙国意	苏州恒隆通信技术有限公司	总经理
游善勇	京信通信系统(中国)有限公司江苏分公司	总经理
朱志宇	江苏科技大学	电信院院长
江厚炎	南京网元通信技术有限公司	总经理
顾建明	南京市通信学会筹备组	组长
张旦融	苏州市通信学会筹备组	组长

来　　源:江苏省通信学会

发布日期:2019 年 03 月 22 日

第十三部分

政务、大数据、
新闻信息化

江苏省政务服务管理办公室
2019 年度部门预算情况说明

一、收支预算总体情况说明

江苏省政务服务管理办公室 2019 年度收入、支出预算总计 7 839.1 万元,与上年相比收、支预算总计各增加 1 962.18 万元,增长 34.82%。其中:

(一) 收入预算总计 7 839.1 万元。包括:

1. 财政拨款收入预算总计 7 776.46 万元。

(1) 一般公共预算收入预算 7 776.46 万元,与上年相比增加 1 962.18 万元,增长 33.75%。主要原因是 2019 年新增一个下属单位省政务服务网运管中心,编制 10 人;2019 年将卫计委下药品采购中心整合划转至省公共资源交易中心,划转运转类项目药品集中采购中心工作经费 762.03 万元;2019 年省政务服务二期工程投入使用,新增二期运行维护费用。

(2) 政府性基金收入预算 0 万元,本单位无政府性基金收入,与上年相比增加(减少)0 万元,增长(减少)0%。

2. 财政专户管理资金收入预算总计 0 万元。与上年相比增加(减少)0 万元,增长(减少)0%。

3. 其他资金收入预算总计 62.64 万元。与上年相比增加 62.64 万元。主要原因是省公共资源交易中心 2019 年新增收费项目。

4. 上年结转资金预算数为 0 万元。与上年相比增加(减少)0 万元,增长(减少)0%。

(二) 支出预算总计 7 839.1 万元。包括:

1. 一般公共服务(类)支出 7 014.96 万元,与上年相比增加 1 200.68 万元,增长 20.65%。主要原因是 2019 年新增一个下属单位省政务服务网运管中心,编制 10 人;2019 年将卫计委下药品采购中心整合划转至省公共资源交易中心,划转运转类项目药品集中采购中心工作经费 762.03 万元;2019 年省政务服务二期工程投入使用,新增二期运行维护费用。

2. 社会保障和就业(类)支出 217.45 万元,与上年相比增加 92.74 万元,增长 74.36%。主要原因是我单位 2019 年新增一个下属单位省政务服务网运管中心,编制 10 人;2018 年公务员招考录入 5 人;省政府办公厅划转 6 人;军转干 1 人。人员经费相应增加。

3. 住房保障(类)支出 606.69 万元,与上年相比增加 390.94 万元,增长 181.20%。主要原因是我单位 2019 年新增一个下属单位省政务服务网运管中心,编制 10 人;2018 年公务员招考录入 5 人;省政府办公厅划转 6 人;军转干 1 人。人员经费相应增加。

4. 结转下年资金预算数为 0 万元。

此外,基本支出预算数为 1 908.81 万元。与上年相比增加 943.02 万元,增长 97.64%。主要原因是我单位 2019 年新增一个下属单位省政务服务网运管中心,编制 10 人;2018 年公务员招考录入 5 人;省政府办公厅划转 6 人;军转干 1 人。

人员经费相应增加。

项目支出预算数为 5 574.46 万元。与上年相比增加 946.84 万元,增长 20.46%。主要原因是主要原因是 2019 年下属单位省政务服务网运管中心新增项目政风热线;2019 年将卫计委下药品采购中心整合划转至省公共资源交易中心,划转运转类项目药品集中采购中心工作经费762.03 万元;2019 年省政务服务二期工程投入使用,新增二期运行维护费用。

单位预留机动经费预算数为 355.83 万元。与上年相比增加 134.96 万元,增长 61.10%。主要原因是用于发放绩效奖、应休未休假奖、十三月工资;2018 年新增 15 名在编人员。

二、收入预算情况说明

江苏省政务服务管理办公室本年收入预算合计 7 839.1 万元,其中:

一般公共预算收入 7 776.46 万元,占 99.20%;
其他资金 62.64 万元,占 0.80%;

三、支出预算情况说明

江苏省政务服务管理办公室本年支出预算合计 7 839.1 万元,其中:

基本支出 1 908.81 万元,占 24.35%;
项目支出 5 574.46 万元,占 71.11%;
单位预留机动经费 355.83 万元,占 4.54%;

四、财政拨款收支预算总体情况说明

江苏省政务服务管理办公室 2019 年度财政拨款收、支总预算 7 776.46 万元。与上年相比,财政拨款收、支总计各增加 1 962.18 万元,增长 33.75%。主要原因是 2019 年新增一个下属单位省政务服务网运管中心,编制 10 人;2019 年将卫计委下药品采购中心整合划转至省公共资源交易中心,划转运转类项目药品集中采购中心工作经费 762.03 万元;2019 年省政务服务二期工程投入使用,新增二期运行维护费用。

五、财政拨款支出预算情况说明

江苏省政务服务管理办公室 2019 年财政拨款预算支出 7 776.46 万元,占本年支出合计的

99.20%。与上年相比,财政拨款支出增加 1 962.18 万元,增长 33.75%。主要原因是 2019 年新增一个下属单位省政务服务网运管中心,编制 10 人;2019 年将卫计委下药品采购中心整合划转至省公共资源交易中心,划转运转类项目药品集中采购中心工作经费 762.03 万元;2019 年省政务服务二期工程投入使用,新增二期运行维护费用。

其中:

(一)一般公共服务(类)

1. 政府办公厅(室)及相关机构事务(款)行政运行(项)支出 6 736.32 万元,与上年相比增加 1 262.50 万元,增长 23.06%。主要原因是 2019 年新增一个下属单位省政务服务网运管中心,编制 10 人;2019 年将卫计委下药品采购中心整合划转至省公共资源交易中心,划转运转类项目药品集中采购中心工作经费 762.03 万元;2019 年省政务服务二期工程投入使用,新增二期运行维护费用。

2. 纪检监察事务(款)行政运行(项)支出 216 万元,与上年相比增加 216 万元,主要原因是 2019 年从省纪委办公厅划转政风热线项目。

(二)社会保障和就业支出(类)

1. 行政事业单位离退休(款)行政运行(项)支出 217.45 万元,与上年相比增加 92.74 万元,增长 74.36%。主要原因是 2018 年公务员招考录入 5 人;省政府办公厅划转 6 人;军转干 1 人。人员经费相应增加。

(三)住房保障支出(类)

1. 住房改革支出(款)行政运行(项)支出 606.69 万元,与上年相比增加 390.94 万元,增长 181.20%。主要原因是 2018 年公务员招考录入 5 人;省政府办公厅划转 6 人;军转干 1 人。人员经费相应增加。

六、财政拨款基本支出预算情况说明

江苏省政务服务管理办公室 2019 年度财政拨款基本支出预算 1 846.17 万元,其中:

（一）人员经费 1 595.85 万元。主要包括：基本工资、津贴补贴、奖金、社会保障缴费、伙食补助费、绩效工资、其他工资福利支出、离休费、退休费、抚恤金、生活补助、医疗费、奖励金、住房公积金、提租补贴、……、其他对个人和家庭的补助支出。

（二）公用经费 250.32 万元。主要包括：办公费、印刷费、咨询费、手续费、水费、电费、邮电费、取暖费、物业管理费、差旅费、维修（护）费、租赁费、会议费、培训费、公务接待费、专用材料费、劳务费、委托业务费、工会经费、福利费、公务用车运行维护费、其他交通费用、其他商品和服务支出、办公设备购置、专用设备购置、信息网络及软件购置更新、其他资本性支出。

七、一般公共预算支出预算情况说明

江苏省政务服务管理办公室 2019 年一般公共预算财政拨款支出预算 7 776.46 万元，与上年相比增加 1 962.18 万元，增长 33.75％。主要原因是主要原因是 2019 年新增一个下属单位省政务服务网运管中心，编制 10 人；2019 年将卫计委下药品采购中心整合划转至省公共资源交易中心，划转运转类项目药品集中采购中心工作经费 762.03 万元；2019 年省政务服务二期工程投入使用，新增二期运行维护费用。

八、一般公共预算基本支出预算情况说明

江苏省政务服务管理办公室 2019 年度一般公共预算财政拨款基本支出预算 1 846.17 万元，其中：

（一）人员经费 1 595.85 万元。主要包括：基本工资、津贴补贴、奖金、社会保障缴费、伙食补助费、绩效工资、其他工资福利支出、离休费、退休费、抚恤金、生活补助、医疗费、奖励金、住房公积金、提租补贴、……、其他对个人和家庭的补助支出。

（二）公用经费 250.32 万元。主要包括：办公费、印刷费、咨询费、手续费、水费、电费、邮电费、取暖费、物业管理费、差旅费、维修（护）费、租

赁费、会议费、培训费、公务接待费、专用材料费、劳务费、委托业务费、工会经费、福利费、公务用车运行维护费、其他交通费用、其他商品和服务支出、办公设备购置、专用设备购置、信息网络及软件购置更新、其他资本性支出。

九、一般公共预算"三公"经费、会议费、培训费支出预算情况说明

江苏省政务服务管理办公室 2019 年度一般公共预算拨款安排的"三公"经费预算支出中，因公出国（境）费支出 35 万元，占"三公"经费的 15.98％；公务用车购置及运行费支出 21.65 万元，占"三公"经费的 9.88％；公务接待费支出 19.85 万元，占"三公"经费的 9.06％。具体情况如下：

1. 因公出国（境）费预算支出 35 万元，比上年预算增加 5 万元，主要原因我单位新转入一名厅级领导干部。

2. 公务用车购置及运行费预算支出 21.65 万元。其中：

（1）公务用车购置预算支出 0 万元，比上年预算增加（减少）0 万元。

（2）公务用车运行维护费预算支出 21.65 万元，比上年预算增加 4.75 万元，主要原因是省公共资源交易中心整合划转药品采购中心，将相关经费带入我办下属单位。

3. 公务接待费预算支出 19.85 万元，比上年预算增加 0.95 万元，主要原因是省公共资源交易中心整合划转药品采购中心，将相关经费带入我办下属单位。

江苏省政务服务管理办公室 2019 年度一般公共预算拨款安排的会议费预算支出 95.61 万元，比上年预算增加 43.66 万元，主要原因是省公共资源交易中心整合划转药品采购中心，将相关经费带入我办下属单位。

江苏省政务服务管理办公室 2019 年度一般公共预算拨款安排的培训费预算支出 46.87 万元，比上年预算增加 20.77 万元，主要原因是省

公共资源交易中心整合划转药品采购中心,将相关经费带入我办下属单位。

十、政府性基金预算支出预算情况说明

江苏省政务服务管理办公室 2019 年无政府性基金预算财政拨款。

十一、一般公共预算机关运行经费支出预算情况说明

2019 年本部门一般公共预算机关运行经费预算支出 228.32 万元,与上年相比增加 80.35 万元,增长 54.30%。主要原因是 2018 年公务员招考录入 5 人;省政府办公厅划转 6 人;军转干 1 人。人员经费相应增加。

十二、政府采购支出预算情况说明

2019 年度政府采购支出预算总额 600.99 万元,其中:拟采购货物支出 116 万元、拟采购工程支出 0 万元、拟购买服务支出 484.99 万元。

十三、国有资产占用情况

本部门共有车辆 5 辆,其中,一般公务用车 5 辆、执法执勤用车 0 辆、特种专业技术用车 0 辆、其他用车 0 辆等。无单价 20 万元(含)以上的设备。

十四、预算绩效目标设置情况说明

2019 年本部门共 8 个项目实行绩效目标管理,涉及财政性资金合计 5 151.46 万元。

来　　源:江苏省政务服务
　　　　　管理办公室
发布日期:2019 年 02 月 13 日

统筹谋划　共推公共资源交易信息化建设

7月27日，省政务办信息技术处处长黄霄椿、省政务服务网运管中心主任何正庆到省公共资源交易中心研究2018—2019年全省公共资源交易信息化建设工作，省中心主任马跃军等相关人员参加。

会上，省中心副调研员杨正超重点对《关于加快推进我省公共资源交易平台信息化智能化建设的实施意见（讨论稿）》进行了解读。省中心信息技术科负责同志对目前机房资源及二期办公楼机房建设情况进行了汇报。

听取汇报后，黄处长、何主任分别对当前公共资源交易信息化建设提出了几点意见：一是要下好我省"放管服"改革信息化建设的"一盘棋"。我省公共资源交易是政务服务的重要组成部分，是"放管服"改革的重点领域，信息化建设是推进公共资源交易平台发展的重要抓手，我们要结合实际，厘清思路，汇聚全省资源，牢固树立"一盘棋"建设思想，共同推动我省公共资源交易平台建设，不断提升"放管服"改革成效。二是要不断创新公共资源交易信息化建设新理念。这次全省公共资源交易信息化建设运用"众筹"的方式，集各地优势及特点，不搞重复建设，不走弯路，建设全省公共资源交易"一张网"、建立数据中心、开发综合管理"十统一"等实施方案，思路明确、创新点多，要抢占先机，成熟一个建设一个，全面推进公共资源交易信息化智能化转型升级。三是要密切协作助力公共资源交易信息化建设。省政务办高度重视公共资源交易中心信息化建设，要与江苏政务服务网统筹考虑，相互协作，做到"1+1＞2"。为充分发挥公共资源交易服务平台的枢纽作用，江苏政务服务网将与之对接，并全方位开放工商电子营业执照、企业和事业法人信息、工程建设领域"3550"等数据，确保公共资源交易平台系统与政务服务网数据实时交换共享。

省中心表示，下一步将深入推进我省公共资源交易信息化智能化建设工作，加快与省政务服务网、江苏信用等平台系统的对接贯通，相互提供实时数据，确保公共资源交易相关信息互认共享，为市场主体提供便利，提升企业和群众改革获得感。

来　　源：江苏省政务服务
管理办公室
发布日期：2018年07月31日

2018 年我省完成公共资源交易 10 万余宗

2018 年我省完成公共资源交易项目 10.03 万宗,同比下降 13.40%;实现交易额 1.72 万亿元,同比增长 6.96%。省级公共资源交易项目完成 2 119 宗,交易额达 1 713.35 亿元。设区市中,南京、苏州和无锡交易额位居全省前三,分别为 3 680.20 亿元、3 429.67 亿元、1 336.04 亿元。从行业来看,交易额占比最大的前三类为工程建设招投标、土地及矿业使用权出让和政府采购,分别占 46.33%、33.20% 和 14.26%,三大类交易的累计交易额占总交易额的 93.79%。

按照"互联网+监管"要求,我省针对工程建设项目,打造"e 路阳光"综合监管平台,实现从项目审批、招标投标、建设管理,到资金拨付、项目审计的全流程监管。在全省部署推广"不见面开标"系统,投标人足不出户即可远程递交电子投标文件,在线参加开标会议。此外,我省积极推广远程异地评标系统。"e 路阳光"综合监管平台、"不见面开标"系统,均荣获全国公共资源交易平台创新成果奖。

来　　源:新华日报
发布日期:2019 年 02 月 19 日

2018 年我省减轻企业和社会负担近 90 亿元

13 日从省财政厅获悉,2018 年,江苏省级财政全面落实国家降低实体经济企业成本的意见和财政部清理规范涉企收费各项政策,持续做好省级立项的行政事业性收费清理工作,积极营造良好的营商环境,推动经济高质量发展,全面减轻企业和社会负担近 90 亿元。

江苏全面落实财政部清理规范涉企收费各项政策,在全省范围内停征排污费和首次申领居民身份证工本费,降低国家重大水利工程建设基金征收标准和残疾人就业保障金征收标准上限。江苏积极落实国家降低实体经济企业成本的意见,停征地方水库移民扶持基金(小型水库移民扶助基金),进一步降低一般工商业电价。

持续做好省级立项的行政事业性收费清理工作,取消直接面向企业的管理类行政事业性收费。取消省立项的法定培训费、劳动能力鉴定费等 5 项行政事业性收费。进一步推进物流降本增效，提高"运政苏通卡"货运车辆通行费优惠幅度，落实中欧班列通行费优惠政策，继续实施船舶过闸费优惠政策和鲜活农产品绿色通道政策。

开展全省清理口岸收费工作，紧紧围绕降低进出口环节合规成本目标任务，开展自查自纠、公示目录清单、组织专项督查，各项工作积极有序推进。

来　　源：新华日报

发布日期：2019 年 02 月 15 日

加快政务服务"一网通办"江苏全面对接国家平台

我省近日出台实施意见，明确"不见面"审批改革的时间表和任务书。

根据全国一体化在线政务服务平台建设的总体部署，我省将按照统筹集约、协同共享、优化流程、创新突破和安全可控的原则，全面推进政务服务、公共支撑、综合保障的一体化。2019 年年底前，省级政务服务平台与国家政务服务平台全面对接，初步实现"一网通办"；2020 年年底前，全省各地各部门政务服务平台与省级平台应接尽接；2021 年年底前，全省范围内政务服务事项基本做到标准统一、整体联动、业务协同，除法律法规另有规定或涉及国家秘密等外，政务服务事项全部纳入平台办理，全面实现全省政务服务"一网通办"。

全省一体化在线政务服务平台由省、市、县三级平台组成，覆盖省、市、县、乡、村五级。省级政务服务平台提供全省网上政务服务统一入口，包括网站、移动端和入驻第三方平台等渠道；提供政务服务事项管理、身份认证、电子印章、电子证照、公共支付等全省统一公共支撑；提供政务服务数据协同共享，承载省级政务服务事项网上办理，实现全流程效能监督。

设区市依托省级政务服务平台统一入口和公共支撑，开设设区市旗舰店，整合对接设区市内各部门和县（市、区）的业务办理系统。省级部门依托省级政务服务平台开设行业旗舰店，整合本部门及条线业务办理系统。

各县（市、区）可直接使用设区市政务服务平台，并依托省级平台开设旗舰店。有条件的县（市）可建设县级政务服务平台，接入市级平台，联通省级平台。

县（市、区）统筹所辖乡镇（街道）在江苏政务服务网开设政务服务页面，提供乡镇（街道）事项清单、办事指南，依托设区市或县（市）平台，实现政务服务事项网上办理。经济发达镇和开展相对集中行政许可权改革的开发区，可以探索开设旗舰店。

县（市、区）统筹推进政务服务平台与村（社区）综合便民服务网点深度融合，在江苏政务服务网公开服务网点的事项清单和办事指南。

来　　源：新华日报

发布日期：2019 年 03 月 29 日

江苏省信息中心 2019 年度部门预算情况说明

一、收支预算总体情况说明

（反映部门年度总体收支预算情况。根据《江苏省财政厅关于 2019 年省级部门预算的批复》（苏财预〔2019〕7 号）填列。）

江苏省信息中心 2019 年度收入、支出预算总计 4 736.7 万元，与上年相比收、支预算总计各减少 617.84 万元，减少 11.54％。其中：

（一）收入预算总计 4 736.70 万元。包括：

1. 财政拨款收入预算总计 4 539.38 万元。

（1）一般公共预算收入预算 4 539.38 万元，与上年相比增加 379.73 万元，增长 9.13％。主要原因是人员工资福利支出增加。

（2）政府性基金收入预算 0 万元，与上年一致。

2. 财政专户管理资金收入预算总计 0 万元。与上年一致。

3. 其他资金收入预算总计 142.00 万元。与上年相比增加 91 万元，增长 178.43％。主要原因是经营性项目资金增加。

4. 上年结转资金预算数为 55.32 万元。与上年相比减少 1 088.57 万元，减少 95.16％。主要原因是项目支出中使用上年结转资金安排的采购支出预算减少。

（二）支出预算总计 4 736.70 万元。包括：

1. 一般公共服务（类）支出 3 180.60 万元，主要用于事务发生的基本支出和项目支出。与上年相比减少 971.94 万元，减少 23.41％。主要原因是项目支出减少。

2. 社会保障和就业（类）支出 397.03 万元，主要用于社会保险基金补助支出。与上年相比增加 15.71 万元，增长 4.12％。主要原因是新进人员单位缴纳的基本养老保险费和职业年金支出增加。

3. 住房保障（类）支出 1 159.07 万元，主要用于职工缴纳住房公积金、发放提租补贴支出。与上年相比增加 338.25 万元，增长 41.21％。主要原因是职工住房公积金与提租补贴计发基数调整增加。

4. 结转下年资金预算数为 0 万元，与上年一致。

此外，基本支出预算数为 3 518.64 万元。与上年相比增加 436.34 万元，增长 14.16％。主要原因是人员工资福利支出增加。

项目支出预算数为 1 016.30 万元。与上年相比减少 1 094.80 万元，减少 51.86％。主要原因是项目支出中使用上年结转资金安排的采购支出预算减少。

单位预留机动经费预算数为 201.76 万元。与上年相比增加 40.62 万元，增长 25.21％。主要原因是应休未休公休假报酬增加。

二、收入预算情况说明

（反映部门年度总体收入预算情况。填列数与《收支预算总表》收入数一致。）

江苏省信息中心本年收入预算合计 4 736.70 万元，其中：

一般公共预算收入 4 539.38 万元，占 95.83％；

其他资金 142.00 万元，占 3.00％；

上年结转资金 55.32 万元,占 1.17%。

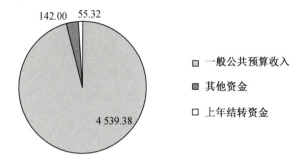

图 1 收入预算图

三、支出预算情况说明

(反映部门年度总体支出预算情况。安排数与《收支预算总表》支出数一致。)

江苏省信息中心本年支出预算合计 4 736.70 万元,其中:

基本支出 3 518.64 万元,占 74.28%;

项目支出 1 016.30 万元,占 21.46%;

单位预留机动经费 201.76 万元,占 4.26%;

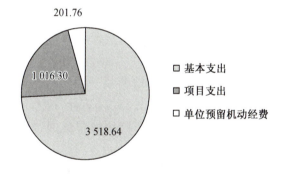

图 2 支出预算图

四、财政拨款收支预算总体情况说明

(反映部门年度财政拨款总体收支预算情况。财政拨款收入数、支出安排数与《收支预算总表》的财政拨款数对应一致。)

江苏省信息中心 2019 年度财政拨款收、支总预算 4 539.38 万元。与上年相比,财政拨款收、支总计各增加 379.73 万元,增长 9.13%。主要原因是人员工资福利支出增加。

五、财政拨款支出预算情况说明

(反映部门年度财政拨款支出预算安排情

况。财政拨款支出安排数与《财政拨款收支预算总表》的财政拨款数一致,并按照政府收支分类科目的功能分类"项"级细化列示。)

江苏省信息中心 2019 年财政拨款预算支出 4 539.38 万元,占本年支出合计的 95.83%。与上年相比,财政拨款支出增加 379.73 万元,增长 9.13%。主要原因是人员工资福利支出增加。

其中:

(一)一般公共服务(类)

1. 发展与改革事务(款)其他发展与改革事务(项)支出 252.00 万元,与上年相比减少 48.00 万元,减少 16.00%。主要原因是按照苏财预〔2018〕87 号文件规定,2019 年单位运转类专项一律压减 10.00%。

2. 统计信息事务(款)信息事务(项)支出 602.10 万元,与上年相比减少 46.90 万元,减少 7.23%。主要原因是按照苏财预〔2018〕87 号文件规定,2019 年单位运转类专项一律压减 10.00%。

3. 统计信息事务(款)事业运行(项)支出 2 164.3 万元,与上年相比增加 123.00 万元,增长 6.03%。主要原因是人员工资福利支出增加。

(二)社会保障和就业(类)

1. 行政事业单位离退休(款)机关事业单位基本养老保险缴费(项)支出 258.64 万元,与上年相比增加 9.32 万元,增长 3.74%。主要原因是新进人员基本养老保险缴费支出增加。

2. 行政事业单位离退休(款)机关事业单位职业年金缴费(项)支出 103.27 万元,与上年相比增加 4.06 万元,增长 4.09%。主要原因是新进人员职业年金缴费支出增加。

(三)住房保障(类)

1. 住房改革支出(款)住房公积金(项)支出 296.83 万元,与上年相比增加 61.62 万元,增长 26.20%。主要原因是计发基数调整增加。

2. 住房改革支出(款)提租补贴(项)支出 862.24 万元,与上年相比增加 276.63 万元,增长 47.24%。主要原因是计发基数调整增加。

六、财政拨款基本支出预算情况说明

（反映部门年度财政拨款基本支出预算安排情况。）

江苏省信息中心 2019 年度财政拨款基本支出预算 3 483.52 万元，其中：

（一）人员经费 3 107.12 万元。主要包括：基本工资、津贴补贴、绩效工资、机关事业单位基本养老保险缴费、职业年金缴费、其他社会保障缴费、住房公积金、医疗费、离休费、退休费、抚恤金、奖励金。

（二）公用经费 376.40 万元。主要包括：办公费、水费、电费、邮电费、差旅费、维修（护）费、会议费、培训费、公务接待费、专用材料费、工会经费、福利费、公务用车运行维护费、其他交通费用、其他商品和服务支出。

七、一般公共预算支出预算情况说明

（反映部门年度一般公共预算支出预算安排情况。）

江苏省信息中心 2019 年一般公共预算财政拨款支出预算 4 539.38 万元，与上年相比增加 379.73 万元，增长 9.13%。主要原因是人员工资福利支出增加。

八、一般公共预算基本支出预算情况说明

（反映部门年度一般公共预算基本支出预算安排情况。）

江苏省信息中心 2019 年度一般公共预算财政拨款基本支出预算 3 483.52 万元，其中：

（一）人员经费 3 107.12 万元。主要包括：基本工资、津贴补贴、绩效工资、机关事业单位基本养老保险缴费、职业年金缴费、其他社会保障缴费、住房公积金、医疗费、离休费、退休费、抚恤金、奖励金。

（二）公用经费 376.40 万元。主要包括：办公费、水费、电费、邮电费、差旅费、维修（护）费、会议费、培训费、公务接待费、专用材料费、工会经费、福利费、公务用车运行维护费、其他交通费用、其他商品和服务支出。

九、一般公共预算"三公"经费、会议费、培训费支出预算情况说明

（反映部门年度一般公共预算资金安排的

"三公"经费情况。）

江苏省信息中心 2019 年度一般公共预算拨款安排的"三公"经费预算支出中，因公出国（境）费支出 7.00 万元，占"三公"经费的 9.98%；公务用车购置及运行费支出 32 万元，占"三公"经费的 45.60%；公务接待费支出 31.17 万元，占"三公"经费的 44.42%。具体情况如下：

1. 因公出国（境）费预算支出 7.00 万元，与上年预算一致。

2. 公务用车购置及运行费预算支出 32.00 万元。其中：

（1）公务用车购置预算支出 0 万元，与上年预算一致。

（2）公务用车运行维护费预算支出 32.00 万元，与上年预算一致。

3. 公务接待费预算支出 31.17 万元，比上年预算减少 7.39 万元，主要原因是项目支出预算安排的公务接待费减少。

江苏省信息中心 2019 年度一般公共预算拨款安排的会议费预算支出 52.51 万元，比上年预算增加 3.60 万元，主要原因是按规定会议费预算支出可增长 10.00%。

江苏省信息中心 2019 年度一般公共预算拨款安排的培训费预算支出 21.04 万元，比上年预算增加 1.20 万元，主要原因按规定培训费支出可增长 10.00%。

十、政府性基金预算支出预算情况说明

（反映部门年度政府性基金支出预算安排情况。政府性基金支出安排数与《部门收支预算总表》的政府性基金收入数一致，并按照政府收支分类科目的功能分类"项"级细化列示。）

江苏省信息中心 2019 年政府性基金支出预算支出 0 万元，此表无数据。

十一、一般公共预算机关运行经费支出预算情况说明

（反映部门年度一般公共预算机关运行经费支出预算安排情况。）

2019 年本部门一般公共预算机关运行经费预算支出 0 万元，此表无数据。

十二、政府采购支出预算情况说明

（反映部门年度政府采购支出预算安排情况。）

2019年度政府采购支出预算总额185.06万元,其中:拟采购货物支出99.76万元、拟购买服务支出85.30万元。

十三、国有资产占用情况

本部门共有车辆7辆,其中,一般公务用车7辆。单价20万元(含)以上的设备45台(套)。

十四、预算绩效目标设置情况说明

2019年本部门共0个项目实行绩效目标管理,涉及财政性资金合计0万元。

来　　源:江苏省信息中心
发布日期:2019年02月12日

全省网格化信息化建设座谈会在扬召开

13日下午,省网格化工作领导小组办公室在扬州召开全省网格化信息化建设座谈会,总结前期各地做法成效,研究部署深入推进网格化信息化工作措施。省委政法委副书记、省网格化工作领导小组办公室主任朱光远,省公安厅副厅长、省网格化工作领导小组办公室副主任程建东分别讲话。市委常委、政法委书记孔令俊出席会议。

会上,扬州、南京、常州、南通、泰州演示介绍了本地网格化信息化平台、终端建设和数据应用情况,苏州太仓、吴江,南通海门、盐城大丰介绍了本地网格化服务管理中心建设运行、网格化信息化建设应用情况。

朱光远指出,去年以来,各地各部门按照省委省政府总体部署,围绕"一张网、五统一"要求,坚持把信息化智能化作为我省创新网格化社会治理机制的最大特色,把顶层设计和基层探索、科技创新与机制创新有机结合起来,努力开拓、大胆创新,形成了不少可供借鉴的经验,网格化信息化建设取得了明显的阶段性成效。朱光远要求,下一步要持续加大工作力度,采取针对性措施,在面上着力解决硬件扩容相对滞后、软件响应慢、服务支撑水平还不够高等问题。各地自主开发建设的网格化信息平台要着力解决聚焦平安稳定主业不够、技术承载能力不足、建设成本较高、数据汇聚存在障碍等问题。

朱光远强调,要充分认识网格化信息化建设的重要意义。信息化建设是网格化工作的重点所在、难点所在、关键点所在,要作为当务之急、重中之重,着力打造江苏网格化社会治理信息化品牌。要准确把握网格化信息化建设的指导原则。注重统分结合,既全省统筹又体现地方特色。注重差别应用,既源头治理又体现高端应用。注重业务融合,既整体联动又体现条线需求。要不断提升网格化信息化建设实战水平。科学建构信息系统,分类差异化建设。大力提高应用能力,优化系统功能结构。切实提升数据质态,落实相关要求。要切实强化网格化信息化建设组织保障。加强组织领导、中心建设、人才建设、制度建设、督促检查,确保网格化信息化建设取得实实在在成效。

来　　源:扬州长安网
发布日期:2018年09月14日

张敬华到新组建的南京市大数据管理局调研

大数据是信息化发展的新阶段，正在对经济发展、社会治理、人民生活产生重大深远影响。要深刻认识大数据在城市治理、民生服务、新经济发展、营商环境打造等方面的基础性引领性作用，把大数据工作摆上突出位置，打造领跑全省、示范全国、面向全球的新型智慧城市。

市大数据管理局作为统筹数据管理的专门机构，要把准职责定位，提升数据资源的整合管理能力、开放应用能力、产业转化能力、安全保障能力，为南京智慧城市建设和高质量发展作出应有贡献。

3月5日，省委常委、市委书记张敬华到新组建的市大数据管理局调研。他强调，要深入贯彻习近平总书记关于实施大数据战略的重要指示精神，准确把握大数据发展现状和趋势，加快推进数据资源整合、共享、开放和创新应用，推动全市大数据管理不断迈上新台阶，为建设更高水平新型智慧城市提供有力支撑。

近年来，我市高度重视大数据技术应用和发展，政务服务和智慧南京建设取得明显成效。这次机构改革中，我市专门成立大数据管理局，进一步加强数据管理和有关统筹协调工作。调研中，张敬华来到市政务数据中心机房和南京图慧信息技术有限公司，查看大数据基础设施，了解市政大数据应用情况，并召开座谈会，研究市大数据局职能定位和智慧城市建设有关工作。

张敬华指出，大数据是信息化发展的新阶段，正在对经济发展、社会治理、人民生活产生重大深远影响。习近平总书记多次强调要实施国家大数据战略，加快建设数字中国。今年全国"两会"政府工作报告明确提出，要深化大数据、人工智能等研发应用。全市上下要深刻认识大数据在城市治理、民生服务、新经济发展、营商环境打造等方面的基础性引领性作用，牢牢把握信息化智能化深入发展的重大机遇，切实把大数据工作摆上突出位置，努力打造领跑全省、示范全国、面向全球的新型智慧城市。

张敬华强调，做好新时期大数据工作，要系统谋划发展路径，突出抓好能力建设。要提升数据资源的整合管理能力，打通信息壁垒，实现全市政务数据资源全面统一归集存储、统一分析应用，打造我国东部地区信息数据中心。要提升数据资源的开放应用能力，促进政府决策科学化、社会治理精细化、公共服务高效化，进一步完善"我的南京"App，让数据多跑路、群众少跑腿，切实增强群众和市场主体满意度。要提升数据资源的产业转化能力，深入挖掘数据作为生产要素的经济价值，大力培育数字经济、智慧产业等新经济新业态新模式，促进互联网、大数据和实体经济深度融合。要提升数据资源的安全保障能力，加大关键基础设施、政务关键数据和个人隐私数据保护力度，筑牢信息安全风险防火墙。大数据管理是一项新课题，市大数据局要把准职责定位，发挥牵头抓总作用，集中精力抓学习研究、抓对标找差、抓平台建设、抓试点推进，加快实施中新智慧城市示范区等一批重点项目，为南京智慧城市建设走在最前列、高质量发展迈上新台阶作出应有贡献。

市委常委、常务副市长杨学鹏参加。

来　　源：南京日报
发布日期：2019 年 03 月 27 日

智慧徐州时空信息云平台
建设国家试点通过验收

目前，智慧徐州时空信息云平台建设国家试点项目顺利通过自然资源部专家组验收，徐州成为全省首个通过智慧城市时空大数据平台建设项目验收的试点城市。

近日，在我市召开的智慧徐州时空信息云平台建设国家试点项目验收会上，专家组现场听取了项目工作报告、技术报告，观看了时空信息云平台及示范应用系统演示，审阅了相关文档资料，经质询和讨论后，认为项目数据成果丰富，建立了数据动态更新的长效机制，各项数据成果符合国家相关规范和项目建设要求，实现了地理实体数据的动态生产，研发了数据引擎、知识引擎，搭建了时空信息云平台，建设了智慧国土、不动产统一登记、城市地质应用、智慧环保、智慧水利水务和天地图·徐州等 6 项示范应用，完成了设计书规定的各项建设任务，达到了预期目标，一致同意通过验收。

智慧城市是促进城市规划、建设、管理和服务智慧化的新理念和新模式，是转变经济社会发展方式和城市科学发展的方向选择，也是一项国家战略。自然资源部相关负责人对我市该项目建设成果给予充分肯定，认为作为江苏省第一个通过验收的城市，徐州建设经验对全国智慧城市时空大数据平台的建设都具有重要的示范意义。

据了解，下一步，我市将以此为契机打造智慧型现代化区域中心城市。一是强化智慧徐州顶层设计。加快新型智慧城市进程，编制出具有国际领先水平和徐州特色的一流规划，引领智慧徐州提档升级。二是加强信息资源整合和协同应用。以智慧徐州时空信息云平台为基础，加快完善全面覆盖、动态跟踪、联动共享的基础信息数据库和公共服务平台。三是全面推动智慧成果普及应用。巩固培育一批特色、亮点项目，着力推进政府治理智慧化、城市管理智慧化和公共服务智慧化，为人民群众和政府部门提供用得上、用得起、用得好的信息服务。

来　　源：中国徐州网
发布日期：2019 年 03 月 26 日

连云港市"天眼"大数据解决方案获全国最佳

目前,由中国警察网和国家移动信息产业技术创新战略联盟(NMT 联盟)共同主办的"首届中国警务信息化建设成果奖"评选揭晓。连云港平安"天眼"实战应用平台荣获"公安最佳大数据解决方案"组别第一名,这也是全省唯一获得此殊荣的系统平台。

此次"首届中国警务信息化建设成果奖"推介评选活动,共有来自全国 40 余个省市公安机关、60 余个社会单位申报的 160 个项目,分为参评大数据解决方案奖、智慧终端解决方案奖、智慧移动警务解决方案奖等 12 个奖项。连云港平安"天眼"实战应用平台在"大数据解决方案"方面脱颖而出。

该平台以监控视频、地理信息、电子警察和卡口识别等与警务相关的信息资源为基础,运用云计算、大数据分析、智能视频等技术,有效解决了视频图像数据价值信息提取、数据结构化处理及存储应用模式变革等问题,为公安实战应用提供服务支撑。同时在预防、发现、控制、打击违法犯罪,提供破案线索,固定违法犯罪证据等方面也能发挥人防、物防所不可替代的作用。

据悉,近年来全市公安机关围绕"市域、城域、核心区域"治安防控布局实施的平安"天眼"工程,共建成 19 540 路视频监控,整合社会面视频监控 11 000 路。实现苏鲁沿线 3.5 米以上(路宽)通车路口、主城区及非主城区主次干道节点、人群密集区域、重点场所以及易发案部位等区域监控全覆盖,前端摄像机达到 100% 高清化。

来　　源:连网
发布日期:2019 年 05 月 21 日

江苏省信息系统优秀研究成果奖 2018 年度获奖项目名单

一等奖(2 项)

项目名称:南京"双创"研究报告——以互联网科技创业大数据分析为例

申报单位:南京市信息中心

主要完成人:章川、陈铭、徐锋、孔玉寒、张晓海、班鸣、张洁

项目名称:徐州市政务信息资源目录建设研究报告

申报单位:徐州市大数据管理局

主要完成人:曹天勇、李岩、谭睿、王冬梅、马强、李兵

二等奖(3 项)

项目名称:无锡市碳减排目标分解及考核机制研究

申报单位:无锡市信息中心

主要完成人:殷强、曹建标、顾歆轶、杭飞

项目名称:扬州市公共信用地理信息平台项目

申报单位:扬州市政府信息资源管理中心

主要完成人:韩义森、黄卫民、李强、王军

项目名称:常州市人口发展应用服务平台项目建设报告

申报单位:常州市经济信息中心

主要完成人:沈立峰、汪建中、顾军、殷俊、王聘忱

三等奖(6 项)

项目名称:"互联网＋政务服务"构建智慧发改的探索与实践

申报单位:连云港市信息中心

主要完成人:王景、马红兵、成群、魏薇、籍海星、曹万卿、王若禹、刘丹丹

项目名称:无锡对接宁杭生态经济发展带研究

申报单位:无锡市信息中心

主要完成人:陶延风、殷强、倪自宏、李仲贵

项目名称:淮安构筑航空货运枢纽的策略研究

申报单位:淮安市信息中心

主要完成人:刘海洋、庞进亮

项目名称:江苏政务服务"一张网":连云港市一体化平台

申报单位:连云港市信息中心

主要完成人:王景、马红兵、成群、魏薇、籍海星、曹万卿、王若禹、刘丹丹、龚玉宏

项目名称:基于物联网及大数据分析的机柜 U 位设备资产管理应用平台研究

申报单位:海门市信息中心

主要完成人:从国华、石云、龚琰、蔡炜、沈海健

项目名称:基于政务云的虚拟化安全研究

申报单位:苏州市信息中心

主要完成人:范建青、张弘、余少华、徐丕丞、郭健、过岱彦、沈雁苇、孙京陵、肖本亚、杨韬、崔璨、徐文彬、吴俊军、袁振东

来　　源:江苏省信息中心

发布日期:2018 年 12 月 21 日

2018 年度全省信息系统青年讲坛论文获奖名单

一等奖(3 项)

江苏企业自主创新政策环境的现状、问题与建议——基于全省 1 916 家企业的调查数据:江苏省信息中心　戚晶晶、韩磊

大数据时代连云港政府数据开放策略研究:连云港市信息中心　籍海星、刘丹丹

公共信用服务一体化探索与实践:南京市信息中心　刘凡华

二等奖(6 项)

江苏消费发展综合评价指标体系构建及数量测度:江苏省信息中心　王艳华

从供需两侧探究江苏经济增长动力的转换——基于经济增长动力理论:江苏省信息中心　戚晶晶

大数据时代背景下的新型智慧城市建设——以"云上扬州"建设为例:扬州市政府信息资源管理中心　刘林

以"互联网＋协同治税"推动税收治理现代化——扬州市税收协同共治工作的探索和经验:扬州市政府信息资源管理中心　陈可云

大数据背景下无锡个人征信体系研究:无锡市信息中心　周铱洵、马晓蕾

供给侧结构性改革的信用维度:江苏省信息中心　杜奕奕

三等奖(8 项)

无锡推进民宿业创新发展研究:无锡市信息中心　周天捷、张捷、彭婷婷

宁镇扬一体化发展程度分析及路径优化研究:江苏省信息中心　韩磊

加强城市碳清单应用,促进无锡绿色低碳发展:无锡市信息中心　杭飞、曹建标

基于大数据的江苏政府决策变革研究:江苏省信息中心　尤慧

基于区块链技术的公共数据共享研究:连云港市信息中心　王若禹、董亮

基于物联网和大数据的新型智慧城市应用研究:连云港市信息中心　王景

徐州打造淮海经济区经济中心城市的路径与对策研究:徐州市大数据管理局　谭睿、王冬梅、赵爱文、高玮、吴坤

PPP 项目中的信用建设探讨:江苏省公共信用信息中心　陶雯

来　　源:江苏省信息中心

发布日期:2018 年 08 月 15 日

全省信息系统主任工作座谈会在徐州召开

8月30—31日,全省信息系统主任工作座谈会在徐州召开。13个设区市信息中心(大数据管理局)负责人和省信息中心周荣华主任、陈俊、刘伟良副主任出席了会议。会议由陈俊副主任主持。

会上,各信息中心(大数据管理局)就今年以来的工作进展情况和下阶段工作安排进行了交流。周荣华主任在听取了交流后指出,各设区市信息中心(大数据管理局)能够抢抓机遇、结合实际,积极围绕大局推进工作,取得了良好成效。周荣华主任总结了今年省信息中心工作的主要进展情况。目前,大数据管理中心已进入全面建设实施阶段,省信息中心正在积极适应发展新形势,逐步调整发展方向,以大数据建设发展为契机,以政务信息系统整合共享为抓手,解放思想、聚焦主业,精准把握发展机遇,为下一阶段工作顺利开展打下了良好基础。

会议还开展了《当前我国共享经济发展趋势》和《政务大数据顶层设计与应用实践》专题学习。

来　　源:江苏省信息中心办公室
发布日期:2018 年 09 月 07 日

· 747 ·

娄勤俭：大力推动科技创新协同攻关
加快构建自主可控产业体系

日前，省委书记娄勤俭在无锡专题调研科技创新工作。他强调，要深入学习贯彻习近平总书记关于科技创新的重要论述，全面深化科技体制改革，统筹各方面创新资源力量，围绕军民融合发展、构建自主可控的现代产业体系，聚焦关键核心技术，组织开展协同攻关，为高质量发展提供有力支撑。

位于太湖之滨的中科芯集成电路股份有限公司是超大规模集成电路研究、开发、生产的国家重点企业，科研力量雄厚，具备集成电路设计、制造、测试、封装、可靠性和应用支持等完整产业链。在公司展厅，娄勤俭观看该公司近年来开发完成的各种高科技产品，了解公司成立以来在科技创新和军民融合发展方面取得的成绩，对他们的创新探索和重要贡献给予高度评价。娄勤俭与科研人员亲切交谈，了解设计开发领域最新发展情况。他说，大家肩负着基础创新的国家使命，坚守集成电路领域矢志创新、默默耕耘，很不容易。希望大家顺应国家和时代需要，努力在创新驱动战略实施中发挥聪明才智、实现人生价值、作出应有贡献。

娄勤俭强调，科技创新是提高社会生产力和综合国力的战略支撑，建设科技强国是央企和地方的共同责任。江苏科技力量雄厚、在全国占有重要地位，有条件有基础有责任为国家自主创新作贡献。中电科在专业领域形成了很好的技术积累，具备很强的科研实力，与我省建立了良好的合作基础。希望进一步加强合作，顺应时代大势，科学把握方向，聚焦重点领域精准发力，提高科技创新协同攻关效率，促进军民融合发展，加速技术成果就地转化，构建良好产业生态体系。调研中，娄勤俭要求无锡充分发挥创新资源丰富、产业体系完善、发展环境良好等优势，主动承载更多国家重大科技项目，全方位做好服务保障，为高质量发展持续注入强大创新动力。

省委常委、无锡市委书记李小敏参加调研。

来　　　源：新华日报
发布日期：2019 年 04 月 01 日

推动开放型经济高质量发展新闻发布会

魏赟（省政府办公厅新闻联络处处长）：记者朋友们，大家上午好！欢迎参加省政府新闻发布会。

1月3日，省委、省政府召开全省对外开放大会，会上印发了《中共江苏省委 江苏省人民政府关于推动开放型经济高质量发展若干政策措施的意见》。经省政府领导批准，今天我们召开省政府新闻发布会，向大家进行解读。

出席今天新闻发布会的有：省商务厅新闻发言人孙津副厅长、省财政厅徐洪林副巡视员、省地方金融监管局邱志强副局长、南京海关顾华丰副关长、省发展改革委外资处李泓君副处长。我是省政府办公厅新闻联络处魏赟，受省政府徐莹副秘书长委托，主持本场新闻发布会。

首先，请省商务厅孙津副厅长发布新闻。

孙津（省商务厅副厅长）：各位新闻界的朋友，大家上午好！首先，感谢大家长期以来对江苏商务工作特别是开放型经济发展的密切关注和充分报道。根据省政府的安排，今天我向大家解读一下省委、省政府刚刚出台的《关于推动开放型经济高质量发展若干政策措施的意见》（苏发〔2019〕2号）。

一、文件出台的背景

去年，根据省委、省政府"解放思想大讨论"的统一部署，在郭元强副省长带领下，省商务厅按照高质量发展要求，深入基层和兄弟省市调研学习，形成了相关调研报告。在此基础上，根据省委、省政府的要求，着手起草推动开放型经济高质量发展的相关政策措施。在意见起草的过程中，我们认真总结回顾改革开放40年成就和经验，深刻分析新时代全省对外开放面临的国际国内形势，深入研究我省开放型经济发展的现实和基础，与省各相关部门通力合作，提出具有我省特色的政策举措。意见形成后，征求了基层、开发区、省各相关部门及专家学者的建议，并根据省政府常务会议审议意见进一步修改完善，经过合法性审查和合规性审查，于12月下旬提请省委常委会讨论。

1月3日，为深入贯彻党的十九大精神，认真落实习近平总书记在庆祝改革开放40周年大会上的重要讲话，我省召开了新年第一个大会——全省对外开放大会，会议回顾总结我省40年开放历程，对全省扩大开放再出发作出了部署，充分显示了开放发展在全省工作中的重要性，表明了省委、省政府将新时代扩大开放不断推向前进的鲜明态度和坚定决心。在这次会议上，出台了《关于推动开放型经济高质量发展若干政策措施的意见》。

二、文件起草的原则

文件的起草，立足于落实中央和省委、省政府关于对外开放的一系列方针政策和战略部署，既体现了习近平总书记关于对外开放的新思想新要求，又体现了新时代省委、省政府全方位高水平对外开放的战略抉择。意见重点把握了四个原则：

一是突出落实中央的新要求、新部署。去年

是改革开放 40 周年,站在新的历史起点上,习近平总书记相继在博鳌论坛、庆祝海南建省 30 周年大会、首届中国国际进口博览会开幕式以及庆祝改革开放 40 周年大会等一系列重大活动中,坚定地表明了"中国开放的大门不会关闭,只会越开越大"的态度和决心,旗帜鲜明地提出新时代改革开放"九个必须坚持"的目标要求,为我省推动新时代改革开放再出发提供了根本遵循和行动指南。《意见》以此为导向,把服务全国开放大局,始终走在全国前列,成为全国开放型经济重要支撑作为全省对外开放的奋斗目标。

二是突出高质量发展。文件围绕努力开创江苏扩大开放的新局面,聚焦"五个新",即构建开放新格局、培育开放新动能、形成开放新优势、搭建开放新平台、创建开放新环境,提出了相应的政策措施,使高质量发展的举措能够落地。

三是突出走在前列。从新时期对外开放总任务看,走在前列主要体现为,以"一带一路"交汇点建设为总揽,推动全方位高水平对外开放,努力在全国率先建成开放强省,并明确了到 2020 年和 2025 年的对外开放目标。从新时代江苏作为东部沿海省份应有的担当看,走在前列体现为"四个率先",即率先确立优进优出国际贸易格局,率先建成面向全球的贸易、投融资、生产和服务网络,率先形成高水平"引进来"和高水平"走出去"并举的双向开放格局,率先实现由成本价格优势为主,向以技术、标准、品牌、质量、服务为核心的综合竞争优势转变。

四是突出精准务实。文件牢牢把握全省开放大会确立的目标和任务,围绕切实加强"一带一路"交汇点建设,努力推动外资外贸稳中提效,进一步加强对外开放平台建设,大力支持外资外贸企业发展,着力打造国际一流营商环境,务实提出政策举措,体现出我省以改革创新精神打造对外开放新高地的要求。

三、文件主要内容

意见共分 7 个方面 26 条:

第一方面是进一步扩大开放领域。主要包括落实准入前国民待遇加负面清单管理制度、大幅放宽市场准入两方面。体现我省认真落实国家扩大开放要求采取的相关举措,同时结合江苏发展实际,增加了积极争取对江苏增值电信业务开放政策,依托江苏特色平台加快推进金融业扩大开放等措施。

第二方面是大力推进"一带一路"交汇点建设。主要包括加大对境外园区建设支持、促进中欧班列健康有序发展、推动海外金融平台建设三方面。突出贸易畅通和资金融通,支持境外园区建设和中欧班列健康有序发展,提出推动我省海外金融平台建设,对中阿(联酋)产能合作示范园金融平台以及省内金融机构与"一带一路"沿线国家和地区的业务合作加大支持。

第三方面是着力增创外贸竞争新优势。主要包括提高市场多元化水平、积极扩大进口、提升自主品牌产品国际竞争力、着力推动服务贸易创新发展、推动外贸新业态新模式健康快速发展五方面。这些政策措施是近年来我省培育外贸竞争新优势工作所取得经验的总结和强化。

第四方面是加快培育开放发展新动能。主要包括创新引资引智引技相结合的招商机制、支持外资参与我省全球产业科技创新中心建设、实施高层次人才激励政策、加大本土跨国公司培育力度四方面。强化开放与创新融合,通过开放集聚全球创新要素,鼓励外资参与我省全球产业科技创新中心建设。提出对列入省年度重大项目投资计划中的重大外资产业项目全额保障用地计划,对高质量的外资产业项目省给予计划支持比例不低于 60%。鼓励外资研发中心参与公共服务平台建设、提供开放共享服务。鼓励外籍科学家以合作研究等方式参与基础研究项目,允许符合条件的外商投资企业参与科技计划。

第五方面是建设更高能级的开放载体平台。主要包括推动开发区向现代产业园区转型、打造各具特色的改革开放试验田、优化海关特殊监管区域功能政策、推进会展业品牌化市场化国际化发展、优化提升综合交通枢纽功能五方面。提出推动长三角区域内重大改革试点联动，打造长三角一体化发展示范平台。重点支持苏州工业园区、中韩（盐城）产业园、南京江北新区、连云港等有条件的重点区域，实施自贸试验区各项改革举措的叠加复制与集成创新。发挥我省海关特殊监管区域载体优势，打造全国全球保税维修检测业务的先导区、示范区，推进海关特殊监管区域企业增值税一般纳税人资格试点等我省特色的改革举措。

第六方面是打造法治化、国际化、便利化营商环境。主要包括保障境内外投资者合法权益、打造"放管服"改革升级版、提升贸易便利化水平、加强知识产权保护四方面。提出制定出台《江苏省营商环境优化办法》、实施重大外资项目"直通车"制度等举措。率先将外商投资准入负面清单内投资总额 10 亿美元以下的外商投资企业设立及变更委托到地方政府和国家级开发区审批和管理。在开发区推行由政府统一组织对一定区域内有关事项实行区域评估。

第七方面是强化财税和金融支持。主要包括加大财税政策支持力度、建立省市联动机制、创新金融支持方式三方面。提出对外资企业利润再投资实际到账外资金额超过 1 亿元人民币的，省级商务资金给予适当支持。省财政共安排 3 亿元资金支持中阿（联酋）产能合作示范园建设。鼓励跨国公司在江苏设立地区总部和功能性机构。建立"苏贸贷"资金池。建立完善风险补偿机制，用于鼓励政策性出口信用保险机构和政策性银行加大对江苏企业的支持力度等含金量高的政策。

文件最后还向各地区各部门提出了主动作为、狠抓落实、注重实效的要求，体现出省委、省政府对全省对外开放工作落地落实、出招见效的坚定决心。省商务厅将会同省各相关部门及各级党委政府按照意见要求，明确责任、细化措施、强化督查，以"钉钉子"精神抓好工作落实，以实际行动努力开创我省新时代对外开放新局面。谢谢大家！

魏赟（省政府办公厅新闻联络处处长）：谢谢孙厅长。下面，大家可以就感兴趣的问题提问，提问前请说明自己所供职的媒体，同时说明提问哪位负责人。

新华日报记者：文件中提出要提高市场多元化水平，请问下一步有哪些重点举措？另外还有两个小问题，能不能请相关领导介绍一下中欧班列成立省级国际货运班列公司的事？另外一个就是后面说到"苏贸贷"资金池，请大概介绍一下。

孙津（省商务厅副厅长）：我先回答第一个问题。首先感谢新华日报记者对商务发展的关注。我们大家都知道这几年来全国的外贸形势，特别是中美贸易摩擦，对江苏的外贸企业确实造成了深远的影响。除此之外还有一些新的变化也值得我们关注，比如说一些区域性自由贸易协定的签署和生效，如美欧、欧日的自由贸易协定等，这些外部环境的变化，实际对我们江苏的外贸带来长期而深刻的影响。面对这样的外部环境，我们支持和引导江苏企业更有效的实施市场多元化战略显得尤为迫切和必要。所以，关于这方面的工作，也会同省有关部门想了很多办法，从今后一段时期，特别是 2019 年的工作角度来说，我们重点从三个方面来推进实施：

第一个方面，依托贸易促进计划，进一步引导和带领企业到境外去开拓新的市场。这个贸易促进计划，是我们商务厅实施多年有效的办法，主要的内容就是我们收集和整理了一大批在国际上有一定影响力的重点展会和一些项目，组织企业去参加一些展会。在制订 2019 年的贸易促进计划的时候，充分考虑市场多元化的要求。我们特别突出了"一带一路"沿线国家贸易的往来，也就是说我们特别重视在"一带一路"沿线国家举办的一些重点展会，我们会按照这个计划带领江苏的企业去参加这些展会,参加展会是企业开拓国际市场的一个有效办法。从我们实施贸易促进计划几年来的情况看,应该说广受企业的欢迎,取得了不错的效果,同时我们也会引导和帮助我们的外贸企业特别是我们经营外贸企业不断优化产品结构,在重点支持像机械制造、纺织服装等有传统优势的产品走向国际市场以外,我们也帮助和指导外贸企业在电子信息、新能源等等一些新的领域,使他们的产品更加符合国际市场的要求,他们的优势体现得更为充分,从渠道和产品本身两个方面,指导和帮助企业开拓新的国际市场。

第二个方面,帮助中小微外贸企业获得更多金融的支持。大家都知道,我们目前中小企业贷款难贷款贵、融资难融资贵是一个普遍现象,李克强总理高度重视,这个问题不仅局限于我们的外贸企业,特别是中小微企业面临的影响更大一些,所以作为商务厅我们会同省财政和一些相关金融机构想了一些办法帮助中小微外贸企业缓解融资难融资贵的问题,使他们在组织生产、接定单的过程中,更少的受到资金困扰。刚才记者提到的"苏贸贷",是江苏很有特色的中小微企业在外贸领域融资的一个有效举措。关于这个问题,我们将请徐厅长更专业地给大家一个回答。

第三个方面,我们要进一步加强政策的宣传,主要是让我们更多的江苏外贸企业了解自贸协定的相关内容,利用这个相关的政策能够有效的开拓新的国际市场。关于这个工作,我们从2016年开始已经做了2年,也就是"FTA惠苏企"培训和宣传工作,应该说取得了一定效果。在这里要特别感谢很多的记者朋友参加了我们在2017年组织的"FTA惠苏企"全媒体行,做了大量的有效的宣传报道,通过各位的宣传报道,让我们很多的中小外贸企业都了解相关内容:如何利用这些贸易协定有效提高国际市场竞争力。2018年,我们也举办了"FTA惠苏企"主题论坛,这个论坛上我们交流了经验,也请了专家进行了权威的解读。这项工作我们2019年还会坚持,我们会在13个市全覆盖的开展"FTA惠苏企"培训,主要是向中小外贸企业来介绍我们与相关国家签署的自贸协定相关内容,使他们更好地利用好政策,我觉得也是江苏外贸企业有效开拓新的市场一个很有效的工具,或者说是一个手段。在"FTA惠苏企"这个工作中,我们商务厅得到了海关、贸促会的大力支持。在去年举办的论坛,顾关长也上台给大家作了一个很好的演讲。今年的工作,我们还会同海关和贸促会来共同进行,谢谢。

徐洪林(省财政厅副巡视员):下面,我就这位记者朋友关注的"苏贸贷"做一个梳理和介绍。实际上"苏贸贷"是一种政、银、保合作的产品,简单说是为了缓解中小外贸企业融资难融资贵的问题,由银行开设专门面向中小外贸企业,特别是小微外贸企业的产品,省级出了3个亿的资金,作为风险补偿资金,由商务、财政和经办的银行对出险的小微外贸企业外贸贷款进行一定程度上的风险分担。通过这个支撑,引导银行增加小微外贸企业贷款投放的容忍度,一定程度上缓解小微外贸企业融资难的窘困。这个事项从去年的9、10月份开始,和相关单位还有经办银行正式签约,已经进入实施阶段,希望在相关银行的协同配合之下,使这项工作真正取得实效,为小微外贸企业的发展提供一定的金融支撑。

魏赟(省政府办公厅新闻联络处处长):关于中欧班列成立省级国际货运班列公司,有新的情况我们会按照序时进度发布信息。

中新社记者:省财政制订了哪些政策,来推动我省开放型经济高质量发展?

徐洪林(省财政厅副巡视员):感谢这位记者的提问。从财政部门工作职责来看,这些年来,或者说未来一段时期,我们为贯彻好省委文件,将主要在三个方面配合省相关部门特别是商务、海关、发改委等,协同配合,落实优化政策举措,更好地推动全省开放型经济高质量发展:一是加快培育开放发展新动能。健全科技成果转移转化激励机制。实施高层次人才激励政策,加大引才奖补力度。鼓励外国投资者人民币利润再投资,推进存量外商投资企业技术改造。对信用良好、符合产业导向、暂时遇到困难的外资企业,可依法在一定期限内缓收税费。鼓励跨国公司在江苏设立地区总部和功能性机构。在法定权限内制定专项政策,重点鼓励外资投向高新技术产业、战略性新兴产业等实体经济项目。奖励做出突出贡献的外资企业,允许其为高管合理节税。二是助力推进"一带一路"交汇点建设。加大对企业走出去的支持力度,对在"一带一路"沿线国家和地区承接的境外投资大项目、对外承包工程大项目等,给予重点支持。支持中阿(联酋)产能合作示范园建设,2018年—2020年,每年从省级国有资本经营预算中安排1亿元,用于支持江苏海投公司增资扩股,加快中阿示范园基础设施建设和发展。支持推动中哈(连云港)物流合作基地等建设和运营,助力打通"一带一路"国际物流大通道。充分发挥政策性出口信用保险作用,建立企业"走出去"统保平台,为我省国际产能和装备制造合作以及境外园区建设提供综合服务,帮助企业防范和化解外经贸风险。三是增创外贸竞争新优势。提高市场多元化水平,加大新兴市场开拓力度;支持先进技术装备进口,积极落实进口税收优惠政策;提升自主品牌产品国际竞争力;推动服务贸易创新发展;推动外贸新业态新模式健康快速发展。

江苏电视台记者:我想就第十七条"优化海关特殊监管区域功能政策"向南京海关顾关长提问。我们知道,今年首场国务院常务会议提出了一系列促进综合保税区优化升级政策措施,请问这将给江苏综合保税区带来哪些叠加利好,给企业发展带来哪些积极影响?另外请问南京海关顾关长,对于江苏跨境电子商务网购保税进口的发展前景如何预判?

顾华丰(南京海关副关长):非常感谢这位记者的提问。一共是两个问题。这位记者比较敏感,江苏是一个加工贸易的大省,综合保税区的进一步优化和政策优惠,对促进开放型经济高质量发展至关重要。今天上午,国新办也正在举行新闻吹风会,对促进综合保税区优化升级相关政策措施进行解读。

江苏省内海关特殊监管区域共有21个,其中综合保税区20个、保税港区1个,占全国总数的七分之一强。2018年,进出境货值1 573.81亿美元,同比增长13.8%;进出区货值3 094.56亿美元,同比增长20.5%。上述这些数据,主要是以传统的保税加工、保税物流业务作为支撑。

1月2日国务院常务会议部署对标国际先进水平促进综合保税区升级,确定了综合保税区在便利企业内销、促进研发创新、推进物流便利化等方面的具体举措,明确提出了允许区内企业开展全球维修检测、跨境电子商务零售、融资租赁、期货保税交割等。这些政策措施中有一部分此前已在江苏试点。比如增值税一般纳税人资格政策。自2016年11月以来,我省昆山、苏州工业园区、苏州、无锡、吴江、淮安、镇江等7个综合保税区48家企业先后参与了全国第一批和第二批试点,取得了较好的成效。简单讲,就是将试点企业纳入国内税收抵扣环节,从国内采购原材料或者成品内销国内市场均可开具增值税发票,参与国内环节的税后抵扣,可以有效降低企业成本。下一步,这项政策将推广到省内20个综合保税区,南京海关也将根据相关要求做好监管和服务指导,全省2 000余家区内企业将更加便利地对接和利用国际国内两个市场、两种资源,进一步释放企业闲置产能。

伴随着综合保税区功能的扩展,保税服务新兴业态将为江苏开放型经济带来新动能。比如海关特殊监管区域保税维修已升级为全球维修,打破了原有的维修产品的来源和流向的限制。区内符合条件的企业既可以维修国产货物,也可以维修境外货物。维修好的货物可以根据市场需要,既可以销往境外,也可以内销到境内。同时,对如何开展保税检测也进行了明确。目前我省综合保税区内已集聚了一批专业维修企业,这些企业具有较强的检测和维修能力。根据我们了解,以昆山综合保税区为例,预计政策利好释放后,将新增境外货物入区维修业务需求26亿美元。

2018年11月21日,国务院常务会议决定从2019年1月1日起延续实施跨境电商零售进口现行监管政策,并将适用范围扩大到22个新获批综试区城市,江苏的南京、无锡在列。其后,海关总署等连续下发3个文件,肯定、支持并规范跨境电子商务。跨境电商从试点逐步进入稳定期,商品类目的扩大、税费的稳定、交易额度的提高,将支撑跨境电商行业快速持续成长。

苏州跨境电商综试区自2018年1月1日获批网购保税进口试点业务以来,已在吴江、太仓、苏州工业园等3个综合保税区实际开展。2018年全年,跨境电商网购保税进口2 282.82万美元,出区36.98万票货物,共计4 839.31万元人民币,实现了跨境电商网购保税进口业务从无到有的突破。南京市、无锡市获批跨境电商综试区后,目前两市正在南京海关指导下,依托辖区内综合保税区紧锣密鼓的进行各项试点准备工作。随着近期国家提高个人单次和全年购买额度、增加商品范围等一系列利好政策的出台,江苏作为进口商品消费大省,处于不断发展之中的跨境电子商务网购保税进口新业态,其发展前景必将持续看好,而且前景可期。

荔枝新闻记者:江苏金融业在落实国家对外开放举措,支持"一带一路"交汇点建设方面有哪些考虑?

邱志强(省地方金融监管局副局长):谢谢您的提问。扩大金融业开放是推动开放型经济质量发展的重要方面。刚刚印发的《中共江苏省委 江苏省人民政府关于推动开放型经济高质量发展若干政策措施的意见》26条政策措施中,有9条直接涉及金融,具体政策项21个。近年来,我们以习近平新时代中国特色社会主义思想为指导,坚持金融管理主要是中央事权的前提下,协同驻苏中央金融管理部门认真贯彻党中央、国务院和省委、省政府的决策部署,围绕高质量发展走在前列的目标定位,推动我省金融业进一步扩大开放。在加快外资金融机构"引进来"方面,截至2018年11月末,外资银行在我省设立营业性机构78家,其中法人银行3家、分支行75家;外资保险机构在我省有37家,其中总公司1家、分公司36家。在省内法人金融机构加强开放合作方面,东吴证券已在新加坡设立子公司,取得了新加坡金管局颁发的资产管理和投行牌照。华泰证券、东吴证券、东海证券、弘业期货在香港设立子公司。这些为进一步扩大金融业开放奠定了良好基础。

下一步,我们将深入贯彻省委、省政府的决策部署,按照《意见》精神,全面落实金融服务实体经济的根本要求,认真做好"六个稳"工作,不断提升金融服务"一带一路"交汇点建设工作水平。今后一段时期,我们突出抓好三件大事:一是推动金融机构主动对接"一带一路"建设重点项目。组织开发性、政策性、商业性等各类金融机构共同参与,按照市场化原则,为重点项目提供全方位金融服务。二是推动中阿(联酋)产能合作示范园金融服务平台建设。争取中央金融管理部门的政策支持,努力实现我省境外园区金融服务的新突破。在现有金融牌照基础上,支持示范园金融服务平台向当地金融管理部门申请吸纳储蓄、金融结算、外汇服务等牌照,为把示范园打造成为"一带一路"的典范项目提供强有力的金融支撑。三是推动金融业稳步有序对外开放。我们将协同驻苏金融管理部门,认真落实国家扩大金融业对外开放的政策举措。注重发挥江苏"一带一路"交汇点优势,一方面,鼓励省内有条件的设区市加大金融招商引资力度,吸引国际知名金融机构落户江苏。另一方面,大力支持省内法人金融机构在"一带一路"沿线国家和地区设立分支机构,或与当地金融机构开展业务合作,特别是针对"一带一路"建设量身定制金融产品,努力打造具有江苏特色的"一带一路"金融服务品牌。感谢媒体朋友长期以来对江苏金融业发展的关心、关注和支持。谢谢。

江苏法制报记者:江苏在落实国家扩大开放举措、促进外商投资方面有哪些考虑?

李泓君(省发展改革委外资处副处长):谢谢您的提问。首先,要感谢各位媒体朋友长期以来对发展改革工作的关注和支持。大家可能注意到,2018年12月23日,外商投资法草案首次提请十三届全国人大常委会第七次会议审议,12月26日,外商投资法草案向社会公开征求意见。草案第四条明确,国家对外商投资实行准入前国民待遇加负面清单管理制度;草案第二十七条规定,负面清单以外的领域按照内外资一致的原则实施管理。草案以法律形式明确了准入前国民待遇加负面清单管理制度,是推动我国由商品和要素流动型开放向规则等制度型开放转变的重要标志。省委、省政府出台的《关于推动开放型经济高质量发展若干政策措施的意见》充分体现了这一立法思想。

2018年10月29日,国务院办公厅印发的《关于聚焦企业关切进一步推动优化营商环境政策落实的通知》明确提出,"进一步促进外商投资。发展改革委要会同有关部门积极推进重大外资项目建设,将符合条件的外资项目纳入重大建设项目范围……推动项目尽快落地。发展改

革委、商务部要在2019年3月底前完成《外商投资产业指导目录》和《中西部地区外商投资优势产业目录》修订工作,扩大鼓励外商投资范围"。我省已经在积极配合国家开展相关工作,省发展改革委、省商务厅在征求地方政府有关部门和外商投资企业意见的基础上,就目录修订向国家发展改革委、商务部提出了意见建议。对一些重大外资项目,我们也在加快推进建设,并积极争取国家层面的支持。2018年10月,省委、省政府决定建立领导同志挂钩联系推进省重大项目建设制度,每位省委、省政府领导同志分别挂钩联系一个省重大项目建设,像徐州协鑫大尺寸晶圆片项目、无锡SK海力士半导体二工厂项目、张家港长城宝马光束汽车项目都是外资项目。这也充分反映了江苏对促进外商投资、保障内外资企业平等待遇的重视。

下一步,我们将继续做好《外商投资产业指导目录》贯彻实施工作,认真执行国家扩大服务业、制造业等领域开放的部署,尤其是要抓住机遇扩大推进服务业开放,大力发展总部经济、数字贸易,支持昆山深化两岸产业合作试验区开展金融领域创新试点,加快使服务业开放成为新优势。

魏赟(省政府办公厅新闻联络处处长):由于时间关系,今天的发布会就开到这里。谢谢大家!

来　　源:江苏省人民政府
发布日期:2019年01月10日

江苏省政府系统新闻发言人名单及
新闻发布工作机构电话（2019 年 1 月）

序号	省政府各有关部门及 各设区市政府	新闻发言人	职务	新闻发布工作 机构电话及传真
1	省发展改革委（省能源局）	徐光辉	副主任	025-83391928 025-86639170
2	省教育厅	徐子敏	省委教育工委副书记	025-83335800
		王鲁沛	省教育厅办公室主任	
3	省科技厅	夏冰	副厅长	025-83612629
4	省工业和信息化厅 （省国防科工办）	周毅彪	副巡视员	025-69652859 025-83302760
5	省民宗委	周伟文	副主任	025-83580585 025-83580565 025-83705580（传）
6	省公安厅	程建东	副厅长	025-83526888 025-83526066
7	省民政厅	戚锡生	副厅长	025-83590622 025-83590400
8	省司法厅	赵庭朴	政治部主任	025-83591139 025-83308321（传）
9	省财政厅	李载林	巡视员	025-83633717 025-83633020（传）
10	省人力资源社会保障厅	陈健	副厅长	025-83276023
11	省自然资源厅	李闽	副厅长	025-86599602 025-86599600（传）
12	省生态环境厅	周富章	副厅长	025-58527309 025-58527300（传）
13	省住房城乡建设厅	杨洪海	副巡视员、直属机关 党委书记	025-51868818 025-51868792（传）

序号	省政府各有关部门及各设区市政府	新闻发言人	职务	新闻发布工作机构电话及传真
14	省交通运输厅	金凌	副厅长	025-52853239
15	省水利厅	张劲松	副厅长	025-86338379 025-86616315（传）
16	省农业农村厅	蔡恒	副厅长	025-86263414 025-86229143（传）
17	省商务厅	孙津	副厅长	025-57710460 025-57712072（传）
18	省文化和旅游厅	方标军	副厅长	025-87798720
19	省卫生健康委	朱岷	副主任、省中医药管理局局长	025-83620924 025-83620960（传）
20	省退役军人厅	陈旭	副厅长	025-58502020 025-58502016（传）
21	省应急厅	喻鸿斌	巡视员	025-83332305 025-83332384
22	省审计厅	葛笑天	副厅长	025-83740816 025-83719333
23	省外办	张松平	副主任	025-83670633 025-83670917（传）
24	省国资委	李琨	巡视员	025-83516008
25	省政府研究室	沈和	副主任	025-83396488 025-83396485
26	省政务办	胥家鸣	副主任	025-83660055
27	省市场监管局	田丰	党组成员、食品安全总监	025-85537522 025-85012013（传）
28	省广电局	张建康	副局长	025-84651526 025-84419419
29	省体育局	王志光	副局长	025-51889190 025-51889305（传）
30	省统计局	刘兴远	副局长	025-85796076
31	省医保局	相伯伟	副局长	025-83290227 025-83290200
32	省信访局	王传东	副局长	025-83566821 025-83566800
33	省粮食和储备局	张生彬	副局长	025-89667082 025-83403355
34	省人防办	杨建国	副主任	025-86339689
35	省地方金融监管局	聂振平	副局长	025-83398902 025-83398927

序号	省政府各有关部门及 各设区市政府	新闻发言人	职务	新闻发布工作 机构电话及传真
36	省机关管理局	张钧	副局长	025-83398612 025-83398618
37	省林业局	钟伟宏	副局长	025-86275512
38	省扶贫办	刘文俊	副主任	025-86730800 025-86730813
39	省药监局	王越	局长	025-83273648
40	省知识产权局	张春平	副局长、党组成员、 机关党委书记	025-83279990 025-83279984
41	省监狱管理局	王宇梁	副巡视员	025-86265065 025-86265111
42	南京市	王玉春	市政府办公厅副主任	025-83613970
43	无锡市	程松	市政府办公室副主任	0510-81820536 0510-81820401（传）
44	徐州市	于洪亮	市政府副秘书长、 办公室主任	0516-80800709
45	常州市	高平	市政府副秘书长、 办公室主任	0519-85680298
		陈结平	市政府新闻办副主任	0519-85680837
46	苏州市	朱江	市政府办公室副主任	0512-68612703 0512-68612106
47	南通市	徐加明	市政府研究室主任	0513-85215357 0513-85099125 0513-85098557 0513-85099200
48	连云港市	赵涛	市政府办公室副主任	0518-85838139
49	淮安市	郝道君	市政府副秘书长、 研究室主任	0517-83605210
50	盐城市	姚学龙	市政府副秘书长、 办公室主任	0515-88190909
51	扬州市	王玉军	市政府副秘书长、 办公室主任	0514-87873313
52	镇江市	陈新中	市政府副秘书长	0511-84425841
53	泰州市	王飞	市委宣传部副部长	0523-86886125 0523-86886120（传）
54	宿迁市	张凌宇	市委宣传部副部长	0527-84368726

来　　　　源：江苏省人民政府办公厅

发布日期：2019 年 01 月 29 日

关于授予"为江苏改革开放作出突出贡献的先进集体和先进个人"称号的决定

今年是改革开放 40 周年。40 年来,在党中央、国务院的坚强领导下,全省上下解放思想、勇于探索,展开了一场轰轰烈烈的改革开放实践,江苏大地发生了翻天覆地的变化,创造了一个又一个发展奇迹,谱写了辉煌的中国特色社会主义江苏篇章。全省广大干部群众亲身参与、推动和见证了这场宏伟的历史变革,涌现出了一大批具有代表性的先进集体和模范人物。

为讲好江苏改革开放的精彩故事,充分展现中国特色社会主义在江苏的生动实践,激励全省上下不忘初心、牢记使命,推动改革开放再出发,省委、省政府部署开展为江苏改革开放作出突出贡献的先进集体和先进个人评选活动。各地各有关部门在严格标准、充分酝酿的基础上,提出了先进集体、先进个人推荐名单。经反复比选、集体研究、社会公示,省委、省政府决定,授予苏州工业园区等 20 个单位"为江苏改革开放作出突出贡献的先进集体"称号,授予王泽山等 20 人"为江苏改革开放作出突出贡献的先进个人"称号,予以通报表彰。

省委、省政府号召,全省广大干部群众要更加紧密地团结在以习近平同志为核心的党中央周围,在习近平新时代中国特色社会主义思想的指引下,切实增强"四个意识",坚定"四个自信",学习先进典型,汲取精神力量,始终保持领风气之先的锐气和闯劲,在新时代改革开放征程中展现新气象、新作为,奋力推动高质量发展走在前列,加快建设"强富美高"新江苏,不断开拓中国特色社会主义实践新境界。

附件:为江苏改革开放作出突出贡献的先进集体和先进个人名单

附件

为江苏改革开放作出突出贡献的先进集体和先进个人名单

一、为江苏改革开放作出突出贡献的先进集体(共 20 个)

苏州工业园区
江阴市华士镇华西村
张家港市
昆山经济技术开发区
徐州市贾汪区潘安湖街道马庄村
中国电子科技集团公司第十四研究所
江苏省产业技术研究院
苏宁控股集团(南京)
常州市科教城
海澜集团有限公司(无锡)

江苏悦达集团有限公司（盐城）

连云港中哈物流基地

南通叠石桥家纺城

南瑞集团有限公司

国家超级计算无锡中心

侵华日军南京大屠杀遇难同胞纪念馆

睢宁县沙集镇电商产业园

周恩来纪念馆（淮安）

高邮市菱塘回族乡

泗洪县上塘镇垫湖村

二、为江苏改革开放作出突出贡献的先进个人（共 20 名，以姓氏笔画为序）

王　民　徐州工程机械集团有限公司党委书记、
　　　　董事长

王泽山　中国工程院院士、著名火炸药专家、南
　　　　京理工大学教授

王继才　灌云县开山岛民兵哨所原所长、开山岛
　　　　村原党支部书记

毕飞宇　当代著名作家、省作家协会副主席、南
　　　　京大学教授

阮长耿　中国工程院院士、省血液研究所所长、苏
　　　　州大学附属第一医院血液内科主任医师

孙晓云（女）　著名书法家、省文联副主席、省书
　　　　协主席

吴克铨　苏州市人大常委会原副主任、苏州工业

园区管委会党工委原副书记，曾任昆山
市委书记

闵乃本　中科院原院士、晶体物理学家、南京大
　　　　学原教授

沈文荣　江苏沙钢集团原董事长

武继军　南京市高淳区武家嘴村党委书记

周海江　红豆集团党委书记、董事局主席

郑翔（女）　扬州市广陵区曲江街道文昌花园社
　　　　区党委书记、主任

赵亚夫　镇江市人大常委会原副主任、农技专
　　　　家、句容戴庄有机农业合作社顾问

洪银兴　南京大学资深教授，曾任南京大学党委
　　　　书记

顾芗（女）　省戏剧家协会副主席、著名滑稽戏表
　　　　演艺术家

徐镜人　扬子江药业集团党委书记、董事长

高纪凡　天合光能股份有限公司董事长

常德盛　常熟市支塘镇蒋巷村党支部书记

崔根良　亨通集团党委书记、董事局主席

薛济萍　中天科技集团有限公司党委书记、董
　　　　事长

来　　源：中共江苏省委办公厅

发布日期：2019 年 03 月 15 日